日本災害史事典

1868-2009

日外アソシエーツ

A Cyclopedic Chronological Table of Disaster in Japan

1868-2009

Compiled by
Nichigai Associates, Inc.

©2010 by Nichigai Associates, Inc.
Printed in Japan

本書はディジタルデータでご利用いただくことができます。詳細はお問い合わせください。

●編集担当● 吉本 哲子
装 丁：浅海 亜矢子

刊行にあたって

　今年、宮崎県で発生した家畜の伝染病である口蹄疫が、懸命の対応にもかかわらず甚大な被害を出したことは記憶に新しい。科学技術の進歩した現代においても、災害の予知、予防は完全には不可能であり、災害の前には未だ人間が非力であることを見せつけられた。また、近年では温暖化や都市化によると思われる猛暑、豪雨などの自然災害に加え、過去には少なかった無差別大量殺人などの社会的災害など、新しいタイプの災害が増えてきている。

　本書は、明治1年(1868年)から平成21年(2009年)の間に発生した地震、台風などの自然災害および火災、交通事故、医療事故などの社会的災害4,557件を収録している。災害が発生した年月日順に、発生場所と被害内容を記載し、明治以降の日本の災害史を通覧出来る内容となっている。巻末には、災害を種類別に一覧できる「災害別一覧」と、発生場所別に一覧できる「都道府県別一覧」を付した。いつ、どこで、どのような災害が起こったのかを調べるツールとして、また時代ごとに移り変る災害の歴史を知り、今後の防災策につなげるための手がかりとしても活用いただきたい。

　さらに詳細な日本の災害については弊社既刊「昭和災害史事典」シリーズ(全6冊, 1992～1995年刊)、「平成災害史事典」シリーズ(全3冊, 1999～2009年刊)、「シリーズ 災害・事故史」(全4冊, 2007～2010年刊)を、世界の災害については「世界災害史事典 1945-2009」を参照いただければ幸いである。

2010年7月

日外アソシエーツ

日本災害史事典　目次

明治期（1868〜1911年） …………………………………………………… 1
　足尾鉱毒（1885）／磐梯山噴火（1888）／十津川大水害（1889）／濃尾地震（1891）／庄内地震（1894）／明治三陸地震津波（1896）／豊国炭坑ガス爆発（1899）／寒波（1902）／高島炭坑ガス爆発（1906）／豊国炭坑ガス爆発（1907）／貝島桐野ガス爆発／大之浦炭鉱ガス爆発（1909）

大正期（1912〜1926年） …………………………………………………… 17
　北炭夕張ガス爆発（1912）／桜島噴火／新夕張炭鉱ガス爆発／三菱方城炭坑ガス爆発（1914）／三毛別羆事件（1915）／東京湾台風／大之浦炭鉱ガス爆発／豪雪（1917）／北炭夕張炭鉱ガス爆発（1920）／関東大震災（1923）／北但馬地震（1925）／十勝岳噴火（1926）

昭和　2〜20（1927〜1945年） ……………………………………………… 28
　北丹後地震（1927）／北伊豆地震（1930）／三陸地震津波（1933）／室戸台風（1934）／茂尻炭鉱ガス爆発／眠り病流行（1935）／尾去沢鉱山沈澱池決壊（1936）／赤痢流行（1937）／西成線列車脱線火災事故（1940）／天然痘流行（1941）／映画館火災／鳥取地震（1943）／対馬丸沈没（1944）／三河地震／広島被曝／長崎被曝（1945）

　21〜30（1946〜1955年） ………………………………………………… 66
　南海地震（1946）／キャスリーン台風（1947）／福井地震（1948）／熱海市大火（1950）／ルース台風（1951）／赤痢流行（1952）／水俣病（1953）／漁船第5福竜丸被曝／台風15号〔洞爺丸台風〕／ヒロポン流行（1954）／森永砒素ミルク中毒（1955）

　31〜40（1956〜1965年） ………………………………………………… 111
　弥彦神社初詣客圧死（1956）／インフルエンザ大流行（1957）／連絡船南海丸沈没／台風22号〔狩野川台風〕（1958）／台風15号〔伊勢湾台風〕（1959）／チリ地震津波（1960）／梅雨前線豪雨（1961）／豪雪（38年1月豪雪）／東海道本線貨物列車・横須賀線電車二重衝突〔鶴見事故〕／三池炭鉱坑内爆発（1963）／豪雨（39年7月山陰・北陸豪雨）（1964）

(4)

41〜50（1966〜1975年） ･･････････････････････････････ 197
　　全日本空輸旅客機墜落／日本脳炎流行／台風24・26号(1966)／干害／
　　豪雨(42年7月豪雨)(1967)／カネミ油集団中毒(カネミ油症)(1968)／
　　林業労働者白蝋病発生(1969)／カドミウム汚染(1970)／全日空旅客
　　機・航空自衛隊機衝突(雫石事故)(1971)／千日前デパートビル火災／
　　旧土呂久鉱山砒素汚染(1972)／大洋デパート火災(1973)／台風8号／
　　PCB汚染(1974)

　51〜63（1976〜1988年） ･･････････････････････････････ 321
　　台風17号(1976)／青酸入り清涼飲料(青酸コーラ事件)／豪雪・寒波
　　(1977)／渇水(1978)／冷害／富士見産婦人科病院乱診療／川治温泉ホ
　　テル火災(1980)／56豪雪／夕張炭鉱ガス突出事故(1981)／ホテル・
　　ニュージャパン火災／7月豪雨(1982)／日本海中部地震(1983)／辛子
　　蓮根食中毒(1984)／日航ジャンボ機墜落(1985)

平成　1〜10（1989〜1998年） ･･････････････････････････ 389
　　薬害エイズ訴訟(1989)／信楽高原鉄道衝突事故／雲仙・普賢岳火砕流
　　発生(1991)／冷夏米不作(1993)／中華航空機墜落(1994)／阪神・淡路
　　大震災／地下鉄サリン事件(1995)／豊浜トンネル岩盤崩落(1996)／ナ
　　ホトカ号重油流失事故(1997)／和歌山毒物カレー事件(1998)

　11〜21（1999〜2009年） ･･････････････････････････････ 419
　　東海村臨界事故(1999)／雪印乳業集団食中毒事件／三宅島噴火(2000)
　　／えひめ丸衝突沈没事故／池田小児童殺傷事件／狂牛病発生(２００１)
　　／新潟中越地震(2004)／JR福知山線脱線事故／平成18年豪雪(2005)
　　／パロマ工業製湯沸かし器事故(2007)／秋葉原連続殺傷(2008)／大雪
　　山系で遭難／新型インフルエンザで初の死者(2009)

災害別一覧　･･ 499
都道府県別一覧　･･ 585

凡　　例

1．編集方針
   (1) 明治1年(1868年)から平成21年(2009年)までに日本で発生した大規模災害を収録の対象とした。
   (2) 収録の対象となる災害は、台風、豪雨、豪雪、地震、噴火、地滑り、雪崩などの自然災害(天災)、および火災、工場災害、各種交通機関の事故、公害・被曝、伝染病、食中毒、薬害・医療事故、山岳遭難、製品事故などの社会的災害(人災)とした。
   (3) 強盗、殺人などの被害は原則として収録しないが、故意か過失か不明のもの、放火による火災、通り魔事件のような無差別犯罪、動物から受けた被害は収録した。
   (4) 農作物の受けた被害、害虫などの異常発生、家畜の伝染病などは自然災害として扱った。

2．発生日
   (1) 発生日は原則として月日で示した。ただし、一部は災害が発生した日ではなく、災害が発表された日を示した。
   (2) 月日の表示は、「月」の代りにピリオドを用い、「日」は省略した。
   (3) 2日以上にわたる災害は、最初の発生日に「－」を付けて示した。
   (4) 月日が不明または確定できないものは「この年」と表示し、12月の後に置いた。
   (5) 年が不明または確定できないものは「この頃」と表示し、その年の最後に置いた。

3．災害名
   (1) 災害名は太字で示した。
   (2) 災害名には原則として地名を含めなかった。

4．被災地
(1) 被災地(災害発生地)は、災害名の後に丸括弧で示した。
(2) 被災地の表記には、都道府県名と市区町村名、または地方名、海峡・海洋名などを使用した。
(3) 被災地名は、原則として当時のものを使用した。

5．災害データ
(1) 災害の規模などを表すデータ類は、項目の末尾に示した。
(2) データは、原則として種類ごとにまとめたものを記載した。

6．災害別一覧
(1) 災害名を見出しとし、被災地を丸括弧で示した。
(2) 災害の分類順→発生日の順に排列した。

7．都道府県別一覧
(1) 災害名を見出しとし、被災地を丸括弧で示した。
(2) 被災地の都道府県→発生日の順に排列した。

8．出　典
本書の編集に際し、主に以下の資料を参考にした。
　　朝日新聞、毎日新聞、読売新聞
　　「朝日年鑑」　朝日新聞社
　　「時事年鑑」　時事新報社，同盟通信社，時事通信社
　　「読売年鑑」　読売新聞社
　　「imidas」　集英社
　　「現代用語の基礎知識」自由国民社
　　「知恵蔵―朝日現代用語」　朝日新聞社

慶応4年, 明治1年
（1868年）

6.28 水害（北陸地方, 中部地方, 近畿地方, 東北地方, 関東地方）　6月28日、中部、近畿地方及び岩手・新潟方面で水害があった。大坂淀川の堤防が決壊、新潟平野も大洪水になった。死者943名以上を数えた。《データ》死者943名以上

8.13 地震（東北地方, 太平洋沿岸）　8月13日、ペルー南部、チリのアリカ、アレキパで地震があった。ハワイなどで被害がでた。宮城県本吉、全太平洋に津波襲来。

明治3年
（1870年）

10.12 暴風雨（東北地方, 関東地方, 中部地方, 近畿地方, 四国地方）　10月12日、四国以東から東北地方南部にかけて暴風雨があり、特に和歌山・紀の川が大洪水、死者669名以上と言われる。《データ》死者669名以上, 負傷者46名

明治4年
（1871年）

7.4 暴風雨、高潮（関東地方, 北陸地方, 近畿地方, 中国地方, 四国地方）　7月4日、近畿、中国、四国、北陸で風水害があった。大阪湾で高潮が発生、家屋、港湾施設の損害が甚大だった。死者751名以上と言われる。《データ》死者751名以上

明治5年
（1872年）

3.14 地震（中国地方）　3月14日午後5時、石見沖を震源とする地震があった。マグニチュード7.1。全潰家屋5,796、半潰5,890。山崩れ6,597ヶ所。浜田地震、と呼ばれる。《データ》死者・不明804名

明治7年
（1874年）

7.3 噴火（関東地方）　7月3日、三宅島で噴火があった。溶岩が北方の海に流れ、新しい陸地が形成された。民家45戸が埋没した。《データ》死者・不明1名

明治8年
(1875年)

この年　**高島炭坑事故**（長崎県）　高島炭坑で我が国の炭鉱で最初の大事故が起きた。
　　　　《データ》死者40名, 負傷者30名

明治9年
(1876年)

9.17　**洪水**（長野県）　9月17日、長野の千曲川が大洪水。松節の堤防が決壊、塩崎地域（浸水家屋400戸）、松代地域で被害がでた。

明治10年
(1877年)

10.1　**住吉駅東方で正面衝突**（兵庫県神戸市）　10月1日、阪神間鉄道の住吉駅東方で上り定期列車と下り回送列車が正面衝突。《データ》死者3名, 重傷者2名

明治11年
(1878年)

9.15　**暴風雨、洪水**（東京府）　東京で暴風雨があった。多摩川、荒川、綾瀬川で増水し、流域が浸水した。多摩川の堤防が破壊され、家屋42戸が流出した。

明治13年
(1880年)

10.4　**暴風雨**（東京府）　10月4日、東京で暴風雨により旧市内だけでも家屋全壊638戸、半壊82戸の被害があった。《データ》死者27名, 負傷者37名

明治14年
(1881年)

9.21　**竜巻**（宮崎県）　9月21日、宮崎で竜巻発生し、宮崎小学校の校舎が倒れ児童らが圧

死した。《データ》死者16名,負傷者40名

明治15年
（1882年）

10.1　洪水（長野県）　10月1日、長野の千曲川で大洪水、松節の堤防が決壊し、塩崎一帯の田畑が冠水、国道・県道大破、浸水家屋が639戸にのぼった。

明治16年
（1883年）

9.29　洪水（長野県）　9月29日、長野の千曲川で氾濫、(松代)岩野村の川土手が決壊し、清野、西寺尾、東寺尾村に被害がでた。

明治17年
（1884年）

7.1　水害（長野県）　7月1日、長野の長沼村で水害の被害が甚大であった。

8.25　台風（岡山県,広島県,愛媛県,全国）　8月25日、明治年間で最大級の台風が沖縄方面から北東進し、午後5時ごろ九州西岸に上陸。同9時すぎに中国西部を通過して日本海に抜け、秋田県南部に再上陸して三陸沖に抜けた。被害は、九州、中国地方を中心に、北海道と関東・東海を除いたほとんど全国に及び、死者1992名を出した。死者の数は、岡山県722名、愛媛県345名、広島県131名と、瀬戸内海沿岸において特に多く、ほとんどが高潮によるものであった。《データ》死者1992名,負傷者261名,倒壊家屋43894戸,船舶沈没620隻

9.15　台風（東北地方,関東地方,中部地方,近畿地方）　9月15日、台風の襲来により、東海、関東地方に被害甚大。荒川、隅田川が氾濫した。《データ》死者530名,負傷者364名

10.15　地震（関東地方）　10月15日、東京付近を震源とする地震があった。震度5。煙突倒れ、レンガ壁に亀裂などが生じた。

この年　冷害（東北地方,北海道地方）　東北、北海道で大冷害、凶作があり、飢饉となった。

明治18年
（1885年）

1月—　豪雪（北陸地方,北海道）　1月から2月にかけて、北陸地方及び北海道にかけて豪雪となった。北陸では、30年来あるいは70年来の大雪と言われた。

明治19年（1886年）

6.15　大雨、洪水（大阪府）　6月15日から、大阪は梅雨前線の通過による豪雨に見舞われた。淀川本流、支流川ともに急激に水嵩が増し、17日午後11時ごろ、北河内郡枚方町・東成郡の堤防が相次いで決壊、沿岸110数ケ村落が水につかり、西区一帯が泥海と化した。18日に水はさらにあふれ出し、寝屋川堤防を衝破する勢いだったため、東成郡野田村（現・都島区網島）の堤防を切開して淀川に放流した。28日午後から再び強風と豪雨に見舞われ、7月2日から3日にかけて天満・天神・難波の三大橋などの橋梁が落ちたほか、大阪市内のほとんどが浸水、交通が完全にマヒした。死者は、全国で73名にのぼった。《データ》死者73名

6.30－　洪水（東京都）　6月30日から7月1日にかけて、東京では台風による豪雨が甚大な被害をもたらした。2日、墨田川をはじめ中川、江戸川筋で大洪水となり、千住大橋、吾妻橋が流された。

10.1　大森駅臨時列車脱線（東京府）　10月1日、東海道線大森駅で臨時列車の折り返しのため14両編成の客車を下り線から上り線に転線する作業中、分岐器上で客車1両が脱線転覆。《データ》死者1名

この年頃　足尾鉱毒（栃木県上都賀郡足尾町）　栃木県の足尾銅山では明治10年以降、近代的経営に着手し、生産量全国第1位となったが、18年頃より公害の被害が顕在化し始めた。足尾山林での精錬用薪炭材・坑木用材の乱伐と排煙に含まれる亜硫酸ガスは、山林の荒廃を招いて洪水を頻発させ、渡良瀬川流域には垂れ流された鉱毒による水質汚染が拡がった結果、農作物・家畜への被害や鮎の大量死を招き、20年頃には住民への健康被害が認識されることとなった。23年から住民による鉱毒反対運動が始まり、24年には地元出身の政治家、田中正造が帝国議会で初めて鉱毒に関する質問を行った。この後、政府による永久示談が進められたが、これを不当とする住民が田中の指導の下で「対政府鉱業停止運動」を組織し、度々陳情のために上京。29年の大洪水では群馬、東京、千葉まで被害が拡大した。鉱毒の社会問題化をうけ、30年に政府が第一次鉱毒調査委員会を設置したが、問題の解決には至らず、33年には陳情団が警官隊と衝突して68人が逮捕される川俣事件が起きた。翌年、田中が明治天皇への直訴を決行、失敗に終わったものの、世論を喚起するきっかけとなり、35年第二次鉱毒調査委員会が置かれた。政府は反対運動の中心地であった谷中村を39年に廃村、遊水池化したが、以後も田中と少数の住民は村に留まって抵抗運動を続行。大正2年に田中が死去し、6年に残留民が立ち退くことで、運動は集結した。明治43年から昭和2年にかけて、渡瀬遊水池造成や渡良瀬川大改修が行われたが、発生源対策が不十分だったため、その後も鉱毒被害は発生し、昭和48年の鉱山閉山後も続いた。

明治19年
（1886年）

7.23　地震（北陸地方,中部地方,関東地方）　7月23日午前1時、信越国境を震源とする地震があった。マグニチュード6.1。家屋倒壊、道路・石垣破損、山崩れなどがあった。

10.25　暴風雨（和歌山県）　10月25日紀州沖において、英貨物船ノルマントン号（1,533t）が荒天のため沈没。日本人乗客25名全員水死したが、英人乗客等27名はボートで脱

出して無事。ノルマントン号事件と呼ぶ。社会問題化した。　《データ》死者25名

明治20年
（1887年）

1.15　地震（関東地方）　1月15日午前6時52分、神奈川・相模を震源とする地震があった。マグニチュード2.9。神奈川県中部から横浜にかけて家屋等の被害が出た。

明治21年
（1888年）

7.15　**磐梯山噴火**（東北地方）　7月15日午前7時45分頃、小磐梯山の山頂部で雷鳴のような轟音を伴って水蒸気爆発型の噴火が発生。黒煙は上空1300m、噴煙は拡散しつつ1500mに届き、降灰は太平洋まで達した。噴火は15から20回程度起こり、最後の爆発で小磐梯山の山体が崩壊、その砕屑物が岩雪崩となって山麓の村々を襲い、461名が犠牲となった。このとき北麓にあった長瀬川が埋没、桧原湖、小野川湖、秋元湖、五色沼などが形成された。この噴火では岩雪崩で堆積した土砂が土石流となって二次被害をもたらし、度々河川が決壊。また、噴火後も大正2年（1913年）までの24年間で9回もの大規模な土石流が発生した。　《データ》死者・不明461名, 田畑147ha・山林3018ha・国有林7500ha埋没, 被害家屋563戸（うち16戸埋没）

9月　台風（愛知県）　9月、台風が日本を縦断。愛知県下で高潮により死者890名をだした。　《データ》死者890名

明治22年
（1889年）

7.28　地震（九州地方）　7月28日午後11時40分、熊本市を震源とする地震があった。マグニチュード6.3。熊本市を中心に半径20kmの範囲に被害、全壊200、橋梁破損20。《データ》死者・不明20名

8.19　**十津川大水害**（奈良県, 和歌山県）　8月18日から21日にかけて、奈良県吉野郡の十津川流域は記録的な豪雨に襲われた。豪雨による洪水の後、各地で山地斜面が崩壊し（大規模崩壊地1107ヶ所）、土砂が河川に落ち込んだことによって河川が閉塞、その閉塞で発生した新湖（新湖53ヶ所）が決壊し、甚大な被害を出した。死者は1496名に及んだ。明治22年10月、被災者600戸は北海道に向かって移住を開始し、新十津川市（現）をつくった。　《データ》死者1496名, 流失家屋365棟, 流失田畑1463反, 流出宅地496反

9.11　風水害（東北地方, 関東地方, 北陸地方, 中部地方, 近畿地方）　9月11日、近畿、中部、関東、東北地方などで風水害、台風の被害。死傷1,108名以上を数えた。　《データ》死傷者1,108名以上

9.12	洪水（長野県）　9月12日、長野で千曲川が洪水、松節の堤防が決壊し、田畑250余haが冠水した。塩崎地域では浸水家屋が130余戸に上った。

明治23年
（1890年）

1.7	地震（中部地方）　1月7日午後3時43分、長野・犀川流域を震源とする地震があった。マグニチュード6.2。山崩れ、道路破損。家屋、土蔵に被害。前震、余震があった。
4.16	地震（関東地方）　4月16日、三宅島付近を震源とする地震があった。マグニチュード6.8。海岸崩れ、道路の埋没や亀裂を生じた。

明治24年
（1891年）

7.14	降雹（栃木県）　7月14日、栃木県那須野ケ原南西部にて、直径11cmの巨雹が降った。70戸が罹災し、耕地125町歩が被害にあった。
10.28	濃尾地震（中部地方）　10月28日午前6時38分、北は福井県から、南は愛知県までの100kmに及ぶ根尾谷断層が活動した直下型地震が起こった。これにより、上下の差6mもの根尾谷断層が地表に表われた。震源地は岐阜県西部、揖斐川上流で、震央は東経136.6度、北緯35.6度。地震の規模を示すマグニチュードは8.0と推定されている。東北地方南部から九州地方にまでゆれが起こり、震源地から近い岐阜県・愛知県などでは震度6から7に及んだ。また、発生が朝食時であったため、あちこちから出火して被害が拡大。死者・不明者7,273人、負傷者17,175人などの被害を出し、死者のうち7,000人近くが木造建物崩壊等による圧死であった。通常、濃尾地震と呼ばれているが、正式には「美濃・尾張地震」と命名されている。　《データ》死者・不明7273名、負傷者17175人、全壊家屋44203戸、半壊家屋21378戸、全焼家屋4156戸
12.24	地震（山梨県）　12月24日、山梨県東部を震源とする地震があった。北都留郡で家・土蔵の壁が落ち、地割れ、落石等があった。マグニチュード6.5。

明治25年
（1892年）

5.5	洪水（長野県）　5月5日、長野の犀川が出水、七二会（なにあい）地域で被害がでた。
7.23	暴風雨、洪水（岡山県）　7月23日、岡山で暴風雨、洪水の被害。旭川、吉井川、足守川などが氾濫、岡山市内6,000戸余が床上浸水の被害にあった。　《データ》死者74名
12.9	地震（中部地方, 北陸地方）　12月9日午前10時42分、能登西南部沿岸沖を震源とする地震があった。マグニチュード5.8。家屋・土蔵が破損。

| 12.20 | 大阪紡績工場火災（大阪市）　12月20日、大阪紡績会社の精紡器据付けの工場（2F）から出火、3Fの女工280名が逃げ遅れた。　《データ》死者85名 |

明治26年
（1893年）

6.4	地震（色丹島沖）　6月4日午前2時27分、色丹島沖を震源とする地震があった。マグニチュード7.5以上。択捉1.5m、色丹2.5mの津波が発生。
6.7	噴火（東北地方）　6月7日、吾妻山で水蒸気爆発。噴火で調査官2人が死亡した。《データ》死者2名
7.14	暴風雨（岡山県）　7月14日、岡山で暴風雨。水害後に赤痢が大発生。この年全国の患者数2,850人、うち死者899名を数えた。　《データ》死者423名、負傷者991名
8.20	夕張炭鉱ガス爆発（北海道）　8月20日、夕張炭鉱一番坑でガス爆発が起きた。《データ》死者18名
8.21	大雨（岐阜県）　8月21日～23日にかけて、岐阜の八幡などで大雨。山崩れ18,000ヶ所、土石流で住宅崩壊などあり。避難先の慈恩寺が崩れ、22名が生き埋めになった。《データ》死者81名
9.7	地震（九州地方）　9月7日、鹿児島湾を震源とする地震があった。マグニチュード5.3。家屋、土蔵、石垣、堤防などが破損。
10.13	風水害（北陸地方、近畿地方、四国地方、九州地方）　10月13日、西日本で風水害、台風。豊後水道から四国沖へ抜けた。大分県内では連日雨が続き、河川の堤防が決壊し大洪水となった。また高潮、高波に襲われた。死傷者は1,719名以上に上った。《データ》死傷者1,719名（大分県・死者280名）
この年	別子銅山煙害（愛媛県）　別子銅山で煙害が激しくなる。

明治27年
（1894年）

3.22	地震（北海道，東北地方）　3月22日午後7時23分、根室沖を震源とする地震があった。マグニチュード7.9。津波発生。根室で1～1.5m、宮古4m、大船渡1.5m観測。《データ》死者・不明1名
6.20	東京湾北部地震（関東地方）　6月20日午後2時4分、東京湾北部を震源とする大きな地震が発生した。東経139.8度、北緯35.7度の地点で、青森から中国・四国地方まで地震を感じた。マグニチュード7.5、東京での震度は6。東京・横浜など東京湾岸で大きな被害を出し、東京府で死者24人、神奈川県では死者7人となった。　《データ》死者31名、負傷者197名
8.8	地震（九州地方）　8月8日、熊本県中部を震源とする地震があった。マグニチュード6.3。家屋、土蔵の破損、山崩れなどがあった。

明治28年(1895年)

10.22　庄内地震（東北地方）　10月22日午後5時35分、山形県庄内平野北部を震源とする地震が起こった。地震の規模はマグニチュード7.0と推定され、最大震度は5、震源は東経139.9度、北緯38.9度。この地震では地盤の亀裂や噴水・噴砂が多く発生し、黒森村（現・酒田市）の砂丘では約110mにわたって10mが沈下、浜中村（現・酒田市）では高さ3mの小山が出現した。ちょうど夕食支度時であったため、酒田では市街地の1300戸余りが焼失。地震による死者・不明者は726人、負傷者8403人。《データ》死者・不明者726名、負傷者8403人、全壊家屋3858戸（山形県内）、半壊家屋2397戸（山形県内）、焼失家屋2148戸（山形県内）、破損家屋7863戸（山形県内）

12.10　暴風雨（千葉県、東北地方）　12月10日、台風が房総半島に上陸、福島、宮城、青森県で暴風雨、山形県で出水の被害があった。

明治28年
（1895年）

1.18　地震（関東地方）　1月18日午後10時48分、利根川下流を震源とする地震があった。マグニチュード7.3。被害範囲は関東東半分。全壊47。《データ》死者・不明9名

7.24　台風（関東地方、中国地方、東北地方、九州地方）　7月24日、九州、中国地方及び関東南部で台風襲来により、被害甚大。海難事故、家屋倒壊が相次いだ。山陽線軍用列車転覆。《データ》死者299名

8.27　地震（九州地方）　8月27日、熊本阿蘇山付近を震源とする地震があった。マグニチュード6.3。家屋、土蔵破損400。

この年　山崩れ（岐阜県）　岐阜の坂内、旧川上村のナンノ坂で斜面が大崩壊し湖が生成された。6日後、大雨で決壊し、家屋が流失。24年の濃尾地震の間接的影響と言われる。《データ》死者4名

明治29年
（1896年）

4.2　地震（北陸地方）　4月2日、能登半島北端部を震源とする地震があった。マグニチュード5.7。土蔵が倒壊、家屋損壊などがあった。

6.15　明治三陸地震津波（東北地方, 北海道）　6月15日午後7時32分頃、三陸沖を震源としてマグニチュード8.5といわれる大地震が起こった（東経144度、北緯39.5度）。地震による直接の被害は軽微であったにも関わらず、発生した巨大津波より甚大な被害が出た。津波の波高は最大で38.2mに達したといわれる。人的被害としては死者26,360人、行方不明者44人、負傷者4,398人を出し、多数の家屋、船舶、家畜、堤防、橋梁、山林、農作物、道路などが流失または損壊した。《データ》死者26360名,行方不明者44名、負傷者4398名、流失家屋8526戸、倒壊家屋1844戸、流失船舶5720隻

7.8－　洪水（新潟県）　7月8日～26日にかけて、新潟県で大洪水があった。22日には、同県西蒲原郡横田村（現・分水町）の堤防が決壊し（横田切れ）、一帯が泥の海と化した。

		新潟市内8割が浸水、天明以来の大洪水となった。死者は48名、床上浸水43,685戸、家屋流出180棟に上った。　《データ》死者48名, 床上浸水43,685戸, 家屋流出180棟
7.21	洪水（長野県）	7月21日、長野の千曲川、犀川、聖川で大洪水。塩崎、七二会（なにあい）、長沼等の沿岸一帯で大被害を被った。《データ》死者48名
8.30	台風（北陸地方，中部地方，近畿地方，四国地方）	8月30日、中部、近畿、四国で風水害、台風襲来。死者137名以上に上った。《データ》死者137名以上
8.31	陸羽地震（東北地方）	8月31日午後5時6分頃、秋田県と岩手県の境にある真昼山地の直下を震源とする地震が発生した（東経140.7度、北緯39.5度）。マグニチュードは7.2、震度は震源地付近で5から6、あるいは7に及んだという推定もある。死者209人、負傷者736人などの被害が出た。《データ》死者209名, 負傷者736名, 全壊家屋4277戸
9.6─	洪水（四国地方，近畿地方，関東地方）	9月6日、台風が紀伊半島を縦断、日本海から秋田県を横断して太平洋に抜け、四国・近畿・関東に大きな被害ともたらした。11日、別の台風が鹿児島県大隅半島から四国沖に進み、夜に紀伊半島に上陸、12日朝に佐渡付近に達した。この2つの台風により全国的に大規模な洪水が発生し、徳島県吉野川は4.5m、琵琶湖1.8m、天竜川2.4m、富士川3.3mと増水した。東京では江戸川、庄内古川、中川、綾瀬川が破堤溢水し、江東地区が全面浸水、浸水は10日余りに及んだ。全国で344名の死者を出した。《データ》死者344名

明治30年
（1897年）

2.20	地震（東北地方）	2月20日午前5時50分、金華山沖を震源とする地震があった。マグニチュード7.4。花巻で地裂け、噴泥水などの被害あり。
4.16	大風、激浪（愛媛県）	4月16日、愛媛・伊予港を出港し長浜港に向かった帆船「明徳丸」と「玉亀丸」が肱川河口付近で激しい風波と潮流で転覆。肱川あらし、と呼ばれる。《データ》死者23名
7月─	大水害（新潟県）	新潟県で大洪水があった。信濃川、関川、阿賀野川などが破堤した。また佐渡島でも大水害があった。死者175名、負傷者99名、流出家屋284棟、床上浸水31,996棟に上った。《データ》死者175名, 負傷者99名, 流出家屋284棟, 床上浸水31,996棟
8.5	地震（東北地方）	8月5日午前9時10分、仙台沖を震源とする地震があった。マグニチュード7.7。津波で三陸沿岸が小被害。盛町で2～3m、釜石1.3mであった。
10.3	復旧作業列車転落（静岡県）	10月3日、山北・小山間で降雨による築堤破壊の線路修理のため建築列車運転中、機関車及び土運車6両が崖下に転落。《データ》死者8名, 負傷者17名
10.6	台風（東京都）	10月6日、東京、神田錦町で柱上変圧器の高圧側が台風で低圧側と混触、牛肉店の屋内線に高圧が漏れ、スイッチに触れた少女が感電死した。《データ》死者1名

明治31年
(1898年)

- 4.3 　地震(山梨県)　4月3日、山梨県南西部を震源とする地震があった。南巨摩郡睦合村で山岳の崩壊、地面の亀裂、石碑石塔の転倒あり、家屋にも被害があった。マグニチュード5.9。甲府で震度5を記録した。
- 4.8 　蒸気機関車ボイラー破裂(福岡県小竹)　4月8日、幸袋線幸袋駅で入換作業中の小型蒸気機関車のボイラーが破裂。《データ》死者3名, 通行人ら負傷
- 9.6 　風水害(北海道, 東北地方, 関東地方, 北陸地方, 中部地方, 四国地方)　9月6日、中部以東東日本で風水害、台風。石狩川など多数の河川が氾濫した。北海道耕地1/5以上が浸水、移住者1万名以上が引き揚げた。《データ》死者424名

明治32年
(1899年)

- 3.7 　地震(近畿地方)　3月7日午前9時55分、三重尾鷲付近を震源とする地震があった。マグニチュード7.6。山崩れ無数。大阪、奈良で煙突の破損多数。《データ》死者・不明7名
- 5.8 　地震(北海道)　5月8日、根室半島沖を震源とする地震があった。マグニチュード6.9。根室で土蔵、家屋の破損15～16棟。厚岸で堤防、石垣の破損あり。
- 6.15 　豊国炭坑ガス爆発(福岡県)　6月15日、豊国炭坑でガス・炭じん爆発があった。《データ》死者210名
- 8.12 　台風(富山県)　8月12日、富山で台風の余波で烈風吹き荒れ、石油卸小売店から出火し4,697戸が全焼した。《データ》4,697戸全焼
- 8.28 　台風(愛媛県, 香川県)　8月28日朝、台風が奄美大島の東の海上に達し、足摺岬付近に上陸した。その後、台風は四国地方を斜に横切り、午後8時頃、愛媛県宇摩郡別子山村の別子銅山を直撃したのち、猛スピードで多度津、岡山付近を通って日本海に入った。香川県で死者307名、負傷者955名、倒壊家屋7015棟が出たほか、四国全県、岡山県、兵庫県にわたって大きな被害をもたらし、全体の死者は1161名に及んだ。《データ》死者1161名
- 10.7 　台風(栃木県)　10月7日、栃木の大田原、東北本線矢板～野崎間で貨客列車が箒川鉄橋を通過中、台風の突風にあおられ箒川に転落した。《データ》死者19名, 負傷者38名
- 10.7 　箒川鉄橋列車転落(栃木県大田原)　10月7日、東北線矢板－野崎間で列車が台風により箒川橋梁から河中に転落。《データ》死者19名, 負傷者38名
- 11.25 　地震(九州地方)　11月25日午前3時43分、宮崎沖日向灘を震源とする地震があっ

た。マグニチュード7.5〜7.6。宮崎、大分で家屋が小破し、土蔵が倒壊した。

明治33年
（1900年）

3.22　地震（北陸地方,中部地方,関東地方）　3月22日、福井・鯖江を震源とする地震があった。マグニチュード6.6。県全体で全壊2、半壊10、破損488。

5.12　地震（東北地方）　5月12日午前2時23分、宮城県北部を震源とする地震があった。マグニチュード7.3。県全体で家屋全壊44、半壊48。

8.4　東海道線列車脱線（大阪府）　8月4日、東海道線高槻駅で下り旅客列車脱線、転覆。《データ》死者1名、負傷者2名

明治34年
（1901年）

2.13　夕張炭鉱ガス爆発（北海道）　2月13日、夕張炭鉱でガス爆発があった。《データ》死者17名

5.31　竜巻（千葉県,群馬県,埼玉県,東京都）　5月31日、千葉の君津などで、群馬県下で発生した竜巻により全壊9、半壊2、農作物に被害がでた。《データ》死者2名,負傷者1名

6.30　豪雨（京都府）　6月30日、京都、関西地方に豪雨。渡月橋が流失した。

7.13　信越線機関車蒸気噴出（長野県）　7月13日、信越線下り混合列車で熊ノ平・軽井沢間運転中、機関車煙箱付近から蒸気噴出。《データ》死者2名,負傷者2名

8.9　地震（東北地方）　8月9日午後6時24分、八戸地方を震源とする地震があった。マグニチュード7.7。青森県で家屋全壊8。秋田、岩手にも小被害。《データ》死者・不明18名

10.7　暴風雨（長崎県）　10月7日、九州で暴風雨。長崎県五島沖で「鶴彦丸」が沈没し、48名死亡。筑後川が氾濫した。《データ》死者48名

12.11　マッチ工場火災（兵庫県）　12月11日、マッチ工場で火災があった。女工が焼死した。《データ》死者3名

明治35年
（1902年）

1.8　竜巻（千葉県,神奈川県）　1月8日、千葉の君津、市原などで、神奈川県で発生した竜巻により家屋倒壊1、大破4、小破壊70余を数えた。《データ》死者1名

1.23　寒波（青森県,北海道）　1月23日、青森第5連隊、八甲田行軍中に寒さと吹雪で遭難、

	凍死199名。25日旭川で日本一の最低気温－41.0℃を観測。　《データ》死者199名
1.30	地震（東北地方）　1月30日午後11時1分、三戸地方を震源とする地震があった。マグニチュード7.4。三戸、七戸、八戸地方で倒壊家屋3。　《データ》死者・不明1名
3.1	竜巻（全国、千葉県）　3月1日、千葉の飯岡、三川で竜巻。20余戸の家屋破損。樹木に被害が出た。
6.23	地震（関東地方）　6月23日、神奈川県東部を震源とする地震があった。マグニチュード6.8。安房郡で死者あり。
7.24	火薬工場爆発（東京府）　7月24日、板橋の無煙火薬工場が爆発した。　《データ》死者11名，負傷者14名
8.9	噴火（東京・鳥島）　8月9日、伊豆諸島の鳥島が大噴火、島民125名全員が死亡した。《データ》死者125名
8.10	風水害、洪水（九州地方、中国地方、関東地方、近畿地方、四国地方）　8月10日、九州、四国、中国地方で風水害、台風。山口県は150年来の大洪水に見舞われた。《データ》死者197名
8.15	火薬庫爆発（大阪府）　8月15日、大阪砲兵工廠で火薬庫が爆発した。職工70名余重軽傷。付近人家240戸余に被害があった。　《データ》負傷者70名
9.27	台風（東北地方、関東地方、中部地方、中国地方）　9月27日～28日にかけて、東北、関東両地方に二つの台風が襲来した。足尾、日光地方の被害甚大。死者470名以上をだした。宮城・山形は300年来の暴風雨。　《データ》死者470名以上
この年	小坂銅山煙害（秋田県）　小坂銅山で新精錬所の稼働に伴い煙害が激しくなる。
この年	冷害（東北地方、北海道地方、北陸地方）　北海道、東北、北陸で冷害・凶作。特に東北地方の太平洋側で被害が大きかった。

明治36年
（1903年）

1.17	坑内火災（福岡県）　1月17日、八幡製鉄二瀬潤野坑で坑内火災があった。　《データ》死者64名
5.22	猛吹雪（北海道根室市）　5月22日、北海道の根室沖で、千島海域測量中に軍艦「操江」座礁、沈没。風雪重なり乗員が全員死亡した。
7.7	豪雨、洪水（東北地方、関東地方、北陸地方、中部地方、近畿地方、四国地方）　7月7日、近畿、東海、北陸各地で梅雨末期の豪雨で水害発生。淀川氾濫は、明治三大洪水、のひとつと呼ばれる。　《データ》死者14名，負傷者35名
8.10	地震（中部地方）　8月10日、飛騨乗鞍岳西方を震源とする地震があった。マグニチュード5.7。焼岳付近で山崩れがあった。
8.19	降雹、竜巻（千葉県）　8月19日、千葉の山武郡など降雹、竜巻により倒壊家屋11戸、漁船の破損や倒木などの被害がでた。

明治37年
（1904年）

- **7.4** 夕張炭坑ガス爆発（北海道）　7月4日、夕張炭坑でガス爆発があった。《データ》死者18名
- **7.11** 豪雨、洪水（静岡県）　7月11日、静岡で豪雨。安倍川など多数の河川が決壊した。
- **7.27** 暴風雨（山形県, 宮城県）　7月27日、山形、宮城で暴風雨。出水で鉄道が不通になった。
- **9.17** 暴風雨（関東地方）　9月17日、関東で暴風雨。中央線でトンネルが崩落した。
- **12月** 噴火（関東地方）　12月、小笠原・南硫黄島付近の海底火山で噴火があった。高さ145m、周囲4.5kmに及び、新島が後に陥没した。

明治38年
（1905年）

- **1.6** 夕張炭鉱ガス爆発（北海道）　1月6日、夕張炭鉱第二斜抗でガス爆発があった。《データ》死者36名
- **5.29** 東京砲兵工廠爆発（東京府）　5月29日、小石川の東京砲兵工廠で雷こう、その他が爆発する事故があった。《データ》死者26名, 負傷者65名
- **6.2** 地震（中国地方, 四国地方）　6月2日午後2時39分、安芸灘を震源とする地震があった。マグニチュード7.25。水道管、鉄道の被害多数。芸予地震、と呼ばれる。《データ》死者・不明11名
- **8.8** 風水害（北陸地方, 中国地方, 九州地方）　8月8日、九州地方で風水害、台風。死者308名以上に上った。《データ》死者308名以上
- **この年** 冷害（東北地方）　東北地方で冷害、凶作となった。農村の困窮著しかった。

明治39年
（1906年）

- **3.28** 高島炭坑ガス爆発（長崎県）　3月28日、高島炭坑でガス・炭じん爆発があった。《データ》死者307名
- **7.16** 洪水（長野県）　7月16日、長野の千曲川で洪水、篠ノ井（北側一帯床上399戸、床下139戸浸水）、松代等で被害がでた。
- **7.26** 台風（関東地方, 東京都墨田区）　7月26日、東京の隅田川が台風で氾濫。380戸が浸

水した。

10.24　台風（北陸地方, 近畿地方, 中国地方, 九州地方）　10月24日、西日本各地及び九州近海で風害、台風のため大量海難事故が発生した。鹿児島県下甑（こしき）村の珊瑚船90隻（700人乗船）が行方不明になり、長崎県五島の珊瑚船250隻余が破壊沈没、漂流死体600以上を数えた。鹿児島県の最大風速は23.4mだった。《データ》死者1,457名

この年　台風（愛知県豊橋市）　愛知の豊橋で、製糸工場の2,200Vの電線が煙突の支柱線に触れて燃え出し、従業員が水を掛ける際に感電。電線が台風で緩んだためだった。《データ》死者3名

この年　暴風雨（東京都）　東京で暴風雨により川が氾濫。浸水家屋5,880戸を数えた。

明治40年
（1907年）

7.15　河川増水（静岡県）　7月15日、静岡の東海道線大井川鉄橋が増水した大井川に崩落。7月中は渡し船で連絡した。

7.20　豊国炭坑ガス爆発（福岡県）　7月20日、田川郡の豊国炭坑で安全灯の火がガスに着火、ガス・炭塵が爆発した。《データ》死者365名

8.24　台風、洪水（東北地方, 関東地方, 北陸地方, 中部地方, 近畿地方, 中国地方）　8月24日、東北南部、関東甲信越、近畿地方で水害、台風。死者203名以上をだした。明治三大洪水、の一つと呼ばれる。《データ》死者203名以上

10.4　火薬庫爆発（大阪府）　10月4日、淀川中洲の廃弾工場で火薬庫3棟、3万発が爆発した。《データ》死者66名

12.23　地震（北海道）　12月23日午前10時13分、根室薫別付近を震源とする地震があった。マグニチュード6.9。震源の深さ約150km。大黒島で地割れなどがあった。

明治41年
（1908年）

1.17　新夕張炭鉱ガス爆発（北海道）　1月17日、新夕張炭鉱でガス爆発があった。《データ》死者91名, 負傷者21名

明治42年
（1909年）

4.7　暴風雨（秋田県, 青森県）　4月7日、東北で暴風雨。秋田県の奥羽線境〜刈和野間で、出水のため貨車が転覆。青森県でも突風で列車が転覆し、30名が被災した。

5.28	噴火（中部地方）	5月28日、焼岳で噴火があった。安曇野一帯に降灰。
7.4	新夕張炭鉱ガス爆発（北海道）	7月4日、新夕張炭鉱でガス爆発があった。《データ》死者5名
7.9	湖沼氾濫（千葉県）	7月9日、千葉の印旛沼が氾濫。水田約70町歩が冠水した。
8.14	姉川地震（近畿地方，中部地方）	8月14日午後3時31分、滋賀県東浅井郡一帯にマグニチュード6.8の激震が起こった。震源は東経136.3度、北緯35.4度の姉川流域。死者は滋賀県内で35人、岐阜県で6人、滋賀県内で重軽傷者643人、全壊家屋972棟の被害を出した。34人が死亡した東浅井郡内での被害が特に大きかった。《データ》死者41名，重軽傷者643名（滋賀県内），全壊家屋972棟（滋賀県内）
9.26	水害（九州地方，佐賀県）	9月26日、佐賀で水害。37戸が流失した。《データ》死者7名
10月	貝島桐野ガス爆発（福岡県）	10月、貝島桐野第二坑でガス爆発があった。《データ》死者259名
11.10	地震（九州地方，四国地方，中国地方）	11月10日午後3時14分、宮崎南西部を震源とする地震があった。マグニチュード7.9。宮崎他で軽微な被害。《データ》死者・不明2名
11.24	大之浦炭鉱ガス爆発（福岡県）	11月24日、大之浦炭鉱でガス・炭じん爆発があった。《データ》死者256名
この年	火薬庫爆発（大阪府）	枚方の陸軍の禁野火薬庫で爆発事故があった。25戸が大破し、1,470戸が被害を受けた。《データ》25戸大破

明治43年
（1910年）

3.12	海難（千葉県銚子，鹿島灘沖）	房総半島沖を通過した低気圧の暴風雪で銚子沖で79隻、鹿島灘沖で68隻遭難した。《データ》死者数百名，行方不明者千百余名
7.24	地震（北海道）	7月24日午後3時49分、有珠山を震源とする地震があった。マグニチュード6.5。虻田村で半壊破損15、ののち、有珠山が爆発した。
7.25	噴火（北海道）	7月25日、有珠山が噴火した。明治新山が生成。家屋、山林、耕地に被害。これにより洞爺温泉郷が開けた。《データ》死者・不明1名
8月	豪雨、地滑り（山形県，福島県）	8月、山形、福島の奥羽本線、庭坂〜赤岩で、豪雨を原因とする地滑りがあった。山腹が移動し、赤岩トンネルを圧壊した。
8.8−	台風（東北地方，関東地方，北陸地方）	8月1日以降雨が続いていたが、8日朝、沖縄付近にあった台風が北東進し、11日午後10時ごろ三宅島付近を通過した。次いで台湾北方から北東進してきた第2の台風が、13日午後10時過ぎ、御前崎付近をかすめて、沼津付近に上陸し、東北地方南部に進み消滅した。この2つの台風のため東日本各地で河川が決壊、関東では群馬で310名、埼玉で323名、東京で52名、千葉で79名、神奈川で39名、茨城で25名、栃木で15名などの計921名の死者を出した。宮城

15

でも北上川・阿武隈川の決壊により、死者・行方不明者は360名に達した。全国の死者・行方不明者1,357名で関東では天明3年(1783年)以来の大洪水といわれた。《データ》死者1357名、負傷者767名、浸水家屋、443000戸

9.2　豪雨、洪水(岩手県盛岡市)　9月2日、岩手の盛岡で豪雨により中津川が氾濫した。溺死1名、住居の全半壊や流失、浸水などの被害があった。《データ》死者1名

この年　豪雨、地滑り(静岡県)　静岡の東海道本線島田〜金谷間で豪雨を原因とする地滑りがあった。土砂の崩壊25,000m³で、7日間不通となった。

この年　豪雨、地滑り(新潟県,群馬県)　新潟、群馬の信越本線、丸山〜熊の平で、豪雨を原因とする地滑りがあった。土砂崩壊2,000m³で職員が死亡、不通40日間であった。《データ》死者5名

明治44年
(1911年)

1.27　メリヤス工場火災(東京府)　1月27日、本所のメリヤス工場から出火し、10戸が類焼した。《データ》10戸類焼

3.17　若鍋炭鉱ガス爆発(北海道)　3月17日、夕張の若鍋炭鉱でガス爆発があった。《データ》死者75名

6.7　降雹(東北地方,青森県)　6月7日、東北で雹の被害。青森県下では90cm積もり、家屋浸水などの被害がでた。

6.15　地震(九州地方)　6月15日午後11時25分、喜界島南方を震源とする地震があった。マグニチュード8.2。喜界、沖縄、奄美大島で家屋全壊422。《データ》死者・不明12名

7.26　台風(北海道,東北地方,関東地方,中部地方)　7月25日、関東以北で風水害、台風。東京湾に高潮。東京・深川周辺で被害が大きく、洲崎遊郭が倒壊した。《データ》死者120名

8.8　台風(中部地方,長野県小谷村)　8月8日、長野の小谷で、台風の豪雨により、稗田山が高さ54m、長さ324m、幅108mにわたり地滑りを起こした。姫川せき止め湖が形成された。《データ》死者23名

9月　豪雨(宮崎県,鹿児島県)　9月、宮崎、鹿児島の肥薩線、真幸〜吉松で、豪雨を原因として築堤が4.6m沈下し、不通が14日間に及んだ。

10.7　火薬製造所爆発(東京府)　10月7日、目黒の陸軍火薬製造所で黒色火薬が爆発した。《データ》死者10名、負傷者11名

11.13　油紙工場火災(新潟県)　11月13日、柏崎の油紙工場から出火。700戸が焼失した。

12.3　噴火(中部地方,関東地方)　12月3日、長野、群馬浅間山が噴火した。前橋地方に多量の降灰あり。

12.19　暴風雨(近畿地方,大阪府)　12月19日、大阪で暴風雨。堂島川沿いで倉庫などが浸水した。

この年　忠隈炭鉱ガス爆発（福岡県）　田川郡の忠隈炭鉱第一坑でガス爆発があった。《データ》死者73名

明治45年, 大正1年
（1912年）

1.3　炭鉱火災（山口県）　1月3日、宇部の炭鉱で坑内火災があった。《データ》死者11名

1.24　火薬製造工場爆発（群馬県）　1月24日、岩鼻の陸軍造兵廠火薬製造工場で爆発事故があった。50棟が全半焼した。《データ》死者6名

3.17　大雪（全国）　3月17日、日本各地で暖冬から一転して寒波。大雪のため各地で電信線が切断されるなどの被害があった。

3.25　火薬庫爆発（東京府）　3月25日、板橋の陸軍火薬庫で爆発があった。《データ》死者2名

4.29　北炭夕張ガス爆発（北海道）　4月29日、夕張の北炭夕張一坑でガス・炭塵爆発があった。《データ》死者269名

7月　豪雨（中部地方, 長野県小谷村）　7月、長野の小谷で、豪雨のため、前せき止めの湖が決壊し、大土石流が流れ出た。

7.23　豪雨（北陸地方, 富山県）　7月23日、富山で豪雨。小川温泉一帯で旅館などの破壊流失が相次ぎ、旅行客ら20名以上が死亡した。《データ》死者20名以上

8.23　台風（四国地方, 高知県室戸市）　8月23日、高知の室戸に台風襲来。家屋倒壊、負傷者多数でた。

9.22　台風（全国）　9月22日、全国で風水害、台風。門司大里沖で汽船「うめが香丸」が沈没した。《データ》死者611名

10.1　台風（中国地方, 九州地方）　10月1日、九州、四国で風水害、台風。船舶の遭難多く、吉野川水系が氾濫した。《データ》死者155名

12.23　北炭夕張ガス爆発（北海道）　12月23日、夕張の北炭夕張二坑でガス・炭塵爆発があった。《データ》死者216名

この年　古河鉱業銅鉱山じん肺事故（静岡県）　佐久間の古河鉱業銅鉱山で、トンネル工事現場などでじん肺事故が報告された。《データ》死者12名, 負傷者13名

この年　噴火（関東地方, 中部地方）　浅間山が噴火した。噴石、降灰、空振などで大被害。《データ》死者・不明2名

この年　冷害（東北地方, 北海道）　東北、北海道が冷害、凶作。

大正2年
（1913年）

- 1.13　夕張炭鉱火災（北海道）　1月13日、夕張の夕張炭鉱第二斜抗で火災があった。《データ》死者49名
- 1.26　生駒山トンネル崩壊（奈良県）　1月26日、工事中の生駒山トンネルで工夫のミスによりトンネル崩壊、作業員ら150余名が閉じ込められた。《データ》死者19名
- 2.6　二瀬中央坑ガス爆発（福岡県）　2月6日、二瀬中央坑でガス爆発があった。《データ》死者101名
- 3.28　日本初航空犠牲者事故（埼玉県松井村）　3月28日、青山練兵場から所沢飛行場に向かったブレリオ機が突風のため墜落。飛行機事故の初の犠牲者出る。《データ》死者2名
- 5.4　日本初民間航空犠牲者事故（京都府）　5月4日、前日初の民間飛行に成功したばかりの武石浩玻が深草練兵場で墜落死。《データ》死者1名
- 7.29　織物製造工場火災（愛知県）　7月29日、六郷村の織物製造業・田中太七工場より出火した。《データ》死者20名
- 8.26　暴風雨（長野県）　8月26日、長野の木曽駒ケ岳で、中箕輪尋常高等小学校の生徒ら37名が集団登山中に暴風雨に遭い、校長と生徒が死亡した。《データ》死者11名
- 8.27　台風（関東地方,東北地方,北海道）　8月27日、関東、東北、北海道に大型台風襲来。農作物の被害甚大。《データ》死者64名
- 10.17　北陸本線列車正面衝突（富山県富山）　10月17日、北陸本線東岩瀬駅付近で停止位置を越えて停止中の貨物列車に臨時列車が正面衝突。《データ》死者26名,負傷者104名

大正3年
（1914年）

- 1.12　桜島噴火（鹿児島県）　1月12日午前10時5分、桜島西側中腹から黒い噴煙が上がり、その約5分後に大噴火した。その後、南東側中腹でも噴火が始まり、噴煙は上空3,000m、岩石片は1,000mに到達、午後には噴煙が上空10,000m以上に届き、桜島全体を黒雲が覆った。午後6時30分には噴火でマグニチュード7.1の地震があり、鹿児島市内では民家の石垣や家屋が倒壊するなどの被害があった。13日午前1時頃に噴火はピークとなり、噴出した高温の火山岩や軽石、火山灰が桜島の各所に落下して火災が発生。午後8時14分には火砕流が桜島の西北部にあった小池、赤生原、武の集落を呑み込んだ。15日には桜島西側から流れ出した溶岩流が赤水と横山の集落を覆い、16日には海岸に、18日には海上にあった烏島に到達した。溶岩流は桜島南東側

の火口からも流れ出し、29日には瀬戸海峡に到達、海に流れて距離最大400m、最深部100mの海峡を塞ぎ、桜島は大隅半島と陸続きになった。溶岩流は2月上旬に一旦収まったが、同月中旬に桜島東側の鍋山付近に新たな火口が形成された。噴火から1年以上が経つ大正4年(1915年)3月、有村付近に達した溶岩の末端部にて再び溶岩流が発生し、噴火活動が収束したのは大正5年(1916年)だった。この噴火によって桜島島内の農作物は全滅、多くの農地が耕作困難になったことから、島民の約3分の2が種子島、大隅半島、宮崎県、朝鮮半島などに移住した。桜島対岸の鹿児島市内でも噴火で大混乱となり、1月12日夕刻の地震発生以降、津波襲来や毒ガス発生のデマが広がり、市内の混乱は19日頃まで続いた。この噴火による被害は死者58人、負傷者112人、焼失家屋2,268戸で、犠牲者は桜島の住民が大半を占めた。　《データ》死者58名、負傷者112名、焼失家屋2268戸

3.15　地震(東北地方)　3月15日午前4時59分、秋田仙北付近を震源とする地震があった。マグニチュード7.1。仙北部で最も著しく、家屋全壊640、地割れ、山崩れが多かった。秋田仙北地震、と呼ばれる。　《データ》死者・不明94名

4.22　強風(東北地方, 北海道)　4月22日、東北、北海道強風のため各地で山火事続出。岩手県では民家170戸焼失。

6.2　台風(近畿地方, 中国地方, 四国地方, 九州地方)　6月2日、九州、中国で風水害、台風。　《データ》死者171名

8.12　台風(関東地方, 北陸地方, 中部地方)　8月12日、関東、中部地方で風水害、台風。信濃川が氾濫した。　《データ》死者267名

8.13　洪水(長野県)　8月13日、長野の千曲川で洪水。塩崎地域で被害、浸水家屋433戸に上った。

8.25　台風(九州地方)　8月25日、九州に台風襲来。鹿児島では500戸が全壊した。

8.31　台風(関東地方, 東京都)　8月31日、東京に大型台風襲来。荒川が氾濫し、6,500戸が浸水した。

9.11－　台風(西日本, 関東地方)　台風、西日本から関東を襲い被害大、豊後水道で漁船の行方不明127隻。　《データ》漁船行方不明127隻

10.3　夕張炭鉱ガス爆発(北海道)　10月3日、夕張炭鉱第1斜坑でガス爆発があった。《データ》死者16名

11.28　新夕張炭鉱ガス爆発(北海道)　11月28日、新夕張炭鉱若鍋坑でガス爆発があった。《データ》死者422名

12月　日立鉱山煙害(茨城県日立市)　明治40年頃より、日立鉱山から排出される亜硫酸ガスによって、周辺農家に深刻な被害が出ていた。煙害を避けるため、大正3年12月にガスを気流に乗せて広く拡散させる大煙突が建設された。

12.15　三菱方城炭坑ガス爆発(福岡県)　12月15日、田川郡の三菱方城炭坑でガス爆発があった。　《データ》死者687名

大正4年
（1915年）

1.3	民間飛行家試験飛行中墜落	1月3日、大阪－東京間初飛行をめざす民間飛行家萩田常三郎ら2人が試験飛行中に墜落死。《データ》死者2名,航空機1機墜落
3.6	海軍飛行機墜落（神奈川県横須賀）	3月6日、海軍機が初の事故。《データ》死者3名,航空機1機墜落
3.18	地震（北海道）	3月18日、北海道・広尾沖を震源とする地震があった。マグニチュード7.0。家屋倒潰。《データ》死者・不明2名
6.6	噴火（中部地方）	6月6日、焼岳で噴火があった。泥流が上高地の梓川をせきとめ、大正池が出来た。
9.9	台風（東北地方,近畿地方,中国地方）	9月9日、台風が西日本を縦断、各地で被害甚大。東北各地でフェーン現象による大火が相次いだ。
11.1	地震（東北地方）	11月1日午後4時25分、金華山沖を震源とする地震があった。マグニチュード7.5。石巻付近で天水樋墜落。小津波あり。
11.16	地震（関東地方）	11月16日、房総茂原付近を震源とする地震があった。マグニチュード6.7。干潟町万才、長南町他2、3ヶ所でがけ崩れ。
12.9	三毛別羆事件（北海道苫前三毛別）	12月9日、開拓間もない北海道苫前の三毛別に巨大な羆が現れた。この羆は仕留められるまでの5日間に次々と住民を襲い、7人が死亡、3人が重傷を負った。この事件は獣害史上最大の惨劇となった。《データ》死者7名,重傷者3名

大正5年
（1916年）

2.22	地震（中部地方,関東地方）	2月22日、浅間山山麓を震源とする地震があった。マグニチュード6.2。山崩れ、家屋全半壊などがあった。
3.18	地震（北海道）	3月18日、十勝沖を震源とする地震があった。マグニチュード7.0。釧路地方で中被害。
5.8	暴風雨（北海道）	5月8日、北海道の空知郡で、暴風雨により空知川が増水。濁流で函館本線砂川～滝川の鉄橋が破損。橋桁が川に墜落した。
6.26	洪水（中国地方）	6月26日、中国地方で洪水。山陽本線が不通となった。
7.5	雷雨（関東地方,群馬県）	7月5日、群馬で雷雨により河川氾濫。《データ》死者・不明14名

7.30	台風(関東地方,千葉県)	7月30日、関東に台風襲来。千葉県で11名が死亡。《データ》死者11名
8.21	台風(九州地方,鹿児島県)	8月21日、鹿児島に台風襲来。2,000戸が全半壊した。
8.28	花火工場爆発(大分県)	8月28日、大分の花火製造所で爆発事故があった。《データ》死者5名
11.26	地震(近畿地方)	11月26日午後3時8分、明石付近を震源とする地震があった。マグニチュード6.3。神戸市付近に軽い被害。有馬温泉が1℃上がった。《データ》死者・不明1名
11.29	東北本線列車正面衝突(青森県下田)	11月29日、東北本線下田-古間木間で、下り臨時旅客列車と上り貨物列車が正面衝突。《データ》死者29名,負傷者171名
12.29	地震(九州地方)	12月29日午前6時41分、肥後南部を震源とする地震があった。マグニチュード6.1、マグニチュード5.6。震央付近に亀裂など多少の被害。

大正6年
(1917年)

1.14	火薬庫爆発(神奈川県)	1月14日、横須賀軍港に停泊中の巡洋艦「筑波」の火薬庫が爆発し沈没した。艦内の乗組員200名が死傷。原因は自然発火と言われた。《データ》死傷者200名
1.23	岩越線列車雪崩埋没(福島県・新潟県)	1月23日、旧・岩越線(磐越西線)で雪崩により列車埋没。救援中に再度の雪崩。
3.19	松島炭鉱火災(長崎県)	3月19日、松島炭鉱で火災があった。《データ》死者50名
4.28	竜巻(岐阜県中津川市)	4月28日、岐阜の中津川で竜巻発生。10戸が損壊した。
5.5	倉庫火災(大阪府)	5月5日、大阪北の倉庫内より出火。塩素酸カリウム、塩素酸ナトリウム、過酸化ナトリウムなどが10分後に爆発した。《データ》死者43名,負傷者266名
5.18	地震(中部地方)	5月18日午前4時7分、静岡・大井川中流付近を震源とする地震があった。マグニチュード6.3。煉瓦塀、煉瓦煙突の被害が多かった。《データ》死者・不明2名
6.29	降雹(埼玉県熊谷市)	6月29日、埼玉県熊谷市郊外で雹が降った。直径29.6cm、3.4kgという巨大なものであった。男沼村では、雹と急風のため、7戸十数棟が倒壊し、戸外に避難しようとして、雹に打たれて頭部裂傷、手足の打撲などで重軽傷者数人を出した。雹は板屋根、雨戸を突き破って室内に飛び込み、屋根瓦が大破した。日本最大の雹。《データ》重軽傷者数名
10.1	洪水(長野県)	10月1日、長野の千曲川で洪水。塩崎地域の被害、床上49、床下96戸の浸水。
10.1	東京湾台風(東京都)	10月1日、台風が東京の西方を北東進し、東京湾岸に史上最大級の高潮被害を発生させた。東京湾で大潮と高潮が重なり、江戸川などが氾濫、

上野・松坂屋付近まで海水が侵入。最高潮位3.1mを記録した。この台風で東京では死者509名、行方不明者54名、全国では死者・行方不明者1,324名を出した。
《データ》死者・行方不明者1324名（全国）、負傷者2022名（全国）、全半壊建物57733棟（全国）、流失建物2442棟（全国）、船の破損3000隻（全国）

12.21　**大之浦炭鉱ガス爆発**（福岡県）　12月21日、大之浦炭鉱でガス爆発事故があった。《データ》死者369名

11.24　**豪雪**（新潟県、山形県、石川県）　11月24日から降り続いた雪で、25日には北陸地方や新潟県を中心に不通となる列車が相次いだ。12月になっても降雪は続き、翌年1月2日から東北地方では風速40mもの吹雪に見舞われ、いったん収まった吹雪は5日には北陸、信越、東北地方で再び強まった。1月9日午後11時30分頃、新潟県南魚沼郡三俣村（現・湯沢町）で村の背後に位置する「まえのひら」（標高860m）で雪崩が起き、民家34戸、土蔵、小学校などが押しつぶされた。深さ約1.5mから6.7mの雪の下敷きとなった180人のうち155人が圧死し、重軽傷者のうち3人が後に死亡、計158人が命を落とした。また、20日午前4時30分頃、山形県東田川郡大泉村（現・鶴岡市）では、大鳥鉱山で表層雪崩が発生し、鉱山作業員の飯場と宿舎、小学校の分教場など9棟が全壊。現場が山間部で救助に手間取り、約200人もの人々が雪に埋まり、154人が死亡、重軽傷者20人の大惨事となった。山形県は1月に、このほか多くの雪崩の被害が出た。石川県でも大正6年12月24日から7年1月25日までの雪崩などのよる死者30名、負傷者11名、家屋の全半壊99棟に達した。　《データ》死者342名

大正7年
（1918年）

1.9　**雪崩**（新潟県南魚沼郡）　1月9日、新潟県南魚沼郡三俣村で、山頂の雪庇崩落が誘因で大表層雪崩が発生。家屋34戸が埋没。日本最大級の雪崩災害。　《データ》死者158名

1.20　**雪崩**（山形県東田川郡）　1月20日、山形県東田川郡大泉村大鳥鉱山で表層雪崩が発生。宿舎、倉庫9棟全壊。　《データ》死者154名

2.15　**桐野炭坑ガス爆発**（福岡県）　2月15日、桐野炭坑でガス爆発があった。《データ》死者71名

3.7　**信越線列車暴走転覆**（群馬県）　3月7日、信越線で貨物列車が、碓氷峠の急勾配を退行し10ヶ所のトンネルを通過暴走して熊ノ平駅の引込線に突っ込み、転覆大破。《データ》死者4名、負傷者6名

6.23　**夕張炭坑ガス爆発**（北海道）　6月23日、夕張炭坑でガス爆発があった。《データ》死者12名

6.26　**地震**（関東地方,中部地方）　6月26日、神奈川県丹沢西方を震源とする地震があった。南都留郡谷村町にて石垣崩壊、石塔転倒。土蔵の壁亀裂等多かった。甲府市付近で水道管破裂が7～8ヶ所あった。マグニチュード6.3。甲府で震度2を記録した。

7.2　**爆薬爆発、下関駅寝台列車巻き添え**（山口県下関港）　7月2日、はしけに爆薬積み込み中爆発。下関駅付近で寝台列車が爆風を受け、窓硝子飛び散り乗客54名負傷。

22

《データ》死者27名, 負傷者66名

- 7.10 台風（近畿地方, 中国地方, 四国地方, 九州地方）　7月10日、近畿以西で台風、風水害。死者60名以上に及んだ。　《データ》死者60名
- 7.12 火薬庫爆発（山口県）　7月12日、徳山湾に停泊中の戦艦「河内」の火薬庫で無煙火薬が自然発火し爆発、沈没した。　《データ》死傷者645名
- 8.5 山手線踏切で荷車と電車衝突、爆発（東京府）　8月5日、恵比寿駅南方の踏切でダイナマイトを積んだ荷車が脱輪、電車と衝突して爆発。　《データ》死者1名, 負傷者38名
- 9.8 地震（北海道）　9月8日午前2時16分、北太平洋・ウルップ島沖を震源とする地震があった。マグニチュード8.0。沼津まで有感。津波も襲来、岩美湾で6〜12mなど。《データ》死者・不明24名
- 9.13 台風（関東地方, 近畿地方, 中国地方, 四国地方, 九州地方）　9月13日、近畿以西に台風襲来。河川氾濫、山崩れにより、家屋倒壊、圧死者が多数出た。兵庫、鳥取、島根各県の被害が大きかった。　《データ》死者226名
- 11.8 地震（北海道）　11月8日、ウルップ島南島沖を震源とする地震があった。マグニチュード7.7。0.5〜1mの津波が発生。
- 11.11 地震（中部地方）　11月11日午前2時58分、長野・大町東方を震源とする地震があった。マグニチュード6.1。小断層発生。大町地震、と呼ばれる。

大正8年
（1919年）

- 4.13 海難（北海道）　4月13日、北海道に低気圧襲来。ニシン漁の42名が行方不明になった。　《データ》行方不明者42名
- 7.5 豪雨（中国地方, 広島県）　7月5日、広島県福山で豪雨により芦田川の堤防が決壊した。太田川流域全面浸水。　《データ》負傷者25名
- 8.14 台風（九州地方, 四国地方）　8月14日、九州、四国に台風襲来。種子島沖で15日、海軍運搬船「志自岐丸」が沈没した。　《データ》死者111名

大正9年
（1920年）

- 2.19 地震（中部地方）　2月19日、長野・松本で地震があった。道路崩壊、電柱倒壊の被害。
- 5.3 汽船ボイラー爆発（広島県）　5月3日、尾道のドックで、修理中の汽船ボイラーが爆発し、死者8名、負傷者9名を数えた。　《データ》死者8名, 負傷者9名
- 5.12 酸素圧縮機爆発（大阪府）　5月12日、大阪で酸素圧縮機の使用法及びガス製造上の

	不注意により爆発、死者2名、負傷者7名を数えた。 《データ》死者2名, 負傷者7名
5.24	アンモニア容器爆発（山口県） 5月24日、アンモニア容器が爆発し、行方不明者2名、負傷者1名を数えた。 《データ》行方不明者2名, 負傷者1名
6.7	名古屋電鉄車庫火災（愛知県） 6月7日、名古屋電鉄の車庫が漏電により火災。多量の重油があったため1,500坪が火の海となった。電車91両焼く。 《データ》電車91両焼失。
6.14	北炭夕張炭鉱ガス爆発（北海道） 6月14日、北炭夕張炭鉱でガス・炭塵爆発があった。死者209名、負傷者7名を数えた。 《データ》死者209名, 負傷者7名
8.17	河川氾濫（高知県宿毛市） 8月17日、高知の宿毛で松田川の氾濫により62戸が流失した。 《データ》死者69名
9.28	台風（東北地方, 関東地方） 9月28日、関東、東北地方太平洋岸に台風襲来。茨城、神奈川県で被害が大きかった。 《データ》死者156名
12.22	噴火（中部地方, 関東地方） 12月22日、浅間山が大噴火。山火事や降灰の被害があった。

大正10年
（1921年）

3.30	圧縮酸素爆発（広島県） 3月30日、鉄工所で酸素容器にゴム管を結合し、アセチレンガス槽より細管を結合作業中、圧縮酸素が爆発した。 《データ》死者2名
6.17	洪水（九州地方, 大分県） 6月17日、九州で大洪水。大分県の死者200名を数えた。 《データ》死者200名
8.8	倉庫爆発（広島県） 8月8日、比治山山麓の陸軍第5倉庫で爆発があり、無数の小銃弾が飛散した。作業員の搬送中の過失が原因。 《データ》死者7名, 重傷者21名
9.25	台風（東北地方, 北陸地方, 中部地方, 近畿地方, 中国地方） 9月25日、近畿、北陸、東海地方で風水害、台風。富山県の被害甚大。漁船十数隻遭難。韋駄天台風、と呼ばれる。暴風警報の遅れで富山測候所長が自殺。 《データ》死者691名, 負傷者187名, 船舶被害200隻
12.10	地震（関東地方） 12月10日、東京・渋谷で地震により玉川から淀橋浄水場への送水路堤防が決壊した。12月8日に東京や横浜などで震度4を記録した地震の余震。8日の本震での被害は軽微だった。

大正11年
（1922年）

2.3	雪崩（新潟県） 2月3日、北陸線親不知～青海間で、全層雪崩のため客車3両埋没破壊、重軽傷40名。 《データ》死者88名, 行方不明42名

2.3	北陸線列車雪崩埋没(新潟県青梅)	2月3日、北陸線で除雪作業中雪崩。列車埋没、大破。《データ》死者90名,重軽傷者40名
2.16	暴風雨(関東地方,東北地方)	2月16日、関東、東北で暴風雨、死者多数。
4.26	地震(関東地方,中部地方)	4月26日午前10時11分、浦賀水道を震源とする地震があった。マグニチュード6.8で深さは極く浅かった。東京、横浜など震度4。《データ》死者・不明2名
8.2	煙火製造所爆発(宮城県白石市)	8月2日、煙火製造所で塩素酸カリウムと硫黄を混合中に爆発し、既製打上げ煙火15kgも爆発した。《データ》死者3名,負傷者1名
8.13	雷雨(群馬県)	8月13日、群馬で連日の雷雨あり。2,000戸が浸水した。
8.23	台風(中国地方,関東地方,中部地方,近畿地方)	8月23日、中国、関東、中部、近畿で複数の台風が襲来、各地で被害甚大。
12.8	地震(九州地方)	12月8日午前1時50分、長崎・千々石湾を震源とする地震があった。マグニチュード6.5住家全壊194。2回目の地震があった。マグニチュード5.9で倒壊70。《データ》死者・不明30名

大正12年
(1923年)

1.9	中島式5型機墜落(静岡県)	1月9日、東西定期航空会の中島式5型機が三島練兵場で離陸直後に墜落。機長8月24日死亡、わが国民間航空輸送史上初の犠牲者。《データ》死者1名,重傷者1名
2.22	白戸式25型機箱根山岳衝突(神奈川県)	2月22日、東西定期航空会の白戸式25型機が箱根で山に激突。《データ》死者1名,航空機1機墜落
4.16	参宮線工事区間急行列車脱線転覆(三重県津)	4月16日、参宮線下庄一身田間でレールを外した工事区間に急行列車が突っ込み脱線、転覆。《データ》死者15名,負傷者約200名
7.13	地震(九州地方)	7月13日、種子島付近を震源とする地震があった。マグニチュード7.1。家屋小破77余。
9.1	関東大震災(関東地方,中部地方)	9月1日午前11時58分、小田原近辺を震源とする地震が発生した。マグニチュードは7.9(昭和27年発表)で、震源は東経139度8分、北緯35度19分の地点。最大震度(阪神・淡路大震災後改定された新しい震度階級)は7、神奈川・東京・千葉・静岡など広範囲で震度5以上の揺れがあった。この地震で建造物の倒壊、地割れ、山崩れや津波が発生。また、発生時刻が昼時であったので、住宅の台所や飲食店などで起きた火災が隣接の倒壊家屋などに延焼し、東京市街の三分の二は完全に焼失、避難所でも焼死や窒息死があいついだ。さらに、相次ぐ余震の発生と不安の群集心理からさまざまな流言が飛び交い、不幸な虐殺事件まで起きることになった。全体で死者・行方不明者を合わせて14万2千人以上の犠牲者を出した。《データ》死者・不明142,807名,全壊家屋10万9千棟以上,半壊家屋10万2千棟以上,焼失家屋21万2千棟以上(全半壊後の焼失を含む)

大正13年(1924年)

9.1　台風・地震(全国)　9月1日、本州に台風が襲来。6時には能登半島にあり(997hPa)、2日6時に北海道東部に向かった。火事旋風を起こし、関東大震災の大火をもたらしたのは、台風が一因と言われている。《データ》死者約105,000名(関東大震災)

9.1　大震災山崩れ・熱海線列車巻き込まれ(神奈川県小田原)　9月1日、関東地震で大洞山崩れ、根府川で土石流発生。根府川駅の客車が海中に転落。《データ》死者112名, 負傷者13名

9.2　地震(関東地方)　9月2日、勝浦沖を震源とする地震があった。マグニチュード7.4。最大震度6。洲崎で波高30cmの小津波。勝浦で瓦落下など被害あり。

大正13年
(1924年)

1.5　上歌志内炭鉱ガス爆発(北海道歌志内)　1月5日、上歌志内炭鉱でガス・炭塵爆発。《データ》死者76名

1.15　地震(関東地方)　1月15日午前5時50分、丹沢山塊を震源とする地震があった。マグニチュード7.3。関東地震の余震。神奈川で住家全潰561など被害が大きかった。家屋全壊1,298。東京震度5など観測。《データ》死者・不明19名

3.19　飛行船爆発墜落(茨城県相馬郡)　3月19日、横須賀で係留訓練を終えた飛行船が霞ケ浦に帰航途中爆発。炎上し墜落。《データ》死者5名, 飛行船1機墜落

6.4　煙火爆発(愛知県安城市)　6月4日、煙火製造所で不注意により煙火が爆発した。《データ》死者6名, 負傷者2名

7.5　サルムソン2A2型機墜落(東京府)　7月5日、東西定期航空会のサルムソン2A2型機が立川で試験飛行中墜落。《データ》死者2名, 航空機1機墜落

8.9　入山炭坑ガス爆発(福島県)　8月9日、入山炭坑でガス爆発が発生、坑内の76人中75人が死亡した。《データ》死者75名, 負傷者1名

9.11　台風(近畿地方, 中国地方, 四国地方, 九州地方)　9月11日、九州に風水害、台風。大阪湾で高潮。死者110名以上を数えた。《データ》死者110名以上

9.16　暴風雨(関東地方)　9月16日、関東で大暴風雨。1,000戸が浸水した。

12.12　暴風雨(福井県)　12月12日、福井の河野村沖で、暴風雨により特務艦「関東」が沈没した。《データ》死者97名

12.17　爆薬爆発(北海道)　12月17日、小樽駅構内の波止場のはしけから爆薬13トンを荷揚げし貨車に積み込んでいる最中に爆発した。《データ》死者53名, 行方不明者32名, 負傷者264名

大正14年
（1925年）

5.23　北但馬地震（兵庫県）　5月23日午前11時9分、兵庫県但馬地方を震源とするマグニチュード6.8の地震が発生した。震源地は東経134度50分、北緯35度33分の地点。兵庫県豊岡、城崎で震度6が、兵庫県、京都府、滋賀県で震度5、岡山県、鳥取県、和歌山県、三重県で震度4が観測された。死者・行方不明者428人を出した。《データ》死者・行方不明者428名、全壊家屋1295棟、全焼家屋2180棟

9.11　暴風雨（中部地方，愛知県）　9月11日、愛知の濃尾地方に大暴風雨。名古屋で浸水家屋が2万戸に及んだ。

9.30　豪雨、洪水（東京都, 神奈川県）　9月30日、東京、神奈川の横浜で50年来の豪雨による洪水やがけ崩れがあった。40余戸が全半壊し、浸水4万2千余戸。《データ》死者5名

大正15年, 昭和1年
（1926年）

4.6　日本航空輸送研究所横廠式ロ号甲型機、空中火災（兵庫県）　4月6日、日本航空輸送研究所横廠式ロ号甲型機で空中火災、神戸沖に墜落。乗員乗客各1名死亡、わが国で旅客の死亡を伴う最初の航空事故。《データ》死者2名，航空機1機墜落

4.18　祝賀会場、飛行機墜落（奈良県王寺町）　4月18日、町制記念祝賀会場に飛行機墜落。《データ》死者2名, 航空機1機墜落

5.24　十勝岳噴火（北海道）　5月24日、北海道の十勝岳が噴火し、144名の死者が出た。《データ》死者144名

7.29　豪雨（新潟県）　7月29日、新潟で豪雨により阿賀野川、信濃川が氾濫。浸水家屋8,000戸、倒壊家屋750戸を数えた。《データ》死者300名

8.3　地震（関東地方）　8月3日午後6時26分、東京市南東部を震源とする地震があった。マグニチュード6.3。震源の深さ20km。東京で震度5などを観測。

8.4　豪雨（東北地方, 秋田県本荘市）　8月4日、秋田の本荘などで豪雨。3,000戸が浸水した。

8.19　豪雨（東京都）　8月19日、東京で豪雨。1,200戸が浸水した。

9.3　台風（東北地方，関東地方，中部地方，近畿地方）　9月3日、関東、東海、南紀地方で風水害、台風。《データ》死者211名

9.13　油槽船爆発（神奈川県横浜市）　9月13日、ドック内で清掃作業中に油槽船が爆発した。日本初の油槽船爆発事故。《データ》死者13名

昭和2年（1927年）

9.23　山陽本線特急列車脱線転覆（広島県広島）　9月23日、山陽本線安芸中野－海田市間で豪雨により地盤緩み下り特急列車が脱線、転覆。《データ》死者34名、負傷者39名

昭和2年
（1927年）

1.18－　豪雪（石川県,富山県,福井県,新潟県）　1月18日から北陸、信越地方を襲った豪雪は1ヶ月近く続き、金沢では3mの積雪を記録、石川、富山、福井、新潟の4県で死者168人、家屋倒壊358戸の被害となった。《データ》死者168名,家屋倒壊358戸

1.28　火災（宮崎県西諸県郡小林町）　1月28日、宮崎県小林町で火災が発生、家屋500戸を全焼した。《データ》全焼家屋500戸

1.29　雪崩（富山県）　1月29日、富山県の日本電力発電所工事現場付近で雪崩が発生、飯場などが埋没、74人が生き埋めとなった。

2.14　地滑り（新潟県磯部村）　2月14日、新潟県磯部村で地滑りが発生、さらに倒壊した家屋から出火し、50戸が全焼、死傷者40人をだした。《データ》死傷者40名,全焼家屋50戸

3月　インフルエンザ流行（全国）　3月、全国各地でインフルエンザが大流行し、患者数は東京府下だけでも100万人近くはいるものとみられ、うち1682人が感冒で死亡している。このため、内務省では、各種の拡大防止策を実施、マスクや吸入器を盛んに使用するようにした。《データ》約100万人（東京）

3.7　北丹後地震（近畿地方,中国地方,四国地方）　3月7日午後6時30分頃、若狭湾中部を震央とする地震が発生、北丹後地方を中心に、死者、行方不明者2925名、全壊家屋1万2584戸とかなりの被害となった。《データ》死者・行方不明者2925名,全壊家屋1万2584戸

3.9　霧島丸沈没（宮城県金華山沖）　3月9日、宮城県の金華山沖で鹿児島商船水産学校の練習船・霧島丸が沈没し、53人が死亡した。《データ》死者53名

3.27　磐城炭坑火災（福島県）　3月27日午前11時頃、福島県の磐城炭坑の荷下ろし場付近から出火、坑内にいた186人が死亡した。《データ》死者186人

4月　はしか流行（東京都）　東京ではしかが流行、3月末までに乳幼児370人が死亡した。《データ》死者370人

4.1　海軍機爆弾落下　4月1日、海軍機から落下した爆弾により、1名が死亡した。《データ》死者1名

4.1　航空機墜落（大阪府大阪市）　4月1日、大阪市の木津川飛行場の敷地内に航空機が墜落、乗員2名が死亡した。《データ》死者2名,航空機1機墜落

4.21　火災（石川県金沢市横安江町）　4月21日、石川県金沢市横安江町で火災が発生、強風にあおられ733戸が全焼した。《データ》全焼家屋733戸,被害総額332万円

5.6　入山炭鉱坑内爆発（福島県）　5月6日、入山炭鉱でガス爆発が発生し、作業員14名が

昭和2年(1927年)

死亡した。《データ》死者14名

5.12 火災(北海道小樽市) 5月12日、北海道小樽市で火災があり、家屋400戸を全焼した。《データ》全焼家屋400戸

5.12 火災(長野県木曾福島町) 5月12日午前11時40分頃、長野県木曾福島町で火災が発生、強風にあおられ飛火し約800戸が全焼した。《データ》全焼家屋約800戸

5.17 岩屋炭鉱坑内火災(佐賀県岩屋炭鉱) 5月17日、佐賀県の岩屋炭鉱で坑内火災があり、作業員23名が焼死した。《データ》死者23名

6.6 上三緒炭鉱坑内爆発(福岡県) 6月6日、上三緒炭鉱の坑内でガス爆発が発生し、作業員22名が死傷した。《データ》死傷者22名

8.1 機雷爆発(佐伯湾) 8月1日、佐伯湾に停泊中の敷設艦常盤(9885t)の右舷の機雷が爆発、85人が死亡した。《データ》死者85名

8.8— 台風(宮崎県) 8月8日夜から11日にかけて、宮崎市内を中心に台風の影響で2度にわたって大雨が降り、大淀川の氾濫により橋梁3ヶ所が流失したほか、道路損壊や農作物などの被害があいついだ。《データ》被災家屋5000戸,浸水家屋6000戸余り,河川氾濫,橋梁3ヶ所流失,道路損壊,農作物被害

8.10 渡船転覆(東京都洲崎) 8月10日午後5時30分頃、東京府洲崎で作業員17人を乗せた渡船が転覆、5人が死亡、2人が重体となった。《データ》死者5名,重体2名

8.20 工場火災(東京府亀戸町) 8月20日昼頃、東京府亀戸町のセルロイド工場で火災が発生、5人が死亡した。《データ》死者5名

8.24 駆逐艦蕨・巡洋艦神通衝突(島根県美保関沖) 8月24日午後10時20分頃、島根県美保関の北東で夜間演習中の駆逐艦蕨と巡洋艦神通が衝突、蕨は約15分後に沈没、神通も一部浸水はしたが無事だった。この事故で蕨に乗艦していた90名が行方不明となった。《データ》行方不明者90名,船舶1隻沈没

9.13 津波(熊本県) 9月13日午前10時頃、熊本県飽託郡児島町、中島村、沖新村に津波が押し寄せ大きな被害となり、県下での被害は死亡または行方不明719名となった。《データ》死者・行方不明者719名,家屋倒壊・流失1850戸,浸水3000戸,船舶流失37隻,損害額2000万円

9.29 太平洋航路客船沈没(オホーツク海) 9月29日、太平洋航路の客船がオホーツク海で沈没し、乗組員や乗客ら900名が溺死した。《データ》死者900名,船舶1隻沈没

10.26 クレーン転倒(東京都東京市上野) 10月26日、東京市の上野松坂屋でクレーンが倒れ、歩行者ら10数名が下敷きとなり死傷した。《データ》死傷者10数名

11.3 曲芸飛行機墜落(京都府) 11月3日、航空機1機が京都府の安井飛行場で開催された曲芸飛行大会に参加した際、誤って観客席に突っ込み、10数名が死傷した。《データ》死傷者10数名

11.12 美唄炭鉱坑内爆発(北海道美唄町) 11月12日、北海道美唄町の美唄炭鉱で爆発があり、作業員ら数十名が死傷した。《データ》死傷者数十名

昭和3年
（1928年）

1.11 　暴風雪（北海道）　1月11日、北海道で暴風雪があり、漁船転覆などで113人が死亡または行方不明となった。　《データ》死者・行方不明者113名

1.12 　花火製造工場爆発（福岡県久留米市）　1月12日、福岡県久留米市の花火製造工場で爆発があり、従業員ら14名が死亡した。　《データ》死者14名，工場爆発

1.19 　トンネル工事現場崩壊（岐阜県船津町）　1月19日、岐阜県船津町の発電所工事現場でトンネルが崩れ、作業員ら27名が生き埋めになった。　《データ》生き埋め者27名，トンネル崩壊

1.21 　福州丸爆発（韓国仁川港付近）　1月21日、商船福州丸が仁川港（韓国）の付近で爆発、破損し、乗組員ら7名が即死、13名が重傷を負った。　《データ》死者7名，重傷者13名，船舶1隻破損

1.22 　導火線工場爆発（北海道）　1月22日、北海道の導火線製造工場で雷管が突然爆発し、従業員5名が即死した。　《データ》死者5名

2.13 　豪雪（新潟県）　2月13日、新潟県に豪雪があり、62人の死者を出した。　《データ》死者62名

2.15 　雪崩（長野県）　2月15日、長野県の天竜水力発電所工事現場のトンネルが雪崩に襲われ、作業員27名が生き埋めになった。　《データ》生き埋め者27名

3.10 　団平船転覆（福岡県門司市付近）　3月10日、団平船（平底型貨物船）が福岡県門司市の付近で転覆し、乗組員ら15名が溺死した。　《データ》死者15名，船舶1隻転覆

3.15 　花火工場爆発（東京都三河島町）　3月15日午前9時頃、東京府三河島町で花火工場が爆発、死者2人、重傷者5人、約200m四方の民家が破壊された。　《データ》死者2名，重傷者5名

3.21 　火災（東京府和田堀）　3月21日、東京府和田堀で火災があり、家屋280戸を全焼した。　《データ》全焼家屋280戸

4.18 　火災（青森県弘前市富田町）　4月18日午前10時頃、弘前市富田町で火災が発生、6時間以上燃え続けようやく鎮火、死者1人、負傷者90人、焼失家屋約700戸、出火の原因は火の不始末であった。　《データ》死者1名，負傷者90名，焼失家屋約700戸

4.19 　火災（長崎県北松浦郡生月村）　4月19日、長崎県北松浦郡生月村で火災が発生し、400戸が焼失した。　《データ》焼失家屋400戸

5.4 　日本製旅客機爆発（群馬県）　5月4日、群馬県の中島飛行機制作所で作られた旅客機が試験飛行中にガソリンタンクの爆発により墜落、搭乗員8人全員が死亡した。《データ》死者8名

5.10 　火災（秋田県西馬音内町）　5月10日、秋田県西馬音内町で火災が発生し、500戸が焼

失した。《データ》焼失家屋500戸

6.2 山陰線臨時列車転覆（島根県益田町）　6月2日、山陰線の臨時列車が益田駅の付近で脱線、転覆し、乗務員や乗客22名が死傷した。《データ》死傷者22名，車両転覆

6.28 鎮西炭鉱坑内爆発（福岡県）　6月28日、福岡県の鎮西炭鉱でメタンガスが爆発し、作業員ら23名が死傷した。《データ》死傷者23名

7.3 市電衝突（東京都東京市小石川区）　7月3日午前9時6分、東京牛込区の大曲分岐点で満員の市電の側面にブレーキの故障した回送車が衝突、回送車の運転手が死亡したほか、33人が重軽傷を負った。《データ》死者1名，負傷者33名

7.18 山崩れ（兵庫県氷上郡春日部村）　7月18日、兵庫県春日部村の野上野地区で、豪雨のため裏山が突然崩れ、住民9名が圧死、家屋1戸が土砂に埋まった。《データ》死者9名，埋没家屋1戸

7.23 火災（北海道美深町）　7月23日、北海道美深町で火災があり、家屋700戸を全焼した。《データ》全焼家屋700戸

8.3 火災（新潟県五泉町）　8月3日、新潟県五泉町で火災が発生し、560戸が焼失した。《データ》焼失家屋560戸

8.6 阪急電鉄神戸線人身事故（兵庫県園田村）　8月6日午後9時30分頃、阪急電鉄神戸線の電車が塚口駅付近を通過した際、園田村の住民4名が電車にひかれて死亡した。事故直後、怒った同村民が線路を占拠したため、同線は一時運転を取りやめた。《データ》死者4名

8.19 火災（新潟県西頸城郡糸魚川町）　8月19日、新潟県糸魚川町で火災があり、住民ら16名が死傷、家屋117戸（70棟）を全焼した。《データ》死傷者16名，全焼家屋117戸70棟

8.23 火災（北海道天塩町）　8月23日、北海道天塩町で火災が発生し、600戸が焼失した。《データ》焼失家屋600戸

9.13 省線電車脱線（東京都東京市代々木）　9月13日、省線電車が代々木駅の構内で脱線し、乗客ら7名が死傷した。《データ》死傷者7名，電車脱線

9.25 東北本線急行列車・軍用自動車衝突（岩手県金ヶ崎町）　9月25日、東北本線上り急行列車と陸軍立川飛行連隊の兵員輸送車が、金ヶ崎駅近くの本宮踏切で衝突、急行列車は機関車の前輪が脱線、輸送車は大破した。この事故で、陸軍特別大演習に参加する兵士のうち2名が死亡、8名が重軽傷を負った。《データ》死者2名，重軽傷者8名，自動車1台大破，機関車1両脱線

10.18 火災（新潟県佐渡郡両津町）　10月18日午後9時45分、新潟県佐渡郡両津町で火災が発生、消火活動の遅れから大火となり、556戸が焼失、1人が死亡した。この大火での被害総額は156万円。《データ》死者1名，全焼家屋556戸，被害総額156万円

12.19- 暴風雪（東北地方，信越地方）　12月19日から翌年の2月2日にかけて、日本海側の各地で猛吹雪による被害が続出。1月2日、新潟県で家屋300戸が津波に襲われ、5日には妙高山麓で登山者ら40名が吹雪で遭難、鉄道各線の不通などもあいついだ。《データ》遭難者40名，損壊家屋300戸

昭和4年
（1929年）

2.1 　信越線列車・除雪車衝突（新潟県）　2月1日、信越線の青森発大阪行き列車と除雪車が直江津駅近くの荒川鉄橋で正面衝突。除雪車が荒川へ転落し、乗務員や乗客ら4名が死亡、10数名が重傷を負った。《データ》死者4名,重傷者10数名,車両転覆

2.10 　製糸工場火災（静岡県駿東郡御殿場町）　2月10日、静岡県御殿場町の製糸工場で火災があり、女子工員ら14名が死亡し、同工場を全焼した。《データ》死者14名,工場全焼

2.15 　病院火災（東京）　2月15日、東京・牛込の戸山脳病院が全焼し、患者11人が焼死した。《データ》死者11名

2.24 　火災（宮城県本吉郡気仙沼町）　2月24日午前0時30分頃、宮城県本吉郡気仙沼町で火災が発生、強風にあおられ隣町に飛び火、970戸を焼失した。被害総額は1000万円。《データ》全焼家屋970戸,被害総額1000万円

2.25 　山林火災（福島県相馬郡鹿島村）　2月25日、福島県鹿島村で山林火災があり、約16.9km^2 を焼失した。《データ》焼失面積約16.9km^2

3.16 　山陽線急行列車転覆（山口県）　3月16日、山陽線の急行列車が山口県の姥石トンネルの付近で転覆し、乗客ら9名が死傷した。《データ》死傷者9名,車両転覆

5.28 　火薬爆発（愛知県豊橋市）　5月28日、愛知県豊橋市の陸軍工兵第3大隊第3中隊の敷地内で煙幕の製造中に火薬が突然爆発、作業に携わった隊員4名が死亡、4名が重軽傷を負った。《データ》死者4名,重軽傷者4名

6.16 　駒ヶ岳噴火（北海道駒ヶ岳）　6月16日午後11時頃、北海道渡島半島の駒ヶ岳が火山活動を開始、翌17日午前10時頃、大爆発を起こし、1人が死亡、約2900戸が被害をうけた。《データ》死者1名

6.26 　松島炭鉱出水（長崎県西彼杵郡松島村）　6月26日、長崎県松島村の松島炭鉱第3坑で出水があり、採炭作業員42名が溺死、同鉱は廃鉱となった。当時、同炭鉱は従業員3000名を抱え、年間約700tの石炭を産出していた。《データ》死者42名

6.27 　浅野セメント多摩工場爆発（東京都）　6月27日、東京府の浅野セメント多摩工場で爆発があり、従業員ら20名が死傷した。《データ》死傷者20名,工場爆発

8.5 　炭坑内ガス爆発（北海道）　8月5日、北海道上歌志内住友坂炭坑でガス爆発が発生し、76人が死亡した。《データ》死者76名

9.30 　台風（鹿児島県大島郡）　9月30日、鹿児島県大島郡で、台風の暴風雨による被害があいついだ。《データ》全壊家屋1089棟,半壊家屋1803棟,沈没船舶120隻

昭和5年
（1930年）

3.3　貨物船沈没（青森県下北郡尻屋崎沖）　3月3日、神戸村尾汽船の貨物船が青森県尻屋崎の沖合で沈没し、乗組員30名余りが溺死した。《データ》死者30名余り，船舶1隻沈没

3.28　火災（石川県小松町）　3月28日、石川県小松町で大火があり、700戸を焼失した。《データ》焼失家屋700戸

7.18　暴風雨（九州地方）　7月18日、九州地方を暴風雨が襲い、16人が死亡した。《データ》死者16名

7.26　津波（大分県）　7月26日夜、大分県津久見、青江両町の海岸地域で満潮と強風が重なって津波が発生。住民1名が死亡、10数名が負傷、3名が行方不明となった。《データ》死者1名，負傷者10数名，行方不明者3名，倒壊家屋70戸，浸水家屋100戸余り

7.26－　台風（沖縄県）　7月26日から27日にかけて、沖縄県全域で台風による被害が続出し、住民20名が死亡または行方不明となり、家屋2160戸が壊れた。なかでも大里村の与那原地区では、津波により家屋150戸が全壊、19戸が流失した。《データ》死者・行方不明者20名，被災家屋2160戸

7.31－　台風（東海地方，近畿地方）　7月31日未明から8月1日午前にかけて、愛知、岐阜、三重、京都、大阪、滋賀、奈良、兵庫の2府6県で台風による被害が続出。20名が死亡、福知山盆地のほぼ全域で家屋が浸水、木曽、長良、揖斐、淀、由良などの河川氾濫や堤防決壊、土砂崩れ、道路流失、田畑浸水、交通機関の不通などがあいついだ。《データ》死者20名，浸水家屋約1万3100戸，倒壊家屋多数，道路流失，河川氾濫，堤防決壊，農作物被害，被害額約477万円（京都府，滋賀・岐阜県のみ）

8.1　山崩れ（栃木県那須郡那須温泉町）　8月1日、栃木県那須温泉町で台風の影響による大雨で裏山が崩れ、住民ら3名が死亡、12名が重軽傷を負った。《データ》死者3名，重軽傷者12名

8.1　山津波（群馬県吾妻郡坂上村）　8月1日、群馬県坂上村で台風の影響による大雨で山津波が発生し、住民ら3名が死亡、20名余りが負傷し、家屋9戸（20棟）が土砂に埋まった。《データ》死者3名，負傷者20名余り，埋没家屋9戸20棟

9.5　火災（富山県新湊町）　9月5日、富山県新湊町で火災が発生、480戸を焼失した。《データ》焼失家屋480戸

9月頃　脚気患者発生（ソ連カムチャツカ半島付近）　9月19日、富山工船の蟹工船エトロフ丸がカムチャツカ半島近くの海域で操業後、函館に帰港した際、脚気により乗組員18名が死亡し、120名余りが重症であることがわかった。原因は同船内における粗食と過労。《データ》死者18名，重症者120名余り

11.26　北伊豆地震（東海地方，関東地方）　11月26日午前4時頃、伊豆北部で地震が発生、死

者、行方不明者272人、全壊家屋2165戸の被害となった。《データ》死者・行方不明者272名、全壊家屋2165戸

昭和6年
（1931年）

1.12 　列車転落（広島県）　1月12日、広島県の山陽線河内駅付近で急行列車が川に転落し、6人が死亡した。《データ》死者6名

2.9 　菊水丸・フランス船衝突（兵庫県神戸市付近）　2月9日、尼崎汽船の菊水丸とフランスの汽船が神戸港の付近で衝突、沈没し、28人が死亡した。《データ》死者28名、船舶2隻沈没

3月 　火災（鹿児島県出水郡阿久根町）　3月、鹿児島県阿久根町で火災があり、同町は全滅に近い被害を受けた。《データ》全焼家屋多数

4.5 　竜巻（福岡県大刀洗）　4月5日、福岡県大刀洗で大竜巻が発生し、陸軍機19機が大破、4人が死亡した。《データ》死者4名、航空機大破19機

5.7 　火災（鳥取県西伯郡大山村）　5月7日、鳥取県大山村で火災があり、家屋110棟と44.6km^{2}を全焼した。《データ》全焼家屋110棟、焼失面積約44.6km^2

5.13 　火災（新潟県日根町）　5月13日、新潟県日根町で火災があり、家屋402戸を全焼した。《データ》全焼家屋402戸

5.15 　火災（秋田県秋田市牛島町）　5月15日、秋田市牛島町で火災があり、家屋430戸を全焼した。《データ》全焼家屋430戸、被害額80万円

5.16 　火災（島根県松江市）　5月16日、松江市で火災があり、家屋672戸を全焼した。《データ》全焼家屋672戸、被害額150万円

5.17 　映画館火災（群馬県金古町）　5月17日、群馬県金古町の仮設映画館でフィルムから出火し、観客ら14名が焼死、37名が重軽傷を負った。《データ》死者14名、重軽傷者37名

5.22 　工場火災（神奈川県横浜市鶴見区）　5月22日、横浜市鶴見区の日清製粉工場で火災があり、従業員80名が死傷した。《データ》死傷者80名

6.22 　日本空輸旅客機墜落（福岡県）　6月22日、福岡県の冷水峠付近に日本空輸旅客機が墜落、乗員、乗客合わせて3名が死亡した。《データ》死者3名、航空機1機墜落

7.4頃 　豚コレラ流行（千葉県印旛郡四街道町）　7月頃、千葉県四街道町で豚コレラが流行し、県は同4日、豚の移動禁止を命じた。

7.6− 　豪雨（鹿児島県,新潟県）　7月6日夜から7日にかけて、関東地方以西の各地で35年ぶりの大雨による被害が続出。鹿児島県では住民ら24名が死傷、家屋1万戸が浸水し、新潟県では河川氾濫などが発生した。《データ》死傷者24名、浸水家屋1万戸

（鹿児島県のみ）

7.21　貯水池決壊（大分県下毛郡山口村）　7月21日、大分県山口村にある八面山の灌漑用貯水池が大雨で決壊し、住民ら10名余りが死傷した。《データ》死傷者10名余り，被害額40万円

7月頃　腸チフス流行（長崎県長崎市）　7月頃、長崎市で腸チフスが流行し、患者数が延べ3000名になった。《データ》患者3000名

8.15頃　豚コレラ流行（香川県小豆島）　8月15日頃、香川県の小豆島で豚コレラが流行し、豚2129頭が死亡した。《データ》豚2129頭死亡

9.11　台風（長崎県，香川県）　9月11日、台風により長崎県で35人、香川県で16人が死亡した。《データ》死者51名

9.12　長洋丸沈没（長崎県五島沖）　9月12日未明、長崎県水産試験場の試験船長洋丸（41t）が五島列島の沖合で暴風雨のため沈没し、乗組員14名が溺死した。《データ》死者14名，船舶1隻沈没

9.26－　台風（日本海側，関東地方，東海地方）　9月26日から28日にかけて、日本海側や関東、東海両地方の各地で台風による河川氾濫や堤防決壊などの被害が続出。特に東京市では家屋およそ7万戸が浸水した。《データ》浸水家屋7万戸（東京市のみ），河川氾濫，堤防決壊

10月　豪雨（三重県北牟婁郡相賀町）　10月、三重県相賀町で大雨による出水があり、住民ら20名余りが死亡した。《データ》死者20名余り

10.13　台風（関東地方，中部地方，近畿地方，四国地方，九州地方）　10月13日、和歌山、高知両県をはじめ全国各地で台風による被害が続出。高知県では住民17名が死亡し、和歌山県でも大雨による被害があいついだ。《データ》死者17名，浸水家屋1000戸，道路・橋梁損壊，被害額500万円以上（高知県のみ）

10.28　温泉街火災（大分県）　10月28日、大分県別府市の近くにある観海寺温泉街で火災があり、同温泉街をほぼ全焼した。《データ》全焼家屋ほか多数

12月　ブリ漁船沈没（三重県熊野灘）　12月、ブリ漁船が熊野灘で沈没し、乗組員11名が行方不明になった。《データ》行方不明者11名，船舶1隻沈没

12.17　発電所工事現場崩壊（富山県上新川郡）　12月17日、富山県上新川郡にある小見発電所の工事現場が崩壊し、作業員ら27名が死傷した。《データ》死傷者27名

昭和7年
（1932年）

1月　温泉旅館街火災（宮城県刈田郡）　1月、宮城県刈田郡の遠刈田温泉で火災があり、同温泉旅館街をほぼ全焼した。

1.17　火災（青森県鰺ケ沢町）　1月17日、青森県鰺ケ沢町で火災が発生し、260戸を焼失した。《データ》焼失家屋260戸

昭和7年（1932年）

2.5-	浅間山爆発（群馬県，長野県）	2月5日から6月25日にかけて、浅間山が10数回爆発、噴火し、2月24日の爆発では付近の国有林で火災が起こった。《データ》山林火災
3.16	天竹丸沈没（香川県仲多度郡多度津町）	3月16日、天竹丸が香川県多度津町の沖合で沈没し、乗組員ら16名が溺死した。《データ》死者16名，船舶1隻沈没
3.16	炭鉱坑内爆発（長崎県長崎市）	3月16日、長崎港外の双子炭鉱でガス爆発があり、作業員ら21名が死傷した。《データ》死傷者21名
4.2	火災（青森県大畑村）	4月2日、青森県大畑村で火災が発生し、360戸を焼失した。《データ》焼失家屋360戸
4.6	金生金山崩壊（岐阜県吉城郡河合村）	4月6日、岐阜県河合村の金生金山が崩壊し、作業員ら11名が死傷した。《データ》死傷者11名
4.21	火災（静岡県大宮町栄町）	4月21日午後8時15分、静岡県大宮町栄町で火災が発生、6時間燃え続け、1人が死亡、約100人が負傷、家屋1440戸が焼失した。《データ》死者1名，負傷者100名，焼失家屋1440戸
4.28	鹿児島本線急行貨物列車転落（福岡県）	4月28日、鹿児島本線の急行貨物列車が折尾・遠賀川両駅間にある曲川橋梁の手前で突然脱覆し、27両が転覆、機関車と貨車13両が曲川に転落、機関士もけがをした。原因はレール継目板の破壊による計画的な妨害。《データ》負傷者1名，車両4両転落，車両27両転覆
5.5	炭鉱崩壊（愛知県愛知郡長久手村）	5月5日、愛知県長久手村の喜婦嶽亜炭鉱が崩れ、作業員13名が生き埋めとなり死亡した。《データ》死者13名
5.27	火災（北海道余市町）	5月27日、北海道余市町で火災が発生し、286戸を焼失した。《データ》焼失家屋286戸
6.12	火災（大分県中津市）	6月12日、大分県中津市で火災が発生し、300戸を焼失した。《データ》焼失家屋300戸
6.26	駒ヶ岳爆発（秋田県仙北郡）	6月26日、秋田県仙北郡の駒ヶ岳（標高1637m）が爆発し、周辺の長さ約600m、幅約300mの区域が砂岩や泥などの噴出物で埋まった。同岳では7月25日、水蒸気の噴出が観測された。《データ》被災面積約18ha
7月	豪雨（西日本）	7月、西日本の各地で低気圧が通過する際、大雨による被害が続出した。特に鹿児島県では、2回の大雨により住民3名が死亡した。《データ》死者3名，浸水家屋1万8000戸，橋梁・道路50ヶ所損壊，田畑約1.0km^{2}流失（鹿児島県のみ）
7月	鹿児島本線列車転覆（鹿児島県薩摩郡）	7月、鹿児島本線の列車が西方、草道両駅間を通過した際、トンネルの土砂が大雨で崩れ、列車が転覆、埋没した。《データ》車両転覆
8月	海水浴客溺死（三重県津市）	8月、三重県津市の阿漕浦で、海水浴におとずれた京都府明徳小学校の児童6名が溺死した。《データ》死者6名
8.5	豪雨（青森県，秋田県）	8月5日、青森、秋田両県で大雨による河川氾濫などの被害が続出。特に秋田市では家屋3000戸が浸水した。《データ》浸水家屋3000戸（秋田市のみ），河川氾濫，農作物被害
8.5	空知炭鉱坑内爆発（北海道空知郡）	8月5日、北海道の空知炭鉱で坑内爆発があり、

昭和7年（1932年）

作業員57名が死亡した。《データ》死者57名

8.16 日福丸・日出丸衝突（愛媛県釣島海峡）　8月16日、日福丸と日出丸が松山市の北西にある釣島海峡で衝突、日福丸が沈没し、乗組員19名が死亡した。《データ》死者19名, 船舶1隻沈没

9.26 山津波（岐阜県恵那郡中津町付近）　9月26日、岐阜県の恵那山（標高2160m）で大規模な山津波が発生し、同県中津町の付近で住民ら3名が死亡、6名が重傷を負った。《データ》死者3名, 重傷者6名, 流失家屋70戸, 埋没家屋120戸, 床上浸水家屋300戸, 橋梁10ヶ所流失, 被害額170万7000円

9.26 誓願寺火災（京都府京都市）　9月26日、京都市にある浄土宗西山派本山の誓願寺で火災があり、同寺を全焼。本尊の阿弥陀如来像（恵心作）や善導大師像（同前）、四天王像（運慶作）などの国宝級の仏像も灰になった。原因は失火。《データ》寺院全焼, 仏像多数焼失

10.14 海勢丸・愛石丸難破（小笠原諸島沖）　10月14日、小笠原諸島の沖合で、静岡県地頭方村の漁船海勢丸と愛石丸が操業中に難破、乗組員1名を除く118名が死亡した。《データ》死者118名, 船舶2隻難破

10.22 火災（石川県小松町）　10月22日午前1時20分頃、石川県小松町の映画館で火災が発生、強風にあおられ町の中心部にまで延焼した。この火災で、1187戸が全焼、小松駅焼失のため北陸線が一時不通、被害額は800万円に達した。小松町では5年3月にも760戸を全焼しており、復興したばかりだった。《データ》全焼家屋1187戸, 被害額800万円

11月 マグロ漁船難破（千葉県海上郡銚子町沖）　11月、三重県尾鷲町のマグロ漁船が千葉県銚子町の沖合で操業した際、難破し、乗組員13名が行方不明になった。《データ》行方不明者13名, 船舶1隻難破

12.2 デパート火災（静岡県静岡市）　12月2日、静岡市の田中屋デパートで火災があり、店員2名が死亡した。《データ》死者2名

12.5 駆逐艦沈没（台湾北方沖）　12月5日、台湾の北方で暴風雨のため駆逐艦早蕨が沈没。105人が死亡した。《データ》105名

12.16 白木屋百貨店火災（東京都）　12月16日、日本橋の白木屋百貨店で火災が発生、14人が死亡、130人が重軽傷を負った。《データ》死者14名, 重軽傷者130名

12.21 火災（新潟県糸魚川町）　12月21日、新潟県糸魚川町で火災が発生し、420戸を焼失した。《データ》焼失家屋420戸

12.23 アパート火災（東京都東京市深川区）　12月23日、東京市深川区富川町の労働者用アパートで火災があり、住民22名が焼死した。《データ》死者22名

この年— 工場汚水排出（宮崎県延岡市）　この年から約10年間にわたり、宮崎県延岡市の旭ベンベルグが工場汚水を排出。

昭和8年
(1933年)

1.24	第3大和丸沈没(愛媛県南宇和郡内海村沖)	1月24日、第3大和丸が愛媛県内海村の由良岬の沖合で沈没し、乗組員ら25名が溺死した。《データ》死者25名、船舶1隻沈没
2.24	阿蘇中岳噴火(熊本県)	2月24日午前2時30分頃、前年から小噴火を繰り返していた阿蘇中岳が150年ぶりに噴火した。
3.3	三陸地震津波(東北地方)	3月3日午前2時30分頃、三陸沖を震源とする地震が発生、マグニチュードは8.1で地震での被害は少なかったらしいが、その直後に太平洋岸を津波が襲ったため、沿岸、特に岩手県は大きな被害を受けた。この地震、津波での死者、行方不明者は3064名にのぼった。《データ》死者・行方不明者3064名、家屋流失4034戸、家屋倒壊1817戸、浸水4018戸
3.24	貯水池決壊(鳥取県)	3月24日、鳥取県の荒金鉱山の貯水池が突然決壊し、作業員ら3名が即死した。《データ》死者3名
5.27	建設現場爆発(東京都父島)	5月27日、父島の洲崎に建設されていた東京府立農事試験場の工事現場のトンネルで火薬29.5tが爆発し、作業員1名が即死、8名が重傷、231名が軽傷を負った。《データ》死者1名、重傷者8名、軽傷者231名
5.31	火薬運搬船爆発(広島県宇品港内)	5月31日夜、火薬運搬船が広島市の宇品港に碇泊した際、突然爆発し、船長夫妻が即死、付近の工場や家屋など500戸余りが被害を受けた。《データ》死者2名、船舶1隻全壊、破損工場・家屋500戸余り
6月	山口炭鉱坑内落盤(茨城県)	6月、茨城県の山口炭鉱で落盤があり、作業員5名が生き埋めになった。《データ》生き埋め者5名
6月	豪雨(鹿児島県)	6月、鹿児島県の各地で大雨が降り、住民3名が土砂の下敷となり死亡したほか、国道谷山線が不通になるなど被害があいついだ。《データ》死者3名、浸水家屋2000戸、道路損壊
6.1	集団食中毒(群馬県高崎市)	6月1日、群馬県高崎市で住民300名が納豆による集団食中毒にかかり、6名が死亡した。《データ》死者6名、患者300名
6.14	降雹(兵庫県播磨地方)	6月14日、兵庫県播磨地方で竜巻と雹により住民ら10名が死亡、101名が重軽傷を負い、家屋損壊や農作物などの被害があいついだ。《データ》死者10名、重軽傷者101名、家屋損壊、農作物被害、被害額147万円余り
6.30	炭坑内ガス爆発(長崎県)	6月30日、長崎県の崎戸炭坑でガス爆発が発生し、40人が死亡した。《データ》死者40名
7.9	松山城火災(愛媛県松山市)	7月9日、松山市の松山城で放火による火災があり、大天守閣を残して小天守閣や南北両櫓などを全焼した。
7.30	花火製造所爆発(静岡県静岡市)	7月30日、静岡市曲金町にある寺田花火製造所で

火薬が爆発し、従業員ら4名が死亡した。《データ》死者4名

8.13　水害（兵庫県）　8月13日午前4時頃から、兵庫県赤穂郡、揖保郡一帯が豪雨に襲われ、各地で河川や用水池の堤防が決壊、1人が死亡、2人が負傷した。《データ》死者1名, 負傷者2名, 浸水家屋約500戸, 堤防決壊55ヶ所, 被害総額21万円

9月　津波（鹿児島県出水郡阿久根町）　9月、鹿児島県阿久根町で大規模な津波により住民ら7名が負傷した。《データ》負傷者7名, 半壊家屋25戸, 浸水家屋300戸余り, 田畑約4.0km^2 浸水, 被害額16万円余り

9.1－　台風（北陸地方, 九州地方, 山口県）　9月1日から6日にかけて、新潟、富山、石川、山口、福岡、長崎、熊本の各県で台風による被害が続出。台風は沖縄県から日本海を通過後、北海道に抜けた。死者・行方不明者は30人にのぼった。《データ》死者・行方不明者約30名

9.6　津波（富山県富山湾）　9月6日、富山湾に津波があり、同湾の沿岸地域にある家屋500戸が倒壊または浸水するなど被害があいついだ。《データ》倒壊・浸水家屋500戸, 被害額（土木関係のみ）50万円

9.17－　台風（長崎県, 宮崎県, 沖縄県）　9月17日から21日にかけて、長崎、宮崎、沖縄の3県が台風に襲われ、八重山諸島では住民ら11名が死亡、数名が負傷、家屋3000棟と小学校11棟が倒壊、石垣港も壊滅的な被害を受けた。台風は西日本を横断、沖縄県の石垣島では最低気圧710.3mb, 瞬間最大風速50.3mを記録した。《データ》死者11名, 負傷者数名, 倒壊家屋3000棟, 校舎11棟倒壊, 港湾全壊, 被害額180万円（沖縄県のみ）

10月　浸水（石川県江沼郡大聖寺町）　10月、石川県江沼郡の大聖寺川が氾濫し、大聖寺町のほぼ全家屋2000戸が浸水した。《データ》浸水家屋2000戸

10月　赤潮発生（有明海）　10月、有明海で大規模な赤潮が発生し、佐賀県特産の牡蠣をはじめ魚介類が壊滅的な被害を受けた。

10.1　観光船沈没（熊本県三角沖）　10月1日、熊本県の三角沖で観光船が沈没し、乗客ら90人が死亡した。《データ》死者約90名

10.19－　暴風雨（西日本）　10月19日から20日にかけて、南西諸島や九州など西日本が低気圧による暴風雨に襲われた。低気圧は東シナ海を通過後、西日本を直撃し、沖縄県の石垣島では最低気圧715.2mb, 瞬間最大風速30mを記録。全国で死者・行方不明者は59人にのぼった。《データ》死者・行方不明者59名

10.20　屋島丸沈没（和田岬沖合）　10月20日、兵庫県の和田岬沖合で汽船屋島丸が台風により沈没、69人が死亡した。《データ》死者69名

10.21　日ノ丸バス転落（鳥取県八頭郡）　10月21日、日ノ丸バスが鳥取県八頭郡の智頭川に転落し、乗客ら5名が死亡した。《データ》死者5名, 車両1台転落

11.17　盛典丸沈没（沖縄県）　11月17日、富山県高岡市の荻布商店の貨物船盛典丸（1440t）が沖縄諸島の沖合で沈没し、乗組員19名が死亡したが、機関士ら11名は1週間後に救助された。《データ》死者19名, 船舶1隻沈没

11.30　浅間丸遭難（東京都大島灘）　11月30日、浅間丸が大島灘で難破し、乗組員17名が行方不明になった。《データ》行方不明者17名, 船舶1隻遭難

| 12.5 | 東海道線貨物列車追突（京都府）　12月5日午前5時30分頃、京都府の東海道線山崎駅で貨物積み込み中の貨物列車に信号を誤認した貨物列車が追突し6両が脱線、追突された貨車も転覆して大破した。この事故で2人が死亡した。《データ》死者2名 |

昭和9年
（1934年）

1.8	見送り客圧死（京都府）　1月8日午後11時22分、京都駅で呉海兵団入団者を数千名の人が見送る中、混雑に押し出された百数十人が将棋倒しとなり76人が死亡、63人が重軽傷を負う惨事となった。《データ》死者76名，重軽傷者63名
1.21	雪崩（鳥取県八頭郡池田村）　1月21日、鳥取県池田村で雪崩のため住民7名が圧死した。《データ》死者7名
2.13	雪崩（新潟県北魚沼郡入広瀬村）　2月13日、新潟県入広瀬村で雪崩があり、家族11名が生き埋めになり、うち6名が死亡した。《データ》死者6名，生き埋め者5名
2.14	寄宿舎倒壊（新潟県）　2月14日、新潟県の村松製糸工場の寄宿舎が大雪のため倒壊し、女子工員13名が圧死した。《データ》死者13名
2.21	火災（和歌山県田波村）　2月21日未明、和歌山県田波村で火災があり、同村500戸のうち243戸（124棟）が焼けた。《データ》全焼家屋243戸124棟
2.23	第2泊栄丸難破（和歌山県西牟婁郡串本町）　2月23日、香川県鴨庄村の第2泊栄丸が潮岬の沖合で難破し、乗組員10名が行方不明になった。《データ》行方不明者10名，船舶1隻難破
3月	漁業関係者遭難　3月、石川県黒島村の漁業関係者24名が遭難、溺死した。《データ》死者24名
3月	日本火薬製造工場爆発（山口県厚狭郡厚狭町）　3月、山口県厚狭町にある日本火薬製造の厚狭作業所第2洗浄工場でニトログリセリン3000kgが突然爆発し、従業員2名が死亡、8名が重傷を負った。《データ》死者2名，重傷者8名
3.12	水雷艇友鶴転覆（長崎県五島沖）　3月12日午前4時12分、長崎県五島沖で最新型水雷艇友鶴が演習中に転覆、100人が死亡した。原因は兵装の過重により艦のバランスがくずれたため。《データ》死者100名
3.21	函館大火（北海道函館市）　3月21日、函館市で火災が発生、最大風速30mの強風にあおられ約12時間燃え続け、2716人が死亡または行方不明となり、2万4186戸が全焼した。《データ》死者・行方不明者2716名，全焼家屋2万4186戸
3.28	豪雪（富山県）　3月28日、富山県で60年ぶりという大雪が降った。
4.25	地すべり（福島県耶麻郡朝倉村）　4月25日、福島県朝倉村で大規模な地すべりが発生し、住民ら4名が死亡した。《データ》死者4名
5月	集団食中毒（三重県）　5月中旬、三重県の多気、飯南両郡で住民300名が斃死した牛肉で食中毒にかかり、10名が死亡した。《データ》死者10名，患者300名

昭和9年（1934年）

5月頃	明方丸行方不明　5月頃、高知県室戸町の明方丸が乗組員34名とともに消息を絶った。《データ》行方不明者34名, 船舶1隻行方不明
6.16	両毛線列車横断者衝突（群馬県前橋市）　6月16日、両毛線の列車が前橋市天川町の踏切で横断者と衝突し、4名が死亡した。《データ》死者4名
6.19	炭鉱坑内爆発（佐賀県東松浦郡厳木村）　6月19日、佐賀県厳木村の岩屋炭鉱（貝島炭鉱経営）でガス爆発があり、作業員ら16名が死亡、5名が重傷を負った。《データ》死者16名, 重傷者5名
7月—	冷害（北海道, 東北地方, 関東地方, 長野県）　7月から8月にかけて、北海道や東北、関東の各地方および長野県で低温状態が続き、農作物が壊滅的な被害を受けた。《データ》農作物被害, 被害額約7483万円（北海道・秋田・山形・宮城県のみ）
7.10—	豪雨（石川県, 富山県, 新潟県）　7月10日からの豪雨のため、石川、富山、新潟が水害に見舞われ、死者または行方不明者255人の被害となった。《データ》死者・行方不明者255名, 家屋流失326戸, 家屋浸水1万7729戸
8.4	工事現場爆発（広島県山形郡中野村）　8月4日、広島県中野村の広島電気下山発電所のダム工事現場でダイナマイトが突然爆発し、作業員25名が即死、8名が重軽傷を負った。《データ》死者25名, 重軽傷者8名
8.12	落雷（栃木県那須郡那須村）　8月12日、栃木県那須村で落雷のため家族4名が死亡した。《データ》死者4名
9.21	東海道線急行列車転覆（滋賀県）　9月21日、東海道線の急行列車が室戸台風により大津市郊外の瀬田川鉄橋の付近で転覆、175名の死傷者がでた。《データ》死傷者175名, 車両転覆
9.21	室戸台風（四国地方, 近畿地方）　9月21日午前8時、大阪に観測史上最大ともいえる台風が上陸、小学校の木造校舎164棟が倒壊、教師18人、生徒676人が下敷きになって死亡するなど、建築物の倒壊による死傷者はかなりの数となった。台風はその後、富山湾を抜け、東北地方に再上陸し太平洋に抜けた。この台風での被害は、大阪、兵庫を中心に2府32県、死亡または行方不明者は3246人、全半壊家屋8万8046戸となった。《データ》死者・行方不明者3246名, 全半壊家屋8万8046戸
10.11	見物船客溺死（滋賀県栗太郡老上村沖）　10月11日、大津祭り見物船の乗客5名が滋賀県老上村にある矢橋の沖合で溺死した。《データ》死者5名
11月	正栄丸難破（千葉県）　11月、正栄丸が千葉県で難破し、乗組員14名が溺死した。《データ》死者14名, 船舶1隻難破
11.8	羅南丸沈没（新潟県佐渡島沖）　11月8日午前8時30分、朝鮮郵船の羅南丸（1252t）が石川県七尾港から新潟港へ向かう際、佐渡島の沖合で船倉から出火し、さらに激浪を受けて沈没、乗組員41名も消息を絶った。《データ》死者41名, 船舶1隻沈没
11.10	幾春別炭鉱坑内爆発（北海道空知郡三笠村）　11月10日、北海道三笠村にある幾春別弥生炭鉱でガス爆発があり、作業員150名が一時生き埋めになり、37名が死亡、5名が行方不明になった。《データ》死者37名, 行方不明者5名
11.25	炭坑で浸水（長崎県）　11月25日、長崎県の松島炭坑で浸水により54人が死亡した。

《データ》死者54名

12.28　ボート部員溺死（宮城県松島湾）　12月28日、宮城県の松島湾で、東北帝国大学と第2高等学校のボート部員10名が練習中に溺死した。《データ》死者10名

12.30　バス・小田急線電車衝突（神奈川県大和村）　12月30日、神奈川県大和村の小田急線の踏切で乗り合いバスと電車が衝突、バスが大破し3人が死亡した。《データ》死者3名

この年　結核（東京都）　東京府の発表によると、この年度の結核による死者は1万6037人。《データ》死者1万6037名

昭和10年
（1935年）

1月　作業員遭難（富山県中新川郡）　1月、富山県中新川郡の黒部奥山で、雪崩による土木作業員の遭難死があいついだ。《データ》死者多数

1.3－　赤痢流行（神奈川県川崎市）　1月3日から、神奈川県川崎市で赤痢が流行、8日までの間に幼児を中心に45人が死亡した。《データ》死者45名

1.12　火災（鳥取県境町）　1月12日、鳥取県境町で火災があり、338戸を焼失した。《データ》焼失家屋338戸

1.19　工事現場落盤（熊本県球磨郡五木村）　1月19日、熊本県五木村の熊本電気発電所工事現場で落盤があり、作業員13名が生き埋めになった。《データ》生き埋め者13名

2月　ホッパー落下（山口県徳山町）　2月、山口県徳山町の日本曹達第1工場で、機関室のホッパーが突然落下し、従業員16名が死亡、14名が重軽傷を負った。《データ》死者16名、重傷者14名

5.6　茂尻炭鉱ガス爆発（北海道空知郡）　5月6日、北海道空知郡茂尻炭鉱でガス爆発が発生、入抗していた95人のうち93人が死亡した。《データ》死者93名

5.30　炭鉱ガス爆発（福島県湯本町）　5月30日午後3時30分、福島県湯本町入山炭鉱でガス爆発が発生、44人が死亡、3人が重傷を負った。《データ》死者44名、重傷者3名

6月　トンネル崩壊（北海道藻岩村）　6月、札幌市郊外にある北海道藻岩村の8号沢で水道工事用トンネルが突然崩れ、作業員5名が圧死、3名が重軽傷を負った。《データ》死者5名、重軽傷者3名

6.8　航空機墜落（青森県鮫町）　6月8日午前8時40分、皇国飛行協会八戸支部の飛行大会が青森県鮫町の天女ヶ窪競馬場で開かれた際、参加した偵察機が観客席に突っ込み、プロペラにはねとばされた2名が死亡、2名が重傷を負った。《データ》死者2名、重傷者2名

6.9　雨竜鉱業所第ガス爆発（北海道沼田村）　6月9日、北海道沼田村雨竜鉱業所第三抗でガス爆発が発生、13人が死亡した。《データ》死者13名

6.26　花火工場爆発（徳島県那賀郡加茂町）　6月26日、徳島県加茂町の花火工場で火薬が突然爆発し、従業員ら7名が死傷した。《データ》死傷者7名

昭和10年（1935年）

6.27— 豪雨（西日本） 6月27日から30日にかけて、西日本の各地で大雨による被害があいつぎ、死者・行方不明者156人を出した。《データ》死者・行方不明者156名

7月 豪雨（千葉県） 7月、千葉県の各地で大雨により5名が死亡、橋梁14ヶ所が流失、道路46ヶ所が損壊するなどの被害があった。《データ》死者5名, 橋梁流失14ヶ所, 道路損壊46ヶ所

7月— 眠り病流行（秋田県, 山形県, 新潟県, 富山県, 兵庫県, 鳥取県, 福岡県） 7月から富山県で、8月から新潟、兵庫、鳥取、福岡の4県で、9月から秋田、山形の両県で、それぞれ眠り病（流行性脳炎）が流行。富山県では48名の、兵庫県では523名の患者が見つかり、そのうちの60％が死亡した。《データ》患者623名以上（富山・兵庫・福岡県のみ）

7.3 緑丸・千山丸衝突（瀬戸内海） 7月3日、香川県地蔵埼南東方の瀬戸内海で緑丸（1724t）が千山丸（2775t）と衝突し、沈没、86人が死亡した。《データ》死者86名

7.6 落石（栃木県日光町） 7月6日、栃木県日光町の観光地華厳滝で、高さ約300mからの落石で店舗が壊れ、下敷きになった写真師4名が即死、売店の女子従業員2名が重傷を負った。《データ》死者4名, 重傷者2名, 建物1棟崩壊

7.13 三井鉱業所田川第三抗ガス爆発（福岡県井田町） 7月13日午後8時50分頃、福岡県井田町の三井鉱業所田川第三抗でガス爆発が発生、66人が死亡した。《データ》死者66名

8.11 水害（京阪地方） 8月11日、京阪地方で水害、死傷者70名、浸水家屋7万戸の被害となった。《データ》死傷者70名, 浸水家屋7万戸

8.21— 豪雨（青森県, 秋田県） 8月21日夜から24日朝にかけて、青森県、秋田県で集中豪雨となり被害が続出。南津軽郡大鰐町の付近では住民30人が死亡した。《データ》死者30名, 家屋倒壊・流失308戸, 家屋浸水1万8024戸, 河川決壊155ヶ所

8.25— 台風（東北地方, 関東地方, 四国地方） 8月25日から29日にかけて、東北、関東、四国の各地方で台風による被害が続出。山梨県では出水のため住民3名が溺死した。《データ》死者3名, 浸水家屋900戸（秋田・山梨県のみ）, 被害額（秋田・愛媛・徳島県のみ）1050万円

8.26 工事現場崩壊（静岡県榛原郡上川根村） 8月26日、静岡県上川根村の千頭地区にある大井川発電所工事現場でトンネルが崩壊し、作業員12名が生き埋めになった。《データ》生き埋め者12名

8.29 山津波（兵庫県神戸市苧川谷） 8月29日午前5時50分頃、前夜からの豪雨のため神戸市苧川谷で山津波が発生、13人が死亡、20人が重傷を負った。《データ》死者13名, 重傷者20名

9.2 豪雨（阪神地方, 静岡県） 9月2日、阪神地方をはじめ太平洋側で大雨による被害が続出。大阪府で家屋3万5000戸が、静岡県西部で5000戸余りが、それぞれ浸水した。《データ》浸水家屋4万戸余り（大阪府・静岡県のみ）

9.13 火災（新潟県新発田町） 9月13日午前3時40分頃、新潟県新発田町で火災が発生、強風にあおられて町の中心にまで燃え広がり目抜き通りを全焼した。この火災で125人が負傷、780戸の家屋が全焼し、被害総額は250万円となった。《データ》負傷者

昭和11年(1936年)

125名,家屋全焼780戸,被害総額250万円

9.24　豪雨(東京都東京市)　9月24日、東京に125mmの豪雨があり、市内の5万戸で床下浸水した。《データ》床下浸水5万戸

9.25　竜巻(群馬県新田郡笠懸村)　9月25日、群馬県笠懸村で竜巻により住民11名が死傷、家屋7戸が全半焼した。《データ》死傷者11名,全半焼家屋7戸

9.25　漁船遭難(島根県安濃郡波根西村沖)　9月25日早朝、島根県波根西村の沖合で竜巻が発生し、付近で操業していた漁船15隻が遭難、乗組員62名も消息を絶った。《データ》行方不明者62名,沈没漁船15隻

9.25　石灰山崩壊(茨城県)　9月25日、茨城県日立鉱山本山で暴風雨のため石灰山が崩壊、26人が死亡、住宅8戸が埋没した。《データ》死者26名,住宅8戸埋没

9.26　水害(群馬県)　9月26日、連日の豪雨のため利根川が氾濫、流域の群馬県では被害が大きく、218人が死亡した。《データ》死者218名,浸水1万7000戸

9.26　第四艦隊事件(三陸沖)　9月26日、台風下の三陸沖で演習中の第四艦隊艦船が遭難、駆逐艦初雪、夕霧が大破したほか、駆逐艦4隻、空母2隻が破損、54人が死亡するなど、第四艦隊に大きな被害がでた。《データ》死者2名,駆逐艦2隻大破,駆逐艦4隻,空母2隻破損

10.26　明治鉱業赤池炭鉱ガス爆発(福岡県)　10月26日午後11時30分頃、福岡県の明治鉱業赤池炭鉱でガス爆発が発生、83人が死亡した。《データ》死者83名

10.27　山津波(福島県双葉郡)　10月27日、木戸川の流域にある福島県龍田村や田人村などで同川の氾濫による山津波があり、合計30名が死亡または生き埋めになった。《データ》死者および生き埋め者30名

11月　高潮(富山県富山湾)　11月、富山湾の沿岸部で高潮により家屋400戸が倒壊または流失、1600戸が浸水した。《データ》倒壊・流失家屋400戸,浸水家屋1600戸

11.25　渡船転覆(福島県耶麻郡檜原湖)　11月25日、福島県耶麻郡の檜原湖で渡船が転覆し、乗客ら14名が溺死した。《データ》死者14名,船舶1隻転覆

昭和11年
(1936年)

1月　豪雪(新潟県)　1月、東北地方と北陸地方に大雪があり、新潟県で77人が死亡した。《データ》死者77名

1月　彦山丸沈没(福岡県博多湾外)　1月、彦山丸が博多湾外で沈没し、乗組員12名が溺死した。《データ》死者12名,船舶1隻沈没

1.13　北陸線列車火災(福井県福井市)　1月13日、北陸線の列車が福井駅の北方を通過する際、車両から出火し、乗客の女子学生4名が焼死した。《データ》死者4名,車両火災

1.14　三井炭鉱爆発(北海道砂川町)　1月14日午後3時50分頃、北海道砂川町の三井炭鉱

44

で爆発事故が発生、8人が死亡、16人が重軽傷を負った。　《データ》死者8名,重軽傷者16名

1.21- 流感(東京都東京市)　1月21日から東京市全域で流感による死者が続出、3日間で196人が死亡した。　《データ》死者196名

1.26　麻生吉隈鉱業炭鉱火災(福岡県桂川村)　1月26日午後11時頃、福岡県桂川村の麻生吉隈鉱業炭鉱で火災が発生、20人が死亡、9人が行方不明となった。　《データ》死者20名,行方不明者9名

1.28　トンネル工事用列車転落(山形県)　1月28日、山形県の仙山線山寺駅付近の橋梁で、トンネル工事用列車が雪崩に巻き込まれ川に転落、60人が死亡した。　《データ》死者60名

2.2　雪崩(福井県大野郡和泉村)　2月2日、福井県和泉村の中龍鉱山が大規模な雪崩に襲われ、17名が死亡した。　《データ》死者17名

2.2　雪崩(福井県大野郡下穴馬村)　2月2日、福井県下穴馬村の上火納地区にある中立亜鉛工場が雪崩に遭い、従業員14名が即死、4名が重傷、3名が行方不明になり、工場など10棟が壊れた。　《データ》死者14名,重傷者4名,行方不明者3名,倒壊建物10棟

2.5　雪崩(群馬県草津温泉)　2月5日、群馬県草津温泉で雪崩が発生、44人が死亡、7棟が倒壊した。　《データ》死者44名,家屋倒壊7棟

2.10　阪神線電車・消防車衝突(兵庫県本山村)　2月10日、阪神線の電車と消防車が兵庫県本山村で衝突し、消防士17名が即死した。　《データ》死者17名,車両2台衝突

3.13　善唄炭鉱落盤(北海道)　3月13日、北海道の善唄炭鉱で落盤が発生し、作業員12名が即死した。　《データ》死者12名

3.16　雪崩(福島県河沼郡柳津町)　3月16日、福島県柳津町で大規模な雪崩があり、住民6名が死亡した。　《データ》死者6名

4.3　第3太古丸沈没(対馬沖)　4月3日、対馬沖を航行中の商船第3太古丸が突風により沈没、14人が死亡した。　《データ》死者14名,船舶1隻沈没

4.15　住友忠隈炭鉱人車転落(福岡県嘉穂郡穂波村)　4月15日、福岡県嘉穂郡の住友忠隈炭鉱で、人車が抗底に転落、50人が死亡した。原因は人車が故障していたことを知らずに運転していたため。　《データ》死者50名

5.5　火災(新潟県三島郡片貝村)　5月5日、新潟県片貝村で火災があり、住民ら4名が焼死、家屋68戸を全焼した。　《データ》死者4名,全焼家屋68戸

5.11　食中毒(静岡県浜松市)　5月11日、静岡県浜松市で前日の浜松一中の運動会で配られた大福もちから、市内で食中毒が発生、患者は2000人以上で、44人が死亡した。　《データ》死者44名,食中毒者2000名

昭和11年(1936年)

5.19	渡船転覆(埼玉県北葛飾郡)	5月19日、埼玉県北葛飾郡の中川で渡船が転覆し、乗客ら10名が溺死した。《データ》死者10名
6.11	大谷炭鉱坑内爆発(福岡県粕屋郡宇美村)	6月11日、福岡県宇美村にある大谷炭鉱でガス爆発があり、作業員32名が死亡、28名が重軽傷を負った。《データ》死者32名,重軽傷者28名
6.21	渡船転覆(岐阜県木曽川郡東江村)	6月21日、岐阜県東江村で県営渡船が転覆し、名古屋地方裁判所の判事ら2名を含めて8名が溺死した。《データ》死者8名,船舶1隻転覆
7.2-	豪雨(熊本県,大分県)	7月2日から7日にかけて、熊本、大分県で大雨が続き、家屋800戸が浸水、堤防が決壊するなどの被害があいついだ。《データ》浸水家屋(熊本県のみ)800戸,堤防決壊,被害額70万円
7.9	北鉄列車転落(佐賀県東松浦郡相知町)	7月9日、北鉄線のガソリン機関車が長崎県相知町の松浦川に転落し、乗客ら10名が死亡、11名が負傷した。《データ》死者10名,負傷者11名,車両転落
7.13	暴風雨(宮崎県)	7月13日、宮崎県の全域で暴風雨により家屋数千戸と田畑約9.9km^{2}が浸水、橋梁30ヶ所が流失した。《データ》浸水家屋数千戸,浸水田畑約9.9km^2,橋梁30ヶ所流失,被害額400万円
7.15	バス火災(山形県鶴岡市)	7月15日、山形県鶴岡市でバスが炎上し、乗客の女性教員3名が焼死した。《データ》死者3名
7.17	食中毒(大阪府布施町)	7月17日、大阪府布施町で氷菓子による中毒が発生、19日までに患者は211名となり、うち25名が死亡した。《データ》死者25名,食中毒者186名
7.23-	台風(西日本)	7月23日から25日にかけて、台風が西日本に被害をもたらし、死者・行方不明者97人を出した。《データ》死者・行方不明者97名
8.20	集団食中毒(鳥取県西伯郡五千石村)	8月20日、鳥取県五千石村で住民50名が斃馬の肉のため食中毒にかかり、うち3名が死亡した。《データ》死者3名,患者47名
8.27	毎日新聞機墜落(大阪府大阪市郊外)	8月27日、大阪毎日新聞社の13式陸上練習機大毎28号が、ゲッピンゲン1型グライダー大毎29号を曳航して大阪市の郊外にある楯津飛行場を離陸直後、250m上空で曳航用ロープがはずれ墜落、乗員2名が死亡したが、グライダーの乗員と機体は無事だった。両機は、同新聞社と日本帆走飛行連盟が共催したグライダー講習会に参加していた。《データ》死者2名
10.12	綱分炭鉱坑内爆発(福岡県嘉穂郡庄内村)	10月12日、福岡県庄内村の綱分炭鉱第4坑でガス爆発があり、作業員50名が死傷した。《データ》死傷者50名
10.20	勿来炭鉱落盤(福島県)	10月20日、福島県にある大日本炭坑の勿来炭鉱で落盤が発生し、作業員8名が圧死した。《データ》死者8名
11.16	第1栄造丸行方不明	11月16日、静岡県伊東町の第1栄造丸が行方不明になり、乗組員12名が死亡した。《データ》死者12名,船舶1隻行方不明

11.20 尾去沢鉱山沈澱池決壊(秋田県鹿角郡尾去沢町)　11月20日午前4時25分、秋田県鹿角郡尾去沢町の鉱山毒水沈澱池の堤防が増水のため決壊、付近の集落が流されてきた泥に埋没し、住民2800人のほとんどが押し流され、午後1時までに死者250人、負傷者数百人、行方不明者多数、流失家屋313戸の被害となった。《データ》死者250名,負傷者多数,流失家屋313戸

12.9 雪崩(山形県最上郡大蔵村)　12月9日、山形県大蔵村で大規模な雪崩があり、住民ら4名が死亡した。《データ》死者4名

12.14 中鶴炭鉱坑内爆発(福岡県遠賀郡中間町)　12月14日、福岡県中間町の中鶴炭鉱第1坑で爆発があり、作業員7名が死亡し、19名が重軽傷を負った。《データ》死者7名,重軽傷者19名

昭和12年
(1937年)

1.12 愛国丸沈没(北海道積丹郡神威岬付近)　1月12日午後6時30分、大阪市の大家汽船の愛国丸(3212t)が、北海道積丹郡の神威岬の付近で猛吹雪により沈没、乗組員31名が溺死した。《データ》死者31名,船舶1隻沈没

1.15 雪崩(岩手県)　1月15日、岩手県の各地で雪崩のため住民ら62名が死亡した。《データ》死者62名

1.23 陸軍板橋火薬製造所倉庫爆発(東京都東京市王子区十条町)　1月23日、東京市王子区十条町にある陸軍の板橋火薬製造所の125号倉庫で、火薬が突然爆発し、5名が死亡、4名が重軽傷を負った。《データ》死者5名,重軽傷者4名

2月 土砂崩れ(千葉県神代村)　2月、千葉県神代村で土砂崩れがあり、住民2名が下敷きとなり死亡した。《データ》死者2名

2.3 雪崩(山形県)　2月3日、山形県内の4ヶ所で大規模な雪崩があり、住民ら6名が死亡した。《データ》死者6名

2.8 三友劇場火災(徳島県徳島市)　2月8日、徳島市の常設映画館三友劇場で火災があり、2名が焼死、同劇場も全焼した。《データ》死者2名,建物全焼

2.13 小樽丸沈没(青森県鮫港沖)　2月13日午後10時頃、近海郵船所属の小樽丸(1464t)が、青森県東海岸にある鮫港の約74km沖合で、おりからの猛吹雪に巻き込まれて沈没、乗組員36名も行方不明になった。《データ》死者36名,船舶1隻沈没

3.15 持越金山抗内火災(静岡県田方郡上狩野村)　3月15日午後0時30分頃、静岡県田方郡上狩野村の持越金山の大沢坑で漏電から火災が発生、付近の支柱や坑木に燃え移ったが間もなく消火、抗路を密閉して引き揚げたが、翌日の午前3時50分に交代で入った坑夫が、前日の火災で充満していたガスのために窒息、また、救援に向かった坑夫も同様に猛毒ガスで窒息するなど、計49人が死亡、抗外にいた数百人も発散したガスで軽い中毒となった。《データ》死者49名

3.17 平山炭鉱坑内爆発(福岡県嘉穂郡碓井村)　3月17日、福岡県碓井村にある平山鉱業所第2坑でガス爆発があり、作業員3名が死亡、12名が遭難した。《データ》死者3

47

昭和12年(1937年)

名, 遭難者12名

3.18　旅客機墜落(新潟県中頸城郡春日村)　3月18日、定期旅客機が新潟県春日村に墜落し、操縦士ら乗員2名が即死した。《データ》死者2名, 航空機1機墜落

4.6　大福丸遭難(相模灘付近)　4月6日、神奈川県三崎町の大福丸(8t)は静岡県下田港を出た直後消息を絶ち、同10日午後2時、千葉県の妙刀丸が水浸しで漂流している同船を見つけたが、乗組員11名は発見できなかった。《データ》行方不明者11名, 船舶1隻浸水

4.7　火災(静岡県)　4月7日、静岡県吉永村の山林から出火し、おりからの強い風にあおられて隣接する須山村の十里山林と印野村の堀金内地区の家屋45棟、愛鷹山麓の約20km^{2}を全焼した。《データ》全焼家屋13戸45棟, 山林約20km^{2}焼失

4.13　山林火災(長崎県東彼杵郡千綿村)　4月13日、長崎県千綿村で山林火災があり、約3.9km四方の区域を全焼した。《データ》焼失面積約15.4km^2

4.20　山林火災(徳島県板野郡)　4月20日、徳島県の御所、松島両村で山林火災があり、約24.8km^{2}を全焼した。《データ》焼失面積約24.8km^2

5.15　病院火災(奈良県生駒郡)　5月15日、奈良県生駒郡の信貴山脳病院で火災があり、患者3名が焼死した。《データ》死者3名

6月　落雷(奈良県高市郡船倉村)　6月、奈良県船倉村で落雷により住民7名が焼死した。《データ》死者7名

6.16　杵島炭鉱坑内爆発(佐賀県杵島郡)　6月16日、佐賀県杵島郡の杵島炭鉱でガス爆発があり、作業員2名が死亡、8名が負傷した。《データ》死者2名, 負傷者8名

6.30　養護施設火災(東京都東京市浅草区石浜町)　6月30日午前3時頃、東京市浅草区石浜町にある社会事業団体同情園の養護施設の2階から出火し、東京市や浅草区から委託された児童10名が焼死した。出火の原因は火鉢で乾かしていたおしめに火が付いたため。《データ》死者10名

7.10　豪雨(山形県)　7月10日、山形県の最上川流域で大雨により家屋1000戸が浸水した。《データ》浸水家屋1000戸, 被害額100万円

7.13-　豪雨(関東地方, 東海地方)　7月13日から17日にかけて、東海、関東地方に豪雨があり、死者・行方不明者84人を出した。《データ》死者・行方不明者84名

7.24-　台風(九州地方)　7月24日から25日、台風が九州地方に被害をもたらし、死者・行方不明者8人を出した。《データ》死者・行方不明者8名

7.29　山陽本線急行列車・特急追突(岡山県)　7月29日、山陽本線岡山駅で、信号手のミスから停車中の特急富士に急行列車が追突、死傷者32人の事故となった。《データ》死傷者32名

8.31　雷雨(栃木県)　8月31日、栃木県で激しい雷雨のため住民4名が感電死した。《データ》死者4名

9月　赤痢流行(福岡県, 熊本県)　9月、福岡県大牟田市とその周辺地域で赤痢の記録的な流行が発生。同29日までに同市で6000名以上、隣接する熊本県で250名の患者が確認された。《データ》患者6250名以上(9月29日時点)

48

昭和12年（1937年）

9.11　台風（全国）　9月11日、台風が九州と本州にに被害をもたらし、死者・行方不明者84人を出した。《データ》死者・行方不明者84名

10.5　暴風雨（北海道）　10月5日、北海道東部に暴風雨があり、漁船転覆などで60人が死亡または行方不明になった。《データ》死者・行方不明者60名

10.6　阿武隈建設現場落盤（福島県西白河郡）　10月6日、福島県西白河郡にある阿武隈水力発電所の建設現場で落盤が発生し、作業員17名が生き埋めになった。《データ》生き埋め者17名

10.9　豪雪（山形県庄内地方）　10月9日、山形県庄内地方で大雪により住民ら3名が凍死した。《データ》死者3名

10.19　鉄道省営バス転落（島根県坂本峠）　10月19日午後6時30分、広島・浜田間124kmを結ぶ鉄道省営の長距離バスが島根県坂本峠で約30m下に転落し、乗客ら13名が死亡、17名が重傷、9名が軽傷を負った。《データ》死者13名, 重傷者17名, 軽傷者9名

10.27　軍用列車歓送客轢死（神奈川県）　10月27日、横浜の東神奈川駅付近で、軍用列車の歓送中に人波に押し出された国防婦人会員ら25人が列車にはねられ死亡した。《データ》死者25名

11.11　山津波（群馬県嬬恋村）　11月11日、群馬県嬬恋村小串鉱山で山津波が発生、鉱山事務所、飯場等が埋没したほか火薬庫が爆発、死者、行方不明者163人の被害となった。《データ》死者・行方不明者163名

12.1　第3桜島丸転覆（大阪府大阪港内）　12月1日午後9時30分頃、大阪市営渡船第3桜島丸が大阪港内の安治川河口で転覆し、乗客17名が死亡、数名が行方不明になった。《データ》死者17名, 行方不明者数名, 船舶1隻転覆

12.12　建設現場作業員死亡（富山県）　12月12日、富山県の真川発電所建設現場で作業員7名が死亡した。《データ》死者7名

12.18　漁船遭難（韓国木浦沖）　12月18日未明、漁船600隻が朝鮮半島西南端の木浦沖約111kmの周辺海域で、おりからの強風のため乗組員3000名とともに行方不明になった。《データ》行方不明者3000名, 不明船舶600隻

12.20　南富田小学校火災（和歌山県）　12月20日夕方、和歌山県の南富田小学校講堂で映画上映中に火災が発生、80人が死亡した。《データ》死者80名

12.26　羽衣丸遭難（瀬戸内海）　12月26日、大阪川口尼崎汽船の九州航路貨物船羽衣丸（322t）が神戸から下関へ向かう際、乗組員19名とともに行方不明になった。《データ》行方不明者19名, 船舶1隻行方不明

12.27　鹿児島本線準急列車火災（福岡県小倉市日明）　12月27日午後4時55分頃、鹿児島本線の鹿児島発門司行き準急列車が、福岡県小倉市日明にある小倉化学工業の工場裏を通過する際、客車から出火し、乗客8名が死亡、33名が重軽傷を負った。原因はタバコの火のセルロイド製玩具への引火。《データ》死者8名, 重軽傷者33名

昭和13年
（1938年）

1.1　映画館崩壊（新潟県中魚沼郡十日町）　1月1日午後7時頃、新潟県十日町の常設映画館旬街座で、屋根の一部約132m²が雪の重みで崩れ落ち、観客約200名が生き埋めになり、70名が死亡、60名が重軽傷を負った。《データ》死者70名、重軽傷者60名

1.2　みどり丸沈没（広島県宇品港沖）　1月2日午後4時40分頃、江田島汽船のみどり丸（14.5t）が、宇品から江田島へ向かう際、宇品港の沖合で強風のため沈没、乗客43名が死亡した。《データ》死者43名、沈没船舶1隻

1.3　消防出初式櫓倒壊（東京都八王子市）　1月3日午後1時頃、東京府八王子市郊外の浅川の河原で、消防出初式の櫓を組み立てる際、櫓が竜巻のため15名を乗せたまま約10m上から地面に激突、全壊し、5名が死亡（うち即死2名）、3名が重体、8名が重軽傷を負った。《データ》死者5名、重体者3名、重軽傷者8名

1.12　小坂鉱山落盤（群馬県北甘楽郡）　1月12日、群馬県北甘楽郡の小坂鉱山で落盤が発生し、作業員6名が死亡、2名が負傷した。《データ》死者6名、負傷者2名

2月　インフルエンザ流行（島根県）　2月、島根県の全域でインフルエンザが流行し、住民らに1万名以上の患者が出た。《データ》患者1万名以上

2.5　雪崩（石川県能美郡尾口村）　2月5日、石川県尾口村にある矢作水力の尾添発電所第1ダムの建設現場で大規模な雪崩があり、作業員ら6名が死亡した。《データ》死者6名

2.8　原野火災（大分県南海部郡蒲江町）　2月8日、大分県蒲江町で原野への火入れの際、手順ミスのため10名が逃げ道を失い焼死した。《データ》死者10名

2.22　御嶽丸転覆（千葉県銚子市）　2月22日午後1時頃、千葉県銚子市の漁船御嶽丸（38t）が、利根川河口にある一ノ島燈台の付近で引き潮を受けて転覆、乗組員19名が溺死した。《データ》死者19名、船舶1隻転覆

2.28　炭鉱坑内出水（福島県石城郡）　2月28日、福島県石城郡の鳳城炭鉱の坑内で出水があり、作業員9名が溺死した。《データ》死者9名

3.10　航空機墜落（福岡県福岡市）　3月10日、海軍省嘱託を兼任していた大阪朝日新聞社の航空部の操縦士と通信士が、福岡飛行場で事故のため死亡した。《データ》死者2名

3.13　雪崩（山形県関山村）　3月13日、山形県関山村で大規模な雪崩があり、住民ら3名が即死した。《データ》死者3名

3.14　八戸丸遭難（太平洋）　3月14日、操業中の青森県の遠洋漁船八戸丸が太平洋で遭難、乗組員25名が溺死した。《データ》死者25名、船舶1隻遭難

3.27　第3弥彦丸遭難（青森県下北郡尻屋崎沖）　3月27日、青森市の漁船第3弥彦丸が青森県下北郡の尻屋崎沖で遭難し、乗組員10名が死亡した。《データ》死者10名、船舶1

昭和13年(1938年)

隻遭難

3.28　バス転落(福島県相馬郡山上村)　3月28日、福島県山上村でバスが道路下に転落し、乗客ら8名が死傷した。《データ》死傷者8名

3.31　飯山鉄道線列車転落(長野県)　3月31日、飯山鉄道線の列車が長野県内の信濃川に転落し、乗客ら10名が死傷した。《データ》死傷者10名, 車両転落

4.10　炭抗火災(山口県小野田町)　4月10日、山口県小野田町本山炭抗の第二坑内で火災が発生、6人が死亡、42人が重軽傷を負った。原因はモーターの漏電によるもの。《データ》死者6名, 重軽傷者42名

4.28　雪崩(福島県)　4月28日、福島県の鷲倉温泉旅館街で雪崩があり、住民ら4名が圧死した。《データ》死者4名

4.29　東海道線貨物列車人身事故(愛知県名古屋市西区日比津町)　4月29日午前11時5分、臨時列車の見送り客が、東海道線の庄内川鉄橋脇に集まった際、白鳥発稲沢行き貨物列車に轢かれて、5名が即死、30名が重軽傷を負った。《データ》死者5名, 重軽傷者30名

5.21　津山30人殺し事件(岡山県西加茂村)　5月21日に岡山県津山市の北に位置する西加茂村で起きた大量殺人事件。この日の夜、詰め襟学生服にゲートルを巻き、頭に懐中電灯を2本鉢巻きで結わえ、日本刀・七首・猟銃を抱えた21歳の男が、まず電線を切断。村の家々を次々に襲って30人を殺害し、2人に重傷を負わせたもの。横溝正史「八つ墓村」、西村望「丑三つの村」、岩井志麻子「夜啼きの森」などのモデルとなった事件。《データ》死者30名, 重傷者2名

6月　炭鉱坑内爆発(北海道)　6月、北海道の青葉炭鉱で爆発があり、作業員12名が死亡した。《データ》死者12名

6.15　山陽本線列車脱線(熊本県)　6月15日午前4時頃、山陽本線熊本・和気駅間で下関発京都行き上り列車が、前日の豪雨で線路の道床の一部が流失しているのに気がつかずに進行したために脱線、転覆した。その直後京都発の下り列車が同じ場所で脱線、転覆、両列車合わせて、21人が死亡、60人が重軽傷を負った。《データ》死者21名, 重軽傷者60名

6.26　豪雨(熊本県)　6月26日、熊本県で大雨により家屋500戸が浸水したほか、道路や橋梁、堤防などの流失、損壊があいついだ。《データ》浸水家屋500戸, 道路・橋梁・堤防ほか損壊

6.28　豪雨(京浜地方)　6月28日、京浜地方に豪雨があり、死者・行方不明者108人を出した。《データ》死者・行方不明者108名

7.3-　水害(兵庫県)　7月3日夕方から5日にかけ、関西地方は総雨量600mmの集中豪雨に見舞われ、神戸では六甲山系の傾斜地が崩れだしたために土石流が発生、市街地を直撃した。被害範囲は芦屋の宮川方面から妙法寺川付近にまでおよび、死者は阪神間で616人、神戸市のみでは被災地面積2140ha、被災者69万5985人、被災家屋15万973戸となった。《データ》死者616名, 被災地面積2140ha, 被災者69万5985名, 被災家屋15万973戸

7.11　渡船転覆(福島県伊達郡立子山村)　7月11日、福島県立子山村で阿武隈川の渡船が

昭和13年（1938年）

転覆し、乗客ら11名が溺死した。《データ》死者11名, 船舶1隻転覆

7.13　豪雨（青森県, 秋田県北部）　7月13日、青森県と秋田県北部で大雨による被害が続出。津軽地方では住民ら6名が死亡した。《データ》死者6名, 被災耕地約49.6km^2（青森県のみ）

7.13　潮干狩客溺死（東京都東京市月島沖）　7月13日午後0時30分、東京市荒川区南千住の大日本紡績の従業員ら64名が、東京湾奥の月島15号地の沖合で潮干狩を楽しんでいたところ、船とともに満潮に流され、10名が溺死した。《データ》死者10名

7.15　碓氷炭鉱坑内事故（群馬県碓氷郡安中町）　7月15日、群馬県安中町の碓氷炭鉱の坑道で事故が発生し、作業員2名が死亡、5名が重軽傷を負った。《データ》死者2名, 重軽傷者5名

7.15　発電所建設現場崩壊（新潟県中頸城郡水上村）　7月15日、新潟県水上村にある中央電気の発電所建設現場で土砂崩れが発生し、作業員14名が生き埋めになった。《データ》生き埋め者14名

8.3　豪雨（静岡県, 岐阜県）　8月3日、静岡、岐阜の両県を中心に大雨で家屋1万4000戸が浸水した。《データ》浸水家屋1万4000戸

8.24　航空機墜落（東京都東京市）　8月24日午前9時頃、東京大森上空で民間機同士が接触し墜落、1機は工場の庭先に落ち爆発炎上、もう1機も民家横の空き地に墜落、130人が死傷。《データ》航空機2機墜落, 死者85名, 負傷者45名

8.26　豪雨（岐阜県美濃地方）　8月26日、岐阜県美濃地方で大雨による被害が続出。同県関町の西部地区では家屋650戸が浸水した。《データ》浸水家屋650戸

8.27　豪雨（茨城県北部）　8月27日、茨城県北部で大雨により住民4名が死傷または行方不明になった。《データ》死傷・行方不明者4名

9.1　台風（関東地方, 東北地方）　9月1日午前2時頃、関東地方に台風が上陸、風速は30〜40mで各地に被害を与えながら東北地方に移動、死者201人、負傷者137人、行方不明は44人となった。《データ》死者201名, 負傷者137名, 行方不明者44名

9.6　火災（富山県氷見町）　9月6日午前0時10分頃、富山県氷見町で火災が発生、火は強風にあおられ町の中心街にまで燃え広がり1500戸を全焼するなどして5時間後に鎮火した。この火災で5人が死亡、258人が負傷、被害総額は1000万円となった。《データ》死者5名, 負傷者258名, 全焼家屋1500戸, 被害総額1000万円

9.7　台風（近畿地方, 四国地方）　9月7日、台風が近畿、四国地方に被害をもたらし、死者・行方不明者105人を出した。《データ》死者・行方不明者105名

9.24－　台風（東京都八丈島）　9月24日夜から25日早朝にかけて、八丈島が最大瞬間風速60m、平均風速39mの台風の直撃を受け、住民ら6名が死亡、30名が負傷、16名が行方不明、家屋400戸が損壊、船舶3隻が遭難したほか、農作物も全滅した。《データ》死者6名, 行方不明者10名, 負傷者30名, 全壊家屋150戸, 半壊家屋250戸, 遭難船舶3隻, 農作物全滅, 被害額約20万円

10.6　夕張炭鉱ガス爆発（北海道夕張市夕張町）　10月6日午前10時頃、北海道夕張市夕張町の夕張炭鉱天竜鉱抗道でガス爆発が発生、坑内で作業をしていた327人のうち約187人が坑内の崩落で閉じ込められ、161人が死亡、26人が負傷した。坑内でガスが

発生していたのに気がつかずに爆薬を仕掛けたことが原因とみられる。《データ》死者161名, 負傷者26名

10.14 台風（九州地方南部） 10月14日、台風が九州地方南部に被害をもたらし、死者・行方不明者467人を出した。《データ》死者・行方不明者467名

11.29 火災（群馬県吾妻郡嬬恋村） 11月29日、群馬県嬬恋村で火災があり、住民2名が焼死、家屋71戸（300棟）を全焼した。《データ》死者2名, 全焼家屋71戸300棟

12月 マラリア流行（沖縄県宮古郡） 12月、沖縄県の宮古、八重山両郡でマラリアが流行し、3日に同地域の患者4000名が県の救済を要請した。流行の原因は台風が同地域を通過せず、蚊が大量発生したため。《データ》患者4000名

12.8 旅客機不時着（沖縄県久場島沖） 12月8日午前9時頃、沖縄久場島沖に大日本航空の旅客機が不時着、10人が死亡した。《データ》死者10名

12.19 陸軍火薬製造所爆発（群馬県岩鼻町） 12月19日午後2時35分頃、群馬県岩鼻町にある陸軍火薬製造所内の粒薬室で爆発があり、13名が即死した。《データ》死者13名

12.27 雪崩（富山県黒部奥山） 12月27日午前3時頃、富山県黒部奥山の発電所工事現場で雪崩が発生、作業員100名が生き埋めになり、40人が死亡した。《データ》死者40名

昭和14年
（1939年）

1月 東海道線列車見送り客接触（静岡県志太郡焼津町） 1月、静岡県焼津町で、出征兵士のための見送り客が国鉄焼津駅に集まっていた際、東海道線の列車にひかれて3名が死亡した。《データ》死者3名

1.21 貝島炭鉱坑内爆発（福岡県鞍手郡宮田町） 1月21日午後5時15分と30分の2回、福岡県宮田町にある貝島炭鉱の大之島新3坑でガス爆発が発生し、坑内にいた作業員92名が死亡した。《データ》死者92名

1.27 若杉炭鉱坑内爆発（福岡県粕屋郡篠栗町） 1月27日午前10時頃、福岡県篠栗町にある松村鉱業所の若杉坑でガス爆発があり、作業員24名が死亡、11名が重軽傷を負った。《データ》死者24名, 重軽傷者11名

2月 天然痘流行（山口県） 2月、山口県で天然痘が流行し、住民43名が患者になり、うち8名が死亡した。《データ》死者8名, 患者35名

2.2 潜水艦衝突（豊後水道） 2月2日、豊後水道で潜水艦伊六三号が伊六〇号と衝突し沈没、81人が死亡した。《データ》死者81名, 潜水艦1隻沈没

2.6 雪崩（新潟県） 2月6日、新潟県の飯豊鉱山で雪崩があり、作業員16名が生き埋めになった。《データ》生き埋め者16名

2.10 雪崩（福井県大野郡） 2月10日、福井県大野郡の中龍鉱山で大規模な雪崩が発生し、作業員ら7名が圧死した。《データ》死者7名

2.17 釜口橋崩落（静岡県庵原郡富士川町） 2月17日、静岡県富士川町の釜口橋が突然崩

53

昭和14年（1939年）

れ落ち、トラック1台が巻き添えになり、乗っていた5名が即死した。《データ》死者5名,車両1台転落,橋梁1ヶ所崩壊

3.1 陸軍倉庫火災（大阪府）　3月1日午後2時40分頃、大阪府の枚方陸軍倉庫で火薬庫が爆発、付近の家屋に燃え広がるなどして、ほぼ一昼夜燃え続けた。大阪府警の発表によれば、死者10人、行方不明者38人、重傷者32人、軽傷者440人、全焼家屋800戸、半焼家屋100戸の被害となった。《データ》死者10名,行方不明者38名,重傷者32名,軽傷者440名,全焼家屋800戸,半焼家屋100戸

3.20 地震（大分県,宮崎県）　3月20日午後0時過ぎ、大分、宮崎の両県を震域とするかなり強い地震があり、宮崎県では相当な被害があった。

3.21 渡船転覆（徳島県徳島市外）　3月21日、徳島市外で吉野川の鈴江渡船が転覆し、乗組員や乗客38名が同川に落ち、うち2名が溺死した。《データ》死者2名,船舶1隻転覆

4月 論電ヶ池決壊（長野県）　4月、長野県の論電ヶ池が決壊し、住民ら19名が死亡した。《データ》死者19名

4.1 がけ崩れ（静岡県伊東町）　4月1日、静岡県伊東町でがけ崩れがあり、住民9名が圧死した。《データ》死者9名

4.21 旅客機墜落（大分県大熊山）　4月21日午後2時頃、大分県大熊山に日本航空輸送研究所の旅客機が墜落、乗員3人が死亡した。《データ》死者3名

4.28 亀山炭鉱坑内爆発（福岡県粕屋郡須恵村）　4月28日午前9時30分頃、福岡県須恵村の亀山炭鉱でガス爆発があり、作業員10名が負傷、4名が行方不明になった。《データ》負傷者10名,行方不明者4名

5月 渡船転覆（秋田県鹿角郡錦木村）　5月、秋田県錦木村の米代川で渡船が転覆し、乗客14名が溺死した。《データ》死者14名,船舶1隻転覆

5.2 渡船転覆（山形県西村山郡寒河江町）　5月2日、山形県寒河江町で渡船が転覆し、乗客ら5名が溺死した。《データ》死者5名,船舶1隻転覆

5.6 播丹鉄道線気動車・貨物列車衝突（兵庫県加東郡）　5月6日、播丹鉄道線の気動車と貨物列車が兵庫県加東郡で正面衝突し、乗務員や乗客2名が死亡、60名が重軽傷を負った。《データ》死者2名,重軽傷者60名

5.9 工場爆発（東京都東京市）　5月9日、東京板橋の大日本セルロイド東京工場で爆発事故が発生、付近の工場や民家に延焼、死傷者は約300人にのぼった。《データ》死傷者約300名

5.21 船舶事故（福岡県門司港付近）　5月21日、山下汽船のチャーター船恒彦丸（3973t）が、山口県下関市船島の沖合で錨を入れ換えた際、朝鮮郵船の咸興丸と接触、漂流し、さらに門司港内で三井物産の瑞光丸（4156t）とT字型に衝突して沈没、乗船者19名が行方不明になった。《データ》行方不明者19名,船舶1隻沈没

6月— 干ばつ（近畿地方,中国地方,四国地方,九州地方）　6月から10月にかけて、西日本のほぼ全域で干ばつが発生し、6月11日から長崎市が、16日から佐世保市が、7月22日から神戸市が、8月1日から西宮市が、それぞれ時間給水を実施（ほか松江、呉の両市や福岡市も同）。兵庫県では約29.8km²の地域で田植えができなくなり、8月30

54

日、日本発送電会社が京阪神地区の一部で送電を中止、その後も送電時間や送電区域、送電量の制限を継続し、有明海で養殖貝が大量死した。《データ》給水制限、送電制限・中止、被災耕地約19800町（兵庫・岡山県のみ）

6.4 森林列車転落（高知県北川村）　6月4日、高知県北川村で山火事消火のため急行していた森林列車が谷間に転落、乗っていた80人のうち14人が死亡した。《データ》死者14名

7.12 バス・足尾線列車衝突（群馬県山田郡大間々町）　7月12日、足尾線の列車とバスが大間々駅近くの踏切で衝突し、乗客ら8名が即死、9名が重傷を負った。《データ》死者8名、重傷者9名

7.13 落雷（群馬県群馬郡岩鼻村）　7月13日、群馬県岩鼻村で落雷のため女子工員5名が即死、3名が重傷を負った。《データ》死者5名、重傷者3名

7.26 東海道線準急列車・見送り客接触（神奈川県横浜市）　7月26日、横浜市にある日本光学矢部分工場の従業員約500名が、戸塚駅近くの線路脇で軍用列車を見送った直後、側を通過した東海道線の沼津行き準急列車に接触、5名が即死したほか10数名が重軽傷を負った（その後3名死亡）。《データ》死者8名、重軽傷者10数名

8.7 建設現場トンネル崩壊（山形県東田川郡立谷沢村）　8月7日、山形県立谷沢村にある鉄興社発電所の建設現場でトンネルが突然崩れ、作業員16名が生き埋めになり、うち2名が死亡した。《データ》死者2名、生き埋め者14名

8.9 集団食中毒（群馬県佐波郡伊勢崎町）　8月9日、群馬県伊勢崎町の工場地区で100名余りが食中毒にかかり、うち3名が死亡した。《データ》死者3名、患者100名余り

8.27 眠り病流行（東京都東京市）　8月27日、東京で眠り病（流行性脳炎）が流行、この一ヶ月間で66人が発病した。《データ》発病者66名

9月 赤痢流行（島根県）　9月、島根県で赤痢が流行し、住民に1040名以上の患者が出た。《データ》患者1040名以上

10月 遊覧船火災（青森県、秋田県）　10月、青森、秋田両県境の十和田湖で遊覧船が火災を起こし、国鉄浅虫駅長ら2名が行方不明になった。《データ》行方不明者2名

10.1 盛岡農業学校生溺死（岩手県盛岡市）　10月1日、盛岡農業学校の生徒10名が盛岡市を流れる北上川で溺死した。《データ》死者10名

10.12 東武鉄道日光線電車脱線（栃木県日光町）　10月12日午後7時頃、栃木県日光町で東武鉄道日光線電車が下り勾配で脱線し河原に転落、死者18人、重軽傷者87人となった。《データ》死者18名、重軽傷者87名

10.16 台風（宮崎県）　10月16日、台風が宮崎県に被害をもたらし、死者・行方不明者44人を出した。《データ》死者・行方不明者44名

11.1 渡船転覆（新潟県新潟市付近）　11月1日、新潟市近くの阿賀野川の河口で渡船が転覆し、乗客ら30名が溺死した。《データ》死者30名、船舶1隻転覆

11.10 松尾鉱山落盤（岩手県松尾鉱山）　11月10日午後3時35、岩手県松尾鉱山で落盤事故が発生、73人が死亡、59人が重軽傷、12人が行方不明となった。《データ》死者73名、重軽傷者59名、行方不明者12名

昭和15年
(1940年)

1.6 　第3共栄丸転覆（韓国釜山東方沖）　1月6日、密航船第3共栄丸（15t）が、韓国の釜山付近にある牧ノ島の東方沖合で転覆し、乗客の密航者114名が行方不明になった。《データ》行方不明者114名, 船舶1隻転覆

1.6 　炭坑ガス爆発（北海道夕張町）　1月6日、北海道夕張町の北炭真谷地坑内でガス爆発が発生、50人が死亡した。《データ》死者50名

1.15 　静岡大火（静岡県静岡市新富町）　1月15日午後0時30分、静岡県静岡市新富町で火災が発生、強風にあおられ広範囲に燃え広がり10時間以上も燃え続けた。この火災で死者4人、重軽傷者170人、焼失家屋6700戸の被害となった。《データ》死者4名, 重軽傷者170名, 焼失家屋6700戸, 被害総額1億5000万円

1.24 　建設現場火薬貯蔵トンネル爆発（熊本県球磨郡五木村）　1月24日午前11時、熊本県五木村にある熊本電気の建設現場の火薬貯蔵用トンネル内で、保管してあった火薬が突然爆発し、作業員7名が死亡、30名が重軽傷を負った。《データ》死者7名, 重軽傷者30名

1.25 　雪崩（滋賀県）　1月25日、滋賀県の冷水越で大規模な雪崩があり、住民9名が圧死した。《データ》死者9名

1.28 　雪崩（福井県大野郡上庄村）　1月28日、福井県上庄村の志目木鉱山で大規模な雪崩があり、作業員37名が圧死、関連施設も埋没した。《データ》死者37名, 建物埋没

1.29 　雪崩（岐阜県大野郡）　1月29日、合掌造りの家屋で有名な岐阜県の荘川、白川両村で大規模な雪崩があり、住民16名が圧死した。《データ》死者16名

1.29 　西成線列車脱線火災事故（大阪府）　1月29日、大阪府の西成線安治川口駅構内で、ガソリンカーが脱線、転覆。燃料のガソリンへ引火して火災が発生し、死者181人を出した。《データ》死者181名

2.14 　炭坑ガス爆発（北海道歌志内）　2月14日、北海道歌志内炭坑でガス爆発事故が発生、24人が死亡、更に遺体搬出作業中に再爆発が起き24人が生き埋めとなり6人が重傷を負った。《データ》死者24名, 生き埋め24名

2.27 　寄宿舎火災（群馬県植蓮村）　2月27日、群馬県植蓮村の織物工場寄宿舎で火災が発生、女子工員7人が死亡、工場など6棟を焼いた。《データ》死者7名

3.16 　中学校ボート部員溺死（和歌山県和歌山市）　3月16日、和歌山市南方の和歌浦で、練習中の和歌山中学校のボート部員8名が溺死した。《データ》死者8名

3.17 　定期船広博丸・貨物船衝突（福岡県博多築港沖）　3月17日、福岡県博多築港沖で、定期船広博丸が貨物船と衝突し沈没、11人が死亡、4人が行方不明。《データ》死者11名, 行方不明者4名

3.21 　豪雪（大分県）　3月21日、大分県の全域で50年ぶりという大雪が降った。

昭和15年（1940年）

4.3	鴻之舞金山坑内爆発（北海道紋別町） 4月3日午後4時頃、北海道紋別町の鴻之舞金山で火薬が突然爆発し、作業員5名が死亡、9名が重傷を負った。《データ》死者5名, 重傷者9名
4.8	陸軍飛行隊機誤爆（静岡県浜名郡小野口村） 4月8日、陸軍浜松航空隊機が訓練中、誤って爆弾を静岡県小野口村に落とし、住民11名が死傷した。《データ》死傷者11名
5月	ツツガムシ病予防注射死傷（秋田県平鹿郡睦合村） 5月、秋田県睦合村で、住民約200名にツツガムシ病の予防注射（注射液は北里研究所製）を実施したところ、全員が発熱し、死亡または重症者があいついだ。《データ》患者約200名
5.11	火災（北海道枝幸村） 5月11日、北海道枝幸村で火災が発生し、481戸が焼失、20人の死者を出した。《データ》死者20名, 焼失家屋481戸
5.15	火災（茨城県真壁郡下館町） 5月15日午前2時頃、茨城県下館町の映画館から出火し、住民ら2名が死亡、6名が負傷、家屋100戸（134棟）を全焼した。《データ》死者2名, 負傷者6名, 全焼家屋100戸134棟
5.20	給水制限（長崎県長崎市） 5月20日、長崎市で干ばつの影響から給水制限が実施された。同市では前年から慢性的な水不足が続き、4月18日にようやく制限が撤廃されたばかりだった。
5.20	火災（山梨県北都留郡猿橋町） 5月20日午前0時頃、山梨県猿橋町の猿橋駅の付近から出火、住民ら2名が行方不明になり、家屋約100戸を全焼した。《データ》行方不明者2名, 全焼家屋約100戸
5月頃—	断水（東京都東京市） 5月初旬から8月中旬にかけて、前年秋から奥多摩水源地の周辺地域で続いていた干ばつの影響から、東京市の南部を中心に部分断水や減水が発生、給水車や川崎、横浜両市による給水援助が約2ヶ月間おこなわれた。
6.11	建設現場土砂崩れ（山梨県） 6月11日、山梨県の富士川水力発電所建設現場で土砂崩れがあり、作業員7名が圧死、23名が一時生き埋めになった。《データ》死者7名, 生き埋め者23名
6.30	伊良部丸転覆（沖縄県伊良部島沖） 6月30日、沖縄伊良部島沖合いで、連絡船伊良部丸が定員過剰で転覆、70人が死亡、5人が行方不明。《データ》死者70名, 行方不明者5名
7.5	常磐線電車・貨物列車追突（東京都東京市） 7月5日午後1時30分頃、常磐線の青森行き貨物列車が、北千住駅構内で貨物の入換作業をおこなった際、松戸発上野行き電車が同列車に追突し、乗員、乗客約70名が重軽傷を負い、電車は転覆、貨車7両も脱線した。《データ》重軽傷者約70名, 車両7両脱線
7.7	台風（沖縄県八重山郡） 7月7日朝、沖縄県の八重山列島が台風に襲われ、家屋705戸が倒壊した。《データ》倒壊家屋705戸
7.12—	三宅島爆発（東京都三宅島） 7月12日午後8時頃、三宅島の北東端にある東京府神着、坪田両村の境界付近で爆発、噴火が発生し、住民7名が死亡、35名が行方不明、

昭和16年（1941年）

家屋21戸と畜牛50頭が埋没、81名が家を失い、271名（47戸）が避難した。新火口では14日夕と23日にも小規模な爆発や鳴動が起こった。《データ》死者7名,行方不明者35名,被災者81名,避難者271名,埋没家屋21戸,畜牛50頭死亡,漁船・山林被害,被害額33万円余り

8.2　津波（北海道西海岸）　8月2日、北海道西海岸一帯に地震の影響で津波が発生、10人が死亡した。《データ》死者10名

8.26－　台風（山形県,栃木県,群馬県,千葉県）　8月26日から27日にかけて、山形、群馬、栃木、千葉の各県で台風により住民7名が死亡、家屋500戸余りが損壊、3500戸が浸水した。《データ》死者7名,損壊家屋500戸余り,浸水家屋3500戸

9月　福吉丸遭難（東京都八丈島沖）　9月、静岡県御前崎村の漁船福吉丸が八丈島の沖合で遭難し、乗組員16名が死亡した。《データ》死者16名,船舶1隻遭難

9.4　暴風（北海道函館市付近）　9月4日、北海道函館市の付近で暴風により2名が死亡した。《データ》死者2名

9.17　豪雨（北海道）　9月17日、北海道の各地で大雨により住民9名が死亡した。《データ》死者9名,被害額12万円

昭和16年
（1941年）

1月－　天然痘流行（北海道,秋田県,宮城県,千葉県,新潟県,鳥取県）　1月から6月にかけて、北海道、秋田県北部、宮城県古川町と蒜村、千葉県、新潟市と佐渡島、鳥取県で天然痘が流行し、北海道で180名の、千葉県で24名の患者が出た。《データ》患者204名（北海道・千葉県のみ）

1.20　漁船遭難（東京湾）　1月20日夜、海苔採取漁船が東京湾の沿岸海域で操業していた際、突風のため遭難し、乗組員18名が死亡、12名が行方不明になった。《データ》死者18名,行方不明者12名

3月　婚礼船転覆（鹿児島県川内市付近）　3月、鹿児島県川内市付近の川内川で婚礼船が転覆し、新婦の親子ら7名が溺死した。《データ》死者7名,船舶1隻転覆

3.12　発電所建設現場浸水（山梨県南巨摩郡十島村）　3月12日、山梨県十島村にある日本軽金属の富士川水力発電所建設現場でトンネルに浸水。トンネル内にいた作業員22名のうち10名は2日後に救出されたが、残りの12名は死亡した。《データ》死者12名

3.18　美唄炭坑ガス爆発（北海道美唄市）　3月18日、北海道の美唄炭坑でガス爆発が起き、170人が死亡した。《データ》死者170名

4.6　ボート部員遭難（琵琶湖）　4月6日、金沢の第四高等学校ボート部の生徒11人が琵琶湖での練習中に遭難、翌日から捜索を開始したが、結局なにも見つからず全員死亡したものとみられる。《データ》死者11名

4.15　弥生炭坑ガス爆発（北海道三笠市）　4月15日、北海道の弥生炭坑でガス爆発が起き、

29人が死亡した。《データ》死者29名

4.30 山林火災(兵庫県垂水町) 4月30日午後2時頃、兵庫県垂水町の山林で火災があり、10数km^{2}を全焼した。《データ》焼失面積10数km^2

5.16 林野火災(北海道紋別郡雄武村) 5月16日朝、北海道雄武村の幌内地区で、落雷のため民有林や放牧地など約59.5km^{2}を全焼した。《データ》焼失面積約59.5km^2

5.18 汽船転覆(関東地方) 5月18日、利根川にて汽船が転覆し、49人が死亡、1人が行方不明となった。《データ》死者49名,行方不明者1名

6月 豪雨(西日本) 6月、西日本で豪雨が続き、死者・行方不明者合わせて112人の被害を出した。《データ》死者・行方不明者112名

6月 豪雨(静岡県) 6月、静岡県で2回の大雨により2名が死亡、東海道線がトンネル崩壊のため一時不通になった。《データ》死者2名,トンネル崩壊

6月 ダム崩壊(静岡県庵原郡蒲原町) 6月、静岡県蒲原町にある日本軽金属のダムが突然崩れ、20名が生き埋めになった。《データ》生き埋め者20名

6.3 栄福丸沈没(北海道付近) 6月3日、北日本汽船の栄福丸が北海道の付近で沈没し、乗客ら17名が死亡した。《データ》死者17名,船舶1隻沈没

6.7 ダム決壊(北海道) 6月7日、北海道幌内川に完成したダムが決壊し、死者66人を出した。《データ》死者66名

6.13 咬龍丸沈没(ウルップ島沖) 6月13日、北千島学術調査団員5名を乗せた咬龍丸がウルップ島の沖合で沈没し、同団員や乗組員ら8名が死亡した。《データ》死者8名,船舶1隻沈没

7.10- 豪雨(栃木県,長野県,静岡県,愛知県,岐阜県) 7月10日から12日にかけて、栃木、長野、静岡、愛知、岐阜の5県で大雨の被害が続出。静岡県で住民ら49名が死傷、7名が行方不明となり、東海道線も一時不通になった。《データ》死傷者52名,行方不明者7名,流失家屋26戸,半壊家屋60戸,浸水家屋2万戸(静岡・岐阜県のみ)

7.16 地震(長野県長野市北方) 7月16日、長野市の北方を震央とする地震が発生し、住民6名が死亡、家屋300戸余りが全半壊した。《データ》死者6名,全半壊家屋300戸余り

7.21- 台風(東北地方,関東地方,山梨県,静岡県) 7月21日から22日にかけて、関東地方で台風による被害が続出。福島県で28名が、千葉県で2名がそれぞれ死亡、静岡県伊東町で山津波のため16名が死傷し、河川氾濫や農作物の冠水、中央線など各線の不通があいついだ。《データ》死者30名以上,負傷者多数,浸水面積約1350km^2(福島・茨城・埼玉・神奈川県のみ),倒壊家屋115戸,浸水家屋4302戸(千葉県のみ),被害額6596万円(東京府・福島・栃木・埼玉県のみ)

7.30 親子遭難(千葉県安房郡) 7月30日、千葉県安房郡の保田海岸で親子5名が遭難死した。《データ》死者5名

8.7 第3加能丸沈没(鹿児島徳之島沖) 8月7日、第3加能丸が徳之島の沖合で沈没し、乗組員11名が行方不明になった。《データ》行方不明者11名,船舶1隻沈没

8.15- 台風(西日本) 8月15日から16日にかけて西日本を襲った台風により、死者55人を

出した。《データ》死者55名

9.5　得山丸・幸喜丸衝突(ソ連サハリン東岸沖)　9月5日、神戸巴組汽船の得山丸(5230t)と大阪橋本汽船の幸喜丸(5290t)が、サハリン東岸の海域で濃霧のため衝突、沈没し、乗組員10名が死亡、8名が行方不明になった。《データ》死者10名,行方不明者8名,船舶2隻沈没

9.16　山陽本線列車追突(兵庫県姫路市)　9月16日、山陽本線網干駅で列車が追突し、65人が死亡した。《データ》死者65名

9.30－　台風(西日本)　9月30日から10月1日にかけて台風が西日本を襲い、死者・行方不明者210人を出す被害となった。《データ》死者・行方不明者210名

10.1　豊肥線客車転落(大分県大分市)　10月1日、豊肥線竹中駅付近で客車3両が川に転落し、44人が死亡した。《データ》死者44名

11.15　定期船沈没(北朝鮮沖)　11月5日、北朝鮮沖で敦賀・清津間の定期連絡船気比丸が触雷し、沈没した。死者・行方不明者165人を出した。《データ》死者・行方不明者165名

11.18　竜巻(愛知県豊橋市)　11月18日午前6時頃から同7時頃にかけて、愛知県豊橋市で大雨をともなった竜巻があり、住民ら12名が死亡し、10名が重傷、30名が軽傷を負い、家屋22戸が全壊、210戸が半壊した。《データ》死者12名,重傷者10名,軽傷者30名,全壊家屋22戸,半壊家屋210戸

11.19　常磐線列車追突(東京都)　11月19日、常磐線の列車が濃霧のため北千住駅で停車した際、別の上野行き列車が追突し、乗務員や乗客6名が死亡、41名が重軽傷を負った。《データ》死者6名,重軽傷者41名

昭和17年
(1942年)

2.3　長生炭鉱坑内浸水(山口県宇部市)　2月3日午前9時30分頃、山口県宇部市の長生炭鉱で、海底が陥没して坑内が浸水し、作業員ら181名が行方不明になった。《データ》行方不明者181名

3.4　集団食中毒(静岡県浜名郡新居町)　3月4日、静岡県新居町で住民112名がアサリによる食中毒のため死亡した。《データ》死者112名

3.27　島原鉄道線列車正面衝突(長崎県黒沢町)　3月27日、島原鉄道線の上下列車が森山、小野村両駅間の黒沢町の付近で正面衝突し、乗務員や乗客ら3名が死亡、約50名が重軽傷を負った。《データ》死者3名,重軽傷者約50名

7.21　ケーブルカー墜落(東京都浅川町)　7月21日午後0時30分頃、高尾山登山鉄道のケーブルカーがケーブルの切断により墜落し、乗客ら3名が死亡(うち1名即死)、26名が重傷、39名が軽傷を負った。《データ》死者3名,重傷者26名,軽傷者39名,車両墜落

8.26－　デング熱流行(長崎県長崎市)　8月26日、長崎医科大学でデング熱患者が確認され、以後3か月にわたり、長崎市内で流行が続いた。

8.27	台風(中国地方,九州地方)	8月27日、広島、山口、福岡、熊本、大分、鹿児島の6県を中心に台風の被害が続出。山口県で住民ら529名が死亡、326名が行方不明となったのを含め、693名が死亡した。《データ》死者693名,行方不明者326名,流失家屋1064戸,浸水家屋3万8573戸,全壊家屋2960戸,流失田畑約12.0km²,冠水田畑約65.8km²(山口・福岡・熊本・大分・鹿児島県のみ)
9.15	火災(青森県青森市)	9月15日午後4時10分頃、青森市蜆貝町の住宅から出火し、家屋328戸を全焼した。《データ》全焼家屋328戸
10.23	バス・東急帝都線電車衝突(東京都東京市杉並区)	10月23日午後0時50分、東京急行電鉄帝都線の井の頭行き電車と日本無線電信電話会社のバスが久我山駅構内の踏切で衝突し、乗客ら5名が即死、11名が重軽傷を負った。《データ》死者5名,重軽傷者11名,車両衝突
11.11	神戸丸・天山丸衝突(中国長江口東方沖)	11月11日午前5時40分頃、東亜海運の神戸丸と日本郵船の天山丸が長江(楊子江、中国)河口の約167km東方沖で衝突、沈没し、双方の乗組員47名が死亡した。《データ》死者47名,船舶2隻沈没
11.29	富士丸転覆(新潟県新潟市)	11月29日午前7時20分頃、新潟県松崎浜村の村営発動機渡船富士丸が新潟市へ向かう際、阿賀野川で浸水、転覆し、乗客ら25名が死亡、2名が行方不明になった。《データ》死者25名,行方不明者2名,船舶1隻転覆
12.31	にしき丸転覆(香川県小豆郡土庄町沖)	12月31日、香川県安田町の内海汽船のにしき丸(42t)が小豆島にある同県土庄町の400m沖合で激浪のため転覆し、乗客ら70名余りが溺死した。《データ》死者70名余り,船舶1隻転覆

昭和18年
(1943年)

1.20	岡山医科大学助手航空実験死亡	1月20日、岡山医科大学の助手2名が航空実験中に、死亡した。《データ》死者2名
2.11	根室線列車脱線(北海道白糠郡白糠町)	2月11日午後4時42分、根室線の上り列車が白糠駅の付近で脱線、3m下の線路脇に転落し、乗客ら3名が死亡、24名が重軽傷を負った。《データ》死者3名,重軽傷者24名,車両転覆
2.28	興行用施設火災(愛知県瀬戸市)	2月28日午後1時30分頃、愛知県瀬戸市の深川神社の境内に仮設された石橋曲馬団の興行場で火災があり、観客5名が死亡、7名が重傷、22名が軽傷を負った。《データ》死者5名,重傷者7名,軽傷者22名
3.6	映画館火災(北海道虻田郡倶知安町)	3月6日午後7時10分頃、北海道倶知安町の映画館布袋座で火災があり、積雪で非常口が使えず、観客ら208名が焼死した。《データ》死者208名,全焼建物1棟
3.13−	山林火災(静岡県磐田郡竜山村)	3月13日午後1時30分頃、静岡県龍山村の戸倉地区にある雲折山から出火し、24時間後の鎮火までに山林約12.9km²を全焼、火除けのお守りで有名な秋葉神社も延焼した。《データ》焼失面積約12.9km²,被害額1000万円

昭和18年(1943年)

3.16−	山林火災(和歌山県東牟婁郡)	3月16日午後、和歌山県七川村の山林から出火し、隣接する三尾川、小川両村に燃え広がり、2日後に鎮火するまでに約29.8km² を全焼した。《データ》焼失面積約29.8km²
3.17	原野火災(静岡県富士郡上井出村)	3月17日午前11時50分、静岡県上井出村の原野から出火し、富士裾野北方の約19.8km² を全焼した。《データ》焼失面積約19.8km²
4.4	バス転落(兵庫県川辺郡多田村)	4月4日午後6時30分頃、北摂乗合自動車のバスが兵庫県多田村の石路地区で数m下の猪名川に転落し、乗客ら2名が死亡、7名が重傷、12名が軽傷を負った。《データ》死者2名, 重傷者7名, 軽傷者12名, 車両1台転落
4.7	海苔採取船難破(佐賀県佐賀郡南川副村沖)	4月7日、佐賀県南川副、大詫間両村の漁業関係者約100名が海苔狩で有明海へ出漁した際、約70名が溺死した。《データ》死者約70名
4.9	連絡船殿浦丸沈没(長崎県北松浦郡鷹島村沖)	4月9日午前7時50分、長崎県鷹島村の連絡船殿浦丸が同村の沖合で機関室に浸水、沈没し、乗客ら104名が溺死した。《データ》死者104名, 船舶1隻沈没
5.13	トラック・別大電鉄線電車衝突(大分県大分市)	5月13日午後4時頃、別大電鉄線の電車とガソリン運搬トラックが大分駅近くの田室町踏切で衝突、トラックの2名が焼死、乗客12名が重軽傷を負った。《データ》死者2名, 重軽傷者12名, 車両衝突
6月頃	発疹チフス流行(北海道)	6月頃、北海道で発疹チフスが流行し、同25日までに440名の患者が確認された。《データ》患者440名(6月25日時点)
7月	豪雨(岡山県,広島県,愛媛県)	7月、岡山、広島、愛媛の3県で大雨による被害が続出。岡山県東部で吉井川上流が氾濫、愛媛県中南部で住民ら多数が死亡、鉄道各線の不通などがあいついだ。《データ》死者多数, 河川氾濫
7.22−	台風(西日本)	7月22日から26日にかけて、台風が西日本を襲い、死者211人、行方不明者29人、負傷者229人、建築物流出4491戸の被害となった。《データ》死者211名, 行方不明者29名, 負傷者229名, 建築物流出4491戸
9.10	鳥取地震(鳥取県)	9月10日午後5時37分、鳥取市を中心に地震が発生、マグニチュードは7.4で、死者1083人、全壊家屋7485戸、半壊家屋6158戸の被害となった。《データ》死者1083名, 全壊家屋7485戸, 半壊家屋6158戸
9.20	台風(中国地方,四国地方,九州地方)	9月20日、島根、広島、大分、宮崎、鹿児島の5県を中心に中国、四国、九州の各地で台風の被害が続出。23日の時点で住民ら500名が死亡、295名が負傷、115名が行方不明、家屋4070戸が全壊、933戸が半壊した。《データ》死者782名, 負傷者295名, 行方不明者115名, 全壊家屋4070戸, 半壊家屋933戸(9月23日時点, 島根・広島・大分・宮崎・鹿児島県のみ)
10.5	連絡船撃沈(九州地方)	10月5日、玄界灘で、関釜連絡船崑崙丸が米潜水艦に撃沈され、死者544人を出した。《データ》死者544名
10.26	常磐線列車追突(茨城県土浦市)	10月26日、常磐線土浦駅で列車が追突し、3両が川に転落、110人が死亡した。《データ》死者110名
11.27	陸軍病院船沈没(南太平洋)	11月27日、南太平洋を航行中の陸軍病院船ぶえのすあ

いれす丸が、米軍機の攻撃をうけ沈没、乗船していた1422人のうち174人が死亡した。《データ》死者174名

昭和19年
（1944年）

3.20 龍の浦丸沈没（長崎県西彼杵郡多以良村沖）　3月20日、龍の浦丸が長崎市近郊の長崎県多以良村の沖合で沈没し、乗客ら60名余りが死亡した。《データ》死者60名余り,船舶1隻沈没

8.22 対馬丸沈没（東シナ海）　8月22日、沖縄から九州へ向かった疎開船対馬丸が米軍の潜水艦の魚雷攻撃で沈没、1500人が死亡した。《データ》死者1500名

10.7 豪雨（三重県度会郡）　10月7日、三重県度会郡を中心に大雨により住民ら183名が死亡、214名が負傷、126名が行方不明となったほか、水稲や甘藷などの農作物も被害を受けた。《データ》死者183名,負傷者214名,行方不明者126名,流失家屋2682戸,浸水家屋5179戸,倒壊家屋4452戸,農作物被害

10.10 空襲（沖縄県）　10月10日、米軍機動部隊の艦載機が沖縄を空襲、特に那覇市が集中的な攻撃を受け市の大半が炎上、沖縄全体で死傷者1246人の被害となった。《データ》死傷者1246名

11.19 山陽線列車追突（兵庫県赤穂郡上郡町）　11月19日午前1時56分、兵庫県赤穂郡上郡町にある山陽線上郡駅の近くで京都発大牟田行きの列車が京都発宇野行きの列車に追突、追突された列車の後部3両が脱線して大破、追突した列車も前部の車両が大破した。この事故で34人が死亡、15人が重傷、9人が軽傷を負った。《データ》死者34名,重傷者15人,軽傷者9人

11.24 空襲（東京都）　11月24日午後0時頃、東京では米軍のB29爆撃機80機による空襲をうけ、北多摩郡武蔵野町の中島飛行機武蔵野工場を目標とした集中爆撃をはじめ、荏原、品川、杉並の各地が爆撃され、死者224人、負傷者326人、全半焼家屋29戸、全半壊家屋303戸の被害となった。《データ》死者224名,負傷者326名,全半焼家屋29戸,全半壊家屋303戸

11.27 空襲（東京都）　11月27日午後1時頃、東京では米軍のB29爆撃機10機による空襲をうけ、渋谷、城東、江戸川の各区が爆撃され、死者41人、負傷者48人、全半焼家屋27戸、全半壊家屋116戸の被害となった。《データ》死者41名,負傷者48名,全半焼家屋27戸,全半壊家屋116戸

11.29− 空襲（東京都）　11月29日〜30日、東京では午後11時45分と翌日の午前2時35分に米軍の空襲をうけ、最初は本所、城東、江戸川、葛飾、2回目は芝、麻布、日本橋等が爆撃、この2回の空襲で、死者32人、負傷者126人、全半焼家屋2914戸、全半壊家屋38戸の被害がでた。《データ》死者32名,負傷者126名,全半焼家屋2914戸,全半壊家屋38戸

12.7 東南海地震（東海地方）　12月7日午後1時35分、志摩半島沖の遠州灘を震源とする地震が発生、マグニチュード8.0、静岡県、愛知県、三重県などで大きな被害がでた

が、愛知県下には多くの航空機、兵器、電気機器製造工場等の軍需工場があったことから、軍部が報道管制をしき、被害僅少との報道しかされなかったため、一般市民への救援皆無であった。この地震で、死者998人、全壊家屋2万6130戸、半壊家屋4万6950戸、流失家屋3059戸の被害となったほか、各地で津波が観測され、熊野灘沿岸では6mを記録した。《データ》死者998名,家屋全壊2万6130戸,家屋半壊4万6950戸,家屋流失3059戸

昭和20年
（1945年）

1.3　空襲（愛知県）　1月3日、米軍機（B29）78機が名古屋を空襲、死者70人、負傷者346人の被害がでた。《データ》死者70名,負傷者346名

1.13　三河地震（愛知県）　1月13日、愛知県南部を震源とする地震が発生、東海地方を中心に死者2306人、全半壊住宅2万3776戸と大きな被害となった。《データ》死者2306名,全壊住宅7221戸,半壊住宅1万6555戸

3.4　空襲（東京都）　3月4日、米軍機177機が東京を空襲、本郷、巣鴨、中島飛行機武蔵野工場等が攻撃目標となり、死者650人、負傷者353人の被害となった。《データ》死者650名,負傷者353名

3.10　空襲（東京大空襲）（東京都）　3月10日午前0時8分、焼夷弾を満載した米軍の重爆撃機（B29）279機が東京を空襲、従来の高高度精密爆撃ではなく、夜間の低空侵入での絨毯爆撃を開始、約2000tの焼夷弾が使用され東京の大部分を焼野原とした。この空襲で8万人以上が死亡、重軽傷者は11万人以上、家屋26万戸以上（約1400万m²）が焼失、100万人が被災した。《データ》死者8万人以上,重軽傷者11万人以上,焼失家屋26万戸以上（約1400万m²）

3.13－　空襲（大阪大空襲）（大阪府）　3月13日から14日未明にかけて、米軍機（B29）約300機が大阪を空襲、約7万個の焼夷弾による絨毯爆撃で大阪市19区のほとんどが灰となり、3115人が死亡、家屋約13万戸が焼失したほか、通天閣、四天王寺五重塔、道頓堀界隈のミナミの歓楽街等も灰となった。《データ》死者3225名,焼失家屋13万戸

4.1　阿波丸沈没（台湾沖）　4月1日、台湾沖で、緑十字船である阿波丸が米潜水艦クィーンフィッシュの攻撃を受け沈没した。死者2044人、生存者は1人であった。《データ》死者2044名

4.1－　沖縄戦（沖縄県）　4月1日、日本軍は沖縄本島中部西海岸から上陸した米軍と交戦となったが、5月22日、首里の司令部が陥落した後は、市民を巻き込んだ戦いとなり、6月23日、日本軍司令官が自決、7月2日、米軍が沖縄作戦の終了を宣言、約3ヶ月にわたる戦闘での犠牲者は、約24万人で、うち15万人以上は一般市民であった。《データ》死者約24万名

4.23　玉栄丸爆発（鳥取県西伯郡境町）　4月23日、軍徴用船玉栄丸（937t）が境港に碇泊した際、積荷の火薬が爆発し、港湾施設の30%余りが壊れたほか、同港付近の鳥取県境、上道、外江の3町村で住民ら500名が死傷、家屋1863戸が全壊または全焼、約3000名が焼け出された。《データ》死傷者500名,被災者約3000名,全壊・全焼家屋

1863戸, 港湾一部全壊, 船舶1隻爆発

5.14 空襲(愛知県名古屋市)　5月14日午前8時、米軍機(B29)480機が名古屋を空襲、被害は死者276人、負傷者783人、被災戸数2万1905戸で名古屋城、徳川園等も焼失した。《データ》死者276名, 負傷者783名, 被災戸数2万1905戸

5.29 空襲(神奈川県, 東京府)　5月29日午前9時30分頃、米軍機(B29, P51)575機が横浜を中心に川崎、東京を空襲、防空総本部の発表による、この空襲での被害は死者3650人、負傷者1万2000人、焼失家屋8万5000戸。《データ》死者3650名, 負傷者1万2000名, 焼失家屋8万5000戸

6.5 空襲(兵庫県神戸市)　6月5日、米軍機(B29)350機が神戸を空襲、3月17日、5月11につぐ3度目の大空襲で、約3000tの焼夷弾により、残っていた神戸市の東側半分を焼失、死者は3453人にのぼった。《データ》死者3453名

8.6 広島被曝(広島県広島市)　8月6日午前8時15分、米軍機(B29)エノラ・ゲイ号から投下されたウラニウム型原子爆弾(リトルボーイ)が広島市の上空580mで炸裂、熱線と爆風により市内の建物の90%が一瞬にして全焼、全壊した。また、爆心地から500m以内にいた人たちのほとんどがその日のうちに死亡したほか、数km離れた地点でも放射線障害となり、原爆投下から4カ月たった12月末までに死者15万9000人、5年後の25年には死者24万7000人に達した。《データ》死者15万9000人(4カ月間)

8.7 海軍工廠爆撃(愛知県豊川市)　8月7日、豊川市の海軍工廠爆撃により、女子挺身隊員や小学生ら2400人が死亡した。《データ》死者2400名

8.9 長崎被曝(長崎県長崎市)　8月9日午前112分、米軍機(B29)ボックス・カー号から投下されたプルトニウム型原子爆弾(ファットマン)が長崎市上空500mで炸裂、市内の約38%を破壊、約27万人が被曝、うち7万4000人が早期に死亡、12月までに死者は8万人に達した。当初、原爆投下の目標は小倉市であったが、天候不順のため第二目標の長崎に変更された。《データ》死者8万人(12月まで)

8.24 八高線列車衝突(東京都)　8月24日午前7時40分、八高線の多摩川橋梁で上り列車と下り列車が衝突、死者105人、重軽傷者67人の被害となった。《データ》死者105名, 重軽傷者67名

9.17 枕崎台風(西日本)　9月17日、大型の台風が鹿児島県枕崎付近に上陸し、宮崎県細島で最大瞬間風速75.5m/sを記録した。第二次世界大戦の終戦後わずか1ヶ月で襲来したこともあり、戦争時の伐採で大雨に弱くなった山々では土砂災害が多発。特に原爆被災直後の広島県で最大の被害を出した。全国で2473が死亡、1283人が行方不明となった。《データ》死者2473名, 行方不明者1283名, 負傷者2452名, 損壊家屋8万9839棟, 床上・床下浸水家屋27万3888棟, 流失・埋没・冠水耕地12万8403ha

10.17 室戸丸沈没(兵庫県沖)　10月17日、兵庫県沖で別府航路の室戸丸が触雷し、沈没した。行方不明者470人となった。《データ》行方不明者470名

10.18 暴風雨(大分県)　10月18日、大分県で暴風雨により住民ら33名が死亡、68名が負傷した。《データ》死者33名, 負傷者68名, 流失家屋110戸, 全壊家屋ほか2368戸, 半壊家屋ほか3492戸, 流失耕地約5.3km^2, 浸水耕地約64.7km^2, 埋没耕地約2.9km^2

昭和21年
（1946年）

3月— 　発疹チフス・天然痘流行（東京都）　3月から6月にかけ、東京都内で発疹チフスと天然痘が流行、3月10日には患者数が300名を超えた。《データ》患者300名以上

7.19　在日台湾人・警官隊衝突（東京都渋谷区）　7月19日、東京都渋谷区内で、在日台湾人グループと警官隊が衝突し、2名が死亡、14名が負傷した。《データ》死者2名、負傷者14名

8.30　配給小麦粉集団食中毒（東京都中野区）　9月2日、東京都中野区で配給小麦粉により住民5000名が集団食中毒にかかった。《データ》患者5000名

11.23　五所川原町大火（青森県北津軽郡五所川原町）　11月23日、青森県五所川原町で火災があり、家屋711戸を全焼、住民ら9名が負傷した。原因はたばこの火の不始末と見られる。《データ》負傷者9名、全焼家屋711戸、被害額8143万2782円

12.16　逗子町大火（神奈川県横須賀市）　12月16日、神奈川県横須賀市の逗子地区で火災があり、家屋219戸を全焼、2名が死亡、6名が負傷した。原因は漏電と見られる。《データ》死者2名、負傷者6名、全焼家屋219戸、被害額280万円

12.21　南海地震（東海地方、近畿地方、中国地方、四国地方、九州地方）　12月21日午前4時19分、和歌山県串本町の南約40km（北緯33.0度、東経135.6度）の海底付近を震源とする最大級の地震が発生。東海・近畿・中国・四国・九州地方の25府県で1354名が死亡、3807名が負傷、113名が行方不明になり、山陽、宇野、関西、参宮、阪和、豊肥、土讃、牟岐、和歌山、予讃、紀勢東西各線の鉄道70ヶ所で被害が出た。被災者は23万268名に上り、松山市の道後温泉が止まった他、瀬戸内海沿岸の塩田が津波で壊滅した。《データ》死者1354名、負傷者3807名、行方不明者113名、被災者23万268名、全壊家屋・工場など1万1661戸、半壊家屋・工場など2万3602戸、浸水家屋2万8879戸、流失家屋1451戸、全焼家屋2598戸、流失または沈没・破損船舶2339隻、道路破損1532ヶ所、橋梁損壊160ヶ所以上、堤防損壊627ヶ所以上（22年2月10日、内務省発表）、鉄道被害70ヶ所

12.21　新宮市大火（和歌山県新宮市）　12月21日、和歌山県新宮市で火災があり、市役所や地方事務所、病院など家屋2398戸（総戸数の約70%）を全焼、52名が死亡、211名が負傷した。原因は南海地震。《データ》死者52名、負傷者211名、全焼家屋2398戸、被害額10億円

昭和22年
（1947年）

1.1—　浮浪者凍死（東京都下谷区）　1月1日から7日にかけて、東京都下谷区の上野駅地下道で浮浪者11名が凍死。このため当局は同15日、地下道にいた浮浪者1300名余りを

昭和22年(1947年)

沼ヶ岡厚生会館など関係施設7ヶ所に分散収容する対策をとった。《データ》死者11名

2.19　砂川鉱業所坑内火災(北海道空知郡上砂川町)　2月19日、三井鉱山の砂川鉱業所で坑内火災が発生し、11人が死亡した。《データ》死者11名

2.25　八高線列車脱線(埼玉県入間郡日高町)　2月25日、国鉄八高線の高麗川駅の南方で列車が脱線、客車3両が線路脇に転落し、乗客ら175名が死亡、202名が重傷、500名が軽傷を負った。《データ》死者175名,重傷者202名,軽傷者500名,車両3両転落

3.31　室蘭本線列車衝突(北海道山越郡長万部町)　3月31日、室蘭本線の静狩駅近くのトンネル内で、列車同士が正面衝突し、乗客ら4名が死亡、12名が重傷、39名が軽傷を負った。《データ》死者4名,重傷者12名,軽傷者39名,車両衝突

4.17　横山村大火(宮城県本吉郡横山村)　4月17日、宮城県横山村で火災があり、家屋175戸を全焼、住民ら3名が死亡、10名が負傷した。原因は隣接の山林からの延焼。《データ》死者3名,負傷者10名,全焼家屋175戸,被害額3500万円

4.16　近鉄奈良線トンネル内火災(大阪府,奈良県)　4月16日、近畿日本鉄道奈良線の生駒駅近くの生駒山トンネル内で、通過中の列車が車両火災を起こし、乗客ら30名が死亡、37名が重傷を負った。《データ》死者30名,重傷者37名,車両火災

4.20　飯田市大火(長野県飯田市)　4月20日、長野県飯田市の扇町地区から出火し、家屋4010戸を全焼、1名が死亡、103名が負傷した。原因は煙突の過熱と見られる。《データ》死者1名,負傷者103名,全焼家屋4010戸,被害額15億円

4.29　那珂湊町大火(茨城県那珂郡那珂湊町)　4月29日、茨城県那珂湊町で火災があり、家屋1134戸を全焼、6名が負傷した。原因は、たき火の火の不始末と見られる。《データ》負傷者6名,全焼家屋1134戸,被害額2億366万1450円

5.16－　三笠町大火(北海道空知郡三笠町)　5月16日から17日にかけて、北海道三笠町の幾春別地区で火災があり、家屋977戸を全焼、2名が死亡、2名が負傷した。原因は煙突の過熱と見られる。《データ》死者2名,負傷者2名,全焼家屋977戸,被害額100万円

6.8　演芸会場屋根落下(大阪府岸和田市)　6月8日、大阪府岸和田市で演芸会場の屋根が落ち、70人が圧死した。《データ》死者70名

6.22－　豪雨(九州地方)　6月22日から24日にかけて、九州地方全域に26年ぶりという大雨が降り、12名が死亡、2名が負傷した。《データ》死者12名,負傷者2名,浸水家屋6125戸,道路損壊270ヶ所,田畑冠水約34.3ha

7.1　山陽本線列車脱線(山口県徳山市付近)　7月1日、山陽本線の下松・櫛ヶ浜駅間で列車が脱線転覆し、乗務員や乗客の引揚げ者15名が死亡、53名が重軽傷を負った。《データ》死者15名,重軽傷者53名,車両転覆

7.16　八高線貨物列車・航空機拝島・小宮駅間衝突(東京都八王子市付近)　7月16日、八高線の拝島・小宮駅間の多摩川鉄橋を通過中の貨物列車に航空機が衝突、列車は車両が脱線して3名が死亡、4名が負傷、航空機は機体を全焼したが、乗員は無事救出された。《データ》死者3名,負傷者4名,車両脱線,航空機1機全焼

7.21－　豪雨(青森県,秋田県,山形県,岩手県,宮城県)　7月21日から24日にかけて、東北地

昭和22年(1947年)

方各地に大雨が降り、積算雨量は秋田市の230mmを最高に、酒田市で199mm、盛岡市で144mm、山形市で120mmを記録。この影響で青森・秋田・山形・岩手・宮城の5県で河川の氾濫などにより住民28名が死亡、奥羽本線など鉄道が7ヶ所で損壊した。 《データ》死者28名,浸水家屋6万戸,流失田畑約42.1ha,浸水田畑約833.0ha

8.12 第3鴨川丸誤爆遭難(福岡県福岡市博多港沖) 8月12日、博多港の沖合で、第3鴨川丸が国籍不明機から爆撃を受けた(同21日、誤爆と判明)。

8.14 浅間山爆発(群馬県吾妻郡、長野県北佐久郡) 8月14日、群馬・長野県境の浅間山で大規模な爆発があり、登山者20名以上が死傷した。 《データ》死傷者20名以上

9.14- キャスリーン台風(東北地方,関東地方) 9月14日から22日にかけて、本州を通過したキャスリーン台風の影響で、茨城・栃木・群馬・埼玉の4県を中心に15都道県で1057名が死亡、1751名が負傷、1853名が行方不明となった。決壊した河川は、群馬県の広瀬川、粕川、栃木県の巴波川の他、利根川が16日午前1時に埼玉県栗橋町付近で40年ぶりに決壊、この影響で19日午前2時5分に桜堤が、20日午前3時15分に中川橋右岸下流200mで中川が、それぞれ決壊し、足立・葛飾・江戸川の各区で5名が死亡、18名が負傷、4名が行方不明になり、8万5738世帯の住宅が浸水、35万6255名が避難した。また、金町浄水場の浸水により、5日間広範囲で断水が続いた。これより前、都内では14日夜に600mmの降水量を記録、翌15日夜家屋1万2000戸が浸水した。 《データ》死者1057名,負傷者1751名,行方不明者853名,倒壊家屋5301戸,流失家屋3997戸,浸水家屋38万4743戸,流失田畑約147.1ha,冠水田畑約2772.0ha,道路損壊9288ヶ所,橋梁損壊2696ヶ所,河川決壊1601ヶ所,砂防決壊730ヶ所,海岸堤防損壊226ヶ所(9月29日時点・内務省報告)

10.17 下関市大火(山口県下関市) 10月17日、山口県下関市長府町で火災があり、家屋800戸を全焼,住民10名が負傷した。また、この火事で延焼を防ぐために200戸が取壊し撤去された。 《データ》負傷者10名,全焼家屋800戸,取壊し家屋200戸

10.20 常磐炭鉱坑内ガス爆発(福島県) 10月20日、福島県の常磐炭鉱の坑内でガス爆発があり、作業員11名が即死、20名が重軽傷を負った。 《データ》死者11名,重軽傷者20名

10.25 炭坑事故(北海道宗谷郡稚内町) 10月25日、稚内炭鉱にて事故、死者16人を出した。 《データ》死者16名

11.27 病院火災(新潟県高田市) 11月27日、新潟県高田市の精神病院で火災が発生、死者20人を出した。 《データ》死者20名

12月- 擬似コレラ流行(全国) 12月から翌年6月にかけて、全国各地で濾過性原体による擬似コレラが流行、23年5月27日時点での患者数は新潟県の2685名、山形県の1774名、福岡県の600名、和歌山県の550名、長野県の386名をはじめとして、栃木、群馬、埼玉、千葉、神奈川、岐阜、静岡、三重、滋賀、大阪、奈良、岡山、山口などの各府県合わせて1万4000名以上に上ると推定される。厚生省の発表では、潜伏期が3日から5日前後あり、下痢と吐瀉をともなうこと、高齢者以外では死亡率の低いことが特徴。 《データ》患者1万4000名以上(推定)

この頃- 江東地区地盤沈下(東京都江東区ほか) 22年頃から、東京都の隅田川東岸地域で地盤沈下が続き、24年までの2年間で5cmの沈下を記録した(24年9月19日発表)。

68

昭和23年
（1948年）

1.5　名古屋鉄道瀬戸線電車脱線転覆（愛知県東春日井郡旭町付近）　1月5日、名古屋鉄道瀬戸線の印場・大森駅間で、電車が脱線転覆し、乗務員乗客39名が死亡、200名が負傷した。《データ》死者39名, 負傷者200名, 車両転覆

1.26　帝銀事件（東京都豊島区）　1月26日、東京都豊島区長崎にある帝国銀行椎名町支店で、保健所の防疫関係者を装った男が支店長代理ら行員12名に青酸カリウムを飲ませて毒殺した。《データ》死者12名

1.28　関西汽船女王丸沈没（岡山県邑久郡牛窓町沖）　1月28日、関西汽船の女王丸が岡山県牛窓町の沖合で残留機雷に接触して沈没、乗組員35名・乗客269名のうち22名が死亡、161名が行方不明になった。《データ》死者22名, 行方不明者161名, 船舶1隻沈没

2.10－　配給大豆粉食中毒（東京都）　2月10日、東京都板橋区で配給物資の大豆粉による食中毒が発生、営団住宅入居者を中心に2月25日時点での患者数は配給パンによる者183名、大豆粉による者617名となり、うち4名が死亡した。都では大豆粉の配給を中止し、配給済みの分については小麦粉や丸大豆などと交換した。《データ》患者800名（うち死者4名。2月25日時点, 警視庁調べ）

2.15　住宅営団戦災者住宅火災（東京都港区青山南町）　2月15日、東京都港区青山南町の住宅営団戦災者住宅で火災があり、アパート3棟（約3200m^2）を全焼、居住者4名が死亡、6名が重傷を負った。《データ》死者4名, 重傷者6名, 全焼家屋3棟, 焼失面積約3200m^2

3.4　大正町大火（高知県幡多郡大正町）　3月4日、高知県大正町で火災があり、家屋456棟と山林約49.6haを全焼した。《データ》全焼家屋456棟, 全焼山林約49.6ha

3.10－　給水制限（東京都）　東京都は30年ぶりという深刻な水不足に見舞われ、3月10日から27日にかけて、淀橋および境浄水場系統の地域で日に2時間の時間給水を実施した。《データ》給水制限

3.31　近鉄奈良線電車追突（京都府京都市右京区）　3月31日、近畿日本鉄道奈良線の電車同士が花園駅付近で追突し、双方の乗客乗務員46名が死亡、101名が重傷、約100名が軽傷を負った。《データ》死者46名, 重傷者101名, 軽傷者約100名, 車両衝突

4.24　貨物列車脱線転落（青森県青森市付近）　4月24日、青森県青森市の東北本線野内駅付近の野内川鉄橋で、23両編成の貨物列車の全車両が脱線、さらに機関車1両と貨車20両は野内川に転落し、乗務員2名が即死、1名が重傷を負った。《データ》死者2名, 重傷者1名, 車両23両脱線

5月－　日本脳炎流行（東北地方, 関東地方, 中部地方, 近畿地方, 四国地方, 九州地方）　5月に熊本県で発生した日本脳炎の患者は、その後全国に広がり、流行は9月まで続いたが、東京都でも最初の患者が7月下旬に発生、8月18日までに都内の患者数は1403名

69

昭和23年（1948年）

（うち240名が死亡）、1週間後の同25日までに1761名（うち357名が死亡）、最終的には2055名に上った。東北地方以西の患者数は7292名で、このうち8月17日までに287名が死亡。他に飼育馬3324頭が発病した。《データ》患者7292名, 死者（8月17日時点）287名

6.18 　勝田炭鉱坑内爆発（福岡県粕屋郡宇美町）　6月18日、福岡県宇美町の勝田炭鉱の坑内で爆発が発生し、関係者ら58名が死亡、10名が負傷した。《データ》死者54名, 負傷者10名

6.28 　福井地震（石川県, 福井県）　6月28日午後5時15分、北陸本線丸岡駅付近の深さ約40kmを震源とする震幅が垂直11cm、水平15cmの非常に強い地震が発生。福井市と石川県大聖寺、福井県三国、金津、丸岡、春江、森田の5町を中心に住民5541名が死亡、1万9818名が負傷した。《データ》死者5541名, 負傷者1万9818名, 全壊家屋3万7374戸, 半壊家屋4980戸, 全焼家屋8770戸, 被災田畑約204.3ha, 道路損壊103ヶ所, 橋梁損壊60ヶ所, 堤防決壊18ヶ所（7月4日時点）, 被災者（福井県のみ）30万名

7.23― 　豪雨（富山県, 石川県, 福井県, 滋賀県）　7月23日から26日にかけて、富山、石川、福井、滋賀の4県で大雨により住民9名が死亡、138名が負傷、5名が行方不明となった。《データ》死者9名, 負傷者138名, 行方不明者5名, 全壊建物307棟, 半壊建物100棟, 流失建物4047棟, 床上浸水建物1万9928棟, 床下浸水建物2万1503棟, 流失田畑約24.3ha, 冠水田畑約275.0ha, 道路損壊21ヶ所, 橋梁流失119ヶ所, 堤防決壊320ヶ所

8.2 　竜巻（神奈川県川崎市）　8月2日、川崎市で強い竜巻が発生し、戦災地跡のバラック住宅など38戸が全壊、50戸が半壊して、住民3名が死亡、44名が重傷、62名が軽傷を負った。《データ》死者3名, 重傷者44名, 軽傷者62名, 全壊家屋38戸, 半壊家屋50戸

8.24― 　豪雨（近畿地方, 四国地方, 九州地方）　8月24日から27日にかけて、近畿、四国、九州地方で大雨による被害が続出。降水量は長崎市で340mm、高知市で310mm、宮崎市で250mmを記録し、和歌山、愛媛、高知の3県で18名が死亡、33名が負傷、9名が行方不明となった。《データ》死者18名, 負傷者33名, 行方不明者9名, 全壊建物28棟, 半壊建物99棟, 流失建物81棟, 床上浸水建物1582棟, 床下浸水建物9354棟, 流失田畑約4.3ha, 冠水田畑約76.3ha, 道路損壊169ヶ所, 橋梁流失82ヶ所, 堤防決壊232ヶ所（和歌山・愛媛・高知県のみ）

9.10― 　豪雨（中国地方西部, 四国地方, 九州地方北部）　9月10日から12日にかけて、中国、四国、九州地方で大雨による被害が続出。降水量は佐世保市で402mm、佐賀市で243mm、福岡市で178mmを記録し、佐賀、長崎両県で166名が死亡、56名が負傷、67名が行方不明となった。《データ》死者166名, 負傷者56名, 行方不明者67名, 全壊建物363棟, 半壊建物1926棟, 流失建物271棟, 床上浸水建物1万3180棟, 床下浸水建物1万2587棟, 流失田畑約7.6ha, 冠水田畑約84.1ha, 道路損壊450ヶ所, 橋梁流失329ヶ所, 堤防決壊344ヶ所

9.10― 　アイオン台風（東北地方, 関東地方, 山梨県, 静岡県, 佐賀県, 長崎県）　9月10日、マーシャル諸島付近で発生したアイオン台風は佐賀、長崎両県付近を通過後、16日午後9時頃房総半島南端に達し、17日には東北地方の太平洋沿岸を北上した。この影響で、岩手県一関市の磐井川が決壊して住民300名が死亡したのをはじめ、宮城、山形、福島、群馬、栃木、茨城、埼玉、千葉、東京、神奈川、山梨、静岡、佐賀、長崎の15都県で440名が死亡、769名が負傷、663名が行方不明となり、東海道・中央両線

が一時不通になるなどの被害が出た。　《データ》死者440名,負傷者769名,行方不明者663名,全壊建物3740棟,半壊建物1万842棟,全焼建物15棟,半焼建物2棟,流失建物4038棟,床上浸水建物3万6264棟,床下浸水建物6万1653棟,流失田畑約75.6ha,冠水田畑約1072.7ha,道路損壊1897ヶ所,橋梁流失1821ヶ所,堤防決壊2124ヶ所,鉄道被害

11.4－　ジフテリア予防接種禍（京都府京都市）　11月4日から、京都市内で、ジフテリアの予防接種による副作用患者が続出。15日までに527名が発熱などの症状を訴え、重症の68名が死亡した。原因はワクチン製造工程の欠陥。　《データ》患者527名（うち死者68名）

11.11－　ジフテリア予防接種禍（島根県八束郡御津村）　11月11日から、島根県御津村で、ジフテリア予防接種による副作用患者が続出。25日までに248名が発熱などの症状を訴え、重症の18名が死亡した。原因は京都市の場合と同じくワクチン製造工程の欠陥。　《データ》患者248名（うち死者18名）

昭和24年
（1949年）

1.14　貨物列車待合室突入（奈良県吉野郡五條町）　1月14日、奈良県五條町の和歌山線五條駅で、貨物列車が車止めを破って待合室に突っ込み、乗務員や列車待ちの乗客8名が死亡、20名余りが重軽傷を負った。　《データ》死者8名,負傷者20名余り,車両突入

1.26　法隆寺金堂火災（奈良県生駒郡斑鳩町）　1月26日、奈良県斑鳩町の法相宗総本山法隆寺西院の金堂（国宝）から出火し、堂内の壁画12面を全焼した。原因は電気ごたつの過熱と見られる。金堂は胴張りの柱や雲肘木など飛鳥様式の特徴を示す建築物で、焼失した壁画は白鳳美術を代表する作品だった。　《データ》壁画12面全焼

1.30　鴨猟船転覆（千葉県東葛飾郡浦安町沖）　1月30日、千葉県浦安町の沖合で、鴨猟に向かう乗客を乗せた和船が激浪を受けて転覆し、UP通信社（米国）の副社長や電通の前社長ら4名が溺死した。　《データ》死者4名,船舶1隻転覆

1.30　利根川渡船転覆（千葉県香取郡高岡村付近）　1月30日、千葉県高岡村付近の利根川で渡船が転覆し、乗客ら18名が死亡、1名が行方不明になった。　《データ》死者18名,行方不明者1名,船舶1隻転覆

2.20　能代市大火（秋田県能代市）　2月20日午前0時、秋田県能代市清助町の三国樽丸工場から出火、火は風速20m前後の強風にあおられて燃え広がり、市役所など公共の建物20ヶ所と家屋2044戸を全焼、同8時30分に鎮火した。この火事で、住民4名が死亡、150名が負傷し、8700名が焼け出された。　《データ》死者4名,負傷者150名,全焼家屋2044戸,被災者8700名,被害額3億円

2.20　明石市大火（兵庫県明石市）　2月20日午前4時10分、兵庫県明石市錦江町にある国鉄駅前市場内の菓子店から出火、火元の市場250戸と、隣接する細工町などの家屋446戸を全半焼して、同7時に鎮火した。この火事で、住民2000名が焼け出された。原因は電熱器の過熱と見られる。　《データ》全半焼家屋446戸,被災者2000名,被害額約1億円

昭和24年(1949年)

2.27　松山城火災（愛媛県松山市）　2月27日午後8時20分頃、松山市城山にある松山城本丸入口の筒井櫓付近から出火し、同櫓などを全半焼、天守閣が焼け残った。金亀城の別名で知られる同城は1603年、加藤嘉明によって築城され、全焼した筒井門は国宝に指定されていた。原因は精神病患者によるたき火と見られる。《データ》建物全半焼

2.28　汽船雲仙丸沈没（秋田県南秋田郡）　2月28日、秋田県男鹿半島の北西端にある入道崎の沖合で、汽船雲仙丸（640t）が沈没し、乗組員や乗客7名が死亡、6名が行方不明になった。《データ》死者7名、行方不明者6名、船舶1隻沈没

3.8　近鉄山田線電車火災（三重県松坂市）　3月8日、三重県松坂市の近畿日本鉄道山田線松坂駅構内で、電車が発火して炎上し、乗務員や乗客8名が死亡、7名が重傷、21名が軽傷を負った。《データ》死者8名、重傷者7名、軽傷者21名、車両全焼

3.27　広島駅前火災（広島県広島市）　3月27日、広島市の国鉄広島駅前マーケットから出火し、家屋696戸を全焼した。《データ》全焼家屋696戸

3.30　漂着機雷爆発（新潟県西頸城郡名立町）　3月30日、新潟県名立町の小泊海岸に漂着した残留機雷が爆発し、住民63名が死亡、8名が重傷、7名が軽傷を負い、家屋300戸が全半壊、73戸が破損した。《データ》死者63名、重傷者8名、軽傷者7名、全半壊家屋300戸、破損家屋73戸

4.14　津軽病院火災（青森県弘前市）　4月14日、青森県弘前市の津軽病院で火災があり、同施設を全焼、関係者10名が死亡した。《データ》死者10名、病院全焼

5.10　古平町大火（北海道古平郡古平町）　5月10日、北海道古平町のかまぼこ製造販売店から出火、火は強風にあおられて燃え広がり、家屋597戸を全焼した。火災の後、同町の消防施設の不備が指摘された。《データ》全焼家屋597戸

6.7　国立国府台病院火災（千葉県市川市）　6月7日、千葉県市川市にある国立国府台病院で火災があり、施設を全焼、関係者5名が死亡した。《データ》死者5名、病院全焼

6.18－　デラ台風（東北地方、関東地方、東海地方、近畿地方、山陽地方、四国地方、九州地方）　6月18日から21日にかけて、デラ台風が九州から中部・関東地方を通過。このため、高知県室戸岬村で積算雨量426mmを記録、鹿児島県で住民46名が死亡、31名が行方不明、長野県で犀川の堤防が決壊するなど大きな被害が出た。東北地方南部以西の23府県合わせて154名が死亡、194名が負傷、285名が行方不明となった。《データ》死者154名、負傷者194名、行方不明者285名、全壊家屋1531戸、半壊家屋3538戸、流失家屋90戸、床上浸水家屋5471戸、床下浸水家屋5万1019戸、流失・埋没田畑約34.4ha、冠水田畑約577.3ha、道路損壊2258ヶ所、橋梁流失554ヶ所、堤防決壊777ヶ所、山崩れ8ヶ所、鉄道被害12ヶ所、通信施設被害10ヶ所、桟橋損壊7ヶ所、船舶流失・沈没661隻、船舶破損1928隻、被害額300億円（推定）

6.21　連絡船青葉丸沈没（大分県東国東郡姫島村沖）　6月21日午前3時頃、大分県姫島村の東約19kmの周防灘で、乗組員48名・乗客91名を乗せた川崎汽船の今治・門司間航路定期連絡船青葉丸（599t）がデラ台風による激浪を受けて沈没、乗客5名は救助されたが、残る134名が死亡した（10月19日、船体と9名の遺体を発見）。乗客には米国人も含まれていた。《データ》死者134名、船舶1隻転覆

6.24　昭和電工川崎工場爆発（神奈川県川崎市）　6月24日、川崎市扇町にある昭和電工川

72

崎工場の硫安製造工場で合成炉が爆発し、工場（約1万3223m^2）が全壊、関係者17名が死亡、50名余りが重軽傷を負った。《データ》死者17名、重軽傷者50名余り、被災面積約1万3223m^2

6.26― 豪雨（熊本県,鹿児島県）　6月26日から29日にかけて、熊本・鹿児島両県に大雨が降り、住民42名が死亡、61名が負傷した。《データ》死者42名、負傷者61名、全壊家屋119戸、半壊家屋105戸、床上浸水家屋3078戸、床下浸水家屋9658戸、田畑流失約4.8ha、田畑冠水約28.2ha、道路損壊428ヶ所、橋梁流失18ヶ所、堤防決壊100ヶ所、沈没・流失船舶9隻、損壊船舶6隻

6.27　漂着機雷爆発（秋田県南秋田郡脇本村）　6月27日、秋田県脇本村の海岸に漂着した残留機雷が爆発し、住民8名が死亡、4名が重傷を負い、家屋10棟が全焼した。《データ》死者8名、重傷者4名、全焼家屋10棟

6月頃　狂犬病流行（関東地方）　6月頃、関東地方で狂犬病が流行し、6月27日までに飼い犬など203頭が発病したため、関係当局が防疫対策を実施した。《データ》発病犬203頭（6月27日時点）

7.5―　豪雨（和歌山県,熊本県）　7月5日から6日にかけて、西日本に大雨が降り、和歌山・熊本両県などで住民4名が死亡、6名が負傷した。《データ》死者4名、負傷者6名、全壊家屋16戸、半壊家屋36戸、流失家屋12戸、床上浸水家屋1483戸、床下浸水家屋3149戸、田畑流失約3.6ha、田畑冠水約78.3ha、道路損壊290ヶ所、橋梁流失117ヶ所、堤防決壊150ヶ所、沈没・流失船舶34隻、損壊船舶3隻

7.15　電車暴走〔三鷹事件〕（東京都北多摩郡三鷹町）　7月15日午後9時23分頃、中央線三鷹駅構内で、無人の回送電車（7両編成）が車庫から停止標識を突破して暴走し脱線、さらに駅前の道路から隣接の住宅に突っ込んだ。このため、同駅の乗降客や通行人6名が死亡、10数名が重軽傷を負った。原因は、故意にパンタグラフを操作したためと見られる。《データ》死者6名、重軽傷者10数名

7.16―　フェイ台風（福岡県,長崎県,熊本県,大分県,宮崎県,鹿児島県）　7月16日から17日にかけて、瞬間最大風速41mを記録したフェイ台風が九州地方の南部を通過。この影響で、福岡・長崎・熊本・大分・宮崎・鹿児島の6県で住民29名が死亡、12名が負傷、13名が行方不明となった。《データ》死者29名、負傷者12名、行方不明者13名、全壊家屋150戸、半壊家屋256戸、床上浸水家屋2054戸、床下浸水家屋4666戸、流失田畑約24.1ha、冠水田畑約128.0ha、道路損壊317ヶ所、橋梁流失31ヶ所、堤防決壊95ヶ所

7.27―　ヘスター台風（福井県,三重県,滋賀県,京都府,兵庫県,奈良県,徳島県,香川県）　7月27日に、伊勢湾付近に上陸したヘスター台風は、名古屋市の西方を通って、30日に若狭湾へ抜けた。この影響で、福井・三重・滋賀・京都・兵庫・奈良・徳島・香川の8県で住民16名が死亡、29名が負傷、18名が行方不明などの被害が出た。《データ》死者16名、負傷者29名、行方不明者18名、全壊家屋55戸、半壊家屋147戸、流失家屋62戸、床上浸水家屋1967戸、床下浸水家屋9594戸、流失田畑約11.5ha、冠水田畑150.2ha、道路損壊347ヶ所、橋梁流失420ヶ所、堤防決壊253ヶ所

7月頃　赤痢集団発生（埼玉県南埼玉郡鷲宮町周辺）　7月頃、埼玉県鷲宮町で赤痢が集団発生し、同町と周辺町村の患者数は7月17日までに300名余りに上った。《データ》患者300名余り（7月17日時点）

昭和24年(1949年)

8月― 日本脳炎発生(全国) 8月から9月にかけて、全国各地で日本脳炎が発生し、患者数は9月19日までに1876名に上った。《データ》患者1876名(9月19日時点)

8.15― ジュディス台風(山口県,高知県,福岡県,佐賀県,長崎県,熊本県,大分県,宮崎県,鹿児島県) 8月15日から18日にかけて、ジュディス台風が日向灘から豊後水道を通って山口県に上陸、島根県を経て日本海へ抜けた。この影響で、鹿児島県霧島町付近の温泉旅館街で住民91名が死亡、155名が行方不明、家屋454戸が全壊するなど各地で被害があいつぎ、9県で合わせて140名が死亡、76名が負傷、99名が行方不明となった。《データ》死者140名,負傷者76名,行方不明者99名,全壊家屋669戸,半壊家屋1735戸,流失家屋183戸,床上浸水家屋2万6751戸,床下浸水家屋5万7187戸,流失田畑約42.0ha,冠水田畑約592.6ha,道路損壊1599ヶ所,橋梁流失330ヶ所,堤防決壊742ヶ所,船舶沈没・流失90隻,船舶破損25隻

8.17 貨物列車転覆〔松川事件〕(福島県信夫郡金谷川村) 8月17日午前3時9分(夏時間)、東北本線金谷川・松川駅間のカーブで、青森発奥羽線経由上野行き旅客列車(14両編成)の機関車と荷物車2両が脱線転覆し、後続の郵便車1両と客車3両も脱線、転覆した車両の下敷きとなって機関士1名と助手2名が死亡した。計画的な列車妨害と見られるが、真犯人は不明。占領下に起きた代表的な謀略事件の一つ。《データ》死者3名,車両転覆

8.31― キティ台風(北海道,東北地方,関東地方,信越地方) 8月31日午後8時頃、神奈川県茅ヶ崎市付近に上陸したキティ台風は、関東地方西部から新潟・山形両県を通って、さらに北海道へ上陸、小樽市を経て、9月2日オホーツク海へ抜けた。この影響で、横浜港に停泊中の船舶が大きな被害を受け、細島丸(2900t)他3隻が沈没した。被害は関東・信越地方を中心に21都県に及び、住民100名が死亡、439名が負傷、46名が行方不明となった。田畑は約27.3haが流失、約196.4haが冠水し、水稲の減収は36万kl以上と推定される。《データ》死者100名,負傷者439名,行方不明者46名,全壊家屋2766戸,半壊家屋1万1898戸,流失家屋1274戸,床上浸水家屋6万524戸,床下浸水家屋6万9866戸,流失田畑約27.3ha,冠水田畑約196.4ha,道路損壊436ヶ所,橋梁流失257ヶ所,堤防決壊251ヶ所,船舶流失・沈没69隻(群馬・栃木・茨城・埼玉・千葉・東京・神奈川・長野・新潟・静岡の10都県のみ)

9.7 東京共同火薬庫爆発(東京都板橋区) 9月7日、東京都板橋区中台にある東京共同火薬庫の8棟のうち第3号庫が爆発し、隣接の2棟が埋没、残りの5棟と興亜火工の工場2棟の屋根が爆風で吹き飛ばされた他、現場から約1.5kmの範囲内にある家屋1200戸の窓ガラスなどが壊れ、住民50名余りが負傷した。《データ》負傷者50名余り,損壊家屋1200戸,被害額約3億円

9.22― 豪雨(山梨県,長野県,新潟県) 9月22日夜から23日にかけて、山梨・長野・新潟の3県で大雨による被害が続出。長野市で千曲川支流の裾花川が決壊して1名が死亡、28名が行方不明となり、鉄道も上越・信越・中央の各線が不通になった。《データ》死者1名,行方不明者28名,浸水家屋約5000戸(長野県のみ)

9.23 漁船ほか沈没(福岡県福岡市沖) 9月23日、福岡県福岡市の博多湾内で操業中の漁船多数が、同市の周辺約20km四方に吹いた突風を受けて沈没。付近にいた汽船3隻も沈没し、乗組員5名が溺死した。《データ》死者5名,船舶多数沈没(うち汽船3隻)

10.3― 豪雨(九州地方南部) 10月3日から、九州地方南部の全域に大雨が降り、熊本県で

昭和24年(1949年)

住民4名が死亡、住宅1戸が全壊、鹿児島県で1名が死亡、3名が行方不明、住宅1戸が全壊するなどの被害が出た。《データ》死者5名,行方不明者3名,全壊家屋2戸(熊本・鹿児島県のみ)

10.28 パトリシア台風(千葉県,東京都,神奈川県,静岡県) 10月28日早朝、八丈島付近を通過して三陸の東方沖へ抜けたパトリシア台風の影響で、東京都三宅村で住民5名が死亡したほか、東京・千葉・神奈川・静岡の4都県で船舶の流失や損壊などの被害が出た。《データ》死者5名,床下浸水家屋5085戸(東京都のみ),船舶流失・損壊

11.12 貨客船美島丸沈没(香川県小豆郡) 11月12日、小豆島の沖合で、高松港から阪神方面へ向かう途中の八千代汽船の貨客船美島丸(138t)が、乗組員12名・乗客45名を乗せたまま沈没、船長ら10名を除く47名が行方不明になった。美島丸は、1か月前に衝突事故を起こし、前日に再就航したばかりだった。《データ》行方不明者47名,船舶1隻沈没

11.26 漁船大正丸・定期船金加丸衝突(福島県石城郡豊間町沖) 11月26日、福島県豊間町の沖合で、サンマ漁船大正丸(35t)と定期船金加丸(2500t)が衝突、大正丸が沈没し、乗組員5名は救助されたが、残りの14名が死亡した。《データ》死者14名,船舶1隻沈没

11.27 松島炭鉱坑内ガス爆発(長崎県西彼杵郡大島町) 11月27日、長崎県大島町の松島炭鉱大島第2坑でガス爆発があり、作業員7名が死亡、46名が重軽傷を負った。《データ》死者7名,重軽傷者46名

12.26 今市地震(関東地方) 12月26日午前6時46分から8時26分までの間に、関東地方を震域とする強い地震が3回発生。第3回目の宇都宮市付近を震央とする地震では、栃木県今市・日光両町を中心に8名が死亡、162名が重軽傷を負い、2名が行方不明、家屋3369戸が全半壊したほか、国宝日光東照宮の社殿の一部や国鉄日光線、東武鉄道日光線などにも被害があった。《データ》死者8名,重軽傷者162名,行方不明者2名,全半壊家屋3369戸,被害額11億8500万円

12.28 東亜油糧奥戸工場爆発(東京都葛飾区) 12月28日、東京都葛飾区奥戸新町にある東亜油糧奥戸工場の搾油場で、搾油作業中に爆発が起こり、従業員5名が爆死、2名が重軽傷を負い、作業場を全焼した。《データ》死者5名,重軽傷者2名,全焼建物1棟

この年ー 集団赤痢発生(栃木県,千葉県,東京都) 24年から翌25年にかけて、東京・栃木・千葉の3都県を中心に赤痢が集団発生し、東京都内の患者数は25年7月30日までに3527名と、前年の同じ時期に比べて約4倍になり、厚生省は防疫対策本部を設けた。《データ》患者3527名(25年7月30日時点・東京都のみ)

この年ー 百日咳流行(全国) 24年から翌25年にかけて、全国各地で百日咳が流行。厚生省の発表によれば、25年5月10日までの患者数は4万3520名で、うち3200名が死亡した。流行の間接的な要因は、ワクチンの不足にあると見られる。《データ》患者4万3520名(うち死者3200名・25年5月10日時点)

昭和25年
（1950年）

1月―　**発疹チフス流行**（全国）　1月、国鉄上野駅地下道などの居住者に発疹チフスが発生、流行は横浜市などに拡大する気配を見せたため、厚生省と関係当局は全国的な規模で予防接種や臨時検診などの防疫対策を実施した。患者数は2月20日時点で512名（真性患者223名）に上り、うち21名が死亡している。　《データ》患者512名, 死者21名（2月20日時点）

1.9　**暴風雨**（九州地方）　1月9日夜、九州地方全域で雨まじりの突風が吹いて漁船の遭難など被害があいつぎ、1名が死亡、140名余りが行方不明になった。　《データ》死者1名, 行方不明者140名余り, 船舶遭難

1.10―　**暴風**（関東地方, 新潟県）　1月10日午後から11日未明にかけて、関東地方と新潟県で風速20m前後の突風による被害が続出。栃木県日光・今市両町などで風速35mの強風により家屋200戸余りが全壊、東武鉄道鬼怒川線が一時不通になったのをはじめ、家屋の倒壊、火災や列車の脱線、船舶の転覆などがあいついだ。　《データ》全半壊家屋200戸余り（栃木県のみ）

1.30―　**暴風雨**（東北地方, 近畿地方, 九州地方）　1月30日夜から31日未明にかけて、全国的に風速20mを超える雨まじりの突風が吹き、岩手県で家屋638戸が全半壊、大阪府で350戸が浸水し、住民の死亡や船舶の遭難など被害があいついだ。　《データ》全半壊家屋638戸（岩手県のみ）, 浸水家屋350戸（大阪府のみ）, 船舶遭難

2月―　**狂犬病流行**（関東地方）　2月から、関東地方で狂犬病が流行、犬320頭が発病し、被害者数は5月13日時点で653名に上り、うち21名が死亡した。流行の間接的な要因は、ワクチンの生産量不足にあると見られる。　《データ》被害者653名（うち死者21名）, 発病犬320頭（5月13日時点）

2.11　**九州産業交通バス転落**（熊本県飽託郡松尾村）　2月11日、高瀬町発熊本行きの九州産業交通バスが熊本県松尾村の養殖池に転落し、乗務員乗客22名が死亡、10名が重傷を負った。　《データ》死者22名, 重傷者10名, 車両1台転落

2.12　**国宝長楽寺火災**（千葉県印旛郡大森町）　2月12日、千葉県大森町にある長楽寺（国宝）で火災があり、本堂を全焼した。　《データ》寺院全焼

2.16　**昭和石油川崎製油所原油流出火災**（神奈川県川崎市）　2月16日、川崎港に臨む昭和石油川崎製油所から原油が同港内に流出、発火し、近くの艀など船舶23隻が全半焼、沈没した。　《データ》船舶23隻全半焼, 被害額約5000万円

3.6―　**豪雨**（西日本）　3月6日夕方から7日にかけて、西日本の全域で大雨が降り、大阪府で家屋260戸、兵庫県で1596戸がそれぞれ浸水し、田畑の冠水や橋梁の損壊など被害があいついだ。　《データ》浸水家屋1856戸, 田畑冠水, 橋梁損壊（大阪府・兵庫県のみ）

3.25　**宇高連絡船紫雲丸・鷲羽丸衝突**（岡山県児島郡）　3月25日、宇野港外の直島諸島西

方で、貨車搬送中の宇高連絡船紫雲丸(1496t)が僚船鷲羽丸(1500t)と衝突して沈没、乗組員72名のうち7名が行方不明になった。この衝突で鷲羽丸も大破した。《データ》行方不明者7名,船舶1隻沈没,船舶1隻大破

4.13 阿蘇山爆発(熊本県阿蘇郡) 4月13日午前5時30分、熊本県の阿蘇山中岳が突然大音響とともに爆発し、黒い噴煙が高さ5000mまで上った。また、この爆発で同山の約1km圏内の地域には噴石が降り、農作物に被害が出た。 《データ》農作物被害

4.13 熱海市大火(静岡県熱海市) 4月13日午後5時頃、静岡県熱海市の渚海岸埋立地にある建築業榎本組の事務所から出火、火は風速15m前後の強風にあおられて燃えつづけ、市役所、警察署、消防署、旅館47軒など中心部の1500棟を全焼、約7時間後に鎮火した。原因はガソリンにたばこの火が引火したもの。 《データ》全焼建物1500棟,被害者4817名,被害額40億円

4.14 京浜急行バス火災(神奈川県横須賀市付近) 4月14日、横須賀発三崎行きの京浜急行の大型トレーラーバスの車内で火災が発生し、乗客50名のうち17名が死亡、30名が重軽傷を負った。原因は乗客の持ち込んだガソリンに、たばこの火が引火したもの。 《データ》死者17名,重軽傷者30名

4.21 米軍大型輸送機墜落(神奈川県愛甲郡) 4月21日午後7時30分過ぎ、米空軍のC54型輸送機がフィリピンから那覇を経て立川へ向かう途中、消息を絶ち、関係者による捜索の結果、2日後の23日に神奈川県愛甲郡の丹沢山(標高1507m)の山頂付近で、墜落した機体と乗員8名乗客27名全員の遺体が発見された。 《データ》死者35名,飛行機1機墜落

5月 県営宮城球場観客圧死(宮城県仙台市) 仙台市にある県営宮城球場で、開場を祝う観衆が殺到し、3名が即死、38名が負傷した。 《データ》死者3名,負傷者38名

5.6 不発魚雷爆発(広島県安芸郡下蒲刈村) 5月6日、広島県下蒲刈村下島区の住吉谷海岸で、解体作業中の不発魚雷が突然爆発し、関係者8名が死亡、数名が重軽傷を負った。 《データ》死者8名,重軽傷者数名

5.13 上松町大火(長野県西筑摩郡上松町) 5月13日、長野県上松町で火災があり、同町の70%前後に当たる家屋約600戸を全焼した。 《データ》全焼家屋約600戸

6.1 鷹巣町大火(秋田県北秋田郡鷹巣町) 6月1日午後9時40分、秋田県鷹巣町材木町の共栄産業製作所の付近から出火、火は風速20m前後の強風にあおられて燃え広がり、同町の約50%に当たる家屋612戸を全焼、7時間後に鎮火した。 《データ》全焼家屋612戸

6.7- 豪雨(福島県、栃木県、茨城県、千葉県、埼玉県、東京都、神奈川県、山梨県、長野県、静岡県) 6月7日から20日にかけて、関東、東海、甲信越地方の全域で大雨が降り、福島県以南、長野、静岡両県以東の12都県で15名が死亡、多数が行方不明になり、田畑の冠水や堤防の決壊、橋梁の流失などの被害があいついだ。 《データ》死者15名,行方不明者多数,浸水家屋(東京都のみ)5000戸,田畑冠水,堤防決壊,橋梁流失,被害額約52億円(推定。6月14日時点)

6.9 信越本線熊ノ平駅倒壊(群馬県碓氷郡) 6月9日午前6時30分頃、信越本線熊ノ平駅構内の第10号トンネル西側入口付近で大規模な土砂崩れが発生し、駅舎と鉄道公舎合わせて8棟が倒壊、同駅長ら関係者80名が生き埋めになり、うち56名が死亡、24

昭和25年(1950年)

名が重傷を負った。現場では、前夜にも数日来の雨による土砂崩れがあり、復旧作業が開始された矢先だった。《データ》死者56名、重傷者24名、全壊建物8棟

6月頃— 赤痢流行(全国)　25年6月頃から全国各地で赤痢が流行し、7月31日時点での患者数は前年の同じ時期に比べて約4倍の3527名に上り、25年一年間では4万9650名になった。《データ》患者4万9650名

7月— 日本脳炎流行(全国)　7月から9月にかけて、全国各地で日本脳炎が流行。東京都内の8月29日時点での患者数は、前年の同じ時期の約4倍に当たる1023名(真性776名、擬似247名)に上り、うち206名が死亡した。《データ》患者1023名(東京都のみ)

7.2　国宝金閣寺火災(京都府京都市上京区)　7月2日、京都市上京区衣笠にある臨済宗相国寺派の鹿苑寺(通称金閣寺)庭園内の金閣(国宝)から出火、宝形造りの金箔押し三層楼と足利義満木像(国宝)、運慶作の三尊像などを全焼した。原因は同寺の青年僧による放火。《データ》建物全焼

7.9　突風(群馬県多野郡藤岡町付近)　7月9日午後5時30分頃、群馬県藤岡町付近で瞬間風速40mの突風が吹き、住民2名が死亡、家屋40棟が全半壊した。《データ》死者2名、全半壊家屋40棟

7.19— グレース台風(中国地方西部、四国地方西部、九州地方)　7月19日朝から20日にかけて、グレース台風が鹿児島県の南西方面から接近。瞬間最大風速30m以上の暴風雨により、中国、四国地方の西部および九州地方全域で住民28名が死傷し、田畑の冠水や船舶の損壊などの被害があいついだ。《データ》死傷者28名、全半壊家屋278戸、浸水家屋1749戸(7月20日時点)

7.27　大型磁気機雷爆発(広島県)　7月27日、未回収の大型磁気機雷が広島県長島の沖合で突然爆発。近くにいた漁船4隻が大破し、乗組員のうち30名が死亡、15名が重軽傷を負い、16名が行方不明になった。《データ》死者30名、重軽傷者15名、行方不明者16名、船舶4隻大破

7.27— 豪雨(関東地方西部)　7月27日から29日夜にかけて、熱帯低気圧ヘリーンの影響で関東地方の西部に断続的な大雨が降り、各地で250〜400mmの雨量を記録、東京都で家屋5700戸が、埼玉県川口市で2500戸がそれぞれ浸水した。翌30日にも千葉県我孫子町で利根川の堤防が決壊し、田畑約10.9haが浸水するなど、被害があいついだ。《データ》浸水家屋8200戸(東京都・埼玉県川口市のみ)、冠水田畑約10.9ha(千葉県我孫子町のみ)

8.1　室蘭本線鉄橋崩壊・旅客列車転落(北海道)　8月1日、室蘭本線の錦多峰・社台駅間のオコップ川鉄橋が大雨により崩壊し、通りかかった岩見沢発室蘭行き旅客列車(11両編成)の機関車および貨車1両ずつと客車3両が脱線転覆。乗務員乗客約600名のうち25名が死亡、51名が重軽傷を負った。転覆した貨車が川に落ちて大破したほか、貨物の中の現金約800万円も回収できなかった。《データ》死者16名、重軽傷者34名、行方不明者数名、車両5台転落

8.2— 豪雨(宮城県、福島県、栃木県、茨城県、長野県)　8月2日から7日にかけて、東北、関東、東海地方で大雨が降り、仙台市で320mm、千葉県銚子市で180mm、宇都宮市で123mmを記録。このため仙台市で広瀬川の氾濫により住民3名が死亡、90名が負傷、8名が行方不明、長野県穂波温泉村で角田川堤防の決壊により6名が死亡、14名

78

が行方不明となるなど、各地で被害があいついだ。《データ》死者9名,負傷者90名,行方不明者22名,流失家屋205戸,倒壊家屋363戸,浸水家屋8344戸,冠水田畑約29.8ha(仙台市,茨城県北相馬郡,長野県穂波温泉村のみ),被害額約35億円(推定)

8.3 漁船多数遭難(茨城県霞ヶ浦) 8月3日午前1時頃、霞ヶ浦で操業中の漁船多数が突風による激浪のため遭難、41隻(うち5t以上3隻、5t以下38隻)が沈没、50隻が破損、8隻が座礁した。《データ》船舶41隻沈没,船舶50隻破損,船舶8隻座礁,被害額634万円

9.3 国鉄信濃川発電所トンネル工事現場落盤(新潟県小千谷町) 9月3日午後4時10分頃、新潟県小千谷町細島の国鉄信濃川発電所の第3期工事現場敷地内で、送水第7号トンネルの岩沢口から約750m奥の地点で落盤が発生。作業員45名が生き埋めになり、うち44名が死亡した。《データ》死者45名

9.3 ジェーン台風(東北地方,北陸地方,近畿地方,中国地方東部,四国地方) 9月3日午前8時45分、中心気圧940mb、瞬間最大風速55mを記録したジェーン台風は室戸岬から淡路島付近を通って、同日午後1時15分神戸市に上陸、一旦若狭湾へ抜けたが、さらに秋田市付近に再上陸した。風速は大阪市で48m、神戸市で40mを記録、高潮が満潮時と重なった大阪、神戸、尼崎の3市では河川が氾濫して、大阪府で住民240名が死亡、2万1215名が重軽傷を負った。《データ》死者240名,重軽傷者2万1215名,全壊家屋9608戸,半壊家屋6万708戸,流失家屋1017戸,浸水家屋9万4164戸,流失・損壊船舶1593隻,被害額1355億9500万円(以上,大阪府のみ),冠水田畑約232.6ha(9月4日時点)

9.3 漁船多数沈没・流失(和歌山県有田郡箕島町) 9月3日、ジェーン台風の影響により和歌山県箕島町の周辺海域で、同町辰浜の打瀬舟37隻のうち3隻が沈没、13隻が流失、21隻が破損し、乗組員合計150名のうち100名余りが行方不明になった。《データ》行方不明者100名余り,沈没船舶3隻,流失船舶13隻,破損船舶21隻

9.13- キジア台風(近畿地方東部,中国地方,四国地方,九州地方) 9月13日正午、キジア台風は大隅半島に上陸し、中心気圧960mb、瞬間最大風速34mを記録して九州を縦断、14日午前3時日本海へ抜けた。この影響で、山口県岩国市の名勝錦帯橋が流失したのをはじめ、17府県で暴風雨や高潮により30名が死亡、35名が負傷、19名が行方不明など被害があいついだ。《データ》死者30名,負傷者35名,行方不明者19名,倒壊家屋1859戸,浸水家屋9万4605戸,冠水田畑約518.1ha(9月14日時点)

9.19 捕鯨船転覆(北海道厚岸郡浜中村沖) 9月19日、北海道浜中村の沖合で、日本水産の捕鯨船が暴風雨のため転覆し、乗組員21名全員が行方不明になった。《データ》行方不明者21名,船舶1隻転覆

10.22 集団食中毒(大阪府泉佐野市,同府貝塚市) 10月22日、大阪府泉佐野、貝塚両市で住民のシラスによる集団食中毒が発生し、16名が死亡した。《データ》死者16名

10.30 若沖炭鉱坑内浸水(山口県小野田市) 10月30日、山口県小野田市の若沖炭鉱で坑内が浸水し、作業員71名のうち36名は脱出したが、残りの35名が死亡した。《データ》死者35名

11.7 国鉄バス転落(高知県香美郡美良布町) 11月7日、土佐山田発大栃行き国鉄バス(乗客71名)が、高知県美良布町橘川野の県道で約7m下の物部川に転落し、32名が

昭和25年(1950年)

死亡、27名が重傷、4名が軽傷を負った。《データ》死者32名、重傷者27名、軽傷者4名、車両1台転落

11.19　バス・列車衝突(福岡県直方市)　11月19日、筑豊線の植木・直方駅間の新入踏切で列車とバスが衝突し、乗務員乗客3名が死亡、17名が重軽傷を負った。《データ》死者3名、重軽傷者17名、車両衝突

11.27－　漁船遭難(北海道南部海域)　11月27日夜から28日朝にかけて、北海道南部海域で操業中の漁船多数が、風速20m前後の猛吹雪を受けて遭難し、乗組員34名が死亡した。《データ》死者34名、船舶多数遭難

12.7　日本製鉄北松浦鉱業所矢島炭鉱坑内ガス爆発(長崎県北松浦郡小佐々町)　12月7日、長崎県小佐々町にある日本製鉄北松浦鉱業所矢島炭鉱の鳳洞坑口から約2.6km奥に入った採炭現場でガス爆発が起こり、作業員3名が死亡、25名が重傷を負った。《データ》死者3名、重傷者25名

12.10　貨物船富丸遭難(長崎県北松浦郡平戸町)　12月10日、日本海運の貨物船富丸(725t)が長崎県平戸島の南方沖で遭難し、乗組員26名が水死した。《データ》死者26名、船舶1隻遭難

12.12　日本発電発電所建設現場ゴンドラ墜落(福島県沼沢村)　12月12日、福島県沼沢村の日本発電の発電所建設現場で、ケーブルカーの鋼索が突然切れてゴンドラが墜落し、関係者ら15名が死亡、6名が重傷を負った。《データ》死者15名、重傷者6名、車両1両墜落

12.16－　暴風雨(中部地方、関東地方、東北地方)　12月16日夜から17日朝にかけて、中部地方など東日本の各地が暴風と雷雨に見舞われ、静岡県では静岡・清水・吉原の3市で住民3名が死亡、10名が重傷を負い、家屋34戸が全壊、24戸が半壊、沿岸海域で船舶50隻が破損し、乗組員37名が行方不明になるなど被害があいついだ。《データ》死者3名、重傷者10名、行方不明者37名、全壊家屋34戸、半壊家屋24戸、船舶破損50隻(静岡県のみ)

12.18　東武バス・列車衝突(埼玉県大宮市)　12月18日、東北本線土呂駅付近の原市街道で、踏切を渡ろうとした大宮発の東武鉄道バス(乗客15名)が上野行き列車の側面に激突。この事故でバスは約200m引きずられて大破し、乗務員乗客13名が即死、2名が重傷、2名が軽傷を負った。《データ》死者13名、重傷者2名、軽傷者2名、車両1台大破

12.18　古城丸沈没(秋田県沖)　12月18日、石炭を積んだ古城丸が秋田県へと向かう途中、青森県深浦沖で沈没、死者40人を出した。《データ》死者40名

12.20　岡山県立盲聾学校火災(岡山県岡山市)　12月20日午前2時15分、岡山市西古松にある岡山県立盲聾学校の寄宿舎1階西隅から出火、木造2階建の寄宿舎と食堂の2棟(1190m^2)を全焼して同5時鎮火、この火事で生徒16名が焼死した。《データ》死者16名、全焼建物2棟、焼失面積1190m^2

12.20　駿豆バス・小田急線電車衝突(神奈川県小田原市)　12月20日、小田急電鉄線の足柄・小田原駅間の久野川踏切で、電車が駿豆バスの後部に衝突。バスは約50m引きずられて大破し、乗務員乗客50名余りのうち3名が即死、12名が重傷、25名が軽傷を負った。《データ》死者3名、重傷者12名、軽傷者25名、車両1台大破

| 12.22 | 両総用水トンネル工事現場落盤(千葉県香取郡香西村)　12月22日、千葉県香西村の両総用水幹線トンネル工事現場で落盤が発生、作業員7名が生き埋めになり、うち6名が死亡した。《データ》死者6名 |

昭和26年
(1951年)

1月—	赤痢流行(全国)　1月から9月頃にかけて、全国で赤痢が流行。岐阜県大垣市の近江絹糸工場で関係者412名が集団発病し、新潟県新発田市で4月1日までに240名が発病したのをはじめ、東京都で6400名、兵庫県で1800名、大阪府で1200名、富山県で751名、鹿児島県で392名など患者総数は6月23日までに1万6457名、7月末に3万2328名、最終的には9万3003名に達した。《データ》患者9万3003名(12月31日時点)
1.9	住宅火災(大阪府南河内郡八下村)　1月9日、大阪府八下村の青果店から出火し、同店を全焼、家族6名が焼死した。原因は殺人を狙った放火と見られる。《データ》死者6名,全焼家屋1戸
1.22	水上簡易宿泊施設横転(神奈川県横浜市中区)　1月22日、横浜市中区末吉町の大岡川で、私営の労務者用宿泊施設心友会寮(通称水上ホテル)が横転して岸壁に激突し、利用者7名が死亡、7名が重傷、26名が軽傷を負った。同寮は、開発丸(130t)を転用した宿泊施設だった。《データ》死者7名,重傷者7名,軽傷者26名,船舶1隻大破
1.29	回収魚雷爆発(徳島県鳴門市)　1月29日午後、谷信サルベージの作業員約60名が、徳島県鳴門市撫養町の桑島海岸で付近の海底から引揚げた砲弾や魚雷を解体した際、誤って火薬に引火、重さ1.5tの魚雷3個が爆発し、関係者3名が重傷、100名余りが軽傷を負うなど、住民ら1万3104名が被害を受けた。《データ》重傷者3名,軽傷者100名余り,全壊家屋20戸,半壊家屋100戸,破損家屋3460戸,沈没・全焼船舶8隻,被災者1万3104名,被害額約1億円
2.14—	暴風雪(東北地方,関東地方,東海地方)　2月14日昼から15日朝にかけて、東北、関東、東海の各地方で猛吹雪があり、被害が続出した。東京付近では15年ぶりに積雪33.8cm、風速25mを記録、地下鉄を除いて交通が途絶え、国会の審議や証券取引所の立会も中止になった。東京、千葉、神奈川の3都県だけで住民8名が死亡、83名が負傷、住宅65戸と住宅以外の建物102戸が全半壊し、船舶43隻が沈没、46隻が流失、15隻が破損、9隻が行方不明、乗組員を含めて137名が行方不明となった。《データ》死者8名,負傷者83名,行方不明者137名,全半壊家屋ほか167戸,船舶113隻被災(東京都および千葉・神奈川県のみ)
2.26頃—	天然痘発生(東京都,神奈川県,兵庫県,鳥取県,山口県,福岡県)　2月26日頃から6月頃にかけて、福岡県岬村をはじめとして、東京・神奈川・兵庫・鳥取・山口の6都県などで天然痘が発生、患者数は3月20日までに50名(うち7名が死亡)、6月23日までに71名に上った。《データ》患者71名(6月23日時点)
3.10	公民館火災(熊本県芦北郡大野村)　3月10日夜、熊本県大野村の公民館で開催された映画鑑賞会で、映画上映中にフィルムに引火し、同公民館を全焼。この火事で観客5名が焼死、6名が重傷、20数名が軽傷を負った。《データ》死者5名,重傷者6名,

81

昭和26年(1951年)

軽傷者20数名, 全焼建物1棟

4.11　都営バス・電車衝突 (東京都板橋区)　4月11日、東武鉄道東上線の下板橋駅構内の金井窪踏切で、上り電車と都営バス (乗客40名) が衝突。バスは大破し、3名が死亡、15名が重傷、23名が軽傷を負った。《データ》死者3名, 重傷者15名, 軽傷者23名, 車両1台大破

4.24　京浜東北線電車火災〔桜木町事件〕(神奈川県横浜市中区)　4月24日午後1時40分、京浜東北線の赤羽発桜木町行き63型電車 (5両編成) が桜木町駅に到着する直前、先頭車両のパンタグラフから出火し、同車両は全焼、2両目が半焼、閉じ込められた乗客107名が焼死、90名前後が重軽傷を負った。原因は電車が架線修理の現場を通過する際、切れた架線がパンタグラフにからまったため。事故後、木造の63型電車の乗降用扉や窓などの構造的欠陥が指摘された。《データ》死者107名, 重軽傷者約90名, 全焼車両1両, 半焼車両1両

4.24　温海町大火 (山形県西田川郡温海町)　4月24日、山形県温海町の温泉旅館街で火災があり、旅館20軒を含め約350戸 (16万5289m^2) と付近の山林約19.8haを全焼、住民や宿泊客ら1800名が焼け出された。《データ》被災者1800名, 全焼家屋約350戸, 山林約19.8ha焼失

5.19　映画館火災 (北海道厚岸郡浜中村)　5月19日午後3時頃、北海道浜中村の茶内市街地区の映画館大原劇場でフィルムに引火し、同劇場を全焼、観客の児童や生徒ら42名が焼死、4名が負傷した。《データ》死者42名, 負傷者4名, 建物全焼

6.3　近江絹糸新入工員圧死 (滋賀県彦根市)　6月3日夜、滋賀県彦根市西馬場町の近江絹糸工場2階講堂で行われた新入工員歓迎のための映画会で、上映中のフィルムに引火したため大騒ぎとなり、逃げようとした女子工員約700名が階段付近に殺到して将棋倒しとなり、23名が圧死、5名が重傷、17名が軽傷を負った。《データ》死者23名, 重傷者5名, 軽傷者17名

6.30-　ケイト台風 (関東地方, 東海地方, 近畿地方, 四国地方, 九州地方)　6月30日から7月2日にかけてケイト台風が日本列島を直撃。瞬間最大風速35mを記録して種子島北端を通過後、高知県宿毛町に上陸、さらに京都市付近を経て房総半島南方沖で消滅したが、この台風の影響で関東地方で住民2名が死亡、28名が負傷、11名が行方不明となり、高知県で2名が死亡、4名が負傷、6名が行方不明、香川県で2名が負傷、愛媛県で3名が行方不明となり、宮崎県で22名が負傷、2名が行方不明となるなど大きな被害を出した。《データ》死者4名, 負傷者56名, 行方不明者22名, 全半壊・流失家屋473戸, 冠水田畑約81.3ha, 堤防決壊14ヶ所, 船舶流失・損壊57隻, 被害額約33億円 (関東地方および徳島・香川・愛媛・高知・宮崎・鹿児島県のみ)

7月-　日本脳炎発生 (全国)　7月以降、全国で日本脳炎が発生。東京都内で7月に9名、8月に48名、9月に51名が発病したのをはじめ、全国では8月9日までに真性90名、擬似3名の発病があり、うち19名が死亡した。12月末までの発病者数は2166名に上り、うち956名が死亡した。《データ》患者2166名 (うち死者956名・12月31日時点)

7.7-　豪雨 (京都府, 大阪府, 兵庫県, 広島県, 山口県, 福岡県)　7月7日から17日にかけて、西日本全域で降水量約400mmに及ぶ大雨が降り、福岡県の関門地区5市と筑豊地域の中小炭鉱50鉱で浸水騒ぎがあったのをはじめ、景勝地の嵐山で山崩れにより4名が圧死、鴨川流域で8橋が流失、京都府全体では81名が死亡、広島、山口、福岡の3県

昭和26年(1951年)

で住民48名が死亡するなど、各地で306名の死者を出した。《データ》死者306名

7.15 国鉄臨時バス天竜川転落(静岡県磐田郡浦川町) 7月15日午後1時頃、国鉄の臨時バス(乗務員2名、乗客35名)が静岡県浦川町の原田橋西方で県道から天竜川に転落、33名が溺死した。当日は国鉄飯田線が大雨で不通のため、臨時バスによる代替輸送が行われていた。《データ》死者33名、車両1台転落

7.26 バス火災(北海道札幌市) 7月26日、札幌市北三条西3丁目の路上で、石狩行き中央バス(乗客41名)が車内火災を起こし、積んでいた映画フィルムに火が燃え移って6名が死亡、26名が重傷、9名が軽傷を負った。《データ》死者6名、重傷者26名、軽傷者9名、車両1台火災

8.4 連絡船備讃丸沈没(岡山県児島郡) 8月4日、岡山と高松を結ぶ定期連絡機帆船備讃丸(19.72t)が岡山県児島郡の小串港外で浸水沈没し、海水浴客3名が死亡、1名が重傷、18名が軽傷を負い、1名が行方不明となった。同船が定員の4倍前後に当たる200名を乗せた上に、乗客が左舷に集まり過ぎたことが原因と見られる。《データ》死者3名、重傷者3名、軽傷者18名、行方不明者1名、船舶1隻沈没

8.19 中日球場火災(愛知県名古屋市中川区) 8月19日午後3時58分頃、名古屋市中川区八島町の中日球場で、セントラルリーグ公式戦第2試合の名古屋対巨人の対戦中にネット裏上段の指定席付近から出火、木造の内野席やクラブハウスなど付属施設($2215m^2$)と隣接の八幡中学校の一部を全焼して同5時40分に鎮火した。この火事で、逃げようとした観客など3名が圧死、85名が重傷、286名が軽傷を負った。原因はたばこの火の不始末と見られる。《データ》死者3名、負傷者400名、建物全焼、焼失面積$2215m^2$

8.29 森林鉄道木材運搬列車転落(北海道空知郡三笠町) 8月29日、岩見沢営林署所有の森林鉄道で、幾春別発稲荷沢行き木材運搬列車(15両編成、乗客24名)が幾春別駅から約3km離れた橋の上で脱線、1両目と2両目が橋から転落して7名が即死、14名が重軽傷を負った。《データ》死者7名、重軽傷者14名、車両2両脱線

9.3 嘉穂炭鉱坑内水没(福岡県嘉穂郡嘉穂町) 9月3日、福岡県嘉穂町にある嘉穂炭鉱の坑内が水没し、作業員12名が溺死した。《データ》死者12名

9.7 松島炭鉱大島鉱業所坑内ガス爆発(長崎県西彼杵郡大島町) 9月7日、長崎県大島町の松島炭鉱大島鉱業所の第1坑内でガス爆発が発生し、作業員10名が死亡、5名が重傷を負った。《データ》死者10名、重傷者5名

9.9 関西電力火力発電所爆発(兵庫県尼崎市) 9月9日、兵庫県尼崎市末広町の関西電力火力発電所で蒸気発生管が突然爆発し、付近にいた関係者4名が死亡、6名が重軽傷を負った。《データ》死者4名、重軽傷者6名

10.14 ルース台風(東北地方,関東地方,中部地方,近畿地方,中国地方,四国地方,九州地方) 10月14日午後7時、ルース台風は鹿児島県西岸に上陸、時速60km前後の速さで翌15日午前0時頃には山口県防府市を通過、一旦日本海へと抜けたが、午後3時頃山形県酒田市付近に再上陸、東北地方を横断して午後7時過ぎようやく三陸沖へ抜けた。このため錦川上流の山口県広瀬町で住民1500名が死傷したのをはじめ、東北地方以西の32府県で448名が死亡、1755名が負傷、371名が行方不明となった。警察予備隊は発足以来初めて、被災者救援のため300名の隊員を広瀬町に出動させた。《デー

昭和26年（1951年）

タ》死者448名、負傷者1755名、行方不明者371名、全壊家屋1万2644戸、半壊家屋3万4830戸、流失家屋4221戸、破損家屋4万4289戸、焼失家屋11戸、被災建物3万2837戸、流失田畑約100.0ha、冠水田畑約490.0ha、道路・堤防損壊2508ヶ所、橋梁流失882ヶ所、船舶沈没1113隻、船舶流失2781隻、被害額（土木関係のみ）150億円（10月16日時点）

10.20　豊前炭鉱坑内ガス爆発（福岡県）　10月20日、福岡県にある豊前炭鉱の坑内でガス爆発が発生し、作業員16名が死傷した。《データ》死傷者16名

10.29　近畿財務局木幡分工場爆発（京都府京都市伏見区）　10月29日、京都市伏見区の近畿財務局木幡分工場でドラム缶が爆発し、関係者3名が死亡、11名が重軽傷を負った。《データ》死者3名、重軽傷者11名

11.3　国鉄バス火災（愛媛県東宇和郡貝吹村）　11月3日、愛媛県貝吹村で走行中の国鉄バスから発火、乗客の持ち込んだ映画用フィルムに火が燃え移ってバスは全焼した。この火事で31名が死亡、18名が重軽傷を負った。《データ》死者31名、重軽傷者18名、車両1台全焼

11.3　バス・電車衝突（千葉県船橋市）　11月3日、千葉県船橋市の船橋駅付近の成田街道踏切で、総武線電車と京成電鉄バスが衝突。バスは畑に転落して大破し、5名が即死、20名が重軽傷を負った。《データ》死者5名、重軽傷者20名、車両1台大破

11.14　端島炭鉱坑内落盤（長崎県西彼杵郡）　11月14日、長崎県西彼杵郡にある端島炭鉱の坑内で落盤があり、作業員19名が生き埋めになった。《データ》生き埋め者19名

11.18　米空軍B29戦略爆撃機墜落（東京都北多摩郡砂川村）　11月18日、米空軍のB29型戦略爆撃機が横田飛行場近くの東京都横田村に墜落。乗員は無事だったが、住民7名が死亡、10名が重軽傷を負い、住宅百数十戸を損壊した。《データ》死者7名、重軽傷者10名、損壊家屋百数十戸、航空機1機墜落

11.22　がけ崩れ（茨城県多賀郡大津町）　11月22日、茨城県大津町でがけ崩れがあり、住民5名が死亡、5名が重軽傷を負った。《データ》死者5名、重軽傷者5名

11.28　小田原市大火（神奈川県小田原市）　11月28日午前1時20分、神奈川県小田原市万年町1丁目の木工工場付近から出火、火は風速10mから15mの南西風にあおられて燃え広がり、漁業関係者や日雇い労働者の住宅など321戸を全焼した。原因はたき火の火の不始末と見られる。《データ》全焼家屋321戸

12.2　釧路市立病院火災（北海道釧路市）　12月2日、北海道釧路市の市立病院で火災があり、施設の一部（約4727m²）と周辺の家屋7戸を焼き、関係者ら15名が死亡した。《データ》死者15名、全焼家屋7戸、焼失面積約4727m²

12.16　松阪市大火（三重県松阪市）　12月16日午後10時40分、三重県松阪市の湊町第二小学校の講堂から出火、火は風速10mの風にあおられて湊町や平生町など市南部の商業地区に燃え広がり、517戸を全焼、300戸を半焼して翌日鎮火した（後に放火と判明）。《データ》負傷者1820名、被災者5000名、全焼家屋517戸、半焼家屋300戸、焼失面積9万1736m²、被害額約20億円

12.27　中日本重工業造船所集団赤痢発生（兵庫県神戸市）　12月27日、神戸市の中日本重工業造船所で関係者277名が集団赤痢と判明。他に、1000名以上が擬似感染した。《データ》患者277名、擬似感染者1000名以上

昭和27年
（1952年）

2月― 　流行性肝炎発生（岡山県東部）　2月から12月にかけて、岡山県の東部で悪性の流行性肝炎が発生、98名が罹患し、18名が死亡した。《データ》患者98名（うち死者18名）

2.7 　米空軍B29戦略爆撃機墜落（埼玉県入間郡金子村）　2月7日、米空軍のB29型戦略爆撃機が埼玉県金子村に墜落し、乗員13名と住民4名が死亡、住宅7戸（14棟）を全焼、50戸を損壊した。《データ》死者17名, 全焼家屋7戸, 損壊家屋50戸, 航空機1機墜落

3.1 　発電所建設現場がけ崩れ（北海道空知郡芦別町）　3月1日、北海道芦別町の発電所建設現場でがけ崩れが発生し、関係者3名が死亡、15名が重軽傷を負った。《データ》死者3名, 重軽傷者15名

3.4 　十勝沖地震（北海道地方, 東北地方）　3月4日午前10時23分から10数分間にわたり、北海道東南部と東北地方で、大正15年（1926）9月以来という強い地震が発生。この地震により根室本線で列車が転覆したのをはじめ、北海道釧路市と浦河町を中心に22名が死亡、285名が負傷、4名が行方不明となった。震源は襟裳岬東方約70kmの海底。《データ》死者22名, 負傷者285名, 行方不明者4名, 全壊または流失・全焼家屋1826戸, 半壊家屋5448戸, 浸水家屋399戸, 破損家屋1万5000戸（推定）, 全壊校舎100校, 道路損壊約200ヶ所, 橋梁損壊約100ヶ所, 田畑被災約505.8ha, 船舶被災768隻, 養殖筏流失1600台, 被災者（北海道のみ）4万4500名, 被害額（北海道開発庁調べ。津波被害を含む）157億435万円余り

3.7 　大聖寺沖地震（関東地方, 中部地方, 近畿地方）　3月7日午後4時33分頃、関東・中部・近畿地方を震域とする中規模の地震が発生。震源地に近い石川県内では、家屋8戸が全焼、8戸が半壊、3450戸が破損し、住民2名が死亡、4名が重傷を負った。また、地震の影響で北陸線が不通になった。震源地は、石川県大聖寺町の沖合。《データ》死者2名, 重傷者4名, 全焼家屋8戸, 半壊家屋8戸, 破損家屋3450戸（石川県のみ）

3.21 　米軍演習場砲弾爆発（宮城県黒川郡大衡村）　3月21日、宮城県大衡村の米軍演習場の敷地内で、鉄くず回収業者が砲弾の破片などを収集中に突然爆発が起こり、4名が死亡、4名が負傷した。《データ》死者4名, 負傷者4名

3.22 　山崩れ（徳島県那賀郡福井村）　3月22日、徳島県福井村で山崩れがあり、家屋12戸が全壊、3戸が半壊し、住民6名が即死した。《データ》死者6名, 全壊家屋12戸, 半壊家屋3戸

4.9 　日本航空旅客機墜落（東京都大島町）　4月9日午前7時33分、日本航空の羽田発板付行き定期旅客機もく星号が悪天候下を離陸後、同54分に突然消息を絶った。日航や海上保安庁、米軍が捜索に当たった結果、翌朝日航の捜索機てんおう星号が、伊豆大島の三原山（754m）噴火口の東側約1kmの地点で機体の破片が散乱しているのを発見、乗員4名と乗客33名の死亡も確認された。原因は高度が低過ぎて山腹に突っ込んだものと見られる。事故機は約6か月前の10月25日、就航したばかりだった。

昭和27年（1952年）

《データ》死者37名，航空機1機墜落

4.10— **鳥取市大火（鳥取県鳥取市）** 4月10日午後3時頃、鳥取市の永楽通にある吉方町営動源温泉の裏付近から出火、火は風速15m前後の風にあおられて市中心部を南から北へ燃え広がり、18日午前3時頃に鎮火するまでの間、地方検察庁、県立中央病院、郵便局、電報電話局などの公共施設40戸余りと、住宅5288戸（総戸数の約60％）を焼きつくした。この火事で2名が死亡、214名が重軽傷を負い、7名が行方不明となった。2万4113名が焼け出されるという戦後最大級の火災の原因は、国鉄鳥取駅の東信号所にある暖房用煙突の飛び火ではないかと見られている。 《データ》死者2名，重軽傷者214名，行方不明者7名，被災者2万4113名，全焼家屋など5288戸，焼失面積165万2893m^2，被害額193億2000万円

5.1 **メーデー参加者・警官隊衝突〔メーデー事件〕（東京都千代田区）** 5月1日午後2時20分、明治神宮外苑での中央メーデーに参加した東京都学生自治会総連合の関係者ら約2000名が、デモ隊の隊列から離れて東京都千代田区の日比谷交差点付近で警官隊と衝突し、当時立入禁止だった皇居前広場に突入した。これに在日朝鮮人や日雇い労働者らが合流して5000から6000名前後に膨れ上がった集団は、皇居二重橋前で警官隊約5000名と正面衝突し、1名が死亡、100名が重傷、400名余りが軽傷を負った。また、この騒ぎに巻き込まれた米軍兵士が濠に投げ込まれたり、米軍乗用車13台が焼き打ちされたりした。 《データ》死者1名，重傷者100名，軽傷者400名余り

5.4 **豪雨（九州地方南部）** 5月4日、九州地方南部に大雨が降り、家屋1000戸以上が浸水した。 《データ》浸水家屋1000戸以上

5.30 **派出所警官発砲およびデモ参加者・警官隊衝突〔5・30記念日事件〕（東京都板橋区，同新宿区）** 5月30日午後7時30分頃、在日朝鮮人ら約300名が東京都板橋区板橋町の岩之坂上派出所に硫酸入りの瓶や石などを投げ込んだところ、警官12名がピストル約20発を発射し、3名が死亡、10名余りが重軽傷を負った。ほぼ同時刻に、国鉄新宿駅の東口付近でもデモ参加者と警官隊とが衝突し、94名が重軽傷を負った。 《データ》死者3名，重軽傷者10名余り

6.8 **カツオ船沈没（静岡県御前崎沖）** 6月8日、静岡県御前崎の南南西にてカツオ船が沈没、43人が死亡した。 《データ》死者43名

6.10 **中外鉱業米子鉱業所坑内落盤（長野県上高井郡）** 6月10日、長野県上高井郡の中外鉱業米子鉱業所で落盤が発生、作業員7名が生き埋めになり、うち3名が死亡したが、5名は89時間後に救出された。 《データ》死者3名

6.15 **下曽我脳病院火災（神奈川県）** 6月15日、神奈川県の下曽我脳病院で火災があり、患者6名が焼死した。 《データ》死者6名

6.18 **日暮里駅構内乗客転落死（東京都荒川区）** 6月18日午前7時45分、国鉄日暮里駅構内で、南跨線橋の羽目板がラッシュ時で混雑する乗客に押されて破れ、乗客数十名が約7m下の線路に転落、ちょうど通りかかった京浜東北線浦和行きの電車にはねられて8名が死亡、5名が重軽傷を負った。事故の原因は昭和3年に建設された跨線橋が老朽化していたことと、当日未明に上野駅構内で信号所火災があり、その影響で東北本線の上り列車が同駅に臨時停車した結果ラッシュ時の混雑が通常の倍程度になっていたためと見られる。 《データ》死者8名，重軽傷者5名

86

昭和27年(1952年)

6.18　松尾鉱業所坑内出水(岩手県岩手郡松尾村)　6月18日、岩手県松尾村の松尾鉱業所で坑内壁から地下水が噴出し、関係者13名が坑内に閉じ込められ、うち10名が死亡した。《データ》死者10名

6.20　炭鉱火災(福岡県田川市)　6月20日、福岡県田川市の炭鉱で坑内火災が発生し、作業員7名が死亡、3名が行方不明になった。《データ》死者7名、行方不明者3名

6.21　宇部興産セメント工場爆発(山口県宇部市)　6月21日、山口県宇部市港町の宇部興産セメント工場で、作業中に突然回転口が爆発し、3名が死亡、1名が重傷、10名が軽傷を負った。《データ》死者3名,重傷者1名,軽傷者10名

6.23－　ダイナ台風(関東地方,東海地方,近畿地方,四国地方,九州地方南部)　6月23日午後8時、中心気圧980mb、瞬間最大風速25mのダイナ台風は紀伊半島南部を横断し、時速60km前後の速度で御前崎から駿河湾を通って、24日午前3時東京付近を通過した。この台風の影響で、長崎県波佐見町で山崩れにより住宅13戸が埋没、住民12名が死亡、10名が重軽傷を負い、3名が行方不明となった。この他、本州、四国、九州の太平洋沿岸を中心に全国で55名が死亡、23名が負傷、68名が行方不明などの被害が出た。《データ》死者55名,負傷者23名,行方不明者68名,全壊家屋45戸,半壊家屋47戸,流失家屋6戸,全焼家屋2戸,床上浸水家屋3820戸,床下浸水家屋3万2750戸,流失・埋没田畑約589ha,冠水田畑約4万2802ha,道路損壊438ヶ所,橋梁流失184ヶ所,堤防決壊165ヶ所,山崩れ255ヶ所,船舶沈没32隻,船舶流失58隻,船舶破損35隻(以上6月25日時点.国家警察本部調べ),鉄道被害30ヶ所,通信施設被害25ヶ所,木材流失6万9370ヶ所,被害額60億4000万円

6.30－　豪雨(北陸地方)　6月30日から7月2日にかけて北陸地方各地で大雨による被害が続出し、黒部川の堤防決壊、北陸本線倶利加羅・石動駅間および信越本線馬駅付近のがけ崩れ、七尾線大海川鉄橋の破損などで住民18名が死亡、103名が負傷した。《データ》死者18名,負傷者103名,損壊家屋1402戸,浸水家屋4万8775戸,流失・冠水田畑約538.1ha,橋梁流失644ヶ所,堤防決壊884ヶ所,山崩れ626ヶ所,鉄道被害21ヶ所,船舶流失90隻

7.9－　豪雨(近畿地方,中国地方,四国地方)　7月9日から11日にかけて、近畿・中国・四国地方で梅雨前線のもたらした大雨による被害が続出し、大阪府東鳥取村桑畑で堤防の決壊により家屋30戸が流失、住民52名が死亡または行方不明、397mmの雨量を記録した和歌山市では交通、通信網が一時途絶えた。11府県で合わせて77名が死亡、119名が負傷し、92名が行方不明となった。《データ》死者77名,負傷者119名,行方不明者92名,全壊家屋76戸,半壊家屋1733戸,流失家屋258戸,床上浸水家屋1万9789戸,床下浸水家屋12万2284戸,流失・埋没田畑5.5ha,冠水田畑約264.4ha,道路損壊471ヶ所,橋梁流失280ヶ所,堤防決壊269ヶ所,船舶流失27隻

7.17　杵島炭鉱火薬庫爆発(佐賀県杵島郡)　7月17日、佐賀県杵島郡の杵島炭鉱で火薬庫が爆発し、作業員3名が死亡、12名が重軽傷を負った。《データ》死者3名,重軽傷者12名

7.18　吉野地震(北陸地方,近畿地方,中国地方,四国地方)　7月18日午前1時10分から約13分間、北陸、近畿、中国、四国地方を震域とする強い地震が発生。北陸本線大聖寺・牛ノ谷駅間で線路が湾曲したのをはじめ、滋賀、京都、大阪、兵庫、和歌山、奈良の6府県で住民9名が死亡、132名が重軽傷を負った。震源は吉野川上流(北緯34

87

昭和27年(1952年)

度24分、東経136度36分)の深さ約40kmの地点。《データ》死者9名、重軽傷者132名、全壊家屋10戸、半壊家屋35戸、道路損壊7ヶ所

7.18 米軍脱走兵トラック暴走(東京都新宿区) 7月18日、東京都新宿区で米軍脱走兵の運転するトラックが暴走し、通行人2名が死亡、2名が重軽傷を負った。《データ》死者2名、重軽傷者2名

8.13 関門トンネル建設現場火薬爆発(福岡県門司市) 8月13日、福岡県門司市の関門国道トンネル建設現場で、掘削再開作業中に突然火薬が爆発し、関係者5名が即死した。《データ》死者5名

8.25 ビル火災(北海道札幌市) 8月25日、札幌市南一条西4丁目のレストラン日之出会館から出火、隣接の難波ビルに延焼して建物2棟(約992m^2)を全焼し、8名が死亡、14名が重傷、8名が軽傷を負った。《データ》死者8名、重傷者14名、軽傷者8名、全焼建物2棟、焼失面積約992m^2、被害額約3500万円

9.3 引揚げ魚雷爆発(広島県呉市) 9月3日、広島県呉市の警固屋通で、密引揚げした魚雷が解体作業中に突然爆発して関係者ら7名が死亡、5名が重軽傷を負い、付近の家屋23戸が全半壊、船舶1隻が大破した。《データ》死者7名、重軽傷者5名、全半壊家屋23戸、船舶大破1隻

9.13 美唄炭鉱落盤(北海道美唄市) 9月13日、北海道美唄市にある美唄炭鉱で落盤があり、作業員5名が死亡、2名が重軽傷を負い、2名が行方不明になった。《データ》死者5名、重軽傷者2名、行方不明者2名

9.23 観測船第5海洋丸転覆(伊豆諸島南方) 9月23日、海上保安庁水路部の観測船第5海洋丸(211t)が明神礁の調査に向かったまま消息を絶ち、大規模な捜索の結果、4日後の27日に同礁南方の須美寿島付近で救命ブイが発見され、同庁測量課長や東京教育大学教授ら調査団員9名と乗組員22名の死亡が確認された。原因は明神礁爆発の衝撃による転覆と見られる。《データ》死者31名、船舶1隻転覆

10.8 オート三輪・列車衝突(埼玉県日勝寺村付近) 10月8日、東北本線白岡駅北方の踏切で、下り列車わたらせ号と日光帰りの観光客10数名を乗せたオート三輪が衝突し、9名が死亡、2名が重軽傷を負った。《データ》死者9名、重軽傷者2名、車両衝突

10.18 トラック・電車衝突(山口県宇部市付近) 10月18日、山口県内を走る宇部線の真締川鉄橋付近の踏切で、西宇部行き電車とトラックが衝突し、乗客ら3名が死亡、22名が重軽傷を負った。《データ》死者3名、重軽傷者22名、車両衝突

10.19 漁船沈没(宮城県塩竈市沖) 10月19日、漁船1隻が宮城県塩竈市の塩竈港外で沈没、21名が死亡した。《データ》死者21名、船舶1隻沈没

10.26 漁船沈没(岩手県釜石市沖) 10月26日、漁船1隻が岩手県釜石市の沖合で沈没、18名が死亡した。《データ》死者18名、船舶1隻沈没

11.2 三段峡吊橋落下(広島県山県郡戸河内村) 11月2日、広島県戸河内村の景勝地三段峡で突然吊橋が落ち、記念撮影をしていた広島市の皆実高等学校の生徒が橋もろとも転落して、4名が死亡、12名が重傷を負った。《データ》死者4名、重傷者12名

11.9 セメント専用列車脱線転落(滋賀県坂田郡春照村) 11月9日、滋賀県春照村の東海道本線近江長岡駅構内で、大阪窯業セメントの専用列車(14両編成)が車止めを突破

昭和27年(1952年)

して脱線、さらに転覆して近くの川へ転落した。この事故で、乗務員ら6名が死亡、20名が重軽傷を負った。ブレーキの故障が原因。　《データ》死者6名, 重軽傷者20名, 車両転落

11.9　かまぼこ工場爆発(富山県新湊市)　11月9日、富山県新湊市にある新湊かまぼこ工場でアンモニア貯蔵タンクが爆発し、従業員2名が死亡、10数名が重軽傷を負い、周辺の家屋9戸を損壊した。　《データ》死者2名, 重軽傷者10数名, 損壊家屋9戸

11.19　がけ崩れ生き埋め(東京都中之郷村)　11月19日、八丈島にある東京都中之郷村の東山地区でがけ崩れがあり、付近にいた7名が生き埋めになった。　《データ》生き埋め者7名

12.9　吊橋落下(岐阜県恵那郡阿木村)　12月9日、岐阜県阿木村の阿木川に架かる吊橋の架設作業現場で、突然鋼索が切れて橋が落ち、作業員2名が死亡、8名が重軽傷を負った。　《データ》死者2名, 重軽傷者8名

12.22　東亜合成化学名古屋工場爆発(愛知県名古屋市港区)　12月22日午後1時30分、名古屋市港区昭和町の東亜合成化学名古屋工場の第3硫安工場の乾燥機付近から出火、隣接の水素タンク(直径20m、重さ15t)に引火して爆発し、関係者30名が死亡、480名が重軽傷を負い、工場6棟(3306m^2)を全焼、周囲の工場や住宅など142棟が損壊した。　《データ》死者30名, 重軽傷者480名, 全焼工場6棟, 全半壊工場・家屋ほか142棟, 焼失面積3306m^2

12.26　写真機材店爆発(愛知県名古屋市中区)　12月26日、名古屋市中区新栄町の写真機材店丹沢商会でマグネシウムが爆発し、同店の関係者10名が死亡、27名が重軽傷を負い、付近の家屋5戸が全壊、3戸が全焼した。　《データ》死者10名, 重軽傷者27名, 全壊家屋5戸, 全焼家屋3戸

この年　赤痢流行(全国)　この年、全国で赤痢が流行、神戸市で4月10日までに2255名、東京都では6月5日までに4289名が発病した。患者総数は4月16日までに1万4540名、7月末までに3万3923名と増加し、最終的には11万676名(うち細菌性11万364名、アメーバ性312名)に上った。　《データ》患者11万676名

この年　腸チフス発生(全国)　この年、全国で腸チフスが発生し、患者数は2905名に上った。　《データ》患者2905名

この年　パラチフス発生(全国)　この年、全国でパラチフスの発生が見られ、827名の患者が出た。　《データ》患者827名

この年　猩紅熱発生(全国)　この年、全国で猩紅熱が発生し、患者数は6127名に上った。《データ》患者6127名

この年　ジフテリア発生(全国)　この年、全国でジフテリアが発生し、患者数は8303名に上った。　《データ》患者8303名

この年　流行性脳脊髄膜炎発生(全国)　この年、全国で流行性脳脊髄膜炎の発生が見られ、902名の患者が出た。　《データ》患者902名

この年　日本脳炎発生(全国)　この年、全国で日本脳炎が発生し、患者数は3416名に上った。　《データ》患者3416名

昭和28年
(1953年)

1.2 　南信交通バス転落（長野県下伊那郡日開村,和合村）　1月2日、長野県の日開村と和合村の村境で、南信交通のバスが運転を誤って約20m下の帯川に転落、乗務員乗客4名が死亡、24名が重軽傷を負った。　《データ》死者4名,重軽傷者24名,車両1台転落

1.3 　城平スキー場スキーリフト落下（新潟県南魚沼郡湯沢村）　1月3日、新潟県湯沢村の城平スキー場で、スキーリフトの回転装置の支針が折れてリフトが支柱と地面に激突し、乗客2名が死亡、12名が重軽傷を負った。原因は定員超過。　《データ》死者2名,重軽傷者12名

1.18 　旭化成延岡工場爆発（宮崎県延岡市）　1月18日、宮崎県延岡市の旭化成延岡工場の硝化綿工場で爆発があり、従業員3名が死亡、8名が重軽傷を負った。　《データ》死者3名,重軽傷者8名

2.4 　新生丸沈没（鹿児島県大島郡与論町）　2月4日、鹿児島県の与論島付近で客船の新生丸が沈没し、71人が死亡した。　《データ》死者71名

2.11 　関西電力打保発電所作業所雪崩（岐阜県吉城郡坂上村）　2月11日、岐阜県坂上村にある関西電力打保発電所の作業所付近で雪崩が発生し、4名が死亡、6名が重傷を負った。　《データ》死者4名,重傷者6名

2.14 　小勝多摩火工府中工場火薬爆発（東京都北多摩郡府中町）　2月14日午前10時30分、東京都府中町貫井の小勝多摩火工府中工場で、保安隊用の模擬砲弾を製造中の火薬配合室が爆発。続いて数回の誘爆があり、工場事務所など14棟（291m^2）が全壊または焼失、周辺の都営住宅など270戸が破損、関係者20名が死亡、35名が重軽傷を負った。原因は火薬の取扱いミスと見られる。　《データ》死者20名,重軽傷者35名,全壊・全焼建物14棟,破損家屋270戸,焼失面積291m^2

2.15 　水産指導船白鳥丸・米国船チャイナベア号衝突（静岡県賀茂郡白浜村沖）　2月15日、静岡県白浜村の沖合で、清水港から三崎港へ向かう途中の愛知県の水産指導船白鳥丸（158t）と、神戸へ向かう途中の米国船チャイナベア号（8258t）が激突。白鳥丸は沈没し、乗組員11名が溺死した。　《データ》死者11名,船舶2隻衝突

2.22 　漁船第11東丸沈没（静岡県賀茂郡南伊豆町南方沖）　2月22日、伊豆半島石廊崎の南方沖で、大洋漁業の漁船第11東丸（144t）が乗組員46名を乗せたまま消息を絶ち、捜索の結果、3日後の25日に同船の沈没と乗組員全員の死亡が確認された。　《データ》死者46名,船舶1隻沈没

3.3 　東北電力大池発電所建設現場雪崩（青森県西津軽郡岩崎村）　3月3日、青森県岩崎村の東北電力大池水力発電所建設現場の第2工区作業場付近で雪崩があり、4名が死亡した。　《データ》死者4名

3.12 　おおとり会軽飛行機墜落（広島県安芸郡熊野跡村）　3月12日、広島県熊野跡村の上空で宣伝用ビラを散布中のおおとり会のオースター・エーグレット型軽飛行機が、

操縦を誤って同村の海上山に激突、乗員2名が死亡した。《データ》死者2名,航空機1機墜落

3.19 釈迦ヶ岳トンネル建設現場落盤(福岡県朝倉郡宝珠山村) 3月19日、福岡県宝珠山村の日田彦山線釈迦ヶ岳トンネルの建設現場で落盤が発生、作業員55名が生き埋めとなり、21名が死亡、4名が重傷を負った。《データ》死者21名,重傷者4名

3.20 店舗火災(新潟県新潟市) 3月20日、新潟市のカフェで火災があり、女子従業員ら7名が煙に巻かれて窒息死した。《データ》死者7名

3.28 日満鉱業所屋敷炭鉱坑内火薬爆発(佐賀県東松浦郡厳木町) 3月28日、佐賀県厳木町の日満鉱業所屋敷炭鉱の坑内で火薬が爆発し、作業員4名が死亡、6名が負傷した。《データ》死者4名,負傷者6名

4月— 凍霜害(全国) 4月から5月にかけて日本列島は全国的な遅霜に見舞われ、群馬・埼玉など35県で野菜や果樹などの畑に凍霜害が発生、小麦約4万2392kg、大麦約2万3090kg、裸麦1984kgが減収になった。《データ》被災畑(桑・ジャガイモ・茶・菜種・蔬菜・果樹のみ)約9万3822ha、被害額30億円(群馬県のみ)

4.5 民衆映画劇場火災(栃木県宇都宮市) 4月5日、宇都宮市池上町の民衆映画劇場で火災があり、同劇場(1405m^2)を全焼、支配人ら6名が焼死、1名が負傷した。《データ》死者6名,負傷者1名,全焼建物1棟,焼失面積1405m^2,被害額2500万円

4.12 ガスボンベ爆発(静岡県静岡市) 4月12日、静岡市でガスボンベが爆発し、付近にいた5名が即死した。《データ》死者5名

4.14 公民館天井落下(愛知県中島郡) 4月14日、愛知県中島郡の公民館で、演芸会開催中に突然天井が落ち、観客約130名のうち11名が死亡、19名が重傷、45名が軽傷を負った。《データ》死者11名,重傷者19名,軽傷者45名,損壊建物1棟

4.24 夜明発電所建設現場落盤(大分県日田郡) 4月24日、大分県日田郡の夜明発電所建設現場で落盤があり、作業員2名が死亡、5名が重軽傷を負い、1名が行方不明になった。《データ》死者2名,重軽傷者5名,行方不明者1名

4.26 保安隊消防車転覆(長崎県大村市) 4月26日、長崎県大村市本堂川橋町の路上で、消火活動に向かう途中の保安隊の消防自動車が自転車を避けようとして転覆し、乗っていた隊員4名が死亡、8名が重軽傷を負った。《データ》死者4名,重軽傷者8名,車両1台転覆

4.26— 大規模山林火災(北海道厚岸郡太田村) 4月26日午後1時過ぎ、北海道太田村の別寒辺牛川とスポーウン川との合流点近くの山林から出火、厚岸・根室両郡にまたがる約252.9km^{2}を全焼して、5月12日にようやく火は消えた。この火事の消火のため、保安隊(旧警察予備隊)700名が、改称後初めて緊急出動した。《データ》焼失面積約252.9km^2

4.27 阿蘇山爆発(熊本県阿蘇郡) 4月27日午前11時30分、熊本県の阿蘇山が突然鳴動、爆発し、火口付近にいた修学旅行中の兵庫県立加古川西高等学校の生徒ら5名が噴石の直撃を受けて死亡、19名が重傷、40名が軽傷を負った。阿蘇山では、翌28日の午前2時17分頃にも大規模な爆発が起きた。《データ》死者5名,重傷者19名,軽傷者40名

昭和28年（1953年）

5.21　引揚げ爆雷爆発（千葉県君津郡富津町）　5月21日、千葉県富津町の海岸で、地元民が引揚げた爆雷を解体作業中に突然爆発が起こり、2名が死亡、2名が重傷を負い、付近の家屋10数戸が全半壊した。《データ》死者2名、重傷者2名、全半壊家屋10数戸

5.27　出雲大社火災（島根県簸川郡大社町）　5月27日午後1時40分、島根県大社町にある出雲大社の鎮火殿から出火、拝殿や庁舎、西一九社など7棟（約992m^2）を全焼、八足門（国宝）を半焼した。拝殿は室町時代後期の建築だった。原因はかまどの火の不始末と見られる。《データ》全焼建物7棟、半焼建物1棟、焼失面積約992m^2、被害額5億円

5.31　北見営林署作業員宿舎がけ崩れ倒壊（北海道網走郡津別町）　5月31日、北海道津別町本岐沢でがけ崩れがあり、北見営林署の作業員宿舎が倒壊、作業員16名が下敷きになって死亡した。《データ》死者16名、全壊建物1棟

6.7　台風2号（愛媛県、福岡県、長崎県、熊本県）　6月7日午前9時過ぎ、台風2号が八代湾から九州の北西部に上陸、その後瀬戸内海を通過して、近畿地方を通り、さらに東京地方を経て、同日深夜太平洋へ抜けた。この影響で、熊本市で217mm、広島市で204mmの雨量を記録、福岡・長崎・熊本の3県を中心に住民33名が死亡、53名が負傷し、20名が行方不明となった。《データ》死者33名、負傷者53名、行方不明者20名、全壊家屋98戸、半壊家屋103戸、流失家屋98戸、浸水家屋2万7850戸、堤防決壊660ヶ所、橋梁流失441ヶ所、冠水田畑約550.1ha、船舶沈没11隻、船舶流失9隻（以上国家警察本部調べ）、鉄道被害30ヶ所、山崩れ829ヶ所、被害額約60億円

6.18　米空軍大型輸送機墜落（東京都北多摩郡小平町）　6月18日午後4時34分、立川基地を飛び立った米空軍のグローブマスターC124型輸送機が、離陸直後に東京都小平町小川の畑に墜落し、乗員7名と乗っていた兵士122名全員が即死、墜落地点の近くにいた地元の農業関係者1名が負傷、家屋14戸が損壊、田畑約4haが被災した。《データ》死者129名、負傷者1名、損壊家屋14戸、被災田畑約4ha、航空機1機墜落

6.23　米空軍大型輸送機墜落（山口県豊浦郡沖）　6月23日、福岡市の板付基地を離陸した米空軍の大型双胴輸送機が、山口県豊浦郡角島の西16kmの沖合に墜落、乗員7名が行方不明になった。《データ》行方不明者7名、航空機1機墜落

6.25　加茂小学校分校火災（岡山県苫田郡新加茂町）　6月25日、岡山県新加茂町倉見の加茂小学校分校で開かれた電燈架設祝賀映画会の会場で、上映中の映画フィルムが発火し、木造藁ぶき平屋建の校舎1棟（440m^2）を全焼、祝賀会に集まっていた地区住民350名のうち14名が焼死、23名が重軽傷を負った。《データ》死者14名、重軽傷者23名、校舎1棟全焼、焼失校舎440m^2、被害額350万円

6.25－　豪雨（山口県、福岡県、佐賀県、長崎県、熊本県、大分県）　6月25日から30日にかけて西日本各地で大雨が降り、佐賀市付近で1日当たりの降水量が700mm以上を記録、福岡県で筑後川や遠賀川が決壊するなど、山口、福岡、佐賀、長崎、熊本、大分の6県を中心に689名が死亡、2096名が負傷、477名が行方不明となった。また関門トンネルが浸水で3週間不通になるなど鉄道被害も401ヶ所で発生した。《データ》死者689名、負傷者2096名、行方不明者477名、全壊家屋2932戸、半壊家屋1万3546戸、流失家屋3253戸、床上浸水家屋18万7937戸、床下浸水家屋20万874戸、流失・埋没田畑約342.1ha、冠水田畑約1647.1ha、道路損壊1万2689ヶ所、橋梁流失2486ヶ所、堤防決壊4950ヶ所、船舶沈没18隻、船舶流失197隻、がけ崩れ1万4206ヶ所、石炭流失2万3000t、鉄道被害401ヶ所、被災者154万2283名、被害額約1400億円（推定）

昭和28年(1953年)

6.27　住宅倒壊(東京都文京区)　6月27日、東京都文京区老松町で、木造2階建の住宅(69m²)が突然倒れ、居住者3名が下敷きとなって圧死した。《データ》死者3名, 倒壊家屋1棟, 被災面積69m²

6.29　和光純薬工業東京工場爆発(東京都板橋区)　6月29日、東京都板橋区新河岸町にある和光純薬工業東京工場で、新薬試作中に突然爆発が起こり、女子従業員3名が死亡した。《データ》死者3名

7.8　西鉄宮地岳線電車衝突(福岡県粕屋郡新宮村)　7月8日、西日本鉄道宮地岳線の新宮・三苫駅間で、単線運転中の電車同士が衝突、乗務員乗客3名が死亡、39名が負傷した。単線運転は、現場付近の線路が冠水したために行われていたもの。《データ》死者3名, 負傷者39名, 車両衝突

7.14　林道建設現場土砂崩れ(福島県大沼郡川口村)　7月14日、福島県川口村の林道建設現場で土砂崩れがあり、作業員3名が圧死、3名が重軽傷を負った。《データ》死者3名, 重軽傷者3名

7.18－　豪雨(茨城県、千葉県、東京都、神奈川県、山梨県、長野県、岐阜県、静岡県、愛知県、三重県、京都府、奈良県、和歌山県)　7月18日午前2時過ぎから翌19日にかけて、三重・奈良・和歌山の3県を中心に大雨が降り、有田川、日高川、熊野川、貴志川が決壊、紀勢西線や和歌山線、和歌山鉄道などの交通網と通信網が途絶した他、13都府県で住民671名が死亡、4540名が負傷、4237名が行方不明など、被害があいついだ。《データ》死者671名, 負傷者4540名, 行方不明者4237名, 被災者約10万6738名, 全壊家屋2033戸, 半壊家屋2423戸, 流失家屋5174戸, 床上浸水家屋1万3827戸, 床下浸水家屋1万4526戸, 流失・埋没田畑約32.5ha, 冠水田畑約111.6ha, 道路損壊1万2140ヶ所, 橋梁流失524ヶ所, 堤防決壊1476ヶ所, 山崩れ1683ヶ所, 電柱倒壊1102ヶ所, 被害額約450億円

7.20　日本製鋼室蘭製作所溶鋼材噴出(北海道室蘭市)　7月20日、北海道室蘭市茶津町にある日本製鋼室蘭製作所の溶鉱炉で、鋳物の仕込作業中に突然溶鋼材が噴出し、関係者33名が死傷した。《データ》死傷者33名, 被害額約400万円

7.26　早雲地獄山崩れ(神奈川県足柄下郡宮城野村)　7月26日、神奈川県宮城野村にある箱根ケーブルカーの早雲山駅付近の通称早雲地獄で、高さ数百m、幅300m、厚さ20mという大規模な山崩れが発生し、道了尊別院の本堂と道場(1157m²)が埋没、同院に滞在中の避暑・宿泊客のうち逗子町長夫妻ら10名が圧死、16名が重軽傷を負った。《データ》死者10名, 重軽傷者16名

8.1　花火工場爆発(東京都墨田区)　8月1日、東京都墨田区の花火工場で爆発が起き、18人が死亡した。《データ》死者18名

8.1　鈴木日本堂トクホン工場爆発(埼玉県北足立郡草加町)　8月1日、埼玉県草加町氷川町にある鈴木日本堂トクホン工場で爆発があり、工員5名が死亡、6名が重軽傷を負った。《データ》死者5名, 重軽傷者6名

8.2　漁船みどり丸遭難(宮城県牡鹿郡金華山沖)　8月2日、宮城県牡鹿郡の金華山沖で、福島県四倉町の漁船みどり丸(98t)が台風5号の影響により遭難、乗組員51名も行方不明になった。《データ》行方不明者51名, 船舶1隻遭難

8.9　駿豆煙火工場花火爆発(静岡県田方郡中郷村)　8月9日、静岡県中郷村にある駿豆煙

昭和28年(1953年)

火工場で製品の花火が爆発し、女子工員8名が死亡、2名が重軽傷を負った。《データ》死者8名,重軽傷者2名

8.9 海上保安庁ヘリコプター墜落(神奈川県鎌倉市) 8月9日、海上保安庁のヘリコプターが相模湾に臨む神奈川県鎌倉市の由比ヶ浜海岸に墜落して、乗員や海水浴客2名が死亡、13名が重軽傷を負った。《データ》死者2名,重軽傷者13名,ヘリコプター1機墜落

8.14 広島電鉄バス転落(広島県安佐郡飯室村) 8月14日、広島県飯室村の幕ノ内峠で、広島電鉄の大型バスが道路から転落し、乗務員乗客10名が即死、45名が重傷を負った。《データ》死者10名,重傷者45名,車両1台転落

8.14- 豪雨(三重県,滋賀県,京都府,奈良県,和歌山県) 8月14日夜から15日未明にかけて、三重・滋賀・京都・奈良・和歌山の5府県に大雨が降り、京都府井手町で同町東端の大正池が決壊して全家屋約1000戸の70%以上が倒壊または流失し、住民50名が死亡、150名が負傷、滋賀県多羅尾村でも山崩れが発生し、住民44名と家屋230戸が土砂の下敷きになるなど各地で被害があいつぎ、170名が死亡、361名が負傷、269名が行方不明となった。《データ》死者170名,負傷者361名,行方不明者269名,全壊家屋328戸,流失家屋265戸,流失・埋没田畑約33.7ha,橋梁流失296ヶ所,堤防決壊346ヶ所

8.19 がけ崩れ(千葉県匝瑳郡吉田村) 8月19日、千葉県吉田村で、住宅南側にある高さ約10mのがけが33m^{2}余りにわたって崩れ、近くで遊んでいた子ども6名が生き埋めになった。《データ》生き埋め者6名

9.2 トラック・列車衝突(大分県大分郡阿南村) 9月2日、大分県阿南村の久大本線の踏切で、列車と有田興業のトラックが衝突、双方合わせて3名が即死、15名が重軽傷を負った。《データ》死者3名,重軽傷者15名,車両衝突

9.13 富士紡績工場土砂崩れ(静岡県駿東郡小山町) 9月13日、静岡県小山町にある富士紡績工場の敷地内で、大雨の影響による土砂崩れが発生し、従業員ら9名が生き埋め、1名が行方不明になった。《データ》生き埋め者9名,行方不明者1名

9.13 浅野炭山坑内ガス爆発(北海道雨竜郡沼田町) 9月13日、北海道沼田町にある浅野炭山の坑内でガス爆発があり、作業員5名が死亡した。《データ》死者5名

9.14 炭鉱ガス爆発(北海道) 9月14日、北海道の炭鉱でガス爆発があり、作業員14名が生き埋めになった。《データ》死者14名

9.15 打上げ花火爆発(長野県飯田市) 9月15日、長野県飯田市の今宮神社内で行われた花火大会で、花火打上げ用の筒が爆発し、関係者3名が死亡、20名余りが重軽傷を負った。《データ》死者3名,重軽傷者20名余り

9.15 東京電力下船渡発電所建設現場落盤(新潟県中魚沼郡下船渡村) 9月15日、新潟県下船渡村にある東京電力下船渡発電所建設現場の中間水路トンネル内で、長さ約25mにわたって落盤が発生、作業員13名が生き埋めになり、うち12名が死亡した。《データ》死者12名

9.25 台風13号(東海地方,北陸地方,近畿地方,中国地方東部,四国地方) 9月25日午後、中心気圧915mb、中心付近の最大風速75mの強い勢力をもつ台風13号が三重県の志

昭和28年(1953年)

摩半島に上陸、宇治山田市から伊勢湾、愛知県岡崎市を通って同10時頃、長野県諏訪市付近で分裂、翌日には秋田県南部を通過して三陸沖へ抜けた。この影響で、19府県で住民423名が死亡、8104名が負傷、83名が行方不明となるなど大きな被害が出た。《データ》死者423名, 負傷者8104名, 行方不明者83名, 全壊家屋8550戸, 流失家屋3097戸, 床上浸水家屋15万8684戸, 被害額3236億円

10.24　北陸搬空ヘリコプター墜落(福岡県門司市)　10月24日、福岡県門司市の上空で宣伝用のビラを散布中の北陸搬空のヘリコプターヒラー号が、電線に触れて墜落、乗員2名が死亡、1名が重傷を負った。《データ》死者2名, 重傷者1名, ヘリコプター1機墜落

11.17　関門海底トンネル建設現場地滑り(山口県下関市)　11月17日、山口県下関市椋野の関門海底トンネル椋野縦坑建設現場で、雨による地滑りが発生、コンクリート井筒の上にいた作業員3名が生き埋めになった。《データ》生き埋め者3名

11.21　常磐炭砿内郷鉱山坑内落盤(福島県石城郡内郷町)　11月21日、福島県内郷町にある常磐炭砿内郷鉱山の住吉本坑内で落盤が発生、作業員4名が死亡した。《データ》死者4名

11.22　大実炭鉱坑内浸水(福岡県)　11月22日、福岡県の大実炭鉱で、灌漑用貯水池が陥没して水が坑内に流れ込み、作業員8名が溺死した。《データ》死者8名

11.28　東洋高圧北海道工業所砂川工場爆発(北海道空知郡砂川町)　11月28日、北海道砂川町の東洋高圧北海道工業所砂川工場で、合成ポンプ水洗塔のアンモニアガス高圧管が爆発し、工員4名が死亡、13名が重軽傷を負った。《データ》死者4名, 重軽傷者13名

11.28　興水タイヤ商会工場火災(神奈川県川崎市)　11月28日、川崎市元水町の興水タイヤ商会工場から出火し、工場3棟(430m²)を全焼、関係者3名が焼死した。《データ》死者3名, 全焼工場3棟, 焼失面積430m²

12.10　内野町大火(新潟県西蒲原郡内野町)　12月10日午後5時頃、新潟県内野町で材木店から出火、風速15mの風にあおられて国道116号線沿いに燃え広がり、銀行の支店や食糧事務所、農業協同組合倉庫など中心部の300戸を全焼、住民2名が焼死、20名余りが重軽傷を負い、1500名が焼け出された。農協倉庫に貯蔵してあった供出米1500俵も焼けた。原因は、たばこの吸殻の火が鉋屑に燃え移ったためと見られる。《データ》死者2名, 重軽傷者20名余り, 被災者1500名, 全焼家屋ほか300戸, 被害額5億円

12.25　東京電力須田貝発電所建設現場火薬爆発(群馬県利根郡水上町)　12月25日、群馬県水上町にある東京電力須田貝発電所建設現場の縦坑内で、工事用ダイナマイトが爆発、作業員5名が即死した。《データ》死者5名

12.26　漁船第5幸生丸遭難(宮城県牡鹿郡金華山沖)　12月26日、宮城県牡鹿郡の金華山沖で、静岡県焼津市の昭和漁業の漁船第5幸生丸(84t)が乗組員35名を乗せたまま僚船との連絡を絶ち行方不明となった。捜索の結果、翌日同船の漁具などが発見され、沈没と断定された。《データ》行方不明者35名, 船舶1隻沈没

この年　豚コレラ発生(愛知県)　この年、愛知県内で豚コレラの発生があり、飼育豚約3500頭が死亡した。原因は予防注射の品質不良と見られる。《データ》豚約3500頭死亡

95

この頃— 水俣病(熊本県水俣市周辺) 28年頃から、熊本県水俣市周辺の住民に中枢神経系疾患と見られる患者が続出し、35年末の時点で84名が発病、うち33名が死亡した。熊本大学医学部などによる調査・研究の結果、原因は水俣湾で捕れた魚介類を食べたことによる、有機水銀化合物中毒と確認された。 《データ》患者84名、死者33名 (35年12月31日時点)

昭和29年
(1954年)

1.1 スキーバス転落(長野県南安曇郡安曇村) 1月1日、長野県安曇村で、乗鞍岳へ向かうスキー客24名を乗せた松本電鉄バスが、運転を誤って約20m下の谷底に転落し、3名が即死、18名が重軽傷を負った。 《データ》死者3名、重軽傷者18名、車両1台転落

1.2 皇居一般参賀者圧死(東京都千代田区) 1月2日午後2時過ぎ、東京都千代田区の皇居正門で、年頭の一般参賀のために集まっていた人々が二重橋駒寄付近に殺到し、17名が圧死、64名が重軽傷を負った。 《データ》死者17名、重軽傷者64名

1.3 中山精神病院火災(千葉県市川市) 1月3日、千葉県市川市中山町の中山精神病院で火災があり、保護病舎9室や浴場、娯楽室など施設の一部(約264m^2)を全焼、関係者6名が焼死した。 《データ》死者6名、焼失面積約264m^2

1.4 日活撮影所建設現場屋根落下(東京都北多摩郡調布町) 1月4日、東京都調布町の日活撮影所建設現場で、第3ステージのコンクリート製屋根(約661m^2)が突然崩れ落ち、作業員2名が圧死、11名が重軽傷を負った。 《データ》死者2名、重軽傷者11名

1.16 映画館火災(北海道小樽市) 1月16日、北海道小樽市稲穂町の富士映画館で火災があり、同館(826m^2)を全焼、関係者や観客7名が焼死、3名が負傷した。 《データ》死者7名、負傷者3名、全焼建物1棟、焼失面積826m^2

1.26 福井県営バス転落(福井県足羽郡酒生村) 1月26日、福井県酒生村で、福井県営バスが約3m下の足羽川に転落し、乗務員乗客10名が死亡、34名が重軽傷を負った。原因は積雪によるスリップ。 《データ》死者10名、重軽傷者34名、車両1台転落

1.28 北海道炭砿汽船平和鉱業所坑内落盤(北海道夕張市) 1月28日、北海道夕張市にある北海道炭砿汽船平和鉱業所第2坑の縦坑内で落盤が発生し、作業員5名が死亡した。 《データ》死者5名

1.29 監視船第3黒潮丸行方不明(南鳥島南方沖) 1月29日、南鳥島の南方沖で、水産庁の監視船第3黒潮丸が乗組員19名を乗せたまま消息を絶ち、行方不明となった。 《データ》行方不明19名、船舶1隻行方不明

2.1 米空軍輸送機墜落(北海道苫小牧市南方沖) 2月1日、米空軍のC46型双発輸送機が、北海道苫小牧市の南方沖約40kmの海上に墜落、乗員35名全員が死亡した。 《データ》死者35名、航空機1機墜落

2.2 新栄鉱業所坑内ガス爆発(福岡県粕屋郡須恵町) 2月2日、福岡県須恵町にある新栄鉱業所の第4目抜三重採炭箇所でガス爆発があり、作業員15名が即死、4名が重軽傷を負った。 《データ》死者15名、重軽傷者4名

昭和29年(1954年)

2.2 トラック・電車衝突(大阪府豊能郡庄内町) 2月2日、大阪府庄内町にある阪急電鉄宝塚線の踏切で、故障のため停車した梅田行き電車にトラックが突っ込み、2名が即死、45名が重軽傷を負い、電車2両が脱線した。《データ》死者2名, 重軽傷者45名, 車両衝突

2.6 住吉炭鉱坑内ガス爆発(北海道留萌郡山平村) 2月6日、北海道山平村にある住吉炭鉱の第2区斜坑内でガス爆発があり、作業員8名が死亡した。《データ》死者8名

2.8 佐久間ダム建設現場建設機械落下(愛知県北設楽郡豊根村) 2月8日、愛知県豊根村にある佐久間ダムの建設現場で、セメント混合機が落下し、作業員8名が即死、4名が負傷した。《データ》死者8名, 負傷者4名

2.9 運搬船第3板島丸積荷爆発(広島県安芸郡倉橋町沖) 2月9日、500kg爆弾3個と爆雷1個を積んで岩国港へ向かう途中の広島県倉橋町の本浦漁業所の運搬船第3板島丸が、同町の須川沖で積荷の爆発事故を起こし、乗組員3名が死亡、1名が重傷を負った。《データ》死者3名, 重傷者1名

2.12 第6大運丸沈没(静岡県磐田郡沖) 2月12日、静岡県磐田郡の天竜川河口の沖合で、川崎港から八幡へ向かう途中の協和汽船の第6大運丸(600t)が突風のため沈没し、乗組員16名が行方不明になった。《データ》行方不明者16名, 船舶1隻沈没

2.19 製材所火災(北海道枝幸郡歌登村) 2月19日、北海道歌登村の岩倉組製材部で火災があり、同部の施設1棟(496m^2)を全焼、作業員9名が焼死した。《データ》全焼建物1棟, 死者9名, 焼失面積496m^2

2.20 志岐炭鉱坑内水没(熊本県天草郡) 2月20日、熊本県天草郡の志岐炭鉱で、採炭作業中に誤って旧坑壁を破壊したため、海水が坑内に流れ込んで水没し、作業員38名のうち36名が死亡した。《データ》死者36名

3.1 漁船第5福竜丸被曝(マーシャル諸島ビキニ環礁付近) 3月1日午前4時12分頃、マーシャル諸島北端にあるビキニ環礁の東北東約148kmの海上で、静岡県焼津市の中型マグロ漁船第5福竜丸(156t)が、米国の水爆実験による放射性物質を含む死の灰を浴び、久保山愛吉無線長(9月23日死亡)ら乗組員23名全員が被曝。帰国後、漁獲物のマグロやサンマなどからも強い放射能が検出され、埋立て廃棄処分を受けた。その後も、同海域付近で漁獲した放射能汚染魚の廃棄処分が長期にわたって続いた。《データ》被曝者23名

3.3 東京電力鶴見第2火力発電所建設現場ガス爆発(神奈川県川崎市) 3月3日、川崎市大川町の東京電力鶴見第2火力発電所建設現場でメタンガスが爆発し、作業員5名が死亡、3名が重軽傷を負った。《データ》死者5名, 重軽傷者3名

3.26 大府鉱山府屋鉱業所坑内落盤水没(新潟県岩船郡大川谷村) 3月26日、新潟県大川谷村の大府鉱山府屋鉱業所の坑内で落盤があり、同時に灌漑用水が流れ込んだため同坑は水没、作業員11名のうち8名が死亡した。《データ》死者8名

4.9 染物工場火災(東京都荒川区) 4月9日、東京都荒川区日暮里のユニオン洗染工場から出火し、工場など3棟(218m^2)を全焼、関係者2名が焼死、4名が負傷した。《データ》死者2名, 負傷者4名, 全焼建物3棟, 焼失面積218m^2

4.17 オート三輪・貨物列車衝突(福島県信夫郡金谷川村) 4月17日、福島県金谷川村の

昭和29年（1954年）

東北本線金谷川駅近くの踏切で、貨物列車とオート三輪が衝突し、機関車2両と貨車8両が脱線転覆して、乗務員ら4名が死傷した。《データ》死傷者4名,車両10両転覆

4.17 トラック・貨物列車衝突（福島県石城郡久之浜町）　4月17日、福島県久之浜町の常磐線久ノ浜駅近くの北田踏切で、貨物列車とトラックが衝突し、貨車11両が脱線転覆して、乗務員ら6名が死傷した。《データ》死傷者6名,車両11両転覆

4.19 阿武隈川渡船転覆（宮城県伊具郡東根村）　4月19日、宮城県東根村で、阿武隈川の渡船が強風のため転覆し、乗っていた3名が死亡、2名が行方不明になった。《データ》死者3名,行方不明者2名,船舶1隻転覆

5月― ニューカッスル病発生（大阪府,和歌山県,奈良県）　5月から7月初めにかけて、大阪・和歌山・奈良の3府県で養鶏約30万羽にニューカッスル病が発病し、うち6万羽が死亡した。《データ》鶏30万羽発病（うち6万羽死亡）

5.3 蜂巣炭鉱坑内ガス爆発（北海道夕張市）　5月3日、北海道夕張市にある小野炭鉱所属蜂巣炭鉱の蜂巣坑内でガス爆発が発生し、作業員5名が死亡、5名が重傷を負った。《データ》死者5名,重傷者5名

5.9― 暴風雨（北海道,東北地方）　5月9日夜から10日朝にかけて、北海道や東北地方各地が激しい暴風雨に見舞われ、陸上で17.8m、海上で25mの瞬間最大風速を記録、この影響で住民24名が死亡、686名が行方不明になり、家屋2969戸が全半壊、1万4892戸が破損、9592戸が被災、船舶362隻が沈没・損壊または行方不明となり、田畑約170.3haが冠水した。《データ》死者24名,行方不明者686名,全半壊家屋2969戸,破損家屋1万4892戸,被災家屋9592戸,沈没・損壊・行方不明船舶362隻,冠水田畑約170.3ha,被害額56億8000万円（5月14日時点・北海道消防災害課調べ）

5.10 漁船多数座礁・沈没（北海道根室町付近）　5月10日、北海道根室町付近の海域で、操業中のサケ・マス漁船400隻余りが激しい暴風雨のため遭難し、56隻が沈没、13隻が座礁、21隻が破損、10隻が故障、47隻が行方不明、乗組員1000名が行方不明となった。巡視船やフリゲート艦による捜索・救助活動の結果、乗組員3名の死亡が確認された。《データ》死者3名,行方不明者1000名,沈没船舶56隻,座礁船舶13隻,破損船舶21隻,故障船舶10隻,行方不明船舶47隻

5.13 徳山村大火（岐阜県揖斐郡徳山村）　5月13日、岐阜県徳山村の本郷地区で火災があり、全家屋118戸のうち村役場や小学校を含む116戸と、山林約3.0haを全焼した。《データ》全焼家屋116戸,全焼山林約3.0ha

5.13― 放射能雨（全国）　5月13日から8月1日にかけて、全国各地で高数値の放射能を含む雨が降り、5月16日に京都市で8万6760カウント、大阪市で2127カウント、広島市で2357カウント、鹿児島市で1万5000カウント、17日に東京で3万2000カウント、18日に名古屋市で4555カウント、21日に仙台市で1200カウント、金沢市で2100カウント、静岡市で1万9500カウント、6月2日に弘前市で8000カウントを記録。山形や新潟、甲府などの各市でも同様の放射能雨が観測された。

5.21― 緑茶・野菜類放射能汚染（東京都,静岡県）　5月15日に九州で採取した緑茶から10g当たり24カウント、同21日に静岡県で採取した緑茶から10g当たり75カウントという高数値の人工放射能を検出。以後5、6月に採取した煎茶7種類から10カウントないし32カウント、8月末に東京都で採取したキュウリの茎葉の風乾物から10g当たり84カ

ウント、ナスの茎葉の風乾物から79カウント、山東菜（白菜の一種）やシソ、ミツバ、唐ヂサなどの葉菜類からも10数カウントから50カウント前後の放射能を検出した。

5.23— 豪雨（福岡県,佐賀県,長崎県）　5月23日から24日にかけて、福岡・佐賀・長崎の3県に大雨が降り、住民2名が死亡、1名が行方不明となった他、家屋16戸が倒壊、田畑約1.6haが冠水するなどの被害が出た。《データ》死者2名,行方不明者1名,倒壊家屋16戸,田畑冠水約1.6ha

5月頃　燈台関係者被曝（愛媛県松山市,鹿児島県肝属郡佐多町）　5月頃、愛媛県松山市の釣島燈台と鹿児島県佐多町の佐多岬燈台で、関係者に放射能症患者が発生。原因は、これらの燈台で飲用に使っていた雨水に、ビキニ環礁で行われた水爆実験の放射能が混入したためと見られる。

6月—　異常低温（青森県,岩手県）　6月から7月にかけて、青森県八戸市や盛岡市の周辺地域で、平年を最低で3.4度下回る異常低温を記録した。原因は、ビキニ環礁における原水爆実験の浮遊物の影響で地表の日照量が減ったことと、水滴凝結作用で雲量や雨量が増加したためと見られる。

6.6　豪雨（静岡県）　6月6日夜、静岡県に125mmの大雨が降り、各地で家屋550戸が床上浸水、田畑約1.3haが冠水したほか、収穫直後の麦が多数流失するという被害が出た。《データ》床上浸水家屋550戸,田畑冠水約1.3ha

6.8　石川島重工業第2工場爆発（東京都江東区）　6月8日、東京都江東区豊洲町にある石川島重工業第2工場で、貨物船の建造作業中に真水タンク内の塗料が爆発し、作業員2名が即死、4名が重軽傷を負った。《データ》死者2名,重軽傷者4名

6.8— 豪雨（熊本県,宮崎県,鹿児島県）　6月8日から9日にかけて、熊本・宮崎・鹿児島の3県に300mm以上の雨量を記録する大雨が降り、住民4名が死亡、2名が負傷、2名が行方不明となった他、家屋5戸が全半壊するなどの被害が出た。《データ》死者4名,負傷者2名,行方不明者2名,全半壊家屋5戸

6.16　日本炭業亀山鉱業所土砂崩れ（福岡県粕屋郡志免町）　6月16日、福岡県志免町にある日本炭業亀山鉱業所の社宅裏山が約200mにわたって崩れ、社宅居住者9名が死亡、6名が重傷を負った。《データ》死者9名,重傷者6名

6.22— 豪雨（和歌山県）　6月22日夜から23日朝にかけて、本州の南岸地域に大雨が降り、和歌山県で273mmの雨量を記録。同県を中心に近畿地方など各地で住民29名が死亡、28名が負傷、9名が行方不明となった。《データ》死者29名,負傷者28名,行方不明者9名,全壊家屋49戸,半壊・流失家屋89戸,床上浸水家屋9万2049戸,床下浸水家屋846戸,埋没田畑約580ha,冠水田畑約330ha,道路損壊568ヶ所,堤防決壊401ヶ所,山崩れ10ヶ所,木材流失約3094.3m^3

6.23　石垣崩壊（東京都目黒区）　6月23日、東京都目黒区上目黒で、住宅の裏にある高さ5m・幅13mの石垣が大雨の影響で崩れ、居住者2名が死亡、1名が重傷を負った。《データ》死者2名,重傷者1名

6.23　山崩れ（神奈川県鎌倉市）　6月23日、神奈川県鎌倉市大船の岩瀬で、住宅の裏山が大雨の影響によって崩れ、住民5名が死亡した。《データ》死者5名

6.25　ヒロポン中毒者通行人暴行（大阪府大阪市）　6月25日、覚醒剤ヒロポン（塩酸メタ

昭和29年(1954年)

ンフェタミンの商品名)の中毒にかかった男が、大阪市で通行人5名を中津川に突き落とし、幼児3名が死亡した。《データ》死者3名

6.26　がけ崩れ(鹿児島県日置郡伊集院町)　6月26日、鹿児島県伊集院町土橋で、道路脇のがけが高さ7m・幅7mにわたって崩れ、近くで遊んでいた幼児7名が圧死した。《データ》死者7名

6.28－　豪雨(京都府,大阪府,和歌山県,香川県,高知県,長崎県,熊本県,大分県)　6月28日から30日にかけて、停滞した梅雨前線の影響で、中部地方以西の各地に大雨が降り、京都・大阪・和歌山・香川・高知・長崎・熊本・大分など19府県で13名が死亡、25名が負傷、13名が行方不明になった。この大雨の影響で、和歌山市では1週間前に続いて再び家屋1万戸以上が浸水し、護岸を爆破して雨水を河川に放水する応急策を採ったほか、熊本県山鹿市が浸水のために一時孤立した。《データ》死者13名,負傷者25名,行方不明者13名,全半壊家屋154戸,流失家屋29戸,床上浸水家屋7万164戸,流失田畑約5.5ha,冠水田畑約70.4ha,道路損壊819ヶ所,橋梁流失107ヶ所,堤防決壊285ヶ所,がけ崩れ531ヶ所(6月30日時点)

7.4　正安炭鉱坑内浸水(山口県美祢郡豊田町)　7月4日、山口県豊田町にある正安炭鉱の坑内が大雨のため浸水し、作業員7名が生き埋めになった。《データ》生き埋め者7名

7.4－　豪雨(中国地方西部,九州地方北部)　7月4日から5日にかけて、中国地方西部と九州地方北部に大雨が降り、203mmの雨量を記録した山口県では26名が死亡、550名が負傷または行方不明となり、3万3226名が被害を受けた。《データ》死者26名,負傷・行方不明者550名,被災者3万3226名(7月7日時点・山口県警察本部調べ)

7.8　トラック転落(山梨県北都留郡丹波山村)　7月8日、山梨県丹波山村で、東京都氷川町のトラックが道路から約50m下の丹波川に転落し、運転手ら5名が即死、1名が重傷を負った。《データ》死者5名,重傷者1名,車両1台転落

7.23　保土ヶ谷化学工場爆発(神奈川県横浜市保土ヶ谷区)　7月23日、横浜市保土ヶ谷区天王町の保土ヶ谷化学工場で、過酸化ベンゾールとタールの混合作業中に突然爆発が起こり、工員4名が死亡、3名が重傷を負った。《データ》死者4名,重傷者3名

7.26　花火工場爆発(福岡県八女市)　7月26日、福岡県八女市長峰区にある隈本花火工場で製品の花火が爆発し、従業員8名が死亡、2名が重軽傷を負った。《データ》死者8名,重軽傷者2名

7.27　工場火災(兵庫県西宮市)　7月27日、兵庫県西宮市で火災があり、工場13棟(約6612m^2)を全焼した。《データ》全焼工場13棟,焼失面積約6612m^2

8.11　セルロイド加工場火災(東京都墨田区寺島町)　8月11日、東京都墨田区寺島町のセルロイド加工場で火災があり、木造2階建の工場(91m^2)を全焼、母子ら5名が焼死した。原因はセルロイドの自然発火。《データ》死者5名,全焼工場1棟

8.17－　台風5号(四国地方,九州地方)　8月18日、中心気圧978mb、最大風速30mの勢力をもつ台風5号が鹿児島県の西岸に上陸、九州を横断し、さらに四国から近畿・中部地方を通って、三陸沖に抜けた。この影響で、四国と九州では400mmの雨量を記録、住民29名が死亡した。《データ》死者29名,全壊家屋336戸,半壊家屋1363戸,床上浸水家屋2269戸,田畑冠水約186.9ha,堤防決壊496ヶ所,船舶沈没28隻

昭和29年(1954年)

8.31　太平洋炭鉱釧路鉱業所春採海底炭鉱ガス爆発(北海道釧路市)　8月31日午後7時30分頃、北海道釧路市春採にある太平洋炭鉱釧路鉱業所の桜ヶ岡斜坑で、メタンガスに引火して約2km奥の海底で爆発が起こり、同時に落盤が発生、作業員39名が即死、1名が軽傷を負った。《データ》死者39名,軽傷者1名

9.6　浅間山爆発(群馬県,長野県)　9月6日、浅間山で6月24日に続き、25年以来という大規模な爆発が発生、噴煙が8000mの高さまで達した。

9.7－　台風13号(大分県,宮崎県,鹿児島県)　9月7日午後、台風13号が鹿児島県の大隅半島に上陸、8日午前0時頃山陰地方東部を通り、同日朝弱い熱帯性低気圧に変わって日本海へ抜けた。この影響で、大分・宮崎・鹿児島の3県を中心に23名が死傷、13名が行方不明となった。《データ》死傷者23名,行方不明者13名,全半壊家屋1375戸,田畑冠水約5.2ha

9.13　台風12号(近畿地方,中国地方,四国地方,九州地方)　9月13日正午、最大瞬間風速50m以上・暴風雨圏の半径500kmの強い勢力をもつ台風12号が九州南岸に上陸、14日午前0時頃山口県下関市付近を通って、同日朝日本海へ抜けた。上陸後、勢力は急速に衰えたが、宮崎県高千穂町など五ヶ瀬川上流域で100名が死傷する大きな被害が出たのをはじめ、徳島・愛媛・高知・大分・熊本・宮崎・鹿児島など25府県で住民107名が死亡、311名が負傷し、37名が行方不明となった。《データ》死者107名,負傷者311名,行方不明者37名,全壊家屋1724戸,半壊家屋5208戸,流失家屋540戸,破損家屋約2万2600戸,床上浸水家屋4万4962戸,床下浸水家屋12万3461戸,田畑流失約21.4ha,田畑冠水約474.0ha,道路損壊1045ヶ所,堤防決壊1045ヶ所,鉄道被害105ヶ所,船舶沈没103隻,船舶流失67隻,木材流失約2万3579m^3,被害額130億円

9.14－　剣山周辺地滑り(徳島県麻植郡ほか)　9月14日から2か月以上にわたり、徳島県の剣山(標高1955m)周辺の東西50km、南北20kmの範囲内にある8郡、のべ900ヶ所で大規模な地滑りが発生し、住民3名が死亡、49名が負傷した。《データ》死者3名,負傷者49名,全半壊家屋1828戸,地滑り900ヶ所,被災面積297.5ha,被害額約10億円

9.18　台風14号(東北地方,関東地方,中部地方,近畿地方,四国地方)　9月18日、台風14号が静岡県の御前崎付近に上陸後、三浦半島を通過して千葉県銚子市の沖合へ抜けた。この影響で、東北以西・四国以東の各地で住民36名が死亡、59名が負傷し、14名が行方不明となった。《データ》死者36名,負傷者59名,行方不明者14名,全壊家屋94戸,半壊家屋144戸,流失家屋28戸,床上浸水家屋6224戸,床下浸水家屋2万4700戸,田畑流失約8.0ha,道路損壊407ヶ所,橋梁流失206ヶ所,堤防決壊238ヶ所,山崩れ244ヶ所,鉄道被害29ヶ所,通信施設被害542ヶ所,船舶沈没16隻,船舶流失60隻,船舶破損30隻

9.25　ビーチクラフト機墜落(福島県南会津郡桧原村)　9月25日、羽田から北海道へ向かう途中の青木航空のビーチクラフト双発機が、乗員6名を乗せたまま消息を絶ち、捜索の結果、10月9日になって福島県桧原村の結能峠で、大破した機体と全員の遺体が発見された。《データ》死者6名,航空機1機墜落

9.26－　台風15号〔洞爺丸台風〕(北海道地方,東北地方,関東地方,四国地方,九州地方)　9月26日早朝、台風15号(洞爺丸台風)が大隅半島に上陸、鳥取市付近から日本海へ出た後、同夜北海道に再上陸し、27日早朝に宗谷海峡へ抜けた。この台風の影響で、北海道室蘭市で瞬間最大風速55mを記録、北海道・東北地方を中心に被害があいつ

昭和29年（1954年）

ぎ、住民1371名が死亡、1598名が負傷、393名が行方不明となり、家屋の全壊、半壊、流失、浸水のほか、山林約3272.6ha（北海道内山林総面積の約40%）が被災した。《データ》死者1371名、負傷者1598名、行方不明者393名、全壊家屋4596戸、半壊家屋9444戸、流失家屋490戸、床上浸水家屋1万9685戸、田畑流失1313ha、山林被害約3272.6ha、倒木1万1365m³、沈没船舶925隻、流失船舶800隻、破損船舶3856隻（警察庁調べ）

9.26　連絡船洞爺丸転覆（北海道上磯郡上磯町沖）　9月26日、北海道上磯町の七重浜の沖約1kmの防波堤外で、台風15号を避けて仮碇泊中の青函連絡船洞爺丸（4337t）が風速50m前後の強風を受けて座礁、転覆し、船長ら乗組員111名と乗客1198名、その他22名のうち159名は救助されたが、1172名が死亡した。同船は、午後6時30分に函館港を出た直後から現場に仮碇泊していた。《データ》死者1172名、船舶1隻転覆

9.26　連絡貨物船北見丸・日高丸・十勝丸・第11青函丸沈没（北海道函館市函館湾内）　9月26日、台風15号による強風のため、青函連絡貨物船北見丸（2920t）、日高丸（2932t）、十勝丸（2912t）、第11青函丸（3142t）が函館湾内で沈没し、4隻の乗組員318名のうち187名が死亡、80名が行方不明になった。《データ》死者187名、行方不明者80名、船舶4隻沈没

9.26－　岩内町大火（北海道岩内郡岩内町）　9月26日午後8時30分頃、北海道岩内町のアパートから出火、火は台風15号の強風にあおられて燃え広がり、国鉄岩内駅や公会堂、住宅など3300戸（同町の全戸数の80%弱）を全焼し、住民36名が死亡、223名が重軽傷を負い、2名が行方不明となり、1万7500名が焼け出された。《データ》死者36名、重軽傷者223名、行方不明者2名、被災者1万7500名、全焼家屋ほか3300戸、被害額100億円以上

10.2　花火製造工場爆発（愛知県豊橋市）　10月2日、愛知県豊橋市中柴町にある中柴花火製造所の工場で爆発があり、従業員7名が死亡、6名が重軽傷を負った。《データ》死者7名、重軽傷者6名

10.7　国鉄バス転落（佐賀県藤津郡嬉野町）　10月7日、佐賀県嬉野町大船の県道で、国鉄バスが運転を誤って約15m下に転落し、通勤客や学生13名が死亡、23名が重傷、45名が軽傷を負った。《データ》死者13名、重傷者23名、軽傷者45名、車両1台転落

10.8　遊覧船内郷丸沈没（神奈川県津久井郡与瀬町）　10月8日午後1時30分頃、神奈川県与瀬町の相模湖で、修学旅行中の麻布学園中学部の2年生76名と引率教諭2名を乗せた木造遊覧船内郷丸（3.5t）が転覆して沈没、生徒22名が溺死した。原因は定員（35名）の2倍以上を乗せたため。《データ》死者22名、船舶1隻沈没

10.11　放火殺人（茨城県鹿島郡徳宿村）　10月11日、茨城県徳宿村で、青酸カリによる殺人と放火があり、家屋1戸を全焼、家族9名が死亡した（犯人は逮捕直後に青酸カリで自殺）。《データ》死者9名、全焼家屋1戸

10.15　大協石油四日市製油所爆発（三重県四日市市）　10月15日午前11時30分、三重県四日市市大協町の大協石油四日市製油所で第3号原油タンクが爆発。隣接の第1・2・4号タンクに燃え移り、工場など3万9669m²と原油1万6000tを全焼して34時間後に鎮火した。この火事で、関係者24名が負傷。《データ》負傷者24名、焼失面積3万9669m²、燃焼原油1万6000t、被害額約10億円

昭和29年（1954年）

10.22　府立中宮病院火災（大阪府枚方市）　10月22日、大阪府枚方市中宮の府立中宮病院で火災があり、安静館（860m²）を全焼、精神病やヒロポン中毒の患者5名が行方不明になった。《データ》行方不明者5名, 全焼建物1棟, 焼失面積860m²

10.24　観光バス転落（三重県度会郡二見町）　10月24日、三重県二見町小松池ノ浦で、満員の乗客を乗せた三重交通の観光バスが前を走っていた車を追い越そうとして運転を誤り、入り江に転落、13名が死亡、50名が重軽傷を負った。《データ》死者13名, 重軽傷者50名, 車両1台転落

10.26　帝産バス・駐留軍トラック正面衝突（大阪府堺市）　10月26日、大阪府堺市耳原町の国道310号線で、帝産バスと駐留軍トラックが正面衝突し、乗客ら2名が死亡、31名が重軽傷を負った。《データ》死者2名, 重軽傷者31名, 車両衝突

10.30　消防自動車衝突（京都府京都市伏見区）　10月30日、京都市伏見区深草藤森町で、火災現場に向かう途中の下京消防隊の消防自動車と東山消防隊の消防自動車が正面衝突し、消防士や通行人ら3名が死亡、8名が重軽傷を負った。《データ》死者3名, 重軽傷者8名, 車両2台衝突

11.18　宇美鉱業所坑内ガス爆発（福岡県粕屋郡宇美町）　11月18日、福岡県宇美町武内にある宇美鉱業所の坑内でガス爆発があり、作業員42名のうち30名は脱出できたが、残りの12名が死亡した。《データ》死者12名

11.22　漁船山田丸撃沈（東シナ海大陳島東南東沖）　11月22日、東シナ海で操業中の長崎県の漁船山田丸と僚船1隻が、国籍不明の艦艇から砲撃を受けて沈没、乗組員2名が死亡、3名が負傷した。《データ》死者2名, 負傷者3名, 船舶2隻沈没

11.28　暴風雨（関東地方, 東海地方）　11月28日正午頃から、関東・東海地方は風速25m以上の暴風雨に見舞われ、伊豆諸島で16名が死亡、65名が行方不明となった他、家屋など1495戸が全半壊、同諸島と東京湾で船舶24隻が座礁・損壊、7隻が行方不明になるなどの被害が出た。《データ》死者16名, 行方不明者65名, 全半壊家屋1495戸, 座礁・損壊船舶24隻, 行方不明船舶7隻

12.4　漁船第1盛喜丸大破（青森県八戸市付近）　12月4日、青森県八戸市日之出町の漁船第1盛喜丸（33t）が八戸港近くの日之出岩に激突して大破し、乗組員16名が行方不明になった。《データ》行方不明者16名, 船舶1隻大破

12.27　漁船大正丸離礁作業員行方不明（千葉県君津郡富津町沖）　12月27日、千葉県富津町の富津岬の沖合で、前月28日に座礁した漁船大正丸（82t）の離礁作業をしていた作業員12名は、強風で同船が危険な状態に陥ったため海に飛び込み、6名は岸に泳ぎ着いたが、残りの6名が行方不明になった。《データ》行方不明者6名

この頃　ヒロポン流行（全国）　29年頃、覚醒剤ヒロポン（塩酸メタンフェタミンの商品名）の中毒が全国的に蔓延し、販売組織などを通した調査によると、常習者は東京都内で23万5000名前後、全国では約285万名と推定された。《データ》常習者約285万名（推定）

昭和30年
（1955年）

1.5 消防自動車転落（山梨県中巨摩郡玉穂村）　1月5日、山梨県玉穂村で、出初式から帰る途中の白根町の今諏訪消防分団の消防自動車が運転を誤って土手から約3m下に転落し、乗っていた団員38名のうち4名が死亡、27名が重軽傷を負った。《データ》死者4名、重軽傷者27名、車両1台転落

1.8 パチンコ店火災（佐賀県伊万里市）　1月8日、佐賀県伊万里市伊万里町東新町のパチンコ店で火災があり、従業員5名が焼死した。《データ》死者5名

1.11 豊洲炭鉱坑内ガス爆発（福岡県田川郡川崎町）　1月11日、福岡県川崎町池尻の豊洲炭鉱第2坑でガス爆発が発生し、坑内にいた作業員9名が全身に火傷を負い、うち4名が死亡した。《データ》死者4名、重傷者5名

1.20 飯田線電車土砂崩れ転落（長野県下伊那郡泰阜村）　1月20日、飯田線の田本・門島駅間の明島川鉄橋付近で、下り電車（2両編成・乗客30名）が崩れた土砂に乗り上げて脱線、約20m下の天竜川に転落し、乗客乗務員5名が死亡、31名が重軽傷を負った。《データ》死者5名、重軽傷者31名、車両転落

1.20 昭光化学工業工場爆発（東京都大田区）　1月20日、東京都大田区羽田本町の昭光化学工業の過酸化ベンゾール工場で薬品が爆発し、工場2棟（231m^2）を全焼、工員2名が死亡、2名が重傷を負った。《データ》死者2名、重傷者2名、全焼工場2棟、焼失面積231m^2

2.4 秋葉ダム第1発電所建設現場爆発（静岡県磐田郡竜山村）　2月4日午後1時40分頃、静岡県竜山村横山にある秋葉ダム第1発電所の建設現場で、発破作業中に使い残りのダイナマイト約2tが誘爆し、高さ40m・幅50mにわたる土砂崩れが発生、作業員38名が約4000m^{3}の土砂の下敷きになり、19名が死亡、19名が重軽傷を負った。《データ》死者19名、重軽傷者19名

2.15 第6あけぼの丸・韓国船衝突（長崎県長崎市沖）　2月15日、長崎市の沖合で第6あけぼの丸と韓国船が衝突し、乗組員21名が行方不明になった。《データ》行方不明者21名

2.15 帝都育英学院火災（東京都杉並区）　2月15日、東京都杉並区八成町にある私立帝都育英学院の東側本館から出火し、校舎や寄宿舎など4棟（1818m^2）を全焼し、副校長と職員2名が焼死、2名が負傷した。《データ》死者3名、負傷者2名、全焼校舎4棟、焼失面積1818m^2

2.17 聖母の園養老院火災（神奈川県横浜市戸塚区）　2月17日午前4時30分頃、横浜市戸塚区原宿町にあるカトリック修道院付属の聖母の園養老院（140名入院）の1階居住室から出火し、木造2階建の同院や調理場、修道院聖堂など（約3076m^2）を全焼、入院中の95名と職員4名が焼死、9名が重軽傷を負った。原因は懐炉の灰の不始末と見られる。《データ》死者99名、重軽傷者9名、全焼建物4棟、焼失面積約3076m^2

昭和30年(1955年)

2.19― 季節風(全国) 2月19日から20日にかけて、全国で季節風の被害により120人が死亡した。《データ》死者120名

2.20― 暴風雪(北海道,東北地方,関東地方) 2月20日から21日未明にかけて、北海道・東北・関東地方が猛吹雪に見舞われ、青森県八戸市で瞬間最大風速40.5mを記録、北海道で28名が死亡、81名が行方不明となり、家屋25戸が全半壊、船舶26隻が沈没または座礁、損壊するなど被害があいついだ。《データ》死者28名,行方不明者81名,全半壊家屋25戸,沈没・座礁・損壊船舶26隻(2月22日時点・北海道のみ)

3.1― 児童集団食中毒(東京都) 3月1日昼、東京都墨田区の二葉小学校で、給食の脱脂粉乳ミルクを飲んだ児童1245名のうち327名が、4・5時間後から翌朝にかけて嘔吐や腹痛、下痢などの食中毒症状を起こした。同じ時期に、練馬区南町、江戸川区葛西、千代田区富士見など都内の9小学校でも給食を食べた9196名の児童のうち1936名が食中毒を起こしていることが判り、都衛生研究所で検査した結果、雪印乳業八雲工場で製造された脱脂粉乳に、溶血性ブドウ状球菌が含まれていたことが判った。《データ》患者1936名

3.4 糠平ダム建設現場トンネル内落盤(北海道河東郡上士幌町) 3月4日、北海道上士幌町にある糠平ダム建設現場の第9トンネル内で落盤が発生、作業員10名が土砂の下敷きになり、うち9名が死亡した。《データ》死者9名

3.7 旭化成工場火薬爆発(大分県北海部郡坂ノ市町) 3月7日、大分県坂ノ市町の旭化成工場で火薬350kgが突然爆発し、工員4名が死亡、1名が重傷を負った。《データ》死者4名,重傷者1名

3.13 佐世保水産化成火災(長崎県佐世保市) 3月13日、長崎県佐世保市の佐世保水産化成会社で火災があり、同社の建物(約793m²)を全焼し、関係者3名が焼死、1名が重傷を負った。《データ》死者3名,重傷者1名,焼失面積約793m²,被害額2000万円

3.15 奥泉ダム建設現場トンネル内落盤(静岡県安倍郡井川村) 3月15日、静岡県井川村にある奥泉ダム建設現場の導水路トンネル内で落盤が発生、作業員5名が土砂の下敷きになり、うち2名が死亡した。《データ》死者2名

3.17 大和田炭鉱大和田鉱業所ガス噴出(北海道留萌市) 3月17日、北海道留萌市大和田町の大和田炭鉱大和田鉱業所の中央斜坑内でガスが噴出し、作業員5名が窒息死した。《データ》死者5名

3.24 米空軍ジェット機墜落(埼玉県入間郡名細村) 3月24日、米空軍のジェット機が埼玉県名細村に墜落して発火し、墜落地点の住宅6棟を全焼、乗員2名が焼死、5名が重傷を負った。《データ》死者2名,重傷者5名,全焼家屋6棟,航空機1機墜落

3.27 坂上高等学校運動場土砂崩れ(山口県玖珂郡坂上村) 3月27日、山口県坂上村の県立坂上高等学校の運動場で土砂崩れがあり、整地作業を行っていた生徒10名のうち3名が崩れた土砂の下敷きになって死亡した。《データ》死者3名

3.30 トラック転落(山口県玖珂郡美川町) 3月30日、山口県美川町の四馬谷・猪木屋間の県道で、玖北自動車のトラックが運転を誤って約14m下の野谷川に転落し、乗っていた5名が即死、7名が重傷を負った。《データ》死者5名,重傷者7名,車両1台転落

4.11 三菱高島鉱業所坑内落盤(長崎県西彼杵郡高島町) 4月11日、長崎県高島町の三菱

昭和30年(1955年)

高島鉱業所の坑内で落盤が発生し、作業員7名が生き埋めになり、うち5名が死亡した。《データ》死者5名

4.11 佐賀市営バス転落(佐賀県藤津郡塩田町) 4月11日、佐賀県塩田町の県道で、佐賀市営バス(乗務員乗客47名)が運転を誤って約7m下の塩田川の河川敷に転落し、2名が死亡、35名が重軽傷を負った。《データ》死者2名,重軽傷者35名,車両1台転落

4.14— 豪雨(九州地方) 4月14日から16日にかけて、西日本で大雨が降り、長崎県の五島で200mmを超える雨量を記録。この影響で、佐賀・長崎両県を中心に各地で22名が死亡、33名が重傷、64名が行方不明となるなど被害があいついだ。《データ》死者22名,重傷者33名,行方不明者64名,全半壊家屋151戸,浸水家屋1万5974戸,橋梁流失44ヶ所,堤防決壊106ヶ所,河川多数氾濫,田畑冠水・埋没約143.5ha

4.16 安部鉱業所佐世保炭鉱ボタ山崩壊(長崎県佐世保市) 4月16日午後5時頃、長崎県佐世保市黒髪町の安部鉱業所佐世保炭鉱の本坑上で、おりからの大雨によりボタ山(鉱滓の堆積物。高さ40m、長さ200m、幅30m)が突然崩れ、関係者や家族126名と共同住宅6棟とが埋没。17日午前2時頃には、さらに住宅4棟と事務所とがボタの下敷きになり、合計73名が死亡、家屋10棟が埋没、50世帯が家を失った。《データ》死者73名,埋没家屋10棟,被災者50世帯

5.11 連絡船紫雲丸・貨車航送船第3宇高丸衝突(香川県香川郡雌雄島村沖) 5月11日午前6時55分頃、香川県女木島の北西約2.5kmのカマの瀬付近で、高松から宇野に向かう途中の国鉄宇高連絡船紫雲丸(1480t)と、宇野発高松行きの貨車航送船第3宇高丸(1282t)が濃霧のため衝突。紫雲丸は数分で転覆して沈没し、島根県川津、広島県木江南、愛媛県庄内の各小学校や高知県南海中学校の修学旅行生370名余りを含む乗客や乗組員ら合わせて943名のうち168名が死亡した。《データ》死者168名,船舶1隻沈没

5.13 製菓工場ボイラー爆発(神奈川県横浜市鶴見区) 5月13日、横浜市鶴見区生麦町の浜菱製菓工場でボイラーが爆発し、工員2名が死亡、7名が重軽傷を負った。《データ》死者2名,重軽傷者7名

5.13 秋葉ダム第1発電所建設現場ダイナマイト爆発(静岡県磐田郡竜山村) 5月13日、静岡県竜山村にある秋葉ダム第1発電所建設現場のトンネル内で、発破作業中に不発ダイナマイトが誘爆し、吹き飛ばされた作業員2名が即死、5名が重軽傷を負った。《データ》死者2名,重軽傷者5名

5.14 修学旅行バス転落(岩手県北上市) 5月14日、岩手県北上市飯豊町の飯豊橋で、仙台方面から帰る途中の花巻電鉄の修学旅行バスが自転車を避けようとして運転を誤り、約7m下の大堰川の河原に転落し、乗務員や乗客の小学生、父兄12名が死亡、31名が重軽傷を負った。《データ》死者12名,重軽傷者31名,車両1台転落

5.22 第三中学校薬品爆発(宮城県塩竈市) 5月22日、宮城県塩竈市の市立第三中学校の理科準備室で、実験中に突然薬品が爆発し、生徒3名が死亡した。《データ》死者3名

5.29 白河高等学校生暴風雨遭難(福島県旭岳) 5月29日、那須連峰の三本槍岳(1917m)へ向かう途中の福島県立白河高等学校の山岳部員15名と引率教諭1名が、旭岳の鏡沼付近で暴風雨に遭い、6名が死亡、1名が重体になった。《データ》死者6名,重

体1名

6月— 森永砒素ミルク中毒(全国) 6月下旬から、人工栄養の乳児多数に発熱や下痢、皮膚の黒ずみなどの症状を訴えるものがあいつぎ、岡山市の日赤病院や岡山医科大学付属病院などで診療を受けていたが、8月21日、死亡した患者の解剖検査で原因は重金属による中毒と判明。調査を続けた結果、森永乳業徳島工場の製造工程で第二燐酸ソーダ(中和剤)に含まれる砒素がMF印粉ミルクに混入していたことを突きとめた。製品回収や患者の早期発見に努めたが、31年6月9日までに全国で129名が死亡、1万2170名の患者が確認された。 《データ》患者1万2170名(うち死者129名・31年6月9日時点)

6月— イカ食中毒(青森県,秋田県,山形県,長野県,新潟県) 6月下旬から8月中旬にかけて、青森・秋田・山形・長野・新潟の5県を中心にイカによる食中毒が連続発生し、患者総数は2万名に上った。イカの腐敗・汚染などが原因ではないかと見られる。《データ》患者2万名以上

6.3 三菱大夕張鉱業所坑内ガス爆発(北海道夕張市) 6月3日、北海道夕張市鹿島町の三菱大夕張鉱業所の北卸五片採炭現場で、自然発火の危険地点を密閉作業中にガス爆発が起こり、炭鉱職員や作業員3名が死亡、39名が重軽傷を負い、2名が行方不明になった。 《データ》死者3名,重軽傷者39名,行方不明者2名

6.5 大型乗用車転落(大阪府泉南郡岬町孝子峠) 6月5日、大阪府岬町と和歌山市の境にある孝子峠で、大型乗用車が運転を誤って約25m下の谷底に転落し、乗っていた4名が死亡、5名が重傷を負った。 《データ》死者4名,重傷者5名,車両1台転落

6.7— 豪雨(九州地方北部) 6月7日から8日にかけて、梅雨前線が移動した影響で九州地方の北部に200mmを越える大雨が降り、各地で死傷または行方不明になるなどの被害が出た。 《データ》死者・行方不明者多数

6.16 三井田川鉱業所坑内ガス爆発(福岡県田川市) 6月16日、福岡県田川市東区にある三井田川鉱業所の第3坑内でガス爆発が発生し、作業員5名が死亡、16名が重軽傷を負った。 《データ》死者5名,重軽傷者16名

6.18 精神病院火災(千葉県市川市) 6月18日午前1時10分頃、千葉県市川市国府台にある式場精神病院の本館調理場付近から出火し、2階建本館と、木造平屋建の第1・第2・第5病棟の4棟を全焼、収容患者158名のうち監禁病舎にいた19名が焼死した。監禁病舎には鉄格子が入り、施錠してあった。原因は漏電と見られる。 《データ》死者19名,全焼建物4棟,焼失面積992m^2,被害額約2000万円

6.20 筏遊びの児童水死(東京都調布市) 6月20日、東京都調布市国領の多摩川で、河岸から約15m離れた中州へ筏で渡る途中の児童6名が全員川に投げ出され、3名が溺死した。 《データ》死者3名

6.24— 豪雨(青森県,岩手県,秋田県,山形県) 6月24日から26日にかけて、青森・岩手・秋田・山形の4県に300mm前後の大雨が降り、住民9名が死亡、4名が行方不明になった。秋田・大曲両市は全域で浸水した。 《データ》死者9名,行方不明者4名,全壊家屋4戸,半壊家屋19戸,流失家屋19戸,床上浸水家屋1万3482戸,橋梁流失185ヶ所,堤防決壊319ヶ所,流失・埋没田畑約6.6ha,冠水田畑約376.5ha,被害額42億円

7.3— 豪雨(北海道南西部) 7月3日から4日にかけて、北海道の南西部に大雨が降り、静

昭和30年（1955年）

内町と新冠村の全域が浸水、奥尻島でがけ崩れにより住民7名が死傷、家屋5戸が埋没、八雲町で遊楽部川の氾濫により3名が死亡するなど、道内各地で9名が死亡、38名が負傷、35名が行方不明となった。《データ》死者9名，負傷者38名，行方不明者35名，全壊家屋9戸，半壊家屋69戸，流失家屋66戸，床上浸水家屋6528戸，道路損壊1023ヶ所，橋梁流失142ヶ所，堤防決壊129ヶ所，流失田畑約593ha，被災者約9335世帯（3万7912名）

7.6 豪雨（九州地方北西部） 7月6日朝から、九州地方の北西部に大雨が降り、山間部では数時間に320mmを記録、各地で被害があいつぎ、住民9名が死傷、家屋1600戸と田畑約247.9haが被災、河川の氾濫や堤防の決壊なども出た。《データ》死傷者9名，被災家屋1600戸，田畑流失・冠水約247.9ha，河川氾濫，堤防決壊

7.10 関西電力宇治発電所導水路トンネル拡張現場落盤（滋賀県大津市） 7月10日、大津市石山外畑町の、瀬田川南郷と関西電力宇治発電所とを結ぶ第3導水路トンネルの拡張工事現場で落盤が発生し、作業員12名が死亡、1名が重傷を負った。《データ》死者12名，重傷者1名

7.18 玩具工場火災（東京都練馬区） 7月18日、東京都練馬区中村町の玩具工場から出火、工場や住宅など1棟（66m^2）を全焼、隣接の2棟（33m^2）を半焼し、3名が焼死した。《データ》死者3名，全焼1棟，半焼2棟，焼失面積99m^2

7.22 花火工場爆発（岐阜県不破郡関ヶ原町） 7月22日、岐阜県関ヶ原町の北島花火工場で火薬が爆発し、木造工場5棟（99m^2）が爆風で全壊、従業員7名が死亡、8名が軽重傷を負った。《データ》死者7名，重軽傷者8名，全壊工場5棟，被災面積99m^2

7.28 橋北中学校生溺死（三重県津市） 7月28日午前11時15分頃、津市の安濃川河口近くの中河原海岸で、水泳講習を受けていた市立橋北中学校の全生徒600名余りのうち、女子生徒49名が高波にさらわれて危険区域内の深みにはまり、36名が溺死した。《データ》死者36名

8.1 花火問屋爆発（東京都墨田区） 8月1日、東京都墨田区厩橋の東高産業墨田工場の作業場で花火が突然爆発し、従業員ら18名が死亡、27名が重軽傷を負い、木造2階建の工場1棟と付近の家屋13棟（1273m^2）を全半焼した。《データ》死者18名，重軽傷者27名，全焼工場・家屋14棟，焼失面積1273m^2

8.2 興和ガラス工場火災（東京都江東区） 8月2日、東京都江東区亀戸町の興和ガラス工場から出火し、同工場や住宅など3棟（463m^2）を全焼、関係者ら3名が焼死した。《データ》死者3名，全焼工場など3棟，焼失面積463m^2

8.2 日本カーリット工場火薬爆発（神奈川県横浜市保土ヶ谷区） 8月2日、横浜市保土ヶ谷区仏向町の日本カーリット工場で火薬が爆発し、従業員ら21名が死亡、19名が重軽傷を負い、第6てん薬工室など（320m^2）10数棟を爆風で損壊した。原因はカーリット粉の運搬ミス。《データ》死者21名，重軽傷者19名，損壊工場10数棟

8.19 米空軍ジェット機墜落（東京都八王子市） 8月19日、米空軍のジェット機が東京都八王子市の恩方街道付近の農家に墜落、発火し、乗員や住民のうち4名が死亡、7名が重傷を負い、家屋6棟を全焼した。《データ》死者4名，重傷者7名，航空機1機墜落，全焼家屋6棟

8.20 オート三輪・貨物列車衝突（埼玉県北埼玉郡高柳村） 8月20日、埼玉県高柳村の東

昭和30年(1955年)

北本線栗橋・東鷲宮駅間の佐間踏切で、新橋発青森行き貨物列車と17名を乗せた同村のオート三輪が衝突し、オート三輪の11名が死亡、4名が重傷、1名が軽傷を負った。《データ》死者11名、重傷者4名、軽傷者1名、車両衝突

8.27　店舗火災(福岡県福岡市)　8月27日、福岡市の繁華街天神地区のパチンコ店から出火し、関係者ら4名が死傷、店舗など68戸を全焼した。原因は放火。《データ》死傷者4名、全焼店舗ほか68戸

9.18　不発ロケット弾爆発(山梨県南都留郡忍野村)　9月18日、山梨県忍野村忍草で、中学生2名が北富士演習場から持ち帰った不発ロケット弾で遊んでいたところ、突然爆発し、2名が即死、4名が重軽傷を負った。《データ》死者2名、重軽傷者4名

9.19　米軍ジェット練習機墜落(東京都八王子市)　9月19日、米軍横田基地F80型ジェット練習機が訓練の際、東京都八王子市大楽寺神戸の住宅に急降下の状態で墜落し、操縦士住民6名が死亡、3名が重軽傷を負い、家屋3戸を全焼、1戸を半焼した。《データ》死者6名、重軽傷者3名、航空機1機墜落、全焼家屋3戸、半焼家屋1戸

9.21　府内鉱業所日の丸炭鉱坑内ガス爆発(福岡県粕屋郡宇美町)　9月21日、福岡県宇美町の府内鉱業所日の丸炭鉱の本坑内でガス爆発があり、作業員10名が死亡、7名が重軽傷を負った。《データ》死者10名、重軽傷者7名

9.29－　台風22号(岩手県、秋田県、山口県、福岡県、大分県、宮崎県、鹿児島県)　9月29日午後11時、台風22号が最大風速55m、暴風雨圏の半径250kmを記録して鹿児島県の薩摩半島に上陸、九州を縦断して玄海灘へ抜けた後、10月1日朝、北海道の渡島半島付近を通過した。このため山口、福岡、大分、宮崎、鹿児島の5県を中心に住民42名が死亡、281名が負傷、27名が行方不明となった。《データ》死者42名、負傷者281名、行方不明者27名、全半壊家屋12万4801戸、田畑流失・冠水約1989.3ha、堤防決壊388ヶ所、がけ崩れ254ヶ所、木材流失約2953m^3、船舶沈没359隻、船舶破損441隻、被害額479億円

9月頃－　流行性腎炎発生(福島県、東京都多摩地域、岡山県、四国地方、九州地方北部)　9月頃から翌31年2月頃にかけて、福島・東京・岡山の3県と、四国・九州地方の各地で、10歳以下の幼児多数が流行性腎炎に感染し、9名が死亡した。患者の数は全国で1万5000名に上るものと見られる。《データ》患者約1万5000名(うち死者9名)

10.3－　台風23号(東北地方、中国地方、四国地方、九州地方)　10月3日から4日にかけて、台風23号は中心気圧962mbを記録して豊後水道から山口県に上陸、さらに日本海の海岸沿いを北東へ進み、東北地方を通過して三陸の沖合で消滅したが、住民2名が死亡する被害を出した。《データ》死者2名

10.10　住友石炭赤平鉱業所坑内ガス爆発(北海道赤平市)　10月10日、北海道赤平市の住友石炭赤平鉱業所の第1斜坑内で、自然発火の危険箇所を密閉する際、ガス爆発が発生し、作業員5名が死亡、3名が重傷、17名が軽傷を負った。《データ》死者5名、重傷者3名、軽傷者17名

10.11　台風25号(関東地方)　10月11日朝、台風25号が東海道の沖合から北上、関東地方の南岸に接近後、房総半島から三陸の沖合へ抜けた。関東地方を中心に住民3名が死亡、9名が負傷、4名が行方不明になった。《データ》死者3名、負傷者9名、行方不明者4名、全半壊家屋11戸、床上浸水94戸、床下浸水家屋1万2000戸、田畑冠水約1.7ha

昭和30年（1955年）

10.13　桜島南岳爆発（鹿児島県鹿児島郡桜島町）　10月13日午後2時52分、鹿児島市の桜島南岳で10年ぶりという大規模な爆発が発生。火口からは焼石が噴き出し、8合目付近を登っていた学生6名が重軽傷を負った。爆発の際、振幅は最大460μを記録。《データ》重軽傷者6名

10.14　暴風雨（北海道東部）　10月14日午後、北海道東部で暴風雨があり、浦幌町の十勝太海岸でサケ立網漁船1隻が転覆、乗組員18名が行方不明になったのをはじめ、住民ら5名が死亡、31名が行方不明などの被害が出た。《データ》死者5名、行方不明者31名、浸水家屋797戸、船舶沈没3隻

10.20　台風26号（愛知県、和歌山県）　10月20日午後0時、台風26号は紀伊半島南部に上陸後、名古屋市付近、中部地方山岳部、関東地方北部を通過して、午後8時には福島県を通って三陸沖へ抜けたが、この台風の影響で愛知、和歌山の両県を中心に住民5名が死亡、30名が負傷、7名が行方不明となった。《データ》死者5名、負傷者30名、行方不明者7名、全壊家屋59戸、半壊家屋67戸、破損家屋341戸、床下浸水家屋2006戸、田畑冠水約10.6ha,20ヶ所、板塀倒壊1991ヶ所、船舶沈没12隻

11.1　雄別炭鉱鉄道茂尻鉱業所坑内ガス爆発（北海道赤平市）　11月1日午後4時50分頃、北海道赤平市茂尻の雄別炭鉱鉄道茂尻鉱業所桂本坑の約1.3km奥の採炭現場でガス爆発が発生、職員や作業員88名のうち60名が中毒死または圧死した。《データ》死者60名

11.9　明治鉱業赤池鉱業所坑内ガス爆発（福岡県田川郡赤池町）　11月9日、福岡県赤池町の明治鉱業赤池鉱業所第3坑の採炭現場でガスが噴出、爆発し、作業員11名が死亡、12名が重軽傷を負った。《データ》死者11名、重軽傷者12名

11.9　沼島大火（兵庫県三原郡南淡町）　11月9日、兵庫県南淡町の沼島で火災があり、同島の全家屋163戸のうち110戸を全焼した。《データ》全焼家屋110戸

11.12　和田小学校アルコール爆発（長野県下伊那郡遠山村）　11月12日、長野県遠山村の和田小学校で、教諭の指導により6年生が石鹸作りの実験を行っていたところ、18ℓ入りのアルコール容器に引火して爆発、児童2名が死亡、5名が重軽傷を負った。《データ》死者2名、重軽傷者5名

12.3　名瀬市大火（鹿児島県名瀬市）　12月3日午前4時50分、鹿児島県名瀬市入船町の料理店から出火し、市全体の約3分の1に当たる1413戸（6万2519m^2）を全焼、39戸を半焼、中心部で住民30名余りが重軽傷を負い、6615名が焼け出された。被害が増えたのは早朝だったことや風速約7mの風に煽られたこと、道幅が狭かったこと、水の便の悪さなどによる。《データ》重軽傷者30名余り、全焼家屋1413戸、半焼家屋39戸、被災面積6万2519m^2、被災者6615名、被害額20億円

12.16−　遠洋マグロ漁船3隻遭難（和歌山県西牟婁郡串本町沖）　12月16日夕方から17日にかけて、和歌山県串本町の潮岬の南方海上で、台風28号の影響により、遠洋マグロ漁船3隻が乗組員62名を乗せたまま消息を絶った。《データ》行方不明者62名、船舶3隻遭難

12.17　店舗火災（東京都墨田区）　12月17日、東京都墨田区錦糸町のビスケット加工店から出火、木造2階建の店舗など7棟（約595m^2）を全焼、この火事で店員5名が焼死した。《データ》死者5名、全焼店舗ほか7棟、焼失面積約595m^2

12.26　貨物船反田丸遭難（青森県八戸市）　12月26日、青森県八戸市の東約51kmの沖合で、長崎市の反田商会の貨物船反田丸（1300t）の操舵機が風速約20mの強風のために故障し、流されて青森市浜市川の海岸で座礁転覆、乗組員のうち21名は救助されたが、残りの10名が死亡した。東北・関東地方の東方沖では暴風雨のため、他に漁船7隻の連続遭難があった。　《データ》死者10名,船舶1隻座礁

昭和31年
（1956年）

1.1　弥彦神社初詣客圧死（新潟県西蒲原郡弥彦村）　1月1日午前0時20分頃、新潟県弥彦村にある弥彦神社の餅投げで、縁起物の餅を取ろうと集まった初詣客約3万名が拝殿脇の随神門付近に殺到し、石段で転倒するなどして124名が圧死、294名が重軽傷を負った。同社は農漁業関係者らの崇敬を集める古祠。　《データ》死者124名,重軽傷者294名

1.7　捜索隊二重遭難（北アルプス前穂高岳）　1月7日、北アルプス前穂高岳で消息を断った仲間の会員の捜索に向かう途中の、大阪市の関西登高会員や神戸山岳会員ら14名が雪崩に遭い、12名が軽傷、2名が行方不明になった。　《データ》軽傷者12名,行方不明者2名

1.8　横浜市営バス・京浜急行線電車三重衝突（神奈川県横浜市鶴見区）　1月8日、横浜市鶴見区の京浜急行電鉄本線鶴見駅付近の踏切で、子安発品川行き電車と横浜市営バス2台が衝突し、バスの乗客4名が即死、9名が重傷、10名が軽傷を負った。　《データ》死者4名,重傷者9名,軽傷者10名,車両衝突

1.19　高陽炭鉱坑内ガス爆発（福岡県）　1月19日、福岡県の高陽炭鉱の坑内でガス爆発があり、作業員7名が死亡した。　《データ》死者7名

1.20　藤原ダム建設現場落盤（群馬県利根郡水上町）　1月20日午後2時10分頃、群馬県水上町の建設省藤原ダムの建設現場で発破作業中、堰堤付近の岩盤（約300m^3）が突然落下し、作業員5名が即死、11名が重軽傷を負った。　《データ》死者5名,重軽傷者11名

1.27　住宅火災（奈良県奈良市）　1月27日午前3時15分頃、奈良市木辻瓦堂町の木造2階建のアパートから出火して、同アパートと両隣の特殊飲食店の3戸（約893m^2）を全焼、1戸を半焼、居住者ら14名が焼死、3名が軽傷を負った。　《データ》死者14名,軽傷者3名,全焼家屋ほか3戸,半焼家屋1戸,焼失面積約893m^2

1.28　伊予鉄道バス転落（愛媛県喜多郡長浜町）　1月28日夜、愛媛県長浜町櫛生の約300m西の県道で、伊予鉄道バスが運転を誤って約6m下の海中に転落、乗務員乗客10名全員が溺死した。　《データ》死者10名,車両1台転落

1.31　万座硫黄鉱山作業員宿舎倒壊（群馬県吾妻郡草津村）　1月31日午前6時40分頃、群馬県草津町の万座硫黄鉱山の採掘現場で、銭高組の作業員宿舎2棟が約250cmの積雪の重みと近くの山崩れの震動により倒壊、宿舎にいた作業員が下敷きになって14名が即死、5名が重傷を負った。　《データ》死者14名,重傷者5名,全壊家屋2棟

111

昭和31年(1956年)

2.6　漁船明神丸転覆(択捉島沖)　2月6日、択捉島の沖約48kmで操業中の宮城県気仙沼市の底引網漁船明神丸(59t)が、猛吹雪のため転覆し、乗組員14名全員が行方不明となった。《データ》死者14名、船舶1隻転覆

2.10　関西電力猫又第2発電所建設現場作業員宿舎倒壊(富山県下新川郡宇奈月町)　2月10日午前10時10分頃、富山県宇奈月町の関西電力猫又第2発電所建設現場で、鹿島組の作業員宿舎が大規模な雪崩のために倒壊し、作業員31名のうち21名が圧死、4名が重傷、6名が軽傷を負った。《データ》死者21名、重傷者4名、軽傷者6名、全壊家屋1棟

2.14　安保鉱業所坑内ガス爆発(長崎県西彼杵郡香焼村)　2月14日午後1時30分頃、長崎県香焼村の安保鉱業所第3坑で、扇風機の交換作業を行うためにスイッチを入れたところガス爆発が起こり、作業員12名が死亡、3名が重傷を負った。《データ》死者12名、重傷者3名

2.27　漁船第3万栄丸沈没(静岡県榛原郡御前崎町沖)　2月27日、静岡県の御前崎の南約80kmの海上で、機関故障のため漂流していた鹿児島県串木野市の漁船第3万栄丸(55t)が大波を受けて沈没し、乗組員15名全員が行方不明となった。《データ》死者15名、船舶1隻沈没

3.7　常磐炭鉱ガス爆発(福島県常磐市)　3月7日午前3時頃、福島県常磐市の常磐炭鉱磐崎坑の中斜坑内でガスが自然爆発し、この影響で約50m離れた地点で落盤が発生、作業員30名が同坑内に閉じ込められたが、この落盤で排気口もふさがれたため14名が窒息死、8名が重軽傷を負った。《データ》死者14名、重軽傷者8名

3.20-　能代市大火(秋田県能代市)　3月20日午後11時5分頃、秋田県能代市の繁華街畠町から出火、風速14m前後の強風にあおられて柳町、栄町、富町などの周辺地区に燃え広がり、家屋など1482戸(31万5041m²)を全焼して、21日午前5時30分頃、海岸の松林付近でようやく鎮火した。この火事で66名が重軽傷を負い、6087名が焼け出された。《データ》重軽傷者66名、全焼家屋ほか1482戸、被災面積31万5041m²、被災者6087名、被害額30億円

3.23　中日新聞社機墜落(長野県)　3月23日午前10時25分頃、乗鞍岳剣ヶ峰北方の摩利支天岳の頂上にある東京天文台附属コロナ観測所付近で、南極観測隊の訓練を撮影していた中日新聞社のデハビランドビーバー2型単発機若鷹号が、乱気流に巻き込まれて約500m南の雪渓に墜落、機体を大破し、操縦士やカメラマンら乗員4名が即死した。《データ》死者4名、航空機1機墜落

4.16-　放射能雨(北海道稚内市,東京都,新潟県新潟市,静岡県静岡市,大阪府大阪市,兵庫県神戸市,鳥取県米子市,島根県松江市,高知県高知市,鹿児島県鹿児島市)　4月16日から17日にかけて、全国各地に高濃度のストロンチウム90を含む雨が降り、気象庁測候課への報告によれば北海道稚内市で1ℓ当たり毎分3万6000カウント、東京都で2万5400カウント、新潟市で78万5400カウント、鹿児島市で5万7000カウントを記録したほか、静岡大学化学教室が静岡市で同1万3500カウント、兵庫県衛生研究所が神戸市で7130カウント、島根大学物理学教室が松江市で3万7000カウントの放射能を観測、検出した。原因は同15日以降に実施された核爆発実験とみられる。

4.17　常葉町大火(福島県田村郡常葉町)　4月17日午後7時30分頃、福島県常葉町中町の住宅から出火、火はおりからの強風にあおられて燃え広がり、中心部の住宅254戸

昭和31年(1956年)

と住宅以外の278戸(2万5428m²)、山林約19.8haを帯状に全焼し、住民91名が重軽傷を負った。《データ》重軽傷者91名,全焼家屋ほか532戸,焼失面積2万5428m²,全焼山林約19.8ha,被災者1285名,被害額3億6000万円

4.19 定期貨客船太平丸転覆(高知県安芸郡室戸岬町沖) 4月19日午後8時頃、高知県室戸岬町高岡の南約1.5kmの沖合で、室戸汽船の大阪・室戸間定期貨客船太平丸(197t)が風速30m前後の暴風雨により転覆、沈没して乗組員13名と乗客11名のうち18名が行方不明になった。《データ》行方不明者18名,船舶1隻沈没

4.23 芦原町大火(福井県坂井郡芦原町) 4月23日午前6時50分頃、福井県芦原町にある京福電鉄芦原駅前の食料品店から出火し、風速15m前後のフェーン現象特有の風にあおられて燃え広がり、温泉旅館20軒を含む441戸を全焼、さらに約500m離れた同町舟津地区に飛び火して60戸を全焼し、午前11時頃鎮火した。この火事で1名が死亡、53名が重軽傷を負い、2148名が焼け出された。《データ》死者1名,重軽傷者53名,全焼家屋501戸,被災面積11万4208m²,被災者2148名,被害額50億円

4.26 漁船転覆(北海道西海岸) 4月26日、北海道西海岸で突風のため漁船が転覆し、乗組員26名が行方不明になった。《データ》行方不明者26名,船舶1隻転覆

4.30 遅霜(関東地方,中部地方,近畿地方,中国地方,四国地方北部,九州地方北部) 4月30日早朝、移動性高気圧の影響で、関東地方以西の各地に51年ぶりという遅霜が降り、麦や雑穀、野菜、茶、桑などの農作物被害があいついだ。気象台は前日から晩霜注意報を発表していた。《データ》農作物被害,被災面積約2623.7km²,被害額約110億円

5.7 下川町大火(北海道上川郡下川町) 5月7日午後1時頃、北海道下川町一の橋の木工場付近から出火、火は風速15m前後の南西の風にあおられて燃え広がり、下川町の住宅450戸のうち200戸と倉庫など50戸などを全焼して8時間後に鎮火した。この火事で、同町と隣接の西興部村の住民15名が重軽傷を負った。《データ》全焼家屋ほか250戸,半焼家屋5戸,全焼山林約396.7ha,全焼木材1443m³

5.22 引揚砲弾爆発(広島県安芸郡倉橋町) 5月22日、広島県倉橋町の横島の南海岸で、海底から引揚げた不発砲弾を漁業関係者6名が解体作業中、突然爆発が起こり、全員が即死した。《データ》死者6名

6月— 冷害(北海道) 6月中旬から9月上旬にかけて、北海道は平年よりも気温が1度から5度前後も低い状態が続く40年ぶりの冷害に見舞われ、農作物などが大きな被害を受けた。《データ》農作物被害

6.14 漁船金善丸座礁(北海道釧路郡釧路村沖) 6月14日、北海道釧路村の昆布森池岩海岸の沖約50mで漁船金善丸(31t)が座礁して沈没、乗組員3名の死亡が確認されたが、残りの8名は行方不明となった。《データ》死者11名,船舶1隻座礁

6.21 降雹(福島県,愛知県,岐阜県美濃地方,滋賀県) 6月21日午後1時30分頃、福島・愛知・滋賀の各県と岐阜県美濃地方で、寒冷前線の通過により14年ぶりという雹が降った。愛知県では卵大の雹が30分前後にわたって降り、住民27名が負傷、岐阜県では直径10mmから20mm程度の雹が20分前後にわたって降り、48名が負傷、特産の富有柿が約6割の減収になった。《データ》負傷者75名,全半壊家屋101戸,田畑被害約7.2ha(愛知県のみ),被害額約10億円

113

昭和31年(1956年)

6.29 消防自動車死傷事故(北海道釧路市) 6月29日午後4時15分頃、北海道釧路市で、火災現場に向かう途中の消防自動車が、自転車を避けようとして誤って通行人17名をはね、児童6名が即死、2名が重体、9名に重傷を負わせた。《データ》死者6名,重体者2名,重傷者9名

7月- 関西電力大町第2トンネル建設工事死傷事故(長野県大町市,富山県中新川郡立山町) 31年7月から33年2月25日にいたる、関西電力大町第2トンネルの掘削工事で、工事に加わったのべ約50万名の作業員のうち落盤事故などで11名が死亡、401名が重軽傷を負った。長野県大町市と富山県立山町を結ぶこのトンネルは、黒部川第4発電所の建設現場へ資材輸送を行うために建設された。《データ》死者11名,重軽傷者401名

7.3 丸太運搬用貨車・ディーゼル列車衝突(北海道河東郡上士幌町) 7月3日午前7時11分、士幌線の上士幌駅で丸太運搬用貨車が入換え作業中に突然動き出し、同駅の南約5kmの地点で、走ってきたディーゼル列車に衝突した。この事故で、ディーゼル列車の乗客乗務員3名が死亡、19名が重傷、43名が軽傷を負った。《データ》死者3名,重傷者19名,軽傷者43名,車両衝突

7.5 トラック転落(北海道根室町) 7月5日、北海道根室町で、富士貨物のトラックが後続のバスを避けそこねて道路脇の排水溝に転落し、乗っていた7名が死亡、1名が重傷、6名が軽傷を負った。《データ》死者7名,重傷者1名,軽傷者6名,車両1台転落

7.14- 豪雨(山形県,宮城県,福島県,新潟県,富山県,石川県) 7月14日から17日にかけて、山形・宮城・福島・新潟・富山・石川の6県を中心に約200mmから300mmの大雨が降り、この影響で、福島県会津坂下町で住民50名が死亡するなど被害があいつぎ、合わせて51名が死亡、27名が負傷、28名が行方不明となった。《データ》死者51名,負傷者27名,行方不明者28名,全壊家屋183戸,流失家屋149戸,床上浸水家屋8058戸,床下浸水家屋1万7476戸,田畑埋没・冠水約382.8ha,山崩れ659ヶ所,堤防決壊392ヶ所,道路損壊,橋梁流失

7.29 貸切りバス転落(富山県富山市) 7月29日、富山市の富山大橋で、富山県立山町の上東中学校の生徒70名を乗せた富山地方鉄道の貸切バスが、橋の南側欄干を突き破って約10m下の神通川に転落し、2名が死亡、25名が重傷、30名が軽傷を負った。乗客の中学生は、臨海学校の宿泊地へ向かう途中だった。《データ》死者2名,重傷者25名,軽傷者30名,車両1台転落

8.11 日本興油工業工場爆発(岡山県岡山市) 8月11日午後5時10分、岡山市の南にある日本興油工業の大豆油抽出工場で、抽出缶1基が爆発炎上し、作業場など(約2248m^2)を全焼、従業員18名が爆風で吹き飛ばされ9名が死亡、9名が重傷を負った。《データ》死者5名,重傷者13名,工場全焼,焼失面積約2248m^2

8.16- 台風9号(東北地方,中国地方,九州地方) 8月16日午後から日本列島に接近し始めた、中心気圧960mb、最大風速50mの強い勢力をもつ台風9号は、対馬海峡から日本海を北東へ進み、18日午後0時に秋田県能代市付近に上陸、津軽海峡を通過して20日早朝、北海道の南東沖で消滅した。この台風の影響で、屋久島で277mm、長崎市や宮古島、南大東島などで200mm以上の雨量を記録、有明海の干拓地が高潮で全滅したのをはじめ、東北・中国・九州地方各地で住民33名が死亡、213名が負傷、3名が行方不明になった。《データ》死者33名,負傷者213名,行方不明者3名,全壊家屋1864戸,半壊家屋2286戸,田畑埋没・冠水約26.9ha,船舶沈没516隻

8.19　林道建設現場崩壊（東京都西多摩郡奥多摩町）　8月19日、東京都奥多摩町日原のキャンプ場前の小川谷林道の建設現場で、土盛りした道路が長さ約30mにわたって石壁ごと崩れ落ち、約10m下にある日本林産の作業員休憩所を直撃。この事故で、全壊した休憩所にいた作業員5名が圧死、1名が重傷を負った。《データ》死者5名,重傷者1名,全壊建物1棟

8.19　大館市大火（秋田県大館市）　8月19日午前0時頃、秋田県大館市の国鉄大館駅前の旅館付近から出火、火は台風9号が通過した直後の風速13m前後の南西風にあおられて東へ燃え広がり、同市の約20％に当たる家屋1321戸を全焼、住民3766名（701世帯）が焼け出された。《データ》全焼家屋ほか1321戸,焼失面積22万1488m²,被災者3766名,被害額40億円

8.27　竜巻（長崎県西彼杵郡瀬川村）　8月27日午後7時、長崎県瀬川村で直径約50m・高さ80mに及ぶ竜巻が発生。内陸から海岸方面へ移動し、住宅など71戸が全壊した。《データ》全壊家屋71戸

8.29　日本鋼管附属病院増築現場土砂崩れ（北海道室蘭市）　8月29日、北海道室蘭市にある日本鋼管室蘭製作所の附属病院の増築現場で、地面を約4m掘り下げたところ土砂崩れが起こり、現場にいた作業員10名が生き埋め、うち4名は救出されたが、5名が圧死、1名が重傷を負った。《データ》死者5名,重傷者1名

9.9　観光バス転落（福井県武生市）　9月9日午前5時58分頃、福井県武生市春日野町の国道8号線城崎トンネルの北約4kmの地点で、碧内観光バスが運転を誤って70m下の林に転落し、乗務員乗客43名のうち10名が死亡、17名が重傷、15名が軽傷を負った。《データ》死者10名,重傷者17名,軽傷者15名,車両1台転落

9.9－　台風12号（中国地方,九州地方）　9月9日朝から10日にかけて、中心気圧930mb、瞬間最大風速63mの強い勢力をもつ台風12号は、九州の西方沖から朝鮮海峡を通って、日本海を北東に進んだ。この台風の影響で、屋久島で517.9mm、鹿児島県名瀬市などで200mm以上の雨量を記録、有明海の干拓地で塩害が発生し、佐賀・長崎両県の水稲が壊滅的な打撃を受けたのをはじめ、各地で住民39名が死亡、251名が負傷、2名が行方不明になった。《データ》死者39名,負傷者251名,行方不明者2名,全壊家屋5318戸,浸水家屋4800戸,田畑埋没・流失約4.5ha,田畑冠水約14.1ha,道路・橋梁および堤防流失・損壊336ヶ所

9.10　魚津市大火（富山県魚津市）　9月10日午後8時頃、富山県魚津市真成寺町の呉服店付近から出火、火は台風12号が通過した直後の風速約13mの南風にあおられて中心部へ燃え広がり、家屋1755戸（旧市街の約4割・90万9091m²）を全焼、真成寺町・寺町・神明町・金浦町・魚津新地・川原町などで住民4名が死亡、170名が重軽傷を負い、8118名が焼け出された。原因は台所の火の不始末と見られる。《データ》死者4名,重軽傷者170名,全焼家屋1755戸,焼失面積90万9091m²,被災者8118名,被害額53億円

9.10　竜巻（静岡県静岡市）　9月10日午前7時30分、大雨の静岡市で、瞬間最大風速40mの局地的な竜巻が発生し、同市南部の中島海岸から北東方面へ移動、20名が死亡、44名が重軽傷を負った。《データ》死者20名,重軽傷者44名,全半壊家屋78戸,破損家屋294戸,電柱損壊21ヶ所,被害額約1億円（家屋のみ）

9.15　日本坩堝鉱業所粘土採掘場落盤（愛知県西加茂郡猿投町）　9月15日、愛知県猿投町

昭和31年(1956年)

御船の日本坩堝鉱業所第11坑の粘土採掘場(深さ約50m)で落盤があり、作業員9名のうち2名が脱出、5名も58時間後に救出されたが、残る2名が死亡した。《データ》死者2名

9.27　台風15号(関東地方,中部地方,近畿地方,四国地方)　9月27日朝、中心気圧953mb、瞬間最大風速63m、半径300kmの強い勢力範囲をもつ台風15号は、紀伊半島南端の潮岬の沖約70kmを通って、午後0時に御前崎に上陸、同1時に伊豆半島を経て東京付近から鹿島灘へ抜けた。このため高知市で478.2mm、三重県尾鷲・亀山両市や兵庫県洲本市、高知県宿毛市、屋久島などで200mm以上の雨量を記録、25都府県で住民20名が死亡、41名が負傷、11名が行方不明となるなどの被害が出た。《データ》死者20名,負傷者41名,行方不明者11名,全半壊家屋899戸,浸水家屋3万7544戸,水田流失・埋没約166ha,道路損壊566ヶ所,橋梁流失154ヶ所,堤防決壊225ヶ所,山崩れ518ヶ所,被害額10億円(奈良県のみ)

9.27　通勤列車脱線転落(三重県鈴鹿郡関町)　9月27日午前7時20分頃、関西本線の関・加太駅間で、通勤列車が台風15号による土砂崩れのため脱線、客車1両(乗客21名)が加太川に転落し、18名が溺死した。《データ》死者18名,車両1両転落

10月　豪雨(三重県南牟婁郡紀和町)　10月、三重県紀和町で、大雨による水害が発生し、住民8名が死亡、8名が負傷、1名が行方不明になった。《データ》死者8名,負傷者8名,行方不明者1名,被害額1億2000万円余り

10月-　インフルエンザ流行(青森県,東京都,神奈川県,三重県,大阪府,兵庫県,徳島県)　10月、神奈川・徳島両県でA、B型ウィルスによるインフルエンザが発生し、11月中旬には青森・三重両県、同下旬には東京・大阪・兵庫など25都府県に拡大した。厚生省の発表では12月19日時点での患者総数は15万名、198校で学校閉鎖、605校で学級閉鎖を実施。《データ》患者15万名(12月19日時点)

10.5　西武鉄道バス転落(埼玉県秩父郡横瀬村)　10月5日、埼玉県横瀬村芦ヶ久保の県道のカーブで、西武鉄道の吾野駅発秩父行きバスが対向して来た東京電力のトラックを避けそこねて約40m下の横瀬川に転落し、乗務員乗客6名が死亡、10名が重傷、7名が軽傷を負った。《データ》死者6名,重傷者10名,軽傷者7名,車両1台転落

10.11　比叡山延暦寺火災(滋賀県大津市)　10月11日午前3時30分頃、大津市坂本町の天台宗総本山比叡山延暦寺の大講堂正面入口の右側付近から出火し、銅板ぶき重層入母屋造りの同講堂(重要文化財・701m^2)や鐘台(同前・17m^2)、食堂(132m^2)、前唐院(40m^2)、水屋(3m^2)受付所など5棟(892m^2)と重文級の阿弥陀如来や四天王など仏像21体を全焼した。原因は山上事務所受付係の青年による放火。《データ》全焼建物5棟,全焼仏像14体,焼失面積892m^2,被害額約5億円

10.12-　米軍砂川基地内民有地精密強制測量反対派住民・警官隊衝突(東京都北多摩郡砂川町)　10月12日と13日、東京都砂川町の米軍基地内民有地で、滑走路や誘導路を増設するための第2次精密強制測量が行われた際、反対派の住民や支援の総評・全学連・婦人団体の関係者らと警官隊とが数千名規模で衝突し、12日に住民側186名、警察側78名が、また13日にも住民側730名、警察側157名がそれぞれ重軽傷を負った。《データ》重軽傷者1151名

10.14　アパート火災(東京都武蔵野市)　10月14日、東京都武蔵野市吉祥寺のアパート寿荘1階6号室から出火し、木造2階建の同アパート(364m^2)を全焼、入居者4名が死亡、

26名が重軽傷を負った。《データ》死者4名,重軽傷者26名,全焼建物1棟,焼失面積364m^2

10.15　快速列車脱線・追突（三重県一志郡三雲村）　10月15日午後6時22分、参宮線六軒駅の南約200mの地点で、名古屋発鳥羽行き快速列車(13両編成)の機関車2両と客車3両が車止めを乗り越えて脱線、転覆。この列車に、鳥羽発名古屋行き快速電車(13両編成)が追突して機関車2両が転覆、客車1両が脱線し、鳥羽行き列車の前部車両が炎上、乗客の東京教育大学付属坂戸高等学校生徒23名と教諭3名を含む42名が死亡、65名が重軽傷を負った。原因は鳥羽行き快速列車の信号無視。《データ》死者42名,重軽傷者65名,車両10両脱線

10.31　漁船瓢栄丸転覆（宮城県石巻市）　10月31日、宮城県石巻市で、宮崎県のサンマ漁船瓢栄丸(9.94t)が港に入る直前に高波を受け、北上川河口の西側突堤に激突して転覆、乗組員44名のうち37名が溺死した。《データ》死者37名,船舶1隻転覆

11.27　貨物船東和丸沈没（沖縄県南方沖）　11月27日、フィリピンからラワン材を積んで大阪へ運ぶ途中の東和汽船(本社・神戸市)の貨物船東和丸(4162t)が、沖縄の南南東約547kmの海上で台風22号の影響を受けて浸水、沈没した。捜索の結果、2日後の29日に救命ボートやリングブイ、12月1日に船体の一部が発見されたが、乗組員42名は行方不明となった。《データ》死者42名,船舶1隻沈没

12.4　漁船第16漁吉丸沈没（伊豆大島西方沖）　12月4日夜、伊豆大島の西方沖で、岩手県宮古市の漁船第16漁吉丸(64t)が遭難信号を発した後、乗組員20名を乗せたまま消息を絶った(下田海上保安部が同船の沈没と全員の死亡を認定)。《データ》死者20名,船舶1隻沈没

12.16　観潮船転覆（徳島県鳴門市沖）　12月16日、瀬戸内海の鳴門海峡で観潮船が転覆し、乗客ら3名が行方不明になった。《データ》行方不明者3名,転覆船舶1隻

12.19　放射能観測（日本列島上空）　12月19日、大気中の放射能観測で、13万5000カウントという高い数値の放射能が観測された。

12.19頃　豪雪（北海道,青森県）　12月19日頃、北海道と青森県で雪の影響による被害が続出。10年ぶりという積雪量を記録した北見市では零下20度以下の極寒日が続き、青森県でも70年ぶりという大雪が降った。

12.28　米空軍気象観測機墜落（埼玉県飯能市）　12月28日、米空軍横田基地所属のWB50型気象観測機が埼玉県飯能市高山に墜落、乗員9名と住民1名が死亡、乗員2名が重傷を負った。《データ》死者10名,重傷者2名,航空機1機墜落

12.31　建設用資材運搬トラック雪崩転落（福井県大野市）　12月31日午前11時頃、福井県大野市下若生子で、県営真名川ダムの建設用セメントを運搬するトラックの列が、高さ約200m、幅約50mの雪崩の直撃を受け、2台が約30m下の真名川に転落し、7名が死亡、2名が負傷した。《データ》死者7名,負傷者2名,車両2台転落

昭和32年
（1957年）

1.2 　猛吹雪二重遭難（青森県八甲田山硫黄岳）　1月2日、酸ヶ湯温泉に宿泊していて行方不明となったスキー客の法政大学生の捜索・救助に向かった県立青森高等学校の教員ら9名のうち、県庁職員3名と中学生1名が八甲田山硫黄岳の東大斜面の仙人平ヒュッテから約200m離れた地点で、猛吹雪のため死亡した。《データ》死者4名

1.5- 　渇水（香川県）　1月5日から4月25日にかけて、香川県内は異常渇水による発電不足が心配されたため、四国電力が電力の供給制限を実施した。

1.30 　米軍兵士住民狙撃〔ジラード事件〕（群馬県群馬郡相馬村）　1月30日午後1時30分、群馬県相馬村物見塚の米軍相馬ヶ原演習場の敷地内で、第1騎兵師団第8連隊所属の特技兵が発射した空の薬莢が、弾丸の破片拾いをしていた同村柏木沢の主婦に命中し、主婦は即死した（2月9日、前橋地方検察庁に書類送検）。《データ》死者1名

1.31 　日本通運トラック雪崩遭難（福井県大野市）　1月31日、福井県大野市銭亀・下若生子間の西谷街道で、日本通運大野支店のトラック数台が雪崩に遭い、うち2台が道路から約70m下に転落、運転手や同乗者7名が死亡、11名が重軽傷を負った。《データ》死者7名、重軽傷者11名、車両2台転落

2.3 　群馬バス転落（群馬県群馬郡榛名町）　2月3日、群馬県榛名町上室田の鳴沢橋付近で、榛名発長井行きの群馬バスが積雪のためスリップして道路から転落し、乗客ら2名が死亡、21名が重傷、21名が軽傷を負った。《データ》死者2名、重傷者21名、軽傷者21名、車両1台転落

2.13 　奥只見電源開発工事現場雪崩（新潟県北魚沼郡湯之谷村）　2月13日午後3時30分頃、新潟県湯之谷村芋川の奥只見電源開発の工事現場で雪崩が発生、飛島建設の見張り小屋とコンプレッサ室とが全壊し、関係者16名が生き埋めになり、うち6名が死亡した。《データ》死者6名、全壊建物2棟

2.13 　住宅火災（山口県下関市）　2月13日午前0時40分、山口県下関市彦島江ノ浦七町の雑貨店から出火し、家屋6戸を全焼、火元の家族ら9名が焼死、14世帯が焼け出された。《データ》死者9名、全焼家屋6戸、被災者14世帯

2.18 　鹿児島駅前火災（鹿児島県鹿児島市）　2月18日午前1時45分頃、鹿児島市小川町の国鉄鹿児島駅前にある滑川マーケット1階の食堂付近から出火し、店舗や住宅など11棟（1322m^2）を全半焼、女性や子ども13名が焼死、1名が重傷を負った。《データ》死者13名、重傷者1名、全半焼家屋11棟、焼失面積1322m^2、被害額980万円

2.28 　住宅火災（静岡県静岡市）　2月28日午後7時過ぎ、静岡市牛妻坂下の農家から出火、風速10m前後の西風にあおられて燃え広がり、家屋126戸（約1万1372m^2）と山林約19.8haを全焼、4戸を半焼し、同地区の住民1名が死亡、20名が負傷、1名が行方不明となり、519名が焼け出された。《データ》死者1名、負傷者20名、行方不明者1名、全焼家屋126戸、半焼家屋4戸、全焼山林約19.8ha、焼失面積約1万1372m^2、被災者519

名, 被害額2億円

3.9　明治大学山岳部員雪崩遭難死（北アルプス白馬岳）　3月9日、長野・富山県境の北アルプス白馬岳で、明治大学山岳部員1名が遭難、救援に向かった同大学山岳部員3名も雪崩のため消息を絶ち、捜索の結果4名とも遺体で発見された。《データ》死者4名

3.9　今井鉱業所マンガン採掘場雪崩（北海道檜山郡上ノ国村）　3月9日午後2時頃、北海道上ノ国村石崎の今井鉱業所マンガン採掘場で雪崩が発生、休憩所にいた作業員ら関係者25名が生き埋めになり、うち7名が死亡、4名が重傷、14名が軽傷を負った。《データ》死者7名, 重傷者4名, 軽傷者14名

3.13　造材所雪崩（北海道紋別市）　3月13日、北海道紋別市上鴻之舞で雪崩があり、造材所の作業員宿舎が全壊、中にいた作業員7名が死亡、4名が重軽傷を負った。《データ》死者7名, 重軽傷者4名

3.30　砲弾爆発（神奈川県横浜市鶴見区）　3月30日、横浜市鶴見区大東町の海洋興発の工場で、米軍払下げのスクラップを解体作業中、スクラップに混じっていた砲弾が突然爆発し、従業員3名が死亡、17名が重軽傷を負った。《データ》死者3名, 重軽傷者17名

3.31　砂防工事現場雪崩（北海道河西郡中札内村）　3月31日午後1時30分頃、北海道中札内村南札内ヒョウタン沢の札内川砂防工事現場付近で雪崩が発生し、帯広市の萩原建設工業の現場事務所2棟と宿舎2棟が倒壊、作業員ら関係者64名が生き埋めになり、17名が死亡、10名が重傷、1名が軽傷を負った。《データ》死者17名, 重傷者10名, 軽傷者1名, 全壊建物4棟

4月―　各種放射性同位元素検出（全国）　4月から9月にかけて、文部省研究班をはじめ、群馬・新潟・静岡・京都・立教の各大学が、粉乳などの製品や血液、自然界の物質などを観測・分析した結果、数万カウントという高濃度のストロンチウム90やセシウム137、プルトニウム139、トリウム231などの放射性同位元素が検出され、9月18日には群馬大学でセシウム137は精米後も減衰しない、と発表された。

4.12　連絡船第5北川丸転覆（広島県三原市沖）　4月12日午前0時50分頃、芸備商船の定期連絡船第5北川丸（39.4t）が、広島県三原市鷺浦町の向田野浦港を出港直後に佐木島の約300m西の寅丸礁付近で座礁して転覆し、乗組員21名・乗客の耕三寺参詣客ら218名のうち89名が死亡、24名が行方不明になった。原因は定員（77名）の3倍弱に当たる乗客を乗せていたことと、甲板員（16歳）に操舵を任せていたためと見られる。《データ》死者89名, 行方不明者24名, 船舶1隻転覆

4.12　日曹炭鉱魚沼鉱業所雪崩倒壊（新潟県中魚沼郡津南町）　4月12日午後10時15分、新潟県津南町樺田の日曹炭鉱魚沼鉱業所で土砂崩れをともなう雪崩が発生、作業員宿舎2棟（423m^2）が全壊、2棟（298m^2）が半壊して関係者35名が生き埋めになり、19名が死亡した。《データ》死者19名, 全壊建物2棟, 半壊建物2棟, 被災面積721m^2

4.14　廃棄弾爆発（北海道河東郡鹿追村）　4月14日、北海道鹿追村奥瓜幕の農家で、近くの陸上自衛隊演習場から拾ってきた廃棄弾が爆発し、5名が死亡、4名が重傷を負い、同農家が大破した。《データ》死者5名, 重傷者4名, 大破家屋1戸

4.16　荏原製作所工員圧死（東京都江戸川区）　4月16日、東京都江戸川区平井町にある荏

昭和32年(1957年)

原製作所の鋳造工場で、作業中の工員4名が鋳型(約3t)の下敷になり、3名が死亡、1名が重傷を負った。《データ》死者3名,重傷者1名

4.23 西日本新聞社チャーター機墜落(鹿児島県出水郡東町)　4月23日、南極観測船宗谷の帰還を取材して、鴨池飛行場から雁巣飛行場へ向かう途中の西日本新聞社のチャーター機が、鹿児島県東町の瀬戸海岸で電話線に接触して墜落し、乗員2名が死亡した。《データ》死者2名,航空機1機墜落

4.24 冷凍運搬船栄幸丸爆発(兵庫県相生市)　4月24日午後4時20分頃、兵庫県相生市の播磨造船所第1ドックで修理中の日本水産の冷凍運搬船栄幸丸(1140t)で、溶媒の液化アンモニアガスが機関室内の貯蔵タンクから漏れて爆発し、工員12名が即死、2名が重傷を負った。《データ》死者12名,重傷者2名

5.7 木屋平村トラック転落(徳島県美馬郡穴吹町)　5月7日、徳島県穴吹町口山左手で、住民33名を乗せた同県木屋平村のダム見学トラックが約50m下の川へ転落し、4名が死亡、26名が重傷、3名が軽傷を負った。《データ》死者4名,重傷者26名,軽傷者3名,車両1台転落

5.11— インフルエンザ大流行(全国)　5月11日、東京都大田区の小・中学校各1校で最初の集団発生があり、次いで横浜・神戸の各市でも集団発生が見られた。新型ウィルスA東京57型(後にAアジア57型と変更)によるインフルエンザの流行は全国46都道府県に広がり、6月13日までに推定で児童・生徒55万5000名、その他の人120万名余りが発病した。東京都内では最終的に児童・生徒のべ100万名余り(総数の約70%)が授業を欠席し、京都市でも6月10日から4日間の全市臨時休校を実施した。厚生省の調べでは全国4195校で患者が発生、うち1174校が学校閉鎖、140校が学年閉鎖、2374校が学級閉鎖に追い込まれた。さらに、インフルエンザの流行は秋口に入って急激に広がり、厚生省の集計では12月10日時点での児童・生徒の患者数は99万7000名、7630校で患者が発生し、うち2960校が学校閉鎖、704校が学年閉鎖、2959校が学級閉鎖に追い込まれた。全国では、のべ5400万名(総人口の60%)が罹患し、肺炎の併発などにより9月に101名、10月に142名、11月に256名が死亡。インフルエンザによる死者の数は5559名に上った。《データ》患者5400万名,死者5559名(12月上旬時点)

5.17 急行列車脱線(福島県双葉郡双葉町)　5月17日夜、常磐線の大野・長塚駅間の前田川陸橋で、上野発青森行き急行列車北上の機関車1両と客車5両が線路脇の水田に脱線転落、乗務員2名と乗客1名が即死、43名が軽重傷を負った。原因は、事故直前に同陸橋下の国道を通過したトラックの荷台に積んでいた砕石機が3.6m上の陸橋に触れ、線路がずれたため。《データ》死者3名,重軽傷者43名,車両6両転落

5月頃 地下水4価エチル鉛汚染(福岡県福岡市)　5月頃、福岡市南部の地下水が有毒の4価エチル鉛に汚染されていることがわかり、自衛隊の給水車が汚染地域に出動、飲料水を供給した。原因は、付近の防空壕に貯蔵したまま放置してあった、戦時中の4価エチル鉛とガソリンの混合燃料が溶け出したためと見られる。

6.21 北海道炭砿汽船赤間鉱区坑内ガス爆発(北海道赤平市)　6月21日、北海道赤平市堤の沢にある北海道炭砿汽船赤間鉱区の赤平建設の堤most鉱末広番外坑でガス爆発があり、赤平建設の作業員10名が即死、1名が重傷を負った。《データ》死者10名,重傷者1名

昭和32年(1957年)

6.27— 台風5号(全国) 6月27日朝、九州西方で温帯低気圧に変わった台風5号は、梅雨前線を刺激して四国の山間部で積算雨量400mm以上、大阪市で292mmの大雨を降らせ、28日朝、千葉県銚子市の沖合に抜けた。この影響で、長野県下伊那郡で住民8名が死亡、12名が行方不明になった。《データ》死者32名,負傷者33名,行方不明者34名,全壊家屋62戸,流失家屋46戸,浸水家屋12万6223戸,田畑流失・埋没約9.9ha,田畑冠水約146.4ha,道路損壊1144ヶ所,橋梁流失270ヶ所,堤防損壊314ヶ所,被災者2万2263世帯(8万9194名)

6.28 観光バス転落(高知県伊豆田坂峠) 6月28日午前9時頃、高知県中村市と土佐清水市の境にある伊豆田坂峠で、観光バスが数十m下の谷底に転落し、乗務員乗客5名が死亡、21名が重傷、10名が軽傷を負った。現場付近の地盤の緩みが原因と見られる。《データ》死者5名,重傷者21名,軽傷者10名,車両1台転落

7月— 小児麻痺集団発生(全国) 7月から8月にかけて、山口県徳山、岩国両市など瀬戸内地区を中心に小児麻痺(急性灰白髄炎)が集団発生。10月20日までに230名が発病し、9名が死亡した他、全国では1718名が発病、392名が死亡した。《データ》死者392名,患者1718名

7.1 川崎製鉄千葉製鉄所溶鉱炉建設現場支柱倒壊(千葉県千葉市) 7月1日、千葉市川崎町にある川崎製鉄千葉製鉄所の溶鉱炉建設現場で、起重機の組立作業中にワイヤーで支えてあった高さ60mの鉄製支柱が突然、地上から約15mのところで折れて倒れ、近くにいた石川島重工業や扶桑興業の作業員ら5名が下敷きとなって即死、11名が重軽傷を負った。《データ》死者5名,重軽傷者11名

7.1— 豪雨(山口県、九州地方) 7月1日から5日頃にかけて、台風5号の余波で梅雨前線が活発化し、九州地方の北部に300mmを超える大雨が降り、佐賀平野が一時孤立したのをはじめ、山口、福岡、佐賀の3県を中心に住民14名が死亡、11名が負傷、1名が行方不明などの被害が出た。《データ》死者14名,負傷者11名,行方不明者1名,全半壊家屋70戸,床上浸水家屋807戸,床下浸水家屋1万1600戸,田畑埋没・冠水約338.5ha,堤防決壊187ヶ所

7.6 豪雨地滑り(佐賀県伊万里市) 7月6日午前3時頃、佐賀県伊万里市山代町西大久保の人形石山(420m)の8合目付近で突然、大雨による地すべりが発生。住宅12戸と住宅以外の建物13戸、公民館が約2万2000m^{3}の土砂の下敷きとなり、住民7名が死亡、1名が重傷を負った。《データ》死者7名,重傷者1名,埋没家屋26戸

7.6 谷中天王寺五重塔火災(東京都台東区) 7月6日午前3時50分頃、東京都台東区谷中の天台宗天王寺の五重塔(約331m^2)から出火し、同4時30分に骨組みだけを残して全焼した。原因は心中による放火。同塔は寛政3(1791)年10月の建立で、幸田露伴の小説「五重塔」などで知られる。《データ》死者2名,全焼建物1棟,焼失面積約331m^2

7.7— 豪雨(東北地方南部,新潟県) 7月7日深夜から8日にかけて、温暖前線の影響で、東北地方南部と新潟県に大雨が降り、最上川・三面川両水系などで堤防42ヶ所が決壊したのをはじめ、各地で合わせて住民1名が死亡、3名が行方不明となり、田畑約34.7haが流失または埋没した。《データ》死者1名,行方不明者3名,田畑流失・埋没約34.7ha,堤防決壊42ヶ所

7.16 愛国学園中学校教諭・生徒溺死(千葉県長生郡一宮町) 7月16日、千葉県一宮町の

昭和32年（1957年）

新地海岸で、東京都江戸川区小岩の愛国学園の高校生20名と中学生56名が教諭9名の指導で水泳の練習中に、海岸から約50m離れた沖合で教諭1名と生徒5名が溺れ、生徒3名は救助されたが、残りの3名が死亡した。《データ》死者3名

7.25— 豪雨（佐賀県,長崎県,熊本県）　7月25日朝から28日にかけて、九州地方の西部に大雨が降り、積算雨量は長崎県諫早市で約700mm、熊本市で580mm、玉名市で548mm、山鹿市で340mmを記録。このため諫早市で住民270名が死亡、154名が行方不明になり、諫早・大村・島原市付近では山津波や河川の氾濫が続出、熊本県の熊本市松尾町と天水村でそれぞれ50名以上が死亡した他、福岡、佐賀、長崎、熊本の4県で合わせて475名が死亡、3646名が負傷、489名が行方不明となり、16万名が被災した。《データ》死者475名,負傷者3646名,行方不明者489名,全半壊家屋1852戸,流失家屋396戸,床上浸水家屋2万2008戸,床下浸水家屋3万7078戸,田畑流失・埋没約272.8ha,田冠水約2530.2ha,がけ崩れ851ヶ所,被災者16万名（概数）,被害額（長崎・熊本県のみ）225億円

8.1 極東航空機不時着（大阪府泉北郡浜寺町）　8月1日、極東航空のオースター・オートカー型機が、大阪府浜寺町の海水浴場の水際から約10mの海上に不時着し、操縦士ら乗員3名が即死した。《データ》死者3名,航空機1機不時着

8.4 山崩れ（愛知県瀬戸市）　8月4日、愛知県瀬戸市東泉町で、住宅の裏山が崩れて住宅9戸と工場1棟が全壊し、住民21名が死亡、8名が重軽傷を負い、1名が行方不明になった。《データ》死者21名,重軽傷者8名,行方不明者1名,全壊家屋・工場10戸

8.4 北海道炭砿汽船幌内鉱業所新幌内炭鉱坑内落盤（北海道三笠市）　8月4日、北海道三笠市唐松町にある北海道炭砿汽船幌内鉱業所の新幌内炭鉱南坑で落盤が発生し、採炭作業員8名が生き埋めになり、うち6名が死亡、2名が重傷を負った。《データ》死者6名,重傷者2名

8.4— 豪雨（北海道,東北地方,関東地方）　8月4日から7日にかけて、北海道南東部と東北・関東北部の各地方に雷をともなった大雨が降り、北海道の平野部で200mm前後、栃木県大田原市で183mmの雨量を記録。このため北海道釧路市で家屋270戸が、岩手県北上・花巻両市付近で約1000戸が浸水し、東北・根室両本線が一時不通になるなどの被害が出た。《データ》浸水家屋約1270戸（北海道釧路および岩手県花巻・北上市のみ）

8.7— 豪雨（愛知県,岐阜県）　8月7日午後9時頃から8日にかけて、愛知県の庄内川流域と岐阜県多治見市を中心に集中豪雨があり、8日午後までに多治見市の積算雨量は471mmを記録。瀬戸市と多治見市を結ぶ愛岐道路で79ヶ所のがけ崩れが発生したほか、両県で37名が死亡、41名が負傷、9名が行方不明などの被害が出た。《データ》死者37名,負傷者41名,行方不明者9名,全壊家屋76戸,床上浸水家屋6541戸,床下浸水家屋3万6978戸,被災者5万7000名,田畑流失および埋没・冠水約39.7ha,橋梁流失・損壊140ヶ所,がけ崩れ79ヶ所,被害額24億円

8.15 飯田線トンネル崩壊（長野県）　8月15日、飯田線の第1西山トンネルが崩壊。2日後の17日にも大規模な山崩れがあり完全に不通になった。

8.19— 台風7号（九州地方）　、中心気圧945mb、中心付近の最大風速50m、半径500kmの強い勢力範囲を持った台風7号は、8月19日朝から21日にかけて、奄美大島と沖縄島の間を通過して九州の西方沖に進み、朝鮮半島方面へ抜けたが、四国および九州の

各地に被害をもたらし、住民9名が死亡、17名が行方不明となった。《データ》死者9名,行方不明者17名,全壊家屋52戸,半壊家屋113戸,床上浸水家屋68戸,田畑埋没・冠水約68.9ha,山崩れ155ヶ所

8.24　NHKテレビ中継塔倒壊（東京都武蔵野市吉祥寺）　8月24日、東京都武蔵野市吉祥寺にあるNHKテレビの中継塔が強風で折れ、中継塔の上で作業をしていた4名が墜落死した。《データ》死者4名

9.6－　台風10号（四国地方、九州地方）　中心気圧960mb、中心付近の最大風速50m以上の勢力を持つ台風10号は、9月6日夕方、鹿児島県の佐多岬に上陸、さらに四国および近畿地方を通過して、7日夕方に日本海へ抜けた後、青森県を横断した。このため鹿児島県の南西部と奄美諸島地域を中心に熊本、大分、宮崎県などの各地で住民13名が死亡、8名が重傷、33名が軽傷、14名が行方不明となった。《データ》死者13名,重傷者8名,軽傷者33名,行方不明者14名,全壊家屋1745戸,半壊家屋4781戸,浸水家屋3899戸,田畑流失・埋没約1.6ha,田畑冠水約111.0ha,被災者1万4082名（2506世帯）,被害額42億7569万4000円

9.24　島原鉄道バス転落（長崎県南高来郡北有馬村）　9月24日、長崎県北有馬村の道路で、島原鉄道のバスが運転を誤って約6m下に転落し、6名が死亡、9名が重軽傷を負った。《データ》死者6名,重軽傷者9名,車両1台転落

9.26　台風14号（鹿児島県,沖縄県）　9月26日、台風14号が沖縄県を経て鹿児島県の奄美諸島地域を通過。この影響で、沖縄で住民52名が死亡、62名が重傷、79名が行方不明となったのをはじめ、奄美諸島地域でも建物や船舶などに被害があいついだ。《データ》死者52名,重傷者62名,行方不明者79名,倒壊家屋2万戸

9.27　神岡鉱山坑内蓄電車落下（岐阜県吉城郡神岡町）　9月27日、岐阜県神岡町の神岡鉱山栃洞坑の地下約200mの縦坑内で、横坑用の蓄電車がエレベーターの上に落ち、エレベーター内にいた作業員4名が即死、9名が重傷、5名が軽傷を負った。《データ》死者4名,重傷者9名,軽傷者5名

10.6　旅客列車脱線（千葉県）　10月6日、千葉県の房総西線で、旅客列車が大雨による土砂崩れのため脱線し、2名が死亡した。《データ》死者2名,車両脱線

10.7　採石場落盤（栃木県宇都宮市）　10月7日昼過ぎ、宇都宮市田下東倉の丸太石材の大谷石採石場で落盤が発生し、作業員5名が即死した。《データ》死者5名

10.9　日本カーバイド魚津工場爆発（富山県魚津市）　10月9日午後11時30分頃、富山県魚津市の日本カーバイド魚津工場の塩化ビニール工場（約1488m^2）内で突然爆発が起こり、工員5名が死亡、27名が重軽傷を負った。原因は冷凍機室のモーターの火花が、冷却用のアンモニアガスに引火したものと見られる。《データ》死者5名,重軽傷者27名

10.12　漁船八崎丸沈没（宮城県牡鹿郡南東沖）　10月12日、金華山の南東約43kmの沖合で操業中の福島県磐城市辰巳町のサンマ漁船八崎丸（49t）の機関室付近から出火、同船は炎上沈没し、乗組員23名のうち13名が死亡した。《データ》死者13名,船舶1隻沈没

10.13　三原山爆発（東京都大島町）　10月13日午前10時32分、伊豆大島の三原山の通称561火口が突然爆発し、噴石や爆風により、火口付近にいた高校生ら観光客1000名のう

昭和32年(1957年)

ち1名が即死、14名が重傷、40名が軽傷を負った。爆発による死傷者が出たのは、危険を過小評価して警戒を緩めていたのも一因と見られる。《データ》死者1名, 重傷者14名, 軽傷者40名

10.22　トラック・急行電車衝突（大阪府豊中市）　10月22日午前7時頃、阪急電鉄宝塚線の曽根駅付近の大阪府豊中市岡町北8丁目の踏切で、大阪行き急行電車と建設業者のトラックが衝突。トラックは約50m引きずられて大破し、運転手ら6名全員が死亡した。《データ》死者6名, 車両1台大破

10.24　森山鉱業所坑内出水（岐阜県可児郡御嵩町）　10月24日、岐阜県御嵩町古屋敷の森山鉱業所の亜炭鉱で、掘削現場の側壁が隣接の廃坑からの水圧で壊れ、水が坑内に流れ込んで採炭作業員12名が生き埋めとなり、死亡した。《データ》死者12名

10.24　漁船第17瑞宝丸遭難（南大東島南東沖）　10月24日、南大東島の南東約519kmの沖合で、台風19号の勢力圏内に巻き込まれた和歌山県那智勝浦町の暁水産所属のマグロ漁船第17瑞宝丸（56t）が、緊急通信を残したまま乗組員19名とともに消息を絶った。《データ》行方不明者19名, 船舶1隻遭難

10.27　引揚者寮火災（東京都昭島市）　10月27日午前3時15分、東京都昭島市中神町の東京都同胞援護会昭和郷住宅の西9号館1階東側の青果店から出火し、木造2階建の同館と隣接の1棟、付属の建物2棟（1785m^2）を全焼、入居者8名が焼死、6名が重軽傷を負った。原因は保険金狙いの放火と見られる。《データ》死者8名, 重軽傷者6名, 全焼家屋4棟, 焼失面積1785m^2, 被災者134名（34世帯）, 被害額3000万円

11.11　ガス中毒死（東京都港区）　11月11日、東京都港区芝西久保広町の工務店で老朽管からのガス漏れ事故があり、家族ら7名が中毒死した。《データ》死者7名

11.15　養護施設火災（神奈川県川崎市）　11月15日、川崎市木月住吉町にある私立の養護施設新日本学院で火災があり、木造2階建の同施設3棟の65%弱（1653m^2）を全焼、孤児2名が焼死した。《データ》死者2名, 全半焼施設3棟, 焼失面積1653m^2

11.16　東京都水道局長沢浄水場建設現場土砂崩れ（神奈川県川崎市）　11月16日、川崎市生田大谷にある東京都水道局の長沢浄水場建設現場の送水用トンネル内で土砂崩れが発生し、現場にいた作業員50名のうち5名が死亡、3名が重傷を負った。《データ》死者5名, 重傷者3名

11.21　小型トラック暴走（神奈川県横浜市南区）　11月21日、横浜市南区清水丘の商店街で、無免許運転の小型トラックが暴走して児童多数をはね飛ばしそのまま逃走、運転していた17歳の工員が逮捕された。この事故で3名が死亡、13名が重軽傷を負った。《データ》死者3名, 重軽傷者13名

11.25　三重交通北勢線通学電車転覆（三重県員弁郡員弁町）　11月25日午前8時10分、三重県員弁町上笠田の三重交通北勢線の傾斜カーブで、満員の通勤・通学客約400名を乗せた阿下喜発京橋行き電車（3両編成）が脱線転覆し、高校生3名が即死、167名が重軽傷を負った。原因は速度制限のオーバーと見られる。《データ》死者3名, 重軽傷者167名, 車両3両転覆

11.25　東中鶴炭鉱坑内出水（福岡県八幡市）　11月25日午後11時30分頃、福岡県八幡市上津役町の東中鶴炭鉱の坑内切羽奥で出水があり、作業員ら25名が逃げ遅れ、うち18名が溺死した。《データ》死者18名

11.30	日本冶金興津工場火薬爆発（千葉県夷隅郡勝浦町）　11月30日午前9時10分、千葉県勝浦町守谷の日本冶金興津工場の火薬てん薬工室内でTNT火薬が爆発し、木造の工室2棟（約198m^2）と冷凍機室など敷地内の4棟が誘爆、同工場の全施設（約516m^2）が爆風で壊れ、従業員14名が爆死、5名が重傷、11名が軽傷を負い、2名が行方不明となった。原因は作業ミスと見られる。　《データ》死者14名, 重傷者5名, 軽傷者11名, 行方不明者2名, 工場全壊
12.2	ガス漏れ多発（東京都）　12月2日、東京都内でガス漏れが多発、住民多数が中毒死した。　《データ》死者多数
12.12－	暴風雨（東北地方, 関東地方, 中部地方, 近畿地方, 中国地方, 四国地方, 九州地方）　12月12日から13日夜にかけて、東北地方以西の各地が低気圧による暴風雨に襲われ、長崎・熊本両県で瞬間最大風速42m、東京付近で22mを記録。東京都江戸川区長島町の妙見島川の堤防が50m前後にわたって決壊し家屋550戸が床下浸水したのをはじめ、31都府県で住民14名が死亡、148名が負傷し、29名が行方不明になった。《データ》死者14名, 負傷者148名, 行方不明者29名, 全壊家屋232戸, 半壊家屋535戸, 浸水家屋2076戸, 破損建物5279棟, 堤防決壊14ヶ所, 船舶沈没17隻, 船舶流失13隻, 被災者1054世帯（警察庁調べ）
12.13	漁船第5金比羅丸沈没（宮城県牡鹿郡沖）　12月13日、宮城県女川町のサンマ漁船第5金比羅丸（59t）が金華山沖へ出漁する途中、暴風雨のため遭難し、乗組員24名全員が死亡した。　《データ》死者24名, 船舶1隻沈没
12.13	漁船白山丸沈没（新潟県新潟市沖）　12月13日昼頃、新潟市のタラ底引網漁船白山丸（26t）が乗組員10名とともに消息を絶ち、捜索の結果、翌14日朝新潟港口の防波堤付近で大破・沈没しているのが発見され、乗組員全員の死亡も確認された。《データ》死者10名, 船舶1隻沈没
12.27	神子沢トンネル建設現場落盤（山形県鶴岡市）　12月27日午前10時50分、山形県鶴岡市油戸の市道油戸・西目線の神子沢トンネル建設現場で約20mにわたって落盤が発生し、作業員14名が生き埋めになり、うち7名が死亡した。　《データ》死者7名
この年	猩紅熱流行（全国）　全国各地で猩紅熱が流行、届出のあった患者数だけで1万4500名に上り、うち40名が死亡した。　《データ》死者40名
この年	ジフテリア流行（全国）　全国各地でジフテリアが流行、届出のあった患者数だけで1万5400名に上り、うち850名が死亡した。　《データ》死者850名
この年－	イワシ不漁（高知県宿毛市）　32年から33年にかけて、高知県の宿毛湾の周辺海域でイワシの不漁が続いた。原因は、広島県の火薬取扱業者が同湾に多量の弾薬を投棄したことと関係があるのではないかと見られ、投棄物の環境への悪影響が懸念された。

昭和33年
(1958年)

1月－	放射能雨（東京都）　1月から2月にかけて、東京都に放射能を含む雨が降り、東京大

昭和33年(1958年)

学放射化学研究室の分析で、この雨からウラン238が検出された。日本では同物質が雨水から検出されたのは初めて。ソ連による水爆実験の影響と見られる(4月3日・日本化学会で発表)。

1.14　日本カーリット工場火薬爆発(神奈川県横浜市保土ヶ谷区)　1月14日、横浜市保土ヶ谷区仏向町の日本カーリット工場の第1てん薬室で火薬が爆発し、木造の同室を全壊。さらに防火壁を隔てた第2てん薬室も誘爆、全壊し、工員2名が即死、15名が重軽傷を負った。《データ》死者2名, 重軽傷者15名, 全壊工場2棟

1.16　県営砂防工事現場落石(愛媛県宇摩郡土居町)　1月16日昼頃、愛媛県土居町上野の県営砂防工事現場近くの関川の河原に重さ約5tの岩が崩れ落ち、食事をしていた作業員11名が下敷きになり、うち9名が死亡、2名が重傷を負った。《データ》死者9名, 重傷者2名

1.22　放射能雪(日本海側)　1月22日、日本海側に放射能を含む雪が降り、秋田市で1lにつき毎分3120(秋田気象台調べ)、新潟市で8713(新潟大学調べ)、鳥取県米子市で3万1900カウント(米子測候所調べ)の放射能を検出した。

1.26　漁船第2大正丸沈没(福島県磐城市沖)　1月26日、強風のため福島県磐城市の小名浜港へ緊急避難する途中の茨城県北茨城市の底引網漁船第2大正丸(35.5t)が、同港外の防波堤に激突して沈没、乗組員14名全員が死亡した。《データ》死者14名, 船舶1隻沈没

1.26　連絡船南海丸沈没(兵庫県三原郡南淡町沖)　1月26日午後6時30分頃、南海観光汽船の紀阿航路連絡船南海丸(498t)が、強風下を徳島県小松島港から和歌山へ向かう途中、淡路島の南にある沼島の西方で緊急の無線連絡を残したまま消息を絶った。捜索の結果、2日後に深さ47mの海底で同船を発見、船長をはじめ乗組員28名と乗客139名全員の死亡が確認された。《データ》死者167名, 船舶1隻沈没

1.26　貨物船第3正福丸転覆(和歌山県西牟婁郡串本町沖)　1月26日夜、東京邦洋海運の貨物船第3正福丸(903t)が和歌山県串本町田子の潮岬西方4.8km沖合で風速30m前後の強風を受けて故障、転覆し、乗組員27名のうち22名が死亡した。《データ》死者22名, 船舶1隻転覆

1.30 ―　連続放火(群馬県前橋市)　1月30日、前橋市本町で放火による火災があり、家屋4戸(860m²)を全焼。以後、2月20日までに同市の中心部で131件の連続放火が発生した(3月6日、犯人を逮捕)。《データ》全焼家屋4戸以上, 焼失面積860m² 以上

2月―　干ばつ(全国)　2月から7月にかけて、山形県で積算雨量40mm(平年180mm)を、山梨県で地元気象台の開設以来の最少雨量を記録するなど、全国各地で平年の20%から80%前後という52年ぶりの干ばつが発生。このため信濃川流域や筑後平野などをはじめ青森、秋田、新潟など13道県を中心に水稲の植付不能や枯死、塩害など農作物の被害があいつぎ、東京都で多摩川の水源の枯渇により最終的に1日当たり2時間給水に追い込まれたほか、ウンカの異常発生や利根川の減水による海水逆流などが続いた。《データ》被災田畑約23万ha(7月1日時点)

2.1　東京宝塚劇場火災(東京都千代田区有楽町)　2月1日午後4時15分頃、東京都千代田区有楽町の東京宝塚劇場の舞台から出火、同劇場は1階から4階まで(9838m²)を全焼した。この火事で、観客や従業員は非常階段から避難したが、出演中の歌劇団員

ら3名が焼死、16名が重軽傷を負った。原因は、舞台効果の残り火が紗幕に燃え移ったため。《データ》死者3名, 重軽傷者16名, 建物一部焼失, 焼失面積9838m^2

2.2 炭焼小屋雪崩崩壊(岩手県岩手郡雫石町) 2月2日、岩手県雫石町の女助山中腹で雪崩があり、炭焼小屋3棟がつぶれ、6名が死亡した。《データ》死者6名, 全壊建物3棟

2.3 富士航空セスナ機墜落(三重県志摩郡大王町) 2月3日、富士航空のセスナ機が三重県大王町の船越小・中学校の人文字を高度200mから写真撮影する際、突然失速し、近くの船越神社の境内に墜落。機体は大破し、乗員4名が即死した。《データ》死者4名, 航空機1機大破

2.14 雪崩(山形県南置賜郡中津川村) 2月14日、山形県中津川村小滝で雪崩があり、ブナ伐採者用の宿舎1棟(66m^2)が倒壊して、宿舎にいた15名のうち6名が死亡、7名が重傷を負った。《データ》死者6名, 重傷者7名, 倒壊建物1棟, 被災面積66m^2

2.19頃 第2香取丸難破(北海道亀田郡椴法華村沖) 2月19日頃、第2香取丸(496t)が室蘭港から福島県の小名浜港に向かう途中、北海道椴法華村の沖合で暴風雨のため難破し、船長ら乗組員13名が死亡した(2月19日、同村海岸で漂着物を確認)。《データ》死者13名, 船舶1隻難破

3.1 春近発電所建設現場落盤(長野県上伊那郡高遠町) 3月1日、長野県高遠町の県営三峯川総合開発春近発電所第1導水トンネル建設現場で落盤があり、トンネル内にいた作業員17名のうち6名が死亡、3名が重軽傷を負った。《データ》死者6名, 重軽傷者3名

3.5 御母衣ダム建設現場雪崩(岐阜県大野郡白川村) 3月5日、岐阜県白川村牧不動谷で大規模な雪崩があり、御母衣ダム建設現場の作業員休憩所と鍛冶小屋がつぶれ、作業員7名が即死、13名が重軽傷を負った。《データ》死者7名, 重軽傷者13名

3.21 小舟転覆(岩手県紫波郡南村) 3月21日、雪どけのため増水した岩手県南村の北上川で、小中学生5名の乗った小舟が転覆、全員が溺死した。《データ》死者5名, 船舶1隻転覆

3.28— 豪雪(関東地方, 九州地方, 日本海側) 3月28日夕方から29日にかけて、関東・九州地方と日本海側の全域に大雪が降り、埼玉県熊谷市で同時期としては63年ぶりの降雪を記録、鳥取県で名産の二十世紀梨などが被害を受けたのをはじめ、鉄道各線の混乱や自動車事故などがあいついだ。《データ》被害額(鳥取県のみ)11億3000万円

3.28— 凍霜害(全国) 3月28日から4月にかけて、栃木、埼玉、宮崎県をはじめ全国各地で遅霜による麦類や馬鈴薯、菜種、雑穀、野菜、果樹、桑、茶、工芸作物などの被害があいついだ。《データ》農作物被害, 被害額336億2300万円(5月2日時点。農林省調べ)

3.31 店舗火災(福岡県戸畑市) 3月31日、福岡県戸畑市の市場で火災があり、関係者6名が焼死、同市場の18世帯が焼け出された。《データ》死者6名, 全焼家屋18世帯, 焼失面積661m^2

4.14 ガス中毒死(東京都文京区) 4月14日、東京都文京区富士前町で、地下埋設管が老

昭和33年（1958年）

朽化のため破損してガス漏れを起こし、付近の家族4名が中毒死した。《データ》死者4名

4.22— 豪雨（北陸地方,西日本）　4月22日から23日にかけて、北陸地方と西日本に大雨が降り、長崎県諫早市で250mm、熊本県人吉市で205mmの雨量を記録、合わせて10名が死亡、11名が負傷、7名が行方不明となった。《データ》死者10名,負傷者11名,行方不明者7名,倒壊家屋35戸,浸水家屋5000戸

5.7　中興鉱業江口鉱業所坑内出水（長崎県松浦市）　5月7日午後11時頃、長崎県松浦市調川町の中興鉱業江口鉱業所第2坑右本線の地下約200mの採炭準備現場で出水、作業員38名のうち29名が同坑内に閉じ込められて死亡した。《データ》死者29名

5.8　日本曹達赤井炭鉱出水（福島県）　5月8日、福島県の日本曹達赤井炭鉱の坑内で出水があり、作業員5名が死亡した。《データ》死者5名

5.21　大和航空単発ビーバー機墜落（宮崎県東臼杵郡北川村）　5月21日、大和航空の単発ビーバー機が測量のため大阪府八尾空港から大分経由で鹿児島に向かう途中、大分空港を離陸後、乗員4名とともに消息を絶った。捜索の結果、宮崎県北川村の大崩山（1643m）付近で墜落機体と乗員の焼死体が発見された。《データ》死者4名,航空機1機墜落

5.25　防空壕崩壊（青森県上北郡大三沢町）　5月25日、前夜から降り続いた雨の影響で、青森県大三沢町古間木新町の県販売連合会倉庫の防空壕が土砂崩れのため崩壊、壕内で遊んでいた上久保小学校の児童ら9名が生き埋めになり、うち5名が圧死、1名が重傷を負った（後に死亡）。《データ》死者6名

5.26　登別温泉観光ケーブルカー落下（北海道幌別町）　5月26日、北海道幌別町で登別温泉と四方嶺山頂とを連絡する観光ケーブルカーが約25m下の谷底に落ち、乗客2名が死亡した。《データ》死者2名,車両1台落下

6.9　三井鉱山砂川鉱業所坑内ガス爆発（北海道空知郡上砂川町）　6月9日、北海道上砂川町の三井鉱山砂川鉱業所第2坑でガス爆発が発生し、坑内にいた作業員10名が死亡、1名が重傷、2名が軽傷を負った。《データ》死者10名,重傷者1名,軽傷者2名

6.10　京都交通バス・列車衝突（京都府亀岡市）　6月10日午後3時28分、山陰本線の八木・千代川駅間の川関踏切で園部発京都行き普通列車と京都交通バスが衝突。バスは麦畑に転落、大破し、乗客の亀岡小学校の5年生91名や引率教諭、乗務員のうち児童4名が死亡、38名が重傷、50名が軽傷を負い、列車側も機関車と炭水車が転覆、客車2両が脱線した。原因はバス側の不注意。《データ》死者4名,重傷者38名,軽傷者50名,車両1台大破,車両4両脱線

6.24　阿蘇山中岳大爆発（熊本県阿蘇郡）　6月24日午後10時15分頃、熊本県の阿蘇山中岳第1火口が大爆発。同火口付近で厚さ20cm前後の降灰があり、火口から約1km離れた地点でバス関係者や茶店の従業員ら100名余りのうち12名が死亡、1名が行方不明、6名が重傷、22名が軽傷を負い、博物館や測候所、神社、完成直後のロープウェイなどの施設に爆風で全壊5戸、半壊7戸、破損4戸の被害が出た。《データ》死者12名,重傷者6名,軽傷者22名,行方不明者1名,全壊建物5戸,半壊建物7戸,破損建物4戸

6.27　籾井鉱業本添田炭鉱坑内出水（福岡県田川郡大任村）　6月27日、福岡県大任村の籾井鉱業本添田炭鉱の坑口から約550m奥の地点で出水があり、作業員25名が同坑内に

128

閉じ込められ、70時間後の同30日に22名が救出されたが、残りの3名は死亡した。《データ》死者3名

6.28　小泉鉱業所本荘炭鉱落盤（愛知県小牧市）　6月28日、愛知県小牧市池之内の小泉鉱業所本荘第5坑の亜炭採掘現場で、深さ約60mの立坑が崩落し、鉱夫長ら作業員3名が一時生き埋めになったが、146時間後の7月4日に全員救出された。《データ》生き埋め者3名

6.30－　豪雨〔浜田市水害〕（島根県,広島県,香川県,愛媛県）　6月30日午後から7月4日にかけて、島根、広島、香川、愛媛の4県を中心に活発な停滞前線による大雨が降り、島根県浜田市で積算雨量320mm以上を記録し、7月1日午前9時頃、浜田川上流の堤防が決壊。ほかに広島県吉田町で可愛川の氾濫により全家屋が浸水したのをはじめ、各地で住民6名が死亡、38名が負傷、3名が行方不明となった。《データ》死者6名,負傷者38名,行方不明者3名,全壊家屋26戸,半壊家屋14戸,流失家屋6戸,床上浸水家屋3090戸,床下浸水家屋1660戸,流失・埋没水田142ha,冠水田畑4800ha,道路損壊33ヶ所,橋梁流失48ヶ所,堤防決壊14ヶ所,被害額（広島県のみ）11億円

7月－　日本脳炎流行（全国）　7月から9月にかけて、関東地方以西を中心に全国各地で日本脳炎が流行し、8月末時点での患者総数は2124名、うち235名が死亡した。《データ》死者235名（8月31日時点）

7.9－　放射能雨（全国）　7月9日、全国各地で、核実験の影響によると見られる放射能雨が降り、鳥取県米子市で4万カウント、高知市で7万カウント、福岡市で6万7000カウントをそれぞれ記録した。

7.15　進化製薬工業工場爆発（東京都大田区）　7月15日午後4時50分頃、東京都大田区雪谷町の進化製薬工業の製粒室で乾燥炉が過熱し、溶剤のアルコールに燃え移って爆発炎上し、女子従業員13名が焼死、男子従業員13名が重傷、11名が軽傷を負い、木造2階建の同工場など3棟（264m^2）を全焼、隣接の同社社長宅（69m^2）を半焼した。《データ》死者13名,重傷者13名,軽傷者11名,全焼工場3棟,半焼家屋1棟,焼失面積264m^{2}以上

7.18　日本鋼管工場爆発（神奈川県川崎市）　7月18日、川崎市にある日本鋼管の工場で爆発があり、関係者3名が死亡した。《データ》死者3名

7.21　観測測量船拓洋・さつま被曝（南太平洋）　7月21日、海上保安庁の観測測量船拓洋から、被曝により乗組員の白血球数が減少したとの報告が届いたため翌日、同庁は拓洋と僚船さつまとに帰国を指示、両船は8月7日、東京に帰港した（拓洋の乗組員のうち首席機関士が翌年8月3日、急性骨髄性白血病で死亡）。《データ》船舶2隻被曝

7.23　台風11号（北海道,東北地方,関東地方,東海地方）　7月23日午前6時前、台風11号が中心気圧985mb、瞬間最大風速36.5mを記録して静岡県の御前崎に上陸、時速約50kmで北東に進み、関東地方から仙台市を通過後、三陸の沖合を経て北海道東部へ抜けた。このため東京都江東地区で中川堤防の決壊により家屋12万2000戸が浸水したのをはじめ、新潟など15都県で住民26名が死亡、64名が負傷し、14名が行方不明となった。《データ》死者26名,負傷者64名,行方不明者14名,全壊家屋106戸,半壊家屋159戸,流失家屋33戸,床上浸水家屋5525戸,床下浸水家屋4万718戸,流失・埋没田畑296ha,冠水田畑約2万7377ha,道路損壊379ヶ所,橋梁流失136ヶ所,堤防決壊137ヶ所,山崩れ349ヶ所,鉄道被害48ヶ所,通信施設被害2210ヶ所,被災者1万4299名

昭和33年(1958年)

(警察庁調べ)

7.23- 豪雨(山形県,新潟県,石川県,長野県,岐阜県,愛知県) 7月23日深夜から29日にかけて、東北、中部地方に停滞前線による大雨が降り、新潟市で積算雨量141mm、岐阜県の飛騨地方で660mm前後を記録。このため石川県輪島市で全家屋の30%以上が浸水したのをはじめ、青森、山形、新潟、石川、長野、岐阜、愛知の7県を中心に住民22名が死亡、51名が負傷し、8名が行方不明となった。《データ》死者22名,負傷者51名,行方不明者8名,全壊家屋84戸,半壊家屋146戸,流失家屋61戸,床上浸水家屋8984戸,床下浸水家屋3万1890戸,流失・埋没田畑3269ha,冠水田畑4万2647ha,道路損壊1226ヶ所,橋梁流失575ヶ所,堤防決壊576ヶ所,山崩れ950ヶ所,鉄道被害63ヶ所,通信施設被害558ヶ所,被災者4万7446名

7.30 花火工場爆発(東京都府中市) 7月30日午後2時30分頃、東京都府中市下染屋の丸玉屋小勝煙火店府中工場の第13仕上工場で、花火大会用の打上げ花火を梱包する際、爆発が発生し、女子従業員11名が焼死、2名が全身に火傷を負い、木造平屋建の同工場(46m^2)を全焼した。《データ》死者11名,重傷者2名,全焼工場1棟,焼失面積46m^2

8.12 全日本空輸旅客機墜落(静岡県賀茂郡下田町沖) 8月12日午後9時頃、全日本空輸の東京発名古屋行きDC3型双発旅客機が、エンジン故障の無線連絡を残したまま静岡県下田町の沖合で消息を絶った。海上保安庁などで捜索の結果、13日に乗員3名と乗客30名全員の死亡、および墜落地点が確認された。《データ》死者33名,航空機1機墜落

8.12 神戸市営バス・快速電車衝突(兵庫県神戸市灘区) 8月12日、東海道本線の六甲道駅東側の灘区永手町の八幡踏切で、安土発神戸行き快速電車と神戸市営バスの神戸外国語大学発三宮行きバス(乗客20名)が衝突。バスは線路脇の鉄柱に激突して大破し、乗客乗務員4名が即死、7名が重傷、5名が軽傷を負った。《データ》死者4名,重傷者7名,軽傷者5名,車両1台大破

8.25- 台風17号(東北地方,中部地方,近畿地方) 8月25日午後6時頃、台風17号が和歌山県御坊市の付近に上陸、同9時5分に伊吹山測候所の山頂観測所で瞬間最大風速61mを記録し、時速約22kmで近畿地方の中央部を通過後、熱帯低気圧になって新潟県から三陸の沖合へ抜けた。三重県尾鷲市で日降水量392.6mmを記録し、東海道本線が不通になったのをはじめ19府県で住民15名が死亡、39名が負傷し、30名が行方不明となった。《データ》死者15名,負傷者39名,行方不明者30名,全壊家屋86戸,半壊家屋534戸,流失家屋40戸,床上浸水家屋2200戸,床下浸水家屋1万5441戸,流失・埋没田畑147ha,冠水田畑1万1532ha,道路損壊761ヶ所,橋梁流失250ヶ所,堤防決壊190ヶ所,山崩れ844ヶ所,鉄道被害144ヶ所,通信施設被害2385ヶ所,被災者1万307名

9.6 トラック転落(富山県中新川郡大山町) 9月6日、富山県大山町の有峰ダム建設現場付近で、トラックが谷底へ転落し、運転手ら4名が死亡、8名が重傷を負った。《データ》死者4名,重傷者8名,車両1台転落

9.17- 台風21号(北海道,関東地方,中部地方,近畿地方) 9月18日朝、台風21号が中心気圧963.5mb、瞬間最大風速25mを記録して時速45km前後で伊豆半島の南端から房総半島、鹿島灘を通過後、北海道根室市に再上陸。このため積算雨量は東京で170mm、東北地方の各地で150mm前後を記録し、青森、秋田、福島、東京、千葉、

昭和33年（1958年）

新潟、静岡など32都道府県で住民53名が死亡、120名が負傷し、32名が行方不明となった。《データ》死者53名,負傷者120名,行方不明者32名,全壊家屋280戸,半壊家屋526戸,流失家屋143戸,床上浸水家屋1万2271戸,床下浸水家屋3万9766戸,流失・埋没田畑2177ha,冠水田畑2万4937ha,道路損壊693ヶ所,橋梁流失536ヶ所,堤防決壊663ヶ所,山崩れ358ヶ所,鉄道被害449ヶ所,通信施設被害3207ヶ所,被災者4万6184名,被害額（新潟県および公共施設・土木関係のみ）70億円

9.23　貨物船津久見丸沈没（大分県南海部郡上浦町沖）　9月23日午前10時15分頃、東海海運の貨物船津久見丸（820t）が、硫黄鉱石を満載して大分県の津久見港へ向かう途中、同県上浦町の沖合で舵を左に切ったまま転覆、数分後に沈没し、乗組員31名のうち機関員ら12名が溺死した。同船は佐伯湾の付近で航行試験をおこなった矢先だった。《データ》死者12名,船舶1隻沈没

9.24　池本鉱業所大昇炭鉱坑内ガス爆発（福岡県山田市）　9月24日午後11時30分頃、福岡県山田市上山田熊ヶ畑の池本鉱業所大昇炭鉱の坑口から約350m奥の採炭現場でガス爆発が発生し、坑内にいた交代直前の作業員18名のうち14名が焼死、4名が重傷を負った。原因はモーターの火花の引火。《データ》死者14名,重傷者4名

9.26－　台風22号〔狩野川台風〕（青森県、宮城県、埼玉県、千葉県、東京都、神奈川県、新潟県、静岡県）　9月24日午前3時、台風22号が中心気圧877mb、瞬間最大風速70mを記録。26日深夜、急激に衰弱しながら神奈川県の江ノ島に上陸して27日午前、東京から筑波山、福島県の南部を通過後、三陸の沖合へ抜けた。静岡県修善寺、大仁、伊豆長岡、韮山、函南など7町村で積算雨量600mm前後、東京で401mm（年間降水量の約25%）を記録。狩野川の氾濫により深刻な被害を受けた伊豆半島を中心に東北、関東地方で住民900名が死亡、1138名が負傷し、289名が行方不明となった。《データ》死者900名,負傷者1138名,行方不明者289名,全壊家屋1290戸,半壊家屋1580戸,流失家屋829戸,床上浸水家屋13万2227戸,床下浸水家屋37万9173戸,流失・埋没田畑3484ha,冠水田畑6万2804ha,道路損壊1744ヶ所,橋梁流失593ヶ所,堤防決壊499ヶ所,山崩れ1932ヶ所,鉄道被害163ヶ所,通信施設被害4806ヶ所,被災者14万8873世帯（約55万6980名）,被害額（青森・埼玉・千葉・静岡県のみ）293億7000万円

10.2　利根川渡船転覆（千葉県香取郡小見川町）　10月2日午前8時頃、利根川の発動機付き渡船が千葉県小見川町富田の乗降場から中州に向かう途中、強風にあおられて転覆し、稲刈りに出かける乗客の農業関係者24名のうち13名が溺死した。渡船は収穫期に臨時に設けられた無免許のものだった。《データ》死者13名,船舶1隻転覆

10.7　神通川渡船転覆（富山県富山市付近）　10月7日、富山市の成子橋下流で、神通川の渡船が転覆、乗っていた4名が死亡した。《データ》死者4名,船舶1隻転覆

10.11　新興製菓工場火災（神奈川県川崎市）　10月11日午前0時30分頃、川崎市中幸町の新興製菓の作業場付近から出火し、同作業場や隣接の富士印刷の工場など7棟（7700m^2）を全焼、作業場の中2階で寝ていた従業員10名のうち9名が死亡、1名が重傷を負った。原因は電気炊飯器かガス台の火の不始末と見られる。《データ》死者9名,重傷者1名,全焼工場7棟,焼失面積7700m^2

10.15－　集団赤痢（静岡県焼津市）　10月15日から11月15日にかけて、静岡県焼津市で、住民821名が集団で赤痢に感染、うち1名が死亡した。原因は、上水道の汚染。《データ》患者821名（うち死者1名）

131

昭和33年（1958年）

10.18　漁船第16妙義丸沈没（青森県八戸市北東沖）　10月18日、岩手県宮古市のイカ釣り漁船第16妙義丸（35t）が青森県八戸市鮫町の北東約32km沖合で沈没。近くの漁船が乗組員のうち10名を救助したが、残りの17名が行方不明になった。《データ》行方不明者17名、船舶1隻沈没

10.30　十字屋テーラー越谷工場火災（埼玉県南埼玉郡越谷町）　10月30日、埼玉県越谷町の十字屋テーラー越谷工場から出火し、2階建ての同工場（660m²）など3棟を全焼、隣接の社員寮に寝ていた工員のうち6名が焼死、7名が重傷、3名が軽傷を負った。《データ》死者6名、重傷者7名、軽傷者3名、全焼工場ほか3棟、焼失面積660m²以上、被害額約1200万円

11.3　漁船第18瑞宝丸・第5大徳丸行方不明（千葉県安房郡白浜町東方沖）　11月3日、マグロ漁船第18瑞宝丸（96t）と同第5大徳丸（40t）が、千葉県白浜町の東約960kmの沖合で台風27号の暴風雨圏に巻き込まれ、乗組員32名とともに行方不明となった。《データ》行方不明者36名、船舶2隻行方不明

11.10　浅間山爆発（群馬県、長野県）　11月10日午後10時53分、群馬、長野両県境の浅間山で、5分前後にわたる大規模な爆発が20年ぶりに発生し、噴煙が上空7000から8000m、火山弾が同5000mまで噴き上がった。このため長野県小諸市や軽井沢町などで住民数名が軽傷を負い、住宅約2000戸の窓ガラスが割れ、火口から約4km南の外輪山石尊山の付近で山林の一部を全焼、小規模な地震も起こった。《データ》軽傷者数名、破損家屋約2000戸、山林一部全焼

11.10　新方正炭鉱坑内ガス爆発（福岡県田川郡方城町）　11月10日、福岡県方城町の新方正炭鉱の本坑口から約570m奥の地点でガス爆発が発生、坑内にいた作業員2名が死亡、4名が負傷した。《データ》死者2名、負傷者4名

11.17　オート三輪転落（和歌山県東牟婁郡古座川町）　11月17日、映画鑑賞会から帰る途中の20数名を荷台に乗せた和歌山県田辺市の三光林業のオート三輪が、同県古座川町の県道で誤って道路脇の水田に転落し、3名が死亡、4名が重傷、16名が軽傷を負った。《データ》死者3名、重傷者4名、軽傷者16名、車両1台転落

11.19　漁船交洋丸・幸生丸・旭丸転覆（北海道南西海域）　11月19日、北海道南西海域で操業中のイカ釣り漁船交洋丸（7t）、幸生丸（5t）、旭丸（2.5t）が暴風雨のため転覆し、乗組員3名が死亡、15名が行方不明になった。《データ》死者3名、行方不明者15名、船舶3隻転覆

11.22　工場爆発（東京都江戸川区）　11月22日、東京都江戸川区の工場で爆発があり、工員2名が死亡、1名が負傷した。《データ》死者2名、負傷者1名、工場爆発

11.24　オート三輪・特急電車衝突（愛知県刈谷市）　11月24日、名鉄名古屋本線の一ツ木駅の構内踏切で、特急電車と塗料を満載したオート三輪が衝突。オート三輪は大破し、電車も炎上して運転士ら乗務員3名が即死、乗客29名が火傷で重軽傷を負った。《データ》死者3名、重軽傷者29名、車両全焼・大破

11.28　岩洞ダム発電所建設現場落盤（岩手県岩手郡玉山村）　11月28日、岩手県玉山村の岩洞ダム第1発電所建設現場のトンネル内で落盤が発生。作業員12名が土砂の下敷きになり、うち5名が死亡した。《データ》死者5名

12.17　ヘリコプター墜落（富山県中新川郡立山町）　12月17日、関西電力のチャーターした

ヘリコプターが、富山県立山町の黒部川第4発電所建設現場の付近に墜落、操縦士ら乗員2名が死亡した。《データ》死者2名,ヘリコプター1機墜落

12.22 上田鉱業所第2豊洲炭鉱坑内落盤(福岡県田川郡香春町)　12月22日、福岡県香春町の上田鉱業所第2豊洲炭鉱で落盤が発生、坑内にいた作業員4名が死亡、2名が重傷を負った。《データ》死者4名,重傷者2名

12.27 瀬戸内町大火(鹿児島県大島郡瀬戸内町)　12月27日午後11時25分頃、鹿児島県瀬戸内町古仁屋本町区4丁目の食料品店付近から出火、火は風速約15mの北西風にあおられて燃え広がり、町役場や警察署、郵便局、水産試験場など1547戸(同地区の80%前後)を全焼して28日午前6時過ぎに鎮火、住民約100名が負傷し、7000名余りが焼け出された。《データ》負傷者約100名,全焼家屋1547戸,焼失面積約6万m²,被災者7000名余り,被害額約5億円

この年 小児麻痺集団発生(全国)　この年、全国各地で1、2歳の乳幼児を中心に小児麻痺が集団発生。患者数は2610名で、うち90%前後は5歳未満の児童だった。《データ》患者2610名

昭和34年
(1959年)

1.1 バス転落(和歌山県伊都郡高野町)　1月1日、和歌山県高野町南天狗谷の県道で、初詣客51名を乗せて奈良県野迫川村の立里荒神社から高野山駅へ向かう途中の南海電鉄バスが、濃霧のため運転を誤って約90m下の谷川に転落し、9名が即死、17名が重傷、21名が軽傷を負った。《データ》死者9名,重傷者17名,軽傷者21名,車両1台転落

1.3 大阪市営バス・阪急電車二重衝突(大阪府大阪市東淀川区)　1月3日、阪急電鉄京都線の上新庄駅の北約100mの島頭1番踏切で、京都発梅田行き急行電車と江口橋行き大阪市営バスが衝突。この現場へ、さらに梅田発京都行き急行電車が突っ込んだ。このため、バスは電車の下敷きになって大破し、乗客運転士7名が即死、梅田行き急行電車の乗客13名も重軽傷を負った。《データ》死者7名,重軽傷者13名,車両1台大破

1.16- 暴風雪(四国地方,九州地方,日本海側)　1月16日から19日にかけて、寒波の影響で、四国および九州地方と日本海側全域を中心に猛吹雪に見舞われ、鹿児島市で29cmの積雪を記録、市内の小中学校が臨時休校した他、関東地方でも、伊豆諸島の八丈島で37年ぶりという1.5cmの積雪があった。また、最低気温が前橋市で氷点下7度、東京で同6.1度、千葉県銚子市で同5度を記録、水道管が6600ヶ所で破裂した。《データ》被害額(島根県のみ)1億4000万円

1.18 漁船第5優光丸沈没(三重県志摩郡大王町沖)　1月18日朝、三重県大王町の大王崎の沖合で、操業中の香川県津田町のマグロ漁船第5優光丸(70t)が激浪のため舵を折られて沈没、乗組員20名が死亡した。《データ》死者20名,船舶1隻沈没

1.18 漁船第11進漁丸沈没(千葉県安房郡白浜町沖)　1月18日朝、千葉県白浜町の野島崎の沖合で、岩手県宮古市のマグロ漁船第11進漁丸が激浪を受けて沈没、乗組員18名

133

昭和34年（1959年）

が死亡した。《データ》死者18名,船舶1隻沈没

1.27 映画館火災（北海道網走郡美幌町）　1月27日午後5時40分頃、歌謡浪曲公演中の北海道美幌町仲町の映画館美幌銀映座で、ボイラー室付近から出火し、木造モルタル2階建の同館（607m²）を全焼、満員の観客約600名のうち12名が焼死、7名が重傷、20名が軽傷を負った。原因はボイラーの過熱と見られる。《データ》死者12名,重傷者7名,軽傷者20名,全焼建物1棟,焼失面積607m²

2.4 土砂採取場土砂崩れ（鳥取県岩美郡福部村）　2月4日、鳥取砂丘の東端にある鳥取県福部村細川の土砂採取場で土砂崩れが発生、作業員26名のうち10名が約1000m³の土砂の下敷きになり、8名が圧死、2名が重傷を負った。原因は融雪による地盤の緩みと見られる。《データ》死者8名,重傷者2名

2.10 漁船第18吉祥丸沈没（四国沖）　2月10日、四国の沖合で、静岡県焼津市の漁船第18吉祥丸が転覆して沈没、乗組員36名全員が死亡した。《データ》死者36名,船舶1隻沈没

2.10 磯舟57隻遭難（北海道岩内郡岩内町沖）　2月10日午後、北海道岩内町の沖合で、タコ釣りやマス釣りをしていた磯舟57隻が、風速25m前後の猛吹雪のためあいついで転覆、乗組員12名が行方不明になった。《データ》行方不明者12名,船舶57隻遭難

2.14 北陸電力有峰発電所建設現場雪崩（富山県上新川郡大山町）　2月14日午前1時20分頃、富山県大山町上ノ谷の北陸電力有峰発電所建設現場で、降雨による雪崩（約300m³）が発生。作業員宿舎の一部（70m²・総面積の17.5%）が倒壊し、作業員71名のうち7名が逃げ遅れて死亡、2名が負傷した。《データ》死者7名,負傷者2名,建物一部倒壊

2.17 霧島山爆発（宮崎県、鹿児島県）　2月17日午後2時、宮崎・鹿児島県境の霧島山新燃岳（1420m）が45年ぶりに爆発。噴煙は高度3000mに達し、宮崎県都城・小林両市などに火山灰が降り、高原町の開拓地の農作物や、鹿児島県の天然記念物ミヤマキリシマの群落などに壊滅的な被害が出た。《データ》農作物被害,被害額9億円（宮崎県のみ）

2.21 住友石炭鉱業赤平鉱業所歌志内炭鉱ガス爆発（北海道歌志内市）　2月21日午後2時40分頃、北海道歌志内市の住友石炭鉱業赤平鉱業所歌志内炭鉱の通洞坑第1斜坑の坑口から約2.6km²の地点でガス爆発が発生し、炭鉱職員1名と作業員13名が死亡、付近にいた配管作業中の関係者4名が重軽傷を負った。原因は発破による引火と見られる。《データ》死者14名,重軽傷者4名

3.5 長山発電所トンネル建設現場落盤（高知県）　3月5日、高知県の長山発電所導水路トンネル建設現場で落盤が発生、作業員12名が生き埋めになり、うち10名は57時間後に救出されたが、残りの2名は死亡した。《データ》死者2名

3.15 乗用車・貨物列車衝突（茨城県北茨城市）　3月15日、常磐線磯原駅付近の関南町踏切で、上り貨物列車と小型乗用車が衝突、乗用車に乗っていた4名が即死した。《データ》死者4名,車両衝突

3.31 機帆貨物船火薬爆発（兵庫県神戸市）　3月31日午前10時頃、神戸港の中央突堤東側で、火薬積み込み作業中の機帆貨物船が大音響とともに爆発大破し、船長と貨物係員が死亡、関係者3名が重傷を負い、付近の港湾病院や工業検査所の窓ガラスが壊れ

昭和34年（1959年）

た。原因は火薬取扱いの不注意と見られる。《データ》死者2名,重傷者3名,船舶1隻大破,建物一部破損

4.6　回送列車転覆（兵庫県神崎郡大河内町）　4月6日午前4時42分、播但線長谷・生野駅間の真名谷トンネル西口で、豊岡駅から溝口駅へ団体客を乗せるため回送中の臨時旅客列車（7両編成）が脱線、前3両が転覆大破し、機関士と助手が下敷きになって即死した。老朽トンネル内での排煙不良が原因と見られる。《データ》死者2名,車両3両転覆

4.6-　暴風（北海道北東部）　4月6日から7日にかけて、暴風のため、北海道のオホーツク海沿岸地域で家屋110戸が全半壊した。また、羅臼町の沖合では操業中の漁船16隻が行方不明となり、乗組員15名が死亡、79名が行方不明となった。《データ》死者15名,行方不明者79名,全半壊家屋110戸,船舶16隻不明

4.14-　浅間山爆発（浅間山）　4月14日、群馬・長野県境の浅間山で24年ぶりという大規模な爆発があり、噴煙は高度7000mまで達し、東京都や神奈川県など関東地方の全域に火山灰が降り、周辺の数ヶ所で火災が発生した。同山は以後、5月21日にも爆発した。《データ》山林火災

5.4　道路敷設現場土砂崩れ（神奈川県横浜市神奈川区）　5月4日、横浜市神奈川区七島町の道路敷設現場で土砂崩れがあり、京浜工業の作業員3名が土砂の下敷きになって死亡した。《データ》死者3名

5.9　住友石炭鉱業赤平鉱業所坑内ガス突出（北海道歌志内市）　5月9日、北海道歌志内市にある住友石炭鉱業赤平鉱業所歌志内坑の南坑の坑口から約1.4km奥に入った地点でメタンガスが突出、作業員5名が死亡した。《データ》死者5名

5.23　観光バス転落（岡山県久米郡福渡町）　5月23日午前11時40分頃、岡山県福渡町川口の国道53号線で、鳥取県三朝町の三朝温泉から帰る途中の竹原たばこ耕作組合の関係者46名を乗せた芸陽自動車の観光バスが、トラックとすれ違う際に運転を誤って約6m下の旭川に転落し、車掌と乗客4名が死亡、35名が重軽傷を負った。《データ》死者5名,重軽傷者35名,車両1台転落

5.29　内山煙火工場爆発（長野県下伊那郡上郷村）　5月29日、長野県上郷村別府川底の内山煙火製造所で爆発があり、木造平屋建の同工場（68m^2）と半径約500m圏内の家屋10棟が全壊、54棟が半壊、1482棟の窓ガラスなどが割れ、隣接の飯田市立浜井場小学校の児童1名が爆風を受けて即死した他、従業員や付近の住民、通行人ら7名が死亡、15名が重傷、251名が軽傷を負った。《データ》死者7名,重傷者15名,軽傷者251名,全壊家屋11棟,半壊家屋54棟,破損家屋1482棟,被災者1976名,被害額6800万円

6.1　瀞峡観光定期船沈没（和歌山県新宮市）　6月1日、和歌山県新宮市の熊野大橋の約15km上流で、乗組員6名と乗客18名を乗せて熊野川を下る途中の瀞峡観光の定期船（3t）が、プロペラを木材運搬用ケーブルに引っかけて転覆、この事故で船は沈没、5名が死亡、1名が重傷、1名が軽傷を負った。《データ》死者5名,重傷者1名,軽傷者1名,船舶1隻沈没

135

昭和34年(1959年)

6.5　団体貸切りバス転落(長野県北安曇郡美麻村)　6月5日、長野県美麻村の県道で、同県小布施町婦人会員を乗せて大町・松本市方面へ社会見学に向かう途中の長野電鉄の団体貸切りバス5台のうち、1台が約18m下の土尻川に転落し、6名が死亡、61名が重軽傷を負った。《データ》死者6名、重軽傷者61名、車両1台転落

6.16　大井川川口発電所建設現場落盤(静岡県榛原郡)　6月16日、静岡県榛原郡の中部電力大井川川口発電所の建設現場で落盤が発生し、作業員22名が生き埋めになり、うち2名が死亡、2名が重軽傷を負った。《データ》死者2名、重軽傷者2名

6.20　田沢工業秩父鉱業所生石灰溶出(埼玉県秩父市)　6月20日夕方、埼玉県秩父市上影森の田沢工業秩父鉱業所で、雨のため農薬原料用の生石灰が溶融して付近の荒川へ流れ出し、この影響でアユなど11万尾が死んだ。《データ》魚介類被害

6.30　米空軍ジェット戦闘機墜落(沖縄県石川市)　6月30日昼頃、沖縄県石川市で、米空軍のF100型ジェット戦闘機が宮森小学校の校舎に接触して墜落、炎上し、同校の2棟(3教室)が全壊、職員室とコンクリート建築の校舎、幼稚園、住宅30棟を全焼、給食を食べていた児童ら25名が死亡、121名が重軽傷を負った。《データ》死者25名、重軽傷者121名、全焼家屋30棟、半焼校舎10棟、航空機1機墜落

7.1－　豪雨(東北地方南部、信越地方)　7月1日夜から信越地方で、2日朝から東北地方の南部で梅雨前線による大雨が降り、3日午前9時までに平野部で100mm、山間部で200mmの雨量を記録。この影響で、福島県会津坂下町などで被害があいつぎ、合わせて住民4名が死亡、3名が負傷し、1名が行方不明となった。《データ》死者4名、負傷者3名、行方不明者1名、全壊家屋1棟、半壊家屋12棟、流失家屋4棟、床上浸水家屋562棟、床下浸水家屋2804棟、破損家屋4棟、被災建物35棟、流失・埋没田畑126ha、冠水田畑7019ha、道路損壊109ヶ所、橋梁流失73ヶ所、堤防決壊82ヶ所、山崩れ54ヶ所、鉄道被害3ヶ所、通信施設被害24ヶ所、罹災世帯583戸(約2918人)(警視庁調べ)

7.6　豪雨(長野県)　7月6日、長野県に大雨が降り、家屋1500戸が浸水した。《データ》浸水家屋1500戸

7.6　石川島重工業製函工場鉄塊落下(東京都江東区)　7月6日、東京都江東区豊洲の石川島重工業第2製函工場で、重さ26.5tの輸出用鉄塊の船積み作業中に突然クレーンの鋼索が切れて鉄塊が落下、関係者2名が圧死した。《データ》死者2名

7.6　大谷石採石場落盤(栃木県宇都宮市)　7月6日朝、宇都宮市大谷町の大谷石採石場で落盤が発生し、作業員12名のうち9名が一時生き埋めになり、3名が死亡、6名が重軽傷を負った。《データ》死者3名、重軽傷者6名

7.7　川崎製鉄千葉工場溶鉱炉建設現場土台沈下(千葉県千葉市)　7月7日、千葉市川崎町の川崎製鉄千葉工場の敷地内にある第3溶鉱炉の建設現場で、土台のコンクリート製井筒が突然沈下、井筒の内部にいた建設作業員19名のうち石井組などの作業員4名が、泥流に巻き込まれて死亡した。《データ》死者4名

7.10－　豪雨(東北地方、北陸地方)　7月10日未明から11日朝にかけて、東北・北陸地方で梅雨前線の影響による大雨が降り、平野部で100mm、山間部で200mmの雨量を記録、この雨で住民1名が負傷、住宅3棟が全壊、3棟が半壊、453棟が床上浸水、2711棟が床下浸水など、各地で被害が出た。《データ》負傷者1名、全壊家屋3棟、半壊家屋3棟、床上浸水家屋453棟、床下浸水家屋2711棟、破損家屋2棟、被災建物51棟、流失・

昭和34年(1959年)

埋没田畑138ha, 冠水田畑7879ha, 道路損壊75ヶ所, 橋梁流失31ヶ所, 堤防決壊41ヶ所, 山崩れ66ヶ所, 鉄道被害6ヶ所, 通信施設被害1ヶ所, 罹災世帯458戸(警視庁調べ)

7.11　協和発酵工業宇部工場爆発(山口県宇部市)　7月11日、山口県宇部市藤山区居能の協和発酵工業宇部工場の合成工場で、第1号ガス分離機から出火、隣りの第2号機が爆発し、工員7名が死亡、38名が重軽傷を負った。《データ》死者7名, 重軽傷者38名

7.13－　豪雨(関東地方, 中部地方, 近畿地方, 中国地方, 九州地方北西部)　7月13日から16日にかけて、関東地方以西で、台風5号に刺激された梅雨前線による大雨が降り、九州の北西部を中心に、16日午前9時までの雨量は長崎県平戸市で628mm、九州の北西部で400mm以上を記録。このため各地で被害があいつぎ、住民44名が死亡、77名が負傷し、16名が行方不明となった。《データ》死者44名, 負傷者77名, 行方不明者16名, 全壊家屋144棟, 半壊家屋182棟, 流失家屋49棟, 床上浸水家屋8539棟, 床下浸水家屋6万8749棟, 破損家屋227棟, 被災建物164棟, 流失・埋没田畑3594ha, 冠水田畑2万8858ha, 道路損壊1179ヶ所, 橋梁流失284ヶ所, 堤防決壊540ヶ所, 山崩れ1375ヶ所, 鉄道被害105ヶ所, 通信施設被害347ヶ所, 船舶破損3隻, 罹災世帯9013戸(約3万6022名)(警視庁調べ), 被害額36億円(公共施設関係のみ)

7.17　渡船転覆(島根県邑智郡桜江町)　7月17日朝、島根県桜江町谷住郷の江川で、連絡渡船が激流のため転覆、高校生ら3名が溺死した。江川は、数日前からの大雨で水かさが増していた。《データ》死者3名, 船舶1隻転覆

7.29　水泳講習会参加者溺死(山口県下関市)　7月29日、山口県下関市武久町の海水浴場で、同市教育委員会の水泳講習会に参加した市内の小学生11名が指導教諭の目の前で溺れ、うち3名が死亡した。《データ》死者3名

8月－　ワイル氏病集団発生(宮城県)　8月から11月にかけて、宮城県全域でワイル氏病が集団発生し、患者539名のうち23名が死亡した。《データ》患者539名(うち死者23名)

8.6－　台風6号(関東地方, 近畿地方, 四国地方, 九州地方)　8月6日未明、瞬間最大風速40mの強い勢力をもつ台風6号が鹿児島県の大隅半島に上陸、四国南部から紀伊半島の西部を通り、関東地方を経て、9日夜に千葉県銚子市の沖合へ抜けた。積算雨量は宮崎県の山間部で700mm以上を記録、鹿児島県金峰町で住民7名が生き埋めになったのをはじめ、長崎・大分・宮崎・鹿児島の4県を中心に16都道府県で住民13名が死亡、12名が重軽傷を負い、3名が行方不明となった。《データ》死者13名, 重軽傷者12名, 行方不明者3名, 全壊家屋32棟, 半壊家屋77棟, 流失家屋9棟, 床上浸水家屋1484棟, 床下浸水家屋1万330棟, 破損家屋232棟, 被災建物282棟, 流失・埋没田畑797ha, 冠水田畑1万6095ha, 道路損壊556ヶ所, 橋梁流失144ヶ所, 堤防決壊380ヶ所, 山崩れ352ヶ所, 鉄道被害44ヶ所, 通信施設被害302ヶ所, 船舶沈没3隻, 船舶流失3隻, 船舶破損11隻, 罹災世帯1874戸(約9016名)(警視庁調べ)

8.12－　豪雨(関東地方, 東海地方, 近畿地方)　8月12日から13日にかけて、関東・東海・近畿地方で、台風7号の接近に刺激された停滞前線の影響による大雨が降り、奈良県川上村で874mm、岐阜県広瀬村で685mmの雨量を記録。この雨で山梨県武川村の3地区で家屋が大武川の氾濫により流失したのをはじめ、各地で住民8名が死亡、6名が負傷、4名が行方不明となるなどの被害が出た。《データ》死者8名, 負傷者6名, 行

昭和34年(1959年)

方不明者4名、全壊家屋4棟、半壊家屋5棟、流失家屋9棟、床上浸水家屋1115棟、道路損壊124ヶ所、橋梁流失73ヶ所、堤防決壊78ヶ所

8.14 台風7号(関東地方,中部地方,近畿地方) 8月14日午前6時、瞬間最大風速43mの強い勢力をもつ台風7号が駿河湾から静岡県吉原市付近に上陸し、時速60km前後の速さで甲信越地方を通って、日本海へ抜けた。この影響で、埼玉県秩父市で345mm、静岡市で277mm、名古屋市で234mm、京都市で318mmの雨量を記録、京都府亀岡市と北桑田・船井両郡で住民12名が死亡、家屋2万2000戸が浸水したのをはじめ、山梨・長野・静岡・三重など24都府県で188名が死亡、1528名が重軽傷を負い、47名が行方不明となった。 《データ》死者188名、重軽傷者1528名、行方不明者47名、全壊家屋3322棟、半壊家屋1万139棟、流失家屋767棟、床上浸水家屋3万2298棟、床下浸水家屋11万6309棟、破損家屋6万1971棟、被災建物2万3144棟、流失・埋没田畑7357ha、冠水田畑6万6812ha、道路損壊7666ヶ所、橋梁流失2175ヶ所、堤防決壊2321ヶ所、山崩れ2977ヶ所、鉄道被害372ヶ所、通信施設被害2万3395ヶ所、船舶沈没15隻、船舶流失9隻、船舶破損87隻、罹災世帯4万5122戸(以上警視庁調べ)、被害額419億1800万円(山梨・静岡・三重県のみ)

8.23 豪雨(島根県西部) 8月23日、島根県西部に大雨が降り、浜田市河内町で9名、益田市大草町で3名、同市木部町で4名が土砂の下敷きになって死亡するなど、被害があいついだ。《データ》死者16名、がけ崩れ3ヶ所

8.25- 豪雨(石川県,富山県,岐阜県,静岡県中西部) 8月25日夜から26日夕方にかけて、石川県奥能登地方、富山・岐阜両県、静岡県の中西部を中心に、停滞前線の影響による大雨が降り、静岡県島田市で5、6時間の雨量が320mm、石川・岐阜両県でも200mmを記録。このため石川県輪島市と穴水・門前・能登の3町で住民37名が死亡または行方不明になったのをはじめ、10県で47名が死亡、712名が重軽傷を負い、4名が行方不明となった。 《データ》死者47名、重軽傷者712名、行方不明者4名、全壊家屋190棟、半壊家屋804棟、流失家屋186棟、床上浸水家屋1万3123棟、床下浸水家屋3万3102棟、破損家屋1450棟、被災建物1万2469棟、流失・埋没田畑2712ha、冠水田畑2万1718ha、道路損壊1389ヶ所、橋梁流失788ヶ所、堤防決壊826ヶ所、山崩れ1368ヶ所、鉄道被害152ヶ所、通信施設被害732ヶ所、船舶流失1隻、船舶破損1隻、罹災世帯1万4325戸(以上警視庁調べ)、被害額120億円以上(石川・静岡県のみ)

9.12 国道トンネル工事現場落盤(愛媛県南宇和郡一本松村) 9月12日、愛媛県一本松村の国道56号線中ノ川トンネルの工事現場で落盤が発生、作業員8名が生き埋めになり、うち7名が死亡した。《データ》死者7名

9.16- 台風14号(北海道,近畿地方,中国地方,九州地方,沖縄) 9月16日から18日にかけて、台風14号が九州の南西海上を通って韓国の釜山市付近に上陸後、向きを東に変え、日本海を通って北海道南部に上陸した。このため宮古島測候所で最低気圧908.3mb・瞬間最大風速65mを記録、島の住民80名余りが死傷、家屋4000戸が全半壊したのをはじめ、佐賀県福富村で有明海堤防が決壊して家屋80戸が水没し、干拓地の水田30haが全滅、北海道熊石・大成両村でも数百戸が流失した。長崎など23道府県全体では住民40名が死亡、426名が重軽傷を負い、52名が行方不明となった。《データ》死者40名、重軽傷者426名、行方不明者52名、全壊家屋1302棟、半壊家屋1858棟、流失家屋143棟、床上浸水家屋3526棟、床下浸水家屋1万834棟、破損家屋3525棟、被災建物4266棟、流失・埋没田畑280ha、冠水田畑3286ha、道路損壊552ヶ所、橋梁流失

昭和34年（1959年）

72ヶ所、堤防決壊580ヶ所、山崩れ104ヶ所、鉄道被害35ヶ所、通信施設被害3746ヶ所、船舶沈没103隻、船舶流失144隻、船舶破損466隻、罹災世帯6690戸（以上警視庁調べ）、被害額67億円（北海道・佐賀県のみ）

9.17　漁船永幸丸転覆（島根県隠岐郡沖）　9月17日、隠岐島の西方沖で、操業中の鳥取県の底引網漁船永幸丸（37.5t）が、台風14号による強風と激浪を受けて転覆、乗組員10名が死亡した。《データ》死者10名、船舶1隻転覆

9.26－　台風15号〔伊勢湾台風〕（北海道、東北地方、東海地方、近畿地方、中国地方）　9月26日午後6時18分、中心気圧929mb・瞬間最大風速48.5mの強い勢力をもつ台風15号が、和歌山県串本町の潮岬の西約15kmに上陸、奈良県吉野・宇陀両郡、三重県亀山市、岐阜県白川町、新潟県直江津市を通って日本海へ抜けた後、27日午前6時に秋田県の男鹿半島に再上陸、東北地方を横断した。この影響で、福井県大野郡和泉村で九頭竜川の氾濫により、家屋38戸が流失または半壊し、住民27名が死亡、道路の流失で1か月半も交通が途絶えた他、北海道から中国地方にかけて住民4697名が死亡、3万8921名が重軽傷、401名が行方不明となった。《データ》死者4697名、重軽傷者3万8921名、行方不明者401名、全壊家屋3万6135棟、半壊家屋11万3052棟、流失家屋4703棟、床上浸水家屋15万7858棟、床下浸水家屋20万5753棟、破損家屋68万35棟、被災建物15万5142棟、流失・埋没田畑3万764ha、冠水田畑18万95ha、道路損壊1万2135ヶ所、橋梁流失4160ヶ所、堤防決壊5760ヶ所、山崩れ7231ヶ所、鉄道被害725ヶ所、通信施設被害20万514ヶ所、船舶沈没1136隻、船舶流失1295隻、船舶破損5145隻、罹災世帯33万7157戸（以上警視庁調べ）、被害額約1365億4596万円（10月26日時点・北海道、山形、山梨、福井、岐阜、静岡、愛知、三重、滋賀、京都、奈良、兵庫、鳥取の13道府県のみ）

9.27　綾瀬川水門決壊（東京都葛飾区）　9月27日、東京都葛飾区小菅の綾瀬川水門が、台風15号（伊勢湾台風）の影響で決壊し、付近の家屋1000戸余りが浸水した。《データ》浸水家屋1000戸余り

9.27　産業経済新聞社新聞輸送機墜落（和歌山県田辺市沖）　9月27日、和歌山県田辺市の田辺高等学校グラウンドへ号外の投下に向かった産業経済新聞社の新聞輸送機おおとり号が、故障のため同市磯間浦の三壺崎の西約500m沖合に左側翼から墜落、乗員2名が死亡した。《データ》死者2名、航空機1機墜落

9.28　漁船第5清宝丸沈没（青森県三沢市沖）　9月28日、青森県三沢市の沖合で、操業中の八戸市のイカ釣り漁船第5清宝丸の船体が、伊勢湾台風による強風激浪のため二つに折れて沈没、乗組員21名が死亡した。《データ》死者21名、船舶1隻沈没

10.11　オート三輪・特急電車衝突（愛知県稲沢市）　10月11日、名古屋鉄道名古屋本線の大里駅付近の八神踏切で、豊橋発新岐阜行き特急電車とオート三輪が衝突。電車の先頭車両が線路脇の水田に落ち、後続の4両が脱線、オート三輪も大破し、7名が即死、10名が重傷、120名が軽傷を負った。《データ》死者7名、重傷者10名、軽傷者120名、車両衝突

10.20　漁船第8大慶丸沈没（岩手県沖）　10月20日、岩手県の沖合で、サンマ漁船第8大慶丸が沈没し、乗組員18名が行方不明になった。《データ》行方不明者18名、船舶1隻沈没

11.7　トラック・特急電車衝突（神奈川県横浜市鶴見区）　11月7日、京浜急行電鉄本線生

昭和34年(1959年)

麦駅北方の花月園第3踏切で、品川発浦賀行き特急電車と東京都江東区の砂町運輸の資材運搬用トラックが衝突。トラックは大破し、5名が死亡、11名が重傷、22名が軽傷を負った。原因は、トラックが後輪を線路脇の溝に落として立往生したため。《データ》死者5名、重傷者11名、軽傷者22名、車両衝突

11.7　中学生濃霧転落死(鳥取県大山)　11月7日、大山で、鳥取県溝口町の溝口中学校の生徒ら2名が濃霧のため道に迷い、誤って阿弥陀滝に転落、死亡した。《データ》死者2名

11.12　富士川用水建設現場土砂崩れ(静岡県富士宮市)　11月12日、静岡県富士宮市下高原の富士川用水のトンネル建設現場で土砂崩れがあり、作業員2名が死亡した。《データ》死者8名

11.20　東洋化工横浜工場爆発(神奈川県横浜市金沢区)　11月20日午前10時30分頃、横浜市金沢区釜利谷町の火薬製造業東洋化工横浜工場の第2溶てん室で爆発があり、同工場31棟(5470m^2)を全焼、校舎や住宅3棟が全壊、251棟が半壊、539棟の窓ガラスなどが壊れ、工員や付近の住民3名が死亡、24名が重傷、児童158名を含む1470名が軽傷を負った。原因はTNT火薬の脱色実験の失敗。《データ》死者3名、重傷者24名、軽傷者1470名、全焼工場31棟、全壊家屋3棟、半壊家屋251棟、破損家屋539棟、被害額2億円

11.22　漁船第12長栄丸沈没(千葉県安房郡白浜町沖)　11月22日、千葉県白浜町の野島崎の沖750kmの海上で、漁船第12長栄丸が沈没、乗組員22名が行方不明になった(捜索の結果、全員死亡と断定)。《データ》死者22名、船舶1隻沈没

11.25　漁船第5幸辰丸沈没(千葉県銚子市付近)　11月25日、千葉県銚子港外の一ノ島付近で、茨城県波崎町の揚繰網漁船第5幸辰丸が暴風を受けて岩に激突、沈没し、乗組員29名が死亡した。《データ》死者29名、船舶1隻損壊

11.27　全国統一行動デモ隊・警官隊衝突(東京都千代田区)　11月27日、日本労働組合総評議会系の組合員および全日本学生自治会総連合の学生による、日米安保条約阻止全国統一行動デモ隊約5万名が、東京都千代田区永田町の国会議事堂構内に突入して警官隊と衝突し、双方の28名が重傷、730名が軽傷を負った。《データ》重傷者28名、軽傷者730名

12.2　仙台市営バス転落(宮城県仙台市)　12月2日午前10時40分頃、仙台市八幡町の通称賢淵の道で、仙台駅前発芋沢行きの仙台市営バスが、約40m下の広瀬川河川敷に転落して岩に激突。バスは大破し、運転手ら8名が即死、16名が重傷、5名が軽傷を負った。原因はスピードの出し過ぎによる運転ミスと見られる。《データ》死者8名、重傷者16名、軽傷者5名、車両1台転落

12.3　ガス中毒死(東京都目黒区)　12月3日午後3時頃、東京都目黒区駒場町のアパート福寿荘の2階で居住者1名がガス中毒のため意識不明の状態に陥り、真下の部屋に住む2名は死亡した。原因はガスの元栓の締め忘れ。《データ》死者2名、重症者1名

12.11　火薬運搬トラック衝突・爆発(神奈川県横浜市神奈川区)　12月11日午前4時53分、横浜市神奈川区子安台の第2京浜道路(国道1号線)で、同市鶴見区平安町の建材店の砂利運搬トラックと箱詰めのTNT火薬4tを積んだ千葉県勝浦市の上総運輸のトラックとが衝突し、火薬が爆発して双方のトラックが大破し、現場から半径約2km以内

にある住宅31戸が全壊、242戸が半壊、274戸が破損、運転手と助手の合わせて4名が即死、付近にいた10名が重傷、89名が軽傷を負い、路面に直径5mの穴があいた。原因は砂利運搬トラックの居眠り運転と見られる。《データ》死者4名,重傷者10名,軽傷者89名,全壊家屋31戸,半壊家屋242戸,破損家屋274戸,車両2台大破

12.14　漁船第5八幡丸遭難(千葉県安房郡白浜町沖)　12月14日、千葉県白浜町の野島崎の沖合で、漁船第5八幡丸が乗組員19名を乗せたまま消息を絶った(捜索の結果、全員死亡と断定)。《データ》死者19名,船舶1隻行方不明

12.21　三井鉱山山野鉱業所坑内ガス爆発(福岡県嘉穂郡稲築町)　12月21日午前7時30分頃、福岡県稲築町鴨生にある三井鉱山山野鉱業所第1坑の坑口から約10km奥の地点でガス爆発が発生し、坑内にいた作業員多数が生き埋めになり、うち7名が死亡、8名が重傷、16名が軽傷を負った。《データ》死者7名,重傷者8名,軽傷者16名

12.21－　三菱鉱業新入鉱業所坑内ガス爆発(福岡県鞍手郡鞍手町)　12月21日深夜から22日朝にかけて、福岡県鞍手町中山にある三菱鉱業新入鉱業所第6坑の地下約2.6kmの地点で断続的に4回のガス爆発が発生し、坑内にいた作業員のうち22名が死亡、19名が重軽傷を負った。《データ》死者22名,重軽傷者19名

12.23　常磐線トンネル電化工事現場落盤(福島県常磐市)　12月23日、福島県常磐市にある常磐線のトンネル内で、電化工事中に地震による落盤が発生し、関係者8名が死傷した。《データ》死傷者8名

昭和35年
(1960年)

1月－　集団赤痢発生(宮城県柴田郡村田町)　1月末から2月頃にかけて、宮城県村田町で赤痢の集団発生があり、住民6000名のうち1530名(全体の25.5%)の患者が出た。原因は上水道の汚染にあると見られるが、住民の圧力による防疫対策の遅れも影響があったものと見られる。《データ》患者1530名

1.6　衣笠病院火災(神奈川県横須賀市)　1月6日夜、神奈川県横須賀市小矢部町の社会福祉法人日本キリスト教医療伝道会衣笠病院の第3病棟分娩室から出火し、本館病棟(入院患者154名)や看護婦宿舎、調理場、ボイラー室など木造2階建の2棟と同平屋建の3棟(3318m^2)、同病院裏の雑木林(100m^2)を全焼、新生児8名を含め妊産婦、看護婦ら16名が焼死、24名が重軽傷を負った。同病院の施設は旧海軍払い下げの老朽建物だった。《データ》死者16名,重軽傷者24名,全焼建物5棟,焼失面積3318m^2

1.7　旧古河大峰炭鉱ボタ山崩壊(福岡県田川郡大任村)　1月7日、福岡県大任村の旧古河大峰炭鉱万歳坑付近で、選炭作業中にボタ山が崩れ、7名が死亡、9名が重軽傷を負った。《データ》死者7名,重軽傷者9名

1.10－　漁船連続遭難(太平洋)　1月10日から12日にかけて、岩手県大船渡市と山田町のマグロ延縄漁船各1隻が太平洋であいついで遭難、両船の乗組員合わせて33名が死亡した。《データ》死者33名,船舶2隻遭難

1.14　日本油脂工場爆発(愛知県知多郡武豊町)　1月14日、愛知県武豊町にある日本油脂

昭和35年(1960年)

工場の第3化膠室で、ニトログリセリンの移し換え作業中に突然爆発が起こり、工員2名が即死、隣接の作業場にいた60名が軽傷を負った。《データ》死者2名,軽傷者60名

1.16 — 暴風雪(北海道,青森県,岩手県) 1月16日から17日にかけて、中心気圧964mbの発達した低気圧が時速13km前後で本州南岸を通過、千葉県銚子市の沖合を経て北海道の南東海上に抜けた。この影響で、16日夕方から北海道、東北地方は陸上で風速20mから25m、海上で30m以上の猛吹雪になり、住民7名が死亡、漁船6隻が沈没、5隻が座礁、18隻が大破、3隻が行方不明、乗組員合わせて53名が行方不明となった他、東北本線の青森発急行十和田が雪崩に突っ込んで立往生するなど、鉄道各線で列車多数が運休した。《データ》死者7名,行方不明者53名,船舶沈没6隻,船舶座礁5隻,船舶大破18隻,船舶行方不明3隻

1.27 ガス漏れ死亡(東京都江東区) 1月27日、東京都江東区深川でガス管が折れ、住民2名がガス漏れで死亡、35名がガス中毒にかかった。《データ》死者2名,中毒者35名,ガス管破損

2.1 北海道炭砿汽船夕張鉱業所坑内ガス爆発(北海道夕張市) 2月1日、北海道夕張市福住の北海道炭砿汽船夕張鉱業所第2坑3区付近の坑内でガス爆発が発生。保安要員や職員、採炭作業員ら63名が一時生き埋めになり、うち39名が死亡、18名が重傷を負ったほか、救助隊員も3名が死亡、4名が重傷を負った。《データ》死者42名,重傷者22名

2.2 小型客船大島丸転覆(愛媛県宇和島市沖) 2月2日、愛媛県宇和島市の沖合を通過中の小型客船大島丸(6t)が転覆し、乗客の家族6名のうち4名が溺死した。《データ》死者4名,船舶1隻転覆

2.6 野見山炭鉱坑内出水(福岡県) 2月6日、福岡県内にある野見山炭鉱の坑内で出水事故があり、作業員7名が行方不明になった。《データ》行方不明者7名

2.12 漁船第8八幡丸沈没(日本海) 2月12日、日本海で操業中の漁船第8八幡丸が韓国警備艇に接触され、沈没した(同15日、政府が抗議)。《データ》船舶1隻沈没

2.24 海上保安庁ヘリコプター墜落(北海道亀田郡銭亀沢村) 2月24日、訓練飛行中の海上保安庁函館航空基地所属のシコルスキーS55型ヘリコプターが、北海道銭亀沢村志海苔の宇賀小学校グラウンドに墜落、乗員4名全員が死亡した。《データ》死者4名,ヘリコプター1機墜落

2.24 木型工場火災(愛知県名古屋市熱田区) 2月24日、名古屋市熱田区青池町の木型工場から出火、木造2階建の工場兼住宅1棟(約60m^2)を全焼、家族ら8名が焼死、5名が軽傷を負った。《データ》死者8名,軽傷者5名,全焼建物1棟,焼失面積約60m^2

3月 — インフルエンザ死亡(京都府京都市) 3月下旬から、京都市の老人養護施設同和園でインフルエンザに罹る入園者があいつぎ、4月7日までの約2週間に140名が感染、うち30名が死亡した。《データ》死者30名

3.2 ラジオ関東公開録音観客圧死(神奈川県横浜市中区) 3月2日夕方、横浜市中区港町の市立体育館で行われた、ラジオ関東主催の歌謡番組の公開録音で、観客多数が入口付近に殺到し、女性や子どもら12名が圧死、8名が重傷、6名が軽傷を負った。同番組には島倉千代子ら人気歌手が出演していた。《データ》死者12名,重傷者7名,

昭和35年（1960年）

軽傷者7名

3.12　漁船第2日吉丸・貨物船海島丸衝突（茨城県那珂湊市沖）　3月12日、茨城県那珂湊市の東約41kmの海上で、宮城県七ヶ浜町の漁船第2日吉丸（61t）と飯野海運の貨物船海島丸（3031t）が濃霧のため衝突。この衝突で日吉丸が沈没、乗組員2名は海島丸に救助されたが、残りの13名が行方不明となった。《データ》行方不明者13名, 船舶1隻沈没

3.16　航空自衛隊ジェット戦闘機・全日本空輸旅客機衝突（愛知県小牧市付近）　3月16日午後7時37分、名古屋空港の滑走路内で離陸態勢に入った航空自衛隊第3航空団所属のF86D型ジェット戦闘機が、着陸直後の全日本空輸の羽田発DC3型旅客機（乗客30名・乗員3名）に衝突。戦闘機は大破して炎上、全日空機は機体後部と右主翼を大破し、乗客2名とスチュワーデス1名が即死、乗客5名が重傷、5名が軽傷を負った。原因は見習い管制官の指示ミスと見られる。《データ》死者3名, 重傷者5名, 軽傷者5名, 航空機1機大破

3.19　国立療養所火災（福岡県久留米市）　3月19日、福岡県久留米市国分町の国立療養所久留米病院の第14病棟1号監置室付近から出火して、同監置室や精神科病棟など木造平屋建の3棟（1200m^2）を全焼、この火事で入院患者82名のうち重症者11名が焼死した。《データ》死者11名, 全焼建物3棟, 焼失面積1200m^2

3.22　電源開発公社椋呂発電所建設現場ダイナマイト爆発（和歌山県東牟婁郡熊野川町）　3月22日、和歌山県熊野川町西敷屋の電源開発公社椋呂発電所建設現場の敷屋横坑内で、入口から16m奥に保管してあったダイナマイト約450kgが爆発、従業員休憩所などが爆風で吹き飛ばされ、作業員23名が即死、5名が重傷、4名が軽傷を負った。《データ》死者23名, 重傷者5名, 軽傷者4名, 建物全壊

4月—　小児麻痺流行（全国）　4月下旬に愛媛・高知両県で始まった小児麻痺（急性灰白髄炎、ポリオ）の流行は、6月末には北海道夕張市などで乳幼児1640名（うち死亡106名）に、翌7月には岩手県釜石市と葛巻・大槌両町で227名に、翌年1月から6月頃にかけては熊本県で192名（うち死亡7名以上）に集団発生するなど、太平洋側沿岸の地域を中心に患者発生の届出が急増。厚生省は緊急対策として、発生地区周辺の5歳未満の幼児への無料予防接種や自衛隊による消毒などを実施した。《データ》患者2059名（北海道・岩手・熊本県のみ）

4.1　毎日新聞社双発機墜落（兵庫県川西市）　4月1日、第32回選抜高等学校野球大会開会式取材のため阪神甲子園球場へ向かう途中の毎日新聞社のパイパーアパッチ23型双発機暁星号（乗員4名）が、大阪空港を離陸後、兵庫県川西市加茂猪名の住宅に墜落して炎上、乗員3名と住民1名が死亡、2名が重軽傷を負った。墜落の原因はエンジン気化器が凍結したためと見られる。《データ》死者4名, 重軽傷者2名, 航空機1機墜落

4.23　大野煙火工場爆発（埼玉県岩槻市）　4月23日、埼玉県岩槻市岩槻の大野煙火工場の貯蔵室で玩具花火製造用の火薬が爆発し、ブロック建の同室（32m^2）と作業場など9棟（165m^2）が全半壊、作業員2名が即死、8名が重軽傷を負った。《データ》死者2名, 重軽傷者8名, 全半壊工場11棟, 被災面積197m^2

4.25　製麺工場火災（福岡県小倉市）　4月25日、福岡県小倉市大門西町の製麺工場兼住宅から出火、木造2階建の同工場と隣接の3棟（139m^2）を全焼し、火元の2階にいた家

143

昭和35年（1960年）

族6名が焼死、2名が重傷を負った。《データ》死者6名、重傷者2名、全焼工場・家屋4棟、焼失面積139m²

4.26— 日米安全保障条約批准反対派学生・警官隊衝突〔60年安保闘争〕（東京都千代田区） 4月26日、日米安全保障条約の批准阻止を求める全国学生自治会総連合主流派の関係者約5500名と警官隊が東京都千代田区永田町の国会議事堂付近で衝突し、学生18名と警官10名が重傷を負った。その後も、学生らと警官隊との衝突は同議事堂や総理大臣官邸付近で続き、5月20日に51名が負傷、6月15日に東京大学の女子学生1名が死亡、1031名が負傷した。《データ》死者1名、重軽傷者1110名（総計）

4.28 バス転落（徳島県徳島市） 4月28日、徳島市で、道路から転落したバスのガソリンに引火して燃え上がり、住民や乗客ら5名が焼死、15名が重軽傷を負った。《データ》死者5名、重軽傷者15名、車両1台転落

4.28 広島アルミニウム工場爆発（広島県広島市） 4月28日、広島市楠木町の広島アルミニウム工場のマグネシウム炉が突然爆発し、工員5名が死亡、5名が重軽傷を負った。《データ》死者5名、重軽傷者5名

5月— 児童・生徒集団赤痢（秋田県秋田市、能代市、男鹿市） 5月末、秋田市の中通・築山両小学校の児童が十和田湖周辺へ修学旅行に行き、集団赤痢にかかった。以後、3週間にわたって能代・男鹿両市などの高校生を含め、168名が真性および擬似赤痢患者、519名が赤痢菌保菌者と診断される事態が続いた。原因は大館駅の鳥めし弁当だった。《データ》患者168名、保菌者519名

5.24 チリ地震津波（北海道、青森県、岩手県、宮城県、三重県、和歌山県、徳島県） 5月23日午前4時15分（日本時間）チリの沖合で非常に強い地震が発生。この影響で、24日午前4時頃、北海道霧多布村および青森県八戸市、岩手県宮古、釜石、大船渡、陸前高田の各市や大槌、山田両町、宮城県気仙沼市や女川、志津川両町、三重県尾鷲市、和歌山県田辺、海南両市や白浜、那智勝浦両町、徳島県阿南市など太平洋岸の全域に大規模な津波が押し寄せ、北海道で住民46名が死亡または行方不明となり、岩手県で57名が死亡、308名が重軽傷、5名が行方不明、宮城県で50名が死亡、4名が行方不明となり、徳島県で家屋782戸が床上浸水するなど、各地で119名が死亡、872名が重軽傷、20名が行方不明などの被害が出た。自衛隊が救援・復旧作業に出動した。《データ》死者119名、重軽傷者872名、行方不明者20名、全壊家屋1571棟、半壊家屋2183棟、流失家屋1259棟、床上浸水家屋1万9863棟、床下浸水家屋1万7334棟、破損家屋44棟、被災建物3962棟、流失・埋没田529ha、冠水田畑6707ha、道路損壊177ヶ所、橋梁流失44ヶ所、堤防決壊124ヶ所、山崩れ2ヶ所、鉄道被害21ヶ所、通信施設被害1714ヶ所、船舶沈没94隻、船舶流失1036隻、船舶破損1143隻、罹災世帯3万2049戸（約16万1680名）（6月6日時点・警察庁調べ）、被害額384億8950万円以上（北海道・青森・岩手・宮城・三重・和歌山県のみ）

6.9 水産加工場火災（北海道函館市） 6月9日、北海道函館市蓬莱町の水産加工場から出火し、木造一部2階建の同工場兼アパート（300m²）を全焼、アパート入居者の家族6名が焼死した。《データ》死者6名、全焼工場1棟、焼失面積300m²

6.14 田町駅構内線路歩行乗客死傷（東京都港区） 6月14日、東京都港区の国電田町駅構内で、レール破損のため立往生した京浜東北線桜木町行き電車から車掌の誘導で乗客の一部が線路に降りて構内を横断中、現場を通り掛かった横須賀線の東京行き電

昭和35年(1960年)

車にはねられ、4名が即死、5名が重傷を負った。《データ》死者4名,重傷者5名

6.15　司令艦いなづま火災(北海道函館市)　6月15日、北海道函館市の函館ドック函館造船所の岸壁で、衝突箇所の修理に来ていた海上自衛隊第7護衛隊の司令艦いなづま(1070t)の18番昇降口付近から出火、同昇降口の内部を焼き、自衛隊員3名が死亡、3名が重傷、隊員1名と工員2名が軽傷を負った。原因は、清掃用ガソリンの引火。《データ》死者3名,重傷者3名,軽傷者3名,艦艇火災

6.15　トラック住宅突入(東京都)　6月15日夜、居眠り運転のトラックが第2京浜国道沿いの住宅に突っ込み、2戸を全壊、就寝中の居住者5名が死亡、3名が負傷した。《データ》死者5名,負傷者3名,全壊家屋2戸

6.21－　暴風雨(関東地方、中部地方、近畿地方)　6月21日から22日にかけて、発達した低気圧が梅雨前線上を通過した影響で関東地方以西の24都府県に強風をともなった大雨が降り、各地で住民3名が死亡、7名が負傷、3名が行方不明となったほか、船舶の遭難などがあいついだ。《データ》死者3名,負傷者7名,行方不明者3名,全壊建物9棟,半壊建物12棟,流失建物3棟,床上浸水建物304棟,床下浸水建物4409棟,流失・埋没田畑72ha,冠水田畑7140ha,道路損壊177ヶ所,橋梁流失35ヶ所,堤防決壊47ヶ所,山崩れ291ヶ所,鉄道被害11ヶ所,通信施設被害347ヶ所,被災者316世帯(警察庁調べ)

6.22　漁船第12光漁丸沈没(静岡県賀茂郡南伊豆町沖)　6月22日、静岡県南伊豆町の沖合で、高知県のカツオ漁船第12光漁丸(33t)が暴風を受けて沈没、乗組員26名のうち14名は救助されたが、12名が死亡した。《データ》死者12名,船舶1隻沈没

7月－　集団赤痢(群馬県藤岡市、同県多野郡吉井町)　7月から8月にかけて、群馬県の藤岡市と吉井町で赤痢の集団発生があり、約800名にも上る患者を収容するため、地元の小・中学校が臨時隔離病舎にあてられた。《データ》患者約800名

7月－　干ばつ(佐賀県、長崎県、大分県)　7月から8月にかけて、佐賀、長崎、大分の3県で干ばつが発生し、水稲が枯死するなど3万ha以上の地域で農作物の被害が出た。《データ》農作物被害,被災面積(大分県のみ)約3万ha,被害額(長崎・大分県のみ)47億9000万円

7.4　豪雨(新潟県北部)　7月4日、低気圧が梅雨前線上を通過した影響で、新潟県の北部と佐渡地方に大雨が降り、家屋118戸が床上浸水、1206戸が床下浸水、水田145haが冠水した。《データ》床上浸水家屋118戸,床下浸水家屋1206戸,水田冠水145ha

7.7－　暴風雨(東海地方、近畿地方、中国地方、四国地方)　7月7日夜から8日にかけて、梅雨前線上を通過した低気圧の影響で、東海・近畿・中国・四国の各地方で強風をともなった大雨が降り、広島県で住民11名が死亡、山口県で3名が死亡するなど、各地で住民21名が死亡、34名が負傷し、3名が行方不明となった。《データ》死者21名,負傷者34名,行方不明者3名,全壊建物63棟,半壊建物96棟,流失建物28棟,床上浸水建物3010棟,床下浸水建物3万469棟,流失・埋没田畑664ha,冠水田畑2万5810ha,道路損壊1013ヶ所,橋梁流失344ヶ所,堤防決壊513ヶ所,山崩れ990ヶ所,鉄道被害39ヶ所,通信施設被害52ヶ所,被災者3486世帯(以上警察庁調べ),被害額(広島県のみ)38億2000万円

7.13－　豪雨(福島県,新潟県)　7月13日から14日にかけて、温暖前線上を通過した低気圧の影響で、福島県と新潟県刈羽・魚沼各郡に大雨が降り、魚野川や鯖石川などの上

昭和35年(1960年)

流域で積算雨量100mmないし450mm以上を記録した。このため同県小出町のほぼ全域が浸水したのをはじめ、各地で被害が相次ぎ、住民4名が死亡、2名が負傷、1名が行方不明となった。《データ》死者4名,負傷者2名,行方不明者1名,全壊建物2棟,半壊建物6棟,流失建物4棟,床上浸水建物1478棟,床下浸水建物4634棟,流失・埋没田畑151ha,冠水田畑8382ha,道路損壊155ヶ所,橋梁流失34ヶ所,堤防決壊129ヶ所,山崩れ95ヶ所,鉄道被害12ヶ所,通信施設被害1ヶ所,被災者1483世帯(以上警察庁調べ),被害額約20億円

7.14　只見発電所建設現場堰堤氾濫(新潟県東蒲原郡)　7月14日、新潟県東蒲原郡の只見発電所袖沢建設現場で、大雨のため堰堤の水が氾濫、作業員5名が行方不明になった。《データ》行方不明者5名

7.22　飲食店火災(東京都千代田区)　7月22日、東京都千代田区神田須田町の喫茶店東洋の中2階付近から出火、木造モルタル塗り地上3階、地下1階の同店($250m^2$)を全焼し、女子従業員7名が焼死、5名が重傷、3名が軽傷を負った。《データ》死者7名,重傷者5名,軽傷者3名,全焼店舗1棟,焼失面積250m^2

7.24　全但交通バス・京阪バス衝突(滋賀県大津市)　7月24日、大津市坂本町の比叡山ドライブウェイのカーブで、延暦寺の根本中堂へ向かう遺族会員44名を乗せた全但交通の貸切観光バスと、京都市へ向かう京阪バスが衝突し、観光バスは道路から約120m下の谷底に転落、車掌1名と乗客27名が死亡、11名が重傷、7名が軽傷を負い、京阪バスの乗客4名も重軽傷を負った。原因は速度制限オーバーと見られる。《データ》死者28名,重軽傷者22名,車両1台転落

7.24　共栄化工石川工場火薬爆発(埼玉県北埼玉郡騎西町)　7月24日、埼玉県騎西町上種足の共栄化工石川工場で、玩具花火の火薬混合作業中に突然爆発が起こり、同工場($33m^2$)は全壊、作業員5名が死亡、5名が重軽傷を負った。《データ》死者5名,重軽傷者5名,全壊工場1棟,被災面積33m^2

8.2－　雷雨(北海道北部,青森県南津軽郡,秋田県仙北郡)　8月2日から3日にかけて、北海道北部や青森県南津軽郡、秋田県仙北郡に局地的な強い雷雨があり、積算雨量は青森県碇ヶ関村で333mm、秋田県田子ノ木村で405mmを記録、秋田県田沢湖町では住民15名が死亡した。死亡者は青森県大鰐町など合わせて21名に上り、50名が負傷し、9名が行方不明となった。《データ》死者21名,負傷者50名,行方不明者9名,全壊建物17棟,半壊建物629棟,流失建物56棟,床上浸水建物4827棟,床下浸水建物4728棟,流失・埋没田畑456ha,冠水田畑4818ha,道路損壊106ヶ所,橋梁流失41ヶ所,堤防決壊38ヶ所,山崩れ359ヶ所,鉄道被害11ヶ所,通信施設被害50ヶ所,被災者6589世帯(以上警察庁調べ),被害額212億円(青森・秋田県のみ)

8.3　奥羽本線列車土砂崩れ転覆(青森県南津軽郡碇ヶ関村)　8月3日、大雨のため奥羽本線の碇ヶ関駅付近で待避中の青森発大阪行き列車(9両編成)に土砂崩れがあり、7・8両目が転覆して乗務員乗客2名が死亡、64名が重軽傷を負った。《データ》死者2名,重軽傷者64名,車両2両転覆

8.11－　台風11号(秋田県,近畿地方,中国地方,四国地方)　8月11日午前4時30分頃、最大風速47.5mの強い勢力をもった台風11号が高知県の室戸市付近に上陸、高松市・岡山市付近を通過して鳥取市の西方から日本海へ抜けた後、12日午前9時、秋田市の北方に再上陸、東北地方を横断した。この影響で、和歌山県などで3名が死亡、2名が

昭和35年（1960年）

負傷した。《データ》死者3名,負傷者2名,全壊建物1棟,半壊建物6棟,床上浸水建物31棟,床下浸水建物964棟,流失・埋没田畑50ha,冠水田畑371ha,道路損壊51ヶ所,橋梁流失46ヶ所,堤防決壊21ヶ所,山崩れ42ヶ所,鉄道被害9ヶ所,通信施設被害185ヶ所,被災者41世帯（警察庁調べ）

8.12— 台風12号（中部地方,近畿地方） 8月12日午後5時、最大風速35mの勢力をもった台風12号が高知県の室戸市付近に上陸し、急速に衰えながら徳島市・姫路市付近を通って北陸地方に進み、13日午前0時、東北地方南部を経て三陸の沖合へ抜けた。12号そのものは非常に小型だったが、台風通過後に南下した前線のもたらした大雨により、岐阜県の岐阜・関・美濃の3市など長良川流域や美濃地方中部、和歌山県などで住民41名が死亡、40名が負傷、6名が行方不明となった。《データ》死者41名,負傷者40名,行方不明者6名,全壊建物104棟,半壊建物230棟,流失建物114棟,床上浸水建物5363棟,床下浸水建物1万6408棟,流失・埋没田畑615ha,冠水田畑7362ha,道路損壊1279ヶ所,橋梁流失451ヶ所,堤防決壊380ヶ所,山崩れ594ヶ所,鉄道被害33ヶ所,通信施設被害1807ヶ所,被災者6369世帯（警察庁調べ）

8.13— 豪雨（静岡県中部） 8月13日深夜から14日未明にかけて、静岡県の中西部に局地的な大雨が降り、大井川上流域で積算雨量729mmを記録。このため静岡、焼津、島田、藤枝の各市や岡部・川根両町などで住民34名が死亡、13名が負傷するなどの被害が出た。《データ》死者34名,負傷者13名,床上浸水家屋990戸,橋梁流失81ヶ所,堤防決壊81ヶ所,被害額24億円

8.20— 台風14号（千葉県） 8月20日昼頃、伊豆諸島八丈島の西方を通過した台風14号は、同深夜には房総半島の沖合を通り、迷走しながら東北地方の東海上を北上して26日、北海道の東方へ去った。この台風の影響で、千葉県に200mmから400mmの大雨が降り、養老川の堤防が決壊するなどの被害が出た。茂原市や南総・大多喜両町、加茂村などで合わせて4名が負傷した。《データ》負傷者4名,全壊建物5棟,半壊建物8棟,流失建物3棟,床上浸水建物746棟,床下浸水建物4639棟,流失・埋没田畑34ha,冠水田畑4518ha,道路損壊119ヶ所,橋梁流失22ヶ所,堤防決壊17ヶ所,山崩れ240ヶ所,鉄道被害20ヶ所,通信施設被害583ヶ所,被災者754世帯（警察庁調べ）

8.24 東京油脂工業江戸川工場ガス爆発（東京都江戸川区） 8月24日、東京都江戸川区長島町の東京油脂工業江戸川工場で、作業用の照明燈が抽出缶の内部に落ちてノーマルヘキサンガスに引火、爆発した。この爆発で、工場1棟（600m^2）と倉庫3棟（700m^2）が全焼、関係者10名が死亡、11名が重軽傷を負った。《データ》死者10名,重軽傷者11名,全焼工場・倉庫4棟,焼失面積1300m^2

8.29 芦有開発道路建設現場山崩れ（兵庫県西宮市） 8月29日夜、兵庫県西宮市社家郷山町の芦有開発道路建設現場で、台風16号の影響による山崩れが発生し、高さ200m・幅150mにわたって崩れた土砂の下敷きになって作業員宿舎5棟が全壊、作業員71名のうち24名が死亡した。《データ》死者24名,全壊建物5棟

8.28— 台風16号（近畿地方,中国地方,四国地方,九州地方東部） 8月28日、中心気圧970mb、中心付近の最大風速50mの強い勢力をもつ台風16号が高知市の西方に上陸し、岡山市・鳥取市付近を通過して同夜、日本海へ抜けた。この影響で、29日夜から30日朝にかけて京阪神地区に局地的な大雨が降り、京都府京北町で積算雨量430mmを記録、同府亀岡市と京北・八木・園部・日吉の4町で住民11名が死亡。和

昭和35年（1960年）

歌山県などでも被害があり、全国で合わせて52名が死亡、146名が負傷し、9名が行方不明となった。《データ》死者52名, 負傷者146名, 行方不明者9名, 全壊家屋157棟, 半壊家屋379棟, 流失家屋93棟, 床上浸水家屋8026棟, 床下浸水家屋3万6510棟, 流失・埋没田畑1924ha, 冠水田畑1万4388ha, 道路損壊1566ヶ所, 橋梁流失643ヶ所, 堤防決壊1250ヶ所, 山崩れ1128ヶ所, 鉄道被害60ヶ所, 通信施設被害5246ヶ所, 被災者9250世帯（以上警察庁調べ）, 被害額40億6000万円（京都府のみ）

8.30 道路土砂崩れ（兵庫県） 8月30日、兵庫県の道路土砂崩れにより、死者67人が出た。《データ》死者67名

9.8 米軍気象観測機墜落（福島県石川郡石川町） 9月8日、米軍横田基地所属のボーイングWB50型気象観測機が福島県石川町板橋の共有林に墜落し、乗員11名全員が死亡した。《データ》死者11名, 航空機1機墜落

9.20 上尊鉱業所豊洲炭鉱豪雨水没（福岡県田川郡川崎町） 9月20日、福岡県川崎町で中元寺川の右岸堤防が大雨による増水で壊れ、上尊鉱業豊洲炭鉱の坑内に浸水。水没した同鉱の坑口から約2.1km奥の芳ノ谷卸にいた作業員25名と、約2.3km奥の大焼層にいた42名が溺死した。《データ》死者67名

9.26 嘉穂炭鉱粭井坑坑内ガス爆発（福岡県田川郡糸田町） 9月26日、福岡県糸田町の嘉穂炭鉱粭井坑の坑口から約1km奥の芳ノ谷層でガス爆発が発生し、作業員13名が死亡した。《データ》死者13名

10.7 豪雨（三重県, 和歌山県） 10月7日、三重県尾鷲市を中心に三重・和歌山両県の南部に大雨が降り、河川の氾濫や家屋の浸水などがあいつぎ、住民6名が行方不明になった。《データ》行方不明者6名, 被害額45億円

10.19 貨物船青山丸台風沈没（高知県高知市） 10月19日夜、高知市の高知港口で、青木船舶の貨物船青山丸（447t）が台風24号の影響による高波を受けて沈没、乗組員5名は漁船に救助されたが、残り8名が死亡した。《データ》死者8名, 船舶1隻沈没

10.29 連絡船第3満恵丸沈没（大分県南海部郡蒲江町沖） 10月29日午前9時頃、乗組員2名と中学生ら28名の乗客を乗せて、大分県蒲江町の蒲江港から約6km離れた名護屋港へ向かう途中の木造定期連絡船第3満恵丸（12.58t）が、蒲江港の沖合約50mで転覆して沈没、女子生徒5名が溺死、7名が負傷した。《データ》死者5名, 負傷者7名, 船舶1隻沈没

10.30 明治鉱業庶路鉱業所坑内ガス爆発（北海道白糠郡白糠町） 10月30日、北海道白糠町中庶路の明治鉱業庶路鉱業所本岐坑の坑口から約2.3km奥でガス爆発が発生し、作業員18名が死亡した。《データ》死者18名

11.16 全日本空輸小型単葉連絡機墜落（北海道上川郡新得町） 11月16日、札幌市の丘珠空港から帯広へ向かう途中の、全日本空輸のオースター・オートカー近距離用小型単葉連絡機の左翼支柱が折れ、同機は北海道新得町広内の採草地に墜落、同社専務ら4名が即死した。《データ》死者4名, 航空機1機墜落

11.26 漁船第10成田丸遭難（福島県磐城市沖） 11月26日、福島県磐城市の沖合で、操業中のマグロ延縄漁船第10成田丸が乗組員12名とともに消息を絶った（搜索の結果、12月26日に全員死亡と断定）。《データ》死者12名, 船舶1隻遭難

12.2　京浜東北線機関車・三菱電機バス衝突（神奈川県横浜市神奈川区）　12月2日、京浜東北線の鶴見・新子安駅間の滝坂踏切で、平塚行き機関車が架線試験の作業中に三菱電機大船製作所の宣伝用マイクロバスと衝突。バスは大破し、乗務員乗客9名が即死、8名が重傷、1名が軽傷を負った。《データ》死者9名, 重傷者8名, 軽傷者1名, 車両1台大破

12.12　バス・旅客列車衝突（岡山県真庭郡落合町）　12月12日午前8時20分頃、姫新線の美作落合駅付近の下河内無人踏切で、姫路発広島行き旅客列車と河内発勝山行き中国鉄道バスが衝突し、バスの乗客10名が死亡、58名が重軽傷を負った。《データ》死者10名, 重軽傷者58名, 車両衝突

12.21　キャバレー火災（熊本県熊本市）　12月21日、熊本市下通にあるキャバレーたそがれの2階電気室付近から出火し、店舗17棟（約2500m^2）を全焼、キャバレーの従業員10名と忘年会の客4名が焼死、5名が負傷した。《データ》死者14名, 負傷者5名, 全半焼家屋17棟, 焼失面積2500m^2

12.24　飲食店火災（東京都渋谷区）　12月24日、東京都渋谷区宇田川町にある飲食店ひさごの1階付近から出火し、木造モルタル3階建の同店（約150m^2）を全焼、従業員や客6名が死亡、5名が重軽傷を負った。《データ》死者6名, 重軽傷者5名, 全焼店舗1棟, 焼失面積約150m^2

12.25　漁船遭難（静岡県榛原郡御前崎町沖）　12月25日、静岡県御前崎町の沖合で漁船が遭難し、乗組員17名が行方不明になった。《データ》行方不明者17名, 船舶1隻遭難

12.26　ゴルフクラブ火災（埼玉県）　12月26日、埼玉市内のゴルフクラブで火災があり、クラブハウスを全焼、6名が焼死した。《データ》死者6名

12.26　松本電鉄バス転落（長野県松本市）　12月26日、長野県松本市入山辺で、大和合発松本行きの松本電鉄バスが仮橋から約7m下の河原に転落、乗務員乗客4名が死亡、41名が重軽傷を負った。《データ》死者4名, 重軽傷者41名, 車両1台転落

12.26－　豪雪（新潟県, 富山県, 石川県, 福井県）　12月26日から翌36年1月6日にかけて、新潟県を中心に北陸各地は不連続線の影響による15年ぶりの大雪に見舞われ、積雪量は新潟市で79cm、高田市で186cmに達し、山間部では最高4m前後を記録した。このため羽越・上越・信越・北陸の各線でのべ480kmの区間が不通となり、同地方の交通は完全に途絶えた他、帰省客やスキー客ら15～16万名が列車内に閉じ込められる騒ぎがあった。《データ》死者11名, 行方不明者3名, 全半壊家屋30戸以上（以上1月3日時点）, 被害額80億円（新潟県のみ）

昭和36年
（1961年）

1.1　児童圧死（岩手県岩手郡松尾村）　1月1日、岩手県松尾村の松尾鉱山小学校で、新年会終了後、近くの会館で開かれる映画鑑賞会に移動する際、児童が校舎の狭い階段から土間へ殺到し、うち10名が将棋倒しになって圧死、3名が重傷を、18名が軽傷を負った。《データ》死者10名, 重傷者3名, 軽傷者18名

昭和36年(1961年)

1.5— インフルエンザ発生(山形県,東京都) 1月5日、東京都品川区の大井第一小学校で、児童らの間にかぜが集団発生し、検査の結果、B型インフルエンザウィルスを確認。東京都では、27日までに幼稚園9校および小、中、高等学校272校(1182学級)で臨時閉鎖が、2月7日に豊島、練馬、板橋、杉並、墨田の5区で一斉休校がそれぞれ実施されたが、2月27日までに都内の小、中学校の1万学級以上が臨時閉鎖に追い込まれ、3月7日に都流感対策本部の解散するまでに49名が死亡。山形県など各地にも同時期、B型ウィルスによるインフルエンザが発生した。《データ》死者49名(東京都のみ)

1.13 ダンプカー・東海道本線電車・横須賀線電車二重衝突(神奈川県横浜市戸塚区) 1月13日、戸塚・保土ヶ谷駅間の秋葉踏切で、久保田組のダンプカーと東海道本線の伊東発東京行き電車(15両編成)が衝突し、電車の先頭車両がダンプカーを約50m引きずって脱線。さらに横須賀線の東京発久里浜行き電車が現場を通過する際、傾斜した脱線車両に衝突し、乗客ら9名が死亡、13名が重傷を、83名が軽傷を負った。ダンプカーは無免許運転だった。《データ》死者9名,重傷者13名,軽傷者83名,車両衝突

1.24 消防車転覆(神奈川県足柄上郡松田町) 1月24日、神奈川県松田町で、火災現場へ向かう途中の第2消防分団の消防車が運転を誤り、停止していた木材運搬トラックに接触して転覆、3名が死亡、11名が重軽傷を負った。《データ》死者3名,重軽傷者11名,車両1台転覆

1.27 漁船沈没(和歌山県西牟婁郡串本町沖) 1月27日、和歌山県串本町の潮岬の約3km沖で、勝浦港から出帆した同県那智勝浦町のマグロ漁船第7鵬栖丸(67t)が沈没し、乗組員17名のうち15名が死亡した。《データ》死者15名,船舶1隻沈没

2.2 地震(新潟県長岡市) 2月2日夜、新潟県長岡市福戸、古正寺町を中心に信濃川北西地域で局地的な強い地震があり、住民5名が死亡、19名が重軽傷を負い、住宅220戸が全壊、465戸が半壊、3094名(631世帯)が被災した。《データ》死者5名,重軽傷者19名,全壊家屋220戸,半壊家屋465戸,被災者631世帯(3094名),被害額12億6000万円

2.4 料亭火災(大阪府大阪市南区) 2月4日、大阪市南区宗右衛門町の料亭いろはの3階客室付近から出火し、鉄筋コンクリート一部木造4階建の同店の火元階および4階(約240m^2)を焼失、女子従業員ら7名が焼死、4名が重軽傷を負った。同料亭の木造部分は違法増築だった。《データ》死者7名,重軽傷者4名,建物半焼,焼失面積約240m^2

2.16 雪崩(長野県下水内郡栄村) 2月16日、長野県栄村青倉で高さ約10m、幅約150mの雪崩があり、同地区の家屋4戸が全壊、1戸が半壊、住民11名が死亡、3名が軽傷を負った。《データ》死者11名,軽傷者3名,全壊家屋4戸,半壊家屋1戸

2.27 地震(九州地方) 2月27日未明、日向灘を震源地とする強い地震が発生。震域は宮崎市を中心に中国、四国のそれぞれ一部と九州の全域で、鹿児島県大崎、志布志町で1名が死亡、家屋2棟が全壊、11棟が半壊したのをはじめとして、2名が死亡、7名が負傷し、日豊本線など鉄道各線や通信施設などにも被害があった。《データ》死者2名,負傷者7名,損壊家屋30棟以上,鉄道被害,通信施設被害,被害額(宮崎県のみ)2億5000万円

3.8 海上自衛隊ヘリコプター墜落(青森県青森市) 3月8日、青森県むつ市の沖合で、急病患者を運ぶ途中の海上自衛隊の救難ヘリコプターが墜落、乗員ら3名が死亡した。《データ》死者3名,ヘリコプター1機墜落

昭和36年（1961年）

3.9 炭鉱坑内火災（福岡県田川郡香春町）　3月9日、福岡県香春町中津原の上田鉱業上清炭鉱で、坑口から約440m奥にある圧搾室から出火。油などに引火した煙が坑内に充満し、採炭作業員91名のうち72名が一酸化炭素中毒で死亡した。原因は火元の低圧用電線の過熱。　《データ》死者72名（通商産業省調べ）

3.15 東照宮火災（栃木県日光市）　3月15日、栃木県日光市山内の東照宮境内で火災があり、輪王寺薬師堂（325m²）を全焼、同堂内の日光、月光菩薩像や十二神将像、天井画の鳴き竜（狩野永真および安信作。縦13.5m、横4.5m）なども焼けた。原因は同寺職員による電熱器の不始末。薬師堂は銅瓦ぶき総漆塗りで、重要文化財に指定されていた。　《データ》全焼建物1棟、焼失面積325m²、被害額2億5800万円

3.16 炭鉱坑内火災（福岡県八幡市）　3月16日、福岡県八幡市香月町の大辻炭鉱新大辻坑で、約990m奥にある圧搾室から出火、作業員のうち36名は同坑外へ避難したが、現場調査班の所長ら炭鉱幹部13名と労働組合の代表3名、坑員5名、採鉱係員5名が一酸化炭素中毒で死亡、作業員16名と救護隊員ら12名が重軽傷を負った。原因は圧搾機のスプリングの折損による引火。　《データ》死者26名、重軽傷者26名（通商産業省調べ）

3.28 ワイン集団中毒（三重県名張市）　3月28日、三重県名張市葛尾で、婦人会員が生活改善クラブの集会に出されたワインを飲み、5名が死亡し、12名が重症の中毒になった（後にワインへの農薬混入が確認され、犯人逮捕）。　《データ》死者5名, 重症者12名

4.5 発電所建設現場雪崩（北海道沙流郡平取町）　4月5日朝、北海道平取町の電源開発沙流川発電所建設現場で雪崩が発生し、作業員宿舎1棟が全壊、作業員17名が一時生き埋めになり、うち11名が死亡、1名が重傷を負った。　《データ》死者11名, 重傷者1名, 全壊建物1棟

4.5 支水路建設現場雪崩（北海道新冠郡新冠村）　4月5日朝、北海道新冠村奥新冠の電源開発新冠川支水路建設現場で雪崩が発生し、作業員宿舎3棟が全壊、作業員22名が死亡、6名が重傷を負った。　《データ》死者22名, 重傷者6名, 全壊建物3棟

4.8 王滝川発電所建設現場土砂崩れ（長野県木曽郡三岳村）　4月8日、長野県三岳村の関西電力王滝川発電所建設現場で土砂崩れがあり、作業員7名が死亡、3名が重軽傷を負った。　《データ》死者7名, 重軽傷者3名

4.15 劇団専用トラック転落（岐阜県加茂郡白川町）　4月15日、岐阜県白川町坂ノ東で、寿々松歌江劇団の専用大型トラックが道路から約5m下の小川谷へ転落し、同劇団員7名が死亡、16名が重軽傷を負った。　《データ》死者7名, 重軽傷者16名, 車両1台転落

4.16 トンネル建設現場落盤（静岡県賀茂郡東伊豆町）　4月16日、静岡県東伊豆町稲取の伊豆急行線東町トンネル（全長318m）建設現場の中央付近で長さ約18mの落盤が発生、作業員13名が生き埋めになり、11名が死亡、2名が重傷を、1名が軽傷を負った。　《データ》死者11名, 重傷者2名, 軽傷者1名（労働省調べ）

4.21 米軍ジェット機墜落（神奈川県藤沢市）　4月21日、神奈川県藤沢市で、訓練中の米軍厚木基地所属のジェット戦闘機が同市中高倉の住宅に墜落し、住民1名と戦闘機の操縦士が死亡、住宅2戸が全焼した。　《データ》死者2名, 航空機1機墜落, 全焼家屋2戸

昭和36年(1961年)

5.4 豊栄鉱山落盤(大分県大野郡緒方町) 5月4日、大分県緒方町の豊栄鉱業所の錫採掘坑内で落盤が発生し、作業員4名が死亡した。《データ》死者4名

5.6 二酸化炭素中毒死(和歌山県御坊市) 5月6日、和歌山県御坊市湯川町で、井戸の内部を清掃中の農家の人が炭酸ガスを吸い込んで死亡、救助に入った家族や隣人3名も次々に中毒死した。《データ》死者4名

5.28- 台風(北海道,東北地方) 5月28日夕方から30日にかけて、台風4号が温帯低気圧となって朝鮮半島の南端を通過後、日本海で、中心気圧980mb、最大風速20m以上の勢力に回復。このため青森県で学校の校舎などが倒壊したのをはじめ、北海道や東北地方の各地で住民7名が死亡、105名が負傷した。《データ》死者7名,負傷者105名,全壊住宅82棟、半壊住宅340棟、破損住宅4455棟、床上浸水住宅26棟、床下浸水住宅202棟、被災非住宅1867棟、田畑冠水849ha、道路損壊8ヶ所、橋梁流失28ヶ所、堤防決壊8ヶ所、鉄道被害1ヶ所、通信施設被害225ヶ所、木材流失1095m³、船舶沈没7隻、船舶流失3隻、船舶破損19隻、無発動機船被害75隻、被災者2064名(441世帯)(警察庁調べ)

5.28- 火災(岩手県) 5月28日午後3時30分頃、岩手県新里村蟇目二又の山林から出火し、台風4号のフェーン現象による強風にあおられて北東へ燃え広がり、田老町のラサ工業田老鉱山住宅448棟を含めて青野滝や摂待、樫内、小堀内、三本木、新田の463棟、宮古市の女遊戸や箱石、芋野の67棟、岩泉町の乙茂や肘葛、口田茂宿、卒郡、中里、裏野、荷内川の84棟、普代村の黒崎小学校を含む102棟、田野畑村の子木地や甲地、北山、池名、東春内の45棟、久慈市山根の1棟を全焼したのをはじめ、各地で住民5名が死亡、119名が負傷した。原因はかまどの火の不始末。《データ》死者5名,負傷者119名,全焼住宅1235棟、全焼非住宅552棟、通信施設被害16ヶ所、被災者7494名(以上警察庁調べ)、全焼山林40万3660ha,被害額74億4695万円

5.29 火災(青森県八戸市) 5月29日夜、青森県八戸市白銀町の住宅から出火し、台風4号の強風にあおられて店舗や住宅など707棟(4万9500m²)を全焼、住民4名が死亡、89名が負傷、3500名(1200世帯)が焼け出された(後に放火と確認)。《データ》死者4名,負傷者89名,全焼家屋707棟、焼失面積4万9500m²、被災者3500名(1200世帯)、被害額25億円

5.30- 政治活動防止法反対学生デモ隊・警官隊衝突(京都府京都市) 5月30日、京都市内で、政治活動防止法案に反対する京都府学生自治会連合のデモ隊と警官隊が衝突、双方に69名の重軽傷者が出た。続く6月3日の衝突ではデモ参加者249名と警官33名が負傷した。《データ》重軽傷者351名

6.1 伊豆急線トンネル建設現場爆発(静岡県賀茂郡下田町) 6月1日、静岡県下田町落合の伊豆急行線谷津第2トンネル(2796m)の建設現場中央付近で、作業中にダイナマイトが爆発し、清水建設の作業員3名が即死、1名が重体となった。《データ》死者3名,重体者1名

6.1- 文化服装学院集団赤痢(東京都渋谷区) 6月1日から19日頃にかけて、東京都渋谷区代々木の文化服装学院で赤痢が集団発生し、19日までに717名の患者を出した。《データ》患者717名

6.14頃 第6神明丸沈没 6月14日頃、岩手県釜石市のサケマス流し網漁船第6神明丸が沈没し、乗組員17名が行方不明になった。《データ》行方不明者17名,船舶1隻沈没

昭和36年(1961年)

6.18　第7文丸・アトランティック・サンライズ号衝突(福島県四倉町沖)　6月18日、福島県四倉町の東304kmの沖合で、大洋漁業の捕鯨船第7文丸(391t)とギリシャの貨物船アトランティック・サンライズ号(1万4408t)が濃霧による視界不良のため衝突し、第7文丸が沈没、乗組員23名のうち7名は救助されたが、残りの16名が死亡した。《データ》死者16名,船舶1隻沈没

6.19　エア・キャリア・サービス社水陸両用遊覧機墜落(滋賀県大津市沖)　6月19日、大津市唐崎町沖の琵琶湖で、エア・キャリア・サービス社日本代理店のレイクLA4型単発水陸両用遊覧機が、操縦試験中に、エンジンが故障、同湖に墜落、沈没し、乗員ら4名が死亡した。《データ》死者4名,航空機1機墜落

6.23－　梅雨前線豪雨(36年6月豪雨)(東北地方,関東地方,中部地方,近畿地方,中国地方,四国地方,九州地方)　6月23日から7月5日にかけて、北海道を除く全国各地に梅雨前線による大雨が降り、名古屋、岐阜市で500mm以上を、神戸市で511mmの雨量を記録。このため神奈川県で住民53名が死亡、47名が負傷、5名が行方不明になり、長野県の大鹿、中川村を中心に山津波などで102名が死亡、999名が重軽傷、37名が行方不明、家屋2040戸が全半壊または流失し、静岡県で土肥町や戸田村を中心に26名が死亡、31名が負傷したのをはじめ、31都道府県で302名が死亡、1320名が重軽傷を負い、55名が行方不明となった。《データ》死者302名,重軽傷者1320名,行方不明者55名,全壊住宅1088棟,半壊住宅1908棟,破損住宅4798棟,流失家屋670棟,床上浸水住宅7万3126棟,床下浸水住宅34万1236棟,被災非住宅1万1257棟,田畑流失・埋没1万3000ha,田畑冠水32万7440ha,道路損壊8889ヶ所,橋梁流失1879ヶ所,堤防決壊3181ヶ所,がけ崩れ8515ヶ所,鉄道被害509ヶ所,通信施設被害1万5099ヶ所,木材流失2万8711m^3,船舶流失13隻,船舶破損8隻,無発動機船被害250隻,被災者37万5296名(8万3089世帯)(以上警察庁調べ),被害額610億円

6.28　鉄橋建設現場崩落(岩手県和賀郡湯田村)　6月28日、岩手県湯田村の横黒線鷲之巣鉄橋建設現場で橋桁が崩れ落ち、作業員10名が死亡、2名が重傷を負った。《データ》死者10名,重傷者2名(労働省調べ)

6.29　美唄炭鉱爆発(北海道美唄市)　6月29日、北海道美唄市の三菱鉱業美唄鉱業所常盤新坑内でガス爆発があり、作業員40名が生き埋めになり、うち8名が死亡、11名が重傷、10名が軽傷を負った。《データ》死者8名,重傷者11名,軽傷者10名

7.3－　豪雨(東北地方,北陸地方,山陰地方)　7月3日から5日にかけて、東北、北陸、山陰地方に大雨が降り、各地で住民17名が死亡、6名が行方不明になった。《データ》死者17名,行方不明者6名

7.23－　夢の島火災(東京都江東区)　7月23日、東京都江東区にある廃棄物埋立地・夢の島の北側から発火、東京水上消防署の消防艇3隻が消火作業を続けたが2週間にわたって燃え続け、総面積の約40%に当たる4万m^{2}を全焼した。《データ》焼失面積約4万m^2

7.24－　豪雨(北海道中央部)　7月24日深夜から26日にかけて、北海道の中央部に前線の通過による大雨が降り、石狩川の氾濫などにより空知、石狩、後志の各地で住民2名が死亡、8名が負傷、13名が行方不明になるなどの被害が出た。《データ》死者2名,負傷者8名,行方不明者13名,流失・損壊家屋140戸,床上浸水家屋約4600戸,床下浸水家屋約4万5000戸,被災田畑約1万40ha,河川氾濫,鉄道被害11ヶ所

昭和36年(1961年)

7.25　川崎製鉄工場増築現場鉄骨崩落(千葉県千葉市)　7月25日朝、千葉市川崎町の川崎製鉄千葉工場の連続亜鉛メッキ工場増築現場で、鉄製屋根と鉄骨が突然崩れ落ち、作業員6名が死亡、4名が重軽傷を負った。《データ》死者6名,重軽傷者4名

7.31－　台風10・11・12号(四国地方,九州地方)　7月31日午後0時、宮崎県日南市付近に上陸した台風11号は上陸後、急速に勢力が衰えたが、8月2日には屋久島付近で台風12号を吸収した台風10号が九州の西方沖を北進、深夜にかけて朝鮮海峡から日本海へ抜けた。この影響で、九州南部と西部の山間部に300mmを超える大雨が降り、熊本県人吉市でがけ崩れが、また宮崎県高崎町では大淀川支流の高崎川堤防が決壊するなど被害が相次ぎ、九州・四国地方で5名が死亡、6名が負傷した。《データ》死者5名,負傷者6名,全壊住宅18棟、半壊住宅55棟、破損住宅102棟、床上浸水住宅576棟、床下浸水住宅5445棟、被災非住宅88棟、田畑流失・埋没106ha、田畑冠水3092ha、道路損壊221ヶ所、橋梁流失13ヶ所、堤防決壊65ヶ所、がけ崩れ164ヶ所、鉄道被害5ヶ所、通信施設被害246ヶ所、木材流失25m^3、船舶破損1隻、無発動機船被害8隻、被災者3231名(745世帯)(警察庁調べ)

8月　集団食中毒(神奈川県)　8月、神奈川県で2426名がサルモネラ菌による食中毒にかかった。《データ》患者2426名

8.1－　住民騒擾(釜ヶ崎事件)(大阪府大阪市西成区)　8月1日深夜から4日にかけて、大阪市西成区の通称釜ヶ崎地区の住民ら約2000名が、交通事故の死亡者に対する警官の態度に怒って警官隊と衝突し、1名が死亡、約690名が重軽傷を負い、派出所や消防車、電車、タクシーなどが焼き打ちにより全焼した。《データ》死者1名,重軽傷者約690名

8.5－　豪雨(新潟県中越地方)　8月5日から7日にかけて、新潟県の中越地方に大雨が降り、長岡、見附、三条の各市や寺泊、大河津町などで300mm以上を記録。このため出雲崎町で家屋60戸が土砂崩れにより壊れたのをはじめ、同20日の長岡市付近の局地的豪雨と合わせて同地域の住民19名が死亡、6名が負傷し、5名が行方不明となった。《データ》死者19名,負傷者6名,行方不明者5名,全壊住宅102棟、半壊住宅177棟、破損住宅34棟、流失住宅4棟、床上浸水住宅1万3993棟、床下浸水住宅2万130棟、被災非住宅143棟、田畑流失・埋没7ha、田畑冠水1万1514ha、道路損壊74ヶ所、橋梁流失51ヶ所、堤防決壊95ヶ所、がけ崩れ138ヶ所、鉄道被害24ヶ所、通信施設被害2ヶ所、木材流失9m^3、船舶流失1隻、被災者6万7015名(1万3970世帯)(以上8月20日の長岡市付近豪雨との合算。警察庁調べ)、被害額91億8957万円

8.9　新日本窒素工場爆発(熊本県水俣市)　8月9日、熊本県水俣市の新日本窒素水俣工場でタンクが爆発し、3名が死亡、9名が行方不明になった。《データ》死者3名,重軽傷者9名

8.12　第18雲浦丸沈没(北海道幌泉郡襟裳町沖)　8月12日、北海道襟裳町の東南沖で、青森県八戸市鮫町忍町のメヌケ刺網漁船第18雲浦丸が沈没し、乗組員14名が行方不明になった(同17日に沈没確認)。《データ》行方不明者14名,船舶1隻沈没

8.19　地震(中部地方)　8月19日午後2時33分、岐阜県荘川、高鷲村境の大日ヶ岳付近の深さ約40kmを震源とし、中部、近畿地方を震域とする震度4の地震が発生。このため石川県で登山者ら4名が死亡、7名が負傷し、福井県で1名が死亡、12名が重軽傷を負い、岐阜県で3名が死亡、15名が重軽傷を負ったのをはじめ、43名が負傷し、12

154

昭和36年（1961年）

名が行方不明となった。《データ》死者8名,重軽傷者43名,行方不明者12名,半壊住宅3棟,破損住宅2棟,被災非住宅8棟,田畑流失・埋没3ha,道路損壊120ヶ所,がけ崩れ99ヶ所,鉄道被害3ヶ所,通信施設被害6ヶ所,被災者14世帯(以上警察庁調べ),被害額(石川県のみ)2億7800万円

8.28　小型トラック転落（青森県下北郡脇野沢村）　8月28日午後、青森県脇野沢村で、小型の砂利運搬トラックが道路から水田に落ち、便乗していた脇野沢小学校の児童25名のうち10名と運転助手が即死、児童3名と運転手が重軽傷を負った。《データ》死者11名,重軽傷者4名,車両1台転落

9.15－　台風（第2室戸台風）（東北地方,中部地方,近畿地方,中国地方,四国地方,九州地方）9月16日午前9時頃、瞬間最大風速66.7mの勢力を持つ台風18号（第2室戸台風）が、高知県の室戸岬を通過後、同午後1時頃に大阪、兵庫府県境の付近に上陸、近畿地方から能登半島を経て日本海へ抜けた。このため大阪湾の沿岸域で最高4.15mの高潮が防潮堤を越え、大阪府で住民28名が死亡、1146名が負傷、家屋3587棟が全壊、202棟が流失、14万7614棟が浸水し、鹿児島県の奄美諸島や種子、屋久島で特産の砂糖キビなどの農作物が全滅したのをはじめ、東北地方や中部地方以西の各地で194名が死亡、4972名が重軽傷を負い、8名が行方不明となった。《データ》死者194名,重軽傷者4972名,行方不明者8名,全壊住宅1万4681棟,半壊住宅4万6663棟,破損住宅43万7512棟,全焼住宅27棟,流失家屋557棟,床上浸水住宅12万3103棟,床下浸水住宅26万1017棟,被災非住宅9万6775棟,田畑流失・埋没3458ha,田畑冠水7万9392ha,道路損壊3848ヶ所,橋梁流失726ヶ所,堤防決壊1526ヶ所,がけ崩れ1867ヶ所,鉄道被害376ヶ所,通信施設被害22万1574ヶ所,木材流失3万1744m^3,船舶沈没339隻,船舶流失619隻,船舶破損1582隻,無発動機船被害1318隻,被災者90万8513名(22万5413世帯)(以上警察庁調べ),被害額(京都・大阪府および山形・石川・長野・岐阜・兵庫・和歌山・鳥取・徳島・高知・佐賀・鹿児島県のみ)2315億9986万円

9.17　新長炭鉱坑内ガス爆発（佐賀県東松浦郡相知町）　9月17日、佐賀県相知町にある新長炭鉱の坑内でガス爆発があり、作業員9名が死亡、6名が軽傷を負った。《データ》死者9名,軽傷者6名

9.23－　集団食中毒（中国地方）　9月23日から28日にかけて、鳥取、島根、岡山県でサルモネラ菌D群による集団食中毒が発生、患者総数は約100名にのぼり、4名が死亡した。原因は島根県浜田市の魚加工施設で製造された天ぷら。《データ》患者約100名（うち死者4名）

10月　豪雨（京都府）　10月末、京都府に大雨が降り、水田約1000ha分の収穫直前の稲が流失するなど被害があいついだ。《データ》被災水田約1000ha,被害額28億円

10.2　火災（鹿児島県鹿児島市）　10月2日未明、鹿児島市郡元町の新川港で火災があり、台風23号の影響による強風にあおられて密集地域の家屋719棟を全焼、32棟を半焼、住民18名が負傷、3061名(804世帯)が焼け出された。《データ》負傷者18名,全焼家屋719棟,半焼家屋32棟,焼失面積1万5667m^2,被災者3061名(804世帯),被害額9179万4000円

10.5－　豪雨（北海道南部）　10月5日夜から6日にかけて、北海道の南部で台風23号の衰弱した温帯低気圧と寒冷前線による大雨が降り、各地で住民10名が死亡、10名が行方不明になった。《データ》死者10名,行方不明者10名,流失家屋17棟,道路・堤防損

155

昭和36年(1961年)

壊10数ヶ所

10.8　児島丸・八汐山丸衝突（岡山県玉野市沖）　10月8日、岡山県玉野市の沖合で、三井造船玉野造船所のタグボート児島丸（104t）と貨物船八汐山丸（1万1702t）が衝突、児島丸は直後に沈没し、乗組員11名のうち船長ら3名は救助されたが、機関長ら8名は死亡した。《データ》死者8名、船舶1隻沈没

10.10　台風24号（東北地方、関東地方、中部地方）　10月10日午前、台風24号が房総半島の南端を通過した影響で、東京都江東区などの海抜0m地域の家屋約5万戸が浸水したのをはじめ、東北・関東・中部地方で5名が死亡、60名が負傷した。《データ》死者5名、負傷者60名、全壊住宅52棟、半壊住宅119棟、破損住宅2036棟、流失家屋1棟、床上浸水住宅635棟、床下浸水住宅1万945棟、被災非住宅520棟、田畑流失・埋没1263ha、田畑冠水3843ha、道路損壊87ヶ所、橋梁流失63ヶ所、堤防決壊35ヶ所、がけ崩れ71ヶ所、鉄道被害23ヶ所、通信施設被害2224ヶ所、木材流失600m^3、船舶沈没18隻、船舶流失3隻、船舶破損21隻、無発動機船被害30隻、被災者4634名（929世帯）（警察庁調べ）

10.12　磯原炭鉱坑内落盤（茨城県北茨城市）　10月12日、茨城県北茨城市にある磯原炭鉱の坑内で落盤があり、作業員3名が死亡した。《データ》死者3名

10.23　火災（北海道茅部郡森町）　10月23日夜、北海道森町で火災があり、消防署や渡島信用金庫、マーケットなど中心部の407戸を全焼、住民80名が負傷、1936名（462世帯）が焼け出された。原因はタバコの火の不始末。《データ》負傷者80名、全焼家屋407戸、被災者1936名（462世帯）（以上消防庁調べ）、被害額22億円

10.24　十王炭鉱坑内落盤（茨城県多賀郡十王町）　10月24日、茨城県十王町にある十王炭鉱の坑内で落盤があり、作業員2名が死亡した。《データ》死者2名

10.25－　豪雨（四国地方、九州地方）　10月25日夜から26日夕方にかけて、四国・九州地方に低気圧による大雨が降り、大分県南部で320mm、国東半島で600mm前後をそれぞれ記録。このため同県安岐町をはじめ岡山、徳島、愛媛の各県などで住民78名が死亡、86名が負傷し、31名が行方不明となった。《データ》死者78名、負傷者86名、行方不明者31名、全壊家屋110棟、半壊家屋450棟、流失家屋120棟、床上浸水家屋1万棟、床下浸水家屋2万5300棟、水田流失・埋没・冠水2万6000ha、畑流失・埋没・冠水1000ha、道路損壊1000ヶ所、橋梁流失300ヶ所、堤防決壊300ヶ所、山崩れ1000ヶ所、被災者約4万8000名（約1万2000世帯）、被害額（大分県のみ）約79億円

10.26　大分交通別大線列車埋没（大分県大分市）　10月26日午後、大分交通別大線の白木・田ノ浦駅間で大分発別府行き列車が仏崎トンネルから海岸沿いへ出た直後、大雨により長さ約30m、幅約30mのがけ崩れが発生。車両が埋没し、下校する児童や生徒ら乗客31名が死亡、乗務員2名と乗客34名が重軽傷を負った。《データ》死者31名、重軽傷者36名、車両埋没（運輸省調べ）

10.27　東京電力火力発電所建設現場ボイラー崩壊（神奈川県横須賀市）　10月27日、神奈川県横須賀市八幡久里浜の東京電力横須賀火力発電所の2号館建設現場でボイラーが崩壊、約30m上から50t前後の鉄材が落ち、作業員10名が死亡、3名が重軽傷を負った。《データ》死者10名、重軽傷者3名（労働省調べ）

10.30－　赤痢集団発生（愛媛県伊予市）　10月30日から11月にかけて、愛媛県伊予市で赤痢患者が集団発生、11月21日までに患者および保菌者の合計数は3918名になった。感

156

染源は上水道で、県と市が対策本部を設け、同市の全住民に一斉投薬などの緊急措置を講じた。《データ》患者・保菌者3918名(11月21日時点)

11.2― **集団食中毒**(秋田県仙北郡南外村) 11月2日、秋田県南外村林の沢で、農業関係者の妻がサンマの鮨を食べて死亡したのに続き、葬式に集まった親族や知人16名が同じものを食べて、同5日夜までに12名が死亡、5名が重軽症。原因はボツリヌスE型菌による食中毒。《データ》死者12名,重軽症者5名

11.24 **漁船進水式櫓崩壊**(神奈川県横須賀市) 11月24日、神奈川県横須賀市内で行なわれた漁船の進水式で、祝いの餅を配っていた最中に突然櫓が崩れ落ち、21名が死亡、19名が負傷した。《データ》死者21名,負傷者19名

11.30 **炭鉱坑内ガス爆発**(北海道赤平市) 11月30日、北海道赤平市住吉の日本炭業福住鉱業所坑内の採炭現場でガス爆発が発生し、作業員20名が死亡、9名が重軽傷を負った。《データ》死者20名,重軽傷者9名(通商産業省調べ)

12月― **豪雪**(島根県西部) 12月から翌37年2月にかけて、島根県西部に大雪が降った。このため同県柿木村では雪解けによる土砂崩れが発生し、住民6名が生き埋めになったほか、六日市町で劇場が倒壊、匹見町道川地区で200戸が53日間の交通途絶により食糧不足に陥るなどの被害があいついだ。《データ》生き埋め6名,建物倒壊

12.7 **米空軍ジェット戦闘機墜落**(福岡県福岡市) 12月7日、福岡市香椎堀川で、墜落した米空軍板付基地所属のF100型ジェット戦闘機の燃料タンクが爆発し、住宅5棟を全半焼、乗員や住民、4名が死亡した。《データ》死者4名,全半焼家屋5棟,航空機1機墜落

12.7 **釣船遭難**(東京都江東区沖) 12月7日昼過ぎ、東京都江東区深川の10号埋立地の沖合で、ハゼ釣船など小型遊漁船10隻が風速15m前後の突風と高さ2mの高波を受けて遭難し、釣客ら11名が死亡、12名が重軽傷を負った。《データ》死者11名,重軽傷者12名,船舶10隻遭難

12.12 **第15長栄丸・第3鷹丸遭難** 12月12日、岩手県釜石市のマグロ延縄漁船第15長栄丸と同第3鷹丸が乗組員33名を乗せたまま消息を絶った。《データ》行方不明者33名,船舶2隻遭難

12.19 **ナイトクラブ火災**(兵庫県神戸市) 12月19日、神戸市のナイトクラブで火災があり、客や従業員ら5名が死亡、10名が負傷した。《データ》死者5名,負傷者10名,建物火災(消防庁調べ)

昭和37年
(1962年)

1月― **インフルエンザ流行**(全国) 1月から6月にかけて、東京都を起点に全国でA2型ウィルスによるインフルエンザが流行。2月8日に厚生省が予防注射の実施を通達したのを始め、同15日までに32都道府県で予防措置が講じられた。3月7日までに東京都で1238校が臨時休校、305名が死亡した。最終的に届出患者数は47万4723名にのぼり、6994名が死亡、未届分を含めると東京都だけで約650万名、全国で約1000万

昭和37年(1962年)

名が感染したと見られる。《データ》患者47万4723名(うち死者6994名)

1.1— 暴風雪(北海道,東北地方,中部地方) 1月1日から5日にかけて、北海道、東北、中部地方に猛吹雪があり、谷川岳や北アルプス、南アルプスなどで登山者14名が死亡、5名が行方不明になり、岩手県釜石市の沖合で漁船など20隻が遭難したほか、鉄道各線の運休、遅延や青函連絡船の欠航などがあいついだ。《データ》死者14名,行方不明者5名(以上警察庁調べ。1月3日時点),船舶20隻遭難

1.22 第2協漁丸遭難(高知県室戸市南方沖) 1月22日、高知県室戸市の南方沖で、徳島県海南町の遠洋マグロ漁船第2協漁丸(69t)が乗組員15名とともに消息を絶った。《データ》行方不明者15名,船舶1隻行方不明

1.25 病院火災(東京都北多摩郡狛江町) 1月25日、東京都狛江町和泉の佐藤病院の別館北側1階付近から出火し、病室や事務室など木造2階建の施設3棟(825m²)を全焼、高齢の患者7名が焼死、2名が重傷を負った。原因は入院患者の少年による放火。《データ》死者7名,重傷者2名,全焼施設3棟,焼失面積825m²(消防庁調べ)

1.30 加治川発電所建設現場雪崩(新潟県新発田市) 1月30日、新潟県新発田市滝谷の電源開発公社加治川発電所建設現場にある西松建設飯豊沢工事現場で雪崩が起こり、作業員9名が死亡、3名が軽重傷を負った。《データ》死者9名,重軽傷者3名

1.30 炭鉱坑内ガス突出(福岡県) 1月30日、福岡県の炭鉱の坑内でガスの突出事故があり、作業員6名が死亡、2名が重体となった。《データ》死者6名,重体者2名

2月— 異常渇水(東京都) 2月から5月にかけて、東京都は異常渇水となり、都は2月10日から南部各区の4万4000戸を、4月16日から16区の55万5000戸を、5月7日から17区60万戸を対象に給水制限を実施、5月1日から240校で給食を中止するなどの緊急対策を行なった。30%を超える節減は76日間続き、その後も強化と緩和をくり返しながら、夜間を中心に翌年末まで給水制限が続いた。同地域の渇水は、急激な人口増加に比べて水資源の確保が遅れたのが間接的な原因と見られる。

2月— 集団赤痢(新潟県西蒲原郡吉田町) 2月末から3月初めにかけて、新潟県吉田町で住民に赤痢が集団発生。緊急検査の結果、443名が真性赤痢、1784名が保菌者と確認された。原因は同町の水道の取水口近くに捨てられた汚物と見られる。《データ》患者443名,保菌者1784名

2.15 住宅火災(埼玉県川口市) 2月15日未明、埼玉県川口市幸町の岩崎アパートから出火し、3階建の旧館や2階建の新館など6棟(840m²)を全焼、2棟を半焼、入居者ら7名が焼死、17名が負傷、356名(89世帯)が焼け出された。原因は石油コンロの過熱と見られる。《データ》死者7名,負傷者17名,全焼家屋6棟,半焼家屋2棟,焼失面積840m²,被災者356名(89世帯)

2.20— 土砂崩れ(高知県長岡郡大豊町) 2月20日、高知県大豊町の土讃線土佐岩原・豊永駅間で約10万m³の大規模な土砂崩れがあり、作業員2名が生き埋めになった(3月26日に同線復旧)。《データ》生き埋め者2名,土砂崩壊約10万m³,被害額3億円以上

2.23 東西航空機墜落(山口県防府市付近) 2月23日、山口県防府市で、東西航空のデハビランドヘロン型機が山林に墜落、乗員3名が死亡した。《データ》死者3名,航空機1機墜落

昭和37年（1962年）

2.25　東海道本線貨物列車脱線（静岡県浜名郡湖西町）　2月25日、東海道本線の鷲津駅構内で、通過中の上り貨物列車（49両編成）の貨車9両が脱線し、うち6両が転覆、タンク車の濃硫酸が近くの浜名湖に流れ込み、養殖の黒海苔約40万枚が全滅した。《データ》魚介類被害, 車両9両脱線（うち6両転覆）

2.27　オート三輪車・準急列車衝突（静岡県磐田市）　2月27日、静岡県磐田市の東海道本線袋井・磐田駅間の踏切で、オート三輪車と準急列車東海2号が衝突、車両1両が脱線、乗客ら2名が死亡、5名が重軽傷を負った。　《データ》死者2名, 重軽傷者5名, 車両1両脱線

3.7　消防車転落（群馬県吾妻郡吾妻町）　3月7日、群馬県吾妻町松谷の国道145号線で、温泉に向かう途中の同町第5消防分団の消防車が吾妻渓谷に転落、団員6名が死亡、10名が負傷した。団員らは消防訓練後で、酒を飲んでおり、運転手は無免許だった。《データ》死者6名, 負傷者10名, 車両1台転落

3.16　雪崩地すべり（新潟県栃尾市）　3月16日、新潟県栃尾市新山地区で雪崩をともなう地すべりが発生し、住宅2棟が雪と土砂の下敷きになって壊れ、住民6名が圧死した。　《データ》死者6名, 全壊家屋2棟

3.17　伊予鉄道バス・ダンプカー衝突（徳島県名東郡国府町）　3月17日、徳島県国府町和田の国道192号線で、伊予鉄道の四国88か所巡りの遍路観光バスとダンプカーが衝突し、乗客ら4名が死亡、16名が重軽傷を負った。　《データ》死者4名, 重軽傷者16名, 車両衝突

3.18　県道トンネル建設現場落盤（静岡県加茂郡南伊豆町）　3月18日、静岡県南伊豆町中木の県道トンネル建設現場で落盤が発生し、作業員9名が約500m^{3}の土砂の下敷きになり、6名が死亡、2名が重傷、1名が軽傷を負った。　《データ》死者6名, 重傷者2名, 軽傷者1名

3.21　消防三輪車転落（徳島県阿南市）　3月21日、徳島県阿南市加茂谷で、敬老会の老人らの便乗した消防三輪車が約13m下の那賀川に落ち、2名が死亡、17名が重軽傷を負った。　《データ》死者2名, 重軽傷者17名, 車両1台転落

3.24　オート三輪車・ディーゼルカー衝突（岡山県）　3月24日、岡山県井原市と同県笠岡市を結ぶ井笠鉄道線の踏切で、オート三輪車とディーゼルカーが衝突、乗客ら2名が死亡、11名が重軽傷を負った。　《データ》死者2名, 重軽傷者11名, 車両衝突

3.27　炭鉱坑内落盤（佐賀県杵島郡江北町）　3月27日、佐賀県江北町の杵島炭鉱の坑内で落盤が発生、作業員20名が生き埋めになり、5名が死亡、15名が重軽傷を負った。《データ》死者5名, 重軽傷者15名

4.3－　洪水（北海道, 秋田県）　4月3日から4日にかけて、北海道と秋田県で雪解けによる大規模な洪水が発生し、北海道の石狩川流域で約1000戸、秋田県で約100戸がそれぞれ浸水した。　《データ》浸水家屋約1100戸

4.6　農薬混入ジュース中毒死（栃木県宇都宮市）　4月6日、宇都宮市御幸町で、農作業から帰る途中に同市御幸ヶ原で拾ったビニール袋入りジュースを飲んだ家族が急性毒物中毒にかかり、子ども3名が死亡、母親が重体となった。原因はジュースに混ぜてあった有機燐系の農薬（7月23日、犯人が逮捕される）。　《データ》死者3名, 重体者1名

昭和37年(1962年)

4.30　地震(東北地方,関東地方)　4月30日午前11時26分頃、宮城県北部の深さ約30kmを震源とするマグニチュード6.5の地震が発生。このため同県古川市を中心に東北・関東地方で住民3名が死亡、197名が負傷、家屋161戸が全壊、837戸が半壊、1500戸が破損、道路22ヶ所と橋梁6ヶ所、鉄道5ヶ所が損壊した。《データ》死者3名、負傷者197名、全壊家屋161戸、半壊家屋837戸(以上警察庁調べ)、破損家屋1500戸、道路損壊22ヶ所、橋梁損壊6ヶ所、鉄道被害5ヶ所、被害額140億円(以上宮城県のみ)

5.1　ダム建設現場落盤(奈良県吉野郡下北山村)　5月1日、奈良県下北山村池原の吉野熊野電源開発池原ダム建設現場で落盤が発生、作業員8名が生き埋めになり、4名が死亡した。《データ》死者4名

5.3　常磐線貨物列車・電車二重衝突(東京都荒川区)　5月3日午後9時37分、常磐線三河島・南千住駅間で、田端発内郷行き貨物列車が引込線の車止めを突破して機関車と貨車2両が下り線路内に傾斜、転覆。直後に上野発松戸行き電車(6両編成)が転覆車両と接触し、上り線路内に脱線。さらに、6分後、松戸発上野行き電車(9両編成)が現場に突っ込み、前部5両が脱線、うち2両が線路下へ落ち、乗客ら合わせて160名が死亡、158名が重傷、164名が軽傷を負った。原因は貨物列車の信号誤認。《データ》死者160名、重傷者158名、軽傷者164名、車両脱線・転覆(運輸省調べ)

5.26-　豪雨(鹿児島県)　5月26日夕方から27日にかけて、鹿児島県に局地的な大雨が降り、がけ崩れにより住民6名が死亡、14名が負傷、1名が行方不明になった。《データ》死者6名、負傷者14名、行方不明者1名

5.27　第1佐多丸沈没(鹿児島県熊毛郡屋久町沖)　5月27日、屋久島安房港の南海上で、鹿児島県佐多町のマグロ漁船第1佐多丸(95t)が、操業中に強風と高波によって沈没し、船長は50時間余りの漂流の後、米軍の舟艇に救助されたが、残りの乗組員15名は死亡した。《データ》死者15名、船舶1隻沈没

6月　流感A2型蔓延(全国)　6月、流感A2型により、全国で患者数47万人、死者5868人となった。《データ》死者5868名

6.9-　豪雨(東北地方,関東地方,北陸地方,近畿地方,四国地方)　6月9日から14日にかけて、東北、関東、北陸、近畿、四国地方の33都府県に梅雨前線による大雨が降り、9日9時から24時間後までの雨量は徳島市で157mm、京都府舞鶴市で143mm、東京都で104mm、金沢市で101mmを記録。京都府、長野、兵庫県など各地で住民2名が死亡、8名が負傷し、3名が行方不明となった。《データ》死者2名、負傷者8名、行方不明者3名、全半壊住宅9棟、流失住宅1棟、床上浸水住宅629棟、床下浸水住宅5196棟、田畑流失・埋没103ha、田畑冠水5907ha、被災者617世帯(警察庁調べ)

6.14　トンネル建設現場落盤(徳島県阿南市)　6月14日、徳島県阿南市長生町の明谷トンネル建設現場で落盤が発生、作業員16名が生き埋めになり、7名が死亡した。《データ》死者7名

6.17-　焼岳爆発(長野県,岐阜県)　6月17日午後9時55分頃、長野県・岐阜県境の焼岳が47年ぶりに爆発し、新火口に近い焼岳小屋が崩壊、管理人2名が重傷を負い、上宝村の蒲田川で建設省の砂防堰堤建設現場の仮橋が流されたのをはじめ、長野県松本、大町、上田、小諸市や同岳付近の田畑および山林に最高約5cmの厚さの火山灰が降った。焼岳では以後、同18日夜から19日未明にかけて小規模な爆発が起こったほか、9月16日には2度目の激しい爆発が起こり、翌年まで噴煙や降灰、爆発などの活

動が続いた。《データ》負傷者2名, 全壊家屋1棟, 橋梁流失1ヶ所, 田畑・山林被害

6.18　落雷(新潟県)　6月18日、新潟県の各地に強い雷が落ち、農業関係者4名が死亡、2名が火傷を負った。《データ》死者4名, 重傷者2名

6.19－　平間・苅宿小学校集団発熱腹痛(神奈川県川崎市)　6月19日、川崎市の平間小学校と苅宿小学校で、児童622名が発熱や腹痛などの症状を訴えて集団欠席し、両校は23日まで学校閉鎖を実施した。《データ》患者622名

6.28　採石場土砂崩れ(福岡県遠賀郡水巻町)　6月28日、福岡県水巻町吉田宮尾の高尾採石の採石場で、高さ50m前後の土砂崩れが発生し、約1万m³の土砂に埋まって同社の社長ら7名が死亡、11名が重軽傷を負い、社員住宅など7棟が半壊した。《データ》死者7名, 重軽傷者11名, 半壊家屋7棟

6.29－　十勝岳爆発(北海道上川郡新得町)　6月29日午後11時頃から7月2日にかけて、北海道の十勝岳の大正火口付近が爆発し、火口近くにある磯部鉱業所十勝硫黄鉱の関連施設が壊れ、採掘作業員5名が死亡、気象台の観測員2名を含む12名が重軽傷を負い、同岳南側の新得町で爆発の際の降灰とガスにより住民多数が中毒にかかり、43世帯が避難したのをはじめ、農作物や家畜にも被害があった。十勝岳付近では5月下旬から火山性地震が頻発しており、札幌気象台も爆発を警戒し、登山を禁止していた。《データ》死者5名, 重軽傷者12名, 全壊施設1棟, 家畜被害, 農作物被害

7月　集団赤痢(鳥取県倉吉市)　7月、鳥取県倉吉市の高城小学校で赤痢が発生し、緊急検査を実施したところ、同校の児童や家族、職員、隣接の保育園の園児など307名の患者と保菌者が確認された。《データ》患者および保菌者307名

7.1－　豪雨(東海地方, 近畿地方, 中国地方, 四国地方, 九州地方)　7月1日から8日にかけて、東海地方以西の各地に停滞した梅雨前線による大雨が降り、九州地方で連日100mmを超える雨量を記録。このため名古屋市千種区の中央本線千種駅の堀割式構内で土砂崩れが発生、上下線が冠水し、佐賀県太良町で山津波により住民56名が死亡したのをはじめ、福岡県大牟田市など各地で112名が死亡、115名が負傷し、17名が行方不明となった。《データ》死者112名, 負傷者115名, 行方不明者17名, 全壊住宅226棟, 半壊住宅285棟, 破損住宅350棟, 全焼住宅1棟, 流失住宅42棟, 床上浸水住宅1万1608棟, 床下浸水住宅9万2448棟, 被災非住宅445棟, 田畑流失・埋没3176ha, 田畑冠水8万6712ha, 道路損壊1604ヶ所, 橋梁流失251ヶ所, 堤防決壊949ヶ所, 山崩れ3085ヶ所, 鉄道被害98ヶ所, 通信施設被害378ヶ所, 木材流失40m³, 船舶沈没4隻, 船舶流失11隻, 無発動機船被害2隻, 被災者12万6768名(2万8779世帯)(以上警察庁調べ), 被害額(佐賀県のみ)110億円

7.2　竜巻(茨城県)　7月2日午後2時40分頃、北浦で半径300m前後の竜巻が発生後、茨城県牛堀、潮来、鹿島町および東村、千葉県佐原市などを通過。このため牛堀町で八代小学校の木造平屋建の北側旧校舎(6教室)が倒壊、6年生79名と担任教諭2名が下敷きになり、2名が死亡、77名が重軽傷を負ったのをはじめ、各地で住宅10棟が全半壊、19棟が破損、住宅以外の28棟が被災、住民28世帯が被災した。《データ》死者2名, 重軽傷者77名, 全半壊住宅10棟, 破損住宅19棟, 被災非住宅28棟, 被災者28世帯

7.6　大川自動車バス転落(香川県大川郡長尾町)　7月6日、香川県長尾町前山上中津で、大川自動車の定期バスが県道から約30m下の鴨部川に落ち、乗っていた長尾中学校の校長や同校のPTA副会長ら3名が死亡、28名が重軽傷を負った。《データ》死者

昭和37年（1962年）

3名，重軽傷者28名，車両1台転落

7.8 　地滑り（佐賀県藤津郡太良町）　7月8日朝，前日深夜から約1100mmという大雨に見舞われていた佐賀県太良町亀ノ浦で地滑りが発生し，住宅約30戸が倒壊，住民56名が死亡，300名が重軽傷を負った。《データ》死者56名，重軽傷者300名，倒壊家屋約30戸

7.14 　遊覧船転覆（熊本県球磨郡球磨村）　7月14日，熊本県球磨村一勝地の通称竿喰の瀬で，球磨川下り有限会社の小型観光遊覧船が転覆し，乗客ら9名が溺死した。定員超過と，増水による危険を軽視していたことが原因と見られる。《データ》死者9名，船舶1隻転覆

7.15 　炭鉱坑内爆発（北海道芦別市）　7月15日，北海道芦別市西芦別の三井鉱山芦別鉱業所頼城炭鉱で，坑口から約5km奥の南大坑道でガス爆発が起こり，同坑道が数十mにわたって崩壊し，作業員11名が坑内に取り残され，8名が死亡した。《データ》死者8名

7.24 　東本願寺金剛別院火災（石川県金沢市）　7月24日，金沢市横安江町の浄土真宗大谷派東本願寺金剛別院の事務所付近から出火し，同境内の香部屋や土蔵，大谷服装学院，教務院宿舎など8棟（約3300m^2）を全焼，隣接地の住宅19棟（500m^2）を全半焼。原因は失火と見られる。《データ》全半焼建物・住宅27棟，焼失面積約3800m^2，被害額約15億円

7.25 　壬生寺火災（京都府京都市中京区）　7月25日，京都市中京区坊城仏光寺上ルの真言律宗大本山壬生寺の境内で火災があり，木造藁葺入母屋造りの本堂（291m^2）を全焼し，本尊の延命地蔵菩薩座像や壬生狂言の金鼓など堂内の重要文化財6点も焼失。原因は精神薄弱者の女性による放火。《データ》全焼建物1棟，焼失面積291m^2

7.27 　台風7号（近畿地方，東海地方）　7月27日午後1時頃，中心気圧970mb，瞬間最大風速33mの勢力を持つ台風7号が，和歌山県周参見町に上陸し，奈良，滋賀県を通過後，翌朝に岐阜県の南部で消滅。このため奈良県天川村の山上ヶ岳で759mmの雨が降り，静岡県浜岡，湖西町で山崩れにより4名が死亡したのをはじめ，東海，近畿，四国地方の各地で住民40名が死亡または行方不明となった。《データ》死者・行方不明者40名，全壊住宅28棟，半壊住宅17棟，破損住宅142棟，流失住宅2棟，床上浸水住宅1426棟，床下浸水住宅8949棟，被災非住宅168棟，田畑流失・埋没6ha，田畑冠水6668ha，道路損壊215ヶ所，橋梁流失34ヶ所，堤防決壊48ヶ所，山崩れ172ヶ所，鉄道被害21ヶ所，通信施設被害1621ヶ所，船舶沈没7隻，船舶破損6隻，無発動機船被害4隻，被災者5869名（1178世帯）

7.30 　採石場落盤（栃木県宇都宮市）　7月30日，宇都宮市大谷町の採石場で落盤が起こり，作業員2名と通行人の女子中学生（13歳）が死亡した。《データ》死者3名

8月　集団赤痢（高知県土佐清水市）　8月初め，高知県土佐清水市中の浜で住民435名が赤痢にかかった。原因は簡易水道の衛生状態の不良。《データ》患者435名

8月　干害（岩手県，福島県，群馬県）　8月，岩手県久慈市および九戸・二戸郡と福島，群馬の各県で，記録的な無降雨状態が続き，陸稲などの農作物に干ばつによる被害が多発した。《データ》農作物被害，被害額（岩手・群馬県のみ）39億9000万円

8月〜　渇水（兵庫県神戸市）　8月から12月頃にかけて，神戸市で渇水による深刻な水不足

162

が発生し、同市は9月24日以降8時間から10時間の夜間断水を実施した。

8.1— 台風9号（北海道,宮崎県,鹿児島県）　8月1日早朝、中心気圧968mb、最大風速35mの勢力を持つ台風9号が、沖縄を通過し、その後、東シナ海から朝鮮半島、日本海を経て、衰弱しながら同4日未明に北海道寿都町に上陸。このため渡島半島南部の前線が活発化し、同2日夜から4日にかけて北海道で200mmを超える大雨が降り、石狩、千歳、十勝川などが氾濫し、根室本線の狩勝、新内駅間で土砂10万m^3が流されて線路が約80m宙づりになったのをはじめ、宮崎、鹿児島県など各地で住民18名が死亡、12名が負傷し、19名が行方不明となった。《データ》死者18名,負傷者12名,行方不明者19名,全壊住宅42棟,半壊住宅106棟,破損住宅47棟,流失住宅255棟,床上浸水住宅1万1745棟,床下浸水住宅1万9919棟,被災非住宅3451棟,田畑流失・埋没2097ha,田畑冠水3万3312ha,道路損壊385ヶ所,橋梁流失555ヶ所,堤防決壊344ヶ所,山崩れ266ヶ所,鉄道被害45ヶ所,通信施設被害212ヶ所,木材流失1108m^3,船舶流失2隻（以上警察庁調べ）,被災者約5万9500名,被害額（北海道のみ。台風10号との合算）419億6918万円

8.7　トラック・南武線電車二重衝突（神奈川県川崎市）　8月7日夕方、南武線の津田山・久地駅間の下作延無人踏切で、トラック（積載量2t）と川崎発登戸行き電車（4両編成）が衝突して脱線。直後に上り電車が突っ込み、乗客ら3名が死亡、154名が重軽傷を負った。《データ》死者3名,重軽傷者154名,車両衝突（運輸省調べ）

8.9— 台風10号（北海道）　8月9日午後0時、台風10号が朝鮮半島を経て日本海で衰弱、温帯低気圧になり同10日午前3時、北海道留萌市付近に上陸。このため台風9号の上陸時と同じく北海道南西部に大雨が降り、住民2名が死亡、9名が負傷した。《データ》死者2名,負傷者9名,全半壊・流失住宅24棟,床上浸水住宅896棟,床下浸水住宅4015棟,田畑流失・埋没260ha,道路損壊19ヶ所,橋梁流失7ヶ所,堤防決壊6ヶ所,山崩れ15ヶ所,被災者4624名（959世帯）（警察庁調べ）

8.24— 三宅島爆発（東京都三宅村）　8月24日午後10時20分、伊豆諸島の三宅島の雄山東側斜面が22年ぶりという大規模な爆発、噴火を起こし、溶岩流が海岸付近まで流出。同時期に震度2から5の火山性地震も頻発し、住民30名が負傷、47名（34世帯）が被災、住宅4棟が全焼、住宅以外の6棟が破損、畑や山林なども被災。東京都は9月1日から2週間、同島の児童や生徒ら1879名を千葉県館山市へ集団避難させた。《データ》負傷者30名,全焼家屋4棟,破損家屋6棟,畑被害,山林被害,被災者47名（34世帯）（以上警察庁調べ），被害額1億3000万円

8.26　台風14号（中部地方,近畿地方）　8月26日早朝、台風14号が三重県の南部に上陸し、同午前7時頃に琵琶湖を、同11時に福井市付近を通過後、日本海へ出て弱い熱帯低気圧になり、翌日昼頃に津軽海峡から北海道の東海上へ抜けた。このため東海、近畿地方など各地で住民7名が死亡、45名が負傷し、4名が行方不明となった。《データ》死者7名,負傷者45名,行方不明者4名,全壊住宅131棟,半壊住宅297棟,破損住宅4757棟,床上浸水住宅272棟,床下浸水住宅1万1226棟,被災非住宅1459棟,田畑流失・埋没16ha,田畑冠水2506ha,道路損壊123ヶ所,橋梁流失20ヶ所,堤防決壊15ヶ所,山崩れ94ヶ所,鉄道被害24ヶ所,通信施設被害1万1607ヶ所,船舶沈没47隻,船舶流失3隻,船舶破損72隻,無発動機船被害168隻,被災者3652名（800世帯）（警察庁調べ）

8.26　釣客水死（神奈川県相模原市付近）　8月26日、神奈川県相模原市付近を台風14号が

昭和37年(1962年)

通過する際に、相模川が急激に増水し、釣客6名が水死。原因は上流にある同県相模湖町の相模ダムからの放水連絡の不徹底と大雨。《データ》死者6名

8.27 　集団食中毒(東北地方、関東地方) 　8月27日、東北、関東地方の12都県で、1312名が鯨ベーコンによる食中毒にかかり、うち山形県で1名が死亡。原因は製造元の東京都江戸川区の京洋食糧の衛生状態が悪く、同工場内に病原性好塩菌が繁殖していたため。《データ》患者1312名(うち死者1名)

9.3 　海上自衛隊対潜哨戒機墜落(鹿児島県名瀬市) 　9月3日、鹿児島県名瀬市の大島実業高等学校の校庭で、緊急輸血用血液を運んできた海上自衛隊第1航空群のP2V7型対潜哨戒機が、積荷を投下する直前に左翼を松の大木に接触、付近の住宅に墜落して炎上し、31棟を全焼、全乗員12名と住民1名が死亡、12名が重軽傷を負った。《データ》死者13名、重軽傷者12名、航空機1機墜落、全焼家屋31棟

9.13 　山荘火災(山梨県南都留郡中野村) 　9月13日午前11時頃、山梨県中野村平野向切詰の通称秋田山荘から出火し、木造平屋建の同荘(50m²)を全焼、男女10名が焼死。火災直後は放火殺人の疑いが持たれたが、警察庁科学捜査研究所と山梨県警察本部の実験および鑑定の結果、死因は風呂釜のプロパンガスの不完全燃焼による一酸化炭素中毒、出火の原因は風呂釜の過熱とわかった。《データ》死者10名、全焼家屋1棟、焼失面積50m²

9.22 　鉄工所火災(東京都江戸川区) 　9月22日、東京都江戸川区東小松川の田中鉄工所の浴場から出火し、木造の工場兼住宅や従業員寮など(600m²)を全焼、管理人の家族や従業員ら7名が焼死した。《データ》死者7名、工場ほか全焼、焼失面積600m²

9.26 　火災(長崎県福江市) 　9月26日、長崎県福江市東浜町の九州商船の貨物倉庫付近から出火し、10m前後の北北東の風にあおられて市役所や警察署、税務署、郵便局など中心部の家屋391戸(約2万m²)を全焼、住民9名が負傷、791世帯が焼け出された。原因は倉庫の宿直係の投げ捨てたタバコの残り火。《データ》負傷者9名、全焼家屋391戸、焼失面積約2万m²、被災者791世帯、被害額100億円

10.17 　函館バス転落(北海道爾志郡) 　10月17日、北海道熊石町相沼から乙部村豊浜に向かう国道229号線の第3・第4トンネル間で、函館バスの久遠発江差行き定期バスが幅約270mの地滑りに巻き込まれて同町折戸付近の海に落ち、乗客ら15名が溺死または圧死、25名が重軽傷を負った。《データ》死者15名、重軽傷者25名、車両1台転落

10.19 　トラック転落(福島県河沼郡柳津町) 　10月19日、福島県柳津町猪倉野の県道で、下校時の児童や生徒多数の便乗した砂利運搬トラックが約50m下の沢に落ち、5名が車体や土砂の下敷きとなって死亡、6名が重軽傷を負った。《データ》死者5名、重軽傷者6名、車両1台転落

10.19 　全日本空輸旅客機墜落(愛知県西加茂郡猿投町) 　10月19日、愛知県猿投町で、操縦士養成訓練中の全日本空輸のバイカウント828型4発ターボプロップ旅客機が失速して山林に墜落し、乗員4名が死亡した。《データ》死者4名、航空機1機墜落

11.3 　早稲田大学・慶応義塾大学ヨット遭難(相模湾) 　11月3日、神奈川県三浦市小網代・初島間および利島間で、早稲田大学のヨット早風号と慶応義塾大学のヨットミヤ号が、日本オーシャン・ヨットレーシング・クラブ主催の相模湾ヨットレース中に強風と高波により遭難、両艇の乗組員11名が行方不明になった(捜索後、全員死亡と

断定)。両艇の遭難のほかにも別の参加艇で乗組員2名が水死した。低気圧による天候悪化を軽視したことが原因と見られる。《データ》死者13名, 船舶2隻遭難

11.14　トラック・奥羽本線貨物列車衝突(青森県南津軽郡大鰐町)　11月14日夕方、奥羽本線大鰐駅付近の虹貝無人踏切で、作業員30名の乗ったトラックと上り貨物列車が衝突し、9名が死亡、24名が重軽傷を負った。原因はトラックの無謀運転。《データ》死者9名, 重軽傷者24名, 車両衝突

11.18　第1宗像丸・サラルドブロビーグ号衝突(神奈川県川崎市)　11月18日朝、川崎市の京浜運河鶴見航路で、ガソリンを満載して入ってきた宗像海運のタンカー第1宗像丸(1973t)が東亜燃料岸壁を出たノルウェイのタンカーサラルドブロビーグ号(3万4000t)と衝突、炎上し、両船と現場付近にいた大平油送の大平丸(100t)、三社海運賃借の醇宝栄丸が全焼、宗像丸の乗組員36名と大平丸の乗組員2名、宝栄丸の乗組員2名が焼死、ブロビーグ号の10名と他船の1名が重軽傷を負った。《データ》死者40名, 重軽傷者11名, 船舶4隻全焼(海上保安庁調べ)

11.25　第13妙力丸沈没(青森県下北郡佐井村沖)　11月25日午後9時30分頃、青森県佐井村磯谷の西約1.5kmの沖合で、操業中の青森市浦町の底引網漁船第13妙力丸(40t)が沈没し、乗組員13名のうち2名が死亡、10名が行方不明になった。《データ》死者2名, 行方不明者10名, 船舶1隻沈没

11.29　羽越本線貨物列車・蒸気機関車衝突(秋田県本荘市)　11月29日夜、羽越本線の羽後本庄・羽後岩谷駅間で、青森発大阪行き急行貨物列車が大宮から弘前へ回送される蒸気機関車と正面衝突し、機関車が全焼、貨車4両が脱線転覆、双方の乗務員2名が即死、9名が重軽傷を負った。《データ》死者2名, 重軽傷者9名, 車両4両転覆, 車両1両全焼

11.29　高知県交通バス転落(高知県土佐市)　11月29日、高知県土佐市内の波介川橋で、満員の乗客を乗せた高知県交通バスが誤って川に転落、乗客ら4名が死亡、34名が重軽傷を負った。《データ》死者4名, 重軽傷者34名, 車両1台転落

12.7　工場爆発(神奈川県横浜市保土ヶ谷区)　12月7日、横浜市保土ヶ谷区仏向町の日本カーリット保土ヶ谷工場の第5填薬作業室で爆発が起こり、同室や第6作業室、冷凍機室が全壊、約100m離れた工場長室の窓や机なども損壊、女子工員ら5名が死亡、32名が重軽傷を負った。原因は火薬の取扱ミス。《データ》死者5名, 重軽傷者32名, 全壊建物3棟(労働省調べ)

この頃－　大気汚染(全国)　37年頃から、都市部など全国各地で煤煙などによる大気汚染が顕在化し、40年頃からは一酸化炭素などの汚染物質による児童らの健康への影響が深刻化。40年6月に岡山県倉敷市水島の複数の工場が排出した高濃度の亜硫酸ガスにより周辺地区の住民多数が喘息にかかり、41年頃に北九州市八幡区の城山小学校で毎月1m^{2}当たり約80gの煤塵により全校児童750名の多くが鼻炎や慢性扁桃腺炎、副鼻腔炎にかかった。東京都では同年12月から42年3月までにスモッグ注意報の季節別発令回数が過去最高の8回を記録し、42年1月24日に大田区で0.63ppmという高濃度の亜硫酸ガスが検出され、スモッグ警報が6時間続くなど汚染が進行。同時期から全国各地で工場や自動車から排出される煤塵や鉛、亜硫酸ガスなどの硫黄酸化物、二酸化窒素などの窒素酸化物、一酸化炭素による汚染が発生し、ばい煙規制法(37年12月施行)による指定から緑地帯の設置などの対策が実施された。《デー

昭和38年(1963年)

タ》患者多数,被害額161億7000万円(大阪市総合計画局の算定した家庭・企業・公共建築物の年間被害額。43年10月時点)

昭和38年
(1963年)

1.1- **豪雪(38年1月豪雪)**(日本海側) 1月1日から4日にかけて、北海道と羽越地方で断続的な猛吹雪により鉄道各線の運休や青函連絡船の欠航が発生、同21日に北陸本線が不通になり、同25日には鹿児島県の奄美諸島に62年ぶりに雪が降り、富山県伏木町で225cm、金沢市で181cm、福井市で213cm、福井県敦賀市で154cmの積雪を記録。このため富山県で雪崩により住民2名が死亡、2名が行方不明、家屋11戸が全半壊したのをはじめ、2月4日までに日本海側を中心に東北、北陸、山陰、九州地方の23道府県で住民148名が死亡、228名が負傷、9名が行方不明となった。また、麦や菜種などの農作物に深刻な被害が発生、自衛隊のべ12万3000名余りの隊員を派遣して除雪、救援作業に当たった。 《データ》死者148名,負傷者228名,行方不明者9名,全壊住宅597棟,半壊住宅601棟,破損住宅2186棟,床上浸水住宅517棟,床下浸水住宅4526棟,被災非住宅2712棟,山崩れ49ヶ所,通信施設被害2万6556ヶ所,被災者6775名(1474世帯)(以上警察庁調べ)、農作物被害、被害額(岩手・秋田・山形・福島・富山・石川・兵庫・鹿児島県のみ)628億4946万円

1.4 **観光バス・ダンプカー衝突**(滋賀県甲賀郡水口町) 1月4日、観光バスとダンプカーが滋賀県水口町北脇の国道1号線で激突し、バスの乗客ら4名が死亡、24名が重軽傷を負った。原因はダンプカーの運転手の飲酒運転。 《データ》死者4名,重軽傷者24名,車両衝突

1.15 **第1大生丸遭難**(高知県室戸市沖) 1月15日、高知県室戸市の南方で、徳島県牟岐町の出羽島漁業協同組合の第1大生丸(乗組員14名)が、西カロリン諸島の漁場に向けて徳島港を出た直後に消息を絶った(3月19日、全員死亡と断定)。 《データ》死者14名,船舶1隻遭難

1.19 **ダンプカー・京都電鉄伏見線電車衝突**(京都府京都市) 1月19日、京都電鉄伏見線の竹田出橋・竹田久保町駅間で、ダンプカーと電車が衝突し、乗客ら4名が死亡、58名が負傷した。 《データ》死者4名,負傷者58名,車両衝突(運輸省調べ)

1.20- **突風・降霰**(長野県南部) 1月20日午後、長野県の南部に998mbの副低気圧が発生、発達しながら関東地方の南部を通過後、同21日早朝に鹿島灘へ抜けた。このため伊那郡と佐久郡に霰や雷をともなった突風が吹き、住民2名が負傷、住宅20棟が全壊、141棟が半壊、1411棟が破損、住宅以外の217棟が被害、164世帯が被災した。 《データ》負傷者2名,全壊住宅20棟,半壊住宅141棟,破損住宅1411棟,被災非住宅217棟,被災者164世帯

1.24 **ガス爆発**(東京都江東区) 1月24日、東京都江東区深川で地下2mに敷設してあった東京ガスの鋼鉄製高圧輸送管(直径65cm、厚さ11mm)の溶接部分が破損し、周囲の下水道などにガスが漏れて引火、爆発。このため道路やコンクリート製電柱の隙間から発火し、蕎麦店大三庵など19棟(1400m²)を全焼、同店の家族6名が焼死、19名が重軽傷を負い、4名がガス中毒にかかった。ガス管破損の原因は現場付近の地盤沈

下。 《データ》死者6名,重軽傷者19名,中毒者4名,全焼家屋19棟,焼失面積1400m²

1.24　火災(宮崎県西都市)　1月24日、宮崎県西都市のパチンコ店から出火し、中心部の68戸を全焼、住民4名が焼死した。《データ》死者4名,全焼家屋68戸,被害額1億円

1.24　雪崩(福井県勝山市)　1月24日、福井県勝山市野向町横倉で、幅約50m、長さ約1.5kmの表層雪崩が発生し、公民館など4戸が倒壊、住民13名が死亡、3名が行方不明になった。《データ》死者13名,行方不明者3名,倒壊家屋4戸

1.26　雪崩(新潟県刈羽郡黒姫村)　1月26日、新潟県黒姫村野田で雪崩があり、農家1棟が埋没して家族6名が死亡、1名が重傷を負った。《データ》死者6名,重傷者1名,埋没家屋1棟

1.26　雪崩(福井県足羽郡美山村)　1月26日、福井県美山村大谷の人見小学校から約2km離れた地点で高さ200m、幅150mにわたって雪崩が発生し、雪崩に巻き込まれた下校途中の児童8名と教諭1名のうち児童3名と教諭が死亡した。《データ》死者4名

1.30　炭鉱坑内ガス爆発(佐賀県東松浦郡相知町)　1月30日、佐賀県相知町の新長炭鉱の坑内でガス爆発が起こり、作業員5名が死亡した。《データ》死者5名

1.30　唐津炭鉱坑内落盤(佐賀県唐津市)　1月30日、佐賀県唐津市にある唐津炭鉱の坑内で落盤があり、作業員2名が即死した。《データ》死者2名

2.5－　雪崩(山陰地方)　2月5日から6日にかけて、兵庫県北部や島根県など山陰地方で雪崩が発生し、兵庫県温泉町で住民4名が死亡、同県浜坂町で10名が死亡、島根県大東町で5名が死亡するなど各地で30名が死亡、家屋多数が倒壊した。《データ》死者30名,倒壊家屋多数(兵庫・島根県のみ)

2.11　海上自衛隊ヘリコプター墜落(青森県むつ市)　2月11日、海上自衛隊大湊基地で、航空隊のHSS1シコルスキー58型対潜捜索用ヘリコプターが操縦練習のため離陸した直後にエンジンが爆発して基地の敷地内に墜落、炎上し、乗員6名が即死、1名が重傷を負った(後に死亡)。《データ》死者7名,ヘリコプター1機墜落

2.14　第5大勢丸転覆(サハリン沖)　2月14日、サハリン西海岸の沖合で、操業中の底引網漁船第5大勢丸(84t)が猛吹雪により転覆し、乗組員16名のうち15名が死亡した。《データ》死者15名,船舶1隻転覆

2.20　雪崩(青森県黒石市)　2月20日、青森県黒石市青荷沢の開拓地内の国有林で雪崩が発生し、伐採作業員用の宿舎が壊れ、同宿舎に泊まっていた開拓地の住民13名のうち9名が死亡。当日は雪崩注意報が出ていた。《データ》死者9名,倒壊家屋1棟

2.24　第5天王丸沈没(愛媛県北宇和郡津島町沖)　2月24日、愛媛県津島町の竹ヶ島沖合で、同県御荘町の大浜漁業の大型巻網漁船第5天王丸(599t)が座礁、沈没し、乗組員27名のうち14名は救助されたが、残りの2名が死亡、11名が行方不明になった。《データ》死者2名,行方不明者11名,船舶1隻沈没

2.25　住宅火災(山形県東置賜郡宮内町)　2月25日、山形県宮内町の中心部で火災があり、積雪に閉じ込められて逃げ遅れた中華料理店の経営者の家族6名が焼死した。《データ》死者6名,家屋火災

2.26　ときわ丸・りっちもんど丸衝突(兵庫県神戸市長田区沖)　2月26日午前1時過ぎ、神

昭和38年(1963年)

戸市長田区の藻苅島の南1.6kmの沖合で、宝海運の鳴門航路定期貨客船ときわ丸(238t)が神戸港へ入る直前、出港直後の大同海運の貨物船りっちもんど丸(9547t)と衝突、沈没し、乗組員12名と乗客49名、便乗者5名のうち船長ら19名は救助されたが、残りの47名が死亡した。《データ》死者47名、船舶1隻沈没(海上保安庁調べ)

3.4 自家用機墜落(静岡県田方郡中伊豆町) 3月4日、静岡県で、自家用のセスナ172型機が天城山に激突、墜落し、操縦者の米国人ブレイクニー夫妻が死亡した。ブレイクニー氏は極東軍事裁判で、弁護人として活躍した。《データ》死者2名、航空機1機墜落

3.5 営林署雪崩埋没(岩手県和賀郡湯田町) 3月5日、岩手県湯田町の川尻営林署が雪崩により埋没、同署員17名が下敷きになり、5名が死亡した。《データ》死者5名、庁舎埋没

3.13 第12天竜丸遭難(小笠原諸島付近) 3月13日、小笠原諸島の付近で、鹿児島県串木野市の天竜産業のマグロ漁船第12天竜丸(乗組員16名)が悪天候により消息を絶った(漁具などを発見後、遭難と断定)。《データ》死者16名、船舶1隻遭難

3.16 山崩れ(新潟県西頸城郡能生町) 3月16日、新潟県能生町小泊の尾山で幅約50m、厚さ10mの山崩れが発生し、家屋37棟が全半壊、住民4名が死亡、20名が重軽傷を負った。直後に北陸本線の敦賀発直江津行き普通列車が能生・筒石駅間の白山トンネル東側で崩れた土砂に乗り上げ、機関車が転覆、客車1両が脱線したが、死傷者はなかった。《データ》死者4名、重軽傷者20名、全半壊家屋37棟、車両2両脱線

3.16 航空自衛隊ヘリコプター墜落(香川県三豊郡詫間町) 3月16日、香川県詫間町の三崎半島で、雪害地救援から戻る途中の航空自衛隊救難分遣隊のバートH21B型大型ヘリコプターが半島の突端に衝突、炎上し、乗員10名全員が焼死した。《データ》死者10名、ヘリコプター1機墜落

3.16 中学校卒業生ガス中毒死(広島県豊田郡大崎町) 3月16日、広島県大崎町にある第2次大戦中につくられた防空壕内で、卒業記念パーティーを開いていた同町西野中学校の男子生徒7名が練炭火鉢の不完全燃焼による一酸化炭素中毒にかかり、全員死亡した。《データ》死者7名

3.20 熊袋小学校積雪崩壊(新潟県栃尾市) 3月20日、新潟県栃尾市の熊袋小学校で、学校統合問題の集会中に校舎が積雪の重みで壊れ、集会に出席していた同市教育長ら2名が圧死、52名が重軽傷を負った。《データ》死者2名、重軽傷者52名、校舎崩壊

3.29 大洋航空測量機墜落(京都府久世郡城陽町) 3月29日、京都府城陽町で、測量作業中の大洋航空の双発機が同町の大亀谷山に墜落し、乗員3名が即死した。《データ》死者3名、航空機1機墜落

4月- 干ばつ(鹿児島県、沖縄) 4月から6月にかけて、南西諸島で深刻な干ばつが発生。沖縄では月別に4月38.6mm(平年158mm)、5月14.8mm(同236.3mm)の雨量を記録、特産の砂糖キビやパイナップルなどの農産物が収穫不能になり、飲料水の不足も起こった。《データ》農作物被害、被害額(沖縄のみ)1166万ドル(琉球政府推計)

4.8 第2大洋丸遭難(山形県酒田市沖) 4月8日、山形県酒田市の飛島沖合で、操業中の秋田県金浦町の底引網漁船第2大洋丸(21t)が遭難し、乗組員11名が全員死亡した(同10日朝に船体発見)。《データ》死者11名、船舶1隻遭難

昭和38年(1963年)

4.23	海底ボーリング用台船転覆(広島県広島市)	4月23日、広島市の三菱造船営業所で、海底ボーリング用海洋ステーションが転覆し、3名が死亡した。《データ》死者3名, 船舶1隻転覆
4.24	第3福寿丸沈没(岩手県陸前高田市沖)	4月24日、岩手県陸前高田市広田町の根岬の約300m沖合で、釧路港へ向かう途中のサケ・マス流し網漁船第3福寿丸が濃霧と高波により座礁、沈没し、乗組員19名が死亡した。《データ》死者19名, 船舶1隻沈没
4.26	市役所建築現場コンクリート崩壊(熊本県荒尾市)	4月26日、熊本県荒尾市の市役所新築現場でコンクリートが崩れ、作業員24名が生き埋めになって3名が死亡、21名が重傷を負った。《データ》死者3名, 重傷者21名
4.28	幼稚園児冷蔵庫窒息死(熊本県阿蘇郡小国町)	4月28日、熊本県小国町宮原で、幼稚園児4名が食料品店の業務用大型冷蔵庫に入って遊んでいて出られなくなり、窒息死した。《データ》死者4名
4.30-	長雨(関東地方, 中国地方, 四国地方, 九州地方)	4月30日から6月にかけて、四国、九州地方を中心に関東地方以西の各地に雨が長期間降り、島根、岡山、香川、広島、山口、愛媛、長崎、熊本、大分県などで麦が、高知県で特産のスイカをはじめ水稲1万1000tや麦1万3000t、野菜類1万7600tなどが、鹿児島県で特産の菜種が栽培面積の87%、麦が同65%でそれぞれ収穫不能になった。《データ》農作物被害, 被害額726億4300万円(6月18日時点)
4月頃	幼稚園・保育所赤痢多発(熊本県)	4月頃、熊本県の幼稚園や保育所で給食施設の衛生状態の不備により赤痢が多発し、2名が死亡、156名が発病した。《データ》死者2名, 患者156名
5.1	日東航空旅客機墜落(兵庫県三原郡南淡町)	5月1日、兵庫県南淡町灘で、日東航空の大阪発徳島行きデハビランドDHC3ビーバー型水陸両用旅客機つばめ号が濃霧により諭鶴羽山の南側斜面に墜落、炎上し、乗客9名が全員死亡、操縦士ら乗員2名が重傷を負った。《データ》死者9名, 重傷者2名, 航空機1機墜落
5.5	ダム建設現場火災(宮崎県西都市)	5月5日、宮崎県西都市のダム建設現場で火災があり、同宿舎を全焼、5名が焼死した。《データ》死者5名, 建物全焼
5.7	炭鉱坑内落盤・出水(山口県小野田市)	5月7日、山口県小野田市小野田の大浜炭鉱の左1号坑内で落盤、出水し、坑口から約3km奥の海底坑の掘進現場にいた作業員15名が死亡した。《データ》死者15名(通商産業省調べ)
5.7-	豪雨(九州地方)	5月7日から17日にかけて、長崎、熊本両県をはじめ九州地方に200mmを超える大雨が降り、住民2名が死亡し、家屋多数が床下浸水、田畑が冠水するなどの被害があいついだ。《データ》死者2名, 床下浸水家屋多数, 田畑冠水(長崎・熊本県のみ)
5.9	温泉旅館天井落下(佐賀県藤津郡嬉野町)	5月9日、佐賀県嬉野町の温泉旅館和多屋別荘で大浴場の天井が落ち、宿泊客など2名が死亡、24名が重軽傷を負った。《データ》死者2名, 重軽傷者24名
5.13	西肥自動車バス転落(長崎県北松浦郡田平町)	5月13日、長崎県田平町深月免の国道204号線で、西肥自動車の平戸口駅発佐世保行き定期急行バスが約38m下の水田

昭和38年（1963年）

に落ち、乗員乗客23名のうち8名が死亡、11名が重傷を、4名が軽傷を負った。原因は大雨による現場付近の地盤の緩み。《データ》死者8名,重傷者11名,軽傷者4名,車両1台転落

5.13　中国鉄道バス転落（岡山県久米郡中央町）　5月13日、岡山県中央町で、中国鉄道の定期バスが道路脇の皿川に落ち、乗客ら5名が死亡、46名が負傷した。原因は大雨による現場付近の地盤の緩み。《データ》死者5名,負傷者46名,車両1台転落

5.15－　豪雨（東海地方、近畿地方南部）　5月15日から18日にかけて、東海地方と近畿地方南部で、寒冷前線に刺激された梅雨前線による大雨が降り、住民ら3名が死亡、紀勢、東海道、信越、飯田などの各線が土砂崩れや冠水により不通になるなどの被害が発生した。《データ》死者3名,鉄道被害

5.22　突風・降雹・落雷（群馬県,埼玉県）　5月22日夕方、群馬県の南東部と埼玉県の深谷市、妻沼町周辺で瞬間最大風速50mの突風や鶏卵大の降雹、落雷があり、住民8名が死亡、234名が重軽傷を負い、住宅75棟が全壊、95棟が半壊、住宅以外の175棟が全半壊、家屋5100棟が破損し、農作物に深刻な被害が発生した。《データ》死者8名,重軽傷者234名,全壊住宅75棟,半壊住宅95棟,全半壊非住宅175棟,破損家屋5100棟,被災者（埼玉県のみ）1000名,農作物被害,被害額（農業関係のみ）約24億円

6.2－　台風2号（関東地方,中部地方,近畿地方,中国地方,四国地方,九州地方）　6月3日午後から4日深夜にかけて、台風2号が中心気圧978mbを記録して本州の南海上を東進し、八丈島、鳥島間を経て房総半島の沖合へ抜けた。このため同2日から5日にかけて本州南岸付近の梅雨前線が刺激され、中国、四国、九州地方を中心に関東地方以西の各地に200mmから400mm前後の大雨が降り、東京で113mm、東京都大島町で272mm、金沢市で176mm、富山市で143mm、長野県松本市で70mm、京都市で66mm、徳島市で241mm、高知市で184mmの総雨量を記録し、25都府県で住民19名が死亡、10名が負傷し、1名が行方不明となった。《データ》死者19名,負傷者10名,行方不明者1名,全壊家屋21棟,半壊家屋41棟,床上浸水家屋2971棟,土砂崩れ,河川氾濫,被害額約13億600万円

6.6　洞南丸沈没（和歌山県西牟婁郡串本町沖）　6月6日、和歌山県串本町の潮岬の南西約150km付近で、フィリピンから名古屋へ戻る途中の佐藤国汽船の貨物船洞南丸（2849t）が沈没し、乗組員33名が死亡した（同11日に同船の漂流積荷のラワン材約2000tを発見）。洞南丸は戦時標準船の改造船。《データ》死者33名,船舶1隻沈没（海上保安庁調べ）

6.9　ジープ・大湊線気動車衝突（青森県むつ市）　6月9日、大湊線の赤川・金谷沢駅間の無人踏切で、小中学生を乗せたジープが気動車と衝突し、ジープの運転手と助手、同乗者の生徒ら5名が即死、児童1名が重傷を負った（後に死亡）。《データ》死者8名,車両衝突

6.13－　台風3号（関東地方,東海地方,近畿地方,中国地方,四国地方）　6月13日午後、台風3号が四国の南西部に上陸し、翌日早朝に鳥取市付近から日本海へ出た後、温帯低気圧として同日午後3時頃に秋田県男鹿市に再上陸、同夕方に岩手県の沖合へ抜けた。このため停滞性の梅雨前線が刺激されて関東地方以西の山間部に250mm前後の大雨が降り、住民2名が死亡、26都道府県で家屋の浸水や山崩れなどがあいついだ。《データ》死者2名,農作物被害,被害額111億8500万円（近畿地方の農業関係のみ）

170

昭和38年(1963年)

6.17　東海道新幹線トンネル建設現場落盤(神奈川県横浜市港北区)　6月17日、横浜市港北区樽町の東海道新幹線大倉山トンネル建設現場で落盤が発生し、作業員5名が土砂の下敷きになり、3名が死亡、残り2名は40時間後に救出された。《データ》死者3名

6.29－　豪雨(九州地方北部)　6月29日から7月1日にかけて、福岡、佐賀県を中心に九州地方の北部で沿海州から南下した停滞前線による大雨が降り、福岡県小郡町で草場川と高原川の決壊により4500世帯の家屋が浸水し、佐賀県で住民15名が死亡、21名が重軽傷を負ったのをはじめ各地で32名が死亡、6名が行方不明になり、河川の氾濫や道路および堤防の損壊、橋梁の流失などがあいついだ。《データ》死者32名,重軽傷者(佐賀県のみ)21名,行方不明者6名

7.9　ピリグラフィン誤注射死(静岡県静岡市)　7月9日、静岡市の外科病院で、医師がX線撮影の直前に入院患者6名の脊髄外腔に造影剤ピリグラフィンを注射しようとして誤って同内腔に打ち、3名が死亡、3名が重体になった。《データ》死者3名,重体者3名

7.10－　豪雨(関東地方以西)　7月10日夜から11日にかけて、関東地方以西のほぼ全域に低気圧と梅雨前線による100mmから150mm前後の大雨が降り、長野県辰野町で林産業協同組合の山小屋が山崩れにより崩壊、同小屋にいた作業員11名のうち10名が死亡し、岡山県で吉井川水系の氾濫により住民71名が死傷、特産の藺草に被害があったのをはじめ、各地で住民14名が死亡、14名が負傷し、4名が行方不明となった。《データ》死者14名,負傷者14名,行方不明者4名,全壊住宅10棟,半壊住宅111棟,破損住宅373棟,流失住宅27棟,床上浸水住宅5324棟,床下浸水住宅1万4137棟,被災非住宅154棟,田畑流失・埋没884ha,田畑冠水1万9855ha,道路損壊555ヶ所,橋梁流失559ヶ所,堤防決壊290ヶ所,山崩れ484ヶ所,鉄道被害26ヶ所,通信施設被害148ヶ所,木材流失400m^3,船舶沈没3隻,船舶流失3隻,無発動機船被害17隻,被災者2万9008名(5979世帯)(警察庁調べ)

7.21　海水浴客溺死(千葉県山武郡九十九里町)　7月21日、千葉県九十九里町の片貝海岸近くで、冷海流が通過し、海水浴客のうち11名が心臓マヒなどにより溺死、2名が行方不明になった。《データ》死者11名,行方不明者2名

7.24－　豪雨(青森県,秋田県)　7月24日から25日夕方にかけて、青森県の津軽地方と秋田県の北部に100mmを超える局地的な大雨が降った。このため青森県大鰐町で大鰐温泉の旅館多数が浸水し、秋田県藤里村粕毛で粕毛川や藤琴川の堤防が決壊、同県田代町岩瀬で岩瀬川の氾濫により橋梁4ヶ所が流失したのをはじめ、各地で住民4名が死亡または行方不明、奥羽本線などに被害が発生した。《データ》死者・行方不明者4名,浸水家屋2800戸

7.27　タグボート沈没(広島県福山市沖)　7月27日、広島県福山市の福山港内で、埋立作業員の乗ったタグボートが沈没し、10名が死亡した。《データ》死者10名,船舶1隻沈没

7.29　雷雨(福岡県,熊本県)　7月25日、福岡、熊本県の各地で雷雨により住民4名が死亡、海水浴客22名がやけどを負った。《データ》死者4名,負傷者22名

8月－　冷害・イモチ病発生(東北地方)　8月から9月にかけて、東北地方で、岩手・宮城・秋田県を中心に稲に分蘖期の日照不足および登熟期の低温、イモチ病の発生などに

171

昭和38年(1963年)

よる被害が発生した。《データ》農作物被害,被害額(秋田県のみ)86億円

8.8 　旅館火災(広島県福山市)　8月8日、広島県福山市の仙酔島の旅館で火災があり、宿泊客ら5名が焼死、15名が重軽傷を負った。原因はタバコの火の不始末。《データ》死者5名,重軽傷者15名,建物火災(消防庁調べ)

8.9－　台風9号(四国地方、九州地方)　8月9日午後1時過ぎ、台風9号が中心気圧950mbを記録して大分・宮崎県境に上陸、翌日午前3時に玄海灘へ出た後衰弱して温帯低気圧になり、12日深夜に秋田県男鹿市に再上陸、13日早朝に岩手県の沖合へ抜けた。このため近畿地方南部から九州地方までの山間部で500mmを超える大雨が降り、各地で住民23名が死亡、46名が負傷し、6名が行方不明となった。《データ》死者23名,負傷者46名,行方不明者6名,全壊住宅104棟,半壊住宅211棟,破損住宅1640棟,流失住宅109棟,床上浸水住宅8040棟,床下浸水住宅1万7126棟,被災非住宅1211棟,田畑流失・埋没419ha,田畑冠水2万2590ha,道路損壊732ヶ所,橋梁流失232ヶ所,堤防決壊312ヶ所,山崩れ519ヶ所,鉄道被害18ヶ所,通信施設被害1533ヶ所,木材流失8918m^3,船舶沈没28隻,船舶流失14隻,船舶破損52隻,無発動機船被害69隻,被災者3万5392名(8754世帯)(以上警察庁調べ),被害額(高知・宮崎県のみ)186億円以上

8.14－　豪雨(九州地方)　8月14日朝から18日にかけて、九州地方に低気圧の刺激を受けた温暖前線が停滞し、阿蘇山で700mm、熊本市で450mm、長崎市で200mmの大雨が降った。このため熊本県五木村で山津波により家屋68戸が流失、住民13名が死亡、3名が行方不明になり、同県小国町の杖立温泉で旅館多数が浸水、宿泊客約200名が緊急避難したのをはじめ、各地で24名が死亡、34名が負傷し、3名が行方不明となった。《データ》死者24名,負傷者34名,行方不明者3名,全壊住宅78棟,半壊住宅71棟,破損住宅79棟,流失住宅139棟,床上浸水住宅3573棟,床下浸水住宅8825棟,被災非住宅129棟,田畑流失・埋没118ha,田畑冠水3497ha,道路損壊397ヶ所,橋梁流失67ヶ所,堤防決壊67ヶ所,山崩れ371ヶ所,鉄道被害56ヶ所,通信施設被害143ヶ所,木材流失230m^3,船舶沈没1隻,無発動機船被害4隻,被災者1万9227名(3918世帯)(警察庁調べ)

8.17　藤田航空旅客機墜落(東京都八丈町)　8月17日午後2時24分過ぎ、八丈島で、藤田航空の東京行きデハビランドヘロン型旅客機が八丈島空港を離陸直後、密雲による視界不良のため同島の西山(通称八丈富士、854m)山腹に激突し、乗員3名と乗客16名全員が死亡した。運輸省航空局の発表によれば、原因はエンジンの故障(同20日に死亡確認)。《データ》死者19名,航空機1機墜落

8.17　みどり丸沈没(沖縄那覇市沖)　8月17日午後0時30分頃、那覇市の約10km沖合で、砂辺海運の那覇・久米島間航路の定期貨客船みどり丸(302t)が低気圧による20m前後の突風を受けて転覆、沈没し、児童ら乗客および乗組員242名のうち83名が死亡、29名が行方不明になった。突然の事態で救難信号が打てず、捜索開始の遅れたのも犠牲者の増えた原因。《データ》死者83名,行方不明者29名,船舶1隻沈没(海上保安庁調べ)

8.22　西武百貨店火災(東京都豊島区南池袋)　8月22日午後1時10分、東京都豊島区南池袋の西武百貨店7階食堂付近から出火し、同階および8階(1万2670m^2)を焼失、殺虫剤の散布作業員ら7名が焼死、15名が重軽傷を負った。同日は定休日で、原因は作業員が床に捨てたマッチの火が可燃性の有機溶剤入り殺虫剤やガソリンに引火した

172

ため。《データ》死者7名,重軽傷者15名,半焼店舗1棟,焼失面積1万2670m^2(消防庁調べ),被害額28億円

8.25　雷雨(関東地方南部)　8月25日、関東地方の南部に雷雨が降り、住民ら2名が死亡したほか、鉄道各線の遅延などがあいついだ。《データ》死者2名

8.27－　台風11号(関東地方南部,東海地方,近畿地方南部,四国地方南部)　8月27日から29日にかけて、台風11号が四国地方から房総半島までの太平洋岸に接近。このため関東、東海地方の南部に250mmから300mm前後の大雨が降り、東京都で河川の氾濫により家屋1万3000戸が浸水、鉄道各線で運休や遅れが続き、神奈川、静岡県で河川の氾濫や堤防の決壊、土砂崩れなどが発生したのをはじめ各地で被害があいついだ。《データ》浸水家屋1万3000戸(東京都のみ),河川氾濫,堤防決壊

8.30　暴風雨(全国)　8月30日、988mbまで発達した低気圧が時速50kmから60km前後で長崎県の対馬から本州を縦断。このため通過地域に突風とともに大雨が降り、東京都杉並、中野、新宿区などの旧神田上水の流域付近を中心に家屋2万戸が浸水したのをはじめ、各地で住宅の屋根瓦や商店の看板が吹き飛ばされ、通行人が死傷するなどの被害が発生した。《データ》死傷者数名,浸水家屋2万戸(東京都付近)

9.4　航空大学校機墜落(宮崎県宮崎市)　9月4日、宮崎空港で、航空大学校のKM型単発機がエンジン点検のため離陸した直後に同空港付近に墜落し、教官や整備員ら乗員4名が即死した。《データ》死者4名,航空機1機墜落

9.5　ホテル建築現場ガス噴出(長崎県南高来郡)　9月5日、長崎県南高来郡の九州ホテルの新館建築現場で、岩盤から高温度のガスが土砂とともに噴出し、作業員8名が死亡、10名が大やけどを負った。《データ》死者8名,重傷者10名

9.9　コンテナ車・総武線電車衝突(千葉県市川市)　9月9日、千葉県市川市の総武線本八幡・市川駅間の平田町無人踏切で、日本通運東京支店のコンテナ車と千葉発中野行き電車が衝突、コンテナ車の運転手と助手が死亡、同乗の1名が重傷を負い、電車も3両が脱線、乗客11名が重軽傷を負った。《データ》死者2名,重軽傷者12名,車両3両脱線

9.10－　台風14・15号(宮崎県)　9月10日朝から12日にかけて、台風14号と15号が宮崎県の山間部に700mm、宮崎市に326mmの大雨を降らせ、住民5名が死亡、日豊本線が冠水するなどの被害が発生した。《データ》死者5名,全半壊家屋82戸,浸水家屋590戸,被害額32億円余り(宮崎県災害対策本部調べ)

9.15－　豪雨(北海道南部)　9月15日から17日にかけて、北海道奥尻村を中心に北海道南部に大雨が降り、家屋127棟が全壊、47棟が流失、住民4名が死亡、22名が重軽傷、5名が行方不明、400名が被災した。《データ》死者4名,重軽傷者22名,行方不明者5名,全半壊家屋127棟,流失家屋47棟,被災者400名

9.20　ダンプカー・鹿児島本線快速電車・ディーゼルカー二重衝突(福岡県福岡市)　9月20日、鹿児島本線の箱崎・香椎駅間の警報機付き10号踏切で、エンジン停止していたダンプカーに久留米発門司港行き快速電車(4両編成)が衝突し、前部2両が脱線。直後に反対から来た西戸崎発博多行きディーゼルカーが現場へ突っ込み、乗客ら9名が死亡、108名が重軽傷を負った。《データ》死者9名,重軽傷者108名,車両横転(運輸省調べ)

昭和38年(1963年)

9.20　集団食中毒(東京都世田谷区,同都目黒区,同都千代田区)　9月20日、千代田、世田谷、目黒区などの38企業と1学級で、東京都世田谷区の食糧学院事業部製の仕出し弁当により1491名が食中毒にかかった。原因は全国的に前例の少ない耐熱性ウェルシー菌。《データ》患者1491名

9.25　ゴム工場火災(兵庫県神戸市長田区)　9月25日午後6時20分頃、神戸市長田区苅藻通の大東ゴム工業工場1階から出火し、木造2階建の同工場(約700m^2)と隣接の明生工業の鉄筋3階建の事務所の2、3階部分(約140m^2)を焼失、臨時工員の女性ら17名が逃げ遅れて焼死、7名が重軽傷を負った。原因はたばこの火の可燃性の接着剤や燃料のガソリンへの引火、爆発。《データ》死者17名、重軽傷者7名、全焼工場1棟、半焼建物1棟(以上労働省調べ)、焼失面積約840m^2、被害額2000万円

9.28　炭鉱落盤(茨城県北茨城市)　9月28日、茨城県北茨城市の大日本炭鉱の坑内で落盤が発生し、作業員6名が死亡した。《データ》死者6名

10.9　第32宝幸丸沈没(鹿児島県熊毛郡南種子町沖)　10月9日、種子島の南東約90kmの沖合で、東京都中央区築地の宝幸水産のマグロ漁船第32宝幸丸(239t)が悪天候により転覆、沈没。乗組員27名のうち23名が行方不明になったが、残り4名はゴムボートで漂流(うち1名は海上自衛隊の捜索機の投下食糧を拾おうとして行方不明)し、同12日に救助された(うち1名は2日後に心臓衰弱で死亡)。《データ》行方不明者24名、船舶1隻沈没(海上保安庁調べ)

10.17　船越丸遭難(千葉県安房郡白浜町沖)　10月17日、千葉県白浜町の野島崎の南東約1300kmの沖合で、大阪市の菅商事の貨物船船越丸(830t)が台風20号の影響を受けて遭難し、乗組員21名が行方不明になった。《データ》行方不明者21名、船舶1隻遭難

11.9　東海道本線貨物列車・横須賀線電車二重衝突〔鶴見事故〕(神奈川県横浜市鶴見区)　11月9日、国鉄の鶴見・新子安駅間の滝坂踏切付近で、東海道本線の下り貨物列車(45両編成)の後部3両が専用線から脱線、転覆しているところに、後から来た横須賀線の久里浜発東京行き電車(12両編成)が接触し、同電車の先頭車が脱線。さらに横須賀線の逗子行き電車(12両編成)が突っ込み、脱線車と逗子行き電車の4、5両目が激突し、横浜市立大学長ら161名が死亡、120名が重軽傷を負った。《データ》死者161名、重軽傷者120名、車両脱線(運輸省調べ)

11.9　三池炭鉱坑内爆発(福岡県大牟田市)　11月9日午後3時過ぎ、福岡県大牟田市の三井鉱山三池鉱業所三川鉱第1斜坑の坑口から1.6km奥の地点で爆発が発生し、作業員458名が死亡、555名が重軽傷を負い、822名に一酸化炭素中毒の後遺症が残った(41年10月から11月にかけて、労働災害補償の継続をめぐる紛争発生)。政府技術調査団と福岡地方検察庁の発表によれば、原因は炭塵除去作業の不徹底による摩擦火花の引火。《データ》死者458名、重軽傷者555名、中毒者822名(通商産業省調べ)

12.8　加明丸沈没(北海道松前郡松前町沖)　12月8日、北海道松前町の弁天島燈台の西約16kmの沖合で、神戸市生田区の正同海運の貨物船加明丸(998t)が、小樽港から福井県の敦賀港へ硫化鉱1500tを運ぶ途中、積荷が崩れて浸水、沈没し、乗組員のうち2名は救助されたが、船長ら20名が死亡した。《データ》死者20名、船舶1隻沈没(海上保安庁調べ)

12.12　第30やまさん丸沈没(北海道稚内市沖)　12月12日、稚内燈台の北東約11kmの沖合

で、北海道稚内市の波間漁業のスケソウダラ底引網漁船第30やまさん丸(91t)が稚内港へ戻る途中転覆、沈没し、乗組員18名のうち1名は救助されたが、残りの17名が死亡した。《データ》死者17名,船舶1隻沈没

12.13 炭鉱坑内ガス爆発（福岡県田川市）　12月13日、福岡県田川市の上尊鉱業繡炭鉱の坑口から約1.2km奥の地点で、電線の火花が付近に充満していたメタンガスに引火、爆発し、作業員10名が死亡した。原因は排気坑の落盤。《データ》死者10名（通商産業省調べ）

この年　採掘作業員呼吸器系疾患ほか（鹿児島県大島郡三島村）　38年、鹿児島県三島村の硫黄島の硫黄鉱およびセメント原石の採掘現場で、作業員多数に歯が溶けるように減る症状や、呼吸器系の疾患が見られた（同8月、鹿児島地方労働基準局と鹿児島大学医学部口腔外科が合同で調査開始）。《データ》患者多数

この頃－　地盤沈下（関東地方）　38年頃から、東京都の江東地区などで地下水の過剰使用により地盤沈下の発生地域が拡大し、43年の水準点の測量では21.2km²の地域で年間10cm以上の沈下がみられ、江戸川区小島で年間24cm、同区葛西の海岸付近で20cm余り、荒川河口付近と江東区亀戸で22cmなどの沈下をそれぞれ記録。44年頃からは近隣の埼玉県南東部や千葉市轟、東寺山町、千葉県船橋市東町、同県浦安町などで地盤沈下が急激に進み、毎年10cmから24cm前後の沈下により小学校の校舎崩壊などの被害が発生した（46年6月8日、南関東地盤沈下調査会が同地域の地下水枯渇と関東地方北部の沈下発生について予測を発表。同16日、都が井戸の新設を全面禁止）。

昭和39年
（1964年）

1月－　集団赤痢（宮崎県）　1月、宮崎県木城村の茶臼原地区で住民11名が赤痢患者、9名が赤痢保菌者と判明。以後、患者と保菌者は2月に日南市で17名、3月に新富町で63名となり、10月には都城市沖水地区で556名が集団赤痢になり、11月までに同県の11市町村で346名の患者と1053名の保菌者が判明した。《データ》患者346名,保菌者1053名（11月30日まで）

1月－　肝炎集団発生（三重県員弁郡員弁町付近）　1月から40年10月頃にかけて、三重県員弁町付近の住民約130名がウィルス性とみられる肝炎にかかり、同県衛生部の調査によれば、うち10名が死亡した。《データ》患者約130名（うち死者10名。三重県衛生部調べ）

1月－　インフルエンザ発生（東京都,九州地方）　1月から6月にかけて、東京都と九州地方を中心にB型ウィルスの変種によるインフルエンザが発生。届出患者数は佐賀県で7955名、うち10名が死亡したのをはじめ、2月7日までに全国の届出患者総数は12万にのぼり、うち149名が死亡した。《データ》患者約12万名（うち死者149名。届出患者数のみ。2月7日時点）

1月－　異常渇水（東京都）　1月6日、東京都が小河内水系の26万戸で給水制限を再開したのに続き、7月から9月末にかけて同地域で異常渇水が発生。都は7月9日に第2次給水制限（節水率25％）を、同21日に第3次制限（同35％）を実施し、昼間で約15万戸、夜

昭和39年(1964年)

間で26万戸がそれぞれ断水したが、多摩川水系や各貯水池などの水不足は深刻化し、8月6日の第4次制限(同45%)で1日当たり9時間給水の実施後、自衛隊も緊急給水に出動した。

1.4 安田病院火災(宮城県仙台市) 1月4日、仙台市の安田病院で火災があり、患者ら3名が死亡、2名が負傷した。《データ》死者3名,負傷者2名,施設火災(消防庁調べ)

1.7 芦別炭鉱落盤(北海道芦別市) 1月7日、北海道芦別市の三菱鉱業芦別炭鉱で落盤が発生、作業員5名が生き埋めになり、2名は救出されたが、残りの3名が死亡した。《データ》死者3名

1.9 前山小学校生ほか割氷転落(長野県佐久市) 1月9日午前10時過ぎ、長野県佐久市で、同市の前山小学校の5、6年生が同校近くの池でスケートの授業を受けていたところ、氷が突然割れて児童2名が転落。現場に駆けつけた教諭2名も穴に落ち、児童1名は救助されたが、残りの3名が死亡した。《データ》死者3名

1.15 倉敷市営バス転落(岡山県倉敷市) 1月15日午後2時25分頃、岡山県倉敷市浅原明古の市道で、倉敷市営の大型バスが約3m下の小川に落ち、乗客ら4名が死亡、20名が重傷、62名が軽傷を負った。原因は現場付近の急坂での運転ミス。《データ》死者4名,重傷者20名,軽傷者62名,車両1台転落

1.16 米軍機墜落(神奈川県相模原市付近) 1月16日、神奈川県相模原市相模台で、米軍ジェット機が訓練中に墜落、炎上し、住宅14戸を類焼、乗員や住民ら4名が死亡、29名が負傷した。《データ》死者4名,負傷者29名,航空機1機墜落,全半焼家屋14戸

1.20 第2進徳丸沈没(青森県下北郡風間浦村沖) 1月20日午後1時20分頃、青森県風間浦村の約5km沖合で、進徳海運の貨物船第2進徳丸(757t)が青森県むつ市の大湊港から横浜港へ向かう途中荷崩れにより沈没、乗組員のうち1名は救助されたが、船長ら10名が死亡した。《データ》死者10名,船舶1隻沈没

1.22 第1北辰丸転覆(シンシル島沖) 1月22日午後10時10分頃、千島列島のシンシル島の北方で、操業中のタラ底引網漁船第1北辰丸(83t)が、船体が約45度傾斜して危険と無線連絡があった後、猛吹雪により転覆し、乗組員15名が死亡した。《データ》死者15名,船舶1隻転覆

1.28 白樺湖ユースホステル宿泊者ガス中毒死(長野県茅野市) 1月28日午前8時30分頃、長野県茅野市北山の県立白樺湖ユースホステル2階の蓼科の間で、宿泊者8名が一酸化炭素中毒により死亡した。原因は暖房用石油ストーブの不完全燃焼。《データ》死者8名

1.29 旅館火災(山口県下関市) 1月29日午前2時20分頃、山口県下関市伊崎町の坪井旅館から出火し、5名が死亡、1名が負傷、同旅館など4棟(465m^2)を全焼した。《データ》死者5名,負傷者1名,全焼建物4棟,焼失面積465m^2,被害額675万円

2.9- 暴風雪(青森県、岩手県) 2月9日夕方から12日朝にかけて、青森、岩手県が猛吹雪に見舞われた。このため雪崩や寒さなどで住民ら6名が死亡し、青森県の4地区の1万6606名(2726世帯)と岩手県田野畑村沼袋の1600名の連絡が数日にわたって途絶えたほか、大湊線のディーゼル列車(10両編成)が近川・陸奥横浜駅間で積雪約3mの吹きだまりに突っ込んで立往生し、乗客640名と乗務員が車内に閉じ込められた。《データ》死者6名,被害額(岩手県のみ)25億円

2.10　トラック・準急列車衝突（兵庫県加古川市）　2月10日、兵庫県加古川市の山陽本線加古川・宝殿駅間の踏切で、トラックと準急列車が衝突し、乗客ら2名が死亡、24名が重軽傷を負った。《データ》死者2名,重軽傷者24名,車両衝突

2.11-　暴風雪（富山県）　2月11日夜から12日にかけて、富山県が瞬間最大風速25mの猛吹雪に見舞われ、送電線の切断や故障により住宅など約2000戸が停電した。《データ》被災家屋約2000戸

2.18　日東航空旅客機墜落（兵庫県伊丹市）　2月18日午前8時22分頃、兵庫県伊丹市で、大阪空港を離陸した直後の日東航空の徳島行きグラマンG73マラード型水陸両用旅客機おやしお号が、故障により水田に墜落、炎上し、乗客ら2名が即死、8名が重軽傷を負った。原因は気化器の結氷。《データ》死者2名,重軽傷者8名,航空機1機墜落

2.27　富士航空旅客機墜落（大分県大分市）　2月27日午後3時30分頃、大分空港で、富士航空の東京・鹿児島間定期便のコンベアCV240型双発旅客機もくせい号が着陸に失敗。同機は失速して空港東端の裏川河川敷の堤防に激突、炎上し、スチュワーデス2名と乗客18名が焼死、22名が重軽傷を負った。《データ》死者20名,重軽傷者22名,航空機1機墜落

3月　温泉旅館街火災（富山県下新川郡宇奈月町）　3月、富山県宇奈月町の温泉旅館街で火災があり、3名が死亡した。《データ》死者3名

3.12　オート三輪車・東武伊勢崎線準急電車衝突（埼玉県草加市）　3月12日午後6時30分頃、東武鉄道伊勢崎線の新田駅の構内踏切で、オート三輪車と上り準急電車が衝突し、オート三輪の6名が即死、1名が重傷を負い、電車の運転士が負傷した。《データ》死者6名,負傷者2名,車両衝突

3.16　木村病院火災（福島県石城郡四倉町）　3月16日午後11時30分頃、福島県四倉町の木村病院旧館から出火し、入院患者ら3名が死亡した。《データ》死者3名,病院火災

3.20　千葉工業大学山岳部員ほか遭難（長野県南安曇郡上高地）　3月20日、長野県上高地の道釜トンネル入口で、千葉工業大学の山岳部員9名のうち2名が雪崩に巻き込まれ、1名が重傷を負った。さらに同夕方、負傷者の救助依頼を受けた慶応義塾大学医学部の職員4名も雪崩に遭い、3名が死亡、1名が梓川まで流されて重傷を負った。《データ》死者3名,重傷者2名

3.22　奈良交通バス転落（奈良県大和高田市）　3月22日午後0時40分頃、奈良県大和高田市築山の県道で、奈良交通の馬見発高田行き定期バスが、対向車とすれ違う際、誤って約10m下の新堀池（深さ約1.5m）に落ち、乗客ら9名が死亡、69名が重軽傷を負った。《データ》死者9名,重軽傷者69名,車両1台転落

3.30　常岡病院火災（兵庫県伊丹市）　3月30日午前6時29分頃、兵庫県伊丹市行基田町の常岡病院本館1階の外科診察室付近から出火し、木造モルタル2階建の同館（644m²）と隣接の木造平屋建の調理場を全焼、妊産婦2名を含む入院患者9名が焼死、3名が重軽傷を負った。《データ》死者9名,重軽傷者3名,全焼施設2棟,焼失面積644m²,被害額701万円

3.30　日高炭鉱坑内ガス爆発（福岡県遠賀郡水巻町）　3月30日、福岡県水巻町の日炭日高炭鉱の坑内でガス爆発が起き、作業員8名が死亡した。《データ》死者8名

昭和39年（1964年）

4月— 長雨（宮崎県,鹿児島県） 4月から5月にかけて、宮崎、鹿児島県に雨が長期間降り、日照時間の不足や高湿度により、麦や菜種、野菜類など、農作物の被害があいついだ。《データ》農作物被害,被害額約45億3000万円

4.1— 豪雨（秋田県） 4月1日から7日にかけて、秋田県に大雨が降り、同4日午前6時10分頃に八郎潟町で高さ7m、幅62m、厚さ4m、約50分後に男鹿市脇本で高さ20m、幅35m、厚さ7mのがけ崩れが発生。このため各地で住民4名が死亡、3名が重軽傷を負った。《データ》死者4名,重軽傷者3名,全壊家屋2棟,床上浸水家屋1棟,床下浸水家屋17棟,水田冠水216ha,被災者28名（6世帯）（以上警察庁調べ）,橋梁流失5ヶ所

4.5 米海軍機墜落（東京都町田市） 4月5日午後4時30分頃、東京都町田市で、米海軍のF8U型ジェット艦上戦闘機が、厚木基地への着陸直前に同市原町田の洋裁店付近に墜落、炎上し、同店など25棟を損壊、乗員は脱出して無事だったが、同店の店員ら4名が死亡、38名が重軽傷を負った。《データ》死者4名,重軽傷者38名,損壊家屋25棟,航空機1機墜落

4.7 第8共和丸転覆（神津島沖） 4月7日午前10時35分頃、伊豆諸島の神津島の沖合で、高知県室戸市のマグロ漁船第8共和丸(159t)が乗組員23名とともに消息を絶った。同9日午前11時頃、同島から西へ約5km離れた恩馳島付近で9名の遺体と救命ボートが発見されたが、残りの14名は行方不明（同15日に転覆していた共和丸を清水港へ曳航、船内の2名の遺体収容）。《データ》死者11名,行方不明者12名,船舶1隻転覆（海上保安庁調べ）

4.23 地滑り（秋田県湯沢市） 4月23日、秋田県湯沢市高松の東北硫黄川原毛鉱業所で、大雨による地滑りが発生し、採掘作業員ら4名が圧死した。《データ》死者4名

4.29— 凍霜雹害（東北地方,関東地方北部,甲信地方） 4月29日朝から30日にかけて、東北、関東、甲信越地方で、低温や雹、霜により岩手県東磐井、気仙郡の桑畑900haおよび宮城、山形、福島県の桑畑や果樹園、茨城、埼玉県の茶畑をはじめ各地の桑畑約1万haや果樹園約1万ha、麦畑9296ha、野菜畑3910ha、水稲苗代2206ha、茶畑313haなどに被害が出た。《データ》農作物被害,被災面積4万8622ha,被害額139億円

5月— 有機水銀中毒（新潟水俣病、第2水俣病）（新潟県） 5月末から40年7月にかけて、新潟県の阿賀野川下流域の住民27名が手足のしびれや視野狭窄、難聴、軽度の神経系障害などにかかり、5名が死亡。認定患者数は45年末までに47名で、6名が死亡、ほかに10名が要観察、約50名が妊娠規制の対象になった。新潟大学医学部では原因を工場廃液に含まれる有機水銀と特定したのに対して通商産業省や企業側は否定的な見解を示したが、厚生省と科学技術庁は汚染源を同県鹿瀬町の昭和電工鹿瀬工場のアセトアルデヒド製造工程と発表。患者は全員、同川産の魚介類を常食していた。《データ》患者47名（うち死者6名。被認定者のみ。45年12月31日時点）

5月— 高木瀬小学校集団赤痢（佐賀県佐賀市） 5月から6月にかけて、佐賀市の高木瀬小学校で、児童や教職員ら545名が赤痢にかかった。《データ》患者545名

5.3 伊藤忠航空機墜落（富山県砺波市） 5月3日、富山県砺波市で、小西六写真工業の宣伝業務中の伊藤忠航空のセスナ122B型機が高圧線に接触し、観客多数の目前に墜落し、乗員3名が死亡した。《データ》死者3名,航空機1機墜落

5.7 地震（秋田県） 5月7日午後4時58分頃、秋田県男鹿市の西方沖を震源とするマグニ

チュード7.2の地震が起き、秋田市で震度4を記録。このため同県大潟村の八郎潟干拓地で堤防が1mから2m前後沈下したのをはじめ、青森、秋田県で道路や鉄橋に亀裂が発生、高圧送電線が切れるなどの被害があった。《データ》堤防沈下1ヶ所，被害額3億7000万円

5.11　住宅火災（北海道名寄市）　5月11日午後10時8分頃、北海道名寄市西2条南の市場経営者の住宅から出火し、同宅など5棟（約2000m²）を全焼、住民4名が死亡した。《データ》死者4名，全焼家屋5棟，焼失面積約2000m²，被害額2500万円

5.11　仲愷号爆発（鹿児島県肝属郡佐多町沖）　5月11日、鹿児島県佐多町の佐多岬北の草垣島付近で、台湾の貨物船仲愷号（1873t）が、積荷の硝化アンモニウムが爆発して沈没し、乗組員25名が死亡した。《データ》死者25名（海上保安庁調べ）

5.13　トラック・名鉄広見線電車衝突（岐阜県可児郡可児町）　5月13日午前8時30分頃、名古屋鉄道広見線の今渡・ライン駅間の土田踏切で、トラックと電車が衝突し、乗客ら2名が死亡、42名が重軽傷を負った。《データ》死者2名，重軽傷者42名，車両衝突

5.15　協宝丸・第3海鳳丸衝突（北海道亀田郡尻岸内村沖）　5月15日午後9時40分頃、北海道尻岸内村の恵山岬の南23.4km沖合で、日魯漁業のサケマス母船協宝丸（7158t）と北海道漁業公社のサケマス独航船第3海鳳丸（85t）が衝突。海鳳丸が転覆、沈没し、乗組員21名が死亡した（同16日未明、船体の一部と救命ブイを発見）。《データ》死者21名，船舶衝突

5.24　竜巻（東京都世田谷区）　5月24日午後3時前、東京都世田谷区用賀の馬事公苑付近で、積雲の影響により推定風速25m、高さ300m、直径30m前後の竜巻が発生し、同区中町から等々力、約4km離れた浄真寺（通称九品仏）の南を経て大田区雪谷付近で消滅。このため通過地域で家屋470戸が破損、ブロック塀延べ約100mが倒壊、通行人ら2名が負傷した。《データ》負傷者2名，破損家屋470戸

5.29　凍霜害（宮城県）　5月29日、宮城県で農作物に低温と霜による被害が発生した。《データ》農作物被害，被害額約14億円

6.3—　豪雨（北海道）　6月3日夕方から5日にかけて、北海道の日本海側を低気圧が通過し、道内の山間部に200mm前後、平野部に30mmから80mm台の大雨が降り、全域に風速10mから15mの南寄りの風が吹いた。このため住民2名が死亡、2名が負傷し、1名が行方不明となった。《データ》死者2名，負傷者2名，行方不明者1名，全壊家屋3棟，半壊家屋1棟，流失家屋1棟，床上浸水家屋344棟，床下浸水家屋1463棟，水田冠水7139ha，畑冠水7141ha，道路損壊115ヶ所，橋梁流失45ヶ所，堤防決壊19ヶ所，山崩れ28ヶ所，被災者1756名（359世帯）（以上警察庁調べ），被害額48億9000万円

6.4　第8成徳丸遭難（北海道幌泉郡襟裳町沖）　6月4日未明、北海道襟裳町の東南東沖で、岩手県大船渡市のサケマス延縄漁船第8成徳丸（39t）が乗組員17名とともに消息を絶った。同5日午前6時23分頃、同海域で13名の遺体とゴムボートを発見、残りの4名も絶望と断定された。《データ》死者17名，船舶1隻遭難

6.6　東武鉄道バス転落（群馬県利根郡白沢村）　6月6日未明、群馬県白沢村高平鶴首の栗生峠で、東武鉄道の尾瀬沼行き週末夜行バスが国道120号線の急坂カーブから約83m下の桑畑へ落ち、乗客ら2名が死亡、42名が重軽傷を負った。《データ》死者2名，重軽傷者42名，車両1台転落

昭和39年（1964年）

6.11　昭和電工工場爆発（神奈川県川崎市）　6月11日午後3時10分頃、川崎市扇町の昭和電工川崎工場で、酸化プロピレンオキサイド製造設備第2系統のタンク8基のうち2基が爆発、関連施設や計量室が吹き飛ばされ、隣接の資材倉庫など4棟（296m²）を全焼、事務所など17棟を半焼、近くの第3工場建設現場の作業員16名が死亡、50名が重傷を、61名が軽傷を負った。《データ》死者16名、重傷者50名、軽傷者61名、全焼施設4棟、半焼施設17棟、焼失面積296m²、被害額1億6425万円（労働省調べ）

6.11　砂川炭鉱落盤（北海道空知郡奈井江町）　6月11日午後1時30分頃、北海道奈井江町の三井鉱山砂川鉱業所奥奈井江坑の採炭現場で炭層が崩れ、作業員13名が生き埋めになり、8名が死亡、5名が重軽傷を負った。《データ》死者8名、重軽傷者5名

6.16　地震（東北地方、関東地方、甲信越地方）　6月16日午後1時2分頃、新潟県粟島浦村の沖合（北緯38度21分、東経139度11分）の深さ約40kmを震源とするマグニチュード7.7の地震が発生し、山形県鶴岡市で震度6、同県酒田、仙台、新潟市などで震度5を記録したのをはじめ東北、関東、甲信越地方のほぼ全域が震域になり、地震直後には秋田県の男鹿半島から石川県の能登半島にかけての沿岸に高さ1mから5m前後の津波が生じた。このため新潟市付近で国鉄白山駅や県営アパート、地方検察庁のほか1087棟が全壊、数ヶ所で火災が発生したのをはじめ、各地で住民26名が死亡、447名が負傷した。《データ》死者26名、負傷者447名、全壊住宅2134棟、半壊住宅6293棟、破損住宅3万1344棟、全焼住宅290棟、半焼住宅1棟、床上浸水住宅9475棟、床下浸水住宅5859棟、被災非住宅1万8238棟、田畑流失・埋没4817ha、田畑冠水2742ha、道路損壊1009ヶ所、橋梁流失79ヶ所、堤防決壊62ヶ所、山崩れ168ヶ所、鉄道被害119ヶ所、通信施設被害2万4113ヶ所、木材流失8530m³、船舶沈没23隻、船舶流失6隻、船舶破損158隻、無発動機船被害59隻、被災者8万6510名（1万7991世帯）（以上警察庁調べ）、被害額約3031億2093万円

6.19－　豪雨（九州地方）　6月19日早朝から20日朝にかけて、長崎県に180mm、宮崎県に174mm、鹿児島県に210mmの局地的な大雨が降り、長崎市川平町でがけ崩れがあったのをはじめ、各地で住民2名が死亡、7名が負傷した。《データ》死者2名、負傷者7名、全壊家屋2棟、床上浸水家屋10棟、床下浸水家屋434棟、水田冠水294ha、道路損壊36ヶ所、山崩れ42ヶ所、被災者106名（22世帯）（警察庁調べ）

6.24－　豪雨（西日本）　6月24日から28日朝にかけて、西日本の全域に梅雨前線による雷とともに大雨が降り、広島、山口、鹿児島県などでがけ崩れや落雷により住民9名が死亡、31名が負傷し、2名が行方不明となったほか、東海道、山陽、山陰各本線などが一時不通になった。《データ》死者9名、負傷者31名、行方不明者2名、全壊家屋20棟、半壊家屋34棟、流失家屋1棟、床上浸水家屋1332棟、床下浸水家屋1万7248棟、水田流失・埋没92ha、水田冠水1万2530ha、畑流失・埋没260ha、畑冠水789ha、道路損壊356ヶ所、橋梁流失48ヶ所、堤防決壊107ヶ所、山崩れ550ヶ所、船舶流失5隻、船舶破損1隻、被災者6397名（1410世帯）（警察庁調べ）

6.27　山崩れ（広島県佐伯郡廿日市町）　6月27日午前10時30分頃、広島県廿日市町の農家で、葬儀中に同家の裏山が大雨により高さ約30m、幅約100mにわたって崩れ、会葬者30名のうち3名が土砂の下敷きになって死亡、13名が重軽傷を負った。《データ》死者3名、重軽傷者13名

7月－　冷害・霜害（北海道）　7月から8月にかけて、北海道空知、上川、十勝地方を中心に

各地が冷害に見舞われ、9月末には霜害も起きた。このため道内の農家15万4400戸（総数の約75%）の水田約20万haと畑約56万haに被害が出たほか、冷害にともない道内各地で住民8名が死亡、27名が負傷し、3名が行方不明となった。農業関係者の自殺もあいついだ。 《データ》死者8名、負傷者27名、行方不明者3名、全壊住宅13棟、半壊住宅22棟、破損住宅222棟、全焼住宅4棟、流失住宅1棟、床上浸水住宅747棟、床下浸水住宅3280棟、非住宅被害113棟、田畑流失・埋没1786ha、田畑冠水2万9817ha、道路損壊207ヶ所、橋梁流失68ヶ所、堤防決壊35ヶ所、山崩れ44ヶ所、鉄道被害20ヶ所、通信施設被害3627ヶ所、船舶沈没16隻、船舶流失4隻、船舶破損74隻、無発動機船被害6隻、被災者3761名（799世帯）（以上警察庁調べ）、被害額572億8000万円

7.6— 豪雨（東北地方、信越地方、北陸地方） 7月6日から13日にかけて、東北、信越、北陸地方に梅雨前線と熱帯低気圧による大雨が断続的に降り、信濃川の氾濫により新潟県中之島村で住民1名が死亡、2名が行方不明になり、高柳町で土砂崩れにより2名が死亡し、栄町で水稲が収穫不能に陥ったのをはじめ、各地で7名が死亡、13名が負傷し、9名が行方不明となった。 《データ》死者7名、負傷者13名、行方不明者9名、全壊家屋11棟、半壊家屋49棟、流失家屋6棟、床上浸水家屋4029棟、床下浸水家屋3万4416棟、水田流失・埋没779ha、水田冠水1万9098ha、畑流失・埋没117ha、畑冠水1413ha、道路損壊473ヶ所、橋梁流失143ヶ所、堤防決壊298ヶ所、山崩れ431ヶ所、被災者3万9531名（8657世帯）（警察庁調べ）

7.7 水郷観光交通バス転落（千葉県佐倉市） 7月7日午前5時55分頃、千葉県佐倉市で、水郷観光交通の観光バスが県道脇の水田へ落ち、乗客ら3名が死亡、49名が重軽傷を負った。 《データ》死者3名、重軽傷者49名、車両1台転落

7.14 宝組倉庫爆発（東京都品川区） 7月14日午後10時頃、東京都品川区勝島の宝組勝島倉庫の北103号倉庫から出火し、敷地内（屋外）に積んであった硝化綿やシンナーなどの薬品入りドラム缶多数が引火、爆発。さらに約1時間後、無許可貯蔵品の危険物パーメックN（約3t）に誘爆し、倉庫など13棟（7364m²）を全焼、消防署員ら19名が死亡、住民や報道関係者を含む114名が重軽傷を負った。原因は暑熱による自然発火。 《データ》死者19名、重軽傷者114名、全焼倉庫13棟、焼失面積7364m²、被害額10億円（労働省調べ）

7.14— 豪雨（山陰地方） 7月14日から15日にかけて、山陰地方に大雨が降り、各地で住民4名が負傷、家屋6棟が半壊、148棟が床上浸水、4397棟が床下浸水などの被害が出た。《データ》負傷者4名、半壊家屋6棟、床上浸水家屋148棟、床下浸水家屋4397棟、水田流失・埋没2ha、水田冠水5010ha、畑流失・埋没2ha、畑冠水281ha、道路損壊94ヶ所、橋梁流失41ヶ所、堤防決壊26ヶ所、山崩れ139ヶ所、被災者617名（154世帯）（警察庁調べ）

7.17— 豪雨（39年7月山陰・北陸豪雨）（北陸地方、山陰地方） 7月17日夜から19日にかけて、北陸、山陰地方に大雨が降り、金沢市で223mm、松江市で309mmの雨量を記録。このため新潟県長岡市で福江川、柿川、栖古川の氾濫により国鉄長岡駅前の繁華街が浸水し、金沢市と隣接の石川県津幡町で全家屋の30%と70%前後がそれぞれ浸水し、島根県加茂町で斐伊川支流の赤川の決壊により中心部の家屋1300戸が浸水し、同県全体で山崩れなどにより住民107名が死亡、257名が重軽傷を負ったのをはじめ、12県で123名が死亡、291名が負傷し、5名が行方不明となった。 《データ》死者123名、負傷者291名、行方不明者5名、全壊住宅699棟、半壊住宅802棟、破損住宅499棟、流失住宅48棟、床上浸水住宅9918棟、床下浸水住宅5万7599棟、被災非住宅

昭和39年(1964年)

1300棟、田畑流失・埋没5537ha、田畑冠水4万505ha、道路損壊3970ヶ所、橋梁流失614ヶ所、堤防決壊1001ヶ所、山崩れ5930ヶ所、鉄道被害317ヶ所、通信施設被害1356ヶ所、船舶流失2隻、船舶破損13隻、無発動機船被害1隻、被災者6万3633名(1万5032世帯)(警察庁調べ)

7.18　東北本線ガソリンタンク車爆発(宮城県栗原郡金成町)　7月18日朝、東北本線の有壁駅構内で、タンク車から貯蔵施設へのガソリン詰替作業中に、地下管からガソリンが漏れて引火、爆発し、同駅詰所と周辺の住宅5棟を全焼、住民ら5名が焼死、3名が重傷を負った。原因は火遊び。　《データ》死者5名、重傷者3名、全焼家屋6棟

7.25－　日本脳炎流行(全国)　7月25日から9月下旬頃にかけて、東京都で住民62名(うち死亡29名。以下括弧内は死亡者数)、福井県で22名(6名)、京都府で159名(72名)、大阪府で211名、兵庫県で431名(153名)、岡山県で254名(72名)、広島県で201名(69名)、山口県で150名(56名)、徳島県で187名(84名)、佐賀県で38名(14名)、大分県で60名(18名)が、酷暑や異常乾燥の影響により真性または擬似日本脳炎にかかったのをはじめ、全国各地で2683名が発病し、1344名が死亡した。　《データ》患者2683名(うち死者1344名)

7.27－　千葉大学付属病院医局員チフス・赤痢菌飲食物混入(三島病院集団腸チフス事件・千葉大カステラ事件・川鉄カルピス事件)(千葉県千葉市、東京都世田谷区、神奈川県小田原市、静岡県三島市、同県御殿場市、同県駿東郡小山町)　7月27日から41年3月15日にかけて、千葉市の千葉大学医学部付属病院第1内科の無給医局員が赤痢菌やチフス菌を試験管で培養し、同病院や、同医局員が非常勤職員をしていた千葉市の川崎製鉄千葉製鉄所診療所と静岡県三島市の三島病院の医師および看護婦、患者らや、東京都世田谷区の陸上自衛隊衛生学校の教官、静岡県小山町に住む両親、神奈川県小田原、静岡県御殿場市に住む親戚らに培養菌を混ぜた乳酸飲料やバナナ、みかん、カステラなどの食べ物や硫酸苦味チンキなどの薬液を与えたため、のべ165名が赤痢に、116名以上が腸チフスに集団感染、発病し、うち三島病院の副院長と患者3名が死亡した(41年6月7日に逮捕)。　《データ》患者281名以上(擬似患者を含む。うち死者4名)

8月－　豪雨(宮城県)　8月下旬から9月末にかけて、宮城県に大雨が降り、水稲や葉タバコなどの農作物に被害があいついだ。　《データ》農作物被害,被害額約30億円

8.6　砂利採取場跡地児童水死(山梨県中巨摩郡八田村)　8月6日、山梨県八田村の小学生や保育園児4名が近くの釜無川へ遊びに出かけたまま消息を絶ち、捜索の結果、翌7日未明になって同村の砂利採取場跡地の池で全員の遺体が発見された。　《データ》死者4名

8.8　小豆島自動車納涼バス転落(香川県小豆郡内海町)　8月8日午後6時50分頃、香川県内海町草壁上林の寒霞渓登山道で、小豆島自動車の納涼バスが対向車線のタクシーを避け損ねて道路から約30m下の水田へ転落、乗客ら2名が死亡、71名が重軽傷を負った。　《データ》死者2名、重軽傷者71名、車両1台転落

8.9　豪雨(新潟県)　8月9日、新潟県に大雨が降り、家屋4400戸が浸水した。　《データ》浸水家屋4400戸

8.13　米軍給油機墜落(岩手県)　8月13日、岩手県刈屋地区で、米軍のボーイング給油機が墜落し、乗員7名が死亡した。　《データ》死者7名、航空機1機墜落

昭和39年（1964年）

8.15— 豪雨（熊本県南部）　8月15日から17日にかけて、熊本県南部に局地的な大雨が降り、山津波により八代市で住宅7戸が損壊、住民9名が死亡、7名が重軽傷を負い、五木村で123戸が被災、10名が死亡するなど各地で被害が発生した。《データ》死者19名, 重軽傷者7名, 被災住宅130戸

8.23— 台風14号（近畿地方, 中国地方, 四国地方, 九州地方）　8月23日午前11時50分頃、中心気圧965mb、瞬間最大風速42.6mの勢力を持つ台風14号が、鹿児島県枕崎市付近に上陸、九州の中部から伊予灘を通過し、奥丹後半島から日本海へ抜けた後、衰弱して同25日午前9時に秋田市の沖合で温帯低気圧になった。このため宮崎県蝦野町の1712mmをはじめ、近畿地方以西に100mmから300mm前後の大雨が降り、24日午前0時頃に鹿児島県牧園町でがけ崩れにより住宅2棟が倒壊、住民4名が死亡し、同日午前7時頃に熊本県泉村でがけ崩れにより4名が土砂の下敷きになって死亡したほか、各地で17名が死亡、29名が負傷し、3名が行方不明となった。《データ》死者17名, 負傷者29名, 行方不明者3名, 全壊住宅87棟, 半壊住宅229棟, 破損住宅753棟, 流失住宅9棟, 床上浸水住宅1554棟, 床下浸水住宅8810棟, 被災非住宅619棟, 田畑流失・埋没125ha, 田畑冠水5824ha, 道路損壊569ヶ所, 橋梁流失82ヶ所, 堤防決壊207ヶ所, 山崩れ423ヶ所, 鉄道被害15ヶ所, 通信施設被害8446ヶ所, 木材流失108m³, 船舶沈没7隻, 船舶流失9隻, 船舶破損2隻, 無発動機船被害34隻, 被災者8640名（2290世帯）（以上警察庁調べ）, 被害額（宮崎県のみ）27億5321万円

8.23— 豪雨（関東地方北部）　8月23日から29日にかけて、関東地方北部に大雨が降り、各地で住民4名が死亡し、10名が負傷し、1名が行方不明となった。《データ》死者4名, 負傷者10名, 行方不明者1名, 全壊家屋1棟, 半壊家屋7棟, 床上浸水家屋2475棟, 床下浸水家屋9266棟, 水田流失・埋没6ha, 水田冠水2807ha, 畑流失・埋没12ha, 畑冠水617ha, 道路損壊151ヶ所, 橋梁流失43ヶ所, 堤防決壊49ヶ所, 山崩れ508ヶ所, 被災者1万349名（2504世帯）（警察庁調べ）

9月— 異常渇水（長崎県長崎市）　9月から翌40年4月にかけて、長崎市で異常渇水が続いた。

9.8 米海軍艦載機墜落（神奈川県大和市）　9月8日午前10時56分頃、神奈川県大和市で、航空母艦ボノムリチャードから発進した米海軍第7艦隊のF8U型ジェット艦載機が同市上草柳の館野鉄工所に墜落、炎上し、工場と住宅1棟を全焼、工場3棟が全壊、隣接の住宅2棟が半壊、鉄工所経営者の家族4名と従業員1名が死亡、住民4名と乗員1名が重軽傷を負った。《データ》死者5名, 重軽傷者5名, 全焼工場ほか2棟, 全壊工場3棟, 半壊住宅2棟, 航空機1機墜落

9.10 航空自衛隊ヘリコプター墜落（福岡県粕屋郡粕屋町）　9月10日午前9時50分頃、福岡県粕屋町の上空で、山口県萩市の見島レーダー基地へ向かう途中の航空自衛隊芦屋基地の救難分遣隊のバートルH21型ヘリコプターの回転翼の1枚が折れて機体が分解。同機は水田に墜落、炎上し、機長ら乗員8名が死亡、1名が重傷を負った。《データ》死者8名, 重傷者1名, ヘリコプター1機墜落

9.11 喫茶店火災（兵庫県神戸市生田区）　9月11日午前6時45分頃、神戸市生田区北長狭通の音楽喫茶月光の2階付近から出火し、同店など7棟（1249m²以上）を全半焼、7名が死亡、2名が負傷。同店は違法建築で、消防署から警告を受けていた。《データ》死者7名, 負傷者2名, 全半焼店舗7棟, 焼失面積1249m²以上

昭和39年(1964年)

9.14 富山化学工業工場液体塩素流出(富山県富山市) 9月14日夜、富山市下奥井の富山化学工業富山工場から45分前後にわたって液体塩素(約158m³)が流出し、塩素ガスにより同工場周辺の住民45名が重傷、486名が軽傷を負い、約1万名が被害を訴えた。原因はガス管の破損。《データ》重傷者45名、軽傷者486名、被災者約1万名

9.14 奥村実業工場爆発(大阪府茨木市) 9月14日午後2時7分頃、大阪府茨木市栄町の奥村実業のプロパンガス工場で、50kg入りガスボンベなど約60本が爆発し、同社倉庫や隣接のアパートなど10棟(1354m²以上)を全焼、3名が死亡、28名が負傷した。《データ》死者3名、負傷者28名、全焼建物10棟、焼失面積1354m²以上、被害額1億円

9.15 航空自衛隊ヘリコプター墜落(埼玉県岩槻市) 9月15日午後3時30分頃、埼玉県岩槻市で、同11日の同隊墜落機の犠牲者の葬儀から戻る途中の航空自衛隊入間基地の救難分遣隊のシコルスキーH19型ヘリコプターが墜落、炎上し、救難群司令ら乗員6名が死亡した。《データ》死者6名、ヘリコプター1機墜落

9.22 上信電鉄観光バス・トラック接触(長野県佐久市) 9月22日、長野県佐久市長土呂の近津神社前で、上信電鉄の草津温泉行き大型貸切り観光バスがトラックと接触して約20m下の水田へ落ち、乗客の佐久市タバコ耕作組合の関係者60名のうち6名が死亡、41名が重軽傷を負った。《データ》死者6名、重軽傷者41名、車両1台転落

9.24- 台風20号(東北地方以西) 9月24日午後5時頃、中心気圧930mb、中心付近の最大風速45m(愛媛県宇和島市で72.3m、宮崎県串間市の都井岬で64m)の勢力を持つ台風20号が、鹿児島県の大隅半島に上陸し、日向灘から近畿地方、金沢市付近を通過後、東北地方を横断して同25日午後2時頃、三陸の沖合へ抜けた。このため強風による被害が続出し、42都府県で49名が死亡、540名が負傷し、2名が行方不明となった。《データ》死者49名、負傷者540名、行方不明者2名、全壊住宅3258棟、半壊住宅7338棟、破損住宅6万1935棟、全焼住宅3棟、半焼住宅2棟、流失住宅90棟、床上浸水住宅8424棟、床下浸水住宅3万4972棟、非住宅被害1万6194棟、田畑流失・埋没493ha、田畑冠水1万6816ha、道路損壊1060ヶ所、橋梁流失227ヶ所、堤防決壊339ヶ所、山崩れ716ヶ所、鉄道被害109ヶ所、通信施設被害5万3082ヶ所、木材流失1556m³、船舶沈没160隻、船舶流失112隻、船舶破損338隻、無発動機船被害225隻、被災者8万6047名(2万3079世帯)(以上警察庁調べ)、被害額(高知・宮崎県のみ)200億8900万円

9.27 安田製作所火災(広島県福山市) 9月27日午前3時22分頃、広島県福山市吉津町の安田製作所から出火し、同所など2棟(480m²)を全焼、4名が死亡、2名が負傷した。《データ》死者4名、負傷者2名、全焼建物4棟、焼失面積480m²、被害額2499万円

10.15- インフルエンザ発生(全国) 10月15日、青森県五所川原市の飯詰小学校で、児童ら多数がインフルエンザにかかった。以後、40年2月下旬頃を頂点に北海道から九州地方までの各地に広がり、同4月10日までの届出患者の総数は31万2410名、1756名が死亡した。《データ》患者31万2410名(うち死者1756名。40年4月10日時点)

11月- アンプル入り解熱鎮痛剤服用者死亡(千葉県、静岡県) 11月から40年2月にかけて、千葉、静岡県など各地で、アンプル入りピリン系解熱鎮痛剤の服用者9名が死亡し、厚生省は同月19日、大正製薬に同剤の再検査を指示し、23日に各製薬会社に販売停止、翌月2日に同種製品の回収を求めた後、中央薬事審議会の答申を受けて11月9日、製造中止を指示した。原因はピリン系薬剤を内服液の形で一度に過剰摂取したためと見られる。《データ》死者9名(40年2月28日時点)

11.18	パチンコ店火災(兵庫県尼崎市)	11月18日、兵庫県尼崎市升谷町のパチンコ店銀座ホールから出火し、同店をはじめ繁華街の旅館や飲食店、医院など24戸を全焼、従業員7名が焼死した。原因は店員のたばこの火の研磨用ガソリンへの引火。《データ》死者7名,全焼家屋24戸
11.22	劇場火災(東京都台東区浅草)	11月22日午前2時2分頃、東京都台東区浅草田中町の劇場吉景館の楽屋付近から出火し、商店や住宅など15棟($959m^2$)を全焼、火元に泊まっていた劇団員3名と隣接の住宅の家族4名が焼死、3名が重傷を負った。原因は劇団員のたばこの火の不始末。《データ》死者7名,重傷者3名,全焼建物15棟,焼失面積$959m^2$
11.23	東海道新幹線保線作業員事故死(静岡県磐田市)	11月23日午前7時32分頃、静岡県磐田市西貝塚の東海道新幹線の線路内で、砂利固めをしていた三軌建設の保線作業員10名が静岡発新大阪行きこだま207号にはねられ、班長ら5名が即死、1名が重傷、4名が軽傷を負った。原因は見張担当者の不注意。《データ》死者5名,重傷者1名,軽傷者4名
11.26	東海製鉄工場溶鉄漏出(愛知県知多郡上野町)	11月26日午後0時40分頃、愛知県上野町の東海製鉄の転炉工場で、休憩時間中に運搬機が傾斜して溶鉄がこぼれ、詰所にいた作業員ら5名が即死、3名が重軽傷を負った。《データ》死者5名,重軽傷者3名
11.27	清掃車・函館本線気動車・旅客列車二重衝突(北海道札幌市)	11月27日午後5時20分頃、函館本線の琴似駅近くの警報機付き発寒踏切で、立往生していた清掃車に富良野発小樽行き気動車(6両編成)が衝突し、乗客2名が死亡、63名が重軽傷を負い、先頭車両が脱線、線路脇の雪原に転覆した。その直後に反対方向から普通旅客列車(7両編成)が現場に突っ込み、機関車と客車1両が脱線した。原因は清掃車の少年(16歳)の無免許運転。《データ》死者2名,重軽傷者63名,車両3両脱線・転覆
12.2	湯田ダム作業用船転覆(岩手県和賀郡和賀町)	12月2日、岩手県和賀町の湯田ダムで、作業用船が防雪棚の設置作業中に突風を受けて転覆し、乗っていた11名のうち6名は救助されたが、女性2名を含む5名が死亡した。《データ》死者5名,船舶1隻転覆
12.17	タンクローリー・大阪市電衝突(大阪府大阪市西成区)	12月17日、西成区で、タンクローリーが大阪市電と衝突し、市電の乗客ら5名が死亡、25名が負傷した。《データ》死者5名,負傷者25名,車両衝突
12.18	キャバレー火災(兵庫県尼崎市)	12月18日午前0時25分頃、兵庫県尼崎市神田北通のキャバレー東京から出火し、同店など5棟($1220m^2$)を全焼、2名が死亡、2名が負傷した。《データ》死者2名,負傷者2名,全焼店舗ほか5棟,焼失面積$1220m^2$,被害額3000万円
12.29	東武鉄道バス転落(千葉県東葛飾郡沼南町)	12月29日、千葉県沼南町で、東武鉄道バスが道路から堤防下へ落ち、乗客ら2名が死亡、55名が負傷した。《データ》死者2名,負傷者55名,車両1台転落
この年	麻疹流行(佐賀県)	39年、佐賀県で、住民3296名が麻疹にかかり、6名が死亡した。《データ》患者3296名(うち死者6名)

昭和40年(1965年)

この頃　合成洗剤汚染(全国)　39年頃、大都市を中心に全国各地で、家庭排水に混じったアルキルベンゼンスルフォン酸塩(ABS)系の合成洗剤により、上水道の汚染や下水処理施設の機能低下が起きた(44年11月6日に厚生省が各社に製造停止を指示)。

昭和40年
(1965年)

1.8—　暴風雪(北海道,東北地方)　1月8日午後から10日にかけて、北海道、東北地方の太平洋沿岸地域が中心気圧962mbの低気圧による風速30m以上の猛吹雪や5mから7m前後の高波に襲われ、9日に漁獲物運搬船や漁船など5隻が三陸地方から伊豆諸島の八丈島付近の海域で突風を受けて転覆、沈没し、乗組員66名が死亡または行方不明になり、宮古湾などの養殖海苔や牡蠣が大きな被害を受けたのをはじめ、各地で満潮時と重なった高波により住民の負傷や家屋の損壊または浸水、道路や堤防の損壊などがあいついだ。《データ》死亡・行方不明者66名,船舶5隻遭難,(以下青森県のみ)重軽傷者22名,倒壊家屋42戸,浸水家屋554戸,被害額12億円

1.11　旅館火災(東京都大島町)　1月11日午後11時10分、伊豆諸島の東京都大島町元町海岸通の鮨店兼旅館浜寿司の2階から出火し、前線の通過による瞬間最大風速36.2mの南西風にあおられて都大島支庁や町役場、図書館、元町郵便局、電話局、映画館をはじめ商店や住宅583棟(3万7453m^2)を全焼、同町の50%前後に当たる住民1273名(408世帯)が焼け出され、7時間後に鎮火したが、地元警察署などの指示により死傷者はなかった。原因はたばこの火の不始末。《データ》全焼家屋583棟,焼失面積3万7453m^2,被災者1273名(408世帯),被害額20億6946万円(消防庁調べ)

1.12　住宅火災(大阪府堺市)　1月12日午前11時50分、大阪府堺市東湊町の住宅から出火し、同住宅など14棟(1732m^2)を全焼、住民4名が死亡、125名(37世帯)が焼け出された。《データ》死者4名,全焼家屋14棟,焼失面積1732m^2,被災者125名(37世帯),被害額4172万円(消防庁調べ)

1.31　日立市セメント工場作業員熱粉塵埋没(茨城県日立市)　1月31日、茨城県日立市のセメント工場で清掃係の4名が摂氏約200度の粉塵に埋没、死亡した。《データ》死者4名

2月—　インフルエンザ流行(全国)　2月から3月にかけて、滋賀県で、インフルエンザにより幼稚園および小、中学校18校が臨時休校、250学級が学級閉鎖したのをはじめ、同時期から全国各地でインフルエンザが集団発生し、届出患者数だけで約41万名になり、5021名が死亡した。《データ》患者約41万名(うち死者5021名)

2.3　工場火災(大阪府大阪市生野区)　2月3日午前5時5分、大阪市生野区猪飼野町の工場から出火し、同工場や家屋など13棟(3595m^2)を全焼、4名が死亡、124名(26世帯)が焼け出された。《データ》死者4名,全焼工場ほか13棟,焼失面積3595m^2,被災者124名(26世帯),被害額4694万円(消防庁調べ)

2.4　旅館火災(東京都豊島区)　2月4日、東京都豊島区池袋の繁華街の旅館で火災があり、同旅館を全焼、従業員や宿泊客のうち音楽大学の受験者と女性教諭が死亡、2名が重傷を負った。《データ》死者2名,重傷者2名,施設全焼

2.6	第5宝漁丸遭難(太平洋中部)	2月6日、太平洋の中部で、漁船第5宝漁丸(39t)が遭難し、乗組員14名が行方不明になった。 《データ》行方不明者14名, 船舶1隻遭難(海上保安庁調べ)
2.12	朝鮮丸遭難(カムチャツカ半島西方沖)	2月12日、カムチャツカ半島(ソ連)西岸の沖合で、漁船朝鮮丸(137t)が遭難し、乗組員18名が行方不明になった。 《データ》行方不明者18名, 船舶1隻遭難(海上保安庁調べ)
2.14	全日本空輸貨物機行方不明(愛知県知多郡美浜町付近)	2月14日午前4時25分過ぎ、愛知県美浜町付近で、同3時50分に伊丹空港を離陸した全日本空輸の羽田行きDC3型貨物輸送機が乗員2名とともに消息を絶った。同機にはアルフレッド・ハウゼ楽団の器材も積み込んであった。 《データ》行方不明者2名, 航空機1機行方不明(運輸省調べ)
2.18	麻生吉隈炭鉱坑内落盤(福岡県嘉穂郡桂川町)	2月18日、福岡県桂川町の麻生吉隈炭鉱の坑内で落盤があり、作業員4名が死亡した。 《データ》死者4名
2.19	川崎製鉄爆発(千葉県千葉市)	2月19日、千葉市の川崎製鉄千葉製作所で、建設中のボイラーが爆発し、4名が即死、25名が重軽傷を負った。 《データ》死者4名, 重軽傷者25名(労働省調べ)
2.21	国立療養所火災(岐阜県恵那市)	2月21日午後3時、岐阜県恵那市の国立岐阜療養所で火災があり、病棟など施設8棟(2088m^2)を全焼、入院患者2名が焼死した。 《データ》死者2名, 全焼施設8棟, 焼失面積2088m^2, 被害額1842万円(消防庁調べ)
2.22	夕張炭鉱坑内ガス爆発(北海道夕張市)	2月22日、北海道夕張市丁未最上区の北海道炭鉱汽船夕張鉱業所の第1鉱最上坑の坑口から約4.5km奥にある右3片の採炭現場で、不燃性メタンガスが引火、爆発し、付近にいた作業員180名のうち61名が死亡、17名が重軽傷を負った。 《データ》死者61名, 重軽傷者17名(通商産業省調べ)
2.28	足利市飲食店火災(栃木県足利市)	2月28日、栃木県足利市の飲食店で火災があり、女性客ら4名が焼死した。 《データ》死者4名
3.2	熊野交通バス転落(和歌山県新宮市)	3月2日、和歌山県新宮市相賀の国道168号線で、熊野交通の八木尾発新宮行き定期バスが約27m下の熊野川へ落ち、車両は逆さまになって半分以上が水没、乗客ら8名が死亡、24名が重軽傷を負った。 《データ》死者8名, 重軽傷者24名, 車両1台転落
3.12	山林火災(和歌山県)	3月12日午前11時、和歌山県串本・古座川町境の山林から出火し、10m前後の風にあおられて燃え広がり、同14日夜の鎮火までに2040haを全焼した。 《データ》全焼山林2040ha, 被害額11億3986万円(消防庁調べ)
3.12	旅館火災(熊本県熊本市)	3月12日午前0時14分、熊本市桜町の旅館から出火し、同旅館など3棟(2988m^2)を全焼、2名が死亡、421名が焼け出された。 《データ》死者2名, 全焼建物ほか3棟, 焼失面積2988m^2, 被災者421名, 被害額4968万円(消防庁調べ)
3.13	木工所火災(広島県広島市)	3月13日午前3時15分、広島市段原末広の木工所から出火し、同所など12棟(1194m^2)を全焼、4名が死亡、39名(9世帯)が焼け出された。 《データ》死者4名, 全焼工場ほか12棟, 焼失面積1194m^2, 被災者39名(9世帯), 被害額1298万円(消防庁調べ)

昭和40年（1965年）

3.18	住宅ガス爆発（青森県十和田市）	3月18日午後1時過ぎ、青森県十和田市稲生町の住宅で、地下室の配管から漏れた都市ガスが引火して爆発、木造2階建の同住宅（99m^2）が吹き飛んだほか、付近の36戸の窓ガラスが割れ、住民11名が死亡、通行人5名が軽傷を負った。《データ》死者11名, 負傷者5名, 損壊家屋36戸
3.18	造船所ガス爆発（岩手県上閉伊郡大槌町）	3月18日午前8時40分、岩手県大槌町の石村造船所赤浜工場で、木造船の建造中に溶接の火花がアセチレンガスに引火、爆発し、作業員3名が即死、12名が重軽傷を負った。《データ》死者3名, 重軽傷者12名
3.24	陸上自衛隊トラック・御殿場線気動車衝突（静岡県御殿場市）	3月24日午後8時頃、御殿場線の富士岡・岩波駅間の大坂踏切で、陸上自衛隊第1空挺団のトラックと下り気動車が衝突、同隊員5名が死亡、隊員7名と乗客ら4名が重軽傷を負い、車両3両が脱線、3両が転覆した。原因は濃霧とトラックの踏切無視。《データ》死者5名, 重軽傷者11名, 車両6両脱線・転覆
4月	異常渇水（長崎県長崎市）	4月、長崎市で異常渇水が発生、19日間に及ぶ1日当たり1.5時間給水の実施前後にも、1日当たり6時間給水が長期間続いた。
4月〜	冷害（北海道, 東北地方, 千葉県）	4月から6月にかけて、北海道や宮城、秋田、山形、千葉県が冷害に見舞われ、稲の苗の生育不良や枯死などをはじめ農作物に被害があいついだ。《データ》農作物被害, 被害額（秋田・山形県のみ）70億円
4.9	伊王島海底炭鉱坑内ガス爆発（長崎県西彼杵郡伊王島町）	4月9日、長崎県伊王島町の日鉄鉱業伊王島鉱業所の坑口から約4.3km奥の海底にある第3区D号の採炭現場で、配線がショートしてガスに引火、爆発し、近くで無人採炭機の操縦や石炭の搬出をしていた作業員45名のうち30名が死亡、4名が重傷、11名が軽傷を負った。《データ》死者30名, 重傷者4名, 軽傷者11名（通商産業省調べ）
4.20	地震（静岡県, 愛知県）	4月20日午前8時42分頃、静岡県の大井川の河口付近の深さ約50kmを震源とするマグニチュード6.5の地震があり、震源地付近で震度4を、東京都や名古屋市で震度3をそれぞれ記録。このため愛知県豊根村古真立の豊川用水建設現場でコンクリートの塊が落下して作業員1名が、静岡県清水市西久保の住宅の2階で茶箪笥が倒れて乳児1名がそれぞれ死亡し、静岡県で4名が重軽傷を負ったのをはじめ、東海道新幹線が9ヶ所で陥没し、同午後2時頃まで不通になった。《データ》死者2名, 重軽傷者4名, 鉄道被害9ヶ所
4.23	従業員寮ガス中毒死（京都府京都市中京区）	4月23日夜、京都市中京区河原町六角下ルの洋菓子店志津屋の従業員寮で、ストーブのガス管がはずれ、女子入寮者6名が中毒死した。《データ》死者6名
4.29〜	登山者遭難（全国）	4月29日から5月5日にかけて、山形・宮城県境の蔵王山、栃木県日光市の前白根山と赤薙山、黒磯町の三本槍岳、富山県立山町の立山、山梨県白州町の駒ヶ岳、芦安村の北岳、長野県大町市の鹿島槍ヶ岳、茅野市の夏沢峠、真田町の烏帽子岳、川上村の金峰山、富士見町の編笠岳、木曾福島町の駒ヶ岳、静岡市の前聖岳と大無間山、岐阜県藤橋村の三周ヶ岳、滋賀県の比良山地、奈良県天川村の行者還岳と弥山、東吉野村の高見山など全国各地で、登山者ら135名が中心気圧996mbの低気圧の通過による猛吹雪に巻き込まれ、62名が過労や滑落、雪崩などにより死亡、12名が重傷、29名が軽傷を負い、1名が行方不明になった。《データ》

188

死者62名,重傷者12名,軽傷者29名,行方不明者1名

4.30　山形交通バス・トラック衝突(静岡県磐田郡豊田村)　4月30日、静岡県豊田村の国道1号線で、山形交通の関西方面行き修学旅行バスが名古屋市の野村商店の大型トラックと正面衝突し、バスガイド1名と乗客の寒河江高等学校西川分校の生徒2名が死亡、19名が重軽傷を負った。トラックは無免許運転だった。《データ》死者3名,重軽傷者19名,車両衝突

5.5　米空軍戦闘機墜落(神奈川県相模原市)　5月5日、神奈川県相模原市で、夜間訓練を終えて着陸しようとした米空軍横田基地のF105F型戦闘機が鉄橋に脚を引っかけて操縦不能に陥り、米軍相模原ハイツに墜落。このため敷地内の住宅4戸が全半壊、隣接の地元民の住宅7戸が破損、幼児2名が死亡、21名が重軽傷を負い、乗用車10台が全焼した。《データ》死者2名,負傷者21名,航空機1機墜落(防衛庁調べ),全半壊家屋4戸,破損家屋7戸,全焼車両10台

5.9　渡船転覆(山形県)　5月9日、山形県の最上川農業水利事業現場で、渡船が転覆し、農林省の技官ら5名が死亡した。《データ》死者5名,船舶1隻転覆

5.11　降雹(関東地方)　5月11日午後、群馬県南西部と埼玉県、千葉県北部および周辺地域に、寒冷前線による雷とともに3cm前後の雹が降った。このため群馬県安中市と松井田町で梅65haが全滅し、埼玉県所沢市付近で狭山茶の約50%が収穫不能に陥り、同県越谷市付近で露地栽培の野菜類が深刻な被害を受けたのをはじめ、各地で農作物などに被害があいついだ。《データ》農作物被害,被害額10億円余り

5.16　朝日新聞社機墜落(広島県広島市)　5月16日、広島市で、日本体操祭広島中央大会を取材中の朝日新聞社のビーチH35型機春風号が天満川に墜落し、乗員3名が死亡した。《データ》死者3名,航空機1機墜落(運輸省調べ)

5.23　ハイムバルト号爆発(北海道室蘭市)　5月23日朝、北海道室蘭市で、原油を満載したノルウェイのタンカーハイムバルト号(5万8200t)が、日本石油精製室蘭精油所の岸壁に到着する直前に室蘭通船のタグボート港洋丸(7t)とコンクリート製の岸壁に続けて衝突。このためハイムバルト号から流出した原油が引火、爆発し、同船など12隻が全焼または沈没、乗組員13名が死亡、3名が重傷、5名が軽傷を負い、積荷の原油約3万8000klが649時間燃え続けた。原因は水先案内人の誘導ミス。《データ》死者13名,重傷者3名,軽傷者5名,船舶12隻全焼(海上保安庁調べ),被害額24億円

5.26‒　台風6号(関東地方,東海地方,近畿地方,中国地方,四国地方,九州地方)　5月26日、台風6号が東シナ海から九州、四国、本州南岸の沖合を通過後、同27日午前11時30分頃に東京湾から千葉市付近を経て午後1時に鹿島灘へ抜けた。このため刺激を受けた梅雨前線により各地に150mmから300mm前後の大雨が降り、長野県塩尻市で山崩れにより家屋13棟が流失、住民7名が死亡したのをはじめ、36都府県で19名が死亡、16名が負傷し、1名が行方不明となった。《データ》死者19名,負傷者16名,行方不明者1名,全壊住宅10棟,半壊住宅8棟,破損住宅33棟,流失住宅1棟,床上浸水住宅2299棟,床下浸水住宅3万3879棟,被災非住宅59棟,水田流失・埋没18ha,水田冠水1万2746ha,畑流失・埋没2ha,畑冠水1320ha,道路損壊290ヶ所,橋梁流失22ヶ所,堤防決壊39ヶ所,山崩れ554ヶ所,鉄道被害32ヶ所,通信施設被害987ヶ所,木材流失17m^3,船舶沈没1隻,船舶流失7隻,船舶破損1隻,無発動機船被害3隻,被災者1万239名(2789世帯)(警察庁調べ)

昭和40年(1965年)

6.1 山野炭鉱坑内ガス爆発(福岡県嘉穂郡稲築町) 6月1日、福岡県稲築町鴨生の山野鉱業所の大焼層採炭現場から約1.2km離れた杉谷1卸でガス爆発が起き、作業員ら552名のうち237名が火傷や爆風、一酸化炭素中毒により死亡、37名が重軽傷を負った。《データ》死者237名,重軽傷者37名(通商産業省調べ)

6.6 釣り客転落死(富山県上新川郡大山町) 6月6日午前2時頃、富山県大山町の長棟川上流で、釣りをしていた富山市五福の会社員ら4名が約200m下の谷底に落ち、死亡した(同7日午後6時過ぎに遺体発見)。《データ》死者4名

6.10 工場火災(東京都杉並区) 6月10日午前0時10分、東京都杉並区高円寺の工場から出火し、同工場など4棟(69m²)を全焼、住民ら3名が死亡、20名(6世帯)が焼け出された。《データ》死者3名,全焼工場ほか4棟,焼失面積69m²,被災者20名(6世帯),被害額727万円(消防庁調べ)

6.19- 台風9号(近畿地方,中国地方,四国地方,九州地方) 6月19日から21日にかけて、台風9号が本州南岸に近づいて梅雨前線を刺激し、中国、四国、九州地方に115mmから405mm前後の大雨が降った。このため広島、熊本県をはじめ28府県で住民22名が死亡、42名が負傷し、2名が行方不明となった。《データ》死者22名,負傷者42名,行方不明者2名,全壊住宅31棟,半壊住宅55棟,破損住宅357棟,床上浸水住宅3041棟,床下浸水住宅1万9799棟,被災非住宅55棟,水田流失・埋没548ha,水田冠水1万1673ha,畑流失・埋没24ha,畑冠水1443ha,道路損壊398ヶ所,橋梁流失102ヶ所,堤防決壊159ヶ所,山崩れ653ヶ所,鉄道被害31ヶ所,通信施設被害1768ヶ所,無発動機船被害1隻,被災者1万6670名(3791世帯)(警察庁調べ),被害額(熊本県のみ)25億円

6.26 石炭殻崩壊(神奈川県川崎市) 6月26日午後9時40分頃、川崎市久末で、千代田興業の捨てた石炭殻の堆積物(約4万m³)が大雨で崩れ、西へ約100m離れた新築住宅15棟のうち12棟が倒壊または埋没、3棟が半壊、住民59名(14世帯)が生き埋めになり、24名が死亡、8名が重傷、6名が軽傷を負った。原因は石炭殻の無許可持込み投棄と住宅の違法建築。《データ》死者24名,重傷者8名,軽傷者6名,倒壊・埋没家屋12棟,半壊家屋3棟

6.26 第8金比羅丸遭難(北海道根室市沖) 6月26日、北海道根室市の沖合で、漁船第8金比羅丸(39t)が遭難し、乗組員17名が行方不明になった。《データ》行方不明者17名,船舶1隻遭難(海上保安庁調べ)

6.30- 豪雨(東北地方,信越地方) 6月30日から7月1日にかけて、東北、信越地方を梅雨前線が通過する際、突風や雷とともに局地的な大雨が降り、長野県南木曽町をはじめ6県で住民1名が死亡、5名が負傷した。《データ》死者1名,負傷者5名,全壊家屋14棟,半壊家屋78棟,流失家屋8棟,床上浸水家屋90棟,床下浸水家屋1965棟,水田流失・埋没31ha,水田冠水103ha,畑流失・埋没3ha,畑冠水18ha,道路損壊11ヶ所,橋梁流失8ヶ所,堤防決壊11ヶ所,山崩れ4ヶ所,被災者798名(188世帯)(警察庁調べ)

6.30- 豪雨(九州地方) 6月30日夜から7月6日にかけて、九州地方に梅雨前線による大雨が降り、熊本、宮崎県境の市房山で607mm、阿蘇山で514mm、霧島山で485mm、長崎市で395mm、熊本県人吉市で298mm、熊本市で295mmの雨量を記録。このため各地でがけ崩れが起き、長崎市千歳町で家屋2棟が全壊して住民8名が死亡、2名が重軽傷を負い、同市神ノ島町で2棟が全壊して4名が死亡、4名が重軽傷を負ったのをはじめ、20名が死亡、16名が負傷し、1名が行方不明となった。この災害で、熊本

県五木、坂本村では参議院議員選挙の投票が1週間延期された。　《データ》死者20名,負傷者16名,行方不明者1名,全壊住宅74棟,半壊住宅623棟,破損住宅73棟,流失住宅110棟,床上浸水住宅6083棟,床下浸水住宅1万5252棟,被災非住宅76棟,水田流失・埋没193ha,水田冠水1万4472ha,畑流失・埋没12ha,畑冠水152ha,道路損壊399ヶ所,橋梁流失44ヶ所,堤防決壊77ヶ所,山崩れ563ヶ所,鉄道被害30ヶ所,通信施設被害12ヶ所,木材流失144m³,船舶流失7隻,被災者2万4953名（7115世帯）（警察庁調べ）

7月—　日本赤十字産院乳児結核集団感染（東京都新宿区）　7月から8月にかけて、東京都新宿区の日本赤十字新宿産院で、未熟児室への収容乳児29名が結核に感染または発病。都衛生局の報告によれば、結核菌は同産院関係者または外来者により持ち込まれ、感染経路は空気によるとみられる（12月に牛込保健所が定期健康診断で患者3名を発見。41年6月30日に都調査委員会が院内感染と結論）。　《データ》患者29名

7.14—　豪雨（秋田県）　7月14日から15日にかけて、秋田県に大雨が降り、平野部で100mm、山間部で150mmから200mmの雨量を記録。このため同県横手市で横手川が氾濫し、家屋1300戸が床上浸水、1700戸が床下浸水した。　《データ》床上浸水家屋1300戸,床下浸水家屋1700戸,河川氾濫（秋田県横手市のみ）

7.15　バス転落（福島県会津若松市）　7月15日、福島県会津若松市でバスが道路から落ち、乗客ら3名が死亡、24名が負傷した。　《データ》死者3名,負傷者24名,車両1台転落

7.17　山崩れ（山形県宮内町）　7月17日、山形県宮内町で大雨による土砂崩れがあり、住民の家族6名が死亡した。　《データ》死者6名

7.20　児童・生徒集団食中毒（鳥取県八頭郡郡家町）　7月20日、鳥取県郡家町の小、中学生827名が同町給食センターの給食を食べて食中毒にかかった。原因は製造日の古い缶ジュースに溶け出した錫で、許容量を超えていた。　《データ》患者827名

7.20—　豪雨（北陸地方,近畿地方,中国地方）　7月20日から24日にかけて、北陸、近畿、中国地方に梅雨前線による大雨が降り、総雨量は鳥取県米子市で414mm、鳥取市で339mm、福井市で320mm、金沢市で274mmを記録。山口県阿武町で国鉄宇田郷駅が埋没したのをはじめ、鳥取、島根、広島県など13府県で住民32名が死亡、35名が負傷し、1名が行方不明となった。　《データ》死者32名,負傷者35名,行方不明者1名,全壊住宅82棟,半壊住宅253棟,破損住宅105棟,流失住宅11棟,床上浸水住宅3987棟,床下浸水住宅1万7774棟,被災非住宅6533棟,水田流失・埋没322ha,水田冠水1万3774ha,畑流失・埋没145ha,畑冠水2024ha,道路損壊1118ヶ所,橋梁流失283ヶ所,堤防決壊251ヶ所,山崩れ1178ヶ所,鉄道被害56ヶ所,通信施設被害1928ヶ所,木材流失41m³,船舶流失4隻,船舶破損1隻,無発動機船被害5隻,被災者1万7020名（4426世帯）（以上警察庁調べ）,被害額（島根・山口県のみ）約151億円

7.22　大之浦炭鉱坑内ガス突出（福岡県）　7月22日、福岡県の第2大之浦炭鉱の坑内でガスが突出、作業員8名がガス中毒により死傷した。　《データ》死傷者8名

7.26　バス・阪急神戸線電車衝突（兵庫県西宮市）　7月26日、阪急電鉄神戸線の西宮北口・夙川駅間の寿町南郷山踏切で、立往生していたバスに三宮行き特急電車が衝突、大破し、双方の乗客ら2名が死亡、23名が重軽傷を負った。　《データ》死者2名,重軽傷者23名,車両大破

7.27　酒匂川架橋現場作業員死亡（神奈川県小田原市付近）　7月27日、神奈川県小田原市

昭和40年(1965年)

付近の酒匂川架橋現場で掘削作業用の潜函に異常が生じ、作業員6名が死亡した。《データ》死者6名

7.29 海上自衛隊救難機墜落(北海道幌泉郡襟裳町) 7月29日、北海道襟裳町の豊似岳で、海上自衛隊佐世保地方隊大村航空基地のUF2型救難用水陸両用機が訓練中に墜落、乗員7名が死亡した。《データ》死者7名、航空機1機墜落(防衛庁調べ)

8月― 急性肝炎流行(三重県) 8月から12月にかけて、三重県二見、員弁町で住民200名以上がウィルス性の急性肝炎にかかり、うち19名が死亡した。《データ》患者200名以上(うち死者19名)

8.1 芦屋丸追突(大阪府大阪市沖) 8月1日、大阪港安治川内港の旧天保山桟橋の約100m沖合で、日立造船桜島工場のタグボート芦屋丸(150t)が大阪通船運輸の港内遊覧船やそしま丸(18t)に追突してやそしま丸が転覆、沈没し、乗客ら20名が溺死、34名が重軽傷を負った。《データ》死者20名、重軽傷者34名、船舶1隻転覆(海上保安庁調べ)

8.1 御岳バス安曇村転落(長野県南安曇郡安芸村) 8月1日、長野県安曇村で、御岳バスが道路から梓川へ落ち、乗客ら3名が死亡し、23名が重軽傷を負った。《データ》死者3名、重軽傷者23名、車両1台転落

8.3― 群発地震(長野県) 8月3日から、長野県松代町の皆神山付近などで群発性微小地震が長期間継続。41年1月23日からはたびたび震度5を記録し、同7月29日の気象庁による地震警報解除の直後、震源域は南西方向へ広がり、8月3日に鏡台山付近で、8日に奇妙山付近で、28日に更埴市森村付近でそれぞれ同規模の地震が発生したのをはじめ、9月16日に松代町牧内の東側斜面で大規模な地すべりにより住宅11棟が崩壊、近くの東条や瀬関でも温泉や炭酸、塩類を含む水が噴出し、42年1月には冠着山や四阿屋山付近で活動が始まり、3月2日に真田町菅平で強震が、10月14日にも震度5の地震が発生。42年8月2日までの有感地震の発生回数は6万900回(うち震度5が8回)、43年7月10日までの地震の発生回数は68万7366回、うち有感地震が6万1968回、44年4月までの有感地震の発生回数は6万2368回(うち震度5が94回)で、41年末までに住民15名が負傷した。《データ》負傷者15名、損壊住宅1771棟、全壊非住宅6棟、半壊非住宅492棟、石垣崩壊113ヶ所、塀ほか工作物損壊123ヶ所、がけ崩れ・道路破損117ヶ所(41年12月31日時点。警察庁調べ)、被害額14億3000万円(42年8月2日時点)

8.6 台風15号(中国地方西部、四国地方西部、九州地方) 8月6日午前4時頃、中心気圧950mb、中心付近の最大風速50mの勢力を持つ台風15号が、熊本県牛深市付近に上陸し、九州から山口県を経て日本海へ抜けた。このため奄美諸島の沖永良部島で464mm、熊本、宮崎県境の市房山で330mmの雨量を記録し、熊本、鹿児島県を中心に12県で住民28名が死亡、368名が負傷した。《データ》死者28名、負傷者368名、全壊住宅3202棟、半壊住宅5192棟、破損住宅5万554棟、流失住宅3棟、床上浸水住宅788棟、床下浸水住宅4928棟、被災非住宅1万3601棟、水田流失・埋没109ha、水田冠水2643ha、畑流失・埋没542ha、畑冠水2124ha、道路損壊271ヶ所、橋梁流失11ヶ所、堤防決壊64ヶ所、山崩れ96ヶ所、鉄道被害38ヶ所、通信施設被害8006ヶ所、船舶沈没34隻、船舶流失22隻、船舶破損205隻、無発動機船被害46隻、被災者3万5035名(9123世帯)(以上警察庁調べ)、被害額105億円

8.13 美容院火災(北海道北見市) 8月13日午前1時40分、北海道北見市北1条西の塚本美

容院の玄関付近から出火し、同院や洋品店など2棟(316m²)を全焼、火元の経営者や従業員ら5名が焼死、23名(8世帯)が焼け出された。《データ》死者5名,全焼家屋2棟,焼失面積316m²,被災者23名(8世帯),被害額998万円(消防庁調べ)

8.16　西日本空輸ヘリコプター墜落(熊本県阿蘇郡阿蘇町)　8月16日、熊本県阿蘇町小池で、農薬散布作業中の西日本空輸のベル47G型ヘリコプターが墜落し、乗員3名が死亡した。《データ》死者3名,ヘリコプター1機墜落(運輸省調べ)

8.21－　台風17号(関東地方,東海地方)　8月21日、台風17号が紀伊半島の潮岬の南東沖に停滞後、22日午後8時頃に伊豆半島の南西岸に上陸し、急速に衰弱しながら千葉市を経て鹿島灘へ抜けた。このため神奈川県箱根町の大湧谷で561mm、静岡県の天城山で444mmを記録し、静岡県をはじめ関東、東海地方の8都県で住民2名が死亡、5名が負傷、2名が行方不明となった。《データ》死者2名,負傷者5名,行方不明者2名,全壊住宅2棟,半壊住宅7棟,破損住宅85棟,床上浸水住宅1279棟,床下浸水住宅1万5632棟,被災非住宅54棟,水田冠水999ha,畑冠水172ha,道路損壊24ヶ所,堤防決壊4ヶ所,山崩れ64ヶ所,鉄道被害11ヶ所,通信施設被害1249ヶ所,船舶沈没3隻,船舶破損2隻,無発動機船被害1隻,被災者4840名(1299世帯)(警察庁調べ)

8.25－　炭疽病集団発生(岩手県岩手郡)　8月25日から9月10日頃にかけて、岩手県西根町と滝沢村で開拓地の農業関係者や家畜業者らが炭疽病にかかった乳牛7頭を解体したり食べたりして6名が死亡、350名が脱疽病にかかり、盛岡市で同時期、住民4名が家畜からの感染により皮膚炭疽病にかかった。炭疽病の原因は東南アジア製の第2燐酸カルシウムを含む配合飼料とみられ、農林省は同種飼料の使用を禁止。《データ》死者6名,患者354名

9月－　夢の島ネズミ大量発生(東京都江東区)　9月から11月にかけて、東京都江東区の廃棄物埋立地夢の島で巨大ネズミ約2万匹が発生し、都では同埋立地に22万個の毒入りだんごを置く緊急対策を実施した。

9.10－　台風23号(全国)　9月10日午前8時40分頃、中心気圧950mb、瞬間最大風速77.1mの勢力を持つ台風23号が、高知県安芸市に上陸し、四国、近畿地方を通過後、午後1時過ぎに奥丹後半島から日本海を経て深夜、北海道の渡島半島に再上陸、翌日早朝にオホーツク海へ抜けた。このため広範囲で住宅浸水が発生、徳島県の全域が強風で停電し、青森、長野県で収穫直前のリンゴが落果したのをはじめ、各地で住民61名が死亡、876名が負傷、6名が行方不明となった。東海道新幹線も前後2回全面運休した。《データ》死者61名,負傷者876名,行方不明者6名,全壊住宅1201棟,半壊住宅2868棟,破損住宅5万8789棟,流失住宅5棟,床上浸水住宅7699棟,床下浸水住宅3万9417棟,被災非住宅9329棟,水田流失・埋没69ha,水田冠水9215ha,畑流失・埋没87ha,畑冠水2043ha,道路損壊493ヶ所,橋梁流失163ヶ所,堤防決壊185ヶ所,山崩れ369ヶ所,鉄道被害42ヶ所,通信施設被害2万2733ヶ所,木材流失3029m³,船舶沈没70隻,船舶流失30隻,船舶破損469隻,無発動機船被害200隻,被災者5万3226名(1万2821世帯)(警察庁調べ),被害額(青森・長野県の果樹関係のみ)31億円

9.12　大沼青年団トラック転落(岐阜県大野郡丹生川村)　9月12日午後5時10分頃、岐阜県丹生川村の国道158号線で、同村の大沼青年団員8名の乗ったトラックが約15m下の小八賀川に落ち、7名が死亡、1名が重体になった。8名は、秋季国民体育大会の採火式場となる乗鞍岳山頂付近の草を刈る勤労奉仕作業から戻る途中だった。

昭和40年(1965年)

《データ》死者7名,重体者1名,車両1台転落

9.13　三井石油化学工場爆発(山口県熊毛郡大和村)　9月13日、山口県大和町の三井石油化学岩田大竹工場で、テトロン原料製造用の消音器が爆発し、4名が死亡した。《データ》死者4名,工場爆発

9.13－　台風25号(停滞前線豪雨)(全国)　9月13日から16日にかけて、台風25号が硫黄島付近から関東地方に接近し、本州南岸付近の停滞前線を刺激して大雨を降らせた。このため福井県西谷村中島で1044mmという記録的な大雨により家屋総数106戸のうち42戸が流失、58戸が埋没し、岐阜県藤橋村で35戸が埋没、全壊し、神戸市で有馬温泉の旅館街が孤立化し、徳島市のほぼ全域が浸水したのをはじめ、各地で28名が死亡、70名が負傷、7名が行方不明となった。《データ》死者28名,負傷者70名,行方不明者7名,全壊住宅128棟,半壊住宅154棟,破損住宅48棟,流失住宅217棟,床上浸水住宅1万3163棟,床下浸水住宅7万712棟,被災非住宅1598棟,水田流失・埋没593ha,水田冠水2万4641ha,畑流失・埋没185ha,畑冠水2310ha,道路損壊414ヶ所,橋梁流失88ヶ所,堤防決壊83ヶ所,山崩れ594ヶ所,鉄道被害46ヶ所,通信施設被害2万1423ヶ所,木材流失2万730m^3,船舶破損1隻,無発動機船被害2隻,被災者5万5733名(1万3509世帯)(警察庁調べ),被害額(福井・岐阜県のみ)304億円

9.17－　台風24号(全国)　9月17日午後8時45分、台風24号が三重県大王町の大王崎に上陸し、愛知県の渥美半島付近から副低気圧とともに信越、東北地方を通過後、翌日正午前に北海道の南東岸からオホーツク海へ抜け、台風25号とともに停滞前線を刺激して大雨を降らせた。このため福井県今立町大滝で吉崎山が崩れて住民10名が死亡したのをはじめ、各地で98名が死亡、330名が負傷、9名が行方不明となった。《データ》死者98名,負傷者330名,行方不明者9名,全壊住宅409棟,半壊住宅662棟,破損住宅6776棟,流失住宅258棟,床上浸水住宅4万3082棟,床下浸水住宅20万8738棟,被災非住宅4962棟,水田流失・埋没1536ha,畑流失・埋没328ha,畑冠水8332ha,道路損壊2540ヶ所,橋梁流失623ヶ所,堤防決壊741ヶ所,山崩れ2430ヶ所,鉄道被害190ヶ所,通信施設被害4万4621ヶ所,木材流失2万1117m^3,船舶沈没22隻,船舶流失16隻,船舶破損72隻,無発動機船被害131隻,被災者17万1544名(4万1037世帯)(以上警察庁調べ),被害額(日本国有鉄道のみ)100億円余り

9.18　ラジオ関東放送車転落(東京都中央区)　9月18日、東京都中央区の晴海埠頭で、台風24号の様子を取材していたラジオ関東の取材用無線放送車が同岸壁から海へ落ち、6名が死亡した。《データ》死者6名,車両1台転落

9.22　航空自衛隊機墜落(長野県北佐久郡佐久町)　9月22日、長野県佐久町で、訓練中の航空自衛隊浜松救難教育隊のT6型機が墜落、乗員2名が死亡した。《データ》死者2名,航空機1機墜落(防衛庁調べ)

9.24　米軍基地火災(神奈川県横浜市瀬谷区)　9月24日朝、横浜市瀬谷区の米海軍上瀬谷保安通信隊基地で火災があり、12名が焼死した。《データ》死者12名

9.25　旅館火災(北海道松前郡福島町)　9月25日午前0時5分、北海道福島町の旅館から出火し、同旅館など8棟(1624m^2)を全焼、宿泊客ら5名が死亡、22名(4世帯)が焼け出された。《データ》死者5名,全焼家屋ほか8棟,焼失面積1624m^2,被災者22名(4世帯),被害額4100万円(消防庁調べ)

194

昭和40年(1965年)

9.26　釣り舟・ボート転覆(千葉県夷隅郡岬町)　9月26日、千葉県岬町の夷隅川河口で、釣り舟が転覆。救助に向かったボートも現場付近で沈没し、両艇に乗っていた5名が死亡した。《データ》死者5名,船舶1隻転覆,船舶1隻沈没

9.29　三ツ矢航空遊覧機墜落(岩手県)　9月29日、岩手県で、三ツ矢航空のセスナ型遊覧機が操縦試験中に北上川に墜落、乗員4名が死亡した。《データ》死者4名,航空機1機墜落(運輸省調べ)

10月ー　集団白血病(岐阜県加茂郡白川町)　10月から41年10月までに、岐阜県白川町で住民6名が白血病にかかり、全員が死亡した。白血病の発生率は人口10万名当たり2.6名だが、同町での発生率は通常の約14.4倍だった。《データ》死者6名

10.1　県庁別館火災(滋賀県大津市)　10月1日午前11時25分、大津市京町の滋賀県庁別館4階の教育委員会から出火し、同館の一部(151m^2)を焼失、窓から飛び降りた職員ら3名が死亡、3名が重傷、7名が軽傷を負った。原因は配線の短絡。《データ》死者3名,重傷者3名,軽傷者7名,庁舎半焼,焼失面積151m^2,被害額1181万円(消防庁調べ)

10.4　喫茶店火災(東京都足立区)　10月4日午前2時45分、東京都足立区千住旭町の喫茶店で火災があり、同店(234m^2)を全焼、集団就職の女性店員5名が死亡した。《データ》死者5名,全焼店舗1棟,焼失面積234m^2,被害額975万円(消防庁調べ)

10.5　未回収爆雷爆発(北海道釧路市)　10月5日、北海道釧路市新富士の海岸で、遠足に来ていた同市共栄小学校の6年生が爆雷を拾って炊飯用コンロにくべたところ爆発し、4名が死亡、25名が重軽傷を負った。《データ》死者4名,重軽傷者25名

10.7　第8海竜丸ほか遭難(マリアナ諸島付近)　10月7日午後5時15分頃、マリアナ諸島アグリハン島(米信託統治領)付近で、静岡県焼津市、戸田村のカツオ・マグロ漁船第8海竜丸(228t)と第3千代丸(216t)、第3金比羅丸(181t)、第8国生丸(179t)、第5福徳丸(170t)、第11弁天丸(161t)、第3永盛丸(160t)が台風29号に巻き込まれ、第3永盛丸が沈没、第11弁天丸が座礁、残る5隻が消息を絶ち、乗組員251名のうち42名は漂流しているところを救助されたが、1名が死亡、208名が行方不明になった。《データ》死者1名,行方不明者208名,船舶7隻遭難(海上保安庁調べ)

10.13ー　相馬小学校ほか集団赤痢(群馬県)　10月13日から、群馬県榛東村の相馬小学校をはじめ同県の6地域の住民735名が赤痢にかかった。《データ》患者753名

10.17　児童アイスボックス窒息死(福島県会津若松市)　10月17日、福島県会津若松市の空地で、児童3名(5歳、6歳、7歳)がアイスクリーム運搬用の木製アイスボックス(高さ1.2m、幅および奥行き1m)に入って遊んでいて、窒息死した(捜索の結果、同18日午前1時頃に発見)。《データ》死者3名

10.26　タンクローリー爆発(兵庫県西宮市)　10月26日午前3時24分、兵庫県西宮市川西町の第2阪神国道で、神戸市生田区の協和運送のタンクローリーが軽四輪車を追い越そうとして接触、横転して現場付近の香櫨園陸橋の支柱に激突。直後に積荷の液化ブタンガス(約5t)が噴出、爆発し、国道沿いの米穀店や家屋38棟(1599m^2)と自動車30台を全焼、住民5名と取材に訪れた朝日新聞社の記者1名が死亡、23名が重軽傷を負った。原因は過労による居眠り運転とみられる。《データ》死者6名,重軽傷者23名,全焼家屋38棟,焼失面積1599m^2,車両30台全焼,被害額1億690万円(消防庁調べ)

10.26　旅館火災(神奈川県足柄下郡箱根湯本町)　10月26日午後8時57分、神奈川県箱根湯

昭和40年(1965年)

本町で火災があり、旅館1棟(530m²)を全焼、宿泊客ら3名が死亡、7名(1世帯)が焼け出された。《データ》死者3名、全焼家屋1棟、焼失面積530m²、被災者7名(1世帯)、被害額2500万円(消防庁調べ)

11.23　札幌市小学生冷蔵庫窒息死(北海道札幌市)　11月23日、札幌市で小学生2名が冷蔵庫に入って遊んでいたところ、閉じ込められて窒息死した。《データ》死者2名

12.2－　インフルエンザワクチン接種幼児死亡(関東地方,東海地方)　12月2日から5日にかけて、東京都および前橋、横浜、静岡県浜松、愛知県豊田の各市で、インフルエンザワクチンの接種を受けた幼児が死亡し、厚生省は東京都と横浜市で使われた東芝－76型ワクチンの接種を一時とりやめるよう関係当局に指示した。《データ》死者5名以上

12.12－　永洋丸ほか遭難(北海道周辺海域)　12月16日頃、千島列島北部の沖合で北海道函館市の函館公海漁業の北洋底引網漁船永洋丸(298t)と根室市の魚谷水産のタラ延縄漁船第22直栄丸(99t)が、ソ連沿海州の沖合で稚内市の大野水産の底引網漁船第31天祐丸(96t)と枝幸町の石橋漁業の同第23妙宝丸(92t)が、北海道の沿海域で小型漁船第2清雲丸(14t)が、同道瀬棚町の沖合で函館市の貨物船第3新成丸(486t)が、猛吹雪と高波を受けて遭難、北海道松前町白坂の海岸付近でも稚内市の泉漁業部のイカ釣り漁船第8栄宝丸(59t)が座礁、沈没し、乗組員ら85名が死亡した。《データ》死者85名、船舶1隻沈没、船舶6隻遭難

12.13　トラック・西鉄甘木線電車衝突(福岡県甘木市)　12月13日、西日本鉄道甘木線の東甘木駅近くの踏切で、トラックと電車が衝突し、トラックは大破、電車の乗客ら2名が死亡、3名が負傷した。《データ》死者2名、負傷者3名、車両1台大破

12.21　西日本鉄道バス・鹿児島本線準急列車衝突(福岡県大牟田市)　12月21日、鹿児島本線の大牟田・荒尾駅間の警報機付き踏切で、西日本鉄道の四ッ山発三池中町行きバスと門司港発人吉行き準急列車が衝突。バスは道路から約2m下の田に落ちて大破し、乗客5名が死亡、列車の1名を含む22名が重軽傷を負った。《データ》死者4名、負傷者22名、車両衝突

12.25　パチンコ店火災(三重県度会郡南勢町)　12月25日、三重県南勢町五か所のパチンコ店で火災があり、来店客や従業員のうち6名が死亡した。原因は客のひとりが誤って暖房用の石油ストーブを倒したため。《データ》死者6名

この年　アメリカシロヒトリ被害(東北地方南部,関東地方,北陸地方,近畿地方)　40年夏、東北地方の南部から近畿地方までの各地域で、米国原産の蛾アメリカシロヒトリの幼虫が大量発生し、関東地方で街路樹の葉が食い荒されたのをはじめ、樹木や野菜類に被害があいついだ。《データ》農作物被害

この年　養殖海苔赤腐れ病発生(九州地方)　40年、有明海沿岸域で養殖海苔に異常高温による赤腐れ病が発生、福岡県で約1億7000万枚(総数の約22%)佐賀県で約1億930万枚(総数の19.2%)、熊本県で全体の約63%にそれぞれ被害があった。《データ》被害額約20億円(福岡県のみ)

この頃－　有機燐系農薬障害(全国)　40年頃、長野県佐久市とその周辺地域で、4歳から16歳前後の幼少年らに農薬、特に有機燐剤が原因とみられる視力低下や視野狭窄、視神経異常、肝機能低下、運動障害などが集団発生。続いて東京都や大阪府、九州地方

など各地で視覚関係の同じ症状が確認され、患者数は45年までに約1000名になった（45年10月10日、東京大学付属病院が報告）。《データ》患者約1000名（45年時点）

昭和41年
（1966年）

1.4- 暴風雨（青森県東部）　1月4日午後から5日にかけて、中心気圧978mbの低気圧の通過にともない、青森県の東部に瞬間最大風速30mの強風とともに大雨が降り、青森市や東北町など19市町村で雨や融雪水、高潮により河川が氾濫して家屋2千数百戸が浸水し、陸奥湾で船舶2隻が遭難、乗組員2名が死亡、9名が行方不明になった。《データ》死者2名，行方不明者9名，浸水家屋2千数百戸，船舶遭難2隻，被害額5億7959万円

1.9　金井ビル火災（神奈川県川崎市）　1月9日午前0時58分、川崎市駅前本町の金井ビル3階のキャバレーミス川崎から出火し、地上6階、地下1階の同ビルのうち火元階から6階までの一部と屋上のモルタル平屋建の住宅（692m^2）を全焼、同ビル所有者の金井興業の家族やキャバレー従業員ら12名が一酸化炭素中毒で死亡、13名が負傷、21名（1世帯）が焼け出され、同4時40分頃に鎮火した。《データ》死者12名，負傷者13名，半焼建物1棟，焼失面積692m^2，被害者21名（1世帯），被害額4195万円（消防庁調べ）

1.9　がけ崩れ（鹿児島県鹿児島市）　1月9日、鹿児島市坂町でがけ崩れがあり、作業員9名が土砂の下敷きになり、うち7名が死亡した。《データ》死者7名

1.19　秀山荘火災（岩手県盛岡市）　1月19日午前0時30分、盛岡市繋温泉の公立学校共済組合保養所秀山荘の配膳室付近から出火し、木造モルタル2階建の施設3棟（1587m^2）を全焼、宿泊客のうち、2階にいた岩手県藤沢町の生活改善グループの主婦4名と幼児1名が焼死、3名が負傷した。《データ》死者5名，負傷者3名，全焼建物3棟，焼失面積1587m^2（消防庁調べ）

1.23　日立造船米海軍艦艇ガス爆発（神奈川県川崎市）　1月23日午後1時30分頃、川崎市水江町の日立造船神奈川工場第1ドックで修理を受けていた米海軍の戦車揚陸艦パルマスカウンティ（2319t）の船底中央部の機関室内でアセチレンガスが引火、爆発し、日信工業の下請作業員ら4名が死亡、5名が重傷を負った。《データ》死者4名，重傷者5名（労働省調べ），艦艇1隻爆発

1.31　第6明神丸遭難（千島中部海域）　1月31日、千島中部海域で、宮城県の底引網漁船第6明神丸（84t）が遭難し、乗組員13名が行方不明になった。《データ》行方不明者13名，船舶1隻遭難（海上保安庁調べ）

2.4　全日本空輸旅客機墜落（東京都大田区沖）　2月4日午後7時1分頃、東京湾で、羽田空港に着陸しようとした全日本空輸の千歳発羽田行きボーイング727型ジェット旅客機が墜落し、乗員7名と広告代理店東弘通信社の招待で札幌雪祭りから帰る団体観光客ら乗客126名全員が死亡した。政府調査団によれば、原因は着陸態勢に入る際の機長の操縦ミス。《データ》死者133名，航空機1機墜落（運輸省調べ）

2.16　石川島播磨重工業火災（愛知県名古屋市港区）　2月16日午前11時45分、名古屋市港区昭和町の石川島播磨重工業名古屋造船所のドックで、建造後同第2岸壁で艤装を

昭和41年（1966年）

施されていたジャパンラインの液化石油ガスタンカー第3ブリジストン丸（3万3800t）の中央部右舷船倉から出火し、同船倉（770m^2）を焼失、艤装を担当していた明星工業の下請作業員6名を含む15名が断熱材の内装用ポリウレタンの燃焼による一酸化炭素などを吸い込んで窒息死した。《データ》死者15名、船舶半焼1隻、焼失面積770m^2（労働省・消防庁調べ）

2.18 阿波屋煙火工場爆発（徳島県小松島市）　2月18日午後1時20分、徳島県小松島市大林町の阿波屋煙火工場の試験研究室で花火が爆発し、同工場7棟（189m^2）を全焼、女子従業員4名が死亡、10名が重軽傷を負った。《データ》死者4名、重軽傷者10名、全焼工場7棟、焼失面積189m^2、被害額400万円（労働省・消防庁調べ）

2.21 第8惣宝丸遭難（千島中部海域）　2月21日、千島中部海域で、漁船第8惣宝丸（182t）が強風により遭難し、乗組員20名が行方不明になった。《データ》行方不明者20名（海上保安庁調べ）、船舶1隻遭難

2.27 簡易旅館火災（岩手県盛岡市）　2月27日、盛岡市の簡易旅館で火災があり、長期宿泊者の男女3名が死亡した。《データ》死者3名、建物火災

3.4 カナダ太平洋航空旅客機墜落（東京都大田区）　3月4日午後8時14分頃、羽田空港で、着陸しようとしたカナダ太平洋航空の香港発バンクーバー経由ブエノスアイレス行きダグラスDC8型ジェット旅客機が濃霧による視界不良のため同空港C滑走路南端の進入灯に車輪を引っかけて防潮堤に激突、炎上し、乗員10名と乗客54名が死亡、8名が重軽傷を負った。政府調査団によれば、原因は機長の高度誤認か操縦ミス。《データ》死者64名、重軽傷者8名、航空機1機火災（運輸省調べ）、被害額25億円（消防庁調べ）

3.5 英国海外航空旅客機墜落（静岡県御殿場市）　3月5日午後2時15分頃、静岡県御殿場市太郎坊の南西約1kmの上空で、香港へ向けて羽田空港を離陸した英国海外航空の西回り世界一周ボーイング707型ジェット旅客機が突然分解、墜落し、乗員11名と乗客113名が全員死亡した。政府調査団によれば、原因は発達した低気圧による富士山付近の乱気流。《データ》死者124名、航空機1機墜落（運輸省調べ）

3.5 海上保安庁ヘリコプター墜落（東京都大田区沖）　3月5日、羽田空港の沖合で、海上保安庁羽田航空基地のシコルスキーS58型ヘリコプターが全日本空輸の墜落機の遺体捜索中に墜落し、乗員3名が死亡した。《データ》死者3名、ヘリコプター1機墜落

3.6 土砂崩れ（山形県西村山郡西川町）　3月6日未明、山形県西川町沼山で土砂崩れがあり、旅館加登屋が倒壊、同旅館経営者の家族や宿泊客ら7名が圧死した。《データ》死者7名、倒壊建物1棟

3.9 北陸本線勝山トンネル落盤　3月9日、北陸本線の勝山トンネル建設現場で落盤が起こり、作業員6名が生き埋めになって2名が死亡した。《データ》死者2名

3.11 菊富士ホテル火災（群馬県利根郡水上町）　3月11日午前3時40分、群馬県水上町湯原の菊富士ホテル新館1階の警備員室から出火し、鉄筋コンクリート地上3階、地下1階建の同館や木造2階建の本館、隣接の旅館白雲閣の木造2階建の本館と同3階建の新館など8棟（3183m^2）を全焼、宿泊客225名のうち茨城県御前山村の石塚たばこ耕作組合長倉地区分会の30名が焼死、12名が重軽傷を負い、9名（2世帯）が焼け出された。原因は警備員が仮眠していて石油ストーブを倒したため。《データ》死者30

名,重軽傷者12名,全焼建物8棟,焼失面積3183m²,被災者9名(2世帯),被害額2億4525万円(消防庁調べ)

3.18　浦佐スキー場雪崩(長野県南魚沼郡大和町)　3月18日午後7時40分頃、新潟県大和町の浦佐スキー場で高さ100mの地点から厚さ約1mの雪崩が前後3回にわたって起こり、ゲレンデ下の浦佐スキー会社の木造地上3階、地下1階建の第2ロッジ(408m²)が倒壊、同ロッジ内にいた従業員やスキー客ら27名のうち8名が圧死、14名が重軽傷を負った。原因は現場付近の整地不備。《データ》死者8名(警察庁調べ),重軽傷者14名,倒壊建物1棟

3.18－　集団赤痢(東京都東村山市)　3月18日から24日にかけて、東京都東村山市の新興住宅地久米川文化村(203戸)で、住民多数が赤痢に感染、患者総数は435名(住民の約66%)になったが、全員比較的軽症だった。感染源は同地区の無届の専用上水道。《データ》患者435名

3.19　温泉旅館火災(和歌山県西牟婁郡白浜町)　3月19日午後10時55分、和歌山県白浜町湯崎の温泉旅館三楽荘から出火し、同荘の木造モルタル4階建の本館および鉄筋5階建の別館、隣接のホテル銀海(4047m²)のほか、中学校の講堂など12棟を全焼、宿泊客390名のうち4名が焼死した。《データ》死者4名,全焼建物3棟,焼失面積4047m²,被害額3億4000万円(消防庁調べ)

3.20　公衆浴場火災(愛媛県松山市)　3月20日午前2時15分、松山市日之出町の公衆浴場観翠温泉のボイラー室付近から出火し、同浴場など14棟(1384m²)を全焼、3名が死亡、97名(29世帯)が焼け出された。《データ》死者3名,全焼家屋ほか14棟,焼失面積1384m²,被災者97名(29世帯),被害額2421万円(消防庁調べ)

3.20　いづよ荘火災(東京都墨田区)　3月20日午前5時41分、東京都墨田区東駒形のアパートいづよ荘1階の燃料貯蔵室の階段付近から出火し、耐火造り2階建の同アパート(138m²)を全焼、入居者8名が死亡、2名が重傷を負い、16名(4世帯)が焼け出された。《データ》死者8名,重傷者2名,全焼家屋1棟,焼失面積138m²,被災者16名(4世帯)(消防庁調べ)

3.22　奈川渡ダム建設現場土砂崩れ(長野県南安曇郡奈川村)　3月22日午前7時過ぎ、長野県奈川村の東京電力安曇発電所の奈川渡ダム5号導水路建設現場で約2000m³の土砂崩れがあり、鹿島建設の作業員11名が死亡した。《データ》死者11名(労働省調べ)

3.22　空知炭鉱坑内ガス爆発(北海道歌志内市)　3月22日午前2時20分、北海道歌志内市の空知炭砿空知鉱業所の本坑口から約3km奥の掘進現場でメタンなど可燃性ガスが噴出、爆発し、作業員12名が死亡、8名が重軽傷を負った。《データ》死者12名,重軽傷者8名(通商産業省調べ)

3.23　農業用水建設現場ガス爆発(新潟県直江津市)　3月23日午前4時30分頃、新潟県直江津市桑取の県営農業用水トンネル建設現場の入口から約300m奥の地点で天然ガスが漏れて引火、2回にわたって爆発し、救助作業の関係者を含む作業員5名が死亡、10名が重軽傷を負った。《データ》死者5名,重軽傷者10名

4.1　筏遭難(鹿児島県沖)　4月1日、鹿児島県の沖合で筏が遭難し、乗っていた中学生6名のうち5名が死亡した。《データ》死者5名,筏1隻遭難

4.8　漆生炭鉱出水(福岡県)　4月8日午前10時50分、福岡県の漆生鉱業所第1坑で古洞水

昭和41年(1966年)

が噴出し、作業員3名が死亡、20名が負傷した。《データ》死者3名, 負傷者20名(通商産業省調べ)

4.10 山野炭鉱ガス突出(福岡県嘉穂郡稲築町) 4月10日午後1時、福岡県稲築町の山野鉱業山野炭鉱の坑内でガスが突出し、作業員3名が死亡した。《データ》死者3名(通商産業省調べ)

4.21 精神病院患者投薬死亡(岩手県一関市) 4月21日、岩手県一関市の精神病院で患者1名が新薬エピアジンの投与直後に死亡、隠れた人体実験として論議を呼んだ。《データ》死者1名

4.23 藤永田造船所爆発(埼玉県川口市) 4月23日午後11時過ぎ、埼玉県川口市柳崎の藤永田造船所川口実験工場でゴム老化防止剤製造機が爆発し、技術者3名が死亡した。原因は高圧室のアンモニアバッファタンクに誤って酸素を注入したため。《データ》死者3名(労働省調べ)

4.26 東海道新幹線保線作業員事故死(神奈川県足柄下郡橘町) 4月26日午前0時10分頃、東海道新幹線の小田原駅近くの神奈川県橘町小船で、保線作業員10名が臨時試験車(4両編成)にはねられ、4名が即死、6名が重軽傷を負った。《データ》死者4名, 重軽傷者6名(運輸省調べ)

4月頃— 冷害(北海道,東北地方) 4月頃から9月末にかけて、北海道、東北地方で長雨や日照不足による異常低温が長期間続き、上川地方北部の稲や十勝地方の豆類をはじめ北海道だけで14万4700戸の田畑64万ha(耕作面積の約80%)に被害が出た。作物別の被災面積および収穫減量は北海道と青森県北東部で水陸稲35万ha(38万7000t)、麦1万ha(1万6000t)、馬鈴薯4万2000ha(22万6000t)、雑穀および豆類17万9000ha(14万2000t)、野菜2万3000ha(10万3000t)、果樹1000ha(4000t)などとなった。《データ》被災面積71万7000ha, 被災者14万4700戸(以上北海道のみ), 被害額610億円

5月— 集団赤痢(熊本県宇土郡三角町) 5月中旬から6月にかけて、熊本県三角町で、住民1292名が赤痢にかかった。感染源は簡易上水道。《データ》患者1292名

5.7— 集団赤痢(茨城県那珂郡那珂町) 5月7日から6月8日にかけて、茨城県那珂町で住民942名が赤痢にかかった。《データ》患者942名

5.8 劇場火災(愛媛県松山市) 5月8日、松山市の温泉劇場で火災があり、宿泊客ら3名が焼死、7名が重軽傷を負った。《データ》死者3名, 重軽傷者7名

5.21— 豪雨(近畿地方南部, 四国地方, 九州地方) 5月21日から23日にかけて、近畿南部、四国、九州地方に大雨が降り、高知県室戸市で906mmの総雨量を記録し、同県大豊村で土讃本線が約1万3000m³の土砂に埋没、6日間不通になるなど各地で被害があいついだ。《データ》被害額10億円(高知県のみ)

6月— 日本脳炎流行(千葉県, 大阪府, 兵庫県, 鳥取県, 山口県, 徳島県, 福岡県, 大分県ほか) 41年6月から、全国各地で日本脳炎が流行し、患者数は千葉県の23名(うち7名死亡)、大阪市の242名(うち106名死亡)、兵庫県の370名(うち163名死亡)、鳥取県の69名(うち18名死亡)、山口県の206名(うち94名死亡)、徳島県の122名、福岡県の真性396名(うち183名死亡)、大分県の118名など全国で2301名、うち1440名が死亡した。《データ》患者2301名(うち死者1440名)

昭和41年(1966年)

6.6— 雷雨・降雹(東北地方,関東地方)　6月6日から7日夜にかけて、東北、関東地方に、寒冷前線の通過により熱的界雷とともに雹や大雨が降り、青森県でリンゴに、群馬県から埼玉県本庄、深谷市および大里郡、東京都西部に至る地域で野菜類などに雹害が発生したほか、都心で営団地下鉄日比谷線が神谷町駅付近の冠水により不通になり、京浜東北線など国鉄各線も冠水により運休や遅れがあいついだ。　《データ》農作物被害,鉄道被害,被害額45億円

6.27— 台風4号(東北地方,関東地方,東海地方)　6月27日午前6時頃から翌日深夜にかけて、中心気圧915mb、中心の最大風速70mの勢力を持つ台風4号が、四国の南方から房総半島、三陸の沖合を通過する際、刺激を受けた本州南岸の梅雨前線により東北地方南東部や関東、東海地方に大雨が降り、総雨量は埼玉県川越市で328mm、東京都で235mm、神奈川県箱根町や静岡県の天城山で400mm以上を記録。このため28日夕方から夜にかけて、山形県大蔵村舛玉で農家が地すべりにより埋没、家族ら9名が死亡し、埼玉県飯能市阿須の日豊武蔵野炭鉱社宅1棟が倒壊、入居者12名(3世帯)が土砂の下敷きになり、5名が死亡、1名が重傷を負い、東京都で石神井川などの氾濫により家屋3万5000戸が浸水し、横浜市磯子区森町の市営交通女子寮で山崩れにより入寮者4名が死亡した。22都道県で61名が死亡、91名が負傷した。　《データ》死者61名,負傷者91名,全壊住宅103棟,半壊住宅120棟,破損住宅144棟,流失住宅3棟,床上浸水住宅2万4259棟,床下浸水住宅9万7281棟,被災非住宅133棟,水田流失・埋没805ha,水田冠水7万1834ha,畑流失・埋没463ha,畑冠水1万94ha,道路損壊445ヶ所,橋梁流失86ヶ所,堤防決壊68ヶ所,山崩れ1330ヶ所,鉄道被害88ヶ所,通信施設被害2329ヶ所,被災者9万9061名(2万3794世帯)(以上警察庁調べ),被害額(公共施設関係のみ)66億9800万円

6.30— 豪雨(東北地方,西日本)　6月30日夕方から7月1日にかけて、東北、関東地方や西日本に低気圧の刺激を受けた梅雨前線による大雨が降り、総雨量は山口県下関市で246mm、山口市で211mm、福岡市で111mm、長崎県平戸市で156mmを記録。このため山形県で住民7名が死亡したのをはじめ、28都府県で12名が死亡、36名が負傷し、2名が行方不明となった。　《データ》死者12名,負傷者36名,行方不明者2名,全壊住宅23棟,半壊住宅41棟,破損住宅89棟,流失住宅1棟,床上浸水住宅9751棟,床下浸水住宅6万3724棟,被災非住宅101棟,水田流失・埋没275ha,水田冠水4万9129ha,畑流失・埋没216ha,畑冠水4387ha,道路損壊676ヶ所,橋梁流失88ヶ所,堤防決壊162ヶ所,山崩れ743ヶ所,鉄道被害52ヶ所,通信施設被害1216ヶ所,無発動機船舶被害4隻,被災者4万2611名(1万981世帯)(警察庁調べ),被害額(高知県のみ)約12億円

7月— 豚集団コレラ(香川県大川郡)　7月末から11月にかけて、香川県大川郡で豚多数がコレラに感染し、約4800頭が死亡。同県は予防注射や豚の移動禁止など緊急防疫対策に追われた。　《データ》死亡豚約4800頭

7.3 第85惣宝丸爆発(岩手県気仙郡三陸村沖)　7月3日午前0時15分頃、岩手県三陸村の綾里埼の約30km沖合で、青森県八戸市の福島漁業の北洋タラ底引網漁船第85惣宝丸(299t)が、炊事用のプロパンガスが爆発して炎上し、乗組員4名が死亡、12名が重軽傷を負った。　《データ》死者4名,重軽傷者12名,船舶1隻火災

7.5 興国人絹パルプ工場ガス中毒死(富山県富山市)　7月5日午前10時30分頃、富山市中島の興国人絹パルプ富山支社のパルプ製造所で、亜硫酸処理塔の清掃中に萩浦建設の作業員2名が誤ってトリクロルエチレン溶剤のガスを吸い込み、救助に入った

昭和41年（1966年）

同支社精製課長ら2名とともに死亡した。《データ》死者4名

7.7― 豪雨（九州地方）　7月7日朝から、鹿児島県を中心に低気圧の刺激を受けた梅雨前線により300mm以上の大雨が降り、総雨量は同県鹿屋市で735mm、肝属郡根占町で682mm、垂水市で562mm、鹿児島市で403mmを記録。このため同8日夜から10日夜にかけて、鹿児島県全域の495ヶ所でがけ崩れが起こり、鹿屋市池園町で救援作業に加わっていた警官3名と消防団員1名が死亡、根占町西本で公民館が倒壊、自主避難していた住民13名のうち2名が死亡、9名が重軽傷を負ったのをはじめ、12府県で13名が死亡、65名が負傷、4名が行方不明となったほか、鹿児島、日豊本線などが不通になった。《データ》死者13名、負傷者65名、行方不明者4名、全壊家屋67棟、半壊家屋65棟、流失家屋1棟、床上浸水家屋1762棟、床下浸水家屋2万7879棟、被災者8174名（2150世帯）（警察庁調べ）、がけ崩れ（鹿児島県のみ）495ヶ所

7.8　農業用水復旧現場ガス中毒（栃木県那須郡黒磯町）　7月8日、栃木県黒磯町百村の木ノ俣農業用水路トンネルの下流側から約480m奥の復旧現場で、建設業谷黒組の現場主任の持ち込んだ照明用の携帯式発電機が不完全燃焼し、女性を含む地元の農業関係者25名が一酸化炭素中毒により死亡、27名が重軽症となった。同トンネルは台風4号による落盤で使えなくなっていた。《データ》死者25名、重軽症者27名（労働省調べ）

7.11― 豪雨（石川県北部）　7月11日から12日にかけて、石川県の奥能登地方に停滞する梅雨前線上を低気圧が通過して大雨が降り、輪島市で道路の冠水により家屋1000戸以上が浸水したのをはじめ、田畑540haが冠水、能登線が全線不通になるなど被害があいついだ。《データ》浸水家屋1000戸以上、田畑冠水540ha

7.15― 豪雨（山形県、新潟県）　7月15日夕方から18日朝にかけて、山形、新潟県に梅雨前線による大雨が断続的に降り、総雨量は同県新発田市で570mm、関川村で500mm、相川町で250mmを記録。このため三面川や荒川、加治川、新谷川などが氾濫し、各地で住民1名が死亡、4名が負傷、2名が行方不明となった。《データ》死者1名、負傷者4名、行方不明者2名、全壊住宅16棟、半壊住宅35棟、破損住宅91棟、流失住宅42棟、床上浸水住宅8902棟、床下浸水住宅1万6301棟、被災非住宅864棟、水田流失・埋没290ha、水田冠水2万7308ha、畑流失・埋没1209ha、畑冠水2787ha、道路損壊351ヶ所、橋梁流失111ヶ所、堤防決壊251ヶ所、山崩れ240ヶ所、鉄道被害21ヶ所、通信施設被害709ヶ所、木材流失130m^3、船舶流失2隻、被災者3万9823名（9153世帯）（以上警察庁調べ）、被害額354億円

7.16　廃棄弾薬爆発（神奈川県平塚市）　7月16日午後3時15分頃、神奈川県平塚市千石の海岸で、海水浴客9名が漂着木箱を燃やしたところ、木箱に入っていた旧日本軍の廃棄弾薬が突然爆発し、3名が死亡、2名が重傷を負った。《データ》死者3名、重傷者2名

7.17　梅屋丸転覆（和歌山県西牟婁郡すさみ町沖）　7月17日、和歌山県すさみ町の鰹島で、磯釣り渡船梅屋丸（3.8t）が接岸直前に転覆し、乗客の釣り客ら6名が死亡、7名が負傷した。原因は約5倍の定員超過。《データ》死者6名、負傷者7名、船舶1隻転覆（海上保安庁調べ）

7.22　雷雨（関東地方）　7月22日昼過ぎと夜、関東地方に熱的界雷が発生し、強い雷雨が降った。このため午後1時過ぎに群馬県高崎市付近で上越、信越本線の急行白山な

昭和41年（1966年）

どが停電により立往生し、同7時頃から甲府市の中心部で相川堤防の決壊や高倉川の氾濫により住民2名が死亡、56名が負傷、4名が行方不明、家屋約1万3000戸が浸水し、同9時過ぎに東海道本線と横須賀線が鶴見駅構内の浸水により不通になり、東京急行電鉄や京浜急行電鉄の各線で電車多数が運休または遅れたほか、渋谷区の明治神宮の大鳥居に雷が落ちるなど東京都や神奈川県で被害があいついだ。《データ》死者2名,負傷者56名,行方不明者4名,浸水家屋約1万3000戸

7.27　**矢木沢ダム建設現場排水路崩壊**（群馬県利根郡水上町）　7月27日夜、群馬県水上町藤原の電源開発矢木沢ダム建設現場で、コンクリート製右岸排水路の底（厚さ1.5m）が長さ14m、幅15m前後にわたって抜け、熊谷組の作業員ら22名が同排水路から約10m下の地面に転落し、7名がコンクリートに埋まって死亡、8名が重軽傷を負った。原因は45cm間隔で底を補強していた鉄筋の強度不足。《データ》死者7名,重軽傷者8名（労働省調べ）

7.27　**山崩れ**（青森県青森市）　7月27日午後10時頃、青森市の東北本線の野間・浅虫駅間で大雨による山崩れが起こり、同線が以後26日間不通になった。《データ》山崩れ1ヶ所,鉄道被害

7.30　**がけ崩れ**（群馬県吾妻郡嬬恋村）　7月30日、群馬県嬬恋村でがけ崩れが起き、住民5名が死亡した。《データ》死者5名

7.31　**日本国内航空セスナ機墜落**（静岡県駿東郡裾野町）　7月31日、静岡県裾野町で、名古屋空港を離陸した日本国内航空のセスナ172E型機が箱根山付近に墜落し、乗員2名が死亡した（翌日機体発見）。《データ》死者2名,航空機1機墜落（運輸省調べ）

8.8　**柏崎煙火工業所爆発**（新潟県柏崎市）　8月8日午後5時25分頃、新潟県柏崎市松波町の柏崎煙火工業所で、配合作業中に雷薬が爆発し、工場や倉庫など16棟を全焼、作業員2名が死亡、通行人ら14名が重軽傷を負った。《データ》死者2名,重軽傷者14名（以上労働省調べ）,全焼工場ほか16棟

8.14－　**豪雨（台風13号）**（近畿地方,四国地方,九州地方）　8月14日朝から15日夜にかけて、台風13号の影響により四国、九州地方を中心に大雨が降り、同16日午前9時までの総雨量は宮崎県宮崎市で577mm、宮崎県延岡市で538mm、大分県津久見市で490mm、高知県土佐清水市の足摺岬で371mm、同県室戸市の室戸岬で323mm、高知市で325mmを記録。このため大分県佐伯市青山三軒家でがけ崩れにより乗用車が県道から約70m下の堅田川に転落し、1名が死亡、2名が行方不明になり、臼杵市深江で山崩れにより漁業関係者の家族ら5名が死亡、3名が負傷し、宮崎県山之口町の青井岳キャンプ場で境川の増水により宮崎市青島中学校の教諭や女子生徒ら8名が死亡、1名が行方不明になり、北川村下塚でがけ崩れにより家族や親戚15名（4世帯）が死亡したのをはじめ、各地で36名が死亡、22名が負傷、3名が行方不明になったほか、紀勢、日豊本線などが一時不通になった。《データ》死者36名,負傷者22名,行方不明者3名,全壊住宅17棟,半壊住宅24棟,破損住宅31棟,流失住宅4棟,床上浸水住宅3043棟,床下浸水住宅1万6099棟,被災非住宅82,水田流失・埋没11ha,水田冠水4009ha,畑流失・埋没32ha,畑冠水79ha,道路損壊220ヶ所,橋梁流失43ヶ所,堤防決壊38ヶ所,山崩れ245ヶ所,鉄道被害31ヶ所,通信施設被害48ヶ所,木材流失559m^3,無発動機船被害1隻,被災者1万3444名（3103世帯）（以上警察庁調べ）,被害額（高知・宮崎県のみ）47億円余り

昭和41年(1966年)

8.15　松島炭鉱坑内ガス爆発(長崎県西彼杵郡大島町)　8月15日午後10時45分、長崎県大島町の大島鉱業所松島海底炭鉱の坑内でガスが燃焼、爆発し、作業員5名が死亡、42名が負傷した。同炭鉱は当時、優れた保安対策で有名だった。《データ》死者5名(通商産業省調べ)、負傷者42名

8.17－　豪雨(北海道中南部)　8月17日夜から20日にかけて、北海道の中南部に低気圧と前線の通過により130mmから170mm前後の大雨が降った。このため同19日午後11時30分頃、伊達町で山崩れにより農業関係者の家族ら3名が死亡、2名が重傷を負い、20日朝に美唄市付近で石狩川が氾濫したのをはじめ、夕張市など各地で15名が死亡、19名が負傷し、室蘭、函館本線など4路線が不通になった。《データ》死者15名、負傷者19名、全壊住宅32棟、半壊住宅128棟、破損住宅31棟、流失住宅4棟、床上浸水住宅3699棟、床下浸水住宅1万1279棟、被災非住宅363棟、水田流失・埋没102ha、水田冠水2万4084ha、畑流失・埋没3ha、畑冠水1万8212ha、道路損壊329ヶ所、橋梁流失158ヶ所、堤防決壊76ヶ所、山崩れ44ヶ所、鉄道被害26ヶ所、通信施設被害333ヶ所、木材流失715m³、山林全焼15ha、被災者7万2111名(1万7355世帯)(警察庁調べ)、被害額170億円余り

8.24－　たばこハイライト連続爆発(千葉県、山口県、福岡県)　8月24日、山口県下関市で、たばこハイライトが爆発する事件が5件起き、続いて26日に福岡県、31日に千葉県で、同銘柄のたばこの爆発が1件ずつ起きた。

8.25　国道トンネル建設現場がけ崩れ(山口県萩市)　8月25日、山口県萩市の国道トンネル建設現場でがけ崩れが起こり、作業員2名が土砂の下敷きになって死亡、4名が負傷した。《データ》死者2名、負傷者4名(労働省調べ)

8.26　日本航空訓練機火災(東京都大田区)　8月26日、羽田空港C滑走路で、操縦訓練中の日本航空のコンベアCV880M型旅客機が離陸に失敗し、同滑走路脇に突っ込んで炎上、乗員5名が死亡した。《データ》死者5名、航空機1機火災(運輸省調べ)

9.2　トラック交通事故(埼玉県川越市)　9月2日午前8時頃、埼玉県川越市的場の国道16号線で、セメント運搬トラックが信号待ちをしていた霞ヶ関小学校の児童の列に突っ込み、3名が即死、6名が重軽傷を負った。原因はトラックの無理な追越し運転。《データ》死者3名、重軽傷者6名

9.7　横浜盲訓学院セスナ機火災(北海道川上郡弟子屈町)　9月7日午後3時25分頃、北海道弟子屈町の町営飛行場付近の上空で、阿寒湖周辺を遊覧中の横浜盲訓学院のセスナ175型機が発火し、乗客2名が死亡、操縦士が重傷を負い、機体も着陸後に全焼した。原因はガスライターによる失火。《データ》死者2名、重傷者1名、航空機1機全焼(運輸省調べ)

9.9－　台風19号(東北地方、中国地方、四国地方、九州地方)　9月9日午後、台風19号が豊後水道から広島県に上陸して日本海を経て、翌日昼頃に秋田県八森町付近に再上陸し、通過地域付近に200mm前後の大雨が降った。このため大分県をはじめ各地で住民6名が死亡、4名が負傷した。《データ》死者6名、負傷者4名、全壊住宅6棟、半壊住宅7棟、破損住宅25棟、流失住宅1棟、床上浸水住宅2159棟、床下浸水住宅5829棟、被災非住宅2棟、水田流失・埋没5ha、水田冠水1221ha、畑冠水182ha、道路損壊109ヶ所、橋梁流失7ヶ所、堤防決壊41ヶ所、山崩れ78ヶ所、鉄道被害11ヶ所、通信施設被害124ヶ所、木材流失925m³、船舶沈没1隻、無発動機船被害5隻、被災者2万2296名(5282世帯)

昭和41年(1966年)

(警察庁調べ)

9.22　京都観光修学旅行バス・ダンプカー衝突(京都府相楽郡山城町)　9月22日、京都府山城町の国道24号線で、京都観光の大型修学旅行バスと大型ダンプカーが衝突し、乗客の東京都品川区の城南中学校の生徒や引率教諭ら4名が死亡、25名が重軽傷を負った。原因はバスの無理な追越し運転。　《データ》死者4名,重軽傷者25名,車両衝突

9.22　バス・東武伊勢崎線特急電車衝突(埼玉県越谷市)　9月22日午後6時25分、東武鉄道伊勢崎線の越谷駅構内の遮断機付きの通称赤山街道踏切で、東武定期バスと日光発浅草行き特急第2けごん(6両編成)が衝突。電車は前部5両が脱線、バスは大破し、乗客3名と通行人1名が死亡、乗客ら3名が重傷、13名が軽傷を負った。原因はバスの車掌による誘導ミス。　《データ》死者4名,重傷者3名,軽傷者13名(運輸省調べ),車両5両脱線,車両1台大破

9.24－　台風24・26号(東北地方,関東地方,中部地方,近畿地方,四国地方,九州地方)　9月24日昼過ぎ、台風24号が九州の南部に接近して本州南岸の秋雨前線を刺激後、高知県安芸市に上陸し、急速に衰弱しながら近畿地方を経て日本海へ抜け、三重、高知、宮崎県を中心に関東地方以西に100mmから300mm前後の大雨が降った。また台風26号も同25日午前0時過ぎに、伊豆諸島から静岡県御前崎町付近に上陸し、東京、山梨、静岡の各都県で35mから40m前後の、富士山頂で91mの瞬間最大風速を記録して東北地方を縦断、三陸の沖合へ抜けた。このため25日未明から午前11時頃にかけて、芦川の氾濫により山梨県上九一色村本郷で住民10名が死亡、10名が行方不明、芦川村鶯宿で13名が死亡、3名が行方不明、山津波により足和田村根場で49名が死亡、13名が行方不明、同村西湖で32名が死亡、静岡県では富士市鈴川で防潮堤が壊れて13名が死亡、焼津市田尻北で4名が死亡、静岡市梅ヶ島では温泉旅館6棟が流失、3棟が半壊、宿泊客150名のうち26名が死亡、福島県船引町で5名が土砂崩れにより死亡し、宮城県七ヶ浜町で家族7名が死傷した。7都県で275名が死亡、976名が負傷、43名が行方不明となった。　《データ》死者275名,負傷者976名,行方不明者43名,全壊住宅2493棟,半壊住宅9168棟,破損住宅6万1412棟,流失住宅73棟,床上浸水住宅9331棟,床下浸水住宅4万4270棟,全焼住宅16棟,半焼住宅4棟,被災非住宅2万3696棟,水田流失・埋没818ha,水田冠水2万7532ha,畑流失・埋没263ha,畑冠水5546ha,道路損壊1351ヶ所,橋梁流失368ヶ所,堤防決壊288ヶ所,山崩れ960ヶ所,鉄道被害144ヶ所,通信施設被害4万617ヶ所,木材流失42m^3,船舶沈没19隻,船舶流失15隻,船舶破損73隻,無発動機船被害113隻,被災者9万8407名(2万4341世帯)(以上警察庁調べ),被害額(群馬県のみ)167億1537万円

9.26　砂川炭鉱ガス漏出(北海道砂川市)　9月26日午後5時50分、北海道砂川市の三井鉱山砂川炭鉱の坑内でガスが漏出し、作業員2名が窒息死、4名が負傷した。　《データ》死者2名,負傷者4名(通商産業省調べ)

10.2　乗用車・トラック衝突(宮城県柴田郡)　10月2日、宮城県柴田郡の国道で、乗用車がトラックと衝突、乗っていた8名が死亡した。原因は乗用車のスピードの出し過ぎ。　《データ》死者8名,車両衝突

10.11－　豪雨(愛知県東部)　10月11日深夜から12日午後10時頃にかけて、低気圧が本州南岸と日本海を通過する際、東海地方に大雨が降り、総雨量は愛知県豊橋市で222mm、渥美町伊良湖で160mm、新城市で127mmを記録。このため12日豊橋市牛

205

昭和41年(1966年)

川町で朝倉川の氾濫により住民3名と救助隊の豊橋警察署員4名が行方不明になったのをはじめ、同県田原町など各地で8名が死亡、3名が負傷、3名が行方不明となった。《データ》死者8名、負傷者3名、行方不明者3名、全壊住宅5棟、半壊住宅18棟、破損住宅21棟、流失住宅4棟、床上浸水住宅3659棟、床下浸水住宅1万5893棟、被災非住宅311棟、水田流失・埋没111ha、水田冠水2030ha、畑流失・埋没207ha、畑冠水1481ha、道路損壊114ヶ所、橋梁流失45ヶ所、堤防決壊67ヶ所、山崩れ120ヶ所、鉄道被害14ヶ所、通信施設被害326ヶ所、船舶沈没10隻、船舶流失53隻、船舶破損10隻、被災者1万2867名(3763世帯)(警察庁調べ)

10.13— 豪雨(青森県、岩手県) 10月13日午後2時から5時までと同9時から12時の2回、東北地方を中心に300mm前後の局地的な大雨が降り、青森県平内町で清水川の鉄砲水により家屋13棟が流失、逃げ遅れた住民1名が死亡、2名が行方不明になり、岩手県久慈市付近でがけ崩れにより斜面に建っていた13棟が倒壊または埋没、8名が死亡したのをはじめ、各地で16名が死亡、2名が負傷、3名が行方不明となった。また、東北、奥羽本線が不通になった。《データ》死者16名、負傷者2名、行方不明者3名、全壊家屋58棟、半壊家屋118棟、流失家屋10棟、床上浸水家屋2089棟、床下浸水家屋2595棟、被災者1万1224名(2308世帯)(以上警察庁調べ)、被害額63億7500万円余り

10.21 工場火災(大阪府大阪市住吉区) 10月21日午前1時30分、大阪市住吉区北加賀屋町の松崎木工所から出火し、おりからの西風にあおられて工場10棟やアパート4棟など21棟(5930m^2)を全焼、火元付近に住む電報局員の家族6名が焼死、住民ら250名(91世帯)が焼け出された。工場や現場付近の住宅は建坪率を無視した違法建築物だった。《データ》死者6名、全焼工場ほか21棟、焼失面積5930m^2、被災者250名(91世帯)(消防庁調べ)

10.23 ライトバンひき逃げ(山形県山形市) 10月23日、山形市内で、通行人3名がライトバンにひき逃げされ、2名が死亡、1名が負傷した。《データ》死者2名、負傷者1名

10.28 漁船遭難(北海道目梨郡羅臼町沖) 10月28日、北海道羅臼町の沖合で、青森県のイカ釣り漁船が遭難し、乗組員1名が死亡、19名が行方不明になった。《データ》死者1名、行方不明者19名、船舶1隻遭難

11.1 奔別炭鉱坑内ガス爆発(北海道三笠市) 11月1日午前2時30分、北海道三笠市奔別の住友石炭鉱業奔別鉱業所の奔別鉱立坑第3区の坑口から約2.3km奥の地点でガス爆発が起こり、作業員16名が死亡、5名が重軽傷を負った。《データ》死者16名、重軽傷者5名(通商産業省調べ)

11.1 マイクロバス転落(栃木県日光市) 11月1日、栃木県日光市の金精有料道路の日光側出入口から約1.3kmの地点で、新潟県の慰安旅行のマイクロバスがガードレールを突破して道路から約40m下へ落ち、乗客18名のうち4名が即死、14名が重傷を負った。原因はブレーキの故障。《データ》死者4名、重傷者14名、車両1台転落

11.2 二子炭鉱落盤(長崎県) 11月2日午後1時45分、長崎県の三菱鉱業二子炭鉱の坑内で落盤が起こり、作業員3名が死亡した。《データ》死者3名(通商産業省調べ)

11.7 矢木沢ダム発電所爆発(群馬県利根郡水上町) 11月7日、群馬県水上町藤原の矢木沢ダム地下の東京電力発電所で、第3発電機の取付作業中に油圧タンクが発火、爆発し、日立工事の作業員3名が死亡、5名が重軽傷を負った。《データ》死者3名、重軽傷者5名(労働省調べ)

昭和41年(1966年)

11.11　山野炭鉱落盤(福岡県嘉穂郡稲築町)　11月11日午後6時、福岡県稲築町の山野鉱業山野炭鉱の坑内で落盤が起こり、作業員2名が死亡した。《データ》死者2名(通商産業省調べ)

11.11　トラック・近鉄電車連続衝突(奈良県宇陀郡室生村)　11月11日午前と午後の2回、奈良県宇陀郡室生村の近畿日本鉄道大阪線三本松駅付近の無警報機踏切で、トラックと急行電車が衝突、乗客ら3名が死亡、15名が重軽傷を負った。《データ》死者3名,重軽傷者15名,車両衝突

11.13　全日本空輸旅客機墜落(愛媛県松山市沖)　11月13日午後8時33分頃、松山空港で、全日本空輸の大阪発松山行きYS11型旅客機オリンピア号が強風により着陸に失敗し、同空港滑走路の北約2.4kmの海上に墜落、乗員5名と乗客の新婚旅行者ら45名が全員死亡した。原因は不明。同型機は戦後初の国産による中型旅客機で、墜落は初。《データ》死者50名,航空機1機墜落(運輸省調べ)

11.15　大阪府警察・全日本空輸ヘリコプター衝突(愛媛県松山市沖)　11月15日、松山市の沖合で、大阪府警察のベル47G型ヘリコプターと全日本空輸のベル47D型ヘリコプターが墜落機捜索中に正面衝突、墜落し、両機の乗員4名が即死した。《データ》死者4名,ヘリコプター2機墜落(運輸省調べ)

11.25　進幸丸転覆(熊本県天草郡大矢野町沖)　11月25日、熊本県大矢野町千束蔵々島の大桜岸壁付近で、同岸壁から出航した同町の町営小型連絡船進幸丸(2.5t)が高波により転覆し、天草五橋完成記念博覧会に出かける乗客の維和中学校1年生の女子生徒5名が死亡した。原因は約3.7倍の定員超過。《データ》死者5名(海上保安庁調べ),船舶1隻転覆

11.26　幸辰丸沈没(福岡県宗像郡玄海灘沖)　11月26日、福岡県大島村の北東約15kmの響灘で、大阪市大正区の幸照海運の石炭運搬船幸辰丸(1882t)が悪天候により転覆、沈没し、乗組員18名のうち1名は救助されたが、残りの17名が行方不明になった。《データ》行方不明者17名,船舶1隻沈没(海上保安庁調べ)

12.5　ダンプカー暴走(神奈川県横浜市中区)　12月5日、横浜市中区間門町で、同市戸塚区の清和建設の大型ダンプカーが横断歩道を渡っていた間門小学校の児童や二葉幼稚園の園児ら約20名の列に突っ込み、小学生1名と園児2名が死亡、園児4名と引率教諭1名、女性交通指導員1名が重傷を負った。原因はダンプカーのブレーキの故障。《データ》死者3名,重傷者6名

12.15　ダンプカー居眠り運転(愛知県西加茂郡猿投町)　12月15日午前8時50分頃、愛知県猿投町の越戸保育園前の国道153号線で、岐阜県各務原市の加藤建材のダンプカーがライトバンに追突した後、道端にいた保母や園児の列に突っ込み、保母1名と園児10名が死亡、22名が重軽傷を負った。原因は運転手の居眠り運転。《データ》死者11名,重軽傷者22名,車両追突

12.15　東武大師線電車・営団地下鉄電車衝突(東京都足立区)　12月15日、東武鉄道大師線の西新井駅付近で、同線の電車が脱線し、隣の線路を走っていた相互乗り入れの帝都高速度交通営団日比谷線の竹の塚行き電車と衝突、乗客7名が死亡、18名が重軽傷を負った。脱線の原因は現場付近のレールの摩滅とみられる。《データ》死者7名,重軽傷者18名(運輸省調べ),車両脱線

昭和42年（1967年）

12.21— 食中毒（北海道、東京都、神奈川県、京都府、大阪府）　12月21日から42年4月にかけて、東京や横浜、京都、大阪など6都道府県で、住民約1500名が広島県産の養殖牡蠣による食中毒にかかり、同県の産地は12月22日に出荷停止を実施した。厚生省と広島県の調査によれば、原因は養殖海域の病原性大腸菌。《データ》患者約1500名（41年12月28日時点）

12.25　公衆浴場火災（東京都文京区）　12月25日、東京都文京区小石川の公衆浴場で火災があり、入浴客ら5名が焼死した。《データ》死者5名

12.29　富士製鉄ガス爆発（北海道室蘭市）　12月29日、北海道室蘭市の富士製鉄室蘭製鉄所で、冷却器内の残留ガスにハンマーの火花が引火、爆発し、従業員4名が即死した。《データ》死者4名

この年　ウンカ発生（関東地方、中部地方、四国地方、九州地方）　41年、関東、中部、四国、九州地方の各地にウンカが大量発生し、稲など農作物の被害があいついだ。《データ》農作物被害

昭和42年
（1967年）

1.3— 集団赤痢（山形県米沢市）　1月3日から2月20日にかけて、山形県米沢市で住民984名が赤痢にかかった。《データ》患者984名

1.5　植松病院火災（神奈川県横浜市西区）　1月5日午前1時15分頃、横浜市西区平沼町の社会福祉医療法人植松病院の看護婦宿舎から出火し、木造2階建の同宿舎（150m²）や隣接の物置、同モルタル2階建の旧館病棟のうち5部屋（330m²）などを全焼、入院患者3名と職員1名が焼死、看護婦や周辺住民ら20名が重軽傷を負い、42名（3世帯）が焼け出された。原因は職員の寝たばこ。《データ》死者4名、重軽傷者20名、全焼家屋ほか2棟、焼失面積1165m²、被災者42名（3世帯）、被害額1035万円

1.10　山岳連盟救助隊員遭難（谷川岳）　1月10日朝、谷川岳マチガ沢出合で、駒草山岳会員の救助活動をしていた新潟県三条市山岳連盟の会員5名が、現場付近の避難小屋が登山者に荒されて使えなくなっていたためテントで仮泊していたところ、雪崩に巻き込まれて死亡した。《データ》死者5名（警察庁調べ）

1.15　第15長栄丸行方不明（長崎県下県郡厳原町沖）　1月15日、島根県浜田市の底引網漁船第15長栄丸（49t）が悪天候により長崎県厳原町の豆酘湾に緊急避難する途中で消息を絶ち、乗組員12名が行方不明になった。《データ》行方不明者12名、船舶1隻行方不明（海上保安庁調べ）

1.16　海上自衛隊対潜哨戒機・ヘリコプター衝突（徳島県徳島市沖）　1月16日、徳島市沖洲町の東約11kmの海上で、合同訓練から戻る途中の海上自衛隊第3航空群のグラマンS2F1型対潜哨戒機と同第21航空群のシコルスキーHSS2型ヘリコプターが衝突、墜落し、双方の乗員10名全員が死亡した。《データ》死者10名、航空機2機墜落（防衛庁調べ）

1.20　北陸本線トンネル建設現場落盤（新潟県直江津市）　1月20日午後10時25分頃、新潟県直江津市長浜の北陸本線新長浜トンネル建設現場の谷浜口から136m奥で、長さ

30mに及ぶ落盤が起きた。このため作業員10名が生き埋めになり、5名は82時間後に救出されたが、残りの5名が死亡した。《データ》死者5名（労働省調べ）

1.22　高等学校生徒割氷転落死（山梨県西八代郡上九一色村）　1月22日、山梨県上九一色村の精進湖で氷が突然割れ、スケートをしていた高等学校の生徒3名が転落、水死した。《データ》死者3名

1.22　白老炭鉱坑内落盤（北海道白老郡白老町）　1月22日、北海道白老町の日鉄鉱業白老炭鉱の坑内で落盤が起こり、作業員5名が死亡した。《データ》死者5名（通商産業省調べ）

1.23　田地火災（福岡県粕屋郡古賀町）　1月23日午後4時40分、福岡県古賀町青柳の稲藁の束を積んだ場所で、遊んでいた男児4名が焼死した。《データ》死者4名、被害額1万円

1.24　大夕張炭鉱坑内ガス突出（北海道夕張市）　1月24日、北海道夕張市の三菱鉱業大夕張鉱業所の掘進作業現場でガスが突出し、作業員のうち4名が死亡、1名が重傷を負った。《データ》死者4名、重傷者1名（通商産業省調べ）

1.30－　集団赤痢（長崎県西彼杵郡長与村）　1月30日から4月10日にかけて、長崎県長与村で住民839名が赤痢にかかった。《データ》患者839名

2月　コレラワクチン採取豚・ヤギ肉違法処理（病菌豚密売事件）（関東地方、京都府、熊本県）　2月、東京都および京都府、栃木、千葉、神奈川、熊本県などで、家畜業者ら合わせて47名が、コレラワクチン製造のため豚7100頭とヤギ1万664頭に病菌を接種して血清を採取した後、使用豚とヤギを食用肉として販売。うち豚524頭分を除き、同豚とヤギはハムやソーセージなどに加工、消費された（同23日以降に19名逮捕。3月16日にプリマハムを1週間営業停止）。

2.1　厚生病院火災（北海道苫前郡苫前町）　2月1日、北海道苫前町の厚生病院で火災があり、病舎3棟を全焼、入院患者4名が焼死した。《データ》死者4名、全焼病舎3棟

2.19　スキー客凍死傷（群馬県白根山）　2月19日、群馬県の白根山で、スキー団体客8名が猛吹雪に巻き込まれ、3名が凍死、5名が重軽傷を負った。《データ》死者3名、重軽傷者5名

2.19　スキー客遭難死（谷川岳）　2月19日、谷川岳田尻沢で、スキー客3名が雪崩に巻き込まれて死亡した（翌日遺体発見）。《データ》死者3名

2.23　火災（千葉県船橋市）　2月23日午前0時13分、千葉県船橋市宮本町で火災があり、おりからの強風にあおられて家屋30棟（1658m²）を全焼、住民3名が死亡、240名（61世帯）が焼け出された。《データ》死者3名、全焼家屋30棟、焼失面積1658m²、被災者240名（61世帯）、被害額3818万円

3.1　旭有機材工場爆発（宮崎県延岡市）　3月1日午前8時30分頃、宮崎県延岡市の旭有機材の樹脂工場で、粉砕機の火花がセルモルトレジンの粉塵に引火、爆発し、近くにいた従業員2名が死亡、12名が重軽傷を負った。《データ》死者2名、重軽傷者12名（労働省調べ）

3.3－　ニューカッスル病発生（兵庫県、岡山県、徳島県、宮崎県）　3月3日、岡山県津山市高野本郷の養鶏場で鶏約200羽がニューカッスル病に感染。以後、43年4月までに岡

昭和42年(1967年)

山、西大寺市や邑久郡などの養鶏業者116戸の11万7000羽が同病により死亡または処分され、兵庫県上郡町で10万5520羽の、宮崎県日向市や都農町などで6万5770羽の、徳島県でも多数の感染鶏が発見、処分された。《データ》死亡鶏28万8290羽(兵庫・岡山・宮崎県のみ)、被害額2億4000円(岡山・宮崎県のみ)

3.6 営団地下鉄浅草駅補修現場ガス中毒(東京都台東区) 3月6日、東京都台東区の帝都高速度交通営団浅草駅構内の引込線付近で排水管の錆止めを担当していた作業員がガス中毒にかかり、うち3名が死亡した。《データ》死者3名

3.24 自動車整備工場火災(秋田県鹿角郡花輪町) 3月24日午後2時17分、秋田県花輪町下夕町の自動車整備工場から出火し、同工場など2棟(191m²)を全焼、従業員ら3名が死亡、4名(1世帯)が焼け出された。《データ》死者3名、全焼工場ほか2棟、焼失面積191m²、被災者4名(1世帯)、被害額332万円

3.25 高根炭鉱坑内出水・土砂崩れ(北海道芦別市) 3月25日、北海道芦別市の芦別高根炭砿の坑内で出水と土砂崩れが起こり、作業員2名が死亡した。《データ》死者2名(通商産業省調べ)

3.25 中央高速道路建設現場土砂崩れ(神奈川県津久井郡相模湖町) 3月25日未明、神奈川県相模湖町小原の日本道路公団の中央高速道路建設現場で土砂崩れが起きた。このため橋脚用の穴が土砂(50m³)に埋まり、穴の中にいた掘削作業員ら4名が死亡した。《データ》死者4名(労働省調べ)

3.28 磯原炭鉱坑内落盤(茨城県北茨城市) 3月28日、茨城県北茨城市の日本炭砿磯原炭鉱の坑内で落盤が起こり、作業員2名が死亡、1名が負傷した。《データ》死者2名、負傷者1名(通商産業省調べ)

3.31 雪崩(秋田県雄勝郡東成瀬村) 3月31日、秋田県東成瀬村甲子の大日向山の中腹で長さ300m、幅50mの雪崩が発生、住民ら4名が下敷きになり、うち3名が死亡した。《データ》死者3名

4.3 小学生砂利採取場跡地溺死(神奈川県茅ヶ崎市) 4月3日、神奈川県茅ヶ崎市香川の砂利採取場跡地内で、同市の香川小学校の2年生2名が直径20m、深さ3mの池に落ち、溺死した。《データ》死者2名

4.4 第52源福丸沈没(尖閣諸島沖) 4月4日午前2時過ぎ、尖閣諸島の西北西約180kmの海上で、長崎市大黒町の金子漁業所の底引網漁船第52源福丸(89.6t)が国籍不明の大型貨物船と衝突、沈没し、乗組員11名が行方不明になった。《データ》行方不明者11名、船舶1隻沈没(海上保安庁調べ)

4.12 関本炭鉱坑内落盤(茨城県北茨城市) 4月12日、茨城県北茨城市の関本炭砿の坑内で落盤が起こり、作業員4名が死亡、3名が負傷した。《データ》死者4名、負傷者3名(通商産業省調べ)

4.15 第5豊漁丸行方不明(伊豆半島周辺海域) 4月15日、東京都大島町・静岡県沼津市間の海域で、静岡県下田町のカツオ漁船第5豊漁丸(39t)が消息を絶ち、乗組員のうち1名が死亡、残りの16名が行方不明になった。《データ》死者1名、行方不明者16名、船舶1隻行方不明(海上保安庁調べ)

4.19 平和炭鉱坑内崩落(北海道夕張市) 4月19日、北海道夕張市の北海道炭砿汽船平和

炭鉱の坑内で崩落が起こり、作業員4名が死亡した。《データ》死者4名(通商産業省調べ)

4.20 木工所火災(愛媛県北宇和郡吉田町) 4月20日午前11時50分、愛媛県吉田町魚棚の酒井木工所から出火し、同工場や住宅など6棟(404m^2)を全焼、住民ら4名が死亡、28名(2世帯)が焼け出された。《データ》死者4名,全焼工場ほか6棟,焼失面積404m^2,被災者28名(2世帯),被害額534万円

4.26 山上産業火災(広島県広島市) 4月26日午後2時3分、広島市三條町の運動器具製造業山上産業の工場から出火し、アセチレンガスに引火して爆発、付近にいた消防士2名が即死、同僚の消防士11名と警察官1名が重軽傷を負い、2棟(321m^2)を全焼、住民12名(2世帯)が焼け出された。《データ》死者2名,重軽傷者12名,全焼工場ほか2棟,焼失面積321m^2,被災者12名(2世帯),被害額327万円

5月 養魚池毒薬投入(奈良県北部) 5月、奈良県北部の金魚などの養殖池59ヶ所に毒薬が投げ込まれ、養殖魚多数が死亡した(後に同県在住の養殖業者を逮捕)。《データ》養殖魚多数死亡,被害額8000万円

5月— 桜島爆発(鹿児島県鹿児島市) 5月末から6月初め、7月から8月、10月、11月の4回、桜島南岳で爆発や噴火、比較的強い火山性地震が起きた。同山頂火口付近の立入禁止区域に噴石が降り、爆発回数は11月20日までに合計で125回となった。

5月— 干害(福島県,千葉県,神奈川県) 5月末から7月初めにかけて、千葉、神奈川県で、30年ぶりという異常渇水による飲料水不足が続き、神奈川県の相模湖や津久井湖で湖底が現われ、千葉県の利根川流域で塩干害による農作物などの被害が発生し、両県は5月29日に給水制限を開始、7月1日に42.5%の給水制限を実施した(同11日に制限完全撤廃)。同時期、福島県で干ばつが発生し、約1万2000haで田植ができなくなった。《データ》農作物被害,被災水田(福島県のみ)1万2000ha

5.3 杵島炭鉱坑内落盤(佐賀県杵島郡) 5月3日、佐賀県杵島郡の杵島炭砿の坑内で落盤が起こり、作業員2名が死亡、8名が負傷した。《データ》死者2名,負傷者8名(通商産業省調べ)

5.12 ガス爆発(大阪府大阪市城東区) 5月12日、大阪市城東区の11階建マンション京橋コーポの最上階の中央付近でエレベーターの修理に使用するアセチレンガスボンベが突然爆発し、同階フロアで遊んでいた幼稚園児と居住者の2名が死亡、作業員3名と居住者1名が重軽傷を負った。原因は溶接器具の取扱ミス。《データ》死者2名,重軽傷者4名

5.13 ダンプカー暴走(神奈川県横須賀市) 5月13日午後1時30分頃、神奈川県横須賀市金谷町の県道で、同市富士見町のダンプカーが下校していた池上中学校の生徒の列に突っ込み、3年生ら3名が死亡、2名が負傷した。《データ》死者3名,負傷者2名

5.14 雷雨・雹害(関東地方) 5月14日夕方、関東地方南部に強い雷雨が降り、千葉県で田畑にいた3名が感電死し、東京都で4名が重傷を負った。同じ時刻、関東地方北部にピンポン玉大の雹が降り、キャベツやリンゴなどの農作物に被害が発生した。《データ》死者3名,重傷者4名,農作物被害

5.24— 集団赤痢(和歌山県日高郡由良町) 5月24日から6月17日にかけて、和歌山県由良町で、住民940名(全住民の約10%)が赤痢患者または保菌者であることがわかった。

昭和42年(1967年)

原因は同町の上水道とみられる。　《データ》患者・保菌者940名

5.26　乗用車暴走(香川県本田郡牟礼町)　5月26日、香川県牟礼町の国道11号線で、乗用車が暴走し、女性3名が轢かれて死亡した。　《データ》死者3名

5.27　ひき逃げ(北海道帯広市)　5月27日、北海道帯広市の国道38号線で、警察官が酒を飲んで乗用車を運転したうえ、高等学校の生徒2名をはねて逃走した。　《データ》死者2名

5.29　三井ポリケミカル爆発(広島県大竹市)　5月29日午後4時47分、広島県大竹市東栄町の三井ポリケミカル大竹工場で、圧縮機室から漏れたエチレンガスが引火、爆発し、作業員や付近の住民ら27名が重軽傷を負い、鉄骨吹抜2階建の高圧ポリエチレン作業工場(1660m^2)を全焼、付近の家屋1000戸の窓ガラスが割れた。　《データ》重軽傷者27名、全焼工場1棟、焼失面積1660m^2、破損家屋1000戸、被害額1億2000万円

5.30　竹の丸訓盲学院セスナ機墜落(岩手県二戸郡安代町)　5月30日、岩手県安代町で、観光業務で札幌へ向かう途中の横浜市中区の竹の丸訓盲学院航空事業部のセスナ310B型双発機が、乱気流に巻き込まれて田代山8合目に墜落し、乗員5名が死亡した。　《データ》死者5名、航空機1機墜落(運輸省調べ)

6.4　ボート転覆(北海道阿寒郡阿寒町)　6月4日、北海道阿寒町の阿寒湖岸から約200m離れた地点で貸しボートが転覆し、乗っていた2名が水死した。　《データ》死者2名、船舶1隻転覆

6.8　第21喜代丸行方不明(北海道根室市沖)　6月8日、北海道根室市の花咲岬の沖合で、サケマス漁船第21喜代丸(36t)が消息を絶ち、乗組員14名が行方不明になった。《データ》行方不明者14名、船舶1隻行方不明(海上保安庁調べ)

6.11　小学生冷蔵庫窒息死(佐賀県佐賀市)　6月11日、佐賀市で、大型冷蔵庫で遊んでいた小学生2名が、内部に閉じ込められて窒息死した。　《データ》死者2名

6.11　幼児冷蔵庫窒息死(大阪府大阪市生野区)　6月11日、大阪市生野区で、空地に捨ててあった大型冷蔵庫で遊んでいた幼児3名が、内部に閉じ込められて窒息死した。《データ》死者3名

6.13　高校生シンナー中毒死(広島県呉市)　6月13日、広島県呉市阿賀町大入の内港の漁船内で、シンナーを吸っていた高等学校の生徒5名が中毒死した。　《データ》死者5名

6.14　南海百貨店火災(大阪府高石市)　6月14日午前2時50分、大阪府高石市千代田の南海百貨店から出火し、同店や住宅など5棟(2532m^2)を全焼、住民ら6名が死亡、109名(38世帯)が焼け出された。　《データ》死者6名、全焼店舗ほか5棟、焼失面積2532m^2、被災者109名(38世帯)、被害額9703万円

6.16　豪雨(長野県)　6月16日夕方から夜にかけて、長野県小諸市と隣接の御代田町など周辺地域に2時間で56mmという局地的な大雨が降り、同市の柏木用水など小河川が氾濫、住民2名が死亡するなどの被害があった。　《データ》死者2名、全半壊家屋8戸、床上浸水家屋51戸、床下浸水家屋681戸、河川氾濫、被害額13億871万円

6.18　山陽電鉄線電車爆破(兵庫県神戸市垂水区)　6月18日、山陽電鉄線の塩屋駅で、到着した姫路行き電車(2両編成)の後部車両の網棚に仕掛けてあった時限式爆発物が

爆発し、乗客の女性2名が死亡、29名が重軽傷を負った。《データ》死者2名、重軽傷者29名、車両損壊

6.18　岡本工業所マイクロバス転落（富山県婦負郡八尾町）　6月18日午前8時30分頃、富山県八尾町栃折の県道のカーブで、同町福島の建設業岡本工業所のマイクロバスが約50m下の大長谷川に落ち、7名が死亡、9名が重軽傷を負った。《データ》死者7名、重軽傷者9名、車両1台転落

6.18－　降雹（長野県北東部）　6月18日から19日にかけて、長野県北東部の浅間山麓の周辺地域にピンポン玉から親指ほどの大きさの雹が降り、住宅120戸の窓ガラスが割れ、特産のレタスやセロリ、キャベツ、白菜などの畑（3992ha）に被害があった。《データ》破損家屋20戸、農作物被害、被災面積3992ha、被害額18億8468万円（長野県農作物等災害対策本部調べ）

6.19　豪雨（鹿児島県）　6月19日午前0時頃から、鹿児島県の奄美諸島に大雨が降り、名瀬市で佐大熊川の氾濫により家屋3000戸が浸水した。《データ》浸水家屋3000戸

6.28　自動車教習所バス転落（岡山県英田郡美作町）　6月28日、岡山県美作町和田の道路から美作自動車教習所の送迎用バスが梶並川へ落ち、乗っていた5名のうち4名が水死した。《データ》死者4名、車両1台転落

6.30　雄別炭鉱坑内落盤（北海道阿寒郡阿寒町）　6月30日午後0時30分頃、北海道阿寒町の雄別炭砿雄別鉱業所の坑口から約2.8km奥の採炭現場で落盤が起こり、作業員30名のうち6名が生き埋めになって死亡した。《データ》死者6名（通商産業省調べ）

7月－　干害（近畿地方、中国地方、四国地方、九州地方）　7月から10月上旬にかけて、近畿地方以西で極端な少雨による干害が発生し、愛媛県で87日間の無降雨、9月には長崎市で2mm、大分市と熊本市で5mm、宮崎県延岡市で13mmという少雨を記録。滋賀県の琵琶湖で水位が16年ぶりにマイナス60cmになって魚介類や養殖真珠に被害が発生、瀬田川の南郷洗堰を5年ぶりに全面閉鎖し、高松市で44日連続での給水制限を実施、うち30日間は一般家庭への給水も夜間5時間に制限し、香川県の小豆島では海を隔てた西隣の岡山県玉野市から緊急給水を受け、北九州市で通算55日間、6時間から12時間に及ぶ夜間給水制限を実施したのをはじめ、佐賀県武雄市で30日間完全断水し、福岡県田川市や同県筑紫野、宇美町、熊本県牛深市、宮崎県高岡町なども類似の状況に陥った。このため愛媛県でミカンの木の枯死や落葉が発生し、大分県北部で異常高温によりハマグリや沿岸魚介類がほぼ全滅したのをはじめ、広島、山口、愛媛、福岡、佐賀、長崎、熊本、大分県など17県でのべ54万4000haの水陸稲やサツマイモ、野菜類、果樹、桑などの作物に深刻な被害が発生、合計で167万4000tの収穫減となった。《データ》被災作物167万4000t、被災田畑54万4000ha、被害額682億2380万円

7.2　ダム水門決壊（京都府船井郡和知町）　7月2日、京都府和知町の由良川で、関西電力和知ダムの第3水門（高さ12m、幅9m）が突然決壊して毎秒約500tの水が流出し、下流で釣りをしていた京都市在住の店員1名が激流に飲まれて死亡した。原因は同水門の部品破損。《データ》死者1名、水門決壊

7.8－　豪雨（42年7月豪雨）（近畿地方以西）　7月8日から10日にかけて、台風7号が、衰弱後、中心気圧994mbの熱帯低気圧となって梅雨前線を刺激し、兵庫、和歌山、広島、佐賀、長崎県の山間部などで時間当たり雨量が100mmを超えたのをはじめ、近畿地

昭和42年(1967年)

方以西を中心に大雨が降った。このため9日午後2時過ぎから10日午前1時30分頃にかけて、長野県諏訪市高津でがけ崩れにより住民3名が死亡、5名が重軽傷を負い、神戸市葺合区葺合町で生田川上流の世継山の西側斜面が高さ150m、幅50mにわたって崩れて21名が死亡し、広島県呉市広町津久茂で7棟が流失、21名が死亡、愛媛県関前村岡村で1棟が埋没、家族や来訪者ら6名が死亡し、佐賀県伊万里市で河川の氾濫により4000棟(全家屋数の約50%)が浸水、同県有田町白川で7棟が埋没、7名が死亡し、長崎県佐世保、福江市や周辺地域で堤防の決壊により50名が死亡、144名が負傷したのをはじめ、24府県で365名が死亡、618名が負傷、6名が行方不明となった。《データ》死者365名、負傷者618名、行方不明者6名、全壊住宅901棟、半壊住宅1365棟、破損住宅1315棟、流失住宅175棟、床上浸水住宅5万1353棟、床下浸水住宅25万92棟、被災非住宅740棟、水田流失・埋没2915ha、水田冠水3万5414ha、畑流失・埋没1450ha、畑冠水4665ha、道路損壊3207ヶ所、橋梁流失537ヶ所、堤防決壊1268ヶ所、山崩れ3625ヶ所、鉄道被害202ヶ所、通信施設被害7623所、木材流失751m^3、船舶流失5隻、無発動機船被害39隻、被災者28万2878名(7万4232世帯)(以上警察庁調べ)、被害額(広島・佐賀県のみ)399億7768万円

7.14　トラック暴走(静岡県焼津市)　7月14日、静岡県焼津市小川の国道150号線で、トラックが墓参帰りの通行人3名をはね、全員が死亡した。原因はセールスマンによる飲酒運転(逃走後に逮捕)。《データ》死者3名

7.26ー　日本脳炎流行(大阪府大阪市)　7月26日から9月にかけて、大阪市で住民83名が日本脳炎にかかり(真性42名、擬似41名)、37名が死亡した。《データ》患者83名(うち死者37名)

7.28ー　雷雨・竜巻・降雹(東北地方、関東地方)　7月28日深夜、東北地方の中部が前線の通過直後、強い雷雨に襲われ、翌日未明に山形県新庄市付近から宮城県鳴子町にかけて200mm前後の大雨や雹が降り、竜巻も発生、同地域で陸羽東線が鳴子・堺田駅間の路床流失や埋没により、国道47号線と108号線が橋梁流失や土砂崩れによりそれぞれ不通になった。同日午後から、関東地方にも強い雷雨が降り、埼玉県南部の18ヶ所で家屋8棟を全焼、400戸が床下浸水、5万戸が停電し、東京都の区部など20ヶ所で200戸以上が床下浸水、1万3000戸が停電、山手線や京浜東北線、東武鉄道東上線、同伊勢崎線、京浜急行電鉄本線など国私鉄各線の運休や遅れがあいついだ。このため各地で1名が死亡、4名が負傷した。《データ》死者1名、負傷者4名、全壊住宅9棟、半壊住宅37棟、破損住宅3棟、全焼住宅2棟、半焼住宅1棟、床上浸水住宅88棟、床下浸水住宅2110棟、被災非住宅41棟、水田流失・埋没・冠水795ha、畑流失・埋没・冠水144ha、道路損壊16ヶ所、橋梁流失28ヶ所、堤防決壊10ヶ所、山崩れ27ヶ所、鉄道被害21ヶ所、通信施設被害620ヶ所(警察庁調べ)

8.1　松本深志高等学校生ほか落雷死傷(長野県南安曇郡安曇村)　8月1日午後1時30分、長野・岐阜県境の西穂高岳同岳独標付近で、長野県立松本深志高等学校の2年生50名と引率教諭5名らが落雷を受け、生徒11名が死亡(感電死9名、転落死2名)、一般登山者を含む11名が重軽傷を負った。現場周辺は当日昼過ぎから雷雨になったが、落雷地点は直前まで比較的天候が穏やかだった。《データ》死者11名、重軽傷者11名(警察庁調べ)

8.1　ダンプカー暴走(茨城県古河市)　8月1日、茨城県古河市の国道4号線で、ダンプカーが自転車と接触、さらに現場付近の食堂へ突っ込み、同店が全壊、自転車の荷

台に乗っていた子ども1名と食堂内にいた2名が死亡、4名が重軽傷を負った。原因はセールスマンによる飲酒運転。《データ》死者3名

8.2 赤平炭鉱坑内崩落（北海道赤平市） 8月2日、北海道赤平市の住友石炭鉱業赤平炭鉱の坑内で崩落が起こり、作業員2名が死亡した。《データ》死者2名（通商産業省調べ）

8.11 豪雨（石川県七尾市） 8月11日、石川県七尾市に局地的な大雨が降り、住民ら4名が死亡したのをはじめ被害があいついだ。《データ》死者4名, 被害額8億円

8.13 中日新聞社機墜落（長野県塩尻市） 8月13日、長野県塩尻市で、松本空港からグライダーを牽引して離陸した中日新聞社のパイパー式スーパーカブJA3082型機こまどり号が葡萄畑に墜落、炎上し、乗員2名が死亡した。《データ》死者2名, 航空機1機墜落

8.19 レストランガス爆発（埼玉県春日部市） 8月19日午後1時15分頃、埼玉県春日部市の武里団地内にあるレストラン武蔵でガス爆発が起きた。このため武蔵のコンクリート製床や付近の住居棟の窓ガラスなどが壊れ、店主やガス作業員ら3名が死亡した。原因は、地下埋設管から漏れた都市ガスにタバコの火が引火したため。
《データ》死者3名, 損壊店舗1棟

8.19 トラック暴走（兵庫県神戸市垂水区） 8月19日、神戸市垂水区東垂水町の国道2号線で、兵庫県小野市敷地町のトラックが海水浴場へ向かう児童らの一団に突っ込み、児童3名と1名が死亡、2名が重軽傷を負った。原因は居眠り運転。《データ》死者4名, 重軽傷者2名

8.23 西仙北高等学校生徒溺死（秋田県仙北郡西仙北町） 8月23日午後1時40分頃、秋田県西仙北町の雄物川で、水泳の練習をしていた同町の西仙北高等学校の2年生36名うち3名が深みにはまり溺死した。後に、学校側の練習計画の甘さや現場の指導教諭の過失が指摘された。《データ》死者3名

8.24 乗用車ひき逃げ（兵庫県神戸市灘区） 8月24日、神戸市灘区原田町の交差点で、同区上河原通在住の英語塾教師の乗用車が同交差点を渡ろうとしていた楽団員ら5名のなかに突っ込み、3名が即死した。乗用車は逃走したが、翌日富山県で発見。
《データ》死者3名

8.26 山野炭鉱坑内落盤（福岡県嘉穂郡嘉穂町） 8月26日、福岡県嘉穂町の山野鉱業所の坑内で落盤が起こり、作業員2名が死亡、2名が負傷した。《データ》死者2名, 負傷者2名（通商産業省調べ）

8.28– 豪雨（山形県, 福島県, 新潟県） 8月28日早朝から29日午前にかけて、低気圧があいついで停滞前線上を通過する際に、山形、新潟県境の地域を中心に大雨が降り、山形県小国町で532mm、福島県の会津地方北部で310mmの総雨量を記録。このため山形県米沢市芳泉町で松川大橋が流失、警戒態勢の地元消防団2名が死亡、2名が行方不明になり、新潟県中条町飯角で山津波により5名が行方不明になり、笹神村の村杉温泉で宿泊客の家族4名が圧死し、三川村石間で山津波により12名が行方不明になり、同村の別の地区で阿賀野川と新谷川の氾濫により18名が、黒川村下荒沢付近で胎内川の氾濫により27名が、関川村で荒川の決壊により31名が死亡または行方不明になった。各地で113名が死亡、190名が負傷、33名が行方不明となった。

昭和42年(1967年)

《データ》死者113名,負傷者190名,行方不明者33名,全壊住宅458棟,半壊住宅806棟,破損住宅1010棟,流失住宅320棟,床上浸水住宅2万3949棟,床下浸水住宅4万5270棟,被災非住宅5130棟,水田流失・埋没4907ha,水田冠水5万1376ha,畑流失・埋没839ha,畑冠水5565ha,道路損壊1555ヶ所,橋梁流失639ヶ所,堤防決壊1023ヶ所,山崩れ727ヶ所,鉄道被害125ヶ所,通信施設被害4373ヶ所,木材流失1150m^3,無発動機船被害51隻,被災者12万1431名(2万5955世帯)(以上警察庁調べ),被害額(山形・福島県のみ)252億7700万円

9.5 　米庄石灰工業所採石場爆発(大分県津久見市)　9月5日夜,大分県津久見市徳浦の米庄石灰工業所の露天掘式採石場で,作業用ダイナマイトが高さ15mのところで突然爆発,石灰岩(約1000t)が崩れ落ち,作業員12名が死亡,1名が重傷を負った。原因は無資格の爆破係員による機械の操作ミス。　《データ》死者12名,重傷者1名(労働省調べ)

9.6 　名合炭鉱坑内落盤(静岡県磐田市)　9月6日,静岡県磐田市の古川鉱業名合炭鉱の坑内で落盤が起こり,作業員2名が死亡した。　《データ》死者2名(通商産業省調べ)

9.7 　牽引式整地機暴走(埼玉県熊谷市)　9月7日午後,埼玉県熊谷市新堀の国道17号線で,大型トラックから牽引式の整地用特殊機械(長さ8m,重さ6t)がはずれて道路脇の青果店に突っ込み,同店店主ら3名が即死,4名が重傷を負った。原因は牽引器の不良。　《データ》死者3名,重傷者4名

9.13 　アパート火災(大阪府寝屋川市)　9月13日午前0時25分,大阪府寝屋川市対馬江のアパートで火災があり,同アパート1棟(990m^2)を全焼,入居者5名が死亡,12名(4世帯)が焼け出された。　《データ》死者5名,全焼家屋1棟,焼失面積990m^2,被災者12名(4世帯),被害額不明

9.13 　デニーローズ号行方不明(高知県室戸市沖)　9月13日,高知県室戸市の室戸岬付近の海域で,英国の貨物船デニーローズ号(6656t)が消息を絶ち,乗組員40名が行方不明になった。　《データ》行方不明者40名,船舶1隻行方不明(海上保安庁調べ)

9.21− 　豪雨(青森県,岩手県)　9月21日夜から22日午前にかけて、青森、岩手県に大雨が降り、青森県天間林村上北鉱山で246mm、岩手県久慈市下戸鎖で407mm、同豊根で244mmなど周辺地域で300mm以上の雨量を記録。このため青森県三戸郡で田畑5865ha(耕地面積の約70%)が冠水、特産のりんご(約63万箱分)が落果し、久慈市で長内、久慈川の氾濫と水門の未修理により流域の全家屋が浸水、東北本線や八戸線が土砂崩れなどにより不通になったのをはじめ、各地で住民2名が死亡、2名が負傷した。　《データ》死者2名,負傷者2名,全壊住宅2棟,半壊住宅6棟,破損住宅8棟,床上浸水住宅1802棟,床下浸水住宅3530棟,被災非住宅60棟,水田流失・埋没5ha,水田冠水1184ha,畑流失・埋没47ha,畑冠水294ha,道路損壊36ヶ所,橋梁流失9ヶ所,堤防決壊11ヶ所,山崩れ13ヶ所,鉄道被害3ヶ所,通信施設被害91ヶ所,被災者8469名(1803世帯)(以上警察庁調べ),被害額41億6900万円

9.28 　三池炭鉱坑内火災(福岡県大牟田市)　9月28日、福岡県大牟田市西港町の三井鉱山三池鉱業所三川炭鉱の坑口から約4.2km奥の地点で火災が発生し、同坑内にいた作業員572名のうち7名が死亡、365名(通商産業省の集計では242名)が一酸化炭素中毒になった。原因は自然発火。　《データ》死者7名,中毒者365名

10月− 　阿蘇山爆発(熊本県阿蘇郡)　10月下旬から、阿蘇山の火山活動が活発化し、11月

18日に人間の頭ほどの石を高さ約50mまで噴出、12月には人間の半身ほどの石を噴出し、43年2月上旬まで同様の活動状態を続けた。

10.3 　松尾鉱山坑内爆発（岩手県岩手郡松尾村）　10月3日、岩手県松尾村の松尾鉱業第2鉱業所の坑内で硫化鉱の粉塵が突然爆発し、作業員3名が死亡、7名が重軽傷を負った。　《データ》死者3名, 重軽傷者7名（通商産業省調べ）

10.5 　日本航空訓練機墜落（山形県村山市）　10月5日、山形県村山市で、訓練中の日本航空のビーチクラフトH18型双発練習機が墜落し、乗員4名が死亡した。　《データ》死者4名, 航空機1機墜落（運輸省調べ）

10.17 　鉛中毒死（兵庫県）　10月17日、兵庫県の港湾で、タンカーぼすとん丸の清掃を担当していた新日東工業の作業員8名が、薬剤に含まれる四エチル鉛の中毒にかかり、死亡した。　《データ》死者8名

10.26- 　台風34号（福島県, 関東地方, 東海地方, 近畿地方, 九州地方）　10月26日、台風34号が鹿児島市の南方約460kmの海上を通過、熊野灘を経て28日午前3時30分頃に愛知県渥美町の伊良湖岬付近に上陸し、関東地方北部で温帯低気圧になり、三陸の沖合で副低気圧と合流後、北海道の東海上へ抜けた。このため名古屋市で120mm、三重県伊勢市で270mm、尾鷲市で400mmの総雨量をそれぞれ記録した。千葉県大網白里町安養寺で幅約200m、長さ4kmにわたる竜巻により公民館や商店など20棟が全壊、住民2名が死亡し、三重県熊野市大泊町で国道42号線の改修作業員宿舎が流失、森本組の関係者23名が死亡し、和歌山県新宮市で山崩れにより住民9名が生き埋めになるなど、9都県で37名が死亡、41名が負傷、10名が行方不明となった。　《データ》死者37名, 負傷者41名, 行方不明者10名, 全壊住宅99棟, 半壊住宅279棟, 破損住宅2573棟, 全焼住宅8棟, 床上浸水住宅3152棟, 床下浸水住宅2万3690棟, 被災非住宅1025棟, 水田流失・埋没46ha, 水田冠水1261ha, 畑流失・埋没26ha, 畑冠水1148ha, 道路損壊242ヶ所, 橋梁流失24ヶ所, 堤防決壊32ヶ所, 山崩れ235ヶ所, 鉄道被害29ヶ所, 通信施設被害1333ヶ所, 木材流失1512m^3, 船舶沈没37隻, 船舶流失12隻, 船舶破損132隻, 無発動機船被害125隻, 被災者1万7081名（3654世帯）（以上警察庁調べ）, 被害額（福島・和歌山県のみ）24億4000万円以上

11.4 　三井芦別炭鉱坑内ガス爆発（北海道芦別市）　11月4日、北海道芦別市の三井鉱山芦別炭鉱の坑内でガス爆発が起こり、作業員3名が死亡した。　《データ》死者3名（通商産業省調べ）

11.4 　乗用車暴走（東京都保谷市）　11月4日、東京都保谷市新町の桜堤団地入口で、乗用車がバス停留所に突っ込み、バスを待っていた同団地の住民ら3名が死亡、2名が重傷を負った。　《データ》死者3名, 重傷者2名

11.8 　興行場火災（愛知県名古屋市中村区）　11月8日午前3時55分、名古屋市中村区の興行場で火災があり、施設の一部（24m^2）を焼失、3名が死亡し、7名（1世帯）が焼け出された。　《データ》死者3名, 半焼建物1棟, 焼失面積24m^2, 被災者7名（1世帯）

11.8 　ハム製造工場爆発（栃木県栃木市）　11月8日、栃木市のハム製造工場で爆発が起こり、従業員2名が死亡した。　《データ》死者2名

11.12 　第31昭徳丸転覆（韓国済州島沖）　11月12日、韓国済州島の沖合の日韓共同水域で、漁船第31昭徳丸（101t）が悪天候のため転覆し、乗組員13名が行方不明になった。

昭和42年（1967年）

《データ》行方不明者13名，船舶1隻転覆（海上保安庁調べ）

11.12　豊浜丸転覆（北海道網走市沖）　11月12日、北海道網走市の沖合で、サケ漁船豊浜丸（14t）が悪天候のため転覆し、秋田県男鹿市の7名を含む乗組員13名が行方不明になった。《データ》行方不明者13名，船舶1隻転覆（海上保安庁調べ）

11.12　身体障害者施設火災（茨城県北相馬郡取手町）　11月12日、茨城県取手町の重度身体障害者施設で火災があり、入院者2名が逃げ遅れて焼死した。《データ》死者2名

11.15　東海道本線急行列車発火（愛知県蒲郡市）　11月15日午前1時40分頃、東海道本線の蒲郡駅付近で、東京発広島行き急行安芸の食堂車から出火し、同車を全焼、隣の2等寝台車を半焼、食堂車の休憩室で寝ていた従業員2名が焼死した。原因は旧型の調理用石炭レンジの過熱とみられる。《データ》死者2名，車両1両全焼，車両1両半焼

11.17　中央大学校舎建設現場落盤（東京都八王子市）　11月17日、東京都八王子市の中央大学の校舎建設現場で落盤が発生し、作業員4名が生き埋めになって死亡した。《データ》死者4名（労働省調べ）

11.24　南炭鉱坑内石炭運搬車暴走（北海道空知郡）　11月24日、北海道空知郡の滝口炭鉱南炭鉱の坑内で石炭運搬車が暴走し、2名が死亡した。《データ》死者2名（通商産業省調べ）

11月頃－　インフルエンザ流行（全国）　11月頃から43年11月頃にかけて、北海道や東京都、福岡、佐賀県をはじめ全国各地で、A2型ウィルスによるインフルエンザが流行し、届出患者数はのべ13万5118名、実際の患者数は推定で約57万名になった。このため東京都で42年11月9日から12月23日までに小、中学校のうち305校、1419学級が閉鎖された。《データ》患者13万5118名（43年11月23日時点。届出数のみ）

12.9　伝道船転覆（瀬戸内海）　12月9日、瀬戸内海で、米国人牧師ら巡回伝道関係者7名の乗ったモーターボート（1t）が悪天候のため転覆、全員が死亡した。原因は定員超過。《データ》死者7名，船舶1隻転覆

12.30　パチンコ店火災（北海道室蘭市）　12月30日午前3時、北海道室蘭市中央町のパチンコ店銀座ホール2階から出火し、木造モルタル3階建の同店など3棟（405m^2）を全焼、火元の2階で寝ていた女子店員18名のうち7名が焼死。原因は残り火の不始末とみられるが、同店は危険建造物として防火設備を改善するよう警告を受けていた。《データ》死者7名，全焼住宅ほか3棟，焼失面積405m^2，被災者18名（3世帯）

この年　海苔白腐れ病発生（佐賀県）　42年、佐賀県産の海苔が白腐れ病により壊滅的な状態に陥った。《データ》海苔類被害

この頃－　住友金属工業製鉄所微鉄粉排出（和歌山県和歌山市）　42年頃から、和歌山市の住友金属工業和歌山製鉄所が微鉄粉を排出し、周辺の住民多数が眼に微鉄粉が突き刺さって治療を受けた。45年6月の県公害対策課の調査によれば、同製鉄所周辺での粉塵の総量は1か月間で1m^{2}当たり38.84gになった。《データ》患者多数

昭和43年
（1968年）

1.11　チトセ観光ホテル火災（愛知県名古屋市中村区）　1月11日、名古屋市中村区のチトセ観光ホテル（7階建）の3階サウナ風呂から出火、火元階を全焼、入浴客2名が逃げ遅れて焼死した。《データ》死者2名, 半焼建物1棟

1.14　みのり学園寮火災（大分県速見郡日出町）　1月14日午前0時30分、大分県日出町大神の精神薄弱者総合施設みのり村コロニーで、敷地内にあるみのり学園小百合寮の保母室付近から出火し、木造平屋建の同寮（255m^2）を全焼、入寮者の8歳から16歳までの少女26名のうち6名が焼死した。原因は宿直の保母の使ったアイロンの過熱。《データ》死者6名, 焼失面積255m^2, 被害額279万円（消防庁調べ）

1.16　宿舎火災（北海道増毛郡増毛町）　1月16日午後10時30分、北海道増毛町畠中の宿舎から出火し、のべ268m^{2}を全焼、5名が死亡した。原因は煙突からの飛び火。《データ》死者5名, 焼失面積268m^2, 被害額404万円

1.17－　米原子力空母寄港反対派学生・警官隊衝突（佐世保事件・平瀬橋事件・佐世保橋事件）（長崎県佐世保市）　1月17日、長崎県佐世保市の国鉄佐世保駅と米海軍基地との間の平瀬橋付近で、反日本共産党系の全日本学生自治会総連合の学生約800名が米海軍の原子力航空母艦エンタープライズの寄港に抗議して、警備の機動隊員5000名と激突し、報道関係の18名を含む155名が負傷。続く18、19、21日にも学生らと機動隊は佐世保橋付近で衝突し、住民ら無関係の19名を含む352名が負傷した。《データ》負傷者507名

1.20　美唄炭鉱坑内ガス爆発（北海道美唄市）　1月20日午後、北海道美唄市東美唄町の美唄炭鉱常盤第2坑の坑口から約3kmの地点でガス爆発が発生し、作業員16名が死亡、4名が重軽傷を負った。《データ》死者16名, 重軽傷者4名（通商産業省調べ）

1.21　沼津グライダークラブ機墜落（静岡県富士宮市）　1月21日、静岡県富士宮市に沼津グライダークラブのH22型機が墜落し、乗員2名が死亡した。《データ》死者2名, グライダー1機墜落（運輸省調べ）

1.22　砂防ダム建設現場雪崩（秋田県平鹿郡山内村）　1月22日午後4時過ぎ、秋田県山内村三ツ又松沢の県営砂防ダム建設現場で長さ、幅とも50m前後の底雪崩が発生し、検査業務で来ていた同県十文字町の田村建設の労務担当者ら3名が下敷きになって死亡した。《データ》死者3名

1.25　第22淳和丸・ベートライズヴィクトリー衝突（長崎県）　1月25日未明、長崎県の五島白瀬燈台の沖合で、長崎県佐世保市の寺田水産の底引網漁船第22淳和丸（89t）が米軍用貨物船ベートライズヴィクトリー（7638t）と衝突、沈没し、乗組員12名が行方不明になった。《データ》行方不明者12名, 船舶1隻沈没（海上保安庁調べ）

昭和43年(1968年)

1.25　第1真和丸爆発(静岡県清水市)　1月25日午前8時頃、静岡県清水市折戸の清港ドックの第3上架船台で、貨物船第1真和丸(247t)が検査を受ける際、機関室が突然爆発、炎上し、作業員4名が死亡、1名が重傷を負った(後に死亡)。原因は作業後のプロパンガスボンベの元栓の締めかたが緩かったため。《データ》死者5名、船舶1隻火災

1.26　遭難(岩手県下閉伊郡田野畑村沖)　1月26日、岩手県田野畑村の沖合で、トロール漁船黄金丸が遭難し、乗組員10名が死亡または行方不明になった。《データ》死亡・行方不明者10名、船舶1隻遭難

1.31　太平洋釧路炭鉱坑内落盤(北海道釧路市)　1月31日、北海道釧路市の太平洋炭鉱太平洋釧路炭鉱の坑内で落盤が発生し、作業員3名が死亡、4名が負傷した。《データ》死者3名、負傷者4名(通商産業省調べ)

2.4　雪崩(滋賀県坂田郡伊吹町)　2月4日、滋賀県伊吹町の伊吹山で雪崩が発生、山小屋1棟が全壊、3名が圧死した。《データ》死者3名、全壊家屋1棟

2.12　全日本空輸機墜落(神奈川県足柄下郡南足柄町)　2月12日、神奈川県南足柄町で、全日本空輸の204B型機が立木に接触、墜落し、乗員2名が死亡、1名が負傷した。《データ》死者2名、負傷者1名、航空機1機墜落(運輸省調べ)

2.14-　豪雪(関東地方以西)　2月14日深夜から16日午前9時過ぎにかけて、関東地方以西の各地に37年ぶりという大雪が降り、東京都内で23cm、横浜市で35cm、徳島市で19cm、香川県戸川で40cm、福岡市で12cmの積雪を記録。このため山梨県で特産物のブドウに凍害が、徳島県で温室促成栽培の野菜や果樹に雪害がそれぞれ発生し、香川県で商店街のアーケード27ヶ所が崩壊し、佐賀県伊万里市や嬉野町などで山間部の各地区との連絡が途絶え、中国、四国、九州地方の住宅270万戸が停電、東海道新幹線や佐世保線など国鉄全線の旅客、貨物列車多数が運休または遅延し、郵便物830万通の集配や輸送にも影響が及んだのをはじめ、21都道府県で住民19名が死亡、33名が負傷、1名が行方不明になった。《データ》死者19名、負傷者33名、行方不明者1名、全壊住宅14棟、半壊住宅2棟、破損住宅27棟、床下浸水住宅19棟、被災非住宅36棟、道路損壊20ヶ所、堤防決壊1ヶ所、山崩れ3ヶ所、鉄道被害17ヶ所、通信施設被害1万2300ヶ所、被災者280名(70世帯)(警察庁調べ)、農作物被害、被害額(徳島・香川・愛媛県のみ)301億円

2.15　楽洋丸沈没(愛媛県西宇和郡三崎町)　2月15日、愛媛、大分県境の豊予海峡(通称速吸瀬戸)で、貨物船楽洋丸(451t)が悪天候により転覆、沈没し、乗組員12名が行方不明になった。《データ》行方不明者12名、船舶1隻沈没(海上保安庁調べ)

2.17　鉄工所火災(兵庫県相生市)　2月17日午前1時20分、兵庫県相生市若狭野東後明の山田鉄工所で火災があり、のべ202m²を全焼、5名が死亡した。原因は練炭火鉢の不始末。《データ》死者5名、焼失面積202m²、被害額61万円

2.21-　えびの地震(熊本県、宮崎県、鹿児島県)　2月21日午前8時51分から52分にかけて、宮崎県えびの町真幸付近の深さ約20kmを震源とするマグニチュード5.7の地震が、続いて同10時45分にほぼ同じ震源域で6.1の地震が発生し、えびの町と西隣の鹿児島県吉松町で震度6、熊本県人吉市で震度5、宮崎、宮崎県延岡、鹿児島県阿久根、同枕崎市などで震度3を記録。さらに翌日午後7時19分にマグニチュード5.6の地震が発

生するなど3日間余震が続き、えびの、吉松町を中心に被災、熊本、宮崎、鹿児島の3県で住民3名が死亡、46名が負傷した。《データ》死者3名,負傷者46名,全壊家屋386棟,半壊家屋829棟,破損家屋3202棟,被災建物1649棟,道路損壊83ヶ所,橋梁流失14ヶ所,堤防決壊4ヶ所,山崩れ57ヶ所,鉄道被害7ヶ所,通信回線被害197ヶ所,被災者5088名(1173世帯)(以上警察庁調べ),被害額(宮崎県のみ)64億5535万円

2.23 **幼稚園児割氷転落死**(神奈川県横浜市南区) 2月23日、横浜市南区の弘明寺公園内の池で氷が突然割れ、遊んでいた幼稚園児3名が転落、水死した。《データ》死者3名

2.25 **大伊豆ホテル火災**(神奈川県足柄下郡湯河原町) 2月25日午前6時30分、神奈川県湯河原町宮上の大伊豆ホテル地下2階のボイラー室から出火し、鉄筋地上5階、地下2階建の同ホテルのうち地下1、2階の宴会場や配膳室など(1200m^2)を全焼、団体宿泊客ら406名のうち2名が死亡、79名が重軽傷を負った。原因は火元の床に漏れた燃料の重油への煙突の火の粉の引火。《データ》死者2名,重軽傷者79名,焼失面積1200m^2,被害額2500万円(消防庁調べ)

2.26— **新東京国際空港建設反対派・警官隊衝突**(千葉県成田市) 2月26日、千葉県成田市の農業関係者や反日本共産党系の全日本学生自治会総連合の学生、反戦青年委員会の会員が新東京国際空港の建設に反対して、同市役所や新空港公団成田分室付近で警官隊と激突し、うち400名余りが窒息・催涙作用の強い薫蒸用農薬液クロロピクリンを浴びるなどして重軽傷を負った。続いて3月10日、31日にも衝突が発生し、合計で1293名が負傷した。《データ》重軽傷者1293名

3.2 **米海軍関係者乗用車暴走**(神奈川県横須賀市) 3月2日、神奈川県横須賀市の国道で、米海軍下士官の妻の運転する乗用車が夜間訓練の海上自衛隊横須賀教育隊の教官11名、隊員151名の列に突っ込み、うち2名が死亡、7名が重傷を、10名が軽傷を負った。原因は飲酒運転と速度超過。《データ》死者2名,重傷者7名,軽傷者10名

3.9 **土砂崩れ**(石川県金沢市) 3月9日、金沢市で土砂崩れがあり、住民4名(2世帯)が土砂の下敷きになって死亡した。《データ》死者4名

3.10 **西松モータース火災**(愛知県名古屋市中川区) 3月10日午前9時50分、名古屋市中川区月島町の西松モータースから出火し、のべ165m^{2}を全焼、4名が死亡した。原因はガスコンロの輻射熱。《データ》死者4名,焼失面積165m^2,被害額409万円

3.13 **有楽サウナ火災**(東京都千代田区) 3月13日午後0時41分頃、東京都千代田区有楽町の有楽ビル2階の有楽サウナのボイラー室付近から出火し、同サウナの一部(60m^2)を焼き、入浴客のうち3名が煙に巻かれて死亡、5名が負傷した。原因はヒーターの過熱。同サウナは出入口が1ヶ所しかなく、内装材に合成樹脂製品(新建材)が使われていた。《データ》死者3名,負傷者5名,焼失面積60m^2,被害額1001万円

3.18 **浅草国際劇場火災**(東京都台東区) 3月18日午前2時12分、東京都台東区西浅草の浅草国際劇場地下1階東側から出火し、小道具置場や女子従業員控室など(200m^2)を全焼、日建工業社員の家族ら3名が一酸化炭素中毒により死亡、消防関係者ら5名が軽傷を負った。《データ》死者3名,軽傷者5名,焼失面積200m^2,被害額1800万円

3.20 **小舟転覆**(宮城県登米郡迫町) 3月20日、宮城県迫町の長沼で小舟が転覆し、乗っていた10名のうち同町佐沼中学校の女子生徒3名と農業関係者の青年2名が溺死。原

昭和43年(1968年)

因は定員(3名)超過および飲酒者が船体をわざと揺らしたため。《データ》死者5名, 船舶1隻転覆

3.25 地震(宮崎県西諸県郡えびの町) 3月25日午前0時58分、宮崎県えびの町を震源地とするマグニチュード5.7の地震が、同1時21分に5.4の地震がそれぞれ発生し、家屋300戸が全半壊した。《データ》全半壊家屋300戸

3.31 第86大栄丸沈没(ソ連領シャスコタン島付近) 3月31日、千島北部のソ連領シャスコタン(捨子古丹)島の付近で、石川県押水町の遠洋底引網漁船第86大栄丸(314t)が座礁、沈没し、乗組員のうち6名は同島まで泳いで救助されたが、残りの4名が死亡、13名が行方不明になった。《データ》死者4名, 行方不明者13名, 船舶1隻沈没(海上保安庁調べ)

4.1 地震(中国地方,四国地方,九州地方) 4月1日午前9時42分、宮崎市の東北東約100kmの日向灘(北緯32度17分、東経132度32分)の深さ約40kmを震源とするマグニチュード7.5の地震が発生、高知県宿毛、宮崎県延岡市で震度5、広島県呉、松山、愛媛県宇和島、高知、佐賀、熊本、大分市などで震度4、石川県輪島市などで震度2を記録し、四国、九州地方の沿岸で高さ1m前後の津波が観測された。このため大分県蒲江町で約3mの津波により真珠養殖用筏1150台が流失したのをはじめ、近畿地方以西の各地で住民1名が死亡、24名が負傷し、四国、九州地方の国鉄各線の列車123本を含めて交通機関の運休などがあいついだ。《データ》死者1名, 負傷者24名, 全壊家屋1棟, 破損家屋33棟, 道路損壊32ヶ所(警察庁調べ)

4.4 北海道航空セスナ機墜落(北海道上川郡上川町) 4月4日、北海道上川町の音更山に、積雪写真撮影のため丘珠空港を離陸した北海道航空のセスナ172H型機(北海道大学理学部のチャーター機)が激突、同山北側に墜落し、操縦者と同学部助手2名が死亡した(同8日に機体発見)。《データ》死者3名, 航空機1機墜落(運輸省調べ)

4.25 山林火災(兵庫県養父郡関宮町) 4月25日午後4時20分、兵庫県関宮町葛畑で雑草を集めて燃やしたところ、付近の山林12haを類焼、3名が死亡した。《データ》死者3名, 焼失面積12ha

5.3 菊華高等学校生落石遭難(大菩薩嶺) 5月3日、山梨県の大菩薩嶺つらめき沢で東京都の菊華高等学校の生徒らが落石に巻き込まれ、うち2年生の女子生徒ら2名が死亡、6名が重軽傷を負った。《データ》死者2名, 重軽傷者6名(警察庁調べ)

5.9 雄別炭鉱坑内落盤(北海道赤平市) 5月9日、北海道赤平市の雄別炭鉱の坑内で落盤が発生し、作業員4名が死亡、2名が負傷した。《データ》死者4名, 負傷者2名(通商産業省調べ)

5.10 日本軽合金溶解炉爆発(埼玉県行田市) 5月10日、埼玉県行田市の日本軽合金製作所でアルミ合金製造用の溶解炉が爆発し、2名が死亡、17名が負傷した。《データ》死者2名, 負傷者17名(労働省調べ)

5.12 美唄炭鉱坑内地盤膨張・火災(北海道美唄市) 5月12日夕方、北海道美唄市東美唄町の美唄炭鉱の第2坑6番層で急激な地盤膨張(山はね)により炭壁が崩落。直後に火災も発生し、坑内にいた作業員13名が死亡、6名が負傷した。《データ》死者13名, 負傷者6名(通商産業省調べ)

5.13— 豪雨(青森県) 5月13日から15日にかけて、青森県に大雨が降り、150mmの雨量を

記録し、住民49名が死亡した。　《データ》死者49名

5.15　**山梨観光バス・トラック衝突**（山梨県韮崎市）　5月15日午前3時30分頃、山梨県韮崎市韮崎町高河原の国道20号線バイパスで、山梨県塩山市の山梨観光の修学旅行バスと愛知県旭町の三郷運送の大型トラックが正面衝突し、乗客の同県大和村の大和中学校の生徒30名と引率教諭3名、乗務員2名、添乗員1名のうち生徒3名および教頭ら教諭2名、交替乗務員1名が死亡、27名が重軽傷を負った。原因は助手（無免許）の運転するトラックの対向車線進入。　《データ》死者6名、重軽傷者27名、車両衝突

5.16－　**十勝沖地震**（北海道、東北地方、関東地方）　5月16日午前9時49分、北海道の襟裳岬の南南東約140km（北緯40度42分、東経143度42分）の海底20kmを震源とするマグニチュード7.8の地震が発生し、北海道苫小牧市で震度6、同函館市および浦河、広尾町、青森県八戸、むつ、盛岡市で震度5、札幌、北海道岩見沢、青森、岩手県宮古、秋田市などで震度4、静岡市などで震度1を記録、直後に関東地方以北の沿岸に最高3mの津波があった。続いて同午後7時39分にはマグニチュード7.4の余震が発生。このため青森県八戸市で市役所のコンクリート壁の剥落により職員が即死し、同市豊崎で住宅50戸が倒壊して住民2名が圧死し、同県三沢市で三沢商業高等学校の鉄筋コンクリート3階建の校舎の1階部分がつぶれ、同県五戸町で山崩れにより13戸が全壊、8名が死亡、2名が行方不明になり、名川町で避難路脇の土手が崩れて中学生4名が死亡し、岩手県で津波により794戸が床上浸水、小型漁船130隻が流失したのをはじめ、5道県で50名が死亡、812名が重軽傷、2名が行方不明などの被害が出た。　《データ》死者50名、重軽傷者812名、行方不明者2名、全壊家屋928棟、半壊家屋814棟、全焼家屋13棟、半焼家屋5棟、床上浸水家屋312棟、床下浸水家屋513棟、破損家屋4万8862棟、被災建物2219棟、流失・埋没田畑4798ha、冠水田畑713ha、道路損壊631ヶ所、橋梁流失37ヶ所、堤防決壊155ヶ所、山崩れ251ヶ所、鉄道被害79ヶ所、通信回線被害594ヶ所、沈没船舶38隻、流失船舶79隻、破損船舶211隻、損傷小型船舶122隻、被災者31万5127名（7万1459世帯）（以上警察庁調べ）、被害額（北海道・青森県のみ）582億1049万8000円

5.17　**トンネル建設現場ガス爆発**（北海道勇払郡）　5月17日、北海道勇払郡の石勝線トンネル建設現場でメタンガスが爆発し、作業関係者のうち2名が死亡、6名が負傷した。　《データ》死者2名、負傷者6名（労働省調べ）

5.22　**バス・東急東横線電車衝突**（東京都目黒区）　5月22日、東京急行電鉄東横線中目黒・祐天寺駅間の踏切で、はとバスの回送車と電車が衝突し、電車の先頭車両が脱線、バスが大破、現場付近の商店が損壊、踏切待ちの通行人2名が死亡、8名が負傷した。原因はバスの踏切内での故障。　《データ》死者2名、負傷者8名、車両1両脱線、車両1台大破（運輸省調べ）

5.25　**延山商会火災**（大阪府大阪市旭区）　5月25日午前0時13分、大阪市旭区生江町の延山商会の作業場兼従業員宿舎から出火し、木造モルタル2階建の同宿舎と隣接の軽量鉄骨3階建のアパート、住宅、印刷所の4棟（416m²）を全焼、従業員や家族9名（5世帯）のうち8名が焼死した。原因はたばこの火の不始末。　《データ》死者8名、焼失面積416m²、被害額750万円

5.30　**新田川炭鉱坑内落盤・ガス噴出**（福岡県田川市）　5月30日、福岡県田川市伊田の田川鉱業所新田川炭鉱伊田坑の坑口から約3km奥の地点で落盤が発生、直後にメタン

昭和43年（1968年）

ガスが噴出し、作業員3名が窒息死、37名がガス中毒などにより重軽傷を負った。《データ》死者3名、重軽傷者37名（通商産業省調べ）

5.31　パチンコ店火災（香川県坂出市）　5月31日午前4時40分、香川県坂出市元町のたまやパチンコ店から出火し、のべ274m²を全焼、客や従業員ら4名が死亡した。《データ》死者4名、焼失面積274m²、被害額965万円

6.4　乗用車・東武伊勢崎線電車衝突（東京都墨田区）　6月4日、東武鉄道伊勢崎線業平橋駅の構内踏切で、乗用車と電車が衝突し、乗客ら3名が死亡、1名が負傷した。原因は踏切警手による遮断機の操作ミス。《データ》死者3名、負傷者1名、車両衝突（運輸省調べ）

6.5　滝口炭鉱坑内爆発（北海道空知郡奈井江町）　6月5日夕方、北海道奈井江町東奈井江の滝口炭鉱の南坑内で炭塵が爆発し、作業員6名が死亡、3名が重軽傷を負った。《データ》死者6名、重軽傷者3名（通商産業省調べ）

6.8　第85広丸・外国船衝突（韓国済州島付近）　6月8日、韓国の済州島付近で、底引網漁船第85広丸（114t）が外国船（国籍不明。衝突後に逃走）と衝突、沈没し、乗組員10名が行方不明になった。《データ》行方不明者10名、船舶1隻沈没（海上保安庁調べ）

6.8－　集団食中毒（岩手県）　6月8日から10日にかけて、岩手県の住民255名と宮城県の149名が宮城県塩竈市の蒲鉾店の製造したサツマ揚げによる食中毒にかかり、うち岩手県和賀町で父娘が、同県都南、玉山村で1名ずつが死亡した。《データ》患者404名（うち死者4名）

6.13　国際航空輸送セスナ機墜落（岩手県江刺市）　6月13日、岩手県江刺市愛宕皀角で、国際航空輸送のセスナ310G型双発機が建設省国土地理院の依頼による国土基本図作成用の測量業務中に水田に墜落し、乗員1名が死亡、1名が重傷を負った（後に死亡）。原因はエンジン故障。《データ》死者2名、航空機1機墜落（運輸省調べ）

6.15　反日本共産党系学生・警官隊衝突（大阪府大阪市中央区）　6月15日、反日本共産党系の学生多数が大阪市中央区の御堂筋でベトナム反戦および日米安全保障条約破棄全国統一デモを実施して警官隊と激突し、235名が重軽傷を負った。《データ》重軽傷者235名

6.15－　東京大学紛争（安田講堂占拠事件・神田お茶の水占拠事件）（東京都文京区）　6月15日から17日にかけて、反日本共産党系の学生多数が東京大学医学部の紛争に絡み、東京都文京区本郷の東京大学構内の安田講堂を占拠、大学当局から出動要請を受けた警視庁機動隊と激突し、同講堂から排除された（直後に再占拠）。続いて11月12日に学生多数が校舎封鎖の継続か解除かを巡って乱闘、うち約70名が負傷し、12月11、13日に教養学部で学生多数が全学集会への代表選出を巡って乱闘、うち110名が負傷し、12月24日に医学部で学生多数が集会中に乱闘、うち61名が負傷し、44年1月9日に機動隊が封鎖賛成、反対両派の学生多数を排除、109名が負傷し、同18、19日に機動隊が安田講堂など校舎から全共闘系の学生を排除、国鉄御茶ノ水駅などの周辺地域でも占拠支援の学生多数と衝突し、翌日同駅を通る中央線が臨時運休し、45年6月4日に機動隊が付属病院の占拠学生を排除するなど騒乱があいついだ。《データ》負傷者約350名

6.28－　豪雨（関東地方以西）　6月28日から九州地方に、7月1日午後から関東地方以西の全

224

域に、台風3号に刺激された梅雨前線により断続的に大雨が降り、降雨量は宮崎県えびの町で四国、九州地方で150mmから200mm前後を記録。このため7月2日午前4時頃、愛媛県宇和島市で木造平屋建の住宅1棟が倒壊して居住者1名が死亡したのをはじめ、各地で住民3名が死亡、8名が負傷、4名が行方不明になった。《データ》死者3名,負傷者8名,行方不明者4名,全半壊住宅17棟,浸水住宅1万4210棟,被災田畑1万1012ha,道路損壊151ヶ所,橋梁流失8ヶ所,堤防決壊12ヶ所,山崩れ388ヶ所,鉄道被害18ヶ所,通信施設被害147ヶ所,被災者2107名(529世帯)(以上警察庁調べ),被害額(奈良県のみ)3億5000万円

7月	**奇病集団発生**(大分県佐伯郡付近) 7月、大分県佐伯郡で、住民ら100名が全身のしびれを特徴とする原因不明の病気にかかった(同11日に発表)。《データ》患者100名
7月−	**桃・ブドウ病冷害**(山梨県) 7月から8月にかけて、山梨県で台風4号や10号などの影響による雨が長期間続き、桃の灰星病やブドウの玉割れなど果樹をはじめ、水稲にも冷害による被害が発生した。《データ》農作物被害,被害額約35億円
7.2	**陸上自衛隊少年工科学校生溺死**(神奈川県横須賀市) 7月2日午後2時30分過ぎ、神奈川県横須賀市林の陸上自衛隊少年工科学校で第6教育隊第3および第4分隊の3年生79名のうち16名が同校内の池(水深4m前後)で実施された武装渡河訓練で溺れ、うち13名が死亡した(翌日、指導担当教官を逮捕)。《データ》死者13名
7.3	**住宅ガス爆発**(神奈川県横浜市鶴見区) 7月3日午前3時58分、横浜市鶴見区末広町の住宅の台所付近でガス爆発が発生し、木造2階建の同宅(25m^2)を全焼、家族5名が死亡したのをはじめ、隣接の住宅2棟が壊れ、東京耐熱電線工場を半焼。原因は工業用の地下埋設管からのガス漏れとみられる。《データ》死者4名,全焼家屋1棟,半焼工場1棟,半壊家屋2棟,被災面積25m^2,被害額103万円
7.14	**マイクロバス・山陽電鉄網干線電車衝突**(兵庫県姫路市) 7月14日、山陽電鉄網干線夢前川・広畑駅間の富士製鉄中門前踏切で、建設業森川組のマイクロバスと電車が衝突、バスは電車に押されて約1.5m下の水田に落ち、作業員7名が死亡、12名が重軽傷を負った。原因はバスの警報無視。《データ》死者7名,重軽傷者12名,車両衝突(運輸省調べ)
7.17	**同和鉱業作業現場土砂崩れ**(秋田県鹿角郡小坂町) 7月17日午後2時15分頃、秋田県小坂町の同和鉱業の作業現場で大雨と爆破作業の振動により土砂崩れが発生し、パートタイムの主婦ら4名が死亡した。《データ》死者4名
7.27−	**台風4号**(東海地方以西) 7月28日午後7時30分、台風4号が高知県須崎市付近に上陸後衰弱し、島根県浜田市の沖合で熱帯低気圧になり、九州の西岸に再上陸して四国の沖合へ抜け、26日から30日までに三重県宮川、奈良県上北山村境の日出ヶ岳で1568mm、神奈川県箱根町の芦の湖で944mmの総雨量を記録。このため静岡県大井川町で防潮堤約80mが決壊し、宮崎市の日南海岸で防潮堤に亀裂が発生、沈下したのをはじめ、東海地方以西を中心に19都県で住民1名が死亡、6名が負傷、3名が行方不明、家屋浸水などの被害が出た。《データ》死者1名,負傷者6名,行方不明者3名,全半壊住宅6棟,床上浸水住宅202棟,床下浸水住宅8476棟,被災田畑2130ha,道路損壊153ヶ所,橋梁流失8ヶ所,堤防決壊17ヶ所,山崩れ186ヶ所,鉄道被害3ヶ所,通信施設被害137ヶ所,船舶流失2隻(警察庁調べ)

昭和43年（1968年）

7.30　平和炭鉱坑内火災（北海道夕張市）　7月30日早朝、北海道夕張市平和の北海道炭砿汽船平和鉱業所の坑口から約2.4km奥の西部ベルト斜坑で原動機付近のベルトコンベアが燃え、同坑内に火と煙が充満し、作業員31名が死亡、3名が負傷した。原因は原動機の過熱とみられる。《データ》死者31名、負傷者3名（通商産業省調べ）

8.6　地震（四国地方、九州地方）　8月6日深夜、愛媛県の宇和島湾を震源とする強い地震が発生し、宇和島、大分市で震度5、山口、松山、熊本、宮崎市で震度4を記録。このため宇和島市で重油貯蔵タンクが破損、大量の重油が湾内に流出したのをはじめ、各地で住民22名が負傷、道路および鉄道49ヶ所が損壊、山崩れ44ヶ所が発生した。《データ》負傷者22名、道路・鉄道損壊49ヶ所、山崩れ44ヶ所

8.6　三池炭鉱落盤（福岡県大牟田市）　8月6日、福岡県大牟田市の三井鉱山三池鉱業所の坑内で落盤が発生し、作業員2名が死亡、6名が重傷を負った。《データ》死者2名、重傷者6名（通商産業省調べ）

8.11　磯舟遭難（秋田県男鹿市沖）　8月11日午後4時過ぎ、秋田県男鹿市の戸賀小学校の児童ら4名が磯舟で戸賀湾に出たまま消息を絶った（9日後、北海道奥尻町の沖合で1名の遺体発見）。《データ》死者1名、行方不明者3名、船舶1隻遭難

8.15－　台風7号（中部地方、近畿地方）　8月15日から18日にかけて、台風7号が岐阜県加茂郡など飛騨川流域に局地的な大雨を降らせ、同県美並村では時間当たり降水量114mmを記録。このため同村で津保川や川浦川などの氾濫や土砂崩れにより住民14名が死亡、29名が重軽傷を負ったのをはじめ、中部、近畿地方の各地で112名が死亡、63名が重軽傷、21名が行方不明となった。《データ》死者112名、重軽傷者63名、行方不明者21名、全壊住宅52棟、半壊住宅122棟、破損住宅250棟、流失住宅19棟、床上浸水住宅947棟、床下浸水住宅4315棟、被災非住宅392棟、水田流失・埋没146ha、水田冠水1220ha、畑流失・埋没83ha、畑冠水497ha、道路損壊466ヶ所、橋梁流失213ヶ所、堤防決壊254ヶ所、山崩れ338ヶ所、鉄道被害41ヶ所、通信施設被害4119ヶ所、木材流失9200m^3、船舶沈没20隻、船舶流失4隻、船舶破損64隻、無発動機船被害18隻、被災者1万8799名（4312世帯）（警察庁調べ）

8.18　岡崎観光バス山崩れ転落（飛騨川バス転落事故）（岐阜県加茂郡白川村）　8月18日午前2時11分頃、岐阜県白川町河岐で、岡崎観光の乗鞍岳行き団体バス15台が国道41号線を通過する際、2台が台風7号による山崩れに巻き込まれて約15m下の飛騨川に転落、水没し、乗客の名古屋市の団地居住者や乗務員のうち3名は救出（うち1名負傷）されたが、残りの104名が死亡した。団体バスは別の土砂崩れにより旅行を取りやめ、帰途についたところだった。《データ》死者104名、負傷者1名、車両2台転落

8.20－　豪雨（北海道南西部、青森県）　8月20日から21日にかけて、北海道南西部と東北地方の北部に大雨が降り、20日午前9時から48時間の降雨量は青森県東通村砂子又で301mm、六ヶ所村泊で254mmを記録。このため同県全域で中小河川の氾濫などにより住民3名が死亡、したのをはじめ、各地で4名が死亡、6名が負傷した。《データ》死者4名、負傷者6名、全壊住宅36棟、半壊住宅46棟、破損住宅30棟、流失住宅11棟、床上浸水住宅2586棟、床下浸水住宅5865棟、被災非住宅138棟、水田流失・埋没9ha、水田冠水7361ha、畑流失・埋没2ha、畑冠水171ha、道路損壊89ヶ所、橋梁流失34ヶ所、堤防決壊154ヶ所、山崩れ80ヶ所、鉄道被害18ヶ所、通信施設被害217ヶ所、木材流失563m^3、船舶沈没6隻、船舶流失24隻、船舶破損3隻、被災者1万2011名（2471世帯）（警

昭和43年（1968年）

察庁調べ）

8.24　パロマ工業工場砲金噴出（愛知県丹羽郡大口町）　8月24日、愛知県大口町のパロマ工業工場で電気炉の試運転をしたところ、炉内の砲金が噴出し、3名が死亡、2名が負傷した。　《データ》死者3名，負傷者2名（労働省調べ）

8.24　浮桟橋爆発（広島県広島市）　8月24日、広島市宇品町の船渠会社でアセチレンガスの漏出により鉄製の浮桟橋が爆発し、2名が死亡、2名が負傷した。　《データ》死者2名，負傷者2名（労働省調べ）

8.25－　台風10号（東北地方，関東地方，中部地方，近畿地方，四国地方）　8月26日、中心気圧985mb、最大風速25mの勢力を持つ台風10号が、奄美大島の南端に上陸後、九州南部から中国地方、若狭湾付近を経て温帯低気圧になり東北地方を横断、同29日深夜に三陸の沖合へ抜け、同25日から30日までに本州南岸の前線沿いの東海、近畿、四国地方に300mm前後の局地的な大雨が降り、和歌山県色川で877mm、天竜川流域の長野、愛知県境に500mm以上の総雨量を記録。このため長野県天竜村などで鉄砲水により住民7名が死亡、静岡県水窪町で同川支流の氾濫により住宅1棟が流されて家族3名が行方不明になり、愛知県設楽町で当具津川の氾濫により木造2階建の営林署宿舎が流されて家族13名のうち2名が死亡、4名が行方不明になったのをはじめ、30都府県で25名が死亡、68名が負傷、2名が行方不明となった。　《データ》死者25名，負傷者68名，行方不明者2名，全壊住宅68棟，半壊住宅88棟，破損住宅86棟，流失住宅19棟，床上浸水住宅2004棟，床下浸水住宅2万2382棟，被災非住宅516棟，水田流失・埋没102ha，水田冠水4977ha，畑流失・埋没630ha，畑冠水841ha，道路損壊1811ヶ所，橋梁流失190ヶ所，堤防決壊97ヶ所，山崩れ1851ヶ所，鉄道被害60ヶ所，通信施設被害3163ヶ所，木材流失2336m³，船舶沈没4隻，船舶流失1隻，船舶破損8隻，無発動機船被害7隻，被災者9636名（2217世帯）（以上警察庁調べ），被害額（長野県のみ）52億円

9月－　カネミ油集団中毒（カネミ油症）（西日本）　9月中旬から44年初めにかけて、福岡県など西日本の22府県を中心にカネミ倉庫製の米糠油による中毒が集団発生し、届出患者数は1万3000名を超えた。10月16日に厚生省が同油の販売停止を通達後、11月4日に九州大学の研究班が原因を有機塩素系の塩化ジフェニールと発表し、同16日には同剤の混入経路が油の精製工程における脱臭塔内のステンレス製管にできた腐食穴であることも確認された。　《データ》患者1万3000名以上（届出患者数のみ）

9.3　夕張炭鉱坑内落盤（北海道夕張市）　9月3日、北海道夕張市小松の北海道炭砿汽船夕張鉱業所の第2坑の坑口から約2.5km奥の採炭現場で長さ18mにわたる落盤が発生し、作業員8名が死亡した。　《データ》死者8名（通商産業省調べ）

9.5　火災（熊本県荒尾市）　9月5日午後8時15分、熊本県荒尾市野原の赤田診療所で放火による火災があり、のべ12万6237m²を全焼、患者ら2名が死亡、8名が重軽傷を負った。　《データ》死者2名，重軽傷者8名，焼失面積12万6237m²，被害額3998万円

9.6　第8昌徳丸沈没（青森県八戸市沖）　9月6日、青森県八戸市の北北東約33kmの沖合で、イカ釣り漁船第8昌徳丸（84t）が転覆、沈没し、乗組員のうち5名は救助されたが、残る18名が死亡、9名が行方不明になった。原因は積載量の超過。　《データ》死者18名，行方不明者9名，船舶1隻沈没（海上保安庁調べ）

9.9　火災（東京都江戸川区）　9月9日午前0時30分、東京都江戸川区平井の作業場から出火し、のべ504m²を全焼、6名が死亡した。　《データ》死者6名，焼失面積504m²，被

227

昭和43年（1968年）

害額3384万円

9.16 北陸航空セスナ機墜落（富山県魚津市）　9月16日、富山県魚津市で、北陸航空のセスナ172H型機が富山県魚津市の依頼によるパンフレット用写真撮影中に、同市住吉の約200m上空から水田に墜落、同県都市計画課長と職員、撮影者、操縦士の4名が死亡した。原因はエンジンの不調による失速。《データ》死者4名、航空機1機墜落（運輸省調べ）

9.18 日本ゼオン工場爆発（富山県高岡市）　9月18日午後5時12分、富山県高岡市二上の日本ゼオン高岡工場二上プラントで酸素圧縮機が爆発、炎上し、工場の一部（438m^2）を焼失、従業員3名が死亡、7名が重軽傷を負った。《データ》死者3名、重軽傷者7名、焼失面積438m^2、被害額1億5071万円

9.21 地震（長野県北部）　9月21日、長野県の野尻湖東岸を震源とする局地的な地震が発生し、震源地付近で震度5、長野市で震度4、新潟県高田市で震度3を記録。このため同湖の周辺地域に断層37ヶ所が発生、家屋232棟が破損、1万1576戸が停電するなどの被害があった。《データ》破損家屋232棟、石塔倒壊46ヶ所

9.23 ― 台風16号（第三宮古島台風）（近畿地方、中国地方、四国地方、九州地方）　9月23日、中心気圧955mb、瞬間最大風速79.8mの勢力を持つ台風16号が、宮古島を通過後、24日午後11時頃、鹿児島県の北西部に上陸し、25日午後0時に熱帯低気圧になって周防灘へ抜けた。このため近畿地方南部と四国地方東部を中心に大雨が降り、三重県尾鷲市で24日夕方から27日午前9時までに1141mm、26日に806mmの降水量を記録。宮古島で住民3名が死亡、3名が重軽傷を負い、特産の砂糖キビに壊滅的な被害が発生したほか、徳島県で4000戸が浸水、大分県三重町で山崩れにより農家が埋没して夫妻が死亡、宮崎県高鍋町や宮崎市で複数の竜巻により1名が死亡するなど、18県で8名が死亡、70名が負傷、住宅浸水多数などの被害が出た。《データ》死者8名、負傷者70名、全壊住宅106棟、半壊住宅254棟、破損住宅2196棟、床上浸水住宅2970棟、床下浸水住宅1万2352棟、被災非住宅1411棟、水田流失・埋没109ha、水田冠水2247ha、畑流失・埋没185ha、畑冠水206ha、道路損壊343ヶ所、橋梁流失34ヶ所、堤防決壊72ヶ所、山崩れ434ヶ所、鉄道被害19ヶ所、通信施設被害2327ヶ所、木材流失31m^3、船舶沈没23隻、船舶流失13隻、船舶破損19隻、無発動機船被害39隻、被災者1万3177名（3643世帯）（以上警察庁調べ）、被害額（宮崎県のみ）約55億円

9.24 東海道新幹線列車・作業員接触（静岡県三島市）　9月24日、東海道新幹線の三島駅建設地付近で、ひかり50号が保線作業員12名と接触、うち3名が即死、9名が重傷を負った。作業員は現場付近で構内分岐器を移設していた。《データ》死者3名、重傷者9名（日本国有鉄道調べ）

10.1 富良野線貨客列車転落（北海道空知郡中富良野町）　10月1日朝、富良野線富良野・中富良野駅間の第1富良野川鉄橋で、貨物列車が鉄橋とともに富良野川へ落ち、乗務員3名が水死、3名が負傷した。原因は現場付近の河川工事による土砂の流失と同橋基礎の緩み。《データ》死者3名、負傷者3名、車両3両転落（日本国有鉄道調べ）

10.2 伝馬船転覆（岡山県和気郡日生町）　10月2日夕方、岡山県日生町の中日生湾で、伝馬船が転覆し、乗っていた日生西小学校の児童6名と幼児（3歳）のうち幼児を含む4名が溺死した。原因は船体の劣化による浸水。《データ》死者4名、船舶1隻転覆

10.8 国鉄大阪駅ホーム仮天井落下（大阪府大阪市北区）　10月8日、大阪市北区の国鉄大

阪駅でプラットフォームの仮天井が落下し、乗客ら2名が死亡、11名が負傷した。原因は鉄製の支柱の強度不足。《データ》死者2名，負傷者11名（以上労働省調べ），施設損壊

10.8 米軍航空燃料輸送反対派学生・警官隊衝突（東京都新宿区）　10月8日、全日本学生自治会総連合の学生多数がタンク車による米軍の航空燃料輸送に反対して、東京都新宿区の国鉄新宿駅付近で機動隊と衝突し、一般市民を含む400名が負傷した。《データ》負傷者400名

10.12 火災（秋田県大館市）　10月12日午前11時16分頃、秋田県大館市御成町の呉服店裏の倉庫付近から出火し、おりからの強風にあおられて国道7号線沿いの商店や住宅など290棟（約7万9400m^2）を全焼、住民908名（216世帯）が焼け出された。火元周辺は木造店舗の密集地域。《データ》全焼家屋290棟，焼失面積約7万9400m^2，被災者908名（216世帯），被害額15億円

10.17 マイクロバス転落（兵庫県赤穂郡上郡町）　10月17日、兵庫県上郡町与井の県道で、マイクロバスが約5m下の千種川へ転落、水没し、乗客ら5名が水死、9名が重軽傷を負った。《データ》死者5名，重軽傷者9名，車両1台転落

10.21 反戦国際統一行動デー参加学生新宿駅占拠（新宿騒乱事件）（東京都新宿区，大阪府大阪市）　10月21日、反日本共産党系の全日本学生自治会総連合の学生多数が反戦国際統一行動デーにおけるデモに参加し、東京都新宿区の国鉄新宿駅を占拠後、放火した。また、同日、大阪市御堂筋でも学生約1100人が機動隊と衝突し、523名が重軽傷を負った。《データ》重軽傷者523名，建物火災

10.24 乗用車暴走（岐阜県高山市）　10月24日午前7時30分頃、岐阜県高山市新宮町の国道158号線で、集乗用車が団体登校の新宮小学校の児童8名の列に突っ込み、うち4名が即死、3名が重傷を負った。原因は運転者（19歳）による速度超過（時速約80km）と雨によるスリップ。《データ》死者4名，重傷者3名

10.30 富士ラバーインダストリー工場爆発（東京都江戸川区）　10月30日午後2時25分頃、東京都江戸川区平井の富士ラバーインダストリーの接着室で無届使用のシンナー系接着剤が引火、爆発し、同工場や住宅など7棟（611m^2）を全焼、女子工員5名が逃げ遅れて焼死、6名が重軽傷を負った。《データ》死者5名，重軽傷者6名（労働省調べ），全焼工場・家屋7棟，焼失面積611m^2

11.2 池之坊満月城火災（兵庫県神戸市兵庫区）　11月2日午前2時20分頃、神戸市兵庫区有馬町滝本の国際観光旅館池之坊満月城の別館吟松閣付近から出火し、木造2階建の同館や吸霞亭、緑雨荘、仁王殿などを全焼、鉄筋5階建の本丸を半焼、団体宿泊客ら250名、従業員30名のうち30名が焼死、48名が重軽傷を負った。旅館側が市消防局の警告に従わず、火元の別館に自動火災報知器もなかったため、死傷者が多く出た。《データ》死者30名，重軽傷者48名，焼失面積6630m^2，被害額2億516万円（消防庁調べ）

11.2 山陽無煙炭鉱坑内爆発（山口県宇部市）　11月2日、山口県宇部市の宇部興産山陽無煙炭鉱の坑内で、溶接作業中に爆発が発生し、2名が死亡、3名が負傷した。《データ》死者2名，負傷者3名（通商産業省調べ）

11.13 護岸建設現場がけ崩れ（愛知県渥美郡渥美町）　11月13日、愛知県渥美町の海岸の護

昭和43年（1968年）

岸建設現場で杭打ち作業の振動により約20mのがけ崩れが発生し、作業員6名が死亡した。《データ》死者6名（労働省調べ）

11.17　国内産業航空セスナ機墜落（青森県北津軽郡鶴田町）　11月17日、青森県鶴田町で、操縦訓練のため秋田空港を離陸したセスナ177型機が猛吹雪により墜落、機長と同乗者2名が死亡した。原因は悪天候による下げ翼の破損。《データ》死者3名, 航空機1機墜落（運輸省調べ）

11.19　米空軍爆撃機墜落（沖縄嘉手納村）　11月19日未明、沖縄の嘉手納基地で、米空軍のB52型戦略爆撃機が同基地から離陸した直後に、敷地内に墜落、爆発し、乗員ら2名が死亡、住民5名が負傷、同基地周辺の住宅293戸の窓ガラスなどが破損した。《データ》死者2名, 負傷者5名, 破損家屋293戸, 航空機1機墜落（防衛庁調べ）

11.25　自殺志願者巻添え死傷（静岡県富士宮市）　11月25日、静岡県富士宮市で自殺志願者（未遂）のタクシー運転手が近くにいた人を巻添えにし、衝突により4名が死亡、3名が重傷を負った。《データ》死者4名, 重傷者3名

11.27　火災（福岡県北九州市小倉区）　11月27日午後6時12分、北九州市小倉区鋳物師町の中本アパート1階の倉庫付近から出火し、おりからの突風にあおられて同アパートや工場など17棟（2977m^2）を全焼、居住者6名が焼死、63名（32世帯）が焼け出された。《データ》死者6名, 全焼家屋・工場ほか17棟, 焼失面積2977m^2, 被災者63名（32世帯）, 被害額3500万円

12.5　富浦丸・アディジャヤンティ号衝突（東京湾口）　12月5日、東京湾口の浦賀水道で、川崎から出港した貨物船富浦丸（1万19t）が、シンガポールから千葉港に向かうインド船籍のタンカーアディジャヤンティ号（2万418t）と衝突、富浦丸が船首を、タンカーは左舷中央を損壊し、タンカーから流出した燃料の重油により千葉県産の海苔などに壊滅的な被害が発生した。《データ》船舶2隻損壊, 魚介類被害, 被害額（千葉県の漁業関係のみ）3億円

12.16　工場火災（大阪府大阪市東成区）　12月16日午前4時51分、大阪市東成区深江中のプラスチック加工工場で火災があり、5名が死亡した。《データ》死者5名

この年　神通川水銀汚染（富山県富山市）　43年、富山市の神通川で魚の体内から高濃度（水俣湾や阿賀野川の汚染時の約10分の1）の水銀を検出。同流域に鉱山や工場など水銀関係施設のないところから原因は不明だが、含有濃度はウグイで平均1.22ppm、検査総数のうち40%が1ppm以上をそれぞれ記録した（44年8月に厚生省が魚類調査の結果を発表）。

この年　芳野川水銀汚染（奈良県宇陀郡）　43年、奈良県菟田野、榛原町の芳野川で魚の体内から高濃度（水俣湾や阿賀野川の汚染時の約10分の1）の水銀を検出。原因は同流域にある水銀鉱とみられ、含有濃度はフナやカワムツなどで平均1.31ppm、検査総数のうち80%が1ppm以上、最低値も0.6ppmをそれぞれ記録した（44年8月に厚生省が魚類調査の結果を発表）。

この年　擬似水俣病集団発生（徳島県）　43年、徳島県で、農業関係者61名に農薬の長期使用が原因とみられる水俣病の類似症状が現われた（12月1日、徳島大学付属病院が地域調査で発見）。《データ》患者61名

この頃ー　米空軍横田基地周辺騒音（東京都北多摩郡）　43年頃、東京都瑞穂、福生町にある

米空軍横田基地の周辺地域(約46km²)に住む約2万4000世帯が、所属機の離着陸により昼夜平均104ホン、最高119ホンの騒音の影響を受けた(43年9月9日から21日にかけて都公害研究所が調査実施)。《データ》被災者約2万4000世帯,被災面積約46km²

昭和44年
(1969年)

1.1　乗用車暴走(群馬県吾妻郡長野原町付近)　1月1日、群馬県長野原町付近の道路で、乗用車が通行人をひき逃げし、2名が死亡した。原因は運転していた長野原警察署員の飲酒運転。《データ》死者2名

1.1—　豪雪(日本海側)　1月1日朝から5日にかけて、羽越、北陸、山陰地方など日本海側に平野部で1m、山間部で2m前後の大雪が降り、新潟県高田市で新たに126cmの積雪を記録。このため信越、奥羽、羽越、北陸、山陰の各本線や上越線などの運休や遅延と国道49、113号線の不通が発生し、帰省客や登山、スキー客ら多数が各地で立往生した。《データ》被害額72億円(新潟県のみ)

1.5　鉱石運搬船ぼりばあ丸沈没(千葉県野島崎沖)　1月5日、千葉県野島崎沖で大型鉱石運搬船ぼりばあ丸の船体が2つに折れ、沈没。死者31人を出した。《データ》死者31名

1.9　日本青年館火災(東京都新宿区)　1月9日午前4時30分、東京都新宿区霞岳町の明治神宮外苑内にある日本青年館のホテル5階客室から出火し、火元階の12室(330m²)を全焼、宿泊客のうち沖縄復帰運動の関係者ら2名が焼死、7名が重軽傷を負った。《データ》死者2名,重軽傷者7名,焼失面積330m²

1.10　南勢煙火製造所爆発(三重県松阪市)　1月10日午後0時30分頃、三重県松阪市下村町の南勢煙火製造所で材料の火薬が爆発し、従業員2名が死亡した。《データ》死者2名

1.12　第8漁吉丸沈没(静岡県賀茂郡南伊豆町沖)　1月12日、静岡県南伊豆町の石廊崎の南南西約130kmの沖合で、鹿児島県串木野市の瀬戸水産のマグロ延縄漁船第8漁吉丸(39t)が出漁後、悪天候により船体が傾斜して転覆、沈没した。乗組員のうち機関員1名は救助されたが、残りの10名が死亡、4名が行方不明になった。《データ》死者10名,行方不明者4名,船舶1隻沈没(海上保安庁調べ)

1.21—　京都大学紛争(京都府京都市左京区)　1月21日、京都大学の反日本共産党系の学生が京都市左京区の同大学の正門突破を試み、2月14日に日本共産党系、反日本共産党系の学生が教養部の無期限ストライキの継続を巡って同構内で乱闘、250名が負傷。続いて同27日に日本共産党系や一般の学生が入学試験の実施と大学本部の封鎖解除を要求して占拠側の反日本共産党系の学生と乱闘、280名が負傷し、3月1日に機動隊と学生が衝突、約230名が負傷し、5月22、23日に全共闘の関係者らによる大学本部の封鎖と機動隊による排除が発生し、6月23日に両派の学生の乱闘により80名が負傷、火炎瓶により正門が燃え、9月20日午後から22日朝にかけて教官や学生らが時計塔を含む校舎の封鎖解除を巡って百万遍通までバリケードを築いて機動隊

昭和44年(1969年)

と激突、支援者のうち関西大学の学生(20歳)が背後から飛んできた火炎瓶により全身に火傷を負った(10月1日に死亡)。　《データ》死者1名、負傷者約840名

1.27　**第25天祐丸行方不明**(ソ連沿海州沖)　1月27日、ソ連領沿海州の沖合の漁場で、漁船第25天祐丸(96t)が乗組員15名とともに消息を絶った。　《データ》行方不明者15名、船舶1隻行方不明(海上保安庁調べ)

1.30　**大方医院火災**(福島県田村郡船引町)　1月30日午後10時40分頃、福島県船引町船引南町通の大方医院の木造モルタル2階建の新館1階から出火し、同館の一部(185m²)を焼失、入院の母親に付き添っていた病院職員と小学生の姉弟3名が焼死、患者ら6名が負傷。原因は豆炭あんかの不始末とみられるが、同館は無届の違法建築物で避難階段もなかった。　《データ》死者3名、負傷者6名、焼失面積185m²(消防庁調べ)

2.3　**第15徳運丸行方不明**(千葉県安房郡白浜町沖)　2月3日、千葉県白浜町の野島崎の沖合で、岩手県の宮古港を出たマグロ漁船第15徳運丸(47t)が、乗組員15名とともに消息を絶った。　《データ》行方不明者15名、船舶1隻行方不明(海上保安庁調べ)

2.4　**第8照生丸沈没**(鹿児島県名瀬市沖)　2月4日、鹿児島県名瀬市の沖合で、底引網漁船第8照生丸(102t)が出漁後、異常発達した低気圧(通称台湾坊主)により転覆、沈没し、乗組員12名が行方不明になった。　《データ》行方不明者12名、船舶1隻沈没(海上保安庁調べ)

2.5　**磐光ホテル火災**(福島県郡山市)　2月5日午後9時10分、福島県郡山市熱海町高玉仲井の磐光ホテルで敷地内にある付属娯楽施設磐光パラダイス1階の宴会場舞台裏から出火し、低気圧による強風にあおられて鉄筋コンクリート3階建の同施設と鉄筋コンクリート一部4階建の宿泊棟、隣接のホテルニュー磐光を全焼し、従業員と茨城県在住の招待客ら宿泊客269名のうち30名が焼死、28名が重軽傷を負った。原因は舞台裏の控室で金粉ショーに使う松明の端にベンジンを染み込ませ、石油ストーブの近くにおいたところ引火したため。　《データ》死者30名、重軽傷者28名、全焼建物3棟、焼失面積1万5511m²、被害額10億9826万円(消防庁調べ)

2.5　**第38栄保丸沈没**(北海道稚内市沖)　2月5日、北海道稚内市の沖合で、底引網漁船第38栄保丸(96t)が流氷を避けようとして低気圧による横波を受けて転覆、沈没し、乗組員13名が行方不明になった。　《データ》行方不明者13名、船舶1隻沈没(海上保安庁調べ)

2.5-　**暴風雪**(北海道、東北地方)　2月5日から6日にかけて、北海道中央部と西部を中心に東北地方の以北でオホーツク海の低気圧による猛吹雪があり、多雪地域で160cmから200cm、比較的少雪の十勝地方で50cmから80cmの積雪を記録。このため北海道で19市町村が孤立状態に陥り、国鉄線の約67%が運休、国道12号線の江別、豊頃間で約1500名が車内に約24時間閉じ込められて凍傷および発病者が出るなど国道や道道の約33%が不通になり、小、中学校のうち1320校(全体の約33%)が臨時休校し、周辺海域で船舶25隻が沈没または破損した。　《データ》負傷者多数、船舶沈没・破損25隻、被害額(北海道のみ)10億円

2.6　**第12宮城丸沈没**(北海道石狩郡石狩町沖)　2月6日、北海道石狩町の沖合で、底引網漁船第12宮城丸(53t)が猛吹雪に巻き込まれて沈没し、乗組員10名が行方不明になった。　《データ》行方不明者10名、船舶1隻沈没(海上保安庁調べ)

2.7　千歳ビル火災（北海道札幌市）　2月7日午後11時45分、札幌市の千歳ビルで火災があり、同ビルの一部（450m²）を焼失、4名が死亡した。　《データ》死者4名, 焼失面積450m²

2.7　漁船・米軍捜索機遭難（青森県八戸市沖）　2月7日、青森県八戸市の沖合で漁船14隻が悪天候により遭難。米軍の捜索救援機も同海域で墜落し、漁船の乗組員と捜索機の乗員合わせて111名が死亡または行方不明になった。　《データ》死亡・行方不明者111名, 船舶14隻遭難

2.8　航空自衛隊戦闘機墜落（石川県金沢市）　2月8日午後0時8分、石川県金沢市で、航空自衛隊第6航空団のF104J型ジェット戦闘機が小松基地への着陸直前、落雷により操縦不能に陥り金沢市泉の道路に墜落、全壊。操縦者はパラシュートで脱出して軽傷ですんだが、墜落現場付近の家族4名が死亡、6名が重傷を、13名が軽傷を負い、住宅31戸が全壊、4戸が半壊、129戸が破損した。　《データ》死者4名, 重傷者6名, 軽傷者13名, 全壊家屋31戸, 半壊家屋4戸, 破損家屋129戸, 航空機1機全壊（防衛庁調べ）

2.13　伯備線列車・保線係員接触（鳥取県日野郡日南町）　2月13日、伯備線上石見・生山駅間で、ディーゼル列車が保線作業員6名に接触し、うち5名が即死、1名が重傷を負った（後に死亡）。　《データ》死者6名（日本国有鉄道調べ）

2.13　赤平炭鉱落盤（北海道赤平市）　2月13日、北海道赤平市の住友石炭鉱業赤平鉱業所第3坑で落盤が発生し、作業員3名が死亡した。　《データ》死者3名（通商産業省調べ）

2.16　道路改修現場ガス埋設管破損（大阪府大阪市浪速区）　2月16日、大阪市浪速区の道路改修現場でショベルカーが誤ってガスの地下埋設管を壊し、現場付近に住む家族4名が中毒死した。　《データ》死者4名, 施設破損

2.21　第15宝来丸行方不明（北海道稚内市沖）　2月21日、北海道稚内市の宗谷岬の沖合で、底引網漁船第15宝来丸（96t）が稚内港への帰途、悪天候により消息を絶ち、乗組員のうち3名が死亡、12名が行方不明になった。　《データ》死者3名, 行方不明者12名, 船舶1隻行方不明（海上保安庁調べ）

2.23　三和金属商会火災（東京都品川区）　2月23日午後8時40分、東京都品川区東品川の金属回収業者の三和金属商会で火災があり、同商会（980m²）を全焼、4名が死亡した。　《データ》死者4名, 焼失面積980m²

2.27　キャバレー火災（北海道札幌市）　2月27日午後8時20分、札幌市の大晋観光ビル内のキャバレーから出火し、同店など（400m²）を全焼、来店客や従業員のうち4名が死亡した。　《データ》死者4名, 焼失面積400m²

3.1　伊達製鋼ガスタンク爆発（福島県伊達郡伊達町）　3月1日午前8時30分頃、福島県伊達町千供田の伊達製鋼で液化炭酸ガス貯蔵タンクが突然爆発し、工場7棟と家屋1棟が大破、従業員3名が死亡、付近の住民18名を含む33名が重軽傷を負った。原因は安全装置の操作ミスによるタンク圧の異常上昇。　《データ》死者3名, 負傷者33名, 破損工場・家屋8棟（労働省調べ）

3.4　山林作業員雪崩遭難（岐阜県高山市）　3月4日、山林作業員が岐阜県高山市で雪崩に巻き込まれ、3名が死亡、1名が重軽傷を負った。　《データ》死者3名, 重軽傷者1名（警察庁調べ）

昭和44年(1969年)

3.12　豪雪(太平洋側)　3月12日未明から夕方にかけて、関東、東海、近畿、四国地方の太平洋側に本州南岸を東進した強い低気圧(通称台湾坊主)による大雪が降り、東京で30cm、四国の山間部で50cmの積雪を記録。このため昼過ぎから午後5時頃にかけて、山手、中央、総武、京浜東北線など東京周辺や四国地方の国私鉄各線で運休や遅延などが発生し、ビニールハウス栽培の野菜類など農作物に被害があったほか、埼玉県で小学校261校と中学校84校が臨時休校した。《データ》農作物被害, 被害額5億5000万円(野菜類のみ)

3.13　出光興産製油所ガス中毒死(千葉県千葉市)　3月13日、千葉市の出光興産千葉製油所で、従業員3名がガス中毒により死亡した。《データ》死者3名

3.19　両備バス・トラック接触(岡山県玉野市)　3月19日、岡山県玉野市槌ヶ原の国道30号線で、両備バスの国鉄フェリー発岡山行き定期バスが対向車線から進入してきた高知県の中川運送の大型トラックと接触後、道路左側の斜面を約25m滑り落ちて池(深さ約5m)に転落、水没し、通勤者ら乗客14名、乗務員2名のうち9名が死亡、7名が重軽傷を負った。原因はトラックの無免許および居眠り運転。《データ》死者9名, 重軽傷者7名, 車両1台転落(警察庁調べ)

3.20　ガス埋設管爆発(東京都板橋区)　3月20日午前3時11分、東京都板橋区仲宿町の国道17号線(中山道)の旧都営地下鉄6号線建設現場で深さ約1.5mの地下に埋めてあった都市ガス中圧管からガスが漏れて引火、爆発し、付近の商店や住宅など5棟(320m^2)を全半焼、家族5名が焼死、2名が負傷、23名(8世帯)が焼け出された。《データ》死者5名, 負傷者2名, 全半焼家屋5棟, 焼失面積320m^2, 被災者23名(8世帯)

3.21　従業員寮火災(神奈川県川崎市)　3月21日、川崎市の割烹料理店今半の従業員寮で火災があり、5名が死亡した。《データ》死者5名, 建物火災(消防庁調べ)

3.23　第2大徳丸行方不明(青森県八戸市沖)　3月23日、青森県八戸市の沖合で、マグロトロール漁船第2大徳丸(298t)が、悪天候により乗組員19名とともに消息を絶った。《データ》行方不明者19名, 船舶1隻行方不明(海上保安庁調べ)

3.25　赤金銅山坑内爆発(岩手県江刺市)　3月25日、岩手県江刺市の同和鉱業赤金鉱業所の坑内で爆発が発生し、作業員3名が死亡した。《データ》死者3名(通商産業省調べ)

3.29　特殊浴場火災(東京都新宿区)　3月29日午後5時10分、東京都新宿区西大久保の特殊浴場その1階のボイラー室から出火し、木造2階建の同浴場(500m^2)を全焼、女子従業員5名が焼死、1名が負傷した。原因は地下の給湯器用燃料タンクから重油があふれ、引火したため。《データ》死者5名, 負傷者1名, 焼失面積500m^2(消防庁調べ)

3.30　第1蛭子丸沈没(長崎県下県郡厳原町沖)　3月30日、対馬海峡で、巻網漁船第1蛭子丸(79t)が長崎県厳原町の厳原港へ帰る途中、悪天候による高波を受けて転覆、沈没し、乗組員2名が死亡、14名が行方不明になった。《データ》死者2名, 行方不明者14名, 船舶1隻沈没(海上保安庁調べ)

4.1　第2新四ツ木橋建設現場水止板崩壊(東京都葛飾区)　4月1日、東京都葛飾区四つ木の荒川放水路の第2新四ツ木橋の間組建設現場で鉄製の水止用矢板が崩壊し、青森県大鰐町の出稼ぎ作業員ら8名が水死した。《データ》死者8名(労働省調べ)

4.2　茂尻炭鉱坑内ガス爆発(北海道赤平市)　4月2日午後1時20分頃、北海道赤平市茂尻

234

の雄別炭鉱茂尻鉱業所桂本坑の坑口から約3.6km奥の地点でメタンガスが引火、爆発し、作業員19名が死亡、26名が重軽傷を負った。《データ》死者19名, 重軽傷者26名(通商産業省調べ)

4.4 東京大学医学部付属病院高圧酸素治療用タンク爆発(東京都文京区) 4月4日、東京都文京区本郷の東京大学医学部付属病院中央診療部の高圧酸素治療室で高圧タンク(直径2m、長さ8m)が爆発し、タンク内にいた助手と研究生、患者2名が焼死した。原因は患者の眼底写真撮影のため研究生が持ち込んだ照明の整流器の引火。
《データ》死者4名, 施設破損

4.8 第3成洋丸行方不明(米国領ジャービス島沖) 4月8日、ポリネシアのライン諸島にある米国領ジャービス島の沖合で、遠洋マグロ漁船第3成洋丸(239t)が乗組員26名とともに消息を絶った。《データ》行方不明者26名, 船舶1隻行方不明(海上保安庁調べ)

4.13 乗用車・三重交通観光バス衝突(三重県桑名市) 4月13日、三重県桑名市小貝須の国道23号線で、三重交通の観光バスが対向車線から進入してきた乗用車と衝突し、乗客ら2名が死亡、54名が負傷した。《データ》死者2名, 負傷者54名, 車両衝突(警察庁調べ)

4.13 第2鉄鋼ビルゴンドラ落下(東京都中央区) 4月13日、東京都中央区八重洲の第2鉄鋼ビルでゴンドラが落下し、作業員3名が死亡した。《データ》死者3名(労働省調べ)

4.17 中央航空セスナ機墜落(千葉県船橋市) 4月17日、千葉県船橋市の船橋ヘルスセンターで、中央航空のセスナ177型遊覧機が同センターの飛行場から離陸直後に、写真部施設に墜落、炎上し、操縦士と乗員1名が即死、2名が重傷を負った(うち1名は後に死亡)。《データ》死者3名, 重傷者1名, 航空機1機墜落(運輸省調べ)

4.24 西武百貨店ゴンドラ落下(東京都渋谷区) 4月24日、東京都渋谷区の西武百貨店渋谷店でB館東側8階から外壁清掃用の鉄製ゴンドラが約30m下の歩道に落ち、窓拭き作業員1名と偶然通りかかった世田谷小学校の児童82名のうち2名が死亡した。原因は昇降機の歯車の構造的欠陥と整備不良。《データ》死者3名

4.25 ゴム工場爆発(福岡県久留米市) 4月25日午前8時24分、福岡県久留米市京町の日米ゴム工場で乾燥用の赤外線電球の過熱または火花が噴霧したタイヤ接着用のベンゾールに引火、爆発し、木造2階建の同工場(984m^2)を全焼、2階にいた女子工員11名が焼死、7名が重軽傷を負った。同工場では過去3回火災が発生したが、消防署の指示を守っていなかった。《データ》死者11名, 重軽傷者7名, 焼失面積984m^2, 被害額1899万円

4.26 地滑り(新潟県北魚沼郡広神村) 4月26日午前7時10分頃、新潟県広神村水沢新田の通称水沢テッコ山(標高500m)で融雪と長雨により土砂約25万m^{3}が同山中腹から長さ300m、幅100mにわたって崩れ落ち、付近の農家など14棟や田畑2ha、山林2ha、町道150mが埋没、逃げ遅れた住民8名が死亡した。《データ》死者8名, 埋没家屋14棟, 埋没田畑2ha, 埋没山林2ha, 道路埋没

4.28 沖縄デー参加者・警官隊衝突(東京都) 4月28日、沖縄デーに参加した反日本共産党系の学生や反戦青年委員会の労働者ら約8000名と機動隊が神田や有楽町、銀座、

昭和44年(1969年)

新橋など東京都千代田、中央区や周辺地域で激突し、一般の市民を含む255名が負傷、東海道新幹線や山手線などが約6時間にわたって臨時運休したほか、佐藤栄作総理(当時)の私邸や派出所が投石などを受けた。《データ》負傷者255名

5.5— 火災(岩手県九戸郡) 5月5日夕方から11日未明にかけて、岩手県山形、大野村の炭焼小屋から出火し、おりからの強風にあおられて住宅26棟と住宅以外の19棟、国有林1200ha、民有林890haを全焼した。原因は炭焼窯の火の不始末。《データ》全焼家屋45棟、山林焼失2090ha、被災者152名(38世帯)、被害額11億円

5.6 うずしお丸搭載乗用車転落(兵庫県三原郡西淡町沖) 5月6日、兵庫県西淡町の阿那賀港で、淡路フェリーの徳島県鳴門市の亀浦港行きフェリーうずしお丸(366t)が出航する際、無理に乗船しようとした乗用車1台が海に落ち、運転者や家族ら4名が溺死した。《データ》死者4名,車両1台転落

5.7 凍霜害(山形県,福島県) 5月7日、山形、福島県に霜が降り、掃き立て直前の春蚕や桑、果樹などに被害が発生した。《データ》被害額37億6000万円

5.16 歌志内炭鉱坑内ガス突出(北海道歌志内市) 5月16日午前1時50分頃、北海道歌志内市中村の住友石炭鉱業歌志内炭鉱登川坑の坑口から約3.8km奥の掘進現場で誘導発破の直後、メタンガスが突出、爆発し、作業員18名が生き埋めになり、うち17名が死亡した(翌朝までに全員の遺体発見)。《データ》死者17名(通商産業省調べ)

5.28 夕張炭鉱坑内落盤(北海道夕張市) 5月28日未明、北海道夕張市の北海道炭砿汽船夕張鉱業所第2坑で落盤が発生し、作業員4名が死亡、1名が負傷した。《データ》死者4名,負傷者1名(通商産業省調べ)

5.29 農作業トラック・貨物運搬車二重衝突(福島県西白河郡西郷村) 5月29日、福島県西郷村小田倉飯豊の国道4号線で、埼玉県蕨市のトラックが田植え作業に雇われた主婦ら18名を荷台に乗せた同村立出のトラックに追突、直後に反対方向から来た貨物運搬車が突っ込み、7名が死亡、11名が重軽傷を負った。原因は追突したトラックの無免許運転と前方不注意。《データ》死者7名、重軽傷者11名、車両衝突(警察庁調べ)

5.31 イトムカ金山柵崩落(北海道常呂郡留辺蘂町) 5月31日、北海道留辺蘂町の野村鉱業イトムカ鉱業所の水洗選鉱場で柵が崩れ落ち、アルバイトの主婦2名が死亡、5名が負傷した。《データ》死者2名,負傷者5名(通商産業省調べ)

6.24— 暴風雨(44年7月豪雨)(関東地方、中部地方、近畿地方、中国地方、四国地方、九州地方) 6月24日から26日にかけて、日本海からオホーツク海へ抜けた強い低気圧が梅雨前線を刺激し、東海、近畿、四国地方の各地に200mmから300mm前後の局地的な大雨が降り、26日午前8時30分頃に東京都心で瞬間最大風速34.0mの強風により高層ビル建築現場の鉄骨や家屋が倒壊。続いて同28日から30日にかけてと7月4日から5日にかけて、強い低気圧が日本海を北東に進み、同11日までに佐賀県太良町で853mm、佐賀市で493mm、長崎県の雲仙岳で884mm、宮崎県えびの町で2200mm、鹿児島県吉ヶ別府で1103mmの総雨量を記録し、熊本、宮崎、鹿児島の各県で300mmから500mm前後の雨が降ったのをはじめ、関東地方以西の各地に断続的に大雨が降った。このため長野県飯山市で飯山線飯山、蓮駅間が鉄橋流失や線路冠水により不通になり、鹿児島県で河川の氾濫などにより36名が死亡、13名が負傷、8名が行方不明になったのをはじめ、34都府県で81名が死亡、184名が負傷、8名が行方不明となり、住宅浸水多数などの被害を出した。《データ》死者81名、負傷者184

昭和44年(1969年)

名, 行方不明者8名, 全壊住宅237棟, 半壊住宅275棟, 破損住宅455棟, 流失住宅9棟, 床上浸水住宅1万1229棟, 床下浸水住宅5万3161棟, 被災非住宅657棟, 水田流失・埋没466ha, 水田冠水5万1672ha, 畑流失・埋没93ha, 畑冠水2833ha, 道路損壊2226ヶ所, 橋梁流失125ヶ所, 堤防決壊390ヶ所, 山崩れ3729ヶ所, 鉄道被害116ヶ所, 通信施設被害1165ヶ所, 船舶沈没4隻, 船舶流失4隻, 船舶破損1隻, 無発動機船被害4隻, 被災者4万7132名(1万2602世帯)(以上警察庁調べ), 被害額(長野・佐賀県のみ)28億7414万円

6.25	南紀航空セスナ機墜落(広島県豊田郡安浦町)　6月25日、広島県安浦町の膳棚山に、機体整備を終えて南紀白浜から大阪を経て広島空港に着陸直前の南紀航空のセスナP206C型機が、激突、墜落し、機長や同航空専務ら4名が死亡、同乗者の新明和工業の技術員1名が重傷を負った(同28日に機体発見)。　《データ》死者4名, 重傷者1名, 航空機1機墜落(運輸省調べ)
6.30	がけ崩れ(宮崎県北諸県郡三股町)　6月30日午後3時20分頃、宮崎県三股町勝岡の町道でシラス質のがけが大雨により崩れ、三股中学校の女子生徒4名が土砂の下敷きになって死亡した。　《データ》死者4名, がけ崩れ1ヶ所
7月―	廃鉱砒素流出(宮崎県北諸県郡高城町)　7月上旬、宮崎県高城町四家のアンチモン旧鉱山の精錬不純物廃棄場の堤防が大雨で崩壊し、復旧作業の始まるまでの4か月間、高濃度の砒素(飲用水の許容量の約26倍)を含む不純物が穴水川へ流れ込んだ。後に県が水質検査の結果を発表しなかったことが問題になった。　《データ》堤防損壊
7.3	斎藤組工場土砂崩れ(静岡県伊東市)　7月3日午後1時50分頃、静岡県伊東市宇佐美の斎藤組の生コンクリート製造工場で砂貯蔵箱の底口に詰まっていた石を取り除いた直後に土砂約50tが突然崩れ、作業員5名が死亡した。　《データ》死者5名(労働省調べ)
7.22	採石場落盤(栃木県宇都宮市)　7月22日、宇都宮市大谷町の池田石材店の大谷石採掘場で落盤が発生し、作業員5名が死亡、3名が負傷した。　《データ》死者5名, 負傷者3名(労働省調べ)
7月頃―	川内川汚染(鹿児島県川内市)　7月頃から、鹿児島県川内市の川内川で捕獲魚に原因不明の皮膚や尾鰭の腐乱が発生し、流域の漁業関係者にも手足のかゆみや擬似皮膚炎の症状が現われ、県は川内市からの委託を受けて原因調査を始めた。
8月―	福寿製薬工場メチル水銀汚染(富山県)　8月から45年4月にかけて、富山県大山町の福寿製薬が工場から高濃度のメチル水銀を含む廃液を神通川支流の熊野川に排出し、下流域で採れたウグイから6.08ppmのメチル水銀が検出された(45年4月20日に発表後、県が関係資料を隠していたことが問題になった)。　《データ》魚介類被害
8.4―	台風7号(中部地方, 近畿地方南部)　8月4日午後7時30分、中心気圧985mb、最大風速30mの勢力を持つ台風7号が、和歌山県串本町の潮岬西方に上陸し、衰弱しながら関東地方北部から東北地方南部を通過後、同5日昼頃に岩手県の沖合へ抜けた。このため長野県の木曽、伊那地方などに局地的な大雨が降り、長野県飯田市の安平路山で神戸市立御影工業高等学校山岳部の関係者7名が、南木曽町で宿舎にいた作業員8名がそれぞれ鉄砲水により死亡したのをはじめ、静岡、愛知県など11県で住民15名が死亡、18名が重軽傷、6名が行方不明となり、住宅浸水多数などの被害が出た。　《データ》死者15名, 重軽傷者18名, 行方不明者6名, 全壊住宅21棟, 半壊住宅32

昭和44年(1969年)

棟,破損住宅61棟,流失住宅8棟,床上浸水住宅1460棟,床下浸水住宅3459棟,被災非住宅116棟,水田流失・埋没15ha,水田冠水876ha,畑流失・埋没59ha,畑冠水308ha,道路損壊366ヶ所,橋梁流失69ヶ所,堤防決壊69ヶ所,山崩れ360ヶ所,鉄道被害20ヶ所,通信施設被害1194ヶ所,船舶破損1隻,被災者6694名(1610世帯)(以上警察庁調べ),被害額(長野県のみ)40億5901万円

8.7— 豪雨(東北地方,北陸地方,信越地方) 8月7日から12日にかけて、東北、北陸、信越地方の各地に停滞前線による局地的な大雨が断続的に降り、山形県羽黒町の月山で216mm、酒田市で142mm、新潟県糸魚川市や西頸城郡などで150mmから200mm、富山県東部の山間部で773mmの総雨量を記録。このため新潟県加茂市で家屋5000戸余りが浸水し、長野県大町市で高瀬川の氾濫により葛温泉旅館街が壊滅し、富山県で黒部川や常願寺川が決壊したのをはじめ、9県で住民32名が死亡、83名が重軽傷、9名が行方不明などの被害が出た。《データ》死者32名、重軽傷者83名、行方不明者9名、全壊住宅152棟、半壊住宅219棟、破損住宅174棟、流失住宅63棟、床上浸水住宅1万3561棟、床下浸水住宅2万799棟、被災非住宅1015棟、水田流失・埋没2052ha、水田冠水1万4658ha、畑流失・埋没176ha、畑冠水3678ha、道路損壊904ヶ所、橋梁流失412ヶ所、堤防決壊541ヶ所、山崩れ655ヶ所、鉄道被害113ヶ所、通信施設被害1750ヶ所、船舶沈没3隻、船舶流失13隻、船舶破損20隻、無発動機船被害5隻、被災者7万6457名(1万4464世帯)(以上警察庁調べ)、被害額862億1081万円

8.9 第13福寿丸・ソ連警備艇衝突(歯舞諸島付近) 8月9日、歯舞諸島の志発島南方の漁場付近で、イカ釣り漁船第13福寿丸(16.77t)がソ連の警備艇に追突されて沈没し、乗組員12名のうち1名は同艇に救助されたが、残りの11名が行方不明になった(同29日にソ連側より通告)。《データ》行方不明者11名、船舶1隻沈没(海上保安庁調べ)

8.12 地震(北海道東方沖) 8月12日午前6時27分頃、北海道根室市の納沙布岬の東南東約130km(北緯43.1度、東経147.7度)の深さ約60kmの海底を震源地とするマグニチュード7.8の地震が発生。震域は関東地方以北で、北海道根室、釧路市で震度4を、帯広、青森、青森県八戸、盛岡の各市と北海道浦河町で震度3を記録したのに続き、午前6時58分に根室市で高さ130cm、以後8時過ぎまで浦河町で66cm、釧路市で47cm、函館市20cm、八戸市で55cm、千葉県銚子市で21cmの津波を観測、住民1名が行方不明になった。《データ》行方不明者1名、浸水家屋15棟、船舶流失13隻、船舶破損10隻、鉄道被害1ヶ所

8.12 観光バス転落(愛媛県南宇和郡御荘町) 8月12日、愛媛県御荘町平山の国道56号線のカーブで、路線観光バスが運転を誤り、道路から約14m下の海岸へ落ち、乗客ら2名が死亡、53名が重軽傷を負った。《データ》死者2名、重軽傷者53名、車両1台転落(警察庁調べ)

8.22— 台風9号(北海道,東北地方,関東地方,東海地方,近畿地方,四国地方,九州地方) 8月20日午後、中心気圧970mb、最大風速55mの勢力を持つ台風9号が、奄美大島の付近を通過後、同22日午前9時過ぎに鹿児島県の薩摩半島西岸に上陸し、四国から東海、関東、東北地方を経て同23日午前3時に温帯低気圧となり、同10時に北海道の南東部から海上へ抜けて消滅。このため23日午前9時からの24時間に青森県天間林村上北鉱山で246mmの大雨が降り、同県で河川の氾濫などにより住民2名が死亡したのをはじめ、32都道府県で6名が死亡、219名が負傷、1名が行方不明などの被害が出た。《データ》死者6名、負傷者219名、行方不明者1名、全壊住宅137棟、半壊住宅305棟、破

238

損住宅1666棟,流失住宅9棟,床上浸水住宅7004棟,床下浸水住宅1万86棟,被災非住宅1864棟,水田流失・埋没34ha,水田冠水3017ha,畑流失・埋没2ha,畑冠水233ha,道路損壊163ヶ所,橋梁流失37ヶ所,堤防決壊27ヶ所,山崩れ126ヶ所,鉄道被害9ヶ所,通信施設被害905ヶ所,船舶沈没10隻,船舶流失37隻,船舶破損28隻,無発動機船被害16隻,被災者2万7043名(7924世帯)(以上警察庁調べ),被害額(青森県のみ)57億7245万円

8.23 竜巻(茨城県) 8月23日午前9時30分頃、茨城県猿島町に台風9号の影響による直径約100m、高さ約3000mの竜巻が発生し、同町から北方の結城市にかけての約20kmの地域で住民1名が死亡、70名が負傷、家屋200棟が全半壊。茨城県では同午前11時30分頃に霞ヶ浦に小規模な竜巻が発生、約1km移動後消滅したのをはじめ、5ヶ所で竜巻が発生し、全域で1名が死亡、81名が負傷、家屋218棟が全半壊した。 《データ》死者1名,負傷者81名,全半壊家屋218棟

8.27 宮崎県庁食中毒集団発生(宮崎県宮崎市) 8月27日、宮崎市の県総合庁舎食堂で会議出席者のうち21名がボツリヌス菌による集団食中毒にかかり、うち3名が死亡した。 《データ》中毒者21名(うち死者3名)

9.5 営林署造材現場ケーブル脱落(北海道島牧郡島牧村) 9月5日、北海道島牧村の黒松内営林署造材現場で運搬用ケーブルの鋼索が支柱からはずれて木材が落下、散乱し、4名が死亡、3名が負傷した。 《データ》死者4名,負傷者3名(労働省調べ)

9.9 地震(東北地方、関東地方、中部地方、近畿地方、中国地方、四国地方) 9月9日午後2時15分頃、岐阜県根尾村付近の根尾谷断層の深さ約20kmの地点を震源地とするマグニチュード7.0の地震が発生。震域は東北以西、中国および四国以東の各地方で、長野県三岳村で震度5を、福井、長野県飯田、名古屋、津、大阪の各市などで震度4を、東京、甲府、長野、静岡県浜松の各市などで震度3を記録し、岐阜、愛知県で住民1名が死亡、10名が負傷したのをはじめ、東海道新幹線や高山、中央、北陸本線など鉄道各線で列車の運休や遅延があいついだ。 《データ》死者1名,負傷者10名,半壊・破損家屋136棟,道路損壊8ヶ所,橋梁流失2ヶ所,山崩れ39ヶ所,被害額5億円

9.15 集団食中毒(大阪府枚方市) 9月15日、大阪府枚方市で、敬老会の出席者1841名が食中毒にかかり、うち5名が死亡した。 《データ》患者1841名(うち死者5名)

9.22 下山炭鉱坑内爆発(福岡県山田市) 9月22日午後7時30分頃、福岡県山田市下山田の古河鉱業下山田鉱業所本坑の坑口から約3.27km奥の西区五尺の採炭現場でメタンガスまたは炭塵が爆発し、作業員14名が死亡、3名が重軽傷を負った。 《データ》死者14名,重軽傷者3名(通商産業省調べ)

9.27 精神病院火災(京都府乙訓郡長岡町) 9月27日、京都府長岡町の精神病院で入院患者の放火による火災があり、2名が死亡した。 《データ》死者2名,病院火災

10.1 第18大忠丸転覆(北海道稚内市沖) 10月1日、北海道稚内市の宗谷岬の沖合で、底引網漁船第18大忠丸(96t)が稚内港への帰途、悪天候による横波を受けて転覆し、乗組員17名が行方不明になった。 《データ》行方不明者17名,船舶1隻転覆(海上保安庁調べ)

10.6 東洋化学薬品工場爆発(東京都北区) 10月6日、東京都北区の東洋化学薬品で薬品貯蔵タンクが爆発し、従業員3名が死亡した。 《データ》死者3名(労働省調べ)

10.28― 多摩川青酸化合物汚染(東京都) 10月28日、多摩川で工場排水に含まれる猛毒の

昭和44年（1969年）

青酸化合物による水質汚染が発生し、東京都水道局が取水を一時停止。多摩川では、同10月から45年9月までに魚が前後10回にわたって浮いた。《データ》魚介類被害

11.7 ダイハツ工業社員寮建設現場爆発（大阪府池田市） 11月7日、大阪府池田市神田町のダイハツ工業男子独身寮建設現場で地下貯水槽の内側に漏水防止用ビニールシートを貼り付けていたところ、揮発性の溶剤が気化して引火、爆発し、作業員5名が死亡した。《データ》死者5名（労働省調べ）

11.13 総理訪米反対派・警官隊衝突（佐藤首相訪米阻止事件）（東京都） 11月13日午後5時30分頃から7時過ぎにかけて、全共闘各派の学生や反戦青年委員会の関係者ら多数が、佐藤栄作総理（当時）の米国訪問と沖縄返還交渉に反対して東京都中央区銀座の営団地下鉄銀座駅や港区高輪の都営地下鉄泉岳寺駅、新宿区歌舞伎町などで角材を持ち、都電などに火炎瓶を投げて機動隊と衝突。学生と機動隊の衝突は大阪市北区の扇町公園付近でも発生、16日午後4時過ぎから深夜にかけて国鉄蒲田、大森、東京駅や東急電鉄蓮沼駅等で乗客を巻き込み、品川警察署や16派出所に対し火炎瓶や投石などを交えた騒ぎが発生した。17日朝の出発前後まで大田区羽田の東京国際空港周辺や札幌、仙台、横浜、大阪、岡山市などの各地で訪米抗議集会やデモに絡む衝突が続き、13日夕方には扇町公園付近で岡山大学の学生（21歳）が死亡するなど、通行人ら多数が重軽傷を負った。《データ》死者1名,重軽傷者多数

11.17 日本産業航空セスナ機墜落（大阪府柏原市） 11月17日、大阪府柏原市大平寺の高尾山に、放送宣伝業務のため八尾空港を離陸した日本産業航空のセスナ172E型機が、視界不良の天候下で激突、炎上し、乗員3名が焼死した。原因はエンジンの不調。《データ》死者3名,航空機1機墜落（運輸省調べ）

11.17 空知炭鉱石炭崩落（北海道歌志内市） 11月17日、北海道歌志内市の空知炭砿空知坑の坑口で石炭が突然崩れ落ち、作業員3名が死亡、1名が負傷した。《データ》死者3名,負傷者1名（通商産業省調べ）

11.19 大和館火災（静岡県賀茂郡東伊豆町） 11月19日、静岡県東伊豆町の熱川温泉の旅館大和館で火災が発生し、宿泊客や従業員のうち14名が死亡した。《データ》死者14名,建物火災

11.19 藤井精神病院火災（徳島県阿南市） 11月19日午後11時、徳島県阿南市見能林町築溜の藤井精神病院の第3病棟東側から出火し、同病棟など3棟（731m^2）を全焼、入院患者6名が焼死、職員ら5名が重軽傷を負った。《データ》死者6名,重軽傷者5名,全焼病舎3棟,焼失面積731m^2,被害額1031万円（消防庁調べ）

11.25 尻無川水門建設現場潜函水没（大阪府大阪市大正区） 11月25日、大阪市大正区泉尾浜通の尻無川左岸水門建設現場で熊谷組の掘削作業用潜函の鋼鉄製送気管が水深約20mで折れ、同潜函内の気圧が急激に下がって沈没、浸水し、出稼ぎの下請作業員11名が死亡した、9名が負傷した。《データ》死者11名,負傷者9名（労働省調べ）

11.27 第3幸栄丸転覆（北海道小樽市沖） 11月27日、北海道小樽市の沖合で、エビかご漁船第3幸栄丸（94t）が悪天候により転覆し、乗組員11名が行方不明になった。《データ》行方不明者11名,船舶1隻転覆（海上保安庁調べ）

12月 — 異常乾燥発生（埼玉県,東京都,大阪府） 12月から45年1月にかけて、埼玉県や東京都、大阪府などに記録的な無降雨状態が続き、各地で異常乾燥による火災が多発

した。

- 12.1 岩槻煙火工場爆発（埼玉県岩槻市）　12月1日午後5時頃、埼玉県岩槻市美幸町の岩槻煙火工場で花火が爆発し、従業員2名が死亡、8名が重軽傷を負った。《データ》死者2名, 重軽傷者8名

- 12.3 杭打作業船転覆（大阪府大阪市）　12月3日、大阪港で杭打作業船が低気圧と寒冷前線による猛吹雪を受けて転覆し、乗組員1名が死亡、2名が行方不明になった。《データ》死者1名, 行方不明者2名, 船舶1隻転覆

- 12.7 竜巻（愛知県豊橋市）　12月7日午後6時45分頃、愛知県豊橋市下地町から同市大村、野黒、中郷、柱町など約7kmの地域を温暖前線による直径約150m、高さ約5000mの竜巻が通過し、住民1名が死亡、69名が重軽傷を負い、家屋175棟が全半壊したのをはじめ、国道1号線などで乗用車20台が吹き飛ばされ、東海道新幹線や東海道線、名古屋鉄道本線が数時間運休した。《データ》死者1名, 重軽傷者69名, 全半壊家屋175棟

- 12.9 クレーン車・東武伊勢崎線準急電車衝突（群馬県館林市）　12月9日、東武鉄道伊勢崎線館林・多々良駅間の警報機付き成島高根踏切で、東京都江東区の越智運送の大型クレーン車と伊勢崎発浅草行き準急電車（6両編成）が衝突。このため先頭車両が前面を大破、2両目が屈曲、3両目が脱線、クレーン車や通過待ちの群馬県笠懸村のトラックなど5台が損壊し、電車の運転士と乗客2名、クレーン車の2名、トラックの2名が死亡、142名が重軽傷を負った。原因はクレーン車の警報無視。《データ》死者7名, 重軽傷者142名, 車両5台損壊（運輸省調べ）

- この年 サリチル酸汚染（全国）　44年、食品添加物のサリチル酸の長期間摂取が腎臓障害をもたらすことがわかり、10月28日に国税庁が日本酒造組合中央会に使用自粛を要請し、同組合も11月6日に使用自粛を決定。同剤は当時、防腐剤として日本酒に使用されていた。

- この年 サイクラミン酸ナトリウム・カルシウム（チクロ）汚染（全国）　44年、食品添加物サイクラミン酸ナトリウムまたはカルシウム（通称チクロ）の発癌性が問題になり、10月22日に食品製造業者の各関係団体は使用停止を決定。1週間後に厚生省も使用禁止と期限付き回収を指示したが、45年1月に一部製品に対する回収期限の延長を決めたため消費者団体の批判を浴びた。チクロは当時、缶詰や清涼飲料水などの食品および医薬品に使われていた人工甘味料で、砂糖と比較して甘味が5、60倍強い。

- この年 日本アエロジル工場塩酸排出（三重県四日市市）　44年、三重県四日市市の日本アエロジル四日市工場が四日市港へ多量の塩酸を排出していることがわかった（8月15日に四日市海上保安部が摘発）。

- この年 被爆者二世白血病連続死（広島県広島市ほか）　9月27日、広島市牛田町松風園団地在住の被爆者二世で広島女学院ゲーンズ幼稚園児（5歳）が急性骨髄性白血病により死亡したのをはじめ、44年には被爆者二世3名が同病で死亡した。《データ》死者3名

- この年 高知パルプ工場亜硫酸ガス排出（高知県高知市）　44年、高知市旭町の高知パルプ工業の工場が0.197ppmという高濃度の亜硫酸ガスを排出していることがわかった（9月3日に県が測定結果を発表後、会社は設備改善を実施。国による硫黄酸化物の基

昭和44年(1969年)

準値は0.05ppm)。

この年— ベンゼンヘキサクロライド汚染(全国)　44年から、有機塩素系農薬および殺虫剤のベンゼンヘキサクロライド(BHC)による食品汚染が深刻化し、特に分解しにくいベータBHCの体内蓄積による肝機能障害などの危険が指摘された。同12月、厚生省や高知県衛生研究所などが牛乳から国際許容量を超える高濃度のBHCを検出後、同月10日に日本ベンゼンヘキサクロライド工業会が同剤とジクロロジフェニールトリクロロエタン(DDT)の製造停止を決定し、45年1月28日に農林省は両剤の乳牛飼料への使用禁止を通達したが、BHCは同3月に長崎県産の牛乳から、5月に愛知県産の牛乳や静岡県産の茶から、10月に鳥取県産の二十世紀梨からそれぞれ高濃度で検出され(愛知県は検出後、飼料への稲藁使用を禁止。鳥取県も両剤の使用禁止と買上げを実施)、7月から9月にかけて東京都や大阪府などの大気から検出されたのに続き、松山市付近のオイカワの魚肉や愛媛県西条市の雀で体内濃縮を確認、12月や46年5月には母乳や牛乳、タバコから両剤が検出された(45年10月16日、日本農村医学会で母乳から有機塩素系の残留農薬を検出と発表)。《データ》農作物被害,魚介類被害

この年—　着色・漂白剤使用野菜汚染(全国)　44年、亜硫酸系や塩素系、燐酸系漂白剤によるゴボウやサトイモ、レンコン、モヤシなどの漂白済み野菜の有害性が問題になり、7月に厚生省は亜硫酸系漂白剤による野菜の着色や漂白を禁止、11月7日に同剤製造元7社も使用停止を決定したが、45年2月に着色したジャガイモが出回るなど違反が続いた。

この頃　日本窒素工場粉塵被害(福島県いわき市)　この頃、福島県いわき市で、市内にある日本窒素小名浜工場が排出する粉塵の被害が周辺地域に及ぶようになった(45年6月4日、同工場と地元の公害対策連合委員会の間で全国初の公害防止協定を締結)。

この頃　カドミウム汚染(岩手県北上川流域)　この頃、岩手県の北上川流域で、旧鉱山の廃液によると見られるカドミウム汚染が表面化した(45年3月、通商産業省が鉱山の全面閉鎖を決定)。

この頃　パルプ工場廃液汚染(大分県佐伯湾)　この頃、大分県佐伯市で、市内にある興人パルプ佐伯工場が繊維屑などを含む廃液を佐伯湾に流し、同湾産の魚介類に被害が出た(45年5月、経済企画庁水質審議会が現地を視察)。

この頃　三菱金属鉱業カドミウム汚染(宮城県栗原郡鶯沢町)　44年頃、宮城県鶯沢町の三菱金属鉱業細倉鉱業所の精錬過程で出る高濃度のカドミウムを含む排水や排煙による汚染が確認された(同3月27日、厚生省が二迫川および鉛川流域を要観察地域に指定)。

この頃　蔵内金属工場カドミウム汚染(大分県大野郡)　44年頃、大分県緒方町の蔵内金属豊栄鉱業所が高濃度のカドミウムを含む廃液を奥嶽川に排出、同流域産の米を汚染した(44年5月、厚生省が奥嶽川流域を要観察地域に指定)。《データ》農作物被害

この頃　ベーチェット病(全国)　44年頃、全国各地でベーチェット病の発生が確認され、患者数は東京都だけで5000名とみられる。患者は20歳代の後半が多く、症状の特徴は口内など粘膜に潰瘍ができたり、皮膚に発疹ができたりして最終的に失明する点で、病因や治療法は不明(45年6月、厚生省原因治療研究班が発足)。《データ》患者5000名(東京都のみ。推定)

この頃　山梨飼肥料工場悪臭発生（山梨県塩山市）　44年頃、山梨県塩山市の山梨飼肥料工場の周辺地域で原料の牛および馬の内臓や鶏の羽による悪臭が問題化。43年6月以降、同工場は県の黙認のもとに無許可操業を続けていた（44年9月21日に市が操業継続の是非を問う住民投票を実施後、45年10月20日に県が同社を買収して公社設立）。

この頃　大気汚染（山口県都濃郡南陽町）　44年頃、山口県南陽町野村開作の住民350名（68世帯）が原因不明の刺激性ガスによる異常を訴えた（44年8月、町と東洋曹達など周辺地域の企業8社が同地区の全家屋の集団移転および買収と跡地の緩衝緑地化を計画）。　《データ》被災者350名（68世帯）

この頃　林業労働者白蝋病発生（全国）　44年頃、全国各地の林業労働者にチェーンソー使用時の振動による白蝋病が発生し、患者総数は44年までに約3700名になった（同12月、林野庁と全林野労働組合が労働協定を締結）。　《データ》患者約3700名（44年まで）

昭和45年
（1970年）

1.3　水道悪臭発生（東京都）　1月3日、東京都の利根川水系の上水道水に悪臭が発生、住民約100万世帯に被害が及び、都水道局は朝霞浄水場の機能を停止させた。同局の調査によれば、原因は利根川上流にある群馬県の工場が廃液を排出したためとみられる。　《データ》被災者約100万世帯

1.7　佐世保重工業造船所足場崩壊（長崎県佐世保市）　1月7日、長崎県佐世保市の佐世保重工業造船所でタンカー塗装作業用の足場が崩壊し、作業員2名が死亡、8名が負傷した。　《データ》死者2名, 負傷者8名（労働省調べ）

1.10　戸高鉱業採石場落盤（大分県津久見市）　1月10日、大分県津久見市の戸高鉱業第2鉱山の露天堀り現場で石灰岩（約10万t）が高さ100m、幅40m前後にわたって崩れ、作業員9名が死亡、7名が重軽傷を負った。　《データ》死者9名, 重軽傷者7名（労働省調べ）

1.17　波島丸転覆（北海道瀬棚郡北檜山町沖）　1月17日、北海道北檜山町鵜泊の水垂岬の北北東約1kmの奥尻海峡で、愛媛県波方町の波方商船の貨物船波島丸（2302t）が石炭3600tを積み込んで和歌山へ向けて北海道の留萌港を出航した後に、悪天候による激浪を受けて浸水、転覆し、退船直後に救命艇も転覆、乗組員のうち離船を拒んだ船長を含む18名が死亡、2名が重傷を負った。　《データ》死者18名, 重傷者2名, 船舶1隻転覆（海上保安庁調べ）

1.20　トラック・京成電鉄本線電車衝突（千葉県市川市）　1月20日朝、京成電鉄本線京成八幡・鬼越駅間の遮断機付き踏切で、千葉県松戸市の農業用トラックと成田発上野行き電車（4両編成）が衝突し、先頭車両が脱線、トラックが炎上、運転していた兄と同乗者の妹が即死、電車の乗客3名が負傷した。原因は踏切警手の酒酔いによる居眠り。　《データ》死者2名, 負傷者3名, 車両衝突（運輸省調べ）

1.21　地震（北海道）　1月21日、北海道広尾町付近を震源とするマグニチュード6.8の地震が発生し、帯広市と広尾、浦河町で震度5、苫小牧市など4地点で震度4を記録後、余震が数十回続き、同日夜には広尾町で震度4を記録。このため住民1名が死亡、22

243

昭和45年(1970年)

名が負傷したのをはじめ、鉄道各線で列車が遅延した。《データ》死者1名,負傷者22名

1.27 夕張炭鉱坑内落盤(北海道夕張市) 1月27日、北海道夕張市の北海道炭砿汽船夕張炭鉱の坑内で落盤が発生し、作業員4名が死亡、1名が負傷した。《データ》死者4名,負傷者1名(通商産業省調べ)

1.28 新和燐寸工業火災(兵庫県津名郡淡路町) 1月28日午前9時9分、兵庫県淡路町岩屋の新和燐寸工業岩屋工場で1階の家庭用大型マッチ自動詰込機から出火して製品に燃え移り、従業員9名が焼死、5名が重傷を、12名が軽傷を負い、鉄筋コンクリート4階建の同工場(5723m^2)を全焼した。火災報知器の電源が切ってあり、従業員がおもに高齢の女性だったことが死傷者の多かった原因。《データ》死者9名,重傷者5名,軽傷者12名,焼失面積5723m^2,被害額1億8000万円(消防庁調べ)

1.28 乗用車・名鉄西尾線電車衝突(愛知県安城市) 1月28日、名古屋鉄道西尾線南安城・北安城駅間の踏切で、乗用車が電車側面に突っ込み、乗客ら4名が死亡、1名が負傷した。《データ》死者4名,負傷者1名,車両衝突(運輸省調べ)

1.30- 豪雨(45年1月低気圧)(東北地方、関東地方、中部地方、近畿地方) 1月30日早朝から2月2日にかけて、本州南岸付近を通過した台風級の強い低気圧(通称台湾坊主)と日本海側を進んだ副低気圧が関東地方から北海道を縦断し、各地で100mm前後の雨量を記録。このため北緯31度から35度、東経145度から158度の海域で鉱石運搬船やタンカーの遭難があいついだのをはじめ、近畿地方以東を中心に住民14名が死亡、45名が負傷、11名が行方不明となった。《データ》死者14名,負傷者45名,行方不明者11名,全壊住宅45棟,半壊住宅126棟,破損住宅736棟,流失住宅9棟,床上浸水住宅925棟,床下浸水住宅3497棟,被災非住宅914棟,水田冠水17ha,畑冠水254ha,道路損壊98ヶ所,橋梁流失16ヶ所,堤防決壊52ヶ所,山崩れ32ヶ所,鉄道被害18ヶ所,通信施設被害1546ヶ所,船舶沈没39隻,船舶流失22隻,船舶破損232隻,無発動機船被害105隻,被災者5036名(1204世帯)(警察庁調べ)

1.31 空光丸沈没(福島県いわき市) 1月31日、福島県いわき市の小名浜港内で、貨物船空光丸(1万1463t)が強い低気圧(通称台湾坊主)による強風を受けて沈没し、乗組員15名が死亡または行方不明になった。《データ》死亡・行方不明者15名,船舶1隻沈没(海上保安庁調べ)

1.31 簡易宿泊所火災(大阪府大阪市西成区) 1月31日午後7時27分、大阪市西成区西入船町の簡易宿泊所で火災が発生し、宿泊客ら4名が死亡、施設(309m^2)を全焼した。《データ》死者4名,焼失面積309m^2,被害額1500万円(消防庁調べ)

2.9 大型船かりふおるにや丸沈没(千葉県銚子市沖) 2月9日、千葉県銚子市の犬吠埼の約280km沖合で、第一中央汽船の鉱石運搬船かりふおるにあ丸(6万2000t)がロサンゼルスから和歌山市へ鉄鉱石約6万tを輸送中に沈没し、乗組員29名のうち船長ら5名が死亡または行方不明になった。《データ》死亡・行方不明者5名,船舶1隻沈没(海上保安庁調べ)

2.10 東京航空取材機沈没(千葉県銚子市沖) 2月10日、千葉県銚子市の犬吠崎の南約26km沖合で、東京航空のFA200型エアロスバル機がフジテレビによる鉱石運搬船かりふぉるにあ丸の取材中に、現場付近で燃料が切れて不時着水、沈没し、乗員3名が死亡した。《データ》死者3名,航空機1機沈没(運輸省調べ)

昭和45年（1970年）

2.11　第18太洋丸・マリア号衝突（宮城県牡鹿郡牡鹿町沖）　2月11日、宮城県牡鹿町の金華山の沖合で、漁船第18太洋丸（96t）がギリシャの貨物船マリア号（8719t）と衝突後、沈没し、乗組員10名が死亡または行方不明になった。《データ》死亡・行方不明者10名、船舶1隻沈没（海上保安庁調べ）

2.18　東京大学付属病院患者水銀中毒死（東京都文京区）　2月18日、東京都文京区本郷の東京大学付属病院小児科で血漿8000ccの注射を受けた少年が、同血漿に混入した有機水銀系の防腐剤による中毒で死亡した（同25日、北海道と東京都が有機水銀入り種馬鈴薯の出荷者を告発）。《データ》死者1名

2.20　欠陥電子レンジ　2月20日、国産の電子レンジの約6割は作動時に有害な電磁波を発生させる欠陥商品であることが確認された。

2.23　乗用車・阪急京都線電車衝突（京都府乙訓郡向日町）　2月23日、阪急電鉄京都線西向日町・東向日町駅間の踏切で乗用車と電車が衝突、脱線し、乗客ら5名が即死した。原因は乗用車の直前横断。《データ》死者5名、車両脱線（運輸省調べ）

3月－　農薬会社ほか青酸化合物・カドミウム連続廃棄・排出（栃木県）　3月9日、宇都宮市の農薬会社が有毒物を西鬼怒川の河原に無許可投棄したのをはじめ、8月頃まで栃木県の各地でメッキ工場が青酸化合物やカドミウムを含む廃液を近くの河川や農業用水路に排出した。《データ》農作物被害, 魚介類被害

3.1　マイクロバス・房総東線気動車衝突（千葉県）　3月1日、房総東線の気動車とマイクロバスが衝突し、乗客ら5名が即死、3名が重傷を負った。《データ》死者5名, 重傷者3名, 車両衝突

3.2　清水沢炭鉱坑内ガス突出（北海道夕張市）　3月2日、北海道夕張市の北海道炭砿汽船清水沢炭鉱の坑内でガスが突出し、作業員4名が死亡した。《データ》死者4名（通商産業省調べ）

3.4　第11北光丸転覆（ソ連カムチャツカ半島沖）　3月4日、ソ連領カムチャツカ半島南端のロパトカ岬の沖合で、カニ独航漁船第11北光丸（99t）が、悪天候により着氷、転覆し、乗組員15名が死亡または行方不明になった。《データ》死亡・行方不明者15名, 船舶1隻転覆（海上保安庁調べ）

3.6　第13豊漁丸行方不明（択捉島沖）　3月6日、択捉島程越の沖合で、底引網漁船第13豊漁丸（90t）が悪天候に巻き込まれ、同島周辺の水域に緊急避難後、乗組員14名とともに消息を絶った。《データ》死亡・行方不明者14名, 船舶1隻行方不明（海上保安庁調べ）

3.10　秋田母子寮火災（秋田県秋田市）　3月10日午前2時頃、秋田市南通築地の社会福祉施設秋田母子寮で火災が発生し、同寮を全焼、入寮者のうち母子2名が死亡、4名が負傷、66名（25世帯）が焼け出された。《データ》死者2名, 負傷者4名, 施設全焼, 被災者66名（25世帯）

3.17　漁船沈没・座礁（択捉島付近）　3月17日、択捉島の単冠湾に、底引網漁船第36千代喜丸（96t）や第15明星丸（89t）、第27東海丸（76t）など8隻が緊急避難。悪天候による密群氷に流されて1隻が沈没、2隻が座礁し、乗組員のうち30名が行方不明になったが、残りの第8宝運丸（84t）など5隻の乗組員84名は同島に上陸、ソ連側に保護された（同23日に全員帰国）。《データ》行方不明者30名, 船舶沈没1隻, 船舶座礁2隻

245

昭和45年(1970年)

3.18　マイクロバス・房総西線列車衝突(千葉県夷隅郡大原町)　3月18日、房総西線大原駅付近の踏切で、マイクロバスと列車が衝突、気動車1両が脱線し、乗客ら5名が死亡、3名が負傷した。《データ》死者5名,負傷者3名,車両1両脱線(運輸省調べ)

3.20　泉老人ホーム火災(山梨県北都留郡上野原町)　3月20日午前9時35分、山梨県上野原町大野の老人養護施設泉老人ホーム1階から出火し、木造2階建の居住棟と食堂棟(320m^2)を全焼、入居者4名が焼死した。原因は炬燵代わりに使っていた毛布をかけた電気こんろの過熱。《データ》死者4名,全焼施設1棟,焼失面積320m^2,被害額1200万円(消防庁調べ)

3.25　送電用鉄塔建設現場倒壊(神奈川県川崎市)　3月25日、川崎市の東京電力送電用鉄塔建設現場で鉄製の矢だこが倒れ、作業員2名が死亡した。《データ》死者2名(労働省調べ)

3.30　ミキサー車・山陰本線旅客列車衝突(山口県豊浦郡豊浦町)　3月30日、山陰本線川棚温泉・小串駅間の川棚高砂踏切で、山口県下関市の青池組のコンクリートミキサー車と下関発京都行き普通列車(7両編成)が衝突、連結器がはずれて機関車が約30m走行、後続の客車2両が脱線、転覆し、ミキサー車の運転手と乗客4名が死亡、30名が重軽傷を負った。原因はミキサー車の無謀運転と警報無視。《データ》死者5名,重軽傷者30名,車両2両脱線(運輸省調べ)

4月　工場火災(福岡県久留米市)　4月、福岡県久留米市の日米ゴム工場で火災があり、工員11名が焼死した。《データ》死者11名,工場火災

4.3　本田航空機墜落(福島県郡山市)　4月3日、福島県郡山市の安達太良山で、岩手県の花巻空港へ向けて出発した埼玉県桶川町の本田航空のパイパーPA28型単発機が、猛吹雪により同山の南斜面に激突、大破し、乗員3名が死亡した(翌日に機体発見)。《データ》死者3名,航空機1機大破(運輸省調べ)

4.4　第2瑞松丸行方不明(千葉県安房郡白浜町沖)　4月4日、千葉県白浜町の野島崎の沖合から、カロリン諸島へ向かう途中の高知県のマグロ漁船第2瑞松丸(39t)が緊急通信後に、乗組員15名とともに消息を絶った。《データ》死亡・行方不明者15名,船舶1隻行方不明(海上保安庁調べ)

4.8　地下鉄谷町線建設現場ガス爆発(大阪府大阪市北区)　4月8日午後5時45分頃、大阪市北区菅栄町の地下鉄谷町線天神橋筋六丁目駅建設現場でガスが爆発、鋼鉄製の作業用覆い板が吹き飛び、作業員や通行人、住民ら78名が死亡、311名が重軽傷を負い、付近の商店や住宅など29棟(2170m^2)を全焼した。原因は現場付近の埋設管からガスが漏出後、通報で駆けつけた大阪ガスの緊急事故処理車の火花が引火したため。《データ》死者78名,重軽傷者311名,全焼家屋29棟,焼失面積2170m^2,被害額1億1386万円(消防庁調べ)

4.21　第67日東丸転覆(米国アラスカ州沖)　4月21日、米国アラスカ州のユニマク島の沖合で、ベーリング海域へ出漁した底引網漁船第67日東丸(96t)が、転覆し、乗組員17名が行方不明になった。《データ》行方不明者17名,船舶1隻転覆(海上保安庁調べ)

4.23　第30淡路丸沈没(米国アラスカ州沖)　4月23日、米国アラスカ州のユニマク島の沖合で、ベーリング海域へ出漁した底引網漁船第30淡路丸(96t)が、悪天候により沈

		没し、乗組員18名が行方不明になった。《データ》行方不明者18名,船舶1隻沈没（海上保安庁調べ）
4.24	中郷炭鉱坑内落盤（茨城県北茨城市）	4月24日、茨城県北茨城市の常磐炭砿中郷炭鉱の坑内で落盤が発生し、作業員2名が死亡した。《データ》死者2名（通商産業省調べ）
4.24	山石金属工場爆発（千葉県東葛飾郡関宿町）	4月24日午後1時過ぎ、千葉県関宿町木間ヶ瀬の山石金属関宿工場でアルミニウムなどの金属粉塵による爆発が発生し、同工場が損壊、従業員3名が即死、6名が重軽傷を負った。《データ》死者3名,重軽傷者6名,工場損壊（労働省調べ）
4.24	渡船転覆（山形県最上郡戸沢村）	4月24日、山形県戸沢村の最上川で、小学校教諭2名、児童8名の乗った小型渡船が転覆、両教諭が児童を助けようとして溺死した。《データ》死者2名,船舶1隻転覆
4.29	国際航空大学練習機墜落（茨城県稲敷郡河内村）	4月29日、茨城県河内村生板で、東京都調布市の国際航空大学のFA200型エアロスバル単発練習機が曲技訓練のため茨城県竜ヶ崎市の飛行場から離陸後、失速し、キリもみ状態に陥って墜落、教官と生徒2名が死亡した。《データ》死者2名,航空機1機墜落（運輸省調べ）
5月	日本鉱業カドミウム汚染（富山県黒部市）	5月、富山県黒部市の日本鉱業三日市精錬所が高濃度のカドミウムを含む煙や亜鉛精錬廃液を排出し、周辺の田の土壌から53.2ppm、住宅の屋根の塵から1670ppmのカドミウムが検出され、住民に腎臓障害が発生した（人体摂取量が多く、同21日に厚生省が要観察地域に指定）。《データ》患者多数,農作物被害
5月	工場重金属汚染（岡山県総社市）	5月、岡山県総社市の工場が重金属を含む廃液を排出し、周辺地区の農作物に汚染による被害が発生した。《データ》農作物被害
5月-	干害（東北地方）	5月から6月中旬にかけて、東北地方に少雨状態が続き、青森県で水田192haの田植ができなくなったのをはじめ、各地で農作物に被害が発生した。《データ》被災面積192ha（青森県のみ）
5.10-	豪雨（北海道）	5月10日夕方から12日朝にかけて、北海道に大雨が降り、森町で273mm、各地で100mm以上の雨量を記録。このため石狩川などが雪解け水を加わえて氾濫し、住民2名が死亡するなど被害があいついだ。《データ》死者2名,浸水家屋143棟,鉄道被害8ヶ所,河川氾濫
5.13	土砂崩れ（熊本県菊池市）	5月13日、熊本県菊池市の道路建設現場で土砂崩れが発生し、作業員5名が死亡した。《データ》死者5名
5.21	河山鉱山廃水流出（山口県玖珂郡美川町）	5月21日、山口県美川町の日本鉱業河山鉱業所の坑内から鉱廃水が錦川へ流出し、下流域でアユなどの魚介類に被害が発生、同県岩国市で飲料用水の錦川からの供給を停止した。《データ》魚介類被害
5.22	倉敷レーヨン工場爆発（岡山県岡山市）	5月22日午後1時30分頃、岡山市海岸通の倉敷レーヨン岡山工場でビニール原料貯蔵タンクが爆発し、パイプの増設作業をしていた3名が死亡、1名が重傷を負った。《データ》死者3名,重傷者1名（労働省調べ）
6.2	第8幸栄丸沈没（北海道釧路市沖）	6月2日、北海道釧路市の南東310km沖合で、岩

昭和45年(1970年)

手県の釜石港を出港した北洋サケマス延縄漁船第8幸栄丸(59t)が、悪天候により傾斜して浸水、沈没し、乗組員21名が死亡または行方不明になった。《データ》死亡・行方不明者21名,船舶1隻沈没(海上保安庁調べ)

6.2　若松炭鉱坑内落盤(福岡県北九州市若松区)　6月2日、北九州市若松区の日本炭砿若松鉱業所の坑内で落盤が発生し、作業員5名が死亡、1名が負傷した。《データ》死者5名,負傷者1名(通商産業省調べ)

6.2　長良川汚染(岐阜県関市)　6月2日、岐阜県関市の長良川で工場廃液によるとみられる汚染でアユ多数(約10t)が死に、名物の小瀬鵜飼が中止になるなどの影響があった。《データ》魚介類被害

6.7　狩野川青酸化合物汚染(静岡県田方郡)　6月7日、静岡県田方郡の狩野川でアユ約30万匹が浮き、内臓から0.392ppmの青酸化合物が検出された。《データ》魚介類被害

6.11　芦別炭鉱坑内ガス爆発(北海道芦別市)　6月11日未明、北海道芦別市の三井鉱山芦別鉱業所の坑口から約2.4km奥の採炭現場でガス爆発が発生し、作業員4名が死亡、8名がやけどによる重傷を負い、40名が軽い一酸化炭素中毒にかかった。《データ》死者4名,重傷者8名(通商産業省調べ)

6.12　広瀬川青酸化合物汚染(群馬県)　6月12日、群馬県前橋、伊勢崎市を流れる広瀬川で魚が多数浮き、体内から0.208ppmの青酸化合物が検出された。《データ》魚介類被害

6.12-　豪雨(関東地方以西)　6月12日朝から西日本の各地に、14日午後から関東地方以西の各地に梅雨前線と低気圧による局地的な大雨が降り、神奈川県箱根町の芦ノ湖で24時間に296mm、通算で493mmの雨が降ったのをはじめ、長野、岐阜県南部や静岡、愛知県などで300mmから400mm前後の総雨量を記録。このため飯田線など国鉄の8路線16区間が不通になり、33都府県で住民8名が死亡、56名が負傷、住宅浸水多数などの被害が出た。《データ》死者8名,負傷者56名,全壊住宅21棟,半壊住宅26棟,破損住宅59棟,床上浸水住宅438棟,床下浸水住宅7977棟,被災非住宅48棟,水田流失・埋没10ha,水田冠水7164ha,畑流失・埋没50ha,畑冠水593ha,道路損壊398ヶ所,橋梁流失14ヶ所,堤防決壊47ヶ所,山崩れ601ヶ所,鉄道被害27ヶ所,通信施設被害2042ヶ所,船舶流失2隻,無発動機船被害2隻,被災者1797名(482世帯)

6.20　落石(埼玉県秩父郡大滝村付近)　6月20日、埼玉県大滝村付近の奥秩父地区で落石があり、近くにいた3名が圧死した。《データ》死者3名

6.21　新日本製鉄火災(愛知県東海市)　6月21日午前9時28分、愛知県東海市東海町の新日本製鉄名古屋製鉄所で第2高炉吹込ポンプ室から出火し、ポンプ解体作業の4名が焼死、同工場(2166m^2)を全焼した。《データ》死者4名,焼失面積2166m^2,被害額925万円(消防庁調べ)

6.28　ダンプカー横転(神奈川県川崎市)　6月28日、川崎市宿河原の市道で大型ダンプカーが横転し、高温のアスファルトコンクリートが流出し、偶然通りかかった高等学校の生徒2名が焼死、1名が負傷した。原因はアスファルトの超過積載による運転ミス。《データ》死者2名,負傷者1名,車両1台横転(警察庁調べ)

6.29　両毛病院火災(栃木県佐野市)　6月29日午後8時7分、栃木県佐野市堀米町の医療法人秋山会両毛病院で第2病棟の布団収納室から出火し、木造モルタル一部2階建の同

248

病棟など3棟（305m²）を全焼、重症収容患者17名が焼死、1名が負傷した。原因は患者6名による放火（翌日全員逮捕）。《データ》死者17名,負傷者1名,全焼病舎3棟,焼失面積305m²,被害額265万円（消防庁調べ）

6.30— 豪雨（関東地方南部）　6月30日夕方から7月1日昼にかけて、関東地方南部に梅雨前線による大雨が降り、千葉県大多喜町で300mm前後、同県南部で110mmから130mm、横浜市で202mmを記録。このため千葉県市原市高滝で養老川が決壊、袖ヶ浦町奈良和で小櫃川の決壊により国道16号線が不通、大多喜町で夷隅川が氾濫するなど同県で住民16名が死亡、3名が行方不明、神奈川県で大岡川の氾濫により市営地下鉄建設現場が水没するなど5名が死亡したのをはじめ、各地で22名が死亡、37名が重軽傷、2名が行方不明となった。《データ》死者22名,重軽傷者37名,行方不明者2名,全壊住宅89棟,半壊住宅202棟,破損住宅59棟,流失住宅8棟,床上浸水住宅2748棟,床下浸水住宅1万1774棟,被害非住宅136棟,水田流失・埋没810ha,水田冠水7901ha,畑流失・埋没1564ha,畑冠水644ha,道路損壊645ヶ所,橋梁流失55ヶ所,堤防決壊44ヶ所,山崩れ821ヶ所,鉄道被害25ヶ所,通信施設被害211ヶ所,被災者1万1727名（3208世帯）（以上警察庁調べ）,被害額（農業・施設関係分のみ）62億円

6月頃　井之頭自然文化園鳥類大気汚染死（東京都武蔵野市）　6月頃、東京都武蔵野市御殿山の井之頭自然文化園で相当数の野鳥が死亡。原因は大気汚染によるとみられる。《データ》鳥類被害

7.5　台風2号（関東地方,東海地方,近畿地方,中国地方,四国地方,九州地方）　7月5日午後6時過ぎ、台風2号が宮古島を経て和歌山県白浜町の南方に上陸し、兵庫県を通過後、翌朝隠岐島付近で温帯低気圧になった。このため近畿地方以西に平均15mから20m、瞬間最大40mの強風が吹き、活発化した梅雨前線により関東地方以西に断続的に150mmから250mm前後の大雨が降り、22県で住民5名が死亡、18名が負傷、住宅浸水多数などの被害が出た。《データ》死者5名,負傷者18名,全壊家屋6棟,半壊家屋12棟,床上浸水家屋43棟,床下浸水家屋1150棟,道路損壊72ヶ所,がけ崩れ158ヶ所,被災者189名（55世帯）

7.7　常石造船所爆発（広島県沼隈郡沼隈町）　7月7日夜、広島県沼隈町の常石造船所でパイプ敷設船（9500t）の艤装作業時、同船の船倉内で塗料が引火、爆発し、作業員3名が死亡、4名が重軽傷を負った。《データ》死者3名,重軽傷者4名（労働省調べ）

7.18　光化学スモッグ発生（埼玉県,東京都）　7月18日午後、東京都にオキシダント（過酸化物）による光化学スモッグが発生し、東京都の杉並区、世田谷区、三鷹、国立、埼玉県川口市などで住民ら約6000名が眼や喉の刺激、吐き気、呼吸困難などの症状を訴えた。都公害研究所によれば、硫酸ミストとの複合汚染とみられる。《データ》発症者約6000名

7.19　冷水塊遭難（千葉県）　7月19日、海水浴客ら9名が千葉県の沿岸域に発生した冷水塊により遭難し、うち7名が死亡、2名が行方不明になった。《データ》死者7名,行方不明者2名

7.23　擁壁建設現場がけ崩れ（宮崎県西諸県郡野尻町）　7月23日、宮崎県野尻町天ヶ谷の道路擁壁建設現場でシラスのがけが崩れ、作業員のうち男性3名、女性2名が約40m³の土砂に埋まって死亡。同現場では、危険率が高く禁止されている透かし掘り工法が使われていた。《データ》死者5名,がけ崩れ1ヶ所

昭和45年（1970年）

7.26　地震（九州地方）　7月26日午前7時41分頃、宮崎市の東約110kmの海底深さ約40kmを震源とするマグニチュード6.5前後の地震が発生し、宮崎県宮崎、都城、日向市で震度5、熊本、大分、鹿児島県鹿屋市など5地点で震度4を記録。このため宮崎県で住民13名が重軽傷を負った。同日、ほぼ同じ地域で再び地震が発生、宮崎市で震度4を記録した。《データ》重軽傷者13名, 道路損壊5ヶ所, がけ崩れ4ヶ所, 被災者13名（宮崎県のみ）

7.26　読売新聞社ヘリコプター墜落（長野県）　7月26日、長野県大町市、北安曇村村境の槍ヶ岳で、読売新聞社のヒューズ369型ヘリコプターが写真取材中に、頂上付近で失速して同岳山荘の東側に墜落、炎上し、操縦士と整備士が死亡、同乗者の写真部員が重傷を、登山者2名が軽傷を負った。《データ》死者2名, 重傷者1名, 軽傷者2名, ヘリコプター1機墜落（運輸省調べ）

7.26　モーターボート転覆（福島県耶麻郡北塩原村）　7月26日午前11時30分頃、福島県北塩原村の小野川湖の発着場桟橋で、裏磐梯高原の遊覧用モーターボートが転覆し、所有者兼操縦者と同県川俣町の川俣高等学校の生徒12名、引率教諭1名のうち女子生徒2名が死亡した。操縦者は無免許で、原因は2倍の定員超過。《データ》死者2名, 船舶1隻転覆

8.5　光化学スモッグ（東京都, 神奈川県）　8月5日、東京都町田市および川崎市と周辺地域に光化学スモッグが発生、住民ら1万4000名が特有の症状を訴えた。《データ》患者1万4000名

8.6　手稲精神病院火災（北海道札幌市）　8月6日午前9時43分、札幌市手稲前田の手稲精神病院の北側病棟から出火し、入院患者5名が逃げ遅れて焼死、木造平屋建の同病棟（1400m^2）を半焼した。《データ》死者5名, 半焼建物1棟, 焼失面積224m^2, 被害額2793万円（消防庁調べ）

8.8　東海鋼業工場鉱滓流出（福岡県北九州市若松区）　8月8日、北九州市若松区安瀬の東海鋼業若松工場で鉱滓除去用の容器がクレーンから脱落、入っていた鉱滓が降りかかり、作業員7名が死亡した。《データ》死者7名（労働省調べ）

8.10　富士重工業機墜落（広島県高田郡白木町）　8月10日、広島県白木町で、富士重工業のFA200型エアロスバル機が悪天候と夜間飛行により誤って同町の白木山に激突、大破し、機長と乗客の親娘が即死した。原因は位置確認で高度を下げた操縦ミス（翌日に機体発見）。《データ》死者3名, 航空機1機大破（運輸省調べ）

8.14　三和ケミカル工場爆発（神奈川県平塚市）　8月14日朝、神奈川県平塚市田村の三和ケミカル平塚工場の硝酸工場で反応釜が故障して過熱、アンモニアガスが爆発し、同工場が損壊、約100m以内にある住宅の窓ガラスが割れ、従業員4名が焼死、14名が重軽傷を負った。《データ》死者4名, 重軽傷者14名, 工場損壊, 破損家屋数棟（労働省調べ）

8.14－　台風9号（北海道, 羽越地方, 北陸地方, 近畿地方, 中国地方, 四国地方, 九州地方）　8月14日午後11時頃、台風9号が長崎市付近に上陸後、山陰地方から日本海へ抜け、同16日午前6時過ぎに北海道の西方沖で温帯低気圧になった。このため中国、四国、九州地方の各地で長時間最高40m弱の強風が吹き、300mmから500mm前後の大雨が降り、日本海側の23道府県で住民11名が死亡、326名が負傷、1名が行方不明、住宅浸水多数などの被害が出た。《データ》死者11名, 負傷者326名, 行方不明者1名,

全壊住宅959棟,半壊住宅1827棟,破損住宅1万3721棟,全焼住宅4棟,床上浸水住宅697棟,床下浸水住宅1万1209棟,被災非住宅6356棟,水田流失・埋没24ha,水田冠水3223ha,畑流失・埋没10ha,畑冠水353ha,道路損壊315ヶ所,橋梁流失15ヶ所,堤防決壊101ヶ所,山崩れ420ヶ所,鉄道被害11ヶ所,通信施設被害6502ヶ所,船舶沈没65隻,船舶流失32隻,船舶破損185隻,無発動機船被害210隻,被災者1万5193名(4632世帯)(以上警察庁調べ),被害額(佐賀県のみ)39億7000万円

8.20 **三井石油化学工場爆発**(千葉県市原市) 8月20日朝、千葉県市原市千種海岸の三井石油化学工業千葉工場のポリプロピレン製造工場でタンクから漏れたメタノールが引火、爆発し、従業員2名がやけどで死亡、5名が重軽傷を負った。原因は同タンクの開閉弁の故障。《データ》死者2名,重軽傷者5名(労働省調べ)

8.21 **燧灘ヘドロ汚染**(香川県観音寺市,愛媛県川之江市,同県伊予三島市ほか) 8月21日、香川、愛媛県の燧灘で愛媛県川之江、伊予三島市にある108の製紙工場の排出する廃液や繊維滓によるヘドロが台風10号の影響で浮きあがり、汚染源の両市や香川県観音寺市、詫間、仁尾、大野原、豊浜各町付近の海域で養殖ハマチ2万匹や車エビ8万匹などが死滅した(9月30日に沿岸漁業関係者が海上デモを実施)。《データ》魚介類被害

8.21- **台風10号**(近畿地方,中国地方,四国地方) 8月21日午前8時頃、中心気圧955mb、中心付近の最大風速50mの勢力を持つ台風10号が、高知県佐賀町付近に上陸し、急速に衰弱しながら四国、中国地方を通過後、同午後3時に島根県から日本海へ抜けた。このため高知県の室戸岬で瞬間最大風速64.3mの強風が吹き、徳島県東部で約600mm、西日本の各地で200mmから300mmの大雨が降り、高知市を中心に11府県で風雨や高潮などにより住民23名が死亡、556名が負傷、4名が行方不明などの被害が出た。《データ》死者23名,負傷者556名,行方不明者4名,全壊住宅1074棟,半壊住宅4212棟,破損住宅4万3317棟,半焼住宅1棟,流失住宅48棟,床上浸水住宅2万9233棟,床下浸水住宅3万728棟,被災非住宅7623棟,水田流失・埋没1138ha,水田冠水1万1805ha,畑流失・埋没114ha,畑冠水1272ha,道路損壊647ヶ所,橋梁流失171ヶ所,堤防決壊256ヶ所,山崩れ704ヶ所,鉄道被害17ヶ所,通信施設被害2万5420ヶ所,船舶沈没259隻,船舶流失193隻,船舶破損951隻,無発動機船被害318隻,被災者12万3720名(4万1520世帯),被害額(高知県のみ)743億円

8.29 **小松島市営バス転落**(徳島県勝浦郡上勝町) 8月29日午後7時30分頃、徳島県勝浦郡上勝町正木で農業関係者の乗った小松島市交通局の貸切バスが県道から約60m下の勝浦川に落ち、乗客ら5名が死亡、12名が重傷を、2名が軽傷を負った。《データ》死者5名,重傷者12名,軽傷者2名,車両1台転落

9月- **赤潮発生**(愛知県,三重県) 9月から11月にかけて、伊勢湾と三河湾で工場や家庭からの排水により赤潮が異常発生。このため愛知県美浜、南知多町の海岸付近で魚約10万匹が、三重県鈴鹿市から松阪市にかけての海岸付近でカレイやコチなどがそれぞれ浮き、同桑名市の沖合でハマグリが、伊勢市の沖合でアサリがそれぞれ50%から60%前後が死滅するなど、両湾の沿岸域で魚介類の被害があいついだ。《データ》魚介類被害

9.2 **航空自衛隊機墜落**(滋賀県彦根市) 9月2日午後2時10分、滋賀県彦根市金剛寺町で、航空自衛隊新田原救難隊のMU2型機が航法訓練のため小松飛行場へ向けて八尾

昭和45年(1970年)

飛行場を離陸後に、失速、墜落し、乗員4名が死亡、住宅1戸(301m^2)を全焼した。原因はエンジン系統の故障。《データ》死者4名,航空機1機墜落,全焼家屋1戸,焼失面積301m^2,被害額1億8700万円(運輸省・消防庁調べ)

9.7　マイクロバス・乗用車三重衝突(愛知県豊川市)　9月7日、愛知県豊川市平尾町の東名高速道路上り線で、乗用車が停止していたマイクロバスに追突、横転。さらに後続の乗用車2台が追突現場に突っ込み、6名が即死、14名が重軽傷を負った。《データ》死者6名,重軽傷者14名,車両追突(警察庁調べ)

9.12　マイクロバス・ダンプカー追突(千葉県君津郡)　9月12日、千葉県君津郡の国道で、マイクロバスがダンプカーに追突し、マイクロバスの乗客5名が即死した。原因はマイクロバスの無免許および飲酒運転。《データ》死者5名,車両追突

9.13　日産自動車工場混合機誤作動(神奈川県横浜市)　9月13日、横浜市の日産自動車工場で混合機が突然回転し始め、作業員2名が巻き込まれて死亡した。《データ》死者2名(労働省調べ)

9.18－　駒ヶ岳爆発(秋田県仙北郡田沢湖町)　9月18日、秋田県田沢湖町の駒ヶ岳女岳が爆発し、噴煙が高さ約400mまで上昇、溶岩が同火口の南西側へ約500m流出、10月7日に同岳から約2km離れた男岳8合目で水蒸気が噴出するなど、46年1月26日まで爆発が続いた。同岳の爆発は昭和7年以来。

9.23　第7泰洋丸転覆(北海道根室市沖)　9月23日、北海道根室市沖で、イカ漁船第7泰洋丸(29t)が花咲港への帰途、転覆し、乗組員12名が死亡した。原因は船底の接触。《データ》死者12名,船舶1隻転覆

9.29　豪雨(千葉県,静岡県)　9月29日午後0時過ぎ、伊豆半島南部の静岡県下田町などに局地的な雷雨が降り、3時間で200mm以上の雨量を記録。このため家屋120戸が床上浸水、約1000戸が床下浸水、国道136号線が鉄砲水により2ヶ所で不通になったほか、千葉県で房総東線が土砂崩れにより不通になった。《データ》床上浸水家屋120戸,床下浸水家屋約1000戸

10月－　多摩川カドミウム汚染(東京都,神奈川県)　10月末から11月にかけて、東京都、神奈川県境を流れる多摩川で高濃度のカドミウムが検出された。《データ》農作物被害

10.9　ダンプカー・東武伊勢崎線電車衝突(埼玉県加須市)　10月9日、東武鉄道伊勢崎線花崎・鷲宮駅間の南篠崎無人踏切で、東京都江東区の東洋商事の大型ダンプカーと浅草発伊勢崎行き準急電車(6両編成)が衝突、前部4両が脱線して線路脇の田畑などに転落、残る2両の窓ガラスが割れ、ダンプカーの運転手と乗客4名が死亡、237名が重軽傷を負った。原因はダンプカーの警報機無視。《データ》死者5名,重軽傷者237名,車両4両転落(運輸省調べ)

10.16　地震(北海道,東北地方)　10月16日午後2時26分、秋田県東成瀬村付近の深さ約10kmを震源とし、関東地方以北を震域とするマグニチュード6.5の地震が発生、秋田県湯沢市と岩手県雫石町で震度5、山形県酒田、岩手県盛岡、宮古市で震度4を記録し、秋田、岩手県で住民6名が負傷するなど被害があいついだ。《データ》負傷者6名,全壊家屋1棟,半壊家屋20棟,破損家屋446棟,道路損壊36ヶ所,山崩れ19ヶ所,鉄道被害9ヶ所(秋田・岩手県のみ)

10.16　笠松丸爆発（静岡県賀茂郡下田町沖）　10月16日、静岡県下田町の沖合で、タンカー笠松丸(801t)が川崎港から名古屋港へ軽油1500kgを輸送中、爆発、炎上して4日後に沈没し、乗組員2名が死亡した。《データ》死者12名、船舶1隻沈没

10.23　佐世保重工業タンカー火災（長崎県佐世保市）　10月23日、長崎県佐世保市の佐世保重工業佐世保造船所のタンカーの船倉で火災が発生し、作業員3名が死亡、8名が重軽傷を負った。《データ》死者3名、重軽傷者8名

10.24　三菱重工業造船所爆発（長崎県長崎市）　10月24日午後1時過ぎ、長崎市飽ノ浦の三菱重工業長崎造船所の組立工場で試運転していた発電用原動機（出力3万3000kw）のボイラーが爆発。飛び散った鉄片により工場の屋根が吹き飛び、周辺の住宅20棟の屋根や窓ガラスなどが壊れ、従業員3名と約800m離れた住宅の居住者1名が死亡、54名が重軽傷を負った。《データ》死者4名、重軽傷者54名、半壊工場1棟、破損家屋20棟（労働省調べ）

10.25－　豪雨（北海道北部）　10月25日未明から26日朝にかけて、北海道北部に低気圧の通過による大雨が降り、最高260mm、平均150mm前後の雨量を記録し、稚内市などで家屋790戸が浸水、道路13ヶ所が損壊、宗谷、天北、羽幌、札沼線など7路線で線路の損壊や冠水により旅客、貨物列車の運休があいついだ。《データ》浸水家屋790戸、道路損壊13ヶ所

11月　缶入りリボンジュース錫混入（東京都ほか）　11月、缶入りリボンジュースに高濃度の錫が混入していることがわかった（検出後の同9日、東京都が製品の販売停止を指示）。

11.3　マイクロバス転落（岐阜県大野郡高根村）　11月3日、岐阜県高根村中洞で、治山作業の季節労働者9名を乗せた建設業者の送迎用マイクロバスが現場からの帰途、県道から中部電力朝日ダムのダム湖に転落、水没し、運転手を含む全員が水死した。《データ》死者10名、車両1台転落（警察庁調べ）

11.6　落雷・降雹（千葉県、東京都）　11月6日午後2時頃から深夜にかけて、東京都や千葉県の各地に比較的強い落雷があり、東京都豊島区池袋や北区王子に雹が降り、渋谷、世田谷区で家屋約1万5000戸が停電し、小田急電鉄線和泉多摩川駅の信号機が落雷により故障、電車多数が遅れ、千葉県銚子市に前後2回にわたり直径約1cmの雹が降り、農作物に深刻な被害が発生した。《データ》農作物被害, 被害額4億円（千葉県のみ）

11.13　若鶴酒造工場杜氏転落（富山県砺波市）　11月13日、富山県砺波市の若鶴酒造の醸造工場で杜氏2名が誤って新酒仕込用タンクに落ち、死亡した。《データ》死者2名（労働省調べ）

11.14　吉沢石灰工業採石場落盤（栃木県安蘇郡葛生町）　11月14日、栃木県葛生町の吉沢石灰工業の採掘現場で落盤が発生し、作業員2名が死亡した。《データ》死者2名（労働省調べ）

11.17　住友金属工業製鉄所爆発（和歌山県和歌山市）　11月17日午後7時過ぎ、和歌山市湊の住友金属工業和歌山製鉄所で熱炉の煙道が爆発し、付近にいた従業員2名が死亡、16名が重軽傷を負った。原因は高熱の鉱滓への撒水。《データ》死者2名, 重軽傷者16名（労働省調べ）

昭和45年(1970年)

11.19― 豪雨(福島県,関東地方) 11月19日から20日にかけて、東京都および福島、埼玉、千葉県に低気圧の通過による大雨が降り、千葉県多古町で土砂崩れにより住民3名が死亡、東京都の江東地区や千葉県市川、船橋市で家屋が浸水、常磐線が土砂崩れにより不通になるなど各地で被害があいついだ。《データ》死者3名,家屋浸水

11.21 第6八宏丸行方不明(千葉県安房郡白浜町沖) 11月21日、カツオマグロ漁船第6八宏丸(47t)が静岡県の清水港への帰途、悪天候により千葉県白浜町の野島崎の南東約180km沖合で乗組員13名とともに消息を絶った。《データ》死亡・行方不明者13名,船舶1隻行方不明(海上保安庁調べ)

11.22 渡船転覆(高知県宿毛市沖) 11月22日、高知県宿毛市鵜来の沖合で、渡船喜漁丸が転覆、乗客ら6名が水死した。《データ》死者6名,船舶1隻転覆

11.24 ダンプカー・日豊本線急行列車衝突(鹿児島県鹿児島市) 11月24日、鹿児島市城南町市稲荷町で、大型ダンプカーが誤って道路から約6m下の日豊本線の線路内に転落。直後に同線の宮崎発山川行き急行列車錦江(5両編成)が現場に突っ込み、前部2両が脱線、乗客251名のうち2名が死亡、33名が重軽傷を負った。《データ》死者2名,重軽傷者33名,車両1台転落,車両2両脱線(運輸省調べ)

11.25 楯の会陸上自衛隊総監部占拠(三島事件)(東京都新宿区) 11月25日午前11時10分、作家の三島由紀夫ら反共産主義団体楯の会の5名が東京都新宿区市谷本村町の陸上自衛隊東部方面総監部に乱入し、同総監室を占拠後、三島と同会幹部1名が割腹自殺、監禁されていた総監ら自衛隊員9名が重軽傷を負った。《データ》死者2名,重軽傷者9名

12.2 東山炭鉱坑内ガス爆発(北海道空知郡上砂川町) 12月2日、北海道上砂川町の三省鉱業所東山炭鉱の坑内でガス爆発が発生し、作業員5名が死亡、10名が重軽傷を負った。《データ》死者5名,重軽傷者10名

12.9 石黒製作所爆発(埼玉県熊谷市) 12月16日、埼玉県熊谷市の石黒製作所で板金作業用のアセチレンガスが引火、爆発し、作業員5名が死亡、6名が重軽傷を負った。《データ》死者5名,重軽傷者6名(労働省調べ)

12.15 砂川炭鉱坑内ガス爆発(北海道空知郡上砂川町) 12月15日午前11時30分頃、北海道上砂川町の三井鉱山砂川鉱業所登川坑の坑口から約1.2km奥の地点でメタンガスが爆発、火災が発生し、作業員19名が死亡、7名が重軽傷を負った。原因は現場付近での同ガスの大量発生。《データ》死者19名,重軽傷者7名(通商産業省調べ)

この年 洞海湾青酸化合物・カドミウム汚染(福岡県北九州市) 45年、北九州市の洞海湾で三菱化成や新日鉄化学など11工場の排出する廃液に含まれる高濃度の青酸化合物や90ppm前後のカドミウムによる汚染が発生した(同5月30日に経済企画庁と福岡県が調査結果発表)。

この年 予防接種児死亡(全国) 45年、北海道や秋田県、東京都、九州地方など各地で武田薬品工業などの製造した種痘ワクチンにより乳幼児数名が死亡、多数に麻痺や発熱、発疹などの症状が発生した(6月13日、厚生省が武田製ワクチンなどの使用中止を指示。同18日、東京都などが種痘実施の全面延期を指示)。《データ》死者数名,重軽症者多数

この年 東京湾汚染(神奈川県) 45年、東京湾で基準値を超える鉛やカドミウムによる汚染

が発生し、横浜市中区本牧の沖合にある漁場で不法投棄されたヘドロや川崎市の京浜運河で昭和電工川崎工場の排出した廃液から170ppmの水銀が検出された(同9月5日に横浜海上保安部が調査結果発表)。

この年 **日本電気工場カドミウム汚染**(東京都府中市付近) 45年、東京都府中市の日本電気府中事業所が高濃度のカドミウムを含む煙や廃液を排出し、周辺で栽培、収穫された米から37.1ppmのカドミウムが検出された(同7月に厚生省が玄米1ppm未満、精白米で0.9ppmの安全基準を設定後、10月13日に検出結果発表)。《データ》農作物被害

この年 **収穫米カドミウム汚染**(大阪府) 45年、大阪府八尾市の電器工場の周辺で栽培、収穫された米が高濃度のカドミウムに汚染されていることがわかり、隣接の大阪市東住吉、生野区や東大阪、松原市などの田畑からもカドミウムが検出された(同7月に厚生省が玄米1ppm未満、精白米で0.9ppmの安全基準を設定後、12月27日に府が検出結果発表)。《データ》農作物被害

この年 **日本電工工場マンガン粉排出**(石川県金沢市) 45年、金沢市の日本電工金沢工場がマンガン粉塵を排出し、周辺の住民多数に肺炎など肺機能の障害がみられた(同3月、徳島大学医学部が発表)。《データ》患者多数

この年 **鉛汚染**(全国) 45年、宮城県塩竈市の国道45号線や宇都宮市の中心部、東京都新宿区牛込柳町の交差点、東京都北区上十条の姥ヶ橋交差点、川崎市、横浜市磯子区根岸町の国道1号線の付近など全国各地で、排気ガスに含まれる鉛により厚生省の暫定許容値を超える大気汚染が発生し、住民の血液への高濃度の鉛蓄積などが確認された(同5月から8月にかけて、宮城県公害課および栃木県立地公害課、東京都、横浜市公害センターが調査、発表)。

この年 **青酸化合物汚染**(福島県いわき市) 45年、福島県いわき市の小名浜港付近の海域で青酸化合物による汚染が発生し、8月21日に同港付近で漁業関係者の使う生き餌が青酸化合物により全滅。ほかにもひれのないカレイが捕獲されたり、同市勿来の近くでアワビ多数が奇病にかかったりしているのも確認された。《データ》魚介類被害

この年 **浜名湖青酸汚染**(静岡県) 45年、静岡県の浜名湖で1ppmという高濃度の青酸が検出された(同8月25日に公表)。

この年 **青酸汚染**(神奈川県横浜市) 45年、横浜市の井戸33ヶ所から高濃度の青酸が検出された(同11月20日に公表)。

この年 **ラサ工業工場カドミウム汚染**(岩手県宮古市) 45年、岩手県宮古市のラサ工業宮古工場が高濃度のカドミウムを含む廃液を排出、周辺の田畑や宮古湾などを汚染し、玄米から3ppm、同湾産の緑牡蠣から1ppm前後のカドミウムが検出された。《データ》農作物被害, 魚介類被害

この年 **北陸鉱山カドミウム汚染**(石川県小松市) 45年、石川県小松市の北陸鉱山が高濃度のカドミウムを含む廃液を排出、近くの農業用水や梯川、手取川流域産の米を汚染した(同5月19日から出荷中止)。《データ》農作物被害

この年 **日曹金属工場カドミウム汚染**(福島県耶麻郡磐梯町) 45年、福島県磐梯町の日曹金属会津精錬所が高濃度のカドミウムを含む煙や廃液を排出、周辺の田で汚染が発生し、住民健康調査でイタイイタイ病の擬似患者1名をはじめ、高齢の女性10名余り

昭和45年（1970年）

に指関節の屈曲症状が確認された（厚生省が要観察地域に指定）。　《データ》患者1名, 農作物被害

この年　三井金属鉱業工場カドミウム汚染（九州地方）　45年、福岡県大牟田市の三井金属鉱業三池精錬所が高濃度のカドミウムを含む廃液を大牟田川に排出し、同川でヘドロによる汚染が深刻化。大牟田川の流れ込む有明海でも同海産の海苔や赤貝缶詰から高濃度のカドミウムが検出された（45年7月に県衛生研究所と佐賀大学が、同8月に久留米大学がそれぞれ調査。10月から福岡、佐賀、長崎、熊本4県合同の汚染調査開始。46年2月、厚生省が要観察地域に指定）。　《データ》魚介類被害

この年　中竜鉱山カドミウム汚染（福井県大野郡和泉村）　45年、福井県和泉村の中竜鉱業所が高濃度のカドミウムを含む廃液を大納川に排出、九頭竜川支流の同川流域を汚染した（同5月に検出）。　《データ》農作物被害

この年　伊勢湾カドミウム汚染（三重県桑名市付近）　45年、三重県桑名市付近の伊勢湾産のハマグリやアサリなどから高濃度のカドミウムが検出された。　《データ》魚介類被害

この年　カドミウム汚染（広島県豊田郡）　45年、広島県安芸津、安浦町付近の海域産の生牡蠣から高濃度のカドミウムが検出された。　《データ》魚介類被害

この年　住友金属鉱山工場カドミウム汚染（北海道光和村）　45年、北海道光和村の住友金属鉱山国富精錬所が高濃度のカドミウムを含む煙や廃液を排出、周辺の水田を汚染した。　《データ》農作物被害

この年　カドミウム汚染（福島県いわき市）　45年、福島県いわき市小名浜で非鉄金属精錬工場の排煙に含まれるカドミウムによる汚染が発生した（同7月初め、東京教育大学助手が発表）。

この年　志村化工工場重金属汚染（北海道有珠郡伊達町）　45年、北海道伊達町の志村化工室蘭工場が鉄や亜鉛などの重金属を含む廃液を排出、近くの河川を汚染した（45年8月14日、道が改善勧告）。

この年　明治製作所カドミウム汚染（北海道白糠郡白糠町）　45年、北海道白糠町の明治製作所道東工場が基準値の16倍前後に当たるカドミウムを含む廃液を排出、周辺水域を汚染した（45年11月5日、道がカドミウムメッキの操業停止と公害防除施設の整備を指示）。

この年　アイセロ化学工場硫酸化合物汚染（愛知県名古屋市北区）　45年、名古屋市北区福徳町のアイセロ化学名古屋工場がセロファン製造工程から出る二硫化炭素や硫化水素を排出、周辺地域を汚染した（同10月に工場が閉鎖決定）。

この年　住友金属鉱山工場カドミウム汚染（兵庫県加古郡播磨町）　45年、兵庫県播磨町の住友金属鉱山ISP播磨工場が高濃度のカドミウムを含む廃液を排出、周辺地区の水田を汚染した。　《データ》農作物被害

この年　鉛再生工場汚染（奈良県磯城郡田原本町）　45年、奈良県田原本町の鉛再生工場が有毒物を含む煙を排出、周辺地域を汚染した（45年9月22日、同町の買収により工場は操業停止）。

この年　和歌川汚染（和歌山県和歌山市）　45年、和歌山市内を南北に流れる和歌川で生物化

昭和45年(1970年)

学的酸素要求量(BOD)が300ppm以上を記録、下流にある同市和歌浦の海苔養殖場でも汚染が深刻化した(9月30日、養殖関係の和歌川漁業協同組合が休漁決定)。《データ》水産物被害

この年　**砒素汚染**(島根県鹿足郡津和野町)　45年、島根県津和野町の笹ヶ谷鉱山付近の井戸水から環境基準を超える砒素が検出された(県は周辺住民の健康診断を実施)。

この年　**新町川・神田瀬川・今切川汚染**(徳島県徳島市)　45年、徳島市内を流れる新町川や神田瀬川、今切川で水質汚濁が深刻化し、河口付近の養殖海苔が壊滅的な状態に陥ったのをはじめ魚介類などに被害があいついだ。《データ》魚介類被害

この年　**諫早湾カドミウム汚染**(長崎県諫早市)　45年、長崎県諫早市で諫早湾産の海苔から厚生省の許容値を超える3.1ppmのカドミウムが検出された(同9月に調査実施)。《データ》水産物被害

この年　**畜産物抗生物質残留**(全国)　45年、牛や豚、鶏などの家畜の肉や卵、牛乳にストレプトマイシンなどの抗生物質が残っていることがわかった。抗生物質は家畜用の餌に混ぜて成長促進剤や予防及び治療薬に使われ、残留肉や卵を食べると、特異体質の人はショック状態に陥る危険があり、通常でも病気に対して抗生物質が効かなくなるために問題となった(東京都衛生局が11月2日に市販牛乳の5.7%、原乳の1%から、46年1月26日に牛、豚肉からそれぞれ抗生物質を検出、販売禁止を指示)。

この年　**マグロ缶詰・冷凍メカジキ水銀汚染**　45年、米国への輸出食料品のうちマグロ缶詰や冷凍メカジキが安全基準(0.5ppm)を超える0.75ppmという高濃度の水銀に汚染された(同12月3日、ニューヨーク大学教授が検出結果を米国食品医薬局に報告後、同局は輸入禁止を指示)。《データ》魚介類被害

この年　**カドミウム汚染**(秋田県鹿角郡小坂町)　45年、秋田県小坂町の小坂川流域で、カドミウムによる汚染が問題となった(後に県が土止め工事や沈澱池建設などの流出防止対策を実施)。

この年　**銅イオン汚染**(秋田県能代市)　この年、秋田県能代市浅内の海岸で、銅イオンによる汚染被害が発生した。

この年　**工場廃液汚染被害**(高知県仁淀川流域)　この年、高知県内を流れる仁淀川が工場廃液で汚染され、下流の地域で被害が出た。

この年　**井戸水汚染**(高知県高知市)　この年、高知市内で井戸水が汚染され、検査の結果、全体の約半数が飲用不適格となった。

この年　**工場廃液汚染被害**(岩手県釜石湾)　この年、岩手県釜石市内の工場が廃液を釜石湾に流し、同湾産の魚介類に汚染によると見られる被害が出た。《データ》魚介類被害, 被害額1000万円

この年　**パルプ・骨粉製造工場悪臭被害**(大分県大分市)　この年、大分市鶴崎のパルプ工場や同市南部の骨粉製造工場の周辺地区で、悪臭による被害が深刻化した。

この年　**プランクトン異常発生**(大分県別府湾)　この年、大分県別府市の別府湾でプランクトンが異常発生し、同湾産の魚介類に被害が出た。《データ》魚介類被害

この頃　**カドミウム汚染**(青森県八戸市)　この頃、青森県八戸市で、市内にある八戸製錬会社の工場から排出された廃液によると見られるカドミウム汚染が問題となった(同

昭和46年(1971年)

年6月、八戸市衛生組合連合会が住民調査を実施)。

この頃　工場廃液汚染(神奈川県鶴見川)　この頃、東京都と神奈川県を流れる鶴見川は、流域の町田市、横浜市、川崎市内の工場から流れ出す廃液で汚染されていることがわかった。

この頃　汚染被害(岡山県児島湾)　この頃、岡山市や倉敷市などの紙パルプ工場から排出される廃液で児島湾が汚染され、同湾産の魚介類に被害の出ていることがわかった(同年10月、漁業関係の代表が県に汚染対策の実施を要請)。《データ》魚介類被害

この頃　田子ノ浦港ヘドロ汚染(静岡県)　45年頃、静岡県富士市の田子ノ浦港で大昭和製紙などの紙パルプ関係工場の排出する繊維屑や廃液によるヘドロ汚染が深刻化し、港湾の機能が損なわれ、高濃度のカドミウムのほかに水銀も0.05ppm検出された。汚染海域は隣接の沼津市から由比町までの南北10km余り、東西13km前後に広がり、同港沖合のサクラエビの漁場が影響を受け、沼津市内浦でハマチの稚魚1万匹以上が死ぬなど、悪臭に加えて漁業関係の被害もあいついだ(45年8月に住民が抗議集会を開催後、関係者を告発)。《データ》魚介類被害

この頃　古河鉱業砒素排出(栃木県、群馬県)　45年頃、栃木県足尾町の古河鉱業足尾銅山が高濃度の砒素を含む廃液を渡良瀬川に排出。同川の汚泥から最高162ppmの砒素が検出されたため、下流域の群馬県桐生市の上水道への影響などが懸念された(45年10月6日調査)。

この頃　大阪国際空港騒音被害(兵庫県川西市)　45年頃、大阪国際空港の離着陸路に当たる兵庫県川西市久代の住民多数に航空機の騒音による難聴や高血圧などの患者が発生した(44年12月に提訴)。《データ》患者多数

この頃　米空軍横田基地周辺騒音被害(東京都西部)　45年頃、東京都立川、福生、武蔵村山の各市および瑞穂、羽村町など米空軍横田基地の滑走路付近の約50km²の地域で、離着陸時の軍用機による騒音被害が深刻化した(都公害研究所の調査では、離着陸ごとに20秒から50秒前後の長さで70ホンから最高104ホンを記録)。

この頃　東京国際空港騒音被害(千葉県木更津市)　45年頃、千葉県木更津市で東京国際空港への着陸態勢に入る航空機による騒音被害が深刻化した。

昭和46年
(1971年)

1月―　異常乾燥(関東地方ほか)　1月下旬から2月中旬にかけて、関東地方で無降雨、無降雪状態が21日間続き、各地で異常乾燥による火災が頻発。また、3月から4月にかけても、同地方をはじめ全国各地で異常乾燥と火災が発生し、3月19日には宇都宮市で最小湿度9%を記録した。

1.1　遊技場火災(兵庫県姫路市)　1月1日午後10時、兵庫県姫路市の遊技場会館で火災があり、来場客ら2名が死亡、同館(2794m²)を全焼した。《データ》死者2名、焼失面積2794m²、被害額1億1683万円(消防庁調べ)

1.2　旅館火災(和歌山県和歌山市)　1月2日午前1時3分、和歌山市新和歌浦の旅館寿司由

楼で火災があり，木造一部鉄筋コンクリート5階建の同旅館(3013m^2)を全焼，宿泊客ら16名が焼死，15名が負傷した．原因は不明．《データ》死者16名，負傷者15名，全焼建物1棟，焼失面積3013m^2，被害額2億1663万円(消防庁調べ)

1.4　**朗洋丸沈没**(長崎県沖)　1月4日，底引網漁船朗洋丸(184t)が東シナ海へ向かう直前，長崎県の五島白瀬燈台の沖合で悪天候に巻き込まれて転覆し，沈没．乗組員14名が死亡した．《データ》死者14名，船舶1隻沈没(海上保安庁調べ)

1.4–　**暴風雪**(山陰地方)　1月4日から5日にかけて，山陰地方を中心に日本海側が発達した低気圧による猛吹雪に襲われ，松江市で瞬間最大風速34mを記録．このため鉄道各線で運休や遅延があいつぎ，島根県の保有漁船総数の約24%をはじめ山陰地方で船舶約1800隻が損壊または流失するなどの被害があった．《データ》船舶約1800隻流失・損壊

1.17　**スケート客割氷転落**(山梨県西八代郡上九一色村)　1月17日午後1時30分頃，山梨県上九一色村の精進湖で湖面の氷が突然割れ，現場付近にいたスケート客約20名が転落，うち9名が水死した．原因は直射日光で氷が緩み始めところに，突風が吹いてスケート客の体勢が崩れたためで，観光地における安全対策の見直しが指摘された．《データ》死者9名

1.17　**トラック・東武小泉線列車衝突**(群馬県館林市)　1月17日，東武鉄道小泉線館林・成島駅間の踏切で小型トラックと列車が衝突し，乗員，乗客ら3名が死亡，7名が負傷した．原因はトラックの同踏切への直前進入．《データ》死者3名，負傷者7名，車両衝突(運輸省調べ)

1.27　**御用邸火災**(神奈川県三浦郡葉山町)　1月27日午後10時20分，神奈川県葉山町の葉山御用邸で火災があり，本邸(3778m^2)を全焼したが，死傷者はなかった．原因は放火(2月6日に神経症患者が自首)．《データ》全焼家屋1棟，焼失面積3778m^2，被害額9525万円(消防庁調べ)

1.31　**美容院火災**(北海道美唄市)　1月31日午前2時35分頃，北海道美唄市西1条南の美容院で火災があり，木造モルタル2階建の店舗兼住宅の内部(59m^2)を全焼，従業員の女性12名のうち10名が煙に巻かれて焼死，1名が負傷した．出火原因は不明(放火説もある)だが，犠牲者の多かったのは寝室が2階で，身支度にも時間がかかり，宿舎の階段がちょうど煙突状態になって逃げ遅れたため．《データ》死者10名，負傷者1名，半焼家屋1棟，焼失面積59m^2，被害額301万円(消防庁調べ)

2月　**フェノール汚染**(岐阜県)　46年2月，岐阜県の工場多数が比較的高濃度のフェノールなどを含む廃液を長良川などへ排出したことから，各流域で調査したところ，魚介類が汚染されていることがわかった．《データ》魚介類汚染

2.1　**作業現場土砂崩れ**(鹿児島県鹿児島市)　2月1日，鹿児島市の県開発公社の開拓作業現場で土砂崩れが発生し，作業員3名が死亡，2名が負傷した．《データ》死者3名，負傷者2名(労働省調べ)

2.2　**病院火災**(宮城県名取郡岩沼町)　2月2日午後7時45分頃，宮城県岩沼町桜池の医療法人小島慈恵会小島病院で南側患者保護室病棟の付近から出火し，木造平屋建の病棟1棟を全焼，隣接の病棟1棟を半焼，入院患者6名(うち男性2名，女性4名)が逃げ遅れて焼死した．原因は不明だが，火元とみられる鉄製扉付きの保護室には煙感知

昭和46年(1971年)

器などの防災設備がなく、病棟全体も窓にガラスと鉄格子、金網をはめ込んだ閉鎖病棟だった。《データ》死者6名,全焼施設1棟,半焼施設1棟,焼失面積299m^2,被害額378万円(消防庁調べ)

2.3 精神薄弱者養護施設火災(千葉県東葛飾郡沼南町) 2月3日午後7時40分、千葉県沼南町の精神薄弱者(児)養護施設で火災があり、収容児5名が焼死、同施設(805m^2)を全焼した。《データ》死者5名,焼失面積805m^2,被害額2356万円(消防庁調べ)

2.12 農業用水池割氷(福島県西白河郡表郷村) 2月12日、福島県表郷村の農業用水池で1年生ら4名の小学生がスケートをしていたところ、氷が突然割れて転落、水死した。小学校では同用水池での遊びを禁止していたが、現場周辺に立札などはなかった。《データ》死者4名

2.14 第8あけぼの丸沈没(韓国済州島沖) 2月14日、底引網漁船第8あけぼの丸(58t)が操業中、韓国済州島の東沖合で悪天候に巻き込まれて転覆、沈没し、乗組員10名が死亡した。《データ》死者10名,船舶1隻沈没(海上保安庁調べ)

2.24 マイクロバス・高山本線列車衝突(岐阜県各務原市) 2月24日、高山本線各務ヶ原・鵜沼駅間の踏切でマイクロバスと列車が衝突し、乗員、乗客ら3名が死亡、19名が負傷した。《データ》死者3名,負傷者19名,車両衝突(運輸省調べ)

2.24 ダム建設現場土砂崩れ(愛知県北設楽郡豊根村) 2月24日、愛知県豊根村の電源開発会社新豊根ダム発電所建設現場で土砂崩れが発生し、作業員3名が死亡、3名が負傷した。《データ》死者3名,負傷者3名(労働省調べ)

2.24— 新東京国際空港建設反対派・警官隊衝突(千葉県成田市) 2月24日、新東京国際空港建設反対同盟の少年行動隊員と空港公団の警備担当者が千葉県成田市三里塚の空港建設予定地の付近で衝突し、少年2名が負傷。以後、反対派の住民や支援活動の学生らと機動隊が農地や家屋など地上物件に対する県と公団による強制測量および収用の実施を巡ってたびたび衝突。3月3日に213名が負傷。9月16日(午前7時20分過ぎ)にも機動隊員3名が死亡、3名が重傷、18名が軽傷を負うなど衝突が続いた。《データ》死者3名,重軽傷者236名

3月 硫酸銅汚染(鳥取県八頭郡若桜町) 3月、鳥取県若桜町で井戸水が硫酸銅を含む廃液に汚染され、常飲者のうち母親の体内蓄積が進んだ結果、乳児(9か月)が母乳により中毒死した。《データ》死者1名

3.4 トラック・富士急大月線電車衝突(山梨県富士吉田市) 3月4日午前8時25分頃、富士急行大月線下吉田駅付近の緑ヶ丘第2踏切で小型トラックと河口湖発大月行き電車(2両編成)が衝突。トラックは大破、電車はブレーキ系統の故障により制動不能に陥り、現場付近から下り勾配を約4km走って墓地駅を通過後、カーブを曲がりきれずに脱線し、うち1両は線路脇の土手に激突、横転した。乗客17名が死亡、乗務員ら69名が重軽傷を負った。原因はトラックによる警報機無視。《データ》死者17名,重軽傷者69名,車両1台大破,車両2両脱線(運輸省調べ)

3.8 栄進化成工場爆発(兵庫県神戸市) 3月8日、神戸市の栄進化成工業所で圧力容器が爆発し、2名が死亡、2名が負傷した。《データ》死者2名,負傷者2名(労働省調べ)

3.10 鈴木製油工場ガス爆発(愛知県幡豆郡一色町) 3月10日午前10時30分頃、愛知県一色町の鈴木製油工場でノルコルヘキサンガスが漏れ、過熱したモーターの火花が引

火し、爆発、2名が死亡、1名が重傷を負った。　《データ》死者2名, 重傷者1名

3.15　**三沢高等学校地学部員割氷転落**（青森県三沢市）　3月15日午後1時30分頃、三沢高等学校の地学部員3名と指導教諭1名が青森県三沢市野口の小川原湖で湖水調査の際、氷が突然割れて転落、生徒1名を除く3名が死亡した。同調査は県教育委員会の委託によるものだった。　《データ》死者3名

3.15　**豊隆丸乗組員ガス中毒死**（高知県土佐清水市沖）　3月15日、産業廃棄物運搬船豊隆丸が高知県土佐清水市の足摺岬の沖合で積荷の日東化学大竹工場（広島県大竹市）の廃液を投棄する際、船長ら乗組員3名がガス中毒にかかり、死亡した。　《データ》死者3名

3.26　**赤潮異常発生**（山口県）　3月26日、山口県徳山市の徳山湾付近の海域で赤潮が異常発生し、同海域の魚介類に被害があいついだ（科学技術庁が工場排水の影響を指摘）。　《データ》魚介類被害

3月頃—　**干ばつ**（鹿児島, 沖縄県）　3月頃から9月初めにかけて、沖縄の全域で無降雨状態が続き、宮古、石垣両島を中心に鹿児島県の南西諸島と沖縄とで深刻な干ばつが発生。6月からは植物の枯死が続き、7月中旬の台風18号による塩害以後はパイナップルを除いて緑が消え、牛が飲料水や飼料不足により餓死するなど、12時間から36時間に及ぶ給水停止による被害があいつぎ、住民多数が出稼ぎを余儀なくされた。《データ》家畜多数死亡, 農作物被害

4月—　**冷害**（北海道, 東北地方, 関東地方）　4月末から5月上旬にかけて、北海道で季節外れの雪が降るなど全国的に低温状態が続き、東北、関東地方などの14道府県で晩霜害による冷害が発生。さらに、7月から9月にかけても、北海道を中心に各地で低気圧や台風23、25号の通過などにより比較的雨が多く、日照不足や早霜により平年よりも7度から10度低い記録的な気温が続き、米67万4000t、雑穀および豆類6万8100t、飼料作物318万9000tをはじめ、蔬菜類などを加えて447万8000tの収穫減になり、147万6000haの田畑に被害が発生した（5月24日に農林省が災害対策本部を設置し、8月23日に北海道が冷害発生を宣言）。　《データ》被災作物447万8000t, 被災面積147万6000ha, 被害額約1333億円

4.27　**山林火災**（広島県呉市）　4月27日午前11時10分頃、広島県呉市広町の大張矢民有林から出火し、24時間後の鎮火までに雑木林（約340ha）を全焼、消防士18名が激しい火と煙に巻かれて焼死した。原因は災害復旧作業の関係者によるたき火の不始末で、現場付近では当時、異常乾燥が続いていた。　《データ》死者18名, 全焼山林約340ha, 被害額4260万円（消防庁調べ）

4.30　**九州航空取材機墜落**（佐賀県三養基郡中原町）　4月30日夕方、西日本新聞社のチャーターした九州航空のセスナ177型機が取材業務のおり、佐賀県中原町山田の脊振山地の山に激突し、墜落。操縦者や同乗の記者ら4名が死亡した。　《データ》死者4名, 航空機1機墜落（運輸省調べ）

5.2　**児童窒息死**（東京都大田区）　5月2日、東京都大田区の中古車廃棄場で男児3名が冷凍コンテナ車で遊んでいたところ、全員がコンテナ内に閉じ込められて窒息死した。　《データ》死者3名

5.4—　**クロム汚染**（岐阜県）　5月4日から25日にかけて、岐阜市で住宅の井戸水から高濃度

昭和46年(1971年)

のクロムが検出され、相前後して岐阜県関、美濃加茂市でもクロムによる地下水の汚染が明らかになった(県公害対策事務局が発生源とみられるメッキ工場の排水処理施設の総点検を実施)。

5.7 日立造船工場作業用階段落下(神奈川県川崎市) 5月7日、川崎市の日立造船神奈川工場で作業用の階段が突然落ち、8名が死亡、3名が重傷を負った。《データ》死者8名,重傷者3名(労働省調べ)

5.12 甲府製氷工場爆発(山梨県甲府市) 5月12日午後2時30分頃、甲府市の甲府製氷工場で冷凍用の低圧アンモニア貯蔵タンクの内気圧が急激に上がって爆発し、2名が死亡、2名が重傷を負った。原因は同タンクの誤操作。《データ》死者2名,重傷者2名(労働省調べ)

5.17 陸上自衛隊ヘリコプター墜落(北海道静内郡静内町) 5月17日、陸上自衛隊北部ヘリコプター隊のHU1B型ヘリコプターが北海道静内町のナメワッカ岳の頂上付近に墜落。操縦者や同乗者4名が死亡した(同20日に機体と遺体を発見)。墜落機は十勝支庁の救助要請で患者の輸送に当たっていた。《データ》死者4名,ヘリコプター1機墜落(防衛庁調べ)

5月頃 廃油汚染(北海道南東海域) 5月頃、北海道の南東北緯38度から42度、東経145度から163度にかけての海域で廃油がボールの大きさに固まって浮遊、拡散し、海面付近が1m^{2}当たり3mgの濃度で汚染されていることが、道立釧路水産試験場によるサンマの産卵場調査でわかった。同海域は千島海流(親潮)と日本海流(黒潮)の出会うところで、原因は本州南岸の臨海工業地帯の工場やタンカーなどの排油類。

6.1 ヌーリ化薬工場爆発(山口県厚狭郡) 6月1日、山口県厚狭郡のヌーリ化薬工場で爆発が発生し、4名が死亡した。《データ》死者4名(労働省調べ)

6.25 塩素酸ソーダ輸送車発火(埼玉県北葛飾郡杉戸町) 6月25日午前1時30分、塩素酸ソーダの輸送車が埼玉県杉戸町の道路で発火し、輸送車など2台を全焼、運転者ら3名が死亡。高濃度の塩素酸は有機物に触れると爆発する危険がある。《データ》死者3名,車両2台全焼,被害額350万円(消防庁調べ)

6.25 山崩れ(福井県小浜市) 6月25日、福井県小浜市で山崩れが発生し、住民6名が死亡、住宅が全壊した。《データ》死者6名,家屋全壊

6.28 光化学スモッグ発生(東京都) 6月28日、東京都で光化学スモッグが発生し、約2万名が眼や喉の痛みなどの症状を訴えた。都によれば、46年に光化学スモッグ注意報は33回発令され、届出被害者数は約2万8000名になった。《データ》患者約2万名

6.28 雷雨(福島県西部,新潟県北部) 6月28日、福島県の会津地方と新潟県の蒲原地方の各地に発達した低気圧により落雷とともに、200mmから300mmの大雨が降り、新潟県新発田市では河川の氾濫により家屋約4000戸が浸水した。《データ》浸水家屋約4000戸

7月― 大気汚染(岡山県倉敷市) 7月から8月にかけて、岡山県倉敷市の水島臨海工業地帯の周辺地区でサトイモやネギ、ショウガなどの野菜類に被害が発生。県の調査によれば、同工業地帯の工場の排煙と因果関係が強いとみられる(同10月に県や市などが倉敷地区農作物被害対策協議会を設立)。《データ》農作物被害

昭和46年(1971年)

7.3　東亜国内航空旅客機墜落(北海道亀田郡七飯町)　7月3日午後6時5分過ぎ、東亜国内航空の丘珠発YS11型旅客機ばんだい号が函館空港への着陸直前、自動方向探知器(ADF)の変調により現在地を誤認して北海道七飯町の横津岳に激突、団体客39名を含む乗客64名と乗務員4名が死亡した(翌日夕方に機体と全員の遺体を発見)。政府調査委員会によれば、原因は操縦士の位置誤認だが、同空港などで使われていた無指向性無線標識(NDB)の精度改良も課題となった。　《データ》死者68名,航空機1機墜落(運輸省調べ)

7.5　国道150号線トンネル崩壊(静岡県静岡市)　7月5日朝、静岡市石部の通称大崩海岸で大雨により約6000m³(重さ約1万t)の土砂が崩れ、約70m下を通る国道150号線の第5トンネル(長さ約120m)の中央部が土砂の重みで崩壊し、乗用車1台が埋没、運転者の会社員が死亡した。原因は現場付近の軟弱な地質を無視したトンネル設計と連続降雨に対する警戒態勢の遅れで、47年7月に迂回道路の海上橋(長さ360m、幅6m)の開通により復旧。　《データ》死者1名,車両1台埋没,道路損壊1ヶ所

7.15　日本原子力発電所放射能漏出(茨城県那珂郡東海村)　7月15日、茨城県東海村の日本原子力発電東海発電所で制御棒を炉内から保管孔への移送作業中、放射能が漏れ、発電課の当直係員ら3名が法定許容量(3か月間に3レム)を超える9.42レムから2.98レムの放射線を浴びた(同21日に科学技術庁が公表)。　《データ》被曝者3名

7.15－　豪雨(東日本)　7月15日から16日にかけて、山形県に梅雨前線により時間当たり60mmから70mmの大雨が降ったほか、同16日から17日朝にかけて、北海道森町で218mm、同16日から19日にかけての午後、関東地方にそれぞれ落雷とともに大雨が降り、浦和、横浜市や長野県山ノ内町の志賀高原丸池付近では雹が降った。同18日には、東北、関東、中部、近畿地方に落雷とともに局地的な大雨が降り、兵庫県相生市付近で約230mmの雨を記録。このため、山形県で山崩れにより住民4名が死亡し、新潟県で鉄砲水が発生し、兵庫県御津町の新舞子海水浴場で高さ約30m、幅約20mのがけ崩れにより旅館と休憩所の3棟が倒壊、海水浴客10名が死亡、44名が重軽傷を負い、相生市でがけ崩れにより住宅2棟が埋没、国鉄観光バス1台が流失、住民や乗客ら8名が死亡したほか、12県で21名が死亡、91名が負傷、3名が行方不明となった。　《データ》死者21名,重軽傷者91名,行方不明者3名,全半壊家屋11棟,浸水家屋8106棟,がけ崩れ37ヶ所,車両流失,被災者2085名(778世帯)

7.17　炭鉱坑内崩壊(北海道歌志内市)　7月17日午前9時30分頃、北海道歌志内市中村の住友石炭鉱業赤平鉱業所歌志内炭鉱登川坑で坑口から約3.2kmの採炭現場が山はねにより崩壊し、同時にガス爆発が発生。作業員20名が死亡、10名が行方不明になった(後に全員死亡と断定。同11月に炭鉱閉鎖)。　《データ》死者30名

7.21　配管工員窒息死(静岡県静岡市)　7月21日午後2時頃、静岡市曲金の平金産業の肥飼料製造工場で新型飼料製造プラントの配管作業の直前、配管工1名が魚の腐敗ガスから発生したメタンガスにより倒れて転落、救助に入った配管工2名と社員3名とともに窒息死した。同プラントは平金産業がデンマークから輸入したばかりだった。《データ》死者6名

7.21－　豪雨(広島県,高知県,九州地方)　7月21日から24日にかけて、鹿児島県阿久根、川内市をはじめ広島、高知、長崎、熊本県などに活発化した梅雨前線による局地的な大雨が降り、阿久根市で21日午前9時からの72時間に619mmの雨量を記録し、23日

昭和46年（1971年）

未明には九州地方の北部に落雷が発生。このため阿久根市付近で住民11名が死亡、1名が行方不明、26日未明に広島県で山陽本線が不通になり、高知県で鉄砲水により4名が死亡したのをはじめ、各地で25名が死亡、32名が負傷、2名が行方不明となった。《データ》死者25名、負傷者32名、行方不明者2名、全壊住宅106棟、半壊住宅125棟、破損住宅306棟、流失住宅42棟、床上浸水住宅7875棟、床下浸水住宅2万3050棟、被災非住宅404棟、水田流失・埋没328ha、水田冠水5470ha、畑流失・埋没96ha、畑冠水1565ha、道路損壊468ヶ所、橋梁流失79ヶ所、堤防決壊112ヶ所、がけ崩れ959ヶ所、鉄道被害29ヶ所、通信施設被害109ヶ所、船舶流失36隻、船舶破損26隻、無発動機船被害19隻、被災者2万6613名（8109世帯）（警察庁調べ）

7.23　岩田建設作業現場支柱倒壊（北海道留萌市）　7月23日、北海道留萌市の岩田建設のコンクリート作業現場で支柱が倒壊し、3名が死亡、6名が負傷した。《データ》死者3名、負傷者6名（労働省調べ）

7.26　作業員窒息死（東京都千代田区）　7月26日午後1時30分頃、東京都千代田区隼町の最高裁判所建築現場で地面に打ち込まれた鉄管（深さ35m、直径1.2m）内に入った作業員1名が転落、救助に入った同僚1名とともに酸素欠乏により窒息死した。事故の結果、都心部の地下に酸素濃度が2.5％から4.5％未満という非常に低い層のあることが東京消防庁の調査でわかった。《データ》死者2名

7.26　豪雨（高知県安芸郡付近）　7月26日未明、高知県安芸郡の付近に局地的な大雨が降り、浸水地域の救援に向かった地元の消防隊員や警察官ら4名が死亡、住宅が土砂崩れにより全壊するなどの被害が発生した。《データ》死者4名、全壊・浸水住宅多数

7.29－　阿蘇山爆発（熊本県阿蘇郡）　7月29日、阿蘇山中岳で火口底の北に新火口（直径約10m）が発生、以後鳴動と噴煙が続き、噴石や火山灰が飛び散り、火口から約1kmまでの区域で植物が枯死。47年には火山活動がさらに激しくなり、3月15日に火口で赤熱が確認され、5月に火山性地震が、6月には噴煙がそれぞれ発生するなど爆発の危険が顕著になったため、8月から火口付近への観光客の立入規制が実施された（48年まで活動継続）。《データ》山林火災、農作物被害

7.30　全日空旅客機・航空自衛隊機衝突（雫石事故）（岩手県岩手郡雫石町）　7月30日午後2時4分頃、全日本空輸の羽田行きボーイング727型旅客機が北海道の千歳空港を離陸後、盛岡市の西約6kmの上空で編隊訓練を実施していた航空自衛隊第1航空団のF86F型ジェット戦闘機と衝突、自衛隊機の操縦者はパラシュートで脱出したが、全日空機は分解しながら岩手県雫石町の箱ヶ森山の西側斜面付近に墜落、静岡県富士市の遺族会の団体客ら乗客155名と乗員7名が死亡した。政府調査委員会の報告によれば、おもな原因は自衛隊機による訓練空域からの逸脱と定期航空路への進入（自衛隊機の操縦者と指導教官を翌日逮捕。47年7月27日に事故調査委員会が結論発表）。《データ》死者162名、航空機2機墜落（運輸省・防衛庁調べ）

7.31　廃品回収場火災（東京都墨田区）　7月31日午後6時33分、東京都墨田区の廃品回収場でセルロイド製品が発火し、4名が死亡、同場（424m²）を全焼した。《データ》死者4名、負傷者1名、焼失面積424m²、被害額2996万円（労働省・消防庁調べ）

8月　赤潮発生（山口県下関市沖）　8月、山口県下関市の沖合の響灘で赤潮が発生し、魚介類に被害があいついだ（漁業関係者が福岡県と北九州市に補償を請求）。赤潮は、栄養塩類を豊富に含む工場廃液や生活排水が海に流れ込み、プランクトンが異常繁

殖するために起こると指摘されている。《データ》魚介類被害,被害額約2500万円

8月— 光化学スモッグ(大阪府) 46年8月に発生して以来、光化学スモッグは年ごとに注意報などの発令回数がふえ、48年度には予報48回、注意報26回、警報1回が発令され、被害者は3000名を越えた。49年10月末までで、予報、注意報はそれぞれ48、26回、被害者は774名。《データ》被害者3000名以上(48年),774名(49年10月末時点)

8.2 軽三輪車・予讃本線列車衝突(香川県仲多度郡多度津町付近) 8月2日、予讃本線海岸寺・詫間駅間の踏切で軽三輪車と列車が衝突し、乗員、乗客ら3名が死亡、5名が負傷した。《データ》死者3名,負傷者5名,車両衝突(運輸省調べ)

8.2— 台風19号(西日本) 8月5日午前9時50分頃、台風19号が中心気圧950mb、最大風速40mの勢力で長崎県西有家町の付近に上陸し、有明海から福岡市を経て、同午後1時に博多湾から日本海へ抜け、宮崎県えびの市で1518mmの雨量を記録したのをはじめ、九州地方の通過地域に1000mm、四国地方に400mmから600mm、紀伊半島に800mmの雨がそれぞれの山間部で降った。このため同2日から暴風雨圏に入っていた鹿児島県輝北、横川、牧園、溝辺、樋脇町で約300ヶ所の自然地形のがけ崩れにより住民47名が死亡、87名が負傷、家屋多数が倒壊、5291世帯が被災したのをはじめ、近畿地方以西の17県で70名が死亡、204名が負傷などの被害が出た。《データ》死者70名,負傷者204名,全壊住宅266棟,半壊住宅318棟,破損住宅1011棟,流失住宅53棟,床上浸水住宅6628棟,床下浸水住宅1万2306棟,被災非住宅874棟,水田流失・埋没335ha,水田冠水8709ha,畑流失・埋没415ha,畑冠水2542ha,道路損壊1439ヶ所,橋梁流失150ヶ所,堤防決壊226ヶ所,がけ崩れ968ヶ所,鉄道被害12ヶ所,通信施設被害4995ヶ所,木材流失55m^3,船舶沈没22隻,船舶流失19隻,船舶破損7隻,無発動機船被害8隻,被災者2万5906名(7831世帯)(警察庁調べ),被害額(鹿児島県のみ)116億5785万円

8.6 三菱重工業造船所爆発(神奈川県横浜市中区) 8月6日、京浜港内にある横浜市中区の三菱重工業横浜造船所で液化石油ガスタンカー竜明丸(3万1083t)の修理作業の際、船倉内の溶接火花が引火し、爆発、5名が死亡、1名が負傷した。《データ》死者5名,負傷者1名,船舶1隻火災(労働省・海上保安庁調べ)

8.12 佐世保重工業造船所ガス爆発(長崎県佐世保市) 8月12日、長崎県佐世保市の佐世保重工業佐世保造船所でタンカー津軽丸(5万5333t)の船倉カバーの修理中に、船倉付近でガスが引火、爆発し、作業員5名が死亡、7名が重軽傷を負った。《データ》死者5名,重軽傷者7名,船舶1隻爆発(労働省・海上保安庁調べ)

8.20— 九州地方豪雨(九州地方) 8月20日から22日にかけて、九州地方の全域に断続的に大雨が降り、山間部で250mm、平野部で200mmの雨をそれぞれ記録。このため熊本、鹿児島の両県を中心に住民25名が死亡、32名が負傷、2名が行方不明となった。《データ》死者25名,負傷者32名,行方不明者2名,全半壊・流失家屋273棟,浸水家屋3万925棟,がけ崩れ959ヶ所,被災者2万6613名(8109世帯)

8.22 貨物船火災(愛媛県越智郡関前村沖) 8月22日、貨物船松鳳丸(2425t)が愛媛県関前村の大下島沖合の安芸灘で化学薬品用の船倉から出火し、乗組員5名が死亡した。《データ》死者5名,船舶1隻火災(海上保安庁調べ)

8.29— 台風23号(全国) 8月29日午後11時30分頃、台風23号が中心気圧940mbで鹿児島県

昭和46年（1971年）

佐多町の佐多岬付近に上陸し、時速15kmから20km程度で宮崎市から日向灘、高知県土佐清水市の足摺岬、淡路島、紀伊半島を経て同31日夜、房総半島から鹿島灘へ抜け、宮崎県の南部で900mmから1000mm、四国地方の山間部で600mmから800mm、関東地方などの通過地域で300mmから800mmの雨がそれぞれ降り、各地で風速45mを超える強風が吹いた。このため、愛媛県津島町で岩松川の出水により河口付近の海域が淡水化、真珠貝を含む1090万個の養殖貝が死滅したのをはじめ、東北地方南部以西の38都府県で住民38名が死亡、106名が負傷、4名が行方不明などの被害が出た。《データ》死者38名、負傷者106名、行方不明者4名、全壊住宅96棟、半壊住宅200棟、破損住宅1164棟、流失住宅27棟、床上浸水住宅1万4590棟、床下浸水住宅11万5182棟、全焼住宅40棟、半焼住宅5棟、被災非住宅756棟、水田流失・埋没1887ha、水田冠水3万9704ha、畑流失・埋没393ha、畑冠水1万1834ha、道路損壊2405ヶ所、橋梁流失368ヶ所、堤防決壊468ヶ所、がけ崩れ3630ヶ所、鉄道被害86ヶ所、通信施設被害1万713ヶ所、木材流失40m³、船舶沈没7隻、船舶流失35隻、船舶破損27隻、無発動機船被害47隻、魚介類被害、被災者7万5894名（2万2023世帯）

9.4― 異常潮位（関東地方、東海地方、近畿地方） 9月4日から5日にかけて、関東、東海、近畿地方の南岸全域で台風23号の通過の際、潮位が異常上昇。このため5日午前5時頃、東京都江戸川区船堀で新川西水門が満潮時に故障、突然開放し、水が堤防を乗り越えて床上浸水家屋144戸を含めて約700戸が浸水したほか、静岡県清水市をはじめ各地で床下浸水などの被害が発生した（同6日、気象庁が原因を冷水塊の消滅による黒潮の接近や前線などの影響によると発表）。《データ》浸水家屋700戸（東京都江戸川区のみ）

9.7― 台風25号（福島県、千葉県） 9月7日午後9時過ぎ、台風25号が中心気圧955mb、瞬間最大風速45mの勢力で伊豆諸島の三宅島付近を通過し、房総半島を経て8日早朝、鹿島灘へ抜ける際、台風に刺激された秋雨前線により千葉県に500mmを超える大雨が降り、勝浦市で8日午前零時から1時間に122mm、合計558mmの雨量を記録。このため銚子市や小見川町で土砂崩れにより住民56名が死亡、福島県で農作物に被害が発生したのをはじめ、各地で56名が死亡、58名が負傷した。《データ》死者56名、負傷者58名、全壊住宅185棟、半壊住宅185棟、破損住宅434棟、床上浸水住宅2555棟、床下浸水住宅1万8540棟、被災非住宅321棟、水田流失・埋没155ha、水田冠水1550ha、畑流失・埋没70ha、畑冠水348ha、道路損壊448ヶ所、橋梁流失9ヶ所、堤防決壊11ヶ所、がけ崩れ282ヶ所、鉄道被害10ヶ所、通信施設被害1347ヶ所、船舶沈没4隻、船舶破損28隻、被災者1万7027名（3878世帯）（警察庁調べ）

9.9― 豪雨（愛知県、三重県南部、和歌山県） 9月9日未明から11日未明にかけて、愛知県、三重県南部、和歌山県で台風25号に刺激された秋雨前線による局地的な大雨が降り、三重県尾鷲市で1時間当たり最高92mm、合計1095mm（年平均降水量の約26％）の雨を記録。このため三重県を中心に住民43名が死亡、40名が負傷した。《データ》死者43名、負傷者40名、全壊住宅77棟、半壊住宅35棟、破損住宅12棟、流失住宅11棟、床上浸水住宅595棟、床下浸水住宅3863棟、被災非住宅25棟、水田流失・埋没80ha、水田冠水587ha、畑流失・埋没38ha、畑冠水89ha、道路損壊265ヶ所、橋梁流失40ヶ所、堤防決壊155ヶ所、がけ崩れ153ヶ所、鉄道被害9ヶ所、通信施設被害408ヶ所、被災者2579名（705世帯）（警察庁調べ）、被害額（三重県のみ）94億円

9.12 台風26号（宮城県、静岡県、愛知県） 9月12日、台風26号が宮城、静岡、愛知県を襲

い、高波により7名が死亡または行方不明になったのをはじめ、仙台新港など各地で被害があいついだ。《データ》死者・行方不明者7名

9.14 光化学スモッグ被害（三重県四日市市） 9月14日午前11時頃から午後1時頃にかけて、三重県四日市市のほぼ全域でコンビナートの排出する窒素酸化物による新型の光化学スモッグが発生し、住民約2000名が眼の痛みなど特有の症状を訴えた。《データ》患者約2000名

9.17 豪雨（高知県,長崎県） 9月17日、高知、長崎県に大雨が降り、家屋1700戸が浸水した。《データ》浸水家屋1700戸

9.18 日本通信建設工場爆発（千葉県松戸市） 9月18日、千葉県松戸市の日本通信建設松戸工場でシールド工法の立坑が突然爆発し、2名が死亡、2名が負傷した。《データ》死者2名、負傷者2名（労働省調べ）

9.20 三井造船イリジウム紛失（千葉県市原市） 9月20日、千葉県市原市八幡海岸通の三井造船千葉造船所で溶接部分の非破壊検査に使用する放射性同位元素イリジウム192（約6キュリー）を紛失、同造船所の下請け配管作業員（20歳）が拾い、約6km離れた勤務先の寮に持ち帰って触ったりしたところ、拾得者、同僚6名が吐き気などの症状を訴えて放射線医学総合研究所付属病院に入院し、うち1名は白血球数が減少、重体に陥った。《データ》患者6名（うち重体者1名）

9.22 台風28号（沖縄県） 9月22日、台風28号が沖縄の八重山列島付近を通過し、住民多数が負傷、住宅1800戸が全半壊、家畜や農作物にも被害があいついだ。同列島をはじめ沖縄全域では台風以前、3月から無降雨状態が続き、深刻な干害が発生していた。《データ》負傷者多数、全半壊住宅1800戸、家畜被害、農作物被害

9.24 新山本造船所爆発（高知県高知市） 9月24日午後6時前、高知市種崎の新山本造船所で貨物船（1万7000t）の塗装作業の際、有機系溶剤を使った塗料が引火し、爆発、2名が即死、7名が重軽傷を負った。《データ》死者2名、重軽傷者7名（労働省調べ）

9.26 台風29号（関東地方,中部地方,近畿地方） 9月26日午後1時、小型の台風29号が和歌山県串本町の潮岬の西付近に上陸し、伊勢湾から静岡県、関東地方を経て同11時に鹿島灘へ抜け、各地で住民ら4名が死亡、18名が行方不明になった。《データ》死者4名、行方不明者18名

10.9 住友金属製鉄所爆発（和歌山県和歌山市） 10月9日午後1時30分過ぎ、和歌山市湊の住友金属工業和歌山製鉄所の新設タンクの溶接作業現場でアンモニアガスなどが引火し、爆発、2名が死亡した。《データ》死者2名

10.19 全日空ヘリコプター墜落（八ヶ岳） 10月19日、全日本空輸の富士ベル204B型ヘリコプターが生コンクリート輸送作業の際、山梨、長野県境の八ヶ岳に激突、墜落し、操縦者と同乗者の2名が死亡した。《データ》死者2名、ヘリコプター1機墜落（運輸省調べ）

10.25 近鉄大阪線特急電車衝突（三重県一志郡白山町） 10月25日午後3時58分、近畿日本鉄道大阪線東青山・榊原温泉口駅間の総谷トンネル前の転轍器付近で、上本町発名古屋行き特急電車（4両編成）が脱線、前2両がトンネルに突っ込んで賢島発難波行き特急電車（7両編成）と正面衝突し、双方の乗務員や乗客のうち25名が死亡、236名が重軽傷を負った。同トンネル内は単線で、原因は名古屋行き電車が異常点検後、現

昭和46年(1971年)

場付近にある東垣内信号所の赤信号を無視し、待避用の安全側線で停止しなかったため。《データ》死者25名,重軽傷者236名,車両衝突(運輸省調べ)

10.29 奔別炭鉱坑内ガス爆発(北海道三笠市) 10月29日午前、北海道三笠市奔別の奔別炭砿(旧住友石炭鉱業奔別鉱業所)の立坑入口で閉山による密封作業中、ガス爆発が発生、5名が死亡、3名が重傷を負った。《データ》死者5名,重傷者3名

11.1 戸高石灰化工工場運搬機倒壊(大分県臼杵市) 11月1日、大分県臼杵市の戸高石灰化工工場で資材運搬用のコンベア(長さ20m)を組み立てていたところ、機械が突然倒壊し、作業員5名が死亡した。《データ》死者5名(労働省調べ)

11.2 住民ガス中毒死(石川県金沢市) 11月2日、金沢市の住宅で老夫婦がガス中毒にかかり、死亡した。原因は市企業局によるガス管敷設作業の不注意。《データ》死者2名

11.9 第18幸徳丸転覆(北海道稚内市沖) 11月9日、蟹漁船第18幸徳丸(96t)が漁場からの帰途、北海道稚内市の声問崎の沖合で悪天候に巻き込まれて転覆。乗組員17名のうち1名は翌日救助されたが、残りの16名が死亡した。《データ》死者16名,船舶1隻転覆(海上保安庁調べ)

11.10- 沖縄返還協定批准反対派・警官隊衝突(東京都渋谷区,沖縄県那覇市) 11月10日、沖縄祖国復帰協議会などの団体関係者が那覇市など沖縄各地で返還協定の批准阻止を訴えて24時間ストを実施、那覇市与儀公園からデモをおこなったところ、解散地点近くの浦添市普天間の勢客派出所付近で午後6時頃、警官隊と衝突し、機動隊員1名が過激派の投げた火炎瓶により焼死。同14日には32都道府県でデモ参加者と警官隊が衝突し、東京都渋谷区神山町の派出所近くで機動隊員1名が火炎瓶により焼死、国鉄池袋駅で山手線に乗り込んだ過激派の学生ら約100名が持参の火炎瓶を誤って破裂させ、近くにいた乗客8名が手や足に重軽傷を負い、同線は約50分間不通になった。同19日には、衆議院特別委員会での強行採決を巡って、抗議集会の参加者と警官隊が全国883ヶ所で衝突し、同午後8時20分頃に東京都千代田区日比谷公園のレストラン松本楼が過激派に放火され、木造モルタル3階建の同食堂(1500m²)を全焼、警備員1名が急性心臓疾患により死亡した。《データ》死者3名,重軽傷者8名,(以下消防庁調べ)全焼施設1棟,焼失面積1500m²

11.11 実験用土砂崩壊(神奈川県川崎市) 11月11日午後3時30分頃、川崎市生田の緑地公園内で国立防災科学技術センターと建設省土木研究所、通商産業省地質調査所、自治省消防庁の合同による自然斜面を利用したがけ崩れ実験が失敗、土砂が崩れ、担当者や報道関係者、見学者のうち15名が死亡した。現場付近では同9日から散水機で人工雨を降らせており、実験結果の予測の甘さと安全への配慮不足が指摘された。《データ》死者15名,土砂崩壊

11.26 新日本製鉄工場爆発(福岡県北九州市戸畑区) 11月26日午後、北九州市戸畑区の新日本製鉄八幡製鉄所戸畑地区工場の第1製鋼工場で冷却水が転炉内に流れ込んで急激に気化、爆発し、社員4名が爆風により死亡、下請け作業員を含む17名が重軽傷を負った。《データ》死者4名,重軽傷者17名(労働省調べ)

12月 廃油汚染(千葉県木更津市) 12月、千葉県木更津市の海岸付近に廃重油が漂着し、特産の養殖海苔柵に深刻な被害があった(47年12月に地元の漁業関係者が提訴)。《データ》魚介類被害,被害額8億3500万円

昭和46年(1971年)

12.1　函館ドック造船所クレーン倒壊(北海道函館市)　12月1日、北海道函館市の函館ドック造船所でクレーン(高さ50m)を組み立てていたところ、クレーンが突然倒れ、5名が死亡、9名が負傷した。《データ》死者5名,負傷者9名(労働省調べ)

12.4　中核派・革マル派学生衝突(大阪府吹田市)　12月4日、革マル派と中核派の学生どうしが大阪府吹田市の関西大学構内で授業料値上げ反対運動の実施を巡って衝突、中核派の2名が死亡した。《データ》死者2名

12.4　柴原浄水場塩素ガス漏出(大阪府豊中市)　12月4日夜、大阪府豊中市宮山町の市営柴原浄水場で殺菌用の塩素ガスがボンベから突然噴出、現場周辺の直径約5kmの区域に拡散し、住民3名が重症の、217名が軽症のガス中毒にかかったのをはじめ、約2000世帯が緊急避難した。原因は係員の操作ミス。《データ》重症者3名,軽症者217名,被災者約2000戸

12.7　トラック・京浜急行本線特急電車衝突(神奈川県横浜市金沢区)　12月7日、京浜急行電鉄本線金沢八景・追浜駅間の無人踏切で特急電車が小型トラックに衝突され、乗員、乗客ら2名が死亡、2名が負傷した。《データ》死者2名,負傷者2名,車両衝突(運輸省調べ)

12.27　スキー客ガス中毒死(群馬県吾妻郡草津町)　12月27日、群馬県草津町の振子沢スキー場で中学生や高校生4名を含むスキー客6名が温泉試掘地の付近に異常発生していた高濃度の硫化水素ガスにより中毒死した。原因は白根温泉開発会社のボーリング作業の不始末。《データ》死者6名

この年　地下水塩水化(静岡県)　この年、静岡県富士、浜松市や周辺地域で塩水化など急激な工業開発による地下水の異常が発生した(同7月13日から県が3地域で地下水の採取規制を実施)。

この年　鳥取砂丘破壊(鳥取県鳥取市)　この年、鳥取市の観光地鳥取砂丘で季節風による砂の飛散が減り、赤土が露出した。原因は砂防林による影響(市は復旧対策として砂防林12haの伐採を計画し、林野庁と協議後、同8月から測量を実施)。

この年　赤潮発生(山口県徳山市)　この年、山口県徳山市の徳山湾で赤潮が発生し、魚介類に被害があいついだ(同3月、工場排水をおもな原因とする研究報告の発表後、漁業関係者が関連工場に補償を要求)。《データ》魚介類被害,被害額約21億4200万円

この年　カドミウム汚染(山口県下関市)　この年、山口県下関市の彦島地域の工場が高濃度のカドミウムを含む廃液を排出し、西山港付近の海底でヘドロから321.4ppmのカドミウムが検出された。

この年　カドミウム汚染(岐阜県郡上郡明方村)　この年、岐阜県明方村で住民の採取尿から最高21ガンマ(要観察地域指定条件の濃度の約2.3倍に相当)のカドミウムが検出された。《データ》患者多数

この年　日本脳炎発生(山口県)　この年、山口県で住民16名が日本脳炎にかかり、うち10名が死亡した。年間患者数と死亡者数は都道府県別でともに3番目(43年の国勢調査による推定では、発病率と死亡率とでは当時、神戸市が最高)。《データ》患者16名(うち死者10名)

この年　ヘドロ汚染(香川県)　この年、愛媛県川之江、伊予三島市の製紙工場72社の排出す

昭和46年(1971年)

る廃液や繊維滓によるヘドロが燧灘付近の海底に堆積し、隣接の香川県観音寺市や詫間、仁尾、大野原、豊浜町の沖合で魚介類に対する被害が深刻化した(香川県漁業組合連合会が中央公害審査委員会に調停を申請し、47年10月17日に愛媛県紙パルプ工業会と補償支払いで和解)。《データ》魚介類被害,被害額10億2200万円

この年ー 水質汚濁(茨城県霞ヶ浦) 46年秋、茨城県の霞ヶ浦で鹿島臨海工業地帯へ工場用水を供給するため貯水池化作業の開始後、現場周辺の土浦、石岡市および行方、新治、稲敷郡で水質汚濁による養殖コイの酸素欠乏死などがあいついだ。《データ》魚介類被害

この頃 大昭和パルプ工場悪臭被害(宮城県亘理郡亘理町) 46年頃、宮城県亘理町の大昭和パルプ岩沼工場が悪臭をともなう煙を排出し、同工場周辺の住民に被害が発生した(46年10月14日に地元住民が提訴)。

この頃 鉄興社工場フッ素排出(宮城県) 46年頃、宮城県石巻市の鉄興社石巻工場がフッ素を含む煙を排出し、同工場周辺の石巻市と西隣の矢本町とで農作物などに被害が発生した(46年1月17日に補償解決)。《データ》農作物被害

この頃 十条製紙工場煤塵排出(宮城県石巻市) 46年頃、宮城県石巻市の十条製紙石巻工場が煤塵を排出し、同工場周辺の農作物などに被害が発生した(46年10月25日に補償解決)。《データ》農作物被害

この頃 ジークライト化学工業工場煙排出(山形県東置賜郡高畠町) 46年頃、山形県高畠町のジークライト化学工業高畠工場が有害物質を含む煙を排出し、同工場周辺の住民に被害が発生した(46年10月に補償解決)。

この頃 磐梯吾妻スカイライン排気ガス汚染(福島県) 46年頃、福島市と西隣の福島県猪苗代町を結ぶ磐梯吾妻スカイラインで通行車両の排気ガスによる市街地並みの汚染が深刻化し、道路沿いの樹木が枯死するなどの被害が発生した(46年8月に福島大学助教授による測定調査で確認)。《データ》樹木ほか被害

この頃 湯ノ湖水質汚濁(栃木県日光市) 46年頃、栃木県日光市の湯ノ湖で現場周辺の温泉旅館や住宅から流れ込む生活排水による水質汚濁が深刻化した(46年10月26日に県などが本格的な汚染実態調査を開始)。

この頃 原市団地騒音被害(埼玉県上尾市) 46年頃、埼玉県上尾市の日本住宅公団原市団地で敷地内を貫通する県道による騒音が深刻化し、道路沿いの15棟に住む460世帯が被害を訴えた(46年5月21日に付近の団地への移転決定。同7月12日と13日に122世帯の転居希望を受付)。《データ》被災者460世帯

この頃 カドミウム汚染(大阪府,兵庫県) 46年頃、大阪府と兵庫県を流れる猪名川が高濃度のカドミウムに汚染されていることがわかった(46年にヘドロから検出発表)。

この頃 三菱電機工場カドミウム汚染(広島県福山市) 46年頃、広島県福山市の三菱電機福山製作所が高濃度のカドミウムを含む廃棄物を排出し、周辺地域を汚染した(46年1月9日に県が同工場と公害防止協定を締結)。

この頃 日本化薬工場水質汚濁(広島県福山市) 46年頃、広島県福山市入船町の日本化薬福山染料工場が有害物質を含む排水を流し、周辺水域を汚染した(46年10月12日に県が同工場の計画した濾過施設などの建設禁止を命令)。

昭和46年(1971年)

- この頃　水質汚濁(山口県防府市)　46年頃、山口県防府市の三田尻湾で環境基準を上回る水質汚濁が発生した(排水規制の実施後も解消せず)。
- この頃　水質汚濁(山口県岩国市沖)　46年頃、山口県岩国市の沖合で環境基準を上回る水質汚濁が発生し、魚介類に被害があいついだ(排水規制の実施後も解消せず)。
《データ》魚介類被害
- この頃　大気汚染・水質汚濁(香川県坂出市)　46年頃、香川県坂出市の番の州工業地帯で工場多数が操業を開始して煤煙や廃液などを排出、現場周辺の海陸で大気汚染や水質汚濁が発生した。
- この頃　大気汚染・水質汚濁(香川県高松市)　46年頃、高松市で繊維工場が煤煙や廃液などを排出し、周辺地域で大気汚染や水質汚濁が発生した。
- この頃　高知パルプ工場廃液排出(高知県高知市)　46年頃、高知市旭町の高知パルプ工業の工場が高濃度の硫化水素を含む廃液(日平均約1万4000t)を江ノ口川に排出し、下流の国鉄高知駅前の付近などで汚染が深刻化。このため工場周辺の住民多数が頭痛や咽喉の痛みなどを訴え、繊維滓の混じったヘドロにより浦戸湾付近の魚介類が死滅した(46年6月9日未明、浦戸湾を守る会の関係者が生コンクリートを流し込んで同工場の排水管を封鎖。47年5月31日に工場閉鎖)。高知県によれば、廃液の生化学的酸素要求量(BOD)は最高2084ppmだった。　《データ》患者多数,魚介類被害
- この頃　水質汚濁・騒音被害(沖縄県)　46年頃、沖縄でタールなどの廃棄物による沿岸域や那覇市の久茂地川および安里川、安謝川などの水質汚濁や米国企業ガルフ石油の原油漏れによる魚介類の汚染、米軍基地や町工場の騒音などが深刻化した。
- この頃　ヘドロ汚染(栃木県宇都宮市)　46年頃、宇都宮市を流れる田川で上流域の製紙工場などの排出する繊維屑や廃液によるヘドロ汚染が深刻化し、47年2月からは同市大曽町の大泉橋から簗瀬町までの2.85kmで河床に堆積したヘドロや土砂(推定約7万m^3)の浚渫が実施された。
- この頃　三菱金属鉱業カドミウム排出(兵庫県朝来郡生野町)　46年頃、兵庫県生野町の三菱金属鉱業生野鉱業所が高濃度のカドミウムを含む廃液を排出し、同鉱業所の周辺地域で汚染が発生した(47年3月3日にイタイイタイ病発見者の医師萩野昇が発表。県は、集団健康調査と陽性反応のあった13名の再検査を実施、患者発生を全面的に否定する見解を発表したが、51年2月1日に環境庁研究部会が影響を認定)。　《データ》患者13名(陽性反応者のみ)
- この頃　青酸汚染(神奈川県)　46年頃、神奈川県相模原、大和、藤沢市を流れる境川が工場廃液に含まれる最高48ppmの青酸に汚染された(46年1月27日に検出)。
- この頃　屎尿汚染(瀬戸内海)　46年頃、瀬戸内海で屎尿投棄による汚染が深刻化した(海洋汚染防止法により投棄禁止。広島市などは47年9月以降、指定海域への外洋投棄に切換え)。
- この頃－　水質汚染(福岡県大牟田市)　46年頃から、福岡県大牟田市の五月橋付近の大牟田川で流域の工場廃液に含まれる許容値を超える青酸やカドミウム、六価クロム、砒素、鉛、総水銀による汚染が深刻化し、住民の健康などへの影響が懸念された(46年8月と47年7月に環境庁が全国の河川や湖沼、海域などの汚染実態点検の結果として発表)。

昭和46年(1971年)

- この頃ー　水質汚染(大阪府)　46年頃から、大阪府門真、四条畷、大東市を流れる寝屋川で流域の工場廃液に含まれる許容値を超える青酸や鉛による汚染が深刻化し、住民の健康などへの影響が懸念された(46年8月に環境庁が全国の河川や湖沼、海域などの汚染実態点検の結果として発表)。
- この頃ー　衣浦湾汚染(愛知県)　46年頃から、愛知県半田、碧南市などに囲まれた衣浦湾で工場廃液に含まれる許容値を超えるカドミウムや鉛、総水銀による汚染が深刻化し、住民の健康などへの影響が懸念された(46年8月に環境庁が全国の河川や湖沼、海域などの汚染実態点検の結果として発表)。
- この頃ー　砒素汚染(福岡県北九州市若松区)　46年頃から、北九州市若松区の洞海湾で湾岸の工場の廃液に含まれる高濃度の砒素による汚染が深刻化した(46年8月と47年7月に環境庁が全国の河川や湖沼、海域などの汚染実態点検の結果として発表)。
- この頃ー　船舶廃油汚染(全国)　46年頃から、東京湾や伊勢湾、瀬戸内海、南西諸島など全国各地の沿岸付近の海域を中心にタンカーを含む船舶多数の投棄した廃油がボール状またはタール状に固まり、海水浴場が閉鎖されたり魚介類が異臭を放ったりするなど汚染が深刻化した(47年7月25日に海上保安庁が汚染実態を公表)。《データ》魚介類被害
- この頃ー　鉛・水銀汚染(山形県酒田市)　46年頃から、山形県酒田市の酒田港内の大浜運河などに約9万tのヘドロが堆積、港湾付近の海底の泥が許容値を超える最高1万4199.4ppmの鉛や同175ppmの水銀、高濃度の砒素などに汚染された(46年2月に運輸省が検出し、同8月に環境庁も全国の河川や湖沼、海域などの汚染実態点検で発表。48年6月13日にヘドロの存在を発表)。
- この頃ー　汚染(山形県)　46年頃から、山形県鶴岡、酒田市などを流れる赤川で工場廃液に含まれる高濃度の水銀により流域の魚介類が汚染された(46年6月29日に厚生省が環境汚染総点検で発表し、流域産の魚介類の摂取制限を要請)。《データ》魚介類汚染
- この頃ー　汚染(山口県徳山市)　46年頃から、山口県徳山市の徳山湾で工場廃液に含まれる高濃度の水銀により湾内の魚介類が汚染され、住民の健康への影響も懸念された(46年6月29日に厚生省が環境汚染総点検で発表し、海域産の魚介類の採取および摂取制限を要請)。《データ》魚介類被害
- この頃ー　水銀汚染(福井県)　46年頃から、福井県武生、鯖江市などを流れ、福井市で九頭竜川と合流する日野川で工場廃液に含まれる高濃度の水銀により流域の魚介類が汚染された(46年6月29日に厚生省が環境汚染総点検で発表し、流域産の魚介類の摂取制限を要請)。《データ》魚介類汚染
- この頃ー　博多湾汚染(福岡県福岡市)　46年頃から、福岡市の博多湾で急激な住民増加にともなう生活排水による汚染が深刻化した。
- この頃ー　大気汚染・水質汚濁・騒音被害(茨城県鹿島郡)　46年頃から、鹿島臨海工業地帯の工場多数が操業開始とともに青酸を含む廃液や煙などを排出し、現場周辺の茨城県鹿島、神栖、波崎町の海陸で大気汚染や水質汚濁、騒音、悪臭などによる被害が発生。47年1月には鹿島町福祉協議会から医療費を減免されていた公害認定患者が喘息で死亡し、県当局も鹿島町三浜および神栖町奥野谷浜の住民の集団移転計画を

272

認めた。《データ》死者1名(47年1月時点)

この頃― ポリ塩化ビフェニール汚染(全国)　46年頃から、ポリ塩化ビフェニール(PCB)による海水魚や淡水魚、肉類、乳製品などの食品および包装用容器や新聞紙、ちり紙などの雑貨用品、母乳などの汚染が深刻化。(47年3月に通商産業省が電化製品や産業用機械への使用禁止を通達し、製造元の鐘淵化学工業や三菱モンサント化成なども生産停止および回収を発表)。PCBは有機塩素系化合物で、不燃性や絶縁性に優れ、熱媒体や潤滑油、塗料、感圧紙、変圧器、蓄電器などの用途に広く使われていたが、カネミ油症事件で毒性や体内蓄積性が認められ、43年以降ほとんどの領域で使用されなくなっていた。《データ》農作物・畜産物・魚介類ほか汚染

昭和47年
(1972年)

1.11　作業員生埋没死(静岡県伊東市)　1月11日、静岡県伊東市の生コンクリート製造工場で作業員4名が貯蔵器内の生コンクリートに埋没、死亡した。《データ》死者4名(労働省調べ)

1.11―　低気圧豪雨(東海地方,近畿地方,四国地方,九州地方)　1月11日午前9時、低気圧が四国、九州地方の太平洋岸を東へ進み、和歌山県串本町の潮岬の南海上で中心気圧980mbを記録。このため、同12日までに愛媛県で山崩れにより住民2名が、宮崎県で高波により2名がそれぞれ死亡するなど、東海地方以西の各地で被害があいついだ。《データ》死者4名(愛媛・宮崎県のみ)

1.15―　低気圧豪雨(北海道,東北地方,関東地方)　1月15日から16日にかけて、低気圧が本州南岸沿いを通過し、宮城県石巻市で131mmの雨を記録したのをはじめ、冬季五輪開幕直前の北海道で70cmの雪が、東北地方の太平洋側で大雨がそれぞれ降り、家屋700戸が浸水、24万戸への送電が停止、常磐線が架線事故により不通になるなど、関東地方以北の各地で被害があいついだ。《データ》浸水家屋700戸

1.22　乗用車・小田急江ノ島線電車衝突(神奈川県藤沢市)　1月22日、小田急電鉄江ノ島線六会駅付近の亀井野六会踏切で乗用車と電車が衝突し、乗客ら5名が死亡した。原因は乗用車を運転していた大学生による警報機無視。《データ》死者5名,車両衝突(警察庁調べ)

1.29　児童埋没死(徳島県美馬郡穴吹町)　1月29日、徳島県穴吹町で児童5名が洞穴で遊んでいたところ、土砂が突然崩壊、うち4名が死亡した。《データ》死者4名

2.2　老人病院火災(奈良県北葛城郡香芝町)　2月2日、奈良県香芝町の老人病院で火災があり、施設の一部(30m²)を全焼、入院患者ら3名が死亡した。原因はたばこの火の不始末。《データ》死者3名,焼失面積30m²,被害額不明(消防庁・朝日新聞社調べ)

2.15　小田急電鉄立体交差建設現場土砂崩れ(神奈川県藤沢市)　2月15日、神奈川県藤沢市の小田急電鉄江ノ島線の立体交差建設現場で土砂が突然崩れ、作業員3名が埋没、死亡した。《データ》死者3名(労働省調べ)

2.19　朝日炭鉱坑内ガス突出(北海道岩見沢市)　2月19日、北海道岩見沢市朝日町の朝日炭鉱の坑内でメタンガスが突然噴出し、作業員16名が逃げ遅れ、うち9名が窒息死

昭和47年（1972年）

した。《データ》死者9名（労働省調べ）

2.19― 浅間山荘事件（長野県北佐久郡軽井沢町）　2月19日午後3時20分ころ、連合赤軍の構成員5名が長野県軽井沢町の河合楽器浅間山荘を占拠、封鎖し、管理人の妻を人質として包囲した警官隊と10日間にわたる銃撃戦となり、機動隊員2名が死亡、取材のカメラマン1名を含む12名が重軽傷を負った（同28日に人質救出、占拠者を全員逮捕）。《データ》死者2名、重軽傷者12名

2.21　協照丸爆発（茨城県鹿島郡神栖町）　2月21日、鋼材運搬船協照丸（2501t）が茨城県神栖町の鹿島港岸壁で荷揚の際、船尾付近で爆発が発生し、同船は沈没、12名が死亡した。《データ》死者12名、船舶1隻沈没（海上保安庁調べ）

2.22　国鉄トンネル建設現場落盤（鹿児島県垂水市）　2月22日、鹿児島県垂水市の国鉄大隅線トンネル掘削現場で天井部分が突然摺り鉢形に陥没し、松木建設の作業員6名が死亡、6名が負傷した。《データ》死者6名、負傷者6名（労働省調べ）

2.25　椿グランドホテル火災（和歌山県西牟婁郡白浜町）　2月25日午前6時30分頃、和歌山県白浜町椿温泉の椿グランドホテルで木造2階建の本館の配膳室付近から出火し、同館と鉄筋コンクリート5階建の新館、同7階建の別館（1万1000m²）を全焼、現場付近の飲食店など7棟を半焼、火元から約1km離れた雑木林にも延焼し、宿泊客364名のうち3名が焼死、従業員や消防士ら6名が重軽傷を負った。原因は失火とみられる。《データ》死者3名、重軽傷者6名、全焼施設3棟、半焼店舗ほか7棟、焼失面積1万1000m²、被害額7億748万6000円（消防庁・朝日新聞社調べ）

2.27　第32福洋丸行方不明（長崎県福江市沖）　2月27日、底引網漁船第32福洋丸（101t）が長崎県福江市の女島の沖合で台風級の強い低気圧による悪天候に巻き込まれて乗組員10名とともに消息を絶った。《データ》行方不明者10名、船舶1隻行方不明（海上保安庁調べ）

2.29　八丈島東方沖地震（北海道、東北地方、関東地方、中部地方、近畿地方）　2月29日午後6時25分、伊豆諸島の東京都八丈町の東約130km、深さ約40kmの海底を震源とするマグニチュード7.2の地震が発生し、同町で震度6を、福島と宇都宮、千葉県銚子および館山、東京、甲府、静岡市とで震度4をそれぞれ記録するなど、近畿地方以東で揺れを感じ、館山および静岡県清水市、和歌山県串本町の潮岬などで20cm以下の比較的弱い津波も観測された。このため八丈町で落石やがけ崩れ、道路や水道管の損壊などがあいつぎ、東海道・山陽新幹線や都内各線で運休、遅延が続いた。《データ》被害額約3億円（東京都八丈町のみ）

3.8　川留製革工場爆発（和歌山県和歌山市）　3月8日、和歌山市三沢町の川留製革所で作業用のシンナーが引火し、爆発、2名が死亡、3名が負傷した。《データ》死者2名、負傷者3名

3.20　清水勤労者山岳会員遭難（富士山）　3月20日、静岡県清水市の清水勤労者山岳会および静岡市の頂会の会員多数が翌日の通常勤務を控えて富士山からの帰途、台風級の低気圧による瞬間最大風速50mの風雨や雪崩に巻き込まれ、20名が寒さや過労などにより死亡、4名が行方不明になった（捜索の結果、全員の遺体発見）。《データ》死者24名

3.20　第26増丸座礁（長崎県福江市沖）　3月20日、長崎市元船町の増田水産の底引網漁船

昭和47年（1972年）

第26増丸（119t）が出漁先の東シナ海からの帰途、長崎県福江市の女島燈台付近の海域で台風級の強い低気圧による悪天候に巻き込まれて座礁、沈没し、乗組員16名のうち3名は救助されたが、残りの3名が死亡、10名が行方不明になった。《データ》死者3名, 行方不明者10名, 船舶1隻沈没（海上保安庁調べ）

3.30　呉服センター火災（愛知県名古屋市中区）　3月30日昼、名古屋市中区栄の呉服販売店ニュー栄さが美センターの1階から出火し、地上6階、地下1階建の同店など（1100m^2）を全焼、従業員のうち5階にいた2名が焼死、3階から飛び降りた1名が負傷した。原因は放火とみられるが、出火時は激しい雨で来店客がなかった。《データ》死者2名, 負傷者1名, 店舗全焼, 焼失面積1100m^2, 被害額不明（消防庁・朝日新聞社調べ）

3.31　武光丸転覆（千葉県夷隅郡岬町沖）　3月31日、貨物船武光丸（2298t）が茨城県の日立港から神奈川県横須賀市の久里浜港へ向かう際、千葉県岬町の太東崎付近の東北東沖で悪天候に巻き込まれ、積荷のラワン材が崩れて転覆し、乗組員のうち1名は救助されたが、残りの22名が死亡した。《データ》死者22名, 船舶1隻転覆（海上保安庁調べ）

3.31　第8協和丸行方不明（北海道根室市沖）　3月31日、福島県いわき市の小名浜漁業協同組合の底引網漁船第8協和丸（349t）がソ連領西カムチャッカの漁場から釧路港への帰途、北海道根室市の納沙布岬の南沖合で悪天候に巻き込まれ、乗組員26名とともに消息を絶った（捜索の結果、全員死亡と断定）。《データ》死者26名, 船舶1隻行方不明（海上保安庁調べ）

4月—　牛乳大腸菌群汚染（岐阜県）　4月から48年3月にかけて、岐阜県の牛乳製造企業32社のうち14社の製品が大腸菌群に汚染されていることがわかった（48年3月下旬に保健所の調査結果が明らかになり、県衛生部が再検査や零細企業への合併指導などの対策を実施）。《データ》食品汚染

4.1—　猩紅熱集団発生（青森県南津軽郡平賀町）　4月1日、青森県平賀町新屋で住民が猩紅熱にかかり、地区全域の消毒や小学校の休校などの防疫対策が実施されたが、6月中旬に終息するまでに各地区で174名が発病、隔離された。《データ》患者174名

4.19　日本原子力研究所放射性廃液流出（茨城県那珂郡東海村）　4月19日、茨城県東海村の日本原子力発電東海研究所で高放射性物質取扱施設（通称ホットラボ）の廃液約0.7tが、同施設と廃棄物処理場を結ぶ排水管の付属弁から流出し、現場付近のコンクリート舗装路面や土壌を汚染した。廃液にはセシウム137をはじめ、1cm^{3}当たり約0.008マイクロキュリー（人体摂取許容濃度の10倍）の放射性物質が含まれていた（流出後に現場周辺の立入禁止と汚染路面や土壌の洗浄、除去などの対策を実施）。《データ》施設・土壌汚染

4.29　本田航空機墜落（埼玉県桶川市）　4月29日、本田航空のFA200型軽飛行機（富士重工業製）が埼玉県桶川市川田谷の桶川飛行場で公開曲技飛行のため離陸後、突然失速して墜落し、操縦者ら2名が死亡した。《データ》死者2名, 航空機1機墜落（運輸省調べ）

5月—　集団赤痢連続発生（山形県山形市ほか）　5月から10月にかけて、山形市をはじめ山形県の8市5町村で住民にのべ15回の集団赤痢が発生し、患者数は772名になった。なかでも山形市では、9月27日から10月20日までに児童や生徒ら439名が発病し、全

昭和47年(1972年)

小中学校で10月4日から同18日まで給食を取りやめた。《データ》患者772名(10月31日時点)

5.12— 光化学スモッグ被害(東京都練馬区,東京都世田谷区)　5月12日、東京都練馬区の石神井南中学校で授業のため教室内にいた男女生徒111名が頭や眼、咽喉の痛みなど光化学スモッグ特有の症状を訴え、うち女子8名が手足の痙攣などの重症に陥って緊急入院した。都教育庁によれば、同校での被害は7月20日までに20回、被害生徒数はのベ1136名になった(5月28日に都職員が実地検証。8月17日に環境庁と都、警視庁が同校周辺で立体調査を実施)。世田谷区の太子堂中学校でも6月7日から7月19日までに、のベ707名の生徒が類似の症状を訴えた。都教育庁によれば、47年の公立学校の被害児童および生徒数は小学校の1536名(41校)や中学校の2987名(43校)を含め、のベ4712名(99校)になった。《データ》患者4712名(公立学校のみ。東京都教育庁調べ)

5.13　千日前デパートビル火災(大阪府大阪市南区)　5月13日午後10時27分頃、大阪市南区難波新地の雑居ビル千日前デパートビルで3階の衣料品売場付近から出火し、鉄筋コンクリート地上7階、地下1階建の同ビルの2階から4階まで($8763m^2$)を全焼、最上階のアルバイトサロンプレイタウンの女性従業員や来店客ら118名が有毒な煙に巻かれたり地面に飛び降りたりして死亡、消防士4名を含む81名が負傷した。原因は火元階で電気関係の作業をしていた担当者によるタバコの火の不始末だが、火災発生後、避難誘導の遅れや非常階段の扉への施錠、救助袋の使用法、新建材の危険性など防火対策上のさまざまな欠陥も指摘された(48年2月19日に遺族の一部が損害賠償を求めて提訴)。《データ》死者118名,負傷者81名,半焼店舗1棟,焼失面積$8763m^2$,被害額16億4969万3000円(消防庁・朝日新聞社調べ)

5.15　首都高速道路橋梁落下(東京都杉並区)　5月15日、東京都杉並区の首都高速道路4号線で高架橋が突然落ち、高架下の甲州街道を走っていた乗用車2台が損壊、運転者や同乗者のうち4名が死亡、2名が負傷した。《データ》死者4名,負傷者2名,車両2台損壊,橋梁損壊1ヶ所(労働省調べ)

5.15　大阪製紙工場煙突建設現場転落死(大阪府大阪市西淀川区)　5月15日、大阪市西淀川区の大阪製紙工場の敷地内で高さ約42mの煙突建設現場から作業員4名が転落、死亡した。《データ》死者4名(労働省調べ)

5.24　東邦航空ヘリコプター墜落(岐阜県揖斐郡揖斐川町)　5月24日、東邦航空のアルウェット型ヘリコプターが岐阜県揖斐川町で架線に接触し、墜落。操縦者ら2名が死亡、1名が負傷した。《データ》死者2名,負傷者1名,ヘリコプター1機墜落(運輸省調べ)

5.26　海麟丸爆発(新潟県新潟市)　5月26日午後0時頃、浚渫船海麟丸(2142t)が新潟西港へ帰港直前、信濃川河口にある同港の臨港東防波堤付近で海底に残っていた機雷に接触、爆発し、船体が傾斜して後部から浸水、沈没、作業員2名が死亡、44名が重軽傷を負った。同機雷は戦時中、米軍が港湾封鎖の目的で使ったものとみられる。《データ》死者2名,重軽傷者44名,船舶1隻沈没

5.28　第8十勝丸転覆(北海道根室市沖)　5月28日、サケマス漁船第8十勝丸(60t)が北海道根室市の東北東沖で悪天候に巻き込まれて転覆、沈没し、乗組員18名が死亡した(翌日に全員の遺体収容)。《データ》死者18名,船舶1隻沈没(海上保安庁調べ)

昭和47年（1972年）

5.30	横浜航空旅客機墜落（北海道樺戸郡月形町）　5月30日、横浜航空のセスナ402A型双発旅客機が紋別空港を出発して札幌市の丘珠空港へ着陸直前、悪天候により北海道月形町の隅根尻山（通称分監山）に激突、墜落し、乗員2名と乗客8名が死亡した。《データ》死者10名,航空機1機墜落（運輸省調べ）
6月	赤潮発生（山口県下関市沖）　6月、山口県下関市の沖合の響灘で赤潮が発生し、魚介類に被害があいついだ（県議会が同9月、響灘汚染問題対策特別委員会を設けて調査を開始）。赤潮の発生際には、対岸の北九州市若松区で響灘の埋立てによる工業用地や産業廃棄物処分場の造成計画があり、山口県漁業組合連合会が汚染悪化を懸念して反対していた。　《データ》魚介類被害
6.1	光化学スモッグ被害（大阪府）　6月1日、大阪府の10市で光化学スモッグが発生し、教職員や児童、生徒ら517名が眼や咽喉の痛みなどの症状を訴えた。同府では47年、光化学スモッグにより住民らのべ約1600名が被害を訴えた。　《データ》患者517名
6.6	光化学スモッグ発生（埼玉県南部,東京都）　6月6日、埼玉県南部と東京都とで光化学スモッグが発生し、埼玉県で児童や生徒を含め住民ら約1800名が、東京都で約900名がそれぞれ眼や咽喉の痛みなど特有の症状を訴えた。　《データ》患者約2700名
6.6	ダンプカー・千歳線ディーゼル急行列車衝突（北海道恵庭市）　6月6日、千歳線島松・恵庭駅間の南島松踏切で札幌発様似行きディーゼル急行列車がダンプカーと衝突し、双方の運転者が死亡、乗客85名が重軽傷を負った。原因はダンプカーの運転者による警報機無視。　《データ》死者2名,重軽傷者85名,車両衝突（運輸省調べ）
6.6―	豪雨（九州地方南部）　6月6日から7月上旬にかけて、九州地方の南部に台風7号衰弱後の低気圧などにより断続的に局地的な大雨が降り、鹿児島県の北部では3時間当たり203mmの降雨を記録して住民11名が死亡、58名が負傷、家屋1万7249棟が損壊または浸水、田畑約1000haが流失または埋没するなど、ひと月にわたって被害があいついだ。　《データ》死者11名,負傷者58名,損壊・浸水家屋1万7249棟,流失・埋没田畑約1000ha,被害額201億186万円（鹿児島県のみ）
6.21	ヤマサ醤油工場酸素欠乏死傷（千葉県銚子市）　6月21日、千葉県銚子市のヤマサ醤油工場で沈澱タンクの清掃開始後、作業員5名が酸素欠乏状態に陥り、うち4名が死亡、1名が負傷した。　《データ》死者4名,負傷者1名（労働省調べ）
6.21―	豪雨（福岡県）　6月21日から7月12日にかけて、福岡県に局地的な大雨が降り、柳川市で1318mm、飯塚市で828mm、福岡市で650mm、北九州市で485mmの降雨を記録し、住民10名が死亡、1名が行方不明になったほか、各地で被害が発生した。《データ》死者10名,行方不明者1名,被害額203億5000万円（推定）
6.22	川崎製鉄工場溶鋼噴出（千葉県千葉市）　6月22日、千葉市川崎町の川崎製鉄千葉製鉄所で溶鋼を鋳型に流し込む直前、高温度の溶鋼が噴出し、作業員2名が死亡、4名が負傷した。　《データ》死者2名,負傷者4名（労働省調べ）
6月頃	渇水（東京都）　6月頃、東京都で利根川水系の渇水が発生し、都水道局が6月24日から8年ぶりに利用者5万世帯に給水制限を実施した。　《データ》給水制限
7月―	赤潮発生（香川県,徳島県鳴門市）　7月から9月にかけて、香川県志度町付近および対岸の小豆島周辺から徳島県鳴門市に至る海域で工場の廃液による赤潮が発生し、養殖ハマチ約700万匹が全滅するなど魚介類に深刻な被害があった（50年1月23日、

277

昭和47年（1972年）

地元の養殖漁業者が工場排水差止めと損害賠償を求めて提訴）。《データ》魚介類被害, 被害額約31億円

7.4— 梅雨前線豪雨（47年7月豪雨）（全国）　7月4日に四国地方に、5日から6日にかけて九州地方に、7日から8日にかけて北海道および東北地方に、9日から11日にかけて中国地方に、12日から14日にかけて関東および中部地方にそれぞれ活発な梅雨前線による大雨が降り、高知県土佐山田町で5日午前9時までの24時間に743mmの、天草諸島の熊本県竜ヶ岳町で1時間当たり130mm、福岡県柳川市で592mmの、宮崎県えびの市で500mmを超える雨量をそれぞれ記録。このため5日の2回、土佐山田町でがけ崩れが発生、住民や救助活動に当たっていた36名が死亡、24名が行方不明になり、6日に熊本県人吉市が球磨川の氾濫により孤立し、同午前に竜ヶ岳、倉岳町や姫戸村などの海岸付近でがけ崩れにより100名が死亡、154名が重軽傷を負い、20名が行方不明となる。同午後にはえびの市西内堅で国有林付近の山津波により住宅など57棟が損壊、4名が死亡、4名が行方不明になり（宮崎大学教授が原因を地元営林署による過剰伐採と報告し、熊本営林局が反論）、9日に青森県弘前、秋田県能代市で堤防の決壊により家屋多数が床上浸水し、神奈川県山北町で酒匂川鉄橋の流失、山崩れにより64棟が埋没または流失、損壊して6名が死亡、3名が行方不明になり、同午前1時頃に秋田県二ツ井町で米代川の氾濫により家屋多数が水没。12日、京都市東山区で法相宗清水寺の釈迦堂（重要文化財）が全壊、同左京区で臨済宗慈照寺（通称銀閣寺）の庭園（伝相阿弥作、特別史跡）の一部が埋没し、愛知県の西三河地方で山崩れ106ヶ所などにより182棟が損壊または流失、59名が死亡、7名が行方不明になり、岐阜県で23名が死亡、4名が行方不明、89棟が損壊または流失し、島根県で22名が死亡、4名が行方不明になり、広島県で28名が死亡、11名が行方不明、三次市の電報電話局が冠水。33都府県で410名が死亡、652名が負傷、31名が行方不明などの被害が出た。　《データ》死者410名, 負傷者652名, 行方不明者31名, 全壊住宅1417棟, 半壊住宅2940棟, 破損住宅3193棟, 流失住宅506棟, 床上浸水住宅5万3756棟, 床下浸水住宅17万6282棟, 全焼住宅3棟, 半焼住宅1棟, 被災非住宅5592棟, 水田流失・埋没8031ha, 水田冠水12万5597ha, 畑流失・埋没1148ha, 畑冠水1万1319ha, 道路損壊1万2661ヶ所, 橋梁流失1222ヶ所, 堤防決壊3330ヶ所, がけ崩れ1万1574ヶ所, 鉄道被害285ヶ所, 通信施設被害8044ヶ所, 木材流失2325m³, 船舶沈没16隻, 船舶流失3隻, 無発動機船被害24隻, 被災者25万3398名（6万9161世帯）（警察庁調べ）, 被害額（土木関係のみ）約54億円

7.9　国道作業現場岩盤崩落（北海道浜益郡浜益村付近）　7月9日、北海道浜益村付近の国道231号線の作業現場で岩盤が突然崩れ、5名が死亡、3名が負傷した。《データ》死者5名, 負傷者3名（労働省調べ）

7.11— 袋井南小学校細菌性熱病集団発生（静岡県袋井市）　7月11日から19日にかけて、静岡県袋井市の袋井南小学校で児童993名のうち538名が摂氏40度を超える高熱や下痢、腹痛など食中毒に似た症状を訴え、同14日には200名余りが欠席した。県衛生研究所によれば、原因はエルシニア・エンテロコリチカ菌で、感染経路は不明。静岡県では、同2月にも袋井市の北西隣の豊岡村で前記の細菌による熱病が集団発生した。　《データ》患者538名

7.15　台風6号（静岡県, 愛知県）　7月15日午前9時頃、小型の台風6号が愛知県半田市付近に上陸し、急激に衰弱しながら同午後11時頃、石川県南部で温帯低気圧となって消

昭和47年(1972年)

滅。このため関東、東海、近畿地方が暴風雨圏に巻き込まれ、山間部に150mmから250mm、平野部に30mmから100mmの雨が降り、静岡、愛知両県で住民3名が死亡した。《データ》死者3名, 全半壊家屋30棟, 浸水家屋6641棟, 田畑流失・埋没ほか1696ha

7.21　自家製筏行方不明(沖縄県石垣市)　7月21日、舟遊び用の自家製筏が沖縄県石垣市付近の海域で消息を絶ち、乗っていた7名が死亡した。《データ》死者7名, 筏1隻行方不明(海上保安庁調べ)

7.23－　台風9号(四国地方, 九州地方東部)　7月23日午後8時頃、小型で弱い台風9号が大分、宮崎県境に上陸後、九州を横断して24日、日本海へ抜け、通過地域をはじめ四国地方や九州地方東部で住民4名が死亡、3名が行方不明となった。《データ》死者4名, 行方不明者3名, 全半壊家屋56棟, 浸水住宅3602棟, 田畑流失・埋没ほか2596ha

7.24　ビル建築現場酸素欠乏死(東京都中野区)　7月24日、東京都中野区のビル建築現場の地下室内で配線作業中、作業員3名が酸素欠乏状態に陥り、死亡した。《データ》死者3名(労働省調べ)

7.25－　台風7号(関東地方, 東海地方, 西日本)　7月25日から26日にかけて、台風7号が黄海北部へ去るまで沖縄諸島付近から本州の南海上を12日間迷走し、西日本に風速30mから40mの強風が吹き、神奈川、高知両県に1日当たり400mmから500mmの雨が降ったのをはじめ、関東地方以西に断続的に激しい雨が降った。沖縄県では暴風雨が6日間続き、各地で住民2名が死亡、1名が行方不明になった。《データ》死者2名, 行方不明者1名, (以下沖縄県のみ)全半壊住宅24棟, 浸水住宅154棟

8.8　航空自衛隊救難機墜落(宮崎県日南市沖)　8月8日、航空自衛隊新田原基地救難隊のV107型機が米軍墜落機に対する救難活動中に、宮崎県日南市の沖合で海面に接触、墜落し、乗員4名が死亡した。《データ》死者4名, 航空機1機墜落(防衛庁調べ)

8.9　幼稚園マイクロバス転落(岐阜県揖斐郡春日村)　8月9日、幼稚園のマイクロバスが帰途、岐阜県春日村川合の伊吹山ドライブウェイから約40m下の谷底へ落ち、運転者や引率教諭、園児、付添いの父母のうち11名が死亡、11名が重軽傷を負った。《データ》死者11名, 重軽傷者11名, 車両1台転落(警察庁調べ)

9.8－　豪雨(中国地方, 四国地方)　9月8日から9日にかけて、熱帯低気圧と活発な前線により中国、四国地方に雷とともに大雨が降り、高知県で鉄砲水により住民3名が死亡し、山陽本線が不通になったのをはじめ、各地で8名が死亡、21名が負傷、2名が行方不明となった。《データ》死者8名, 負傷者21名, 行方不明者2名, 全壊住宅28棟, 半壊住宅44棟, 破損住宅30棟, 床上浸水住宅2905棟, 床下浸水住宅3万4757棟, 全焼住宅1棟, 半焼住宅1棟, 被災非住宅16棟, 水田冠水748ha, 畑流失・埋没54ha, 畑冠水297ha, 道路損壊83ヶ所, 橋梁流失5ヶ所, 堤防決壊8ヶ所, がけ崩れ132ヶ所, 鉄道被害10ヶ所, 通信施設被害10ヶ所, 被災者8786名(2836世帯)(警察庁調べ)

9.13　桜島爆発(鹿児島県鹿児島郡桜島)　9月13日午後3時20分、桜島南岳で比較的激しい爆発が発生、噴煙が3時間にわたって高度3000mから4000mまで上り、農作物に火山灰による深刻な被害があった。《データ》農作物被害, 被害額約1億1000万円

9.14　小松フォークリフト工場爆発(栃木県小山市)　9月14日、栃木県小山市の小松フォークリフト栃木工場で燃料のガソリンが漏れて引火、爆発し、作業員5名が死

279

昭和47年(1972年)

亡、23名が重軽傷を負った(後日うち4名が死亡)。《データ》死者5名、重軽傷者23名(労働省調べ)

9.14— 秋雨前線豪雨(全国) 9月14日から15日にかけて、台風20号の刺激を受けた停滞性の活発な秋雨前線により中部、近畿地方を中心に四国地方以東に100mmから700mmを超える雨が降り、15日午後7時過ぎに高知市比島町の新興住宅地で長さ約40m、幅約50mの山崩れにより家屋9戸が全壊、2戸が半壊し、漏れたプロパンガスが引火、爆発して住民10名が死亡、3名が重傷。大阪府東大阪、大東、門真市でも住宅多数が浸水したのをはじめ、各地で13名が死亡、14名が重軽傷を負い、1名が行方不明となった。《データ》死者13名、重軽傷者14名、行方不明者1名、全壊住宅18棟、半壊住宅38棟、破損住宅22棟、流失住宅2棟、床上浸水住宅4507棟、床下浸水住宅2万1076棟、全焼住宅5棟、被災非住宅264棟、水田流失・埋没31ha、水田冠水2334ha、畑流失・埋没2ha、畑冠水398ha、道路損壊195ヶ所、橋梁流失24ヶ所、堤防決壊23ヶ所、がけ崩れ305ヶ所、鉄道被害22ヶ所、通信施設被害235ヶ所、無発動機船被害2隻、被災者1万5069名(4554世帯)(警察庁調べ)

9.16 鹿島丸転覆(東京都八丈町沖) 9月16日、漁船鹿島丸(111t)が東京都八丈町の沖合で台風20号の余波による悪天候に巻き込まれて転覆、沈没し、乗組員19名が死亡した。《データ》死者19名、船舶1隻沈没(海上保安庁調べ)

9.16— 台風20号(北海道,東北地方,関東地方,中部地方,近畿地方) 9月16日午後6時30分頃、台風20号が中心気圧960mbで和歌山県串本町の潮岬付近に上陸し、三重、岐阜県から富山湾を通過、17日午前に北陸、羽越地方の沿岸海域を経て北海道の西海上で衰弱、19日朝に温帯低気圧になった。このため近畿地方以東の各地に瞬間風速20mから50mの風とともに大雨が降り、京都市東山区で臨済宗東福寺の偃月橋(重要文化財)が傾斜し、愛知県でプレハブ住宅多数の屋根が吹き飛び、うち6棟が全壊、37棟が半壊し(10月12日に建設省が東レエンジニアリングとミサワホームに欠陥設計タイプの販売停止を、大和ハウスとラクダ産業、大建工業に施工法の改善をそれぞれ指示)、宮城県亘理町で木が倒れて高圧電線と住宅24戸が接触、2名が感電死。13都道府県で64名が死亡、186名が負傷、7名が行方不明などの被害が出た。《データ》死者64名、負傷者186名、行方不明者7名、全壊住宅166棟、半壊住宅566棟、破損住宅3968棟、流失住宅11棟、床上浸水住宅1万4415棟、床下浸水住宅7万8911棟、全焼住宅1棟、被災非住宅2982棟、水田流失・埋没1093ha、水田冠水2万290ha、畑流失・埋没210ha、畑冠水1万4733ha、道路損壊1487ヶ所、橋梁流失182ヶ所、堤防決壊536ヶ所、がけ崩れ1351ヶ所、鉄道被害221ヶ所、通信施設被害2708ヶ所、木材流失216m^3、船舶沈没258隻、船舶流失108隻、船舶破損572隻、無発動機船被害96隻、被災者7万3220名(2万141世帯)(警察庁調べ)

9.23 川中島自動車観光バス転落(長野県上水内郡信濃町) 9月23日午後0時頃、川中島自動車の定期観光バスが長野県信濃町柏原の県道戸隠線で対向のダンプカーとすれ違う際、誤って道路から約57m下の鳥居川へ落ち、満員の乗客80名と乗務員のうち15名が死亡、67名が重軽傷を負った。《データ》死者15名、重軽傷者67名、車両1台転落(警察庁調べ)

10月— 県立病院新生児感染死(岩手県大船渡市) 47年10月から48年3月にかけて、岩手県大船渡市の県立大船渡病院で新生児4名があいついで耐性葡萄球菌に感染、肺炎を起こして死亡した。原因は病院側の院内感染防止策の欠陥。《データ》死者4名

昭和47年(1972年)

10.1 　自家用機墜落(群馬県太田市)　10月1日、自家用のFA200型軽飛行機(富士重工業製)が群馬県太田市の小学校付近で運動会の開催を祝っていたところ、突然失速して墜落、操縦者ら2名が即死した。《データ》死者2名, 航空機1機墜落(運輸省調べ)

10.2 　桜島南岳爆発(鹿児島県鹿児島郡桜島)　10月2日午後10時29分、桜島南岳で17年ぶりという大爆発があり、噴煙が高度約4000mまで上り、同岳3合目までのほぼ全域が噴石で埋没、山麓で山林火災が発生し、特産の蜜柑や蔬菜類などの農作物に被害があった。《データ》山林火災, 農作物被害, 被害額770万円

10.12 　第81八幡丸転覆(宮城県牡鹿郡牡鹿町沖)　10月12日、マグロ漁船第81八幡丸(77t)が宮城県牡鹿町の金華山の沖合で悪天候に巻き込まれて転覆し、沈没。乗組員のうち漂流していた2名は60時間後に救助されたが、残りの16名が死亡した。《データ》死者16名, 船舶1隻沈没(海上保安庁調べ)

10.16 　東亜合成化学工業工場爆発(愛知県名古屋市港区)　10月16日、名古屋市港区昭和町の東亜合成化学工業名古屋工場でオキシム濃縮器が爆発し、作業員3名が死亡、1名が負傷した。《データ》死者3名, 負傷者1名(労働省調べ)

10.22 　金橋商会採石場土砂崩れ(熊本県八代郡坂本村)　10月22日、熊本県坂本村の金橋商会坂本採石場で土砂が突然崩れ、作業員2名が下敷きになって死亡、2名が負傷した。《データ》死者2名, 負傷者2名, 土砂崩れ1ヶ所(労働省調べ)

11.2 　石狩炭鉱坑内ガス爆発(北海道空知郡奈井江町)　11月2日、北海道奈井江町の石狩炭鉱石狩鉱業所の坑内でガス爆発が発生し、作業員31名が死亡した。《データ》死者31名

11.6 　北陸本線急行列車火災(北陸トンネル列車火災)(福井県敦賀市)　11月6日午前1時10分頃、北陸本線南今庄・敦賀駅間の北陸トンネルで大阪発青森行き急行きたぐに(15両編成)の食堂車から出火し、同車両を全焼。乗客28名、乗務員1名が停電後の暗闇で煙に巻かれて死亡、714名が重軽傷を負った(県警察による再捜索の結果、同13日午後に排水溝から乗客1名の遺体発見)。科学警察研究所によれば、原因は火元の喫煙室内の座席下にある暖房器の過熱。《データ》死者30名, 重軽傷者714名, 車両1両全焼(運輸省調べ)

11.10 　港工業型枠倒壊(山形県酒田市)　11月10日、飛島南西にある山形県酒田市勝浦の港工業の型枠解体現場で型枠が突然倒壊し、作業員3名が下敷きになって死亡した。《データ》死者3名(労働省調べ)

11.20 　水道建設現場落盤(神奈川県足柄上郡大井町付近)　11月20日、神奈川県大井町の県広域水道企業団の大井松田第2工区のトンネル掘削現場で湧き水による落盤が発生、作業員6名が土砂の下敷きになって死亡した。《データ》死者6名

12.4 　八丈島東方沖地震(東北地方, 関東地方, 静岡県)　12月4日午前7時16分、伊豆諸島の東京都八丈町の東海上(北緯33.2度、東経141.0度)の深さ30kmの海底を震源とするマグニチュード7.3の地震が発生し、同町で震度6を、福島県いわき市小名浜と千葉県館山、千葉、横浜市、静岡県熱海市網代、東京都大島町および三宅村とで震度4を、東北地方の南部や関東地方の北部で震度3をそれぞれ記録、近畿地方以東の各地で揺れを感じたほか、和歌山県串本町の潮岬で最高26cm、館山市や八丈町で23cm、三重県尾鷲市で19cmの津波をそれぞれ観測、東海道・山陽新幹線などで運

昭和47年(1972年)

転が止まった。八丈町では、地震の発生から27日までに震度3の余震が131回続き、地割れが4ヶ所で発生、道路4ヶ所が陥没、貯水池の損壊により3170世帯で断水するなどの被害があった。《データ》道路損壊4ヶ所,地割れ4ヶ所

12.17　第11平栄丸・北扇丸衝突(茨城県北茨城市沖)　12月17日、底引網漁船第11平栄丸(96t)が茨城県北茨城市の大津港の沖合でタンカー北扇丸(999t)と衝突、沈没し、乗組員13名のうち10名が行方不明になった。原因は北扇丸が衝突危険海域での減速を怠ったため。《データ》行方不明者10名,船舶1隻沈没

12.20　甫場改修作業現場側壁倒壊(鳥取県東伯郡大栄町)　12月20日、鳥取県大栄町の県営甫場整備改修作業現場でコンクリート製の側壁が幅約20mにわたって突然倒れ、農業関係者の妻など作業員7名が下敷きになって死亡、1名が重傷を負った。《データ》死者7名,重傷者1名

この年　水質汚染(岩手県)　この年、北上川水系を中心に岩手県の河川多数で鉱山廃液や農薬散布の影響によるとみられる汚染が発生し、被採取魚4万匹のうち253匹に尾鰭や背骨の歪曲などが確認された(同5月から6月にかけて県公害、漁政両課が28の漁業協同組合で実態調査)。《データ》魚介類被害

この年　カドミウム汚染(宮城県栗原郡)　この年、宮城県栗駒町尾松および築館町富野で、二迫川上流の同県鶯沢町の三菱金属鉱業細倉鉱業所から排出された高濃度のカドミウムを含む廃液により、両地区の産米が汚染された(同10月に最高0.82ppmのカドミウムを検出後、県が出荷前の検査態勢を強化)。《データ》農作物被害

この年　製紙工場排出物投棄(山梨県南巨摩郡身延町)　この年、静岡県富士市の製紙工場がポリ塩化ビフェニール(PCB)を含む排出物を山梨県身延町光子沢の山林に無許可で違法投棄し、現場付近の汚染が懸念された(同9月に山梨県公衆衛生課が投棄を確認し撤去を指示)。

この年　バナナセンター青酸化合物汚染(兵庫県神戸市)　この年、神戸市の神戸バナナセンターが2512ppmの青酸化合物を含む廃液を神戸港へ排出し、周辺海域に汚染が発生した(同6月に確認)。同センターは市の管理企業。

この年　グルタミン酸ナトリウム中毒(全国)　この年、化学調味料味の素の過剰摂取により、使用者多数が成分のグルタミン酸ナトリウムによる中毒にかかった(同8月16日に製造元が警告)。《データ》患者多数

この年　青酸化合物・カドミウム・六価クロム汚染(神奈川県横浜市)　この年、横浜市保土ヶ谷および西区を流れる帷子川で流域の工場の廃液に含まれる高濃度の青酸化合物やカドミウム、六価クロムによる汚染が深刻化した(同7月29日に環境庁が全国の河川および湖沼、海域の汚染実態調査の結果として発表)。

この年　青酸化合物汚染(神奈川県横浜市)　この年、横浜市の山王川で流域の工場の廃液に含まれる高濃度の青酸化合物による汚染が深刻化した(同7月29日に環境庁が全国の河川および湖沼、海域の汚染実態調査の結果として発表)。

この年　青酸化合物汚染(大阪府)　この年、大阪府八尾および東大阪、大東市を南北に流れる恩智川で流域の工場の廃液に含まれる高濃度の青酸化合物による汚染が深刻化した(同7月29日に環境庁が全国の河川および湖沼、海域の汚染実態調査の結果として発表)。

昭和47年(1972年)

| この年 | カドミウム汚染(東京都品川区) この年、東京都品川区の立会川で流域の工場の廃液に含まれる高濃度のカドミウムによる汚染が深刻化した(同7月29日に環境庁が全国の河川および湖沼、海域の汚染実態調査の結果として発表)。

この年 千曲川カドミウム汚染(長野県) この年、長野県の千曲川で流域の工場の廃液に含まれる高濃度のカドミウムによる汚染が深刻化した(同7月29日に環境庁が全国の河川および湖沼、海域の汚染実態調査の結果として発表)。《データ》魚介類被害

この年 六価クロム汚染(愛知県名古屋市) この年、名古屋市の荒子川で流域の工場の廃液に含まれる高濃度の六価クロムによる汚染が深刻化した(同7月29日に環境庁が全国の河川および湖沼、海域の汚染実態調査の結果として発表)。

この年 六価クロム汚染(兵庫県神戸市) この年、神戸市の高橋川で流域の工場の廃液に含まれる高濃度の六価クロムによる汚染が深刻化した(同7月29日に環境庁が全国の河川および湖沼、海域の汚染実態調査の結果として発表)。

この年 砒素汚染(大阪府) この年、大阪府河内長野および富田林、羽曳野、柏原市を南北に流れる石川で流域の工場の廃液に含まれる高濃度の砒素による汚染が深刻化した(同7月29日に環境庁が全国の河川および湖沼、海域の汚染実態調査の結果として発表)。

この年 黒星病発生(青森県) この年、青森県でリンゴに黒星病が発生し、果樹園の多くが深刻な被害にあった。《データ》農作物被害

この年 光学機器工場カドミウム排出(長野県中野市) この年、長野県中野市で光学機器工場がカドミウムを含む廃液を排出し、同工場周辺の21haの産米が1ppmを超えるカドミウムに汚染された(48年5月に検出後、県公害対策審議会を経て同11月、県と市が汚染地域の田の土地改良作業を開始)。《データ》農作物被害, 被災面積21ha

この年― 旧松尾鉱山砒素汚染(岩手県岩手郡松尾村) 47年から、岩手県松尾村の旧松尾鉱山で露天式の採掘場跡から砒素を含む強酸性の廃液が北上川へ流れ込み、岩手大学の調査によれば、盛岡市の四十四田ダムで沈澱物から最高1390ppmの砒素を検出、流域で魚多数に尾鰭や背骨の歪曲などがあいついだ(同5月から建設省が中和剤を投入、通商産業省が採掘場跡の埋め戻しなどの応急対策を実施)。松尾鉱山は46年の操業停止後、47年4月に倒産し、汚染防止対策などがおこなわれなくなっていた。《データ》魚介類被害

この年― 中央卸売市場職員水銀汚染(東京都中央区) 47年、東京都中央区築地の都中央卸売市場に勤務し、マグロを常食する職員21名の毛髪に3.39ppmから25.62ppmの水銀が蓄積されていることがわかった(8月22日に都衛生局と新潟大学医学部の合同調査で検出)。8月24日、都は入荷魚介類の本格的な汚染実態調査を決定し、48年6月21日にマグロやカジキの約80%から水銀を検出と発表、常食者の健康への影響が懸念された(48年6月24日、厚生省が水銀汚染対策として魚の食べかた規制を発表、魚商業協同組合など関係団体が抗議し、同省は規制を緩和)。《データ》患者21名

この頃 大気汚染・水質汚染(大分県佐伯市) 47年頃、大分県佐伯市の興人伯支社工場が煙や廃液を排出し、周辺地域に大気汚染や水質汚濁の被害が発生した(47年5月と6月、公害追放市民会議などが企業側を告発、勝訴)。《データ》大気汚染, 水質汚濁

この頃 赤潮発生(愛媛県付近) 47年頃、愛媛県付近の海域で赤潮が発生し、魚介類に深刻

昭和47年(1972年)

な被害があった。《データ》魚介類被害

この頃　旧銅山廃液汚染(鳥取県岩美郡岩美町)　47年頃、鳥取県岩美町荒金の旧銅山が坑口から50ppmの銅を含む廃液(日平均1500t)を排出、小田川流域などの水田約200haの稲が汚染された(47年に県が沈澱式および水流式併用による排水処理施設の建設開始)。《データ》農作物被害、汚染面積約200ha

この頃　小野田セメント工場粉塵排出(大分県津久見市)　47年頃、大分県津久見市の小野田セメント津久見工場が大量の粉塵を排出した(47年6月24日に大分県と津久見市、工場が公害防止協定を締結)。

この頃　クロロキン系腎臓病治療薬障害(全国)　47年頃、全国各地で腎臓病の患者多数に治療薬クロロキンの長期間服用による網膜症などの視覚障害が発生した(50年12月22日および52年6月28日、被害者の遺族や家族らが厚生省と製造企業、担当医師に損害賠償を求めて提訴)。クロロキンは本来、マラリアの治療薬で、腎炎やリューマチなどの代謝異常疾患にも使われる合成剤。《データ》患者多数

この頃　ストレプトマイシン系治療薬障害(全国)　47年頃、全国各地で結核の患者多数に治療薬ストレプトマイシンの副作用によるめまいや難聴などの障害が発生した(53年9月25日に東京地方裁判所が損害賠償の請求および製造元3社の責任を認定)。《データ》患者多数

この頃　岩手県立南光病院患者新薬実験死(岩手県)　47年頃、岩手県の県立南光病院で患者が新製品の治療薬を実験的に投与され、死亡した(47年8月30日に県が患者の遺族へ慰謝料を支払い、和解成立)。《データ》死者1名(朝日新聞社調べ)

この頃ー　旧土呂久鉱山砒素汚染(宮崎県西臼杵郡高千穂町)　47年頃から、宮崎県高千穂町で住友金属鉱山旧土呂久鉱業所の廃坑周辺地区の住民が無水亜砒酸による慢性砒素中毒にかかり、うち101名(平均39歳)が死亡、74名が呼吸器系疾患などに悩まされていることがわかった(47年1月16日に地元の小学校教諭が発表、県は休廃坑を総点検し、焼窯や廃鉱石の埋戻しなどの汚染防止対策を実施。同8月に労働省が元作業員1名の労働災害補償を、48年1月24日に環境庁が同地域の砒素中毒症を公害病にそれぞれ認定。50年12月27日に被害者が損害賠償を求めて提訴)。《データ》死者101名,患者74名(47年12月31日時点)

この頃ー　旧松尾鉱山砒素汚染(宮崎県児湯郡木城村)　47年頃から、宮崎県木城村の日本鉱業旧松尾鉱山に勤務していた元作業員多数が亜砒酸などによる慢性砒素中毒にかかっていることがわかった(47年8月、うち5名に労働災害補償を認定。県は休廃坑の総点検後、焼窯や廃鉱石の埋戻しなど汚染防止対策を実施)。《データ》患者多数

この頃ー　フタル酸エステル汚染(全国)　47年頃から、プラスチックの可塑剤に使われる有機化合物フタル酸エステルが各地で血液や臓器、魚介類、空気、水、土壌などから検出され、形態異常や突発性の呼吸困難(通称ショック肺)など人体や自然環境への影響が懸念された。

この頃ー　フォークリフト病(全国)　47年頃から、全国各地で港湾荷役作業員らフォークリフト運転経験者の多数が手足のしびれや腰痛など通称フォークリフト病の症状を訴えていることがわかった(47年7月、労働省と神戸東労働基準監督署が患者4名に労働災害補償を認定)。《データ》患者多数

この頃― ベンジジン障害(全国)　47年頃から、全国各地で化学工場の従業員のうち、ベンジジンやベータナフチルアミンの取扱経験者多数が同薬剤によるとみられる職業性の膀胱癌にかかっていることがわかった。ベンジジンは工業用の合成染料や分析試薬として使われている(47年4月、関西電力病院泌尿器科の医師が住友化学大阪工場の調査や患者の診察経過をもとに使用禁止を提案)。《データ》患者多数

この頃― 大気汚染(愛知県)　47年頃から、名古屋市南、港区および南隣の愛知県東海市の臨海工業地帯付近で大気汚染が深刻化し、48年11月30日までに住民1493名が気管支喘息など公害病患者に認定された(47年2月に名古屋市が公害地域を指定して医療救済制度を実施。県も同じ時期、両市とともに財団法人県公害被害者救済協会を設立)。《データ》患者1493名(被認定者のみ。48年11月30日時点)

この頃― 鉱滓投棄・排出(鹿児島県)　47年頃から、鹿児島県の沿岸海域付近で鉱滓類の投棄または排出による汚染が深刻化した。《データ》海洋汚染

この頃― 大気汚染(大阪府大阪市西淀川区)　47年頃から、大阪市西淀川区で住民多数が阪神高速道路を利用する車両の排気ガスや工場の排出する煤煙などにより肺や気管支など呼吸器系の疾患にかかった(53年4月、患者112名が国と阪神高速道路公団、関係企業に汚染物質の排出差止めを求めて提訴)。《データ》患者多数

昭和48年
(1973年)

1.9　道路建設現場土砂崩壊(新潟県刈羽郡西山町)　1月9日、新潟県西山町の道路建設現場で土砂崩れがあり、作業員3名が土砂の下敷きになって死亡、2名が負傷した。《データ》死者3名,負傷者2名,土砂崩壊(労働省・朝日新聞社調べ)

1.14　京葉航空遊覧機墜落(千葉県鴨川市沖)　1月14日、京葉航空のエアロスバルFA200型遊覧機が燈台の送電線に接触、千葉県鴨川市磯村の沖合に墜落。操縦者、乗客4名が死亡した。《データ》死者4名,航空機1機墜落(運輸省・朝日新聞社調べ)

1.28　第2快収丸・神甲丸衝突(静岡県賀茂郡南伊豆町沖)　1月28日、漁船第2快収丸(48t)が静岡県南伊豆町の石廊崎の沖合で貨物船神甲丸(496t)と衝突し、転覆。乗組員11名が死亡した。《データ》死者11名,船舶1隻転覆(海上保安庁・朝日新聞社調べ)

2月　養殖牡蠣カドミウム汚染(広島県竹原市付近)　2月、広島県竹原市にある2つの精錬所がカドミウムを含む廃液を海へ排出し、付近の海域で養殖牡蠣が汚染されていることがわかった(同18日に汚染を確認、出荷停止を実施。9月3日に広島牡蠣衛生対策協議会が汚染源について報告し、同10日に両精錬所が見舞金の支払いを決定)。《データ》魚介類被害,被害額5億6000万円

2月　廃油汚染(島根県)　2月、島根県松江、平田市付近の島根半島に廃油が漂着、養殖漁業に深刻な被害が発生した。《データ》魚介類被害,被害額3億600万円

2.1―　浅間山爆発(福島県,関東地方)　2月1日午前11時頃から、浅間山で火山性地震が続き、同午後7時20分には11年3か月ぶりに中規模の爆発が発生、火口の南東約6kmの千ヶ滝付近に握り拳大の噴石が、旧軽井沢地区に軽石がそれぞれ降り、家屋多数の

昭和48年（1973年）

窓ガラスが空気振動で割れたほか、約200km離れた房総半島の海岸に火山灰が降った。さらに、同20日午前9時47分と3月10日午前8時31分、4月18日午前3時15分、同26日10時4分に同規模の爆発が、3月1日午後11時30分から比較的短い周期の火山性地震が、同9日午後4時59分に微噴火がそれぞれ発生するなど活動は続き、噴煙が最高4500mまで上り、福島県郡山市から約250km離れた海岸や前橋市など各地に火山灰が降ったが、5月以降は微噴火がみられる程度になった。《データ》破損家屋多数

2.6　第50太平丸行方不明（北海道稚内市沖）　2月6日、漁船第50太平丸（124t）が北海道稚内市とソ連沿海州のあいだの海域で乗組員15名とともに消息を絶った（捜索後、全員死亡と断定）。《データ》行方不明者15名、船舶1隻行方不明（海上保安庁・朝日新聞社調べ）

2.8　電話回線埋設現場ガス爆発（京都府京都市）　2月8日、京都市で電話回線埋設用マンホール掘削現場で近くのガス管から漏れたガスが引火、爆発し、作業員2名が死亡、3名が重軽傷を負った。《データ》死者2名、重軽傷者3名

3月　団地住民腎炎集団発生（奈良県大和郡山市）　3月、奈良県大和郡山市の矢田山団地で、子どもを中心に住民68名が異常な高率で腎炎に感染していることがわかった（大阪市立大学医学部小児科の調査などによる。県公衆衛生課や生駒保健所は、尿検査を根拠に集団発生を否定）。原因は未解明。《データ》患者68名

3.8　済生会八幡病院火災（福岡県北九州市八幡区）　3月8日、北九州市八幡区の福岡県済生会八幡病院で火災が発生し、入院患者ら13名が逃げ遅れて焼死、3名が負傷、施設の一部（800m^2）を全焼した。原因は蚊取り線香の火がカーテンに燃え移ったため。《データ》死者13名、負傷者3名、病院火災、焼失面積800m^2、被害額5759万3000円（消防庁・朝日新聞社調べ）

3.9　三井鉱山上砂川炭鉱坑内崩落（北海道砂川市）　3月9日、北海道砂川市の三井鉱山上砂川炭鉱の坑内で崩落が発生、採炭作業員6名が生き埋めになり、うち1名は77時間後に救出されたが、残りの5名が死亡した。《データ》死者5名

3.28　第6太洋丸転覆（京都府竹野郡丹後町沖）　3月28日、漁船第6太洋丸（36t）が京都府丹後町の経ヶ岬の沖合で悪天候に巻き込まれて転覆し、乗組員12名が死亡した。《データ》死者12名、船舶1隻転覆（海上保安庁・朝日新聞社調べ）

4.11－　奥羽本線トンネル付近山崩れ（山形県最上郡舟形町）　4月11日、山形県舟形町の奥羽本線舟形、芦沢駅間のトンネル付近で山崩れが発生、線路が埋没し、同線は16日間にわたり不通になった。《データ》山崩れ1ヶ所

4.20　青森市民病院火災（青森県青森市）　4月20日午後2時過ぎ、青森市沖館小浜の青森市民病院小浜分院で精神科病棟2階から出火し、同病棟の一部（約300m^2）を全焼、入院患者3名が逃げ遅れて窒息死した。入院患者の多くは出火当時、別棟で映画を観ており、原因は患者が隠れて吸っていたたばこの火の不始末とみられる。《データ》死者3名、病院火災、焼失面積約300m^2

4月頃　食用油ビフェニール混入（千葉県市原市）　4月頃、千葉県市原市八幡海岸通の千葉ニッコーの製造工程で有害なビフェニールが食用油に混入し、会社側も汚染を知りながら出荷した（4月10日に県衛生部が検査後に、発表。厚生省と県が翌日、製造元に無期限操業停止を命令）。ビフェニールは炭化水素に属し、伝熱媒体などに使わ

れる。《データ》食品汚染

4月頃— 天然ガス噴出（新潟県北蒲原郡中条町）　4月頃から、新潟県中条町山王および高畑地区で住宅の庭や井戸、田畑から天然ガスが激しく噴出し続け、農作物の被害が深刻化したほか、住民の生活への影響も懸念された。原因は、現地付近で天然ガスの採掘調査のために試掘をおこなったためとみられる。《データ》農作物ほか被害

5月— 乳牛合成飼料障害（富山県、石川県）　5月から6月にかけて、富山、石川県で飼育牛に三菱化成工業の開発、製造した化学合成飼料（商標名ダイブ）を食べさせたところ、うち200頭を超える乳牛に乳量の減少や下痢などの副作用が発生し、富山県では23頭が死亡した（49年7月に農林省は、調査団の報告をもとにダイブとの因果関係を認める見解を発表し、使用中止を指示）。《データ》乳牛200頭以上被害（うち死亡23頭）

5.1　桜島爆発（鹿児島県鹿児島郡桜島）　5月1日、桜島南岳で4回の爆発が発生し、噴煙が高さ約5000mまで上昇、同岳の西側から南側へ抜ける国道224号線付近に火山礫が降り、通りかかった自動車56台のフロントガラスが割れ、運転者や同乗者のうち1名が負傷した。《データ》負傷者1名、車両56台破損

5.3　中日本航空セスナ機墜落（福井県遠敷郡名田庄村）　5月3日、中日本航空のセスナ172L型機が福井県名田庄村の国有林に墜落し、操縦者ら3名が死亡、1名が負傷した。《データ》死者3名、負傷者1名、航空機1機墜落（運輸省・朝日新聞社調べ）

5.7　ヘリコプター接触（熊本県）　5月7日、ヘリコプターどうしが熊本県での農薬散布作業で接触、墜落し、双方の操縦者ら3名が即死した。《データ》死者3名、ヘリコプター2機墜落

5.7— 暴風雨（九州地方）　5月7日夜から8日にかけて、九州地方に梅雨前線による局地的な強風とともに大雨が降り、長崎県で8日午前3時から同6時までに146mm、208mmの雨量を記録。このため長崎市でがけ崩れがあいつぎ、住民5名が土砂の下敷きなどになって死亡した。《データ》死者5名、がけ崩れ多数

5.8　ニュー東海号転覆（山口県大島郡沖）　5月8日、貨物船ニュー東海号（503t）が山口県大島郡の屋代島の沖合で浸水、転覆し、乗組員11名が死亡した。《データ》死者11名、船舶1隻転覆（海上保安庁・朝日新聞社調べ）

5.10　住友化学工業工場ガス流出（大分県大分市）　5月10日、大分県大分市鶴崎の住友化学工業大分製造所で、農薬パプチオンタール貯留タンクから刺激性の有毒ガスが流出、工場周辺の住民は緊急避難したが、うち多数が急性咽頭炎などの症状を訴えた（事故後、県が企業側を告発）。《データ》患者多数

5.13　ダンプカー暴走（兵庫県津名郡淡路町）　5月13日、大型ダンプカーが兵庫県淡路町の土石採取現場で無人のまま暴走し、作業員4名が死亡、2名が負傷した。《データ》死者4名、負傷者2名（労働省・朝日新聞社調べ）

5.29　常磐炭鉱坑内火災（福島県いわき市）　5月29日午後2時30分頃、福島県いわき市渡辺町泉田二又の常磐炭砿西部鉱業所で地下約650mの西部竪坑にある換気用の竪坑底から出火、煙が坑内に充満し、作業員約300名のうち4名が窒息死、16名が重軽傷を負い、101名が一酸化炭素中毒にかかった。原因は自然発火。《データ》死者4名、重軽傷者16名、中毒者101名（労働省・朝日新聞社調べ）

昭和48年(1973年)

5.31 光化学スモッグ被害(栃木県) 5月31日、栃木県佐野、栃木、小山市で光化学スモッグが発生し、小、中学校で体育の授業などのため校庭に出ていた児童や生徒約800名が眼や咽喉の痛みなど特有の症状を訴えた。光化学スモッグによる被害は同県で初めて。《データ》患者約800名

6月 ポリ塩化ビフェニール廃液排出(福井県敦賀市) 6月、福井県敦賀市の東洋紡績敦賀工場が基準値の約37倍のポリ塩化ビフェニール(PCB)を含む廃液を敦賀湾へ排出し、現場付近のボラやスズキなどの魚介類が汚染された(県や漁業関係者からの要求で、企業側がPCBの使用停止とヘドロの除去、補償を実施)。工場内でも廃液排出の際、従業員が高濃度のPCBによる慢性中毒症(労働省が11月に認定)にかかり、国立療養所敦賀病院に入院、継続的な治療を受けるなど汚染が深刻化した。《データ》患者1名,魚介類汚染

6月 水銀ヘドロ汚染(山口県徳山湾) 6月、山口県にて徳山曹達(徳山市)と東洋曹達工業(新南陽市)が徳山湾に508tもの水銀を流していたことが発覚した。《データ》水銀ヘドロ(水銀508t分)

6月― 光化学スモッグ被害(東京都) 6月から9月にかけて、東京都で光化学スモッグが発生、注意報がのべ45回発令され、届出分だけで住民らのべ4035名が眼や咽喉の痛みなど特有の症状を訴え、うち1名が入院した。《データ》患者4035名(届出者のみ)

6.6 ヘドロ輸送管破裂(静岡県富士市) 6月6日、静岡県富士市の田子ノ浦港のヘドロ浚渫現場付近で第3次除去作業用の輸送管が破裂、ヘドロが近くの住宅地に流れ込み、住民25世帯と田畑1.5haに被害があった。《データ》被災者25世帯,被災田畑1.5ha

6.17 根室南東沖地震(北海道,東北地方,関東地方,北陸地方) 6月17日午後0時55分頃、北海道根室市の南東約50km(北緯42.9度、東経146.0度)、深さ約40kmの海底を震源とするマグニチュード7.4の地震が発生し、同市と釧路市とで震度5、北海道浦河町と帯広、網走、青森市とで震度4、札幌、青森県八戸、盛岡市や東京などで震度3を記録したほか、関東、北陸地方以東の地域で揺れを感じ、根室市で最高152cm、広尾町で110cm、浦河町と釧路、青森県八戸市とで55cmの津波も観測された。このため根室、釧路両市付近で住民27名が負傷、道東部を中心に家屋や橋の破損、地割れや送電停止があいつぎ、国鉄各線も全面的に運転を見合わせた。さらに同午後9時14分に釧路市で震度4、同10時33分にも釧路市で震度5を記録するなど、同月末までに有感地震を含む134回の余震が発生、津波注意報も5回発令された。また、6月24日にも同規模の地震が発生した。《データ》負傷者27名,全壊住宅2棟,破損住宅5棟,床上浸水住宅89棟,床下浸水住宅186棟,被災非住宅33棟,道路損壊1ヶ所,山崩れ1ヶ所,鉄道被害4ヶ所,通信施設被害1ヶ所,船舶沈没3隻,船舶流失1隻,無発動機船被害7隻,被災者381名(131世帯)(以上警察庁調べ),被害額(北海道釧路市の花咲港関係のみ)約1億円

6.18 オリエンタルホテル火災(北海道釧路市) 6月18日、北海道釧路市幸町の釧路オリエンタルホテルで火災があり、同ホテルの一部(834m²)を全焼、宿泊客のうち2名が焼死、35名が重軽傷を負った。《データ》死者2名,重軽傷者35名,半焼建物1棟,焼失面積834m²

6.18 林道建設現場土砂崩壊(神奈川県足柄上郡松田町) 6月18日、神奈川県松田町の林道建設現場で土砂崩れが発生し、作業員4名が土砂の下敷きになって死亡した。

288

《データ》死者4名(労働省・朝日新聞社調べ)

6.20— 干ばつ(島根県東部) 6月20日から、島根県東部で記録的な少雨による干ばつが深刻化し、松江市は第1次給水制限を開始。松江市は、7月も12mm(平年の約5%)の雨しか降らなかったため、同25日から第3次制限(1日2時間給水)を実施し、8月13日から同市と隣接の市町にある23社への工業用水の供給を全面停止した。制限は11月1日に解除されたが、渇水地域の農作物にも被害があった。 《データ》給水制限,農作物被害,被害額75億円(農業関係のみ)

6.24 根室南東沖地震(北海道,東北地方) 6月24日午前11時43分頃、北海道根室市の南東約100kmの海底のごく浅い部分を震源とするマグニチュード7.3の地震が発生し、北海道釧路市で震度5、根室市と浦河町とで震度4、網走、帯広、青森県八戸、盛岡市で震度3を記録したほか、東北地方以北の地域で揺れを感じ、震源に近い地域で住民1名が負傷、根室本線で線路や路盤が緩むなどの被害があり、比較的弱い津波も観測された。 《データ》負傷者1名,損壊家屋106ヶ所,断水家屋40戸,鉄道被害

6.25 原子力発電所廃液漏出(福島県双葉郡双葉町) 6月25日、福島県双葉町の東京電力福島原子力発電所で1号炉(沸騰水型、出力46万kw)の廃液貯蔵施設から中程度の放射能を含む廃液3.8m^{3}が漏出、うち0.2m^{3}が屋外に流れて地面に染み込み、調査により1cm^{2}当たり5500ピコキュリーの放射能が土壌から検出された。原因は関係者の不注意。 《データ》土壌汚染

6.26 夕張炭鉱坑口崩落(北海道夕張市) 6月26日午前2時40分頃、北海道夕張市小松の北海道炭砿汽船夕張炭鉱で坑口付近が突然崩れ、作業員3名が死亡、1名が負傷した。 《データ》死者3名,負傷者1名(労働省・朝日新聞社調べ)

6.26— 豪雨(48年6月豪雨)(中国地方,九州地方) 6月26日朝から27日にかけて、九州地方の北部に衰弱した梅雨前線が近づき、996mbと比較的強い低気圧の刺激を受けて大雨を降らせ、27日未明までに福岡市で300mm以上、大分県の山間部で400mmの雨をそれぞれ記録し、中国、九州地方の11県で住民2名が死亡、5名が負傷、1名が行方不明となった。 《データ》死者2名,負傷者5名,行方不明者1名,全壊住宅3棟,床上浸水住宅70棟,床下浸水住宅2903棟,田畑流失・埋没・冠水930ha,山崩れ17ヶ所,被災者243名(73世帯)(警察庁調べ)

6.30 光化学スモッグ被害(静岡県) 6月30日、静岡県浜松、磐田市をはじめ23市町村で同県初の光化学スモッグが発生し、住民8244名が眼や咽喉の痛みなどの症状を訴えた。以後、8月13日までに6回オキシダント濃度が0.15ppmを超え、注意報が発令された(発生後、県は燃料に使用される重油の節減を工場に要請し、観測態勢の強化や実態調査などを開始)。 《データ》患者8244名

7月— 下水道建設現場地盤凝固剤汚染(茨城県) 7月、茨城県牛久町の県営霞ヶ浦常南流域下水道建設現場で下水管を埋設する際、珪酸ナトリウム(通称水ガラス)系および尿素系の地盤凝固剤を含む溶液を染み込ませたところ、現場付近の井戸水が乳白色や茶褐色に濁り、井戸水を飲料用などに使い続けた住民多数が手足のしびれや耳鳴りなどの症状を訴え、50年1月には南隣の竜ヶ崎市在住の1名が再生不良性貧血症で死亡(51年3月26日、地元の住民8名が県と建設業者9社に損害賠償を求めて水戸地方裁判所土浦支部に提訴)。地盤凝固剤には、ほかにフッ素系やアクリル酸アミド系など数種類がある。 《データ》患者多数(うち死者1名)

昭和48年（1973年）

7月― 干害（全国） 7月から9月にかけて、東海地方を除く東北地方南部から四国地方北部にかけてのほぼ全域に梅雨期の少雨（平年比8％から20％）や無降雨状態などの影響による深刻な干害が発生し、各地で稲や果樹など63万8000haの農作物に被害があった。香川県では17市町が1日3時間給水を9月中旬まで実施し、高松市では全面的に給水の止まった地区もあった。《データ》農作物被害,給水制限,被災田畑63万8000ha,被害額（農業関係のみ）約894億円

7.30― 豪雨（7月31日豪雨）（九州地方北部） 7月30日深夜から8月1日にかけて、九州地方の北部に低気圧から延びた寒冷前線による局地的な大雨が降り、福岡県春日市で232mm、福岡、飯塚両市で100mmを超える雨量をそれぞれ記録。このため福岡、春日、筑紫野、大野城、太宰府市を中心に河川の氾濫や宅地造成地のがけ崩れなどがあいつぎ、住民26名が死亡、10名が負傷、3名が行方不明などの被害が出た。《データ》死者26名,負傷者10名,行方不明者3名,全壊住宅51棟,半壊住宅47棟,破損住宅16棟,流失住宅11棟,床上浸水住宅9261棟,床下浸水住宅2万8402棟,被災非住宅14棟,水田流失・埋没3ha,水田冠水200ha,畑冠水1ha,道路損壊78ヶ所,橋梁流失44ヶ所,堤防決壊39ヶ所,山崩れ108ヶ所,鉄道被害6ヶ所,通信施設被害50ヶ所,被災者2万9517名（9431世帯）（警察庁調べ）

8月― 光化学スモッグ被害（大阪府,兵庫県） 8月から10月にかけて、大阪府と兵庫県とで光化学スモッグがあいついで発生し、住民のうち大阪府で3000名以上、兵庫県で985名がそれぞれ眼や咽喉の痛みなどの症状を訴えたほか、8月11日には大阪府でオキシダント濃度が0.3ppmを超え、同府初の光化学スモッグ警報が発令された。《データ》患者3985名以上（10月31日時点）

8.6 水力発電所建設現場砂崩壊（北海道新冠郡新冠町） 8月6日、北海道新冠町の水力発電所建設現場で大雨による土砂崩れが発生し、作業員4名が死亡、5名が負傷した。《データ》死者4名,負傷者5名（労働省・朝日新聞社調べ）

8.6 下水道建設現場作業員窒息死（東京都品川区） 8月6日、東京都品川区の下水道建設現場で作業員2名が酸素欠乏症により死亡、1名が重傷を負った。《データ》死者2名,重傷者1名

8.11 ゼラチン製造工場ガス発生（兵庫県宝塚市） 8月11日、兵庫県宝塚市のゼラチン製造工場で有毒ガスが発生し、従業員3名が死亡、1名が重傷を負った。《データ》死者3名,重傷者1名

8.12 住友化学工業工場火災（大分県大分市） 8月12日、大分市鶴崎の住友化学工業大分製造所で火災があり、敷地内の施設のうち農薬倉庫など（5000m^2）を全焼、火元に貯蔵してあった農薬スミチオン粉剤から有毒ガスが発生し、工場周辺の住民約1000名が緊急避難、うち約200名が眼や咽喉の痛みなどを訴えた（9月29日に県警察が書類送検）。同工場は5月10日にも有毒ガスを流出していた。《データ》中毒者約200名,工場火災,焼失面積5000m^2,被害額7億4000万円（消防庁・朝日新聞社調べ）

8.20 日本原子力研究所所員被曝（茨城県那珂郡東海村） 8月20日、茨城県東海村の日本原子力研究所東海研究所国産1号炉で解体修理した重水ポンプ組立ての際、所員2名と下請け作業員4名が産業用や医療用の放射線源として使われるコバルト60などを含む浮遊粉塵を吸い込み、31ミリレムから120ミリレムで被曝した。原因は同ポンプの管理不徹底と作業時の不注意。《データ》被曝者6名

昭和48年(1973年)

8.20— 渇水(東京都)　8月20日から9月6日にかけて、利根川水系の渇水が深刻化し、東京都水道局は大口利用者に20%、一般家庭に平均7%の給水制限を実施した。都内で前年に続いて給水制限が実施されたのは、水需給関係の急激な悪化も原因のひとつで、都は水道局や首都整備局を中心に、下水の再利用や節水機器の開発促進、料金制度の見直しなど総合的な対策の検討に追われた。　《データ》給水制限

9.15 革マル派・反帝国主義学生評議会乱闘(神奈川県横浜市神奈川区)　9月15日未明、反帝国主義学生評議会系の学生50名が横浜市神奈川区の神奈川大学3号館に泊まり込んでいたところ、対立する革マル派の学生ら約150名に襲われ、乱闘の結果、襲撃側の東京大学と元国際基督教大学の学生が死亡した(現場から約5km離れた同市保土ヶ谷区川島町の草地で両名の遺体発見)。　《データ》死者2名

9.24— 豪雨(青函豪雨)(北海道南西部,青森県北部,新潟県)　9月24日午後から25日午前にかけて、北海道南西部と青森県北部の津軽海峡付近および新潟県に低気圧の影響により雷とともに局地的な大雨が降り、渡島半島の南端にある北海道戸井町汐首で305mm、最高で460mmの雨量をそれぞれ記録。このため北海道知内町小谷石で全家屋240棟の約70%が損壊、同町や戸井、南茅部町で住民17名が死亡または行方不明になり、青森県むつ市で24日午後5時過ぎに田名部川が氾濫したのをはじめ、各地で家屋の浸水および道路や堤防の損壊、土砂崩れなどがあいつぎ、16名が死亡、13名が負傷、7名が行方不明となった。　《データ》死者16名,負傷者13名,行方不明者7名,全壊家屋109棟,半壊家屋93棟,流失家屋8棟,床上浸水家屋5167棟,床下浸水家屋3660棟,道路損壊71ヶ所,堤防決壊4ヶ所,山崩れ80ヶ所,被災者1万7073名(5337世帯),被害額(青森県のみ。県消防防災課調べ)約122億円

9.25 西武百貨店火災(大阪府高槻市)　9月25日、大阪府高槻市の西武百貨店で火災が発生し、店舗1棟(3万4647m²)を全焼、6名が死亡、14名が負傷した。同店は開店4日前で、原因は警備員による放火。　《データ》死者6名,負傷者14名,全焼店舗1棟,焼失面積3万4647m²(労働省・消防庁・朝日新聞社調べ)

10.1 第3光辰丸行方不明(青森県下北郡東通村沖)　10月1日、漁船第3光辰丸(74t)が青森県東通村の尻屋崎の沖合で悪天候に巻き込まれ、乗組員10名とともに消息を絶った(捜索後、全員死亡と断定)。　《データ》死者10名,船舶1隻行方不明(海上保安庁・朝日新聞社調べ)

10.4 第15錦洋丸行方不明(北海道礼文郡礼文町沖)　10月4日、漁船第15錦洋丸(84t)が北海道の礼文島付近の海域で乗組員11名とともに消息を絶った(捜索後、全員死亡と断定)。　《データ》死者11名,船舶1隻行方不明(海上保安庁・朝日新聞社調べ)

10.8 チッソ石油化学工場爆発(千葉県市原市)　10月8日午後10時過ぎ、千葉県市原市五井海岸のチッソ石油化学五井工場でポリプロピレン製造工程が突然爆発し、関連施設が誘爆などにより損壊、有毒ガスが現場付近に充満し、従業員4名が死亡、9名が重軽傷を負った。原因はバルブの誤操作(同12月5日、県警察と市原警察署が前工場長ら関係者を書類送検。49年12月5日、地元の住民と企業が集団移転に合意)。《データ》死者4名,重軽傷者9名,施設損壊(労働省・警察庁調べ)

10.18 日本石油化学工場爆発(神奈川県川崎市川崎区)　10月18日午後3時20分頃、川崎市川崎区浮島町の日本石油化学浮島工場で合成ゴム添加剤の製造工程が突然爆発し、新型の設備が壊れ、2名が死亡、2名が重軽傷を負った。原因は反応器から漏れたガ

昭和48年（1973年）

スに引火したためとみられる（県と市が化学関係の工場に安全点検を命令）。《データ》死者2名、重軽傷者2名、工場損壊（労働省・警察庁調べ）

10.18　日本鋼管造船所タンカーガス爆発（三重県津市）　10月18日、津市の日本鋼管津造船所でタンカー船倉内のガスが爆発し、作業員2名が死亡、2名が負傷した。《データ》死者2名、負傷者2名

11.25　佐々木化学工場コールドパーマ液爆発（東京都豊島区）　11月25日、東京都豊島区の佐々木化学工場で製造していたコールドパーマ液が爆発し、従業員や工場周辺の住民など3名が死亡、12名が負傷した。《データ》死者3名、負傷者12名（労働省・朝日新聞社調べ）

11.29　大洋デパート火災（熊本県熊本市）　11月29日午後1時20分頃、熊本市下通の大洋デパート本館で2階と3階を結ぶ階段付近から出火し、耐火造り地上9階（一部13階）、地下1階の店舗のうち火元から上の部分（2万473m^2）を全焼、来店客の女性や従業員ら104名が焼死、108名が負傷して同9時過ぎに鎮火した。同店は火災当時、防火対策としてスプリンクラーや排煙装置などをとりつける改装作業をおこなっていたが、市消防局によれば、防火態勢の遅れに加え、出火時には店内放送が使えなくなり、従業員による適切な避難誘導もなかったことが死傷者の増えた原因のひとつ（消防庁が火災発生後、12月7日まで特別区および政令指定都市にある百貨店181店舗（床面積6000m^2 以上）の防火態勢の緊急総点検を実施）。《データ》死者104名、負傷者108名、半焼店舗1棟、焼失面積2万473m^2（熊本市消防局調べ）

12月－　異常気象（太平洋側、日本海側）　11月中旬には早くも日本上空に真冬並みの寒気がやってきたが、12月から49年1月にかけては日本海側の地方では雪が降り続いた。太平洋側では毎日晴れて異常乾燥が続き、各地で無降水継続日数の記録を書き換えた。とくに、大分と延岡では48年11月10日から49年1月20日までの72日間、東京、前橋、宇都宮、浜松等では48年11月11日から71日間も雨が降らず、記録を大幅に更新。このため、太平洋側の各地は火事、水不足、農作物の不調と高値などに悩まされた。一方北日本や日本海側地方は38.1（38年1月）豪雪以来の大雪に見舞われ、2月上旬をピークに山間部は5mから6mの積雪となった。秋田県117cm、横手259cm、大曲221cmなど、秋田県かでは従来の記録を大幅に更新する豪雪となり、雪崩、家屋倒壊などで10数人が死亡、国鉄ダイヤは大混乱し被害が続出した。《データ》火事、水不足、農作物不調・高値（太平洋側）、死者10数名、家屋倒壊等の雪崩被害、国鉄ダイヤ混乱（日本海側）

12.4　旭電化工業工場爆発（茨城県鹿島郡神栖町）　12月4日、茨城県神栖町の鹿島臨海工業地帯内にある旭電化工業鹿島工場で原料タンクが爆発し、従業員3名が死亡、3名が重傷を負った。《データ》死者3名、重傷者3名、工場損壊（労働省調べ）

12.11　アパートプロパンガス爆発（東京都練馬区）　12月11日、東京都練馬区のアパートで居住者の少年がプロパンガスによる自殺を図ったところ、ガスが爆発し、現場付近にいた4名が巻添えになって死亡、少年も重体に陥った。《データ》死者4名、重体者1名、住宅損壊

12.26　関西本線普通電車脱線（大阪府大阪市東住吉区）　12月26日、関西本線の湊町発奈良行き普通電車（6両編成）が平野駅構内の転轍器付近で6両とも脱線後、線路沿いに約200m走って先頭車両が転覆し、乗務員や乗客約240名のうち通勤客ら3名が死亡、

19名が重傷を、113名が軽傷を負った。原因は機関士の速度超過。　《データ》死者3名,軽重傷者132名,車両5両脱線,車両1両転覆(運輸省・朝日新聞社調べ)

この年　**斑点落葉病発生**(青森県)　この年、青森県でリンゴに斑点落葉病が発生し、栽培地のうち7532ha(総面積の約30％)で果樹の被病葉率が40％を超え、結果的に約1万6500tの収穫減となった。　《データ》被災作物約1万6500t,被災面積7532ha

この年　**カドミウム汚染**(秋田県)　この年、秋田県の各地でカドミウムによる稲などの汚染が再び深刻化し、小坂町細越の4.81ppm、西仙北町杉沢および柳沢の1.64ppmをはじめ南東部の平鹿郡などで高濃度のカドミウムが産米から検出され、最終的に計2400haの水田の汚染が確認された。原因は異常渇水で土壌の酸性化が進んだためとみられる。　《データ》農作物被害,水田2400ha汚染

この年　**旧鉱山カドミウム汚染**(石川県小松市)　この年、石川県小松市で日本鉱業(後に北陸鉱山へ経営移譲)の旧鉱山の廃坑口からカドミウムを含む鉱水が梯川へ流れ込み、同流域の740haの産米から最高1.64ppmのカドミウムが検出されるなど、汚染が再び深刻化した。原因は、蓄積されたカドミウムが稲に異常渇水で吸収されやすくなったためとみられる(検出直後、地元の農業関係者が国および両企業に汚染対策を要求)。　《データ》農作物被害,被災面積740ha

この年　**光化学スモッグ被害**(岡山県倉敷市)　この年、岡山県倉敷市水島の臨海工業地区付近で光化学スモッグが発生し、住民2470名が眼や咽喉の痛みなどの症状を訴えた。《データ》患者2470名

この年　**王子製紙工場砒素排出**(北海道苫小牧市)　この年、北海道苫小牧市の王子製紙苫小牧工場が砒素を含む廃液を排出し、工場周辺の住民の健康への影響などが懸念された(同5月に排出確認)。

この年－　**幼児大腿四頭筋拘縮(短縮)症発生**(山梨県)　10月5日、山梨県鰍沢、増穂町などに住む2歳から5歳未満の幼児多数が歩行障害にかかっていることがわかった。県中央病院によれば、障害は大腿四頭筋拘縮(短縮)症によるもので、患者数は12月末までに129名となった(51年12月27日、患者および家族492名が国や担当医師らに損害賠償を求めて提訴)。同症の特徴は大腿直筋が繊維化、瘢痕化して伸縮性が失われ、膝関節が曲がらなくなったり曲がりにくくなったりすることで、原因は患者が生後2、3か月から2歳頃までに大腿部へ打たれた解熱剤などの注射による副作用。《データ》患者129名(48年12月31日時点)

この頃　**呉羽化学工場従業員水銀汚染**(福島県いわき市)　48年、福島県いわき市の呉羽化学錦工場の電解部門で複数の従業員の毛髪に最高917.3ppm(通常値の約200倍)の水銀が蓄積されていることがわかった(6月下旬、秋田大学医学部公衆衛生学教室の調査で検出。同月末から県が魚介類の汚染実態調査や住民の毛髪検査などを実施)。《データ》患者多数

この頃　**米海軍補給基地カドミウム・鉛排出**(沖縄県浦添市)　48年頃、沖縄県浦添市の米合衆国海軍牧港補給基地が許容値の数倍に当たる高濃度のカドミウムや鉛を含む廃液を排出し、同基地排水口付近の海域を汚染した(48年5月に県と浦添市との調査で検

昭和48年(1973年)

出)。

この頃　休廃止鉱山水銀・カドミウム流出(山形県南陽市)　48年頃、山形県南陽市の休廃止鉱山から高濃度の水銀やカドミウムを含む廃液が流出し、周辺地域の田畑などを汚染した。《データ》土壌汚染

この頃　海洋汚染(和歌山県海草郡下津町)　48年頃、和歌山県下津町の埋立地にある富士興産原油貯蔵基地の周辺海域で汚染が発生した(49年1月30日、地元住民497名が県および下津町、富士興産、大崎漁業協同組合に関連施設の撤去と原状回復を求めて提訴)。

この頃　使用済みビニール投棄(高知県南国市付近)　48年頃、高知県南国市付近の海域に使用済みビニールが投棄され、魚介類に被害があった(49年5月23日、高知地方裁判所が国および県、市に地元の浜改田漁業協同組合への損害賠償の支払いを命令)。《データ》魚介類被害

この頃　清掃工場カドミウム・鉛・塩化水素・窒素酸化物排出(東京都)　48年頃、東京都世田谷区の世田谷および千歳清掃工場と江戸川区の江戸川清掃工場が規制値を超える0.21ppmから0.59ppmのカドミウムを、北区の北清掃工場が規制値を超える1.34ppmの鉛をそれぞれ含む廃液を排出。さらに、世田谷および江戸川清掃工場と練馬区の石神井清掃工場が高濃度の塩化水素と窒素酸化物を含む煙を排出し、周辺地域の環境への影響が懸念された(48年2月に汚染を確認)。原因は廃棄物に混じっているプラスチックやゴム類の割合が高くなったためとみられ、都も48年4月からプラスチックの分別収集を始めるなどの対策を実施した。

この頃　炭化水素汚染(東京都)　48年頃、東京都新宿区市谷柳町(通称牛込柳町)と世田谷区玉川台とで乗用車の排気ガスに含まれる高濃度の3,4-ベンゾピレンなど炭化水素化合物による汚染が発生。このため、市谷柳町では過去12年間に交差点から半径200mの地域内の住民85名が肺癌などさまざまな種類の癌により死亡していたのをはじめ、肺気腫や気管支喘息など呼吸器系疾患による死亡率が比較的高い(都内の他地区の約3倍)ことがわかった(48年11月8日に玉川保健所長が都衛生局学会で発表。同10月から都が住民検診と化合物の濃度測定を実施)。間接的な原因は、両汚染地域の交差点付近での渋滞の激化とみられる。《データ》死者85名(新宿区市谷柳町のみ。35年から47年まで)

この頃　水銀汚染(北海道,青森県)　48年頃、千島や北海道、青森県八戸市などの沖合で捕獲されたメヌケが暫定値(総水銀0.4ppm)を超える高濃度の水銀に汚染されていることがわかった(48年8月に東京都が検出、青森県は緊急調査と出荷規制を実施)。48年10月の厚生省の判定によれば、メヌケの水銀はマグロのそれと同じく自然蓄積による(同11日に水銀規制からメヌケなど深海魚6種類を除外と通達)。《データ》魚類被害

この頃　十条製紙工場水銀排出(宮城県石巻市)　48年頃、宮城県石巻市の十条製紙石巻工場が県や市、隣接の矢本町と結んだ公害防止協定を無視して高濃度の水銀を含む廃液を排出し、工場付近の水域を汚染した(県が48年7月4日に警告、8月9日に再警告と施設改善を命令)。

この頃　工場水銀排出(千葉県市原市)　48年頃、千葉県市原市五井海岸の旭硝子千葉工場と同市五井南海岸の千葉塩素化学、日本塩化ビニールが製造工程で使用した水銀を含

む廃液を東京湾へ排出し続け、魚介類を汚染した(48年8月8日から地元の漁業関係者が海上封鎖を実施したのに対し、工場側は隔膜法への変更を決定、補償問題なども解決して同10日、封鎖を解除)。《データ》魚介類被害

この頃　日本合成化学工場水銀排出(岐阜県大垣市)　48年頃、岐阜県大垣市の日本合成化学大垣工場が水銀を含む廃液を水門川へ排出し、同川の河床から最高180ppm、捕獲されたフナから最高0.257ppmの水銀が検出された(48年に県が検出、流域住民の健康調査を実施し、影響のないことを確認)。《データ》魚介類被害

この頃　工場カドミウム排出(愛知県刈谷市)　48年頃、愛知県刈谷市の自動車関連工場が高濃度のカドミウムを含む廃液を排出、工場周辺の田畑や農作物を汚染した(48年10月、県公害対策審議会が汚染田畑138.2haの客土による土地改良実施を決定)。《データ》農作物被害,被災面積138.2ha

この頃　簡易水道フッ素・マンガン汚染(愛知県犬山市)　48年頃、愛知県犬山市で組合経営の池野西部簡易水道に7.8ppmのフッ素(許容値の10倍弱)と1.6ppmのマンガン(同前の5倍弱)が溶け込み、汚染水を使用していた児童ら多数が斑状歯になった(48年2月に組合による水質検査の不正などが明らかになり、同水道は一時使用禁止)。原因は水源地付近の地層に含まれるフッ素やマンガンが自然に染み込んだためと組合の管理不徹底。《データ》患者多数

この頃　旭鍍金工場六価クロム排出(鳥取県鳥取市)　48年頃、鳥取市の旭鍍金工場が六価クロムを含む廃液を山白川へ排出し、下流域が許容値の約17倍の六価クロムに汚染された(48年10月に発表後、県が同工場に施設改善を命令)。

この頃　倉敷メッキ工業所青酸排出(鳥取県米子市)　48年頃、鳥取県米子市の倉敷メッキ工業所が青酸を含む廃液を旧加茂川へ排出し、下流域が高濃度の青酸に汚染された(48年10月に発表後、県が同工場に施設改善を命令)。

この頃　工場水銀排出(岡山県倉敷市)　48年頃、岡山県倉敷市の水島臨海工業地帯にある関東電気化学水島工場や住友化学工業岡山工場など5工場が水銀を含む廃液やヘドロを排出し、東へ約25km離れた同県東児町に住む老齢の漁業関係者と妻が擬似水俣病の症状を訴えたほか、水島湾付近の海域の魚介類が汚染された(48年6月に県漁業協同組合連合会の関係者が海上封鎖を実施。工場側は補償解決までの自主的な操業停止を決定し、封鎖解除後に漁業関係者および鮮魚商に補償)。《データ》患者2名,魚介類被害,被害額約7億円

この頃　工場水銀排出(山口県徳山市)　48年頃、山口県徳山市の徳山曹達および東洋曹達工業の工場が水銀を含む廃液を徳山湾へ排出し、合計508tの水銀がヘドロなどの状態で海底に残った(48年6月から県が汚染調査を続け、地元漁業関係者ら6700名の検診を実施し、同8月に山口大学医学部が精密検査で、隣接の新南陽市に住む母親と娘を擬似水俣病と判定)。《データ》患者2名

この頃　東亜合成工場水銀排出(香川県坂出市)　48年頃、香川県坂出市の東亜合成坂出工場が水銀やポリ塩化ビフェニール(PCB)を含む廃液を排出し、周辺海域の魚介類が汚染された(48年7月から8月にかけての約1か月間、同工場が地元漁業関係者の要求で操業休止)。《データ》魚介類被害

この頃　製紙工場ポリ塩化ビフェニール排出(宮崎県西都市)　48年頃、宮崎県西都市の製紙

昭和48年(1973年)

工場が高濃度のポリ塩化ビフェニール(PCB)を含む廃液を一ッ瀬川へ排出し、流域の魚介類が汚染された。原因は同工場が再生ちり紙の原料にPCBを含むノーカーボン紙を使ったためで、県や延岡市、大分市などの保管していたノーカーボン紙が廃棄処分前に原料として流れていたことがわかり、問題になった(検出後、県がフナなどの漁獲禁止および工場側に補償や施設改善などを命令)。《データ》魚介類被害

- この頃 **製紙工場悪臭被害**(鹿児島県) 48年頃、鹿児島県川内、出水市の製紙工場が悪臭を含む煙を排出し、同工場周辺の住民らが被害を訴えた(49年3月までに県が両市を悪臭防止法の規制地域に指定)。

- この頃 **日本カーバイト工業工場水銀排出**(富山県魚津市) 48年頃、富山県魚津市の日本カーバイト工業魚津工場が高濃度の水銀を含む廃液を排出し、未回収の水銀70tと所在不明の同80tによる残留汚染が発生した(48年6月に県が調査、確認)。

- この頃 **工場水銀排出**(神奈川県川崎市川崎区) 48年頃、川崎市川崎区の味の素川崎工場と昭和電工川崎工場、セントラル化学工場が高濃度の水銀を含む廃液を排出し、工場付近の水域を汚染した(48年7月に発表)。

- この頃 **ポリ塩化トリフェニール汚染**(全国) 48年頃、ポリ塩化トリフェニール(PCT)がアイスクリームやキャンディーの包装紙から最高132ppm検出され、体内蓄積による摂取者の健康への影響が懸念された(48年3月7日、厚生省と新潟県衛生研究所が体脂肪や母乳から検出)。PCTは、ポリ塩化ビフェニール(PCB)の使用が禁止されてから印刷インクや塗料、プラスチック熱媒体など幅広い用途に使われるようになったが、PCBに組成が極めて近く、実験の結果、類似の急性毒性のあることも指摘されていた。

- この頃 **レジスター取扱係頸肩腕症候群発生**(全国) 48年頃、全国各地のスーパーマーケットの金銭登録機(レジスター)取扱係約4000名(総数の約5%)など多数が頸肩腕症候群による肩や腕のしびれ、頭痛などを訴え、治療を受けているとみられることがわかった。原因は機械のキーを比較的長く操作し続けているため(48年3月末に労働省が指導要領を通達し、連続作業の制限や労働環境の整備、健康管理の徹底を指示)。《データ》患者約2000名(スーパーマーケットの機械取扱係のみ。労働省推定)

- この頃 **住友セメント工場従業員クロム汚染**(栃木県栃木市) 48年頃、栃木県栃木市の住友セメント栃木工場で従業員が重金属のクロムにより喘息など呼吸器系の疾患にかかった(48年3月に労働省が職業病と認定)。クロムはセメントの成分のひとつ銅カラミに含まれている。《データ》患者多数

- この頃 **サッカリン汚染**(全国) 48年頃、合成甘味料のサッカリンを含む食品などの過剰摂取による健康への影響が懸念された(厚生省は、48年4月28日に少数の例外を除いて使用禁止を告示したが、12月18日に撤回。50年5月13日に食品衛生調査会が使用制限の緩和を決定)。サッカリンには蔗糖の約500倍の甘味があり、医薬品や食品などに使われ、国際的な摂取許容限度(体重1kgにつき日に5mg未満)に従えば無害とされる。

- この頃 **旧銅山鉱滓流出**(静岡県賀茂郡南伊豆町付近) 48年頃、静岡県南伊豆町付近で旧銅山の廃坑から許容値を超える銅を含む鉱滓が流出し、付近の田畑などが汚染されたほか、住民の健康への影響も懸念された。《データ》農作物被害,土壌汚染

この頃　3,4－ベンゾピレン（ベンツピレン）汚染（東京都）　48年頃、東京都大田区の糀谷保健所で浮遊粉塵1g当たり最高132.6μgの3,4－ベンゾピレンを検出したのをはじめ、世田谷、大田、荒川、江東区で粉塵や窒素酸化物、硫黄酸化物などによる大気汚染が深刻化し、住民の健康への影響が懸念された（48年1月から3月にかけて労働省労働衛生研究所と都公害研究所が各区の測定点で濃度調査を実施、検出）。3,4－ベンゾピレンは、芳香族炭化水素のひとつで発癌性があり、排気ガスや排煙、薫製食品などにごくわずかに含まれている。

この頃－　大気汚染（兵庫県尼崎市）　48年頃から、兵庫県尼崎市の南東部にある臨海工業地区の周辺で大気汚染が深刻化し、48年11月30日までに住民3236名が公害病患者に認定され、60名が死亡した。　《データ》死者60名,患者3236名（被認定者のみ。48年11月30日時点）

この頃－　大気汚染（岡山県倉敷市）　48年頃から、岡山県倉敷市水島の臨海工業地区付近で大気汚染が深刻化し、48年までに住民607名が公害病患者に認定されたのをはじめ、野菜や果樹、繭草などの作物にも被害があいついだ。　《データ》患者607名（48年時点）,農作物被害

この頃－　大気汚染（福岡県北九州市）　48年頃から、北九州市の洞海湾周辺の地域（48km^2）で大気汚染が深刻化し、48年12月31日までに住民637名が喘息などの公害病患者に認定され、6名が死亡した。　《データ》死者6名,患者637名（被認定者のみ）,被災面積48km^2（48年12月31日時点）

この頃－　有明海水銀汚染（第3水俣病）（福岡県,佐賀県,長崎県,熊本県）　48年頃から、有明海周辺の福岡、佐賀、長崎、熊本県で高濃度の水銀による魚介類などの汚染が深刻化し、汚染魚を多く食べていた地元漁業関係者らの健康への影響が懸念された。原因は福岡県大牟田市の三井東圧化学大牟田工場と熊本県宇土市の日本合成化学熊本工場が有機水銀を含む廃液を長期間排出したため（48年5月22日、熊本大学研究班が熊本県有明町の住民8名に水俣病の擬似症状を認め、ほかに宇土市で過去2名が死亡していたことを県に報告。同8月17日、環境庁水銀汚染調査検討委員会は擬似患者2名の症状と水銀との因果関係を否定）。　《データ》患者10名（うち死者2名）,魚介類被害

この頃－　水異変（群馬県）　48年以来、群馬県渋川町、北群馬郡で、地下水枯渇による水不足や温泉の湧出、鉄砲水による農家の床下浸水などの水異変が続発。原因は上越新幹線榛名、中山トンネル工事。

この頃－　飼育鳥獣屎尿投棄（静岡県,鳥取県,宮崎県）　48年頃から、静岡、鳥取、宮崎県など各地で養豚場や養鶏場などの関係者多数が飼育鳥獣の屎尿を河川へ投棄し、宮崎県では大淀川を中心に汚染が深刻化した。

昭和49年
（1974年）

1.5　防護作業現場がけ崩れ（京都府宮津市）　1月5日、京都府宮津市のがけ崩れ防護作業現場でがけ崩れが発生し、4名が死亡、1名が重傷を負った。　《データ》死者4名,重

昭和49年（1974年）

　　　　傷者1名

1.24　　中核派関係者アパート襲撃（東京都世田谷区）　1月24日、中核派の構成員約20名が東京都世田谷区代田のアパートにいた東京大学の学生ら4名を襲い、うち2名が死亡、2名が重傷を負った。《データ》死者2名，重傷者2名

1.24-　豪雪（秋田県）　前年11月の初雪が根雪となり、1月24日から県南を中心に豪雪。最高積雪量は、横手259cm，大曲256cm，由利郡矢島町325cm（各地とも過去最高）。国鉄奥羽本線は1月26日から4日間ストップ、交通網はマヒした。被害は、雪崩れによる死者15名、負傷者30名、住家の崩壊256戸。リンゴ園の枝折れ3540haなど、被害総額165億円。《データ》死者15名，負傷者30名，住家崩壊256戸，被害総額165億円

1.25　　第35号信正丸沈没（国後島沖）　1月25日、国後島沖で、漁船第35号信正丸（29t）が転覆し、沈没。乗組員10名が行方不明。《データ》行方不明者10名

2月　　土壌汚染（秋田県平鹿郡増田町）　2月、東京都の調査で秋田県平鹿郡増田町農協が出荷した米から3.04ppmのカドミウム汚染米が出た。また、10月には県内22市町村4750haで行われたカドミ米調査で、1895検体中、汚染米98検体、準汚染米371検体が見つかった。《データ》カドミウム汚染米（最高3.87ppm）1万6700俵，準汚染米6万6000俵

2月-　　原発事故（福井県）　49年、福井県の関西電力美浜、日本原電敦賀の両原子力発電所で事故が相次いだ。2月に美浜2号機タービンからの蒸気漏れ、5月に敦賀で燃料集合体からヨウ素漏れ、7月は美浜1号機の蒸気発生器から放射能漏れ。美浜1号機は、科学技術庁から根本的な改善を指示された。また、事故のたびに発電所は県への通報義務を怠りがちだった。《データ》蒸気漏れ，ヨウ素漏れ，放射能漏れ

2.1　　万字炭鉱坑内輸送車暴走（北海道空知郡栗沢町）　2月1日、北海道栗沢町の万字炭鉱坑内で輸送車が暴走し、作業員2名が死亡、28名が重軽傷を負った。《データ》死者2名，重軽傷者28名

2.5　　日本フライングサービス機行方不明（鹿児島県名瀬市）　2月5日、日本フライングサービスのFA200型プロペラ単発機が那覇空港へ向けて鹿児島県笠利町の奄美空港を離陸後に機長ら3名とともに消息を絶った。《データ》行方不明者3名，航空機1機行方不明

2.10　　旅館谷川館積雪崩壊（群馬県利根郡水上町）　2月10日午前4時すぎ、群馬県水上町の旅館谷川館で大広間の屋根が、積雪（1.5m）の重みで抜け落ち、宿泊者のうちスキー客ら3名が死亡、7名が重軽傷を負った。建物の老朽化と工法の誤りが原因とされた。《データ》死者3名，重軽傷者7名，損壊家屋1棟

2.25　　建設工事現場足場倒壊（福岡県福岡市西区）　2月25日、福岡市西区の建設工事現場で、強風により足場が倒壊、3名が死亡した。《データ》死者3名

3月　　地盤凝結剤中毒（福岡県粕屋郡新宮町）　3月、福岡県粕屋郡新宮町の下水道工事現場で、アクリル・アマイト系の地盤凝結剤が井戸水に流入、水を飲んだ5名が幻覚、歩行障害などを起こした。アクリル・アマイト系凝結剤は各地で使用されており、規則がなかった。この事件を契機に建設省はアクリル・アマイト系凝結剤の使用を禁止した。《データ》幻覚歩行障害など5名

昭和49年（1974年）

3.2	下水道建設現場爆雷爆発（沖縄県那覇市）　3月2日、那覇市小禄の下水道建設現場で旧日本軍の埋設した爆雷が爆発し、作業員ら4名が死亡、32名が重軽傷を負った。現場は第2次大戦時の激戦地のひとつ。《データ》死者4名, 重軽傷者32名
3.7	マイクロバス埋没（福島県大沼郡三島町）　3月7日午後3時10分頃、福島県三島町の国道252号線で、雪解け水や雨を含んだ土砂が防護壁を押し倒し、マイクロバスとライトバン各1台が下敷きになった。この事故で、マイクロバスに乗っていた作業員8名が死亡、2名が重軽傷を負った。《データ》死者8名, 重傷者2名, 車両2台埋没
3.18	土壌汚染（群馬県渡良瀬川流域）　3月18日、群馬県は流域計359.8haをカドミウム土壌汚染に加え、新たに銅土壌汚染対策地域に指定した。《データ》359.8ha土壌汚染
3.23	高波（新潟県岩船郡粟島浦村）　3月23日午前零時すぎから、新潟県岩船郡粟島浦村を強風による高波が襲い村役場など33棟が倒壊し、約25000m² もの土地が海没した。《データ》建築物崩壊33棟, 海没25000m²
3.24	第3海光丸行方不明（東京都三宅村沖）　3月24日、鳥取県境港市のイカ釣り漁船第3海光丸（235t）がニュージーランドの漁場へ向かう際、荷崩れによる約45度の船体傾斜を緊急通信後、伊豆諸島の東京都三宅村の沖合で乗組員13名とともに消息を絶った。《データ》行方不明者13名, 船舶1隻行方不明
3.31	土砂崩れ（岐阜県神岡町）　3月31日、岐阜県神岡町の電話線埋設工事で、土砂崩れが発生、4名が死亡、1名が負傷した。《データ》死者4名, 負傷者1名
3月頃	地盤凝固剤汚染（広島県, 福岡県）　3月頃、広島、福岡県の建設現場で地盤凝固剤を含む溶液を注入したところ、現場付近の土壌や地下水に溶液が染み込み、井戸水を飲料水などに使っていた住民ら多数が神経系の中毒症にかかった（3月に汚染実態を報告）。《データ》患者多数
3月末	ぜん息患者急増（全国）　3月末時点、東京都の8特別区や千葉市南部臨界地域などの11地域と、旧救済法から引き継いだ12地域のうち、川崎、大阪、尼崎の3市の地域拡大で、大気系の公害病認定患者数は1万3574名に達した。
4月—	光化学スモッグ被害（関東地方, 静岡県）　4月から8月にかけて、埼玉県を除く関東地方の各都県と静岡県とで光化学スモッグが発生、特に8月上旬には注意報の発令が続き、公害防止協議会などの植物影響調査によれば、被験植物のうち小豆とキャベツを除き、水陸稲や里芋、大豆、トウモロコシ、タバコ、蔬菜類、花類など19種類への影響も確認された。《データ》農作物被害
4.1	第1清栄丸沈没（屋久島沖）　4月1日、屋久島沖で、漁船第1清栄丸が浸水し、沈没。乗組員13名が行方不明。《データ》行方不明者13名
4.12	第11昌栄丸・オーシャンソブリン号衝突（和歌山県潮岬沖）　4月12日、高知県室戸市のマグロ漁船第11昌栄丸（284t）が和歌山県串本町潮岬の沖合でリベリア船籍の貨物船オーシャンソブリン号（1万1144t）と衝突し、沈没。第11昌栄丸の乗組員14名が行方不明になった。原因は見張り不十分と操船ミス。《データ》行方不明者14名, 船舶1隻沈没
4.21	竜巻（長崎県西彼杵郡外海町）　4月21日、長崎県外海町で竜巻が発生し、住民2名が死亡、住宅46戸が損壊した。《データ》死者2名, 損壊住宅46戸

昭和49年（1974年）

4.21　春嵐（北海道,石川県,三重県,香川県）　4月21日、全国に強い雨風を伴った"春の嵐"が吹き荒れ、北海道、石川、三重、香川各県などで死者・行方不明者10名、負傷者49名を出した。竜巻による民家被害など被害は27都道府県に及んだ。《データ》死者・行方不明者10名,負傷者49名

4.25　東北電力ヘリコプター墜落（宮城県仙台市高田浄水場）　4月25日、仙台市高田浄水場で、東北電力川崎ベル式47G3B-KH4が周回飛行中墜落。《データ》死者2名,負傷者1名

4.26　山津波（山形県最上郡大蔵村）　4月26日午後3時頃、山形県大蔵村で標高200mの雑木山が雪解けによる地盤のゆるみと降雨により山津波が発生。ふもとの農家約20戸を埋め、死者または行方不明は17名にのぼった。《データ》死者・行方不明者17名,家屋埋失20戸

4.30　日本アエロジル工場塩素漏出（三重県四日市市）　4月30日午後3時頃、三重県四日市市の日本アエロジル四日市工場で、塩酸製造プラントから塩素が盛れ約10km^{2}に拡散、工場周辺の住民ら約1万2000名が眼や咽喉に刺激性の痛みを訴えたほかに、中毒者6名となった（12月26日に津地方検察庁が公害罪を適用、起訴）。《データ》塩素漏れ（約10km^2）,目,喉の痛み等1万2000名

5月　カドミウム障害（秋田県鹿角郡小坂町細越）　5月、重金属汚染が問題になっている秋田県小坂町の住民に、カドミウムによると見られる慢性じん障害患者が7名いることが、東北大学付属病院第2内科の研究グループによる調査で明らかになった。これに加え、県保健対策懇談会、秋田市中通病院公害委員会からの報告により、計17名（うち2名死亡）の患者がみつかった。《データ》カドミウム障害17名

5月　地盤沈下（愛知県濃尾平野南西部）　5月、国土地理院も加わっている東海3県地盤沈下調査会が、愛知県濃尾平野南西部の地盤沈下の激化を報告した。それによると、1年間に最大21.3cmの沈下を示したところもあり、海抜0m以下の地帯は243km^{2}にも及んで最低は海抜マイナス1.8m。さらに沈下現象は西三河南部の幡豆地区でも出てきた。《データ》地盤沈下（1年間に最大21.3cm）

5月　低温被害（山陰地方）　5月、前半は上空に寒気が入り、また移動性高気圧が北に偏って通過したため、全国的に気温は低く雨が少なかった。特に2日の朝、山陰地方は5月としては記録的な低温となり、島根県では果樹などの凍霜害で約3億6000万円の被害が出た。《データ》凍霜害

5月　牛乳異物混入（愛知県）　5月、愛知県内の小中学校の給食牛乳で約1500名が腹痛などの以上を訴えた。原因は牛乳メーカーの洗びん機のグリスが混入したため。《データ》腹痛患者約1500名

5.4　笹ヶ谷公害病（島根県鹿足郡津和野町）　5月4日、島根県鹿足郡津和野町の旧笹ヶ谷鉱山周辺地区の住民健康被害を検討していた環境庁の砒素による健康被害検討委員会は、慢性砒素中毒症と認定した。49年5月時点、認定患者数は5名。ぜん息、水俣病、イタイイタイ病につぐ第4の公害病といわれた慢性砒素中毒症による地域指定は、宮崎県高千穂町の登呂久鉱山周辺地区（48年2月指定）に次いで2番目。《データ》認定患者5名

5.5　神恵丸転覆（北海道幌武意港）　5月5日午前3時50分頃、北海道の幌武意漁港から沖

釣り客17名をのせた0.9tの漁船、神恵丸が波に船首を突っこみ、転覆した。この事故で7名は海岸に泳ぎついたが、他の11名は死亡した。原因は定員の2倍も乗せていたため。　《データ》死者11名, 船舶1隻転覆

5.9　伊豆半島沖地震（東北地方南部, 関東地方, 中部地方, 近畿地方）　5月9日午前8時33分頃、静岡県南伊豆町の石廊崎の南約10km、深さ約20kmの海底を震源とするマグニチュード6.8の直型地震が発生し、石廊崎で震度5、千葉県館山、横浜、静岡、三島市や伊東市網代、東京都大島町で震度4を記録したほか、東北地方南部から近畿地方にかけての広い地域で揺れを感じた。このため震源付近の南伊豆町をはじめ各地で住民29名が死亡または行方不明となり、77名が負傷した。また、落居地区では、地震後の半年間、山崩れの危険があるため、雨が降るたびに集団避難が40回も繰り返され、藤枝市など県中心部でも6月頃まで、地震による地盤の狂いが原因と見られる土砂崩れが10件近く起こった。　《データ》死亡・行方不明者29名, 負傷者77名, 全壊住宅46棟, 半壊住宅810棟, 焼失7棟, がけ崩れ・道路崩壊146ヶ所

5.13　イリジウム被曝事故（岡山県）　5月13日、岡山県警と水島署は、日本非破壊検査会社（本社、東京）の水島出張所を捜査するとともに元現場責任者を逮捕した。警察の調べでは、同社は、46年に法律で禁じられている18歳未満の少年5名にイリジウム192などを取り扱わせていた。このため少年の中には素手で扱ったりしたため、脱毛やツメが変形するなどの症状が出ていた。　《データ》被曝者7名

5月－　排煙公害（越県公害）（岡山県）　5月から8月にかけて、岡山県笠岡市は隣接の福山臨界工業地帯、玉野市は対岸の香川県直島町にある精錬所から流れてくる排煙公害に悩まされた。光化学オキシダントの注意報は笠岡市で8回、玉野市で5回発令され、目や喉に異常を訴えた人は笠岡市で279名、玉野市で181名にのぼった。《データ》目や喉の異常460名

6月　カドミウム汚染（山口県美弥市）　6月、山口県美弥市伊佐、大嶺地区から、環境庁の言う準汚染米に当たる0.4ppm以上のカドミウムを含んだ玄米が4点検出されたと名古屋大理学部災害研究会が発表し大問題となった。山口県も49年9月、同地区の米と土のカドミウム汚染の綿密な調査を行った。　《データ》カドミウム準汚染米（0.4ppm以上）

6月　母乳PCB（全国）　6月、厚生省は48年夏に実施したPCBによる母乳汚染疫学調査の結果を発表した。それによると、PCBの生産禁止後1年以上たっているにもかかわらず、母乳中のPCB濃度は最高値、平均ともに生産禁止直後に実施した第一回調査とほとんど変わらず、依然PCB汚染が去っていないことがはっきりした。高濃度汚染母乳の割合はわずかに減ってきたものの、食品からの許容量を越える汚染母乳は全体の28％に達していた。汚染度では、西高東低の傾向がはっきりでており、瀬戸内海付近の汚染が依然としてひどいことが裏付けられている。

6月　九州石油増設現場従業員被曝（大分県大分市）　49年6月、大分市の九州石油大分製油所の増設現場で従業員7名が被曝、潰瘍や皮膚炎などにかかった。原因は検査を担当した日本非破壊検査が現場付近で放射性物質のイリジウム192を紛失したまま、紛失を隠し続けたため。　《データ》被曝者7名

6.3　被曝事故（千葉県千葉市, 福井県）　6月3日、放射線医学総合研究所（千葉市）でも医療用にフランスから導入したサイクロトロンで、研究員が手の指に3万レムから4万

昭和49年(1974年)

レムの放射線を浴びた。関西電力美浜原子力発電所でもアルバイトの6名の岡山大生が、東北大原子核理学研究施設でも中性子回折実験中にも研究員6名が放射線を浴びたことが明らかにされた。《データ》被曝13名

6.6　工事現場土砂崩れ(静岡県伊東市)　6月6日、静岡県伊東市の橋改築工事現場で、大雨により土砂崩れが発生。3名が死亡。《データ》死者3名

6.6　工事現場土砂崩れ(長野県白馬村)　6月6日、長野県白馬村の道路工事現場で、土砂崩れが発生。3名が死亡。《データ》死者3名

6.17　潜水調査艇うずしお故障(千葉県安房郡鋸南町)　6月17日、日本鋼管の建造した潜水調査艇うずしお(5.6t)が千葉県鋸南町の沖合で潜水試験の際、電気系統の異常によりガスが充満し、乗組員2名が窒息死した。《データ》死者2名,船舶1隻故障

6.17　鉄砲水(鹿児島県鹿児島市)　6月17日、鹿児島市の河川改修工事現場で、鉄砲水の濁流にのみ込まれ、3名が死亡。《データ》死者3名

6.17－　梅雨前線豪雨(関東地方,中部地方,近畿地方,四国地方,九州地方)　6月17日、低気圧の通過に刺激された梅雨前線により関東地方以西の各地に大雨が降り、四国地方南東部で300mm、静岡県や近畿地方の山間部などで100mmから180mmの雨量をそれぞれ記録、三重県四日市市付近で家屋700棟余りが床下浸水、水田多数が冠水、鹿児島市の桜島砂防作業現場で鉄砲水により3名が死亡または行方不明になるなどの被害があった。《データ》死亡・行方不明者3名,床下浸水家屋700棟余り

6.29　迫撃砲暴発(北海道河東郡鹿追町)　6月29日午前11時頃、北海道鹿追町瓜幕の陸上自衛隊然別演習場で同隊第5師団第27普通科連隊が射撃競技会を開催していたところ、64式81mm迫撃砲の砲口が突然爆発し、隊員6名が死亡、6名が重軽傷を負った。《データ》死者6名,重軽傷者6名

6.29　第3真晃丸・海金剛号衝突(北海道根室市沖)　6月29日午後10時30分頃、北海道網走市の延縄漁船第3真晃丸(423t)が濃霧により根室市の納沙布岬の東約90kmの海上で韓国の遠洋延縄漁船海金剛号(739t)と衝突、海金剛号は冷凍用のアンモニアガスの爆発により沈没した。乗組員のうち28名は救助されたが、残りの3名が死亡、20名が行方不明となった。《データ》死者3名,行方不明者20名,船舶1隻沈没

6月頃　光化学スモッグ被害(兵庫県)　6月頃、兵庫県で光化学スモッグが発生し、のべ4172名が眼や咽喉の痛みなど特有の症状を訴えた。《データ》患者4172名

7月　PCB汚染(長野県)　7月、長野県が実施した天竜川、犀川の魚介類調査で、最高19ppmのPCBが検出された。その後、10月までの調査がまとめらた結果、上伊那郡辰野町の天竜川から最高59ppm、犀川から最高7ppmが検出されている。《データ》魚介類のPCB汚染(最高19ppm)

7月－　阿蘇山爆発(熊本県阿蘇郡)　7月下旬から、熊本県の阿蘇山中岳で火山性地震などの顕著な活動が続き、8月31日には新火孔を形成し、火口周縁から高さ100mから200mまで火山石を噴出、同岳周辺の地域にも火山灰が降り、農作物に被害が発生した。《データ》農作物被害

7月－　大腿四頭筋短縮症集団発生(富山県中新川郡上市町)　7月、富山県中新川郡上市町で大腿四頭筋短縮症が集団発生していることが患者の親たちの訴えでわかった。12

昭和49年（1974年）

月までの調査で、県下で256名、そのうち186名が同町に集中していた。《データ》患者数186名

7月— 豪雨（三重県）　7月から8月にかけ、5回の集中豪雨が県下を襲った。7月7日の七夕集中豪雨では選挙がやり直される事態となり、7月25日の7・25集中豪雨も県中、北部に300mmを超す雨を降らせ、7名が死亡するなどの被害をだした。《データ》死者7名

7.3— 酸性雨（関東地方）　7月3日から4日に、関東で降った霧雨のため、目が痛いという訴えが相次ぎ、被害者は2日間で3万人を越えた。東京都公害局の調べで、この雨の中に平常より異常に多い硫黄化合物が含まれていたことがわかった。空気中の硫黄酸化物などが雨に溶けたもので、3.0ppmから22.6ppmの範囲で含まれており、酸性度はPH3.0から4.0。《データ》被害者3万名以上

7.3— 台風8号（全国）　7月4日、大型で強い台風8号が宮古諸島付近を通過し、東シナ海から6日に九州地方の西海岸へ接近後、朝鮮海峡から日本海を経て、8日夕方に北海道の渡島半島西方で温帯性低気圧となった。このため、台風の通過に刺激された移動性の梅雨前線により同3日から4日にかけて北陸地方に、6日から7日にかけて近畿、中国、四国地方に、7日から8日にかけて関東地方南部と東海地方に、9日から10日にかけて北海道を除く各地に、11日に羽越、北陸、山陰地方にそれぞれ大雨が降り、総雨量は北陸地方で100mm、関東地方南部と東海地方とで24時間に200mmから500mm、近畿、四国地方で24時間に300mmから700mm、東北、九州地方などで80mmから150mmをそれぞれ記録し、神奈川、静岡、兵庫、香川県を中心に山崩れや河川の氾濫があいつぎ、小豆島全域で住民50名が死亡。東海道・山陽新幹線や東海道本線、東名高速道路などは運休または遅延、不通になり、三重県の一部で参議院議員選挙の投票が1週間延期になったのをはじめ、30都府県で107名が死亡、168名が負傷、1名が行方不明となった。《データ》死者107名, 負傷者168名, 行方不明者1名, 全壊住宅296棟, 半壊住宅649棟, 破損住宅399棟, 流失住宅46棟, 床上浸水住宅4万6345棟, 床下浸水住宅9万7631棟, 被災非住宅1945棟, 水田流失・埋没751ha, 水田冠水1万6619ha, 畑流失・埋没278ha, 畑冠水1万1132ha, 道路損壊2127ヶ所, 橋梁流失249ヶ所, 堤防決壊739ヶ所, がけ崩れ4267ヶ所, 鉄道被害71ヶ所, 通信施設被害4707ヶ所, 木材流失4579m^3, 船舶沈没12隻, 船舶流失10隻, 船舶破損9隻, 無発動機船被害1隻, 被災者19万243名（5万146世帯）

7.8　航空自衛隊戦闘機墜落（愛知県小牧市西之島）　7月8日午前11時30分頃、航空自衛隊第3航空団のF86F型ジェット戦闘機が小牧基地を離陸後、エンジン故障により愛知県小牧市西之島の農家に接触し、墜落。機体と住宅が炎上、居住者の家族のうち離れにいた学生（18歳）と居合わせた友人（同）、操縦者の隊員（25歳）が即死、学生の友人（20歳）が重体に陥り（2日後に死亡）、車で現場付近を通りかかった2名が重軽傷を負った。防衛庁の調査特別委員会の結論によれば、原因は操縦者が帰投を急ぎ過ぎて機体を無理に旋回、失速させたため。《データ》死者4名, 重軽傷者2名, 航空機1機墜落, 住宅火災

7.16— 豪雨（中国地方西部,九州地方北部）　7月16日から18日にかけて、停滞性の活発な梅雨前線により中国地方西部と九州地方北部を中心に大雨が降り、総雨量は各地で200mmから300mm、多い地域で450mmを超え、熊本県中部で土砂崩れにより住民3名が死亡するなどの被害があった。《データ》死者3名（熊本県のみ）

昭和49年(1974年)

7.20　神田川氾濫(東京都東部)　7月20日午前、東京都東部の山の手地区に局地的な大雨が降り、同9時からの3時間に88mm、特に10時からの1時間に51mmの雨量を記録、神田川の氾濫により家屋1200棟が浸水するなどの被害があった。《データ》浸水家屋1200棟,河川氾濫

7.24　トンネル工事現場落盤(熊本県白水村)　7月24日、熊本県白水村のトンネル工事で落盤が起こり、3名が死亡、2名が負傷した。《データ》死者3名,負傷者2名

7.24－　豪雨(東海地方西部)　7月24日から26日朝にかけて、低気圧が近畿地方南部から能登半島へ抜ける際、東海地方西部に局地的な大雨が降り、三重県津市で25日午前2時からの1時間に60mm、四日市市で同6時からの1時間に73mmの雨量を記録。総雨量も各地で250mmから300mm、多い地域で500mm前後となり、三重県では住民9名が死亡または行方不明となるなどの被害があった。《データ》死亡・行方不明者9名,浸水家屋4万1000棟

7.28　焼山爆発(新潟県焼山)　7月28日午前2時35分頃、新潟県妙高高原町の焼山(2400m)が25年ぶりに爆発、溶岩ドームの東西両側で比較的激しい噴火が起こり、同山泊岩付近でキャンプをしていた千葉大学の学生3名が火山弾を受けて死亡したほか、直後に発生した土石流により早川の発電所取水口や流域の灌漑用水路が埋没、周辺の同県中頸城郡などで火山灰が5cmから10cm積もった。《データ》死者3名,給水施設ほか埋没

7.31　砒素中毒(島根県)　7月31日、島根県は県公害被害者認定審査会の報告に基づき、鹿足郡津和野町、旧笹ヶ谷鉱山の砒素中毒患者16名全員を正式に公害病患者として認定。《データ》砒素中毒患者16名公害病患者に認定

7.31－　豪雨(東北地方中部)　7月31日夜から8月1日午前にかけて、太平洋側の低気圧から延びた前線と高気圧の縁辺を回る湿潤な気流により秋田、山形県境付近の地域から宮城県北部に大雨が降り、山形県新庄市で1日午前6時からの1時間に73mmの雨量を記録。総雨量は各地で150mmから250mm、多い地域で300mmを超え、山形県で住民2名が死亡、道路の損壊などの被害もあいついだ。《データ》死者2名,損壊家屋23棟,浸水家屋3000棟,がけ崩れほか多数(山形県のみ)

8月　大腿四頭筋短縮症患者多数発見(福井県今立郡今立町中心)　46年春までに福井県今立郡今立町を中心に48名見つかっていた患者が、49年8月に行われた短縮症全国連絡協議会医師団による自主検診で、新たに25名追加された。《データ》発見患者数25名追加

8.4　地震(東北地方,関東地方)　8月4日午前3時16分、埼玉県東部の深さ約50kmを震源とするマグニチュード5.8の地震が発生、東北、関東地方の広い地域で揺れを感じ、各地で2名が驚きによる心臓発作で死亡、埼玉県久喜市で住民22名が負傷、家屋の屋根瓦や土壁などが損壊するなどの被害があった。《データ》死者2名,負傷者22名,損壊家屋多数

8.5　読売新聞社ヘリコプター墜落(神奈川県秦野市)　8月5日、読売新聞社のヒューズ500HS型ヘリコプターが羽田基地を離陸し、新幹線事故現場の取材に向かう直前、神奈川県秦野市付近で悪天候に巻き込まれ、乗員3名とともに消息を絶った(捜索の結果、大山頂上付近で墜落機体と全員の遺体を発見)。《データ》死者3名,ヘリコ

プター1機墜落

8.17- 台風14号（東北地方,関東地方,東海地方,近畿地方,九州地方）　8月18日、台風14号が鹿児島県の奄美諸島から東シナ海を西へ進み、中国浙江省付近で一旦衰弱、熱帯性低気圧となってから反転し、24日に沖縄本島近くの海上で再び中型で並みの台風になり、26日午前10時頃に静岡県の浜名湖付近へ上陸、東日本を通り抜けた。このため瞬間風速は屋久島で最高46.5m、九州地方南部で10mから15mを観測し、雨量も同17日から18日にかけて九州地方の南東部で100mmから200mm、山間部で300mm、25日から26日にかけて台風の刺激を受けた前線にもより東北地方で100mmから150mm、東海地方で300mmから400mm、関東地方の山間部や近畿地方などで200mmから300mmを記録。静岡県内で東海道・山陽新幹線と東海道本線が運転を休止、各地で国道などが損壊したのをはじめ、15都府県で住民1名が死亡、7名が負傷した。　《データ》死者1名,負傷者7名,全壊住宅5棟,半壊住宅11棟,破損住宅18棟,床上浸水住宅73棟,床下浸水住宅977棟,被災非住宅66棟,水田冠水193ha,畑流失・埋没1ha,畑冠水28ha,道路損壊93ヶ所,橋梁流失6ヶ所,堤防決壊11ヶ所,がけ崩れ95ヶ所,鉄道被害6ヶ所,通信施設被害2ヶ所,船舶沈没1隻,被災者414名（103世帯）

8.26　漁進丸転覆（能登半島沖）　8月26日、能登半島沖で、漁船漁進丸（14t）が転覆。乗組員11名が行方不明。　《データ》行方不明者11名

8.29　工事現場土砂崩れ（福井県大野市）　8月29日、福井県大野市の水力発電所工事で、鉄管埋設中に土砂崩れが発生、3名が死亡、1名が負傷した。　《データ》死者3名,負傷者1名

8.30　三菱重工業ビル爆破（連続企業爆破事件）（東京都千代田区）　8月30日午後0時45分頃、東京都千代田区丸の内の三菱重工業本社ビルの玄関前付近で塗料などを入れるペール缶に隠してあった新型の時限式爆弾2個が爆発し、ビル街のガラスが大量に割れ落ち、関係者や通行人ら8名が死亡、359名が重軽傷を負い、同ビルの玄関側や現場付近のビルの窓ガラスが割れた（爆破後に東アジア反日武装戦線狼が犯行を発表）。　《データ》死者8名,重軽傷者359名,建物損壊

8.30- 台風16号（多摩川水害）（関東地方,近畿地方南部,中国地方,四国地方,九州地方）　9月1日夕方、大型で強い台風16号が小笠原諸島から高知県須崎市付近に上陸し、四国、中国地方を経て2日午前0時、日本海へ抜けた。このため8月31日から9月1日にかけて関東地方で収束気流により300mmから500mm、近畿地方南部と四国地方とで200mmから600mmの雨が降り、東京都狛江市で多摩川堤防の決壊により住宅19棟が流失したのをはじめ、関東、近畿、中国、四国、九州地方の18都県で住民9名が死亡、39名が負傷などの被害が出た。(50年7月11日、多摩川災害調査技術委員会が堤防決壊を堰の設計および管理上の欠陥と報告。51年2月11日、被害者33名が国に損害賠償を求めて提訴)。　《データ》死者9名,負傷者39名,全壊住宅10棟,半壊住宅159棟,破損住宅791棟,流失住宅24棟,床上浸水住宅1396棟,床下浸水住宅9192棟,被災非住宅325棟,水田流失・埋没11ha,水田冠水1497ha,畑流失・埋没37ha,畑冠水1167ha,道路損壊162ヶ所,橋梁流失50ヶ所,堤防決壊8ヶ所,がけ崩れ269ヶ所,鉄道被害16ヶ所,通信施設被害65ヶ所,船舶流失9隻,船舶破損9隻,無発動機船被害3隻,被災者5075名（1610世帯）,被害額（東京都狛江市のみ。損害賠償支払いの算定額による）3億642万円

昭和49年(1974年)

9月	水銀汚染(全国)	9月、環境庁が行った水銀汚染の全国調査結果がまとまり、水銀汚染列島の実態が明らかになった(この調査結果は高濃度の水銀汚染の疑いのある水俣湾、徳山湾など、問題の9水域を除いている)。これによると、新潟県直江津海域と鹿児島湾奥部の5種類の魚から、厚生省の暫定許容基準(総水銀0.4ppm、メチル水銀0.3ppm)を上回る水銀が検出された。また、川魚では、北海道の渚滑川、常呂川、無加川、山形県の赤川、三重県の櫛田川、名張川、奈良県の芳野川、宇陀川、長崎県の川棚川の9河川でとれた10魚種で暫定許容基準を越える水銀を検出した。海、川底の泥からも、神奈川・京浜運河など20水域からヘドロ暫定除去基準(水銀濃度10ppmから40ppm)を上回る水銀がでた。東大阪市の加納井路が最悪で、最高1560ppm、平均531ppmであった。
9月	PCB汚染(全国)	9月、環境庁はPCB(ポリ塩化ビフェニール)汚染全国調査結果(20水域)を発表した。これによると、東京、多摩川河口など6都県8水域から厚生省の暫定許容基準(3ppm)を上回る汚染魚が見つかった。とくに、多摩川河口と岐阜県の長良川、長野県の犀川、天竜川は、検体の20%以上が許容基準値を越え、最高は天竜川のウグイで19ppmであった。ヘドロからも、徳島、吉永用水路386ppmを最高に、徳島、静岡、名古屋の3県下計6水域から100ppmを上回る高濃度のPCBが検出された。50ppmから99ppmの汚染水域は8水域。これで漁獲規制水域も、9ヶ所から13ヶ所にふえた。さらに、ヘドロから10ppmを越えるPCBが検出された長野・犀川や琵琶湖、兵庫・高砂港など、全国51ヶ所の水域がヘドロ除去対策を迫られることとなった。
9月	土壌汚染(全国)	9月、環境庁がまとめた48年度の調査結果によると、土壌汚染防止法で対策地域の指定要件(玄米中のカドミウム1ppm以上)の水田は19都府県36地域にのぼり、同じく対策地域の指定要件(土壌中の銅125ppm以上)の地域は12県14ヶ所に達した。これで、新しく休耕や土の入れ替えなどを迫られる地域は60ヶ所になった。また、銅では、島根県八束地域の809.5ppmを筆頭に、秋田県鹿角地域、宮崎県三ヶ所鉱山周辺、兵庫県有賀鉱山周辺、和歌山県那智川流域から480ppm以上の高濃度汚染が検出された。そのほか、三重県勢和村の丹生鉱山の周辺の土壌から全国最高の67ppmの水銀が、滋賀県草津市の日本コンデンサ周辺から全国一の59ppmのPCB汚染がそれぞれ出ている。
9月	航空機騒音(東京都羽田空港周辺)	9月に発表された東京都公害研究所による東京国際空港周辺の航空機騒音調査(48年実施)によると、約750世帯が少なくとも防音工事を必要とする重度の被害を受けていることがわかった。騒音のピーク値は、滑走路のはしからモノレール軌道に沿って約2kmまでが100ホン(国電のガード下並み)、4、5kmまでが90ホンだった。 《データ》騒音公害
9.1	原子力船むつ放射線漏出(太平洋)	9月1日、日本原子力船研究開発事業団の実験船むつ(約8350t)が北部太平洋で出力上昇試験を開始後、船内に比較的強い放射線が漏れた。事業団および放射線遮蔽技術検討委員会の発表によれば、原因は鋼鉄製遮蔽板の設計および製造上の欠陥。むつは8月26日早朝、陸奥湾にある青森県むつ市大湊の母港から地元漁業関係者らの抗議を無視して出港し、2日後に現場付近の海域で臨界実験を実施、成功した矢先だった(9月5日に漁業関係者らが放射能汚染の危険を訴えて帰港阻止を決議。10月14日に政府と地元が母港撤去協定に合意後、むつは50日ぶりに帰港し、原子炉を封印。53年7月21日に政府と長崎県、佐世保市が

306

修理の際、封印を解かない条件で協定を結び、むつは同10月16日に佐世保へ入港)。

9.8 **台風18号**(近畿地方,中国地方,四国地方,九州地方) 9月8日午後8時過ぎ、小型で並みの台風18号が奄美諸島の西方から鹿児島県枕崎市付近に上陸し、九州地方南部を経て四国へ再上陸して衰弱、土佐湾で温帯性低気圧となり、本州から三陸沖合へ抜けた。このため瞬間風速は枕崎市で40m、高知県室戸市で36mを記録し、近畿地方以西の22府県で住民13名が死亡、27名が負傷などの被害が出た。《データ》死者13名,負傷者27名,全壊住宅46棟,半壊住宅78棟,破損住宅218棟,流失住宅10棟,床上浸水住宅5848棟,床下浸水住宅2万5614棟,被災非住宅801棟,水田流失・埋没315ha,水田冠水5986ha,畑流失・埋没15ha,畑冠水1290ha,道路損壊749ヶ所,橋梁流失63ヶ所,堤防決壊39ヶ所,がけ崩れ604ヶ所,鉄道被害27ヶ所,通信施設被害1544ヶ所,船舶流失5隻,無発動機船被害3隻,被災者2万327名(5962世帯)

9.24 **豪雨**(東北地方) 9月24日午後、低気圧が本州南岸付近の前線に沿って東へ進み、岩手県南部から福島県北部に局地的な大雨が降り、宮城県亘理町で同3時からの1時間に30mm、合計172mmの雨量を記録。このため宮城県で住民6名が死亡または行方不明になるなどの被害があった。《データ》死亡・行方不明者6名,浸水家屋702棟,道路冠水21ヶ所,堤防決壊7ヶ所,がけ崩れ11ヶ所(宮城県のみ)

9.28 **高野山真言宗立江寺火災**(徳島県小松市立江町) 9月28日午前零時半頃、徳島県小松市立江町の四国八十八ヶ所19番札所、高野山真言宗立江寺の護摩堂付近から出火、約80m^{2}の護摩堂と本堂約500m^{2}が全焼した。聖徳天皇時代の作といわれる地蔵尊像など貴重なものが焼けた。《データ》文化遺産焼失(約580m^2)

10月 **大腿四頭筋短縮症**(山梨県南巨摩郡) 10月時点、山梨県南巨摩郡鰍沢町と増穂町を中心に多数発見されていた膝が曲がらず歩行困難な幼児のうち428名が患者と診断され、37名が手術を受けた。さらに、全国各地でも次々と患者が見つかっている。《データ》患者が全国規模に確認される。

10月 **水俣病認定患者**(熊本県) 10月時点、熊本県は2600名を超す水俣病認定患者を抱えている。《データ》水俣病認定申請者2600名以上

10月 **流行性肝炎多発**(大分県大分市速見郡山香町) 10月、大分県大分市速見郡山香町山浦地区で住民診察の結果、受診した315名のうち116名に流行性肝炎の疑いがでた。この地区はほとんどの家庭が井戸水を飲用にしており、井戸水に混じったウイルスにより感染したと見られている。《データ》流行性肝炎の疑い116名

10.6 **山崩れ**(群馬県群馬郡榛名町) 10月6日午前7時頃、群馬県榛名町里見で裏山が崩れ、住宅など7棟が倒壊、6名が死亡,6名が負傷した。原因は現場付近に埋設してあった同県高崎市営水道の導水管からの水漏れ。《データ》死者6名,負傷者6名,流失住宅7棟

10.16- **ガス中毒多発**(北海道札幌市) 10月16日、札幌市でガス供給元の北海道ガスが熱量を3600カロリーから5000カロリーに変更した際、不完全燃焼による一酸化炭素中毒死が続出し、同20日までに17件、7名が死亡(調整もれが原因と断定できない事故死も含む)、25名が病院で手当を受けた。原因は北海道ガスによる変更対象地域での家庭器具の調整失敗とみられる(同23日に道警察が業務上過失致死傷の疑いで搜索や燃焼試験を実施)。《データ》死者7名

昭和49年(1974年)

10.31　第12竜神丸行方不明(青森県下北郡東通村沖)　10月31日、底引網漁船第12竜神丸(68t)が漁場から網揚げを終えてから帰港すると無線連絡後、青森県東通村の尻屋岬の沖合で乗組員10名とともに消息を絶った。《データ》行方不明者10名,船舶1隻行方不明

11.9　タンカー・リベリア船衝突(東京湾)　11月9日、東京湾でLPGタンカーとリベリア船が衝突し、タンカーは20日間炎上、死者33人を出した。《データ》死者33名

11.12　東武鬼怒川線保線作業員事故死(栃木県今市市)　11月12日、東武鉄道鬼怒川線の電車が保線作業現場に突っ込み、係員のうち出稼ぎの農業関係者5名が逃げ遅れて死亡した。《データ》死者5名

11.22　汚染調査(全国)　11月22日、環境庁は全国の21在日米軍施設区域の環境調査を行い、そのうち沖縄の米軍海兵隊基地など10施設区域の調査結果をとりまとめ中間発表した。それによると、水質関係では各基地のし尿処理施設からの排水の多くが、水質汚濁防止法などに定めるBOD(生物化学的酸素要求量)と大腸菌群数の基準を上回っていた。とくに、沖縄のキャンプシールズ、キャンプヘーグなどの米海兵隊施設区域からの排水が、沖縄中南部における水道水源として重要な比謝川の周辺の公共用水域に流入し、水質が悪化していた。一方、大気関係では米海兵隊岩国基地のボイラー19施設のうち10施設が硫黄酸化物の排出基準値を上回っており、米海軍佐世保基地もボイラー15施設のうち環境基準をほぼみたしているのは7施設だけであった。《データ》水質汚濁,大気汚染

12月　北九州ぜんそく(福岡県北九州市)　12月末までで、北九州ぜんそくの国と市独自分合わせた認定患者は930名(うち14名死亡)となった。《データ》北九州ぜんそく認定患者930名(うち死者14名)

12月　騒音公害(全国)　12月、総理府公害等調整委員会は騒音に関する調査を発表した。それによると、48年度の公害苦情8万6777件のうち33%の2万8632件が騒音・振動に関するものであった。とくに大都市では、大型トラックなど自動車の騒音や振動に対する苦情が激しくなっている。《データ》騒音公害

12月－　地下分水路建設現場付近地盤凝固剤汚染(東京都小金井市)　12月、東京都小金井市の仙川地下分水路建設現場で導水管(直径2.8m、総延長約2km)を埋設する際、珪酸ナトリウム(通称水ガラス)系の地盤凝固剤を含む溶液を注入したところ、現場付近の土壌や地下水に溶液が染み込み、井戸水を飲料水や入浴などに使っていた住民多数が湿疹やかゆみなどの皮膚症や神経系の中毒症にかかり、51年10月に溶血性貧血症の入院患者1名が脳溢血で死亡(発生後、建設省がフッ素系凝固剤の使用禁止を指示。51年2月23日、地元の住民7名が分水路の建設差止めと汚染土壌の撤去の仮処分を東京地方裁判所八王子支部に請求したが、52年7月に却下)。地盤凝固剤には、ほかに尿素やアクリル酸アミド系など数種類がある。《データ》患者多数(うち死者1名)

12.4　三菱重工業造船所タンカー火災(長崎県西彼杵郡香焼町)　12月4日午後4時すぎ、長崎県香焼町の三菱重工・長崎造船場香焼工場の50万t修理ドックに入っていたリベリア船籍のタンカー・オリエンタルドラゴン(12万4764t)の第5タンク内で火炎事故。作業員6名が死に16名重軽傷。パイプの亀裂からもれたガスを点検中、溶接していた火花が散って引火したらしい。《データ》死者6名,重軽傷者16名,船舶火災

12.16 紀邦丸故障・浸水（沖縄県石垣市沖）　12月16日、木材運搬船紀邦丸（2636t）がボルネオ島からの帰途、沖縄県石垣市の南南東約510kmの海上でエンジンの不調と荷崩れにより船体が傾斜、浸水し、乗組員のうち1名は救助されたが、残りの22名が死亡または行方不明になった。《データ》死亡・行方不明者22名, 船舶1隻浸水

12.18 三菱石油製油所重油流出（岡山県倉敷市）　12月18日、水島臨海工業地帯にある岡山県倉敷市の三菱石油水島製油所で貯蔵用タンクが壊れ、C重油約4万3000kℓが流出、そのうち2割前後が海に流れ出たものと見られ、これまでの最大の汚染事故となった。流出した重油は備讃瀬戸全面に広がり、さらに一部は鳴門海峡を通って紀伊水道に抜けた。汚染された岡山、香川、徳島、兵庫の各県での漁業被害額は100億円を越えた。拡散した重油以外に、海底に沈澱した重油及び中和剤による2次災害も心配されている。（同29日に陸上自衛隊が兵庫、岡山、香川、徳島県へ出動し、回収作業を実施。50年1月30日に企業側が汚染海域の県漁業協同組合連合会と補償合意）。原因はタンクの設計および建設上の欠陥。《データ》重油流出約4万3000kℓ, 漁業被害額100億円以上

12.19 三井石炭砂川鉱業所ガス爆発（北海道上砂川町）　12月19日、北海道上砂川町の三井石炭砂川鉱業所で、海面下660mの採炭現場でガス爆発が発生、15名が死亡、11名が負傷した。《データ》死者15名, 負傷者11名

この年　東北アルプス工場カドミウム排出（宮城県古川市）　この年、宮城県古川市の東北アルプス古川工場が高濃度のカドミウムを含む廃液を新堀川へ排出し、同市と隣接の小牛田町とで流域の水田124haから収穫したササニシキに汚染が発生した（10月9日、県議会の生活環境警察および農林水産連合委員会で企業側が汚染源は工場であることを認め、同18日には県が分離調整区域を設定）。《データ》農作物被害, 被災面積124ha

この年　水銀汚染（鹿児島県）　この年、鹿児島県の鹿児島湾でタチウオなど魚介類が暫定値を超える高濃度の水銀に汚染された（50年4月4日に環境庁と県が汚染源を桜島の海底噴気と結論。52年7月に汚染魚10種類の出荷規制を実施）。《データ》魚介類被害

この年　製紙カス処理問題（静岡県）　この年の5月まで行われた第三次ヘドロ処理で、田子の浦水域のヘドロ汚染は一息ついたが、富士市の60工場の製紙カスの共同処理場建設が遅れ、捨て場に困った業者が夜間、市内の空き地や公園に捨て去る事件が相次いでいる。《データ》ヘドロ汚染, 製紙カスの不法投棄

この年　公害病認定患者増加（兵庫県尼崎市）　49年時点、兵庫県尼崎市の大気汚染による公害病認定患者は3600名を越え死亡者も100名を突破。《データ》公害病認定患者3600名以上, 死者100名以上

この年　騒音公害（兵庫県国道43号）　49年時点、兵庫県国道43号の騒音被害が深刻化している。《データ》騒音

この年　DDT汚染（鳥取県八頭郡郡家町大坪地区）　この年、鳥取県衛生研究所が県内36農協、果実農協のうち20組合から20世紀ナシ各1検体の残留農薬検査をしたところ、八頭郡郡家町大坪地区でとれた1検体から、食品衛生法の許容標準0.2ppmの6倍近い1.18ppmのDDTを検出。使用禁止になっているDDT塗付袋をある農家が3本のナシの木に使用したためで、県はその木に残っている987個を廃棄処分にしたが、出荷済みの汚染ナシ22.5kgは回収不能。《データ》20世紀ナシのDDT（農薬）汚染ナシ

昭和49年(1974年)

の木3本分

この年 トリ貝へい死事件(香川県三豊沖海域(愛媛県境)) この春、香川県の愛媛県境、三豊沖海域でトリ貝が大量に死んだ。同海域を主漁場にしている三豊漁連は、この原因を愛媛県川之江、伊予三島両市沖の製紙ヘドロが、臨界工業地帯造成に伴ってかき回された2次公害として、両市役所に補償を求めた。ところが、両市側が応じないため、49年5月10日、トリ貝の死骸をトラックに積んで押しかけ庁舎内にまき散らすという刑事事件に発展した。また、トリ貝をさわった漁師の手がかぶれるなどの騒ぎもあり、この事件は環境庁もまじえての越境公害紛争となっている。《データ》トリ貝大量死

この年 地盤沈下(佐賀県) 49年までの17年間に、有明海沿いの穀倉地帯、佐賀、白石両平野では地下水汲み上げを主な原因とした地盤沈下が進んだ。杵島郡江北町で116cm、佐賀市で56cm地盤沈下した。《データ》地盤沈下116cm(杵島郡江北町),56cm(佐賀市)

この年 カドミウム汚染米(全国) この年に環境庁がまとめた48年の調査結果によると、カドミウム汚染米は富山県神通川流域の5.20ppmを最高に、秋田県鹿角地帯、群馬県碓氷川地域、栃木県小山地域、秋田県柳沢地域から3ppmを越える汚染米が出た。さらに、49年産米におけるカドミウム汚染の最もひどかった地域は秋田県であり、県の細密調査(22市町村、4700ha)によると、汚染地区は930ha、汚染米(1ppm以上)1万6700俵、準汚染米6万6000俵にのぼり、48年度の2倍強に増えた。《データ》カドミウム汚染米

この年 水銀汚染(新潟県) この年の県の調査で、関川河口中心に直江津海域の魚から、基準を超える総水銀を検出、同年8月5種の魚の漁獲・販売を規制。50年10月には、関川水系3工場が6000万円の漁業補償を決めた。《データ》漁獲・販売規制

この年 線型加速器故障(宮城県仙台市) この年、東北大学理学部で線型加速器の故障により学生6名が被曝した。《データ》被曝者6名

この頃 新日本製鉄工場退職者肺癌多発(福岡県北九州市八幡区) 49年頃、北九州市八幡区の新日本製鉄八幡製鉄所コークス工場の退職者多数が肺癌にかかった(49年1月10日に発表)。《データ》患者多数

この頃 ニトロフラン系飼料汚染(全国) 49年頃、鶏の配合飼料に含まれるニトロフラン系添加物による消費者の健康への影響が懸念された(49年6月10日に農林省が配合使用禁止を指示)。

この頃 東京電力発電所関係者被曝(福島県双葉郡双葉町) 49年頃、福島県双葉町の東京電力福島第1原子力発電所の1号炉で放射線防護対策の不備により、作業を1週間から10日続けた関係者の白血球数が約50%減少することがわかった(定期検査で発見)。

この頃 2・3・アクリル酸アミド汚染(全国) 49年頃、2・3・アクリル酸アミド(商標名AF2)や類似薬剤のフラゾドリンなどにより食品および豚や鶏の家畜飼料などが汚染された(AF2については、49年8月20日に国立衛生研究所が発癌性を報告、厚生省が全面的な使用禁止を決定。フラゾドリンについては、49年に農林省が使用制限と残留性試験を決定)。AF2は、葡萄球菌やコレラ菌、チフス菌、破傷風菌、髄膜炎菌などに強い抗菌作用があり、防腐および殺菌剤としてハムやソーセージ、豆腐な

310

どの食品に使われていたが、細胞および細菌培養実験により突然変異を誘発しやすく、発癌性のあることが立証された。　《データ》食品・家畜汚染

この頃　**日本工業検査高校生被曝**（大阪府大阪市）　49年頃、大阪市の日本工業検査大阪営業所が高等学校の生徒数名をアルバイトに雇い、生徒が許容値を超える放射線を浴びた（53年2月24日、大阪地方裁判所が企業に慰謝料などの支払いを命令）。　《データ》被曝者数名

この頃－　**新幹線騒音・振動被害**（愛知県名古屋市,岐阜県）　49年頃から、名古屋市南、緑区や岐阜県羽島、大垣市などで東海道・山陽新幹線の沿線地域の住民多数が騒音や振動による頭痛や難聴、心理的圧迫感などの症状を訴えた（名古屋市在住の被害者は、49年2月3日に原告団を結成し、3月30日に騒音および振動の差止めと損害賠償を求めて提訴。同2月21日から動力車労働組合地方本部が訴訟支援のため減速運転を開始）。　《データ》被害者多数

昭和50年
（1975年）

1.1　**ホテル送迎バス転落**（長野県大町市）　1月1日午前11時20分ごろ、長野県大町市平区青木の青木湖わきの私道カーブで、平和島観光会社経営「ホテル・ブルーレイク」のスキー客送迎バス（定員36名）が運転を誤り、がけ下約30mの青木湖に転落。乗客60名のうち24名が犠牲となった。原因は約2倍の定員超過。　《データ》死者24名,車両1台転落

1.9－　**豪雪**（羽越地方,北陸地方,山陰地方）　1月9日から、羽越、北陸、山陰地方の各地が猛吹雪に襲われ、風速15mから25mの強風とともに積雪も同13日までに富山市で78cm、福井県敦賀市で94cm、京都府舞鶴市で60cm、兵庫県豊岡市で90cm、鳥取市で62cm、滋賀県伊吹町の伊吹山で750cmをそれぞれ記録、信越本線や上越線、東海道・山陽新幹線などで運休や遅延が4日間続き、国道8号線が福井、滋賀県境付近で3日間不通になり、乗用車約400台が立往生した。

1.18　**第21互洋丸沈没**（島根県沖）　1月18日、島根県沖で貨物船・第21互洋丸（949t）が浸水し、沈没。この事故で12名が死亡または行方不明となった。　《データ》死者・行方不明者12名

1.22－　**阿蘇山群発地震**（中国地方,四国地方,九州地方）　1月22日午後1時40分頃、阿蘇山を震源とする比較的強い火山性地震が発生し、震源地付近で震度4を記録、中国、四国地方の一部と九州のほぼ全域とで揺れを感じ、同日深夜にも震度5と4の地震があった。阿蘇山測候所の調べによれば、2月13日までに震度5を1回、震度4を4回、震度3を3回、震度2を20回、震度1を4回記録するなど、有感地震を含めて77回の余震が続き、住民10名が負傷した。　《データ》負傷者10名,全壊家屋16棟,半壊・破損家屋百数十棟,道路損壊・がけ崩れほか数十ヶ所

1.24　**下水処理場メタンガス爆発**（東京都足立区）　1月24日、東京都足立区中川の下水処理場でメタンガスが爆発、3名が即死した。　《データ》死者3名

1.28　**県道改修現場山崩れ**（静岡県静岡市）　1月28日、静岡市油山の県道改修現場で道路

昭和50年(1975年)

脇の山が崩れ、季節労働者の主婦3名が死亡した。《データ》死者3名

2月― 集団赤痢発生(埼玉県東松山市) 2月から4月までに、埼玉県西部の東松山市を中心に大規模な集団赤痢が発生した。同市箭弓町のレストラン「むらや」の飲料水用の井戸が原因で、発生から約50日ぶりの4月25日に県が「赤痢集結宣言」をするまでに患者、保菌者数は621名という大量発生となった。《データ》患者・保菌者621名

2.5 工場火災(愛媛県) 2月5日、愛媛県波方町の工場(3689m^2)で火災が発生、3名が死亡、7名が負傷した。《データ》死者3名,負傷者7名,被害額2億735万円

2.13 マイクロバス・水郡線列車衝突(福島県東白川郡棚倉町) 2月13日午前7時10分ごろ、水郡線磐城浅川・磐城棚倉駅間の踏切で郡山発水戸行き普通列車が作業員10名を乗せて建設現場へ向かうマイクロバスと衝突、バスは約150m引きずられて大破し、作業員のうち6名が死亡、4名が重軽傷を負った。《データ》死者6名,重軽傷者4名,車両1台大破

2.19 日本取材センター機墜落(福岡県) 2月19日、福岡県新吉富村で、日本取材センターのFA200-180が山腹に衝突。2名が死亡。《データ》死者2名

3.1 朝日会館火災(東京都豊島区) 3月1日午前2時半ごろ、東京都豊島区東池袋の雑居ビル朝日会館(地下2階地上7階建て)の2階喫茶店から出火、879m^{2}が全焼し、3階のマージャン店の客4名と5階のパチンコ店の従業員1名の計5名が死亡、17名が負傷した。《データ》死者5名,負傷者17名,全焼建物1棟,焼失面積910m^2

3.10 千成ホテル火災(大阪府大阪市西成区) 3月10日、大阪市西成区の愛隣地区(通称釜ヶ崎)の簡易宿泊施設千成ホテル(1501m^2)で火災が発生し、宿泊者の日雇い労働者4名が死亡、61名が重軽傷を負った。《データ》死者4名,重軽傷者61名,建物火災,被害額9947万円

3.20 革マル派活動家襲撃(東京都荒川区) 3月20日、革マル派の活動家3名が東京都荒川区日暮里で対立する中核派の構成員に襲われ、うち2名が死亡、1名が負傷した(発生後、警視庁が非常事態を宣言)。《データ》死者2名,負傷者1名

4.6 暴風(全国) 4月6日、全国に台風級の強い季節風が吹き、各地で8名が死亡、5名が行方不明になった。《データ》死者8名,行方不明者5名

4.22 道路復旧工事現場がけ崩れ(大分県大分市) 4月22日、大分市の道路復旧工事現場でがけ崩れが発生し、3名が死亡。《データ》死者3名

4.23 トンネル内酸欠死(福井県南条郡) 4月23日、福井県南条郡の北陸電力高島ダムで試掘トンネル内で酸欠による窒息、3名死亡。《データ》死者3名

5.17― 豪雨(北海道東部) 5月17日から18日にかけて、北海道東部に発達した低気圧の通過による局地的な大雨が降り、釧路市の152mmを含めて最高200mmを超える雨量を記録し、各地で住民4名が死亡または行方不明、送電線や国鉄の架線などに被害があった。《データ》死亡・行方不明者4名,鉄道ほか被害

5.24― 雷雨・雹害(青森県,長野県,徳島県,宮崎県) 5月24日から26日にかけて、青森、長野、徳島、宮崎県などに激しい落雷とともに雨や雹が降り、各地で4名が死亡、3名が重軽傷を負ったほか、農作物に被害があいついだ。《データ》死者4名,重軽傷者3名,農作物被害

5.31—	雹害（鳥取県）	5月31日午後から6月1日朝にかけて、鳥取県に直径3cm前後の雹が降り、20世紀ナシや野菜、葉タバコなどの農作物に73億余円の被害が発生した。《データ》農作物被害,被害額73億円
6月	雹害（全国）	6月1日、9日、10日に強い雷が発生したほか、全国で降雹などの被害が113億円（農林省調べ）に達した。また、梅雨前線活動が中旬後半から活発化し、各地に大雨が降るなどし、東京では曇天日数が28日間で最多記録となった。《データ》農作物113億円
6月—	集団赤痢発生（高知県高岡郡佐川町）	6月から7月始めに、高岡郡佐川町の医療法人清和病院で、真性赤痢が集団発生、患者は病院の入院、外来患者、職員、患者家族ら330名にのぼった。原因ははっきりせず、県は"複合汚染"としたが、清和病院では井戸水から大腸菌が検出されるなど、ずさんな衛生管理が問題になった。《データ》患者330名
6.4	過激派関係者乱闘（大阪府大阪市）	6月4日、過激派の対立分派の構成員どうしが大阪市の大阪市立大学構内で乱闘し、うち2名が死亡した。《データ》死者2名
6.6	光化学スモッグ被害（埼玉県,千葉県,東京都,神奈川県）	6月6日、東京都と埼玉、千葉、神奈川県に光化学スモッグが発生し、各地で2500名が眼や咽喉の痛みなど特有の症状を訴えた。《データ》患者2500名
6.16—	豪雨（九州地方）	6月16日から18日にかけて、九州地方の各地に活発化した梅雨前線による大雨が降り、16日朝から鹿児島県の奄美諸島で100mm、17日から長崎市で106mm、熊本市で197mm、阿蘇山で175mmの雨量をそれぞれ記録。同19日に前線はいったん衰弱したが、20日から22日にかけて回復し、熊本市で234mm、宮崎市で137mm、鹿児島市で192mmの雨量をそれぞれ記録し、22日に鹿児島県垂水市で山崩れにより住民7名が死亡したほか、河川の氾濫などによる被害があった。《データ》死者7名（鹿児島県垂水市のみ）
6.24—	豪雨（九州地方）	6月24日から25日にかけて、九州地方北部と中部に低気圧と梅雨前線による大雨が降り、山口県下関市で191mm、熊本市で236mm、阿蘇山で290mm、大分市で92mmの雨量をそれぞれ記録し、熊本市で河川の氾濫により家屋2300戸が浸水するなどの被害があった。《データ》浸水家屋2300戸（熊本市のみ）
7.2—	豪雨（鹿児島県）	7月2日から3日にかけて、鹿児島県の奄美諸島に低気圧が通過の際、梅雨前線による大雨が降り、鹿児島県名瀬市で419mm、沖永良部島で199mmの雨量を記録。住民2名が死亡、家屋2700戸以上が被災した。《データ》死者2名,被災家屋2700戸以上
7.6	夕張新炭鉱坑内ガス突出（北海道夕張市）	7月6日、北海道夕張市の北海道炭砿汽船夕張新炭鉱の坑内で天然ガスが突出し、作業員5名が窒息死した。《データ》死者5名
7.12—	豪雨（島根県）	7月12日から14日早朝にかけて、島根県東部中部に梅雨前線による局地的な大雨が降り、浜田市の126mmを含めて最高300mmを超える雨量を記録し、飯石郡吉田村や掛合町、太田市などでは、がけ崩れや河川の氾濫のため住民9名が死亡または行方不明となった。《データ》死亡・行方不明者9名,負傷者15名,被災家屋2900戸以上

昭和50年(1975年)

7.18　石油製油所パイプ爆発(千葉県市原市)　7月18日、千葉県市原の極東石油千葉製油所で、硫黄回収装置の鉄パイプが爆発、作業員2名死亡、1名が重体。《データ》死者2名、重体1名

7.27－　水害(青森県)　7月27、28日、8月20日に、ほぼ県内全域が水害に見舞われた。被害総額は762億5498万円に達した。《データ》被害総額762億5498万円

8月　クロム禍(富山県射水郡大島町)　8月、富山県射水郡大島町で、北海道栗山町の日本電工旧栗山工場から同社北陸工場へ転勤してきた従業員のうち8名が六価クロムによる鼻中隔せん孔症にかかっていることが富山労働基準局の調査でわかった。《データ》鼻中隔せん孔症患者8名

8月　六価クロムによる肺ガン症状(東京都)　8月、東京都が汚染対象地域周辺住民の健康調査をした結果、日本化工の従業員8名が、六価クロムによるとみられる肺ガンで死んでいたことがわかった。また肺ガンの前段症状とみられる鼻中隔孔患者62名がみつかった。《データ》死者8名、患者62名

8月－　三島海域酸欠現象(香川県)　50年8、9月の長期間に及び、県西部、愛媛県境の三豊海域で海底の酸欠現象が起こった。小魚がプカプカ浮いたり、魚網にかかる魚が死滅。地元漁民は愛知県川之江、伊予三島両市からの製紙ヘドロが堆積しているためだと訴えている。《データ》魚介類

8.6　集中豪雨(東北地方)　8月6日未明、青森県内に雷を伴った集中豪雨のため、幅約100mの鉄砲水が発生、一瞬のうちに42戸を全半壊、流失させ、22名の死者・行方不明者を出した。さらに同日正午には山形県北部の最上郡真室川町の中央を流れる幅20mの真室川と小又川が200mmに達する集中豪雨で氾濫、真室川が2ヶ所で堤防が決壊、死者、行方不明者5名を出した。この東北豪雨の被害は青森、山形、秋田、宮城の4県に及び、死者25名、行方不明2者名、負傷者50名を出した。《データ》死者25名、行方不明者2名、負傷者56名、家屋全半壊、被災1058世帯

8.15－　台風5号(中国地方、四国地方)　8月17日午前8時50分、大型で強い台風5号が高知県宿毛市付近に上陸し、山口県を経て日本海で衰弱して熱帯性低気圧になり、19日から20日にかけて北海道、東北地方に接近した。上陸の際に高知県土佐清水市の足摺岬で52.1mの瞬間風速を、15日から18日にかけて奈良県上北山村の日ノ出岳で1121mm、高知県鏡村の柿ノ又ダムで1016mm、同県のほぼ全域で600mmを記録。このため高知県の仁淀川流域で山崩れや洪水があいつぎ、住民79名が死亡または行方不明になったほか、四国を中心に9県で76名が死亡、5名が行方不明などの被害が出た。《データ》死者77名、行方不明者5名、負傷者201名、全壊住宅97棟、半壊住宅160棟、破損住宅286棟、流失住宅52棟、床上浸水住宅7737棟、床下浸水住宅3万5420棟、被災非住宅266棟、水田流失・埋没112ha、水田冠水1万9130ha、畑流失・埋没146ha、畑冠水1万6291ha、道路損壊1522ヶ所、橋梁流失126ヶ所、堤防決壊48ヶ所、がけ崩れ707ヶ所、鉄道被害59ヶ所、通信施設被害294ヶ所、木材流失1m^3、船舶沈没8隻、船舶破損5隻、無発動機船被害25隻、被災者3万6132名(1万754世帯)(警察庁調べ)

8.19　六価クロム汚染(愛知県名古屋市)　8月19日、名古屋市内の下水処理場に基準の数万倍の六価クロム廃液が流入する事件が発生。メッキ工場などの点検を行ううち、民家の井戸水からも検出され、地下水のクロム汚染が表面化、大騒ぎとなった。

8.24　水害(北海道)　8月24日、石狩川は台風6号の大雨で13年ぶりに氾濫、月形町は水深

2mで孤立。また9月6日から8日には秋雨前線が停滞し集中豪雨が降った。このため石狩川が再び氾濫し、上川、空知地方は2度にわたって大きな被害が出た。　《データ》河川氾濫

8.24　土砂崩れ（北海道）　8月24日、北海道上川町で土砂崩れが発生し、層雲峡ホテルがけ下の従業員宿舎が倒壊、4名が死亡、3名が負傷した。　《データ》死者4名, 負傷者3名

8.30　砂川炭鉱坑内ガス突出（北海道空知郡上砂川町）　8月30日、北海道上砂川町の三井石炭鉱業砂川鉱業所の第1坑内でガスが突出、作業員2名が死亡、3名が重軽傷を負った。　《データ》死者2名, 重軽傷者3名

8.30　日本マリンオイル工場爆発（愛媛県東予市）　8月30日夕方、愛媛県東予市三津屋の日本マリンオイル廃油処理工場で廃油貯蔵用タンクが爆発し、通行人の主婦ら2名と従業員7名が死亡、4名が重軽傷を負った。　《データ》死者9名, 重軽傷者4名, 被害額5001万円

9月　水俣病認定患者（新潟県）　9月末時点、水俣病の認定患者は568名（死者30名）にのぼり、1カ月平均20名近くが認定を申請、潜在患者は未知数。否認された39名は県の環境庁に行政不服審査を申請した。　《データ》認定患者568名（死者30名）

9月　クロム汚染（鳥取県日野郡日南町）　9月、全国で唯一のクロム鉱山、日野郡日南町多里鉱山の2事業所の従業員の多数が、クロム汚染特有の鼻中隔せん孔、皮膚炎に似た症状を訴えていることが、両労組のアンケート調査でわかった。一方、県が鳥取大医学部に依頼して46年から48年にかけて調べた結果、土壌調査でも高濃度のクロムが検出され、要注意とされていたにもかかわらず県は結果を公表せず、対策も立てなかった。　《データ》患者多数

9.2　松生丸拿捕（松生丸銃撃事件）（黄海）　9月2日午前10時頃、佐賀県呼子町のフグ延縄漁船松生丸（49.8t）が鴨緑江河口の沖合の黄海漁場付近（北緯39度10分、東経123度55分）で北朝鮮の警備艇に領海侵犯の疑いにより銃撃され、乗組員9名のうち調理員1名が即死、甲板員1名が重体に陥り（後に死亡）、2名が負傷、船体も捕獲された（負傷者を除く5名と遺体、船体は同14日に、負傷者は治療後の11月9日にそれぞれ帰国。北朝鮮側の過剰防衛説あり）。　《データ》死者2名, 負傷者2名, 船舶1隻拿捕

9.4　緑荘爆発（神奈川県横須賀市）　9月4日午前2時35分頃、神奈川県横須賀市不入斗のアパート緑荘で自家製の消火器型爆発物に詰めた塩素酸塩系の薬剤が突然爆発し、製造者の中核派の構成員3名と隣室の家族のうち妻および長女（3歳）が死亡、8名が重傷を負った。　《データ》死者5名, 重傷者8名

9.8　砂川炭鉱坑内崩落（北海道空知郡上砂川町）　9月8日、北海道上砂川町の三井石炭鉱業砂川鉱業所の登川坑内で出水、鉱石が崩れ落ち、作業員5名が死亡した（翌日、通商産業省が同鉱業所の無期限操業停止処分を実施）。　《データ》死者5名

9.17−　食中毒発生（山形県）　9月17、18日の両日、国鉄酒田駅で販売された幕の内弁当から食中毒が発生、乗客や事件を知って弁当を試食した弁当会社の関係者ら3名が死亡、124名が腹痛や下痢を起こした。県衛生部と酒田保健所の調査で弁当と遺体からブドウ球菌、セレウス菌、腸炎ビブリオK15類似菌などが検出された。同部は弁当会社などを10月22日まで営業禁止処分にした。　《データ》死者3名, 患者124名

昭和50年（1975年）

9.23　ダム工事現場土砂崩れ（青森県）　9月23日、青森県大鰐町のダム工事現場で土砂崩れが発生し、2名が死亡、1名が負傷した。《データ》死者2名、負傷者1名

10月　六価クロム（宮城県仙台市東十番丁）　10月、仙台市東十番丁のメッキ工場跡地付近から、基準値の80倍もの六価クロムが検出されたことが、県議会で表面化した。汚染源は以前操業していたメッキ工場の廃棄物処理が不完全だったためとみられている。住民は4年前から市に調査を依頼しており、市の対策の遅れや姿勢が問題となった。

10月　カドミウム汚染対策（秋田県）　10月の立毛玄米カドミウム汚染調査で、1941検体中、汚染米170検体、準汚染米539検体が見つかった。汚染米収量は引き続き実施されたロット調査で判定されるが、検体数の比較では49年の倍近くにのぼった。調査対象地域3288haの約3分の1に投入したカドミ抑制剤の効果が問われるとともに、県の土壌汚染対策の決め手のなさが浮き彫りにされた。

10.1　工事現場土砂崩れ（高知県室戸市）　10月1日、高知県室戸市の林道崩壊防止工事現場で土砂崩れが発生、2名が死亡、3名が負傷した。《データ》死者2名、負傷者3名

10.4　大腿四頭筋短縮症患者（大分県）　10月4日、大分県が特別検診した結果わかった大腿四頭筋短縮症患者の内訳は、Aランク（重傷）4名、B（中程度）17名、C（軽傷）109名の計130名。《データ》患者130名

10.4—　台風13号（関東地方、東海地方）　10月4日午後6時から5日午前0時にかけて、小型で強い台風13号が中心気圧940mbを記録して鹿児島県の種子島の南東約150kmを経て、5日午後4時35分頃に伊豆諸島の八丈島の北端付近を通過。このため関東、東海地方に100mmから200mmの大雨が降り、東京都八丈町で瞬間風速67.8mの強風により51名が負傷、電柱30本以上が倒れたほか、静岡県熱海市でがけ崩れが発生、東京都で家屋多数が浸水した。《データ》負傷者51名、全壊住宅220戸、半壊・破損住宅1500戸以上、浸水家屋多数

10.7—　豪雨（静岡県）　10月7日夜から8日朝にかけて、静岡県に低気圧が通過の際、活発化した秋雨前線による局地的な大雨が降り、浜松市で336mmの雨量を記録し、同県の各地で住民5名が死亡、家屋5000戸以上が浸水したのをはじめ、東海道本線などにも被害があった。《データ》死者5名、浸水家屋5000戸以上

10.15—　豪雨（鹿児島県大島郡）　10月15日から16日にかけて、鹿児島県の奄美諸島付近に停滞性の秋雨前線により380mmの大雨が降り、徳之島で住民4名が死亡または行方不明となった。《データ》死亡・行方不明者4名、流失・浸水家屋150戸以上

10.22　ガス爆発（東京都）　10月22日、東京都夢の島の老人ホーム建設現場でもれたプロパンガスかメタンガスが爆発、2名が死亡、8名が負傷した。《データ》死者2名、負傷者8名

11.1　高島炭鉱坑内ガス突出（長崎県西彼杵郡高島町）　11月1日、長崎県高島町の三菱石炭鉱業所高島鉱業所の坑内でガスが突出し、作業員2名が死亡、25名が重軽傷を負った。《データ》死者2名、重軽傷者25名

11.4　三井東圧化学工場塩化ビニル排出（愛知県名古屋市南区）　名古屋市南区の三井東圧化学名古屋工場が塩化ビニルの単体（モノマー）を含む煙を排出し、元従業員4名が肝血管肉腫などにより死亡。労働省によれば、44年12月に同工場の重合釜の清掃担

当者54名のうち24名が手足のしびれなどの症状を訴えており、調査結果の隠匿や対策の遅れが論議を呼んだ。　《データ》死者4名（50年11月4日時点）

11.13　**第8なか丸転覆**（宮城県本吉郡歌津町沖）　11月13日、宮城県気仙沼市のカツオマグロ漁船第8なか丸（96t）が同県歌津町の沖合で高波を受けて転覆し、乗組員17名が死亡または行方不明となった。　《データ》死亡・行方不明者17名, 船舶1隻転覆

11.27　**炭鉱坑内ガス爆発**（北海道三笠市唐松青山町）　11月27日、北海道三笠市唐松青山町で、北海道炭砿汽船幌内鉱業所の坑内でガス爆発が発生し、作業員11名が死亡、13名が行方不明になった（捜索後、消火のため現場坑内に注水）。　《データ》死者11名, 行方不明者13名

11.29　**ゴルフ場造成現場土砂崩れ**（千葉県市原市）　11月29日、千葉県市原市月出のゴルフ場造成現場で土砂崩れが発生し、出稼ぎ者を含む作業員8名が死亡、2名が重軽傷を負った。　《データ》死者8名, 重軽傷者2名

12.19　**キャバレー火災**（茨城県日立市）　12月19日、茨城県日立市弁天町のキャバレーから出火し、従業員や来店客のうち3名が死亡、80名が負傷した。　《データ》死者3名, 負傷者80名, 店舗火災

12.23　**塩ビモノマー検出**（全国）　12月23日、塩化ビニール樹脂製食器容器に、包装について、材質中に含まれる塩ビモノマー「1ppm以下」という暫定基準を定めた。塩ビモノマーが発ガン物質とわかり、厚生省は食品衛生法に正式に規格基準を定める準備を進めたが、とりあえず行政指導上の暫定基準を造った。市販の塩ビ容器入り食品を検査したところ、しょうゆの0.2ppmを最高に、食品からも塩ビモノマーが検出された。次いで、国立衛試も市販品を調べた結果、ソースの0.59ppmを最高に8検体から検出、いずれも容器業界の49年暮から自主規制以前につくった、古い製品とみられていた。

この年　**光化学スモッグ**（全国）　4月9日、東京で、光化学スモック注意報の第1号が出されたのを皮切りに、10月6日まで全国で256回の注意報が出された。50年は残暑がとくにきびしかったため、9月に52回も注意報が出されたのが特徴。注意報の発令件数は48年328回、49年288回と毎年減ってきている。発生は21都府県に及んだが、埼玉が一番多く44回、次いで東京41回、千葉33回、神奈川27回、大阪23回だった。被害届では4万2839名、梅雨明けの7月15日は、全国で2万6162名の被害を届け出た。

この年　**航空自衛隊基地騒音被害**（石川県）　石川県小松、加賀市の航空自衛隊小松基地の5km圏の区域内でジェット戦闘機の離着陸により100ホンを超える騒音が発生し、住民の健康への影響が論議を呼んだ（50年9月16日に地元住民12名が離着陸差止めおよび慰謝料支払いを求めて提訴）。

この年　**日本電工旧工場六価クロム汚染**（北海道夕張郡栗山町）　北海道栗山町の日本電工旧栗山工場の重クロム酸ソーダ製造工程の元従業員14名が高濃度の六価クロムによる肺癌で死亡、多数が鼻中隔穿孔や鼻炎など特有の症状を訴えた（50年8月13日、政府が使用工場の汚染実態調査を都道府県に指示）。　《データ》死者14名, 患者多数

この年　**東洋曹達工場塩化ビニル排出**（三重県四日市市）　50年ころまで、三重県四日市市の東洋曹達四日市工場が塩化ビニルの単体（モノマー）を含む煙を排出し、元従業員4名が肝臓障害などの症状を訴えた。　《データ》患者4名（労働災害認定申請者のみ。

昭和50年(1975年)

51年6月25日時点)

この年　注射液溶解補助剤被害(全国)　この年、注射液溶解補助剤のウレタンに発癌性のあることがわかり、患者多数の健康への影響が懸念された(同7月24日に厚生省が企業に製造および販売中止を指示)。

この年　大気汚染(東京都)　この年、光化学スモッグによるとみられる被害者の訴えは、5210名(49年、2710名)にのぼった。光化学スモック注意報、予報とも前年を上回り、注意報(41日)は、48年に次いで史上2番目。大気汚染状況は亜硫酸ガス、一酸化炭素、浮遊粉じんが44年以降の減少傾向を続けたのに対し、オキシダントは、ほぼ横ばい、窒素酸化物はむしろ増えた。国の公害健康被害補償法にもとづく大気汚染公害病(気管支ぜんそくなど)の認定患者は50年11月、大田など8区だけで4000名(うち、死者25名)の大台に乗った。《データ》患者4000名

この年　大気汚染(北海道)　この年、北海道で冬季間の大気汚染が問題となった。人口集中が冬季間の燃料使用料を増加させた結果、大気汚染、とくに二酸化硫黄による汚染は著しく、市内5観測所の49年度観測結果は、1時間値の日平均0.04ppm、基準値を超える日は年7日以内とする国の環境基準にいずれも不適。都心部では基準値を超える日が50日を記録。

この年　赤潮(宮城県)　この年、工業排水などで海水の汚染がひどく、気仙沼湾では赤潮による血ガキ騒ぎが起きた。

この年　カドミウム汚染(石川県)　この年、小松市・梯川流域の48年産米、農地から高濃度のカドミウム、銅が検出された。そのため県は49年に土壌汚染防止法に基づき梯川下流700haで細密調査を実施、50年196haの農地を地域指定した。51年には客土、排水路の設置など対策計画を行う。

この年　水質汚染(全国)　12月8日、全国の海、河川、湖沼の汚染状況を示す49年度公共用水域水質の測定結果を発表した。それによると、水の汚濁は全般的に改善の傾向にあるが、主要180水域の環境基準達成率は、60％に過ぎず、対策強化の必要が認められた。水質汚濁に関しては河川2838、湖沼231、海域1566の計4635地点で、水素イオン濃度(PH)、容存酸素量(DO)、生物化学的酸素要求量(BOD)、化学的酸素要求量(COD)、大腸菌群数などに付いて測定した。いずれも前年度よりわずかながら減少、汚染悪化が止まる傾向にあることがわかった。

この年　桜島爆発(鹿児島県鹿児島郡桜島)　49年桜島では年間の爆発回数が362回と35年についで多かった。この年は爆発の回数が半減したが、多量の降灰で農作物に被害がでた。また、噴石によるものかどうか明確ではないが、付近を飛行中の航空機のフロントガラスが破損する事故などもあった。《データ》農作物に被害

この年　クロム禍運動(東京都,千葉県)　日本化学工業が東京都江東区大島や同区南砂の州崎運河跡埋立地、江戸川区堀江、同区小松川の工場跡地、千葉県市川市、浦安町など各地に高濃度の六価クロムを含む鉱滓52万tを未処理のまま無許可で投棄し、現場付近の土壌を汚染、退職者を含む従業員11名が肺癌で死亡、多数が鼻中隔穿孔や皮膚炎など特有の症状を訴えた(50年7月16日に地元住民が発表後、8月17日に元従業員の遺族らが被害者の会を結成し、12月1日に損害賠償を求めて提訴。同8月21日から都が現場付近の住民1万数千名の健康診断などを実施し、28日に企業側に補償を要求。同8月22日に環境庁および関係都道府県市の合同対策会議で鉱滓75万tの埋

立処理地112ヶ所の汚染実態を発表)。六価クロムは、重クロム酸ソーダの製造過程でクロム鉱石をソーダ灰と消石灰とともに焙焼すると発生し、酸化しやすい特徴があり、粉塵は皮膚および粘膜の潰瘍や肺癌の原因のひとつ。《データ》死者11名,患者多数,土壌汚染

この年　リジン問題(全国)　4月には、全国の学校給食用の小麦粉を供給している日本学校給食会は、文部省の承認を得て一律にリジン添加を始めたが、分析の結果、発ガン性物質である3・4ベンツピレンが検出され、また原料として糖蜜やでん粉を用いず、ノルマルパラフィンを使用した疑いがもたれた。7月3日、リジン添加阻止を訴える全国集会が横浜で開かれ、各地から多数の教師、父母、給食関係者が集まり、リジン添加の全面中止、学校給食の安全性の総点検を求める文部大臣あての要求書を採択した。12月8日には、全国で1県だけリジン添加を続けていた福島県が、51年4月から添加を中止すると発表した。

この年　工場水銀排出(新潟県)　この年、新潟県頸城村の信越化学工業直江津工場と西隣に当たる上越市のダイセル、日本曹達の工場が高濃度の水銀を含む廃液を関川へ排出し、流域や河口付近の海域の魚介類が汚染された(同4月8日に環境庁が汚染源を特定)。《データ》魚介類被害

この年　宝満山鉱山カドミウム排出(島根県)　この年、島根県の宝満山鉱山が高濃度のカドミウムを含む廃液を排出し、周辺地域の土壌が汚染された。《データ》土壌汚染

この頃　騒音・振動被害(神奈川県川崎市)　50年頃、川崎市で東名高速道路の排気ガスや騒音、南武線の振動などによる被害が深刻化し、沿線地域の住民の健康への影響が懸念された。

この頃　石油貯蔵用タンク沈下(愛知県名古屋市港区,三重県四日市市,鹿児島県揖宿郡喜入町)　50年頃、名古屋市港区の名古屋港9号地や三重県四日市市の化学コンビナート、鹿児島県喜入町の日本石油備蓄基地などで石油貯蔵用タンク109基の沈下速度の不均等が深刻化。同じ時期、タンク735基に設計および製造上の欠陥のあることもわかり、本体の損壊や貯蔵品の流失などが懸念された(50年2月21日に消防庁が緊急総点検の結果を発表)。

この頃　日本ゼオン工場塩化ビニル排出(富山県高岡市)　50年頃、富山県高岡市の日本ゼオン高岡工場が塩化ビニルの単体(モノマー)を含む煙を排出し、周辺地域の住民の健康への影響などが懸念された(50年11月7日、横浜国立大学助教授が検出と発表)。塩化ビニルは、ポリ塩化ビニルなど合成樹脂の原料に使われ、常温で無色の気体。

この頃　東京国際空港騒音被害(東京都大田区)　50年頃、東京都大田区羽田の東京国際空港の周辺地域で航空機の離着陸による騒音が深刻化し、住民の健康への影響が論議を呼んだ。都公害研究所の調査によれば、同空港の騒音被害は大阪国際空港の被害を上回っている。

この頃　川崎製鉄工場煤煙汚染(千葉県千葉市)　50年頃、千葉市川崎町の川崎製鉄千葉製鉄所が排出する煤煙などにより周辺地域の住民475名が気管支喘息などの疾患にかかった(50年5月26日、患者らが企業に高炉建設差止めと損害賠償を求めて提訴)。《データ》患者475名

この頃　鉱山・工場廃液排出(京都府)　50年頃、京都府の鉱山や工場が有害物質を含む廃液

昭和50年(1975年)

を排出し、周辺地域の農作物や土壌を汚染した。 《データ》農作物被害,土壌汚染

この頃　日本電工工場六価クロム汚染(徳島県徳島市)　50年頃、徳島市の日本電工徳島工場の高濃度の六価クロムを含む鉱滓を排出、退職者を含む従業員のうち1名が肺癌で死亡、47名が鼻中隔穿孔など特有の症状を訴え、工場周辺の住民の健康への影響も懸念された(50年8月13日、政府が使用工場の汚染実態調査を都道府県に指示)。《データ》死者1名,患者47名(50年8月時点)

この頃　日本化学工業工場六価クロム汚染(山口県徳山市)　50年頃、山口県徳山市の日本化学工業徳山工場が高濃度の六価クロムを含む鉱滓を排出し、従業員や工場周辺の住民の健康への影響が懸念された(50年8月13日、政府が使用工場の汚染実態調査を都道府県に指示)。

この頃　旭硝子工場六価クロム汚染(福岡県北九州市)　50年頃、北九州市の旭硝子牧山工場が高濃度の六価クロムを含む鉱滓を排出し、従業員や工場周辺の住民の健康への影響が懸念された(50年8月13日、政府が使用工場の汚染実態調査を都道府県に指示)。

この頃　三井金属鉱業精錬所六価クロム汚染(広島県竹原市)　50年頃、広島県竹原市の三井金属鉱業竹原精錬所が高濃度の六価クロムを含む鉱滓を排出、従業員1名が肺癌で死亡し、工場周辺の住民の健康への影響が懸念された(50年8月13日、政府が使用工場の汚染実態調査を都道府県に指示)。 《データ》死者1名

この頃　昭和電工工場六価クロム汚染(埼玉県秩父市)　50年頃、埼玉県秩父市上影森の昭和電工秩父工場が高濃度の六価クロムを含む鉱滓を排出し、従業員や工場周辺の住民の健康への影響が懸念された(50年8月13日、政府が使用工場の汚染実態調査を都道府県に指示)。

この頃　東邦化学工場六価クロム汚染(三重県四日市市)　50年頃、三重県四日市市の東邦化学四日市工場が高濃度の六価クロムを含む鉱滓を排出し、従業員や工場周辺の住民の健康への影響が懸念された(50年8月13日、政府が使用工場の汚染実態調査を都道府県に指示)。

この頃　悪臭被害(青森県八戸市付近,宮城県,福井県,高知県,鹿児島県)　50年頃、青森県八戸市付近や宮城、福井、高知、鹿児島県など各地で工場の排出する煙などに含まれる悪臭による被害が深刻化した。

この頃　ヘドロ埋立汚染(香川県,愛媛県)　50年頃、愛媛県伊予三島、川之江市の製紙工場が排出した繊維滓やヘドロの埋立処分を沿岸海域で実施したところ、隣接の香川県観音寺市や詫間、仁尾、大野原、豊浜町付近の燧灘でトリ貝に深刻な被害が発生した(地元の汚水対策協議会が埋立処分の因果関係を指摘)。 《データ》魚介類被害

この頃　赤潮発生(大分県別府市)　50年頃、大分県別府市の別府湾で赤潮が発生し、魚介類に被害があいついだ(発生後、県が地元の漁業関係者の救済などを検討)。 《データ》魚介類被害

この頃　飼料・肥料製造工場悪臭被害(愛知県稲沢市)　50年頃、愛知県稲沢市の飼料および肥料製造工場が悪臭を発生し、工場周辺の住民に被害があいついだ(54年9月5日、名古屋地方裁判所が住民側の訴えを認め、発生源の企業に損害賠償支払いを命令)。

昭和51年
(1976年)

1月 インフルエンザ大流行(全国) 1月中旬から末にかけ、インフルエンザが全国で爆発的に流行した。患者は、11日から17日までの1週間だけで61万7000名、18日から24日までには107万人にも達し、学校や幼稚園などで学級閉鎖をしたところは1万近くのぼった。患者数は、50年末からの分を合わせると220万人を突破、記録的な大流行となった。免疫調査の結果、「Aビクトリア75型」ウイルスが短期間に爆発的な流行をおこしたことがわかった。《データ》患者数107万人

1月 豪雪(新潟県) 1月下旬に上越、魚沼地方を襲った豪雪のため、上越、信越線が4日間にわたり完全ストップした。このほかに長野県へ抜ける国道18号も雪に埋って陸の交通網は大混乱となった。《データ》信越線不通

1月ー 桜島爆発(鹿児島県鹿児島郡桜島) 1月から、桜島南岳で爆発などが活発化し、5月17日午後1時42分の爆発では噴煙が高さ約2700mまで、同28日午後5時48分の比較的強い爆発では高さ4000mまでそれぞれ上昇。このため、対岸の鹿児島市に火山灰が降り続き、乗用車が灰で滑って衝突するなどの被害もあった(爆発直前の航空観測により、同岳で既存のAおよびB火口のほかに直径約40mの新火口を確認)。

1月ー 沿岸海域廃油投棄(島根県) 1月から2月にかけて、島根県の沿岸海域に廃油が3回にわたり無許可で投棄され、ワカメや海苔などに被害があいついだ。《データ》魚介類被害

1.2 火災(岩手県釜石市浜町) 1月2日午後6時45分ごろ、岩手県釜石市浜町2丁目丸屋商店倉庫付近から出火し、火は15m以上の強い北西風にあおられて、同7時10分ごろ、約120m離れた建物が密集している商店街と近くの山林の数ヶ所に飛び火し、火元の木造平屋倉庫30m²が全焼したほか、百貨店、商店など20棟5620m²(全焼13棟、半焼2棟、部分焼5棟)が焼けた。山林は地形条件が悪くて消化困難で6日間燃え続け、2万113aが焼けた。12億2434万円の損害。《データ》全焼13棟,半焼2棟,部分焼5棟,焼失面積5620m²,林野焼失面積2万113a,被害額12億2434万円

1.6 平安神宮火災(京都府京都市左京区岡崎西天王町) 1月6日午前3時30分ごろ、京都市左京区岡崎の平安神宮の内拝殿西側の西翼舎から出火、東西本殿各56m²をはじめ、内拝殿、宝庫など約550m²を全焼した。平安神宮は、桓武天皇と孝明天皇を合祀する旧官幣大社で、平安遷都1100年を記念して1895年(1895)に創建された。《データ》全焼建物9棟,焼失面積1万m²,半焼3棟

1.9ー 豪雪(日本海側) 1月9日から12日にかけて、北陸地方をはじめ日本海側に大雪が降り、新潟県長岡市で115cm、上越市高田で61cm、富山市で61cm、福井市で65cmの積雪を記録。その後、天候はいったん回復したが、同18日から24日にかけて、群馬、新潟県を中心に再び大雪が降り、高田で19日に130cmの降雪を観測したほか、新潟県妙高村関山で566cm、新井市で450cm、高田で196cm、長野県栄村森宮野原で390cmの積雪を記録し、上越、信越、羽越、北陸などの本支線が6日間ほぼ全面的

321

昭和51年(1976年)

に運転を休止した。《データ》死者12名,重軽傷者99名,被災家屋30戸以上,被害額353億円(新潟県のみ)

1.16 橋げた落下(京都府大江町) 1月16日、京都府大江町の府道大雲橋工事現場で橋げたが落下。2名が死亡、5名が負傷した。《データ》死者2名,負傷者5名

1.18 集中豪雪(新潟県) 1月18日から1週間にわたって続いた強い冬型気圧配置のため、新潟県を中心に大雪となった。24日には新潟県関山566cm、新井450cm、森宮野原390cmなどの積雪を記録し、国鉄のマヒに加えて死傷者13名が出た。21日の上越、信越、日本海縦貫線の夜行特急、急行列車は始発から全面運休。除雪作業中の十日町市の主婦が生き埋めになって死亡するなどの犠牲も出た。新潟地方に出されていた大雪警報は同24日ようやく解除された。《データ》死傷者13名,建物損害30戸以上

1.19 工場火災(埼玉県蕨市) 1月19日、埼玉県蕨市の工場から出火し、3名が焼死、5名が負傷した。焼失面積は101m^2、1201万円の損害。《データ》死者3名,負傷者5名,焼失面積101m^2、被害額1201万円

1.20— 群栄化学工場フェノール流出(群馬県高崎市,埼玉県,千葉県,東京都) 1月20日から21日にかけて、群馬県高崎市の群栄化学工場からフェノール(約1.7t)が利根川へ流れ、埼玉県行田市で飲料水の許容値の約280倍に当たる高濃度のフェノールを検出。このため下流域の埼玉、千葉県と東京都は上水道の取水を一時中止したり、活性炭による吸着処理を実施したりした。《データ》河川汚染

1.24 ブロック倒壊(静岡県浜北市) 1月24日、静岡県浜北市の市道復旧工事現場でブロックが倒壊し作業員が生き埋めとなり、3名が死亡、1名が負傷した。《データ》死者3名,負傷者1名

2月— 風疹大流行(全国) 2月から6月にかけて、全国各地で風疹が集団発生し、厚生省の集計によれば、患者総数は64万4700名になった。《データ》患者約64万4700名

2.20 橋脚建設現場一酸化炭素中毒死(栃木県芳賀郡茂木町) 2月20日、栃木県茂木町の那珂川橋脚建設現場で換気用圧縮ポンプが故障、潜函内にいた作業員6名が一酸化炭素中毒により死亡した。《データ》死者6名

2月頃 有毒魚販売(宮城県) 2月頃、宮城県などで毒性のある魚バラムツ多数が販売され、流通した(2月4日に確認)。バラムツは食品衛生法で食用を禁止されている。

3月 大気汚染公害(東京都) 3月末時点、気管支ぜんそくは認定申請1万人を超し、東京都の公害被害認定患者数は6385名。大阪に次ぐワースト2となった。認定後の死者数は54名。《データ》認定患者6385名(認定後死者54名)

3.2 北海道庁爆破(北海道札幌市中央区) 3月2日午前9時2分頃、札幌市中央区北3条の北海道庁の玄関ホール西側エレベーター付近で時限式爆弾が爆発、現場付近の窓ガラスが割れ、鉄筋コンクリート製の天井が壊れ、職員2名が死亡、来庁者ら85名が重軽傷を負った(爆破後、東アジア反日武装戦線の声明を市営地下鉄大通駅構内で発見。8月10日に道警察が容疑者を逮捕)。《データ》死者2名,重軽傷者85名

3.15 水道工事現場一酸化炭素中毒(広島県三原市) 3月15日、広島県三原市の県営水道工事現場のポンプの排ガスにより一酸化炭素中毒を起こし、3名が死亡、10名が負

昭和51年（1976年）

傷した。《データ》死者3名,負傷者10名

3.22 ガス中毒（愛媛県川之江市）　3月22日、愛媛県川之江市の製紙工場の製紙原料タンク内でガス中毒または酸欠を起こし、3名死亡、6名が負傷した。《データ》死者3名,負傷者6名

4月 カドミウム公害（石川県）　日本鉱業、北陸鉱山の企業活動が原因で小松市・梯川流域の水田から高濃度のカドミウムを検出。石川県は土壌汚染防止法に基づき51年4月、流域313.4haを対策地域に指定。《データ》対策地域指定313.4ha

4.12 石原産業銅山坑内爆発（三重県紀和町）　4月12日、三重県紀和町の石原産業銅山で、坑内爆発を起こし、2名が死亡。《データ》死者2名

5.8 タクシー落石損壊（奈良県吉野郡）　5月8日、個人タクシーが奈良県吉野郡の国道168号線の三里トンネル付近で落石を受け、運転手と旅行者の乗客4名が死亡、1名が軽傷を負った。《データ》死者5名,軽傷者1名,車両1台損壊

5.10 灌漑用水トンネル建設現場ガス爆発（山形県西村山郡朝日町）　5月10日、山形県朝日町の国営最上川中流農業用水トンネル建設現場でガス爆発が発生、作業員9名が土砂の下敷きになって死亡、1名が負傷した。《データ》死者9名,負傷者1名

5.12 林道補強工事現場石垣崩壊（山梨県塩山市）　5月12日、山梨県塩山市の林道補強工事現場で、石垣が崩れ生き埋めとなり、2名が死亡。《データ》死者2名

5.24 セスナ機墜落（滋賀県高島郡今津町）　5月24日、滋賀県高島郡今津町で、第一航空のセスナ機が墜落した。2名が死亡。《データ》死者2名

6月 高濃度砒素検出（青森県）　6月、青森下北郡大畑町の正津川流域一帯で土壌や水から環境基準を大幅に超える砒素が検出された。汚染地域は80haと推定され、場所によっては基準の21倍という高濃度。《データ》汚染地域80ha

6月 集中豪雨（鹿児島県）　6月22日から27日にかけての豪雨で、鹿児島市部、大隈地方を中心にシラス禍を招いた。鹿児島市宇宿町でつむぎ業者2世帯9名が生き埋めになるなど、32名が死亡した。《データ》死者32名

6月— 冷害（北海道,東北地方,千葉県,新潟県）　6月から9月にかけて、北海道、東北地方などの各地で日照不足と異常低温が長期間続き、北海道雄武町で2.7度、盛岡市で4.3度、東京都で14度の日最高気温を記録、7月1日には岩手県玉山村藪川で季節外れの結氷がみられた。このため千葉県で特産の枇杷がほぼ全滅したのをはじめ、北海道や青森、岩手、秋田、山形、新潟県で農作物などに深刻な被害が発生。戦後5番目の不作となった。《データ》農作物被害,被災田畑13万14ha（岩手県のみ）,被害額4093億円（農林水産省調べ）

6.9 ヒグマ襲撃（北海道千歳市）　6月9日、支笏湖南岸にある北海道千歳市の風不死岳で筍掘りをしていた3名がヒグマに襲われ、うち2名が死亡、1名が重傷を負った。《データ》死者2名,重傷者1名

6.11 船舶火災（長崎県長崎市）　6月11日、長崎県長崎市で船舶が出火し、3名が焼死、4名が負傷した。801万円の損害。《データ》死者3名,負傷者4名,被害額801万円

6.13 ビーチクラフト機墜落（高知県南国市外山）　6月13日、高知県南国市外山で、ビーチクラフト式C23型機が墜落、操縦者ら2名が死亡した。《データ》死者2名

昭和51年(1976年)

6.22— 梅雨前線豪雨(九州地方南部)　6月22日から26日にかけて、九州地方南部に活発な停滞性の梅雨前線による大雨が降り、雨量は鹿児島県の吉ヶ別府の870mmを最高に各地で500mmを超え、住民36名がシラス台地のがけ崩れなどにより死亡、29名が負傷した。《データ》死者36名、負傷者29名、全壊住宅49棟、半壊住宅29棟、破損住宅72棟、流失住宅5棟、床上浸水住宅357棟、床下浸水住宅3035棟、被災非住宅30棟、水田流失・埋没70ha、水田冠水1824ha、畑流失・埋没12ha、畑冠水390ha、道路損壊457ヶ所、橋梁流失12ヶ所、堤防決壊20ヶ所、がけ崩れ20ヶ所、鉄道被害575ヶ所、通信施設被害38ヶ所、木材流失1m³、被災者1516名(407世帯)

6.25　道路改良工事現場土砂崩れ(岐阜県上宝村)　6月25日、岐阜県上宝村の道路改良工事現場で、土砂が崩れ生き埋めとなり、4名が死亡。《データ》死者4名

7.10— 集中豪雨(関東地方、東海地方)　7月10日から13日にかけて、伊豆半島南部で大雨が降った。11日朝から午後にかけ、伊豆半島を中心に400mmを超す集中豪雨が降り、12日6時までに天城山で504mm、湯ケ島407mmを記録した。下田市を中心として神奈川、東京、千葉の1都3県で土砂崩れや洪水の被害が出た。南伊豆地方では各所で道路が寸断され、約1万人(約8千人)の観光客が帰路をふさがれ海上から救出された。全体では死者・行方不明者13名、負傷者11名となった。《データ》死者・行方不明者13名、負傷者11名、家屋全半壊22棟、床上浸水2844戸、被災世帯3203世帯

7.15　治山作業現場山崩れ(千葉県君津市)　7月15日、千葉県君津市の治山作業現場で山崩れが発生し、3名が土砂の下敷きになって死亡した。《データ》死者3名

7.22　集中豪雨(九州地方)　7月22日から梅雨前線が関東から九州までをおおい、各地で強い雨が断続的に降り続いた。特に激しい雨が降り続いた鹿児島県では各地で土砂崩れや山崩れが発生し、3名が死亡、8名が行方不明者となった。この梅雨前線は26日になってようやく活動をゆるめたが、各地で死者27名(鹿児島を含む)、行方不明者8名、負傷者22名の被害が出た。《データ》死者27名、行方不明者8名、負傷者22名、家屋全壊49棟、家屋半壊26棟、床上浸水346棟、床下浸水2794棟、がけ崩れ495ヶ所

7.28　ゴルフ場造成現場土砂崩れ(栃木県真岡市)　7月28日、栃木県真岡市の真岡カントリークラブのゴルフ場造成現場で傾斜面の土砂が高さ約40m、幅約20mにわたって崩れ、作業員12名が死亡、3名が負傷した。《データ》死者12名、負傷者3名

8月　カドミウム準汚染米公害(山口県美祢市)　8月カドミウム汚染の不安があるとして保留されていた山口県美祢市産米(48年から50年産のもの)6804tのうち、細密調査でシロとされた5595tが放出された。山口県公害対策審は美祢市のカドミウム問題について自然発生説を発表。《データ》カドミウム準汚染米5595t放出

8.3　高崎女子高等学校生硫化水素中毒(群馬県本白根山)　8月3日、県立高崎女子高等学校の教諭や生徒38名が群馬県草津町の本白根山(標高2176m)で地面から漏れていた硫化水素ガスを吸い込み、生徒2名と引率の先生の計3名が死亡、17名が重いまたは軽い中毒症状を訴えた。《データ》死者3名、重軽症者17名

8.3　寒冷前線豪雨(九州地方、東北地方、北陸地方)　8月3日から4日、強い寒冷前線が通過した東北南部から九州に、局地的な大雨や竜巻が発生した。佐賀、長崎両県では400mmをこえる集中豪雨に見舞われ8000戸以上が浸水した。5日から7日前線は北上して東北・北陸地方に200mm前後の大雨をもたらし、山形県では2000戸以上が浸水した。《データ》浸水家屋8000戸以上(佐賀・長崎両県)、浸水家屋2000戸以上(山

324

8.4	三井石炭鉱業鉱山落磐（北海道芦別市）	8月4日、北海道芦別市三井石炭鉱業鉱山で、落磐し生き埋めとなり、2名が死亡した。《データ》死者2名
8.5	貨物船乗組員酸素欠乏死傷（広島県呉市沖）	8月5日、外国の貨物船が停泊地の広島県呉市の沖合へ到着した時点で、乗組員5名が船倉内で酸素欠乏の状態に陥り、うち船長ら4名が死亡、残りの1名も軽症にかかった。《データ》死者4名, 軽症者1名
9月	水俣病公害認定患者（新潟県東蒲原郡鹿瀬町）	9月、新潟水俣病の汚染源となった阿賀野川上流にある東蒲原郡鹿瀬町・旧昭電鹿瀬工場（鹿瀬電工）の排水口周辺から暫定除去基準を上回る総水量が検出。40年に新潟水俣病の存在が公表されてから51年9月時点での認定患者は641名（死者38名）。《データ》新潟水俣病認定患者641名（死者38名）
9.8−	台風17号（関東地方, 中部地方, 近畿地方, 中国地方, 四国地方, 九州地方）	9月8日午前9時、台風17号が中心気圧910mb、瞬間風速60mの規模で奄美諸島付近を通過後、比較的遅い速度で12日朝まで迷走を続け、13日午前1時40分頃に長崎市付近に上陸、山陰地方の沖合から日本海を進み、14日午前6時に北海道の渡島半島の西約450kmの海上で温帯性低気圧になった。このため関東地方以西の各地に大雨が降り、徳島県木頭村で11日の24時間に1114mm、合計2781mmの記録的な雨量をそれぞれ観測したのをはじめ、岐阜県や近畿地方南部、四国地方の全域で合計1000mmを超える雨量を記録。岐阜県墨俣, 安八町付近で長良川堤防の決壊により全家屋が水没し、兵庫県一宮, 家島町で山津波により住民16名が、香川県の小豆島などで50名がそれぞれ死亡、広島県で45名が死傷、高知県で6名が死亡、6名が重軽傷を負い、3名が行方不明となる。45都道府県で157名が死亡、421名が負傷、10名が行方不明などの被害が出た（52年6月18日と29日、10月26日に岐阜県墨俣, 安八町の住民が損害賠償を求めて提訴）。《データ》死者157名, 負傷者421名, 行方不明者10名, 全壊住宅1345棟, 半壊住宅2097棟, 破損住宅6694棟,, 流失住宅121棟, 床上浸水住宅10万1556棟, 床下浸水住宅34万7094棟, 全焼住宅1棟, 被災非住宅4762棟, 水田流失・埋没1311ha, 水田冠水7万492ha, 畑流失・埋没555ha, 畑冠水2万9207ha, 道路損壊4702ヶ所, 橋梁流失294ヶ所, 堤防決壊998ヶ所, がけ崩れ5098ヶ所, 鉄道被害203ヶ所, 通信施設被害4万4023ヶ所, 木材流失201m^3, 船舶沈没65隻, 船舶流失57隻, 船舶破損52隻, 無発動機船被害64隻, 被災者37万995名（10万9833世帯）, 被害額7000億円
9.17	日本農産工業工場従業員酸素欠乏死（千葉県船橋市）	9月17日、千葉県船橋市の日本農産工業船橋工場の原料貯蔵用サイロ内で従業員3名が酸素欠乏の状態に陥り死亡、2名が負傷した。《データ》死者3名, 負傷者2名
9.21	保守用車作業現場突入（岐阜県大垣市）	9月21日、岐阜県大垣市の新幹線保線工事現場で、保守用車が作業現場に突入し、2名が死亡、2名が負傷した。《データ》死者2名, 負傷者2名
10月	公害病認定患者増加（大阪府大阪市）	10月末までに、公害認定患者は累計1万5043名に達し、全国一の公害都市になっている。うち死者は398名。《データ》公害認定患者1万5043名（死者398名）
10月	大気汚染公害（神奈川県川崎市）	10月1日時点での公害病認定患者は3190名、死者は通算202名。51年3月末時点、川崎市の公害被害認定患者数は2748名、認定後の死

昭和51年(1976年)

者数は165名。 《データ》公害病認定患者3190名, 死者202名

10.1— 暴風(青森県) 10月1日から21日にかけて、青森県に強風が吹いて、収穫期を控えた特産のりんご多数(575万箱相当)が落ち、果樹園に深刻な被害があった。 《データ》農作物被害, 被災果実575万箱

10.3— 新東京国際空港反対派・警官隊衝突(千葉県成田市) 10月3日、三里塚・芝山連合新東京国際空港反対同盟の地元住民や学生ら約1000名が千葉県成田市三里塚で離着陸妨害用の鉄塔や通称要塞の強制撤去に抗議して集会を開催後、デモをおこない、警官隊と衝突。以後、鉄塔撤去作業の実施を巡って、52年1月19日や4月17日などに約1万2000名が集会やデモを続けたが、とりわけ5月6日に新東京国際空港公団が滑走路南端付近の鉄塔2基を抜打ち撤去してからは、同9日未明に現場付近にあった臨時派出所へ火炎瓶が投げ込まれて警察官6名(後にうち1名が死亡)を含めて約400名が重軽傷を負い、10日に支援活動の労働者1名が機動隊の発射したガス弾に撃たれて死亡したのに続き、10月9日に公団警備員の待機詰所へ火炎瓶が投げ込まれた。 《データ》死者2名, 重軽傷者約400名

10.11 旭硝子工場ガス中毒死(神奈川県横浜市鶴見区) 10月11日、横浜市鶴見区の旭硝子工場で、ガラスくずのミゾからガス発生または酸欠を起こし、2名が死亡、1名が負傷した。 《データ》死者2名, 負傷者1名

10.19 白ろう病認定患者(全国) 白ろう病はチェーンソー(自動のこぎり)の振動で血管が収縮し、血行が悪くなって指先などが動かなくなったり、騒音や機械の重さが加わって中枢神経まで侵される病気。全林野労組が白ろう病多発の責任を追及して当時の林野庁長官らを傷害罪で最高検察庁に告発。国有林の伐採に従事している労働者だけでも半分以上の2984名が白ろう病患者として認定されている。51年8月には認定患者だった高知営林局員が死亡している。 《データ》白ろう病患者2984名認定

10.27 第3長成号漂流(島根県隠岐郡西郷町沖) 10月27日、イカ釣り漁船第3長成号(30t)が島根県西郷町の白島崎の北方沖合を漂流し、乗組員のうち2名が死亡、23名が行方不明になった。 《データ》死者2名, 行方不明者23名, 船舶1隻漂流

10.29 酒田市大火(山形県酒田市中町) 10月29日午後5時50分ごろ、山形県酒田市中町2丁目映画館「グリーンハウス」から出火。当時県下は海上暴風警報と風雨波浪注意報が発令中で、20mから30mの西南西の強風が吹き荒れており、たちまち火の手は広がった。30日午前5時ごろ鎮火したが、1774棟22.5haが焼失、同市の中心部は焼け野原になった。死者1名のほか964名が負傷、1017世帯3301名が被災した。焼失面積で戦後4番目、棟数で5番目の大火だった。 《データ》死者1名, 負傷者964名, 被災者1017世帯3301名, 焼失面積約23万m^2, 被害額405億円

11.28 日本フライングサービス機墜落(富山県剱岳付近) 11月28日、富山県剱岳付近で、日本フライングサービスのPA-28-140型機が墜落。3名が死亡。 《データ》死者3名

12月— インフルエンザ流行(全国) 51年12月から52年3月までに、B香港72型ウイルスによるインフルエンザが全国的に猛威をふるい、児童生徒の患者数は262万2000名以上となった。 《データ》児童生徒の患者数262万2000名

12.1 病院火災(秋田県仙北郡) 12月1日、秋田県仙北郡の病院で火災が発生し、入院患者3名が焼死した。 《データ》死者3名, 病院火災

12.4	雑居ビル火災(東京都墨田区)	12月4日、東京都墨田区の国鉄錦糸町駅前にある雑居ビル内のキャバレーから出火し、女性従業員ら6名が焼死。原因は放火の疑いもある。《データ》死者6名,負傷者1名,焼失面積は75m^2
12.9	メッキ工場六価クロム流出(東京都狛江市)	12月9日、東京都狛江市のメッキ工場から高濃度の六価クロムを含む廃液が流出し、工場付近の井戸水から許容値の約200倍に当たる六価クロムが検出された。
12.21	青酸汚染(埼玉県行田市)	12月21日、埼玉県行田市の利根川に最高0.11ppmの青酸が流出し、東京都が下流での上水道の取水を一時中止した。
12.22	送電停止(青森県,秋田県,岩手県)	12月17と19日に北日本を発達した低気圧が通り、22日昼、青森、秋田、岩手3県にまたがる広範囲で東北電力の送電が最高1時間から20分間ストップし、約61万戸が停電、一時的なパニックとなった。高圧送電線の絶縁碍子に、潮風で運ばれた塩分が付着して絶縁不良を起こした塩害が原因だった。《データ》停電約61万戸
12.26	雑居ビル火災(静岡県沼津市)	12月26日、静岡県沼津市の国鉄沼津駅前にある雑居ビル内のらくらく酒場から出火し、来店客ら15名が死亡、7名が負傷した。原因は酒に酔った客(21歳)による放火。《データ》死者15名,負傷者7名,店舗火災
12.26	店舗火災(東京都大田区池上)	12月26日午後11時ごろ、東京都大田区池上5丁目の中華料理店「徐州」から出火、2階のマージャン荘へ燃え広がり、マージャン客4名が焼死した。《データ》死者4名
12.29〜	豪雪(北海道,青森県,富山県,鳥取県)	12月29日から52年2月21日にかけて、台風並みの比較的強い低気圧や寒気団の通過地域を中心に北海道や羽越、北陸、山陰地方に断続的に5、6回、1日当たり30cmから1mの大雪が降り続き、北海道幌加内町で氷点下40.8度という戦後最低の気温を観測したほか、青森市で195cm、富山市で同136cmの積雪を記録。このため、国鉄各線の列車約2万6000本が運転を休止、多数が遅延し、生鮮食料品などの輸送や価格への影響も深刻化し、鳥取県で学校の臨時休校や工場の操業停止があいついだのをはじめ、各地で住民ら57名が死亡、家屋253戸が雪の重みで全壊、281戸が半壊した。《データ》死者57名,全壊家屋253戸,半壊家屋281戸(52年2月21日時点)
この年	六価クロム公害(東京都)	この年の調査の結果、都内で145ヶ所にも及ぶ汚染地では、地下水を通して汚染が周辺にも広がっていることが判明した。《データ》汚染地145ヶ所
この年	ホタテ貝大量死(青森県陸奥湾)	この年、陸奥湾のホタテは、2年つづきで大量死した。過密養殖が最大の原因。《データ》ホタテ大量死
この年	公害(福岡県北九州市)	この年、北九州市では、浮遊粉じん、二酸化窒素など相変わらず環境基準値をオーバーしているため、公害健康被害認定患者(北九州ぜんそく)が毎月約20人の割でふえていた。《データ》公害健康被害認定患者(北九州ぜんそく)毎月約20人増
この年	水俣病公害(熊本県)	6月、熊本、鹿児島県の公害被害者認定審査会から水俣病と認定された患者は合計1000名を超えた。熊本県では51年12月時点、約3500名の未処分認定申請者をかかえている。《データ》水俣病認定患者1000名以上,未処分認定

昭和52年（1977年）

申請者約3500名
- この年　風疹大流行（全国）　この年、全国の風疹患者は、2月が約5万人だったのに対し、3月は13万4000名、5月、6月は28万人と激増した。
- この年　淡水赤潮（高知県物部川上流）　この年、高知県物部川上流の県営永瀬ダムで淡水赤潮が発生。52年4月から原因究明に乗り出した。
- この頃　人工着色料問題（全国）　51年頃、食品などに使用される人工着色料赤色2号の住民の健康に対する影響が懸念された（51年1月24日、全国菓子協会が使用自粛を決定）。
- この頃－　福岡空港騒音被害（福岡県福岡市博多区付近）　51年頃から、福岡市博多区付近で福岡空港に離着陸する航空機の騒音が深刻化し、周辺地域の住民の健康への影響が懸念された（51年3月30日、空港騒音公害訴訟団の地元住民が午後9時以降の離着陸差止めと損害賠償を求めて提訴）。
- この頃－　騒音・排気ガス被害（兵庫県）　51年頃から、兵庫県神戸、芦屋、西宮、尼崎市の阪神高速道路および国道43号線（第2阪神国道）沿いの地域で通過車両による騒音や排気ガスの被害が深刻化し、住民の健康への影響などが懸念された（51年8月30日、地元住民らが騒音、排気ガスの削減実施と損害賠償を求めて提訴）。
- この頃－　米空軍基地騒音被害（神奈川県綾瀬市付近）　51年頃から、神奈川県綾瀬市付近で米空軍厚木基地を離着陸する航空機の騒音が深刻化し、周辺地域の住民の健康への影響が懸念された（51年9月8日、地元住民92名が夜間飛行禁止や騒音制限、損害賠償を求めて横浜地方裁判所に提訴）。

昭和52年
（1977年）

- 1月－　インフルエンザ大流行（全国）　1月から2月にかけて、全国各地で児童や生徒100万名がB香港72型ウイルスによるインフルエンザにかかった。《データ》患者100万名（小・中学校生のみ。2月20日時点）
- 1月－　大雪（全国）　1月20日、青森県で積雪148cm、2月8日195cmを記録し、2月22日には越後湯沢、奥只見などで300cmから400cmの積雪となった。大雪による被害は死者57名、家屋の全半壊534戸、国鉄も運休2万6000本、減収額は117億円となった。《データ》死者57名、家屋の全半壊534戸、国鉄の運休2万6000本、国鉄の減収額117億円
- 1.4　青酸入り清涼飲料（青酸コーラ事件）（東京都）　1月4日未明、新幹線ビュッフェの女性従業員が東京都港区高輪の国鉄品川駅前の公衆電話ボックス内にあったコーラ（190cc）を拾って近くの寮に持ち帰り、アルバイトの京都市山科区在住の高等学校生（16歳）が飲んだところ、約5分後に意識不明の状態に陥り、午前7時30分に死亡。さらに午前8時15分頃、同都品川区北品川の商店前にあったコーラを飲んだとみられる山口県出身の日雇い労働者（46歳）が現場から約600m離れた歩道上で死亡しているのを発見。警視庁は、発生後の捜索で現場付近の別の公衆電話ボックスからコーラを発見、回収し、両者の飲み残しを含むすべてのコーラから青酸ナトリウムを検出したほか、司法解剖の結果、労働者の体内からも青酸反応があった。

《データ》死者2名

1.11	道路拡張現場土砂崩れ（山梨県大月市）　1月11日、山梨県大月市七保町の市道拡張現場で土砂崩れが発生、作業員5名が土砂の下敷きになって死亡、4名が重軽傷を負った。　《データ》死者5名, 重軽傷者4名
2月	集団赤痢発生（徳島県麻植郡鴨島町）　2月、徳島県麻植郡鴨島町の精神病院で31名が赤痢と診断され、3名が死亡。　《データ》死者3名, 患者28名
2.3	土木工事現場土砂崩れ（三重県尾鷲市）　2月3日、三重県尾鷲市の土木工事現場で、土砂崩れが発生し、6名が死亡、1名が負傷した。　《データ》死者2名, 負傷者3名
2.6	病院火災（北海道札幌市白石区）　2月6日、札幌市の医療法人白井中央病院で火災が発生、648m^{2}を焼失し、入院患者のうち新生児3名と主婦1名が焼死した。原因はボイラーマンの失火。　《データ》死者4名, 病院火災
2.6	第56丸中丸転覆（ウルップ島）　2月6日、ウルップ島で、漁船第56丸中丸が転覆し沈没。12名が死亡または行方不明。　《データ》死者・行方不明者12名
2.14	青酸入りチョコレート（青酸チョコレート事件）（東京都中央区）　2月14日午後3時頃、東京都中央区の国鉄東京駅八重洲口の地下通路においてあった江崎グリコ製のアーモンドチョコレート（40箱）が拾得物として届けられ、同24日に大田区西六郷の江崎グリコ東京支店で調べたところ、ひと粒ずつから致死量を超える粉末状の青酸ナトリウム（約0.2gずつ）が検出された。
3月	神岡スモン患者発生（岐阜県吉城郡神岡町）　イタイイタイ病の発生源として知られる神岡町の三井金属鉱業神岡鉱業所附属病院で、昭和35年から39年までに57名のスモン患者が発生していたことが52年3月に明るみに出た。　《データ》患者57名
3.2	豪雪・寒波（北陸地方, 山陰地方）　3月2日、北陸から山陰地方を中心に豪雪および寒波の被害があり、死者101人を出した。家屋の全半壊130棟。　《データ》死者101名, 家屋全半壊130棟
3.15	浄水場酸欠（大阪府羽曳野市）　3月15日、大阪府羽曳野市の浄水場で酸欠のため6名が死亡、1名が負傷した。　《データ》死者6名, 負傷者1名
3.15	山林火災（栃木県）　3月15日、栃木県黒羽、那須町で火災が発生し、山林約1600haを全焼した。原因は精神薄弱児による放火。　《データ》全焼山林約1600ha, 被害額約35億円
3.23	バス転落（岐阜県揖斐郡久瀬村）　3月23日、岐阜県揖斐郡久瀬村の国道で定期路線バスに落石があたり、揖斐川に転落、水没。4名が溺死、4名が重軽傷を負った。　《データ》溺死4名, 重軽傷者4名
3.25	林野火災（福岡県北九州市）　3月25日、福岡県北九州市の林野で火災が発生、4名が焼死、2名が負傷した。　《データ》焼死者4名, 負傷者2名, 被害額1000万円
4.1	池島炭鉱坑内爆発（長崎県西彼杵郡外海町）　4月1日、長崎県外海町の松島炭鉱池島鉱業所の坑内で爆発が発生、作業員3名が死亡、8名が重軽傷を負った。　《データ》死者3名, 重軽傷者8名
4.9	国鉄定期バス落石事故（静岡県磐田郡水窪町）　4月9日、静岡県磐田郡水窪町の町道

昭和52年(1977年)

で乗客27名を乗せた国鉄定期バスが落石を受け、乗員、乗客のうち女子中学生2名が死亡、15名が重軽傷を負った。《データ》死者2名,重軽傷者15名

4.15 過激派ライトバン放火(埼玉県浦和市) 4月15日、過激派の構成員が浦和市の県道で改造ライトバンの窓ガラスなどを破壊、ガソリンを浴びせて放火し、車両を全焼、乗っていた4名が焼死した。ライトバンは革マル派機関紙の印刷業者のものだった。《データ》死者4名,車両1台全焼

4.16 道路工事現場土砂崩れ(香川県飯山町) 4月16日、香川県飯山町の町道工事現場で土砂崩れでが発生、2名が死亡、2名が負傷した。《データ》死者2名,負傷者2名

4.27 砒素中毒(島根県鹿足郡津和野町) 4月27日、島根県鹿足郡津和野町の旧笹ヶ谷鉱山周辺の住民2名を慢性砒素中毒の公害病患者に認定。認定患者は18名になった。《データ》公害病認定患者18名

5.4 農業協同組合職員・警察官滑落死(岐阜県吉城郡上宝村) 5月4日、長野県の農業協同組合職員が穂高岳滝谷C沢付近で滑落し、死亡。さらに現場で遺体の収容作業に当たっていた岐阜県神岡町の神岡警察署員2名のうち1名も雪渓で滑落し、岩で頭部を強く打って意識不明の状態に陥った(翌日、収容先の病院で死亡)。二重遭難した巡査は、山岳警備隊員を4年半勤めていた。《データ》死者2名

5.7 列車事故(京都府京都市大山崎町) 5月7日、京都府京都市大山崎町の鉄道線路上で、レール作業中に列車にひかれ、2名が死亡、1名が負傷した。《データ》死者2名,負傷者1名

5.11 芦別炭鉱坑内ガス爆発(北海道芦別市) 5月11日、北海道芦別市の三菱石炭鉱業芦別鉱業所第2坑区内の海抜下約600mの地点でガス爆発が発生し、作業員25名が死亡、8名が重軽傷を負った。《データ》死者25名,重軽傷者8名

5.13 岩国病院火災(山口県岩国市) 5月13日、山口県岩国市の医療法人岩国病院で火災が発生、同建物約487m²を全焼。入院患者のうち高齢者ら8名が焼死、4名が重軽傷を負った。原因は入院患者の火の不始末。《データ》死者8名,重軽傷者4名

5.15- 豪雨(東北地方) 5月15日から17日にかけて、東北地方に複数の低気圧の通過による大雨が降り、岩手県釜石市で372mm、大船渡市で282mm、宮古市で182mm、太平洋岸の広い地域で100mmから300mmの雨量を記録。このため岩手県陸前高田市で土砂崩れにより住民2名が死亡するなどの被害が発生した。《データ》死者2名,床上浸水家屋770戸,土砂崩れほか

5.20 中日本航空ヘリコプター墜落(岐阜県岐阜市) 5月20日、岐阜県岐阜市で中日本航空のベル47G機が試験飛行中に墜落、3名が死亡した。《データ》死者3名

5.29 出光興産製油所作業員ガス中毒死(千葉県市原市) 5月29日、千葉県市原市姉崎海岸の出光興産千葉製油所第1海水タンク内で貯水作業の際、4名がガス中毒により死亡した。《データ》死者4名

6月- 基山小学校児童肝炎集団発生(佐賀県三養基郡基山町) 6月から、佐賀県基山町の基山小学校の児童や家族らがウィルス性肝炎に集団感染、11月17日に町防疫対策本部が終息を宣言して解散するまでに患者総数は491名になった。汚染源は同小学校で使っていた井戸水とみられる。《データ》患者491名

昭和52年(1977年)

6.1	コンクリート壁倒壊事故(秋田県北秋田郡)	6月1日、秋田県北秋田郡の河川工事現場のコンクリート壁が倒壊、2名が死亡、1名が負傷した。《データ》死者2名, 負傷者1名
6.2	衛生処理場未処理屎尿排出(埼玉県大宮市)	埼玉県大宮市上山口新田の第1衛生処理場が各家庭の汲取り槽および簡易式浄化槽(全家庭の約80%で使用)から回収した屎尿の一部(日平均100t以上)を浮遊物を粉砕しただけでほとんど未処理のまま荒川支流の芝川へ排出し、下流域での汚染が後に論議を呼んだ(52年5月末に市議会が指摘し、同6月2日に市当局が確認)。
6.10	雷雨(山口県, 九州地方北部)	6月10日、山口県と九州地方北部に梅雨前線の影響により落雷とともに大雨が降り、夕方までに福岡県宗像市で176mm、長崎県佐世保市で117mm、鹿児島市で109mmを記録。このため福岡県で家屋500戸以上が床上または床下浸水、がけ崩れ50ヶ所が発生し、長崎、鹿児島両本線が各地で不通になった。《データ》浸水家屋500戸以上, がけ崩れ50ヶ所, 鉄道被害(福岡県のみ)
6.15	集団コレラ(和歌山県有田市)	6月15日、和歌山県有田市で集団コレラ感染が判明。翌16日に1人が死亡した。《データ》死者1名
6.15-	梅雨前線豪雨(熊本県)	6月15日から16日にかけて、熊本県に活発な梅雨前線による大雨が降り、熊本市で216mm、阿蘇山で314mmを記録し、熊本市で白川の氾濫により流域付近の家屋1200戸以上が浸水した。《データ》浸水家屋1200戸以上
6.24	建設作業員宿舎火災(大阪府大阪市大正区)	6月24日午前1時、大阪府大阪市大正区三軒家東の柳井建設宿舎で火災が発生し、11棟592m²を焼き、建設作業員12名が焼死した。《データ》焼死者12名
6.24	山崩れ(鹿児島県鹿児島市)	6月24日、鹿児島市の国鉄日豊線竜ヶ水駅近くの山が大雨のためくずれ、民家11戸が押しつぶされ9名が死亡。日豊線も不通となった。《データ》死者9名, 家屋倒壊11戸, 日豊線不通
6.30	伊奈川ダム建設現場作業員転落死(長野県木曽郡大桑村)	6月30日、長野県大桑村の関西電力伊奈川ダム建設現場で作業員4名が足場から転落し、全員が死亡した。《データ》死者4名
7.10	集団食中毒(大阪府大阪市港区)	7月10日、大阪市港区の家具展示即売会場で来場客のうち1500名が主催者の用意した弁当を食べて食中毒にかかり、うち症状の比較的重い394名が入院した。《データ》患者1500名
7.31	台風5号(沖縄県八重山諸島)	7月31日午前6時、台風5号が小笠原諸島の硫黄島の西海上から南大東島を経て中心気圧931.7mb、瞬間風速70.2mを記録して沖縄県石垣市付近を通過。西表島舟浮湾に避難していたカツオ漁船が転覆、乗組員6名が行方不明となったほか、住宅379棟が全半壊、野菜がほぼ全滅、特産の砂糖キビの約40%にも被害があった。《データ》行方不明者6名, 全半壊住宅379棟, 田畑被災
8月	長雨冷害(群馬県)	8月の長雨と冷害で、こんにゃくの被害26億円、大和いも、ねぎ、キャベツ、水稲、はくさいなどあわせて被害額43億円。《データ》被害額43億円
8月	水銀検出(長崎県東彼杵郡波佐見町)	52年8月、長崎県東彼杵郡波佐見町の旧波佐

331

昭和52年（1977年）

見鉱山のズリ山から最高100ppmの総水銀が検出された。《データ》水銀100ppm検出

8月　ぜんそく患者認定（青森県八戸市）　8月、青森県八戸市独自の喘息患者救済制度発足から始めて9人の患者が認定された。そのほかにも、市内には約200人の患者がいるとみられている。《データ》ぜんそく認定患者9名

8.4－　豪雨（青森県）　8月4日から5日にかけて、青森県に津軽海峡付近を通過する低気圧と前線により大雨が降り、四兵衛森で328mm、黒石市で263mm、弘前市で243mmを記録し、下北地方で堤防の決壊により住民11名が死亡または行方不明、負傷者24名を出した。《データ》死者・行方不明者11名、負傷者24名、流出家屋9戸、損壊28戸、浸水7333戸

8.6－　有珠山爆発（北海道有珠郡壮瞥町付近）　8月6日未明、北海道壮瞥町の有珠山付近で火山性地震があり、発生回数が24時間に400回を超えたのに続き、翌日午前9時12分に同山が32年ぶりに噴火し、噴煙は高さ約1.2kmまで上昇、火山灰も北海道全域の約50%に降った。以後、有珠山はたびたび爆発、噴火し、山頂火口原付近に新昭和新山（高さ70m）が隆起するなど地形変化も激しく、8月13日に東麓の洞爺湖温泉の住民が全員避難したのをはじめ、9月7日に警戒態勢が全面解除されるまで同山周辺の農作物などにも被害があった。10月27日の噴火を最後に火山活動は沈静化に向かったが、火口原付近は150mも隆起し、新山を形成し、北側山麓では地盤が変形し建物等にも被害が相次いだ。《データ》農作物ほか被害、被害額330億円

8.7－　豪雨（島根県隠岐郡）　8月6日から7日にかけて、島根県の隠岐諸島付近に前線と低気圧との通過により局地的な大雨が降り、島前地域で1時間に40mmから90mm、合計294mmの雨量を記録し、住民2名が死亡、家屋47戸が全半壊するなどの被害があった。《データ》死者2名、全半壊家屋47戸

8.11　静岡鉄道観光バス転落（山梨県昇仙峡）　8月11日、静岡鉄道の貸切り観光バス3台が目的地の石和温泉へ向かう際、うち1台がカーブを曲がりきれず、甲府市昇仙峡の県道から約100mの谷底へ1回転しながら落ち、乗客の日本生命静岡支社の従業員のうち11名が死亡、34名が重軽傷を負った。《データ》死者11名、重軽傷者34名、車両1台転落

8.19　雷雨（千葉県,東京都）　8月19日、千葉県と東京都との各地に落雷とともに雨が降り、千葉県で農業関係者の妻が、東京都で野球の審判員がそれぞれ死亡した。《データ》死者2名

8.24　鉱山落盤（長崎県西彼杵町）　8月24日、長崎県西彼杵町の鉱山で落盤事故が発生、3名が死亡、5名が負傷した。《データ》死者3名、負傷者5名

8.28－　赤潮（播磨灘）　8月28日から9月2日にかけて、播磨灘に赤潮が発生し、養殖ハマチなど300万尾が死に、総額約30億円の被害となった。赤潮プランクトンは海産ミドリムシ。《データ》被害額約30億円

8.30　小学生水死（茨城県下妻市）　8月30日、茨城県下妻市の鬼怒川で小学生6名が水遊びに興じていて深みにはまり、全員が死亡または行方不明になった。《データ》死亡・行方不明者6名

9月　新潟水俣病（新潟県）　新潟水俣病の52年9月末時点での認定患者は671名に達した。

昭和52年（1977年）

潜在患者数は未知数。《データ》認定患者671名

9.9― 台風9号（東北地方,関東地方,中国地方,四国地方,九州地方） 9月9日午後9時頃、大型の台風9号が中心気圧907.3mb、瞬間風速60.4mを記録して奄美諸島の沖永良部島付近を通過、西へ進んだ。このため、同8日から10日にかけて北海道を除く全国各地に最高500mmを超える局地的な大雨が降り、鹿児島県をはじめ22都県で住民1名が死亡、129名が負傷などの被害が出た。《データ》死者1名,負傷者129名,全壊住宅1204棟,半壊住宅1622棟,破損住宅2415棟,床上浸水住宅735棟,床下浸水住宅2148棟,被災非住宅539棟,水田冠水5ha,畑冠水3ha,道路損壊15ヶ所,堤防決壊1ヶ所,がけ崩れ66ヶ所,鉄道被害6ヶ所,船舶沈没1隻,被災者1万5175名(4820世帯)

9.19 台風11号（関東地方,東北地方） 9月19日、台風11号は房総半島をかすめ、東北地方太平洋岸を三陸沖に抜けた。このため東京で106mmの大雨、茨城県常陸太田市で豪雨のため3名が死亡するなど、全国では死者6名、行方不明者2名、負傷者11名にのぼった。《データ》死者6名,行方不明者2名,負傷者11名

9.27 米軍偵察機墜落（神奈川県横浜市緑区） 9月27日、米軍のRF4B型ファントムジェット偵察機が厚木基地から航空母艦ミッドウェイへ向かう際、横浜市緑区の宅地造成地に墜落し、現場付近の住宅2戸を全焼、幼児2名が死亡、7名が重軽傷を負った。原因はエンジンの故障とみられる（発生後、米軍関係者が日本側の引渡し要求を無視し、墜落機のエンジンを本国へ搬送）。《データ》死者2名,重軽傷者7名,全焼住宅2戸,航空機1機墜落

9.27 日本航空旅客機墜落（マレーシア連邦） 9月27日、日本航空の東京発シンガポール行きDC8型旅客機が経由地のクアラルンプール空港へ着陸直前、おりからの雷雨により同空港の北約7kmの丘陵地にあるゴム農園へ墜落し、乗員や乗客のうち46名は救助されたが、残りの33名が死亡。原因は機長が機体の高度を下げ過ぎたためだが、現場付近のゴムの木が緩衝材になり、犠牲者は比較的少なかった。《データ》死者33名,航空機1機墜落

9.27 電線工事現場作業員墜落（福島県猪苗代町） 9月27日、福島県猪苗代町の電線工事現場で、鉄柱が倒れ上の作業員が墜落、2名が死亡、2名が負傷した。《データ》死者2名,負傷者2名

10.15― 西肥バス乗っ取り（長崎県長崎市） 10月15日、西肥バスが長崎市の国鉄長崎駅前付近で乗り込んだ2名に乗っ取られたが、16時間後の翌日未明に県警察がうち1名を射殺、残りの1名を逮捕し、乗客18名と乗務員を救出した。

10.20 アルサビア号破損（高知県室戸市沖） 10月20日、クウェートのタンカーアルサビア号が高知県室戸市の南約60kmの沖合を通過する際、船底に亀裂が発生し、積荷のC重油のうち約1305klが流出、土佐湾付近の魚介類に被害があったほか、同県大方町入野の県立自然公園の海岸に流出油が漂着するなど、現場付近の海域を汚染した。《データ》船舶1隻破損,魚介類被害,被害額約7億円

10.23 F1レース事故（静岡県駿東郡小山町） 10月23日、フォーミュラ1クラス世界選手権日本グランプリの参加車が静岡県小山町大御神の富士スピードウェイで運転を誤って観客席に突っ込み、観客ら2名が死亡、10名が重軽傷を負った。《データ》死者2名,重軽傷者10名

昭和53年(1978年)

11月	大気汚染公害病認定患者(東京都)　11月末時点での東京都の大気汚染公害病認定患者が1万8931名に達し、都独自の医療費助成認定患者も1万人を越える。《データ》大気汚染公害病認定患者1万8931名
11.8	発破作業準備中爆発(北海道茅部郡南茅部町)　11月8日、北海道茅部郡南茅部町、船上で発破作業準備中に爆発。《データ》死者2名,負傷者2名
11.17	がけ崩れ(熊本県球磨郡五木村)　11月17日、熊本県五木村でがけ崩れが発生、土砂は県道を越えて谷側の砂防現場に流れ込み、現場付近にいた作業員5名が下敷きになり、うち2名は救出されたが、残りの3名が死亡した。《データ》死者3名
12.16	福祉授産工場火災(東京都台東区)　12月16日、東京都台東区東上野の自動車部品を製造する福祉授産工場で火災があり、就業者2名が逃げ遅れて焼死した。《データ》死者2名,工場火災
12.18	東山温泉旅館火災(福島県会津若松市)　12月18日、福島県会津若松市の東山温泉の旅館で火災が発生、宿泊客ら5名が逃げ遅れて死亡、10名が重軽傷を負った。《データ》死者5名,重軽傷者10名,旅館火災
この年	東京電力発電所放射性同位体漏出(福島県双葉郡双葉町)　この年、福島県双葉町の東京電力福島第1原子力発電所が放射同位体のコバルト60を含む廃液を排出し、取水口付近の海底が汚染された(同11月7日、県原子力センターが環境調査で検出と発表)。
この年	ホタテ貝大量死(青森県陸奥湾)　この年、青森県陸奥湾のホタテ貝は、3年連続の大量死となり、被害は5億1384万枚、被害額は約46億円。下北郡川内村では98%もの被害を受けた。《データ》被害額約46億円
この頃	幼児筋拘縮症発生(全国)　52年頃、全国各地で乳幼児ら多数が筋拘縮症による歩行障害などにかかり、厚生省の調査によれば、患者数は53年1月10日までに9657名になった。同症の発生原因は、患者が筋肉へ打たれた解熱剤などの注射による副作用。《データ》患者9657名(53年1月10日時点。厚生省調べ)
この頃	アミノピリン被害(全国)　52年頃、解熱および鎮痛剤として使用されるピリン系薬剤アミノピリンに発癌性の疑いのあることがわかった(52年10月3日、厚生省が1年後からの医療での使用禁止を製造元などに通達)。

昭和53年
(1978年)

| 1月― | インフルエンザ発生(全国)　1月、島根、福岡県など全国各地で児童や生徒ら多数が新種のAN1H1型ウィルス(通称ソ連かぜ)によるインフルエンザにかかり、A香港型ウィルスによるものを含め、患者総数は2月16日までに172万5000名になった。《データ》患者172万5000名(2月16日時点) |
| 1.13― | 伊豆大島近海地震(東京都大島町,静岡県)　1月13日午後8時過ぎから、伊豆諸島の |

大島付近の海底を震源とする地震が続き、翌日午後0時24分にマグニチュード7.0の地震が発生し、東京都大島町と横浜市とで震度5、東京や静岡県三島、静岡市などで震度4を記録。このため、大島と対岸の伊豆半島を中心に住民25名が死亡、139名が負傷、伊豆急行線が土砂崩れにより伊東・下田駅間で不通になった(約半年後に復旧)ほか、静岡県天城湯ヶ島町の持越鉱山で堰堤の決壊により青酸を含む鉱滓が狩野川へ流れ込み、同川や駿河湾を汚染。さらに、同15日以降も余震が発生し、18日に静岡県災害対策本部の余震情報を誤解した住民多数が混乱状態に陥ったのをはじめ、2月7日に終息宣言が出るまで被害があいついだ。《データ》死者25名、負傷者139名、全壊住宅94棟、半壊住宅539棟、破損住宅3913棟、被災非住宅142棟、畑流失・埋没6361ha、道路損壊990ヶ所、がけ崩れ264ヶ所、鉄道被害9ヶ所、通信施設被害150ヶ所、被災者2487名(633世帯)(1月14日分のみ。警察庁調べ)

1.27　**革マル派・中核派乱闘**(茨城県)　1月27日、革マル派と中核派の構成員が茨城県勝田、水戸市の4ヶ所で乱闘、茨城大学の学生ら3名が死亡、3名が重軽傷を負った。《データ》死者3名、重軽傷者3名

2.2　**ホテル増築工事現場土砂崩れ**(静岡県熱海市)　2月2日、静岡県熱海市のホテル増築工事現場で土砂崩れがおこり、3名が死亡、1名が負傷した。《データ》死者3名、負傷者1名

2.6－　**新東京国際空港反対派・警官隊衝突(成田空港管制塔事件)**(千葉県成田市)　2月6日から8日にかけて、三里塚・芝山連合新東京国際空港反対同盟の地元住民や学生ら多数が千葉県成田市三里塚の第2期工区の付近で妨害用の鉄塔や通称要塞の強制撤去を巡って機動隊員約8000名と衝突し、27名が負傷。以後、3月25日に地元住民や支援者ら多数がB滑走路予定地の南端にある第2鉄塔の撤去実施を巡って集会後、機動隊員約1万4000名と衝突し、26日午後に過激派の構成員10名が空港管理棟に侵入、管制室を占拠して機器類を破壊し、開港を延期させ、5月20日には過激派の構成員が新東京国際空港の開港阻止を掲げて千葉県成田市の付近で管制室の回線やレーダー施設、燃料輸送用の貨車などを狙って妨害活動をくり返し、三里塚・芝山連合空港反対同盟の地元住民や支援者ら約6300名も空港周辺で総決起集会を開催し、闘争継続を宣言。さらに、5月23日に運航が全面的に始まってからも、6月10日や23日、28日に過激派の構成員が関連施設の北総浄水場へ農薬を投げ込むなどの妨害活動をおこなった。《データ》負傷者27名

2.14　**てる丸作業員酸素欠乏死**(神奈川県川崎市川崎区)　4月2日、タンカーてる丸(300t)が川崎市川崎区水江町の船渠に停泊、船倉内の排水作業をおこなっていたところ、3名が酸素欠乏により死亡した。《データ》死者3名

3.10　**雑居ビル火災**(新潟県新潟市)　3月10日午前0時9分、新潟市古町通9番町の雑居ビル(鉄筋3階建)2階のスナックから出火し、来店客ら男性5名と女性6名が焼死、2名が窓から飛び降りて腰などを負傷、3階建て同ビルのうち2階部分を78m^{2}を焼いた。《データ》死者11名、負傷者2名、店舗火災

4.6　**浸水**(関東地方)　4月6日、南岸低気圧の影響で大雨となり、約5000戸が浸水した。《データ》浸水5000戸

5.18　**地すべり**(新潟県妙高高原町)　5月18日午前6時23分、新潟県中頸城郡妙高の赤倉山で大規模な地すべりが発生し、白田切川の水が鉄砲水のようになって約3km下流

昭和53年(1978年)

の妙高高原町を襲い、民家や会社の寮16棟が全半壊、死者・行方不明者13名が出た。約6km下流の国鉄信越線と国道18号線にも泥流があふれ、列車と交通が全面ストップした。《データ》死者・行方不明者13名, ガス噴出70世帯避難, 家屋16棟全半壊, 列車交通全面ストップ

5.20— 給水制限(福岡県福岡市) 53年5月から始まった福岡市の水不足は、給水が1日5時間にまで制限された。《データ》最悪時1日5時間の給水制限

5.23— 新東京国際空港騒音被害(千葉県成田市) 5月23日から、千葉県成田市の新東京国際空港で航空機の離着陸による騒音が発生し、周辺地域の住民の健康への影響などが懸念された(6月4日に成田市が調査を実施、同市三里塚で最高103ホン、本三里塚および野毛平で同90ホン余り、隣接の芝山町大台で同105.5ホンの騒音を記録し、国と空港公団に指定区域の拡張などの対策強化を要請)。《データ》騒音90〜105.5ホン

5.30 造船所爆発(島根県八束郡美保関町森山) 5月30日午後9時ごろ、島根県八束郡美保関町森山にある境港造船で、建造中の港湾土木作業船内で溶接火花が引火し、爆発、作業員7名が死亡、22名が重軽傷を負う大惨事となった。《データ》死者7名, 重軽傷者22名

5月— 渇水(西日本) 5月から夏季にかけて、西日本一帯が異状渇水に見舞われた。渇水は東京を中心にした首都圏にも及び全国で1都2府31県の633水道事業体(1都399市町村)で一日2時間以上の全面断水があった。《データ》全面断水633水道事業体

6.1— 渇水(福岡県福岡市) 福岡市では異状渇水で53年6月1日から1日19時間断水という異常事態となり、12月1日から15時間断水に緩和された。54年3月25日に全面解除。《データ》一日19時間断水

6.1— 山林火災(広島県安芸郡江田島町) 6月1日、広島県江田島町で火災が発生し、44時間後の同3日に鎮火するまでに山林1000haを全焼した。《データ》全焼山林1000ha, 被害額2億円

6.4 地震(島根県中心) 6月4日午前5時4分、島根県東部地方にマグニチュード6の直下型地震が発生し、島根県を中心に民家の半壊、壁のひび割れなど、中国地方で1000戸以上が被害を受け、新幹線などのダイヤが乱れた。《データ》家屋の被害1000戸以上, 新幹線のダイヤの乱れ

6.10— 集中豪雨(九州北部) 6月10日から11日にかけて、前線が南下する際、九州北部は1時間に20mmを超える強い雨が降り、総雨量は300mmを超えたところも出、長崎県で2名、鹿児島県で4名が死亡した。《データ》死者6名, 浸水家屋1200戸, 山・がけ崩れ114ヶ所

6.10— 雷雨(岩手県, 新潟県, 長野県) 10日から13日にかけ、各地で雷雨や雹の被害がでた。10日、山陰地方で降電。12日、岩手県岩手町で中学生が感電死。13日、新潟県で雷を伴う局地的豪雨。13日夕方、長野県北部で強雷、突風、降電。12日から13日にかけ兵庫、岡山県で強雷、1名が死亡。被害額は2億7000万円。《データ》死者2名, 被害額2億7000万円

6.12 宮城県沖地震(東北地方, 関東地方) 6月12日午後5時14分、宮城県の沖合を震源とするマグニチュード7.4の地震が発生し、岩手県大船渡、宮城県石巻、仙台市などで

336

昭和53年（1978年）

震度5を記録。このため、仙台市付近を中心に高齢者や子どもら住民28名がブロック塀の倒壊により死亡し、福島県で31名が重軽傷を負うなど、1都7県で28名が死亡、2995名が負傷したほか、東北石油の貯蔵用タンクに亀裂が入って重油約5000klが仙台湾へ流出、付近の海域を汚染した。《データ》死者28名,負傷者2995名,全壊住宅1379棟,半壊住宅6170棟,破損住宅7万8364棟,被災非住宅4万3283棟,水田流失・埋没233ha,道路損壊888ヶ所,橋梁流失98ヶ所,堤防決壊17ヶ所,がけ崩れ529ヶ所,鉄道被害140ヶ所,通信施設被害2687ヶ所,船舶沈没2隻,船舶破損16隻,被災者3万7158名（7709世帯）（警察庁調べ）

6.12— りんご腐爛病発生（青森県）　6月12日から7月10日にかけて、青森県で天候異常により特産のりんごに腐爛病が発生、果実多数が落ち、総収穫予定量の約25％に当たる710万箱に被害があった。《データ》果実710万箱被害,被害額120億円

6.13　集中豪雨（岡山県井原市）　6月13日、日本海低気圧と暖湿気流の流入により、2時間に107mmの雷を伴った局地的集中豪雨があり、山、がけ崩れや河川の増水で2名が死亡、1名が行方不明になった。この雨はきわめて局地的なもので、10km離れた周辺地域では20mmから30mmしか降らなかった。《データ》死者2名,不明者1名,山・がけ崩れ

6.15　ビジネスホテル白鳥火災（愛知県半田市）　6月15日午前1時57分ごろ、愛知県半田市住吉町のビジネスホテル白鳥で火災が発生し、鉄筋3階建の新館と木造2階建の旧館のそれぞれ一部（約683m²）を全焼、就寝したばかりの宿泊客33名のうち7名が死亡、24名が窓から飛び降りたりして重軽傷を負った。《データ》死者7名,重軽傷者24名,部分焼建物2棟,焼失面積約683m²

6.21— 梅雨前線活発化（関東以西）　6月21日から28日にかけ、梅雨前線が活発化し、24日までに関東以西の各地で大雨が降り鹿児島県で3名、長崎県で4名、静岡県で2名の死者または行方不明者を出した。25日から28日朝までに、新潟県から福島県にかけて前線が停滞し、総雨量は多いところで500mmを超え、家屋浸水、山崩れ、がけ崩れ、堤防決壊などの被害が続出し、新潟県では2名が死亡した。42年8月末の羽越地方の大雨に次ぐ被害となった。《データ》死者・不明者11名,家屋浸水,山・がけ崩れ,堤防決壊

6.25— 豪雨（新潟県）　6月25日夜から27日午後6時までに新潟県では、佐渡島の両津市、新発田市赤谷等各地で豪雨となり死者2名、重軽傷者13名などの被害があった。《データ》死者2名,重軽傷者13名,家屋全壊30戸,半壊21戸,床上浸水4479戸,床下浸水1万5102戸

6.28　灌漑用水トンネル建設現場メタンガス爆発（山形県東村山郡中山町付近）　6月28日、山形県の最上川中流の県農業水利事業の灌漑用水トンネル建設現場でメタンガスが爆発し、作業員9名が崩れた土砂の下敷きになって死亡、2名が重傷を負った。《データ》死者9名,重傷者2名

6.29　ヘリコプター墜落（千葉県佐倉市高岡）　6月29日午後9時40分ごろ、千葉県佐倉市高岡の佐倉第1踏切付近の杉林で、成田の新東京国際空港へジェット燃料を輸送中の貨物列車を空から警備していた新東京国際空港公団がチャーターした日本農林ヘリコプター社のヒューズ369HSが墜落、炎上して乗っていた鉄道公安官や警官ら5名が死亡した。同ヘリは過激派の構成員による妨害活動を警戒、監視中であった。

昭和53年（1978年）

《データ》死者5名, ヘリコプター1機墜落

6月下旬ー　赤潮（香川県）　6月下旬、香川県東部から小豆島付近にかけての海域で発見された毒性赤潮プランクトン「ホルネリア」は次第に増殖して7月下旬ごろ播磨灘全域に広がった。8月中旬に消滅するまでの間、沿岸の養殖ハマチに大きな被害を出し、2年魚86.7%、1年魚23.6%が死に、香川県下では約100万匹〔被害額14億8000万円〕が死んだ。　《データ》ハマチ被害額14億8000万円

7.6　発電所爆発（愛知県設楽郡稲武町）　7月6日、愛知県設楽郡稲武町の中部電力奥矢作水力発電所工事現場で、コンクリートを混ぜるバッチャープラントが爆発。3名が死亡、3名が負傷を負った。　《データ》死者3名, 負傷者3名

7.13　浸水（高知県）　7月13日、高知県では雷を伴った集中豪雨があり高知で豪雨を記録し5700戸が浸水した。　《データ》浸水5700戸

7.19　掘削作業現場酸欠事故（福島県）　7月19日、福島県の東北新幹線の工事現場で掘削作業中に酸欠事故があり、3名が死亡した。　《データ》死者3名

7月初め　ぜん息薬中毒（大阪府）　7月はじめごろ、市販されているぜん息薬を乱用した結果、主成分のエフェドリンによって中毒、精神病にかかった人が関西医大精神科で3名発見された。　《データ》精神病発病3名

8月　日本脳炎発生（九州地方、中国地方）　8月、九州と中国地方の各県で日本脳炎が異常発生し、熊本など10県を合わせた患者数は64名で死者も18名でた。　《データ》日本脳炎患者数64名（死者18名）

8.3　軽飛行機墜落（栃木県日光山中）　8月3日、佐渡を飛び立ち、群馬県太田大泉飛行場に向かった4人乗り軽飛行機「スバルFA200」が矢木沢ダム上空で消息を絶った。2週間後、日光山中に墜落しているのが発見されたが、乗員4名は死亡していた。　《データ》死者4名

8.12　セスナ機墜落（岩手県宮古市）　8月12日、岩手県宮古市で、取材飛行中の東邦航空のセスナ機が墜落し、7名が死亡2名が負傷した。　《データ》死者7名, 負傷者2名

8.23　米袋落下（千葉県）　8月23日、千葉県内の農協で米袋が崩れ落ちる事故が発生し、2名が死亡、6名が負傷した。　《データ》死者2名, 負傷者6名

8.27　小学生熱射病死（長崎県佐世保市上原町）　8月27日、長崎県佐世保市上原町の食品工場の駐車場でパンの運搬用貨物車の中で小学生4名が遊んでいるうちにカギがかかり、70°Cの荷物室内で熱射病にかかり、4名全員が死亡した。　《データ》死者4名

9.3　第88陽豊丸転覆（北海道勇留島沖）　9月3日、北海道勇留島沖で漁船第88陽豊丸が転覆し、17名が死亡または行方不明となった。　《データ》死者・行方不明者17名

9.6　さいとばる・チャンウオン号衝突（来島海峡）　9月6日午前1時45分、神戸港から細島に向かっていたカーフェリーさいとばる（6574t、乗組員46名、乗客199名）と韓国糖蜜船チャンウオン号（3409t）が、愛媛県の来島海峡東入口付近で衝突、さいとばるは左舷中央部が破口、浸水した。乗客、乗組員は救命いかだで脱出し、全員救助されたが、さいとばるは曳航中転覆座礁し、車両146台が海に沈んだ。　《データ》車両146台沈没

9.9　利根川架橋落下（群馬県勢多郡赤城村）　9月9日、群馬県勢多郡赤城村の利根川にか

かる綾戸橋建設作業現場で、建設中の橋りょうが約30m落下、作業員4名が死亡、5名が重軽傷を負った。工法としては最も安全といわれるディビダーグ工法による初の事故であった。《データ》死者4名, 重軽傷者5名, 橋梁1ヶ所損壊

9.10　**コバルト60照射**(愛知県豊橋市)　9月10日、愛知県豊橋市の食品加工業者が粉末野菜殺菌のため、多量のコバルト60を違法照射しベビーフードのメーカーに出荷していたことが発覚、営業禁止、製品回収処分に。

9.15－　**台風18号**(九州地方, 中国地方)　9月12日に発生した台風18号は、15日、長崎県西方で小型の並の強さで最盛期を迎え、16日ごろ下関市北方に上陸、若狭湾で弱い熱帯低気圧となり消滅した。この台風は強風を伴い、福岡管区気象台では開設以来の最大瞬間風速46mを記録し、死者11名など、53年の台風では最大の被害を出した。《データ》死者11名, 負傷者414名, 浸水家屋1万4601棟

9.19　**橋梁崩落**(群馬県北群馬郡)　9月19日、群馬県北群馬郡の綾戸橋の橋梁工事現場で橋梁が崩落し、3名が死亡、4名が負傷した。《データ》死者3名, 負傷者4名

9.20　**ダム工事現場土砂崩れ**(大分県下毛郡)　9月20日、大分県下毛郡のダム工事現場で、土砂崩れが発生し、生き埋めにより3名死亡、2名負傷した。《データ》死者3名, 負傷者2名

9.26　**ビル火災**(長野県松本市)　9月26日、長野県松本市の用品店の二階売り場から出火、鉄筋モルタル三階建ての同ビルと裏にある二階建ての土蔵が全焼、逃げ遅れた女子店員ら6名が煙に巻かれて窒息死、12名がやけどなどのけがをした。昼間の火事だったが、改装中のため買い物客はいなかった。《データ》死者6名, 負傷者12名, 建物2棟全焼

10.16　**発電所屋根崩落**(長崎県佐世保市光町)　10月16日、佐世保市光町の九州電力旧相浦発電所で、解体中のタービン室の屋根全体が崩れ落ち、5名が死亡、1名が重傷。《データ》死者5名, 重傷者1名

10.20　**激突事故**(山口県新関門トンネル内)　10月20日、山口県新関門トンネルの斜坑内で、人車が暴走し斜坑底に激突し、3名死亡、1名が負傷した。《データ》死者3名, 負傷者1名

10.24　**泥流**(北海道)　10月24日午後9時45分ごろ、有珠山で泥流が発生し住民約200世帯が避難、3名が死亡した。温泉街では停電し、町浄水場も泥水をかぶり、自衛隊が給水などで救援に出動した。《データ》死者3名

10.28　**トロッコ暴走**(山口県)　10月28日、下関の山陽新幹線新関門トンネルの斜坑で、トロッコのワイヤーが切れ暴走、300m走って壁に激突、作業員4人が死亡。《データ》死者4名

11.19　**雑居ビル火災**(東京都葛飾区高砂)　11月19日、東京都葛飾区高砂2丁目の雑居ビルから出火、4名が死亡、3名が軽傷を負った。《データ》死者4目名, 軽傷者3名

11.23　**ひまわり丸行方不明**(沖縄県魚釣島海域)　11月23日、スクラップを積載して台湾から博多に向かっていた貨物船ひまわり丸(1131t, 乗組員16名)は「魚釣島北東260kmを北上中、向かい風強し」の連絡を最後に、乗組員16名とともに行方不明。《データ》行方不明者16名

昭和53年（1978年）

11.25　道路改良工事現場土砂崩れ（宮城県白石市）　11月25日、宮城県白石市の道路改良工事現場で、山側斜面が高さ60m、幅60mにわたって崩れ、土砂に埋まった7名が死亡した。《データ》死者7名

12.1　ダム建設現場土砂崩れ（北海道檜山支庁厚沢町）　12月1日、北海道檜山支庁厚沢町の鶉ダム建設現場で、がけが約50m³にわたって崩れ落ち、作業中の3名が死亡、1名が重傷を負った。《データ》死者3名、重傷1名

この年　重金属汚染（青森県南津軽郡大鰐町）　この年、青森県南津軽郡大鰐町の虹貝川で、52年度から建設していた「早瀬野ダム」からマンガン、鉄などの大量の重金属が流失し、下流から取水している町水道が汚染された。《データ》町水道の汚染

この年　干ばつ被害（茨城県）　この年、茨城県では夏の干ばつのため陸稲が全滅し、157億円の被害が出た。《データ》被害額157億円

この年　干ばつ被害（栃木県）　この年、栃木県で夏の干ばつのため陸稲、かんぴょう、こんにゃく、なし、桑等に50億3280万円の被害があった。《データ》被害額50億3280万円

この年　農作物被害（群馬県）　この年の7月と8月の日照りと異常高温による被害は群馬県全体に及び、被害は特産のこんにゃくが26億円を超え、被害額は66億円に達した。《データ》被害総額66億円

この年　農作物被害（埼玉県）　埼玉県では、7月と8月の干ばつによる被害で、梨が15億6900万円、桑14億3200万円、ねぎ11億6300万円など、総額約90億円の被害額となった。《データ》被害総額約90億円

この年　農作物被害（福岡県）　この年、夏場の干ばつによる農作物の被害は、1380億円にのぼるとみられ、その内野菜の被害が全体の35%を占める。《データ》農作物被害1380億円

この年　水銀ヘドロ汚染（愛知県名古屋市港区）　この年、名古屋市港区の名古屋港湾区域内7号地と同8号地とのあいだの運河や大江川河口付近の海底が最高286ppmの水銀を含むヘドロに汚染された（3月9日に海底の採取土から検出）。《データ》海底汚染

この年　六価クロム汚染（東京都八王子市）　この年、東京都八王子市で井戸水が高濃度の六価クロムに汚染された（同年に採取水から検出）。

この年　桜島爆発（鹿児島県鹿児島郡桜島）　この年、一年間で桜島の爆発は231回、ガラス破損などの被害を伴った爆発は、54年1月までに9回あった。また、春以来の降灰は農作物にかなりの被害を与えた。《データ》農作物、ガラス破損

この年　水質汚濁進行（福井県）　53年度公共用水域水質汚濁調査によると、九頭竜川中流部で生物化学的酸素要求量の環境基準を、北潟湖と三方五湖で化学的酸素要求量の環境基準をそれぞれ上回り、水質が汚濁していることを裏付けた。

この頃　観光地屎尿・廃棄物汚染（長野県）　53年頃、長野県の各地で観光客の屎尿や廃棄物による環境汚染が深刻化し、県や地元ではゴミの持帰り運動を推進するなどの対策を実施した。

この頃－　飛行場騒音被害（宮城県）　53年頃から、宮城県の飛行場で航空機の離着陸などによる騒音が発生し、周辺地域の住民多数の健康への影響が懸念された。

340

この頃— 土砂流失・水質汚濁(沖縄県)　53年頃から、西表、石垣島など沖縄県国頭、八重山郡の海岸付近で宿泊施設や道路などの建設または整備の進展とともに赤土が作業現場から海へ流れ、沿岸海域で汚濁が発生した。

昭和54年
(1979年)

1.9 　工事現場スラブ崩壊(長崎県長崎市)　1月9日、長崎県長崎市の福祉センター新築工事現場で、スラブが崩壊し、2名が死亡、3名が負傷した。　《データ》死者2名,負傷者3名

1.19 　原油流出(三重県四日市)　1月19日、四日市コンビナートの昭和四日市石油シーバースで、荷揚げ中のタンカーから原油が流出、鈴鹿市沿岸の海苔漁場が被害を受けた。　《データ》海苔漁場被害

1.24 　機械製造所カウンターウエート落下(愛媛県新居浜市)　1月24日、愛媛県新居浜市の機械製造所で、カウンターウエートが落下し、3名が死亡した。　《データ》死者3名

1.30 　ボーイング707貨物機蒸発(銚子沖太平洋上)　1月30日夜、成田空港を飛び立ったロサンゼルス行きのバリグ・ブラジル航空のボーイング707貨物機が、離陸30分後に銚子沖の太平洋上で消息を絶った。とくに緊急通信もなく、6名の乗員と日系移民の時価20億円の絵画を乗せて蒸発、運輸省は米軍、自衛隊の協力を得て捜索したが手がかりなく2月5日に打ち切った。原因については、危険な爆発物も積んでおらず、一瞬のうちに墜落したとみられるので、機体の操縦に関係する一部分が突然折れるなどしたため、との見方が強い。　《データ》行方不明者6名,紛失絵画時価20億円

3月 　オウム病感染(神奈川県愛甲郡愛川町)　3月末、神奈川県愛甲郡愛川町で、会社員家族が飼っていたダルマインコがオウム病にかかっており、妻と父親が感染して死亡、残る家族3名も入院した。患者の血清を調べてわかった。妻は口移しでエサをやるなどの愛鳥家だった。　《データ》死者2名,入院患者3名

3.20 　大清水トンネル火災(群馬県利根郡水上町)　3月20日午後9時40分ごろ、群馬県水上町の群馬・新潟県境の谷川岳の地中を貫く上越新幹線大清水トンネル工事現場で火災が発生、作業中の54名のうち14名が取り残され、知らせで救助に向かった2名を含む16名が死亡、14名が重軽傷を負った。(2名が負傷した)。大型削岩機の解体作業中、酸素溶接機の火花が、油圧パイプから漏れた油に引火したのが原因とみられる。損害額は1億7717万円。新幹線の工事では最大の火災事故。　《データ》死者16名,重軽傷者14名(負傷者2名),被害額1億7717万円

3.21 　ダイナマイト爆発(北海道静内郡)　3月21日、北海道静内郡のダム工事現場で、ダイナマイトが爆発し、3名が死亡した。　《データ》死者3名

3.22 　皆徳丸浸水(静岡県下田沖)　3月22日、静岡県下田沖で、漁船皆徳丸(59t)が浸水した。この事故による死亡・行方不明者は16名。　《データ》死者・行方不明者16名

3.24 　雷雨大荒れ(関東地方)　3月24日夕方から夜にかけて雷をともなった強い雨が関東

昭和54年(1979年)

地方に降り続いた。東京都世田谷区で70mm、府中市で95mm、浦和市で67mmを記録、東京都内や神奈川県下で中小河川が氾濫、床上浸水などの被害を出した。落雷で東武東上線が一時ストップしたり、住宅約2万戸が停電したが、東京都千代田区の首相官邸も約30分停電した。《データ》停電住宅約2万戸(首相官邸約30分停電)、東武東上線一時ストップ, 床上浸水多数

3.25 給水制限解除(福岡市) 3月25日、福岡市は異常渇水により53年5月20日から続いていた給水制限を10カ月ぶりに全面解除した。制限は15時間給水でスタート、最悪の53年6月1から10日はわずか5時間。制限日数287日間に及び、東京都の約70日間の断水記録(39年)を大きく上回った。《データ》給水制限日数287日間

3.30 春あらし(全国) 3月30日、日本海を北上した低気圧の影響で、台風並みの春あらしが吹き荒れ、九州地方で45m、秋田市で35.7mの瞬間最大風速を記録。福島県では強風で折れた大木の枝が頭に当たったり、倒れた木の下敷きとなって2名が死亡したほか、全国で35名が負傷。成田空港では横風のためフライングタイガー42便が着陸できず、羽田空港に緊急着陸した。《データ》死者2名, 負傷者35名

4.18 凍霜害(静岡県) 4月18日から22日に発生した凍霜害のため、一番茶に大量の被害が出た。被害は県下全茶園2万1800haのうち1万3400haに及び、被害金額は81億円に達した。《データ》被害金額81億円

4.24 騒音公害(沖縄県北谷村砂辺) 4月24日、沖縄県が嘉手納基地に隣接する北谷村砂辺で53年4月から54年3月まで行った航空機騒音調査結果を発表。うるささを表現する加重等価継続感覚騒音レベル(WECPNL)は年平均92.7で環境基準70を大幅に上回る。《データ》加重等価継続感覚騒音レベル(WECPNL)年平均92.7

4.25 神長丸・第8海正丸衝突(東京都伊豆大島海域) 4月25日、貨物船神長丸(999t)と漁船第8海正丸(479t)が濃霧の伊豆大島付近で衝突、神長丸が消息不明となり、同船乗組員12人が行方不明。《データ》行方不明者12名

4.25 冷凍運搬船・鋼材船衝突(伊豆大島西方海上) 4月25日、伊豆大島西方海上で冷凍運搬船と鋼材船が衝突、沈没した鋼材船の乗組員12名が行方不明。《データ》行方不明者12名

5月 ツベルクリン接種ミス(北海道札幌市) 5月末、札幌市内の手稲西小、手稲西中でツベルクリンの注射部分が化のうするなど異常を訴える者が続出した。市衛生研究所の調べで、ツ反応検査の際、生きた結核菌が混入した疑いが強まり、予防接種を行った結核予防会のずさんな医療体制が明るみに出た。

5月 集中豪雨(和歌山県、静岡県、長野県、福島県、茨城県) 8日、日本の南岸を通った低気圧のため、和歌山113mm、天城山320mm、長野県河南129mm、茨城県日立135mmなどの日雨量を観測。和歌山では1時間雨量43mmの記録更新。阿南町で河川増水で1名死亡、落石による負傷8名などの人的被害が出た。14日から15日、南岸を通過した低気圧のため、茨城県花園297mm、福島県上野224mmなどの大雨となり、茨城県北部でがけ崩れのため民家がつぶれ2名が死亡した。《データ》死者3名, 負傷者8名

5月― 火山(熊本県阿蘇山) 熊本県阿蘇山では、5月末から始まった土砂噴出活動に続き、6月12日から本格的な噴火となった。13日には噴煙が2000mに達し、降灰は1km離

れた所でも10cmに達した。9月6日に突然爆発し、火口北東0.9kmにいた観光客に死傷者がでた。《データ》死傷者

5.15 集中豪雨（関東地方）　5月15日、関東地方で集中豪雨、都内で1700戸が浸水。《データ》浸水1700戸

5.15— 三菱石炭鉱業南大夕張砿業所ガス突出事故（北海道夕張市）　5月15日午後9時5分ごろ、北海道夕張市の鉱山、三菱石炭鉱業南大夕張砿業所でガス突出事故（メタンガスの燃焼火災ほか）が起き、1名が死亡、5名が行方不明になったが、救助に向かった職員らも16日、現場付近でガス爆発に遭遇、結局、死者17名、負傷者15名に及ぶ二重事故となった。《データ》死者17名,負傷者15名

5.20 一酸化炭素中毒（静岡県藤枝市）　5月20日午後7時30分ごろ、静岡県藤枝市の国鉄藤枝駅前の商店街で道路中央に埋没した都市ガスの本管からガスが漏れ、陶器商、歯科医2家族10名が死亡、35名が一酸化炭素中毒にかかった。《データ》死者10名,一酸化炭素中毒患者35名

5.21 作業場火災（大阪府大阪市安部野区）　5月21日午後2時ごろ、大阪市安部野区美章園のゴム会社1階倉庫付近から出火、同社ビル延べ468m²を全焼、約15分後に鎮火。同社社長、従業員ら計7名が充満した有毒ガスと酸欠のため焼死した。損害額は2500万円。《データ》死者7名,焼失面積468m²,被害額2500万円

5.21 ビル火災（大阪府大阪市阿倍野区）　5月21日、大阪市阿倍野区のウレタン製品加工会社で火災が発生、鉄筋三階建ての社屋を全焼、二階事務所にいた社長と従業員、リフトの修理にきていた作業員の計7人が焼死した。《データ》死者7名,ビル全焼

6.19 清掃工場灰崩壊（京都府京都市）　6月19日、京都府京都市の清掃工場で、灰が崩壊し、2名が死亡、7名が負傷した。《データ》死者2名,負傷者7名

6.26— 集中豪雨（西日本）　6月26日、空梅雨模様は一変して、27日から30日、日本の南岸沿いに停滞した梅雨前線は、7月1日から2日にかけて前線活動が活発化し、西日本の一部に連日100mmを超える大雨を降らせた。総雨量は宮崎県えびので1166mm、熊本県一里山で787mm、福岡県飯塚などでは1時間に50数mmの強い雨が降った。このため大分では国道のがけが崩れて通りがかったトラックの夫婦が即死、広島では橋が陥没して車が川に落ち運転者が行方不明、山口ではがけ崩れで家が埋まって夫婦が死亡するなど、近畿以西で死者・行方不明者28名、負傷者52名を出した。《データ》死者・行方不明者28名,負傷者52名,家屋全半壊148棟,山・がけ崩れ1400ヶ所,家屋浸水4100戸

7.11 日本坂トンネル事故（静岡県焼津市）　7月11日午後6時25分ごろ、静岡県焼津市の東名高速道路日本坂トンネル内の下り線で、大型トラック4台と乗用車1台が4重追突を起こし、炎上した。5台目のトラックが揮発性のエーテルを積んでいたことから火勢が強く、後続の人らが乗り捨てて逃げた計179台の車が次々に引火し、炎上は13日まで続いた。追突事故で車内に取り残された運転者7名が焼死、1名が負傷した。同トンネルは東名最長の2045mあり、10年前の開通当時、最新の科学防火施設を備えたトンネルとされていた。同トンネルは1週間後に登り線だけを使って変則開通したが、下りは9月9日、60日ぶりに開通した。損害額は8億4060万円。《データ》死者7名,負傷者1名,車両179台全焼,被害額8億4060万円

昭和54年(1979年)

7.14　愛媛航空セスナ機墜落(愛媛県宇和海久良湾上空)　7月14日、愛媛航空のセスナ機が愛媛県南宇和郡城辺町の久良湾に沈んでいた旧海軍の戦闘機「紫電改」の引き上げ作業取材のため飛行中、旋回しようとして失速、海中に墜落し、乗っていた愛媛放送記者ら3人が死亡した。原因はパイロットの操縦ミス。《データ》死者3名

7月―　養殖ハマチ大量死(徳島県播磨灘海域)　赤潮に加え、54年7月から8月にかけて類結節症が大流行、1年魚175万尾、2年魚32万尾が死に、8億5600万円の被害が出た。播磨灘海域では3年続きの打撃。《データ》被害金額8億5600万円

8月　落雷(関東地方、中部地方)　11日、都内北西部で落雷のため1万1200戸が停電。20日から24日、前線の南下と台風11号の影響で関東・中部地方で発雷。22日岐阜県栃尾地区で乗用車が土砂に流され、6名が死亡または行方不明となった。《データ》死者行方不明6名, 停電1万1200戸

8.10　タンカー爆発(東京港)　8月10日、東京港大井埠頭近くの航路で停泊中の岡山県和気郡日生町、松井タンカー所属第61栄宝丸(199t)が爆発、炎上し、乗組員3名が死亡、1名が軽傷を負った。原因はタンク内に残っていたインキの原料であるトルエン系溶剤が発火、溶剤は氷点下19度以上になると気化して自然発火するという危険物だった。《データ》死者3名, 軽傷者1名

8.22　土砂崩れ(長野県白馬村)　8月22日、台風11号が南方海上を西進、日本付近に停滞した前線を刺激し、中部地方に局地的大雨を降らせた。このため長野県白馬村で土砂崩れが起こり、2名が生き埋めになった。《データ》生き埋め2名

8.22　豪雨(岐阜県)　8月21日夜から22日にかけて、奥飛騨地方は局地的集中豪雨に見舞われ、大野郡丹生川村では乗鞍スカイラインなどで乗用車が土砂にのまれ、観光客4名が死亡、2名が行方不明となり、栃尾温泉街では、中学校をはじめ民家16戸が約10万tの土石に埋り全半壊。《データ》死者4名, 行方不明者2名, 全半壊16戸

9.6　阿蘇中岳爆発(熊本県阿蘇郡)　9月6日13時6分、阿蘇中岳の第1火口が水蒸気爆発を起こし、噴煙を約2000mまで噴き上げた。直径2.6m、推定重量50tの大石が約280m噴き飛んだのをはじめ、火山れきが火口から1kmに渡って飛んだ。火口から約800mの阿蘇山ロープウェイ・火口東駅と付近に居合わせた観光客を直撃し3名が死亡、16名が重軽傷を負うという惨事となった。このような惨事は33年以来21年ぶりのことであった。《データ》死者3名, 重軽傷者16名

9.30―　台風16号(全国)　9月24日ごろから秋雨前線が停滞し、26日から29日ごろまで、沖縄地方が台風16号の暴風雨圏に入り、30日午後6時半、高知県室戸岬付近に上陸、近畿、中部、関東、東北を縦断して青森県八戸市から10月1日午前10時すぎ、太平洋に抜けた。福井県川上で176mm、岐阜県関ヶ原で114mm、大阪市で104mmなど各地で3時間雨量が100mmを超す集中豪雨を記録。被害は34都道府県に及び、死者9名、行方不明者2名、負傷者86名にのぼった。《データ》死者9名, 行方不明者2名, 負傷者86名, 家屋全半壊172戸, 被災世帯7566戸

10.19　台風20号(全国)　10月19日9時40分、強い大型の台風20号が和歌山県白浜付近に上陸、時速70kmから95kmの猛スピードで本州を縦断し、日本列島に大きな被害をもたらした。死者58名、行方不明者57名、負傷者473名などの被害を出した。特に東京では荒川に5年ぶりに「洪水注意報」が出され、最大瞬間風速も過去10年間で2番目の38.2mを記録。4名が死亡、23名が負傷と46年8月の23号台風以来8年ぶりに東

344

京で台風による死者が出た。《データ》死者58名,行方不明者57名,負傷者473名,流失・全半壊462戸,被災世帯6814戸

10.19 リンゴ被害(青森県) 10月19日夜半から20日未明にかけて八戸沖を通過した台風20号の吹き返しで、リンゴ生産予想収量の15%に当たる6万7840tが落果したり、木になったまま傷がついた。被害金額は52億9144万円にのぼった。《データ》被害金額52億9144万円

10.19 農産物被害(埼玉県) 10月19日の台風20号による被害は、県西、北部の野菜産地で茎や葉の切損、倒伏など4700haに及び、総額71億9400万円の被害。《データ》被害金額71億9400万円

10.19 台風被害(岡山県) 10月19日、紀伊半島へ上陸した台風20号の影響で、県下では農林土木で総額158億6294万円の大被害を出した。県北部の久米郡柵原町、津山市などは吉井川の氾濫もあって、一時「陸の孤島」になったところもあった。島根県堺の勝田郡勝北、奈義の両町では特異な局地風「広戸風」が吹き荒れた。《データ》被害総額158億6294万円

10.23 工事現場土砂崩れ(福島県郡山市) 10月23日、福島県郡山市の発電所導水路修繕工事現場で、巻き立てコンクリート及び土砂がくずれ、生き埋めとなり、2名が死亡、1名が負傷した。《データ》死者2名,負傷者1名

10.28 御岳山噴火(御岳山) 10月28日午前6時50分ごろ、御岳山が有史以来初めて噴火を起こし、噴煙は1500m(1000m)の高さに上り、火山灰は100km離れた長野県軽井沢町にまで降った。噴火当時、山頂付近に50名の登山者がいて下山途中に1名が飛んできた石で軽いけがをした。29日には前橋でも降灰を観測した。突然の噴火で農作物に被害がで、岐阜県側の濁河(にごりご)温泉郷では、住民や泊まり客300名が避難した。《データ》軽傷者1名,300名が避難

10.31 アンモニアガス噴出(山形県酒田市) 10月31日、山形県酒田市の山形造船所で、イカ釣り漁船の冷凍装置を修理中、アンモニアガスが噴出、船倉内にいた作業員3名が死亡、1名が重体。油抜きと冷凍装置のバルブを間違えて緩めたのが原因。《データ》死者3名,重体1名

11月 ワクチン回収(新潟県五泉市) 11月中旬、新潟県内と北海道で相次いでインフルエンザ・ワクチンの接種後の死亡などの事故が発生。東芝化学工業の新潟県五泉市にある製造所の同じ培養タンクでつくられたもので、ワクチン約3万本分を緊急回収した。ソ連かぜ予防用ワクチンだった。《データ》緊急回収ワクチン約3万本分,死亡事故発生

11.3 化学工場爆発(秋田県鹿角郡) 11月3日、秋田県鹿角郡の化学工場で、硫化水素が爆発し、3名が死亡、2名が負傷した。《データ》死者3名,負傷者2名

11.3 高浜2号機冷却水もれ(福井県高浜町) 11月3日午前5時半から9時間にわたり、関西電力高浜2号機の1次冷却水が格納容器内に約80tももれる事故があった。原因は、1次冷却水の温度を測る配管のねじこみ式のせん(栓)がステンレス製でなく銅合金製だったためと、関西電力職員の取り付けミスとわかった。

11.11 貨物船沈没(宮崎県都井岬沖) 11月11日、川崎から台湾に向け航行中の貨物船明和(2712t)が宮崎県都井岬沖で船体の亀裂により浸水し、沈没。2名は救助されたが、

昭和54年(1979年)

2名が死亡、16名は行方不明。《データ》死者2名、行方不明者16名

12月 公害病(神奈川県川崎市) 12月1日時点、公害病認定患者3361名、死者は通算380名で、54年に入って57名。《データ》公害病認定患者3361名(死者57名)

12.8 トラック・回送電車衝突(大阪府堺市) 12月8日、大阪府堺市の阪和線百舌駅構内の踏切で、回送電車と大型トラックが衝突、踏切を渡っていた主婦ら2人がこの衝突に巻き込まれて即死。原因は踏切警手が回送電車の接近に気づかず遮断機を降ろさなかったため。《データ》死者2名

12.14 林道工事現場土砂崩れ(群馬県碓氷郡松井田町) 12月14日、群馬県碓氷郡松井田町の林道工事現場で、農閑期の臨時作業員3人が土砂崩れにあい生き埋めとなって死亡。《データ》死者3名

この年 ホタテ貝毒検出(青森県陸奥湾) 貝毒騒ぎは54年も53年についで2度目で、陸奥湾産ホタテ貝から国の安全基準を上回る脂溶性貝毒が検出され、5月中旬から8月末まで出荷規制が行われた。原因は暖流によるプランクトンによるものとわかった。

この年 農作物被害(茨城県) 4月から6月にかけて降霜、降雹、竜巻、豪雨、9月から10月にかけて長雨、台風に遭い水稲、野菜、果樹に合わせて142億円の被害。《データ》被害金額142億円

この年 赤潮(香川県播磨灘) 瀬戸内海の富栄養化は年々深刻化し、54年夏も有毒赤潮プランクトン「ホルネリア」が播磨灘で発生した。

この年 日本脳炎(熊本県) この年、熊本県での日本脳炎患者は計27名(うち真性22名、死者11名)にのぼった。《データ》日本脳炎患者27名(うち真性22名、死者11名)

この年 土呂久公害病患者増加(宮崎県) 宮崎県公害課は、54年4月に7名、9月に3名の計10名を新たに認定し、土呂久公害認定患者は125名となった。《データ》土呂久公害認定患者125名

この年 大気汚染(青森県) この年、八戸新産地区を中心とする大気汚染が青森市にも発生し始め、測定局二局を設置、監視体制の強化充実。

この年 カドミウム汚染(群馬県) 渡良瀬川鉱害の汚染農地を復元するため県の対策計画案が54年3月まとまり、太田、桐生両市との地元折衝に入った。これによると銅、カドミウムによる汚染農地331haについて公害防除特別土地改良事業を実施するとしており、総事業費は43億と見積もられている。《データ》農地331ha

この年 大気汚染(千葉県) 各種規制で全般的には改善方向にあるなかで、大気汚染の元凶、窒素酸化物の改善率が低く、最大の課題となっている。県は54年3月、二酸化窒素の新環境目標値を「0.04ppm」(一日の平均値)と決め60年度末達成を目指すと発表。

この年 水銀汚染(新潟県) 53年度の調査で、関川水系から前年度を上回る水銀汚染魚を検出、直江津海域でも依然、水銀の高濃度汚染色が発見された。だが荻曾根、能代川水系のPCBは減少し、3年ぶりに魚の食用抑制を解除。

この年 六価クロム(愛知県) この年、瀬戸市の住宅造成地で野積み耐火レンガから六価クロムが雨水に溶けて流れ出し問題化した。

この年　海水汚濁(沖縄県)　この年、本島北部と八重山の沿岸で道路工事等の開発に伴う赤土流出による海水汚濁が見られる。また、嘉手納米空軍基地周辺での騒音など基地公害が著しいが、地位協定により法令適用ができず、公害行政の障害となっている。

この年　水質汚濁(全国)　環境庁は55年12月、全国の湖沼、海域、河川の汚染状況を調べた54年度の公共用水域質調査結果をまとめた。水質基準の目安であるBOD(生物化学的酸素要求量)、COD(化学的酸素要求量)の環境基準達成率は全体で66.7%で、前年と比べると改善の傾向にあるが未達成の水域が3分1を占めている。湖沼の環境基準率は41.8%でリンや窒素などの栄養塩類の注入による赤潮やアオコの発生のための悪臭、自然景観の破壊、水産被害、飲料水としての不適格等、放置すれば死の湖沼になりかねない。なお環境庁は56年6月、水質汚濁防止法の排水規制対象業種に学校給食施設、飲食店、自動車整備業、出版・印刷業など10業種を追加指定することを決めた。

昭和55年
(1980年)

1.2　小型機墜落(三重県尾鷲市)　1月2日、南紀白浜空港から東京調布飛行場に向かった飛行クラブ「ウィングス・コーポレーション」所属の小型単発機「富士FA200エアロスバル」が、南紀白浜空国を離陸してまもなく消息を絶ち、翌3日三重県尾鷲市近郊の山中に墜落しているのが発見された。乗っていた4人は全員死亡していた。パイロットミスの疑いが強い。　《データ》死者4名

1.6　つり橋落下(宮崎県西都市椎原)　1月6日、宮崎県西都市椎原で速川神社に通じる市道のつり橋のワイヤーロープが切れ20m下の河床に落下、参拝客7名が死亡、15名が重軽傷を負った。　《データ》死者7名,重軽傷者15名

1.23　救命ボート落下(神奈川県横浜市磯子区)　1月23日、横浜市磯子区の石川島播磨横浜事務所第1工場で、点検中の車両運搬船の救命ボート(重さ4.8t)が落下、乗っていた台湾人乗組員3名が死亡、3名が重傷を負った。ボートを吊っていたワイヤロープがはずれたのが原因。　《データ》死者3名,重傷者3名

1.30　貨物船浸水(隠岐白島崎北)　1月30日、隠岐白島崎北で貨物船初富士(5130t)が浸水。この事故での死者または行方不明者は22名。　《データ》死亡・行方不明者22名

3.1－　強風(神奈川県,静岡県,群馬県)　3月1日夜から2日朝にかけ、3つの低気圧が通り抜けたあとに高気圧が張り出して、関東や東北地方を中心に北の強風が吹き荒れた。神奈川県江の島で磯釣りをしていた2名が高波にさらわれて行方不明になったり、静岡県天竜河口沖では2名が行方不明になり、2名が負傷した。群馬県谷川岳では吹雪で2名が死亡、1名が行方不明になるなど、海や山で合わせて3名が死亡、6名が行方不明になった。　《データ》死者2名,負傷者2名,行方不明者5名

3.12　林道工事現場土砂崩れ(宮崎県西臼杵郡日之影町)　3月12日、宮崎県西臼杵郡日之影町の林道工事現場で、土砂崩れが発生、土どめ擁壁用の床掘り作業をしていた作業員5人が生き埋めとなって死亡。数日前に降った雨で山肌がゆるんでいたため。《データ》死者5名

昭和55年(1980年)

3.22　土砂崩れ(栃木県田沼町)　3月22日、栃木県田沼町内の石灰石採石場で堆積していた残土が崩れ、1kmにわたって流出、ふもとの民家2棟が土砂に埋まり一家5人が死亡した。《データ》死者5名, 民家2棟

4.2　播但線人身事故(兵庫県神崎郡)　4月2日午前8時50分ごろ、兵庫県神崎郡の国鉄播但線長谷・生野駅間にある大福トンネル内で、歩いていた近くの森林組合作業員ら5名が鳥取発大阪行き特急「はまかぜ2号」にはねられ、3名が死亡、2名が重傷を負った。《データ》死者3名, 重傷者2名

4.28　第3魚生丸転覆(千葉県野島崎沖)　4月28日午前4時30分ごろ、千葉県野島崎西南西13kmの沖合で、青森市のカツオマグロ漁船第3魚生丸(116.5t、23人乗り組み)が転覆しているのを僚船がみつけた。近くで救命イカダにしがみついていた2名が救助され、2遺体が収容された。船腹をたたく音が2ヶ所であり、生存者がいたが、午後7時9分、残り19名を乗せたまま沈没した。最年少の15歳の乗組員は初航海だった。《データ》死者21名

5.14　医薬品製造工場爆発(埼玉県浦和市新開)　5月14日夕、埼玉県浦和市新開の光栄化成工業で薬品を製造する反応釜が爆発、他の薬品も誘爆を起こして社員2名が死亡、12名が負傷したほか、有毒ガスの発生から周辺住民570世帯が近くの小学校などに避難した。《データ》死者2名, 負傷者12数名

6.17　工場火災(広島県)　6月17日、広島県の工場(319m^2)が焼け5名が死亡、2名が負傷した。《データ》死者5名, 負傷者2名, 焼失面積319m^2

6.17　油脂工業会社香料工場爆発(広島県府中市)　6月17日、広島県府中市の油脂工業会社香料工場で原料のテレビン油が引火、爆発。3名が死亡、6名が重軽傷を負った。《データ》死者3名, 負傷者6名

6.24－　群発地震(関東地方)　6月24日から始まった群発地震は7月下旬まで続き、6月30日には36回の有感地震を観測した。最大は同月29日、マグニチュード6.7、網代と大島で震度5の強震を観測し、関東から静岡県の沿岸に津波注意報が発表された。津波は大島で30cmを記録したが、伊東市を中心に負傷者8名、家屋の一部破損17戸、その他山崩れや道路、鉄道などの破損が出た。7月25日の地震判定会による終息宣言までに有感地震が225回発生した。《データ》負傷者8名, 家屋一部破損17戸, 山崩れ, 道路・鉄道破損

7月－　冷害(全国)　7月から、全国各地で日照不足や降雨などによる低温状態が続き、4年ぶりに冷害が発生。このため、水稲が作況指数87を記録、収穫量も政府計画と比較して約140万t減の975万1000tになったのをはじめ、288万6000haの水陸稲や野菜、雑穀、豆類、果樹、飼料および園芸作物などに被害があいついだ(政府は、11月10日に被災地域への天災融資法および激甚災害法の適用を決定、公布したほか、規格外米の買入れや農業共済金の支払い繰上げ、関係者の雇用確保などの救済対策を実施)。冷害被害としては51年を上回る、戦後最大の被害となった。《データ》被災面積288万6000ha, 被害額(推定)6919億円(10月6日時点。農林水産省調べ)

7.1　土砂崩れ(大分県東国東郡)　7月1日、大分県東国東郡の県道で土砂崩れが発生、乗用車1台が巻き込まれ、中にいた2名が死亡した。《データ》死者2名

7.8－　大雨(九州地方, 四国地方)　7月8日0時から9日午後3時にかけて大分県伏木で

昭和55年（1980年）

345mm、福岡県黒木で240mm、九州から中国西部にかけて大雨洪水注意報が出された。大分県でがけ崩れのため夫婦が生き埋めになって死ぬなど、福岡、大分、愛媛、広島、山口で8名が死亡、14名が負傷した。227棟が床上まで浸水、3622棟が床下浸水した。《データ》死者8名,負傷者14名

8月	山陰本線不通（山口県阿武郡阿武町奈古）	8月の豪雨で、阿武郡阿武町奈古の線路わきのがけが崩れ、山陰本線は40日間不通、同じ箇所が開通2週間後でまた崩れて長期不通となった。《データ》長期不通
8月	集中豪雨（全国）	8月、四国沖に低気圧が停滞し、足摺岬で3日から6日までに879mm、魚梁瀬では8日から11日までに808mmの大雨が降り、住家浸水や鉄道不通などの被害がでた。22日静岡、千葉県で雷を伴った局地的豪雨、26日から27日は東北地方で大雨が降り各地で被害がでた。28日から31日、九州中部に前線が停滞し、台風12号崩くずれの低気圧が西日本に暖湿気を持ち込み大雨を降らせた。熊本県岱明で29日410mmを記録の集中豪雨に見舞われ、西日本一帯で死者・行方不明26名の本年度最大の被害をだした。北海道登別では総雨量が492mmに達するなど東北地方北部にかけて大雨が降った。《データ》死者・行方不明者26名
8.10	小型機墜落（東京都調布市）	8月10日朝、東京都調布市の調布中学校校庭に、近くの調布飛行場を飛び立った小型双発プロペラ機エアロコマンダーが墜落、2名とも死亡した。この事故により、住宅密集地に囲まれた内陸空港の問題点を浮き彫りにするとともに調布飛行場を市に全面返還する運動に拍車をかける要因となった。《データ》死者2名
8.14	登山者落石事故（富士山）	8月14日午後1時50分ごろ、夏山登山の最盛期を迎え約5000名の登山客で混雑していた富士山の山梨県側九合目付近で、大規模な落石が発生し、直径1mから2mの岩石60個が、八合目から六合目にかけて吉田大沢の「砂走り」を下山中の登山者に次々と落下。小学生や中学生を含む12名が死亡、31名が重軽傷を負った。富士山では雪崩で24人が死亡した例はあるが、落石による事故では今回が最大となった。《データ》死者12名,重軽傷者31名
8.16	国鉄静岡駅前地下街ガス爆発（静岡県静岡市）	8月16日午前9時40分ごろ、静岡市紺屋町の静岡駅前地下街「ゴールデン街」でガス爆発が起きた。静岡消防署、静岡県警が現場検証中、爆発のショックでヒビの入ったガス管から都市ガスが漏れ出し、9時55分ごろ、2次の大爆発を起こした。地下街は数10mにわたって炎上、消防士や買物客ら15名が死亡、222名が重軽傷を負った。この事故はわが国初の地下街の爆発火災だっただけに、通産省、消防庁では、全国140の地下街について遅まきながら、ガスの安全性も含めた総点検を始めた。《データ》死者15名,負傷者222名,焼失面積1732m^2
8.17	古タイヤ火災（埼玉県浦和市田島）	8月17日夜、埼玉県浦和市田島の国鉄武蔵野線西浦和駅近くの高架下に野積みしてあった古タイヤ約30万本が炎上。炎は高架橋をおおって翌朝まで燃え続けた。このためレールが曲がり、高架橋そのものも高熱にあぶられてぼろぼろになった。同線は約1カ月後になってやっと復旧した。《データ》武蔵野線1カ月不通
8.19	バス火災（新宿バス放火事件）（東京都新宿区）	8月19日、新宿駅西口のバスターミナルで、発車待ちの京王帝都バスに土木作業員が火のついた新聞紙をほうり込み、

昭和55年(1980年)

バスの床にガソリンをまいて放火、車内にいた乗客30名のうち、野球見物帰りの父子ら3名が死亡、20名が重軽傷を負った。その後、重軽傷のうち重体だった3名が死亡、死者は計6名になった。《データ》死者6名、負傷者17名、車両1台火災

8.23 清掃作業員ガス中毒死(宮城県石巻市) 8月23日午後8時半ころ、宮城県石巻市の排水溝で清掃作業員が、発生した有毒ガスにより倒れ、2名が死亡、3名が重体となった。原因は作業中に流れてきた汚水によりメタンガスなどが発生したものとみられる。《データ》死者2名、重体3名

8.28 水害(佐賀県) 8月28日から30日にかけて北部九州を襲った豪雨は、死者名4、負傷者7名、建物全壊10など多くの被害をもたらした。小城郡牛津町は牛津川の堤防が決壊して孤立、佐賀市は中心街が3日間浸水した。佐賀、武雄、鹿島など3市4町に災害救助法が適用され、被害総額は309億円。《データ》死者4名、負傷者7名、建物全壊10、被害総額309億円

8.29— 大雨(北海道、九州地方) 8月29日から31日にかけて、関東地方を除いた全国で強い雨が降り続いた。熊本県阿蘇では30日正午までに536mmを記録した。1091ヶ所で土砂崩れが起き、福岡県で8名、佐賀、熊本県で各4名、山口県で2名が死亡するなど、21名が死亡、5名が行方不明になり、43名が負傷した。出水被害は九州、中国、近畿、東北、北海道の19道府県にわたり、7655棟が床上浸水、2万1869棟が床下浸水した。北海道登別市では1100戸が床上浸水した。《データ》死者21名、行方不明者5名、負傷者43名、被災家屋約1万8600戸

9.4 職員酸欠死(滋賀県彦根市) 9月4日、滋賀県彦根市の彦根市清掃センターで汚水タンクを清掃中の職員5人が酸欠で倒れ死亡。1人の職員が汚水を汲み取ろうとタンク内に入った直後倒れ、これを助けようと中に入った4人が次々に倒れた。《データ》死者5名

9.7— 台風13号(西日本) 9月7日、マリアナ諸島で発生した台風13号は、進路を北西に向け10日9時、南大東島南西100kmの海上で960mbに発達した。進路を北に変え11日8時前、鹿児島県大隅半島に上陸、九州東部を縦断して16時頃日本海に抜けさらに北上した。九州から近畿地方は10日から11日にかけて暴風雨圏に入り、最大瞬間風速は30mから40mに達した。東海地方以西の太平洋側地方で200mm以上、特に、九州東部では500mmから600mmの大雨に見舞われ、午前7時50分ごろ、鹿児島県の佐多岬に上陸、55年初の上陸台風になった。被害は九州から北海道までの29都道県に及び、山口県で2名、福岡、徳島、兵庫、福井、長野県で各1名、計7名が死亡、77名が負傷した。《データ》死者7名、負傷者77名、床上浸水41棟、床下浸水4316棟、がけ崩れ186ヶ所、鉄道10ヶ所被害

9.10 富士見産婦人科病院乱診療(埼玉県所沢市) 9月10日、医師の免許がないのに超音波診断装置(ME)など最新医療機械を使って、デタラメな診療行為を重ねていた埼玉県所沢市の医療法人芙蓉会富士見病院の理事長が、医師法違反の疑いで逮捕された。理事長は異常のない妊婦に「子宮がだめになっている。手術だ」と診断、入院させたうえ、子宮、卵巣の摘出手術を行い、被害者は1138名にのぼった。この事件で妻の院長ら医師5人も医師法違反ほう助の疑いで送検され、同病院は12月31日倒産。埼玉県警の捜査の過程で、現職の厚生大臣(発覚後辞任)や代議士らへの献金が明るみに出た(9月25日)。《データ》被害者1138名

昭和55年（1980年）

9.10　落石（愛媛県小松町）　9月10日午前8時30分ごろ、愛媛県小松町の石鎚山麓の登山道を歩いていた寺参詣団69名の列に右手のがけから直径30cmから50cmの石が次々に落ちた。直撃された熊本県玉名市長の妻ら2名が即死した。　《データ》死者2名

9.13　有毒ガス中毒（北海道札幌市）　9月13日、北海道札幌市の地下鉄工事現場で防水溶剤の揮発性有毒ガスによる中毒で2名が死亡、2名が負傷した。　《データ》死者2名,負傷者2名

9.16　カーボン工場電気炉崩壊（熊本県芦北郡）　9月16日、熊本県芦北郡のカーボン工場で電気炉の耐火レンガ製内壁が崩れ下敷きになる事故があり、2名が死亡、3名が負傷した。　《データ》死者2名,負傷者3名

9.19　ボーエン病多発（愛媛県）　9月19日、愛媛県北部の漁村で、40年以上前の砒素中毒の結果とみられるボーエン病が多発していると、三木吉治愛媛大学教授が日本がん治療学会で発表した。同村の住民200名が患者。　《データ》患者200名

9.24−　地震（関東地方）　関東地方にマグニチュード6クラスの直下型地震が頻発。2日間に5回、9月24日茨城県西部を震源とする地震は宇都宮、水戸で震度4、25日には千葉県中部を震源とし東京、千葉、横浜、宇都宮など広範囲で震度4を観測。24日は負傷5名、25日は死者2名、負傷者73名、ほか家屋損壊、高速道路の損傷、国鉄ダイヤも大幅に乱れるなど被害がでた。　《データ》死者2名,負傷者78名,家屋損壊,高速道損傷

10月　タイラギ貝中毒（福岡県）　10月、県内にタイラギ貝中毒が発生。患者は700名を超えた。原因はよく水洗いしなかったため、腸炎ビブリオ菌が付着したまま出回ったもの。　《データ》患者700名以上

10.1　倉庫炎上（愛知県大府市大府町）　10月1日午後0時10分ごろ、大府町の丸全昭和運輸会社の倉庫から出火、倉庫内の化学薬品が燃え塩素ガスが発生したほか、水に溶けると有毒ガスを発生する青酸ソーダが多量にあったため放水ができず、2日午前7時までに同倉庫3500m^{2}を全焼、2日午前10時頃まで倉庫内の化学薬品が燃え、有毒ガス発生、付近の住民800人が避難したが、小中学生400人が目などに痛みを訴えた。　《データ》倉庫3500m^{2}全焼,住民800名避難

10.25−　強風（北海道,千葉県,神奈川県,島根県,福井県）　10月25日から27日にかけて、日本列島は強風が吹き荒れた。島根県松江市で最大瞬間風速36.2m、秋田、伊豆大島で31m前後の突風が吹き、大しけが続いた。北海道、千葉、神奈川、島根、福井など20道府県で5名が死亡、5名が行方不明、19名が負傷した。25日は大潮で、東北の太平洋岸から瀬戸内海、東シナ海沿岸で異常潮位を観測し、一部で床下浸水の被害が出た。　《データ》死者5名,行方不明者5名,負傷者19名

10.30　イガイ農薬汚染（瀬戸内海）　10月30日、瀬戸内海沿岸で食用にされているイガイに、農薬として使われていたディルドリンが高濃度に蓄積されていることが、環境庁の調査などで明らかになった。

10.30　内ゲバ大量殺人（東京都大田区）　10月30日、東京都大田区洗足池図書館前の路上で5名がハンマーなどを持ってスキー帽で覆面をした男たちにメッタ打ちされ、全員

が死亡した。事件後、中核派から犯行声明があり、警視庁も中核派の犯行と断定。被害者は、中核派と対立する革マル派の東工大の学生。5名もの犠牲者の出た事件は内ゲバ史上初めてで、これで43年から発生している内ゲバ事件の死者は80名に達した。《データ》死者5名

11.15 炭鉱採炭現場ガス突出（北海道歌志内市） 11月15日、北海道歌志内市の炭鉱の海面下300mにある坑道でガスが突出、作業中の3人が爆風に飛ばされたり土砂に埋まり死亡した。《データ》死者3名

11.20 川治温泉ホテル火災（栃木県藤原町） 11月20日午後3時40分ごろ、栃木県藤原町の川治プリンスホテル「雅苑」本館の婦人用ふろ場付近から出火、鉄筋4階の本館と木造2階の別館の計3776m²を全焼した。ホテルにいた東京都杉並区内の2つの長寿会の老人112名のうち、老人やホテル従業員ら45名が焼死、22名が負傷した。ホテル火災では戦後最大。栃木県警は56年6月27日、同ホテル社長ら3人を業務上過失致死傷などの疑いで逮捕、刑事責任追求に乗り出した。《データ》死者45名, 負傷者22名, 焼失面積3776m²

11.28 ビルガス爆発（岩手県岩手郡岩手町） 11月28日午後5時半ころ、岩手県岩手町の駅前のビルでガス爆発が発生、ビル内にいた4名が死亡、8名が重軽傷を負った。《データ》死者4名, 重軽傷者8名

11.29 カモ猟船転覆（千葉県小見川町） 11月29日、千葉県小見川町の利根川でカモ猟を終えて陸に上がろうとしたハンター5人の乗った船が強風にあおられて転覆。うち1人は岸に泳ぎ着いたが4人が行方不明になった。《データ》行方不明4名

11.30 ボート転覆（三重県桑名郡） 11月30日、三重県桑名郡の木曽川河口付近で夜釣りに出かけた建築仲間5人の自家用ボートが転覆、2人が水死体で見つかり、3人が行方不明となった。事故があった日は強風波浪注意報が出ており、無謀な船釣りが死を招いた。《データ》死者2名, 行方不明3名

12.19 大気汚染（全国） 環境庁は12月19日、54年度全国大気汚染状況測定結果を発表した。8種の汚染物質を測定したもので、依然として53年7月の改正前の旧基準をオーバーしており、とくに人口密集地に高濃度が集中した。

12.24- 大雪（東北地方） 12月24日から25日にかけ、東北地方は暴風雪に見舞われ各地で交通障害、湿雪で送電塔が倒壊し60万戸が停電し、漁船遭難が続出した。27日再び大寒波が襲来し、日本海側地方の平野部でも1日60cmを超えるドカ雪が30日まで続いた。積雪は高山で110cm、福井で104cmなど山間部では200cmから300cmに達した。このため27日から高山線を始め北陸線、上信越線など各地で不通や運休が続出、道路も不通となって年末の交通大混乱となった。飛騨地方では雪崩が続出し死者・行方不明4名がでた。《データ》死者・行方不明者4名, 鉄道不通, 雪崩, 停電60万戸

この年 過酸化水素被害（全国） この年、食品の殺菌および漂白剤として使われる過酸化水素に発癌性のあることがわかり、消費者の健康への影響が懸念された（動物実験で確認後、厚生省が1月11日、関係業者に同薬剤の使用を控えるように要望し、2月20日に告示改正で全面的に使用を禁止）。

この年 界面活性剤被害（全国） この年、石鹸や合成洗剤の洗浄および乳化剤などに使われる界面活性剤による消費者の健康への影響が懸念された（4月9日、東京都公害衛生

対策専門委員会が通常の使用による被害を否定した研究報告を了承)。

この年　ツツガムシ病多発(秋田県)　この年、秋田県で風土病であるツツガムシ病が異常発生、3年振りに死者も出た。55年10月末までの発生患者は32名。《データ》発生患者32名,3年振りに死者

この年　ツツガムシ病多発(山形県)　この年、最上川流域に限って発生する風土病、ツツガムシ病が14年ぶりに長井市で発生した。

この年　日本脳炎(熊本県)　この年の熊本県の日本脳炎患者数は計11名(うち真性9名、死者5名)。3年連続全国一。《データ》死者5名,真性者9名

この年　慢性砒素中毒(宮崎県)　この年、宮崎県での旧土呂久鉱山公害慢性砒素中毒の認定患者は総数134人となっている。

この年　騒音・大気汚染(埼玉県)　この年、埼玉県、市町村の公害苦情受理件数は3700件と過去最高。騒音、振動、大気汚染についての苦情が特に増えている。県は東京湾水質総量規制の実施、緑化対策の強化などの公害防止対策を進めているが国によるNO_2の規制強化が急務。

この年　土壌汚染(鳥取県)　この年、鳥取県岩見郡岩見町の小田川流域の水田が、旧岩見鉱山から排出された重金属で汚染されていることが県の調査で判明した。このため県では汚染されている水田46haを公害防除土地改良事業地域に指定した。

この年―　フロンガス問題(全国)　この年、冷蔵庫の触媒やスプレー缶の噴射剤として使われるフロンガスの地球環境や消費者の健康への影響が懸念され、55年9月12日、鯨岡兵輔環境庁長官(当時)がフロンガスの放出量を削減する方針と発表した。

この頃　西名阪道路低周波騒音被害(奈良県北葛城郡香芝町)　55年頃、奈良県香芝町の西名阪道路の高架橋から超低周波による振動および騒音が発生し、道路沿いの地域の住民ら多数が頭痛や難聴、不眠症などの症状を訴えた(55年10月6日に住民70名が損害賠償と騒音差止めを求めて提訴)。超低周波は、20ヘルツ未満の周波数の領域を指し、耳には実際の音は聴こえない。《データ》患者多数

昭和56年
(1981年)

1月―　56豪雪(北陸地方,東北地方)　年末から北陸、東北にかけて日本海側に降りだした雪は、1月になっても降り続け、8日にようやく小休止したものの、一部では17日ごろまで断続的に降り続いた。各地は記録的な積雪となり、福井、新潟では2～5mの積雪となり、福井では孤立した町村が続出し、政府が設置した豪雪対策本部のヘリコプターなどで生活物資を送った。被害は死者が119人、けが人885人、家屋の全半壊、流失が249棟、災害救助法適用の市町村が41、農林水産物の被害1909億円。「38豪雪」(63年)に比べると死者・行方不明は半減、家屋の被害は5分の1、災害救助法適用市町村は3分の1に減ったが、農産物被害は456億円上回った。《データ》死者119名,負傷者885名,家屋の全半壊・流失249棟,災害救助法適用市町村41,農林水産物被害総額1909億円

昭和56年(1981年)

1.2　排ガス中毒死(北海道えりも町)　1月2日、北海道えりも町の国道236号で猛烈な雪あらしにより車9台が埋まり、車に閉じ込められた4名が排ガスの逆流で死亡した。《データ》死者4名

1.17　エレベーター火災(東京都杉並区)　1月17日、東京都杉並区のマンションで、エレベーターの補修作業をしていたところ、突然エレベーター内が燃え上がり、ドアが閉まっていたことから脱出できず、2人が焼死した。《データ》死者2名

1.27　雪よけ用屋根崩壊(長野県飯山市)　1月27日、長野県飯山市の千曲川護岸工事現場で、雪よけ用の屋根が雪の重みで崩壊し、4人が死亡した。《データ》死者4名

2月　インフルエンザ流行(東京都)　2月、東京都内でインフルエンザが流行、26日の学級閉鎖は前年の3倍となり、全国では354校が学級閉鎖となった。全国の児童、生徒のインフルエンザの患者数は3万5000人、この冬での累計は6万人に達している。

2.11　高速道路追突事故(岐阜県関ケ原町)　2月11日午前2時10分ごろ、岐阜県関ケ原町の名神高速道路上り線で、乗用車が雪と凍結した路面でスリップしたところに後続の大型トラックが衝突。これをきっかけに乗用車やトラック等33台が次々に追突し、4人が死亡、16人が重軽傷を負った。この事故で名神高速道の彦根・大垣間の上下線が13時間閉鎖された。《データ》死者4名、負傷者16名

2.17　栄福丸沈没(長崎県福江島沖)　2月17日朝、長崎県福江島の沖合で、長崎港から男女群島向け航行中の磯釣り渡船兼遊漁船栄福丸(19総t、乗組員2人、釣り客17人)が転覆、3名は救助されたが残りの16人が死亡または行方不明となった。《データ》死者12名、行方不明者4名、船舶1隻転覆

3.10-　ベビーホテル乳児死亡(東京都,神奈川県横浜市,愛知県名古屋市)　3月10日から11日にかけて、東京、横浜、名古屋のベビーホテルで、乳児が死亡する事件が起こった。全国的にも保育施設での乳児の死亡が目立っており、前年以降すでに35人の死亡が確認されている。《データ》死者3名

3.14　工場火災(神奈川県川崎市幸区)　3月14日午後4時40分ごろ、神奈川県川崎市幸区で光洋精機会社の工場兼事務所の1階で爆発が起こり、2階建ての工場など3棟を全焼、4棟は半焼。工場の2階で働いていた8人が焼死、2人がけがをした。原因は作業員が工作機械をガソリンで洗浄中に揮発して、引火したものとみられる。《データ》死者8名,負傷者2名,全半焼7棟

4.9　米軍原子力潜水艦・日昇丸衝突事故(鹿児島県下甑島沖)　4月9日午前10時30分頃、鹿児島県下甑島釣掛埼灯台から西北西約75kmの海上を航行中の愛媛県北条市、忽那(つくな)海運の貨物船「日昇丸」(2350総t、乗組員15人)が、機関室船底で衝撃を受け浸水、約15分後に沈没した。乗組員は全員海中に飛び込み、うち13人が救命いかだで漂流していたところを、翌10日午前5時すぎ、護衛艦「あきぐも」に救助されたが、船長と一等航海士が死亡した。この事故は米海軍の原子力潜水艦ジョージ・ワシントン(6555t)が、貨物船日昇丸に衝突したもので、事故は潜水艦の過失によるものであった。《データ》死者2名,船舶1隻沈没

4.15	**イワシ大量死**(新潟県新潟市沖)	4月15日、新潟県新潟市から北部湾岸線に沿っての沖合いで、数十万トンともいえるイワシの死魚の大群が海底にたまっていることが分かり、海洋汚染やほかの魚への影響などが心配された。死因は、イワシの異常発生に加え、豪雪の融雪水が海に流れ込み、塩分濃度が下がり、酸欠を起こしたものと考えられる。
4.18	**放射能汚染**(福井県敦賀市)	4月18日未明、通産省は「日本原子力発電会社敦賀発電所で一般排水路の土砂から高濃度の放射性物質が検出された」と緊急発表した。汚染源は原子炉に隣接する廃棄物処理建屋と断定されたが、その後の調査で処理施設の構造的な欠陥、処理タンクの弁を締め忘れるなどの作業ミス、過去の放射性廃液漏れを隠していた事などが次々と明るみに出た。
5月—	**雹害**(栃木県)	5月から6月にかけての晩霜、雹により、かんぴょう、タバコなどに約14億円の被害。《データ》被害額約14億円
5月—	**霜害・雹害**(群馬県)	5月に群馬県北部を中心に凍霜害で農作物に47億円の被害があったのをはじめ、6月には県央部の雹で32億円、7月には雹と集中豪雨で3億5000万円、8月には台風15号の追い打ちで10億円の損害となり、被害総額は計100億円以上となった。《データ》農作物100億円
5.15	**魚具切断事故**(積丹半島沖)	5月15日ごろ、日本の積丹半島沖で操業中のマス延縄漁船の魚具が大量に切断された。被害船は道内の延べ102隻を最高に青森、秋田、山形の3県で延べ161隻、被害総額8802万円となった。海上保安庁、外務省などの調べで、日米共同対潜訓練に参加した米艦艇と情報収集のために接近してきたソ連艦艇による事故であることが判明した。《データ》被害総額8802万円
5.18	**プランクトン異常発生**(滋賀県)	5月18日、琵琶湖プランクトン異常発生調査団が、赤潮をもたらす植物プランクトンのウログレナの生態の一部がわかったと3年間の調査結果を発表した。琵琶湖では昭和52年春以来、5年連続で赤潮が発生し、この年の夏から秋にかけ、異臭が発生するなどした。
5.25	**第23改栄丸船員ガス中毒死**(山口県熊毛郡沖)	5月25日夜、山口県熊毛郡沖を航行中のタンカー第23改栄丸で、船長ら3人がベンゼンの気化ガスで中毒死した。《データ》中毒死3名
5.29	**病院内被曝事故**(東京都中央区築地)	5月29日午後1時40分、東京築地の国立がんセンターで、間違って治療用に使うコバルト60の線源を持ち歩いたため、病院内で患者や他の医師など計14人が被曝したが放射線量が微量なことから人体に影響はなかった。原因は治療用の線源と模擬用の放射線の無いのもを間違えたためで、ずさんな管理体制が指摘された。病院内での被曝事故は今回が初めて。《データ》被曝者14名
6.5	**漁船第33手扇丸・貨物船じゅのお丸衝突**(襟裳岬東)	6月5日、襟裳岬東で漁船第33手扇丸と貨物船じゅのお丸が衝突、10名が死亡または行方不明。《データ》死者・行方不明者10名
6.5	**降雹**(群馬県榛名町,埼玉県)	6月5日夜、群馬県と埼玉県の一部で、雷雨とともにヒョウが降り、果樹や野菜に被害がでた。また群馬県榛名町ではとくに被害が大きく、この町だけでも15億円の被害となった。《データ》果樹,野菜被害,被害額15億

昭和56年(1981年)

円(榛名町)

6.11 三井石炭鉱業海底坑道落盤事故(福岡県大牟田市)　6月11日午後3時30分、福岡県大牟田市の三井石炭鉱業の海底坑道で落盤事故が発生、作業中の35人のうち29人は無事だったが、残りの6人が生き埋めになり、6人全員が死亡した。《データ》死者6名

6.16 崩落事故(北海道空知支庁砂川町)　6月16日午前10時10分、北海道空知支庁砂川町の三井石炭鉱業砂川鉱業所の坑内で崩落事故が発生、作業員のうち1人は自力で脱出したが病院で死亡、2人が生き埋めになり死亡した。《データ》死者3名

6.25– 豪雨(九州地方, 四国地方)　6月25日～7月7日にかけ、九州北部から関東地方にわたって梅雨前線が居座り、断続的な集中豪雨に見舞われた。広島県江田島町で土砂崩れで寺の本堂が押しつぶされ、老人13名が生き埋めとなり、4名が死亡、9名が重軽傷を負ったのをはじめ、広島、長崎、岡山の3県で計10名が死亡、72名が負傷した。被害は29府県に及んだ。《データ》死者10名, 負傷者72名, 全半壊住宅64棟, 床上浸水3132棟, 床下浸水1万2973棟

7.22 雷雨(関東地方)　7月22日午後4時ごろ首都圏で激しい雷雨が発生し、都心で1時間雨量は77mmを記録、新宿サブナードでは48年のオープン以来始めての浸水となった(30cm)。そのほかに負傷者が1名、床上浸水1072戸、床下浸水2689戸の被害がでた。《データ》負傷者1名, 床上浸水1072戸, 床下浸水2689戸

8.1 炭坑ガス突出事故(北海道赤平市)　8月1日、北海道赤平市の住友石炭赤平炭坑で、ガス突出事故が発生、5人が坑内に閉じこめられ、うち2人は救助されたが、1人が死亡、2人が行方不明となった。赤平炭坑は道内でも優良炭鉱とされていた鉱山であった。《データ》死者1名, 行方不明者2名

8.3– 豪雨(北海道)　8月3日夜から6日朝にかけ道央、道南を中心に激しい雨が降り、岩見沢で407mm、札幌で294mm、特に札幌では4日、1876年以来の1日降雨153mmを記録した。被害は全道3分の2の156市町村に及び、死者8人、けが人14人を出した。《データ》死者8名, けが人14名, 全半壊家屋117棟, 床上浸水7452棟, 床下浸水1万9005棟

8.5 台風12号(北海道)　8月5日、台風12号が本州東方海上を北上、6日釧路南東海上で温帯低気圧となった。3日夜から6日朝にかけ北海道から東北地方に伸びる寒冷前線が刺激され、北海道石狩、空知地方を中心に300～400mmの記録的大雨が降った。このため石狩川流域の河川が各地で決壊氾濫し、死者8人、床上・床下浸水は2万6000戸を超え、国鉄25線区が全面または一部不通になった。《データ》死者8名, 負傷者14名, 全半壊家屋117棟, 床上床下浸水2万6000戸

8.11 西日本空輸機墜落(種子島沖)　8月11日、種子島沖で西日本空輸のエアロスパシアルSA機が墜落、6人が死亡した。《データ》死者6名, 航空機1機墜落

8.23 台風15号(関東地方, 東北地方, 北海道)　8月23日午前4時、千葉県館山市付近に台風15号が上陸、関東、東北を縦断して北海道に再上陸、午後9時ごろ稚内北西海上で温帯低気圧になった。関東上陸は16年ぶりで、各地に大雨を降らし、長野県須坂市で鉄砲水のため住宅が押し流されるなどして11人が死亡または行方不明となり、秋田県八郎潟でワカサギ漁の舟が転覆して死者・行方不明10人を出すなど、12道県で死者42人、行方不明1人、けが174人を出した。《データ》死者43名, けが174名,

356

住宅全半壊256棟,流失住宅21棟,住宅床上浸水6989棟,床下浸水2万0112棟,橋梁流失182ヶ所,堤防決壊157ヶ所,がけ崩れ528ヶ所,鉄道被害48ヶ所,リンゴなど約90億円

9月	悪臭被害(千葉県)	9月、県営水道の水源である利根川に、富栄養化が進みアオコが発生している手賀沼の水が流れ込んだため、28万戸で臭い水が出た。《データ》悪臭被害28万戸
9.1—	台風18号(北海道)	9月1~2日、台風18号はシナ海を北上、3日夜日本海に入り、山陰沖で温帯低気圧になった。この低気圧は再び発達し、北海道西部で300mmを超える大雨が降り、渡島、桧山地方で死者・行方不明8人、浸水やがけ崩れなどの被害がでた。《データ》死者・行方不明者8名
9.3—	豪雨(北海道奥尻島)	9月3日から4日にかけ、北海道南部地方を中心に台風18号くずれの低気圧による雨が降り続き、奥尻島では321mmを記録した。このため奥尻島では交通網や通信網が寸断される大きな傷を残し、渡島支庁上磯町の国道228号ではマイクロバスががけ崩れに直撃され6人が死亡するなど、死者は8人を数えた。マイクロバスは国鉄江差線で起きた、土砂崩れ事故の復旧作業に向かう途中だった。《データ》死者8名
9.6	キャタピラ荷崩れ(山口県楠町)	9月6日午後4時45分ごろ、山口県楠町船本の国道2号線で、対向車の大型トレーラーから荷くずれしたキャタピラ(30t)に乗用車が押しつぶされ、夫婦と子ども2人が即死した。原因はトレーラーのスピードの出しすぎで、遠心力でキャタピラを固定していたロープが切れたため。《データ》死者4名
9.26—	集中豪雨(東北地方)	9月26日から27日にかけて、東北地方では低気圧による台風並みの集中豪雨に見舞われた。特に三陸地方は激しい雨が続き、岩手県宮古市では26日中に217.5mmを記録、同市内で3件の土砂崩れが起き、3名が死亡、2名が負傷した。《データ》死者3名,負傷者2名
9.27	毒物混入(福岡県)	9月27日、福岡大学医学部付属病院の臨床検査部で臨床検査技師7人が重金属の酢酸タリウム中毒にかかっていることが明るみに出た。酢酸タリウムは致死性の劇物で、職員控室の砂糖入れに混入されていたことから、福岡県警が傷害事件として捜査を始めた結果、中毒事件は54年から3回あったことが判明した。《データ》中毒患者7名
10月	カドミウム汚染米(石川県小松市梯川流域)	10月、石川県小松市梯川流域(約400ha)でのカドミウム汚染度調査で、0.4ppm以上1.0ppm未満の流通不適の汚染米が全体の85.3%あることがわかった。これは55年産米の14.5%を大幅に上回る数字となり、これらの汚染米は政府が保管することになった。
10.16	夕張炭鉱ガス突出事故(北海道夕張市)	10月16日、北海道夕張市の北炭夕張炭鉱夕張新鉱の地下80mでガス突出事故が発生、かけつけた救助隊10名が死亡するなど2次災害を併発し、最終的には93名が死亡するという戦後3番目の炭坑災害となった。《データ》死者93名,負傷者9名

昭和56年(1981年)

10.17　車両火災(滋賀県彦根市)　10月17日、滋賀県彦根市で車両火災が発生、5人が死亡、14人がけがをした。　《データ》死者5名,負傷者14名

10.22　台風24号(関東地方,東海地方,九州地方)　台風24号は九州、関東の太平洋沖を通り、10月23日午前1時すぎ、鹿島灘沖に抜けた。雨台風で、首都圏を中心に関東、東海地方の太平洋岸で強い雨が降り、東京では22日に10月の雨量としては気象史上最高の188mmを記録。被害は九州から北海道まで19都道県に及び、死者4人、けが人13人、うち茨城で死者1人、けが9人がでた。ほとんどが首都圏の被害で特に東京では下町を中心に中小河川が氾濫して全体のほぼ半数の被害を出し、東京都は被害の大きかった4区に災害救助法を適用した。　《データ》死者4名,けが人13名,建物全半壊37棟、流失1棟、床上浸水1万2029棟、床下浸水5万2456棟

10.22　台風24号(東日本)　10月22日、台風24号は房総沖を北東進し、南紀から東日本は200mm前後の暴風雨に見舞われ、東京では215mmと10月としては観測開始以来の日雨量を記録、死傷者12名の被害がでた。　《データ》死傷者12名,床上床下浸水3万8000戸以上

12.15　ヘリコプター墜落(琵琶湖付近)　12月15日、琵琶湖付近で大阪エアウエーズのジェットヘリコプターが墜落、3人が死亡した。　《データ》死者3名

この年　地盤沈下(全国)　12月21日、環境庁は55年度全国地盤沈下調査結果を発表。沈下面積は1年間に330km^2 増えて、沈下総面積が8580km^2 に上ることがわかった。かつて沈下の激しかった東京、大阪、名古屋など大都市地域で沈静化に向かっているのに対し、関東、濃尾、筑紫、新潟など都市周辺の平野部での沈下が目立ち、被害が全国に拡散する傾向にある。1年間で最も沈下したのは埼玉県鷲宮町の7.9cm。

この年　河川汚濁(和歌山県和歌山市)　この年、和歌山県は和歌山市中心部を流れる内川のヘドロから総クロム1200ppm、亜鉛2300ppmを検出した。工場汚水、家庭雑排水による高濃度汚染で発生する悪臭に対し、住民の批判が厳しい。和歌山市は下水道整備の取り組みが遅れ、58年秋以降初めて一部供用開始の予定。　《データ》クロム1200ppm、亜鉛2300ppm検出

この年　騒音公害(全国)　環境庁がこの年に全国3700ヶ所で行った自動車交通騒音実態調査によると、国の騒音環境基準を達成したのは全国でわずか17.2%の635地点だけで、ここ数年、ほとんど改善がみられないままになっている。むしろ、住宅地での達成率が低下し、主要幹線道での夜間騒音が深刻化していることがわかった。

この年　冷害(岩手県)　この年、岩手県では初夏と秋の低温で冷害となった。台風15号の被害も重なり、主産業の水稲が戦後最悪の冷害だった80年に次ぐ2年連続の不作となった。主力品種のササニシキを中心に品質も大幅に低下し冷害、台風による農業被害は321億5500万円にのぼった。　《データ》321億5500万円

この年　凶作(福島県)　この年、福島県では、記録的な豪雪、凍霜害、台風で作物は軒並み打撃を受け、農業被害総額は314億円に達した。米は作況指数94、80年より20ポイント上がったものの「不良」で2年続きの凶作となった。主産品の養蚕、葉タバコは凍霜害により、果樹は台風被害で例年に比べ収穫が落ちた。　《データ》農業被害総額314億円

この年　森林被害(栃木県)　前年末の豪雪により、栃木県北東部の八溝林業地帯では、す

358

ぎ、ひのきを中心に約10億5000万円の被害となった。　《データ》すぎ, ひのき等約10億5000万円

- この年　粉じん公害（千葉県君津市）　この年、千葉県君津市で建材用の山砂を満載して走るダンプによる粉じん公害が発覚、じん肺患者が出ていることが東京大学など研究機関の住民検診でわかった。　《データ》じん肺患者多数
- この年　風疹流行（広島県）　この年、広島市で流行した風疹が広島県下に広がり、県のまとめによると3500人以上がかかった。　《データ》患者3500名以上
- この年　メチル水銀汚染魚販売（熊本県水俣市）　この年の2、5、8月に厚生省の魚介類水銀暫定規制値を超えるかさご、きすが水俣市内の鮮魚店で売られていたことがわかった。これらの魚は水銀ヘドロが積もった水俣湾でとったとみられるが、水俣市漁業協同組合ではこの海域での操業を自粛していた。
- この年　アポロ病流行（宮崎県）　この年の夏から秋にかけ、宮崎県内で急性出血性結膜炎「アポロ病」が大流行した。一時は患者は、児童、生徒など4000名以上となり、学校側では患者の出校停止措置などをとることになった。　《データ》患者4000名以上
- この年　医薬品副作用（全国）　厚生省がまとめた55年度の医薬品副作用モニター報告によると、56年3月までの1年間に全国の医療機関から医薬品の副作用として報告された症例は669件、うち死亡は24件で、この数はモニターに指定されている838病院からの報告によるもので、実際にはそれ以上の副作用死が出ていると推測される。《データ》死者24名
- この年　公害（奈良県）　この年の奈良県内新規公害苦情は701件で、騒音、悪臭が289件（41％）を占めた。吉野郡内に点在するダムでは淡水赤潮が3年前から発生している。《データ》公害苦情701件

昭和57年
（1982年）

- 1.6　日魯漁業第28あけぼの丸転覆（ベーリング海）　1月6日、日魯漁業の漁船第28あけぼの丸がベーリング海で転覆、死者32人を出した。　《データ》死者32名
- 1.31−　重油流出（栃木県宇都宮市平出工業団地）　1月31日から2月1日にかけて、栃木県宇都宮市平出工業団地の鉄工所から、燃料用A重油約8000l（ドラムカン40本分）が流出、一部が排水溝を伝って4.5km離れた鬼怒川に流れ込んだ。　《データ》重油約8000l流出
- 2.4　汚水排出（東京都）　2月4日、東京都内のメッキ工場など4社が有毒物質シアンや六価クロムを下水道を通じて東京湾にたれ流していたことがわかった。この工場は基準値の275倍の六価クロム汚水をたれ流しており、他の工場も同様に高濃度の汚水をたれ流していた。各工場はこれまでに4回、注意や警告を受けていたが、これを無視、1日に数十トンも廃液を出し続けていた。
- 2.8　ホテル・ニュージャパン火災（東京都千代田区永田町）　2月8日午前3時30分すぎ、東京千代田区永田町のホテル・ニュージャパン（10階建て）の9階客室から出火、9時

間余り燃え続け、9、10階の4186m²を全焼した。315人が泊まっていたが、煙に巻かれたり、窓から飛び降りた客33人が死亡、33人が負傷した。原因は外国人客の寝たばこの不始末であったが、8から10階には消防署の警告を無視してスプリンクラーや防火扉を作っていなかった。　《データ》死者33名、負傷者33名、焼失面積4186m²

2.9　日航機羽田沖墜落（東京都羽田沖）　2月9日午前8時45分ごろ、福岡発羽田行きの日本航空350便DC8機（乗員8名、乗客166名）が羽田空港滑走路手前約300mのところで墜落、死者24人、負傷者149人を出した。好天下滑走路手前1.8kmまで正常な飛行をしながら急に高度が下がったことで、何らかの異常があったとされた。その後の運輸省航空事故調査委員会や警視庁の調べで、生存している機長が操縦かんを押し下げ、エンジンを逆噴射にする異常操縦をしたことが原因とわかった。しかも、機長は、乗員健康管理室から心身症との診断を受け、経過観察中だった。さらに、心身症だったことを運輸省に出す航空身体検査証明にも記載していなかったことも明らかになった。　《データ》死者24名、負傷者149名

3.18　インド船タンカー火災（長崎県佐世保市）　3月18日午後3時40分ごろ、長崎県佐世保市の佐世保重工業蛇島岸壁で修理中のインド船籍タンカー（4万5700t）の機関室付近から出火、船内にいた作業員ら259人のうち10人が船倉に閉じ込められて死亡、2人が負傷した。原因は溶接の火花が床の廃油に燃え移ったため。　《データ》死者10名、負傷者2名、船舶1隻火災

3.21　浦河沖地震（北海道日高地方、関東地方、東海地方、甲信越地方）　3月21日午前11時32分、日高支庁浦河町は震度6の烈震、マグニチュード7.3に見舞われた。関東、甲信越、静岡地方の一部でも震度1の揺れがあった。この地震で、道内では重傷者14人を含む248人が負傷し、建物は111戸が倒損壊、国道235号など道路も31ヶ所で損壊した。国鉄は日高本線が全面的にとまった。また11時48分から5〜10分の間隔で有感の余震が発生、午後0時11分には浦河で震度3、午後7時20分にも同地域で震度4、札幌、苫小牧で震度2を記録した。この地震に伴う津波は浦河で80cmを最高に、三陸海岸などで10cm程度であった。日本で震度6以上の地震は昭和47年の八丈島東方沖地震以来10年ぶり。戦後では23年の福井地震を含めて3回目。　《データ》負傷者248名

3.31　鹿島製油所爆発（茨城県神栖町）　3月31日午後8時30分ごろ、茨城県神栖町の鹿島製油所内で石油精製装置が爆発、炎上し、作業員2人が死亡、6人が負傷（うち2人は数日後に死亡）した。安全弁から重油が噴出したのを計器の異常で知り、点検中の事故だった。　《データ》死者4名、負傷者4名

4.8　ジュース毒物混入（長野県長野市）　4月8日、長野県長野市のスーパーで売られていたパインジュースから劇物のキシレンが検出された。このほか自動販売機などの缶ジュースにも悪臭のする異物が混入されていた。この缶ジュースはハンダ付けなどで細工されており、何者かが不特定多数をねらった事件として捜査を始めた。異臭が強く飲む前に気が付くことから犠牲者は出ていない。

4.11　貨物船アンモニアガス噴出（宮城県気仙沼港）　4月11日午後、宮城県気仙沼港の魚市場岸壁にあった韓国船籍の貨物船第11ブンヤン号（828t）で、アンモニアガスが噴出、7人が死亡、7人が重軽症を負った。警察の調べによると、船倉内でクレーンを使って作業している時に、アンモニアガス管に当たり、ガスが噴出したものとみら

れる。《データ》死者7名,重症者7名

4.15— 地滑り陥没(福島県大沼郡昭和村) 4月15日夜から16日未明にかけ、福島県大沼郡昭和村の山間部で大規模な地滑りが発生。たばこ畑4500m^{2}が陥没、流失するなど約2万3000m^{2}が被害を受けた。陥没部分は最長で130m、幅32m、深さは15m以上もあり、一夜で渓谷ができた。雪解け水で地盤がゆるんでいたところに集中豪雨があり地滑りが起きた。《データ》たばこ畑など約2万3000m^2

4.19 大渡ダム地滑り(高知県) 4月19日、建設省が高知県高岡郡仁淀村に建設、完成を間近に控えた大渡ダムで、試験貯水中、ダム湖に面した戸崎地区で地滑りが発生。その後も沢渡地区、対岸の吾川郡吾川村鷲ノ巣などへ被害が広がった。建設省は「試験貯水が地滑りを招いた」と認め、水位を下げて被害の実態を調べて抜本的な対策工事を約束した。約100億円の追加工事が必要で、完成は2年もずれ込む見通しとなった。《データ》追加工事約100億円

4.23 ヘリコプター墜落(新潟県南魚沼郡湯沢町) 4月23日午後1時30分、新潟県南魚沼郡湯沢町の八木尾山(1500m)の山中で、新日本ヘリコプター所属の川崎ヒューズ式HS型ヘリコプターが墜落しているのを捜索中の県警が見つけ、乗員2人の遺体を収容した。このヘリコプターは送電線の点検のため出発、予定時刻に戻ってこなかったため警察に通報した。警察の調べでは点検中の送電線に接触したらしい。《データ》死者2名

6月 ツツガムシ病発生(岐阜県) 6月に、岐阜県衛生部が30年から統計を取り始めて以来初のツツガムシ病患者が発生、安八郡神戸町の女性1人が死亡した。県内に検査機関がなく、早期に診断出来なかったための悲劇で、県では57年10月から県衛生研究所に検査施設を新設した。12月2日時点での患者数は25人。《データ》死者1名,患者25名

6.26 赤平炭坑ガス突出事故(北海道赤平市赤平) 6月26日、北海道赤平市赤平の住友石炭赤平坑で、ガス突出事故が発生、発掘作業中の2人が死亡、2人がエアマントに避難しているところを救助された。住友赤平病院によると、死亡した2人は土砂などに埋まった形跡はなくメタンガスの充満による酸欠死とみられる。《データ》死者2名

7.11— 7月豪雨(九州地方,中国地方) 7月11日から31日にかけ、日本列島をすっぽり覆った梅雨前線が九州、中国地方を中心に断続的に大雨を降らせた。1日の雨量では、16日、広島で大正15年以来の223mmを、23日、長崎で昭和3年以来の448mmを記録、長崎県長与町では23日、1時間雨量としては国内観測史上最高の187mmを記録した。被害は都道2府32県で発生、339人が死亡、6人が行方不明になり、856人がけがをした。このうち23日の長崎豪雨では「坂の町」の長崎市を中心に豪雨が鉄砲水になって低地の住宅街に流れ込み、死者291人、行方不明8人、全半壊住宅1803棟を出し、国の重要文化財・眼鏡橋を押し流すなど諫早水害(32年7月)以来の大水害になった。道路、住宅などの被害は3000億円を超えた。《データ》死者339名,行方不明者6名,負傷者856名,全壊住宅464棟,半壊住宅663棟,流失131棟,床上浸水2万1530棟,床下浸水3万7322棟,がけ崩れ3561ヶ所,被災世帯2万2811世帯

8.1— 8月豪雨(全国) 8月2日午後0時すぎ、台風10号は愛知県渥美半島西部に上陸したあと、中部地方を縦断、富山湾から日本海に抜けた。甲信地方にあった梅雨前

昭和57年(1982年)

線と重なって1～3日にかけて関東、近畿地方を中心に集中豪雨になった。三重県嬉野町では住宅4軒が山崩れで押しつぶされて7人が死亡、奈良県吉野町の吉野川の中洲でキャンプ中の小学校教諭ら7人が上流にあるダムの緊急放水で押し流されて行方不明になるなど、都道2府27県で被害を出し、84人が死亡、5人が行方不明になり、166人がけがをした。鉄道は静岡県富士市で国鉄東海道線富士川鉄橋の下り線が押し流されるなど134ヶ所で不通になり、国鉄の被害は300億円で、55年度豪雪を上回った。《データ》死者84人名、行方不明者5名、負傷者166、住宅全半壊726棟、流失30棟、床上浸水2万4573棟、床下浸水8万7534棟、道路寸断4190ヶ所、橋流失214、堤防決壊1582ヶ所、山崩れ5249ヶ所、被災世帯3万3634世帯、国鉄被害額300億円

8.22　ダイセル化学工業爆発（大阪府堺市）　8月22日午後5時30分ごろ、大阪・堺市のダイセル化学工業で化学反応タンクが爆発、工場は骨組みを残して吹き飛び、現場から500m内の病院、住宅の窓ガラスも割れた。従業員4人が死亡、周辺住民を含む206人が負傷した。《データ》死者4名、負傷者206名

8.23　自衛隊トレーラー・乗用車衝突（山口県下関市員光）　8月23日午前7時30分、山口県下関市員光の中国自動車道下り車線で、走行訓練中の航空自衛隊築城基地所属のセミトレーラーが中央分離帯を乗り越えて、乗用車に衝突、乗用車は大破した。この事故で、乗用車の1人が死亡した。警察の調べによると、このトレーラーは岩国基地へ向かう途中、先導車に近づきすぎたためブレーキをかけたところガードロープに接触、あわててハンドルを戻そうとして事故を起こしたという。普段は基地内だけで訓練をしているが、時折一般道でも訓練することがあり、今回が2回目の訓練だった。《データ》死者1名

9月　公害病認定患者（千葉県千葉市）　9月、千葉県千葉市内で公害病認定患者の男子高校1年生が死亡した。千葉県では川崎製鉄など臨海工場を抱えるため、気管支ぜんそくなど市の公害病認定患者が多く、約1000名いるが、今回の死者で公害犠牲者は100名となった。《データ》公害病認定患者約1000名

9月　厚木基地騒音問題（神奈川県厚木基地）　9月までに、厚木飛行場周辺での騒音測定の結果は、滑走路の北1km地点で、70ホン以上の騒音が1日平均80.3回を記録、51年のほぼ倍となった。

9月　公害健康被害者認定患者（神奈川県横浜市鶴見区）　9月末までに、横浜市鶴見区の一部12.6km^{2}の大気汚染指定地域で、1176人が公害健康被害者と認定された。このうち死亡、治ゆ者などを除く実認定患者数は887人となっている。《データ》公害健康被害者1176名

9.11　タンカー火災（広島県呉市）　9月11日午後、広島県呉市の石川島播磨重工業呉第一工場のタンカーから出火、タンク内で作業員4人が焼死、8人が重傷となった。《データ》死者4名、重傷者8名

9.12　台風18号（東北地方、北海道）　9月12日18時ごろ、御前岬付近に台風18号が上陸、山梨、福島県西部から東北地方を縦断して13日朝下北半島沖で温帯低気圧となり、さらに北海道を縦断して北上した。台風の接近に伴って南岸沿いにあった前線が刺激され、雨量は東海地方を中心に10～13日関東から志摩半島で300～600mmに達し、北日本でも100mmを超えた。台風による死者・行方不明は34人など大きな被害が出た。《データ》死者・行方不明者34名、床上浸水約26600棟

昭和57年(1982年)

10.7 　駅前ビル放火(神奈川県川崎市)　10月7日午後2時50分ごろ、神奈川県川崎市の国鉄川崎駅前ビル3階のサラ金に押し入った男がガソリンをまいて放火。事務所が全焼し、店長と女性保険外交員が焼死、女子従業員1人が全身やけどで重体。《データ》死者2名, 負傷者1名

10.9 　集団食中毒(北海道札幌市豊平区)　10月9日、北海道札幌市豊平区に開店した西友ストアー清田店の従業員、買い物客らを中心に7236人の食中毒患者が発生した。原因菌はキャンピロバクタージェジュニ菌と病原大腸菌O6・K15型。感染源は西友の井戸水。《データ》食中毒者7236名

11.1 　公害病認定患者(神奈川県川崎市)　11月1日、神奈川県の公害病認定患者は3370人。その4分の1は14歳以下の子どもで、死者は598人。57年に入ってからの死者は63人、ほとんどが60歳以上の老齢者となっている。《データ》公害病認定患者3370名

11.13 　ゴンドラ落下(東京都台東区根岸)　11月13日午後1時30分、東京都台東区根岸の都営根岸アパートの13階で、突然ゴンドラが落下、35m下の2階の屋上にたたきつけられ、ゴンドラに乗って作業をしていた2人が全身を強く打って死亡した。原因は固定してある金具がゆるんだことと、正確に設置されていなかったため。《データ》死者2名

11.29 　ヘリコプター墜落(長崎県福江市)　11月29日午前、長崎県福江市の男女群島にある女島の灯台職員交替のために、福江空港を出発した海上保安部のヘリコプターが交信を断ち、約4時間後捜索中のビーチクラフト機により男島山頂付近で横倒しになっているのが発見された。乗員9人のうち1人は無傷で無事、6人が重軽傷を負い、2人が死亡した。救助された乗員の話ではエンジンに異常はなかったが、雨と風で視界が悪く、現場では砂ぼこりでさらに視界が悪くなったといっている。《データ》死者2名, 重軽傷者6名

この年　カドミウム汚染米(石川県小松市)　この年、石川県小松市梯川流域約400haで57年産米カドミウム汚染度調査を行ったところ、1.0ppm以上の不良米が5.0%、0.4ppm以上1.0ppm未満の流通不適米が全体の80.3%という結果が出た。

この年　赤潮発生(小豆島付近)　この年、香川県小豆島付近を中心に大規模な赤潮が発生、史上4番目の約7億2700万円の水産被害が出た。《データ》被害総額7億2700万円

この年　赤潮発生(大分県)　1月から10月までに、別府湾や豊後水道で8件の赤潮が発生。前年に発生した20件よりは少なかったが、このうち7月26日に県北部の中津市沖の周防灘で発生した赤潮は、国東半島沿岸を南下、8月1日には大分市の別府湾まで広がった。幅約2kmの帯状でとり貝やカレイなどに大きな被害が出た。ブリやハマチなど養殖漁業が盛んな南海部郡蒲江町の入津湾などでも赤潮が頻発。このほか蒲江町の蒲江湾で養殖している二枚貝の一種ひおうぎ貝にまひ性貝毒が含まれていることがわかり、4月11日から6月18日まで業者らが出荷を自主規制した。《データ》魚介類被害

この年　医薬品副作用死(全国)　厚生省がまとめた「医薬品副作用モニター報告」によると、57年3月までの1年間に、モニターである全国の医療機関から医薬品の副作用として報告された症例は819件あり、うち死者が21人もいた。副作用の内訳は湿しんなど皮膚症状が全体の3分の1を超えて最も多く、吐き気、腹痛、下痢など消火器症状、貧血、赤血球減少など血液障害が続いている。使われる度合いが高いセファレ

昭和58年(1983年)

キシンなど抗生物質(258件)、インドメタシンなどの解熱鎮痛消炎剤(118件)、吉草酸ベタメタゾンなどの外皮用薬(96件)などが目立った。《データ》死者21名

この年　地盤沈下(関東地方)　この年の1年間に最も沈下した地域は、神奈川県横浜市の新横浜駅前の10.7cm。次いで埼玉県鷲宮町の6.7cm、千葉県大多喜町の5.4cm、茨城県五霞村の4.6cmなど。原因はほとんどが地下水の過剰な採取。ほかには温泉や天然ガスの採取が原因のところもある。

この年　公害苦情(奈良県)　この年の、奈良県の公害苦情は630件。騒音、悪臭が280件で44%を占めた。工場が少ないので大気汚染はそれほどでもないが、大和川は生活排水の流れ込みで汚れがひどく全国でも最悪の汚染河川。下水施設は奈良市など北部地域にしか普及しておらず、水質浄化対策は遅れていた。《データ》公害苦情630件

昭和58年
(1983年)

1.8　メタンガス中毒死(北海道根室支庁標津町)　1月8日午前9時40分、北海道根室支庁標津町のし尿処理センターで、地下機械室にし尿が流れ込み、地下機械室中で作業していた3人がし尿にのみ込まれた。3人はメタンガスを吸い死亡した。《データ》死者3名

1.30　遊漁船幸洋丸転覆(瀬戸内海)　1月30日午後3時30分ごろ、瀬戸内海の愛媛県・吉海町津島から広島県三原市へ向かう途中の遊漁船幸洋丸(4.9t)が転覆、船長と釣り客20人が海へ放り出され、2人が行方不明となった。《データ》行方不明者2名、船舶1隻転覆

2.1　空知炭坑ガス突出事故(北海道歌志内市東町)　2月1日午後0時10分、北海道歌志内市東町の空知炭坑でガス突出事故が発生、作業員4人のうち、3人が死亡した。《データ》死者3名

2.21　蔵王観光ホテル火災(山形県山形市)　2月21日午前3時50分ごろ、山形市蔵王温泉の蔵王観光ホテルから出火、木造4・3階建ての本、別館と、隣の木造2階建ての旅館4棟、計3577m²が全焼した。蔵王観光ホテルに泊まっていたスキー客6名と、ホテル従業員5名が焼死。原因は本館2階の男子便所で使っていた電気ストーブのコンセント接続部分が温泉蒸気の硫化水素で侵食、発熱したため。《データ》死者11名、焼失面積3577m²

4.8　浅間山噴火(浅間山)　4月8日午前1時59分ごろ、長野、群馬県境の浅間山(2560m)が爆発、焼けた火山弾で山火事が発生した。火山灰は群馬県を中心に栃木、茨城県にも降った。57年4月に続く2年連続の噴火で、爆発音を伴った中規模爆発は48年2月以来10年ぶり。

4.18　建設中タグボート爆発(三重県北牟婁郡紀伊長島町長島)　4月18日午前8時5分、三重県北牟婁郡紀伊長島町長島の造船所で、建設中のタグボートの船室で爆発が起こり、2人が死亡、6人が重軽傷を負った。《データ》死者2名、重軽傷者6名

4.27　山火事(東北地方,北陸地方)　4月27日東北と北陸で山火事が発生、フェーン現象で

空気が乾ききっていたため燃え広がり、岩手、宮城、青森、秋田、福島、石川の6県で23件、4703haが燃えた。岩手、宮城、青森県では住宅計54戸が全焼、岩手、宮城で6人がけがをした。自治省消防庁の調べで、焼失面積では戦後12番目、損害額は49億6040万円。《データ》焼失面積4703ha, 被害総額49億6040万円

5.22　**毒入り牛乳**（埼玉県児玉郡美里村古郡）　5月22日午後6時50分、埼玉県児玉郡美里村古郡で、主婦が牛乳を飲んだところ急に気持ちが悪くなったため救急車をよび病院に運ばれたが間もなく死亡した。調べでは牛乳には農薬らしいものが混入されていた。《データ》死者1名

5.23　**山崩れ**（千葉県夷隅郡大多喜町沢山）　5月23日午前9時ごろ、千葉県夷隅郡大多喜町沢山のゴルフ場のわきの山が崩れ、下で作業していた3人が生き埋めになり、2人が死亡した。《データ》死者2名

5.26　**日本海中部地震**（東北地方）　5月26日正午ごろ、秋田県沖の日本海でマグニチュード7.7の地震が発生、東北、北海道、関東など広範囲で揺れた。秋田、青森県のむつ、深浦が震度5、盛岡、青森、八戸、酒田、北海道江差などが震度4だった。地震直後に津波が日本海沿岸を襲い、秋田県の男鹿半島で遠足にきていた小学生13人、能代半島で護岸工事の作業員34人、青森県十三湖で釣り人6人など、秋田、青森県と北海道で104人が死亡・行方不明になり、6道県で163人が重軽傷を負った。住宅3049棟が全半壊、52棟が流失、5棟が全半焼した。《データ》死者・行方不明者104名, 負傷者163名, 全半壊住宅3049棟, 全焼5棟, 流失52棟

6.13　**新生児熱射病死**（北海道士別市）　6月13日午後5時ごろ、北海道士別市の大谷外科産婦人科医院新生児室で3人が脱水状態で死んでいるのが見つかった。看護学生が午前2時ごろ、室温が下がっていたため暖房用の石油ストーブに点火した後、別室でお産の立ち会いなどをしているうちに室温が約40度に上がり、熱射病になった。《データ》死者3名

7.2　**小型遊漁船光星丸転覆**（山形県酒田沖）　7月2日午後11時30分ごろ、山形県酒田沖の離島・飛島から酒田港に向かっていた小型遊漁船光星丸（1.61t）は、飛島灯台から2.4kmの地点で転覆した。釣り客11人のうち7人は自力で島まで泳いだが、5人は行方不明。定員10人の船に12人が乗り、高波に直撃された。《データ》行方不明者5名, 船舶1隻転覆

7.4　**セスナ機墜落**（大阪府松原市宅中）　7月4日午後2時8分、大阪府松原市宅中の住宅密集地にセスナ機が墜落、2人が死亡した。《データ》死者2名, セスナ機1機墜落

7.22-　**集中豪雨**（山陰地方）　7月22日深夜から23日未明にかけ、島根、山口県を中心に山陰地方が梅雨前線による集中豪雨に見舞われ、23日午前10時までに島根県で最高555mm、山口県で200mmを記録した。島根県では三隅町で住宅5戸が山崩れで埋まって1人が死亡し、11人が行方不明になるなど、日本海沿いを中心に107人が死亡・行方不明になった。山口県では5人が死亡するなど、4県で計117人が死亡・行方不明になり、171人が重軽傷を負った。《データ》死者・行方不明者117名, 重軽傷者171名, 住宅全半壊2968棟, 流失128棟, 床上浸水7442棟, 床下浸水9781棟, 道路寸断9623ヶ所, 堤防決壊201ヶ所, 山・がけ崩れ2709ヶ所, 鉄道被害380ヶ所

7.26　**炭坑事故**（北海道空知支庁上砂川）　7月26日午後5時45分、北海道空知支庁上砂川の三井砂川鉱業所で、作業員がゆるんだワイヤロープにはねられる事故が発生、3

昭和58年(1983年)

人が死亡、4人が重軽傷を負った。《データ》死者3名,重軽傷者4名

7.27 土砂崩れ(群馬県水上町) 7月27日午後11時ごろ、群馬県水上町の宝川温泉で休憩所を局地的な豪雨で崩れた土砂が直撃、避難していた埼玉県の会社員13人のうち3人が押し流され、2人が行方不明になり、1人が重傷。《データ》行方不明者2名,負傷者1名

8月― クロルデン汚染和牛(宮崎県延岡市) 8月から9月にかけ、宮崎県延岡市内で、シロアリ駆除剤クロルデンに汚染された井戸水を飲んだ肉用和牛の乳脂肪から、世界保健機関(WHO)の安全目安の6倍以上のクロルデン0.305ppmが検出された。同市では57年から、クロルデンによる井戸水汚染が問題になっていたが、家畜への2次汚染が見つかったのは初めて。

8.16 地下鉄火災(愛知県名古屋市中区栄) 8月16日午後2時50分、愛知県名古屋市中区栄の地下鉄東山線栄駅構内の変電所で火災が発生、火は3時間後に消火されたが、煙がトンネル内に充満していたため、消防隊員2人が一酸化炭素中毒で死亡、3人が病院で手当を受けた。《データ》死者2名,中毒患者3名

8.17 台風5号(東海地方,北陸地方) 8月17日午前7時過ぎ愛知県渥美半島に上陸、中部山岳に行く手を阻まれて足踏みを続けた後、一転して東に進み、関東西部をかすめて福島県いわき市から太平洋に抜けた。典型的な雨台風で、後を追って発生した6号と一緒にほぼ全国に強い雨を降らせた。14日の降り始めから17日午後9時までに伊豆天城山で1094mm、山梨県の山中湖で1033mm、神奈川県の芦ノ湖で1063mmを記録。山梨県河口湖町で流木などでせき止められた川の水が住宅4棟を押し流して1人が死亡、13人がけがをするなど、8県で3人が死亡、30人が重軽傷を負った。《データ》死者3名,重軽傷者30名,住宅全半壊88棟,床上浸水908棟,床下浸水4998棟,山崩れ267ヶ所,道路423ヶ所

9.8 小学生水死(千葉県酒々井町) 9月8日午後3時25分ごろ、千葉県酒々井町で、下校途中の町立酒々井小学校の児童4人が町道わきのU字溝の流れに足をさらわれ、200～600m流され、2人が死亡し、2人がけがをした。事故直前の1時間に20mmの雨が降り、増水した側溝を順番に伝って歩いてうるうち、下り坂の急流にさらわれた。《データ》死者2名,負傷者2名

9.21 アオコ発生(琵琶湖) 9月21日、汚れのひどい湖沼で見られるアオコが琵琶湖に初めて大発生した。植物プランクトン、「ミクロキスティス」の異常繁殖で、湖面が緑色のペンキを流したようになった。また、「ウログレナ」による淡水赤潮も5月に発生、7年連続となった。

9.24 集中豪雨(北海道胆振地方) 9月24日、北海道胆振地方に南東風が吹きつけ、25日未明登別を中心に顕著な地形性の極地的集中豪雨が降った。雨は24日午後5時ごろから降り始め、25日午前6時にはやんだが、この間の降水量は508mm、25日午前3～4時の1時間に126mm、午前1～4時の3時間に338mmの記録的な強い雨が降った。この降雨は前年の長崎豪雨に匹敵するもので、山、がけ崩れや道路損壊などで登別温泉街が孤立し、土石流が病院の3階まで埋めつくす大きな被害がでた。

9.25—	台風10号(中部地方,九州地方,関東地方,近畿地方)	9月20日午後9時に発生した台風10号は、猛烈な台風に発達したのち、弱まりながら28日午前10時すぎ長崎県に上陸した。上陸後はさらに衰弱し、九州を横断、午後3時四国西部で温帯低気圧になってスピードを上げ、太平洋岸沿いに東進した。台風の北上に伴って25日南岸沿いに停滞していた秋雨前線が活発化し、九州から関東地方にかけて大雨が降り、25～28日までの総雨量は400～500mmに達した。また、長野県下では28日昼ごろから強い雨が降り、雨量は300～400mmに達し、28～29日にかけて国鉄中央本線、中央自動車道は各地で土砂崩れのため寸断され、諏訪湖が溢水して、6000戸が浸水し、千曲川は飯山付近で堤防が決壊し、20年10月以来の大水害となった。台風および前線による大雨被害は38府県に及び、死者、行方不明は44人、家屋の床上浸水は5万戸にも上った。死者、行方不明は西宮市のがけ崩れと、長野県の鉄砲水による土石流の下敷きなどによるものが多かった。《データ》死者・行方不明者44名,重軽傷者114名,住宅全半壊268棟流失,23棟,床上浸水9772棟,床下浸水4万0181棟,山崩れ3454ヶ所,鉄道不通51ヶ所
10月	結膜炎流行(沖縄県)	10月に入って、沖縄県で結膜炎が小中学生を中心に大流行した。ピークの19日の患者数は1万618人(県教育委員会調べ)。5校が臨時休校に追い込まれた。《データ》患者1万618名,臨時休校5校
10.3	三宅島噴火(伊豆七島三宅島)	10月3日午後2時ごろから、伊豆七島の三宅島で無感地震の群発が続き、午後3時33分、島南西部の二男山付近で激しい噴火が始まった。三宅島は海抜813mの雄山を頂上とする全島一山の火山島で山腹にはほぼ南北に亀裂が入り、溶岩は赤いカーテン状に随所で噴出、海に向かって流れ、島西南部に広がる阿古地区のうち島西端の阿古集落は、物置なども含めて約500棟あるうち413棟が全焼して埋まり、327世帯、808人が被災した。島南端の新鼻(にっぱな)付近では水蒸気爆発が起こり、火山灰、火山れき、火山弾がふきあがり、西風に乗って島東南部の坪田地区に降った。770棟の屋根に平均18cm、厚いところで約30cmも積もり、509世帯、1188人に降灰被害をもたらした。翌4日未明には噴火が収まったが、宅地や山林など227.5haが溶岩に埋まり387haが灰で埋まった。両方合わせると、島の全面積5514haの11%に及んだ。同島には山頂や山腹に数多くの爆発火口が残っており、噴火記録は応徳2年(1085年)以来13回を数える。今回は14回目で、昭和36年8月以来21年ぶりの噴火だった。東京都災害対策本部は、被害は農林水産関係92億円、宅地や家屋関係75億円、学校や道路など公共施設関係が43億円の総額217億1800万円と発表した。《データ》全焼413棟,被害総額217億1800万円
10.3	竜巻(新潟県刈羽郡刈羽村)	10月3日午前5時ごろ、新潟県刈羽郡刈羽村で竜巻が発生、9棟が全壊、約50棟が被害を受け、1人がけがをした。《データ》負傷者1名,全壊9棟,被害家屋約50棟
10.28	倉庫火災(東京都江戸川区)	10月28日午後10時5分ごろ、東京都江戸川区の東京倉庫実業会社葛西営業所の倉庫から出火、鉄骨スレート張り平屋1万1800m^{2}のうち6750m^{2}が焼けた。鎮火に45時間14分かかり、東京の延焼時間記録を19年ぶりに更新した。《データ》焼失面積6750m^2,新聞用ロール紙4000t(20億円相当)
11月	アスベスト公害(全国)	都公害研究所は58年11月の大気汚染学会で、発がん性が国際的に確認されている石綿(アスベスト)が老朽ビル解体工事の際、広範囲にわたって大気中にまきちらされているとの調査結果を発表した。それによると、調査対象

昭和58年(1983年)

になった都心の解体ビルは標準的な防じん対策をとっていたにもかかわらず、石綿粉じんはビル敷地内で日常環境の中の64倍、約50m離れた地点でも18倍の濃度に達していた。

11.22 プロパンガス爆発(静岡県掛川市)　11月22日午後零時40分ごろ、静岡県掛川市のレクリエーション施設「つま恋」のバーベキューガーデンで、プロパンガスが2回爆発、鉄骨平屋建て1000m²が崩壊して炎上、利用客と「つま恋」の従業員、14人が死亡、28人が重軽傷を負った。原因は従業員が卓上ボンベを使うなべ料理用に衣替え工事をした際、夏場のバーベキュー用に使った集中配管の末端コックの幾つかを閉め忘れ、ガスが漏れていたため。　《データ》死者14名、負傷者28名、焼失面積1000m²

11.26 ガス中毒死(埼玉県浦和市大崎)　11月26日午後3時20分、埼玉県浦和市大崎のゴミ処理場で、職員2人が倒れているのを同僚が見つけ病院へ運んだがすでに死亡していた。警察の調べによると、2人はほかの3人と一緒に作業をしていたが、ガス臭いと訴えたため窓を開けて換気をし、点検のため、この2人で酸素ボンベを背負って調査にいったが、ボンベの酸素が切れる時間になっても戻らなかったため同僚が探しにいった。　《データ》死者2名

11.30 公害病患者(神奈川県川崎市)　11月30日までの、公害病認定患者総数は4847人で、患者数は3346人。死者は通算695人、58年に入ってからの死者は81人。　《データ》公害病認定患者数3346名

12月— 豪雪被害(鳥取県)　58年12月から59年2月にかけての、鳥取県での長期豪雪被害は、農林業を中心に183億9168万円に達し、戦後最高。　《データ》被害総額183億9168万円

12月— 豪雪被害(新潟県)　異常寒波による豪雪のため、58年12月から59年5月にかけ、県下で死者34人、重傷122人、軽傷332人の被害者が出た。また道路や各種施設の被害金額は569億4800万円にのぼった。うち農作物の被害額は80億円。春先の降雪低温が響いた。被害は県内の湖で越冬している白鳥にも及び、衰弱死が目立った。なお政府の「59年豪雪対策本部」の調査団が84年2月、被害実態を調査した。　《データ》死者34名、重傷122人、軽傷332人、道路・各種施設被害金額569億4800万円(うち農作物被害額80億円)

12.20 旅館火災(福岡県福岡市中央区)　12月20日午前2時ごろ、福岡県福岡市中央区の旅館「月光苑」で火災が発生、木造2階建て1800m²を全焼し、4人が死亡、2人が負傷した。この日は従業員の忘年会で宿泊客はいなかった。　《データ》死者4名、負傷者2名、焼失面積1800m²

この年 冷害(北海道)　この年、北海道では6、7月の記録的低温で小豆や水稲、小麦などを中心に生育が遅れ、稲の作況指数は74。冷害対策本部による被害推計は1531億円となり、史上最高に達した。　《データ》小豆、水稲、小麦など被害総額1531億円

この年 地盤沈下(全国)　環境庁が発表した58年度の全国地盤沈下調査結果によると、大都市地域で沈静化し、都市周辺の平野部で沈下が目立った。主な沈下地域は36都道府県で60地域、総面積は1万km²。1年間に最も沈下したのは横浜市港北区篠原町の16.8cmで、2年連続。57年1月から始まった地下鉄工事で急激に沈下を始め、57年度は26.3cm。この2年間で合計43.1cmの沈下を記録。被害は約200棟にのぼる。

この年　薬害死亡者（全国）　厚生省が全国の薬害発生状況を調べた58年度の医薬品副作用モニター報告で、副作用によるとみられる死者が年間21人にのぼっていることがわかった。また、各地の病院から副作用として報告されたものは766症例。中枢神経用剤が最も多かったが、死亡例の原因として疑われたのは、抗生物質が最も多く、次いで制がん剤だった。　《データ》死者21名

昭和59年
（1984年）

1.18　坑内火災（福岡県大牟田市）　1月18日、大牟田市に隣接した三井石炭鉱業三池鉱業所有明鉱で坑内火災事故が発生し、83人の死者と一酸化炭素（CO）中毒患者16人を出した。　《データ》死者83名, 一酸化炭素中毒患者16名

1.19　降雪被害（東京都）　1月19日夜まで降り続いた雪により東京の各地でけが人が続出した。この日までに、雪ですべってけがをした人からの救急車の出動要請は269件で、雪のやんだ翌日は、さらに増加して1223件と一日の件数としては史上最高を記録した。この2日間で707人が病院へ運ばれ、うち353人が入院した。　《データ》負傷者707名

2月　消炎鎮痛剤副作用死（全国）　スイスのチバガイギー社が製造している消炎鎮痛剤「ブタゾリジン」と「タンデリール」の副作用とみられる死者が、過去30年間に世界で1182人、日本で18人出ていることが明らかになり、厚生省は2月、2つの薬品の4成分を、薬事法に基づく要指示薬と劇薬に指定した。　《データ》死者18名

2月　はしか流行（全国）　2月になって、はしか患者が増え、厚生省の調査によると、この1カ月間で患者の数がすでに1万326人が確認され、前年の同時期のほぼ倍となった。　《データ》患者1万326名

2.8―　水道管破裂（東京都）　東京都水道局によると、2月8日から9日にかけて、都内で1万3726件の水道管破裂事故が発生した。また凍結した数も7721件に達し、これまでの最高記録となった。　《データ》水道管破裂1万3726件

2.9　雪崩（新潟県中魚沼郡中里村）　2月9日午後5時20分、新潟県中魚沼郡中里村の清津峡温泉街で、大規模な雪崩が発生、旅館2軒が倒壊、3軒が雪に埋もれ、行方不明になった6人のうち、4人が死亡、2人が無事救出された。　《データ》死者4名, 倒壊家屋2軒, 埋没3軒

2.19　精神病院火災（広島県尾道市栗原）　2月19日午前10時40分、広島県尾道市栗原の精神病院の「青山病院」の第5病棟で火災が発生、木造平屋病棟170m²を全焼、寝たきりや重症の患者が多く患者5人と助けに入った看護婦1人が一酸化炭素中毒死した。死亡した患者のたばこの火の不始末が原因だった。　《データ》死者6名, 焼失面積170m²

3.3　青函連絡船火災（津軽海峡）　3月3日未明、津軽海峡を青森から函館へ向かって航行中の国鉄青函連絡船摩周丸（5375t）で火災が発生、1等航海士ら3人が死亡、2人が重軽傷を負った。　《データ》死者3名, 負傷者2名

昭和59年(1984年)

4.27　土砂崩れ(千葉県千葉市)　4月27日午後1時30分、千葉県千葉市の空き地のがけで、遠足に来ていた小学生2人が土砂崩れにまきこまれ、生き埋めになって死亡した。《データ》死者2名

5.2　がけ崩れ(新潟県中頸城郡妙高村)　5月2日午後1時10分、新潟県中頸城郡妙高村の県道で、道路わきのがけが突然崩れ、マイクロバスを直撃、中にいた2人が死亡、3人が重軽傷を負った。　《データ》死者2名、重軽傷者3名

5.12　猛毒除草剤ずさん処分(全国)　5月12日、愛媛大農学部の立川涼教授グループが調査したところ、強力な催奇形性や発がん性があることから46年に使用中止となった2・4・5T系除草剤が、愛媛県北宇和郡津島町の山林で、埋め方がずさんなため薬剤の原液がすっかり流出していることが明らかになった。このことがきっかけになり林野庁が全国の営林署の追跡調査をした結果、5月25日までに29署でずさん廃棄されていたことが分かり、うち7署は「10倍量程度の土壌に混和して、コンクリート塊にして埋める」という林野庁の通達を守らず、袋のまま埋めていた。そのほかにも11署で「1ヶ所300kg以内」という制限量を超える量を廃棄していた。

5.17　地滑り(新潟県長岡市)　5月17日午後7時50分、新潟県長岡市の猿倉岳の北側斜面で地滑りが発生、ふもとの民家6戸が全壊、4戸が半壊、2戸が埋まったが、けが人はいなかった。　《データ》全壊家屋6戸,半壊家屋4戸,埋没2戸

5.22　淡水赤潮(琵琶湖)　5月22日、琵琶湖の南湖中央部に淡水赤潮が発生、同月23、25、26、28日にも発生した。赤潮は52年から、毎年4月後半から6月上旬にかけて発生しており、これで8年連続。植物プランクトンであるウログレナ・アメリカーナの異常繁殖によるもので、発生水域では水面が茶褐色に変色、独特の生臭いにおいが漂った。

6.5　有毒ベリリウム排出(愛知県半田市)　6月5日、愛知県半田市の日本碍子知多工場から、慢性の呼吸器障害を引き起こす高濃度のベリリウムが粉じんに混じって排出されていたことが明らかになった。愛知県環境部などの調査によると、1日に工場全体から出る総排出量は55年当時が153g、57年当時が245gで、アメリカの規制値である「最大10g以下」を15～25倍近くも上回っていた。

6.25　辛子蓮根食中毒(熊本県熊本市)　6月25日、熊本市の真空パック入り辛子蓮根によるボツリヌス菌食中毒が発生、患者は14都府県36人、うち死者11人を出した。《データ》死者11名,食中毒患者25名

6.29　山崩れ(熊本県五木村)　6月29日午前1時半ごろ、熊本県五木村で集中豪雨のため山崩れが発生、ふもとの農家5戸が土砂に埋まり、5家族、17人が生き埋めとなり、15人が死亡、1人が行方不明、2人がけがをした。この地域では梅雨前線の影響で21日から計474mm、28日夜は3時間に103mmの雨が降った。　《データ》死者15名,行方不明者1名,傷者2名,全壊5戸,床上浸水16戸,床下浸水194戸

7月　赤潮発生(三重県)　7月、熊野灘沿岸に赤潮が発生。8月末に終息するまで、養殖のハマチ、真珠などに13億7700万円の被害が出た。　《データ》被害額約13億7700万円

7.16　ホテル火災(和歌山県西牟婁郡白浜町)　7月16日午前6時20分、和歌山県西牟婁郡白浜町の白浜温泉ホテル「ハイ・プレーランド天山閣」の従業員寮から出火、593m²を全焼し、3人が焼死した。　《データ》死者3名,焼失面積593m²

昭和59年（1984年）

7.20　集中豪雨（岡山県芳井町）　7月20日午後4時から5時20分にかけ、岡山県芳井町で局地的な集中豪雨があり、がけ崩れや鉄砲水で住宅3棟が全半壊し、3人が死亡、2人がけがをした。《データ》死者3名,負傷者2名,住宅全半壊3棟

7.21　桜島南岳爆発（鹿児島県桜島）　7月21日午後3時2分、鹿児島県の桜島南岳が爆発、ふもと一帯に直径50cmから10cm前後の噴石を降らせた。民家11戸で屋根が突き抜けるなどの被害が出た。噴石の直撃で高圧線が切断されて1800世帯が停電した。国道には衝撃や熱で2m四方、深さ50cmの穴が開いた。この年210回目の爆発で、6月3日から4日にかけての噴火により鹿児島市街地の降灰は24時間に1m^{2}当たり1080gと48年8月13日の671gを抜き、鹿児島地方気象台降灰観測史上最高。月間降灰量でも6月は2423gで新記録。《データ》停電1800世帯

7.22　酸欠死（岐阜県岐阜市寺田）　7月22日朝、岐阜県岐阜市寺田にある、し尿処理場で、汚泥を沈殿させるコンクリート製の溝（深さ2.5m）に入って汚泥の除去作業をしていた作業員が、酸欠で倒れたため、これを助けようと同僚2人も倒れ、全員窒息して死亡した。《データ》死者3名

7.30　セスナ機墜落（千葉県勝浦市市野川）　7月30日午後0時20分、千葉県勝浦市市野川で、ゴルフ場を空中撮影していたセスナ機が山林に墜落、乗っていた2人が死亡した。また近くのゴルフ場には150人の客がいたが影響はなかった。《データ》死者2名,セスナ機1機墜落

7.31　ヘリコプター衝突（兵庫県明石市）　7月31日午後1時ごろ、兵庫県明石市の国鉄西明石駅南側上空で、朝日放送がチャーターした大阪エアウエアズのヘリコプターに、毎日新聞大阪本社のヘリコプターが衝突、大阪エアウエアズ側に乗っていた3人が死亡した。毎日機の3人は打撲傷。《データ》死者3名,負傷者3名

7.31　厚木基地騒音問題（神奈川県厚木基地）　厚木基地の夜間連続離着陸訓練による騒音は59年7月31日に105ホン、8月10日に109ホン（いずれも相模原市内）と、これまでの最高を記録。周辺の市民から、苦情電話が殺到した。

8.28　安中公害問題（群馬県安中市）　8月28日、東邦亜鉛安中製錬所を発生源とするカドミウムや亜鉛の公害につき、群馬県と安中市が初めて現地の被害農民から聞き取り調査を行った。また、59年6月、地元のし尿処理場の汚泥から高濃度のカドミウムが検出され、9月には筑波大学など3大学の合同調査で、精錬所の出す煤塵中のカドミウムが、引き続き農作物を広範囲に汚染していることが明るみに出た。

9月　六価クロム汚染（石川県小松市）　9月、石川県小松市内の3ヶ所の井戸で最高80.6ppmの六価クロムが検出された。県環境部が原因を調べた結果、近くの2輪車部品製作工場のメッキ槽がひび割れ、中のクロムメッキ液がもれたものと断定。工場に対しメッキ槽の補修と安全確認できるまでの作業中止を命じた。

9.8　水質汚染（東京都昭島市中神町）　9月8日、東京都昭島市中神町で精密機器製造業、日本電子会社の排出口から六価クロムを含んだ水が流出。10月2日には、八王子市を流れる浅川にうぐいなどが大量に浮き、高濃度のシアンが検出された。いずれも、下流は都民の飲み水になっている多摩川であり、万全を期すため、都水道局は砧上、砧下の両浄水場でその都度、取水を一時停止した。

9.14　長野県西部地震（中部地方,東北地方,近畿地方）　9月14日午前8時48分ごろ、長野県

371

昭和59年(1984年)

王滝村でマグニチュード6.9の地震が発生し、中部地方を中心に東北から近畿にかけて揺れた。直下型で、震源の深さが3.8kmと浅かったことからほとんどの地区が震度3〜4を記録した。王滝村では山の真ん中から崩れる山抜けや土石流が起き、川を隔てた対岸にあった生コン工場や民家などを押し流し、道路を各地で寸断した。生コン工場の従業員5人や、濁川温泉の経営者一家8人のうち4人が旅館ごと押し流されるなどして、1人が死亡し、28人が行方不明となり、住宅96棟が全半壊、14棟が流失や焼失した。《データ》死者1名, 行方不明者28名, 住宅全半壊96棟, 流失・焼失14棟

10.1 土砂崩れ(静岡県庵原郡蒲原町) 10月1日午後4時ごろ、静岡県庵原郡蒲原町の八木沢川県営砂防ダム工事現場で、土木作業員5人が土砂を削っていたところ、突然土砂崩れが発生、2人が生き埋めになり、残りの3人が掘り出したところ、すでに2人とも死亡していた。《データ》死者2名

11.15 雑居ビル火災(愛媛県松山市) 11月15日午前1時35分ごろ、愛媛県松山市の繁華街にある3階建て雑居ビル「三島ビル」から出火、店舗や住宅計21室、815m^{2}を全焼、8人が焼死、11人が重軽傷を負った。《データ》死者8名, 負傷者11名, 焼失面積815m^2

12.10 養殖ハマチ有機スズ化合物汚染(全国) 12月10日、ハマチ養殖の漁網防汚剤として幅広く使われている毒性の強い有機スズ化合物ビストリブチルスズオキシド(TBTO)が養殖ハマチの体内から最高1ppm以上の高濃度で検出されていたことがわかった。

12.14 解体作業中鉄橋崩壊(東京都大田区) 12月14日午前9時40分ごろ、東京都大田区の多摩川にかかっている旧六郷橋の解体作業中、重さ550tの鉄橋の一部が崩れて傾き、多摩川に浮かせた台船で作業をしていた作業員ら16人が下敷きになったり、川に投げ出され、5人が死亡、11人が重軽傷を負った。《データ》死者5名, 負傷者11名

この年 干ばつ被害(福島県) 59年産米の作況指数は県平均で109の「良」。5年ぶりの豊作となり、10a当たりの単位収穫量は538kgと、史上最高を記録した。だが、干ばつによる農作物の被害額は史上最高の62億円にも達した。《データ》被害額62億円

この年 炭化水素排出規制(千葉県) 窒素酸化物とともに光化学スモッグの原因物質となっている炭化水素につき、千葉県は60年春から、排出規制に乗り出すことになった。窒素酸化物は国の基準で規制されているが、炭化水素の規制は自治体まかせだった。これは58年夏、光化学スモッグにより目の痛みを訴えるなどの被害者が2586人も出て、これまでの最高1169人(46年)を大幅に上回ったことからとられた方針。《データ》被害者2586名

この年 学校給食ずさん管理(千葉県柏市) この年、千葉県柏市の2つの小学校で学校給食用の米や小麦粉に、ネズミのふん、ガの幼虫が混じっていたことが分かり問題となった。ネズミのふんは、精米工場の精米機で混入したとみられ、ガは虫がわきやすい夏を経て秋になって発生したらしい。このほか、消費者団体の調査で、基準を超える臭素を含んだ給食米が出回っていることも指摘された。

この年 光化学スモッグ(東京都) 59年の光化学スモッグ注意報の発令日数は35日と史上3番目の多発になった。これで5年連続の増加となった。都内全域での発令も史上4番目の4日。被害届けも415人と、58年の一挙12倍、51年以来の多さだった。都は「原因物質の窒素酸化物と炭化水素の環境濃度はほとんど変わっていない。光化学ス

モッグが多発したのは記録的な猛暑で、発生しやすい気象条件の日が多かったため」と説明した。

この年　地盤沈下（神奈川県横浜市）　この年、神奈川県横浜市港北区篠原町の地盤沈下が58〜59年の1年で16.8cmを記録、環境庁の全国調査で2年連続のワースト1となった。2年間では計43.1cm沈んだことになり、これは同庁が調査を始めて以来最高の値。原因は市営地下鉄の工事で、被害は230棟420世帯に及んだ。　《データ》補償額10億円

この年　赤土流出（沖縄県）　離島も含め、沖縄県内各地で赤土の流出がつづいている。赤土はさんご礁の上にたまってさんごを窒息死させる。オニヒトデと並び、さんご死滅の原因となっている。発生源は土地改良やほ場整備の土木工事。沖縄本島周辺では、復帰後の工事増加などで、59年までにほとんどのさんご礁が死滅したといわれている。　《データ》さんご礁死滅

昭和60年
（1985年）

1.5　雪崩（長野県飯山市寿）　1月5日午後0時10分、長野県飯山市寿の黒岩山にある信濃平スキー場で、雪崩が発生、スキー場にいた1200人のうち、50人が雪崩にまきこまれ12人が生き埋めになった。4人は自力で脱出、7人が救出されたが、1人が死亡した。このスキー場では過去に3度雪崩事故が発生しており、雪崩防止工事の要請が出ていた。　《データ》死者1名

1.28　スキーバス転落（長野県長野市信更町）　1月28日午前5時45分ごろ、長野市信更町の国道19号で、三重交通のスキーバスがガードレールを突き破って4m下の笹平ダム湖に落ち、乗っていた愛知県美浜町の日本福祉大学の学生、教員ら23人と運転手2人が死亡した。　《データ》死者25名

2.8　第16琴島丸転覆（島根県隠岐郡西郷町西郷岬灯台沖）　2月8日午後9時20分、島根県隠岐郡西郷町の西郷岬灯台沖で、第16琴島丸（19t）が転覆、まもなく沈没した。この事故で乗組員10人が死亡、1人が行方不明。　《データ》死者10名, 行方不明者1名, 船舶1隻転覆

2.15　土砂崩れ（新潟県西頸城郡青海町）　2月15日午後6時半ごろ、新潟県西頸城郡青海町で国道8号に沿いの山で土砂崩れが発生、民家7棟が押しつぶされ14人が生き埋めとなり10名が死亡、4名が重軽傷を負った。現場では数日前から断続的に雨が降っていたため、積雪が解けて地盤がゆるんだものとみられる。　《データ》死者10名, 負傷者4名

3.9　バス・大型クレーン車衝突（大分県玖珠郡九重町湯坪）　3月9日午後5時45分、大分県玖珠郡九重町湯坪の県道で長崎市の長崎県営バス（乗員、乗客36人）に前からきた大型クレーン車が衝突、クレーン車のアームがバスの車体に突き刺さり乗客2人が死亡、クレーン車の運転手を含む33人が重軽傷を負った。　《データ》死者2名, 重軽傷者33名

3.30　第1豊漁丸・リベリア船タンカー衝突（沖縄県近海）　3月30日、沖縄近海で操業中だった沖縄県石垣市のマグロ延縄漁船第1豊漁丸（18t）が、リベリア船籍のLPGタ

昭和60年(1985年)

ンカーワールド・コンコルド(3万8800t)に追突され、第1豊漁丸の5人の乗組員は行方不明になった。第1豊漁丸の船体についた塗料と、ワールド・コンコルドの塗料が一致したためあて逃げであることが判明した。《データ》行方不明者5名

3.31 開洋丸遭難(鹿児島県串木野港沖) 3月31日、鹿児島県串木野港から西に約50km離れたところにある下甑島に向かった瀬渡し船開洋丸(6.7t)がシケの海で遭難、27人の釣り客らが行方不明となった。その後の捜索で9人の遺体を収容したが、残りの18人は依然行方不明。《データ》死者9名,行方不明者18名,船舶1隻行方不明

4.24 炭鉱坑内ガス爆発(福岡県西彼杵郡高島町) 4月24日午前8時45分ごろ、西彼杵郡高島町の三菱石炭鉱業高島礦業所の坑口から約6.6km入った海面下約350mの資材運搬坑道でメタンガスが爆発し11人が死亡、5人が重軽傷を負った。《データ》死者11名,負傷者5名

4.28 工場火災(大分県中津市) 4月28日午前7時半ごろ、大分県中津市の富士紡績中津工場の集じん室から出火、強風にあおられて燃え広がり、木造モルタル平屋建ての工場1棟、1万5000m^{2}が全焼した。従業員にけが人はなかったが、消火活動中の消防士1名が屋根から落ちてけがをした。《データ》負傷者1名,焼失面積1万5000m^2,被害総額76億円

4.30 釧路湿原火災(北海道釧路市釧路湿原) 4月30日午前11時ごろ、北海道釧路市の釧路湿原で野火が発生、鶴居村にかけて40時間燃え続け、湿原のほぼ1割に当たる2200haが焼けた。タンチョウやアオサギの営巣地だった。《データ》焼失面積2200ha

4.30 淡水赤潮(滋賀県) 4月30日、琵琶湖の南湖西岸寄りの3ヶ所に淡水赤潮が発生した。赤潮は5月中も散発的に発生し、水がきれいな北湖でも発生した。52年以降、毎年4月後半から6月上旬にかけて9年連続発生。原因は植物プランクトンであるウログレナ・アメリカーナの異常繁殖によるもので、発生水域では水面が茶褐色に変色、独特の生臭いにおいが漂った。

5.17 南大夕張礦業所ガス爆発(北海道北見市) 5月17日、北海道北見市の三菱石炭鉱業南大夕張礦業所でガス爆発が発生、死者62人、負傷者24人を出した。《データ》死者62名,負傷者24名

6.13 北海道航空ヘリコプター高圧電線接触(北海道網走支庁白滝村) 6月13日午後3時45分ごろ、北海道網走支庁白滝村の山中で高さ約40mの高圧電線に、濃霧のため低空飛行中の北海道航空所属のヘリコプターベル206L3型機が接触、墜落して炎上した。同機に乗っていた北海道新聞のカメラマンら4人が死亡。《データ》死者4名

6.18- 梅雨前線豪雨(全国) 6月18日から7月14日にかけて日本列島に梅雨前線が居座り、西日本を中心に断続的に豪雨が降った。この間7月1日未明には台風6号が静岡県沼津市に上陸したあと、神奈川、東京、茨城を直撃して福島・いわき沖の海上に抜けた。7月に首都圏を襲った台風は14年ぶり。この2つの災害が重なって山形を除く46都道府県で被害が発生、全国で40人が死亡、109人が重軽傷を負った。死者が多かったのは石川の9人、熊本、山口、長野の各4人、福岡、岡山の各3人、広島、福井、千葉の各2人。石川、山口など10県と539市町村が災害対策本部を設けた。《データ》死者40名,重軽傷者109名,住宅全壊67棟,半壊154棟,床上浸水2782棟,床下浸水2万3794棟,がけ崩れ3121ヶ所

昭和60年（1985年）

6.28　集中豪雨（山口県山口市吉敷）　6月28日午後8時すぎ、山口市吉敷の野口堤が梅雨の集中豪雨で決壊、2人が死亡、7戸が全半壊。《データ》死者2名, 家屋全半壊7戸

7.11　国鉄能登線急行電車脱線（石川県穴水町）　7月11日午後2時36分ごろ、石川県穴水町の国鉄能登線古君・鵜川間で、金沢発下り急行「能登路5号」が脱線、3両が7.4m下の水田に転落した。この事故で乗客7名が列車の下になって死亡、29名が重軽傷を負った。原因は、集中豪雨により現場付近の道床が50mにわたって流され、線路が宙づり状態になっていたため。《データ》死者7名, 負傷者29名

7.11　暴風雨（長野県, 岐阜県）　7月11日、寒冷前線の通過に伴い、中部地方を中心に激しい風雨となり、長野県でダム作業中の3人が鉄砲水にのまれて2人が死亡、1人が行方不明となった。また、岐阜県では突風で200棟が屋根を壊されるなどした。《データ》死者2名, 行方不明者1名, 家屋一部損壊200棟

7.14　雷雨（関東地方）　7月14日、関東地方で突然激しい雷雨となり、小中河川が氾濫して男性1人が行方不明となったほか、東京、千葉の約3万3000戸が停電した。《データ》行方不明者1名, 停電3万3000戸

7.20　キャンプ事故（埼玉県飯能市平戸）　7月20日午後5時ごろ、埼玉県飯能市平戸の高麗川河原で、東京都武蔵野市の高校生と会社員3人がキャンプをしていたところ、川が突然増水し、高校生が付近に救助を求めにいってる間に、残りの3人が行方不明になったが、翌日2人が遺体で発見された。《データ》死者2名, 行方不明者1名

7.20　雷雲発生（関東地方, 甲信地方）　7月20日、関東甲信地方の各地で雷雲が発生、ゲリラ豪雨や雹などに見舞われた。東京都多摩地区では川の増水で50戸が浸水。落雷で東京、長野、群馬県内で、約19万6000戸が停電、国鉄、私鉄各線でも冠水や落雷などでダイヤが乱れた。《データ》浸水50戸, 停電19万6000戸

7.21　ボート・遊覧船衝突（北海道留萌支庁小平町）　7月21日午後1時55分ごろ、北海道留萌支庁小平町の臼谷海水浴場沖で、貸しボートに遊覧船が衝突、ボートに乗っていた5人が投げ出され、4人が死亡、1人が重体になった。原因は、遊覧船の船長が別のボートに気をとられて気付かなかったため。《データ》死者4名, 負傷者1名

7.26　地滑り（長野県長野市）　7月26日午後5時ごろ、長野市の地附山東南斜面で大規模な地滑りが発生し、南斜面にあった特別養護老人ホーム「松寿荘」の鉄筋2階建てのホーム5棟など6棟が土砂に埋まり、26人が死亡、14人がけがをした。死者の半数は体の不自由な老人でベッドに寝たきりだった。《データ》死者26名, 負傷者14名

8.12　日航ジャンボ機墜落（群馬県御巣鷹山）　8月12日、日本航空ボーイング747機が羽田から大阪へ向かう途中で消息を絶ち、群馬県の御巣鷹山に墜落、単独機としては世界最大の惨事となった。ジャンボ機は午後6時4分、羽田空港を離陸、その20分後、東京航空管制部にジャンボ機からのエマージェンシーのサインが入り、トラブルが発生したので羽田に戻りたいとの連絡があり、管制官と約30分交信をしたのち、6時56分に墜落した。午後8時42分、航空自衛隊百里救難隊のヘリコプターが現場上空に達したところ、山腹が炎上しているのを発見。翌日の午前5時10分、自衛隊から「御巣鷹山東7km、南4kmの地点に尾翼、500m離れたところに黒こげの物体」との機体発見の報告が入った。10時54分、長野県警レスキュー隊員が現場に到着、散乱した機体や遺体を見つけ、現場の状態から見て全員の生存が絶望視されて

いたが、機体の残骸の中に生存者がいるのを確認、乗客3人と乗員1人を救出した。午後6時10分、相模湾にいた自衛艦から航空機の破片を見つけたとの連絡が入ったため、破片が広範囲に散乱していることが確認された。結局生存者は4人で、乗員、乗客520人が死亡した。生存者の証言によると、墜落直後はまだ生存者が何人かいたということで、救助の遅れが指摘された。その後の調査で、このジャンボ機は7年前の53年6月2日にしりもち事故を起こしており、ボーイング社が圧力隔壁の修理をした際にリベット打ちのミスをしていたことなども明らかになった。《データ》死者520名、重傷者4名

8.31— 台風13号（九州地方、中国地方、東北地方、北海道） 8月31日午前3時55分、台風13号は鹿児島県枕崎市に上陸、九州を縦断して日本海に入った。9月1日午後2時すぎ、北海道檜山支庁に再上陸、北海道の太平洋側に大雨を降らせながら東進、午後9時ごろ根室市の南東海上で温帯低気圧に変わった。13号は九州各地に記録的強風を吹かせ、鹿児島では秒速55.6mと観測開始以来の突風を観測した。14道県で31人が死亡し、232人がけがをした。青森県ではリンゴの実が落ちるなど農産物に162億7500万円の被害が出た。 《データ》死者31名、負傷者232名、住宅全壊50棟、半壊190棟、床上浸水485棟、床下浸水1828棟、農産物162億7500万円

9月 医薬品副作用死（全国） 9月、厚生省が主要病院を通して全国の薬害発生状況を調べる「医薬品副作用モニター報告」の59年度の結果がまとまった。モニター病院から副作用として報告された病例は767件。死者は24人。死者数は前年度を3人上回った。また、11月には、抗がん剤の副作用による吐き気や食欲不振の改善薬としてただひとつ承認されていた「ドンペリドン」注射薬による副作用で3年間に17人がショック症状を起こし、うち7人が死亡していたことが明らかになった。 《データ》死者24名、副作用767件

9.2 落雷（山梨県吉田市） 9月2日午後4時15分ごろ、山梨県吉田市で、総合スポーツ公園の花壇造成現場に落雷があり、作業員2人が死亡、6人が負傷した。作業員は立ち木にパイプを渡した仮設テントの中で雨宿りをしているところだった。《データ》死者2名、負傷者6名

9.11 東北新幹線保線作業員死傷事故（岩手県矢巾町南矢巾） 9月11日午後11時36分ごろ、岩手県矢巾町南矢巾の東北新幹線新花巻・盛岡間の下り線で、民間の保線作業員らが作業の準備中、上野発盛岡行き最終「やまびこ79号」に2人がはねられて死亡、6人が風圧ではね飛ばされ重軽傷を負った。作業員らは列車が遅れているのに気付かなかった。《データ》死者2名、負傷者6名

9.16 青潮（東京湾） 9月16日、東京湾で7年ぶりに大発生した青潮のため、船橋、市川沖のあさり漁場で約3万t、36億円相当のあさりが酸欠状態になり全滅。湾央部で発生した酸素欠乏水塊が、風により沿岸に出現したため。生活排水や浚渫工事による海水の汚れが原因とされる。《データ》あさり約3万t、被害総額36億円

10.4 採石現場土砂崩れ（山梨県白根町） 10月4日午後3時20分ごろ、山梨県白根町の採石現場で、土砂の壁が崩れ作業員5人が生き埋めになり、4人が死亡、1人がけがをした。現場では壁の修復作業が行われているところだった。《データ》死者4名、負傷者1名

10.4 地震（関東地方、東北地方、東海地方） 10月4日午後9時26分ごろ、関東を中心に東

北、東海にかけて強い地震があった。震源は茨城と千葉の県境の深さ約80kmで、マグニチュードは6.2。東京の震度は5で、東京で15人、千葉で2人、埼玉で1人が重軽傷を負った。東海道、東北、上越の各新幹線が10〜15分ストップしたほか、東京都心では国電、地下鉄、私鉄が一時全面ストップして深夜まで帰宅者の足に影響が出た。東京で震度5を記録したのは4年7月27日の神奈川県西部地震（M6.3）以来56年ぶり。《データ》負傷者18名

10.5 京福電鉄バス転落（山梨県須玉町） 10月5日午後1時15分ごろ、山梨県須玉町の中央自動車道上り線を走っていた福井市の京福電鉄の2階建てバスが反対車線に飛び出したうえ30m下の県道に落ち、大破した。バスには福井市の電気会社の従業員ら65人が乗っていたが、3人が死亡し、61人が重軽傷を負った。S字形の坂を制限速度を超える100kmのスピードで走ったためハンドルを切りそこねたため。《データ》死者3名、負傷者61名

10.20 成田現地闘争（千葉県成田市） 10月20日、千葉県成田市三里塚で空港反対の過激派と機動隊が衝突し、逮捕者241人、重軽傷者100人以上を出した。《データ》重軽傷者100名以上，逮捕者241名

11.29 国鉄総武線浅草橋駅襲撃（東京都台東区，） 11月29日午前3時20分ごろから5時ごろにかけ、首都圏と関西などの8都府県で国鉄の運行を支える通信ケーブルや信号ケーブルが計33ヶ所で切断されたり、放火された。また午前6時50分ごろには、東京都台東区の国鉄総武線浅草橋駅に50人ほどが乱入して火炎瓶を投げて放火、半焼させた。首都圏は、全国電など20線区、関西では大阪環状線など2線区が始発から運転ができず、夕方まで完全マヒした。運休した電車は首都圏で2896本、関西で378本、計3274本にのぼり、運休分に限っても影響人員は650万人に達した。国鉄の分割・民営化に反対してストに入った国鉄千葉動力車労組を支援するために中核派が起こしたもので、浅草橋駅放火などで48人が逮捕された。《データ》電車運休3274本

12.11 魚介類汚染（徳島県） 12月11日、環境庁が発表した59年度の化学物質環境調査によると、56年に使用が禁止された毒性が強い白アリ駆除剤・ディルドリンや、その代替物であるクロルデンの魚介類への汚染が広がっていることがわかった。とくに鳴門（徳島県）のイガイからは0.182〜0.345ppmのディルドリンが検出。厚生省が定めた食品としての残留規制値は0.1ppmで、今回の調査では最低濃度でさえもこの数値を超えた。

この年 桜島噴火（鹿児島県桜島） 桜島の火山活動は、60年に入って顕著になり、1月〜12月5日までに416回に達した。溶岩流出こそなかったが、噴石、降灰などによる被害は、人的被害を除けば台風、豪雨などによる災害に匹敵するものである。県農政部の調べでは桜島島内のかんきつ類が全滅。被害額は過去最も多かった53年の65億円を上回った。鹿児島市の降灰状況をみると、降灰量は3月から急激に増加し、$1m^2$当たり1000gを超えるようになった。夏休みに入った7月21日からは特に激しさを増し、29日には1日の降灰量が$1m^2$当たり2476gと、過去の記録を突破。7月21日から8月8日までの19日間は、暑さの中で連日降灰が続き、その量は$1m^2$当たり7733gにも達した。7月21日未明の爆発では降灰で国鉄の線路に電流が流れなくなり、遮断機があがったままになって列車と乗用車が衝突する事故が起きた。鹿児島市が行った8月末までの降灰除去量は1万5000t以上となった。

昭和61年(1986年)

| この年 | 光化学スモッグ(栃木県)　この年、栃木県の光化学スモッグ注意報は春から夏にかけて15回出され、48年の発令開始以来最高の回数となった。この年は出足が早かったのが特徴で、4月26日には全国初の発令、5月にも5回で、月間全国最多。高温で安定した天気が続き、南からの風が関東北部まで吹き抜ける日が多かったため。

昭和61年
(1986年)

1.14-	猛吹雪(北海道)　北海道では1月14日から15日にかけ、台風並みの低気圧の通過で猛吹雪に襲われ、15日午前8時までに夕張で78cm、岩見沢で45cm、札幌市郊外で75cmの積雪があり、札幌市郊外の国道337号などで450台近くの車が雪に埋まって立ち往生し、助けを求めて外に出た人など4人が行き倒れになり、死亡した。《データ》死者4名
1.25	トリクロロエチレン汚染(全国)　環境庁が1月25日に発表した「微量有害物質環境汚染緊急実態調査」結果で、IC(集積回路)など半導体製造4工場から暫定指針値を超えるトリクロロエチレンが検出されたことがわかった。59年度に実施され、全国の1355工場、事業所の排水を測定したところ、指針値を超えていたのは61工場(4.5％)で、この中にIC工場が4工場あり、うち最高値は3.1ppmで、指針値の10倍だった。
1.26	雪崩(新潟県西頚城郡熊生町)　1月26日午後11時ごろ、新潟県熊生町の権現岳北東斜面に200mの幅で大規模な表層雪崩が発生、1.5km離れたふもとの集落を直撃した。23戸のうち11戸、36人が生き埋めになり、13人が死亡、人家に近い山ろく地域の雪崩としては国内最大級の規模となった。熊生町では数日前から大雪が降り続き、積雪は同日正午で390cmあり、大雪警報と雪崩注意報が出ていた。《データ》死者13名、負傷者9名、全半壊11戸
2.11	ホテル大東館火災(静岡県東伊豆町)　2月11日午前1時35分ごろ、静岡県東伊豆町、熱川温泉「ホテル大東館」の旧館から出火、木造3階の旧館と従業員寮を全焼、隣の「熱川グランドホテル」の一部1451m^{2}を焼いた。旧館には宿泊客25人と従業員1人が寝ていたが、2人が脱出しただけで2階と3階にいた24人が焼死した。火元が1階の配膳室で階段が煙突がわりになり火の回りが早かったことと、暖房用空調ダクトを通じて一酸化炭素ガスが客室に充満したため、多くの犠牲者がでた。《データ》死者24名
3.11	木材運搬用ケーブル切断(島根県頓原町)　3月11日午後5時ごろ、島根県頓原町の山林で、木材運搬用のワイヤケーブル(太さ1cm)が切れ、木材に便乗していた作業員5人が20m下の谷に落ち、4人が死亡し1人が重傷を負った。原因はロープが老朽化していたため、人間の重みが過重になったこと。《データ》死者4名,負傷者1名
3.13	第8大善丸・隆栄丸衝突(千葉県銚子市犬吠埼北)　3月13日午後8時40分、千葉県銚子市犬吠埼北の海上で、漁船第8大善丸(39t)と貨物船隆栄丸(499t)が衝突、第8大善丸は転覆し乗組員5人が海に投げ出され1人は救助されたが、4人が行方不明となり、うち2人が4日後に遺体で発見された。《データ》死者2名,行方不明者2名,船舶1隻転覆

3.18 つり橋落下（和歌山県清水町）　3月18日午後3時半ごろ、和歌山県清水町で、架設中のつり橋が13m下の川に落ち、橋の上で作業をしていた従業員3人が死亡し、2人が重軽傷を負った。《データ》死者3名,負傷者2名

3.23 大雪（関東地方）　3月23日未明から夜にかけ、関東地方が大雪に見舞われ、同夜9時までに山梨・河口湖で測候所開設以来の75cm、秩父で39cm、東京では春分過ぎの1日の降雪では観測史上初の9cmを記録した。24日朝までに1都3県で3人が死亡し、125人が重軽傷を負った。神奈川県では高圧鉄塔7基が倒壊した。首都圏の交通は地下鉄を除いてマヒし、成田空港では150便の発着が乱れる開港以来最悪の記録になり、2000人の乗客がロビーで臨泊した。《データ》死者3名,負傷者125名,住宅損壊32棟

3.23 雪害（奈良県）　3月23日、県下全域に降った雪は、吉野、宇陀両郡を中心に28市町村で、スギ、ヒノキの倒伏などの森林被害を起こした。被害面積は2万3391ha、被害額は約96億円で県としては戦後最悪。《データ》被害面積2万3391ha,被害額約96億円

3.24 飯坂温泉旅館火災（福島県福島市飯坂町）　3月24日午前4時20分ごろ、福島市飯坂町、飯坂温泉の旅館「鈴」の1階客室から出火、木造モルタル2階建てのホテル260m^{2}が全焼。経営者と建設作業員2人が死亡、1人が重傷を負った。「鈴」は温泉街のはずれにあり、他の旅館は延焼をまぬがれた。《データ》死者3名,重傷者1名

4.16 保育所火災（福井県勝山市）　4月16日午前11時5分ごろ、福井県勝山市の市立本郷保育所から出火、木造2階建ての保育所兼住宅190m^{2}が全焼、園児3人が焼死した。風上からの出火で、約8mの強風にあおられて火の回りが早かった。《データ》死者3名,焼失面積190m^2

4.21 旅館火災（静岡県河津町）　4月21日午前2時すぎ、静岡県河津町の峰温泉「菊水館」本館1階調理場付近から出火、木造2階建てを全焼、隣の鉄筋新館を含め1140m^{2}が焼けた。本館の宿泊客3人が焼死し、55人が重軽傷を負った。昭和2年の創業で、老朽化していたため火の回りが早かった。《データ》死者3名,負傷者55名

6.14 一酸化炭素中毒死（千葉県船橋市）　6月14日午前10時20分ごろ、千葉県船橋市の百貨店「船橋東武」でドーンという音がし、全館が停電。地下部分には煙が充満し、警備員と店員、3人が一酸化炭素中毒で死亡。地下3階機械室の変圧器がショートし、ケーブル類が燃えて有毒ガスが発生した。《データ》死者3名

6.17 海洋調査船へりおす沈没（福島県相馬沖）　6月17日、海洋調査船「へりおす」（50t）が福島県相馬沖の太平洋で消息を絶った。その後の捜索で、相馬市の鵜の尾岬東約50kmの海底に沈没船があるのがわかり、潜水艇を使った調査の結果、へりおすと確認、乗組員3人の遺体が発見されたが、他の乗組員は行方不明。《データ》死者3名,行方不明者6名,船舶1隻沈没

6.30 線路保守作業員死傷事故（青森県青森市筒井八ツ橋）　6月30日午前11時51分ごろ、青森市筒井八ツ橋の東北線青森操車場・東青森駅間で、線路保守作業をしていた請負会社の作業員が青森操車場発の貨物列車にはねられ、4人が死亡、1人がけがをした。原因は作業員が貨物列車の接近に気づくのが遅れたため。《データ》死者4名,負傷者1名

昭和61年(1986年)

7.6 モーターボート転覆(福島県いわき市江名港沖) 7月6日午前1時30分、福島県いわき市江名港沖で釣りをしていたモーターボートが動けなくなり、近くにいたボートが助けに行ったが、2隻とも横波をうけて転覆、2人は救助されたが、1人が死亡、2人が行方不明となった。《データ》死者1名、行方不明者2名

7.10 強雨(鹿児島県鹿児島市) 7月10日、鹿児島市の中心部に午前10時25分から午後5時にかけ192.5mmの雨量を記録する豪雨となり、1時間で最高74.5mm、これより北西約1km離れた西鹿児島駅や、県庁付近では90mmの雨量となり、強雨域は北東から南西に約4km、幅1km程度の狭い地域に限られた。このためシラス大地ではがけ崩れが相次ぎ、64戸が全壊、18人が土砂にのまれて死亡、被害総額は約63億円となった。《データ》死者18名、全壊64戸、被害総額約63億円

7.23 小型ジェット機墜落(新潟県佐渡島付近) 7月23日、新潟県佐渡島付近で訓練飛行中の読売新聞社の小型双発ジェット機MU300(4人乗り組み)が消息を絶ち、24日朝、佐渡島の金北山近くの山中に激突しているのが見つかった。機長ら4人も全員遺体で発見された。《データ》死者4名

8.4 台風10号(東海地方、関東地方、東北地方) 8月4日夜、台風10号が静岡県沖で温帯低気圧に変わり、5日午前中にかけて、東海、関東、東北を縦断、各地に記録的な豪雨を降らせた。栃木で7人、宮城で5人、茨城で4人、福島で3人など16都県で20人が死亡、1人が行方不明になり、94人がけがをした。《データ》死者20名、行方不明者1、負傷者94名、住宅全壊117棟、半壊322棟、床上浸水3万3151棟、床下浸水6万4227棟、田畑冠水被害9万9951ha、道路寸断4671ヶ所、山・がけ崩れ1503ヶ所、被災地帯3万9247世帯

8.7 がけ崩れ(東京都町田市下小山田) 8月7日午後2時30分、東京都町田市下小山田の多摩丘陵で、ゴルフ練習場造成現場の高さ50mのがけが崩れ、真下で水道管の作業をしていた、4人が生き埋めになり1人は救出されたが、2人が死亡、1人が行方不明となった。《データ》死者2名、行方不明者1名

8.9 小型機墜落(埼玉県北埼玉郡騎西町) 8月9日、埼玉県北埼玉郡騎西町の水田に、栃木県足利市の自営業者が操縦するパイパーPA32-300型機が墜落。パイロットと乗客6人が死亡した。同機は群馬県・大西飛行場から三宅島へ向かう途中であった。このパイロットは自家用操縦士の資格しかもっていなかったが、これまで「両毛航空」を名乗って客を集め、有料で遊覧飛行をしていた。《データ》死者7名

8.28 有機スズ化合物汚染(瀬戸内海) 8月28日、ハマチ養殖の漁網防汚剤や船底塗料として広く使われている、毒性の強い有機スズ化合物・ビストリブチルスズオキシド(TBTO)による天然魚汚染が瀬戸内海を中心に深刻化していることが、中央公害対策審議会化学物質専門委員会に報告された環境庁の生物モニタリング調査結果でわかった。魚介類については全国15地域中9地域で検出。とくに瀬戸内海(広島県)で調べたスズキ5検体のうち2検体は1.2ppm、1.7ppmという高濃度だった。

9月 医薬品副作用死(全国) 厚生省は9月、全国の薬害発生状況を調べた60年度の「医薬品副作用モニター報告」をまとめた。1年間に各モニター病院から副作用として報告された症例は803件で、死者は18人。抗生物質のセフメタゾールナトリウムなど3つの薬剤については、1年間で2件ずつの死亡例が報告された。《データ》死者18名

10.10 登校児童交通事故(千葉県長南町) 10月10日午前8時45分ごろ、千葉県長南町で県

道を歩いていた小学校の児童91人の列に乗用車が突っ込み、子どもたちを次々にはね、1、2年生の5人が即死し、児童4人と運転手が重軽傷を負った。現場はゆるい左カーブで、2列に並んだ学童の列をさけるため反対車線にふくらんですれ違おうとした際、対向車がきてハンドルを切りそこねた。　《データ》死者5名,負傷者5名

11.3　落木（新潟県中里村）　11月3日午前11時半ごろ、新潟県中里村の清津峡で、突風で倒れた高さ15mのブナの枯れ木が約20m下の遊歩道に落下。行楽に来ていた夫婦を直撃し、木と一緒に約30mのがけ下に落ち死亡した。　《データ》死者2名

11.15　三原山噴火（三原山）　11月15日午後5時25分、伊豆大島・三原山（758m）の内輪山北側が噴火し、噴き上げられた溶岩が外輪山まで迫った。一時小康状態を保ったが、21日午後4時15分、内輪山と外輪山の間のカルデラ内で大噴火が起きた。噴火地点は地割れとともに北に向かって走り、合わせて2.1kmの割れ目噴火になった。一時噴煙は3700m、火山弾は2000m、溶岩は600mまで噴き上がった。溶岩は北側4方向に流れ、同島最大の集落、元町地区に1kmまで迫った。政府は「1986年伊豆大島噴火」と命名、災害救助法の適用を決め、全島民1万300人と観光客2000人に避難命令を出し、海上自衛艦や巡視船などで22日朝までに東京、静岡に脱出させ、同島は保安要員を除いて無人島化した。12月4日から3日間、一部に日帰り帰島が認められた。三原山の割れ目噴火は、応永28年（1421年）以来565年ぶり。噴出した溶岩量は2212m^{3}と国土地理院が推計、昭和25年、26年の噴火と同量だった。降灰は200km離れた千葉県館山、勝浦などに及んだ。

11.23　桜島爆発（鹿児島県鹿児島市古里町）　鹿児島県の桜島南岳が11月23日午後4時2分、この年206回目の爆発をし、直径2～3mの噴石が約3km離れた鹿児島市古里町の桜島グランドホテルを直撃、1階ロビーの鉄製屋根と床を突き破り、地下室にまで飛散した。この噴石で6人が負傷した。またホテルから1km離れた農家の牛小屋にも直径2mの噴石がおち、小屋が全焼。桜島の噴石で直接負傷者が出たのは31年ぶりであった。　《データ》負傷者6名

12.28　山陰線回送列車転落（兵庫県城崎郡香住町）　12月28日午後1時25分ごろ、兵庫県城崎郡香住町の山陰線余部鉄橋（高さ41m）で、回送中の香住発浜坂行きお座敷列車7両が転落、真下の水産加工工場や民家を直撃した。この事故で、工場の従業員5人と列車の車掌1人が死亡、6人が重傷を負った。当時、鉄橋の風速計は最大瞬間風速33mを記録しており、この突風にあおられたものとみられる。　《データ》死者6名,負傷者6名

この年　地下水汚染（全国）　発がん性が疑われているトリクロロエチレンなど3つの有害化学物質による地下水や井戸水の汚染が、さらに全国的に拡大し、最高汚染濃度は厚生省の水道水暫定基準の1100倍にも達していた例もあることが62年12月16日、環境庁が発表した61年度地下水汚染実体調査でわかった。暫定水質基準を超えていることが判明した井戸は、トリクロロエチレンが5.2%（146本）、テトラクロロエチレンが3.9%（109本）、1・1・1－トリクロロエタンが0.1%（3本）。

昭和62年
（1987年）

1.11　セスナ機墜落（長野県小県郡和田村）　1月11日午後2時30分、長野県小県郡和田村の和田峠付近で、セスナ421C型機が墜落して炎上、乗っていた3人が死亡した。《データ》死者3名

2.11　精神修行施設火災（静岡県富士市大淵）　2月11日未明、静岡県富士市大淵の精神修行施設で火災が発生、施設の一部を焼き、収容されていた3人が焼死した。焼死した3人のうち、2人は鍵のかかった部屋に閉じこめられていて、逃げることが出来なかった。同施設は59年にも火災を出し、無届けで増改築を繰り返していたため、市と消防本部から建築基準法と消防法違反で告発されていた。《データ》死者3名

2.17　ビーチクラフト機墜落（福岡県福岡市椎原）　2月17日午後7時25分ごろ、福岡、佐賀県境の脊振山の付近の福岡市椎原の山林で、海上保安庁福岡航空基地所属ビーチクラフトMA825機が墜落、乗員5人全員が死んだ。同機は、長崎県沖で遭難した漁船の捜索に向かうところだった。事故当時の天候は低気圧の接近で雲が厚く、雨風が強かった。《データ》死者5名

2.23　セスナ機墜落（岐阜県多治見市市之倉町）　2月23日午後1時25分、岐阜県多治見市市之倉町の山林に、日本内外航空のセスナ172型機が墜落、2人が死亡した。同機は近くの小学校グランドの撮影に向かう途中での事故だった。《データ》死者2名

3.18　地震（九州地方）　3月18日午後0時36分ごろ、宮崎市沖の日向灘深さ50kmでM6.9の地震が起きた。宮崎市で震度5、大分、熊本、佐賀、都城などで震度4を記録した。宮崎県日之影町で郵便集配車が地震によるがけ崩れに巻き込まれ、集配係1人が死亡したほか、倒れた家具などで4人がけがをした。住宅や公共施設の被害額は3億8000万円。また、この地震でNHKは初めて津波の緊急警報放送を流した。《データ》死者1名、負傷者4名

4.19　観客将棋倒し（東京都千代田区）　4月19日午後7時前、東京都千代田区の日比谷野外大音楽堂で開かれたロックバンド「ラフィン・ノーズ」のコンサート中、興奮した聴衆がステージに殺到したため将棋倒しとなり、男女3人が死亡し、26人が負傷した。場内は満員で、開演後まもなく、一部のファンがステージに駆け寄って写真を撮ろうとし、それを見た後部の観客が前に出ようとつめかけたため。《データ》死者3名、負傷者26名

4.21－　強風（全国）　4月21日から22日にかけて、全国的に強風が吹き荒れ、青森県岩木町で、登校中の児童の列に強風で約10m飛ばされた車庫が落ち、小学生の女の子が下敷きになって死亡した。また、けが人は青森、岩手、東京で各13人、石川8人、愛媛6人など10都道県で61人にのぼった。原因は、朝鮮半島にあった低気圧が発達しながら北東に進んだところに、太平洋側の高気圧から暖かい風が強く吹き込んだため。《データ》死者1名、負傷者61名

5.15　セスナ機墜落（佐賀県有明海）　5月15日午前10時5分ごろ、佐賀県有明海で、本田航

空のセスナT303機が墜落、乗員4人全員が死亡した。このセスナ機は、全日空の委託を受けた航空機関士が免許を取るために訓練飛行をしていたものだった。　《データ》死者4名

5.19　**川下り観光舟転覆**（長野県飯田市）　5月19日午後1時ごろ、長野県飯田市の天竜川で、川下りの観光舟が転覆。観光客と船頭が急流に投げ出され、3人が死亡または行方不明となった。　《データ》死者・行方不明者3名

5.22　**抗がん剤副作用死**（全国）　5月22日、厚生省は抗がん剤「マイトマイシンC」に赤血球を壊す副作用があり、これまで国内外で4人の使用患者が死亡した、との報告があったとして、同剤の「使用上の注意」にこの副作用を追加することを決定、各医療機関にも副作用情報を流し注意を促した。また、肺炎、ぼうこう炎などの細菌性感染症に用いられる抗生物質「セファクロル」についても、死亡1人を含むショック症例が5例出たとして、同様に通達された。　《データ》死者5名

5.26　**原油タンク爆発**（東京都大井ふ頭）　5月26日午前9時5分ごろ、東京都大井ふ頭にある東京電力大井火力発電所で、原油補助タンク（170kl入り）が爆発、炎上し、定期検査中の作業員の4人が焼死し、2人がけがをした。原因は、補助タンクにつながった空気抜き管の先端を溶接工事中、管内のガス抜きをしなかったため。石油コンビナート火災で死者が出たのは東京では初めてだった。　《データ》死者4名, 負傷者2名

6.6　**老人ホーム「松寿園」火災**（東京都東村山市）　6月6日午後11時半ごろ、東京都東村山市の特別養護老人ホーム「松寿園」の鉄筋コンクリート3階建て病舎の2階から出火し、2階部分450m²を焼いた。出火当時、松寿園には75人のお年寄りと職員2人がおり、寝たきりや足などが不自由な人がほとんどで避難に手間どったことと、火の回りが早かったため、17人が死亡し、25人がけがをした。出火元は2階のリネン室で、火の気がなく、不審火とみられている。防火や安全管理面で法基準を満たした優良施設だった。　《データ》死者17名, 負傷者25名, 焼失面積450m²

6.9　**落石**（北海道上川町）　6月9日午前6時半ごろ、北海道上川町の大雪山国立公園内の層雲峡で、岩山が高さ120mの最上部から縦60m、幅80mにわたって崩れ、約1万m³の岩石が国道39号に落下した。この落石で走っていた軽トラックとワゴン車が押しつぶされ、運転者2人が即死、修学旅行に来ていて早朝サイクリングをしていた女子高生ら6人が重軽傷を負った。原因は、火山灰が固まった凝灰岩が風化し、表面の厚さ3m前後がはく離したため。　《データ》死者2名, 負傷者6名

7月－　**赤潮発生**（香川県）　7月下旬から8月末にかけて、香川県東部の播磨灘一帯にシャットネラプランクトンの赤潮が発生し、養殖ハマチ59万5000匹が死に、被害額は史上4番目の9億4000万円に達した。　《データ》被害総額9億4000万円

7.15　**台風5号**（全国）　7月15日夜、沖縄をかすめて北上、九州に向かっていた台風5号が進路を西に変え、朝鮮半島に上陸した。九州直撃は避けられたが、強い雨により43都府県で被害が出て、青森で3人、鹿児島で2人、福井、高知で各1人の計7人が死亡、11人がけがをしたほか、多数の住宅被害を出した。　《データ》死者7名, 負傷者11名, 住宅全半壊37棟, 床上浸水389棟, 床下浸水4189棟

7.26　**医師B型肝炎感染**（三重県）　7月26日、三重大医学部付属病院で、小児科の研修医2人と看護婦1人がB型肝炎に感染し、医師2人が死亡していたことがわかった。この

昭和62年(1987年)

ため厚生、文部両省は、全国の国立病院や国立大病院に対し、病院内感染の予防策を徹底するとともに、医師らのB型肝炎ワクチン接種を普及することを決めた。《データ》死者2名

8.2 ヘリコプター墜落(神奈川県茅ケ崎市沖合)　8月2日午後3時53分ごろ、神奈川県茅ケ崎市の沖合に、FM横浜が番組収録のためチャーターしたヘリコプターが墜落。乗っていたディスクジョッキーら2人が即死、3人が重傷を負った。《データ》死者2名、負傷者3名

8.3 小型機墜落(群馬県邑楽郡大泉町)　8月3日午後2時半ごろ、群馬県邑楽郡大泉町の富士重工大泉工場に、同社宇都宮製作所のFA200「ニューエアロスバル」が墜落、パイロットと同乗取材中の女性記者が即死、1人が巻き添えで軽傷を負った。《データ》死者2名、負傷者1名

8.5 落雷(高知県東洋町)　8月5日午前6時50分ごろ、高知県東洋町の生見海岸で、サーフィン中の集団に落雷し、高校生ら6人が死亡、6人が重軽傷を負った。原因は、サーファーの1人が首にかけていたネックレスに落雷したためで、電送現象で周囲の11人も感電して失神、おぼれた。《データ》死者6名、負傷者6名

8.22 作業現場足場落下(神奈川県川崎市川崎区水江町)　8月22日午後3時ごろ、神奈川県川崎市川崎区水江町の日立造船神奈川工場で、カーフェリー(6700t)の点検作業をしていた作業員5人が足場ごと海に転落、3人は自力で岸にたどり着いたが、残りの2名が水死した。《データ》死者2名

8.31 台風12号(北海道、北陸地方、九州地方)　8月31日未明、台風12号が対馬を通り、日本海を縦断して、同夜、秋田県沖で温帯低気圧になった。強い風を伴い、船の見回り中に飛んできた雨戸が当たるなど北海道、長崎で各2人、佐賀、石川で各1人など、24道府県で計6人が死亡し、179人が重軽傷を負った。このうち長崎では74人が死傷、船の被害917隻、農産物など被害総額は876億1800万円。北海道でも55人が死傷、船の被害1136隻と目立った被害となった。《データ》死者6名、負傷者179名、住宅全壊155棟、住宅半壊603棟、床上浸水138棟、床下浸水365棟、被害総額(長崎県のみ)876億1800万円

9.1 硫化水素中毒死(栃木県那須町)　9月1日、栃木県那須町の栃木不動産管理協同組合の温泉供給タンクで、清掃中の作業員3人が硫化水素中毒で死亡。1年以上検査をしなかったため、タンク内に硫化水素がたまっていた。《データ》死者3名

9.26 抗がん剤副作用死(全国)　9月26日、癌などの治療に用いる抗がん剤硫酸ペプロマイシンの副作用で、男性患者2人が死亡していたことが全国の医療機関からの報告をもとに厚生省がまとめた医薬品副作用情報でわかった。《データ》死者2名

10.17 台風19号(中国地方、四国地方、近畿地方、関東地方)　10月17日午前零時すぎ、台風19号が高知県室戸市付近に上陸したあと、播磨灘を経て、兵庫県加古川市付近に再上陸、さらに日本海を抜けて青森・秋田県境に上陸し、同夜9時すぎに温帯低気圧になった。上陸台風は2年ぶり、近畿上陸は8年ぶりで、24都道府県で9人が死亡し、20人が重軽傷を負った。《データ》死者9名、負傷者20名、住宅全半壊55棟、床上浸水4670棟、床下浸水2万266棟、被害総額286億円

10.22 セスナ機墜落(北海道札幌市東区)　10月22日午前11時55分ごろ、札幌市東区にあ

る銭湯「大倉湯」に朝日航空のセスナ機が墜落、機長ら3人が死亡した。　《データ》死者3名

11.16　三原山噴火(三原山)　11月16日午前10時47分、伊豆大島の三原山(758m)が噴火し、大島測候所で震度1(微震)を記録した。噴火は山頂の旧火山の通称「A火口」付近で起き、前年の大噴火以来1年ぶり。海上自衛隊の観測によると、噴煙は4300m上空まで達した。午前11時には火山灰が差木地、波浮地区に降り、火山弾による小規模な山林火災が山頂付近や南東1kmの地点など5ヶ所で起き、火口は50mの深さで陥没した。溶岩の流出が観測されなかったことから、山頂付近にたまったガスが爆発したものとみられる。この日、爆発は11時2分から午後3時46分にかけて3回あり、夜には火口の高熱の溶岩が雲に反射して、火口の縁が赤くはっきり見える「火映」現象も見えた。18日にも未明と午前の2回再噴火し、黒煙は一時2400mの高さに達した。爆発当時、山頂付近に観光客150人がいたが全員無事に下山した。

11.17　桜島南岳爆発(鹿児島県桜島南岳)　11月17日午後8時56分、鹿児島県の桜島南岳が爆発、火柱が約10秒間、1000m上空まで上がり、噴石も3合目まで降り注ぎ、雑木林の一部と付近にあった車10数台が炎上。この年70回目の爆発だが、噴火で火柱が1000mも上がったのは、鹿児島地方気象台が30年に観測を始めてから初めてのことだった。　《データ》車10数台炎上

12.17　千葉県東方沖地震(関東地方)　12月17日午前11時8分ごろ、関東地方を中心に東北から中国地方にかけ、強い地震があり、千葉、銚子、勝浦で震度5、東京、横浜、水戸などで震度4を記録、震源は千葉県東方沖約20kmで震源の深さ40km。千葉県市原市と茂原市で倒れたブロック塀の下敷きで2人が死亡したほか、千葉、東京、茨城で64人が負傷した。　《データ》死者2名,負傷者64名

この年　玄海原発細管腐食(佐賀県東松浦郡玄海町)　この年、佐賀県東松浦郡玄海町の玄海原発は、1号機の第9回定期検査で見つかった、緊急炉心冷却装置(ECCS)の余熱除去ポンプ主軸折れや、蒸気発生器の細管466本の腐食割れから、運転停止が149日間に及んだ。稼働力も59.3%で史上2番目の低さとなった。11月から行われた第10回点検でも、447本の細管割れが見つかっている。

この年　地下水汚染(熊本県)　この年、熊本市内の井戸水から、発ガン性の疑いのあるトリクロロエチレンなど有機塩素系溶剤が次々に検出された。クリーニングや金属の油落としに使われているもので、県の調査では熊本市外でも井戸から環境庁の暫定基準値の280倍もの溶剤が検出されたため、全域での井戸水の調査に着手。

昭和63年
(1988年)

1.5　ディスコ「トゥーリア」照明落下(東京都港区六本木)　1月5日午後9時40分ごろ、東京都港区六本木のディスコ「トゥーリア」で、吹き抜けの2階天井から釣り下げていた重さ2tの鋼鉄製大型照明装置が、8m下の1階フロアに落ちた。踊っていた男女17人が下敷きになるなどして3人が死亡し、14人が重軽傷を負った。　《データ》死者3名,負傷者14名

昭和63年(1988年)

2月	雪害(青森県)	2月、青森県下では屋根の雪下ろしなどの事故が41件発生しており、8人が死亡、34人が負傷している。当初、暖冬といわれていたため思わぬ被害となった。　《データ》死者8名,負傷者34名
2.12	血友病患者エイズ感染(全国)	2月12日、血友病のため、米国から輸入した血液製剤を投与されれた小学生がエイズによって死亡していたことが、血友病患者関係者の話でこの日、明らかになった。　《データ》死者1名
3.13−	青函トンネル内トラブル続発(青函トンネル)	JR津軽海峡線の青函トンネル内で3月13日の開業初日から故障が続出した。初日の13日から14日にかけ、貨物列車など上下6本が通過中、トンネル内の防災設備(列車火災検知器)が誤動作した。15日午前1時27分ごろ、札幌発上野行き寝台特急「北斗星6号」(11両)がトンネル内の竜飛海底駅から1kmの地点で突然ストップし約3時間後にけん引されてトンネルから引き出された。16日午後にも、上りの「北斗星6号」の無線が不通になり、17日にはATC(自動列車制御装置)が作動して、上り「海峡2号」の非常ブレーキがかかる騒ぎが起きるなど、21日までの約10日間に17件のトラブルが発生した。
5.3−	豪雨(九州地方)	5月3日から4日にかけて、九州北部を通過した温暖前線の影響で九州中・北部に雷を伴った、断続的な強い雨が降り、熊本、宮崎、長崎県で局地的に400mmを超す豪雨になった。鉄砲水や土砂崩れで、熊本県では6人、宮崎県で1人が死亡したほか、熊本で15人と、宮崎、長崎で各2人が重軽傷を負った。　《データ》死者7名,重軽傷者19名,住宅全半壊39棟,床上浸水2248棟,床下浸水4335棟
5.13	ダイオキシン汚染魚(東京都)	5月13日、環境庁の報告によると、隅田川河口で採取したボラ1検体からダイオキシン類のなかで最も毒性の強い2・3・7・8-TCDDが1ppt検出された。
5.18	ソ連客船火災(大阪府大阪市大阪港)	5月18日午前1時52分ごろ、大阪市の大阪港中央突堤に停泊中のソ連客船・プリアムーリエ(4870t)の船腹中央付近から火が出ているのを、近くの倉庫会社のガードマンが発見、消防車33台、消防艇10隻などで消火に当たったが、出火場所が最下部の客室で、階段が煙突状態になって燃えたため手間どり、17時間後にようやく鎮火した。船内をほぼ全焼、ソ連人の乗員、乗客424人のうち、11人が死亡、34人が重軽傷を負った。　《データ》死者11名,負傷者34名
6月	降灰(桜島南岳)	6月、鹿児島県の桜島南岳で活発な噴煙活動が続いた。鹿児島地方気象台の観測によると、鹿児島市内で15日午前9時からの24時間に、1m^{2}当たり1日降灰量としては観測史上最高の2671gを記録した。1月からのトータル降灰量も4536gになり、前年の年間量の3276gを上回った。
6.2−	豪雨(西日本)	6月2日から3日にかけ、近畿、中国、四国を中心に西日本地域に低気圧と前線の影響による豪雨が地域的に降り、がけ崩れの土砂に埋まったり、決壊しかかった堤防の補強作業をしていた消防団員が、濁流に落ちて死亡するなど兵庫で2人、大阪、和歌山、山口、香川で各1人が死亡した。　《データ》死者6名
6.23	排気ガス中毒死(北海道札幌市)	6月23日午前9時半ごろ、北海道札幌市の住宅で、子どもが2人死んでいるのが見つかった。原因は半地下式の車庫にエンジンを切り忘れて置いた車の排ガスが、上部の部屋に充満したため、中毒死したものとみられる。　《データ》死者2名

6.23 — 豪雨(愛媛県北宇和郡吉田町,徳島県,福岡県)　6月23日から24日にかけ四国地方を中心に、西日本で局地的な集中豪雨があり、愛媛県北宇和郡吉田町では、大雨でゆるんだ地盤が、幅30m、高さ100mにわたって崩れ、木造2階建ての住宅1棟を押しつぶし、一家7人のうち3人が死亡し、4人がけがをするなど、同県で計4人が死亡したほか、愛媛県で13人、福岡で2人、徳島で1人の計16人けがをした。《データ》死者4名,負傷者16名

6.25　米軍ヘリコプター墜落(愛媛県西宇和郡伊方町)　6月25日午前10時50分ごろ、愛媛県西宇和郡伊方町の山中に米軍普天間基地(沖縄)所属の大型ヘリコプター、シースタリオンが墜落し、乗っていた米兵7人が死亡した。現場は四国電力伊方発電所(原発)の南東約17.5kmで、原発の周辺上空の飛行が問題化した。《データ》死者7名

7.7 — 集団菌食中毒(北海道)　7月7日ころから、北海道室蘭市で学校給食センターの給食が原因と見られる食中毒が発生、市内の14の小学校で児童からサルモネラ菌が検出された。その後、千歳市や苫小牧市の小中学校、陸上自衛隊の駐屯地でも発生していることがわかり、22日夕方までに患者数は8818人となった。《データ》食中毒者8818名

7.10　セスナ機墜落(埼玉県入間郡毛呂山町)　7月10日午後4時半ごろ、埼玉県入間郡毛呂山町との境にある物見山(375m)に、大島から比企郡川島町の民間飛行場に戻る途中のセスナ機が墜落、乗員6人全員が死亡した。《データ》死者6名

7.13 — 豪雨(西日本)　7月13日から30日にかけ、日本列島に梅雨前線が居すわって戻り梅雨になり、西日本を中心に局地的に豪雨になった。広島県加計町では、21日午前3時ごろに土石流が発生し、谷沿いの2つの集落のうち28戸が流失したり、全壊して10人が土砂などの下敷きで死亡。また隣の戸河内町の国道で避難中の車が決壊した川に突っ込んで流され、3人が死亡した。三重県では、14日午前9時40分ごろ鳥羽市の国道で、車が濁流で水田に流されて一家3人が死亡し、島根県浜田市で15日午前6時ごろ裏山が崩れて家ごと土砂に埋まって1人が死亡し、3人が行方不明になった。被害は九州から東北まで27府県に及び、広島で14人が死亡したほか、島根で2人が死亡し、4人が行方不明になり、三重で4人、福岡で2人がそれぞれ死亡するなど、死者22人、行方不明4人、負傷者45人が出た。《データ》死者22名,行方不明者4名,負傷者45名,住宅全壊117棟、半壊199棟、流失17棟、床上浸水2474棟、床下浸水7588棟、山,がけ崩れ1605ヶ所,停電420戸

7.15　多重衝突炎上事故(広島県吉和村)　7月15日午後9時20分ごろ、広島県吉和村の中国自動車道境トンネルの上り線で、クレーン車がスリップして横転、車線をふさいだところに、後続の乗用車やトラック9台が次々に追突。その際、先頭近くの乗用車から出火、11台が炎上し、6人が焼死、5人が重軽傷を負った。原因は下り坂でスピードが出やすかった上、雨でトンネル内もぬれてブレーキがききにくく、トンネルがカーブしていて前が見にくかった、などの悪条件が重なったためとみられる。《データ》死者6名,負傷者5名,車両11台炎上

7.23　第一富士丸・潜水艦なだしお衝突(神奈川県横須賀港沖)　7月23日午後3時38分ごろ、神奈川県横須賀港沖の東京湾で、海上自衛隊第2潜水隊所属の潜水艦「なだしお」(2200t)と富士商事所属の大型釣り船第一富士丸(154t、乗員9人、乗客39人)が衝突し、第一富士丸が沈没。近くを通ったタンカーやヨットなども救助に加わり、

昭和63年(1988年)

　　　　釣り客と乗員19人を助けたが、うち1人は同夜死亡し、残りの29人も27日未明に海底から引き揚げられた第一富士丸から全員が遺体で収容された。また事故当初、なだしおが釣り客を救助しなかったことや、艦長が航海日誌を改ざんしたことなどがわかり非難をあびた。　《データ》死者30名、船舶1隻沈没

8月　　地下水汚染(千葉県君津市)　8月、千葉県君津市で市営水道の水源や一般家庭の飲用水として使われている地下水が、発がん物質の有機塩素系溶剤・トリクロロエチレンで汚染されていたことが明らかになった。汚染源と見られる東芝コンポーネンツ君津工場は、汚染水の浄化装置設置や調査などの対策費を負担することで、市と合意している。汚染の事実は前年3月の市の調査でわかったが、1年半もの間公表されなかった。前年の調査では、対象の7本中2本の井戸から暫定基準の80倍の濃度のトリクロロエチレンを検出。さらに、前年5月とこの年の6月にも調査したところ、43本の井戸のうち10本で基準を上回り、最高濃度は、基準の237倍にあたる7.1mg/lだった。また、市の改善指導を受けて、改善中の同工場の施設で前年の11月、トリクロロエチレン100lが漏れ、40lが地中に浸透するという漏えい事故が起きていたことも明らかになった。

8月　　放射能汚染土砂投棄(岡山県苫田郡上斎原村)　8月、日本で初めてウラン鉱床が発見された苫田郡上斎原村の人形峠近くの山中で、動力炉・核燃料開発事業団人形峠事業所がウラン採掘の際の土砂を30年近く野積みのまま投棄、国の被曝基準を上回る放射線が出ているのがわかった。

8.11　　豪雨(千葉県木更津市真里谷地区)　8月11日、千葉県木更津市真里谷地区で、200mmを超す局地的豪雨が降ったため、山崩れが起こり、住宅1件が土砂で埋まり、夏休みで里帰りしていた孫2人が生き埋めになった。雨が降り続けたため、救助作業に手間どり、2人は20時間後に、遺体で発見された。《データ》死者2名

8.11－　豪雨(九州地方、関東地方、中部地方、四国地方)　8月11日から15日にかけて、九州北部から東北で熱帯低気圧による大雨が断続的に降り、21都府県で被害が出た。11日、千葉県木更津市では小学生2人が死亡し、5人が重軽傷を負った。12日午後には、岐阜県上宝村で、釣り人2人が増水した川に流されて1人が死亡、1人が行方不明になり、高知県大月町では国道を走っていた乗用車を、がけから崩れた大石が直撃、2人が死傷した。合わせて千葉、高知、岐阜、徳島で死者6人、行方不明1人、重軽傷者9人が出た。　《データ》死者6名、行方不明者1名、重軽傷者9名、住宅全半壊3棟、床上・床下浸水747棟

8.25－　豪雨(北海道)　8月25日から26日かけて北海道に発達した前線が停滞、道中央、西部を中心に激しい雨を降らせた。24日正午から26日正午までに空知支庁の沼田で425mm、桜山で252mm、留萌で155mmと、56年8月の豪雨以来の記録になった。各地でがけ崩れが起き、道路、鉄道、河川が寸断され、留萌市で7000人など1市5町に避難命令が出された。広範囲で住宅が床上・床下浸水したほか、農作物への被害は62市町村に及び、留萌市など1市2町に国の災害救助法が適用された。　《データ》床上・床下浸水6400戸

8.28－　集中豪雨(岩手県)　8月28日から31日にかけて、岩手県中・南部を中心に集中豪雨があり、田畑3000haが冠水、1000世帯近くが床上・床下浸水するなどした。《データ》田畑冠水3000ha、床上・床下浸水約1000世帯、被害総額320億円

8.31 工事用エレベーター落下(大阪府大阪市曽根崎新地) 8月31日午後1時15分ごろ、大阪市曽根崎新地のビル新築工事現場で、工事用エレベーターが4階部分から約20m下の地下2階に落下、乗っていた作業員7人のうち3人が死亡、4人が重軽傷を負った。箱の上にあるモーターで歯車を回し、側壁のレールとかみ合わせて昇降する仕組みで、箱がモーター部分からはずれたことが原因とみられる。 《データ》死者3名,負傷者4名

9.15 台風18号(関東地方) 9月15日未明、大型で強い台風18号が八丈島南海上から関東をかすめて北上した。関東を中心に局地的に100mm前後の雨が降った。神奈川と静岡で、海岸を見回り中の人など3人が高波にさらわれて死んだり、行方不明になったほか、13人が重軽傷を負った。 《データ》死者・行方不明者3名,重軽傷者13名

10.6 日本脳炎患者(長崎県) 10月6日、長崎県で日本脳炎患者が全国一の14人(真性8人、擬似6人)となり、46年以降最高を記録し、うち1人が死亡した。 《データ》患者14名(うち1名死亡)

12.5 JR中央線電車追突(東京都中野区東中野) 12月5日午前9時40分ごろ、東京都中野区東中野4丁目のJR中央線東中野駅1番線ホームで、停車中の西船橋発中野行き下り電車に後続の千葉発中野行き電車が追突した。両電車の一部が脱線し、車両の間にはさまれた男性乗客と運転士の2人が死亡。双方の乗客合わせて116人が重軽傷を負った。ATS(自動列車停止装置)が作動し、後続電車の運転席に異常接近を知らせる警報ブザーが鳴った後、運転士は非常ブレーキのかからないよう、運転席の確認ボタンを押した事実が判明。 《データ》死者2名,負傷者116名

昭和64年,平成1年
(1989年)

1月- おたふくかぜ大流行(全国) おたふくかぜが全国的に流行、山形、富山、愛媛、福岡などがいずれも一定点(医療機関)当たり100人を突破、福島、福井、長野、静岡、佐賀、熊本、鹿児島などでも多さが目立った。大半が1歳~9歳の子どもだが、例年に比べて5歳~9歳の年長児の割合が多かった。 《データ》患者13万人

1.20 竜巻発生(神奈川県綾瀬市) 1月20日午後1時半ごろ、神奈川県綾瀬市南部の吉岡地区で竜巻が発生、住民1人が軽いけがをしたほか、建物61棟が壊れ、車両26台と農作物にも被害が出た。 《データ》負傷者1名,家屋損壊61棟,車両26台被害

2.2 高速艇防波堤に激突(兵庫県津名郡津名町) 2月2日午後6時40分ごろ、兵庫県津名郡津名町の津名港で、共同汽船の高速艇「緑風」(87トン)が港入り口の防波堤に激突、乗客2人が死亡、16人が重軽傷を負った。原因は操船ミスとみられる。 《データ》死者2名,負傷者16名

2.16 ビル火災(大阪府大阪市中央区) 2月16日午前5時45分ごろ、大阪市中央区難波、福寿ビル1階の中華料理店の調理場付近から出火、最上階の6階まで燃え広がり、各階計約160m^{2}が焼けた。男性2人、女性1人が焼死。 《データ》死者3名,焼失面積160m^2

2.16 インド貨物船ジャグ・ドゥート爆発・炎上事故(神奈川県横浜市神奈川区) 2月16

昭和64年, 平成1年 (1989年)

日午後3時20分ごろ、神奈川県横浜市神奈川区橋本町のNKK鶴見製作所「浅野ドック」で、第2ドックで定期検査中のインド船籍の貨物船ジャグ・ドゥート (13392トン) のエンジンルームが爆発、炎上した。この火災で、エンジンルーム内に閉じ込められた日本人作業員全員が焼死するなど12人が死亡、11人が重軽傷を負った。原因は火気作業禁止区域で使用していたガスバーナーの火が燃料タンク付近に発生していた廃油の気化ガスに引火したらしい。《データ》死者12名, 負傷者11名

3.8 　強風タンカー横倒し (富山県富山市)　3月8日午前1時25分ごろ、富山県富山市岩瀬古志町の富山港沖で、停泊していた昭和油槽船所属のタンカー昭隆丸 (1993トン) が、強風で流されて消波ブロックに激突、横倒しとなった。船からの無線連絡で、海上保安部や航空自衛隊などが救助にあたったが、3人が高波にさらわれ、2人が水死、1人が行方不明になった。助かった7人もけがをした。《データ》死者2名, 負傷者7名, 行方不明者1名

3.14− 　化学タンカー炎上 (千葉県野島崎海上)　3月14日午前5時45分ごろ、千葉県野島崎の東南東約100kmの海上で、川崎港に向かっていたリベリア船籍のケミカルタンカー「マースグサール」(23038t) が火災を起こしているのを、近くで訓練中の海上自衛隊第1護衛隊の護衛艦が発見した。海上保安庁のヘリコプターや自衛艦が現場に向かい消火・捜索活動を行ったが、メタノール、エチレンなどを大量に積んでおり近づけないまま、爆発、炎上を繰り返し、1～2ノットの速力で北北東方向に漂流、5日後の3月19日午後4時40分ごろ、犬吠埼の南東約390kmで乗員23人とともに沈没した。《データ》行方不明者23名, 船舶1隻沈没

4.24 　瀬渡し船転覆 (福岡県玄界灘)　4月24日午前10時ごろ、福岡県の玄界灘で、釣り客9人を乗せた瀬渡し船第2海王丸 (9.44トン) が転覆、1人は救助されたが、4人が死亡、5人が行方不明となった。事故当時、現場付近は強風で大シケだった。《データ》死者4名, 行方不明者5名

5.8− 　薬害エイズ訴訟 (全国)　5月8日、血友病患者2人が、国と製剤を販売した「ミドリ十字」、「バクスター」の2社を相手取り、総額2億3000万円の損害賠償を求める訴訟を大阪地裁に起こし、6年11ヶ月後の平成8年3月29日、国と製薬会社が責任を認める形で和解が成立した。このエイズウイルスが混入している輸入血液製剤は、血友病患者2600人以上に投与され、約1800人が感染、400人以上が死亡した。《データ》死者400人以上, 感染者約1800人

5.22 　建築現場土砂崩れ (神奈川県川崎市宮前区)　5月22日午後1時15分ごろ、神奈川県川崎市宮前区野川の「野川健康センター」建築現場で、土砂が崩れ出し、基礎工事をしていた作業員4人が生き埋め、3人が倒れてきた鋼材などで吹き飛ばされるなどして、5人が死亡、2人が重軽傷を負った。崩れ落ちた部分の土砂を支えるための鋼材が倒れていることなどから、鋼材の設置や補強方法に問題があったらしい。《データ》死者5名, 負傷者2名

5.30 　米海ヘリコプター墜落 (沖縄県喜屋武岬南東沖)　5月30日午後11時ごろ、沖縄本島南部・喜屋武岬の南東約17kmの太平洋に、夜間作戦訓練中の米海兵隊普天間基地所属のCH46ヘリコプターが墜落、水没した。米軍、海上保安庁、航空自衛隊が捜索、隊員8人を救助したが、残る14人が行方不明になった。《データ》行方不明者14名

昭和64年, 平成1年（1989年）

7.6　ヘリコプター墜落（静岡県静岡市）　7月6日朝、静岡市から伊東市川奈のゴルフ場に飛び立った3人乗りのヘリコプターが同市岡の山林に山林に墜落、大破し、3人とも死亡した。　《データ》死者3名

7.16　がけ崩れ（福井県丹生郡越前町）　7月16日午後3時半ごろ、福井県丹生郡越前町玉川で、海岸沿いを走る国道305号の山側斜面が崩れ落ち、通行中の観光マイクロバスと乗用車、ワゴン車の計3台が土砂や岩石の直撃を受、マイクロバスが土砂に埋まり15人が死亡、駐車していたワゴン車と乗用車は釣り客の車で無人だった。現場の防護柵は100トンの衝撃に耐えられる設計だった。　《データ》死者15名

7.27－　台風11号（九州地方）　7月27日深夜、鹿児島県大隅半島に台風11号が上陸、翌28日にかけて九州西南部を中心に強い風雨となり、長崎、熊本、宮崎、鹿児島などで被害が続出、死者3名、負傷者20名を出した。　《データ》死者3名, 負傷者20名, 全壊家屋11棟, 床上浸水596棟

7.31－　豪雨（関東地方）　7月31日から8月2日にかけて、関東全域で雨が降り、各地で1日の雨量が200mmを超え、千葉県鋸南町では31日の降り始めから2日午前零時までの総雨量が443mmと銚子地方気象台の観測史上最高を記録した。またこの雨で土砂崩れや増水などが続出、11人が死亡し、17人が重軽傷を負った。　《データ》死者11名, 負傷者17名, 全半壊家屋23棟, 床上浸水2039棟, 床下浸水5078棟, がけ崩れ298ヶ所

8.2　花火爆発（神奈川県横浜市中区）　8月2日午後8時10分過ぎ、横浜市中区山下町の山下公園で行われていた花火大会で、沖合約350mの台船上の打ち上げ花火の筒下部から火が噴き出し、花火約360発に次々と引火、爆発した。この事故で花火業者2人が死亡、7人が重軽傷を負った。　《データ》死者2名, 負傷者7名

8.6－　台風13号（関東地方, 東北地方）　8月6日午後、千葉県銚子付近に台風13号が上陸、関東、東北地方を縦断し7日に日本海へ抜けた。この台風で河川の氾濫や土砂崩れなどが発生、東北地方を中心に大きな被害となり、死者13人、行方不明者2人、負傷者25名を出した。　《データ》死者13人, 行方不明者2人, 負傷者25名, 全半壊家屋66棟, 流失家屋10棟, 床上浸水1718棟

8.18　亜硫酸ガス中毒（福島県いわき市）　8月18日午後6時50分ごろ、福島県いわき市小名浜の東邦亜鉛小名浜製錬所の亜硫酸ガス製錬施設建屋で、有害物除去のための電気集じん器を点検中の作業員3人が亜硫酸ガス中毒で倒れ、2人が死亡、1人は軽い症状だった。　《データ》死者2名, 負傷者1名

8.25－　台風17号（北海道, 東北地方, 中部地方, 関東地方, 近畿地方）　8月25日、宮古島の北東約40kmで弱い熱帯低気圧が中型の台風17号となり、27日に高知県室戸市付近に上陸、近畿、北陸、東北、北海道と各地を縦断した。九州を除く31都道府県で被害が出、死者6名、負傷者11名となった。　《データ》死者6名, 負傷者11名, 床上浸水247棟, 床下浸水1478棟

9月　狩野川シアン検出（静岡県）　9月、静岡県の狩野川上流で、数万匹のアユが死んでいた。漁協が調査した結果、死んだアユからシアン化合物を検出、支流の持越川の上流にある工場から、薬品が流れ込んだらしい。　《データ》アユ数万匹

9.5　ヘリコプター墜落（福井県小浜市沖合）　9月5日午後2時5分ごろ、福井県小浜市岡津の鯉川海水浴場沖合約1.2kmの小浜湾に、朝日航洋の4人が乗ったベル214B型双発

昭和64年, 平成1年 (1989年)

ヘリコプターが墜落、水没し、2人が行方不明、2人は漁船に救助されたが、1人が重傷、1人が軽いけがをした。《データ》行方不明者2名, 負傷者2名

9.13　土砂崩れ(長崎県新魚目町)　9月13日午前0時半ごろ、長崎県新魚目町丸尾郷で、民家の裏山が高さ100m、幅40mにわたって崩れ、木造2階建ての家屋が全壊、4人が生き埋めとなり全員死亡した。《データ》死者4名, 全壊1棟

9.14　南大夕張砿崩落事故(北海道夕張市)　9月14日午後6時50分ごろ、北海道夕張市の三菱南大夕張砿の採炭現場で崩落事故が起こり、採炭員2人が生き埋めとなり、死亡した。現場は坑口から約5040m、地表下約550mの本層2号と呼ばれる採炭現場。《データ》死者2名

9.19―　台風22号(関東地方, 中部地方, 近畿地方, 中国地方, 四国地方, 九州地方)　9月19日、鹿児島に台風22号が上陸、日本列島南岸沿いに進み20日に伊豆半島に再上陸した。この台風の接近により、各地で強い雨が降り、北海道を除く36都府県で死者9名、負傷者9名などの被害がでた。《データ》死者9名, 負傷者9名, 床上浸水530棟, 床下浸水5162棟, がけ崩れ786ヶ所

10.4　放射性ヨウ素大量放出(茨城県東海村)　10月4日、茨城県東海村にある動力炉・核燃料開発事業団の東海再処理工場から放射性物質のヨウ素129が通常の10倍も放出されていたことがわかり運転を緊急停止した。動燃では「従業員に被曝はなく、周辺環境への影響も無視できる」としているが、運転再開から1週間で放出された放射線量は前年度1年分に相当する。原因はヨウ素を吸収、除去した水などがバルブの接続部から漏れていたため。

10.20　工場火災(岐阜県岐阜市)　10月20日午後11時半ごろ、岐阜市石谷のプラスチック成型・神具部品製造の工場兼宿舎から出火、延べ500m^2 が全焼し、従業員男性2人が焼死した。《データ》死者2名, 全焼1棟, 焼失面積500m^2

11.5　曲技飛行機墜落(東京都立川市)　11月5日午後2時40分ごろ、東京都立川市の陸上自衛隊立川駐屯地で、曲技飛行のため離陸した本田航空所属の軽飛行機が、離陸後間もなく墜落、乗員2人が死亡した。この日は、創立16周年記念祭で駐屯地を一般開放、航空ショーなどが行われ、約5000人の人出でにぎわっていた。《データ》死者2名, 航空機1機墜落

11.21　タイル外壁落下(福岡県北九州市小倉北区)　11月21日、福岡県北九州市小倉北区の住宅・都市整備公団の団地で、地上30mのタイル外壁が幅4m、高さ5mにわたって崩れ落ち、下にいた歩行者を直撃、2人が死亡、1人が重傷を負った。《データ》死者2名, 負傷者1名

この年　二酸化窒素濃度(全国)　日本、スウェーデン、ユーゴスラビア、中国の4国で比較すると、日本の家の中は二酸化窒素の濃度がずば抜けて高いことが、世界保健機関などの準備調査で明らかになった。原因は石油ストーブや温沸かし器などで、家の気密性の向上にも問題があり戸外よりずっと汚染度が高い。調査は「たばこを吸わない女性」15人前後を対象にして冬期の1週間の二酸化窒素を測定、日本は平均値でみると、一番高かった台所で58ppb、次いで居間35ppb、外気は23ppb、寝室が17ppbで、スウェーデンの10倍、中国と比べても1.5倍の濃度だった。

この年　PCB検出(関東地方, 東北地方)　10月16日、東京電力と東北電力は電柱に取り付け

た配電用変圧器内の絶縁油から有害物質のポリ塩化ビフェニール（PCB）が検出されたと発表。混入の経路、汚染された変圧器の数量などは分かっていないが、1万2500台を取り換えることにした。残留PCB問題の報道などをきっかけに再生処理をした絶縁油の検査をしたところ、サンプルの2件とも15—18ppmのPCBを含有していた。

この年　**ゴルフ場汚濁物質**（滋賀県甲賀郡）　ゴルフ場から流れ出る水の汚濁物質は、山地の渓流の約7倍で農薬も検出されることが、滋賀県立短大の調査でわかった。滋賀県甲賀郡内で間測定した結果、流域1haあたりのCOD（化学的酸素要求量）物質の年間流出量は山林15kg、ゴルフ場105kgで廃水、農薬や肥料が影響している。

この年　**酸性霧**（北海道, 群馬県, 神奈川県）　工場の煙や自動車の排ガスなどを取り込んだ「酸性霧」が群馬県・赤城山系などで発生していることが調査で明らかになった。赤城山系では霧の水素イオン指数（pH）は3～4台で、料理用酢より酸性度が強いpH2.9を記録したこともある。また、北海道苫小牧市の樽前山ろくでは霧のpHは平均で4前後、神奈川県・丹沢山地の大山南斜面でも霧の平均pHは3.57で、最低は2.93だった。

この年　**酸性霧**（中国地方, 四国地方）　瀬戸内海沿岸の松枯れ現象は酸性霧の影響が濃厚という調査結果が発表された。水滴が細かく、長時間空中に漂う霧は時に雨の100倍の酸性度になるといわれる。広島湾周辺では10年前からpH3.5～4.5の酸性雨が観測されており、人工衛星ランドサットのデータで1km区画ごとの分析と現地踏査の結果、硫黄酸化物、窒素酸化物が粒子の細かい霧に凝縮され、夜露になって松に付着したらしいことがわかった。

平成2年
（1990年）

1.15　**雪崩**（北海道後志支庁）　1月15日2時12分ごろ、北海道後志支庁ニセコ町のニセコアンヌプリにあるニセコ東山スキー場で雪崩が起き、スキー客5人が巻き込まれ、2人が死亡した。《データ》死者2名, 行方不明者1名

1.29　**瀬渡し船沈没**（三重県度会郡南勢町）　1月29日午前7時30分ごろ、三重県度会郡南勢町相賀浦近くの止ノ鼻付近の海上で、瀬渡し船第2おしだ丸（2.4トン）が転覆、18人が海に投げ出され、2人が死亡した。転覆した第2おしだ丸の定員は、船長を含めて13人で、定員オーバーが原因とみられる。《データ》死者2名

2.11　**鉄砲水**（長野県北安曇郡小谷村）　2月11日午後2時40分ごろ、長野県北安曇郡小谷村の栂池高原スキー場内で鉄砲水が発生、スキー客2人が巻き込まれ、2人が死亡した。《データ》死者2名

2.19　**竜巻**（鹿児島県枕崎市）　2月19日午後3時15分ごろ、鹿児島県枕崎市西鹿篭立神地区で竜巻が発生、4kmを走り、1人が飛んできたかわらが当たり死亡、小学生など13人が頭や顔などに負傷した。家屋などの被害は275戸で、全壊17戸、半壊32戸、窓ガラスが割れたりかわらが吹き飛んだ家屋226戸となっている。《データ》死者1名, 負傷者13名, 家屋損壊275棟

3.4　**建設現場土砂崩れ**（熊本県球磨郡湯前町）　3月4日午後4時20分ごろ、熊本県球磨郡

平成2年(1990年)

湯前町仁原の国有林内のえん堤建設現場で、山側が高さ6m、幅10mにわたって崩れ、建設会社作業員3人が生き埋めになり2人が死亡、1人が重傷を負った。《データ》死者2名,負傷者1名

3.5 **作業員電車にはねられる**（東京都新宿区） 3月5日午前0時15分ごろ、東京都新宿区新宿、JR新宿駅8番ホームの東端付近で、作業員2人が中央線最終電車にはねられて死亡した。 《データ》死者2名

3.18 **尼崎の長崎屋火災**（兵庫県尼崎市） 3月18日午後零時35分ごろ、兵庫県尼崎市神田北通のスーパー「長崎屋尼崎店」4階の寝具・インテリア売り場付近から出火、4階部分約950m^{2}がほぼ全焼、15人が一酸化炭素などで死亡、6人が重軽傷を負った。《データ》死者15名,負傷者6名,焼失面積約950m^2

4.20 **阿蘇中岳噴火**（熊本県阿蘇中岳） 4月20日午後5時8分、熊本県の阿蘇中岳が噴火、黒灰色の噴煙を火口淵から高さ500mまで噴き上げた。約1時間後には、火山雷も発生、ふもとの阿蘇郡阿蘇町や一の宮町一帯が火山灰の影響で停電になった。噴火は2月7日以来でこの年4回目。

4.22 **モーターボート転覆**（千葉県山武郡九十九里町） 4月22日午前11時55分ごろ、千葉県山武郡九十九里町の沖合で、11人が乗った釣り用大型モーターボート「ウタワ号」が横波を受けて転覆、全員が海に投げ出され、6人が死亡、1人が行方不明となった。《データ》死者6名,行方不明者1名

5.1 **桜島噴煙**（鹿児島県桜島南岳） 5月1日午後1時35分、鹿児島県の桜島南岳が爆発、上空2500mまで噴煙を噴き上げ約4km離れた鹿児島市街地に大量の火山灰を降らせた。この爆発による空振で、桜島のふもとにある桜島病院のドアや窓ガラスなど計7枚にひびが入ったほか、県庁や市役所、県警本部でも、窓ガラスがひび割れした。

5.15 **簡易宿泊施設全焼**（東京都立川市） 5月15日午前3時ごろ、東京都立川市曙町で火災があり、簡易宿泊施設「終日ハウス」が全焼、逃げ遅れた3人が焼死し、7人が重軽傷を負った。 《データ》死者3名,負傷者7名

5.22 **陸上自衛隊トラック炎上**（静岡県浜松市） 5月22日午前10時45分ごろ、静岡県浜松市坪井町の国道1号を走行中の陸上自衛隊第10師団35普通科連隊のトラックから出火、荷台部分が全焼し、荷台に乗っていた自衛隊員3人が死亡、3人が全身やけどなどで重傷を負った。隊員が所持していた迫撃砲弾用の固形装薬にたばこの火が引火したことが原因とみられる。 《データ》死者3名,負傷者3名

6.7 **貨物船・漁船衝突**（伊豆七島・三宅島） 6月7日午後1時20分ごろ、伊豆七島・三宅島の東方で、カツオ一本釣り漁船第8優元丸（59.79トン）とノルウェー船籍の貨物船ノーバル・チェリー（10986トン）が衝突、第8優元丸が沈没、船長が重傷、11人が行方不明となった。 《データ》負傷者1名,行方不明者11名,船舶1隻沈没

6.12 **豚の伝染病オーエスキー大量発生**（熊本県阿蘇郡一の宮町） 6月12日、熊本県阿蘇郡一の宮町の農家で、ウイルスによる豚の急性伝染病「オーエスキー病」に277頭が感染した。オーエスキー病は、家畜伝染病予防法で届け出伝染病に指定されており、生後20日までの子豚の場合、7割前後が死ぬといわれ、治療薬はまだない。《データ》感染豚277頭

6.16 **竜巻**（東京都田無市） 6月16日午前11時半ごろ、東京都田無市と保谷市で竜巻が発

生、電子部品工場が半壊して作業員5人が負傷したほか、両市で住宅約30戸の屋根やガラスが壊れ、1人が負傷、約2700戸が停電した。　《データ》負傷者6名

6.28- **豪雨**（九州地方）　6月28日から7月3日にかけて、九州地方を中心に豪雨となり、九州各地では土石流やがけ崩れなどが発生、17府県で被害を出し、死者27人、負傷者26人となった。　《データ》死者27名, 負傷者26名, 家屋全半壊248棟, 床上浸水1万4581棟, 床下浸水1万6753棟, 農作物827億円

7月　**赤潮発生**（熊本県天草郡）　7月、熊本県天草郡御所浦町を中心とする八代海のほぼ全域で赤潮が発生、養殖ハマチ約9万匹が被害を受けた。熊本県水産研究センターの調査では、7月4日に初めて観測されてから24日までにわかった被害で、豪雨による海水の塩分濃度低下で発生しやすい状況になったらしい。

7月- **鶏大量死**（近畿地方）　7月から8月15日までに、猛暑が続く近畿地区の養鶏農家で、ブロイラーや採卵鶏など、鶏の大量死が相次ぎ、2府4県の管内で約11万7000羽の鶏が"熱射病"で死亡、被害総額は約5500万円。　《データ》被害総額約5500万円

7.1　**土石流**（大分県竹田市）　7月1日午後1時ごろ、大分県竹田市入田小高野の県道で、山の斜面から捨てられていた土砂が流れ出し、道路沿いの住宅を直撃、3人が生き埋めとなり死亡した。　《データ》死者3名

7.31　**土砂崩れ**（鳥取県東伯郡三朝町）　7月31日午後1時半ごろ、鳥取県東伯郡三朝町三徳の農道工事現場で土砂崩れが発生、作業員6人が土砂の下敷きとなり、4人が死亡、2人が重軽傷を負った。　《データ》死者4名

8.1　**ヘリコプター墜落**（神奈川県箱根町）　8月1日午前10時に東京都江東区の東京ヘリポートを離陸、神奈川県箱根町の箱根ゴルフ場へ向かっていたヘリコプター「シコルスキー式S-76A型」箱根町の二子山山中に墜落して炎上、2人が死亡した。《データ》死者2名

8.22　**一酸化炭素中毒死**（長野県上水内郡豊野町）　8月22日午後、長野県上水内郡豊野町浅野の建設会社社長旧宅の古井戸を埋める作業中、井戸の中に下りた社長と作業員2人が一酸化炭素中毒で死亡、作業員1人と社長の息子が酸欠、中毒状態になった。《データ》死者3名, 負傷者2名

8.29　**下水道で酸欠**（宮崎県宮崎市）　8月29日午後2時10分ごろ、宮崎市谷川の県道マンホールで、下水道の測量作業をしていた男性と助けに入った建設会社員が酸素欠乏症のため死亡した。　《データ》死者2名

9月　**ティラミスで食中毒**（広島県）　9月、広島県広島市の洋菓子店が販売した生菓子「ティラミス」が食中毒を引き起こし、15日までに、患者は広島を含め大阪、神奈川、山口、香川など9府県で578人に達し、うち68人が入院した。　《データ》患者578名

9.6　**火薬爆発**（佐賀県東松浦郡北波多村）　9月6日午後4時45分ごろ、佐賀県東松浦郡北波多村成渕の花火製造会社「唐津煙火」成渕工場の火薬配合室で爆発があり、配合室が全壊、従業員2人が爆風で死亡した。爆発後、火薬庫が燃えだし全焼したが、火薬には引火しなかった。　《データ》死者2名, 火薬庫全焼

9.10　**窓清掃中ゴンドラ転落**（千葉県千葉市）　9月10日午前10時50分ごろ、千葉市栄町の

平成2年(1990年)

住友商事ビルで、電動ゴンドラに乗って6階付近のガラス磨きをしていた作業員2人がゴンドラごと転落、死亡した。《データ》死者2名

9.11— 台風19号(全国) 9月11日から20日にかけて、台風19号が日本列島を縦断、44都道府県で被害を出し、死者41人、負傷者114人となった。《データ》死者41名、負傷者114名、家屋全半壊519棟、床上浸水7195棟、床下浸水3万3822棟

9.19 竜巻(栃木県宇都宮市) 9月19日午後10時15分ごろ、栃木県下都賀郡壬生町から宇都宮市南部にかけて竜巻が発生、213棟が全半壊し、12人が軽傷、約3000世帯で停電となった。《データ》負傷者12名、全半壊213棟

9.23— 台風20号(九州地方、関東地方、中部地方、近畿地方) 9月23日から10月1日にかけて、台風20号が日本列島を横断、26都道府県で被害を出し、死者5人、行方不明者1人、負傷者23人となった。《データ》死者5名、行方不明者1名、負傷者23名、家屋全半壊48棟、床上浸水3279棟、床下浸水1万747棟

10.8 台風21号(近畿地方、中国地方、四国地方、九州地方) 10月8日朝、台風21号が紀伊半島に上陸、22府県で死者4人、負傷者19人の被害となった。台風19号から3回続けての上陸となった。《データ》死者4名、負傷者19名、床上浸水50棟、床下浸水1115棟

10.8 落石事故(徳島県鳴門市) 10月8日9時50分ごろ、徳島県鳴門市北灘町烏ケ丸の国道11号で、直径1.2mほどの岩が奈良交通京都支社の大型観光バスを直撃、3人が死亡、11人が重軽傷を負った。事故直後、運転手が死亡したため、バスが100mほど暴走したが乗客がサイドブレーキをかけ停車させた。《データ》死者3名、負傷者11名

10.29 清掃作業死亡(神奈川県川崎市川崎区浮島町沖) 10月29日午後1時45分ごろ、川崎市川崎区浮島町沖約220mの海上で、地盤改良作業船「デコム7号」のコンクリートミキサー内で清掃作業中の2人が、突き出したミキサーに巻き込まれて死亡した。原因は船内の操作室にいた作業員が、清掃中であることを知らないでミキサーのスイッチを入れたため。《データ》死者2名

11.4— 集中豪雨(北海道、東北地方、中部地方) 11月4日から5日にかけて、北日本は台風並みの低気圧通過による集中豪雨のため、12道県で被害を出し、死者7人、行方不明者1人、負傷者10人となった。《データ》死者7名、行方不明者1名、負傷者10名、家屋全半壊15棟、床上浸水352棟、床下浸水2204棟

11.17 雲仙・普賢岳噴火(長崎県雲仙普賢岳) 11月17日午前7時半すぎ、長崎県南高来郡小浜町の雲仙・普賢岳が約200年ぶりに噴火した。福岡管区気象台に入った連絡では、噴煙が見られたのは地獄跡火口と九十九島火口の計2ヶ所で、噴煙の高さは地獄跡火口が100から300mで、直径約3cmの土石が高さ15m前後まで上がった。

11.17 小型機墜落(鳥取県鳥取市) 11月17日午後6時20分ごろ、鳥取空港から南約1kmの鳥取市布勢の畑地に、小型機パイパーPA46-310Pが墜落し、3人が死亡した。《データ》死者3名

11.30 台風28号(北海道、東北地方、中部地方、関東地方、近畿地方) 11月30日、台風28号が紀伊半島に上陸、25都道府県で負傷者9人などの被害となった。《データ》負傷者9名、家屋全半壊6棟、床上浸水187棟、床下浸水1162棟

12.11 竜巻(千葉県茂原市) 12月11日、千葉県茂原市など6ヶ所で竜巻が発生、飛んでき

たかわらやガラスなどで78人が重軽傷を負ったほか、家屋の全壊が68戸、半壊126戸、一部損壊1244戸が被害を受けた。　《データ》負傷者78名, 損壊家屋1438戸

12.17　釣りボート転覆(熊野灘)　12月17日午後2時半ごろ、三重県志摩郡大王町の大王埼灯台の東南東約24kmの熊野灘で、釣り用モーターボートが転覆して漂流しているのを海上保安本部のヘリコプターが発見、乗っていた親子3人が死亡した。この船は12月16日から行方不明となっていた。　《データ》死者3名

12.25　工事現場やぐら倒壊(神奈川県横浜市磯子区)　12月25日午前10時10分ごろ、横浜市磯子区峰町、同市水道局新港南台送水ポンプ場建設現場で、山の急斜面に建設中の工事用やぐらが崩れて作業員3人が鉄柱や鉄板の下敷きになり、2人が死亡、1人が重傷を負った。　《データ》死者2名, 負傷者1名

平成3年
(1991年)

1.12　ゴルフ場建設現場土砂崩れ(奈良県吉野郡吉野町)　1月12日午後1時半ごろ、奈良県吉野郡吉野町色生のグランデージゴルフ場建設現場で、雨水排水管の埋設作業中に土を削り取った山はだが崩れ、2人が生き埋めになって死亡した。　《データ》死者2名

1.17　工場爆発(岐阜県揖斐郡揖斐川町)　1月17日午後2時15分ごろ、岐阜県揖斐郡揖斐川町北方のイビデン大垣北工場A棟セラミック基板製造所で爆発があり、従業員2人が死亡、1人が軽いやけどを負った。　《データ》死者2名, 負傷者1名

2.9　美浜原発1次冷却水漏れ(福井県三方郡美浜町)　2月9日、関西電力美浜原発2号機の蒸気発生機で1次冷却水漏れが起き、原子炉が自動停止した。

3.14　広島新交通システム工事現場橋げた落下(広島県広島市安佐南区)　3月14日午後2時5分ごろ、広島市安佐南区上安の高架式軌道「新交通システム」の工事現場で、鋼鉄製箱型橋げた(長さ63m、幅1.7m、厚さ2m、重さ60トン)が、正規の設置位置に据え付ける作業中に約10m下の県道に落下、信号待ちをしていた乗用車など計11台が下敷きになり、車の中の9人と転落した作業員5人の計14人が死亡、9人が重軽傷を負った。原因はジャッキ操作のミス。　《データ》死者14名, 負傷者9名

3.16　くい打ち機住宅直撃(東京都立川市)　3月16日午前9時半すぎ、東京都立川市曙町の立川JFビル新築工事現場で、土止め用の大型くい打ち機(重さ約100トン、高さ約30m)が倒れ、2階建てアパート2棟が全壊、民家1棟が半壊、2棟の一部が壊れ、アパートの男性が下敷きになって死亡した。　《データ》死者1名, 全壊2棟, 半壊1棟

3.20　軽量鉄筋コンクリート落下(神奈川県相模原市)　3月20日午後2時35分ごろ、神奈川県相模原市下九沢の同市北清掃工場(仮称)建設現場で、クレーン車がつり上げていた軽量鉄筋コンクリート板9枚(計約640kg)が落下、その下で脱輪したトラックの引き上げ作業をしていた作業員3人がコンクリート板の下敷きになり、2人が死亡、1人が重傷を負った。　《データ》死者2名, 負傷者1名

3.22　東大校舎アスベスト除去作業で拡散(東京都文京区)　3月22日、文京区本郷の東京

平成3年(1991年)

大学工学部8号館で、地下2階の実験室のアスベスト除去作業中に配管スペースを覆っている壁の一部が崩れ、アスベストが建物の配管スペースを通じて逆流、建物全体に広がる事故があった。25日に7階実験室の室内が真っ白になっているのが見つかり事故が発覚、防じんマスクを配るなどの処置を取ったが、高濃度汚染とわかったため、29日から31日まで全館立ち入り禁止にして除去作業をやり直すことになった。

4.7 竜巻(沖縄県久米島) 4月7日午前0時ごろ、沖縄県久米島の具志川村鳥島付近で竜巻が発生、鳥島、仲泊、西銘の3地区約2kmを通過し、国指定重要文化財の「上江洲家住宅」や住宅など4棟が全壊、8棟が一部損壊、男性1人が軽いけがをした。《データ》負傷者1名、全壊4棟、半壊8棟

4.27 配膳リフトで事故死(熊本県熊本市) 4月27日午後5時50分ごろ、熊本市長嶺町、旅館神園山荘で、配膳のアルバイトをしていた高校生が、配膳用リフトの床と昇降路の鉄骨の間に首をはさまれて死亡した。《データ》死者1名

4.29 大谷石採取場陥没(栃木県宇都宮市) 4月29日午後8時すぎ、宇都宮市大谷町の大谷石採取場跡地で、水田が東西約140m、南北約80mにわたり、かなりの深さで陥没したが、人家には被害はなかった。26日から地下の採取場跡地で大規模な落盤が続いており、付近約4万m^{2}が立ち入り制限区域に指定された。《データ》地面陥没

5.1- 衝撃波発生(岩手県宮古市) 5月1日から2日にかけ、岩手県宮古市の市街地で民家のガラスが割れるなどの100件を超える被害が続出した。米空軍三沢基地のF16ジェット戦闘機の衝撃波によるものとみられ、市街地上空では禁じられている音速を超えるスピードを出したため。

5.14 信楽高原鉄道衝突事故(滋賀県甲賀郡信楽町) 5月14日午前10時35分ごろ、滋賀県甲賀郡信楽町黄瀬の信楽高原鉄道の紫香楽宮跡駅付近で、普通列車とJRが乗り入れている京都発信楽行きの臨時快速列車が正面衝突、乗客ら42人が死亡、614人が重軽傷を負った。原因は高原鉄道の運転手が列車自動停車装置を解除して発信したため。《データ》死者42名、負傷者614名

6.3 雲仙・普賢岳火砕流発生(長崎県雲仙普賢岳) 6月3日午後4時ごろ、長崎県雲仙・普賢岳で大規模な火砕流が発生、火口から約3.5kmの島原市北上木場地区に達し、住民や報道関係者など43人が死亡、9人が負傷、民家約50軒の大半と、流域の森林二十数ヶ所が燃え上がるなどした。《データ》死者43名、負傷者9名

6.6 作業員転落死(埼玉県与野市) 6月6日午前10時55分ごろ、埼玉県与野市上落合の仮称「北与野駅前団地第1住宅」建設現場で、27階部分から作業員2人が転落、1人が1階の踊り場で、1人が隣に建設中のビル11階踊り場で死亡した。《データ》死者2名

6.22 不発弾爆発(静岡県御殿場市) 6月22日午後0時16分ごろ、静岡県御殿場市川島田の車庫で、不発弾が爆発、車庫と作業小屋計約130m^{2}が全焼、2人が死亡、3人がやけどを負った。爆発した車庫の中から、155ミリりゅう弾など4種類のりゅう弾、迫撃弾64個が見つかった。《データ》死者2名、負傷者3名、焼失面積約130m^2

6.25 竜巻(鹿児島県姶良郡、宮崎県えびの市) 6月25日午前11時半ごろ、鹿児島県姶良郡吉松町般若寺地区と隣接する宮崎県えびの市京町温泉地区にかけて竜巻が発生、吉松町で2人、えびの市で4人がけがをした。また、両市町で旅館や住宅など77棟が

平成3年(1991年)

全半壊した。《データ》負傷者6名,全半壊77棟

6.26 ライオン千葉工場爆発(千葉県市原市) 6月26日午前10時15分ごろ、千葉県市原市八幡海岸通、ライオン千葉工場のメタノール精溜塔(高さ約30m)が破裂し、爆風と飛び散った破片で2人が死亡、10人が病院に運ばれた。隣接の京葉ブランキング工業の本社工場でも鉄の破片が飛んできて2人が足に軽い打撲を負った。《データ》死者2名、負傷者12名

6.27 作業員圧死(佐賀県東松浦郡玄海町) 6月27日午後4時半ごろ、佐賀県東松浦郡玄海町今村の九州電力玄海原子力発電所3号機建設現場の総合給排水処理建屋2階で、設置中の動力用変圧器(重さ5.8トン、横2.5m、縦1.3m、高さ2.5m)が横転、作業員2人が下敷きになって死亡、2人が重傷を負った。《データ》死者2名、負傷者2名

7.14 作業員が転落死(神奈川県横浜市鶴見区) 7月14日午後3時半ごろ、横浜市鶴見区大黒ふ頭の首都高速湾岸線工事現場で、高架の工事用仮設橋げたを撤去する作業中に作業員2人が高さ約30mの高架から転落、死亡した。《データ》死者2名

7.26 ヘリコプター墜落(茨城県稲敷郡美浦村) 7月26日午前6時ごろ、茨城県稲敷郡美浦村の清明川河口から北約500mの霞ケ浦で、24日朝から消息を絶っていた日本ヘリコプター所属の農薬散布用ヘリコプターに搭乗していた2人の遺体が相次いで発見され、機体の一部も清明川で発見された。《データ》死者2名、ヘリコプター1機墜落

7.27 西鉄大牟田線踏切事故(福岡県小郡市) 7月27日午後0時半ごろ、福岡県小郡市三沢の西鉄大牟田線三沢－津古駅間の津古10号踏切で、上り特急電車に男子高校生3人がはねられて死亡した。3人は駅改札口に急ぐため遮断機をくぐって踏切を渡ろうとしたが、特急は三沢駅では停車せず通過だった。《データ》死者3名

8.5 阪急航空ヘリコプター墜落(兵庫県美方郡村) 8月5日、兵庫県美方郡村岡町の大峰山で消息を絶った阪急航空のヘリコプターが6日午前7時20分、同山中の斜面に墜落し、大破しているのを捜索隊が発見した。墜落現場付近で死亡している8人を収容した。《データ》死者8名

8.18- 台風12号(関東地方、北海道、近畿地方) 8月18日から24日にかけて、台風12号の接近に伴う強い雨のため関東地方を中心に21都道府県で死者13人、行方不明者1人、負傷者8人などの被害となった。《データ》死者13名、行方不明者1名、負傷者8名、床上浸水392棟、床下浸水2627棟

9.5 落雷で原子炉停止(福井県) 9月5日、福井県三方郡美浜町丹生の関西電力美浜原発1号機、敦賀市明神町の動力炉・核燃料開発事業団の新型転換炉原型炉「ふげん」、日本原子力発電の敦賀1号機の3つの原子炉が落雷のため一時的に停止した。関電湖東変電所間の27万5000ボルトの送電系統への落雷が原因とみられる。

9.7 橋工事中に地盤崩れる(埼玉県草加市) 9月7日午後3時ごろ、埼玉県草加市旭町の綾瀬川にかかる槐戸橋の架け替え工事現場で岸の地盤が崩れ、作業員6人が生き埋めになり、4人は救出されたが、2人が土砂に埋まって行方不明となった。《データ》行方不明2名、負傷者4名

9.11 ゴンドラ転落(岡山県岡山市) 9月11日午後2時10分ごろ、岡山市表町の建設中の11階建て再開発ビル屋上から、清掃作業用のゴンドラをつるすクレーンが地上に落下、10階付近のゴンドラと作業員2人も落ち、2人が死亡、地上の1人が1カ月の重傷

399

平成3年(1991年)

を負った。《データ》死者2名, 負傷者1名

9.12— 台風17号(九州地方, 中国地方, 北海道)　9月12日から15日にかけて、台風17号と秋雨前線の影響で九州、中国地方を中心に強風や豪雨などで大きな被害となり、24道県で死者12人、負傷者102人などの被害となった。《データ》死者12名, 負傷者102名, 家屋全半壊182棟, 床上浸水816棟, 床下浸水2406棟

9.17— 台風18号(関東地方, 北海道, 近畿地方)　9月17日から20日にかけて、台風18号と秋雨前線の活発化に伴い各地で大雨が降り続き19都道府県で死者8人、行方不明者3人、負傷者19人などの被害となった。《データ》死者8名, 行方不明者3名, 負傷者19名, 家屋全半壊80棟, 床上浸水9272棟, 床下浸水3万798棟

9.19　発電所内で作業員死亡(兵庫県高砂市)　9月19日午後6時ごろ、兵庫県高砂市梅井、関西電力高砂発電所で、石油火力発電1号機の円筒形汽水分離器内部で足場の組み立て作業中、作業員2人が倒れ死亡した。《データ》死者2名

9.19　トンネル水没(千葉県松戸市)　9月19日、千葉県松戸市二十世紀が丘戸山町の国分川改修工事現場で、台風18号のためあふれた濁流が分水路用トンネルに流れ込み、中にいた作業員7人が死亡した。《データ》死者7名

9.24　ヘリコプター墜落(愛媛県温泉郡重信町)　9月24日午後1時半ごろ、愛媛県温泉郡重信町上林の山中で、四国電力の送電線架線工事をしていた四国航空のヘリコプターが墜落し、パイロットと整備士の2人が死亡、鉄塔上で作業をしていた1人が軽いけがをした。《データ》死者2名, 負傷者1名, ヘリコプター1機墜落

9.25— 台風19号(全国)　9月27日に長崎県上陸した台風19号は、日本列島を縦断する形で各地に被害を与え、25日から28日までに43都道府県で死者62人、負傷者1266人などの被害となった。《データ》死者62名, 負傷者1266名, 家屋全壊371棟, 家屋半壊2903棟

10.2　阪大で実験中爆発(大阪府豊中市)　10月2日午後4時ごろ、大阪府豊中市待兼山町、大阪大学豊中キャンパスの基礎工学部の研究室で爆発が起き、計4室約300m^{2}が焼け、2人が死亡、3人が負傷した。《データ》死者2名, 負傷者3名, 焼失面積約300m^2

11.2　登校中にはねられ死亡(鳥取県八頭郡船岡町)　11月2日午前7時35分ごろ、鳥取県八頭郡船岡町橋本の県道で、登校中の小学生3姉妹が乗用車にはねられ、1人が即死、2人も病院に運ばれたが死亡した。《データ》死者3名

12.22　製油タンク爆発(大阪府泉佐野市)　12月22日、大阪府泉佐野市で製油タンクが爆発し炎上。作業員8人が死亡した。《データ》死者8名

この年　日本化薬工場跡地高濃度汚染(広島県福山市)　広島県福山市入船町にある日本化薬の福山工場跡地の土壌からPCB(ポリ塩化ビフェニール)や環境基準の28倍もの水銀や鉛、砒素など有害物質が検出、10万m^{3}を超える土壌が汚染されていることが9月3日の報告で明らかになった。《データ》土壌汚染10万m^3

平成4年
(1992年)

2.2 地震(関東地方,東北地方,中部地方)　2月2日午前4時4分ごろ、関東地方を中心に東北から中部地方にかけて地震が発生、震源は東京湾南部の浦賀水道付近で、深さは約90km、マグニチュード5.7、東京では6年ぶりに震度5を記録したほか、大島、館山、千葉、河口湖で震度4、熊谷、水戸、横浜、宇都宮、甲府、網代、勝浦、三宅島、日光で震度3。この地震で東京、神奈川、埼玉、千葉の1都3県で32人がけがをした。《データ》負傷者32名

2.2 工事現場土砂崩れ(宮崎県椎葉村)　2月2日午後4時ごろ、宮崎県椎葉村の春向林道の災害復旧工事現場で、路肩が崩れ、土建業作業員3人が生き埋めになり2人が死亡した。《データ》死者2名,負傷者1名

2.14 厚木基地体育館2階床落下(神奈川県綾瀬市,大和市)　2月14日、海上自衛隊厚木基地にて体育館新築工事中、2階の床が落下し、20人が生き埋めとなり、内7人が死亡した。《データ》死者7名

3.6 生コン注入で屋根落下(埼玉県北本市)　3月6日午後2時45分ごろ、埼玉県北本市朝日のマンション建設工事現場で、14階の屋根に生コンクリートを流し込む作業中、屋根が落下し、14階のフロアで作業をしていた2人が生コンクリートなどの下敷きになり死亡、屋根の上の3人も軽いけがをした。《データ》死者2名,負傷者3名

3.30 大型トレーラー民家に転落(宮崎県西臼杵郡日之影町)　3月30日午前7時40分ごろ、宮崎県西臼杵郡日之影町七折の国道218号で、大型トレーラーが転落、約10m下の民家に突っ込み、トレーラー運転手、民家の1人が死亡、2人が軽いけがをした。民家は半壊、隣の高千穂鉄道横峰駅の駅舎がほぼ全壊した。原因は速度の出し過ぎらしい。《データ》死者2名,負傷者2名,全半壊2棟

4.28 ガス中毒(北海道室蘭市)　4月28日午前1時40分ごろ、北海道室蘭市仲町の新日鉄室蘭製鉄所の高炉で、上部にある原料装入装置の修理作業をしていた7人がガス中毒状態となり、2人が死亡、5人が病院に運ばれた。何かの原因で原料装入装置内に一酸化炭素を含む高炉ガスが入り込んだらしい。《データ》死者2名,負傷者5名

5.11 地震(関東地方)　5月11日午後7時8分ごろ、関東地方を中心に地震が発生、震源は茨城県中部、震源の深さは約50km、マグニチュードは5.5、水戸で震度4、福島で震度3を記録した。この地震の影響で、茨城県那珂郡東海村白方の日本原子力研究所・東海研究所の試験研究用原子炉のうち、平常運転中だった3号炉が自動停止した。

6.2 電車駅ビル激突(茨城県取手市)　6月2日、関東鉄道取手駅で通勤電車がブレーキ故障により車止めを突破、駅ビルに激突した。1人の死者を出した。《データ》死者1名

6.16 花火工場爆発(茨城県北相馬郡守谷町)　6月16日午前10時40分ごろ、茨城県北相馬郡守谷町守谷の花火工場、大同火工煙火店の火薬庫が爆発し、周囲約1kmの民家や

401

平成5年（1993年）

事務所など計9棟が焼失、窓ガラスなどが爆風で壊れ、工場で作業していた3人が死亡、51人が重軽傷を負った。《データ》死者3名、負傷者40名、全焼9棟

8.14　ヘリコプター墜落（福島県南会津郡伊南村）　8月14日正午前、福島県南会津郡伊南村の伊南川河川敷に東北電力の関連会社・東北エアサービスのヘリコプターが墜落、乗っていた3人全員が死亡した。《データ》死者3名

10.16　土砂崩れ（愛知県小牧市）　10月16日午前9時10分ごろ、小牧市大草鹿峰の、雨水の遊水管を埋設する工事現場で、作業員2人が、崩れてきた土砂に生き埋めになり、約10分後に救出されたが死亡した。《データ》死者2名

10.16　製油所爆発（千葉県袖ケ浦市）　10月16日午後3時52分、千葉県袖ケ浦市の富士石油製油所で、脱硫装置付近が爆発、9人が死亡、8人が重軽傷を負った。《データ》死者9名、負傷者8名

11.2　釧路湿原で野火（北海道釧路市）　11月2日午前11時20分ごろ、北海道釧路市北斗の北斗園南側の、国立公園釧路湿原から野火が発生、ヨシなどの草地1030haを焼き、3日午前10時ごろ鎮火した。《データ》焼失面積1030ha

11.2　ブルドーザー落下（福岡県夜須町）　11月2日午前9時40分ごろ、福岡県夜須町三箇山の町道で、大型トレーラーから積み荷のブルドーザーが対向してきたタクシーの上に転落、タクシーは押しつぶされ、2人が死亡、2人が重傷を負った。ブルドーザーはロープで荷台に止められていなかった。《データ》死者2名、負傷者2名

11.7　プラント火災（長野県松本市）　11月7日午後3時50分ごろ、長野県松本市神田の長野液酸工業本社工場で、酸素生成プラントの改良工事中、円筒形の炭酸ガス除去装置の内部から出火、中で工事をしていた作業員3人が死亡した。出火が瞬時に起きたため逃げ遅れたらしい。《データ》死者3名

12.28　列車にはさまれ死亡（福岡県北九州市門司区）　12月28日午後2時前、北九州市門司区のJR門司港駅ホームで列車の連結作業をしていた同社車両技術係が、動き出した列車とホームの間にはさまれ死亡した。運転士は作業中を示すランプがついていなかったため連結が終わったと判断して発車したという。《データ》死者1名

12.29　高圧酸素装置から発火（茨城県那珂湊市）　12月29日午前10時35分ごろ、茨城県那珂湊市幸町の那珂湊中央病院の1階治療室の高圧酸素治療装置から発火し、装置内で治療を受けていた患者が焼死した。この装置は大量の酸素を使うため火災が起きやすく、衣類の静電気が原因とみられる。《データ》死者1名

平成5年
（1993年）

1.15　平成5年釧路沖地震（北海道，東北地方）　1月15日午後8時6分、北海道を中心に東日本の広域に地震が発生、震源は釧路沖で、マグニチュード7.5、釧路で震度6、浦河、帯広、八戸で震度5を記録した。この地震で2人が死亡、425人が負傷した。《データ》死者2名、負傷者425名

2.28　施設火災（北海道渡島支庁上磯町）　2月28日夜、北海道渡島支庁上磯町当別の社会

平成5年(1993年)

福祉法人侑愛会「おしまコロニー」構内にある知的障害者の福祉施設・新生園「青雲寮」が焼け、男性3人が焼死した。　《データ》死者3名

3.30　保線作業員死亡(茨城県水戸市)　3月30日午前1時過ぎ、水戸市宮町のJR常磐線・水戸駅構内で、線路切り替えポイントの自動給油装置を新設する保線作業中の4人が寝台特急「ゆうづる3号」にはねられ、3人が死亡、1人が意識不明の重体となった。「ゆうづる3号」は定刻より38分遅れて、予定とは異なるホームに到着、発車した。　《データ》死者3名,負傷者1名

4.1　有毒殺虫剤流出(愛知県岡崎市)　4月1日午前1時ごろ、岡崎市欠町の東名高速道路の岡崎－豊田インター間下り線で大型トラックが中央分離帯を越えて対向のトラック、大型トラックに次々衝突した。衝突された大型トラックは路側帯にぶつかって炎上し、積荷の農業用殺虫剤のガスを吸った後続車の1人が死亡した。ほかに1人が大けが、2人が軽いけがをした。　《データ》死者1名,負傷者3名

5.17　実験中にガス噴出(広島県福山市)　5月17日、広島県福山市箕沖町の産業廃棄物処理業の福山工場で、ミキサー車を使い重金属を安定させる実験をしていたところ、受け口からガスが噴出し、1人が中に転落、助けようとした同僚らも次々に意識を失った。この事故で2人が死亡、2人が重体となった。死因はガス中毒か酸欠らしい。　《データ》死者2名,負傷者2名

5.30　今津阪神市場全焼(兵庫県西宮市)　5月30日午前4時20分ごろ、兵庫県西宮市津門川町の「今津阪神市場」付近から出火、同市場の店舗35戸と事務所など延べ約1580m^2 が全焼。隣接するマンションや倉庫など4棟、約500m^2 も焼けた。　《データ》焼失面積2080m^2 焼失

6.11　西武新宿線人身事故(東京都保谷市)　6月11日午後6時35分ごろ、東京都保谷市本町、西武新宿線西武柳沢駅の上りホームから男女2人が転落。直後に入って来た西武新宿駅行き普通列車にはねられ、2人とも死亡した。男性が2、3m前にいた女性に近づき背中を押す形で一緒に転落したらしい。　《データ》死者2名

6.19　保線作業はねられ死亡(宮城県志田郡鹿島台町)　6月19日午前2時40分ごろ、宮城県志田郡鹿島台町木間塚のJR東北線上り線で、敷石を平らにする工事をしていた作業員3人が貨物列車にはねられ死亡した。3人は同日午前0時30分ごろから、レールを持ち上げ、敷石のでこぼこを直す作業をしていた。　《データ》死者3名

7.12　北海道南西沖地震(北海道,東北地方)　7月12日午後10時17分ごろ、北海道と東北地方を中心に大規模な地震が発生、震源は北緯42.8度、東経139.4度の北海道南西沖で、深さ50km、マグニチュードは7.8、小樽、寿都、江差、深浦で震度5、青森、室蘭、苫小牧、むつ、倶知安、函館で震度4、留萌、札幌、八戸、秋田、帯広、岩見沢、羽幌で震度3を記録した。震源に近い奥尻島では津波、火災、土砂崩れなどで大きな被害がでた。

8.10　台風7号(九州地方,中国地方,四国地方)　8月10日、台風7号が九州地方、中国地方、四国地方で被害をもたらし、8人が死亡または行方不明となった。　《データ》死者・行方不明者8名

8.21　歩道に暴走車(岡山県井原市)　8月21日午後9時45分ごろ、岡山県井原市井原町の井原大橋西側の市道で、免許とりたての若者が運転する乗用車が歩道に突っ込み、

平成6年(1994年)

	通行中の5人をなぎ倒し、さらに電柱に激突して大破した。この事故で歩行者2人が即死、3人が重軽傷、乗用車の4人も重軽傷を負った。乗用車のスピードの出しすぎが原因らしい。 《データ》死者2名、負傷者8名
8.27	台風11号(関東地方、東北地方) 8月27日、台風11号が九十九里浜に上陸、関東、東北地方に大雨を降らせ浸水などの被害が出て、東北で2人が死亡した。 《データ》死者2名
9.1	重量オーバーで橋崩れる(埼玉県三郷市) 9月1日午前9時30分ごろ、埼玉県三郷市新和の大場川にかかる通称壱本木橋が崩れ落ち、通行中の建設残土約10トンを積んだ大型ダンプが川に落ちたがけが人はなかった。橋の重量制限は2トンで、制限標識もあった。
9.3	台風13号(九州地方、四国地方、中国地方、近畿地方) 9月3日、台風13号が鹿児島県に上陸、九州、四国、中国、近畿など32府県で死者36人、行方不明者11人の被害となった。 《データ》死者36名、行方不明者11名
10.5	ニュートラム暴走(大阪府大阪市住之江区) 10月5日午後5時30分ごろ、大阪府大阪市住之江区、大阪市営新交通システム「ニュートラム・南港ポートタウン線」の住之江公園駅で、無人運転をしていた電車が、減速しないまま約60m暴走し、車止めに激突、194人が重軽傷を負った。 《データ》負傷者194名
この年	冷夏米不作(全国) 記録的冷夏による米の不作から、全国的な米不足騒動が起きた。農水省は40年ぶりの米不作と発表。

平成6年
(1994年)

1.21	京成押上線人身事故(東京都墨田区) 1月21日午前6時すぎ、東京都墨田区八広の京成押上線の踏切内でミニバイクが横転。会社員ら2人が助けようとしたが、男性と会社員1人が上り電車に轢かれて死亡した。バイクが無理に進入した事が原因とみられる。 《データ》死者2名
2.15	排気ガス中毒(山形県) 2月15日、山形県内で、吹雪で立ち往生していた車の中で排気ガス中毒で死亡する事故が2件あった。事故があったのは国道113号と東置賜郡川西町の町道で、どちらも雪に埋もれた車のなかで一夜を明かした際に、排ガスによる一酸化炭素中毒で死亡した。 《データ》死者2名
4.3	強風(福島県白河市、群馬県高崎市、群馬県富岡市、長野県) 4月3日午後2時50分、福島県白河市で40.2mの最大瞬間風速を記録したのをはじめ、各地で台風並みの強風が観測され、群馬県高崎市では民家など21棟を全半焼、富岡市でも9棟が全半焼する火事があり、長野県では倒れた木で頭を打った人が死亡するなど被害がでた。 《データ》死者1名、全半焼30棟
4.26	中華航空機墜落(愛知県西春日井郡豊山町) 4月26日午後8時16分ごろ、愛知県西春日井郡豊山町の名古屋空港で、台北発名古屋行き中華航空140便、エアバスA300-600R(乗客257人・乗員15人)が着陸に失敗して炎上、乗員・乗客合わせて264人が

死亡した。《データ》死者246名

5.7　小型機墜落（高知県吾川郡池川町）　5月7日午前10時ごろ、高知県吾川郡池川町の西方の山中に、航空写真を撮影していた日本地域航空の小型飛行機が墜落し、男性2人が死亡した。《データ》死者2名

6.23　作業用ゴンドラ落下（大阪府大阪市北区）　6月23日午前3時ごろ、大阪市北区天神橋の長柄橋中央付近で、橋の塗装工事用足場を組む作業をしていた作業員の乗った鉄製ゴンドラがはずれ、約9.5m下の府道上に転落、2人が死亡、5人が重軽傷を負った。原因は定員2人のゴンドラに7人が一斉に乗り移ったため。《データ》死者2名,負傷者5名

6.27　松本サリン事件（長野県松本市）　6月27日、長野県松本市北深志の住宅街で、住民が、頭痛や息苦しさなど症状で次々と倒れ、7人が死亡、二百数十人が中毒症状となった。当初は有機リン系物質などによる中毒症状とみられていたが、ナチスドイツが開発した有機リン系神経ガス「サリン」と判明した。《データ》死者7名,負傷者二百数十名

6.29　園児の列に送迎バス（大阪府東大阪市）　6月29日午後0時10分ごろ、大阪府東大阪市中小阪の私立八戸の里幼稚園園内で、車庫に入ろうとした送迎バスが園児の列に突っ込こみ4人がバスと建物の壁の間にはさまれ、3人が死亡、1人が重傷を負った。園児がバスの前を横切っていた時バスが発進したらしい。《データ》死者3名,負傷者1名

7.1　登校中の列にトラック（北海道渡島支庁上磯町）　7月1日午前7時45分ごろ、北海道渡島支庁上磯町追分の町道で、トラックが通学途中の女子小学生4人の列に突っ込み、2人が即死、1人が右足の骨を折る大けが、1人が頭などを打った。たばこを取ろうとしてハンドル操作を誤り、軽乗用車に接触した後に歩道に乗り上げた。《データ》死者2名,負傷者2名

7.6　建設会社宿舎全焼（神奈川県海老名市）　7月6日午前2時ごろ、神奈川県海老名市門沢橋の建設会社の作業員宿舎から出火、鉄骨2階建て延べ約1200m^2が全焼し、作業員8人が焼死した。出火当時、宿舎には53人が寝泊まりしていたが、自動火災報知設備の電源が切られていたため、火災の感知ができなかった。《データ》死者8名,全焼1棟,焼失面積延べ約1200m^2

8.4－　渇水（福岡県福岡市）　この年、福岡市では気象観測開始以来の少雨となり、8月4日から1日6時間断水を開始。9月1日からは12時間断水に強化された。給水制限は295日間続き、翌年6月1日にようやく全面解除。《データ》給水制限日数295日

8.9　重要文化財念仏堂全焼（愛知県宝飯郡御津町）　8月9日午後3時30分ごろ、愛知県宝飯郡御津町広石、大恩寺の念仏堂付近から出火、国の重要文化財に指定されている木造平屋建て桧皮ぶき約100m^2の念仏堂が全焼、中にあった重文の厨子も焼けた。《データ》焼失面積約100m^2

9.8　雷雨（東海地方）　9月8日、東海地方で激しい雷雨が発生、各地で落雷による火事や停電などがあった。午後3時30分ごろ、愛知県中島郡平の工場で落雷により火災が発生、約650m^2が全焼した。また、東海三県では落雷で計約8000戸が停電、愛知県では蒲郡市などで1350戸、岐阜県では揖斐郡大野町などで2220戸、三重県では三重

平成6年（1994年）

郡川越町などで4350戸が最長約二時間にわたって停電した。《データ》全焼1棟,停電1万8000戸

9.18　台風24号（関東地方）　9月18日、台風24号の影響で太平洋沿岸が大しけとなり、ダイバーや釣り人など、1都6県で2人が死亡、5人が行方不明となった。《データ》死者2名,行方不明者5名

9.26　台風26号（近畿地方）　9月26日、台風26号が紀伊半島を直撃、死者1人、行方不明者1人、負傷者35人などの被害となった。《データ》死者1名,行方不明者1名,負傷者35名,家屋全半壊15棟,床上浸水88棟,床下浸水688棟,道路損壊15ヶ所,がけ崩れ49ヶ所

10.4　平成6年北海道東方沖地震（北海道,東北地方,関東地方）　10月4日午後10時23分ごろ、北海道を中心に東北、関東など東日本にかけて強い地震が発生、震源地は北緯43.2度、東経147.4度で、根室半島東方沖約170km、震源の深さは30km、マグニチュードは8.1。釧路、根室市、浜中町、厚岸町、別海町、中標津町で震度6、広尾、浦河で震度5、盛岡、網走、帯広、青森、苫小牧などで震度4、東京、千葉、秋田、札幌などで震度3を観測した。この地震での負傷者は253人。津波の影響で265戸に浸水の被害がでた。また、釧路では4日午後10時30分から5日午前1時までに、震度3を最高に20回の有感地震が発生した。《データ》負傷者253名,全半壊4戸,道路の損壊62ヶ所,浸水265戸

10.18　朝日新聞社ヘリコプター墜落（大阪府泉佐野市）　10月18日午前10時5分ごろ、大阪府泉佐野市の上空を飛行中の朝日新聞社のヘリコプター「まいどり」と毎日新聞社機の「ジェットスワン」が接触して、「まいどり」が阪和自動車道上之郷インタ付近の畑に墜落、乗っていたパイロットなど3名が死亡した。《データ》死者3名

10.19　航空自衛隊救難捜索機墜落（静岡県浜松市）　10月19日午後3時25分ごろ、静岡県浜松市の南西約50kmの遠州灘で、航空自衛隊秋田救難隊所属のMU2救難捜索機が緊急連絡をしたあと消息を絶った。付近の海を捜索したところ、搭乗員2人が遺体で発見されたが、残りの2人は行方不明。《データ》死者2名,行方不明者2名

11.11　治山工事現場土砂崩れ（長野県飯田市）　11月11日午後3時15分ごろ、長野県飯田市上飯田の治山工事現場で、のり面の土砂が高さ約20mにわたって崩落して作業員4人が生き埋めになり、2人が死亡、1人が重傷、1人が軽いけがを負った。《データ》死者2名,負傷者2名

11.13　フジテレビ取材ヘリコプター墜落（鹿児島県奄美大島）　11月13日午前9時50分ごろ、鹿児島県奄美大島の笠利町中金久の果樹畑に、フジテレビがチャーターした鹿児島国際航空所属のベル206Bヘリコプターが墜落、2人が死亡、1人が重体となった。《データ》死者2名,負傷者1名

11.15　係留の漁船燃える（三重県三重郡楠町）　11月15日午前4時ごろ、三重県三重郡楠町南五味塚の楠漁港で、並んで係留されていた漁船24隻が全焼したが、けが人はなかった。放火の疑いもあるとみられる。《データ》漁船24隻全焼

12.16　保線作業員はねられ死亡（愛知県日進市）　12月16日午前9時40分ごろ、愛知県日進市折戸町の名鉄豊田線で、保線作業中の作業員5人のうち、見張り役をのぞく4人が普通電車にはねられ死亡した。《データ》死者4名

12.24 靴底加工会社爆発炎上(東京都台東区) 12月24日午後3時55分ごろ、東京都台東区花川戸の靴底加工会社「カナヤ」の工場兼住宅ビルの2階作業場付近で爆発とともに火災が発生、2階から7階の約1500m²が焼け、従業員5人が焼死、やけどなどで21人が重軽傷を負った。《データ》死者5名,負傷者21名

12.28 三陸はるか沖地震(東北地方,北海道) 12月28日午後9時19分ごろ、東北、北海道を中心に三陸沖を震源とする強い地震が発生、震源地は北緯40.4度、東経143.7度で、八戸の東方沖約200km、震源の深さはごく浅く、マグニチュードは7.5、青森県の八戸で震度6、むつ、青森、盛岡で震度5を記録した。この地震で八戸市のパチンコ店の天井が落ち男性2人が死亡、285人が負傷したのをはじめ、青森県で127棟が全半壊、道路28ヶ所損壊、3ヶ所で土砂崩れが発生、停電5万7000戸など大きな被害がでた。《データ》死者2名,負傷285名,被害総額842億円

この年 ソリブジン薬害事件(全国) 前年の発売以来、多数の死者を出していたソリブジンであるが、臨床試験段階で既に3人の死者を出していたことが判明した。《データ》死者多数

平成7年
(1995年)

1.7 余震(東北地方,北海道) 1月7日午前7時37分ごろ、東北、北海道地方を中心に強い地震が発生、震源は岩手県沖で、深さは30km、マグニチュードは6.9、八戸と盛岡でそれぞれ震度5を記録した。「三陸はるか沖地震」の余震とみられ、青森県と岩手県で23人が割れたガラスで負傷したほか、各地で停電、断水、ガス漏れなど被害がでた。《データ》負傷者23名

1.17 阪神・淡路大震災(近畿地方,関東地方,中部地方,中国地方,四国地方,九州地方) 1月17日午前5時46分ごろ、近畿地方を中心に西日本から東日本にかけての広い地域で地震が発生、震源は淡路島付近、北緯34.6度、東経135.0度で、深さは約20km、マグニチュードは7.2の直下型地震、神戸と洲本で震度6、京都、彦根、豊岡で震度5、津、敦賀、福井、上野、四日市、岐阜、呉、境、高知、福山、鳥取、多度津、津山、徳島、岡山、高松、大阪、舞鶴、姫路、和歌山、奈良で震度4を記録した。また、午後1時までに体に感じる余震は43回あり、午前7時38分の余震ではマグニチュードは4.9、奈良で震度4、大阪、京都、彦根、舞鶴、豊岡で震度3が観測された。この地震での被害は14府県で、死者6308人(兵庫県6279人、大阪府28人、京都府1)、倒壊した家屋は兵庫県で19万2706棟、大阪府で896棟、焼失家屋は7608棟、焼失面積が65万9402m²に及んだ。《データ》死者6308名,倒壊家屋19万3602棟,焼失家屋7608棟,焼失面積65万9402m²

2.11 水蒸気爆発(長野県南安曇郡安曇村) 2月11日午後、長野県南安曇郡安曇村で水蒸気に噴き上げられた大量の土砂が作業員たちをのみ込み、4人が死亡した。《データ》死者4名

3.20 地下鉄サリン事件(東京都) 3月20日午前8時から9時にかけて、東京都内の営団地下鉄日比谷線、丸の内線、千代田線の電車内で異常な臭気が発生、16の駅で乗客や駅員が倒れ、11人が死亡、5500人が負傷した。臭気の正体は毒ガスのサリンで、ナ

平成7年(1995年)

イロン袋に入れたものを地下鉄の電車内で穴を空け,ガスを発生させた。《データ》死者11名,負傷者5500人

4.1　地震(北陸地方,東北地方)　4月1日午後0時49分ごろ、北陸、東北地方などで地震が発生、震源は新潟沖の日本海で、深さは20km、マグニチュードは6.0、新潟、相川、笹神村、出雲崎町で震度4、白河、酒田、高田で震度3を記録した。この地震で、落下物や倒れた家具などにより61人が重軽傷を負い、家屋845棟が損壊した。また、2日午前10時29分に笹神で震度4、新潟で震度3、午後6時10分、午後9時53分に新潟で震度2が観測され、マグニチュード2から3の地震が3カ月間に20回発生した。《データ》負傷者61名,家屋損壊845棟

5.20　トレーラーからプレハブ住宅落下(北海道江別市)　5月20日午前10時ごろ、北海道江別市角山の国道275号にかかる新石狩大橋で、走行中のトレーラーに積んであったプレハブ住宅が滑り落ち、反対車線の軽乗用車の上に落下、2人が死亡、1人が重体、1人が重傷を負った。《データ》死者2名,負傷者2名

5.23　地震(北海道)　5月23日午後7時1分ごろ、北海道空知支庁を震源とする内陸直下型の強い地震が発生、震源は北緯43.7度、東経141.7度の同支庁雨竜町と新十津川町の境界付近で、震源の深さは約10km、マグニチュードは5.6、空知支庁北竜町で震度5、留萌市で震度4、小樽、倶知安、岩見沢、芦別、羽幌、焼尻島、苫小牧で震度3を記録した。この地震で、新十津川町と滝川市で4人が軽傷を負い、北竜町では住宅の煙突が折れ、滝川市では水道管が破損するなどの被害が出た。《データ》負傷者4名

6.25　日豊線快速電車倒木に衝突(鹿児島県財部町)　6月25日午前9時20分ごろ、鹿児島県財部町のJR日豊線の北俣－大隅大川原間で、快速電車が線路上に横たわっていた倒木に衝突、はずみで木の枝が運転室の窓ガラスを突き破り、助手席にいた車掌を直撃して死亡、乗客2人も軽いけがをした。運転士が倒木に気づき、急ブレーキをかけたが間に合わなかったらしい。《データ》死者1名,負傷者2名

6.25　軽飛行機墜落(茨城県北相馬郡守谷町)　6月25日午後6時ごろ、茨城県北相馬郡守谷町高野の水田に軽飛行機が墜落、機内の2人が死亡した。墜落機はタッチアンドゴーと呼ばれる離着陸の練習を繰り返していた。《データ》死者2名

6.30－　大雨(近畿地方,中部地方,中国地方,四国地方,九州地方)　6月30日から7月6日にかけて、西日本を中心に31府県で大雨による被害がでた。死者・行方不明者2人を出した。《データ》死者・行方不明者2名,家屋全半壊11棟,床上浸水1011棟,床下浸水6255棟,がけ崩れ798ヶ所

7.29　軽飛行機墜落(北海道赤平市)　7月29日午後2時33分ごろ、北海道赤平市共和町のJR根室線の線路に、軽飛行機が墜落、機内にいた3人が頭や体を強く打つなどして死亡した。業務用無線の鉄塔アンテナにプロペラが接触し、墜落したらしい。《データ》死者3名

8.19　脱水症状で死亡(兵庫県加古川市)　8月19日午後5時25分ごろ、兵庫県加古川市金沢町の神戸製鋼所加古川製鉄所の表面処理工場で、男性が作業用エレベーター内で倒れているのを同製鉄所員が見つけ、病院に運んだが脱水症状がひどく死亡した。約1時間後、同工場6階の床の上で別の男性が死亡しているのが見つかった。2人が作業をしていたダクト付近は熱風で60から70度の高温になっており、暑さで脱水症状を起こしたらしい。《データ》死者2名

8.21　酒気帯び運転乗用車歩行者はねる(新潟県白根市)　8月21日午後8時15分ごろ、新潟県白根市大郷の信濃川沿いの県道で、道路わきを歩いていた男性7人の列に乗用車が後ろから突っ込み、3人が死亡、4人が重軽傷を負った。酒気帯び運転の疑いがある。《データ》死者3名,負傷者4名

9.17－　台風12号(関東地方)　9月17日から18日にかけて、本州に接近した台風12号の影響により12都県で被害を出し、行方不明者2人、負傷者18人となった。《データ》行方不明者2名,負傷者18名,家屋全半壊18棟,がけ崩れ49ヶ所

10.6　地震(伊豆諸島)　10月6日午後9時43分ごろ、伊豆諸島北部を震源とする強い地震があり、震源は神津島の南約10kmで、深さは約10km、マグニチュードは5.6、神津島で震度5、三宅島阿古で震度4が観測された。この地震で、神津島では土砂崩れや落石、家屋の損壊、道路の損壊、水道管の破裂や消火栓の破損などの被害がでた。また、この前震とみられる地震が午後9時29分ごろに、余震とみられる地震も7日午前1時までに44回観測された。

12.7　多目的ホール火災(栃木県石橋町)　12月7日午前11時5分ごろ、栃木県石橋町下古山の町営公園「グリムの森広場」で建設中の多目的ホール「野いばらの館」から出火、鉄筋3階建ての、2、3階部分約897m^{2}が全焼し、作業員4人が死亡した。ガスバーナーを使って壁の鉄筋を切断する作業中、火花が壁のウレタン樹脂に引火したらしい。《データ》死者4名,焼失面積約897m^2

12.8　高速増殖炉「もんじゅ」ナトリウム漏出事故(福井県敦賀市)　12月8日午後7時47分ごろ、福井県敦賀市の動力炉・核燃料開発事業団の高速増殖炉「もんじゅ」で、冷却剤の液化ナトリウムが流れている2次冷却系配管付近の警報機が作動、原子炉を手動停止させた。ナトリウムの漏出量は3トン近くとみられる。この事故について動燃は、停止作業の遅れ、手動での停止、事故通報の遅れ、事故の模様を撮影したビデオの一部をカットして公開するなど管理体制のずさんさを浮き彫りにした。《データ》漏出ナトリウム約3トン

平成8年
(1996年)

1.12　日高線普通列車・ダンプカー衝突(北海道胆振支庁厚真町)　1月12日午前9時ごろ、北海道胆振支庁厚真町浜厚真のJR日高線勇払－浜厚真駅間の厚真通り踏切で、様似発苫小牧行き上り普通列車と大型ダンプカーが衝突、ダンプカーは炎上した。この事故でダンプカー運転の男性が重体、運転士と乗客約200人のうち約45人が重軽傷を負った。踏切に雪がつもっていて、ダンプカーはブレーキをかけたが止まらなかったらしい。《データ》負傷者46名

1.25　下水道工事現場土砂崩れ(鳥取県日野郡日南町)　1月25日午前10時50分ごろ、鳥取県日野郡日南町萩原の下水道工事現場で土砂崩れが発生、作業員4人が生き埋めになり、1人が死亡、1人が重体、2人は自力で脱出して無事だった。深さ約2.5m、直径約1mの穴の底の横穴で1人が作業中に土砂が崩れ、3人が助けに入ったところ、さらに土砂が崩れたという。《データ》死者1名,負傷者1名

平成8年(1996年)

1.29 除雪車小学生はねる(秋田県五城目町)　1月29日午前7時25分ごろ、秋田県五城目町川崎の町道で、登校途中の近くの小学生が、同町委託の除雪車のタイヤに巻き込まれ、頭を強く打ち死亡した。除雪車運転の男性が路肩に雪を寄せる作業中に後退し、後ろを歩いていた小学生に気付かなかったらしい。《データ》死者1名

2.10 豊浜トンネル岩盤崩落(北海道古平町)　2月10日、北海道古平町の豊浜トンネルで岩盤が崩落し、バスや乗用車が下敷きとなり20名が死亡した。《データ》死者20名

2.20 石垣崩れ生き埋め(徳島県那賀郡木頭村)　2月20日午後2時40分ごろ、徳島県那賀郡木頭村北川、久井谷川の砂防ダム工事現場で、石垣が幅10m、高さ5mにわたって崩れ、作業員4人が下敷きとなった。2人は自力で脱出、足や腰などにけが、生き埋めとなった2人は死亡した。《データ》死者2名、負傷者2名

3.5 駒ヶ岳噴火(北海道)　3月5日夕方、北海道南部にある駒ヶ岳が54年ぶりに噴火した。

3.17 土砂崩れ(鳥取県鳥取市)　3月17日午前2時30分ごろ、鳥取県鳥取市浜坂の千代川の河川敷のがけが崩れ、下でキャンプをしていた4人が生き埋めとなり、2人が死亡、2人が重軽傷を負った。鳥取県内には大雨などの注意報が出ており、前夜からの雨で地盤が緩んでいたらしい。《データ》死者2名、負傷者2名

3.22 道路補修作業員ひかれる(佐賀県神埼町)　3月22日午後2時10分ごろ、佐賀県神埼町的の長崎自動車道下り線わきの高速バス専用車線にある神埼停留所付近で、道路補修作業をしていた日本道路公団などの作業車4台の列に、大型トラックが突っ込み、次々と玉突き衝突した。この事故で大型トラック運転の男性と現場に立って作業していた警備員2人の計3人が死亡、トラックの助手席にいた1人と作業員3人がけがをした。《データ》死者3名、負傷者4名

4.14 乗客バスに引きずられ死亡(大分県大分市)　4月14日午後7時ごろ、大分市府内町の市道で、大分バスが降車直後の女性を約30m引きずり死亡させた。原因は運転手が女性コートの一部がドアに挟まったのに気づかずバスを発車させたため。《データ》死者1名

4.27 ヘリコプター衝突(長野県長野市)　4月27日午前5時30分ごろ、長野市篠ノ井横田の千曲川河川敷の上空で、テレビ信州のチャーターヘリコプターと長野放送のヘリが衝突、2機とも川沿いの畑に墜落し、長野放送機が炎上。双方のヘリの6人全員が死亡した。山火事の取材中で、煙で視界が悪かったらしい。《データ》死者6名

5月 スクレイピー感染(北海道士別市)　5月、北海道士別市の農場で、スクレイピーに感染したヒツジが見つかり、24匹が薬殺、焼却処分された。スクレイピーは狂牛病(ウシ海綿状脳症)と似たような症状を示し、国内ではこれまでに55匹が確認されていた。《データ》羊24匹薬殺

5.5 落石事故(岡山県久米郡久米町)　5月5日午前11時50分ごろ、岡山県久米郡久米町坪井上の林道で、乗用車を岩が直撃、運転の男性が死亡、助手席の女性が腰などに軽傷を負った。岩は最大のもので直径約50cm、重さ約50kmあり、約20個ほどが落下、うち数個が屋根やフロントガラスを直撃した。雨で地盤が緩んでいたのではないかとみられる。《データ》死者1名、負傷者1名

6月- カメムシ異常発生(福岡県)　6月から8月にかけて、福岡県でカメムシが異常発生

し、果樹園などで大きな被害がでた。7月25日の調査では果樹園4733ha、カキ、かんきつ類、ナシ、ブドウなどに被害がでた。　《データ》被害面積4733ha

6.13　インドネシア旅客機炎上（福岡県福岡市）　6月13日午後0時10分ごろ、福岡県福岡市の福岡空港でガルーダ・インドネシア航空865便のDC-10型機が離陸直後に墜落、空港南側の遊休地で炎上、3人が死亡、109人が重軽傷を負った。《データ》死者3名,負傷者109名

6.15　車内の幼児脱水症状で死亡（東京都足立区）　6月15日午後1時40分ごろ、東京都足立区竹の塚の路上に止めてあった4輪駆動車の中で、幼児2人がぐったりしているのを通行人が見つけ、病院に運ばれたが脱水症状で死亡した。母親は幼児を車に残してパチンコをしていた。　《データ》死者2名

7.13　一酸化炭素中毒（山梨県都留市）　7月13日午後0時40分ごろ、山梨県都留市上谷の建設中の文化ホール地下換気口で、作業員2人が死亡、救出にあたった作業員7人もめまいなどの症状を訴え病院で手当てを受けた。原因はガソリンエンジン式の発電機による一酸化炭素中毒か、酸欠によるとみられる。　《データ》死者2名,負傷者7名

7.13　O157大量感染（大阪府堺市）　7月13日、大阪府堺市の小学校33校で児童約300人が食中毒の症状を訴え病原性大腸菌「O157」が検出された。その後も市の対策の遅れなどもあり、患者が増え続け、小学生を中心に死者2人、患者6000人の大量感染となった。原因は学校給食とみられたが菌は検出されなかった。　《データ》死者2名,患者6000人

7.22　工事現場土砂崩れ（高知県中村市）　7月22日午前11時30分ごろ、高知県中村市藤の土砂崩れ防止工事現場でがけ崩れが発生、作業員3人が生き埋めとなり、全員が死亡した。土砂崩れの防護ネットの設置工事中の事故だった。　《データ》死者3名

8.3　保線作業員快速にはねられる（滋賀県彦根市）　8月3日午後8時46分ごろ、滋賀県彦根市川瀬馬場町、JR東海道線の日夏街道踏切付近で、保線作業をしていた3人が快速電車にはねられ死亡した。　《データ》死者3名

8.11－　群発地震（東北地方,中部地方）　8月11日未明から12日にかけ、宮城県北部を中心とした広い範囲で地震が発生、震源はいずれも宮城、秋田の県境付近で、深さは約10km、マグニチュードは最大で5.9、宮城県栗原郡栗駒町沼倉で震度5を3回、震度4を4回、新庄で震度4、一関、男鹿、酒田、金山、新潟で震度3を記録したのをはじめ、体に感じる地震が80回あった。この群発地震で宮城、山形の各県で、計12人がけがをしたほか、宮城県では約250戸が被害を受けた。　《データ》負傷者12名

8.26　金属板ロール乗用車を直撃（静岡県由比町）　8月26日午後5時50分ごろ、静岡県由比町寺尾の東名高速下り線で、大型トレーラーが中央分離帯を乗り越えてワゴン車などと衝突、2台が炎上し、トレーラーの荷台の直径約1.5mの金属板ロール3個が高速道路と並行している国道1号バイパスに落下、信号待ちしていた乗用車など4台を直撃した。この事故で6人が死亡、2人がけがをした。　《データ》死者6名,負傷者2名

9.22－　台風17号（関東地方,東北地方）　9月22日、台風17号が房総半島をかすめて東北海上へ抜けた影響で首都圏が大雨となり、22日から24日までに1都9県で被害を出し、死者・行方不明者11人、負傷者44人となった。　《データ》死者・行方不明者11名,負傷者44名,全半壊家屋9棟,床上浸水955棟,床下浸水2336棟

平成8年(1996年)

9.29　ワゴン車・トラック衝突(兵庫県美方郡村岡町)　9月29日午後10時45分ごろ、兵庫県美方郡村岡町和田の国道9号で、建設作業員ら9人が乗ったワゴン車が中央線をはみ出し、対向車線の大型トラックと衝突、さらにこの大型トラックがワゴン車の後ろを走っていた大型保冷車とぶつかった。この事故でワゴン車の9人全員と大型トラックと保冷車の運転手が死亡、2人が重傷を負った。《データ》死者11名,負傷者2名

10.5　工事現場土砂崩れ(和歌山県東牟婁郡古座川町)　10月5日午後1時30分ごろ、和歌山県東牟婁郡古座川町添野川の林道工事現場で、掘削した山の斜面が高さ30m、幅20mにわたって崩れ落ち、作業員3人が土砂に埋もれ3人が死亡、1人が顔に軽いけがをした。《データ》死者3名

10.22　工事現場トラック突入(兵庫県美嚢郡吉川町)　10月22日午前1時15分ごろ、兵庫県美嚢郡吉川町大畑の中国自動車道下り線で、渋滞でとまっていた大型トラックに、別の大型トラックが追突、はずみでトラックは走行車線内の工事区域に突っ込み、工事作業車など2台に追突した。この事故で工事の警備にあたっていた警備員と作業中の男性が死亡、1人が重傷を負った。トラックが渋滞に気づくのが遅れたらしい。《データ》死者2名,負傷者1名

11.15　民家にダンプカー突入(栃木県黒磯市)　11月15日午前6時30分ごろ、栃木県黒磯市東小屋の民家に、大型ダンプカーが出合い頭の事故のはずみで突っ込み、子ども部屋で寝ていた2人が死亡、1人がけがをした。《データ》死者2名,負傷者1名

12.3　地震(九州地方、中国地方、四国地方、近畿地方)　12月3日午前7時18分ごろ、九州地方で地震が発生、震源は宮崎市の南東20kmの日向灘で、震源の深さは約30km、マグニチュードは6.3、宮崎市で震度5弱を記録したほか、熊本、大分、鹿児島各県で震度4、兵庫県、鳥取県、広島県、愛媛県、山口県などで震度3を観測した。この地震で宮崎県都城市安久町では土砂崩れで市道が埋まるなどの被害がでた。

12.4　一酸化炭素中毒死(東京都東久留米市)　12月4日午後3時25分ごろ、東京都東久留米市下里の排水管掘削工事現場で、作業員2人が作業中に倒れ、一酸化炭素中毒で死亡した。ガスバーナーでの作業の際、換気が不十分だったらしい。《データ》死者2名

12.4　貨物列車脱線谷へ転落(北海道渡島支庁七飯町)　12月4日午前5時50分ごろ、北海道渡島支庁七飯町仁山のJR函館線大沼－仁山駅間で、貨物列車が脱線、ディーゼル機関車と貨車部分が分離して貨車19両が線路わきのがけから転落、一部が大破した。《データ》19両脱線

12.6　土石流(長野県小谷村)　12月6日午前10時40分ごろ、長野県小谷村と新潟県境にある「蒲原沢砂防ダム災害関連緊急工事」の工事現場で、大規模な土石流が発生、作業員十数人が流され、14人が死亡した。この工事は、前年の集中豪雨で起きた土砂災害で流れ出した土砂を食い止めるためのものだった。《データ》死者14名,行方不明者1名

12.13　ダム建設現場土砂崩れ(山梨県大月市)　12月13日午後3時ごろ、山梨県大月市七保町瀬戸の東京電力「葛野川下部ダム」建設現場で土砂崩れがあり、建設作業員2人が生き埋めになり、2人とも死亡した。《データ》死者2名

12.23　パチンコ店で客将棋倒し(和歌山県御坊市)　12月23日午後4時35分ごろ、和歌山県御坊市湯川町小松原のパチンコ店駐車場で、新規開店を待って並んでいた客約300人が入り口付近に殺到、将棋倒しとなり、最前列にいた男性が入り口わきのガラスを突き破り死亡、女性2人も軽いけがをした。《データ》死者1名,負傷者2名

この年　ダイオキシン汚染(全国)　環境庁の平成8年度調査で、発がん性を持つ有毒な化学物質ダイオキシン類による魚類や水底への汚染が全国に拡大していることが発表された。7年度調査では魚類、底質各2検体からダイオキシン類が検出されただけだったが、今回は魚類25検体、底質16検体から検出され、検出率が大幅に上昇した。

この年　O157(全国)　平成8年、全国の病原性大腸菌「O157」による被害は、患者数9278人、死者11人となった。《データ》死者11名,患者9278名

平成9年
(1997年)

1.2－　ナホトカ号重油流失事故(島根県隠岐島沖)　1月2日未明、島根県隠岐島沖の日本海で、ロシアのタンカー「ナホトカ号」(1万3157トン)が破断し、本体部分が沈没、残った船首部分が漂流、7日に福井県三国町の安島岬沖200mの岩場に座礁した。積載していたC重油1万90001万7911klのうち62401万7911klが流出し、富山県を除く島根県から山形県にかけての沿岸に漂着した。油回収作業は柄杓やバケツなどの人手で行われ、4月末の終息宣言が出されるまで延べ16万人が回収にあたり、1万7911klを回収した。また、この回収作業中に5人が死亡した。《データ》死者5名

1.13　自衛隊ヘリコプター墜落(栃木県宇都宮市)　1月13日午後2時25分ごろ、宇都宮市板戸町の鬼怒川河川敷で、飛行訓練中の陸上自衛隊航空学校のOH-6D型観測ヘリコプターが墜落、教官と学生の2人が死亡した。超低空飛行の訓練中に、送電線に接触、バランスを失って河川敷に墜落したらしい。《データ》死者2名

1.24　トヨタ自動車ヘリコプター墜落(愛知県岡崎市)　1月24日午後3時46分、静岡県裾野市から愛知県豊田市に向かったトヨタ自動車所有の中型双発ヘリコプターAS365N2型機が行方不明となり、25日、愛知県岡崎市の山中でヘリコプターの残骸と8人の遺体が発見された。《データ》死者8名

2.19　中央道スリップ事故(岐阜県中津川市)　2月19日午前0時40分ごろ、岐阜県中津川市神坂の中央自動車道下り線で、大型トラックがスリップして、横向きに止まったところへ、後続車12台が次々に追突、運転手1人が死亡した。また、同現場の約200m後方でも、事故を避けるためブレーキをかけてスリップした大型トラックに、大型バスなど13台が追突。さらに、その100m後方でも、大型トラック8台が絡む事故が起きた。この事故で第2現場と第3現場でも大型トラックの運転手が車を降りて歩いていたところをそれぞれ後続車にはねられ、2人が死亡、バスの乗客も含め5人が重傷、18人が軽傷を負った。現場は事故当時、路面が凍結していた。《データ》死者3名,負傷者23名

3.11　動力炉・核燃料開発事業団東海事業所火災・爆発事故(茨城県東海村)　3月11日午前10時8分ごろ、茨城県東海村の動力炉・核燃料開発事業団東海事業所の再処理施

平成9年(1997年)

設内部で火災が発生、スプリンクラーが作動し14分後に消火、作業員10人が被曝した。また、11日午後8時14分ごろ「アスファルト固化処理施設」で爆発が起き、施設の窓やシャッターが壊れたほか、建物のほとんどのガラスが割れ、数時間にわたり煙が出るなどした。原因は午前中に起こった火災で消火が不十分であったことと、消火活動前に電話で指示を仰いでいて消火が遅れたことなどで、安全管理体制にも問題があった。また、被曝者は新たに27人が確認され、計37人となった。
《データ》被曝者37名

3.26　地震（九州地方, 中国地方, 四国地方）　3月26日午後5時31分ごろ、九州地方を中心に中国、四国地方で地震が発生、震源地は同県薩摩地方の北部で、震源の深さは約20km、地震の規模を示すマグニチュードは6.2、鹿児島県川内市と阿久根市、宮之城町で震度5強を観測した。この地震で、同県内でけが人22人が出た。《データ》負傷者22名, 建物一部損壊11棟, 道路損壊9ヶ所, がけ崩れ22ヶ所

4.22　網走交通観光バス転落（北海道上川管内南富良野町）　4月22日午後1時15分ごろ、北海道上川管内南富良野町の国道38号の緩い右カーブで網走交通の観光貸し切りバスが道路左側の約5m下の草地に転落、バスの運転手と乗客47人のうち13人が重傷、20人が軽いけが。運転手が運転中に脳内出血を起こしたらしい。《データ》負傷者33名

5.13　地震（九州地方）　5月13日午後2時38分、九州地方で強い地震が発生、震源地は鹿児島県薩摩地方で、震源の深さは約8km、マグニチュードは6.2、鹿児島県川内市で震度6弱、宮之城町で震度5強、阿久根市で震度5弱を記録した。震度6を記録したのは阪神大震災以来で、この地震で34人が負傷した。《データ》負傷者34名, 家屋半壊5棟, がけ崩れ58ヶ所

6.25　地震（中国地方, 九州地方, 四国地方, 近畿地方）　6月25日午後6時50分ごろ、中国地方を中心に強い地震が発生、震源地は山口県北部で、震源の深さは約20km、マグニチュードは5.9、島根県益田市で震度5強、松江市、出雲市、大東町、三次市、山口市、萩市、下関市、久留米市で震度4を記録した。この地震で民家の石垣が崩落し、家屋1棟が半壊、道路のひび割れの被害があった。

7.3　ヘリコプター墜落（三重県名張市）　7月3日午後1時ごろ、三重県名張市赤目町の「赤目四十八滝」にある斜滝付近の岩場で、佐川航空のSA315B型ヘリコプターが墜落、機長を含め乗員4人全員が死亡。原因は地上約30mに張ってあるワイヤに接触したため。《データ》死者4名, ヘリコプター1機墜落

7.10　土石流（鹿児島県出水市）　7月10日午前0時50分ごろ、鹿児島県出水市境町針原の針原川で土石流が発生、住宅16棟が全半壊し、21人が死亡、14人が重軽傷を負った。九州・山口地方は梅雨前線の停滞で雨が降り続き、出水市は7日から10日正午までに総雨量486mmを記録した。《データ》死者21名, 負傷者14名, 家屋全壊16棟

7.12　八甲田山陸自隊員死亡事故（青森県青森市）　7月12日午後9時20分ごろ、青森県青森市八甲田山で行われていた陸上自衛隊の訓練中に隊員23人が不調を訴え、うち12人が歩けなくなった。ガス中毒症状を起こしており19人が病院へ運ばれたが、3人が死亡した。事故が起こったのはすり鉢状のくぼ地で通常の450倍の高濃度の二酸化炭素が検出された。《データ》死者3名

8.4　解体車両爆発（京都府京都市山科区）　8月4日午後3時40分ごろ、京都市山科区勧修

414

寺御所内町、自動車解体業の1階作業場から出火し、中にあった解体車が爆発。2階の約15m^{2}と1階の壁などが焼け、2階事務所にいた3人が焼死、1人がやけどを負った。ドラム缶のエンジンオイルに何かの火がつき、近くにあった車が爆発したらしい。《データ》死者3名、負傷者1名、焼失面積約15m^2

9.16 台風(九州地方,瀬戸内地方) 9月16日、台風19号が鹿児島に上陸の後、九州・瀬戸内を通過、死者6名を出した。《データ》死者6名

10.12 超軽量飛行機墜落(茨城県下館市) 10月12日午後3時ごろ、茨城県下館市茂田の「下館ゴルフ倶楽部」の上空を飛んでいた男性2人が乗った超軽量動力飛行機が、14番ホールフェアウエーに墜落し、2人が死亡、墜落現場付近のプレー中の客にはけが人はなかった。《データ》死者2名

10.14 竜巻(長崎県壱岐の郷ノ浦町) 10月14日午後1時45分ごろ、長崎県壱岐の郷ノ浦町沖の海上で竜巻が発生。海曲漁港近くにあった廃車のバスを巻き上げ、中にいた男性が海中に転落、死亡した。そのほか、島内2地区で住家損壊8棟、非住家損壊8棟、漁船被害5隻が被害を受けた。《データ》死者1名、家屋損壊16棟、漁船損壊5隻

11.2 軽飛行機墜落(熊本県坂本村) 11月2日午後0時50分ごろ、熊本県坂本村の山中に、熊本航空の軽飛行機が墜落、機体は大破し、搭乗していた3人全員が死亡。低空飛行で高圧送電線の鉄塔に接触し、墜落したらしい。《データ》死者3名

11.29 中国人密航者ガス中毒死(大阪府大阪市此花区) 11月29日午後3時50分ごろ、大阪市此花区梅町の大阪港桜島ふ頭に接岸していた中国船籍の貨物船長福1号の船底の倉庫で中国人とみられる男性4人が死亡。4人は中国からの密航者とみられ、いずれも目立った外傷はなかったこと、倉庫には、「フェロシリコン」という脱酸素剤3300トンを積んであったことから、フェロシリコンが水に触れ化学反応を起こし、発生したガスを吸って中毒死したものとみられる。《データ》死者4名

12.6 作業員転落死(神奈川県横浜市鶴見区) 12月6日午後2時30分ごろ、横浜市鶴見区扇島の東京ガス扇島LNG工場建設現場の地下埋設式ガスタンク内で、検査液を使ってステンレス製のタンク内を調べていた作業員3人が、ゴンドラ付近で発生した火災のためバランスを崩し、ゴンドラから約45m下の床に落下、死亡した。可燃性の検査液に何らかの火が引火したとみられる。《データ》死者3名

12.16 「ポケモン」パニック(全国) 12月16日夕方、テレビで放映されているアニメ「ポケットモンスター」を見ていた子どもなどがめまいや気分が悪くなるなどして全国で500人以上が病院に運び込まれた。また放送以外にも、ビデオで見て気分を悪くする人も出た。原因となるシーンではカメラのフラッシュのような強い光の表現が使われており、直後に倒れる子どもが続出したという。

12.22 山陽線人身事故(兵庫県神戸市須磨区) 12月22日午後9時15分ごろ、神戸市須磨区須磨浦通のJR山陽線須磨駅下りホームで、誤ってホームから転落した男性と手を差し出して助けようとした男性の2人が、野洲発網干行きの快速電車にはねられ、2人とも全身を強く打って死亡した。《データ》死者2名

この年 高濃度ダイオキシン検出(千葉県千葉市) 千葉県千葉市内の病院の敷地内で使用されてきた廃棄物焼却炉内の焼却灰から、1g当たり1万9000pg(ピコグラム)という高濃度のダイオキシン類が検出された。この焼却炉は小型焼却炉で法的に設置許可を

受ける必要がなく、数年前から、周辺住民が異臭がするなどと訴えていた。

この年 **O157感染源**(関東地方,東海地方) 関東、東海の1都7県で、病原性大腸菌O157に100人以上が集団感染した問題で、厚生省の食中毒情報分析分科会は、米国オレゴン州から輸入したカイワレダイコンの種子が汚染源だったとする報告書をまとめた。種子は米国の農家で袋詰めされたまま持ち込まれたもので、種子からO157特有の遺伝子やベロ毒素の遺伝子が検出された。

平成10年
(1998年)

1.15 **大雪**(関東地方,中部地方) 1月15日、関東甲信地方は低気圧の影響で大雪に見舞われ、1都11県で除雪作業やスリップ事故などで8人が死亡した。 《データ》死者8名

2月- **特養老人ホームでインフルエンザ**(東京都三宅島) 2月から3月にかけて、伊豆諸島三宅島の特別養護老人ホーム「あじさいの里」で、入所者13人が肺炎などで相次いで死亡した。入所者からはA香港型のインフルエンザウイルスが検出されているため、同型に感染した可能性が高い。 《データ》死者13名

2.7 **新宿駅西口地下段ボールハウス火災**(東京都新宿区) 2月7日午前5時5分ごろ、東京都新宿区西新宿のJR新宿駅西口地下の「ときの広場」で、ホームレスが寝泊まりしている段ボールハウスから出火、段ボール約30棟と周辺の床、天井など計約670m^{2}を焼き、4人が死亡、1人が全身やけどを負った。 《データ》死者4名,負傷者1名,焼失面積約670m^2

2.20 **海上保安本部ヘリコプター墜落**(北海道渡島半島恵山岬沖) 2月20日午後6時40分ごろ、北海道渡島半島恵山岬から東約37km沖の太平洋で、第1管区海上保安本部函館航空基地所属のヘリコプター、乗員7人の「くまたか1号」が海に墜落、3人が死亡、4人が重軽傷を負った。 《データ》死者3名,負傷者4名

2.28 **スキー場で遭難**(山形県米沢市) 2月28日、山形県米沢市李山の天元台スキー場に来ていた6人が難度の高いスキーコースに入ったまま行方不明になった。 《データ》行方不明者6名

3.11 **営団職員街道電車にはねられ死亡**(東京都渋谷区) 3月11日午前0時30分ごろ、東京都渋谷区西原の営団地下鉄千代田線の代々木上原-代々木公園駅間で線路上を歩いていた職員3人が回送電車にはねられ死亡した。 《データ》死者3名

3.26 **一酸化炭素中毒**(千葉県君津市) 3月26日、千葉県君津市泉のパチンコ店の駐車場で、ワゴン車の中の子ども2人がぐったりしており、病院に運んだがすでに死亡していた。死因は排ガスが車内に逆流しておこった一酸化炭素中毒。 《データ》死者2名

3.27 **地下鉄御堂筋線本町駅階段でボヤ**(大阪府大阪市中央区) 3月27日午前1時ごろ、大阪市中央区の市営地下鉄御堂筋線本町駅のエスカレーター設置工事現場で、鉄パイプをガスバーナーで切断中、火花で近くにあった段ボール箱が燃え上がり、ホームの天井などに燃え移った。作業員が消火作業中、煙を大量に吸って、まもなく死亡した。 《データ》死者1名

平成10年(1998年)

4月	高濃度ダイオキシン検出(大阪府能勢町) 4月、大阪府能勢町のごみ焼却施設「豊能郡美化センター」敷地内の土壌から1gあたり8500pg(ピコグラム)の高濃度ダイオキシンが検出され。土壌調査では、これまでの国内最高値の3倍以上の値で、12地点で1000pgを上回った。また、敷地内の調整池の汚泥からは2万3000pgが検出された。
4月	高濃度ダイオキシン検出(兵庫県千種町) 兵庫県千種町のごみ焼却施設「宍粟環境美化センター」の埋め立て処分場の焼却灰から、1g当たり最高6万4000pg(ピコグラム)という国内最高のダイオキシンが検出された。
4.11	ワゴン車山車に突入(茨城県大子町) 4月11日午後8時45分ごろ、茨城県大子町の県道にかかる見返橋で、地元の諏訪神社の祭礼の山車に、ワゴン車が突っ込み、地元の男性ら5人が死亡、子どもを含む2人が重傷、21人が軽傷を負った。原因は飲酒運転によるもの。《データ》死者5名, 負傷者23名
6.10	工場爆発(神奈川県綾瀬市) 6月10日午後4時35分ごろ、神奈川県綾瀬市小園、解体処理会社の綾瀬工場で、従業員ら男性2人が、円筒形のガソリンタンクをアセチレンガスのバーナーで切断していたところ爆発、2人とも死亡した。タンクの中に残っていたガソリンにバーナーの火が引火した疑いもある。《データ》死者2名
7.3	熱中症(千葉県,埼玉県,静岡県) 7月3日、各地で最高気温を記録するなか、千葉、埼玉、静岡の3県で熱中症により、3人が死亡した。《データ》死者3名
7.17	遊漁船・ホタテ漁船衝突(北海道小樽市) 7月17日午前8時45分ごろ、北海道小樽市祝津の祝津漁港の沖合2km付近で、遊漁船「第21すみよし丸」と小樽市漁協所属のホタテ漁船「第3竹寿丸」が衝突し、船長と釣り客5人が乗った遊漁船が転覆、船長が死亡、1人が行方不明となった。《データ》死者1名, 行方不明者1名
7.25	和歌山毒物カレー事件(和歌山県和歌山市) 7月25日午後6時頃、和歌山県和歌山市園部で、夏祭りの会場で気分が悪くなりおう吐する人が続出、午後8時までに32人が病院に収容され、翌26日に4人が死亡した。当初は集団食中毒と見られていたが、カレーライスから青酸化合物を検出したと発表、その後8月13日に、被害者4人の血液から、高濃度のヒ素が検出され、カレーに混入されたのがヒ素であることが判明した。この事件で63人が急性ヒ素中毒となった。《データ》死者4名, 負傷者61名
8月	有機スズ化合物検出(全国) 愛媛大学の農学部と医学部の研究グループは、呉羽化学工業のクッキングペーパーから、環境ホルモンの一種で、生殖機能に影響を与えるとされるトリブチルスズ(TBT)や、免疫機能の低下を招くジブチルスズ(DBT)などの有機スズ化合物を検出した。
8月—	環境ホルモン検出(全国) 環境庁がまとめた全国調査によると、130地点の水質調査で122地点から環境ホルモンが検出された。界面活性剤が分解してできるノニルフェノールなどのアルキルフェノール類や樹脂原料のビスフェノールAなどで、ノニルフェノールは99地点、ビスフェノールAは88地点で検出された。
8.7—	群発地震(長野県) 8月7日から22日にかけて、長野県安曇村の上高地を中心に群発地震が発生、震源地はいずれも同じ長野県中部で、震源の深さは約10kmからごく浅いところ、マグニチュードは2.5から5.2、震度4以上の地震は12日、14日、16日、22日に観測されている。また、12日午後3時13分の地震では震度5弱を観測、7日から22日午前9時までに発生した地震は有感、無感を含めて5503回となった。

平成10年(1998年)

8.27 台風4号(関東地方,東北地方,中部地方,近畿地方,北海道) 8月27日、栃木県から福島県境で台風4号の通過に伴い激しい集中豪雨に見舞われ、東日本を中心に各地で土砂崩れなどが発生、被害は24都道府県におよび、死者19名、行方不明者3名、負傷者53名となった。 《データ》死者19名,行方不明者3名,負傷者53名

9.1 青酸ウーロン茶事件(長野県) 9月1日午後3時40分ごろ、長野県須坂市のスーパーマーケットで「ウーロン茶の味がおかしい」と届け出があり鑑定したところシアン化合物の反応があり、缶の底には穴があったことから何者かが青酸を混入したものとみられる。また前日の8月31日午後7時30分ごろ、小布施町の男性がウーロン茶を飲んだ直後に倒れ死亡した。後日の報道もあって3日に警察に通報、同様に青酸が検出された。 《データ》死者1名

9.16 台風5号(中部地方,東北地方,関東地方) 9月16日、静岡県に台風5号が上陸、東日本の18都道県で、死者5名、行方不明者3名、負傷者33名の被害をもたらした。《データ》死者5名,行方不明者3名,負傷者33名

9.22 台風7号(近畿地方,北陸地方,東北地方,関東地方) 9月22日、近畿、北陸地方を縦断した台風7号は日本海に抜けたあと再び上陸し、各地に被害をもたらした。この台風で9人が死亡、2人が行方不明、国宝に指定されている五重塔が壊れるなどした。 《データ》死者9名,行方不明者2名

9.22 軽飛行機墜落(大阪府高槻市) 9月22日午後6時過ぎ、大阪府高槻市の安満山の山頂付近に軽飛行機が墜落、パイロットなど5人が死亡した。 《データ》死者5名,航空機1機墜落

10.14 有機溶剤中毒死(大阪府羽曳野市) 10月14日午後1時半ごろ、大阪府羽曳野市埴生野の建築資材リース会社「堺クランプ」で、升形のタンクの底にたまったヘドロの除去作業中に、作業員が防じんマスクを着けてタンク内に下り、ヘドロをすくっている最中に倒れた。助けようとタンク内に入った3人のうち1人が倒れ、計2人が死亡した。また、2人が軽傷を負った。 《データ》死者2名,負傷者2名

10.17― 台風10号(九州地方,四国地方,中国地方,近畿地方) 10月17日午後4時30分ごろ、鹿児島県枕崎市付近に台風10号が上陸、その後宮崎県を抜け、高知県、岡山県、広島県を通過、各地で土砂崩れなどが発生、死者・行方不明者は6県で13人、負傷者は43人に上った。 《データ》死者・行方不明13名,負傷者43名

11.22 阪急バス高速バス・大型トラック追突(山口県菊川町) 11月22日午前2時半ごろ、山口県菊川町の中国自動車道下り線で、阪急バス「さつま」号が路肩に駐車中の大型トラックに追突。乗客26人のうち2人が死亡、11人が重軽傷を負った。バスの運転手が前方をよく見ていなかったらしい。 《データ》死者2名,負傷者11名

この年 ダイオキシン検出(岡山県中央町) 岡山県中央町で、野焼きした廃電線や焼却灰などが放置されている中央町境地区の山林の周辺土壌から、1gあたり2万5000pg(ピコグラム)という高濃度のダイオキシンが検出された。野焼きは約8年前に中止されたが、廃電線など約100トンが放置されたまま。

平成11年
(1999年)

1月　　特許老人病院でインフルエンザ(神奈川県横浜市)　1月、横浜市戸塚区の民間特例許可老人病院「十慈堂病院」で、12人のお年寄りがインフルエンザが原因と疑われる肺炎で死亡した。横浜市は2月17日に立ち入り調査を行ったが、神奈川県は1月28日に、「十慈堂病院」の管理に問題があるのではないか、という投書を受け取っていながら、10日以上衛生局や横浜市へ通知せず、調査が遅れることとなった。《データ》死者12名

1月-　特養老人ホームでインフルエンザ(岐阜県郡上郡大和町)　1月から2月にかけて、岐阜県郡上郡大和町の特別養護老人ホームで、入所者の1割を超える13人がインフルエンザが原因とみられる症状で死亡していたことが、2月13日に判明した。《データ》死者13名

1.8-　インフルエンザ集団感染(三重県多度町)　1月8日から2月4日にかけて、三重県多度町柚井の「多度病院」の精神科で、34歳～87歳の入院患者19人がインフルエンザの疑いで相次いで死亡した。同病院は、医療法施行規則で定めたベット数以上の患者を収容する超過収容が全56病室中12病室あったほか、インフルエンザのワクチン接種をおこなっていなかった。8月27日に、これらの患者の一部にインフルエンザとメチシリン耐性黄色ブドウ球菌(MRSA)の複合感染で「毒素性ショック症候群(TSS)」を起こした可能性がある事が判明、インフルエンザの集団感染とMRSAによるTSS発症は国内初めて。《データ》死者19名

1.10-　老人保健施設でインフルエンザ(宮城県白石市)　1月10日、宮城県白石市本町の医療法人「社団朝倉会」が運営する老人保健施設「あさくらホーム」で、インフルエンザとみられる症状で計13人が入院、別の8人が施設内で症状を訴えていた。このうち入院中の3人と施設内にいた4人が19日から22日の4日間に肺炎で相次いで死亡。同施設では診療所「朝倉医院」を併設しているが、副作用のおそれから職員以外にはインフルエンザの予防接種を行っていなかった。《データ》感染者13名,死者7名

1.11　患者取り違えて手術(神奈川県横浜市)　1月11日、横浜市金沢区福浦にある横浜市立大学医学部付属病院で、患者確認の不徹底が原因で、心臓手術予定の患者と肺手術予定の患者を取り違えて手術する医療事故が起きた。当時の病院長ら計18人が業務上過失傷害の疑いで横浜地検に書類送検されたが、10月14日、心臓手術予定で肺を切除された患者男性が胃がんで死亡。同病院ではその後もガーゼを患者の体内に残したまま縫合したり、消毒液に「内服薬」のラベルを貼り、患者が誤飲するなどの事故が発生した。《データ》死者1名

1.14-　老人ホームでインフルエンザ(新潟県中頸城郡柿崎町)　1月14日から25日にかけて、新潟県中頸城郡柿崎町柿崎の特別養護老人ホーム「よねやまの里」で、86歳から93歳までの女性入所者5人がインフルエンザとみられる症状で死亡した。ホームでは、ピーク時の21日には49人がインフルエンザの症状を訴えていた。《データ》

419

平成11年(1999年)

死者5名

1.15- 老人福祉施設でインフルエンザ(茨城県) 1月15日から19日にかけて、茨城県内の三つの老人福祉施設の女性入所者4人が、肺炎のため死亡した。また、25日には同県西部の小学生1人がインフルエンザとみられる症状で入院し、翌26日に死亡した。《データ》死者5名

1.23- 新型転換炉「ふげん」トラブル(福井県敦賀市) 1月8日、敦賀市の核燃料サイクル開発機構の新型転換炉「ふげん」が定期検査に入ったが、ガイシの破裂や再循環ポンプの異常が相次いだ。23日に冷却用海水約500m³が漏出、7月2日には微量の放射能を含む重水50l、8月25日にも冷却水500lが漏出。JCO臨界事故の影響で茨城県東海村の再処理工場が操業を再開できず、使用済み燃料の交換ができなくなったため、核燃機構は平成12年1月からふげんの運転をいったん停止する方針を打ち出した。

1.28- 学校で結核集団感染(高知県高知市) 1月28日から3月17日の間に、高知県高知市内の市立中学校で、生徒67人が結核に集団感染し、うち4人が発症、そのうちの2人が入院した。《データ》感染者67名

2月- 結核集団感染(愛知県) 2月、愛知県内の県立高校で生徒が結核を発病し、同じ高校の生徒34人にツベルクリン検査で陽性反応が出た。また3月には、県内の学習塾でも講師が結核となり、受講生の小中高生やほかの講師ら51人も検査で陽性反応が出た。患者の高校生が約3カ月間入院し、それ以外に1人が治療を続けているほか、患者の講師も3カ月近く入院した。《データ》感染者87名

2.11 消毒液を点滴(東京都渋谷区) 2月11日、東京都渋谷区恵比寿の都立広尾病院で、前日から入院していた女性患者が点滴の際、生理食塩水と間違えて消毒液を注射され、直後に死亡したことが3月16日になって判明した。平成12年6月1日、東京地検が組織的な事故隠しがあったとして、当時の院長ら4人が医師法(異状死体の届け出義務)違反などの罪で在宅起訴、主治医が略式起訴され、15年5月20日に東京高裁で院長が有罪判決を受けた。事故隠しで病院の刑事責任が問われるのは極めて異例。《データ》死者1名

2.21 保線作業員はねられ死亡(東京都品川区) 2月21日、東京都品川区のJR山手貨物下り線五反田-目黒駅間で、保線作業員5人が回送中の臨時電車にはねられ、全員が死亡した。《データ》死者5名

2.28- B型肝炎院内感染(兵庫県加古川市) 2月28日と4月26日、兵庫県加古川市の診療所「福原泌尿器科」で、B型肝炎に感染した透析患者が劇症肝炎を発症して死亡した。その後さらに4人が死亡し、死者は6人となった。B型肝炎は感染症予防法で診断後7日以内の届け出が義務づけられているのにこれが守られず、4月26日に死亡した患者は約1カ月も感染の届けがなかった。《データ》死者6名

3.4 無許可改造軽飛行機墜落(北海道室蘭市) 3月4日午後2時すぎ、北海道室蘭市沖の内浦湾で、トヨタ自動車東富士研究所職員3人がのる民間航空会社「エアフライトジャパン」所属の軽飛行機、パイパーPA28型機が消息を絶ち、翌5日に同市地球岬の南西約20kmの海上で2人の遺体が、7日に残る1人の遺体が発見された。その後、この軽飛行機がエンジンを改造し、無許可で試験飛行を行っていたことが発覚した。エアフライトジャパンはトヨタ自動車と日本航空の共同出資による設立。《データ》死者3名,航空機1機墜落

420

平成11年（1999年）

3.18　東武東上線人身事故（東京都板橋区）　3月18日午後11時ごろ、東京都板橋区弥生町の東武東上線の線路内で、夫婦2人が池袋発小川町行き急行電車にはねられ全身を強く打って即死した。酒に酔って線路上で寝込むようにしている妻を、夫が助け起こそうとしている間に、はねられたとみられる。この事故で急行電車は現場に約35分間停車し、上下線33本が20～35分遅れ、乗客約4500人に影響が出た。　《データ》死者2名

3.20　乾燥イカ菓子で集団食中毒（全国）　3月20日、神奈川県川崎市で13人が、サルモネラ菌による食中毒が発生、4月9日になって青森県八戸市の水産加工会社「丸松水産」が製造した子ども向けの乾燥イカ菓子が原因食品であるとわかった。県はこの会社に対し、製品の回収と改善命令を出したが、その後も全国で被害が増え続け、5月17日までに821人からサルモネラ菌を検出、菌は検出されなかったが同中毒と見られるものを含めると、患者は46都道府県で1505人にのぼった。　《データ》患者1505名

3.22　強風（全国）　3月22日、北海道付近で発達した低気圧の影響で全国的に台風なみの強風となり、北海道では大雪となった。これにより、高波による水難、船の転覆、登山者の遭難・滑落が相次ぎ、死者は13人にのぼった。また、各地で交通網の乱れや停電などが発生した。　《データ》死者13名

4.1　岡山県で地盤沈下（岡山県川北郡備中町）　4月1日、岡山県川北郡備中町平川郷地区で地盤沈下が相次いでいることが判明。同地区は標高約450mで石灰岩のカルスト地帯にあり、陥没の原因は地下水の変動による地中の空洞拡大。平成10年から翌年にかけて数ヶ所で陥没穴が、40世帯ある民家では土間のひび割れなどが確認されたほか、橋梁、学校施設、倉庫などに崩壊の危険性があり、恒久的な対策が求められる。

4.10　地下鉄工事現場土砂崩れ（兵庫県神戸市）　4月10日午後2時25分ごろ、神戸市兵庫区浜中町の地下約7mにある市営地下鉄「海岸線」工事現場で、土砂200kgが崩れ落ちる事故が発生、約2m下で掘削作業をしていた男性1人が頭を打ち即死、1人が右足などに軽傷を負った。地下約5mに露出している雨水管の底に付着していた土の塊が、振動などで縦1m、横60cm、奥行き60cmにわたって崩落したとみられる。同工事の労災事故は今回を含め10件、死者2人、負傷者は22人にのぼっている。　《データ》死者1名, 負傷者1名

4.25　大雨（福島県）　4月25日、発達した低気圧の影響で福島県各地が大雨に見舞われ、降り始めの23日午後8時から25日午後8時までの総雨量は飯舘で最高309mmを記録。小高町では、増水した川に転落したとみられる男性が行方不明となった。また、阿武隈急行や東北新幹線でダイヤが大幅に乱れた。　《データ》行方不明者1名, 床上浸水5世帯, 床下浸水93世帯

5.14　ホテル火災（北海道札幌市）　5月14日午前0時50分ごろ、札幌市南区川沿の14階建てホテルの3階客室から出火し、同室約30m^2 のうち20m^2 を焼いた。宿泊客512人のうち修学旅行で宿泊中の女子高生29人が病院へ運ばれたが、火元の部屋にいた2人が死亡、27人が煙を吸い軽傷。北海道警は、死亡したうちの1人が放火したものと断定した。　《データ》死者2名, 負傷者27名

5.23　マージャン店放火（神奈川県横浜市）　5月23日午後4時ごろ、神奈川県横浜市鶴見区中央のマージャン店から出火、木造2階建て店舗兼住宅の1階の同店部分約60m^2 を全焼し、経営者、店長、客など7人が死亡、1人が全身やけどの重体を負った。店長

421

平成11年(1999年)

が経営者を恨み,ガソリンを撒いて火をつけたもの。《データ》死者7名,負傷者1名,焼失面積約60m²

5.29 国旗掲揚ポール直撃で小学生死亡(福岡県前原市) 5月29日午前11時40分ごろ,福岡県前原市高祖の市立怡土小学校で,運動会の準備中,校庭北側の鉄製の国旗掲揚ポールが突然折れ,そばにいた小学5年生の男児を直撃,この児童は病院に運ばれたが,首の骨を折っており午後3時すぎに死亡した。腐食で折れたのが原因。《データ》死者1名

6.6 クマに襲われ重傷(群馬県利根郡片品村) 6月6日午前7時40分ごろ,群馬県利根郡片品村の尾瀬ヶ原,東電小屋の西約200mで,木道を歩いていた夫妻が突然体長約150cmのツキノワグマに襲われ,顔や腕などに重傷を負った。尾瀬で入山者がクマに襲われたのは初めて。この影響で尾瀬への入山者数が減少した。《データ》負傷者3名

6.15 工事現場で鉄筋落下(鳥取県東伯郡泊村) 6月15日午前10時10分ごろ,鳥取県東伯郡泊村の国道9号線バイパス工事現場で,高架道路の橋脚を建てるために掘った穴の内壁に張り巡らせた土留め用の鉄筋76本と留め具計約10.6トンが落下,穴の中で作業をしていた作業員3人が下敷きになり,全身を打って死亡した。《データ》死者3名

6.21 VRE院内感染(長野県中野市) 6月21日,長野県中野市の北信総合病院で,バンコマイシン耐性腸球菌(VRE)に院内感染した女性1人が死亡した。女性は体のだるさなどを訴えて6月3日に入院,8日にメチシリン耐性黄色ブドウ球菌(MRSA)の感染が判明したため,抗生物質のバンコマイシンを投与したが回復せず,21日に敗血症で死亡した。この他,女性入院患者2人からもVREが検出されたが,隔離して治療しており,2人の症状は落ち着いている。《データ》死者1名,感染者2名

6.29- 大雨(中国地方,四国地方,九州地方) 6月29日から30日,活発化した梅雨前線の影響で西日本を中心に大雨となり,広島県では151ヶ所の土砂崩れが発生,19人が死亡,12人が行方不明となった。福岡県では記録的な集中豪雨で急に地階に水が流れ込み,店から出られなくなって1人が水死。神戸では新湊川氾濫した。全国で死者39人,負傷者69人などの被害が出た。《データ》死者39名,負傷者69名,床上浸水3436棟

7月- C型肝炎院内感染(千葉県千葉市) 7月～8月,千葉県千葉市花見川区花見川の平山病院で,同じ日に人工透析を受けた56～66歳の患者8人がC型肝炎に感染していた事が,平成12年10月23日に明らかとなった。11年10月の定期血液検査で,透析患者6人に肝機能異常が認められ,12年2月にウイルス抗体検査を実施したところ,同じ日の透析グループのうち8人から抗体陽性が確認された。感染経路は特定できなかった。《データ》感染者8名

7.4 遊漁船転覆(福岡県玄海町) 7月4日午後2時40分ごろ,福岡県玄海町の地島の北北西約3.7kmの玄界灘で,遊漁船「牧安丸」が横波を受けて転覆した。船には船長と客の計8人が乗っており,1人が行方不明,7人は近くの遊漁船に助け上げられたが,うち1人が収容先の病院で死亡した。事故当時は波浪注意報が出ていたにもかかわらず,客が全員救命具を着けていなかった事が原因とみられ,船長は業務上過失致死などで逮捕された。《データ》死者1名,行方不明者1名

422

平成11年（1999年）

7.10　大型バス・RV車衝突（北海道標茶町）　7月10日午前11時40分ごろ、北海道標茶町西熊牛原野の町道（通称・ミルクロード）交差点で、大型バスとレジャー用多目的車が出合い頭に衝突、バスが2m下の草むらに転落、横転し、バスの乗客25人全員それぞれの運転手計27人が標茶町立病院などに運ばれたが、バスに乗っていた子ども2人を含む3人が脳挫傷で即死、バス運転手を含む2人が重傷、RV運転手とバス乗客15人の計16人が軽傷を負った。《データ》死者3名，負傷者18名

7.12　敦賀原発1次冷却水漏れ（福井県敦賀市）　7月12日、福井県敦賀市の日本原子力発電敦賀原子力発電所で1次冷却水漏れ事故が起きた。

7.13－　大雨（東北地方，関東地方）　7月13日から14日にかけて、東日本各地で大雨が降り続き、床上・床下浸水やがけ崩れなどの被害がおきて、交通網も乱れた。特に茨城や岩手などで大きな被害をだした。この雨による被害は、死者1人、負傷者3人、床上浸水261棟、土砂崩れ50ヶ所、岩手県内の道路被害199ヶ所などで、3111世帯に避難勧告が出された。《データ》死者1名，負傷者3名，床上浸水261棟

7.21－　大雨（関東地方）　7月21日から22日にかけて、関東地方で雷を伴った局地的豪雨が発生、落雷、停電、道路冠水などの被害が相次ぎ、交通に影響がでた。東京都ではあふれた水がビル地下室に流れ込み男性が水死、神奈川県相模原市では落雷にあった男性が死亡した。このほか、21日から22日にかけて、3人が負傷した。《データ》死者2名，負傷者3名，床上浸水174棟

7.26　厚生省が結核緊急事態宣言（全国）　7月26日、厚生省が結核患者数が増加傾向に転じたことに危機感を示す結核緊急事態宣言を発表。平成8年の新規患者数は42715人で、38年ぶりに前年より増加に転じ、60歳以上が過半を占めている。また、同年中に約2700人が死亡している。結核は昭和25年ごろには新規患者数50万人前後で日本人の死因の1位だったが、その後予防接種の普及などで減少していた。

7.27－　墨田区の病院でセラチア菌院内感染（東京都墨田区）　7月27日から30日にかけて、東京都墨田区京島の医療法人墨田中央病院に入院中の患者7人が腸内細菌のセラチア菌に院内感染していたことが、8月3日に判明した。最終的に10人の感染が確認され、うち5人が死亡。8月4日には新宿区の国立国際医療センター病院でバンコマイシン耐性腸球菌（VRE）の感染者が死亡していたことも判明。院内感染が相次ぐ中、厚生省は平成12年度から、全国の大規模病院300ヶ所を対象に、初の院内感染発生動向調査を始めることを決めた。《データ》感染者10名，死者5名

8月　バイアグラ服用の男性死亡（全国）　8月、男性の性的不能治療薬「バイアグラ」（平成10年1月承認）の服用者が心筋梗塞などを起こしたケースが33例あり、うち2人が死亡したことが明らかになった。ただし服用との因果関係は不明確なうえ、死亡した2人を含め25例は医師の処方なしに個人輸入などで同薬を入手している。《データ》死者2名

8月－　MRSA集団感染（三重県南勢町）　8月下旬から9月中旬にかけ、三重県南勢町五ヶ所浦の同町立病院で、71歳から98歳までの入院患者11人がメチシリン耐性黄色ブドウ球菌（MRSA）に感染していたことが10月16日になって、わかった。そのうち86歳から92歳の3人が既に死亡した。感染したのは71歳から98歳までの男性4人と女性7人の計11人。《データ》死者3名，感染者8名

8.7　名鉄名古屋本線加納駅ホームから転落（岐阜県岐阜市）　8月7日午後7時半ごろ、岐

平成11年（1999年）

阜市竜田町の名鉄名古屋本線加納駅で、ホームを歩いていた目の不自由な男性が約1m下の線路に転落、駅を通過しようとした新岐阜発豊川稲荷行き上り急行電車にはねられ、全身を強く打って即死した。ホームは長さ約120mで両側に約40mの視覚障害者用点字ブロックが敷いてあるが、残り約80mは設置されておらず、男性はブロックのない中央付近を歩いていて転落したとみられる。《データ》死者1名

8.13— 大雨（関東地方）　8月13日から熱帯低気圧の影響で関東各地で集中豪雨、河川増水、土砂崩れ、交通機関の乱れなどの被害があった。14日午前11時30分ごろ、神奈川県足柄上郡山北町の玄倉川が増水、中洲でキャンプをしていた18人が濁流に流され、うち5人は救助されたが、行方不明となった13人全員が死亡。15日には、東京都葛飾区の荒川が大雨で増水し、男性1人が行方不明となり、17日午後、千葉県浦安市千鳥の東京湾岸の消波ブロックで遺体が発見された。埼玉県では、西武秩父線が吾野駅南側斜面の土砂崩れで約2週間不通となったほか、秩父郡大滝村でキャンプ場が孤立、15日から16日にかけて236人が防災ヘリで救助された。この集中豪雨による全国での死者は18人、負傷者は7人にのぼった。《データ》死者18名, 負傷者7名

8.27　車内で幼児熱射病（群馬県高崎市）　8月27日午後2時20分ごろ、群馬県高崎市内で母親がパチンコ中、2歳と1歳の男児2人を車内に置き去りにし、2人は熱射病で死亡した。当初母親は、2人を車内に置いて部屋の掃除をしていたと、虚偽の供述をしていたが、パチンコに行っていた事が判明、重過失致死の疑いで逮捕された。高崎市ではこの日、最高気温が30度まで上がり、蒸し暑かった。《データ》死者2名

9.8　池袋で通り魔（東京都豊島区）　9月8日午前11時40分ごろ、東京都豊島区のJR池袋駅東口から約200mの繁華街で、包丁と金槌を持った若い男が買い物客らに次々と襲いかかり、2人が死亡、1人が重傷、5人が軽傷を負った。男は通行人に取り押さえられ、現行犯逮捕された。平成14年1月18日、東京地裁で死刑判決。《データ》死者2名, 負傷者6名

9.14　台風16号（全国）　9月14日、九州の南で熱帯低気圧から発達した台風16号が、2時間後に宮崎県へ上陸、15日には四国、近畿、中部地方を縦断。大雨の影響で長良川の堤防が岐阜県内の8ヶ所で決壊するなどし、岐阜、愛媛、徳島の3県で9人が死亡。これをふくめ、全国で13人が死亡、12人が負傷した。《データ》死者13名, 負傷者12名

9.17　大雨（近畿地方）　9月17日夕、南からの湿った空気の影響で、近畿地方は局地的に激しい雨に見舞われた。大阪府八尾市では午後5時〜6時の1時間に64mmを記録。大阪府や兵庫県内では約2000棟近くが床上・床下浸水したほか、河川の増水で阪神本線が一時運転を見合わせるなど、交通機関にも影響が出た。《データ》床上・床下浸水約2000棟

9.24　台風18号（全国）　9月24日未明から午前にかけて台風18号が西日本を直撃。早朝に熊本県宇土郡不知火町の海岸近くで数十世帯の民家が高潮に襲われ12人が死亡するなど、九州地方を中心に6県で27人が死亡、2人が行方不明となった。建物の倒壊、船の座礁などの被害は広範囲に及び、熊本城で被害が出たほか、広島県の厳島神社では国宝の左門客神社が倒壊した。《データ》死者27名, 行方不明者2名, 国宝「左門客神社」倒壊

9.24　竜巻（愛知県）　9月24日、台風18号の影響で愛知県豊橋市、豊川市で竜巻が発生、

市内を時速40kmで縦断し、中学ではガラス破片により生徒209人が怪我するなど、重軽傷者415人を出した。《データ》負傷者415名,建物損壊756棟,被害総額12億円

9.29 通り魔（山口県下関市） 9月29日午後4時25分ごろ、山口県下関市のJR下関駅1階に乗用車が突っ込み、通行人をはねた。運転していた男は車を降りて駅ホームに駆け上がり、包丁で次々に人を刺した。男は現行犯逮捕されたが、3人が死亡、12人が重軽傷。《データ》死者3名,負傷者12名

9.30 東海村臨界事故（茨城県東海村） 9月30日午前10時35分ごろ、茨城県東海村のJOC東海事業所転換試験棟で、ウラン溶液を沈殿槽に入れる作業中、投入量が多すぎたためにウラン溶液が臨界に達し、臨界状態が約20時間続いた。原子力事故の国際評価尺度はレベル4。この事故で作業員3人が大量被曝で入院し、うち2人が死亡したが、国内の原子力事故で死者が出たのは初めて。その他に隣接するゴルフ場の作業員7人や救急隊員3人など計56人が被曝した。また、周辺住民119人が年間被曝限度を超えていたが、健康への影響は殆ど無いとみられる。約50世帯160人が公共施設に避難、半径10km以内の住民約11万世帯31万人に外出を避ける要請が出され、幼稚園・学校が休校となった他、周囲1km以内の交通も一時遮断され、農林関係者は安全宣言が出るまで収穫・出荷を見合わせた。支払われた補償金は約130億円に達した。《データ》死者2名,負傷者1名

10.7 献血からHIV感染（全国） 10月7日、献血で採取した血液にエイズウィルスが混入し、この血液を輸血された患者2人がHIVに感染していたことが明らかになった。昭和61年に日本赤十字社が抗体検査を始めて以来、献血血液による感染が判明したのは2例目。HIVの感染初期には血液検査で検知できない空白期間があり、この期間に採血されたものと思われる。11年7月からはより精度の高い血液検査を導入したが、厚生省と日赤では感染の可能性がある人は献血をしないよう呼びかけた。《データ》感染者2名

10.27- 大雨（東北地方,関東地方） 10月27日、東海地方の南海上を発達した低気圧が通過した影響で関東地方が大雨となり、同日から30日にかけて東北地方でも大雨となった。関東では常磐線、鹿島線、水戸線、成田線などが運休、羽田空港で40便以上が欠航したほか、茨城県高萩市と多賀郡十王町で竜巻が発生、屋根がわらが吹き飛んだり窓ガラスが割れるなどの被害が出た。また、東北地方では青森県と岩手県で道路の冠水、床上・床下浸水が相次いだほか、土砂崩れによる生き埋め事故も発生。27日から30日までに、死者4人、負傷者6人を出した。《データ》死者4名,負傷者6名,床上浸水1331棟,家屋損壊65棟

11.1 誤診で不要手術（愛知県岡崎市） 11月1日、愛知県岡崎市の岡崎市民病院で、40代女性の良性腫瘍を乳がんと誤診し、右わきのリンパ節を切除するなど必要のない手術を行っていた医療ミスがあったことが、平成12年11月24日に明らかとなった。この手術の結果、女性は手にむくみが出るなどの症状が残り、病院との間には約500万円を賠償することで示談が成立している。岡崎市民病院では、12年6月、7月にも医師らの思い込みなどが原因の3件の医療ミスがあった。

11.4 工場放火（静岡県静岡市） 11月4日午前2時25分ごろ、静岡県静岡市籠上で放火があり、サンダル加工業の作業所兼住宅から出火、鉄骨2階建ての建物約53m²を全焼。さらに火は両隣に燃え移り、木造2階建て住宅約53m²と、別の木造2階建て住

平成11年（1999年）

宅約142m^{2}を全焼した。サンダル加工業者ら親子3人が焼死。別件で逮捕された土木作業員が再逮捕された。　《データ》死者3名

11.4　ミキサー車歩道に突っ込む（東京都渋谷区）　11月4日午後1時55分ごろ、東京都渋谷区笹塚の国道20号甲州街道の交差点で、赤信号を見落とし進入してきた5トンのコンクリートミキサー車が急ハンドルで横転、横断歩道を渡っていた歩行者の列に突っ込んだ。2人が車の下敷きになったほか、1人がはねられて、3人が死亡した。また、1歳と3歳の子どもを含む通行人ら男女計8人が軽重傷を負った。　《データ》死者3名、負傷者8名

11.22－　一酸化炭素中毒死で誤診（東京都江東区）　11月22日から23日にかけて、東京都江東区新大橋の公団住宅のふろ場で親子が相次いで一酸化炭素中毒で死亡した。原因はふろのガスがまの吸気管と排気管を逆に接続した工事業者のミスだった。しかし、父親が浴室で気分が悪くなって、東京都中央区にある聖路加国際病院に通っていたにもかかわらず、同病院は「心筋梗塞の疑い」と診断を誤り、父親の死亡後も死因を急性心筋梗塞と間違えたため、息子が浴室の工事ミスに気づかず、死亡していた事がわかった。　《データ》死者2名

11.25　竜巻（秋田県八森町）　11月25日午後3時40分ごろ、秋田県八森町で竜巻が発生し、民家2棟が全壊、24棟が損壊した。周辺では電柱が倒れ電線が切れるなどして、町内全世帯約2700戸が約3時間半停電した。けが人はなかった。寒冷前線の通過で大気の状態が不安定になったのが原因で竜巻が発生したとみられている。　《データ》家屋全壊2棟、家屋損壊24棟

11.28　東名高速で大型トラック・乗用車衝突（東京都世田谷区）　11月28日午後3時35分ごろ、東京都世田谷区砧公園の東名高速道上り線で、大型トラックに衝突された乗用車が炎上、3歳と1歳の姉妹2人が焼死、夫婦2人がけがを負った。事故当時、トラックの運転手は泥酔状態で、業務上過失致死傷と道交法違反（飲酒運転）で懲役4年が確定。遺族が運転手と運送会社に損害賠償を求めた訴訟では、東京地裁が命日ごとの分割支払いを含め総額約2億5千万円の支払いを命じた。また、遺族らが行った飲酒運転撲滅運動などが契機となり、最高刑を懲役15年とする危険運転致死傷罪が新設されることになった。　《データ》死者2名、負傷者2名

12.27　溶けた鉄浴び作業員死亡（静岡県焼津市）　12月27日午前0時25分ごろ、静岡県焼津市柳新屋の鉄工所の鋳造工場で、溶かした鉄を鋳型に注ぐ作業中、円筒形の容器から、高温の液状の鉄がこぼれて約3m下の床に落下、下にいた作業員6人が溶けた鉄を浴びた。この事故で、同鉄工所社員1人が全身にやけどを負い間もなく死亡、1人が全身やけどの重症のほか、4人が手や足などに軽いやけどを負った。　《データ》死者1名、負傷者5名

この年　インフルエンザワクチン不足（全国）　1月から3月のインフルエンザの死者が1287人と過去20年で最悪を記録。その8割以上が65歳以上だった。一方で11月後半からワクチン不足が表面化したため、厚生省は12月に各都道府県単位で対策委員会を設置した。　《データ》死者1287名

平成12年
(2000年)

1月— 多剤耐性緑のう菌に院内感染(新潟県新潟市) 1月から翌年6月にかけて、新潟市の新潟大学医学部付属病院で患者18人が抗菌薬の効かない「多剤耐性緑のう菌」に院内感染し、うち1人が同菌が主原因で死亡していたことが、平成14年2月20日に明らかになった。感染ルートは不明。同菌は水回りなど生活環境の中に広く存在しているが、院内感染による同菌での死亡が確認されたのは極めて珍しいという。
《データ》感染者18名, 死者1名

1.8— 生ガキで食中毒(新潟県長野県) 1月8日から9日にかけて、新潟県と長野県のホテルなどで、岡山産の生ガキが原因の集団食中毒が発生し、新潟県でのホテルで17グループ53人、長野県のホテルで24グループ58人、長野県の飲食店で2グループ13人の計43グループ124人がおう吐や発熱などの症状を訴えた。新潟県の生ガキからは小型球形ウイルス(SRSV)が検出された。岡山県はカキを加工した業者に対し、大阪や東京など13都道府県に向け出荷した約10トンの回収命令を出した。 《データ》患者124名

1.11— 特養ホームでインフルエンザ集団感染(青森県) 1月11日から27日にかけて、青森県西部の三つの特別養護老人ホームに入所していた75〜98歳の男女8人が、インフルエンザ感染と疑われる症状で死亡。8人のうち3人はワクチンを接種していた。また、北海道秩父別町の特養ホーム「和敬園」でも1月23日から29日にかけて、インフルエンザに感染した76〜92歳の入居者の5人が相次いで死亡。5人のうち1人はワクチンを接種していた。1月31日までに、同県内の特養、養護、軽費の老人ホームなど91の老人施設のうち9施設で、81人のインフルエンザ患者が確認されている。
《データ》死者13名

1.24 ガス漏れ(大阪府大阪市) 1月24日午後5時10分ごろ、大阪市中央区北浜で、地下1.4mに埋めてある鉄製ガス管(直径15cm)に、幅1〜2mmの亀裂が入り、輪切り状態になってそこからガスがもれていた。ガスは爆発する危険性の高い濃度に達していたため、会社員ら約380人が避難、けが人などはなかった。

1.26 住宅内装作業中に作業員死亡(神奈川県横浜市) 1月26日午後10時5分ごろ、横浜市保土ヶ谷区常磐台で、改装中の住宅の内装作業中、窓などに目張りをして内壁にペンキを吹き付けていた作業員2人が、倒れて死亡しているのが発見された。塗料によって何らかの中毒を起こしたか、窒息死したとみられている。 《データ》死者2名

1.26— 小学校で結核集団感染(福岡県福岡市) 1月26日以降、福岡県福岡市早良区内の小学校の男性教諭が結核を発病、児童ら102人が集団感染した事が4月21日、明らかになった。厚生省に集団感染の報告が義務づけられた平成6年以来、全国では小学校単独は2例目、100人を超す感染は6例目となる。 《データ》感染者102名

2.3 献血車の扉にあたり死傷(東京都狛江市) 2月3日午後4時25分ごろ、東京都狛江市

427

の都道で、走行中だった都赤十字血液センター献血車の左側面にある収納庫の扉が開いて、歩いていた男性2人を直撃して重軽傷を負わせた。5日夜、2人のうち、首などを強く打って重体だった1人が死亡した。献血車を運転していた同センター職員が業務上過失傷害の疑いで現行犯逮捕された。 《データ》死者1名、負傷者1名

2.24 生体用ボンド使い患者死亡（福岡県北九州市） 2月24日、北九州市八幡西区の産業医科大病院で、心臓外科の男性助教授が男性患者の大動脈瘤を切除した際、心臓手術の血管接合には通常使わない生体用ボンドを使用、人工心肺の回路が詰まり、翌日患者が多臓器不全で死亡する事件があった。同病院は助教授に手術の禁止命令を出すとともに院内に調査委員会を設置、「ボンドの使用が回路の目詰まりの原因になった疑いがある」との報告書をまとめた。また、この助教授が平成11年10月下旬に、別の男性患者の手術の際に体内にスポンジを置き忘れ、2日後に再手術していたことも明らかになった。 《データ》死者1名

2.28 エタノール誤注入で患者死亡（京都府京都市） 2月28日午後6時ごろ、京都府京都市左京区の京都大学病院で、入院中の女性患者の人工呼吸器に注入される蒸留水タンクを、巡回の看護婦が誤ってエタノール入りに交換。3月1日午後11時ごろに気付くまでエタノールの注入を繰り返し、患者は3月2日午後7時54分に死亡した。病院は、誤注入に気づいた後も急性アルコール中毒の対症療法を行わなかった。3月7日に事件が発覚してからも、病院は死亡との因果関係をあいまいにし、元々症状が重篤だったと繰り返した。 《データ》死者1名

3月 温泉施設でレジオネラ菌集団感染（静岡県掛川市） 3月中旬、静岡県掛川市の民間温泉施設「掛川つま恋温泉森林乃湯」で、客5人がレジオネラ菌に集団感染した。感染は同施設の温泉によるもので、感染者数はその後24人に増加し、うち2人が死亡した。 《データ》死者2名、感染者22名

3.2 テレホンクラブ放火（兵庫県神戸市） 3月2日早朝、神戸市中央区で同系列のテレホンクラブ2店に相次いで火炎瓶が投げ込まれて火災が発生、同ビルの2、3階部分計約60m^{2}を焼いて約1時間半後に消えたが、男性客4人が死亡し、客と従業員計6人が重軽傷を負った。後に元暴力団員らが現住建造物放火容疑で逮捕された。 《データ》死者4名、負傷者6名、焼失面積約60m^2

3.8 地下鉄日比谷線脱線衝突事故（東京都目黒区） 3月8日午前9時ごろ、東京都目黒区の営団地下鉄日比谷線中目黒駅付近で、下り電車の最後尾車両が脱線、対向の上り電車の6両目と衝突し、乗客4人が死亡、64人が重軽傷を負い、その後、12日に重体の1人が死亡して死者は5人となった。運輸省の事故調査検討会は、最後尾車両が線路に設置されていた保守車両引き込み用のポイント「横取り装置」のレールによって押し出されたことを確認。 《データ》死者5名、負傷者63名

3.24 高濃度ダイオキシン検出（神奈川県藤沢市） 3月24日、藤沢市の「荏原製作所」藤沢工場近くの河川水から、公共用水域としては過去最悪の8100pg（ピコグラム）のダイオキシン類が検出された。

3.25 口蹄疫感染（宮崎県宮崎市、北海道本別町） 3月25日、宮崎県宮崎市の農家が飼育している肥育牛10頭が家畜伝染病の「口蹄疫」に感染している疑いが強いことがわかった。九州農政局や宮崎県などは同日、感染の疑いのある牛を処分するとともに、半径50km以内で牛豚などの移動制限措置を取った。5月11日には、北海道本別

町の農家で飼育している肉牛2頭が口蹄疫に感染したことが発表された。口蹄疫は、国内では明治41年以降発生していなかった。人に伝染することはなく、感染した牛などの肉を食べても人体に影響はない。　《データ》感染牛12頭

3.31　**有珠山噴火（北海道）**　3月31日、北海道南西部の伊達市、壮瞥村、虻田町にまたがる有珠山西側山麓付近でマグマ水蒸気爆発とみられる噴火が起きた。その後周辺の山を含めて断続的に噴火、大小多数の火口が出現した。3月29日に室蘭地方気象台が史上初めて噴火前に緊急火山情報を出し、周辺住民17000人が噴火前後に避難できたため死傷者は出なかった。　《データ》全壊家屋27棟, 半壊家屋141棟, 一部破壊家屋82棟, 物的被害総額59億円, 観光被害総額16億5千万円

4月—　**ポリオワクチン接種を一時中断（福岡県）**　4月から5月にかけて、福岡県内でポリオ（小児まひ）ワクチンの予防接種を受けた女児1人が急性脳症で死亡、別の男児が足の麻痺を起こした。厚生省は全国の市町村にワクチンの使用を見合わせるよう指示。その後の調査で2例とも接種との関連はないと結論され、9月に接種が再開された。一時中止によりポリオ感染の危険性が高まったとの声もあり、同省で予防接種時の対応マニュアルを作成した。実際、6月に宮崎県内で5年ぶりのポリオ感染者1人が確認されている。　《データ》死者1名

5月—　**福祉センターでレジオネラ菌集団感染（茨城県石岡市）**　5月下旬から6月17日にかけて、茨城県石岡市石岡にある市運営の総合福祉センター「ふれあいの里石岡ひまわりの館」の入浴施設を利用した13人が、レジオネラ菌が原因とみられる肺炎で市内の病院に入院した。その後も同施設による感染者の発覚が増え続け、300人以上が感染、うち3人が死亡した。同施設では、厚生省の指針通りの塩素消毒を行っていたという。　《データ》死者3名, 感染者300名以上

5月—　**堺市の病院でセラチア菌院内感染（大阪府堺市）**　5月から7月にかけ、堺市の特定医療法人同仁会「耳原総合病院」で、入院患者15人が腸内細菌の一種セラチア菌に院内感染した疑いがあり、うち7名が敗血症などで死亡していたことが、7月3日に明らかになった。さらにその後の調査でこの15人のうち少なくとも2人がMRSA（メチシリン耐性黄色ブドウ球菌）にも二重感染していたこと、有力な治療薬とされてきたカルバペネム系の抗生物質が効かない新しいタイプの菌が含まれていたことなどが明らかとなった。　《データ》死者7名

5.3　**17歳少年がバスジャック（福岡県）**　5月3日、福岡県内で佐賀発福岡・天神行きの西日本鉄道高速バスが包丁を持った17歳の少年に乗っ取られた。バスは乗客と運転主計22人を乗せたまま中国、山陽自動車道などを東進。途中人質12人が解放されたり脱出したが、乗客1人が殺害され、5人が重軽傷。4日午前5時ごろ、広島県東広島市の小谷サービスエリアに停車中のバスに広島県警機動隊が突入、少年を逮捕し、乗客と運転手計10人を無事救出した。少年は行為障害として国立肥前療養所に入院中で犯行当日は外泊許可を得て帰宅していた。　《データ》死者1名, 負傷者5名

5.24　**降雹（千葉県）**　5月24日正午ごろから約2時間、茨城県南西部から千葉県北東部の24市町村で、ミカン大からウズラの卵大の雹が突風を伴って局地的に降り、割れた窓ガラスなどで158人が負傷した。窓ガラス、屋根などの破損を受けた家屋は約2万2千棟。交通機関も乱れ、農作物にも被害が出た。　《データ》負傷者158名, 家屋2万2千棟被害

平成12年(2000年)

6月— B型肝炎ウイルス感染(宮城県塩釜市) 6月から翌年2月にかけて、宮城県塩釜市の医療機関に通院していた6人の患者がB型肝炎ウイルスによる劇症肝炎となり、うち4人が死亡していたことが、平成14年1月30日に判明した。患者から検出されたB型肝炎ウイルスの遺伝子が一致したが、県は院内感染の確証はないとする調査結果を公表した。厚生労働省は13年4月に報告を受け、11月26日に問題を公表するよう文書で指導、後に口頭でも指導したが、県は応じなかった。県は感染源を特定できない段階での公表はふさわしくないと判断したのであって、隠そうとしたわけではない、省の指導は今後の調査の段階で公表すべきとの内容だったとコメントしている。 《データ》感染者6名, 死者4名

6.3 大雨で道路陥没し軽トラック転落(鹿児島県鹿屋市) 6月3日、鹿児島県鹿屋市笠之原町で、大雨により陥没した県道の穴に軽トラックが転落。6日午前、軽トラックが引き揚げられ、つぶれた運転席から遺体が発見された。 《データ》死者1名

6.10 化学工場爆発(群馬県新田郡尾島町) 6月10日午後6時10分ごろ、群馬県新田郡尾島町の化学薬品製造会社の群馬工場が爆発し、炎上。従業員4人が死亡し、付近の住民ら28名が割れたガラスで手を切るなどの怪我をした。また、爆風により半径1.5kmの範囲の民家など238棟が被害を受けほか、同工場の貯蔵タンクに金属破片がささり、12日午後7時過ぎにガス漏れが起きたが、ガス漏れでの負傷者はいない。工場西側の蒸留塔でヒドロキシルアミンを再蒸留中、爆発したとみられる。 《データ》死者4名, 負傷者28名

6.11 宝石店放火強盗(栃木県宇都宮市) 6月11日午後10時50分ごろ、宇都宮市江野町の宝石店から出火、鉄筋3階建て1階の店舗部分約109m^2 が焼け約1時間半後に鎮火した。焼け跡から6人の遺体が発見された。13日未明、同店との間にトラブルがあった男が、ガソリンを撒いて火をつけ、宝石を奪ったとして、強盗殺人と現住建造物放火容疑で逮捕された。 《データ》死者6名, 焼失面積約109m^2

6.13— 病院と特養ホームでO157集団感染(神奈川県藤野町) 6月13日から20日にかけて、神奈川県藤野町牧野の医療法人「ふじの温泉病院」と隣接の介護老人保健施設「なごみの里」で、入院患者と職員ら計56人がO157に集団感染、うち1人が死亡した。O157の集団感染での死者は初めて。病院と老人施設の給食は同じ調理場で作っていることから、食事が感染源ではないかとみられる。 《データ》死者1名, 患者56名

6.18 雪崩で遭難救助隊員死亡(新潟県北魚沼郡入広瀬村) 6月18日午前8時25分ごろ、福島県との県境にある新潟県入広瀬村の浅草岳山頂付近の北側斜面で、雪崩が発生、山菜採りで行方不明になっていた男性の救助作業だった捜索・救助隊の警察官や消防隊員らが巻き込まれて4人が死亡、5人が重軽傷を負った。山菜取りの男性も発見時には既に死亡していた。 《データ》死者5名, 負傷者5名

6.22 硫化水素中毒(和歌山県和歌山市) 6月22日、和歌山県和歌山市中島の肥料製造所から硫化水素が漏れ、10人硫化水素による中毒となって、うち取引先社員の男性1人と肥料製造所の社長および社員の2人が重体で入院、7月5日夕、取引先社員が収容先の和歌山市の病院で死亡した。 《データ》死者1名, 負傷者9名

6.27— 雪印乳業集団食中毒事件(全国) 6月27日、大阪市保健所に対し、雪印乳業大阪工場から出荷された牛乳を飲んだ消費者から病院を通し、激しい吐き気や下痢の症状が出たとの苦情が寄せられた。同保健所は商品回収を指示したが、同社が回収を始

430

めたのは丸2日後で消費者への情報開示はさらに遅れ、被害者が大阪を中心に15府県で1万4780人に達する史上最大の集団食中毒事件となった。店頭からの商品撤去が相次ぎ、7月11日に同社の工場は全国で操業停止に追い込まれた。当初は黄色ブドウ球菌が検出された大阪工場が汚染源と思われ、8月上旬までに各地の工場で安全宣言が出されたが、8月18日、大阪市が原材料である脱脂粉乳から黄色ブドウ球菌の毒素を検出、脱脂粉乳を製造した同社大樹工場（北海道大樹町）が汚染源であることが判明した。一連の過程で同社の杜撰な衛生管理と安全意識の欠落が次々に明らかとなり、消費者の猛反発を買った。　《データ》患者14780名

6.28　　航空自衛隊輸送機墜落（島根県隠岐島沖）　6月28日午後2時36分ごろ、鳥取県境港市にある航空自衛隊美保基地から飛び立った同基地所属のC1輸送機が、隠岐島の北西約55kmの日本海上でレーダーから消えた。現場海域近くで、同機の機体の一部と見られる金属片や救命胴衣が発見され、墜落したものと断定された。後に乗員5人全員が遺体で発見された。　《データ》死者5名, 輸送機1機墜落

6.29－　伊豆諸島群発地震（東京都神津島）　6月29日午後零時11分、伊豆諸島の神津島付近でマグニチュード5.2の地震が発生し、震度5弱を記録。その後も神津島やその北東にある新島の近海で地震が多発、7月1日午後4時1分にはマグニチュード6.4の地震が起き、神津島で震度6弱を記録。走行中の自動車ががけ崩れに巻き込まれ男性1人が死亡した。この群発地震は三宅島の火山活動をもたらしたマグマが近くを刺激したため、神津島東方の海域にもマグマが上昇したのが原因で起きたと考えられる。　《データ》死者1名, 損失家屋9棟

7.2　　雷雨（関東地方）　7月2日昼ごろから関東地方各地で雷を伴う強い雨が降り、福島県いわき市で1時間に100mm、塙町で90mmの降雨を記録したほか、群馬県桐生市でも午後4時からの1時間降雨量が観測史上最高の65.5mmを観測した。これによる床上浸水や河川の増水・落雷による被害が各地で相次ぎ、栃木県では、3人が川に流されて死亡、2人が雷に打たれて死亡した。群馬県や福島県で22戸が床上浸水し、関東各地で電車のダイヤが乱れた。　《データ》死者5名, 床上浸水22棟

7.4　　雷雨（全国）　7月4日、全国的な大雨となり各地で被害が相次いだ。西日本各地で計15万世帯以上が落雷などにより停電、落雷により山陽新幹線、東海道新幹線の全区間34駅に及ぶ信号機故障が発生。東京都千代田区では観測史上2番目の大雨となり、地下鉄丸ノ内線や東西線が運転を一時中断、羽田空港で出発便6便が運休した。このほか関東、信越地方で鉄道8路線が一部区間の運転を見合わせた。　《データ》停電15万世帯, 床上浸水79棟, 床下浸水55棟, 地下浸水29棟

7.4－　降雹（長野県）　7月4日から5日、長野県で2日連続で雹が降り、スイカやキャベツなど農作物に36億円以上の被害が出た。　《データ》農作物被害総額36億円以上

7.7　　赤潮（熊本県）　7月7日、熊本県の八代海で赤潮が発生。9市町の養殖業者に過去最悪となる40億円の被害が出た。　《データ》被害総額40億円

7.7－　台風3号（全国）　7月7日から7月8日にかけて台風3号接近、関東地方を中心に太平洋側の地域で暴風雨、浸水、停電、交通網に被害がでた。負傷者8人が出たほか、神津島では、土砂崩れのため、住宅2棟と神社社務所1棟が全壊した。　《データ》負傷者8名, 床上浸水425棟, 床下浸水1163棟

7.8　　増水で流され死亡（埼玉県本庄市）　7月8日午後1時ごろ、埼玉県本庄市北堀内の男

平成12年（2000年）

堀川近くの公園で遊んでいた3歳の男児が、父親が目を離したすきにいなくなり、同日午後6時35分ごろ男堀川で死亡しているのが発見された。川は通常、水深が約20cmだが、事故当時は台風の影響で約1mに増水していた。　《データ》死者1名

7.8　三宅島噴火（東京都三宅支庁三宅村）　7月8日、三宅島の雄山が山頂火口で噴火。14日、雄山が断続的に噴火。噴石も確認され、143人が避難。三宅島では以前より山頂直下で地震が続いており、6月26日に気象庁が緊急火山情報を出し、29日に安全宣言が出されていた。

7.12　高濃度ダイオキシン汚染（大阪府豊能郡能勢町）　7月12日、大阪府豊能郡能勢町のゴミ焼却施設「豊能郡美化センター」の解体作業に従事していた作業員35人が、通常の濃度20〜30pg（ピコグラム）を大きく上回る高濃度のダイオキシンに汚染されていたことが明らかとなった。14日には施設周辺の住民が申し立てていた公害調停が成立し、メーカーの三井造船と子会社が、センターを管理する環境施設組合や住民に総額7億5千万円を支払い、組合などは平成18年までにダイオキシン汚染物を処理すると決まった。

7.18　特養ホームでO157集団感染（愛知県名古屋市）　7月18日以降、愛知県名古屋市天白区の特別養護老人ホーム「高坂苑」の入所者や職員33人が病原性大腸菌O157に感染、8月21日に女性1人がじん不全に伴う多臓器不全で死亡した。　《データ》死者1名, 感染者32名

7.29　化学工場で硫化水素中毒（愛媛県東予市）　7月29日、愛知県東予市の化学工場で、排水槽の清掃作業をしていた清掃請負会社従業員3人が硫化水素中毒で死亡した。　《データ》死者3名

7.30　高波（東京都江戸川区）　7月30日午後0時40分ごろ、東京都江戸川区臨海町の都立葛西海浜公園にある人工なぎさ沖で、岸から数十m離れた水深約30cmのところで小学1年〜3年生の男児3人が高波にさらわれた。1人は自力で岸に戻り無事だったが、2人が死亡した。満潮に向かう時刻で、海面が短時間で上昇したとみられる。　《データ》死者2名

8.1　火薬工場爆発（愛知県知多郡武豊町）　8月1日午後10時7分ごろ、愛知県知多郡武豊町の「日本油脂」愛知事業所武豊工場火薬類置き場で爆発が発生。同置き場が全壊、火薬庫十数棟が全半壊。割れたガラスなどで付近の住民ら78人がやけどなどのけがを負うなどの被害が出た。無煙火薬の自然発火が原因とみられる。　《データ》負傷者78名, 全半壊家屋38棟, 損壊家屋888棟

8.6　鉄砲水（群馬県利根郡水上町）　8月6日、群馬県利根郡水上町の谷川岳・湯桧曽川で鉄砲水が発生、ハイキングに訪れ河原を歩いていたサッカーチームの児童と父母ら31人のうち13名が濁流にのまれ、引率の男性1名が死亡、6名が負傷した。谷川岳一帯では、降りはじめから4時間に40〜50mmの降雨。同川は夏には毎年3、4回、鉄砲水が発生する危険な場所だが、水上町では、現場から下流に約1.5kmと4.5kmのわずか2ヶ所に、注意を呼び掛ける看板を設置していただけだった。　《データ》死者1名, 負傷者6名

8.10　三宅島噴火（東京都三宅支庁三宅村）　8月10日、三宅島の雄山が山頂の火口で三度目の噴火、神着、坪田地区住民が避難所に避難。18日には雄山山頂火口で7月以来最大規模の噴火があり、噴煙は高さ8000mに達した。29日にも雄山が噴火し、2方向

平成12年（2000年）

に火砕流が流れた。東京都は9月1日に約3800人の住民全員を島外避難させることを決定。小、中、高校生があきる野市の全寮制都立高校に集団避難し、島民も都営住宅に移り住んだ。帰島のめどが立たず避難生活は長期化した。

8.25　**高濃度ダイオキシン検出**（福岡県大牟田市）　8月25日、大牟田市の大牟田川中流川底から、39万pg（ピコグラム）の超高濃度のダイオキシン類を含む油玉を検出したことが発表された。

8.30　**解体作業工場爆発**（神奈川県横須賀市）　8月30日午後1時55分ごろ、神奈川県横須賀市内川の鉄くず回収販売業の解体作業工場で鉄の裁断機が爆発、作業をしていた男性の腕や頭に鉄片が突き刺さり、重傷を負った。また、爆発で半径約200mの範囲の民家226軒や工場で窓ガラスが割れるなどの被害が出た。裁断機に混入した旧海軍の爆雷が衝撃で爆発したのが原因で、12月22日、同工場の会社など2社および個人2人は国と、爆雷を搬入した業者を相手取って総額約4億4900万円の損害賠償を求める訴訟を起こした。《データ》負傷者1名, 家屋損壊226棟

9.8-　**大雨**（群馬県）　9月8日夜から9日未明にかけて群馬県北部で強い雨が降り、同県水上町では8日午後10時からの1時間降水量が昭和54年の観測開始以来、過去最高となる50.5mmを記録した。また、8日午後11時25分ごろ、関越自動車道の一部区間で土砂崩れが発生したほか、同町上牧のJR上越線後閑－上牧駅間で土砂が上下線路上に流入、一時通行止めになった。この雨で、1人が死亡、3人が負傷した。《データ》死者1名, 負傷者3名, 床上浸水17棟, 床下浸水23棟

9.11-　**東海豪雨**（東海地方）　9月11日から12日にかけて、台風14号などの影響で東海地方を中心に大雨がふり、23都道府県で被害が相次いだ。特に愛知県の被害が大きく、名古屋市では1日降水量が観測史上最高の428mmを記録、知多郡美浜町で竜巻が発生し24名が負傷、新川の決壊で西春日井郡西枇杷島町のほぼ全域が水没するなどした。この大雨で愛知、岐阜、三重で約22万世帯に避難勧告・指示が出されたほか、土砂崩れなどのため計9人の死者が出た。また、東海道新幹線が麻痺状態となり、乗客52000名が列車内で一夜を明かした。《データ》死者9名, 行方不明者5名, 負傷者41名, 全壊20棟, 半壊46棟, 床上・床下浸水67031棟, がけ崩れ436ヶ所, 道路損壊171ヶ所, 橋梁流失12ヶ所, 堤防決壊18ヶ所

9.12　**竜巻**（東京都足立区）　9月12日午前10時55分ごろ、東京都足立区で竜巻が発生、トタン屋根が吹き飛ぶなど住宅や工場などして計21棟が損壊したほか、一時、約2400世帯が停電し、一部地域では電話も不通になった。《データ》家屋損壊21棟, 停電2400世帯

9.13　**高濃度ダイオキシン検出**（東京都大田区）　9月13日、東京都大田区内の土壌から、ダイオキシン類のコプラナーPCBが極めて高い濃度で検出されたと、都が発表。汚染濃度は最大で環境基準の16倍、全国で2番目に高い数値だった。

9.16　**雷雨**（関東地方, 静岡県）　9月16日、台風17号接近と寒冷前線の影響により関東地を中心に断続的な雷雨となり、落雷による被害が相次いだ。相模原、藤沢、横浜、鎌倉、横須賀など計14市で、延べ約4万8000世帯が最長で約5時間停電したほか、多摩地区などでは電話が一時不通となった。落雷が原因と思われる火災も8件発生。また、JR八高線の東福生－箱根ヶ崎間ではレールの一部が水没し、同線は拝島－高麗川間で正午から約1時間、運転を見合わせた。《データ》停電48000世帯

433

平成12年（2000年）

9.16　強風でヘリコプター墜落（富山県立山町）　9月16日午前8時50分ごろ、富山県立山町芦峅寺の北アルプス・立山の天狗平付近で、資材運搬中のヘリコプターが強風にあおられ墜落、炎上。乗員2人が死亡し、ヘリから脱出した1人もやけどで重傷を負った。現場付近では事故当時、フェーン現象で約10mの風が吹いていた。
　　　《データ》死者2名、負傷者1名

10.2　奄美大島悪石島地震（鹿児島県鹿児島郡十島村）　10月2日午後4時44分ごろ、鹿児島県鹿児島郡十島村のトカラ列島悪石島を中心に強い地震があった。震源は奄美大島近海で深さは約10km、マグニチュードは5.7。悪石島で震度5強を記録、その後余震とみられる地震が断続的に続き、島民約52人が高台にあるコミュニティーセンターに避難した。

10.6　鳥取県西部地震（鳥取県）　10月6日午後1時30分ごろ、鳥取県西部を震源とする強い地震があり、境港市、日野町で震度6強、西伯町、溝口町で震度6弱などを観測。震源は西伯町で深さは約10km、マグニチュードは阪神・淡路大震災を上回る7.3。震度6強は震度階級改正の平成8年10月以降初めて。9府県で138人が重軽傷を負い、約3000名が避難。停電や断水のほか、JRが土砂崩れで不通となり、空港が滑走路の破損で閉鎖されるなどライフラインと交通網が麻痺した。　《データ》負傷者138名、全壊家屋395棟、半壊家屋2583棟、一部損壊家屋14938棟

10.16　解体工事現場で作業員生き埋め（東京都大田区）　10月16日午後4時すぎ、東京都大田区池上のボウリング場の解体工事現場で、1階のがれきをパワーショベルで撤去中、1階床が縦約20m、幅約16mにわたって抜け落ち、地下で作業中だった作業員1人が生き埋めになった。その後、この作業員は遺体で発見された。この事故の影響で、付近の住宅3棟が傾き、4世帯10人が避難した。　《データ》死者1名,

11.9　ヘリコプター墜落（岐阜県高鷲村）　11月9日、岐阜県高鷲村鷲見のゴルフ場の砂防堤に、航空サービス会社がチャーターしたヘリコプターが墜落、同社のパイロットと、営業担当の2人が全身を強く打って死亡した。　《データ》死者2名, ヘリコプター1機墜落

11.15　一部解熱剤に副作用判明（全国）　11月15日、解熱剤の一種の「ジクロフェナクナトリウム」（商品名「ボルタレン」「アデフロニック」「イリナトロン」「アナバン」など）がインフルエンザに伴う脳炎・脳症を悪化させて死亡率を高めることが分かり、厚生省が脳炎・脳症患者に対してこの薬の使用を禁じる緊急安全性情報を出すよう製薬会社各社に指示した。また、日本小児科学会は、この薬と似た性質の一連の解熱剤について、脳炎の場合に限らずインフルエンザ治療に際しては使用は慎重にすべきとの公式見解を出した。

11.18　強風で釣り船転覆（長野県諏訪市）　11月18日午前11時15分ごろ、長野県諏訪市の諏訪湖ヨットハーバー沖で、釣り船が転覆して釣り客9人が湖面に投げ出された。全員、近くの釣り船に救助されたが、うち1人が約8時間後に収容先の病院で死亡した。死因は水死。風が強まったため引き返そうとしたが、強風にあおられたという。その後、船外機付きにも関わらず1人も船舶免許を持っていなかった事が判明した。　《データ》死者1名、負傷者8名

12.14　土砂崩れでパワーショベルごと生き埋め（青森県天間林村）　12月14日午前8時55分ごろ、青森県天間林村天間舘底田の東北新幹線八甲田トンネル市ノ渡工区内で土砂

崩れが起き、建設会社社員の男性が運転していたパワーショベルごと生き埋めとなった。工事関係者らが男性を救出したが、病院で死亡した。現場では死亡した男性を含む5人の作業員がいたが、4人は逃げて無事だった。《データ》死者1名

12.16 渋谷で通り魔（東京都渋谷区） 12月16日、東京都渋谷区の路上で、17歳の少年が金属バットで通行人を次々と殴りつけ、8人に重軽傷を負わせた。少年は渋谷署に逮捕され、「父に殴られ、頭に来て恥をかかせてやろうと思った」と供述。《データ》負傷者8名

12.17 京福電鉄電車正面衝突（福井県吉田郡松岡町） 12月17日午後1時半ごろ、福井県松岡町志比堺の京福電鉄越前本線志比堺－東古市駅間で、支線の永平寺線から終着予定の東古市駅を通り過ぎて越前本線に時速40～50kmで入ってきた永平寺発上り普通電車が、福井発勝山行き下り普通電車と正面衝突した。上り電車の運転士が全身を強く打って間もなく死亡、下り電車で実習中の運転士が意識不明の重体、下り電車にいた運転士と双方の電車の乗客25人が重軽傷を負った。上り電車がブレーキ故障により暴走し、駅に止まれなかったことが原因だった。《データ》死者1名,負傷者25名

12.26 雪崩（山形県東田川郡立川町） 12月26日午前10時ごろ、山形県立川町立谷沢の東北電力の水力発電所「月の沢発電所」付近で雪崩が発生、給水装置の保安作業に当たっていた同社員ら5人が巻き込まれた。1人は自力で脱出して救助を求めたが、残る4人は約7時間後に捜索隊が雪の中から発見した。1人は意識があったが、残る3人は意識がなく、収容先の病院で死亡が確認された。死因はいずれも凍死。この日、山形県庄内地方では暴風雪・波浪警報のほか、雪崩注意報が出されていた。《データ》死者3名,負傷者1名

平成13年
（2001年）

1月 大雪（福井県） 1月、福井県各地が強い寒波の影響で15年ぶりの大雪となり、雪下ろし作業中に転落するなどして5人が死亡。各所で交通網がマヒしたほか、農作物など1億4800万円の被害が出た。《データ》死者5名,被害総額1億4800万円

1.7 工場爆発（兵庫県姫路市） 1月7日午後5時25分ごろ、兵庫県姫路市大津区吉美の鋼管製造会社工場で圧延用ロールを製造する遠心鋳造機が爆発、鋳造機から飛び散った高温の溶鉄を浴び、従業員4人が全身やけどなどで死亡した。高温の溶鉄に何らかの要因で水分が混じり、水蒸気爆発を起こしたのではないかとみられている。高温の鉄が約90m^{2}にわたって流出した。《データ》死者4名

1.16 一酸化炭素中毒死（石川県内灘町） 1月16日午前9時45分ごろ、石川県内灘町の病院駐車場で、看護婦がエンジンがかかったままの乗用車内で死亡していた。同日午前10時半ごろには、同県金沢市入江のマンション駐車場でも、女性が積雪で埋もれた乗用車の中で死亡しているのが見つかった。ともに積雪でマフラーが埋まり、排ガスが車内に充満したことによる一酸化炭素中毒とみられる。《データ》死者2名

1.20 法花院本堂全焼（愛知県海部郡甚目寺町） 1月20日、愛知県海部郡甚目寺町の法花

平成13年（2001年）

院から出火し、木造平屋建ての本堂、庫裏など約500m^{2}を全焼し、院内で保管されていた国の重要文化財「聖観音像」を焼失した。《データ》寺院本堂全焼, 焼失面積約500m^2, 重要文化財「聖観音像」焼失

1.26　JR新大久保駅転落死亡事故（東京都新宿区）　1月26日午後7時18分ごろ、東京都新宿区百人町のJR新大久保駅山手線内回りホームで、酒に酔った乗客の男性が線路内に転落、カメラマンと韓国籍の日本語学校生の2人が救助のために線路に降りたが、3名全員が入って来た電車にはねられ死亡した。《データ》死者3名

1.27－　大雪（関東地方）　1月27日、本州の南海上を発達中の低気圧が通過した影響で関東甲信地方はこの冬一番の雪となり、各地で大雪警報や暴風雪警報などが出された。長野自動車道の全線で通行止めが続いたほか、羽田空港で除雪作業のため、約460便が欠航した。JRでは12線10区間で間引き運転を行った。27日から28日午後8時までに253人が雪による事故で病院に運ばれ、2人のお年寄りが路上で凍死するなど、5人が死亡した。農林業も数億円の被害が出た。《データ》死者5名, 負傷者253名

2.10　えひめ丸衝突沈没事故（ハワイ・オアフ島沖）　日本時間の2月10日、ハワイ・オアフ島沖で、愛媛県立宇和島水産高校の実習船「えひめ丸」が民間人を乗船させデモンストレーションで急浮上してきた米海軍原子力潜水艦「グリーンビル」に衝突され沈没、生徒ら9人が行方不明となった。9月から同船の船体引き上げが開始され、船内から8人の遺体が収容された。平成14年4月、同県と米海軍は救助者への心的外傷後ストレス障害（PTSD）対策費を含む総額1147万ドルで示談し、11月には乗員35人のうち33人の家族が賠償総額1390万ドルで和解した。同年12月、グリーンビル元艦長が来日・謝罪、これを受けて残る2家族も和解した。《データ》死者9名

2.21　高校で結核集団感染（福岡県久留米市）　2月21日までに、福岡県久留米保健所管内の高校2年の男子生徒が結核を発症、同校生徒111人と教職員2人の計113人が集団感染していたことが、3月8日明らかになった。113人には発症予防薬の半年間服用が指導された。この生徒は前年11月末ごろからせきや発熱が始まって受診、4回目の受診で結核の可能性を指摘され、2月21日に発症が確認された。《データ》感染者113名

3.12　採石工場崩落（岡山県総社市）　3月12日、岡山県総社市下倉の採石工場で採石場の山が、高さ約100m、幅約150mにわたって崩れ、工場などが埋まり、従業員ら3人が生き埋めとなった。その後、2人が遺体で発見され、1人が行方不明となった。《データ》死者2名, 行方不明者1名

3.24　芸予地震（中国地方, 四国地方）　3月24日午後3時28分ごろ、中国、四国地方を中心に強い地震があり、広島県河内町、大崎町、熊野町で震度6弱、松山市、山口県岩国市などで震度5強を観測。震源は安芸灘で深さは約51km、マグニチュードは6.7。26日午前5時41分には最大の余震があり、河内町で震度5強を観測。広島、愛媛両県で死者2人、7県で軽重傷287名を出したほか、家屋48000戸が損壊。断水41000戸、停電56000戸など、ライフラインも寸断された。《データ》死者2名, 負傷212名

3.25　小型飛行機墜落（香川県小豆郡土庄町）　3月25日午後0時3分、香川県小豆郡土庄町の豊島で、大阪府八尾市の八尾空港から広島市西区の広島西飛行場に向けて出発した米国製小型飛行機パイパーPA28-181が墜落、乗員3人が死亡した。この日は雨で視界が悪く警は小型機が視界不良で山に気付かず激突したとみられている。《データ》死者3名, 飛行機1機墜落

436

平成13年（2001年）

3.25− 牛肉製品でO157大量感染（関東地方）　3月25日以降、千葉県北西部で病原性大腸菌O157の感染者が発生、内45人が「滝沢ハム」栃木工場製造の牛肉製品が原因と判明した。その後も感染者発覚は増え続け、4月12日午後5時までに、関東地方を中心とした9都県・政令指定都市で263人の感染が確認された。4月18日、「滝沢ハム」は食肉処理業と食肉製品製造業の営業許可を返上した。　《データ》患者263名

4.3　地震（関東地方,中部地方）　4月3日午後11時57分ごろ、東海地方を中心とする強い地震があった。震源は静岡県中部で深さは約30km、マグニチュードは5.3。静岡県静岡市で震度5強、静岡県島田市、岡部町、川根町で震度5弱、静岡県藤枝市、岐阜県上矢作町、愛知県富山村などで震度4、静岡県、岐阜県、愛知県、千葉県、東京都などで震度3を記録した。8人が負傷し、落石や水道管の破裂などの被害が起きたが、大きな被害はなかった。東海地震との関連は薄いとされる。　《データ》負傷者8名

4.19　高濃度ダイオキシン検出（東京都大田区）　4月19日、東京都大田区で環境基準値の570倍のダイオキシンを検出。

5.5　作業員宿舎火災（千葉県四街道市）　5月5日未明、千葉県四街道市の建築解体業者の自宅兼作業員宿舎から出火、鉄骨2階建ての建物約500m²を全焼。社長と子ども3人を含む家族6名、作業員4名の計11名が焼死。　《データ》死者11名,焼失面積約500m²

5.8　店舗放火（青森県弘前市）　5月8日午前10時50分ごろ、青森県弘前市の消費者金融の店舗に男が押し入り、ガソリンを撒いて現金を要求。支店長が拒否したため、ガソリンに火をつけて逃走。店内約100m²が全焼し、従業員5人が焼死、支店長ら4名が重軽傷。　《データ》死者5名,負傷者4名,焼失面積約100m²

5.10− ヒグマに襲われ死亡（北海道）　5月10日に日高支庁沙流郡門別町でハンターが、15日には札幌市定山渓の山林で山菜採りの男性が、ヒグマに襲われ死亡。北海道各地で雪解けからヒグマが出没、被害が相次いでいた。　《データ》死者2名

5.19　ヘリコプター・セスナ機衝突（三重県桑名市）　5月19日午前11時30分ごろ、三重県桑名市の上空で、訓練中の中日本航空所属のヘリコプターとセスナ機が衝突、両機とも住宅地に墜落。搭乗者4人全員、破片が直撃した乗用車に乗っていた1名、セスナ機が墜落した民家の1名が死亡。1名が重傷、民家3棟が炎上。　《データ》死者6名,負傷者1名

6.6　落石（岐阜県武儀郡板取村）　6月6日、岐阜県武儀郡板取村で落石があり、野外学習中の中学生1人が死亡、5名が負傷。　《データ》死者1名,負傷者5名

6.8　池田小児童殺傷事件（大阪府池田市）　6月8日午前10時10分ごろ、大阪府池田市の大阪教育大学教育学部附属池田小学校に出刃包丁を持った男が乱入。計4つの教室で児童に次々と襲いかかり、児童8人を刺殺、児童13名と教師2名に重軽傷を負わせた。男は副校長らに取り押さえられ、殺人容疑で逮捕された。男は過去に勤務先の同僚に精神安定剤入りのお茶を飲ませ、1カ月余り精神病院に措置入院したことがあり、逮捕直後も異常な言動を繰り返した。しかし、捜査が進むにつれ精神障害を装って刑事責任を免れるための嘘と判明、過去の事件でも精神障害を偽装したことを認めた。平成15年3月、大阪地裁は犯行時の責任能力を認め、死刑を言い渡した。《データ》死者8名,負傷者15名

平成13年（2001年）

6.9	クマに襲われ死亡（岩手県）　6月9日、岩手県遠野市で山菜採りの老人がクマに襲われ死亡。盛岡市で白いクマが目撃され、胆沢郡金ヶ崎町では民家の座敷に上がり込むなど、県内でクマの出没が相次いでいた。《データ》死者1名
6.18–	豪雨（全国）　6月18日から降り始めた雨は、梅雨前線の影響で近畿、中国、四国、九州は大雨となった。各地で土砂崩れなど相次ぎ、20日3時30分ごろ、愛媛県松山市で民家の裏山が崩れ、6人が生き埋めとなり、1人が死亡した。このほか、16人が負傷した。《データ》死者1名、負傷者21名、全・半壊12棟、一部損壊155棟、床上浸水142棟、床下浸水1014棟
6.19	竜巻（愛知県一宮市）　6月19日午後4時15分ごろ、愛知県一宮市で竜巻とみられる突風が発生。一宮市から尾西市にかけて238棟に屋根瓦が吹き飛んだりガラスが割れるなどの被害が出た。《データ》損壊238棟
6.29	竜巻（北海道北竜町）　6月29日午後2時半ごろ、北海道北竜町西川で竜巻が発生した。走行中の乗用車が空中に巻き上げられるなどで3人が重軽傷を負ったほか、同町や秩父別町で家屋が全半壊し、約1000戸が停電した。《データ》負傷者3名、全壊16棟、半壊32棟
7月	熱中症（東京都）　7月1日から28日にかけて、東京都内で搬送された熱中症の患者数が計501人となった。内訳は男性346人、女性155人。都では平成11年から搬送者数の統計を取っているが、7〜8月の2カ月間で2年前が234人、前年は366人だった。《データ》患者501名
7.6	豪雨（九州地方）　7月6日、梅雨前線の影響で九州地方を中心に各地で雷を伴う激しい雨となり、浸水や土砂崩れが相次いだ。1人が行方不明になった。《データ》行方不明者1名、一部損壊3棟、床上浸水9棟、床下浸水170棟
7.7	高波（静岡県富士市）　7月7日、静岡県富士市今井の海岸で校外授業に来ていた小学校1年生の男児が波にさらわれた。男児は行方不明になり、救助しようとしておぼれた教諭が死亡した。《データ》死者1名、行方不明者1名
7.7	井戸で一酸化炭素中毒（秋田県能代市）　7月7日午前9時ごろ、秋田県能代市比八田十二ヶ村で、水深農業用井戸に揚水用ポンプの保守のため入った男性が倒れ、救助者も死亡した。2人が転落したのは、井戸内にたまった一酸化炭素を含む排気を吸ったのが原因。《データ》死者2名
7.19	足場崩れ作業員転落（青森県八戸市）　7月19日午後2時10分ごろ、青森県八戸市新井田下鷹待場にあるセメント会社の9階建てセメント製造プラント内のサイクロンで高さ約15mの足場が崩れ、耐火壁をはがす作業をしていた8人が転落。作業員3人が死亡、1人が重体、4人が重軽傷を負った。《データ》死者3名、負傷者5名
7.21	明石歩道橋圧死事故（兵庫県明石市）　7月21日午後8時40分ごろ、兵庫県明石市大蔵谷のJR朝霧駅南側と大蔵海岸を結ぶ高架式歩道橋で、花火見物から帰る客と海岸に向かう客の押し合いで、約200人が将棋倒しになり、子ども9人と高齢者2人の計11人が死亡、185人が負傷した。花火会場への出入り口はこの歩道橋だけで、過去最高の約15万人の人出となり、警備対策の不十分さが大事故を誘発したとして、明石署、警備会社、明石市関係者が業務上過失致死の罪に問われた。《データ》死者11名、負傷者185名

平成13年（2001年）

7.24　熱中症（三重県小俣町,埼玉県小川町,熊本県中央町）　7月24日、全国的な猛暑となり、三重県小俣町、埼玉県小川町、熊本県中央町で計3人が熱中症とみられる症状のため死亡した。また、東京都内で3人が重体となるなど、熱中症の患者は関東を中心に240人を超えた。同日、前橋市で前橋地方気象台観測史上最高となる気温40度を記録。《データ》死者3名

7.26　地下室沈没（東京都八王子市）　7月26日午前0時ごろ、東京都八王子市東浅川町で、集中豪雨のため住宅4棟が床下浸水した。うち1軒の地下室にいた女性が逃げ遅れ、救助されたが、同日午前1時55分、搬送先の病院で死亡した。濁流が流れこんできたショック死とみている。《データ》死者1名

7.29－　O157感染（埼玉県岩槻市）　7月29日から30日にかけて、埼玉県岩槻市内の特別養護老人ホームで入所者の女性2人が発熱、血便、おう吐などの症状を訴え県内の病院に入院した。1人の女性は3日夜、もう1人の女性は4日朝、ともに急性大腸炎で死亡した。2人からはO157がつくり出すベロ毒素が検出された。また、60代と90代の入所者女性2人も同じような症状を訴え、入院している。《データ》死者2名

7.30－　豪雨（秋田県,岩手県）　7月30日から降り続いた大雨の影響により、秋田県内で土砂崩れ、家屋浸水、道路冠水が起こった。秋田新幹線が運転を休止。2人が死亡し、3人が負傷した。《データ》死者2名,負傷者3名,床上浸水58棟

7.31　保育園でO157集団感染（奈良県生駒市）　7月31日、奈良県生駒市辻町の市立ひがし保育園の男児が病原性大腸菌O157のため死亡した。他にも同幼稚園の園児とその家族計20人が感染し、うち6人が入院した。病原菌の潜伏期間などから、園児らが感染したのは7月24日ごろとみられるが、感染源や感染経路は特定できなかった。《データ》感染者21名,死者1名

8.1　通り魔殺人（沖縄県島尻郡佐敷町）　8月1日午後7時過ぎ、沖縄県島尻郡佐敷町で鎌や包丁などを持った男が通行人らを襲い、1人が死亡、5名が負傷。男は3年ほど前から精神科の病院に入退院を繰り返しており、逮捕後も意味不明な供述をした。《データ》死者1名,負傷者5名

8.4　落雷（岡山県井原市）　8月4日午後1時40分ごろ、岡山県井原市門田町のゴルフコースでプレー中の男性が落雷を受け、間もなく死亡した。男性は知人3人とプレーしており、グリーン上にいた。知人にけがはなかった。《データ》死者1名

8.16　軽飛行機墜落（岡山県久米郡柵原町）　8月16日午前10時ごろ、岡山県久米郡柵原町の水田に、航空写真を撮影していた岡山航空の軽飛行機が墜落、炎上。乗っていたカメラマンら3人が死亡。《データ》死者3名

8.21－　台風11号（全国）　8月21日午後7時過ぎ、大型の台風11号が和歌山県西牟婁郡串本町付近に上陸。22日午前、中型で並みの勢力を保ちながらいったん太平洋に抜け、12時ごろに静岡県土肥町付近へ再上陸、勢力を弱めながら東京湾を抜けて北北東に進んだ。23日午前8時過ぎ、北海道日高地方に上陸し、9時には温帯低気圧に変わった。この台風により6人が死亡、32人が負傷した。《データ》死者6名,負傷者32名,床上浸水84棟,床下浸水634棟

8.21－　腸内細菌による院内感染（東京都文京区）　8月21日から22日にかけて、東京都文京区の日本医科大付属病院で同一病棟の7人の入院患者が、腸内細菌の一種であるエ

平成13年（2001年）

ンテロバクター・クロアーカによる感染で発熱を起こした。感染患者は50〜80歳代の男性5人、女性2人。そのうち、死亡した患者は、22日に発熱し、敗血症で同24日に亡くなった。分析の結果、同じ細菌による院内感染とわかった。点滴液を作る際に菌が混入した疑い。《データ》感染者7名、死者1名

9.1　新宿歌舞伎町ビル火災（東京都新宿区）　9月1日午前零時58分ごろ、東京都新宿区歌舞伎町の雑居ビル3階から出火し、3階のマージャンゲーム店と4階の飲食店にいた客と従業員44人が全身火傷や一酸化炭素中毒で死亡、3名が負傷。放火の疑いがある。避難路も煙の逃げ場も確保されていないなど幾重もの法令無視が明らかになり、消防庁は全国約900の消防本部に対し、約3万棟に及ぶ小規模な雑居ビルに対する一斉査察の実施を通知した。《データ》死者44名、負傷者3名

9.2—　豪雨（高知県土佐清水市）　9月2日から3日、高知県土佐清水市で豪雨が発生。男性1人が満水になった自宅そばの側溝に転落して死亡したほか、5戸が床下浸水した。同市では午後11時からの時間雨量が観測史上2番目となる98mmを記録した。《データ》死者1名、床下浸水5棟

9.6　豪雨（四国地方、九州地方、近畿地方）　9月6日未明、四国南部に停滞した前線に沖縄県南部の熱帯低気圧から温かく湿った空気が流れ込み活動が活発化、四国・九州地方を中心に西日本で激しい雨となった。《データ》負傷者8名、全半壊14棟、一部損壊5棟、床上浸水568棟、床下浸水819棟

9.7—　台風16号（沖縄県）　9月7日午前、沖縄本島南部に台風16号が上陸し、8日未明本島を再通過して東シナ海に入った。11日から13日未明にかけ、沖縄付近で迷走状態が続き、13日未明に久米島を通過した。《データ》負傷者4名、全半壊96棟、一部損壊58棟、床上浸水702棟、床下浸水226棟

9.10—　狂牛病発生（全国）　9月10日、千葉県白井市で、日本で初めて、欧州以外では世界でも初めてとなるBSE（牛海綿状脳症・狂牛病）感染の疑いがある牛がみつかり、21日に感染が確認された。農林水産省は感染牛が焼却処分されたと発表したが、実際には肉骨粉の原料にされていたことが判明。厚生労働省は輸入牛だけでなく国産牛も医薬品や化粧品の原料にすることを禁止した。平成14年6月、飼育中に死亡した2歳以上の牛の全頭検査義務付け、肉骨粉の使用禁止、BSEによる経営不安定の措置を定めたBSE対策特別措置法が成立した。15年10月時点、国内で計8頭の感染が確認されている。また、国がBSE対策の一環として行った「牛肉在庫緊急保管対策事業」（国産牛肉買い上げ）で、雪印乳業の子会社である雪印食品が輸入牛肉を国産牛肉と偽って約2億円をだまし取っていたことが判明、それ以外にも産地の偽装表示を恒常的に行っていたことが明らかとなり、集団食中毒事件と相まって雪印乳業が解散に追い込まれる事件も起こり、さらに日本ハム、日本食品なども同制度を悪用し公金を詐取していたことが判明した。

9.11　台風15号（全国）　9月11日、東海地方沿岸を北上した台風15号が神奈川県鎌倉市付近に上陸。その後、関東から東北の太平洋沿岸に向け北上し、北海道根室市沖で温帯低気圧に変わった。この台風により3人が死亡、5人が行方不明者となり、48人が負傷した。台風が関東地方に上陸したのは平成元年8月の台風13号以来。《データ》死者3名、行方不明者5名、負傷者48名、全半壊13棟、床上浸水112棟、床下浸水726棟

10.4　土砂崩れ（北海道北見市）　10月4日午前9時40分ごろ、北海道北見市の国道333号線

440

平成13年（2001年）

のルクシ峠付近で大規模な土砂崩れが発生。乗用車1台が巻き込まれ、2人が死亡。現場に近い仁頃山では低気圧の影響で継続的に降雨があり、2日から4日までの総雨量が159mmに達していた。《データ》死者2名

10.29 新宿歌舞伎町ビル火災（東京都新宿区） 10月29日午前6時半ごろ、東京都新宿区歌舞伎町で、6階建て雑居ビルの5階風俗エステ店から出火、約50m^{2}を焼いた。店内の男性2人が死亡、6階のレンタルルームにいた客4人と消防団員1人が負傷。コンセントに接続された延長コードのプラグがショートして発火するトラッキング現象が原因。火元のエステ店は1月の消防庁査察で消火・避難訓練の未実施など4件の消防法違反を指摘されていたうえ、火災感知器が設置されていなかったことが判明。賃貸契約者が業務上過失致死容疑で逮捕され、店長、ビル所有会社社長、レンタルルーム経営者が同容疑で書類送検された。《データ》死者2名,負傷者5名

11月- 赤痢感染（全国） 11月下旬から12月にかけて、西日本を中心に全国で赤痢患者が相次いだ。患者数は30都府県で159人、うち106人から検出された赤痢菌の遺伝子型が韓国産牡蛎のものと一致。12月28日、厚生労働省は食品衛生法に基づき、同国産の生食用牡蛎の輸入禁止措置を取った。《データ》患者159名

11.7 浜岡原子力発電所で冷却水漏れ（静岡県小笠郡浜岡町） 11月7日午後5時ごろ、静岡県小笠郡浜岡町の中部電力浜岡原子力発電所1号機で、緊急時に原子炉内に冷却水を送り込む高圧注入系の試験中に注入系が自動的に停止した。検査の結果、緊急炉心冷却装置系の配管が破断し、放射能を含む蒸気が建屋内に漏れていたことが判明。9日には原子炉圧力容器下部に溶接した制御棒駆動機構の収納ケース付近から放射能を帯びた冷却水が漏れ出していることもわかった。原子炉心臓部からの冷却水漏れは国内の原発ではほとんど例がなく、同原発の運転開始から25年たっていることもあり、老朽化を懸念する声もある。

11.24 土砂崩れ（山梨県大月市） 11月24日朝、山梨県大月市笹子町の林道脇で土砂崩れが発生、生き埋めになった男性1人が死亡。《データ》死者1名

12.21 高波（青森県西津軽郡岩崎村） 12月21日午前9時30分ごろ、青森県西津軽郡岩崎村中浜松の海岸で、防波堤に付着した岩ノリを採取していた女性4人が高波にさらわれた。間もなく救助されたが、全員が死亡。事故当時の現場付近の波高は1.5mとこの時期としては比較的穏やかで、13日から出ていた高波注意報は20日に解除されていた。《データ》死者4名

12.21 舞台昇降台事故（東京都北区） 12月21日午後2時30分ごろ、東京都北区王子の区立複合文化施設「北とぴあ」(18階建て)で、舞台の昇降台（大迫り）を点検していた作業員11人のうち5人が昇降台と可動式ステージの間に挟まれた。この事故で作業員3人が死亡、2人が負傷した。《データ》死者3名,負傷者2名

12.30 暴風雪（秋田県） 12月30日、日本海を北上した低気圧の影響で東北各地が暴風雪となった。秋田市で12月の観測史上最高となる最大瞬間風速36.6mを記録し、トタン屋根がはがれるなどの強風被害が200件発生。秋田県内で電柱が折れたり倒木で電線が切れるなどして、北部を中心に県内の約13％にあたる約8万2000戸が停電、完全復旧に丸一日を要した。《データ》損壊約200棟

12.30 人工砂浜陥没（兵庫県明石市） 12月30日午後0時50分ごろ、兵庫県明石市大蔵海岸通の人工海浜「大蔵海岸」で突然砂浜が陥没した。陥没は深さ約1.5mに及び、散歩

441

平成14年（2002年）

中の女児1人が砂に埋まって重体となり、後日死亡した。現場付近では同様の陥没が続き、調査の結果堤防のすき間から砂が海中に流れ出し、砂浜の地中部分に空洞が出来たのが原因と判明、市が応急工事をしたが、抜本的な堤防の改修工事は行われていなかった。　《データ》死者1名

平成14年
（2002年）

1.4　セスナ機墜落（熊本県球磨郡球磨村）　1月4日夜、鹿児島空港から熊本空港に向かっていた4人乗りセスナが熊本県南部で消息を絶ち、5日になって同県球磨郡球磨村の秋払山（標高927m^2）東側中腹に墜落しているのが発見された。2人が死亡、2人が負傷。　《データ》死者2名,負傷者2名

1.6　山岳救助隊員転落（長野県大町市）　1月6日、長野県大町市の北アルプス鹿島槍ヶ岳の「一ノ沢の頭」（約2004m^2）付近で、遭難者の救助にあたっていた山岳レスキュー会社社長が、ヘリがつり上げた救助用ネットから転落して死亡した。遭難者4人は無事救助された。同社長はヘリによる山岳遭難救助の第一人者で、北アルプスなどに通算1700回出動、長野県警山岳救助隊員らの指導にもあたった人物。　《データ》死者1名

1.7－　世田谷区の病院でセラチア菌院内感染（東京都世田谷区）　1月7日から16日にかけて、東京都世田谷区の伊藤脳神経外科病院で、患者24人がセラチア菌に院内感染し、うち7人が死亡した。同病院は当初保健所に対し最初の死者が出たのは10日と報告していた。また、8日には異常事態を認識、12日には院内感染を疑いながら、緊急連絡先を知らなかったため保健所への通報が連休明けの15日だったこと、看護婦が清潔さを保つための手洗い場で使用済み医療器具の消毒が行われていたことなど、ずさんな管理体制が次々と判明、院長と看護師長が業務上過失致死傷容疑で書類送検された。　《データ》患者24名,死者7名

1.12　湖氷割れで転落（秋田県大潟村）　1月12日午後1時40分ごろ、秋田県大潟村の八郎湖で、氷が割れてワカサギ釣り中の男性1人が水中に転落、死亡した。現場の氷の厚さは約5cmで水深は約2m。寒さが緩み、氷が薄くなっていたという。　《データ》死者1名

1.18－　MRSA院内感染（愛知県半田市）　1月18日から25日にかけて、愛知県半田市の市立病院で、入院していた老人2人が死亡したが、MRSA（メチシリン耐性黄色ブドウ球菌）による院内感染が原因である可能性が高いことが判明した。死亡した患者の死因はいずれも敗血性ショック（敗血症）で、ICUで治療した際に感染したとみられる。同病院では患者10人から同菌を検出し、このうち死亡した2人を含め5人に発熱などの症状が見られた。病院が死亡者発生の事実を保健所に報告したのは2月15日になってからで、予防策が不十分だったうえ対応が極めて遅かったことも判明。《データ》死者2名

1.22　マッコウクジラ漂着（鹿児島県大浦町）　1月22日、鹿児島県大浦町にマッコウクジラ14頭が漂着した。救出できたのは1頭のみで、13頭が死んだ。　《データ》マッコウクジラ13頭

1.29 土砂崩落(山梨県小菅村)　1月29日午後3時20分ごろ、山梨県小菅村の今川峠付近の林道で土砂が崩落し、治山工事中の作業員2人が生き埋めになり死亡した。
《データ》死者2名

2月― 結核集団感染(奈良県当麻町)　2月、奈良県当麻町染野の向聖台会当麻病院で入院患者2人が結核に感染し、うち女性1人が3月11日に死亡した。他に3人の患者も結核に感染している疑いがあり、県葛城保健所は、集団感染の疑いが強いとみて結核対策委員会を設置した。院内感染の可能性もある。　《データ》患者5名, 死者1名

2.9 雪崩(山形県小国町)　2月9日午前10時55分ごろ、山形県小国町白子沢の県道が雪崩で埋まっているのを通行人が発見。除雪作業中に雪の中から軽乗用車が発見されたが、運転手の女性は既に死亡していた。　《データ》死者1名

2.22 JR鹿児島線普通・快速列車追突(福岡県宗像市)　2月22日、福岡県宗像市内のJR鹿児島線で、異常音を検知して緊急停車中の普通車両に後続の快速列車が追突した。快速列車の3両目後部で火の手が上がり煙が充満するなどし、双方の乗客約300人中109人が負傷した。快速列車の運転士が信号の意味を取り違えて速度を上げた人為ミスが原因。　《データ》負傷者90名

3月― 中国製やせ薬で死亡(全国)　3月以降、個人輸入の中国製のやせ薬(ダイエット薬)を服用した854人が肝傷害などを発症し、4人が死亡した。この食品には医薬品にしか使用できない成分が含まれていたが、個人輸入したものなので薬事法違反には問えず、厚生労働省は3商品のうち「未承認医薬品」にあたる2つの商品名を公開し、注意を呼びかけた。　《データ》患者854名, 死者4名

3月― 中国産冷凍野菜から農薬(全国)　3月から厚生労働省が中国産冷凍ホウレンソウの輸入検査を行ったところ、約2か月の間に基準を上回る「クロルピリホス」「パラチオン」などの残留農薬が21件検出されたほか、他の冷凍野菜からも残留農薬が検出された。この事件を受けて、食品衛生法が改正され、人体に影響が懸念される特定の食品は輸入を禁止できる事となった。

3.10 雪崩(山形県長井市)　3月10日午前9時50分ごろ、山形県長井市平山の神尾山で雪崩が発生、付近の川で渓流釣りをしていた男性1人が巻き込まれ、行方不明となった。同日は県内全域に雪崩注意報が出ていた。　《データ》行方不明者1名

3.11 硫化水素ガス中毒(愛知県半田市)　3月11日午後2時40分ごろ、愛知県半田市本町の国道247号の地下約2.6mに埋設された雨水管で、汚泥の浚渫工事を終えて後片づけ中の作業員4人と、地上で事態に気付き救助しようとした作業員1人が意識を失って倒れ、2人が水死、3人がガス中毒死した。換気が不十分で、汚泥などから発生した硫化水素ガスを吸ったことが原因。　《データ》死者5名

3.20 中央自動車道玉突き事故(山梨県南都留郡西桂町)　3月20日午前11時35分ごろ、山梨県南都留郡西桂町の中央自動車道富士吉田線下り線で、乗用車11台、大型トラック2台、普通トラック1台の計14台が玉突き衝突した。この事故で男女4人が死亡、1人が意識不明の重体、9人が重軽傷を負った。付近で畑を野焼きしていた火が風であおられて周辺に燃え移り、煙で視界が悪くなったため減速した乗用車に後続の車が次々と追突したらしい。この事故で、中央道都留－河口湖間の下り線が約6時間通行止めになった。　《データ》死者4名, 負傷者10名

平成14年（2002年）

3.21　山林火災（長野県松本市）　3月21日、長野県松本市の浅間温泉で西宮恵比須神社東側の山林から出火。突風のため炎は約46時間燃え続け、山林など約143haを焼き、民家など7棟が全半焼した。3100世帯に避難勧告が出されて約300人が避難したほか、被害額は3億円以上に達する。《データ》全半焼7棟, 焼失面積約143ha, 被害額3億円

4.2　アコヤガイ大量死（三重県）　4月2日、全国有数の真珠生産量を誇る三重県の英虞湾や五ヶ所湾などで、真珠母貝のアコヤガイが大量死していることが明らかになった。全体の4割以上、特に真珠を作らせるため貝殻の破片を入れた「核入れ」済みのアコヤガイは6割近く死んでおり、被害額は数十億円に上るとみられる。冬場に低水温が続いたことに加え、夏場に多発した感染症対策で低水温に弱い改良貝を導入したことが原因。《データ》被害額数十億円

4.5　岐阜で山林火災（岐阜県）　4月5日午後1時半ごろ、岐阜市芥見にある山の山頂付近から出火、火は風にあおられて南東の各務原市に飛び火した。岐阜市消防本部のほか自衛隊や近隣4県のヘリが出動し、約27時間後に鎮火した。山林約510haが焼失し、消火に当たった1人が負傷したほか、両市の1160世帯約3600人に一時避難勧告が出た。《データ》負傷者1名, 焼失面積約510ha

4.15－　セラチア菌感染（群馬県太田市）　4月15日から16日にかけて、群馬県太田市八幡町の総合太田病院で、脳神経外科の病室に入院していた男性患者2人が相次いで死亡。死亡した2人や同じ病棟内の患者2人からセラチア菌が検出されたことから、同病院は院内感染の可能性が高いとみて同県に報告した。《データ》感染者4名, 死者2名

4.27　塩酸タンクに転落（東京都北区）　4月27日午前8時15分ごろ、東京都北区浮間の中外製薬浮間工場で、塩酸タンクから塩酸の抜き取り作業をしていた産業廃棄物処理会社作業員1人が腐食していた天井部分とともにタンク内に落して死亡した。また、救出にあたった他の作業員5人がタンクの側面を電動カッターなどで切り開いた際に塩酸を浴び、軽いやけどを負った。《データ》死者1名, 負傷者5名

5月　香料に無認可添加物（全国）　5月、食品香料メーカー「協和香料化学」の茨城工場で製造された香料に、食品衛生法で認められていない添加物質が原料として使用されていたことが明らかになった。54社から食品が回収され、被害額は16億円にのぼった。茨城県警などは法人としての同社と社長ら幹部5人を食品衛生法違反で書類送検した。また、「ダスキン」が運営する「ミスタードーナッツ」の肉まんにも無認可添加物が使われていたことが発覚し、元専務ら8人が同容疑で書類送検された。《データ》被害額約16億円

5月　VREによる院内感染（福岡県北九州市）　5月、福岡県北九州市の小倉到津病院で、患者3人がVRE（バンコマイシン耐性腸球菌）に感染し、うち1人が死亡。市の調査の結果、平成10年以降に患者ら計35人からVREが検出されたこと、11年に北九州市立八幡病院で起きた院内感染で患者から検出された菌とタイプがほぼ一致することが判明、市内にVREが広がっている可能性がある。8月7日、同病院は院内感染を認め謝罪した。《データ》死者3名

6.8　渡し船・防波堤に衝突（島根県西ノ島町）　6月8日午後8時半ごろ、島根県西ノ島町浦郷の浦郷港で、渡し船「第11さくら丸」(7.9トン)が防波堤に衝突。乗客と乗員の男性各1人が死亡し、男性6人と女性1人が負傷した。《データ》死者2名, 負傷者7名

6.9　観光バス暴走（静岡県熱海市）　6月9日静岡県熱海市の5.6km続く県道下り坂で、観

光バスが減速できなくなり道路脇斜面に激突、乗客1人が死亡し、運転手を含む33人が重軽傷を負った。平成15年1月15日運転手は業務上過失致死傷容疑で静岡地検沼津支部に書類送検された。 《データ》死者1名,負傷者33名

6.10　硫化水素ガス中毒（福岡県久留米市）　6月10日午前、福岡県久留米市荒木町の繊維染色工場で、排水パイプ点検中の従業員ら6人が廃水沈殿槽で倒れ、うち4人が死亡した。沈殿槽付近で検出された硫化水素ガスによる中毒死とみられる。 《データ》死者4名,負傷者2名

6.23　小型機墜落（山梨県南巨摩郡南部町）　6月、伊豆諸島の新島空港を離陸し山梨県の日本航空学園離着陸場へ向かった小型プロペラ機が消息を絶ち、23日に山梨県南巨摩郡南部町の白水山（811m）の頂上付近で墜落しているのが発見された。乗員3人全員が死亡。 《データ》死者3名

7月　E型肝炎で国内初の死者（全国）　7月、途上国の病気とみられ、海外渡航者しか発症例がないとされてきたウイルス性のE型肝炎（HEV）が日本にも拡がり、平成2年以降、少なくとも4人の死者が出ている事が明らかとなった。国立感染症研究所の全国調査では、健康な国民の20人に1人は感染歴を持つ可能性が高い事がわかった。 《データ》死者4名

7月　無登録農薬問題（全国）　7月農薬取締法で販売が禁止されている無登録農薬の使用が問題化し、37道府県の254ヶ所で殺菌剤「ダイホルタン」、殺虫剤「プリクトラン」など10種類の無登録農薬が販売されていたことが確認され、ナシやリンゴ、メロンなど17品目、計4281トンに上る農作物が回収、廃棄された。また、各地で無登録農薬の販売業者の摘発が相次いだ。 《データ》農作物廃棄量4281トン

7.11　台風6号（全国）　7月11日、台風6号により東北から九州地方までの広い範囲で強い雨が降り、岐阜県では家屋浸水のため、約3600世帯に避難勧告がだされた。岩手の釜石で住宅3棟が土砂に埋まり2人が死亡したのを含め、大分、岐阜、茨城、岩手、青森の5県で計6人が死亡。群馬県で竜巻が発生して保育園児ら11人が重軽傷を負った。 《データ》死者6名

7.11　神戸淡路鳴門自動車道で多重衝突事故（兵庫県淡路町）　7月11日、兵庫県の神戸淡路鳴門自動車道で路線バス2台やトレーラー、トラックなど計10台が関係する玉突き衝突事故が発生、4人が死亡、45人が重軽傷を負い病院に運ばれた。 《データ》死者4名,負傷者45名

7.14－　台風7号（全国）　7月、台風7号は中心気圧975hPa、最大風速30m/sの勢力で九州南岸、本州南岸を北東に進み、伊豆半島南部に上陸後、房総半島南部に再上陸し三陸沖を北上した。梅雨前線と影響しあい北陸地方や東海地方、甲信地方では14日から16日にかけて大雨となり土砂災害や浸水害が発生した。 《データ》負傷者9名,全壊6棟、半壊25棟、一部損壊162棟、床上浸水23棟、床下浸水224棟

7.18　土砂崩れ（福岡県北九州市）　7月18日午後6時ごろ、北九州市八幡西区上の原の宅地造成地で、トンネル遊びをしていた小学生の兄弟が生き埋めになった。約15分後に救助隊に救出されたが、兄は21日夜、弟は22日朝死亡した。死因は窒息に伴う無酸素脳症。 《データ》死者2名

7.18　硫化水素ガス中毒（神奈川県横浜市）　7月18日午前、横浜市保土ヶ谷区上星川の染

平成14年（2002年）

色会社の工場で汚水槽の清掃作業をしていた男性3人が、硫化水素ガスにより意識を失って倒れ、内2人が死亡した。《データ》死者2名,負傷者1名

7.25 　精錬会社銅転炉で内壁崩落（岡山県玉野市）　7月25日、岡山県玉野市の精錬会社の銅転炉で、レンガ交換作業中に内壁が崩落、下敷きとなった作業員5人が死亡し、2人が足の骨を折る重傷を負った。《データ》死者5名,負傷者2名

8.6 　O157感染（栃木県宇都宮市）　8月6日、栃木県宇都宮市の報徳会宇都宮病院とその併設施設でO157による集団食中毒が発生し、9人が死亡した。《データ》死者9名

8.11 　集中豪雨（広島県呉市）　8月11日、広島県呉市で、集中豪雨によって住宅地で石垣が崩れ、男性1人が死亡した。《データ》死者1名

8.11 　レジオネラ菌集団感染（宮崎県日向市）　8月11日、宮崎県日向市の第3セクター「日向サンパーク温泉」の入浴客がレジオネラ菌に集団感染し、7人が死亡した。疑いを含むレジオネラ菌感染者は295人。《データ》死者7名

8.20— 　香川で山林火災（香川県丸亀市）　8月20日、瀬戸内海の本島（香川県丸亀市）で山火事が発生、島の面積の約4分の1にあたる160haを焼き、15日後に鎮火した。負傷者11人。《データ》山林160ha焼失,負傷者11名

8.29 　抗真菌剤投与で副作用（全国）　8月29日、ファイザー製薬が平成元年から販売している抗真菌剤「フルコナゾール」（商品名ジフルカンカプセル）を投与された患者計33人に高カリウム血症などの副作用が起き、うち1人が死亡していたことが分かり、厚生労働省は、医薬品等安全性情報を出して注意を呼びかけた。《データ》死者1名

9.3 　O157感染（栃木県鹿沼市）　9月3日、病原性大腸菌O157に感染した同県鹿沼市内の女児が溶血性尿毒症症候群（HUS）のため死亡。同市立みどりが丘小学校では、女児の姉を含む1年生の男女計9人がO157に感染し、うち女子児童1人が入院した。《データ》死者1名

9.12 　C型肝炎薬投与で死亡（全国）　9月12日、C型肝炎治療薬「リバビリン」を投与された男性患者5人が脳溢血などに陥り、うち3人が死亡していたことが、明らかになった。《データ》死者3名

9.14 　釣り船転覆（北海道オホーツク海）　9月14日、北海道・サロマ湖近くのオホーツク海で、釣り船が転覆し沈没、乗っていた10人のうち3人は助かったが、7人が死亡。《データ》死者7名

9.24 　公園遊具事故（石川県金沢市）　9月24日、石川県金沢市の公園で小学校1年生の男児がうんていに首をはさまれて死亡した。《データ》死者1名

10.1 　台風21号（全国）　10月1日、神奈川県川崎市付近に台風21号が上陸、強風を伴って東日本を縦断し、茨城県潮来市などで送電線鉄塔9が倒れ、農作物被害も30億円に及んだ。千葉など3県で4人が死亡、1人が行方不明になり、14道府県で62人がけがをした。《データ》死者4名,行方不明者1名,負傷者62名

10.12 　土砂崩れ（三重県上野市）　10月12日午後0時20分ごろ、三重県上野市山出の市道で、下水道管の埋設工事中に土砂崩れが起き、掘削した溝（深さ約2.5m、幅約1m、長さ約10m）の中で作業していた土木作業員2人が崩れ落ちた路面のアスファルトなどの下敷きになり、全身を強く打って間もなく死亡した。《データ》死者2名

446

平成14年（2002年）

10.13　台風22号（全国）　10月13日、台風22号の接近により太平洋側で漁船の転覆や釣り人が高波にさらされる事故が相次ぎ、静岡県で17人が海に投げ出され、2人死亡したのを含め、三重、神奈川、宮城の4県で7人が死亡、2人が行方不明に。《データ》死者7名, 行方不明者2名

10.21　C型肝炎感染被害者が全国一斉提訴（全国）　10月21日、血液製剤フィブリノゲンの投与でC型肝炎に感染したとして、被害者16人が国などを相手に全国で一斉に提訴した。三菱ウェルファーマの調査によると、少なくとも昭和55年以降に同剤を使用した約28万3000人（推定値）のうち、1万594人が肝炎に感染した疑いがあるとしている。平成15年6月20日までに大阪、福岡、仙台の各地裁を合わせ計48人が提訴、請求総額は28億6000万円に達した。

10.28　脳梗塞薬投与で副作用死（全国）　10月28日、脳梗塞の治療薬「エダラボン」を投与された患者12人が副作用とみられる急性腎不全で死亡していたことが明らかとなった。厚生労働省は販売元の緊急安全性情報を医療機関に配布するよう、販売元の三菱ウェルファーマに指示。《データ》死者12名

11月－　SARS流行（中国広東省）　11月から、中国広東省で高熱と呼吸困難を起こす「謎の肺炎」が流行、平成15年2月には感染が国境をこえ、東アジアの国々で感染が拡大、各国が特別対策チームをつくるとともに、3月12日、WHOが「地球規模的警告」を発令した。その後原因は「コロナウイルス」の仲間の新種のウイルスと判明、SARS（重症急性呼吸器症候群）と名付けられた。流行は30の国と地域に及び、感染者8000人、死者774人を出して7月にいったん終息したが、9月にシンガポールで、12月には台湾でSARSウイルスの研究者が実験中に死亡、16年1月には中国で新たに男性3人の感染が確認された。国内では15年中の感染者はなかったが、5月に関西地方を旅行していた台湾人の医師が後にSARSに感染した事が分かり、観光地で風評被害が起きた。厚生労働省はSARSを「1類感染症」に位置づけた。感染原因として、ジャコウネコ科のハクビシンが媒体となったとの見方がある。

11月　人工授精でHIV感染（全国）　11月、西日本の大学病院でエイズウイルスに感染した夫の精液を妻に人工授精した結果、妻が2次感染したことが明らかになった。人工受精児にHIVウイルスをほぼ100％除去する技術があるが、治療を行った医師はこの技術を使っていなかった。また、治療にあたって学内の倫理委員会にも諮っておらず、大学病院側はこの医師を処分したという。《データ》患者1名

11.1　渇水（滋賀県）　11月1日、滋賀県の琵琶湖で、夏からの小雨のために水位がマイナス99cmになっている事がわかった。11月としては観測史上2番目の低さ。

12.6　川に工場廃液流出（山口県）　12月6日、山口県の厚狭川でフェノールを含む工場廃液が流出し、水質基準値を大幅に上回る劇物が検出された。下流の山陽町では断水を行なった。

12.13　肺がん治療薬で副作用死（全国）　12月13日までに、肺がん治療薬「ゲフィチニブ」（商品名「イレッサ」）を投与された患者124人が間質性肺炎などによる副作用で死亡したことが確認された。同薬は7月5日に厚生労働省の承認を受け発売されたが、輸入・発売元のアストラゼネカは、死者の数に関して、当初厚生労働省に虚偽の報告を行った他、同薬承認の条件であった安全性と有効性に関する市販後の臨床試験を行っていなかった。《データ》死者124名

平成15年
(2003年)

1.5　**雪崩**(長野県南安曇郡安曇村, 岐阜県郡上市)　1月5日、長野県南安曇郡安曇村の林道で5回の雪崩が発生し、車22台の101人が巻き込まれたが、全員救助または自力で脱出した。岐阜県郡上市白鳥町のスキー場でも雪崩が発生、スノーボードに来ていた男性1人が死亡した。この日、日本列島全体が大雪による荒天となっていた。《データ》死者1名

1.10－　**特別養護老人ホームで肺炎死**(長野県松本市)　1月10日以降、長野県松本市の特別養護老人ホーム「浅間つつじ荘」で肺炎患者が見つかり、入所102人のうち7名が死亡し、25名が入院した。《データ》死者7名, 入院25名

1.16　**クジラがPCB汚染**(全国)　1月16日、厚生労働省は、ツチクジラなど、食用ともなるハクジラ類の大半から規制値を超えるメチル水銀やポリ塩化ビフェニール(PCB)が検出されたと公表した。一方、国内で流通する食用クジラの5割を占める南極海のミンククジラはメチル水銀、PCBともに規制値を下回った。

1.22　**発がんリスクを認定**(全国)　1月22日、中央環境審議会は、新築の住宅でせきや眼痛を起こす「シックハウス症候群」の原因物質とされる「ホルムアルデヒド」と、国内の地下水からも高濃度で検出されている「塩化ビニルモノマー」に、発がん作用を持つ危険性があると判断、詳しい調査を始めることを決めた。

1.25　**当直医不在中に患者死亡**(東京都練馬区)　1月25日、東京都練馬区の桜台病院で当直医不在中に入院患者8人が死亡していたことが判明した。《データ》死者8名

1.26－　**インフルエンザ患者増**(全国)　1月26日から2月1日までの1週間に、全国の幼稚園や小中学校などから約12万7000人のインフルエンザ患者が厚生労働省に報告され、前年11月からの今シーズン累計では約25万7000人となった。《データ》患者12万7000名

3.1　**航空管制ダウン**(全国)　3月1日、国土交通省東京航空交通管制部の管制システムがダウンし、全国の空港で一時離着陸不能状態となった。復旧後もダイヤは乱れ200便以上が欠航した。

3.2　**強風**(関東地方, 東北地方)　3月2日三陸沖の発達した低気圧の影響で、関東、東北地方は、栃木県日光市で最大瞬間風速37.2mを観測するなど、太平洋側を中心に強風が吹き荒れ、各地で風による被害が相次いだ。栃木県では、1人が死亡、2人が負傷した。《データ》死者1名, 負傷者2名

3.13　**ビル壁崩落**(静岡県富士市)　3月13日、静岡県富士市のビル解体現場で、外壁と鉄骨柱など37トンが崩落、信号待ちのワゴン車二台を直撃した。車内の2人と作業員2人の計4人が死亡、幼児ら2人が重軽傷を負った。《データ》死者4名, 負傷者2名

3.14　**劇症型A群溶血性レンサ球菌感染**(愛知県名古屋市, 三重県)　3月14日、死亡率が高いため「人食いバクテリア」とも呼ばれる「劇症型A群溶血性レンサ球菌」に感染

448

平成15年（2003年）

した50代の男性が2月上旬に三重県内の病院で多臓器不全で死亡していたことがわかった。三重県でも1月に3人が感染、3歳男児が死亡。《データ》死者2名,患者1名

3.20　飲料用井戸からヒ素検（茨城県鹿島郡神栖町）　3月20日、茨城県鹿島郡神栖町の住宅敷地内にある井戸水から、水道法水質基準の450倍の有機ヒ素化合物が検出され、住民92人に中毒症状が見られた。県衛生所の検査で、このヒ素が旧日本軍ガス兵器に由来する可能性が強い事が判明。幼児2人に言葉の後れや運動能力の障害が確認され、6月には問題の井戸から1km離れた井戸水を使っていた男性からの尿からもヒ素が検出された。環境省は被害住民に対する救済策を発表。《データ》患者92名

3.24　小型機墜落（茨城県緒川村）　3月24日午前10時50分ごろ、茨城県緒川村上小瀬の山林に、小型飛行機が炎上しながら墜落。墜落現場で機長と整備士の2人の遺体が発見された。《データ》死者2名,小型機1機墜落

4.3　ビル解体現場で崩落（東京都目黒区）　4月3日午後2時5分ごろ、東京都目黒区下目黒ビル解体工事現場で、2階南側のコンクリートの側壁（厚さ約20cm）が縦約3m、横約8mにわたってビル内側に崩れ、2階にいた男性作業員2人が下敷きになって死亡した。《データ》死者2名

4.11　花火工場爆発（鹿児島県鹿児島市）　4月11日、鹿児島県鹿児島市の南国花火製造所で火薬配合所が爆発した。周辺の最大1kmの範囲で住宅や学校の窓が爆風で割れるなどの被害がでて、従業員7人が即死、近くを通行中だった女性もけがをした。4月12日に行方不明だった同2人の死亡が確認、重体だった同1名も4月26日に死亡し、当時作業をしていた10名全員が死亡した。《データ》死者10名,負傷者1名

4.23　ライオンに襲われ死亡（大分県宇佐郡安心院町）　4月23日、大分県宇佐郡安心院町の「九州自然動物公園アフリカンサファリ」で、車で巡回していた60歳の監視員がライオン数頭に襲われ、腹や胸などをかまれて失血死した。ライオンは固定されたオリに追い込まれる作業の途中だった。《データ》死者1名

5月　輸血でHIV感染（全国）　5月、エイズウイルス（HIV）に感染した献血者の血液が日本赤十字社の高精度検査をすり抜け、この血液を輸血された患者がHIVに感染していたことが、12月29日に明らかになった。平成11年の高精度検査導入以降、HIVのすり抜けは2例目で、患者への感染が確認されたのは初めて。《データ》患者1名

5.4　鉱山火災（新潟県青海町）　5月4日、新潟県青海町のセメント原料の石灰石を採掘している、明星セメント田海鉱山のトンネル内で出火、中にいた作業員15人のうち、3人が一酸化炭素中毒などで死亡、8人が重軽傷を負った。《データ》死者3名,負傷者8名

5.8　雷雨（近畿地方）　5月8日朝、近畿地方で局地的に雷を伴った大雨が発生。午前8時からの1時間に大阪府枚方市で47.5mm、豊中市で37.5mm、箕面市で30.mmを記録した。家屋の浸水や道路の冠水などの被害が出たほか、落雷のため約1600世帯が停電し、鉄道にも遅れが出た。《データ》床上浸水2棟,床下浸水177棟,停電1600世帯

5.26　宮城県沖地震（東北地方）　5月26日午後6時24分ごろ、東北地方を中心に強い地震が発生した。震源は宮城県沖で深さは72km、マグニチュードは7.1。岩手県の大船渡市、江刺市、宮城県の石巻市など11地点で震度6弱、岩手県花巻市、宮城県気仙沼市など41地点で震度5強を記録した。負傷者は岩手県91人、宮城県64人、山形県

449

10人、秋田県8人、青森県1人の計174人。震度の割には被害は小さかったが、岩手県内で停電、断水、電話の不通のほか、東北新幹線の橋脚23本が破損し、被害総額119億円に及んだ。また、気象庁のコンピューターが震度情報を処理しきれなくなるトラブルもあった。震度6の地震は2001年3月24日の芸予地震以来で約2年2か月ぶり。また、5月30日には地震後も公用車を待たせパチンコをしていたとして千葉隆副知事が引責辞任した。《データ》負傷174名

5.31 台風4号（近畿地方、四国地方） 5月31日台風4号の接近・上陸に伴い、近畿、四国の太平洋側では局地的に激しい雨が降り、各地で被害が相次いだ。午前10時10分ごろ、徳島市南佐古二番町の通称「佐古山」で、斜面が高さ約15m、幅約5mにわたって崩れた。四国4県では計約4350戸が一時停電。男性1人が山梨県道志村のキャンプ場近くのグラウンドで排水管に吸い込まれ、約15km離れた岩場で遺体で発見された。また、徳島県相生町の川岸で女性が1人遺体で見つかった。《データ》死者2名、停電4350戸

6月— 結核院内感染（茨城県取手市） 6月以降、茨城県取手市の病院で入院患者8人と病院職員7人の計15人が結核に感染・発症し、うち3人が死亡していることが9月24日に明らかになった。《データ》死者3名

6月— 透析患者に肝機能障害（長野県駒ヶ根市） 6月から7月にかけて、長野県駒ヶ根市赤穂の昭和伊南総合病院で人工透析を受けた患者5人が相次いで肝機能障害を起こし、重症に陥った2人が同県松本市の信州大付属病院に転院したが、うち1人が死亡した。患者5人はいずれも肝機能障害による黄だんの発生などがみられたという。7月28日、同病院は「透析患者に肝機能障害が出た」と県に報告するとともに人工透析を中止。県は、透析機器の支障か医療事故の疑いがあるとみて29日に立ち入り検査した。《データ》死者1名、患者4名

6.2 住宅火災（兵庫県神戸市） 6月2日、神戸市西区の木造2階建て住宅から出火、救助のために建物に入った消防士が崩落した天井の下敷きになり、4人が死亡、10名が重軽傷を負った。火を出した男性も死亡した。《データ》死者5名、負傷者10名

6.4 メッキ加工工場でガス中毒（福島県矢祭町） 6月4日午後9時55分ごろ、福島県矢祭町小田川のメッキ加工会社の工場で、精密機器用の洗浄機械を洗浄していた男性従業員2人が中毒症状を起こし、まもなく死亡。気化した洗浄液を吸い込み中毒死したためと思われる。《データ》死者2名

6.5 塗装工場爆発（大阪府八尾市） 6月5日午後4時50分ごろ、大阪府八尾市太田新町の塗装会社の2階作業場で爆発音とともに出火、鉄骨2階建ての工場兼事務所延べ約1000m^{2}のうち2階の約500m^{2}を焼いた。焼け跡から男性2人の遺体が見つかった。放置されてたシンナー缶の圧力が炉内で高まって破裂、気化した溶液が充満したことが爆発につながったとみられる。《データ》死者2名、焼失面積約500m^2

6.14 土砂崩れ（神奈川県横須賀市） 6月14日午前10時5分ごろ、神奈川県横須賀市船越町の住宅街の急傾斜地で土砂崩れがあり、作業員2人が生き埋めになり、1人が死亡した。《データ》死者1名、負傷者1名

7月 冷夏（全国） 7月の平均気温が平年より北日本で2.9度、東日本で2.1度も低く、平成15年の6月から8月は全国的に冷夏となった。7月の日照時間も短く、東北地方の太平洋側で平年の34％、関東甲信地方で47％だった。東北地方が農作物の冷害に遭

い、特にコメは、青森県で被害額は約324億円、岩手県で過去3番目の不作となる作況指数73の「著しい不良」宮城県で10年ぶりの凶作となる作況指数69、秋田県で8年ぶりの「不良」となる作況指数92、山形県で共済金支払い額が58億円に及ぶ被害、福島県で作況指数89の「著しい不良」など各地で被害を受けた。北海道の北に居座るオホーツク海高気圧の勢力が強く、太平洋の夏の高気圧が日本付近に張り出して来られないのが原因。

7月	赤潮で養殖ハマチ大量死（徳島県鳴門市） 7月、徳島県鳴門市沖の養殖ハマチが赤潮の被害を受けて大量死し、被害額は約6億4000万円に及んだ。《データ》被害額6億4000万円
7.10	土砂崩れ（千葉県長柄町） 7月10日午前11時45分ごろ、千葉県長柄町山根の残土処分場で、土砂崩れがおき、作業員3人が埋まった。1人は救出後、死亡した。《データ》死者1名
7.19	突風で遊漁船転覆（山口県岩国市） 7月19日午前7時50分ごろ、山口県岩国市の小柱島の南東約500mの海上で、遊漁船（7人乗り）が突風を受けて転覆し、1人が行方不明になった。6人は近くの漁船に救助されたが、内1人は重傷。《データ》行方不明者1名,負傷者6名
7.19〜	九州で豪雨（九州地方） 7月19日から7月20日未明にかけて、活発化した梅雨前線の影響で九州中部を中心に記録的な豪雨が襲い、土石流やがけ崩れが各地で発生した。熊本県水俣市、鹿児島県伊佐郡菱刈町、長崎県西彼杵郡琴海町などで23人が死亡、25人が重軽傷を負った。《データ》死者23名,負傷者25名
7.26	宮城県北部地震（東北地方） 7月26日、宮城県北部において震度6強、弱の大きな地震が1日に3回発生した。まず、午前0時13分にマグニチュード5.6の地震が発生、宮城県桃生郡鳴瀬町、同郡矢本町で震度6弱を記録、続いて午前7時13分にはマグニチュード6.4の地震が発生、鳴瀬、矢本両町と同県南郷町で震度6強を記録。さらに午後4時56分にはマグニチュード5.5の地震が発生し、宮城県桃生郡河南町で震度6弱を記録した。いずれも震源宮城県北部、深さ約12kmと浅く、負傷者は宮城県で675人、山形で2人の計677人、宮城県で1247棟の家屋が全壊した。「前震〜本震〜余震」型の地震だったが、こうしたパターンは過去に数例しかなく、1日に3回震度6を記録したのは初めて。気象庁は最初の地震のあと「24時間以内に震度5強程度の余震が発生する確率は10％」と発表したが完全に外れ、この後余震発生確率の発表方法を見直した。《データ》負傷者677名
7.31	生肉でE型肝炎感染（兵庫県,鳥取県） 7月31日、シカの生肉やイノシシの肝臓を食べて、E型肝炎に集団感染し、1人が死亡していた事が明らかになった。鳥取県で1月下旬〜2月上旬に野生のイノシシの肝臓を生で食べた2人が3月になってE型肝炎を発症、うち1人が死亡した。兵庫県では4月中〜下旬、4人は発熱、吐き気などの症状が表れ、肝機能も低下して急性肝炎と診断。その後の血清検査でE型肝炎と判断された。《データ》死者1名
8.1	ダムの試験貯水で道路・民家に亀裂（奈良県吉野郡川上村） 8月1日、国土交通省は、奈良県奈良県吉野郡川上村白屋で道路や民家に亀裂が起きた問題で大滝ダムの試験貯水との因果関係を認め、同地域の全38戸が移転する事になった。《データ》移転38戸

平成15年(2003年)

8.1　輸血でB型肝炎感染(全国)　8月1日、献血時の感染検査をすり抜けたと見られる血液を輸血された女性患者が、B型肝炎ウイルスによる劇症肝炎を発症、死亡していたことが明らかになった。平成11年の高精度検査導入以降、輸血後肝炎が原因と疑われる死亡例が明らかになったのは初めて。日赤が原料として使った血液の保存検体を再検査したところ、9月12日にHBV陽性の結果が出た。この血液は輸血用血液製剤だけでなく、約5万本分の血漿分画製剤の原料としても使用されていたため、厚生省は回収を指示した。《データ》死者1名

8.8　台風10号(全国)　8月8日、高知県室戸市付近に台風10号が上陸、日本列島を縦断して各地に被害をもたらし、10日には北海道中南部を通過した。この台風で北海道の10人をはじめとして、愛媛、大阪など7道府県で計17人が死亡、4人が行方不明になった。また、和歌山県西牟婁郡串本町では沿岸のサンゴが壊れたり流出するなど大きな被害を受けた。北海道への台風の上陸は8月としては10年ぶり。《データ》死者17名、行方不明者4名

8.11　中国自動車道路多重衝突(山口県小郡町)　8月11日午後9時20分ごろ、山口県小郡町上郷の中国自動車道上り線で、夜行高速バスなど11台が絡む事故が発生。バスの運転手と乗員の2人が死亡。重傷5人を含む36人がけがをして病院に運ばれた。《データ》死者2名、負傷者36名

8.14　ごみ固形燃料発電所爆発(三重県桑名郡多度町)　8月14日、三重県桑名郡多度町の「三重ごみ固形燃料発電所」のごみ固形燃料貯蔵槽で爆発があり、作業員4人が負傷した。8月19日、消火作業中に再び爆発し、消防士2人が死亡、作業員1人がけがをした。三重県警は危機回避の措置を取らなかったとして施設設置者の県企業庁や県などを業務上過失死傷容疑で家宅捜索した。《データ》死者2名、負傷者5名

8.18　土砂崩れ(福島県北塩原村)　8月18日午後1時10分ごろ、福島県北塩原村桧原の村道で、のり面が幅20m、高さ8～10mにわたって崩れ、土砂崩れ防止の工事をしていた作業員の男性3人が生き埋めになった。ショベルカーなどで救出したが、2人が全身圧迫による窒息で死亡した。《データ》死者2名、重傷者1名

8.24　猛暑(関東地方)　8月24日、北日本を除く日本列島は太平洋高気圧に覆われ、猛烈な残暑となり、各地で水の事故や熱中症が相次いだ。千葉県では勝浦市興津漁港の堤防5m沖で、シュノーケリングをしていた男性1人が水死、神奈川県三浦市では、素潜り中の男性が行方不明になるなど、全国の水の事故による死者・行方不明は10県で14人にのぼった。東京都内でこの年最高の38人が、群馬県でも18人が熱中症のため救急車で病院に運ばれた。《データ》死者・行方不明者14名、患者56名

8.29　ガソリン貯蔵タンク火災(愛知県名古屋市)　8月29日、愛知県名古屋市港区の名古屋港付近にある、エクソンモービル名古屋油槽所のガソリン貯蔵タンクから出火、付近で作業をしていた13人のうち6人が死亡、1人がやけどを負った。原因は、気化したガソリンへの引火。《データ》死者6名、負傷者1名

8.29　インフルエンザ治療薬で副作用(全国)　8月29日、インフルエンザのA・B両型に効くため人気の高い抗ウイルス薬、「タミフル」(一般名・リン酸オセルタミビル・平成13年2月販売開始)を服用した患者26人が急性腎不全などを起こしていたことが分かり、厚生労働省は販売元の中外製薬に対し、使用上の注意を改訂するよう指示した。《データ》患者26名

平成15年（2003年）

9.11　台風14号（沖縄県）　9月11日、沖縄県の宮古島を台風14号が直撃した。風速70mの強風で、1人が死亡、96人が重軽傷を負い、160億円を超える被害がでた。《データ》死者1名, 負傷者96名

9.15　琵琶湖でヨット転覆（滋賀県滋賀郡志賀町）　9月15日、滋賀県滋賀郡志賀町の琵琶湖でヨットが突風を受け転覆、沈没し、乗員12人が投げ出された。5人は救助されたが7人が行方不明となった。その後子ども3人をふくむ6人の遺体が収容された。航行に不適切な気象条件にもかかわらず出航し、乗客に救命胴衣の着用を徹底していなかったことが原因と見られており、県警は救命胴衣の着用義務付け条例案を提案へ。《データ》死者6名, 行方不明者1名

9.16　小型機墜落（長崎県対馬市）　9月16日、長崎県対馬市美津島町の県営対馬空港で、着陸態勢に入った小型プロペラ機が滑走路から離れた斜面に墜落し、市立崇城大航空工学実験研究所の航空の操縦士59歳ら乗員3人が死亡した。《データ》死者3名

9.16　籠城ビル爆発（愛知県名古屋市）　9月16日、愛知県名古屋市東区のビル4階にある運送会社支店に、刃物を持った52歳の契約社員が押し入り、ガソリンを巻いたうえ支店長を人質に取って立てこもった。愛知県警が説得を重ねたが、爆発が起き、支店長と警察官、男の計3人が死亡、41人が重軽傷を負った。《データ》死者3名, 負傷者41名

9.20　羊がスクレイピー感染（北海道本別町）　9月20日、北海道農政部は、羊肉生産会社が北海道本別町の牧場で飼育していた羊1頭が、BSE（牛海綿状脳症）とよく似た羊の伝染病「スクレイピー」（伝達性海綿状脳症）に感染していたと発表した。スクレイピーが確認されるのは、平成13年の茨城県以来2年ぶり、60頭目。感染した羊は雌（3歳）で、この牧場で生まれ、9日に死んだ。一緒に飼われていた羊86頭の移動を禁じられ、疑似患畜に指定された羊は殺処分される。

9.24　病院で結核集団感染（鳥取県取手市）　9月24日、鳥取県取手市の医療法人・西秀会「西間木病院」で、入院患者と看護師ら職員15人が結核を発症し、3人が死亡したと発表した。県は集団院内感染の可能性が高いと判断、結核予防法などに基づき26日、同病院を立ち入り検査を行なった結果新たに2人の発症者を確認、うち1人が既に死亡していたことがわかった。同病院は平成14年10月に県から院内感染防止のため医療体制の見直しを指導されていたにもかかわらず、職員のマスク着用など防止策を徹底していなかった。《データ》死者4名, 患者17名

9.26　十勝沖地震（北海道, 東北地方）　9月26日午前4時50分、北海道において強い地震が発生した。震源は北海道釧路沖で深さは42km、マグニチュードは8.0。釧路、十勝、日高地方の浦河町などで震度6弱を記録、浦河で余震とみられる震度6弱の揺れを記録した。負傷者は北海道847人、青森1人、岩手1人の計849人、北海道で104棟の家屋が全壊した。また、北海道から東北にかけての太平洋沿岸各地で津波が発生、北海道の十勝川河口付近に釣りに来ていた男性2人が行方不明となった。《データ》行方不明者2名, 負傷者849名

9.26－　地震で精油所の貯蔵タンク火災（北海道苫小牧市）　9月26日十勝沖地震の直後、北海道苫小牧市の出光興産精油所の原油タンクで火災が発生した。28日午前10時45分ごろ、同精油所の別ナフサ（粗製ガソリン）タンクが炎上、倒壊。ゆったりした揺れでタンクの液面が大きく揺さぶられる「スロッシング減少」が原因と見られる。道

453

平成15年（2003年）

などの現地対策本部は消火剤を大量に散布したが強風のせいもあって効果がなく、発生から約44時間後の30日午前6時55分、タンクに入っていたナフサ約2万6000klが燃え尽きて沈静化した。その後、火災が起きたタンクを除き、計34基のタンクで油漏れがあったことが判明した。

10.13　突風（関東地方）　10月13日午後、関東付近を台風並みの低気圧が通過、突風や集中豪雨による被害が出た。13日午後3時20分ごろ、茨城県鹿島郡神栖町光の製鉄所の製品バースで、強風にあおられたクレーン4台が次々と衝突した。倒壊したクレーン上部の操作室にいた男性1人が死亡、2人が軽傷を負った。約3km離れた工場でも移動式クレーン3台が強風にあおられ、レール上を移動する操作室とクレーンが約6m下に落ちた。操作室にいた作業員3人のうち1人が全身を強打し死亡、2人が軽傷。強風は積乱雲直下に生じたダウンバーストによる可能性が高い。千葉県成田、佐原市でも突風で住宅3棟が全壊するなど約30棟に被害が出た。　《データ》死者2名，行方不明者1名，負傷者5名

10.15　地震（関東地方）　10月15日午後4時半ごろ、関東地方の広い範囲で地震があり、東京都の区部や千葉市などで震度4を記録した。震源は千葉県北西部で深さは約80km、マグニチュードは5.0。この地震により、東京都台東区清川の住宅で、階段から転落した女性が頭などを強く打ち死亡。このほか、2人が軽傷を負った。《データ》死者1名，負傷者2名

10.15　ゴンドラから転落（長野県木曽郡三岳村）　10月15日、長野県木曽郡三岳村の御嶽山7合目付近にある「御岳ロープウェイ」飯森高原駅付近で、下りゴンドラが支柱に衝突して樹脂製の窓が外れ、乗客の夫婦が投げ出されて死亡した。支柱に付く滑車からワイヤロープが外れ、揺れたゴンドラが支柱に激突した事が原因。　《データ》死者2名

11.6―　コイヘルペスウイルス病（全国）　11月6日、農水省は茨城、青森、山梨、三重、宮崎の五県でコイヘルペスウイルス（KHV）感染を確認した。茨城県の霞ヶ浦などで養殖のコイ1000トン以上が死に、KHVの感染が疑われていたが、感染が確認されたのは国内で初めて。11月27日、栃木県佐野市のマゴイも感染を確認し、感染は21都道府県に拡大した。

11.8　花火爆発（山口県厚狭郡山陽町）　11月8日、山口県厚狭郡山陽町の埴生漁港で開かれた花火大会で、打ち上げ場の花火が暴発し、作業中の花火師2人が死亡、2人がけがをした。《データ》死者2名，負傷者2名

12.13　寄生虫で養殖マダイ大量死（和歌山県串本町）　12月13日、和歌山県串本町のマダイ養殖場で、寄生虫による白点病と呼ばれる病気のため、マダイが大量死していたことがわかった。10月初めごろから病気の兆候が出始め、11月末までにほぼ全滅の状態となった。被害は5社で計62万7000匹、最終的な損失金額は2億数千万円に上るとみられる。《データ》マダイ62万7000匹

12.20　豪雪（全国）　12月20日、日本列島上空を強い寒気が覆い、東日本の各地でまとまった積雪が観測された。午後6時までの24時間の降雪量は群馬県水上町80cm、富山県細入村72cmなどを記録した。福島県では除雪作業中の女性が側溝に落ち死亡したほか、新潟県では強風による倒木で、下敷きとなった作業員1人が重傷を負った。《データ》死者2名，負傷者1名

454

平成16年
（2004年）

1月— **ノロウイルス院内感染**（東京都新宿区）　東京都新宿区の東京女子医大病院で1月末から入院患者など六十数人が下痢、嘔吐症状を訴え、子どもを含む11人からノロウイルスが検出され、院内感染の疑いがあることがわかった。重症患者はいなかった。院内食にウイルスは見つからず、外部から持ち込まれた可能性が高い。《データ》患者約60名

1.12— **鳥インフルエンザ発生**（山口県, 京都府）　1月12日、農水省が山口県阿東町の採卵専門の養鶏場で鳥インフルエンザが発生したことを認定した。平成15年12月末以降、飼育中の鶏6000羽が死亡、農場の鶏約3万4640羽を処分した。国内発生は79年ぶりで、農水省はウイルスの型が韓国、香港、ベトナムで流行しているのと同じ高原性インフルエンザウイルス「H5N1型」であると発表。2月には京都府丹波町の養鶏場で鶏の大量死が発覚。異変に気づきながら鶏の流通を許し感染を拡大させたとして、家畜伝染病予防法の届け出義務違反が疑われた。3月8日に同養鶏場の会長が自殺、3月31日には社長ら3人が逮捕された。

1.13　**土砂崩れ**（北海道えりも町）　1月13日深夜、北海道えりも町の国道336号で土砂崩れが起きた。男性が行方不明になったが、14日午後、土砂の中から遺体で見つかった。《データ》死者1名

1.13　**山林火災**（香川県直島町）　1月13日早朝に瀬戸内海の直島で山林火災が発生し、同日夜になっても鎮火せず、約122haを焼失。火は三菱マテリアルの社宅の一部などにも燃え移り、6棟を焼いて6日後に鎮火した。283世帯650人に避難勧告が出た。《データ》全焼6棟, 焼失面積約122ha

1.22　**小型機墜落**（山梨県甲府市）　1月22日午前10時半ごろ、山梨県甲府市の民間駐車場に軽飛行機が墜落した。乗っていた操縦士、乗員、カメラマンの3人全員が死亡した。軽乗用車1台が大破し、民家の門扉も壊れた。また左翼が電線に引っかかったため、約2700世帯が一時的に停電した。《データ》死者3名, 車両1台損壊, 停電約2700世帯

2月—　**巨大クラゲ被害**（全国）　巨大サイズのエチゼンクラゲが日本海から太平洋まで大量漂流し、クラゲの重さで網が破れるなどの漁業被害を広げた。津軽海峡を抜けて太平洋に達したのは2年連続で、平成15年11月には日本海沿岸など11府県の関係者らによる対策会議が開かれた。

2.14　**森林火災**（広島県瀬戸田町）　2月14日、広島県の生口島で森林火災が発生、島南部の因島市などにも燃え広がり、島の総面積の約1割にあたる約390haを焼失した。2人が負傷した。《データ》負傷者2名, 焼失面積約390ha

2.18　**脱輪タイヤが歩行者直撃**（北海道江差町）　2月18日午前4時半ごろ、北海道江差町の国道で、走行中のダンプカーの左側後輪のタイヤ2本が外れ、歩道を歩いていた祖母と3歳の男児を直撃した。男児は頭を強く打って死亡し、祖母は足に軽いけがを

平成16年（2004年）

した。トラックの後輪には2本1組のタイヤが2列あり、このうち左後輪の前列が2本とも外れ、1本が歩道に乗り上げた。タイヤを留めていたボルト8本はすべて折れていた。《データ》死者1名、負傷者1名

2.18　インフルエンザ脳症（全国）　インフルエンザが原因でけいれんや意識障害などを起こす「インフルエンザ脳症」の患者が、この冬は51人に上り、うち6人が死亡していたことが2月18日、厚生労働省研究班のまとめでわかった。《データ》死者6名, 患者45名

3月－　MRSA院内感染（北海道北見市）　3月、北海道北見市の道立北見病院で入院患者3人がMRSA（メチシリン耐性黄色ブドウ球菌）の感染が原因とみられる敗血症で死亡した。40代男性が6日、60代女性が9日、70代男性が11日に死亡したもの。院内感染の疑いで調査されている。《データ》死者3名

3.7　ヘリコプター墜落（長野県南木曽町）　3月7日午前9時50分ごろ、長野県南木曽町の木曽川河川敷で、信越放送に交通事故取材の飛行を依頼された中日本航空のヘリコプターが高圧送電線に接触し墜落、炎上した。ヘリに乗っていた4人全員が死亡。《データ》死者4名

3.11　三菱自動車欠陥隠し（全国）　3月11日、三菱ふそうは、大型車の部品破損による事故が相次いだことを受けて設計上の欠陥を認め、リコールを届け出た。5月6日、平成14年横浜市で大型車のタイヤが脱落し母子3人が死傷した事故後、破損した部品「ハブ」の強度について国交省に虚偽の報告をしたとして、当時の三菱自幹部5人が逮捕された。6月2日、三菱自動車は同社の「パジェロ」など主力車種約17万台について、26件の部品の欠陥を隠していたことを発表。15万6400台についてリコールの届け出を怠っていた。6月3日、新たに平成8年以降製造の7車種11万6000台についてもリコールを届けた。

3.19　重油タンク内に転落（兵庫県尼崎市）　3月19日午前11時35分ごろ、兵庫県尼崎市の石油精製工場で、重油タンクを解体していた男性作業員3人が、高さ約15mの屋根ごとタンク内に落下。3人とも全身を強打して病院に運ばれたが、2人が死亡。他1人は意識不明の重体。《データ》死者2名, 負傷者1名

3.26　回転ドアに頭部挟まれ死亡（東京都港区）　3月26日午前11時半ごろ、東京都港区「六本木ヒルズ森タワー」2階の正面入り口で、大阪府の男児が自動回転ドアに頭を挟まれ、病院に運ばれたが約2時間後に死亡した。警視庁は、六本木ヒルズの管理会社や回転ドアのメーカーなどを業務上過失致死容疑で捜査。この事件をきっかけに、自動回転ドアによる事故は全国で270件発生し、骨折の23人を含め133人がけがをしていたことがわかった。《データ》死者1名

4.27　工場跡地からダイオキシン（大阪府吹田市）　4月27日、大阪府吹田市川岸町のごみ焼却施設跡地の土壌から国の環境基準の最高54倍のダイオキシンが検出されたと吹田市が発表。さらに6月1日、追加調査の結果、敷地内1ヶ所の地中から67倍のダイオキシンが検出されたと発表した。地表付近は10倍前後で地中で大きくなっていることから、市は「浸透した以外の原因も考えられる」として詳しく調査する。

5月－　肺炎球菌院内感染（広島県広島市）　広島市西区の介護老人保健施設で5月初めから、入所者約130人中22人に高熱などの症状が出た。9日に82歳の女性が亡くなり、16日までに計4人が肺炎にかかり死亡した。死亡者の1人から肺炎球菌が検出された。

《データ》死者4名

6.10　輸血でB型肝炎感染（関東地方）　6月10日に劇症肝炎で死亡した男性が、輸血でB型肝炎ウイルスに感染した疑いがあることが日本赤十字社の調べでわかった。男性は3月に貧血と胃がん手術のため首都圏の医療機関で輸血を受け、2月の血液検査ではB型肝炎ウイルスは陰性だったが、6月には陽性になった。　《データ》死者1名

6.18－　台風6号（全国）　大型で非常に強い台風6号が6月18日、沖縄本島、九州に達した。この台風の影響で、18日午後2時15分ごろ、東京都神津島村沖の岩礁で釣りをしていた男性が高波にさらわれて行方不明となったほか、19日午前には沖縄県玉城村でサーファーが死亡。また、同日午後7時35分ごろ、静岡県静岡市の学生2人が波打ち際でバーベキューをしていたところ高波にさらわれ、遺体で発見された。　《データ》死者3名, 行方不明者1名

6.27　竜巻（佐賀県佐賀市）　6月27日午前7時20分ごろ、佐賀市新郷本町付近を中心に竜巻が発生、住宅の屋根が吹き飛び窓ガラスが割れるなど、全壊13棟、半壊34棟、一部破損322棟の被害が出た。ガラスの破片で足を切るなど15人が負傷した。　《データ》負傷者15名, 全壊13棟, 半壊34棟, 一部損壊322棟

7.5　工場ドックで転落（広島県呉市）　7月5日午前9時5分ごろ、広島県呉市、石川島播磨重工業の関連会社の工場のドック内で、造船工事用に高さ約20mの場所に組まれた足場の鋼材が突然崩れ、上に乗って作業していた4人が転落した。男性2人が死亡し、2人が重傷を負った。　《データ》死者2名, 負傷者2名

7.8　工場で作業員3人が圧死（岩手県北上市）　7月8日、岩手県北上市の自動車部品工場で製造ラインの点検中、別の作業員が誤って開閉ボタンを押したため、壁と計量ホッパーの間に挟まれ3人が死亡した。　《データ》死者3名

7.13　新潟・福島豪雨（新潟県, 福島県）　梅雨前線が停滞している新潟県中越地方で7月13日午前、局地的な大雨が降り、同県三条市を流れる信濃川の支流・五十嵐川が増水したため、市は午前10時10分、市内ほぼ全域の約2万4000世帯に避難勧告を出した。16人が死亡し、4人が負傷した。　《データ》死者16名, 負傷者4名, 全壊70棟, 半壊5354棟, 一部損壊94棟, 床上浸水2149棟, 床下浸水6208棟

7.16－　豪雨（東北地方）　東北地方各地で16日から17日にかけて大雨が降り続き、増水した沢に登山客が相次いで流される事故があった。17日正午ごろ、岩手県一関市厳美町祭時の栗駒山で、女性が増水した沢を渡る際に流され、行方不明になった。山形県西川町姥沢では17日午前10時ごろ、月山登山から引き返す途中の僧侶が増水した沢に流され死亡した。　《データ》死者1名, 行方不明者1名

7.17－　福井豪雨（福井県, 岐阜県）　7月17日夜から18日にかけて、活発な梅雨前線が北陸地方をゆっくりと南下したため、福井県や岐阜県で大雨が降り、足羽川の堤防が決壊するなどの被害が出た。5人が死亡し、19人が負傷した。　《データ》死者5名, 負傷者19名, 全壊66棟, 半壊135棟, 一部損壊229棟, 床上浸水4052棟, 床下浸水9674棟

7.21　猛暑（山梨県甲府市）　7月21日、山梨県甲府市で気温40.4度を記録した。全国の観測史上2番目の高温。

7.21　豚コレラ感染（鹿児島県鹿屋市）　鹿児島県は7月21日、同県鹿屋市の養豚場で、家畜伝染病の豚コレラに感染した可能性のある豚が見つかったと発表した。同養豚場

平成16年(2004年)

の約510頭のうち下痢の症状がある子豚4頭と、無作為抽出の母豚10頭中9頭にウイルス抗体などが確認された。大量死などは発生していない。

7.22　赤潮発生(愛媛県津島町)　7月22日、津島町の北灘湾で赤潮が発生して、養殖マダイやスズキなど約30万匹が大量死した。　《データ》養殖魚約30万匹死亡

8月 —　E型肝炎感染(北海道北見市)　8月に北海道北見市の焼き肉店で食事をした客6人が、E型肝炎ウイルス(HEV)に集団感染し、1人が劇症肝炎で死亡。1人は感染を知らずに献血し、輸血感染も起きていた。豚のレバーなど生焼けの内臓肉が原因の可能性が高い。　《データ》死者1名, 患者5名

8.2　台風10号(四国地方)　台風10号から変わった低気圧に伴う活発な雨雲の影響で、8月1日深夜から2日早朝にかけ、四国の山間部などは局地的な豪雨に見舞われた。川の増水や家屋の崩壊で、1人死亡、2人が行方不明。　《データ》死者1名, 行方不明者2名

8.7　井戸の中で一酸化炭素中毒(新潟県小千谷市)　8月7日午前10時ごろ、新潟県小千谷市で、かんがい用の井戸に7月の集中豪雨で流れ込んだ土砂の撤去作業をしていた農業男性から「男性が井戸の中で倒れた」と通報があった。救急隊が到着する前に救出のため井戸に入った男性も倒れ、2人とも病院に運ばれたが死亡した。ポンプのエンジンが井戸の脇に置かれており、井戸の中に流れ込んだ排ガスによる一酸化炭素中毒の可能性が強い。　《データ》死者2名

8.7 —　タダノ社製クレーンに欠陥(全国)　クレーン車製造トップの「タダノ」製の大型自走式クレーン車でかじ取り装置に欠陥があり、岡山県で8月7日、6人死傷の事故が起きていたことが国土交通省の調べでわかった。走行中ハンドルを切ると反対方向に曲がる欠陥。平成8年以降、これを含め全国で事故5件、不具合1件が起きていたのに安全対策は取られていなかった。同社は12月10日、リコールを国交省に届け出た。リコール制度が法制化された平成7年以降、車両欠陥による死亡事故は三菱ふそうトラック・バスの2件に次いで3件目。　《データ》死傷者6名

8.8　O157で死亡(東京都江東区)　東京都江東区の高齢者福祉施設に入所していた男性が下痢や血便などのため7月31日に区内の病院に入院したが、8月8日腸炎により死亡、16日に便からO157とベロ毒素が検出された。この施設では他に入所者や職員ら計8人の感染が確認された。　《データ》死者1名, 感染者8名

8.9　美浜原発で死亡事故(福井県美浜町)　8月9日午後3時28分ごろ、営業運転中の福井県美浜町の関西電力美浜原発3号機が緊急停止。配管が破損し建屋内に高温の水蒸気が充満していた。中で作業していた作業員11人がやけどを負い、うち5人が死亡、6人が重軽傷を負った。外部への放射能漏れはなかったが、原子力施設で起きた事故としては国内最悪。事故後の調査で、破損した配管の寿命を無視して点検を怠り、補修を先延ばしにしていた関電のずさんな管理が明らかになった。平成17年3月の事故調査委最終報告書では、関電と配管管理に関わった三菱重工業の責任が厳しく指摘され、電力会社の自主管理に任せていた国の責任も問われた。　《データ》死者5名, 負傷者6名

8.17　豪雨(四国地方, 近畿地方)　沖縄付近にある台風15号の影響で前線が活発化し四国や兵庫県南部などで8月17日、局地的に豪雨となり、四国で2人が死亡、3人が行方不明になるなどの被害が出た。19日までに、死者は9人になった。　《データ》死者9名

平成16年(2004年)

8.26　建造中の貨物船爆発(香川県丸亀市)　8月26日、丸亀市の今治造船所で建造中の貨物船(7万6000トン)が爆発し、4人が死傷した。《データ》死者2名,負傷者2名

8.30　台風16号(全国)　8月30日、強い台風16号が鹿児島県に上陸し九州を縦断した後、山口県に再上陸した。31日、日本海を北上した台風は北海道を縦断。全国で29棟が全壊、半壊を含む一部破損が7000棟を超えた。死者・行方不明者はあわせて17人、負傷者は257人。《データ》死者・行方不明者17名,負傷者257名

9月―　スギヒラタケで食中毒(東北地方)　9月下旬以降、食用キノコのスギヒラタケとの関連が疑われる急性脳症で5人が死亡したことが10月21日、わかった。その後も秋田、新潟、山形、福島など各県で同様の死亡例が相次いで判明、死者は14人に上った。《データ》死者14名

9.1　浅間山噴火(群馬県,長野県)　9月1日午後8時2分、群馬・長野県境の浅間山が噴火した。噴火は前年4月以来で、噴石を飛ばすような噴火は昭和58年4月以来。群馬県内のほか、宇都宮市や福島県郡山市など広範囲で降灰を確認した。風向きの関係で降灰が激しかった群馬県側では、農作物への被害が7市町村で計22haの畑に及び、観光事業も打撃を受けた。その後も中小規模の噴火が続き、群馬県の農作物の被害額は累計で総額5億9086万円となった。

9.2　多剤耐性緑膿菌院内感染(京都府京都市)　京都市左京区の京都大医学部付属病院は9月2日、入院患者2人が、さまざまな抗生物質が効かない「多剤耐性緑膿菌(MDRP)」に感染して死亡したと発表した。死亡した2人を含む患者計11人の血液などから同じ型のMDRPを検出。院内感染の可能性が高い。2人は同じ病棟の患者。1人は7月下旬に感染による肺炎で、もう1人も8月中旬に複合感染による敗血症で死亡した。《データ》死者2名,感染者9名

9.5　地震(近畿地方)　9月5日午後7時7分ごろと午後11時57分ごろの2回、近畿地方を中心に強い地震があった。1回目の地震では奈良県下北山村と和歌山県新宮市、2回目の地震では同市と三重県松阪市、香良洲町で震度5弱を記録した。いずれも関東から四国にかけての広い範囲で震度3以上の揺れを観測した。1回目の地震の震源地は紀伊半島沖で震源の深さは約10km、マグニチュードは6.9。2回目の地震の震源地は東海道沖で、震源の深さは約10km、マグニチュードは7.4。また9月6日午後11時58分には最大の余震が発生、マグニチュードは6.5を観測した。46人が負傷した。《データ》負傷者46名

9.7　台風18号(全国)　大型で強い台風18号が9月7日午前9時半、長崎市付近に上陸したあと、中国、近畿を暴風圏に巻き込んで北上。広島市で最大瞬間風速60.2mを記録し、世界遺産・厳島神社で国宝や重要文化財の建物30棟が被害を受け、山口、広島両県で外国籍の貨物船2隻が沈没するなど、各地に暴風の爪痕を残した。全国の死者は31人、行方不明は14人になった。《データ》死者31名,行方不明者14名,負傷者1302名

9.13　狂牛病発生(熊本県)　9月13日、熊本県内の食肉処理場で解体された5歳2カ月の乳牛がBSE(牛海綿状脳症)に感染していたことがわかった。国内12頭目の感染牛で、九州地方では初めて。

9.18　ガス爆発(東京都北区)　9月18日午後2時25分ごろ、東京都北区のビルでガス爆発があり、同ビルの改修工事をしていた作業員3人が死亡、通行人4人を含む6人が重

平成16年（2004年）

軽傷を負った。12月、工事を請け負った建設会社の責任者を業務上過失致死傷容疑で逮捕。容疑者はガスの供給停止を確認する注意義務を怠ったうえ、ガス漏れ後も対策を取らなかったとされた。　《データ》死者3名、負傷者6名

9.20　小型機墜落（兵庫県南淡町）　9月20日午後4時半ごろ、兵庫県南淡町の諭鶴羽山の南側斜面に小型飛行機が墜落し、乗っていた男女が、頭などを強く打ち死亡した。濃霧で操縦を誤ったとみられる。　《データ》死者2名

9.29　台風21号（全国）　強い台風21号は9月29日午前0時、鹿児島県に上陸後、九州、四国を横断し、大阪府に再上陸して北上。東海地方などで大雨被害が出た。10月2日、この台風による死者・行方不明者は27人になった。　《データ》死者・行方不明者27名、負傷者97名、全壊家屋79棟、半壊家屋273棟、床上浸水5798棟、床下浸水1万3883棟

10.9　台風22号（全国）　10月9日、台風22号が静岡県伊豆半島に上陸、首都圏各地に暴風雨被害をもたらした。死者・行方不明者は8人、負傷者は167人となった。　《データ》死者・行方不明者8名、負傷者167名、全壊家屋167棟、半壊家屋244棟、床上浸水1247棟、床下浸水3592棟

10.14　用水路工事で生き埋め（秋田県山本町）　10月14日、秋田県山本町の農業用水路工事現場で、2人が生き埋めになり死亡した。　《データ》死者2名

10.20　台風23号（全国）　10月20日、台風23号が高知県に上陸した後、大阪府に再上陸し、本州を縦断、西日本を中心に各地で大きな被害が出た。この台風による死者・行方不明者は97人、負傷者は551人になった。　《データ》死者・行方不明者97名、負傷者551名、全壊家屋773棟、半壊家屋7321棟、床上浸水1万3751棟、床下浸水3万9007棟

10.22　台風で増水の用水路に転落（大阪府和泉市）　10月22日午後4時40分ごろ、台風23号の影響で増水していたとみられる大阪府和泉市の農業用水路で、小学1年生男児が遊んでおり転落した。助けようと母親が飛び込み、2人とも水死した。　《データ》死者2名

10.23　新潟中越地震（新潟県）　10月23日17時56分ごろ、新潟県を中心に強い地震があり、新潟県小千谷市で震度6強を観測。同県川口町では最大震度の震度7を観測した。震源地は同県中越地方で、震源の深さは約20km、マグニチュードは6.8。避難した住民は最大で約10万人を超えた。ストレスなどの関連死を含め死者が40人。発生時走行中だった上越新幹線が脱線。道路がいたるところで寸断され、一部の山村が孤立し、山古志村は2200人が全村避難した。地震発生後、92時間ぶりに2歳の男児が土砂の中から救出された。　《データ》死者40名、負傷者4510名、全壊家屋2774棟、半壊家屋9933棟

10.26　工事現場でコンクリート崩落（広島県広島市）　10月26日午前9時10分ごろ、広島市で改修工事中ののり面からコンクリートが崩落し、作業員2人に直撃。2人とも死亡した。　《データ》死者2名

11.17　清掃作業員はねられ死亡（山梨県笛吹市）　11月17日午後1時半ごろ、山梨県笛吹市の中央自動車道下り線の一宮御坂IC合流地点付近で、会社員男性の乗用車が側溝に右前後輪を落とし、走行車線に入ったところ、後ろから来た3トントラックと衝突した。乗用車は路肩で行われていた清掃現場に突っ込み、作業員3人と警備員1人がはねられ、即死した。　《データ》死者4名

460

11.18 全裸の男が車で5人はね1人死亡(大阪府茨木市) 11月18日午前6時20分ごろ、大阪府茨木市の市道で、自転車の女性会社員が後ろから来た乗用車にはねられた。乗用車はそのまま逃走し、約100m東の同じ道路上で、男性の乗った自転車をはね、その後も約1.5kmにわたって、自転車に乗った男女3人を次々とはね、約10分後、民家に突っ込んだ。自転車の男性は30～40m引きずられており、全身を強く打って死亡。2人が重傷、2人が軽傷を負った。全裸で車を運転していた男も重傷。《データ》死者1名,負傷者5名

11.26 落石が車を直撃(福井県上中町) 11月26日正午ごろ、福井県上中町の国道303号で、山の斜面を転がり落ちてきた直径約4m・重さ10トンの岩が、ワンボックスカーを直撃。車は対向車線にはじき飛ばされ停車した。車には5人が乗っており、助手席の女性が全身を強く打ち、間もなく死亡。後部座席にいた女性3人が首の骨を折るなど重傷、運転手も軽傷。《データ》死者1名,負傷者4名

11.29 地震(北海道) 11月29日午前3時32分ごろ、北海道東部で強い地震があり、釧路町などで震度5強、北海道から関東の広い範囲で震度5弱～1を観測した。震源地は釧路沖で、震源の深さは約48km、マグニチュードは7.1。この地震で45人が重軽傷を負った。《データ》負傷者45名

12.4 瀬渡し船転覆(鹿児島県十島村) 12月4日午後2時ごろ、鹿児島県十島村の口之島沖で瀬渡し船が転覆、5人が行方不明になった。鹿児島県海上保安部が生還した船長を逮捕し、送検前に釈放した。《データ》行方不明者5名

12.6 地震(北海道) 12月6日午後11時15分ごろ、北海道東部で強い地震があり、厚岸町で震度5強、北海道から関東の広い範囲で震度5弱～1を観測した。震源地は根室半島南東沖で、震源の深さは約46km、マグニチュードは6.9。11月29日にこの付近であったマグニチュード7.1の地震の余震とみられる。

12.13 大型量販店で放火(埼玉県さいたま市) 12月13日午後8時20分ごろ、さいたま市緑区の量販店「ドン・キホーテ浦和花月店」から「店内で火災があり煙が充満している」と119番通報があった。同店舗延べ2300m^{2}が全焼し、3人の焼死体が見つかった。同日から15日にかけて7件放火事件が続き、後日、窃盗で逮捕された女が、放火を認め再逮捕された。《データ》死者3名,負傷者8名,焼失面積約2300m^2

12.14 地震(北海道) 12月14日午後2時56分ごろ、北海道北部で強い地震があった。苫前町で震度5強を記録するなど、北海道の広い範囲で震度5強～1の揺れを観測した。震源地は留萌支庁南部で、震源の深さは約9km、マグニチュードは6.1。8人が軽傷を負った。《データ》負傷者8名

12.14 心臓弁手術で医療事故(東京都新宿区) 東京医科大学病院で、平成14年10月から平成16年にかけて、男性心臓外科医が担当した心臓弁膜症患者4人が、手術後に相次いで死亡したことがわかった。12月14日の時点で病院側は「4症例とも医療事故でなく、合併症などによる死亡と考えている」との見解を明かしたが、平成17年4月には「手術した医師の基本的な知識や技術の不足」と医療事故であることを認めた。《データ》死者4名

12.24 ヘリコプター墜落(佐賀県) 12月24日夜、ロビンソン式R44型ヘリコプターが佐賀県の有明海で消息を絶ち、25日に墜落が確認された。3人が行方不明になったが、26日には全員が遺体で見つかった。《データ》死者3名

平成17年
(2005年)

1.3 **介護施設で感染症(神奈川県大和市)** 神奈川県大和市の介護老人保健施設の入所者30人と職員16人の計46人が下痢や嘔吐、発熱などの症状を起こし、うち入所者の女性1人が1月3日に死亡したことが、同9日に明らかになった。感染性胃腸炎とみられる。 《データ》死者1名,感染者45名

1.5 **漁船と遊漁船衝突(鹿児島県黒之瀬戸)** 1月5日、鹿児島県黒之瀬戸で漁船と遊漁船が衝突、遊漁船の2人が死亡した。 《データ》死者2名

1.9 **ノロウイルス集団感染(全国)** 1月9日、広島県福山市の特養ホームで、下痢や嘔吐などの症状で7人が死亡、ノロウイルスによる感染性胃腸炎が原因とされた。これを皮切りに、1月12日の時点で43都道府県で集団発生し、感染者は236施設の計7821人。そのうちノロウイルスが5371人から検出された。厚生労働省ではノロウイルスによる食中毒死はないとしているが、吐瀉物を詰まらせるなどでこの冬14人が死亡。2月以降も集団感染は全国で発生し、小学校などでも確認された。 《データ》死者14名,患者約8000名

1.14 **大雪(東北地方)** 日本列島は冬型の気圧配置に覆われ、1月14日午前0時ごろ、新潟県魚沼市の入広瀬で236cmに達するなど各地で大雪となった。除雪作業に伴う事故も続発し、10～13日の間に青森で1人、秋田で3人、岩手で1人、山形で4人、福島で1人が死亡した。 《データ》死者10名

1.18 **地震(北海道東部)** 1月18日午後11時9分ごろ、北海道東部で強い地震があり、厚岸町で震度5強を記録した。気象庁の観測によると、震源地は釧路沖で、震源の深さは約50km、マグニチュードは6.4。北海道東部では、前年11月から3回、震度5強の地震が発生し、震源地はいずれも釧路沖から根室半島沖の狭い地域で、震源の深さは46～50km。一連の地震は「プレート境界型地震」とみられ、平成16年11月の地震の余震とみられる。

1.21 **輸血でB型肝炎感染か(全国)** 血液疾患で前年1～5月に輸血を受けた男性がB型肝炎ウイルス(HBV)陽性に転じ、劇症肝炎で1月に死亡したと、日赤が1月21日に発表した。輸血で感染した疑い。男性に輸血された血液を供血した16人の保管検体を、高感度検査(NAT)で調べたところ、2人の検体が陽性で、ウイルスの型も一致したが、輸血以外の原因も考えられる。 《データ》死者1名

1.26 **雪で旅館の屋根が崩落(新潟県小千谷市)** 1月26日午後8時15分ごろ、新潟県小千谷市の旅館で風呂場の屋根が落ちた。入浴中の宿泊客2人が屋根と雪の下敷きとなり、間もなく死亡した。この旅館は新潟県中越地震で被災し「半壊」と認定されたが、営業を続けていた。上の階から落ちた雪の重みで風呂場の屋根がつぶれたとみられる。 《データ》死者2名

2.2 **大雪(全国)** 2月2日、日本全国で大雪が降り、事故が相次いだ。石川県内浦町では、男性が自宅裏で高さ約1mの雪に埋もれて死んでいるのを家族が見つけた。雪下

ろしのため屋根に上ろうとしてはしごから滑り落ちたか、軒下で除雪作業中に落ちてきた雪の下敷きになったとみられる。香川県や京都府では凍結した道路で滑って転ぶ事故が相次ぎ、1人が死亡した。　《データ》死者2名

2.4　変異型ヤコブ病を最終確認(全国)　厚生労働省は2月4日、BSE(牛海綿状脳症)が原因とされる変異型(新型)クロイツフェルト・ヤコブ病(vCJD)感染が疑われ、平成16年12月に死亡した男性について、国内初の変異型ヤコブ病と最終確認した。男性は平成元年ごろ、英国に約1カ月の渡航歴があった。　《データ》死者1名

2.5　8人ひき逃げ(千葉県松尾町)　2月5日午後9時20分ごろ、千葉県松尾町下野の飲食店を出て道路を横断中の男女8人に車が突っ込み、4人が頭の骨を折るなどして死亡、1人が重傷、3人が軽傷を負った。車は逃走したが6日朝、運転していた飲酒・免許停止期間中の男が出頭した。　《データ》死者4名、負傷者4名

2.8　がけ崩れ(鹿児島県姶良町)　2月8日午後5時半ごろ、鹿児島県姶良町で造成工事中の山のがけが突然幅約80m、高さ17mにわたって崩れ、住宅4棟が全壊、2棟が半壊した。うち1棟からは一時、火災も発生した。1人の遺体が見つかり1人が家屋の下敷きになって重傷を負ったが、約4時間半後に救出された。　《データ》死者1名、負傷者1名、全壊4棟、半壊2棟

2.16　地震(関東地方)　2月16日午前4時46分ごろ、関東地方で強い地震があり、茨城県土浦市などで震度5弱を記録。東北から中部地方の広い範囲で震度4～1の揺れを観測した。震源地は茨城県南部で震源の深さは約45km、マグニチュードは5.4。この地震で、1都4県で27人が重軽傷を負ったほか、交通機関にも影響が出た。　《データ》負傷者27名

2.17－　新潟中越地震の被災地で雪崩続発(新潟県中越地方)　新潟県中越地震の被災地で雪崩や土砂崩れが相次いだ。気温上昇と降雨が原因とみられる。新潟県高柳町では、雪崩に巻き込まれたとみられる遺体が18日午前11時ごろ見つかった。また、18日午前11時ごろ、高柳町山中の山の斜面で高さ約40mから雪崩が発生。工事をしていた2人が巻き込まれ、1人が死亡、1人が軽傷。　《データ》死者2名、負傷者1名

2.19　水道水汚染(北海道空知地方)　2月19日、北海道空知地方の5市町村の飲料水を供給する桂沢水道事業団の沈殿池から、基準の約64倍のジクロロメタンが検出されたと発表があった。4日間に渡り使用が制限され、6万5000世帯以上に影響が出た。

3.4　岩が崩落し民家直撃(和歌山県和歌山市)　3月4日午前6時50分ごろ、和歌山市和歌浦中の玉津島神社の裏山で重さ約2トンの岩が崩れ、山すそにある民家の屋根を直撃。中にいた住人が下敷きとなり死亡した。　《データ》死者1名

3.15　竹ノ塚駅踏切死傷事故(東京都足立区)　3月15日午後4時50分ごろ、東京都足立区の東武伊勢崎線竹ノ塚駅近くの踏切で、女性4人が上り準急電車にはねられ、うち2人が死亡した。事故当時は約10分間にわたって遮断機が閉まったままになるため、遮断機が下りている時間を短縮するために手動で操作していたといい、死亡した2人は遮断機が上がったため渡ろうとしたとみられる。　《データ》死者2名、負傷者2名

3.20　福岡県西方沖地震(九州地方)　3月20日午前10時53分ごろ、九州北部で強い地震があり、福岡市や福岡県前原、佐賀県みやき町で震度6弱、九州から関東の広い範囲で震度5強～1を観測。震源地は福岡県西方沖で震源の深さは約9km、マグニチュード

平成17年(2005年)

は7.0。福岡市博多区で1人が倒れたブロック塀の下敷きになって死亡、震源に近い玄界島では家屋206棟が損壊し、ほぼ全住民が島外に避難した。3日目の22日午後3時55分ごろ、この地震の余震があり、マグニチュードは5.1で、玄界島や福岡県前原市などで震度4を記録した。《データ》死者1名、負傷者1600名

4月 — 便秘薬の副作用で死亡(全国) 便秘や胃炎に広く使われている医療用医薬品「酸化マグネシウム」の服用が原因とみられる副作用報告が平成17年4月～平成20年8月までに15件あり、うち2人が死亡していたことがわかった。酸化マグネシウムは腸の中に水分を引き寄せて腸の運動や排便を助ける効果があり、各製薬会社の推計使用者は年間延べ約4500万人。15件の副作用は、長期の服用が意識障害や血圧低下などにつながった可能性があるケースで、全員が入院。他の薬と併用して長期投与を受けていた高齢者2人が、ショック症状などを起こし死亡した。《データ》死者2名、患者13名

4.1 地滑りで鉄塔倒壊(石川県羽咋市) 4月1日午後9時15分ごろ、石川県羽咋市福水町で、北陸電力の50万ボルト能登幹線32号鉄塔が倒れた。土台部分が幅約200mにわたって地滑りしていた。これにより能登半島のほぼ全域約11万戸で最大8分間停電。また、同電力志賀原発1号機は原子炉を手動停止した。《データ》停電11万戸

4.2 新快速電車にはねられ死亡(京都府長岡京市) 4月2日午前0時3分ごろ、京都府長岡京市のJR長岡京駅ホームで、姫路発野洲行き新快速電車が、ホームから転落した男性とそれを助けようとした男性の2人をはね、2人が死亡した。《データ》死者2名

4.2 暴走トラックが歩行者はねる(宮城県仙台市) 4月2日午前9時5分ごろ、仙台市中心部の歩行者専用アーケードを4トントラックが約500m蛇行しながら暴走し、買い物客など男女6人を次々とはねた。3人が死亡、3人が負傷。トラックを運転していた男は調べに対し「人をはねて死ぬつもりだった」と話した。《データ》死者3名、負傷者3名

4.8 タンカーからガス漏れ(岡山県岡山市) 4月8日午後3時半ごろ、岡山市宮浦にある工業薬品メーカーの工場で、停泊中のタンカーから硫化水素が漏れ出し、これを吸った船長ら4人が死傷。船は積み荷の水硫化ソーダを工場に搬入した直後だった。《データ》死者2名、負傷者2名

4.9 たき火で一酸化炭素中毒(鹿児島県鹿児島市) 4月9日午後4時15分ごろ、鹿児島市内の公園の斜面にある防空壕跡で男子中学生4人が倒れているのが見つかり、病院に搬送されたがいずれも死亡が確認された。死因はいずれも一酸化炭素中毒で、たき火をしているうちに煙を吸い込んだとみられる。《データ》死者4名

4.11 地震(関東地方) 4月11日午前7時22分ごろ、関東地方で強い地震があり、千葉県八日市場市や茨城県神栖町などで震度5強、東北から近畿地方の広い範囲で震度5弱～1の揺れを観測した。震源地は千葉県北東部で、震源の深さは約52km、マグニチュードは6.1。JRの一部が一時運転を見合わせたほか、成田空港は2本の滑走路を閉鎖して点検したが、異状はなかった。

4.14 空自機墜落(新潟県阿賀町) 4月14日午後1時50分ごろ、訓練飛行中の航空自衛隊新潟救難所属のMU-2型救難捜索機がレーダーから消え、同3時15分ごろ、新潟県阿賀町の御神楽岳の北西斜面に墜落しているのを救難ヘリが発見。搭乗していた4人は、救難ヘリによって収容されたが、死亡が確認された。《データ》死者4名

464

平成17年(2005年)

4.18　アトラクションから転落(東京都港区)　4月18日午後1時ごろ、東京都港区台場の屋内型娯楽施設で、アトラクションに乗っていた男性が約5m下の床に転落、間もなく死亡した。男性は両足が不自由で座席に深く座れず、体格の問題でシートベルトが締められていなかった。マニュアルではシートベルトなしでは利用できない規定になっていたが、現場の係員の判断で利用を認めていた。《データ》死者1名

4.20　地震(九州地方)　4月20日午前6時11分ごろ、福岡沖玄界地震の余震が発生し、福岡市内などで震度5強の強い揺れを観測した。マグニチュードは5.8で、地震の大きさ、揺れとも余震の中で最大。福岡、佐賀両県で48人がけが、87人が自主避難した。山陽新幹線や在来線がストップし、建物は17棟が損壊、道路損壊3ヶ所。《データ》負傷者48名

4.20　温風機で一酸化炭素中毒(全国)　松下電器産業は4月20日、同社製の石油温風機を使用中に計3件の一酸化炭素中毒事故が相次ぎ、7人が死傷していたと発表。このうち、1月5日、福島県では男児が死亡、男児の父親が重体に陥り、4月20日の時点で入院治療中。老朽化により燃焼用の空気を送るホースに亀裂が入り、不完全燃焼が起こったことなどが原因とみられ、同社は販売された計25機種15万2132台を対象に無料で修理・点検を実施する。《データ》死者1名,負傷者6名

4.25　JR福知山線脱線事故(兵庫県尼崎市)　4月25日午前9時20分ごろ、兵庫県尼崎市のJR福知山線塚口-尼崎間で、宝塚発同志社前行き上り快速電車の1～4両目が脱線した。先頭の2両が進行方向左側の線路脇のマンションに突っ込み大破。107人が死亡、500人以上がけがをし、昭和62年のJR開業以来、最悪の事故となった。国交省は速度超過が脱線の主因と断定。死亡した23歳の運転士が、直前の運転ミスについての列車無線による車掌の報告内容に気を取られたため、ブレーキ操作が遅れ、制限速度70kmの現場カーブに約116kmで進入して脱線したとみられる。また、JR西日本による新型ATS(自動列車停止装置)の整備の遅れや、運転士に対する厳しい日勤教育の状況、ゆとりのないダイヤにも問題があったとして、同社の社長ら鉄道本部幹部経験者9人と運転士の計10人が書類送検された。《データ》死者107名,負傷者500名以上

4.28　バス横転(福島県猪苗代町)　4月28日午前6時10分ごろ、福島県猪苗代町の磐越道上り線磐梯河東-猪苗代磐梯高原インターチェンジ間で、大阪発仙台行きのバスが中央分離帯に接触して横転、乗客の男性3人が車外に投げ出され死亡し、2人が重体、22人が軽重傷を負った。バスの運転手が、運転席から通路の反対側にある棚の扉を閉めようとしてよそ見したのが原因。《データ》死者3名,負傷者24名

5.3　県警ヘリが住宅街に墜落(静岡県静岡市)　5月3日午後4時半ごろ、静岡市清水区の住宅近くに、連休の交通渋滞監視のために飛行中の静岡県警のヘリコプター「ふじ1号」が墜落・炎上した。ヘリコプターの乗員5人全員が死亡。ヘリは住宅街のアパートの屋根の一部を壊し、アパート脇の道路に墜落し、部品などが近くを流れる川などに散乱した。住民にけがはなかった。《データ》死者5名

5.7　落石が走行ワゴン車直撃(長野県中川村)　5月7日午前9時10分ごろ、長野県中川村大草の県道で、道路脇のがけから落下した直径約40cm、約90kgの岩が走行中のワゴン車を直撃。運転手が間もなく死亡、助手席の人にけがはなかった。現場は片側1車線。岩は高さ約15mまで張られた落石防止ネットの上方から落ちてきたらしい。

《データ》死者1名

5.7　**工場サイロで作業中生埋め**（福島県双葉町）　5月7日午前8時半ごろ、福島県双葉町の生コンクリート製造工場のサイロ内で砂が崩れ落ち、作業中の男性従業員4人のうち、2人が生き埋めになった。1人は死亡、1人は軽いけが。サイロの底から砂を外へ出す穴が詰まったため、命綱をつけて除去作業をしていたところ、すり鉢状の底から急激に砂が流出し、砂に引きずり込まれるように埋まったという。《データ》死者1名,負傷者1名

5.22　**高校生の列に車突入**（宮城県多賀城市）　5月22日午前4時15分ごろ、宮城県多賀城市の国道45号交差点で、一時停止していた乗用車に、信号無視をして走ってきたRV車が衝突。2台は横断歩道を渡っていたウォークラリー中の高校生の列に突っ込み、生徒3人が死亡、4人が重傷、18人が軽傷を負った。RVの運転手は酒気帯び運転と居眠りを認め、危険運転致死傷罪で起訴された。平成18年1月、仙台地裁は同罪の最高刑にあたる懲役20年を言い渡した。《データ》死者3名,負傷者22名

6.21-　**特養ホームでO157感染**（北海道様似町）　北海道様似町の特別養護老人ホームで、入所者22人と職員2人の計24人が6月21日から25日にかけて下痢や嘔吐などを発症し、26日に入所者の女性2人が、27日と7月2日にそれぞれ1人が死亡した。発症者のうち5人から病原性大腸菌O157が検出され、集団感染の疑いが強い。《データ》死者4名,発症者20名

6.23　**水道水汚染**（埼玉県さいたま市）　6月23日、さいたま市水道局は、同市北区宮原町の工場跡地で、井戸水の配水管が水道給水管と接続され、未消毒の井戸水が水道の本管へ逆流しているのを発見し、付近一帯約900世帯への給水を一時停止した。健康被害の報告はないという。同月20日以降、周辺住民らから「水道水が濁っている」などの通報が相次ぎ、同局が調査していた。

6.26　**鳥インフルエンザ発生**（茨城県,埼玉県）　6月26日、茨城県水海道市の採卵で死んだ鶏から、国内初のH5N2型の鳥インフルエンザウイルスが検出されたと発表があった。この見つかったのはH5N2型の中でも毒性が弱いもの。同養鶏場で飼育されていた鶏2万5300羽の他、周辺5ヶ所の養鶏場の鶏計約9万4000羽もすべて殺処分された。8月には埼玉県鴻巣市の養鶏場の鶏から鳥インフルエンザウイルスに対する抗体が確認され、9万8千羽が殺処分された。

6.27-　**大雨**（新潟県）　6月27〜28日、活発化した梅雨前線の影響で新潟県では大雨が続き、多い所で300mmを超えた。栃尾市で男性1人が行方不明、魚沼市では車が土砂崩れに巻き込まれて5人が重軽傷を負った。床上・床下浸水した建物は28日午後9時の時点で800棟。《データ》行方不明者1名,負傷者5名

6.29-　**アスベスト被害**（全国）　6月29日、大手機械メーカー「クボタ」が、同社社員など79人がアスベスト（石綿）疾患であるじん肺や中皮腫などで死亡していたことを公表。7月、ニチアス、エーアンドエーマテリアル、ウベボードなども従業員の死亡例を発表した。クボタの工場では従業員の他、周辺住民にも被害が出ていたことが分かり、深刻な公害問題に発展。8月26日、経産省が発表した石綿関連病による死者数は391人。その後日本郵船や商船三井などで従業員に健康被害が出ていることが次々と明らかとなり、平成18年2月には、「石綿による健康被害の救済に関する法律」（石綿救済新法）が成立した。平成19年度中に石綿労災があったとして、平成20

年に厚労省が名称を公表した事業所数は883に上る。《データ》死者391名

7月- 多剤耐性緑膿菌院内感染（東京都板橋区）　7月から12月の間に、板橋区の都老人医療センターで入院患者15人が多剤耐性緑膿菌に感染した。菌を遺伝子解析した結果、三つの遺伝子型グループがあり、このうち1グループ5人は感染の時期や病棟が同じといった関連性があることから、院内感染とみられる。うち70代の男性患者1人が肺炎の治療中に死亡。菌の感染で病状が悪化した可能性がある。《データ》死者1名，感染者14名

7.3 豪雨（近畿地方，中国地方，四国地方）　7月3日、停滞した梅雨前線による豪雨の影響で、1人が行方不明になり、3人が死亡した。山口県や愛媛県など5県で約2600棟に浸水被害が出た他、土砂崩れ、停電、列車の運休など、各地で被害が出た。《データ》死者3名，行方不明者1名，床上・床下浸水2600棟

7.3 輸血でB型肝炎の疑い（全国）　2月に輸血を受けた50歳代の男性が輸血でB型肝炎ウイルス（HBV）に感染した疑いがあることが日本赤十字社の調べでわかった。男性は輸血前はHBVが陰性だったが輸血後、陽性に転じ、7月3日に劇症肝炎で死亡した。輸血された血液製剤の血液提供者20人の保管されていた検体を高感度検査で調査したが、いずれも陰性だった。検査をすり抜けた可能性のほか、輸血以外が感染原因となった可能性も否定できないという。《データ》死者1名

7.7 落雷（神奈川県藤沢市）　7月7日午後7時5分ごろ、神奈川県藤沢市鵠沼藤が谷の桜小路公園で、女性2人が倒れているのが見つかり、搬送先の病院で死亡が確認された。死因は落雷による感電死で、犬の散歩中に落雷に遭ったらしい。《データ》死者2名

7.10 大雨で土砂崩れ（大分県）　九州北部に停滞した梅雨前線による大雨で、土砂災害が相次いだ。7月10日午前3時半ごろ、日田市上津江町上野田の高さ約100mのスギ山で土砂崩れが起きて民家を直撃、住民2人が死亡。午前4時15分ごろには九重町湯坪、ひぜん湯キャンプ場田中で裏山のがけが崩れ、平屋バンガローと住宅が押し流され1人が死亡。午前4時10分ごろ、九重町町田の県道飯田高原中村線が約20m陥没し、走行中の乗用車が転落して川に流された。《データ》死者3名

7.23 地震（関東地方）　7月23日午後4時35分ごろ、関東地方で強い地震があり、東京都足立区で震度5強、横浜市や千葉県船橋市などで震度5弱の揺れを観測した。震源地は千葉県北西部で震源の深さは約73km、マグニチュードは6.0。1都3県で27人がけが。火災が東京都、横浜市、千葉県で計4件。交通の乱れで延べ140万人に影響が出た。《データ》負傷者37名

7.28 エレベーター落下（福島県いわき市）　7月28日午前10時50分ごろ、福島県いわき市平中町の結婚式場の新築工事現場1階で、配ぜん用エレベーターが落下、点検していた作業員2人が下敷きになった。1人が死亡、1人が意識不明の重体。《データ》死者1名，負傷者1名

7.31 落雷（千葉県白子町）　7月31日午後0時35分ごろ、千葉県白子町中里北塩場の中里海岸波打ち際で、ライフセーバーや海水浴客など男女計11人に、雷が連続して2度落ちた。直前に出された落雷・濃霧注意報による遊泳注意を受け、ライフセーバーが海水浴客を誘導していたところだった。男性1人が8月1日に死亡した。《データ》死者1名，負傷者10名

平成17年(2005年)

8.13　豪雨(埼玉県さいたま市)　8月13日午前7時20分ごろ、さいたま市の地下道でトラックが冠水し、1人が死亡した。地下道は豪雨のため前日夜から通行止めになっており、水が地下道内で高さ2mに達していたものとみられる。　《データ》死者1名

8.15　局地的豪雨(東京都)　8月15日夜、東京都内で局地的に豪雨が降り、中野区鷺宮で1時間の雨量が124mmを記録。江古田の妙正寺川と江古田川の合流地点で2kmに渡って水があふれ、約60軒が床上浸水、約60軒が床下浸水した。また、練馬区で床上浸水3軒、床下浸水5軒、杉並区で床上浸水1軒、床下浸水11軒の被害があった。《データ》床上浸水64軒,床下浸水76軒

8.16　地震(東北地方)　8月16日午前11時46分ごろ、東北地方で強い地震があり、宮城県川崎町で震度6弱を記録、北海道から近畿にかけて震度5強から1を観測した。震源地は宮城県沖で、震源の深さは約20km、マグニチュードは7.2。仙台市泉区松森のスポーツ施設でプールの天井が落下し16人が重軽傷。8都県で計79人が重軽傷。住宅1棟が倒壊したほか、各交通機関にも影響が出た。　《データ》負傷者79名

8.20　大雨(東北地方)　8月20日、東北地方南部を中心に大雨となり、浸水被害や停電が相次いだ。福島県では午後8時までに、郡山市などで床上、床下浸水が計13棟あり、郡山市を中心に約1万4500戸が停電。午後8時35分ごろ、同市三穂田町大谷の県道交差点でワゴン車と大型トラックが衝突し、ワゴン車の運転手が重傷。信号機が停電で作動していなかったとみられる。　《データ》負傷者1名,床上・床下浸水13棟,停電1万4500戸

8.21　地震(新潟県中越地方)　8月21日午前11時29分ごろ、新潟県を中心とした強い地震があり、同県長岡市で震度5強を記録した。震源地は同県中越地方で震源の深さは約17km、マグニチュードは5.0。この地震で2人がけが。中越地震の余震ではないとみられる。22日未明から朝にかけ、マグニチュード3.8の余震もあった。　《データ》負傷者2名

8.26　台風11号首都圏直撃(関東地方)　強い台風11号が8月26日未明から早朝に首都圏を直撃した。暴風や大雨のため静岡県で1人が死亡、埼玉県で2人が行方不明となり、3都県で6人が重軽傷を負った。新幹線に運休や遅れが出たほか、飛行機には一部欠航、高速道路は通行止めなどの影響が出た。　《データ》死者1名,行方不明者2名

9.4　落雷(千葉県成東町)　9月4日午前10時25分ごろ、千葉県成東町上横地のネギ畑で、農作業中の男性が雷に打たれた。意識不明の重体だったが、雷撃傷のため死亡した。現場は水田地帯で周辺に高い建物はなく、事故当時、同町を含む県北東部に雷注意報が出ていた。　《データ》死者1名

9.4—　首都圏豪雨(関東地方)　9月4日夜から5日未明にかけ、東京都内を中心に1時間の雨量が100mmを超す豪雨があった。さいたま市内で男性が濁流に流され死亡し、都内で男性1人が軽傷を負った。5日午前6時までの24時間雨量は東京都練馬区・杉並区で241mm。杉並区、神奈川県横浜市・大和市などで計約7万軒が停電した。　《データ》死者1名,床上・床下浸水約3000戸,停電7万戸

9.5—　台風14号(全国)　9月5日から8日にかけ、大型で非常に強い台風14号は九州から北海道まで日本各地に影響を及ぼした。九州では、多い所では降り始めからの総雨量が1300mmを超え、アメダス観測開始以来最多の雨量となり、鹿児島県、宮崎県で河川の氾濫や土砂災害が起こった。全国で26人が死亡、約170人が負傷した。新幹

468

線の全面運休や航空便の多数の欠航など交通機関も大きな影響を受けた。《データ》死者26名, 負傷者約170名

9.27　ヘリコプター墜落（秋田県大仙市）　9月27日午後5時40分ごろ、秋田県大仙市神宮寺の農道にヘリコプターが墜落、炎上した。焼け跡から2人の遺体が見つかった。墜落現場付近に民家などはなく、他にけが人はなかった。《データ》死者2名

9.28　漁船転覆（北海道根室市）　9月28日午前5時53分ごろ、北海道根室市納沙布岬の南東約42kmの太平洋で、サンマ棒受け網漁船が転覆・漂流しているが見つかった。乗組員5人が遺体で収容、1人が救助された。2人が行方不明だったが29日午後遺体で発見された。10月3日、イスラエルの海運会社が自社の大型コンテナ船が漁船に衝突したことを認め補償を約束。イスラエル警察は10月23日、コンテナ船の船長と航海士ら3人を過失致死と救援義務違反の疑いで逮捕した。《データ》死者7名

10.14－　老人福祉施設でO157感染（香川県香川町）　香川県香川町の老人福祉施設で、10月14日から22日にかけ入所者21人が下痢や血便などの症状を訴え、11人からO157が検出された。26日までに4人が死亡。他の入所者と職員の計5人からも、症状はないもののO157が検出された。同施設が行っている配食サービスでは症状を訴えた人はいない。同県では丸亀市の特別養護老人ホームでも2人がO157で死亡している。《データ》死者4名, 患者約20名

10.17　下校の列に暴走車（神奈川県横浜市）　10月17日午前11時25分ごろ、横浜市都筑区南山田の私立中学・高校正門付近の歩道に乗用車が突っ込み、付近にいた同高校1年の男子生徒9人をはねた。生徒2人が死亡、5人が重傷、2人が軽傷。車を運転していた男が現行犯逮捕された。制限速度を60kmオーバーしていた。《データ》死者2名, 負傷者7名

11.8　復旧工事中に土砂崩れ（新潟県栃尾市）　11月8日午後2時半ごろ、新潟県栃尾市上樫出の中越地震の災害復旧工事現場で、斜面の土砂が高さ約13m、幅約13mにわたって崩れ、作業員の男性2人が生き埋めになった。2人は40分後に救出されたが、病院で死亡が確認された。《データ》死者2名

11.9－　児童福祉施設でO157感染（大阪府高槻市）　高槻市奈佐原の児童福祉施設で11月9日、2歳の女児が腹痛を訴え、19日にO157が検出された。女児と接触した可能性のある子ども18人と職員18人を検査したところ、子ども2人からO157が検出された。うち男児1人が23日に容体が急変し死亡、2人も重症。この他10人の幼児や児童が、下痢や腹痛の症状を訴えたが、快方に向かっている。《データ》死者1名, 患者12名

11.11　タミフル副作用問題（岐阜県, 愛知県）　インフルエンザ治療薬のタミフルを飲んだ10代の患者が、飲んで間もなく行動に異常をきたし、岐阜県の1人は車道に走り出て大型トラックにはねられ死亡、愛知県の1人はマンションの9階から転落死していたことが11月11日に判明した。平成12～16年度に、タミフル服用後の幻覚や異常行動などが延べ64件報告されている。《データ》死者2名

11.17　工事現場で土砂崩れ（北海道美唄市）　11月17日午後5時35分ごろ、北海道美唄市大富のパイプライン埋設工事現場で、掘削した穴の脇に積み上げていた土砂が突然崩れ、作業員3人が生き埋めになった。3人は病院に運ばれたが、間もなく死亡した。穴は幅約5.5m、長さ約10m、深さ約4mで、事故当時、死亡した3人は計測作業のため穴の底にいた。《データ》死者3名

平成17年(2005年)

11.17　耐震強度構造計算書偽装事件(全国)　11月17日、国土交通省は、千葉県市川市の建築設計事務所が、首都圏のマンションやホテルの耐震強度を測る「構造計算書」を偽造していたと発表した。完成済みのマンションのうち、少なくとも2棟が耐震基準に到達していなかったことが判明。鉄筋などの数が少なく、必要強度の3〜7割で、震度5強程度の地震でも倒壊する恐れがあるとした。25日、偽装マンションの住民に自主退去を勧告することを決定。元建築士の偽装は全国99件に及んだ。その後別の建築士やホテルグループによる偽装物件も明らかとなった。偽装を指示したマンション開発業者「ヒューザー」や、偽造書類を見抜けなかった民間確認検査機関「イーホームズ」などの責任が問われ、平成18年には再発防止策として建築基準法などが改正された。

11.21　温風機で中毒死再発(長野県上田市)　松下電器産業は、長野県上田市で11月21日に同社製の石油温風機を使用中に1人が死亡、1人が重体となる一酸化炭素中毒事故が起きたと発表。同型の石油温風機は1〜4月に中毒事故が3件起きたのを受け、同社が無償修理や点検作業を実施中だったが、未修理だった。経済産業省は29日、回収や消費者への危険性の周知徹底を求める緊急命令を同社に出した。《データ》死者1名, 負傷者1名

12月－　平成18年豪雪(全国)　12月から平成18年2月にかけて、全国で記録的な大雪となった。気象庁によると、12月〜1月上旬にかけて大陸から強い寒気が流れ込んだことが主な原因。全国の降雪観測地点339ヶ所のうち計23地点で観測開始以来の最深積雪記録を更新した。平成18年2月28日までに、雪崩や除雪作業中の事故などにより139人の死者・行方不明者が出た。1月の降雪の影響でJR上越線が脱線したほか、秋田新幹線が立ち往生。家屋の倒壊や除雪作業中の転落など死亡事故が次々と発生し、空の便にも欠航が相次いだ。主な最深積雪記録更新地点は、新潟県津南町で416cm、同県湯沢町で358cm、群馬県みなかみ町で301cm、岐阜県白川村で297cm、北海道余市町で196cmなど。気象庁が大雪について正式に命名するのは、231人の死者・行方不明者が出た昭和38年の「昭和38年1月豪雪」以来43年ぶり。《データ》死者・行方不明者139名

12月－　ダイオキシン検出(大阪府能勢町)　12月から平成18年1月にかけて実施された調査で、大阪府能勢町のごみ焼却施設近くの調整池から、環境基準の34倍にあたる1l当たり34pg(ピコグラム)のダイオキシン類が検出された。直接の健康被害はないという。

12.2　温風機修理後に一酸化炭素中毒(山形県山形市)　12月2日、山形市で松下電器産業社製の石油温風機を使用していた82歳の男性が一酸化炭素中毒で意識不明の重体になる事故が起きた。温風機は10月8日に修理したが、ゴム製ホースから交換した銅製ホースがはずれ、不完全燃焼を起こしたことが原因とみられる。同社は6日、新たな対策として修理済みの製品も含め買取る形での回収を決定。《データ》負傷者1名

12.3　工場地下水からダイオキシン(新潟県胎内市)　大手製薬企業の子会社が12月3日、平成16年11〜12月に実施した敷地内30ヶ所の地下水の調査の結果、25ヶ所で環境基準値を超え最大200倍のダイオキシンが検出されていたと発表した。検出数値はこの年3月までに判明していたが、県への報告は11月末に遅れていた。同社は「発生した原因は特定出来なかった」としている。

12.5　作業用ゴンドラから転落（神奈川県津久井町）　12月5日午後4時45分ごろ、神奈川県津久井町青根にある神之川林道の矢駄沢近くで、ロープウェイの資材運搬用ゴンドラに乗っていた男性作業員5人のうち3人が転落し、2人が死亡、1人が重体。山と山の間に渡した約500mを移動中で、ゴンドラが急に下がり出しブレーキをかけたところ、大きく揺れて振り落とされたとみられる。　《データ》死者2名, 負傷者1名

12.25　JR羽越線脱線事故（山形県庄内町）　12月25日午後7時15分ごろ、山形県庄内町のJR羽越線砂越－北余目間の「第2最上川橋梁」付近で、秋田発新潟行き特急「いなほ14号」が脱線、転覆した。乗客のうち5人が死亡、33人が負傷。鉄橋通過後に列車右側から吹き上げた局所的な突風により、車両片側が浮き上がるように脱線したとみられる。　《データ》死者5名, 負傷者33名

12.29　温泉で硫化水素ガス中毒（秋田県湯沢市）　12月29日午後5時ごろ、秋田県湯沢市の泥湯温泉の県営駐車場付近で、旅行客一家4人が倒れているのが発見された。3人が死亡しており、重体だった1人も30日午後死亡した。硫化水素を含む源泉の噴出口付近に雪が積もり、一部がくぼ地状になっていた。子どもの1人がこのくぼ地に落ち、母親ともう1人の子が助けようとして落ちて急性硫化水素ガス中毒になったとみられる。　《データ》死者4名

平成18年
（2006年）

1月－　多剤耐性緑膿菌院内感染（高知県南国市）　1月から4月の間に、高知県南国市の高知大医学部付属病院で、60歳以上の入院患者6人が多剤耐性緑膿菌（MDRP）に感染した。感染源となった女性患者は1月に死亡、6人のうちの1人が4月上旬に発熱症状を示し、同月下旬、症状のない保菌者4人が判明。簡易トイレを洗浄する共通のブラシを介して感染が広がった。同病院は患者に謝罪し、再発防止のためブラシの使い捨てと簡易トイレの熱湯消毒を行う措置をとった。　《データ》死者1名, 感染者5名

1.5　雪で民家倒壊（石川県白山市）　1月5日午前7時ごろ、石川県白山市左礫町の民家が雪の重みで倒壊し、住人の2人が死亡した。　《データ》死者2名, 倒壊1棟

1.7　JR下関駅放火で在来線不通（山口県下関市）　1月7日午前2時6分ごろ、山口県下関市のJR下関駅の南隣にあるプレハブ倉庫付近から出火。木造平屋建て駅舎と隣接する倉庫が全焼するなど、約4046m^{2}を焼き、約3時間後に鎮火した。宿直のJR職員ら36人を含めけが人はなかった。現場付近にいた無職男性が放火容疑で逮捕された。うさ晴らしによる犯行という。火災の影響で山陽線、山陰線が運転を見合わせ、約1万4000人に影響した。　《データ》焼失面積約4046m^2, 駅舎全焼

1.8　老人施設全焼（長崎県大村市）　1月8日午前2時25分ごろ、長崎県大村市陰平町の認知症グループホームから出火し、鉄筋コンクリート一部木造平屋同施設約280m^{2}を全焼。入所者9人のうち、女性5人が焼死体で見つかった。死因はいずれも焼死。ほか、病院に搬送された男女2人が一酸化炭素中毒で死亡、残る女性2人が一酸化炭素中毒で治療を受けた。　《データ》死者7名, 負傷者2名, 全焼1棟, 焼失面積約280m^2

1.16　落雪で園児死亡（福島県下郷町）　1月16日午後1時45分ごろ、福島県下郷町の保育

平成18年(2006年)

1.17 製油所タンク火災(愛媛県今治市)　1月17日午後2時20分ごろ、愛媛県今治市の製油所で原油貯蔵タンク内から出火し、約1時間後に鎮火。原油の抜き取り作業をしていた作業員7人のうち5人が死亡、2人が軽傷を負った。投光器が転倒し、タンクに残っていた原油かすや内部にたまっていた可燃ガスに火がついた可能性がある。《データ》死者5名、負傷者2名

1.24 電車にはねられ保線作業員死亡(鳥取県江府町)　1月24日午後1時20分ごろ、鳥取県江府町武庫のJR伯備線根雨－武庫間で、特急電車「スーパーやくも9号」に保線作業員4人がはねられ、3人が死亡、1人が軽傷を負い、別の作業員1人が避難の際に軽いけがをした。運転士や乗客103人にけがはなかった。当日は運行の遅れにより特急と貨物列車の通過順序が入れ替わっていたが、この変更が現場に伝わらず、作業員は逆方向を警戒していた。この事故で、JRと現場責任者が労働安全衛生法違反容疑で書類送検された。《データ》死者3名、負傷者2名

1.24 乗用車が住宅に突入(岐阜県各務原市)　1月24日午前1時20分ごろ、岐阜県各務原市蘇原栄町の市道交差点で、乗用車が横断歩道を歩いていた男性をはねた後、ブレーキとアクセルを踏み間違えて交差点から約100m東の店舗兼自宅に突っ込んだ。男性は頭の骨を折って間もなく死亡、自宅で寝ていた店主も頭を強く打ち、午前3時半ごろ搬送先の病院で死亡した。《データ》死者2名

1.27 土砂崩れ(新潟県新潟市)　1月27日午後0時半ごろ、新潟市蒲ケ沢の山の斜面で土砂崩れが発生し、重機で土取り作業をしていた3人が重機ごと土砂に巻き込まれて生き埋めになった。うち2人は数時間後に救出されたが死亡しており、1人は逃げて無事だった。《データ》死者2名

1.27 タミフル服用後の死亡者が計42人に(全国)　1月27日、厚生労働省がインフルエンザ治療薬タミフル服用後の死亡者につき、新たに6歳男児、30代男性、50代女性の計3人の報告があったと発表。これで発売からこの年1月20日までの死亡者は16歳以下の子ども14人、17歳以上の大人28人の計42人となった。ただし、専門家の意見では、このうちタミフルと死亡との因果関係が否定できないのは80代と50代の男性2人だけだという。《データ》死者42名

2月― 気腫疽菌世界初の感染者(千葉県船橋市)　千葉県の船橋市立医療センターで、平成18年2月に高熱と胸の打撲で搬送され、間もなく死亡した50代の男性の肺から、家畜の病気の原因とされる気腫疽菌が検出されていたことがわかった。気腫疽菌の人への感染が報告されたのは世界初といわれ、感染経路などは分かっていない。《データ》死者1名

2.10 雪崩(秋田県仙北市)　2月10日午前11時20分ごろ、秋田県仙北市田沢湖田沢の乳頭温泉郷で雪崩が発生。露天風呂に入浴中の男女15人、温泉近くで除雪作業をしていた男性3人が巻き込まれ、作業中だった男性1人が死亡、16人が軽傷を負った。長期にわたって雪が降り積もり固まった斜面の上に湿った新雪が積もり、新雪部分が滑り落ちる「表層雪崩」の可能性が高い。《データ》死者1名、負傷者16名

2.12 旅館全焼(広島県広島市)　2月12日午前2時45分ごろ、広島市南区金屋町の旅館から出火し、木造2階建て延べ約250m² を全焼。焼け跡から宿泊者とみられる男性2人

の焼死体が見つかり、別の男性3人がやけどなどのけがをした。出火元は経営者夫婦が使っていた1階居間のガスファンヒーター付近とみられる。《データ》死者2名, 負傷者3名, 全焼1棟, 焼失面積約250m²

4月— セレウス菌院内感染（栃木県下野市）　4〜8月の間に、栃木県下野市薬師寺の自治医科大付属病院で、8人の入院患者がセレウス菌に感染。うち2人が死亡、1人が片目を失明した。クリーニングを委託している県内業者の洗濯機1台が感染源とみられ、カテーテルを通じて感染した可能性が高い。病院側は、セレウス菌感染が直接の原因かどうかは不明だが、その可能性を否定できないとして謝罪した。洗濯機が原因とされるセレウス菌の感染例はこれが世界で2例目。《データ》死者2名, 感染者8名

5.22　タンカー内で倒れ死亡（東京都大田区）　5月22日午後1時55分ごろ、東京都大田区の羽田空港沖約1.2kmを航行していたケミカルタンカー船内の化学薬品を収容するタンクと甲板で、船長を含む3人が倒れ、間もなく死亡した。ベンゼンによる中毒が原因とみられる。《データ》死者3名

6.3　シンドラー社製エレベーター事故（東京都港区）　6月3日午後7時半ごろ、東京都港区のマンション12階で、少年がエレベーターを降りようとしたところ、エレベーターが突然上昇した。少年はエレベーターの床の部分と出入り口の天井の間に挟まれ窒息死した。事故機は「シンドラーエレベータ」製で、同社製のエレベーターでの過去のトラブル率の高さや、保守管理の甘さ、トラブルの一部は欠陥プログラムを誤って再設定するなどのずさんな管理によるものだったことなども明らかになった。同社の社長は12月、住民説明会や記者会見を渋るなどの事故後の対応の不手際の責任を取って辞任。《データ》死者1名

6.25—　豪雨（九州地方, 山口県）　6月25日から26日にかけ、九州北部に停滞する梅雨前線が活発化し、九州・山口地方で強い雨が降った。26日熊本空港では午前6時10分までの1時間で113mmの猛烈な雨を記録した。同日、熊本県山都町で計4人が生き埋めになり1人が死亡、山口県では周南市栗谷の地滑りなど各地で土砂崩れなどの災害が相次いだ。《データ》死者1名, 床上浸水16棟, 床下浸水182棟, 一部損壊24棟, 道路損壊107ヶ所, 山・がけ崩れ226ヶ所

6.27　建物解体中に出火（北海道小樽市）　6月27日午後3時50分ごろ、北海道小樽市で閉鎖されていた印刷所の建物の解体準備中に火災が起きた。木造3階建ての1階から出火し、延べ約200m²が全焼、3人が死亡した。電気工具の火花が原因とみられる。《データ》死者3名, 焼失面積約200m²

7月—　流木が大量に漂着（長崎県）　7月以降、長崎県沿岸の15市町村に約8万本の流木が漂着し、漁業や海水浴に多大な影響が出た。

7.3　タミフル服用後転落死（沖縄県豊見城市）　7月3日午後5時50分ごろ、沖縄県豊見城市の10階建て県営住宅の駐車場で、6階に住む中学1年の男子生徒が倒れているのが見つかり、搬送先の病院で死亡が確認された。6階の自宅を出て9階に上がり、転落したとみられる。生徒は同日朝から高熱を出し、正午頃に高校生の兄が服用していたタミフルを飲み、熱が下がらないため午後3時ごろに解熱剤を飲んでいた。タミフルを服用した人の一部に異常行動が出ることが分かっているが、因果関係は不明。《データ》死者1名

7.13—　熱中症（全国）　7月13日から15日にかけ、東北地方で停滞する梅雨前線の南側に暖

平成18年(2006年)

かい空気が流れ込んだ影響で、東北を除く各地で気温が上昇。静岡県浜松市で全国最高の38.4度を記録したのをはじめ、各地でこの年の最高気温を更新。長崎県、佐賀県、愛知県、埼玉県で計4人が死亡した。また、気温の上昇で大気の状態が不安定になり、一部地域で激しい風雨や落雷が発生、落雷による停電などで電車のダイヤが乱れた。《データ》死者4名

7.14― パロマ工業製湯沸かし器事故(全国)　ガス機器メーカーのパロマ工業製瞬間湯沸かし器4機種の排気ファンの動作不良による一酸化炭素中毒事故が、昭和60年から平成17年11月までに全国で17件発生し、15人が死亡し、重症2人、軽症17人が出たと、親会社のパロマが7月14日発表した。安全装置が作動しないようにする不正改造が原因だが、パロマは不正改造による死亡事故を昭和62年から把握していたのにこれを放置し、周知を怠っていた。平成19年10月の時点では、事故件数28件、死亡者21人、重軽症者が19人。《データ》死者21名、負傷者19名

7.19― 平成18年7月豪雨(中部地方,中国地方,九州地方)　7月15日に中国に抜けた台風4号の雨雲が梅雨前線に入り込み、7月19日から20日にかけて、各地で大雨となった。島根県では川の決壊などで4人が死亡、1人が行方不明。長野県岡谷市では土石流が発生し8人が死亡、京都府京丹後市でも土砂崩れで2人が死亡した。この豪雨で21日までに長野、福井、京都、島根、岐阜の5府県で土砂崩れなどにより18人が死亡、3人が行方不明となった。また、北陸、長野、九州など各地で、7日間の総雨量が平年の7月の月間雨量の2倍を超えた。九州南部でも22日から24日にかけて大雨が降り続き、鹿児島県では土砂崩れなどで5人が死亡、鹿児島、熊本、宮崎県で計11人が負傷し、計約3万2000世帯7万人に避難指示・勧告が出された。《データ》死者25名、行方不明者2名、負傷者55名、全壊49棟、半壊33棟、床上浸水3038棟、床下浸水5353棟

7.31　プール吸水口に吸い込まれ死亡(埼玉県ふじみ野市)　7月31日午後1時50分ごろ、埼玉県ふじみ野市の市営プールで、女の子が吸水口に吸い込まれ、吸水口から5mのパイプの中で頭を強打し死亡した。事故当時、吸水口のふたの1枚が外れていた。本来、ふたはボルトで固定すべきものだったが6、7年前から針金で固定されていた。ふたの固定にボルトの使用を促した国の指針を見落とすなど、市や管理業者の安全管理のずさんさが問題視された。その後、安全管理を怠ったとして、市職員3人、プールの管理業務を請け負ったビルメンテナンス会社社長、業務を丸投げしていた下請け先の社長と現場責任者が書類送検された。《データ》死者1名

8月― 多剤耐性緑膿菌感染で患者死亡(東京都新宿区)　8月から9月下旬の間に、東京都新宿区の東京医科大学病院で、多剤耐性緑膿菌(MDRP)に感染したがん患者4人が死亡した。同病院は、感染と死亡の因果関係は不明だが、院内感染の可能性は否定できないとしている。《データ》死者4名

8.8　落雷で男性死亡(東京都板橋区)　8月8日午前6時25分ごろ、東京都板橋区赤塚の区立赤塚溜池公園にあるメタセコイアの木に落雷。付近を歩いていた男性会社員が意識不明の重体となり、同日午後7時ごろ搬送先の病院で死亡した。《データ》死者1名

8.14　首都圏で大停電(東京都,千葉県,神奈川県)　8月14日午前7時40分ごろ、千葉県浦安市と東京都江戸川区の都県境を流れる旧江戸川で、クレーン船が東京電力の高圧送電線に接触・損傷させ、東京都内14区や千葉県、神奈川県などの約139万1000戸

474

平成18年(2006年)

が停電。完全復旧までに5時間を要し、東電管内で過去2番目の大規模停電となった。この停電で東京メトロなどが運転を中止し、約31万人の乗客に影響したほか、エレベーター内の閉じこめが計58件発生。また、システム障害で日経株価の算出が停止した。《データ》停電約139万1000戸

8.17 豪雨(神奈川県) 8月17日午前11時ごろ、神奈川県西部の酒匂川が集中豪雨で増水。アユ釣りの22人が流され、うち2人が死亡。豪雨で上流の水位が急激に上がったことを下流の釣り客に呼びかける仕組みがなかったことが事故の一因となった。《データ》死者2名

8.22 豪雨・落雷(近畿地方) 8月22日午後、近畿地方で局地的に雷を伴う激しい雨が降り、大阪府豊中市では午後3時10分までの1時間に110mmの雨量を観測。府内の1時間の降水量で過去最高を記録した。この豪雨で家屋の浸水被害は大阪府で46戸、同府豊中市で被害申告が約160件あった。また、落雷の影響で大阪府北部や兵庫県、奈良県で計約3万7000軒が一時停電。京都府城陽市寺田では、同日午後1時40分ごろの落雷で自転車に乗っていた女子中学生が首に軽いやけどを負った。《データ》負傷者1名,家屋浸水46戸,停電3万7000軒

8.25 RVが海に転落(福岡県福岡市) 8月25日午後10時50分ごろ、福岡市東区奈多の「海の中道大橋」の中央付近でRVが乗用車に追突され、博多湾に転落。車に乗っていた4歳の長男、3歳の二男、1歳の長女の3人が死亡、両親が全身打撲の軽傷を負った。この事故で26日、追突した車を運転していた男性が業務上過失致死傷と道交法違反(ひき逃げ)の疑いで緊急逮捕された。容疑者は飲酒のうえ時速80km以上の高速度で走行中に脇見運転していた。事故当時の飲酒検知では酒気帯びとされたが、実際には酒酔い状態だったとみられ、県警は危険運転致死傷罪を適用する方向。この事故を契機に、飲酒運転厳罰化の流れが全国に広がった。《データ》死者3名,負傷者2名

8.25 送水トンネル崩落で断水(広島県) 8月25日午後、広島県海田町と広島市安芸区間の送水用トンネルでコンクリートの天井が約45mにわたって崩落したため、同県呉市と江田島市への送水が停止。江田島市、呉市の最大3万2000世帯で11日間断水した。《データ》断水3万2000世帯

9.14 玉突き事故(長野県阿智村) 9月14日午前1時ごろ、長野県阿智村の中央自動車道下り線で、大型トラックが事故を起こして片側2車線をふさぐように横向きになり、後続のトラックや乗用車など20台が次々追突。乗用車1台が大破し、5人が死亡、9人が重軽傷を負った。現場は下り坂の急カーブで、以前から事故が多発する「魔のカーブ」として知られ、この年すでに12件の事故が起きていた。《データ》死者5名,負傷者9名,車両1台大破

9.16— 台風13号(九州地方,中国地方,四国地方) 9月16日午前、台風13号に伴う雨で佐賀県北部に局地的に激しい雨が降り、土砂崩れに巻き込まれたり、男性が川に流されるなど計3人が死亡。広島県では消防団員が死亡し、中国新聞記者が行方不明となった。17日、台風13号は九州全域と中国、四国地方の一部を暴風域に巻き込み、宮崎県延岡市で竜巻による被害で3人が死亡したほか、107人が重軽傷。JR日豊線の特急列車が横転して乗客ら7人が負傷。福岡県では強風で1人が死亡した。同日夜には大分県佐伯湾で船が転覆し、1人が死亡した。この台風による人的被害は死者9人、行

475

平成18年（2006年）

方不明者1人、重軽傷者330人。《データ》死者9名,負傷者330名,行方不明者1名,全壊74棟,半壊・一部損壊2008棟,床上浸水25棟,床下浸水158棟,船舶1隻転覆

9.25　園児の列にワゴン車突入（埼玉県川口市）　9月25日午前9時55分ごろ、埼玉県川口市戸塚東の市道で、同市の保育園児33人と引率の保育士5人の列に後方からワゴン車が突っ込み、園児4人が死亡。保育士の女性2人を含む17人が重軽傷を負い、うち1人が意識不明の重体。ワゴン車を運転していた男性は業務上過失傷害容疑で現行犯逮捕された。《データ》死者4名,負傷者17名

10.6－　大雨・暴風（東北地方,関東地方）　10月6日、発達中の低気圧の影響で、東北や関東各地で大荒れの天気となった。7日午前0時までに成田国際空港開港以来最多の82便が代替着陸や引き返しとなり、1万数千人に影響が出た。空港は7日午前6時に再開。代替着陸便などのうち48便が未明までに成田に到着したが、91便が欠航・遅延した。この強風で神奈川県内では6日、男女7人が転倒するなどして重軽傷を負った。《データ》負傷者7名

11月－　不二家期限切れ原料使用問題（全国）　11月、菓子メーカー「不二家」の埼玉工場で消費期限切れの牛乳を原料としたシュークリーム約2000個を製造、出荷。また、食品衛生法の規定の10倍、社内基準の100倍の細菌が検出された洋菓子をそのまま出荷し、回収などの処置も行わなかった。その他、プリンとシュークリームの消費期限を社内基準より1日長く表示する行為や、消費期限切れの生クリームや卵などの使用も常態化していたことがわかった。平成7年6月には泉佐野工場の洋菓子を食べた9人が食中毒を発症していたことが分かり、工場は2日間の営業停止処分を受けたが、不二家は発症の事実を公表しなかった。消費期限延長表示は食品衛生法違反にあたるとされ、違反行為をしていた工場のある埼玉県から厳重注意を受けた。

11月－　ノロウイルス集団感染（全国）　ノロウイルスなどを原因とする感染性胃腸炎が急増し、11月1～28日の間に、食中毒が213件発生。患者は9650人に上り、発生件数は平成17年同期の4倍、患者数は5倍以上で、過去最多となった。12月13日、東京都豊島区のホテルで347人が集団感染したことが分かり、この年最大の発症者数を記録。翌年2月には、鳥取市の17小中学校で学校給食を介して1292人が集団感染した。

11.7　竜巻（北海道）　11月7日午後1時20分ごろ、北海道佐呂間町の若佐地区で、国内最大規模の竜巻が発生。付近のトンネル工事を請け負っていた共同企業体のプレハブ工事事務所や一般住宅などをなぎ倒し、9人が建物の下敷きになり脳挫傷で死亡。統計のある昭和46年以降最悪の死者数となった。ほか26人が負傷。また、突風で電柱が倒れ、若佐地区や北見市留辺蘂町で計630世帯が停電した。《データ》死者9名、負傷者26名、全壊7棟、半壊・一部損壊31棟、被害63棟、停電630世帯

11.15　地震（北海道）　11月15日午後8時15分ごろ、千島列島・択捉島の東北東約390km付近で地震が発生。震源の深さ約30km、マグニチュードは8.1。気象庁は同8時半から一時、北海道オホーツク海沿岸と太平洋沿岸東部に津波警報、北海道から静岡県、小笠原諸島にかけて津波注意報を出し、道内で約5万4900世帯約13万人が避難指示・勧告を受けた。この地震で津波は小笠原諸島・父島で50cm、北海道根室市などで40cm、岩手県宮古市などで20cmなど広範囲に到達した。《データ》避難指示・勧告約5万4900世帯13万人

11.15　台船作業員が海中に転落（広島県呉市）　11月15日午前6時20分ごろ、広島県呉市倉

476

橋町重生の約600m沖合の瀬戸内海で、停泊中の台船でショベルカーを操作していた男性作業員ら3人がショベルカーごと海中に転落。1人が死亡、1人が軽傷を負い、1人が行方不明となった。船首部分の上陸用鉄製扉を半分下ろし、その上でショベルカーの作業中にバランスを崩したとみられる。《データ》死者1名, 負傷者1名, 行方不明者1名

11.19 **遊漁船同士が衝突**（神奈川県横浜市）　11月19日午後6時ごろ、横浜市鶴見区末広町の横浜港京浜運河鶴見川河口付近の海上で遊漁船同士が衝突。1艘の船長と乗客1人が死亡、別の乗客1人が重体、1人が軽傷を負った。もう1艘には乗員乗客計4人が乗っていたが、けがはなかった。《データ》死者2名, 負傷者2名

12.1 **試運転電車にはねられ死亡**（神奈川県横浜市）　12月1日午後2時半ごろ、横浜市都筑区中川中央の市営地下鉄センター北駅の下り線レール上で、保守作業中の同市交通局職員の男性2人が試運転中の電車にはねられ、全身を強く打って死亡した。2人が試運転を知らなかった可能性もある。《データ》死者2名

12.14 **アパートで一酸化炭素中毒**（北海道苫小牧市）　12月14日午後10時半ごろ、北海道苫小牧市のアパートの一室で、成人女性2人と子ども5人が一酸化炭素中毒で死亡。1人は病院に運ばれ治療を受けた。原因はポータブル式石油ファンヒーターのフィルターの目詰まりによる不完全燃焼。同機種は昭和57〜58年に製造されたが、不完全燃焼時の自動消火装置がないため事故が続発。メーカーは昭和61年から同装置のない5機種の自主回収を始めたが、約8200台（うち同機種は約1800台）が未回収だった。《データ》死者7名, 患者1名

12.27 **工場のタンク上から転落死**（千葉県袖ケ浦市）　12月27日午前9時55分ごろ、千葉県袖ケ浦市北袖の化学工場で、液化石油ガス（LPG）のタンク上で作業していた男性2人が転落し、搬送先の病院で死亡した。死因は全身打撲。2人は塗装作業で使ったゴンドラのつり下げ用ワイヤロープの撤去作業中だった。《データ》死者2名

平成19年
（2007年）

1月− **鳥インフルエンザ発生**（宮崎県）　1月、宮崎県清武町の養鶏場で鶏750羽が死に、高病原性鳥インフルエンザと判明した。毒性が強い「H5N1」型で、1月中に、同県日向市、新富町、岡山県高梁市でも同じ型の鳥インフルエンザが発生。3月1日に終息宣言が出されるまでに、宮崎県では約29万羽の鶏が処分され、周辺133養鶏場約350羽と、卵の移動が禁止された。

1.13 **地震・津波**（北海道, 東北地方, 近畿地方）　1月13日午後1時24分ごろ、千島列島のシムシル島東方約200km付近でマグニチュード8.2の地震があった。北海道、岩手県、三重県では約11万2000人に避難勧告が出され、約6800人が避難した。同日夜までに、小笠原諸島・父島と伊豆諸島・三宅島に最大となる40cmの津波が到達した。

1.17− **インフルエンザ集団感染**（東京都葛飾区）　東京都葛飾区の大学付属病院で、1月17日〜2月5日にかけてインフルエンザの集団感染が相次ぎ、計21人が発症し、うち2人が死亡、19人は回復した。死亡したのは慢性心不全などで入院し重症心不全で死

亡した患者と、脳梗塞後遺症などで入院し肺炎などの悪化で同5日に死亡した患者で、いずれも「死因は治療中の病気が悪化したため」としている。《データ》死者2名、患者19名

1.19　道路埋設のガス管折れガス漏れ（北海道北見市）　1月19日午後1時35分ごろ、北海道北見市春光町の3世帯と向かいの1世帯で10人が倒れているのが発見された。うち2人は18日早朝に亡くなったと見られ、11人が病院に運ばれた。いずれも一酸化炭素中毒。18日午前6時半ごろに死亡しているのが見つかった1人も、一連の事故による死亡と特定された。19日午後3時20分、道路に埋設された鋳物製ガス管が折れているのが確認され、直ちに補修された。ガス管は40年前に敷設されたものだった。《データ》死者3名

1.20　カラオケ店で火災（兵庫県宝塚市）　1月20日午後6時半ごろ、兵庫県宝塚市安倉南のカラオケボックス1階調理場付近から出火、爆発音とともに炎上し、鉄骨2階建て延べ194m²のうち1階を全焼、2階を半焼した。2階にいた10代の少年少女8人が病院に搬送され、3人が死亡、1人が重傷、4人が軽傷。店員が揚げ物調理中に目を離して油が発火、プロパンガスボンベに引火して爆発、炎上したもの。防火設備が一切なかったことなどから経営者兼店長が30日に逮捕された。《データ》死者3名、負傷者5名

1.30　土砂崩れ（奈良県上北山村）　1月30日、奈良県上北山村西原の国道169号の西側斜面が幅約30m、高さ約35mにわたって崩れ、車1台が埋まった。車内から男女3人が救出されたが死亡していた。現場付近で同月18、21両日に土砂崩れがあり、復旧工事に伴い、落石防止の金網に加えて高さ約6mの鉄製の防護柵を設置していたが、土砂は柵を押し倒す形で道路をふさいだ。《データ》死者3名

2.1　中国製玩具に禁止柔軟剤（全国）　輸入おもちゃに食品衛生法で使用が禁止されている柔軟剤「フタル酸ビス」が含まれていたとして、輸入販売元は2月1日に自主回収を発表した。新たに同月7日、中国から輸入したポリ塩化ビニール製玩具2種類からも同じ柔軟剤が検出されたと発表し、同じ工場で同時期に生産され同物質が検出されなかった1種類も含め、計2万6675個を自主回収すると発表した。

2.6　自殺を制止しようと警官が死亡（東京都板橋区）　2月6日午後7時半ごろ、東京都板橋区常盤台の東武東上線ときわ台駅のホーム前の線路で、自殺を図って踏切に入った女性と、保護しようとした常盤台交番勤務の巡査部長の2人が下り急行電車にひかれた。巡査部長は12日に死亡、女性は重傷。《データ》死者1名、負傷者1名

2.14　突風（静岡県袋井市）　2月14日午後6時10分ごろ、静岡県袋井市で突風が吹き、建物の屋根が飛ばされたり駐車中の車の窓ガラスが割れるなどの被害が出た。また吹き飛ばされたトタン屋根に直撃されて電柱が折れ、架線が切れたため、約1600戸が最大で約8時間停電した。被害家屋は59棟、けが人はなかった。《データ》被害59棟、停電1600戸

2.16－　タミフル副作用による異常行動（全国）　2月16日に愛知県で、27日には宮城県で、インフルエンザに罹った中学生が、タミフル服用後に自宅マンションから飛び降りる事故が相次いだ。厚生労働省はタミフルとの因果関係を否定したが、その後も服用した子どもの転落などの異常行動が続き、3月28日にはタミフル服用後異常行動を起こした9歳の女児が、インフルエンザではなかったことがわかり、インフルエンザの症状ではなく服用したことの影響が濃厚とされた。3月、10代への使用を禁ず

る緊急安全性情報を出すよう、輸入販売元の中外製薬に指示。9月までに、異常行動は282人、異常行動による死者は8人、突然死は13人に上る。厚生労働省は平成20年も引き続き10代への使用中止措置を継続している。　《データ》死者21名

3.24－　**VRE院内感染**（埼玉県）　3月24日～4月11日の間に埼玉県毛呂山町と日高市の埼玉医科大病院の入院患者56人にバンコマイシン耐性腸球菌（VRE）感染が確認された。うち、死亡した少なくとも5人については、感染が死因となった疑いがあることが6月18日明らかになった。　《データ》死者5名, 患者51名

3.25　**能登半島地震**（北陸地方）　3月25日午前9時42分ごろ、石川県の能登半島沖を震源とする強い地震があり、同県輪島市、七尾市、穴水町で震度6強を観測した。震源地は輪島市の南西約30kmで、震源の深さは約11km、マグニチュードは6.9。輪島市内で1人が死亡、356人が負傷した。　《データ》死者1名, 負傷者356名, 全壊684棟, 半壊・一部損壊2800棟

3.30　**急患搬送の陸自ヘリが墜落**（鹿児島県徳之島町）　3月30日午後、陸上自衛隊の大型輸送ヘリコプター「CH47」が鹿児島県の徳之島の天城岳の山中に墜落、炎上した。ヘリは同県徳之島町の要請で急病患者を搬送するため那覇市から向かっており、視界不良のため着陸予定地を徳之島総合グラウンドから徳之島空港に進路を変更した後、山に激突したとみられる。31日に乗員4人全員の死亡が確認された。　《データ》死者4名

3.31　**落雷**（近畿地方, 中部地方, 北陸地方）　3月31日夕から夜にかけ、寒冷前線の通過により西日本各地で大気の状態が不安定になり、断続的に雷が鳴った。福井県では落雷で寺が全焼し、鳥取県江府町でも落雷が原因とみられる住宅火災が発生した。兵庫県内の一部で計約8万1000世帯、京都府木津川市と奈良県奈良市でそれぞれ1万世帯以上が停電した。JR山陽線で架線が停電し一時運転を見合わせた。　《データ》全焼1棟

4月－　**はしか流行**（全国）　春、はしか（麻疹）が首都圏を中心に10～20代の若者の間で大流行した。特に15歳以上の患者数は前回大流行した平成13年を大きく上回った。集団感染で、創価大や駒澤大、帝京大や関西学院大などが相次いで休学・休講し、4～7月に休校した学校は計263校、患者は2511人に上った。近年、はしかの流行が減少したため、感染経験のない若者が増えたこと、また予防接種でうまく免疫ができない人がいたことなどで感染が広がったとみられる。　《データ》患者2511名

4.2　**MRSA市中型で国内初の死者**（関東地方）　平成18年に強毒性のメチシリン耐性黄色ブドウ球菌（MRSA）に感染した関東地方の1歳の男児が、重い肺炎を起こして死亡していたことが4月2日、わかった。院内感染ではなく「市中型」と判明しており、死亡例の報告は国内初という。　《データ》死者1名

4.9　**ヘリコプター墜落**（富山県, 長野県）　4月9日午後4時20分ごろ、富山・長野県境に近い北アルプス水晶岳にある水晶小屋付近で、ヘリコプターが墜落。10日、乗っていた10人全員が病院に搬送されたが、操縦士と乗員1人は死亡が確認され、8人が重軽傷。墜落の原因はホワイトアウトとされるが、座席が3つ取り外され、死者を含む3人が床に座る基準違反を犯していたことも判明した。　《データ》死者2名, 負傷者8名

4.15　**地震**（東海地方, 近畿地方）　4月15日午後0時19分ごろ、三重県中部を震源地とする

479

地震があり、東海・近畿地方を中心に広範囲で揺れを観測した。気象庁によると、同県亀山市で震度5強、津、鈴鹿、伊賀の各市で震度5弱を観測した。震源の深さは約16km、マグニチュードは5.4。同6時34分ごろには、余震とみられる地震があり、亀山市で震度4を観測した。《データ》負傷者11名、一部損壊63棟

4.18 **潮干狩り中高波にさらわれ死亡**（沖縄県） 4月18日午後2時10分ごろ、沖縄県読谷村の残波岬で「潮干狩り中に戻れなくなった」との通報があり、午後3時半までに、沖の岩礁に取り残されたり、海面を漂っていた男性計11人を救助したが2人が死亡した。また、同日午後2時半ごろには、恩納村の瀬良垣ビーチで「潮干狩りをしていた3人のうち1人が見えなくなった」との通報があり、4時50分ごろ、1人を病院に搬送したが、死亡した。残る2人は自力で戻った。《データ》死者3名

4.20 **地下汚水槽点検中に死亡**（兵庫県神戸市） 4月20日午後6時20分ごろ、神戸市須磨区平田町の雑居ビルの地下1階通路にあるマンホール下の汚水槽で従業員2人が倒れているのが発見され、病院に運ばれたが死亡した。2人は同日午後6時前から汚水槽を点検していた。汚水は約40cmの高さまでたまり、硫化水素が発生。酸素濃度も低かった。作業中に酸欠状態になるなどしたとみられる。《データ》死者2名

4.23 **貨物船の倉庫で死亡**（山口県下関市） 4月23日午前6時50分ごろ、山口県下関市彦島西山町沖の関門海峡に停泊中の貨物船船首部の倉庫内で船長と機関長の2人が倒れているのが見つかった。2人は病院に運ばれたが、まもなく死亡した。2人に外傷はなく、死因は有毒ガスを吸ったか、酸欠とみられる。《データ》死者2名

4.28 **落雷で釣り人が死亡**（茨城県龍ケ崎市） 4月28日午後3時15分ごろ、茨城県龍ケ崎市北方町の中沼で、釣りをしていた男性が雷に打たれ、間もなく死亡した。ズボンなどに焦げた跡があることから、落雷による感電死とみられる。《データ》死者1名

5.5 **コースター脱線**（大阪府吹田市） 5月5日午後0時48分ごろ、大阪府吹田市の万博記念公園内にある遊園地「エキスポランド」で、立ち乗りジェットコースターの2両目の車軸が折れて車輪が落下、そのまま走行し、乗っていた女性が鉄製の手すりに衝突して即死した。死亡した女性を除く乗客19人と、事故を見て気分が悪くなった人を含む計34人が病院に搬送され、うち乗客1人が重傷。同遊園地は、月1回の定期点検で探傷試験を設置後一度も行っておらず、車軸の亀裂を見逃していた。《データ》死者1名, 負傷者19名

5.7 **湯沸かし器で火災**（全国） 5月7日、経済産業省は福岡県福智町の家電卸が販売した浴槽用湯沸かし器による火災が7都府県で8件あったとして、リコールを発表した。内蔵ヒーターの付いた本体を浴槽に入れ追い炊きや保温をする仕組みで、2月にマンションの一室が全焼するなどの火災・焼損事故が起きた。使用後にスイッチを切らずに放置するなどの誤使用が原因と推定され、自動的に電源を切る装置を無償で付ける。平成16年11月〜平成18年2月にかけて約1万1000台を通信販売した。

5.15 **電動自転車が誤作動**（全国） ヤマハ発動機製の「電動アシスト自転車」で、ペダルを踏むのを止めてもモーターの停止が遅れる誤作動で7件の転倒事故が発生し、うち3件は重傷であったことから、この発動機を乗せた自転車メーカー各社は全国で販売された22万1358台を対象にリコールを発表した。

5.23 **こんにゃくゼリーで窒息死**（全国） 子どもがこんにゃく入りゼリーを喉に詰まらせて死亡する事故が3月から4月にかけ2件発生していたことが、5月23日に判明した。

うち、三重県伊勢市の学童保育所内で発生した事故では死亡した児童の両親が製造元と市に対して損害賠償訴訟を起こした。　《データ》死者2名

5.24　**渇水**（徳島県, 香川県）　5月24日、渇水で、中川上流にある長安口ダムなどの貯水率がほぼゼロとなった。また同日、高知県の早明浦ダムの貯水率が低下したため、香川県で取水制限を開始した。

6.19　**温泉くみ上げ施設爆発**（東京都渋谷区）　6月19日午後2時半ごろ、東京都渋谷区松濤の女性専用温泉施設「シエスパ」付属の温泉くみ上げ施設地下1階で爆発があり、建物の屋根や壁と床が吹き飛び全壊した。従業員3人が死亡、ほかに従業員2人と通行人など計8人が重軽傷を負った。ガス抜き用配管が大量の水で詰まっていたために配管内をガスが逆流して機械室内に充満、何らかの原因でガスに引火したとみられる。施設を所有する不動産会社は、ガス発生の危険性を認識していたにもかかわらず、ガス検知器を設置せず安全措置を軽視していた。　《データ》死者3名, 負傷者3名

6.20－　**ミートホープ品質表示偽装**（全国）　6月20日、北海道加ト吉が製造した「COOP牛肉コロッケ」から豚肉が検出された。原料となる牛肉を納入した苫小牧市の食肉加工卸会社「ミートホープ」が、豚肉などを混ぜた偽装牛ミンチを「牛100％」と虚偽表示して出荷したものと判明。また、腐敗しかけた肉を少しずつ混ぜたり、消費期限切れの肉をラベルを変えて出荷するなどの不正行為が7～8年前から常態化していたことも明らかになった。一連の偽装は同社元社長の主導で行われており、10月24日、元社長や元工場長ら4人が不正競争防止法違反容疑で逮捕された。同社は7月に廃業。

6.21　**ガス中毒**（香川県高松市）　6月21日午前10時ごろ、高松市瀬戸内町の民家の井戸の中で作業員の男性2人が倒れているのが見つかり、病院へ搬送されたが、23日に2人とも硫化水素中毒で死亡した。県や同市は渇水のため住民らに井戸の活用を呼び掛けており、2人は井戸の清掃作業中だった。　《データ》死者2名

6.23　**豪雨で断水**（北海道北見市）　北海道泊市の浄水場に豪雨による濁水が流入、浄水場が機能不全となり、北見市の5万8700世帯が断水した。常呂川上流での降雨が原因の一部とみられるが、降雨だけでは考えにくい濁りだったという。　《データ》断水5万8700世帯

6.23　**飲酒運転で衝突**（兵庫県尼崎市）　6月23日午後9時半ごろ、兵庫県尼崎市三反田町の県道で、ワンボックス車がセンターラインを越え、タクシーと衝突。タクシーの運転手と、後部座席の乗客が死亡した。ワンボックス車の運転手は飲酒運転で逮捕歴があり、当日も朝から事故直前まで飲酒していた。この事故の直前には、約800m北の同じ県道で男性をはねて死亡させるひき逃げ事件も起こしていた。公判では危険運転致死罪に問われ、12月19日、交通事故の刑事裁判では最も重い懲役23年を言い渡された。　《データ》死者3名

7月－　**熱中症**（全国）　連日の猛暑で、熱中症による死者が相次ぎ、病院に搬送される人も急増した。佐賀で開幕した全国高校総合体育大会の開会式で、式典に参加した選手や観客ら117人が吐き気や頭痛で手当を受けたほか、9月5日には大阪府高槻市の府立高校で26人が病院に搬送され、同月16日には滋賀県栗東市で開かれたハーフマラソンで男性11人が救急車で運ばれた。この年の7～9月で、熱中症による死者は47人、重症者は583人、軽症者は2万2170人に上った。　《データ》死者47名, 患者約2

平成19年（2007年）

万2800名

7月ー　セレウス菌院内感染（静岡県浜松市）　浜松市の聖隷浜松病院で7月、新生児が食中毒などを起こすセレウス菌に院内感染し、死亡した。新生児は体重1000g未満の超未熟児で、血液内にセレウス菌が入ったため敗血症で死亡。同室の未熟児3人のシーツなどからも菌が検出されており、タオルやシーツを介して感染したとみられる。《データ》死者1名

7.3　キッチン用電気こんろ火災（全国）　経済産業省による7月3日の発表によると、昭和52年から平成8年にかけて製造・販売されたキッチン用電気こんろに体が当たるなどして偶然スイッチが入ったことによるとみられる火災事故が、昭和60年以降、13社24機種で計344件あった。うち1件は死亡事故だった。対象製品の改修率は約62％にとどまっており、業界団体は所在不明分について、年度中に無償での改修を終えたいとしている。

7.5　浴槽用浮き輪で転覆（全国）　岡山県で浴槽用浮輪を使用した乳児がバランスを崩して浮き輪ごと転覆し浴槽内でおぼれ死亡する事故が起きていたことがわかった。平成13～18年の間に、死亡には至らなかったが同様の事故が全国で他に6件あり、うち1件は意識不明の重体。《データ》死者1名、負傷者1名

7.6　豪雨（九州地方、四国地方）　7月6日、梅雨前線の北上に伴い九州地方などで局地的に激しい雨が降った。熊本県美里町の山間部の集落が橋が流されるなどして孤立した。城南町阿高旭町地区の約30世帯が河川の氾濫で浸水、増水した用水路に落ちた女性が意識不明の重体になったほか、1人が川に流され死亡、11日には作業中の市職員が川に流され死亡した。5日夜の降り始めから7日午後6時までの雨量は、熊本県西原村で521mm。《データ》死者2名、負傷者1名

7.13　台風4号（九州地方、四国地方）　7月13日午前、大型で非常に強い台風4号は那覇市の南西海上を北上し、14日には鹿児島に上陸、高知県や東海地方、関東南部を暴風域に巻き込んで進行した。鹿児島県や徳島県で死者・行方不明者6人、負傷者は60人以上。《データ》死者・行方不明者6名、負傷者60名以上

7.16　新潟県中越沖地震（新潟県、長野県）　7月16日午前10時13分ごろ、新潟県と長野県で強い地震があり、新潟県長岡市、柏崎市、刈羽村、長野県飯綱町で震度6強を観測した。震源は新潟県上中越沖で、震源の深さは約17km、マグニチュードは6.8。12月28日の時点で、15人が死亡、2345人が負傷。約2400人以上が避難所での生活を余儀なくされた。25日午前6時52分ごろにはマグニチュード4.4の余震があり、同県長岡市や刈羽村などで震度4を観測した。《データ》死者15名、負傷者2345名、全壊家屋1319棟、半壊・一部損壊家屋4万691棟

7.19　貨物船が高圧線を切断（長崎県平戸市）　7月19日午前8時50分ごろ、長崎県平戸市の平戸瀬戸を横断中の貨物船が高圧線を切断、3万戸が停電した。《データ》停電3万戸

8月ー　石屋製菓賞味期限偽装（全国）　8月、札幌市の製菓会社「石屋製菓」の主力商品「白い恋人」の一部に、賞味期限を1ヶ月延ばして販売したものがあることが発覚した。返品された商品の消費期限を改ざんしていたもので、こうした不正行為は11年前から常態化していた。また、同社生産のアイスクリームなどから大腸菌群が検出され、衛生管理体制の不備も明らかになった。同社は全商品の自主回収を行い、本

社工場は操業を停止。8月に社長が引責辞任し、11月、保健所の了承を得て商品の製造・販売を再開した。

8.6　**保育園でO157感染**（大阪府大阪市）　大阪市は8月6日、血便などの症状を訴えて7月29日に入院した女児に病原性大腸菌O157に感染が認められ、女児は溶血性尿毒症症候群（HUS）で死亡したと発表した。通っていた無認可保育施設で他の園児4人の感染も確認され、うち2人が入院した。8月9日、新たに3人の感染が判明。原因は園の給食ではなく園内で2次感染したものとみられる。　《データ》死者1名, 感染者7名

8.7　**落雷**（北海道大空町）　8月7日午後6時50分ごろ、北海道大空町女満別昭和の道の駅の敷地内で、飼い犬を連れ旅行していた男性がベンチに座ったまま死亡しているのが見つかった。手や首に電気が通ったような焦げ跡があり、落雷の被害と判明した。《データ》死者1名

8.7　**落雷**（岩手県陸前高田市）　8月7日午後2時5分ごろ、岩手県陸前高田市の高田松原海岸の砂浜で、海水浴に来ていた3人が落雷に遭い、2人が軽傷、1人が8日午前搬送先の病院で死亡した。大船渡地方は6日午前10時20分から落雷注意報が出ており、海岸の監視所が落雷警戒を呼びかけたため、3人が海から避難している途中で雷に遭ったという。　《データ》死者1名

8.20　**古い扇風機発火で火災**（東京都足立区）　8月20日午前2時50分ごろ、東京都足立区西新井栄町の住宅から出火、木造2階建て住宅延べ147m^{2}のうち1階約10m^{2}が燃え、住人2人が死亡した。23日、出火原因が昭和45年製造の扇風機の発火だったと判明、メーカー「三洋電機」は30年以上前に製造され引き続き使われている扇風機100機種について使用中止を呼びかけた。平成18年までの10年間で扇風機が出火原因の火災は全国で453件起き、10人が死亡、76人が負傷している。　《データ》死者2名, 焼失面積約10m^2

8.22　**落雷で停電**（近畿地方）　8月22日夜、近畿各地で断続的に落雷があった。兵庫県南部や和歌山県、大阪府などで約6000世帯が一時停電したほか、神戸市では午後9時20分ごろ、神戸新交通「ポートライナー」が停電の影響で故障し、約50分間停止した。また、兵庫県宝塚市役所が午後8時40分ごろから約1時間40分にわたって停電。同市や西宮市などで計22基の信号機が使えなくなった。　《データ》停電6000世帯

8.28　**局地的豪雨**（関東地方）　8月28日夜、東京都内は局地的な大雨と落雷に見舞われた。東久留米市神宝町で午後8時までの1時間雨量が60mm、三鷹市北野と東久留米市氷川台で計2件が床上浸水。落雷が原因とみられる停電や電車の乱れも起き、板橋区やさいたま市、川崎市などの一部地域で計約9000戸が一時、停電した。　《データ》床上浸水2軒, 停電9000戸

9月—　**耐性緑膿菌院内感染**（兵庫県神戸市）　9月から平成20年3月までに、神戸市立医療センター中央市民病院で、一部の抗生物質が効かない耐性緑膿菌に入院患者計19人が感染し、このうち末期がん患者ら60～70代の男女6人が死亡した。院内感染とみられ、9月に入院患者13人が耐性緑膿菌に感染していることが発覚。患者の隔離など対策をとったが、12月と平成20年1、3月にさらに計6人の感染が判明した。　《データ》死者6名, 感染者13名

9.6—　**台風9号**（東海地方, 関東地方, 東北地方）　9月6日から8日にかけ、強い台風9号は関東地方に上陸したあと東日本を縦断して東北地方を北上した。死者・行方不明者3

人、約80人が負傷した。各地で土砂崩れが発生、群馬県では土砂崩れにより集落が一時孤立、東京では河川敷のホームレスが流された。西湘バイパスが高波で陥没、国際線を含め交通の乱れは8日まで続いた。《データ》死者・行方不明者3名,全壊14棟,半壊62棟,一部損壊596棟,床上浸水302棟,床下浸水1043棟

9.8 イカの塩辛で集団食中毒（全国） 9月8〜14日にかけ、横須賀基地所属の護衛艦3隻の乗組員と海自第2術科学校の隊員ら計87人が食中毒症状を訴え、調査の結果9日の食事に入っていたイカの塩辛が原因の腸炎ビブリオ菌による食中毒と判明した。患者は茨城、神奈川両県3施設3護衛艦の計6件217人に達し、宮城、東京、愛知、茨城など1都6県の病院や一般家庭などでも同社の製品が原因とみられる食中毒が21件発生、患者は27件346人となった。保健所は製造会社を無期限営業禁止処分とした。《データ》患者346名

9.18 大雨（東北地方） 9月18日、活発化した前線の影響により東北地方北部で降り続いた大雨のため、各地で川が増水、秋田、岩手両県で計3人が行方不明になり、うち1人は20日に遺体で見つかった。両県内の観測地点で24時間降水量の過去最高となるケースが相次ぎ、18日夜までに床上浸水が計97棟、床下浸水が秋田で486棟。秋田新幹線は18日、終日運休した。《データ》死者1名,行方不明者2名

9.27 熱中症（埼玉県鴻巣市） 9月27日、埼玉県消防学校で行われた訓練中、4人が熱中症で救急搬送され、1人が7時間半後に死亡した。午後1時20分から行われた訓練は、埼玉県川島町の防災航空センターから鴻巣市の消防学校までを移動するもので、69人が参加し、防火服を着て17kgの荷物を背負っていた。《データ》死者1名,患者3名

10.1 地震（神奈川県） 10月1日午前2時21分ごろ、関東地方を中心に強い地震があり、神奈川県箱根町で震度5強、小田原市で震度5弱を観測した。震源地は神奈川県西部で、震源の深さは約14km、マグニチュードは4.9。神奈川県小田原市で1人がけが、1人が病院に運ばれた。JR東海道線の上下12本が運休、計10本が最大1時間57分遅れ、約1万500人に影響が出た。箱根町で民家2棟が一部損壊、小田原市では200戸以上が断水した。《データ》負傷者2名

10.2 送水管破損（三重県鳥羽市） 10月2日、三重県鳥羽市の神島で海底を通る送水管が破損、2週間に渡り断水した。

10.10− 赤福消費期限虚偽表示（全国） 10月11日、三重県伊勢市の菓子メーカー「赤福」が、製品の消費期限を偽装し販売していたことが分かり、農林水産省は12日、JAS（日本農林規格）法違反で同社に改善を指示した。同社は、製造日に出荷しなかった商品を冷凍保存し、解凍した日を製造日として出荷していた上、そうした冷凍工程を隠すため虚偽の報告をしていた。18日、保健所が食品衛生法違反の事実を確認、19日から無期限の営業禁止処分としたが、翌年1月に解かれ営業を再開した。また、同市の菓子「御福餅」も同じように製造日と消費期限を先延ばしして表示する「先付け」を行い、始末書提出の処分を受けた。

10.12 通学路にトラック突入（京都府京丹後市） 10月12日午前6時55分ごろ、京都府京丹後市久美浜町野中の国道312号で、自転車で登校中の中学生2人が、中央線を越えて前から来た普通トラックにはねられて死亡。トラックは道路脇の電柱に衝突後、住宅に突っ込み停止。運転手がけが。運転手の前方不注意が原因。《データ》死者2名,負傷者1名

平成19年（2007年）

10.27　台風20号（関東地方）　台風20号は三宅島で10月27日午後3時50分までの1時間に103mmという観測史上最多の雨を記録し、八丈島で午後3時過ぎに最大瞬間風速42.5mを観測。神奈川県平塚市で1人が行方不明になり、東京都で1人が軽傷。JR内房線・外房線や東京と伊豆大島間の飛行機とフェリーに影響が出た。　《データ》行方不明者1名, 負傷者1名

10.27　ヘリコプター墜落（大阪府堺市）　10月27日午後3時ごろ、堺市堺区遠里小野町、南海高野線浅香山駅北約260mの線路上にヘリコプター1機が墜落、炎上した。乗っていた2人が死亡。墜落の際、ヘリは線路上の架線と信号高圧線を切断しており、南海電鉄は難波－橋本間の上下線で一時運転を見合わせた。　《データ》死者2名

10.28－　船場吉兆消費期限偽装（全国）　10月28日、高級料亭「船場吉兆」が、消費期限が最大39日超過したプリンやゼリーを販売していたことを発表した。他に総菜などの加工食品の消費・賞味期限を偽装していた。また、大阪市中央区の本店でも産地を偽装した牛肉の加工食品や、ブロイラーを「地鶏」と表示して販売するなど、JAS（日本農林規格）法の加工食品品質表示に違反していた。こうした偽装は同社の扱うほぼすべての贈答用商品に及んでおり、組織ぐるみでの不正販売が常態化していた。翌年5月には、料亭4店で客の残した料理を捨てずに使い回していたことが発覚、健康被害を招きかねないとして、保健所から指導を受けた。船場吉兆は5月28日、再建を断念し廃業した。

11月－　水道管からドジョウ（和歌山県湯浅町）　和歌山県湯浅町が11月以降2～3ヶ月にわたって、町内の新築住宅2軒に、「水道水」としてため池の水を供給していたことがわかった。水道管と防火用配水管を誤って接続していたため。家に続く支管からは、ドジョウが出てきたという。町道に埋設された水道管に支管を接続する工事を実施した際、接続する管を誤り、防火用配水管に接続してしまったのが原因。このうち1軒の乳児が腸炎で通院しており、町長らが住人に謝罪した。

11.5　工場で爆発（青森県八戸市）　11月5日午後8時ごろ、青森県八戸市河原木のニッケル合金製錬工場の電気溶鉱炉で爆発があり、点検作業中だった4人のうち3人が死亡。ステンレス原料となるニッケル合金を製造中、炉上部のふたを開けて内部を点検すると突然、1000度近い熱風などが噴き出したという。　《データ》死者3名

11.15　廃棄物処理工場で事故（茨城県筑西市）　11月15日午後8時半ごろ、茨城県筑西市中上野の廃棄物処理工場で、作業員6人が鉄くず裁断機の歯の交換作業を行っていたところ、突然上の歯が下りて1人が挟まれた。機械を動かして上の歯を上昇させ救出しようとしたところ、再び歯が降下し2人とも挟まれ、死亡した。　《データ》死者2名

11.15　小型機墜落（長野県,岐阜県）　11月15日午前10時39分、3人が搭乗したセスナ機が、恵那山頂から北側の神坂峠にかけた尾根の立ち木に主翼をぶつけて墜落した。午後1時7分、1人が救出されたが重傷。1人が遺体で発見され、1人が行方不明になったが16日に遺体で発見された。また、現場付近を登山中の男性が事故で倒れてきた立ち木などで軽傷。　《データ》死者2名, 負傷者1名

12月－　中国製冷凍ギョーザで中毒（全国）　12月末から平成20年1月にかけて、自宅で中国製の冷凍ギョーザを食べた千葉県、兵庫県の3家族の計10人が、嘔吐や下痢などの薬物中毒症状を訴え、9人が入院した。うち7人が一時重症、5歳の女児1人が重体となった。ギョーザの一部やパッケージから農薬の有機リン系殺虫剤「メタミドホス」

485

が検出され、輸入元の「ジェイティフーズ」は、これを含め輸入販売している23品目を自主回収。2月、32都道府県の384人が同様の被害を訴えていたことが明らかになった。中国政府は、中国国内で混入したという見方を否定していたが、8月に中国国内で、同じ製造元の冷凍ギョーザを食べた中国人が中毒症状を起こしたことが判明。中国外務省はこの事実を公式に認めたが、農薬混入の経緯などについては不明。《データ》患者384名

12.14　**スポーツクラブで銃乱射**（長崎県佐世保市）　12月14日午後7時すぎ、長崎県佐世保市名切町の会員制スポーツクラブに男が押し入って散弾銃を乱射した。従業員と客の計2人が死亡し、男女計5人が重軽傷を負った。15日午前7時35分ごろ、付近の教会で容疑者が自殺しているのが見つかった。容疑者はスポーツクラブ会員で、死亡した男性の同級生だった。《データ》死者2名, 負傷者5名

12.19　**家庭用除雪機で火災**（全国）　平成16年7月～平成18年6月まで販売された家庭用小型除雪機について、エンジンがかかりにくくなり、燃料供給ボタンを何度も押すうちに燃料があふれ、引火する事故が長野、札幌、新潟で計3件あった。いずれもけが人はなかったが、12月19日、リコールが発表された。

12.21　**化学工場火災**（茨城県神栖市）　12月21日午前11時半ごろ、茨城県神栖市東和田の化学プラントから出火、プラントのメンテナンス作業をしていた下請け会社の社員3人が遺体で見つかり、行方不明だった1人の遺体が22日に見つかった。冷却油に引火したとみられる。《データ》死者4名

12.26　**中国製電動ベッドに挟まれ死亡**（愛知県）　12月9日、愛知県内の住宅の居間で、この家の4歳の男児が電動リクライニングベッドのマットと木製ヘッドガードの間に首を横向きに挟まれているのが見つかり、搬送先の病院で死亡が確認された。リモコンを軽く振るだけでマットが動くことがあり、まれにリモコンに触れなくてもマットが下がり始めることがあったという。《データ》死者1名

平成20年
（2008年）

1.4　**ホテル火災**（神奈川県横浜市）　1月4日午後4時ごろ、横浜市保土ケ谷区のホテルの3階客室から出火、同室約20m^{2}を焼き、焼け跡から男女2人の遺体が発見された。3階にいた男性会社員が窓から飛び降りけがをした。《データ》死者2名, 負傷者1名, 焼失面積約20m^2

1.7　**地下水道工事で中毒**（福岡県北九州市）　1月7日午後3時17分ごろ、北九州市の送水管工事現場から市消防局に「男性3人が地下の横穴内で倒れている」と119番通報があった。3人は病院に搬送されたが、全員の死亡が確認された。死因は一酸化炭素中毒。《データ》死者3名

1.7－　**ノロウイルス院内感染**（和歌山県有田市）　1月7～12日に、和歌山県有田市の私立病院でノロウイルスの集団感染が発生した。22～101歳の入院患者や職員ら計60人が7～12日に嘔吐下痢などの症状を示し、10日に誤嚥性肺炎で87歳の女性患者が死亡。女性を除く11人からノロウイルスを検出した。《データ》死者1名, 患者60名

1.26　地震（石川県）　1月26日午前4時33分ごろ、石川県能登半島を震源とする地震があった。震源の深さは11km、マグニチュードは4.8。輪島市で震度5弱を記録した。平成19年3月25日の能登半島地震の余震とみられる。平成19年10月から気象庁が始めた、震度5以上の地震についての緊急地震速報の一般提供が初適用されるケースだったが、測定に誤差が生じ発表されなかった。

1.28-　タミフル耐性ウイルス集団感染（神奈川県横浜市）　1月28日、横浜市内の小学校などで、抗インフルエンザ薬タミフルが効かない「耐性ウイルス」が5人から検出された。3人は同じ小学校に通い、ほか2人は同じ医療機関を受診していた。服用により患者の体内でウイルスが変異したのではなく、耐性ウイルスによる小規模集団感染があったとみられる。耐性ウイルスによる集団感染は国内初。《データ》患者5名

1.29　ノロウイルス院内感染（東京都小平市）　国立精神・神経センター武蔵病院は2月1日、院内でノロウイルスの集団感染が発生し、発症した70代の男性入院患者が死亡したと発表した。死亡した患者は肺炎で入院し、呼吸不全に陥りがちだったが1月29日に下痢、嘔吐などの症状があり、30日に死亡した。死亡患者以外で発症が確認されたのは患者12人、職員7人。《データ》死者1名, 発症19名

2.10　土蔵解体中に倒壊（徳島県阿波市）　2月10日午前8時35分ごろ、徳島県阿波市の住宅で、解体中の土蔵の南側の壁が倒壊。土蔵内にいた住人とほか1人が下敷きになり、間もなく死亡した。《データ》死者2名

2.19　イージス艦「あたご」衝突事故（千葉県）　2月19日午前4時7分ごろ、千葉県南房総市の野島崎から南南西約40kmの海上で、海上自衛隊のイージス艦「あたご」とマグロ延縄漁船「清徳丸」が衝突した。漁船は船体が二つに割れ、乗っていた親子2人が行方不明になり、5月には死亡が認定された。事故原因としてあたごの動静監視が不十分であったことが指摘され、平成21年1月22日の海難審判で、あたご側に主因があったとする裁決が下った。《データ》死者2名, 漁船1隻沈没

2.24　強風（富山県）　2月24日、日本海側や三陸沖で強風が吹き荒れた。富山県では富山湾沿岸の黒部市や入善町などで高波が防波堤を越えて住宅地などに流れ込み、住宅や倉庫など9棟が全半壊、6棟が一部損壊。床上浸水は55棟、床下浸水も157棟に上った。入善町では150世帯に避難指示が出された。1人が行方不明となった。《データ》行方不明者1名, 負傷者6名, 全半壊9棟

3.23　土浦市で8人連続殺傷（茨城県土浦市）　3月23日午前11時ごろ、茨城県土浦市荒川沖東のJR常磐線荒川沖駅付近で、男が男女8人の頭や首などを次々に刺した。会社員男性が失血で死亡、2人が重体、5人が軽傷。直後、容疑者の男は、駅西口から約300m離れた交番から土浦署に「私が犯人です」と連絡し逮捕された。男は別の通り魔殺人で21日から指名手配されていた。県警は170人態勢で警戒、荒川沖駅にも私服捜査員8人を配置していたが連続殺傷を未然に防げなかった。《データ》死者1名, 負傷者7名

3.31　健康飲料に除草剤混入（東京都練馬区）　3月31日、ペットボトルの清涼飲料水を飲んだ男性が下痢の症状を訴え、販売元が調べたところ、除草剤の成分が検出された。男性の妻が3月26日に東京都練馬区内のスーパーで飲料2本を購入。31日にそのうちの1本を男性が飲んだところ、洗剤や薬のような味がしたため吐き出した。ペットボトルのキャップが少し緩かったという。《データ》負傷者1名

平成20年（2008年）

4.9— こんにゃくゼリーで高齢者窒息死（東京都）　4月と5月、東京都内で高齢の女性2人がこんにゃく入りゼリーをのどに詰まらせて死亡した。4月9日、世田谷区の75歳の女性が自宅でゼリーをのどに詰まらせて8日後に死亡。また5月19日には、杉並区の高齢者施設の食堂で、87歳の女性がゼリーを食べた後に倒れ翌日死亡した。
《データ》死者2名

5.10　白鳥に鳥インフルエンザ発生（北海道佐呂間町）　5月10日、北海道佐呂間町のサロマ湖畔で見つかったオオハクチョウ1羽の死骸から強毒型の鳥インフルエンザウイルス（H5N1型）が検出されたと発表があった。国内の野鳥からH5N1型のウイルスが見つかったのは5例目。道は家畜伝染病予防法に基づき、死骸発見現場から半径30km以内にある養鶏場3戸に立ち入り検査し、消毒を命じた。

5.22— 障害者施設で集団発熱（福井県越前市）　5月22日から6月11日までに、福井県越前市の重度身体障害者療護施設で入所者と職員計59人が原因不明の37.5度以上の発熱を訴え、このうち男性入所者1人が肺炎で死亡した。発熱と死亡との関係は不明。同病院に入院している他の5人の入所者からは肺炎菌や緑膿菌が検出された。感染症の可能性もあるとみられる。　《データ》死者1名,

5.23　重文の神社火災（大阪府吹田市）　5月23日午前4時10分ごろ、大阪府吹田市岸部北の吉志部神社の本殿から出火。国重要文化財の木造ひわだぶき平屋の本殿約240m^{2}を全焼したほか、周辺の山林約300m^{2}を焼き、約20分後に消えた。けが人はなかった。　《データ》焼失面積約240m^2,重文建築物1棟焼失

5.23— 点滴作り置きで院内感染（三重県伊賀市）　三重県伊賀市の診療所「谷本整形」で5月23日から9日まで鎮痛薬の点滴治療を受けた14人の外来患者が腹痛、発熱、嘔吐などの症状を訴え、1人が死亡した。点滴の際に細菌感染などがあったとみて調べたところ、同院で点滴薬剤の作り置きが常態化していたことが明らかになった。衛生面で問題のある点滴が原因で、院内感染が起きたとみられる。また、作り置きした薬剤を事務机に置いたり、看護師がタオルを使い回しするなど、同院のずさんな衛生管理が明らかになった。　《データ》死者1名,感染者13名

6月— セラチア菌院内感染（富山県富山市）　6月、富山市の富山県立中央病院で70代の男性入院患者がセラチア菌に感染し、敗血症で死亡した。病院は院内感染の可能性が高いとする一方、集団感染ではなく医療体制にも問題はなかったと判断して公表せず、県などにも報告していなかった。　《データ》死者1名

6.2　障害者支援施設火災（神奈川県綾瀬市）　6月2日午前2時25分ごろ、神奈川県綾瀬市寺尾北の障害者支援施設から出火、木造2階建て施設約320m^{2}を全焼し、焼け跡から入所者の男女3人の遺体が見つかり、ほか1人が煙を吸って重傷、隣家も全焼した。6月16日、施設の建物所有者で近くに住む女性を殺人と現住建造物等放火などの容疑で逮捕。放火を認める供述をしており、「入居者とトラブルがあった」と話した。　《データ》死者3名

6.8　秋葉原連続殺傷（東京都千代田区）　6月8日午後0時半ごろ、東京都千代田区の秋葉原電気街の交差点で、2トントラックが突進し、横断中の通行人3人をはねた。運転していた男は車を降り両刃のダガーナイフで通行人らを次々に刺し、7人が死亡、10人が重軽傷を負った。男は殺人未遂容疑で現行犯逮捕され、「人を殺すため、静岡から来た。誰でもよかった」「世の中が嫌になった。生活に疲れた」などと供述。

携帯電話サイトの掲示板に、今回の事件を予告する書き込みをしたことなども判明した。《データ》死者7名,負傷者10名

6.11 大雨で山崩れ（大分県九重町）　6月11日午後11時10分ごろ、大分県九重町の住宅の裏山が高さ約50m、幅約10mにわたって崩れ、木造平屋の住宅が倒壊。住人の女性が土砂に巻き込まれ死亡した。同県内は11日、梅雨前線の影響で強い雨が降り続き、県中・西部には大雨警報が出ていた。《データ》死者1名

6.13 竜巻（青森県藤崎町）　6月13日午前10時45分ごろ、青森県藤崎町で竜巻が発生し、2階建て住宅の屋根が吹き飛ばされるなど住宅2棟が半壊、別の2棟では屋根のトタンがはがれた。リンゴの木約110本が倒れ、ビニールハウス7棟が全半壊したほか、約2100世帯が停電した。けが人はなかった。発生当時、県内には雷注意報が出ていた。《データ》住宅半壊4棟,停電2100世帯

6.14 岩手・宮城内陸地震（東北地方）　6月14日午前8時43分ごろ、東北地方で強い地震があった。震源地は岩手県内陸南部で、震源の深さは8km、マグニチュードは7.2。岩手県奥州市と宮城県栗原市で震度6強を観測した。この地震で、7月14日の時点で13人が死亡、10人が行方不明、448人が負傷。一時2万戸が停電し、東北新幹線が全線で不通となった。土砂崩落などが多発し、被害総額は1500億円を超えた。《データ》死者13名,負傷者448名,行方不明者10名

6.16 硫化水素自殺に巻き添え（大阪府堺市）　6月16日午後8時35分ごろ、大阪府堺市堺区のマンションの一室で、住人夫婦とみられる男女が浴室で死亡しているのが発見された。女性の遺書があり、男性が女性に覆いかぶさって倒れていた状況などから、硫化水素自殺を図った女性を男性が助けようとして死亡した可能性もあるとみている。《データ》死者2名

6.22 大雨（全国）　6月22日、各地で激しい雨が降り、土砂崩れや倒木などが相次いだ。午前4時半ごろ熊本県多良木町の住宅の裏山が崩壊。住人の女性が生き埋めになり死亡した。九州各地で床上・床下浸水やがけ崩れなどが起きたほか、東海、関東、東北地方でも一部で鉄道に遅れが出た。また、神奈川県箱根町で倒木が電線にかかり、約130世帯が停電。《データ》死者1名

6.23 カツオ漁の漁船転覆（千葉県沖）　6月23日午後1時半ごろ、千葉県犬吠埼灯台の東約350kmの海上で、巻き網漁船が転覆した。7人が引き上げられたが、うち4人は死亡。ほか13人が行方不明。事故当時波の高さは約3mあり、海上強風警報と海上濃霧警報が出ており、横波を受けたものとみられる。11月、行方不明の13人の死亡が認定された。《データ》死者17名

6.25 中国産ウナギ産地偽装（全国）　6月25日、農水省は、中国産ウナギのかば焼きを愛知県の一色産と偽装表示して販売したとして、ウナギの輸入販売会社「魚秀」とマルハ子会社「神港魚類」に対し改善指示を出した。魚秀は平成20年3〜4月、在庫として残っていた中国産ウナギのかば焼きのパックに「愛知県三河一色産」と偽装表示し、在庫の一掃を画策。神港魚類は5月末に偽装を知らされながらそのまま販売を続けていた。12月、魚秀社長ら5人が不正競争防止法違反で起訴された。

7.6 ヘリコプター墜落（青森県大間町）　7月6日午前11時45分ごろ、青森県大間町で、ヘリコプター1機が行方不明になった。アナウンサーやカメラマン計4人が乗っていた。9日朝、大間崎沖で、男性1人の遺体と事故機が発見された。事故当時、現場海

平成20年（2008年）

域は濃霧に覆われており、視界が悪い中で操縦士が平衡感覚を失う「空間識失調症」に陥った可能性もある。12月2日の時点で、乗っていた4人のうち2人が死亡、2人が行方不明。　《データ》死者2名，行方不明者2名

7.17　**住宅解体作業中に壁が倒壊**（京都府京都市）　7月17日午後4時40分ごろ、京都市左京区の住宅で解体中のボイラー室のコンクリート壁が倒れ、男性作業員3人が下敷きになった。1人が死亡、他の2人は頭や足などを負傷した。倒れた壁は高さ約2.5m、幅約4m、厚さ約20cm。　《データ》死者1名，負傷者2名

7.24　**岩手北部地震**（東北地方，関東地方）　7月24日午前0時26分ごろ、東北地方を中心に強い地震があった。震源は岩手県沿岸北部で、深さは約120km、マグニチュードは6.8。岩手県洋野町で震度6強、同県野田村と青森県八戸市、五戸町、階上町で震度6弱を観測したが、洋野町の震度は後に「不明」と訂正され、この地震の最大震度は震度6弱とされている。北海道や関東地方、静岡県までの広い範囲で揺れを観測した。地震直後から東北自動車道や秋田道の一部と、八戸道と釜石道の全線が通行止めとなったほか、8000戸以上が停電。7月30日の時点で、この地震による死者は1人、負傷者は207人。　《データ》死者1名，負傷者207名

7.27　**突風**（福井県敦賀市，滋賀県彦根市）　7月27日午後0時50分ごろ、福井県敦賀市の金ケ崎緑地公園で開かれていたイベント会場で、大型テントが突風で飛ばされた。テントを押さえていた男性が右腕を切断するなどし、多発性外傷によるショックで死亡。他9人が、腕を骨折するなど重軽傷を負った。また、同日同刻、滋賀県彦根市の琵琶湖岸で開かれた「第32回鳥人間コンテスト選手権大会」会場で、人力飛行機が離陸するプラットホームの床板が突風にあおられて吹き飛び、撤去作業中の男性3人に当たった。3人は重軽傷。　《データ》死者1名，負傷者12名

7.28　**雷雨**（近畿地方）　7月28日午後2時40分ごろ、神戸市灘区の都賀川で、河川敷などにいた約10人が雨で増水した川に流された。約1時間半後、約1.5km下流の河口で子ども3人と女性が救助されたが死亡した。午後2時からの1時間に上流付近で36～38mmの集中豪雨があり、都賀川の水位は午後2時40分から10分間で約1.3m上昇していた。兵庫県姫路市では男性が落雷で死亡。滋賀県の琵琶湖では、男性1人が行方不明。京都府向日市では午後1時25分ごろ、冠水した地下道で幼稚園送迎バスと乗用車1台が動けなくなった。6人の園児を含む計10人は無事脱出した。　《データ》死者4名，行方不明者1名

7.29　**こんにゃくゼリーで1歳児窒息死**（兵庫県）　7月29日、兵庫県の祖母宅で凍らせたこんにゃくゼリーを食べた1歳の男児が、直後にのどに詰まらせ、病院に運ばれたが脳死状態になり、9月20日に多臓器不全で死亡した。こんにゃくゼリーによる死亡は17人目で、前年10月に業界団体が表示を改善して以降、初の死亡事故。　《データ》死者1名

8.5　**ゲリラ豪雨**（関東地方）　8月5日、関東甲信地方は局地的に雷を伴った激しい豪雨に見舞われた。1時間当たりの雨量は茨城県大子町で73.5mm、千葉県成田市で72mm、群馬県富士見村で65.5mmなどを記録。都内では床上浸水が計34棟、床下浸水が計14棟。約7000世帯が停電し、交通機関にも影響が出たほか、新宿区内でがけ崩れが2件発生した。

8.5　**マンホール内で流され死亡**（東京都豊島区）　8月5日午後0時15分ごろ、東京都豊島

区の下水道管補修工事中の地下マンホール内で作業員6人が流され、1人は自力で脱出したが、残る5人は遺体で発見された。不忍通りから護国寺方向につながる地下下水道内で6人で作業をしていたところ、マンホールの中の水位が急に上がり5人の姿が見えなくなったという。大雨の影響とみられる。《データ》死者5名

8.6 硫化水素自殺に巻き添え（東京都大田区） 8月6日午前2時40分ごろ、東京都大田区の住宅から「息子が浴室で倒れている」と通報があった。長男と父親が死亡。通報した母親も軽症。浴室から硫化水素を発生させる薬剤の容器が見つかり、長男の遺書めいたメモがあった。長男が自殺を図り、父親らが巻き込まれたとみられる。《データ》死者2名,負傷者1名

8.16 大雨（関東地方） 8月16日、栃木県さくら市で午後6時までの1時間に約110mmの記録的短時間大雨を観測した。同日午後、東京都豊島区、板橋区、北区、さいたま市で計約16万1000世帯が最大15分間停電した。同7時20分ごろ、栃木県鹿沼市の市道で屋根まで水没している乗用車が発見された。車内の女性1人が死亡。《データ》死者1名

8.19 O157で死亡（埼玉県川口市） 埼玉県は8月19日、埼玉県川口市戸塚の認知症専用施設で、入所する84歳の女性が腸管出血性大腸菌O157に感染して出血性腸炎で死亡したと発表。この施設では13日以降、他に80代の女性2人と70代の男性が血便や下痢症状を訴えており、男性はO157の感染が確認された。《データ》死者1名,患者3名

8.28 事故米不正転売（全国） 8月、大阪市のコメの卸売加工業者「三笠フーズ」が国から購入した、農薬が残留していたり、カビが発生した非食用の事故米を、食用などとして転売していたことがわかった。転売先の米からは基準の2倍の農薬メタミドホスが検出された。三笠フーズの転売は5、6年前から行われ、接着剤製造業者「浅井」など他の会社による不正転売も相次ぎ判明。事故米穀の出荷先と判明した企業は商品の自主回収を行い、転売先の会社の1つで社長が自殺した。

8.29 豪雨（関東地方,東海地方） 8月29日未明まで、停滞した前線の影響による大雨が続き、関東や東海地方で記録的な豪雨となった。愛知県岡崎市では29日午前1時からの時間雨量が146.5mmと、気象庁の全国での観測史上7番目となる大雨となった。この雨で、愛知県内で1人が死亡、3人が行方不明となり、1人が重体。東京、神奈川、愛知などの計13都県で浸水などの被害が出た。《データ》死者1名,行方不明者3名,負傷者1名,床上浸水595棟,床下浸水1124棟

8.30 大雨（関東地方） 8月30日、前線の停滞に伴う大雨の被害が拡大した。山梨県西桂町倉見では午前6時半ごろ、男性が散歩中、増水した農業用水路に誤って転落し死亡。東京都と茨城県で建物の一部損壊が計6件。山崩れやがけ崩れは26ヶ所に上った。神奈川県内では約3900世帯で一時停電した。《データ》死者1名,負傷者1名,床上浸水69世帯,床下浸水681世帯

8.29 建設現場ゴンドラ落下（東京都港区） 8月29日午前10時10分ごろ、東京都港区の高層マンション建設現場で、作業用ゴンドラが10階部分から地下1階部分に落下した。ゴンドラにはエレベーター組み立て作業をしていた2人が乗っており、同日午後救出されたが、死亡が確認された。全身打撲とみられる。落下したゴンドラは屋根のない簡易型で、上部には切れたワイヤなどがあったという。《データ》死者2名

9.15 鉄塔倒壊事故（福井県美浜町） 9月15日午前11時半ごろ、福井県美浜町で、関西電

平成20年(2008年)

力の送電線鉄塔(高さ53.5m)が地上約44m付近で突然折れ、鉄塔上で作業をしていた男性4人が地上へ落ちた。2人が全身を強く打ち死亡。残る2人が重傷を負った。事故当時、鉄塔の鉄材の片方だけに送電線が取り付けられた「片側架線」の状態になっており、鉄塔の強度不足であることが後になって判明した。強度不足は、鉄塔の鋼材を減らして経済性を優先させたためだった。　《データ》死者2名, 負傷者2名

9.21　遊漁船沈没(新潟県)　9月21日午前10時45分ごろ、新潟県の佐渡島沖で、遊漁船「第7浩洋丸」(3.2トン)と連絡がとれなくなったと僚船から通報があった。約3時間後、新潟港の北西約18kmの海上で漂流する9人を救出したが2人が間もなく死亡。1人が11月10日になって遺体で発見された。船尾から浸水した海水が船室の穴を通して広がり沈没したとみられる。　《データ》死者3名

10.1　個室ビデオ店で火災(大阪府大阪市)　10月1日午前2時55分ごろ、大阪市の雑居ビル1階にある個室ビデオ店から煙が出ていると通報があった。店舗約220m^2 のうち約40m^2 が焼け、男性客15人が死亡、男女10人が重軽症を負い、うち3人が重症。放火容疑で逮捕された無職の男は「生きていくのが嫌になり火をつけた」と供述。個室ビデオ店の、細い廊下が折れ曲がった特殊な店舗構造なども原因となって被害が広がった。　《データ》死者15名, 負傷者10名, 焼失面積約40m^2

10.12　中国製冷凍インゲンから農薬(東京都八王子市)　10月12日、八王子市のスーパーで販売された中国産冷凍インゲンを食べた女性が舌のしびれなどの異常を訴えた。命に別状はなかったが、商品から有機リン系殺虫剤「ジクロルボス」6900ppmが検出された。基準値の約3万4500倍にあたる。商品の包装袋には穴や破損など異常は見つからなかった。販売元のニチレイフーズは自主回収を進め、中国側は16日、故意の混入など事件性も否定せず調査していることを明らかにした。　《データ》患者1名

11.3　水道管に吸い込まれ死亡(三重県津市)　11月3日午後2時半ごろ、津市の水道管工事現場で、地下で作業をしていた作業員3人が水道管内に吸い込まれた。1人は救出されたが、搬送先の病院で約6時間後に死亡。残る2人は自力で脱出し、足に軽い打撲傷。水道管は直径約60cmで、地下2mに埋設。管の鉄製のふたを開けたところ水があふれ出したという。　《データ》死者1名, 負傷者2名

11.12　映画用の火薬調合中に爆発(東京都渋谷区)　11月12日午後0時半ごろ、東京都渋谷区神宮前の3階建て住宅兼会社事務所で爆発火災が発生した。火は木造3階建てを全焼し、計8棟約300m^2 を焼いて約4時間後に消し止められた。2人が遺体で見つかり、ほか1人が全身やけどで重症。家族2人も負傷した。重症の男性は映画用のピストルなどを扱い火薬を大量に所有していたが、火薬製造に原則必要な国や東京都への届け出はしていなかった。火薬調合中に爆発したと話している。　《データ》死者2名, 負傷者3名, 全焼1棟, 焼失面積約300m^2

11.14　コンクリート塊崩落で生き埋め(大阪府吹田市)　11月14日午後2時ごろ、大阪府吹田市の下水道工事現場でコンクリート塊が崩れ落ち、作業員の男性2人が生き埋めとなった。1人は約30分後に救出されたが全身を強く打ち、搬送先の病院で死亡した。もう1人は自力ではい出し軽傷。2人は深さ約5mの穴の中で下水管下のコンクリートを除去していたところ、コンクリート塊(縦約150cm、横約80cm、厚さ約30cm)が崩落した。　《データ》死者1名, 負傷者1名

12.2–　ノロウイルス院内集団感染(千葉県柏市)　千葉県柏市の初石病院は入院患者ら計

24人がノロウイルスが原因とみられる感染性胃腸炎に集団感染し、患者2人が死亡したと発表した。集団感染が発生したのは認知症患者用の病棟（60床）。12月2日に75歳の男性患者が嘔吐し、9日までに患者18人、職員6人が嘔吐や下痢の症状を訴えた。7日に発症した68歳の男性患者が呼吸不全で死亡。別の男性患者も誤嚥性肺炎で9日に死亡した。《データ》死者2名、感染者22名

12.4 **新潟・柏崎刈羽原発で14年弁開け放し**（新潟県）　東京電力は12月4日、新潟県の柏崎刈羽原発1号機の床下から、放射性廃棄物の樹脂約0.82m³が見つかったと発表した。平成6年に廃棄槽へ流した際、途中の配管の排水弁が開いていたため漏れたらしい。14年後に発見された時も弁は開いたまま。ずさんな管理が明らかになった。放射能量は約1800万ベクレル。室内の放射線は検出限界値以下で、作業員や外部への影響はないという。いつから開いていたかは不明。

12.5 **落雷・大雨**（近畿地方,中国地方,四国地方）　近畿や中・四国、北陸などは12月5日朝から激しい雷雨に見舞われ、停電や列車の遅れなどの影響が出た。大阪府吹田市で午前7時45分ごろから約1450世帯が停電。大阪市西淀川区でも午前8時半ごろから約50分間、約100世帯が停電した。いずれも落雷が原因。《データ》停電1550世帯

12.25 **外壁用コンクリート板落下直撃**（東京都葛飾区）　12月25日午前8時40分ごろ、東京都葛飾区東新小岩のアパートの工事現場で、クレーンでつり上げていた外壁用コンクリート板11枚が地上十数mの高さから落下、作業中の男性作業員2人を直撃した。2人は死亡した。コンクリート板は重さが80kgあった。《データ》死者2名

12.26 **老人介護施設で火災**（福島県いわき市）　12月26日午後10時10分ごろ、福島県いわき市泉町滝尻の老人介護施設から出火、鉄筋コンクリート2階建て施設を焼き約30分後に鎮火した。施設の入所者5人が病院に搬送され、88歳と90歳の女性が死亡した。他の3人（82〜92歳）は煙を吸ったりやけどを負い、うち2人が重症。《データ》死者2名、負傷者3名

12.29 **乗用車が庭に突入**（広島県三原市）　12月29日午前8時25分ごろ、広島県三原市久井町坂井原の国道486号沿いにある住宅の庭に乗用車が突っ込み、庭にいた住人の親子3人をはねた。妻と4歳の次女は脳挫傷や外傷性ショックで死亡。夫も肝臓破裂で約11時間後に死亡した。10歳の長女は無事だった。《データ》死者3名

平成21年
（2009年）

1.1— **特養でノロウイルス感染**（北海道）　1月1日から10日にかけて、北海道釧路保健所管内の特別養護老人ホームで、ノロウイルスによる感染性胃腸炎が集団発生。4日に入所者1人が死亡し、入所者29人と職員15人の計44人が下痢や嘔吐などの症状を訴えた。《データ》死者1名、感染者44名

1.23 **造船所でタラップ落下**（大分県大分市）　1月23日午前9時半ごろ、大分市青崎の造船所で、建造中の自動車運搬船と岸壁を結ぶ鋼鉄製タラップが落下。タラップを渡っていた多数の作業員が岸壁や海中に転落するなどして、2人が死亡、24人が重軽傷を負った。捜査の結果、船体にかけたタラップ先端の鉄製フックの強度審査が一度

平成21年(2009年)

も行われていなかったことが判明。作業が遅れていたため作業員約40人が乗り込み、タラップの強度が耐え切れなくなった可能性もあるという。　《データ》死者2名,重軽傷者24名

1.23　多剤耐性菌院内感染(福岡県福岡市)　1月23日、福岡大学病院は、平成20年10月〜21年1月に救命救急センターに搬送されるなどした入院患者23人から、ほとんどの抗菌剤が効かない耐性菌のアシネトバクター・バウマニを検出したと発表した。このうち4人が死亡したが、病院側はうち2人について「感染との因果関係はない」と説明。いずれも病院内で感染したとみられるが、これだけ大規模なアシネトバクターの集団感染が国内で確認されたのは初めて。　《データ》感染者23名

2.24　副振動(熊本県,鹿児島県)　2月24日夜から25日未明、九州北部から鹿児島県奄美地方にかけての沿岸部で、短時間に潮位が昇降する副振動が観測された。熊本県天草市で197cm、鹿児島県・枕崎港で143cmの潮位の振幅を観測。天草市で8棟が床上・床下浸水し、鹿児島県薩摩川内市・甑島などで係留中の小型船など30隻が沈没、転覆するなどの被害が出た。　《データ》床上・床下浸水8棟,船舶沈没・転覆30隻

2.27　鳥インフルエンザ(愛知県豊橋市)　2月27日、愛知県豊橋市のウズラ農場で飼育されていたウズラから、高病原性鳥インフルエンザウイルス「H7亜型」が検出され、28日より同じ建物内で飼育されていた約26万羽が殺処分された。ウイルスは、3月1日に弱毒性の「H7N6型」と特定された。同型の国内での検出は初めて。　《データ》ウズラ26万羽殺処分

3月　川へ汚水流出(東京都北区)　3月2日、東京都下水道局が北区JR王子駅付近の石神井川の下水道管改善工事に伴う排水口調査を実施したところ、汚水の流出を確認。40年以上にわたって、駅構内のトイレの汚水が浄化槽を経ずに川に排水されていたことが分かり、JR東日本は同駅の一部のトイレを使用中止とした。

3.15　旧住友家俣野別邸全焼(神奈川県横浜市)　3月15日午前5時ごろ、横浜市戸塚区東俣野町にある国の重要文化財「旧住友家俣野別邸」の敷地内から出火。耐震改修工事中だった木造2階建ての別邸延べ651m^2 と、工事用プレハブ建物2棟の計828m^2 を全焼した。不審火とみられる。　《データ》焼失面積約828m^2

3.16　夜行高速バス全焼(静岡県牧之原市)　3月16日午前4時15分ごろ、静岡県牧之原市の東名高速道路上り線で、ジェイアールバス関東の高速バスのエンジンルームから出火、全焼した。運転手と乗客77人は出火後まもなくサービスエリアに停車して避難し、全員無事だった。前年5月にも同型バスが高速走行中に出火、全焼している。《データ》バス1台全焼

3.17　野原火災(大分県由布市)　3月17日午後1時半ごろ、大分県由布市の野原で、野焼き中に火が燃え広がり、4人が死亡、3人が重軽傷を負った。火は約30haを焼き、約30分後に鎮火した。この日は県内全域に乾燥注意報が発令されており、市の条例では乾燥注意報下の野焼き中止を規定しているが、市は発令を知りながら実施を黙認していた。　《データ》死者4名,重軽傷者3名,消失面積約30ha

3.19　老人施設火災(群馬県渋川市)　3月19日午後11時ごろ、群馬県渋川市の高齢者施設から出火、木造2階建て建物など3棟を全半焼した。出火当時、施設には入居者16人と当直職員1人の計17人がいたが、入居者10人が死亡、1人が負傷した。施設は県へ無届けで運営されており、防火設備がなく、違法な増改築が繰り返されていたこと

が明らかになった。また、入居者の多くが都内などから移った生活保護受給者だったこともわかった。《データ》死者10名,負傷者1名,全半焼3棟

3.23 貨物機炎上（千葉県成田空港） 3月23日午前6時50分ごろ、千葉県・成田空港の滑走路で、中国・広州発の米国の貨物機が着陸に失敗し、炎上した。機体は滑走路を外れて裏返しで全焼、米国人の乗員2人が死亡した。事故当時は強風が吹いており、突風にあおられバランスを崩したとみられる。成田空港の航空機事故で死者が出たのは初めて。《データ》死者2名,航空機1機

4.11 柏崎原発倉庫火災（新潟県柏崎市） 4月11日午後10時25分ごろ、新潟県柏崎市・刈羽村の東京電力柏崎刈羽原発5号機の予備品倉庫で、空調機のモーターのベルトが焦げる火災があった。放水はせず、約2時間後に鎮火を確認した。倉庫には測定機器などの予備品が保管され、放射線管理区域外。放射能漏れなどはなかった。

4.14 漁船転覆（長崎県平戸市沖） 4月14日午前8時25分ごろ、長崎県平戸市沖で、巻き網漁船（135t）が転覆、沈没した。近くにいた別の漁船が乗組員10人を救助したが、12人が行方不明となった。事故当時、現場海域には海上強風警報と海上濃霧警報が出ていた。《データ》行方不明者12名

4.14 クレーン横転事故（東京都千代田区） 4月14日午前11時10分ごろ、東京都千代田区のビル建設工事現場で移動式の大型クレーンが横転。付近を走行中のトラックがクレーンのアームの下敷きになって4人が負傷し、歩行者2人も巻き込まれた。うち、クレーンのオペレーターと歩行者の合わせて2人が重体となり、24日歩行者の女性が入院先の病院で死亡した。《データ》死者1名,重体1名,負傷者4名

5.9 新型インフルエンザ国内初感染（千葉県成田空港） 5月9日、厚生労働省は、カナダから成田空港に帰国した大阪府立高校の教諭・男子生徒ら3人の新型インフルエンザへの感染が確認されたと発表した。新型の感染例は国内初。また、16日には海外渡航歴のない神戸市内の県立高校に通う男子生徒についても感染が確認された。《データ》感染者3名

6.2 一酸化炭素中毒（山口県美祢市） 6月2日午後5時50分ごろ、山口県美祢市のホテルから119番通報があり、修学旅行のために宿泊していた大阪府高槻市内の小学生や引率の教員ら22人が病院に搬送された。全員が一酸化炭素中毒に陥っており、同行していた男性カメラマンが1人が死亡。ホテルの給湯ボイラーの排気管に亀裂があり、一酸化炭素が客室内に漏れ出した可能性が高いことがわかった。《データ》死者1名,軽傷者22名

6.1 衝突事故で巻き添え（神奈川県横浜市） 6月1日午後9時40分ごろ、神奈川県横浜市都筑区茅ケ崎中央の市道交差点で、乗用車2台が衝突。うち1台がはずみで交差点脇の歩道に乗り上げ、信号待ちをしていた女性3人をはね、搬送先の病院で全員の死亡が確認された。はねた車を運転していた大学生が自動車運転過失傷害容疑で現行犯逮捕され、衝突相手の運転手は軽傷を負った。《データ》死者3名

6.13 製錬所事故（大分県大分市） 6月13日午前8時50分ごろ、大分県大分市佐賀関の製錬所から119番通報があり、作業員3人が病院に搬送されたが、死亡が確認された。貨物船内で荷揚げ中、酸欠になったとみられる。《データ》死者3名

6.13 小型船転覆（新潟県胎内市・新潟市） 6月13日朝、新潟県胎内市桃崎浜の小型船係

495

平成21年(2009年)

留港・荒川マリーナの沖合30m付近で、釣りから帰って来たプレジャーボートが転覆、乗っていた3人が死亡した。また、同日午後、新潟市の阿賀野川の河口から約4km沖の日本海で、小型プレジャーボートが転覆、乗っていた3人が死亡した。現場はいずれも大きな川の河口付近。　《データ》死者6名

7.5　パチンコ店放火(大阪府大阪市)　7月5日午後4時10分ごろ、大阪市此花区のパチンコ店に入ってきた男が床にガソリンをまき、火を付けて逃走。店舗約400m^{2}を全焼し、店内の客3人と店員1人の計4人が死亡、客ら19人が重軽傷を負った。6日、職業不詳の男が山口県警に出頭し、現住建造物等放火と殺人、同未遂容疑で逮捕された。　《データ》死者4名、負傷者19名

7.16　大雪山系で遭難(北海道)　7月16日、北海道・大雪山系のトムラウシ山と美瑛岳で、ツアー客ら2組24人が悪天候のため下山できなくなった。17日、トムラウシのパーティー18人のうちの8人と、ほかに1人で入山していた男性、美瑛岳のパーティーの1人と合わせて、大雪山系で10人が低体温症のため死亡。いずれも、50～60歳代だった。　《データ》死者10名

7.19—　中国・九州北部豪雨(中国地方、九州北部地方)　7月19日以降、活発な梅雨前線の影響で、中国地方と九州北部が猛烈な雨に見舞われ、土石流や土砂崩れが各地で発生した。死者は山口県で22人、福岡県10人、広島、佐賀、長崎の各県が1人の計35人、62人が重軽傷を負った。このうち21日、山口県防府市では老人ホームに土砂が流れ込み、入所者7人が死亡。27日、福岡県内の九州自動車道では、発生した土砂崩れに巻き込まれた車から、男女の遺体が見つかった。　《データ》死者35名、重軽傷者62名、全壊家屋52棟、半壊家屋99棟、床上浸水2137棟、床下浸水9727棟

8.9　台風9号(近畿地方、中国地方、四国地方)　8月9日から11日にかけて、熱帯低気圧から発達した台風9号が近畿、中国、四国に豪雨をもたらし、4県で25人が死亡、2人が行方不明になった。24時間雨量が327mmを記録した兵庫県佐用町と朝来市では、避難途中の住民が一気に増水した川に流されるなどして、多数の犠牲者が出た。　《データ》死者25名、行方不明者2名、重軽傷者23名、全壊家屋183棟、半壊家屋1130棟、床上浸水973棟、床下浸水4629棟

8.11　地震(静岡県)　8月11日午前5時7分ごろ、静岡県の駿河湾を震源とする地震があり、同県伊豆市、焼津市などで震度6弱の揺れを観測。震源の深さは約23km、マグニチュードは6.5と推定される。静岡県で1人が死亡し、負傷者は同県の237人を含む1都3県で計245人となった。東名高速道路は静岡県内の牧之原サービスエリア付近の上り線で路面や路肩の崩落などがあり、16日まで通行止めとなった。　《データ》死者1名、負傷者245名

8.15　新型インフルエンザで初の死者(沖縄県)　8月15日、沖縄県で新型インフルエンザに感染した患者が、国内で初めて死亡した。31日、北海道で1人が亡くなり、8月の死者は計8人となった。

8.19　鉄砲水(沖縄県那覇市)　8月19日午後2時ごろ、那覇市中心部の地下を流れる排水路(通称:ガーブ川)で大雨による鉄砲水が発生。水路の入り口付近で耐震強度調査をしていた男性作業員5人が流された。1人が救助されたが、4人が行方不明となり、20日現場の約1km下流で4人の遺体が発見された。　《データ》死者4名

9.11　防災ヘリ墜落(岐阜県高山市)　9月11日午後3時20分ごろ、岐阜県高山市の北ア

平成21年（2009年）

プス・奥穂高岳と西穂高岳の間にある岩峰の近くで、同県防災ヘリコプターが登山者を救助活動中に約400m下へ墜落、炎上し、操縦士ら乗員3人が死亡した。《データ》死者3名

9.19　クマ襲撃（岐阜県高山市）　9月19日午後2時半ごろ、岐阜県高山市、乗鞍岳・畳平のバスターミナルにツキノワグマが現れ、登山道入り口、駐車場、建物内などで次々と人を襲い、観光客や売店従業員のうち4人が顔をかまれたり足の骨を折るなどして重傷、5人が軽傷を負った。クマは同ターミナルにある建物1階に閉じこめられ、射殺された。　《データ》重軽傷者9名

9.20　観光バス炎上（静岡県牧之原市）　9月20日午前3時ごろ、静岡県牧之原市の東名高速道路上り線で、観光バスから出火、バス後部のエンジン付近を中心に車体の約3分の1を焼いた。乗客57人と運転手2人は無事だった。バスはドイツ・ネオプラン社製で、同社製バスは平成20年5月とこの年の3月にも国内の高速道路を走行中に出火事故を起こしている。　《データ》バス1台半焼

9.29　サイロで窒息死（宮崎県五ケ瀬町）　9月29日午後6時50分ごろ、宮崎県五ケ瀬町の畜産農家の牛舎にあるサイロ（深さ約3m、直径1.5m）で家族4人が折り重なるようにして倒れていると通報があった。このうち3人が死亡し、1人が意識不明の重体となった。サイロに貯蔵されていたブドウの搾りかすがアルコール発酵し、大量の二酸化炭素が発生したことで酸欠になったとみられる。　《データ》死者3名，重体1名

10.8　台風18号（全国）　10月8日午前5時すぎ、大型の台風18号は、愛知県知多半島に上陸し、最大風速25m以上の暴風域を維持して日本列島を北上した。埼玉県などで5人が死亡、26都道府県で137人が負傷した。全国で1万3000校休校し、首都圏のほぼ全線がストップしたJR東日本では、影響人員が過去最大規模の約296万人に上った。《データ》死者5名，負傷者137名，全壊家屋9棟，半壊家屋89棟，床上浸水572棟，床下浸水3065棟

10.8　「エコナ」特保取り下げ（全国）　10月8日、花王は、健康によい効果がある食品に認められる特定保健用食品（特保）の表示許可を受けていた食用油「エコナ」について、特保表示を返上する失効届を消費者庁に提出。すべての「エコナ」シリーズが販売中止となった。同商品については、発がん性物質に変化する可能性のある成分が、一般の食用油の10〜182倍も含まれているとの指摘があり、花王が9月17日から出荷・販売を一時停止、食品安全委員会による調査が進められていた。

10.10　工場火災（滋賀県竜王町）　10月10日午後2時40分ごろ、滋賀県竜王町のダイハツ工業の第3鋳造工場から出火し、天井のダクト部分など約1000m^{2}を焼いた。ダクト交換作業をしていたメンテナンス会社社員1人が死亡、別の1人も全身に大やけどをし、ダイハツ工業社員1人も軽いやけどを負った。　《データ》死者1名，負傷者2名

11.17　マージャン店火災（静岡県浜松市）　11月17日午前3時半ごろ、浜松市中区のマージャン店から出火、鉄骨2階店舗211m^{2}を全焼した。3人が焼死したほか、1人が病院搬送後に死亡、2人が重傷、1人が軽傷を負った。放火の疑いもある。《データ》死者4名，負傷者3名

11.22　雑居ビル火災（東京都杉並区）　11月22日午前9時15分ごろ、東京都杉並区高円寺の雑居ビル2階の居酒屋から出火、鉄筋コンクリート造りの同ビル2階部分約130m^{2}が焼けた。店内にいた従業員と客の男性4人が死亡。避難の際に窓から飛び降りたり

して、12人がやけどや骨折などの重軽傷を負った。　《データ》死者4名，負傷者12名

12.11　ボート転覆（北海道厚真町）　12月11日午後10時40分ごろ、北海道厚真町浜厚真の西防波堤沖約100mで、夜釣りに来ていたプレジャーボートが転覆。ボートに乗っていた自衛官7人のうち、1人は自力で岸にたどり着いたが、6人が行方不明となり、12日と13日に全員が遺体で発見された。現場は立ち入り禁止区域で、事故当時、ボートには定員を超す人員が乗っていた。　《データ》死者6名

災害別一覧

災害別一覧 目次

気象災害 …………………… 501
   台風 ……………………… 506
   豪雨（台風を除く）……… 510
   豪雪 ……………………… 514
地変災害 …………………… 515
   地震 ……………………… 516
   噴火・爆発 ……………… 518
   地滑り・土砂崩れ ……… 519
   雪崩 ……………………… 521
動植物災害 ………………… 522
一般火災 …………………… 525
   住宅火災 ………………… 527
   店舗・事務所火災 ……… 528
   劇場・映画館火災 ……… 529
   ホテル火災 ……………… 529
   学校・病院火災 ………… 530
   寺院火災 ………………… 531
   山林火災 ………………… 531
ガス中毒事故 ……………… 531
   都市ガス等の爆発事故 … 533
産業災害 …………………… 533
   工場災害 ………………… 536
   鉱山災害 ………………… 540
   土木・建築現場の災害 … 544

輸送機関の事故 …………… 548
   列車・電車事故 ………… 548
   踏切事故 ………………… 551
   自動車事故 ……………… 553
   船舶事故・遭難 ………… 556
   航空機事故 ……………… 562
   エレベーター・エスカ
     レーターの事故 ……… 565
公害 ………………………… 565
医療・衛生災害 …………… 571
   伝染病流行 ……………… 573
   食品衛生・食品事故 …… 576
   集団食中毒 ……………… 576
   薬害・医療事故 ………… 577
山岳遭難 …………………… 579
戦争災害 …………………… 579
   軍隊・軍事基地の事故 … 579
   機雷・不発弾の爆発 …… 581
製品事故・管理不備 ……… 581
その他の災害 ……………… 582

気象災害

暴風雨（東北地方 関東地方 中部地方
　近畿地方 四国地方）　　　　1870.10.12
暴風雨、高潮（関東地方 北陸地方 近
　畿地方 中国地方 四国地方）　1871.7.4
暴風雨、洪水（東京府）　　　　1878.9.15
暴風雨（東京府）　　　　　　　1880.10.4
竜巻（宮崎県）　　　　　　　　1881.9.21
冷害（東北地方 北海道地方）　1884.この年
暴風雨（和歌山県）　　　　　　1886.10.25
風水害（東北地方 関東地方 北陸地方
　中部地方 近畿地方）　　　　　1889.9.11
降雹（栃木県）　　　　　　　　1891.7.14
暴風雨、洪水（岡山県）　　　　1892.7.23
暴風雨（岡山県）　　　　　　　1893.7.14
風水害（北陸地方 近畿地方 四国地方
　九州地方）　　　　　　　　　1893.10.13
暴風雨（千葉県 東北地方）　　1894.12.10
大風、激浪（愛媛県）　　　　　1897.4.16
風水害（北海道 東北地方 関東地方 北
　陸地方 中部地方 四国地方）　1898.9.6
竜巻（千葉県 群馬県 埼玉県 東京都）1901.5.31
暴風雨（長崎県）　　　　　　　1901.10.7
竜巻（千葉県 神奈川県）　　　　1902.1.8
寒波（青森県 北海道）　　　　　1902.1.23
竜巻（全国 千葉県）　　　　　　1902.3.1
風水害、洪水（九州地方 中国地方 関
　東地方 近畿地方 四国地方）　　1902.8.10
冷害（東北地方 北海道地方 北陸地方）
　　　　　　　　　　　　　　1902.この年
猛吹雪（北海道根室市）　　　　1903.5.22
降雹、竜巻（千葉県）　　　　　1903.8.19
暴風雨（山形県 宮城県）　　　　1904.7.27
暴風雨（関東地方）　　　　　　1904.9.17
冷害（東北地方）　　　　　　1905.この年
風水害（北陸地方 中国地方 九州地方）1905.8.8
暴風雨（東京都）　　　　　　　1906.
暴風雨（秋田県 青森県）　　　　1909.4.7
降雹（東北地方 青森県）　　　　1911.6.4
暴風雨（近畿地方 大阪府）　　　1911.12.19
冷害（東北地方 北海道）　　　1912.この年
暴風雨（長野県）　　　　　　　1913.8.26
強風（東北地方 北海道）　　　　1914.4.22
暴風雨（北海道）　　　　　　　1916.5.8

竜巻（岐阜県中津川市）　　　　1917.4.28
降雹（埼玉県熊谷市）　　　　　1917.6.29
暴風雨（関東地方 東北地方）　　1922.2.16
暴風雨（関東地方）　　　　　　1924.9.16
暴風雨（福井県）　　　　　　　1924.12.12
暴風雨（中部地方 愛知県）　　　1925.9.11
暴風雪（東北地方 信越地方）　1928.12.19-
竜巻（福岡県大刀洗）　　　　　1931.4.5
長洋丸沈没（長崎県五島沖）　　1931.9.12
降雹（兵庫県播磨地方）　　　　1933.6.14
暴風雨（西日本）　　　　　　1933.10.19-
寄宿舎倒壊（新潟県）　　　　　1934.2.14
冷害（北海道 東北地方 関東地方 長野
　県）　　　　　　　　　　　　1934.7.-
落雷（栃木県那須郡那須村）　　1934.8.12
東海道線急行列車転覆（滋賀県）1934.9.21
竜巻（群馬県新田郡笠懸村）　　1935.9.25
漁船遭難（島根県安濃郡波根西村沖）1935.9.25
暴風雨（宮崎県）　　　　　　　1936.7.13
愛国丸沈没（北海道積丹郡神威岬付近）
　　　　　　　　　　　　　　1937.1.12
小樽丸沈没（青森県鮫港沖）　　1937.2.13
落雷（奈良県高市郡船倉村）　　1937.6.
雷雨（栃木県）　　　　　　　　1937.8.31
漁船遭難（韓国木浦沖）　　　　1937.12.18
みどり丸沈没（広島県宇品港沖）1938.1.2
消防出初式櫓倒壊（東京都八王子市）1938.1.3
干ばつ（近畿地方 中国地方 四国地方
　九州地方）　　　　　　　　　1939.6.-
落雷（群馬県群馬郡岩鼻村）　　1939.7.13
給水制限（長崎県長崎市）　　　1940.5.20
断水（東京都東京市）　　　　1940.5.頃-
暴風（北海道函館市付近）　　　1940.9.4
漁船遭難（東京湾）　　　　　　1941.1.20
林野火災（北海道紋別郡雄武村）1941.5.16
得山丸・幸喜丸衝突（ソ連サハリン東
　岸沖）　　　　　　　　　　　1941.9.5
竜巻（愛知県豊橋市）　　　　　1941.11.18
にしき丸転覆（香川県小豆郡土庄町沖）
　　　　　　　　　　　　　　1942.12.31
暴風雨（大分県）　　　　　　　1945.10.18
浮浪者凍死（東京都下谷区）　　1947.1.1-
給水制限（東京都）　　　　　　1948.3.10-
竜巻（神奈川県川崎市）　　　　1948.8.2
鴨猟船転覆（千葉県東葛飾郡浦安町沖）
　　　　　　　　　　　　　　1949.1.30
能代市大火（秋田県能代市）　　1949.2.20
漁船ほか沈没（福岡県福岡市沖）1949.9.23
暴風雨（九州地方）　　　　　　1950.1.9

暴風（関東地方　新潟県）	1950.1.10-	竜巻（静岡県静岡市）	1956.9.10
暴風雨（東北地方　近畿地方　九州地方）		猛吹雪二重遭難（青森県八甲田山硫黄岳）	1957.1.2
	1950.1.30-	渇水（香川県）	1957.1.5-
熱海市大火（静岡県熱海市）	1950.4.13	群馬バス転落（群馬県群馬郡榛名町）	1957.2.3
鷹巣町大火（秋田県北秋田郡鷹巣町）	1950.6.1	暴風雨（東北地方　関東地方　中部地方　近畿地方　中国地方　四国地方　九州地方）	
突風（群馬県多野郡藤岡町付近）	1950.7.9		1957.12.12-
漁船多数遭難（茨城県霞ヶ浦）	1950.8.3	漁船第5金比羅丸沈没（宮城県牡鹿郡沖）	1957.12.13
捕鯨船転覆（北海道厚岸郡浜中村沖）	1950.9.19	漁船第2大正丸沈没（福島県磐城市沖）	1958.1.26
漁船遭難（北海道南部海域）	1950.11.27-	連絡船南海丸沈没（兵庫県三原郡南淡町沖）	1958.1.26
暴風雨（中部地方　関東地方　東北地方）	1950.12.16-	貨物船第3正福丸転覆（和歌山県西牟婁郡串本町沖）	1958.1.26
暴風雪（東北地方　関東地方　東海地方）	1951.2.14-	干ばつ（全国）	1958.2.-
凍霜害（全国）	1953.4.-	第2香取丸難破（北海道亀田郡椴法華村沖）	1958.2.19頃
内野町大火（新潟県西蒲原郡内野町）	1953.12.10	凍霜害（全国）	1958.3.28-
第6大運丸沈没（静岡県磐田郡沖）	1954.2.12	利根川渡船転覆（千葉県香取郡小見川町）	1958.10.2
暴風雨（北海道　東北地方）	1954.5.9-	漁船交洋丸・幸生丸・旭丸転覆（北海道南西海域）	1958.11.19
漁船多数座礁・沈没（北海道根室町付近）	1954.5.10	瀬戸内町大火（鹿児島県大島郡瀬戸内町）	1958.12.27
異常低温（青森県　岩手県）	1954.6.-	バス転落（和歌山県伊都郡高野町）	1959.1.1
暴風雨（関東地方　東海地方）	1954.11.28	暴風雪（四国地方　九州地方　日本海側）	
漁船大正丸離礁作業員行方不明（千葉県君津郡富津町沖）	1954.12.27		1959.1.16-
季節風（全国）	1955.2.19-	漁船第5優光丸沈没（三重県志摩郡大王町沖）	1959.1.18
暴風雪（北海道　東北地方　関東地方）	1955.2.20-	漁船第11進漁丸沈没（千葉県安房郡白浜町沖）	1959.1.18
連絡船紫雲丸・貨車航送船第3宇高丸衝突（香川県香川郡雌雄島村沖）	1955.5.11	磯舟57隻遭難（北海道岩内郡岩内町沖）	1959.2.10
白河高等学校生暴風雨遭難（福島県旭岳）	1955.5.29	暴風（北海道北東部）	1959.4.6-
暴風雨（北海道東部）	1955.10.14	中学生濃霧転落死（鳥取県大山）	1959.11.7
貨物船反田丸遭難（青森県八戸市）	1955.12.26	漁船第5幸辰丸沈没（千葉県銚子市付近）	1959.11.25
捜索隊二重遭難（北アルプス前穂高岳）	1956.1.7	暴風雪（北海道　青森県　岩手県）	
漁船明神丸転覆（択捉島沖）	1956.2.6		1960.1.16-
能代市大火（秋田県能代市）	1956.3.20-	漁船第2日吉丸・貨物船海島丸衝突（茨城県那珂湊市沖）	1960.3.12
中日新聞社機墜落（長野県）	1956.3.23	暴風雨（関東地方　中部地方　近畿地方）	
定期貨客船太平丸転覆（高知県安芸郡室戸岬沖）	1956.4.19		1960.6.21-
芦原町大火（福井県坂井郡芦原町）	1956.4.23	漁船第12光漁丸沈没（静岡県賀茂郡南伊豆町沖）	1960.6.22
漁船転覆（北海道西海岸）	1956.4.26	干ばつ（佐賀県　長崎県　大分県）	
遅霜（関東地方　中部地方　近畿地方　中国地方　四国地方北部　九州地方北部）	1956.4.30		1960.7.-
冷害（北海道）	1956.6.-		
降雹（福島県　愛知県　岐阜県美濃地方　滋賀県）	1956.6.21		
大館市大火（秋田県大館市）	1956.8.19		
竜巻（長崎県西彼杵郡瀬川村）	1956.8.27		
魚津市大火（富山県魚津市）	1956.9.10		

暴風雨（東海地方　近畿地方　中国地方　四国地方）	1960.7.7-
雷雨（北海道北部　青森県南津軽郡　秋田県仙北郡）	1960.8.2-
火災（岩手県）	1961.5.28-
第7文丸・アトランティック・サンライズ号衝突（福島県四倉町沖）	1961.6.18
火災（鹿児島県鹿児島市）	1961.10.2
釣船遭難（東京都江東区沖）	1961.12.7
暴風雪（北海道　東北地方　中部地方）	1962.1.1-
異常渇水（東京都）	1962.2.-
落雷（新潟県）	1962.6.18
竜巻（茨城県）	1962.7.2
干害（岩手県　福島県　群馬県）	1962.8.
渇水（兵庫県神戸市）	1962.8.-
早稲田大学・慶応義塾大学ヨット遭難（相模湾）	1962.11.3
突風・降霰（長野県南部）	1963.1.20-
第5大勢丸転覆（サハリン沖）	1963.2.14
第12天竜丸遭難（小笠原諸島付近）	1963.3.13
熊袋小学校積雪崩壊（新潟県栃尾市）	1963.3.20
干ばつ（鹿児島県　沖縄）	1963.4.-
第3福寿丸沈没（岩手県陸前高田市沖）	1963.4.24
長雨（関東地方　中国地方　四国地方　九州地方）	1963.4.30-
日東航空旅客機墜落（兵庫県三原郡西淡町）	1963.5.1
西肥自動車バス転落（長崎県北松浦郡田平町）	1963.5.13
中国鉄道バス転落（岡山県久米郡中央町）	1963.5.13
突風・降雹・落雷（群馬県　埼玉県）	1963.5.22
雷雨（福岡県　熊本県）	1963.7.29
冷害・イモチ病発生（東北地方）	1963.8.-
藤田航空旅客機墜落（東京都八丈町）	1963.8.17
みどり丸沈没（沖縄那覇市沖）	1963.8.17
雷雨（関東地方南部）	1963.8.25
暴風雨（全国）	1963.8.30
第32宝幸丸沈没（鹿児島県熊毛郡南種子町沖）	1963.10.9
異常渇水（東京都）	1964.1.-
第1北辰丸転覆（シンシル島沖）	1964.1.22
暴風雪（青森県　岩手県）	1964.2.9-
暴風雪（富山県）	1964.2.11-
長雨（宮城県　鹿児島県）	1964.4.-
地滑り（秋田県湯沢市）	1964.4.23

凍霜雹害（東北地方　関東地方北部　甲信地方）	1964.4.29-
竜巻（東京都世田谷区）	1964.5.24
凍霜害（宮城県）	1964.5.29
山崩れ（広島県佐伯郡廿日市町）	1964.6.27
冷害・霜害（北海道）	1964.7.-
異常渇水（長崎県長崎市）	1964.9.-
湯田ダム作業用船転覆（岩手県和賀郡和賀町）	1964.12.2
暴風雪（北海道　東北地方）	1965.1.8-
旅館火災（東京都大島町）	1965.1.11
陸上自衛隊トラック・御殿場線気動車衝突（静岡県御殿場市）	1965.3.24
異常渇水（長崎県長崎市）	1965.4.
冷害（東北地方）	1965.4.-
登山者遭難（全国）	1965.4.29-
降雹（関東地方）	1965.5.11
石炭殻崩壊（神奈川県川崎市）	1965.6.26
永洋丸ほか遭難（北海道周辺海域）	1965.12.12-
養殖海苔赤腐れ病発生（九州地方）	1965.この年
暴風雨（青森県東部）	1966.1.4-
第8惣宝丸遭難（千島中部海域）	1966.2.21
カナダ太平洋航空旅客機墜落（東京都大田区）	1966.3.4
英国海外航空旅客機墜落（静岡県御殿場市）	1966.3.5
冷害（北海道　東北地方）	1966.4.頃-
雷雨・降雹（東北地方　関東地方）	1966.6.6-
雷雨（関東地方）	1966.7.22
山崩れ（青森県青森市）	1966.7.27
全日本空輸旅客機墜落（愛媛県松山市沖）	1966.11.13
進幸丸転覆（熊本県天草郡大矢野町沖）	1966.11.25
幸辰丸沈没（福岡県宗像郡玄海町沖）	1966.11.26
第15長栄丸行方不明（長崎県下県郡厳原町沖）	1967.1.15
スキー客凍死傷（群馬県白根山）	1967.2.19
干害（福島県　千葉県　神奈川県）	1967.5.-
雷雨・雹害（関東地方）	1967.5.14
竹の丸訓盲学院セスナ機墜落（岩手県二戸郡安代町）	1967.5.30
降雹（長野県北東部）	1967.6.18-
干害（近畿地方　中国地方　四国地方　九州地方）	1967.7.-

雷雨・竜巻・降雹（東北地方　関東地方）
　　　　　　　　　　　　　　　　1967.7.28-
松本深志高等学校生ほか落雷死傷（長
　野県南安曇郡安曇村）　　　　　1967.8.1
第31昭徳丸転覆（韓国済州島沖）　1967.11.12
豊浜丸転覆（北海道網走市沖）　　1967.11.12
伝道船転覆（瀬戸内海）　　　　　1967.12.9
楽洋丸沈没（愛媛県西宇和郡三崎町）1968.2.15
桃・ブドウ病冷害（山梨県）　　　1968.7.-
国内産業航空セスナ機墜落（青森県北
　津軽郡鶴田町）　　　　　　　　1968.11.17
第8漁吉丸沈没（静岡県賀茂郡南伊豆町
　沖）　　　　　　　　　　　　　1969.1.12
第8照生丸沈没（鹿児島県名瀬市沖）1969.2.4
第38栄保丸沈没（北海道稚内市沖）1969.2.5
暴風雪（北海道　東北地方）　　　1969.2.5-
第12宮城丸沈没（北海道石狩郡石狩町
　沖）　　　　　　　　　　　　　1969.2.6
漁船・米軍捜索機遭難（青森県八戸市
　沖）　　　　　　　　　　　　　1969.2.7
航空自衛隊戦闘機墜落（石川県金沢市）1969.2.8
第15宝来丸行方不明（北海道稚内市沖）
　　　　　　　　　　　　　　　　1969.2.21
第2大徳丸行方不明（青森県八戸市沖）
　　　　　　　　　　　　　　　　1969.3.23
第1蛭子丸沈没（長崎県下県郡厳原町沖）
　　　　　　　　　　　　　　　　1969.3.30
地滑り（新潟県北魚沼郡広神村）　1969.4.26
凍霜害（山形県　福島県）　　　　1969.5.7
暴風雨（44年7月豪雨）（関東地方　中
　部地方　近畿地方　中国地方　四国地方
　九州地方）　　　　　　　　　　1969.6.24-
廃鉱砒素流出（宮崎県北諸県郡高城町）
　　　　　　　　　　　　　　　　1969.7.-
竜巻（茨城県）　　　　　　　　　1969.8.23
第18大忠丸転覆（北海道稚内市沖）1969.10.1
日本産業航空セスナ機墜落（大阪府柏
　原市）　　　　　　　　　　　　1969.11.17
第3幸栄丸転覆（北海道小樽市沖）　1969.11.27
異常乾燥発生（埼玉県　東京都　大阪府）
　　　　　　　　　　　　　　　　1969.12.-
杭打作業船転覆（大阪府大阪市）　1969.12.3
竜巻（愛知県豊橋市）　　　　　　1969.12.7
波島丸転覆（北海道瀬棚郡北檜山町沖）
　　　　　　　　　　　　　　　　1970.1.17
空光丸沈没（福島県いわき市）　　1970.1.31
第11北光丸転覆（ソ連カムチャツカ半
　島沖）　　　　　　　　　　　　1970.3.4
第13豊漁丸行方不明（択捉島沖）　1970.3.6

漁船沈没・座礁（択捉島付近）　　1970.3.17
本田航空機墜落（福島県郡山市）　1970.4.3
第30淡路丸沈没（米国アラスカ州沖）1970.4.23
干害（東北地方）　　　　　　　　1970.5.-
第8幸栄丸沈没（北海道釧路市沖）　1970.6.2
富士重工業機墜落（広島県高田郡白木
　町）　　　　　　　　　　　　　1970.8.10
落雷・降雹（千葉県　東京都）　　1970.11.6
第6八宏丸行方不明（千葉県安房郡白浜
　町沖）　　　　　　　　　　　　1970.11.21
異常乾燥（関東地方ほか）　　　　1971.1.-
朗洋丸沈没（長崎県沖）　　　　　1971.1.4
暴風雪（山陰地方）　　　　　　　1971.1.4-
第8あけぼの丸沈没（韓国済州島沖）1971.2.14
干ばつ（鹿児島県　沖縄県）　　　1971.3.頃
冷害（北海道　東北地方　関東地方）
　　　　　　　　　　　　　　　　1971.4.-
雷雨（福島県西部　新潟県北部）　1971.6.28
第18幸徳丸転覆（北海道稚内市沖）1971.11.9
第32福洋丸行方不明（長崎県福江市沖）
　　　　　　　　　　　　　　　　1972.2.27
清水勤労者山岳会員遭難（富士山）1972.3.20
第26増丸座礁（長崎県福江市沖）　1972.3.20
武光丸転覆（千葉県夷隅郡岬町沖）1972.3.31
第8協和丸行方不明（北海道根室市沖）
　　　　　　　　　　　　　　　　1972.3.31
第8十勝丸転覆（北海道根室市沖）　1972.5.28
横浜航空旅客機墜落（北海道樺戸郡月
　形町）　　　　　　　　　　　　1972.5.30
渇水（東京都）　　　　　　　　　1972.6.頃
鹿島丸転覆（東京都八丈町沖）　　1972.9.16
第81八幡丸転覆（宮城県牡鹿郡牡鹿町
　沖）　　　　　　　　　　　　　1972.10.12
第6太洋丸転覆（京都府竹野郡丹後町沖）
　　　　　　　　　　　　　　　　1973.3.28
干ばつ（島根県東部）　　　　　　1973.6.20-
干害（全国）　　　　　　　　　　1973.7.-
渇水（東京都）　　　　　　　　　1973.8.20-
第3光辰丸行方不明（青森県下北郡東通
　村沖）　　　　　　　　　　　　1973.10.1
異常気象（太平洋側　日本海側）　1973.12.-
竜巻（長崎県西彼杵郡外海町）　　1974.4.21
春嵐（北海道　石川県　三重県　香川県）1974.4.21
低温被害（山陰地方）　　　　　　1974.5.
第3真晃丸・海金剛号衝突（北海道根室
　市沖）　　　　　　　　　　　　1974.6.29
読売新聞社ヘリコプター墜落（神奈川
　県秦野市）　　　　　　　　　　1974.8.5
暴風（全国）　　　　　　　　　　1975.4.6

災害別一覧　気象災害

雷雨・雹害（青森県　長野県　徳島県　宮崎県）	1975.5.24−	竜巻（鹿児島県枕崎市）	1990.2.19
雹害（鳥取県）	1975.5.31−	竜巻（東京都田無市）	1990.6.16
雹害（全国）	1975.6.	竜巻（栃木県宇都宮市）	1990.9.19
冷害（北海道　東北地方　千葉県　新潟県）	1976.6.−	竜巻（千葉県茂原市）	1990.12.11
		竜巻（沖縄県久米島）	1991.4.7
暴風（青森県）	1976.10.1−	竜巻（鹿児島県姶良郡　宮崎県えびの市）	1991.6.25
豪雪・寒波（北陸地方　山陰地方）	1977.3.2	落雷で原子炉停止（福井県）	1991.9.5
雷雨（山口県　九州地方北部）	1977.6.10	冷夏米不作（全国）	1993.この年
長期冷害（群馬県）	1977.8.	排気ガス中毒（山形県）	1994.2.15
雷雨（千葉県　東京都）	1977.8.19	強風（福島県白河市　群馬県高崎市　群馬県富岡市　長野県）	1994.4.3
渇水（西日本）	1978.5.−		
給水制限（福岡県福岡市）	1978.5.20−	渇水（福岡県福岡市）	1994.8.4−
渇水（福岡県福岡市）	1978.6.1−	雷雨（東海地方）	1994.9.8
雷雨（岩手県　新潟県　長野県）	1978.6.10−	竜巻（長崎県壱岐の郷ノ浦町）	1997.10.14
干ばつ被害（茨城県）	1978.この年	熱中症（千葉県　埼玉県　静岡県）	1998.7.3
干ばつ被害（栃木県）	1978.この年	強風（全国）	1999.3.22
農作物被害（群馬県）	1978.この年	車内で幼児熱射病（群馬県高崎市）	1999.8.27
農作物被害（埼玉県）	1978.この年	竜巻（愛知県）	1999.9.24
農作物被害（福岡県）	1978.この年	竜巻（秋田県八森町）	1999.11.25
雷雨大荒れ（関東地方）	1979.3.24	降雹（千葉県）	2000.5.24
給水制限解除（福岡県福岡市）	1979.3.25	降雹（長野県）	2000.7.4−
春あらし（全国）	1979.3.30	増水で流され死亡（埼玉県本庄市）	2000.7.8
凍霜害（静岡県）	1979.4.18	竜巻（東京都足立区）	2000.9.12
落雷（関東地方　中部地方）	1979.8.	雷雨（関東地方　静岡県）	2000.9.16
農作物被害（茨城県）	1979.この年	強風でヘリコプター墜落（富山県立山町）	2000.9.16
強風（神奈川県　静岡県　群馬県）	1980.3.1−		
		強風で釣り船転覆（長野県諏訪市）	2000.11.18
冷害（全国）	1980.7.−	竜巻（愛知県一宮市）	2001.6.19
倉庫炎上（愛知県大府市大府町）	1980.10.1	竜巻（北海道北竜町）	2001.6.29
強風（北海道　千葉県　神奈川県　島根県　福井県）	1980.10.25−	熱中症（東京都）	2001.7.
		熱中症（三重県小俣町　埼玉県小川町　熊本県中央町）	2001.7.24
降雹（群馬県榛名町　埼玉県）	1981.6.5		
冷害（岩手県）	1981.この年	落雷（岡山県井原市）	2001.8.4
ヘリコプター墜落（長崎県福江市）	1982.11.29	暴風雪（秋田県）	2001.12.30
竜巻（新潟県刈羽郡刈羽村）	1983.10.3	湖氷割れで転落（秋田県大潟村）	2002.1.12
冷害（北海道）	1983.この年	渇水（滋賀県）	2002.11.1
降雪被害（東京都）	1984.1.19	強風（関東地方　東北地方）	2003.3.2
干ばつ被害（福島県）	1984.この年	冷夏（全国）	2003.7.
暴風雨（長野県　岐阜県）	1985.7.11	突風で遊漁船転覆（山口県岩国市）	2003.7.19
雷雨（関東地方）	1985.7.14	猛暑（関東地方）	2003.8.24
雷雲発生（関東地方　甲信地方）	1985.7.20	琵琶湖でヨット転覆（滋賀県滋賀郡志賀町）	2003.9.15
落雷（山梨県吉田市）	1985.9.2		
強風（全国）	1987.4.21−	突風（関東地方）	2003.10.13
落雷（高知県東洋町）	1987.8.5	竜巻（佐賀県佐賀市）	2004.6.27
雪害（青森県）	1988.2.	猛暑（山梨県甲府市）	2004.7.21
竜巻発生（神奈川県綾瀬市）	1989.1.20	落雷（神奈川県藤沢市）	2005.7.7
強風タンカー横倒し（富山県富山市）	1989.3.8	落雷（千葉県白子町）	2005.7.31

505

落雷（千葉県成東町）	2005.9.4
落雷で園児死亡（福島県下郷町）	2006.1.16
熱中症（全国）	2006.7.13-
落雷で男性死亡（東京都板橋区）	2006.8.8
豪雨・落雷（近畿地方）	2006.8.22
大雨・暴風（東北地方 関東地方）	2006.10.6-
竜巻（北海道）	2006.11.7
突風（静岡県袋井市）	2007.2.14
落雷（近畿地方 中部地方 北陸地方）	2007.3.31
潮干狩り中高波にさらわれ死亡（沖縄県）	2007.4.18
落雷で釣り人が死亡（茨城県龍ケ崎市）	2007.4.28
渇水（徳島県 香川県）	2007.5.24
熱中症（全国）	2007.7.-
落雷（北海道大空町）	2007.8.7
落雷（岩手県陸前高田市）	2007.8.7
落雷で停電（近畿地方）	2007.8.22
熱中症（埼玉県鴻巣市）	2007.9.27
強風（富山県）	2008.2.24
竜巻（青森県藤崎町）	2008.6.13
突風（福井県敦賀市 滋賀県彦根市）	2008.7.27
落雷・大雨（近畿地方 中国地方 四国地方）	2008.12.5

【台風】

台風（岡山県 広島県 愛媛県 全国）	1884.8.25
台風（東北地方 関東地方 中部地方 近畿地方）	1884.9.15
洪水（東京都）	1885.6.30-
台風（愛知県）	1888.9.
台風（関東地方 中国地方 東北地方 九州地方）	1895.7.24
台風（北陸地方 中部地方 近畿地方 四国地方）	1896.8.30
台風（東京都）	1897.10.6
台風（富山県）	1899.8.12
台風（愛媛県 香川県）	1899.8.28
台風（栃木県）	1899.10.7
台風（東北地方 関東地方 中部地方 中国地方）	1902.9.27
台風（関東地方 東京都墨田区）	1906.7.26
台風（北陸地方 近畿地方 中国地方 九州地方）	1906.10.24
台風（愛知県豊橋市）	1906.この年
台風、洪水（東北地方 関東地方 北陸地方 中部地方 近畿地方 中国地方）	1907.8.24
台風（東北地方 関東地方 北陸地方）	1910.8.8-
台風（北海道 東北地方 関東地方 中部地方）	1911.7.26
台風（中部地方 長野県小谷村）	1911.8.8
台風（四国地方 高知県室戸市）	1912.8.23
台風（全国）	1912.9.22
台風（中国地方 九州地方）	1912.10.1
台風（関東地方 東北地方 北海道）	1913.8.27
台風（近畿地方 中国地方 四国地方 九州地方）	1914.6.2
台風（関東地方 北陸地方 中部地方）	1914.8.12
台風（九州地方）	1914.8.25
台風（関東地方 東京都）	1914.8.31
台風（西日本 関東地方）	1914.9.11-
台風（東北地方 近畿地方 中部地方）	1915.9.9
台風（関東地方 千葉県）	1916.7.30
台風（九州地方 鹿児島県）	1916.8.21
東京湾台風（東京都）	1917.10.1
台風（近畿地方 中国地方 四国地方 九州地方）	1918.7.10
台風（関東地方 近畿地方 中国地方 四国地方 九州地方）	1918.9.13
台風（九州地方 四国地方）	1919.8.14
台風（東北地方 関東地方）	1920.9.8
台風（東北地方 北陸地方 中部地方 近畿地方 中国地方）	1921.9.25
台風（中国地方 関東地方 近畿地方）	1922.8.23
台風・地震（全国）	1923.9.1
台風（近畿地方 中国地方 四国地方 九州地方）	1924.9.11
台風（東北地方 関東地方 中部地方 近畿地方）	1926.9.3
台風（宮崎県）	1927.8.8-
台風（鹿児島県大島郡）	1929.9.30
台風（沖縄県）	1930.7.26-
台風（東海地方 近畿地方）	1930.7.31-
台風（長崎県 香川県）	1931.9.11
台風（日本海側 関東地方 東海地方）	1931.9.26-
台風（関東地方 中部地方 近畿地方 四国地方 九州地方）	1931.10.23
台風（北陸地方 九州地方 山口県）	1933.9.1-
台風（長崎県 宮崎県 沖縄県）	1933.9.17-

災害別一覧　　　　　　　　　　　　　　　　　気象災害

室戸台風（四国地方　近畿地方）	1934.9.21
台風（東北地方　関東地方　四国地方）	1935.8.25-
第四艦隊事件（三陸沖）	1935.9.26
台風（西日本）	1936.7.23-
台風（九州地方）	1937.7.24-
台風（全国）	1937.9.11
台風（関東地方　東北地方）	1938.9.1
台風（近畿地方　四国地方）	1938.9.7
台風（東京都八丈島）	1938.9.24-
台風（北海道南部）	1938.10.14
台風（宮崎県）	1939.10.16
台風（沖縄県八重山郡）	1940.7.7
台風（山形県　栃木県　群馬県　千葉県）	1940.8.26-
台風（東北地方　関東地方　山梨県　静岡県）	1941.7.21-
台風（西日本）	1941.8.15-
台風（西日本）	1941.9.30-
台風（中国地方　九州地方）	1942.8.27
台風（西日本）	1943.7.22-
台風（中国地方　四国地方　九州地方）	1943.9.20
台風・豪雨（徳島県　高知県　宮崎県）	1945.9.17
キャスリーン台風（東北地方　関東地方）	1947.9.14-
アイオン台風（東北地方　関東地方　山梨県　静岡県　佐賀県　長崎県）	1948.9.10-
デラ台風（東北地方　関東地方　東海地方　近畿地方　山陽地方　四国地方　九州地方）	1949.6.18-
連絡船青葉丸沈没（大分県東国東郡姫島村沖）	1949.6.21
フェイ台風（福岡県　長崎県　熊本県　大分県　宮崎県　鹿児島県）	1949.7.16-
ヘスター台風（福井県　三重県　滋賀県　京都府　兵庫県　奈良県　徳島県　香川県）	1949.7.27-
ジュディス台風（山口県　高知県　福岡県　佐賀県　長崎県　熊本県　大分県　宮崎県　鹿児島県）	1949.8.15-
キティ台風（北海道　東北地方　関東地方　信越地方）	1949.8.31-
パトリシア台風（千葉県　東京都　神奈川県　静岡県）	1949.10.28
グレース台風（中国地方西部　四国西部　九州地方）	1950.7.19-
漁船多数沈没・流失（和歌山県有田郡箕島町）	1950.9.3
ジェーン台風（東北地方　北陸地方　近畿地方　中国地方東部　四国地方）	1950.9.3
キジア台風（近畿地方東部　中国地方　四国地方　九州地方）	1950.9.13-
ケイト台風（関東地方　東海地方　近畿地方　四国地方　九州地方）	1951.6.30-
ルース台風（東北地方　関東地方　中部地方　近畿地方　中国地方　四国地方　九州地方）	1951.10.14
ダイナ台風（関東地方　東海地方　近畿地方　四国地方　九州地方南部）	1952.6.23-
台風2号（愛媛県　福岡県　長崎県　熊本県）	1953.6.7
漁船みどり丸遭難（宮城県牡鹿郡金華山沖）	1953.8.2
台風13号（東海地方　北陸地方　近畿地方　中国地方東部　四国地方）	1953.9.25
台風5号（四国地方　九州地方）	1954.8.17-
台風13号（大分県　宮崎県　鹿児島県）	1954.9.7-
台風12号（近畿地方　中国地方　四国地方　九州地方）	1954.9.13
台風14号（東北地方　関東地方　中部地方　近畿地方　四国地方）	1954.9.18
連絡貨物船北見丸・日高丸・十勝丸・第11青函丸沈没（北海道函館市函館湾内）	1954.9.26
台風15号〔洞爺丸台風〕（北海道　東北地方　関東地方　四国地方　九州地方）	1954.9.26-
連絡船洞爺丸転覆（北海道上磯郡上磯町沖）	1954.9.27
台風22号（岩手県　秋田県　山口県　福岡県　大分県　宮崎県　鹿児島県）	1955.9.29-
台風23号（東北地方　中国地方　四国地方　九州地方）	1955.10.3-
台風25号（関東地方）	1955.10.11
台風26号（愛知県　和歌山県）	1955.10.20
遠洋マグロ漁船3隻遭難（和歌山県西牟婁郡串本町沖）	1955.12.16-
台風9号（東北地方　中国地方　九州地方）	1956.8.16-

507

台風12号（中国地方　九州地方）
　　　　　　　　　　　　　　1956.9.9-
台風15号（関東地方　中部地方　近畿地
　方　四国地方）　　　　　　1956.9.27
貨物船東和丸沈没（沖縄県南方沖）1956.11.27
台風5号（全国）　　　　　　1957.6.27-
台風7号（九州地方）　　　　1957.8.19-
台風10号（四国地方　九州地方）
　　　　　　　　　　　　　　1957.9.6-
台風14号（鹿児島県　沖縄県）1957.9.26
漁船第17瑞宝丸遭難（南大東島南東沖）
　　　　　　　　　　　　　　1957.10.24
台風11号（北海道　東北地方　関東地方
　東海地方）　　　　　　　　1958.7.23
台風17号（東北地方　中部地方　近畿地
　方）　　　　　　　　　　　1958.8.25-
台風21号（北海道　関東地方　中部地方
　近畿地方）　　　　　　　　1958.9.17-
台風22号〔狩野川台風〕（青森県　宮
　城県　埼玉県　千葉県　東京都　神奈川県
　新潟県　静岡県）　　　　　1958.9.26-
漁船第18瑞宝丸・第5大徳丸行方不明
　（千葉県安房郡白浜町東方沖）1958.11.3
台風6号（関東地方　近畿地方　四国地方
　九州地方）　　　　　　　　1959.8.6-
台風7号（関東地方　中部地方　近畿地
　方）　　　　　　　　　　　1959.8.14
台風14号（北海道　東北地方　中部地方
　九州地方　沖縄）　　　　　1959.9.16-
漁船永幸丸転覆（島根県隠岐郡沖）1959.9.17
台風15号〔伊勢湾台風〕（北海道　東北
　地方　東海地方　近畿地方　中国地方）
　　　　　　　　　　　　　　1959.9.26-
綾瀬川水門決壊（東京都葛飾区）1959.9.27
漁船第5清宝丸沈没（青森県三沢市沖）
　　　　　　　　　　　　　　1959.9.28
台風11号（秋田県　近畿地方　中国地方
　四国地方）　　　　　　　　1960.8.11-
台風12号（中部地方　近畿地方）
　　　　　　　　　　　　　　1960.8.12-
台風14号（千葉県）　　　　 1960.8.20-
台風16号（近畿地方　中国地方　四国地
　方　九州地方東部）　　　　1960.8.28-
芦有開発道路建設現場山崩れ（兵庫県
　西宮市）　　　　　　　　　1960.8.29
貨物船青山丸台風沈没（高知県高知市）
　　　　　　　　　　　　　　1960.10.19
台風（北海道　東北地方）　　1961.5.28-
火災（青森県八戸市）　　　　1961.5.29

台風10・11・12号（四国地方　九州地
　方）　　　　　　　　　　　1961.7.31-
台風（第2室戸台風）（東北地方　中部地
　方　近畿地方　中国地方　四国地方　九州
　地方）　　　　　　　　　　1961.9.15-
台風24号（東北地方　関東地方　中部地
　方）　　　　　　　　　　　1961.10.10
台風7号（近畿地方　東海地方）1962.7.27
台風9号（北海道　宮崎県　鹿児島県）
　　　　　　　　　　　　　　1962.8.1-
台風10号（北海道）　　　　 1962.8.9-
台風14号（中部地方　近畿地方）1962.8.26
釣客水死（神奈川県相模原市付近）1962.8.26
台風2号（関東地方　中部地方　近畿地方
　中国地方　四国地方　九州地方）
　　　　　　　　　　　　　　1963.6.2-
台風3号（関東地方　東海地方　近畿地方
　中国地方　四国地方）　　　1963.6.11-
台風9号（四国地方　九州地方）1963.8.9-
台風11号（関東地方南部　東海地方　近
　畿地方南部　四国地方南部）1963.8.27-
台風14・15号（宮崎県）　　1963.9.10-
船越丸遭難（千葉県安房郡白浜町沖）1963.10.17
台風14号（近畿地方　中国地方　四国地
　方　九州地方）　　　　　　1964.8.23-
台風20号（東北地方以西）　　1964.9.24-
台風6号（関東地方　東海地方　近畿地方
　中国地方　四国地方　九州地方）
　　　　　　　　　　　　　　1965.5.26-
台風9号（近畿地方　中国地方　四国地方
　九州地方）　　　　　　　　1965.6.19-
台風15号（中国地方西部　四国地方西部
　九州地方）　　　　　　　　1965.8.6
台風17号（関東地方　東海地方）
　　　　　　　　　　　　　　1965.8.21-
台風23号（全国）　　　　　 1965.9.10-
台風25号（停滞前線豪雨）（全国）
　　　　　　　　　　　　　　1965.9.13-
台風24号（全国）　　　　　 1965.9.17-
第8海竜丸ほか遭難（マリアナ諸島付
　近）　　　　　　　　　　　1965.10.7
台風4号（東北地方　関東地方　東海地
　方）　　　　　　　　　　　1966.6.27-
豪雨（台風13号）（近畿地方　四国地方
　九州地方）　　　　　　　　1966.8.14-
台風19号（東北地方　中国地方　四国地
　方　九州地方）　　　　　　1966.9.9-

災害別一覧　気象災害

台風24・26号（東北地方　関東地方　中
部地方　近畿地方　四国地方　九州地方）
　　　　　　　　　　　　　　　1966.9.24－
台風34号（福島県　関東地方　東海地方
　近畿地方　九州地方）　　　　1967.10.26－
台風4号（東海地方以西）　　　　1968.7.27－
台風7号（中部地方　近畿地方）
　　　　　　　　　　　　　　　1968.8.15－
岡崎観光バス山崩れ転落（飛騨川バス
　転落事故）（岐阜県加茂郡白川町）1968.8.18
台風10号（東北地方　関東地方　中部地
　方　近畿地方　四国地方）　　　1968.8.25－
台風16号（第三宮古島台風）（近畿地
　方　中国地方　四国地方　九州地方）
　　　　　　　　　　　　　　　1968.9.23－
台風7号（中部地方　近畿地方南部）
　　　　　　　　　　　　　　　1969.8.4－
台風9号（北海道　東北地方　関東地方
　東海地方　近畿地方　四国地方　九州地
　方）　　　　　　　　　　　　1969.8.22－
台風2号（関東地方　東海地方　近畿地方
　中国地方　四国地方　九州地方）1970.7.5
台風9号（北海道　羽越地方　北陸地方
　近畿地方　中国地方　四国地方　九州地
　方）　　　　　　　　　　　　1970.8.14－
台風10号（近畿地方　中国地方　四国地
　方）　　　　　　　　　　　　1970.8.21－
台風19号（西日本）　　　　　　1971.8.2－
台風23号（全国）　　　　　　　1971.8.29－
台風25号（福島県　千葉県）　　1971.9.7－
台風26号（宮城県　静岡県　愛知県）1971.9.12
台風28号（沖縄県）　　　　　　1971.9.22
台風29号（関東地方　中部地方　近畿
　地方）　　　　　　　　　　　1971.9.26
低気圧豪雨（東海地方　近畿地方　四国
　地方　九州地方）　　　　　　　1972.1.11－
低気圧豪雨（北海道　東北地方　関東地
　方）　　　　　　　　　　　　1972.1.15－
台風6号（静岡県　愛知県）　　　1972.7.15
台風9号（四国地方　九州地方東部）
　　　　　　　　　　　　　　　1972.7.23－
台風7号（関東地方　東海地方　西日本）
　　　　　　　　　　　　　　　1972.7.25－
台風20号（北海道　東北地方　関東地方
　中部地方　近畿地方）　　　　　1972.9.16－
台風8号（全国）　　　　　　　　1974.7.3－
台風14号（東北地方　関東地方　東海
　方　近畿地方　九州地方）　　　1974.8.17－

台風16号（多摩川水害）（関東地方　近
　畿地方南部　中国地方　四国地方　九州
　地方）　　　　　　　　　　　1974.8.30－
台風18号（近畿地方　中国地方　四国地
　方　九州地方）　　　　　　　　1974.9.8
台風5号（中国地方　四国地方）
　　　　　　　　　　　　　　　1975.8.15－
台風13号（関東地方　東海地方）
　　　　　　　　　　　　　　　1975.10.4－
台風17号（関東地方　中部地方　近畿地
　方　中国地方　四国地方　九州地方）
　　　　　　　　　　　　　　　1976.9.8－
台風5号（沖縄県八重山諸島）　　1977.7.31
台風9号（東北地方　関東地方　中国地方
　四国地方　九州地方）　　　　　1977.9.9－
台風11号（関東地方　東北地方）1977.9.19
台風18号（九州地方　中国地方）
　　　　　　　　　　　　　　　1978.9.15－
台風16号（全国）　　　　　　　1979.9.30－
台風20号（全国）　　　　　　　1979.10.19
台風被害（岡山県）　　　　　　　1979.10.19
台風13号（西日本）　　　　　　1980.9.7－
台風12号（北海道）　　　　　　1981.8.5
台風15号（関東地方　東北地方　北海道）
　　　　　　　　　　　　　　　1981.8.23
台風18号（北海道）　　　　　　1981.9.1－
台風24号（関東地方　東海地方　九州地
　方）　　　　　　　　　　　　1981.10.22
台風24号（東日本）　　　　　　1981.10.22
台風18号（東北地方　北海道）　1982.9.12
台風5号（東海地方　北陸地方）　1983.8.17
台風10号（中部地方　九州地方　関東地
　方　近畿地方）　　　　　　　　1983.9.25－
台風13号（九州地方　中国地方　東北地
　方　北海道）　　　　　　　　　1985.8.31－
台風10号（東海地方　関東地方　東北地
　方）　　　　　　　　　　　　1986.8.4
台風5号（全国）　　　　　　　　1987.7.15
台風12号（北海道　北陸地方　九州地方）
　　　　　　　　　　　　　　　1987.8.31
台風19号（中国地方　四国地方　近畿地
　方　関東地方）　　　　　　　　1987.10.17
台風18号（関東地方）　　　　　1988.9.15
台風11号（九州地方）　　　　　1989.7.27－
台風13号（関東地方　東北地方）
　　　　　　　　　　　　　　　1989.8.6－
台風17号（北海道　東北地方　中部地方
　関東地方　近畿地方）　　　　　1989.8.25－

台風22号（関東地方 中部地方 近畿地
　方 中国地方 四国地方 九州地方）
　　　　　　　　　　　　　　　1989.9.19-
台風19号（全国）　　　　　　　1990.9.11-
台風20号（九州地方 関東地方 中部地
　方 近畿地方）　　　　　　　　1990.9.23-
台風21号（近畿地方 中国地方 四国地
　方 九州地方）　　　　　　　　1990.10.8
台風28号（北海道 東北地方 中部地方
　関東地方 近畿地方）　　　　1990.11.30
台風12号（関東地方 北海道 近畿地方）
　　　　　　　　　　　　　　　1991.8.18-
台風17号（九州地方 中国地方 北海道）
　　　　　　　　　　　　　　　1991.9.12-
台風18号（関東地方 北海道 近畿地方）
　　　　　　　　　　　　　　　1991.9.17-
台風19号（全国）　　　　　　　1991.9.25-
台風7号（九州地方 中国地方 四国地
　方）　　　　　　　　　　　　　1993.8.10
台風11号（関東地方 東北地方）　1993.8.27
台風13号（九州地方 四国地方 中国地
　方 近畿地方）　　　　　　　　　1993.9.3
台風24号（関東地方）　　　　　1994.9.18
台風26号（近畿地方）　　　　　1994.9.26
台風12号（関東地方）　　　　　1995.9.17-
台風17号（関東地方 東北地方）
　　　　　　　　　　　　　　　1996.9.22-
台風（九州地方 瀬戸内地方）　　1997.9.16
台風4号（関東地方 東北地方 中部地方
　近畿地方 北海道）　　　　　　1998.8.27
台風5号（中部地方 東北地方 関東地
　方）　　　　　　　　　　　　　　1998.9.16
台風7号（近畿地方 北陸地方 東北地方
　関東地方）　　　　　　　　　　1998.9.22
台風10号（九州地方 四国地方 中国地
　方 近畿地方）　　　　　　　1998.10.17-
台風16号（全国）　　　　　　　　1999.9.14
台風18号（全国）　　　　　　　　1999.9.24
台風3号（全国）　　　　　　　　2000.7.7-
台風11号（全国）　　　　　　　　2001.8.21-
台風16号（沖縄県）　　　　　　　2001.9.7-
台風15号（全国）　　　　　　　　2001.9.11
台風6号（全国）　　　　　　　　2002.7.11
台風7号（全国）　　　　　　　　2002.7.14-
台風21号（全国）　　　　　　　　2002.10.1
台風22号（全国）　　　　　　　　2002.10.13
台風4号（近畿地方 四国地方）　　2003.5.31
台風10号（全国）　　　　　　　　2003.8.8

台風14号（沖縄県）　　　　　　2003.9.11
台風6号（全国）　　　　　　　　2004.6.18-
台風10号（四国地方）　　　　　2004.8.2
台風16号（全国）　　　　　　　2004.8.30
台風18号（全国）　　　　　　　2004.9.7
台風21号（全国）　　　　　　　2004.9.29
台風22号（全国）　　　　　　　2004.10.9
台風23号（全国）　　　　　　　2004.10.20
台風で増水の用水路に転落（大阪府和
　泉市）　　　　　　　　　　　2004.10.22
台風11号首都圏直撃（関東地方）2005.8.26
台風14号（全国）　　　　　　　2005.9.5-
台風13号（九州地方 中国地方 四国地
　方）　　　　　　　　　　　　2006.9.16-
台風4号（九州地方 四国地方）　2007.7.13
台風9号（東海地方 関東地方 東北地
　方）　　　　　　　　　　　　2007.9.6-
台風20号（関東地方）　　　　　2007.10.27
台風9号（近畿地方 中国地方 四国地
　方）　　　　　　　　　　　　2009.8.9
台風18号（全国）　　　　　　　2009.10.8

【豪雨（台風を除く）】

大雨、洪水（大阪府 東京府 神奈川県
　埼玉県）　　　　　　　　　　1885.6.15
十津川大水害（奈良県 和歌山県）1889.8.19
大雨（岐阜県）　　　　　　　　1893.8.21
豪雨（京都府）　　　　　　　　1901.6.30
豪雨、洪水（東北地方 関東地方 北陸
　地方 中部地方 近畿地方 四国地方）1903.7.7
豪雨、洪水（静岡県）　　　　　1904.7.11
豪雨、地滑り（新潟県 群馬県）　1910.
豪雨、地滑り（山形県 福島県）　1910.8.
豪雨、洪水（岩手県盛岡市）　　1910.9.2
豪雨、地滑り（静岡県）　　　　1910.この年
豪雨（宮崎県 鹿児島県）　　　　1911.9.
豪雨（中部地方 長野県小谷村）　1912.7.
豪雨（北陸地方 富山県）　　　　1912.7.23
雷雨（関東地方 群馬県）　　　　1916.7.5
豪雨（中国地方 広島県）　　　　1919.7.5
雷雨（群馬県）　　　　　　　　1922.8.13
豪雨、洪水（東京都 神奈川県）　1925.9.30
豪雨（新潟県阿賀野川 信濃川）　1926.7.29
豪雨（東北地方 秋田県本荘市）　1926.8.4
豪雨（東京都）　　　　　　　　1926.8.19
暴風雨（九州地方）　　　　　　1930.7.18
豪雨（鹿児島県 新潟県）　　　　1931.7.6-

災害別一覧　　　　　　　　　　　　　　　　　気象災害

豪雨（三重県北牟婁郡相賀町）	1931.10.	豪雨（宮城県　福島県　栃木県　茨城県	
豪雨（西日本）	1932.7.	長野県）	1950.8.2-
豪雨（青森県　秋田県）	1932.8.5	豪雨（京都府　大阪府　兵庫県　広島県	
豪雨（鹿児島県）	1933.6.	山口県　福岡県）	1951.7.7-
豪雨（石川県　富山県　新潟県）	1934.7.10-	豪雨（九州地方南部）	1952.5.4
豪雨（西日本）	1935.6.27-	豪雨（北陸地方）	1952.6.30-
豪雨（千葉県）	1935.7.	豪雨（近畿地方　中国地方　四国地方）	
豪雨（青森県　秋田県）	1935.8.21-		1952.7.9-
豪雨（阪神地方　静岡県）	1935.9.2	豪雨（山口県　福岡県　佐賀県　長崎県	
豪雨（東京都東京市）	1935.9.24	熊本県　大分県）	1953.6.25-
豪雨（熊本県　大分県）	1936.7.2-	豪雨（茨城県　千葉県　東京都　神奈川県	
豪雨（山形県）	1937.7.10	山梨県　長野県　岐阜県　静岡県　愛知県	
豪雨（関東地方　東海地方）	1937.7.13-	三重県　京都府　奈良県　和歌山県）	
暴風雨（北海道）	1937.10.5		1953.7.18-
豪雨（熊本県）	1938.6.26	豪雨（三重県　滋賀県　京都府　奈良県	
豪雨（京浜地方）	1938.6.28	和歌山県）	1953.8.14-
豪雨（青森県　秋田県北部）	1938.7.13	豪雨（福岡県　佐賀県　長崎県）	1954.5.23-
豪雨（静岡県　岐阜県）	1938.8.3	豪雨（静岡県）	1954.6.6
豪雨（岐阜県美濃地方）	1938.8.26	豪雨（熊本県　宮崎県　鹿児島県）	
豪雨（茨城県北部）	1938.8.27		1954.6.8-
豪雨（北海道）	1940.9.17	豪雨（和歌山県）	1954.6.22-
豪雨（静岡県）	1941.6.	豪雨（京都府　大阪府　和歌山県　香川県	
豪雨（西日本）	1941.6.	高知県　長崎県　熊本県　大分県）	
豪雨（上信地方　東海地方）	1941.7.10-		1954.6.28-
豪雨（岡山県　広島県　愛媛県）	1943.7.	正安炭鉱坑内浸水（山口県美祢郡豊田	
豪雨（三重県度会郡）	1944.10.7	町）	1954.7.4
枕崎台風（西日本）	1945.9.17	豪雨（中国地方西部　九州地方北部）	
豪雨（九州地方）	1947.6.22-		1954.7.4-
豪雨（青森県　秋田県　山形県　岩手県		豪雨（九州地方）	1955.4.14-
宮城県）	1947.7.21-	安部鉱業所佐世保炭鉱ボタ山崩壊（長	
豪雨（富山県　石川県　福井県　滋賀県）		崎県佐世保市）	1955.4.16-
	1948.7.23-	豪雨（九州地方北部）	1955.6.7-
豪雨（近畿地方　四国地方　九州地方）		豪雨（青森県　岩手県　秋田県　山形県）	
	1948.8.24-		1955.6.24-
豪雨（中国地方西部　四国地方　九州地方		豪雨（北海道南部）	1955.7.3-
北部）	1948.9.10-	豪雨（九州地方北西部）	1955.7.6
豪雨（熊本県　鹿児島県）	1949.6.26-	豪雨（山形県　宮城県　福島県　新潟県	
豪雨（和歌山県　熊本県）	1949.7.5-	富山県　石川県）	1956.7.14-
豪雨（山梨県　長野県　新潟県）	1949.9.22-	豪雨（三重県南牟婁郡紀和町）	1956.10.
豪雨（九州地方南部）	1949.10.3-	豪雨（山口県　九州地方）	1957.7.1-
豪雨（西日本）	1950.3.6-	豪雨地滑り（佐賀県伊万里市）	1957.7.6
豪雨（福島県　栃木県　茨城県　千葉県		豪雨（東北地方南部　新潟県）	1957.7.7-
埼玉県　東京都　神奈川県　山梨県　長野		豪雨（佐賀県　長崎県　熊本県）	1957.7.25-
県　静岡県）	1950.6.7-	豪雨（北海道　東北地方　関東地方）	
豪雨（関東地方西部）	1950.7.27-		1957.8.4-
室蘭本線鉄橋崩壊・旅客列車転落（北		豪雨（愛知県　岐阜県）	1957.8.7-
海道）	1950.8.1	豪雨（北陸地方　西日本）	1958.4.22-

511

災害別一覧

豪雨〔浜田市水害〕（島根県 広島県 香川県 愛媛県） 1958.6.30–
豪雨（山形県 新潟県 石川県 長野県 岐阜県 愛知県） 1958.7.23–
豪雨（東北地方南部 信越地方） 1959.7.1–
豪雨（長野県） 1959.7.6
豪雨（東北地方 北陸地方） 1959.7.10–
豪雨（関東地方 中部地方 近畿地方 中国地方 九州地方北西部） 1959.7.13–
豪雨（関東地方 東海地方 近畿地方） 1959.8.12–
豪雨（島根県西部） 1959.8.23
豪雨（石川県 富山県 岐阜県 静岡県中西部） 1959.8.25–
豪雨（新潟県北部） 1960.7.4
豪雨（福島県 新潟県） 1960.7.13–
只見発電所建設現場堰堤氾濫（新潟県東蒲原郡） 1960.7.14
豪雨（静岡県中部） 1960.8.13–
上尊鉱業所豊洲炭鉱豪雨水没（福岡県田川郡川崎町） 1960.9.20
豪雨（三重県 和歌山県） 1960.10.7
梅雨前線豪雨（36年6月豪雨）（東北地方 関東地方 中部地方 近畿地方 中国地方 四国地方 九州地方） 1961.6.23–
豪雨（東北地方 北陸地方 山陰地方） 1961.7.3–
豪雨（北海道中央部） 1961.7.24–
豪雨（新潟県中越地方） 1961.8.5–
豪雨（京都府） 1961.10.
豪雨（北海道南部） 1961.10.5–
豪雨（四国地方 九州地方） 1961.10.25–
大分交通別大線列車埋没（大分県大分市） 1961.10.26
豪雨（鹿児島県） 1962.5.26–
豪雨（東北地方 関東地方 北陸地方 近畿地方 四国地方） 1962.6.9–
豪雨（東海地方 近畿地方 中国地方 四国地方 九州地方） 1962.7.1–
地滑り（佐賀県藤津郡太良町） 1962.7.8
豪雨（九州地方） 1963.5.7–
豪雨（東海地方 近畿地方南部） 1963.5.15–
豪雨（九州地方北部） 1963.6.29–
豪雨（関東地方以西） 1963.7.10–
豪雨（青森県 秋田県） 1963.7.24–
豪雨（九州地方） 1963.8.14–
豪雨（北海道南部） 1963.9.15–
豪雨（秋田県） 1964.4.1–
豪雨（北海道） 1964.6.3–
豪雨（九州地方） 1964.6.19–
豪雨（西日本） 1964.6.24–
豪雨（東北地方 信越地方 北陸地方） 1964.7.6–
豪雨（山陰地方） 1964.7.14–
豪雨（39年7月山陰・北陸豪雨）（北陸地方 山陰地方） 1964.7.17–
豪雨（宮城県） 1964.8.–
豪雨（新潟県） 1964.8.9
豪雨（熊本県南部） 1964.8.15–
豪雨（関東地方北部） 1964.8.23–
豪雨（東北地方 信越地方） 1965.6.30–
豪雨（九州地方） 1965.6.30–
豪雨（秋田県） 1965.7.14–
山崩れ（山形県宮内町） 1965.7.17
豪雨（北陸地方 近畿地方 中国地方） 1965.7.20–
豪雨（近畿地方南部 四国地方 九州地方） 1966.5.21–
豪雨（東北地方 西日本） 1966.6.30–
豪雨（九州地方） 1966.7.7–
豪雨（石川県北部） 1966.7.11–
豪雨（山形県 新潟県） 1966.7.15–
豪雨（北海道中南部） 1966.8.17–
豪雨（愛知県東部） 1966.10.11–
豪雨（青森県 岩手県） 1966.10.13–
豪雨（長野県） 1967.6.16
豪雨（鹿児島県） 1967.6.19
豪雨（42年7月豪雨）（近畿地方以西） 1967.7.8–
豪雨（石川県七尾市） 1967.8.11
豪雨（山形県 福島県 新潟県） 1967.8.28–
豪雨（青森県 岩手県） 1967.9.21–
豪雨（青森県） 1968.5.13–
豪雨（関東地方以西） 1968.6.28–
豪雨（北海道南西部 青森県） 1968.8.20–
がけ崩れ（宮崎県北諸県郡三股町） 1969.6.30
豪雨（東北地方 北陸地方 信越地方） 1969.8.7–
豪雨（45年1月低気圧）（東北地方 関東地方 中部地方 近畿地方） 1970.1.30–
豪雨（北海道） 1970.5.10–
豪雨（関東地方以西） 1970.6.12–
豪雨（関東地方南部） 1970.6.30–
豪雨（千葉県 静岡県） 1970.9.29
豪雨（北海道北部） 1970.10.25–

豪雨（福島県　関東地方）	1970.11.19-	豪雨（島根県隠岐郡）	1977.8.7-
豪雨（東日本）	1971.7.15-	集中豪雨（九州北部）	1978.6.10-
豪雨（広島県　高知県　九州地方）		集中豪雨（岡山県井原市）	1978.6.13
	1971.7.21-	梅雨前線活発化（関東以西）	1978.6.21-
豪雨（高知県安芸郡付近）	1971.7.26	豪雨（新潟県）	1978.6.25-
九州地方豪雨（九州地方）	1971.8.20-	集中豪雨（和歌山県　静岡県　長野県　福	
豪雨（愛知県　三重県南部　和歌山県）		島県　茨城県）	1979.5.
	1971.9.9-	集中豪雨（関東地方）	1979.5.15
豪雨（高知県　長崎県）	1971.9.17	集中豪雨（西日本）	1979.6.26-
豪雨（九州地方南部）	1972.6.6-	土砂崩れ（長野県白馬村）	1979.8.22
豪雨（福岡県）	1972.6.21-	豪雨（岐阜県）	1979.8.22
梅雨前線豪雨（47年7月豪雨）（全国）		大雨（九州地方　四国地方）	1980.7.8-
	1972.7.4-	集中豪雨（全国）	1980.8.
豪雨（中国地方　四国地方）	1972.9.8-	大雨（北海道　九州地方）	1980.8.29-
秋雨前線豪雨（全国）	1972.9.14-	豪雨（九州地方　四国地方）	1981.6.25-
暴風雨（九州地方）	1973.5.7-	雷雨（関東地方）	1981.7.22
豪雨（48年6月豪雨）（中国地方　九州地方）		豪雨（北海道奥尻島）	1981.9.3-
	1973.6.26-	集中豪雨（東北地方）	1981.9.26-
豪雨（7月31日豪雨）（九州地方北部）		7月豪雨（九州地方　中国地方）	1982.7.11-
	1973.7.30-	8月豪雨（全国）	1982.8.1
豪雨（青函豪雨）（北海道南西部　青森県		集中豪雨（山陰地方）	1983.7.22-
北部　新潟県）	1973.9.24-	集中豪雨（北海道胆振地方）	1983.9.24
梅雨前線豪雨（関東地方　中部地方　近		集中豪雨（岡山県芳井町）	1984.7.20
畿地方　四国地方　九州地方）	1974.6.17-	梅雨前線豪雨（全国）	1985.6.18-
豪雨（三重県）	1974.7.-	集中豪雨（山口県山口市吉敷）	1985.6.28
豪雨（中国地方西部　九州地方北部）		強雨（鹿児島県鹿児島市）	1986.7.10
	1974.7.16-	豪雨（九州地方）	1988.5.3-
豪雨（東海地方西部）	1974.7.24-	豪雨（西日本）	1988.6.2-
豪雨（東北地方中部）	1974.7.31-	豪雨（愛媛県北宇和郡吉田町　徳島県　福	
豪雨（東北地方）	1974.9.24	岡県）	1988.6.23-
豪雨（北海道東部）	1975.5.17-	豪雨（西日本）	1988.7.13-
豪雨（九州地方）	1975.6.16-	豪雨（九州地方　関東地方　中部地方　四	
豪雨（九州地方）	1975.6.24-	国地方）	1988.8.11-
豪雨（鹿児島県）	1975.7.2-	豪雨（北海道）	1988.8.25-
豪雨（島根県）	1975.7.12-	集中豪雨（岩手県）	1988.8.28-
集中豪雨（東北地方）	1975.8.6	豪雨（関東地方）	1989.7.31-
豪雨（静岡県）	1975.10.7-	豪雨（九州地方）	1990.6.28-
豪雨（鹿児島県大島郡）	1975.10.15-	集中豪雨（北海道　東北地方　中部地方）	
集中豪雨（鹿児島県）	1976.6.		1990.11.4-
梅雨前線豪雨（九州地方南部）	1976.6.22-	大雨（近畿地方　中部地方　中国地方　四	
集中豪雨（関東地方　東海地方）		国地方　九州地方）	1995.6.30-
	1976.7.10-	土石流（鹿児島県出水市）	1997.7.10
集中豪雨（九州）	1976.7.22	大雨（福島県）	1999.4.25
寒冷前線豪雨（九州地方　東北地方　北		大雨（中国地方　四国地方　九州地方）	
陸地方）	1976.8.3		1999.6.29-
豪雨（東北地方）	1977.5.15-	大雨（東北地方　関東地方）	1999.7.13-
梅雨前線豪雨（熊本県）	1977.6.15-	大雨（関東地方）	1999.7.21-
豪雨（青森県）	1977.8.4-	大雨（関東地方）	1999.8.13-

気象災害 災害別一覧

大雨（近畿地方）	1999.9.17
大雨（東北地方 関東地方）	1999.10.27-
雷雨（関東地方）	2000.7.2
雷雨（全国）	2000.7.4
鉄砲水（群馬県利根郡水上町）	2000.8.6
大雨（群馬県）	2000.9.8-
東海豪雨（東海地方）	2000.9.11-
豪雨（全国）	2001.6.18-
豪雨（九州地方）	2001.7.6
地下室沈没（東京都八王子市）	2001.7.26
豪雨（秋田県 岩手県）	2001.7.30-
豪雨（高知県土佐清水市）	2001.9.2-
豪雨（四国地方 九州地方 近畿地方）	2001.9.6
土砂崩れ（北海道北見市）	2001.10.4
集中豪雨（広島県呉市）	2002.8.11
雷雨（近畿地方）	2003.5.8
九州で豪雨（九州地方）	2003.7.19-
新潟・福島豪雨（新潟県 福島県）	2004.7.13
豪雨（東北地方）	2004.7.16-
福井豪雨（福井県 岐阜県）	2004.7.17-
豪雨（四国地方 近畿地方）	2004.8.17
大雨（新潟県）	2005.6.27-
豪雨（近畿地方 中国地方 四国地方）	2005.7.3
大雨で土砂崩れ（大分県）	2005.7.10
豪雨（埼玉県さいたま市）	2005.8.13
局地的豪雨（東京都）	2005.8.15
大雨（東北地方）	2005.8.20
首都圏豪雨（関東地方）	2005.9.4-
豪雨（九州地方 山口県）	2006.6.25-
平成18年7月豪雨（中部地方 中国地方 九州地方）	2006.7.15-
豪雨（神奈川県）	2006.8.17
豪雨で断水（北海道北見市）	2007.6.23
豪雨（九州地方 四国地方）	2007.7.6
局地的豪雨（関東地方）	2007.8.28
大雨（東北地方）	2007.9.18
大雨で山崩れ（大分県九重町）	2008.6.11
大雨（全国）	2008.6.22
雷雨（近畿地方）	2008.7.28
マンホール内で流され死亡（東京都豊島区）	2008.8.5
ゲリラ豪雨（関東地方）	2008.8.5
大雨（関東地方）	2008.8.16
豪雨（関東地方 東海地方）	2008.8.29
大雨（関東地方）	2008.8.30
中国・九州北部豪雨（中国地方 九州北部地方）	2009.7.19-
鉄砲水（沖縄県那覇市）	2009.8.19

【豪雪】

豪雪（北陸地方 北海道）	1885.1.-
大雪（全国）	1912.3.17
豪雪（新潟県 山形県 石川県）	1917.11.24
豪雪（石川県 富山県 福井県 新潟県）	1927.1.18-
暴風雪（北海道）	1928.1.11
豪雪（新潟県）	1928.2.13
豪雪（富山県）	1934.3.28
豪雪（新潟県）	1936.1.
豪雪（山形県庄内地方）	1937.10.9
豪雪（大分県）	1940.3.21
万座硫黄鉱山作業員宿舎倒壊（群馬県吾妻郡草津町）	1956.1.31
豪雪（北海道 青森県）	1956.12.19頃
豪雪（関東地方 九州地方 日本海側）	1958.3.28-
豪雪（新潟県 富山県 石川県 福井県）	1960.12.26-
豪雪（島根県西部）	1961.12.-
豪雪（38年1月豪雪）（日本海側）	1963.1.1-
豪雪（関東地方以西）	1968.2.14-
豪雪（日本海側）	1969.1.1-
豪雪（太平洋側）	1969.3.12
豪雪（秋田県）	1974.1.24-
豪雪（羽越地方 北陸地方 山陰地方）	1975.1.9-
豪雪（新潟県）	1976.1.
豪雪（日本海側）	1976.1.9-
集中豪雪（新潟県）	1976.1.18
豪雪（北海道 青森県 富山県 鳥取県）	1976.12.29-
大雪（全国）	1977.1.-
豪雪・寒波（北陸地方 山陰地方）	1977.3.2
大雪（東北地方）	1980.12.24-
56豪雪（北陸地方 東北地方）	1981.1.-
豪雪被害（鳥取県）	1983.12.-
豪雪被害（新潟県）	1983.12.-
猛吹雪（北海道）	1986.1.14-
大雪（関東地方）	1986.3.23
雪害（奈良県）	1986.3.23
大雪（関東地方 中部地方）	1998.1.15
雪崩で遭難救助隊員死亡（新潟県北魚沼郡入広瀬村）	2000.6.18
大雪（福井県）	2001.1.

一酸化炭素中毒死（石川県内灘町）	2001.1.16
大雪（関東地方）	2001.1.27−
豪雪（全国）	2003.12.20
大雪（東北地方）	2005.1.14
雪で旅館の屋根が崩落（新潟県小千谷市）	2005.1.26
大雪（全国）	2005.2.2
平成18年豪雪（全国）	2005.12.−
雪で民家倒壊（石川県白山市）	2006.1.5

地変災害

水害（北陸地方 中部地方 近畿地方 東北地方 関東地方）	1868.6.28
暴風雨、高潮（関東地方 北陸地方 近畿地方 中国地方 四国地方）	1871.7.4
洪水（長野県）	1876.9.17
暴風雨、洪水（東京府）	1878.9.15
洪水（長野県）	1882.10.1
洪水（長野県）	1883.9.29
水害（長野県）	1884.7.1
大雨、洪水（大阪府 東京府 神奈川県 埼玉県）	1885.6.15
洪水（長野県）	1889.9.12
洪水（長野県）	1892.5.5
暴風雨、洪水（岡山県）	1892.7.23
洪水（新潟県）	1896.7.8−
洪水（長野県）	1896.7.21
洪水（四国地方 近畿地方 関東地方）	1896.9.6−
大風、激浪（愛媛県）	1897.4.16
大水害（新潟県）	1897.7.−
風水害、洪水（九州地方 中国地方 関東地方 近畿地方 四国地方）	1902.8.10
豪雨、洪水（東北地方 関東地方 北陸地方 中部地方 近畿地方 四国地方）	1903.7.7
豪雨、洪水（静岡県）	1904.7.11
洪水（長野県）	1906.7.16
河川増水（静岡県）	1907.7.15
台風、洪水（東北地方 関東地方 北陸地方 中部地方 近畿地方 中国地方）	1907.8.24
湖沼氾濫（千葉県）	1909.7.9
水害（九州地方 佐賀県）	1909.9.26
豪雨、洪水（岩手県盛岡市）	1910.9.2
洪水（長野県）	1914.8.31
洪水（中国地方）	1916.6.23
洪水（長野県）	1917.10.1
河川氾濫（高知県宿毛市）	1920.8.17
洪水（九州地方 大分県）	1921.6.17
豪雨、洪水（東京都 神奈川県）	1925.9.30
地滑り（新潟県磯部村）	1927.2.14
津波（熊本県）	1927.9.13
山崩れ（兵庫県氷上郡春日部村）	1928.7.18
津波（大分県）	1930.7.26
山崩れ（栃木県那須郡那須温泉村）	1930.8.1
山津波（群馬県吾妻郡坂上村）	1930.8.1
貯水池決壊（大分県下毛郡山口村）	1931.7.21
山津波（岐阜県恵那郡中津川町付近）	1932.9.26
三陸地震津波（東北地方）	1933.3.3
水害（兵庫県）	1933.8.13
津波（鹿児島県出水郡阿久根町）	1933.9.
津波（富山県富山湾）	1933.9.6
浸水（石川県江沼郡大聖寺町）	1933.10.
落石（栃木県日光町）	1935.7.6
水害（京阪地方）	1935.8.11
山津波（兵庫県神戸市苧川谷）	1935.8.29
水害（群馬県）	1935.9.26
山津波（福島県双葉郡）	1935.10.27
高潮（富山県富山湾）	1935.11.
山津波（群馬県嬬恋村）	1937.11.11
水害（兵庫県）	1938.7.3−
論電ヶ池決壊（長野県）	1939.4.
津波（北海道西海岸）	1940.8.2
江東地区地盤沈下（東京都江東区ほか）	1947.この頃
橘北中学校生溺死（三重県津市）	1955.7.28
観光バス転落（高知県伊豆坂峠）	1957.6.28
県営砂防工事現場落石（愛媛県宇摩郡土居町）	1958.1.16
洪水（北海道 秋田県）	1962.4.3−
ガス爆発（東京都江東区）	1963.1.24
海水浴客溺死（千葉県山武郡九十九里町）	1963.7.21
ホテル建築現場ガス噴出（長崎県南高来郡）	1963.9.5
地盤沈下（関東地方）	1963.この頃
菊華高等学校生落石遭難（大菩薩嶺）	1968.5.3
落石（埼玉県秩父郡大滝村付近）	1970.6.20
冷水塊遭難（千葉県）	1970.7.19
異常潮位（関東地方 東海地方 近畿地方）	1971.9.4−
地下水塩水化（静岡県）	1971.この年
鳥取砂丘破壊（鳥取県鳥取市）	1971.この年

国鉄トンネル建設現場落盤（鹿児島県垂水市）	1972.2.22	地震（関東地方）	1884.10.15
天然ガス噴出（新潟県北蒲原郡中条町）	1973.4.頃～	地震（北陸地方 中部地方 関東地方）	1886.7.23
		地震（関東地方）	1887.1.15
水異変（群馬県）	1973.この頃～	地震（九州地方）	1889.7.28
高波（新潟県岩船郡粟島浦村）	1974.3.23	地震（中部地方）	1890.1.7
地盤沈下（愛知県濃尾平野南西部）	1974.5.	地震（関東地方）	1890.4.16
鉄砲水（鹿児島県鹿児島市）	1974.6.17	濃尾地震（中部地方）	1891.10.28
神田川氾濫（東京都東部）	1974.7.20	地震（山梨県）	1891.12.24
地盤沈下（佐賀県）	1974.この年	地震（中部地方 北陸地方）	1892.12.9
水害（青森県）	1975.7.27～	地震（色丹島沖）	1893.6.4
水害（北海道）	1975.8.24	地震（九州地方）	1893.9.7
タクシー落石損壊（奈良県吉野郡）	1976.5.8	地震（北陸地方 東北地方）	1894.3.22
国鉄定期バス落石事故（静岡県磐田郡水窪町）	1977.4.9	東京湾北部地震（関東地方）	1894.6.20
		地震（九州地方）	1894.8.8
浸水（関東地方）	1978.4.6	庄内地震（東北地方）	1894.10.22
浸水（高知県）	1978.7.13	地震（関東地方）	1895.1.18
泥流（北海道）	1978.10.24	地震（九州地方）	1895.8.27
登山者落石事故（富士山）	1980.8.14	地震（北陸地方）	1896.4.2
水害（佐賀県）	1980.8.28	明治三陸地震津波（東北地方 北海道）	1896.6.15
落石（愛媛県小松町）	1980.9.10	陸羽地震（東北地方）	1896.8.31
地盤沈下（全国）	1981.この年	地震（東北地方）	1897.2.20
地盤沈下（関東地方）	1982.この年	地震（東北地方）	1897.8.5
地盤沈下（全国）	1983.この年	地震（山梨県）	1898.4.3
地盤沈下（神奈川県横浜市）	1984.この年	地震（近畿地方）	1899.3.7
暴風雨（長野県 岐阜県）	1985.7.11	地震（北海道）	1899.5.8
落石（北海道上川町）	1987.6.9	地震（九州地方）	1899.11.25
鉄砲水（長野県北安曇郡小谷村）	1990.2.11	地震（北陸地方 中部地方 関東地方）	1900.3.22
赤潮発生（熊本県天草郡）	1990.7.	地震（東北地方）	1900.5.12
落石事故（徳島県鳴門市）	1990.10.8	地震（東北地方）	1901.8.9
大谷石採取場陥没（栃木県宇都宮市）	1991.4.29	地震（東北地方）	1902.1.30
落石事故（岡山県久米郡久米町）	1996.5.5	地震（関東地方）	1902.6.23
土石流（長野県小谷村）	1996.12.6	地震（中部地方）	1903.8.10
土石流（鹿児島県出水市）	1997.7.10	地震（中国地方 四国地方）	1905.6.2
岡山県で地盤沈下（岡山県川北郡備中町）	1999.4.1	地震（北海道）	1907.12.23
		姉川地震（近畿地方 中部地方）	1909.8.14
大雨で道路陥没し軽トラック転落（鹿児島県鹿屋市）	2000.6.3	地震（九州地方 四国地方 中国地方）	1909.11.10
		地震（北海道）	1910.7.24
高波（東京都江戸川区）	2000.7.30	地震（九州地方）	1911.6.15
落石（岐阜県武儀郡板取村）	2001.6.6	地震（東北地方）	1914.3.15
高波（静岡県富士市）	2001.7.7	地震（北海道）	1915.3.18
高波（青森県西津軽郡岩崎村）	2001.12.21	地震（東北地方）	1915.11.1
副振動（熊本県 鹿児島県）	2009.2.24	地震（関東地方）	1915.11.16
		地震（中部地方 関東地方）	1916.2.22
【地震】		地震（北海道）	1916.3.18
		地震（近畿地方）	1916.11.26
地震（東北地方 太平洋沿岸）	1868.8.13	地震（九州地方）	1916.12.29
地震（中国地方）	1872.3.14	地震（中部地方）	1917.5.18

地震（関東地方　中部地方）	1918.6.26
地震（北海道）	1918.9.8
地震（北海道）	1918.11.8
地震（中部地方）	1918.11.11
地震（中部地方）	1920.2.19
地震（関東地方）	1921.12.10
地震（関東地方　中部地方）	1922.4.26
地震（九州地方）	1922.12.8
地震（九州地方）	1923.7.13
関東大震災（関東地方　中部地方）	1923.9.1
台風・地震（全国）	1923.9.1
大震災山崩れ・熱海線列車巻き込まれ（神奈川県小田原）	1923.9.1
地震（関東地方）	1923.9.2
地震（関東地方）	1924.1.15
北但馬地震（兵庫県）	1925.5.23
地震（関東地方）	1926.8.3
北丹後地震（近畿地方　中国地方　四国地方）	1927.3.7
北伊豆地震（東海地方　関東地方）	1930.11.26
三陸地震津波（東北地方）	1933.3.3
地震（大分県　宮崎県）	1939.3.20
地震（長野県長野市北方）	1941.7.16
鳥取地震（鳥取県）	1943.9.10
東南海地震（東海地方）	1944.12.7
三河地震（愛知県）	1945.1.13
新宮市大火（和歌山県新宮市）	1946.12.21
南海地震（東海地方　近畿地方　中国地方　四国地方　九州地方）	1946.12.21
福井地震（石川県　福井県）	1948.6.28
今市地震（関東地方）	1949.12.26
十勝沖地震（北海道地方　東北地方）	1952.3.4
大聖寺沖地震（関東地方　中部地方　近畿地方）	1952.3.7
吉野地震（北陸地方　近畿地方　中国地方　四国地方）	1952.7.18
チリ地震津波（北海道　青森県　岩手県　宮城県　三重県　和歌山県　徳島県）	1960.5.24
地震（新潟県長岡市）	1961.2.2
地震（九州地方）	1961.2.27
地震（中部地方）	1961.8.19
地震（東北地方　関東地方）	1962.4.30
地震（秋田県）	1964.5.7
地震（東北地方　関東地方　甲信越地方）	1964.6.16
地震（静岡県　愛知県）	1965.4.20
群発地震（長野県）	1965.8.3-
えびの地震（熊本県　宮崎県　鹿児島県）	1968.2.21-
地震（宮崎県西諸県郡えびの町）	1968.3.25
地震（中国地方　四国地方　九州地方）	1968.4.1
十勝沖地震（北海道　東北地方　関東地方）	1968.5.16-
地震（四国地方　九州地方）	1968.8.6
地震（長野県北部）	1968.9.21
地震（北海道東方沖）	1969.8.12
地震（東北地方　関東地方　中部地方　近畿地方　中国地方　四国地方）	1969.9.9
地震（北海道）	1970.1.21
地震（九州地方）	1970.7.26
地震（北海道　東北地方）	1970.10.16
八丈島東方沖地震（北海道　東北地方　関東地方　中部地方　近畿地方）	1972.2.29
八丈島東方沖地震（東北地方　関東地方　静岡県）	1972.12.4
根室南東沖地震（北海道　東北地方　関東地方　北陸地方）	1973.6.17
伊豆半島沖地震（東北地方南部　関東地方　中部地方　近畿地方）	1974.5.9
地震（東北地方　関東地方）	1974.8.4
阿蘇山群発地震（中国地方　四国地方　九州地方）	1975.1.22-
伊豆大島近海地震（東京都大島町　静岡県）	1978.1.13-
地震（島根県中心）	1978.6.4
宮城県沖地震（東北地方　関東地方）	1978.6.12
群発地震（関東地方）	1980.6.24-
地震（関東地方）	1980.9.24-
浦河沖地震（北海道日高地方　関東地方　東海地方　甲信越地方）	1982.3.21
日本海中部地震（東北地方）	1983.5.26
長野県西部地震（中部地方　東北地方　近畿地方）	1984.9.14
地震（関東地方　東北地方　東海地方）	1985.10.4
地震（九州地方）	1987.3.18
千葉県東方沖地震（関東地方）	1987.12.17
地震（関東地方　東北地方　中部地方）	1992.2.2
地震（関東地方）	1992.5.11
平成5年釧路沖地震（北海道　東北地方）	1993.1.15
北海道南西沖地震（北海道　東北地方）	1993.7.12
平成6年北海道東方沖地震（北海道　東北地方　関東地方）	1994.10.4
三陸はるか沖地震（東北地方　北海道）	1994.12.28

地変災害　　　　　　　　　　　　災害別一覧

余震（東北地方　北海道）	1995.1.7
阪神・淡路大震災（近畿地方　関東地方　中部地方　中国地方　四国地方　九州地方）	1995.1.17
地震（北陸地方　東北地方）	1995.4.1
地震（北海道）	1995.5.23
地震（伊豆諸島）	1995.10.6
群発地震（東北地方　中部地方）	1996.8.11−
地震（九州地方　中国地方　四国地方　近畿地方）	1996.12.3
地震（九州地方　中国地方　四国地方　近畿地方）	1997.3.26
地震（九州地方）	1997.5.13
地震（中国地方　九州地方　四国地方　近畿地方）	1997.6.25
群発地震（長野県）	1998.8.7−
伊豆諸島群発地震（東京都神津島）	2000.6.29−
奄美大島悪石島地震（鹿児島県鹿児島郡十島村）	2000.10.2
鳥取県西部地震（鳥取県）	2000.10.6
芸予地震（中国地方　四国地方）	2001.3.24
地震（関東地方　中部地方）	2001.4.3
宮城県沖地震（東北地方）	2003.5.26
宮城県北部地震（東北地方）	2003.7.26
十勝沖地震（北海道　東北地方）	2003.9.26
地震（関東地方）	2003.10.15
地震（近畿地方）	2004.9.5
新潟中越地震（新潟県）	2004.10.23
地震（北海道）	2004.11.29
地震（北海道）	2004.12.6
地震（北海道）	2004.12.14
地震（北海道東部）	2005.1.18
地震（関東地方）	2005.2.16
福岡県西方沖地震（九州地方）	2005.3.20
地震（関東地方）	2005.4.11
地震（九州地方）	2005.4.20
地震（関東地方）	2005.7.23
地震（東北地方）	2005.8.16
地震（新潟県中越地方）	2005.8.21
地震（北海道）	2006.11.15
地震・津波（北海道　東北地方　近畿地方）	2007.1.13
能登半島地震（北陸地方）	2007.3.25
地震（東海地方　近畿地方）	2007.4.15
新潟県中越沖地震（新潟県　長野県）	2007.7.16
地震（神奈川県）	2007.10.1
地震（石川県）	2008.1.26
岩手・宮城内陸地震（東北地方）	2008.6.14
岩手北部地震（東北地方　関東地方）	2008.7.24
地震（静岡県）	2009.8.11

【噴火・爆発】

噴火（関東地方）	1874.7.3
磐梯山噴火（東北地方）	1888.7.15
噴火（東北地方）	1893.6.7
噴火（東京・鳥島）	1902.8.9
噴火（関東地方）	1904.12.
噴火（中部地方）	1909.5.28
噴火（北海道）	1910.7.25
噴火（中部地方　関東地方）	1911.12.3
噴火（関東地方　中部地方）	1912.この年
桜島噴火（鹿児島県）	1914.1.12
噴火（中部地方）	1915.6.6
噴火（中部地方　関東地方）	1920.12.22
十勝岳噴火（北海道）	1926.5.24
駒ヶ岳噴火（駒ヶ岳）	1929.6.16
浅間山爆発（群馬県　長野県）	1932.2.5−
駒ヶ岳爆発（秋田県仙北郡）	1932.6.26
阿蘇中岳噴火（阿蘇中岳）	1933.2.24
三宅島爆発（東京都三宅島）	1940.7.12−
浅間山爆発（群馬県吾妻郡　長野県北佐久郡）	1947.8.14
阿蘇山爆発（熊本県阿蘇郡）	1950.4.13
観測船第5海洋丸転覆（伊豆諸島南方）	1952.9.23
阿蘇山爆発（熊本県阿蘇郡）	1953.4.27
浅間山爆発（群馬県　長野県）	1954.9.6
桜島南岳爆発（鹿児島県鹿児島郡桜島町）	1955.10.13
三原山爆発（東京都大島町）	1957.10.13
阿蘇山中岳大爆発（熊本県阿蘇郡）	1958.6.24
浅間山爆発（群馬県　長野県）	1958.11.10
霧島山爆発（宮崎県　鹿児島県）	1959.2.17
浅間山爆発（浅間山）	1959.4.14−
焼岳爆発（長野県　岐阜県）	1962.6.17−
十勝岳爆発（北海道上川郡新得町）	1962.6.29−
三宅島爆発（東京都三宅村）	1962.8.24−
桜島爆発（鹿児島県鹿児島市）	1967.5.−
阿蘇山爆発（熊本県阿蘇郡）	1967.10.−
駒ヶ岳爆発（秋田県仙北郡田沢湖町）	1970.9.18−
阿蘇山爆発（熊本県阿蘇郡）	1971.7.29−
桜島爆発（鹿児島県鹿児島郡桜島）	1972.9.13

桜島南岳爆発（鹿児島県鹿児島郡桜島）
　　　　　　　　　　　　　　　　1972.10.2
浅間山爆発（福島県　関東地方）
　　　　　　　　　　　　　　　　1973.2.1-
桜島爆発（鹿児島県鹿児島郡桜島）　1973.5.1
阿蘇山爆発（熊本県阿蘇郡）　　　　1974.7.-
焼山爆発（新潟県焼山）　　　　　　1974.7.28
桜島爆発（鹿児島県鹿児島郡桜島）
　　　　　　　　　　　　　　　　1975.この年
桜島爆発（鹿児島県鹿児島郡桜島）
　　　　　　　　　　　　　　　　1976.1.-
有珠山爆発（北海道有珠郡壮瞥町付近）
　　　　　　　　　　　　　　　　1977.8.6-
桜島爆発（鹿児島県鹿児島郡桜島）
　　　　　　　　　　　　　　　　1978.この年
火山（熊本県阿蘇山）　　　　　　　1979.5.-
阿蘇中岳爆発（熊本県阿蘇郡）　　　1979.9.6
御岳山噴火（御岳山）　　　　　　　1979.10.28
浅間山噴火（浅間山）　　　　　　　1983.4.8
三宅山噴火（伊豆七島三宅島）　　　1983.10.3
桜島南岳爆発（鹿児島県桜島）　　　1984.7.21
桜島噴火（鹿児島県桜島）　　　　　1985.この年
三原山噴火（三原山）　　　　　　　1986.11.15
桜島爆発（鹿児島県鹿児島市古里町）1986.11.23
三原山噴火（三原山）　　　　　　　1987.11.16
桜島南岳爆発（鹿児島県桜島南岳）　1987.11.17
降灰（桜島南岳）　　　　　　　　　1988.6.
阿蘇中岳噴火（熊本県阿蘇中岳）　　1990.4.20
桜島噴煙（鹿児島県桜島南岳）　　　1990.5.1
雲仙・普賢岳噴火（長崎県雲仙普賢岳）
　　　　　　　　　　　　　　　　1990.11.17
雲仙・普賢岳火砕流発生（長崎県雲仙
　普賢岳）　　　　　　　　　　　　1991.6.3
水蒸気爆発（長野県南安曇郡安曇村）1995.2.11
駒ヶ岳噴火（北海道）　　　　　　　1996.3.5
有珠山噴火（北海道）　　　　　　　2000.3.31
三宅島噴火（東京都三宅支庁三宅村）2000.7.8
三宅島噴火（東京都三宅支庁三宅村）2000.8.10
浅間山噴火（群馬県　長野県）　　　2004.9.1

【地滑り・土砂崩れ】

山崩れ（岐阜県）　　　　　　　　　1895.この年
豪雨、地滑り（新潟県　群馬県）　　1910.
豪雨、地滑り（山形県　福島県）　　1910.8.
豪雨、地滑り（静岡県）　　　　　　1910.この年
大震災山崩れ・熱海線列車巻き込まれ
　（神奈川県小田原）　　　　　　　1923.9.1

鹿児島本線列車転覆（鹿児島県薩摩郡）1932.7.
地すべり（福島県耶麻郡朝倉村）　　1934.4.25
土砂崩れ（千葉県神代村）　　　　　1937.2.
がけ崩れ（静岡県伊東町）　　　　　1939.4.1
信越本線熊ノ平駅倒壊（群馬県碓氷郡）1950.6.9
がけ崩れ（茨城県多賀郡大津町）　　1951.11.22
山崩れ（徳島県那賀郡福井村）　　　1952.3.22
がけ崩れ生き埋め（東京都中之郷村）1952.11.19
北見営林署作業員宿舎がけ崩れ倒壊
　（北海道網走郡津別町）　　　　　1953.5.31
林道建設現場土砂崩れ（福島県大沼郡
　川口村）　　　　　　　　　　　　1953.7.14
早雲地嶽山崩れ（神奈川県足柄下郡宮城
　野村）　　　　　　　　　　　　　1953.7.26
がけ崩れ（千葉県匝瑳郡吉田村）　　1953.8.19
富士紡績工場土砂崩れ（静岡県駿東郡
　小山町）　　　　　　　　　　　　1953.9.13
関門海底トンネル建設現場地滑り（山
　口県下関市）　　　　　　　　　　1953.11.17
日本炭業亀山鉱業所土砂崩れ（福岡県
　粕屋郡志免町）　　　　　　　　　1954.6.16
石垣崩壊（東京都目黒区）　　　　　1954.6.23
山崩れ（神奈川県鎌倉市）　　　　　1954.6.23
がけ崩れ（鹿児島県日置郡伊集院町）1954.6.26
剣山周辺地滑り（徳島県麻植郡ほか）
　　　　　　　　　　　　　　　　1954.9.14-
飯田線電車土砂崩れ転落（長野県下伊
　那郡泰阜村）　　　　　　　　　　1955.1.20
坂上高等学校運動場土砂崩れ（山口県
　玖珂郡坂上村）　　　　　　　　　1955.3.27
万座硫黄鉱山作業員宿舎倒壊（群馬県
　吾妻郡草津町）　　　　　　　　　1956.1.31
通勤列車脱線転落（三重県鈴鹿郡関町）
　　　　　　　　　　　　　　　　1956.9.27
建設用資材運搬トラック雪崩転落（福
　井県大野市）　　　　　　　　　　1956.12.31
豪雨地滑り（佐賀県伊万里市）　　　1957.7.6
山崩れ（愛知県瀬戸市）　　　　　　1957.8.4
飯田線トンネル崩壊（長野県）　　　1957.8.15
旅客列車脱線（千葉県）　　　　　　1957.10.6
防空壕崩壊（青森県上北郡大三沢町）1958.5.25
土砂採取場土砂崩れ（鳥取県岩美郡福
　部村）　　　　　　　　　　　　　1959.2.4
道路敷設現場土砂崩れ（神奈川県横浜
　市神奈川区）　　　　　　　　　　1959.5.4
富士川用水建設現場土砂崩れ（静岡県
　富士宮市）　　　　　　　　　　　1959.11.12

地変災害　　　　　　　　　　　　　災害別一覧

奥羽本線列車土砂崩れ転覆（青森県南津軽郡碇ヶ関村）	1960.8.3
道路土砂崩れ（兵庫県）	1960.8.30
王滝川発電所建設現場土砂崩れ（長野県木曽郡三岳村）	1961.4.8
大分交通別大線列車埋没（大分県大分市）	1961.10.26
土砂崩れ（高知県長岡郡大豊町）	1962.2.20−
雪崩地すべり（新潟県栃尾市）	1962.3.16
豪雨（鹿児島県）	1962.5.26−
採石場土砂崩れ（福岡県遠賀郡水巻町）	1962.6.28
地滑り（佐賀県藤津郡太良町）	1962.7.8
函館バス転落（北海道爾志郡）	1962.10.17
山崩れ（新潟県西頸城郡能生町）	1963.3.16
地滑り（秋田県湯沢市）	1964.4.23
山崩れ（広島県佐伯郡廿日市町）	1964.6.27
山崩れ（山形県宮内町）	1965.7.17
がけ崩れ（鹿児島県鹿児島市）	1966.1.9
土砂崩れ（山形県西村山郡西川町）	1966.3.6
奈川渡ダム建設現場土砂崩れ（長野県南安曇郡奈川村）	1966.3.22
山崩れ（青森県青森市）	1966.7.27
がけ崩れ（群馬県吾妻郡嬬恋村）	1966.7.30
国道トンネル建設現場がけ崩れ（山口県萩市）	1966.8.25
高根炭鉱坑内出水・土砂崩れ（北海道芦別市）	1967.3.25
中央高速道路建設現場土砂崩れ（神奈川県津久井郡相模湖町）	1967.3.25
土砂崩れ（石川県金沢市）	1968.3.9
同和鉱業作業現場土砂崩れ（秋田県鹿角郡小坂町）	1968.7.17
岡崎観光バス山崩れ転落（飛驒川バス転落事故）（岐阜県加茂郡白川町）	1968.8.18
護岸建設現場がけ崩れ（愛知県渥美郡渥美町）	1968.11.13
地滑り（新潟県北魚沼郡広神村）	1969.4.26
がけ崩れ（宮城県北諸県郡三股町）	1969.6.30
土砂崩れ（熊本県菊池市）	1970.5.13
擁壁建設現場がけ崩れ（宮崎県西諸県郡野尻町）	1970.7.23
作業現場土砂崩れ（鹿児島県鹿児島市）	1971.2.1
ダム建設現場土砂崩れ（愛知県北設楽郡豊根村）	1971.2.24
山崩れ（福井県小浜市）	1971.6.25
国道150号線トンネル崩壊（静岡県静岡市）	1971.7.5
実験用土砂崩壊（神奈川県川崎市）	1971.11.11
児童埋没死（徳島県美馬郡穴吹町）	1972.1.29
小田急電鉄立体交差建設現場土砂崩れ（神奈川県藤沢市）	1972.2.15
国道作業現場岩盤崩落（北海道浜益郡浜益村付近）	1972.7.9
金橋商会採石場土砂崩れ（熊本県八代郡坂本村）	1972.10.22
道路建設現場土砂崩壊（新潟県刈羽郡西山町）	1973.1.9
奥羽本線トンネル付近山崩れ（山形県最上郡舟形町）	1973.4.11−
林道建設現場土砂崩壊（神奈川県足柄上郡松田町）	1973.6.18
水力発電所建設現場砂崩壊（北海道新冠郡新冠町）	1973.8.6
防護作業現場がけ崩れ（京都府宮津市）	1974.1.5
マイクロバス埋没（福島県大沼郡三島町）	1974.3.7
土砂崩れ（岐阜県神岡町）	1974.3.31
山津波（山形県最上郡大蔵村）	1974.4.26
工事現場土砂崩れ（静岡県伊東市）	1974.6.6
工事現場土砂崩れ（長野県白馬村）	1974.6.6
トンネル工事現場落盤（熊本県白水村）	1974.7.24
工事現場土砂崩れ（福井県大野市）	1974.8.29
山崩れ（群馬県群馬郡榛名町）	1974.10.6
県道改修現場山崩れ（静岡県静岡市）	1975.1.28
道路復旧工事現場がけ崩れ（大分県大分市）	1975.4.22
土砂崩れ（北海道）	1975.8.24
ダム工事現場土砂崩れ（青森県）	1975.9.23
工事現場土砂崩れ（高知県室戸市）	1975.10.1
ゴルフ場造成現場土砂崩れ（千葉県市原市）	1975.11.29
道路改良工事現場土砂崩れ（岐阜県上宝村）	1976.6.25
治山作業現場山崩れ（千葉県君津市）	1976.7.15
ゴルフ場造成現場土砂崩れ（栃木県真岡市）	1976.7.28
道路拡張現場土砂崩れ（山梨県大月市）	1977.1.11
土木工事現場土砂崩れ（三重県尾鷲市）	1977.2.3
道路工事現場土砂崩れ（香川県飯山町）	1977.4.16
山崩れ（鹿児島県鹿児島市）	1977.6.24
がけ崩れ（熊本県球磨郡五木村）	1977.11.17

520

ホテル増築工事現場土砂崩れ（静岡県
　熱海市）　　　　　　　　　　1978.2.2
地すべり（新潟県妙高高原町）　1978.5.18
ダム工事現場土砂崩れ（大分県下毛郡）
　　　　　　　　　　　　　　　1978.9.20
道路改良工事現場土砂崩れ（宮城県白
　石市）　　　　　　　　　　　1978.11.25
ダム建設現場土砂崩れ（北海道檜山支
　庁厚沢町）　　　　　　　　　1978.12.1
土砂崩れ（長野県白馬村）　　　1979.8.22
工事現場土砂崩れ（福島県郡山市）1979.10.23
林道工事現場土砂崩れ（群馬県碓氷郡
　松井田町）　　　　　　　　　1979.12.14
土砂崩れ（栃木県田沼町）　　　1980.3.22
土砂崩れ（大分県東国東郡）　　1980.7.1
地滑り陥没（福島県大沼郡昭和村）
　　　　　　　　　　　　　　　1982.4.15-
大渡ダム地滑り（高知県）　　　1982.4.19
山崩れ（千葉県夷隅郡大多喜町沢山）1983.5.23
土砂崩れ（群馬県水上町）　　　1983.7.27
土砂崩れ（千葉県千葉市）　　　1984.4.27
がけ崩れ（新潟県中頸城郡妙高村）1984.5.2
地滑り（新潟県長岡市）　　　　1984.5.17
山崩れ（熊本県五木村）　　　　1984.6.29
土砂崩れ（静岡県庵原郡蒲原町）1984.10.1
土砂崩れ（新潟県西頸城郡青海町）1985.2.15
地滑り（長野県長野市）　　　　1985.7.26
採石現場土砂崩れ（山梨県白根町）1985.10.4
強雨（鹿児島県鹿児島市）　　　1986.7.10
がけ崩れ（東京都町田市下小山田）1986.8.7
豪雨（愛媛県北宇和郡吉田町　徳島県　福
　岡県）　　　　　　　　　　　1988.6.23-
建築現場土砂崩れ（神奈川県川崎市宮
　前区）　　　　　　　　　　　1989.5.22
がけ崩れ（福井県丹生郡越前町）1989.7.16
土砂崩れ（長崎県新魚目町）　　1989.9.13
建設現場土砂崩れ（熊本県球磨郡湯前
　町）　　　　　　　　　　　　1990.3.4
土石流（大分県竹田市）　　　　1990.7.1
土砂崩れ（鳥取県東伯郡三朝町）1990.7.31
ゴルフ場建設現場土砂崩れ（奈良県吉
　野郡吉野町）　　　　　　　　1991.1.12
橋工事中に地盤崩れる（埼玉県草加市）1991.9.7
工事現場土砂崩れ（宮崎県椎葉村）1992.2.2
土砂崩れ（愛知県小牧市）　　　1992.10.26
治山工事現場土砂崩れ（長野県飯田市）
　　　　　　　　　　　　　　　1994.11.1

下水道工事現場土砂崩れ（鳥取県日野
　郡日南町）　　　　　　　　　1996.1.25
石垣崩れ生き埋め（徳島県那賀郡木頭
　村）　　　　　　　　　　　　1996.2.20
土砂崩れ（鳥取県鳥取市）　　　1996.3.17
工事現場土砂崩れ（高知県中村市）1996.7.22
工事現場土砂崩れ（和歌山県東牟婁郡
　古座川町）　　　　　　　　　1996.10.5
ダム建設現場土砂崩れ（山梨県大月市）
　　　　　　　　　　　　　　　1996.12.13
採石工場崩落（岡山県総社市）　2001.3.12
豪雨（全国）　　　　　　　　　2001.6.18-
土砂崩れ（北海道北見市）　　　2001.10.4
土砂崩れ（山梨県大月市）　　　2001.11.24
人工砂浜陥没（兵庫県明石市）　2001.12.30
土砂崩落（山梨県小菅村）　　　2002.1.29
土砂崩れ（福岡県北九州市）　　2002.7.18
土砂崩れ（三重県上野市）　　　2002.10.12
土砂崩れ（神奈川県横須賀市）　2003.6.14
土砂崩れ（福島県北塩原村）　　2003.8.18
土砂崩れ（北海道えりも町）　　2004.1.13
落石が車を直撃（福井県上中町）2004.11.26
がけ崩れ（鹿児島県姶良町）　　2005.2.8
岩が崩落し民家直撃（和歌山県和歌山
　市）　　　　　　　　　　　　2005.3.4
地滑りで鉄塔倒壊（石川県羽咋市）2005.4.1
落石が走行ワゴン車直撃（長野県中川
　村）　　　　　　　　　　　　2005.5.7
大雨で土砂崩れ（大分県）　　　2005.7.10
復旧工事中に土砂崩れ（新潟県栃尾市）
　　　　　　　　　　　　　　　2005.11.8
土砂崩れ（新潟県新潟市）　　　2006.1.27
平成18年7月豪雨（中部地方　中国地方
　九州地方）　　　　　　　　　2006.7.15-
土砂崩れ（奈良県上北山村）　　2007.1.30
大雨で山崩れ（大分県九重町）　2008.6.11

【雪崩】

岩越線列車雪崩埋没（福島県　新潟県）
　　　　　　　　　　　　　　　1917.1.23
雪崩（新潟県南魚沼郡）　　　　1918.1.9
雪崩（山形県東田川郡）　　　　1918.1.20
雪崩（新潟県）　　　　　　　　1922.2.3
北陸線列車雪崩埋没（新潟県青梅）1922.2.3
雪崩（富山県）　　　　　　　　1927.1.29
雪崩（長野県）　　　　　　　　1928.2.15
雪崩（鳥取県八頭郡池田村）　　1934.1.21

雪崩（新潟県北魚沼郡入広瀬村）	1934.2.13	発電所建設現場雪崩（北海道沙流郡平取町）	1961.4.5
作業員遭難（富山県中新川郡）	1935.1.	支水路建設現場雪崩（北海道新冠郡新冠村）	1961.4.5
トンネル工事用列車転落（山形県）	1936.1.28	加治川発電所建設現場雪崩（新潟県新発田市）	1962.1.30
雪崩（福井県大野郡和泉村）	1936.2.2	雪崩地すべり（新潟県栃尾市）	1962.3.16
雪崩（福井県大野郡下穴馬村）	1936.2.2	雪崩（福井県勝山市）	1963.1.24
雪崩（群馬県草津温泉）	1936.2.5	雪崩（新潟県刈羽郡黒姫村）	1963.1.26
雪崩（福島県河沼郡柳津町）	1936.3.16	雪崩（福井県足羽郡美山村）	1963.1.26
雪崩（山形県最上郡大蔵村）	1936.12.9	雪崩（山陰地方）	1963.2.5–
雪崩（岩手県）	1937.1.15	雪崩（青森県黒石市）	1963.2.20
雪崩（山形県）	1937.2.3	営林署雪崩埋没（岩手県和賀郡湯田町）	1963.3.5
雪崩（石川県能美郡尾口村）	1938.2.5	千葉工業大学山岳部員ほか遭難（長野県南安曇郡上高地）	1964.3.20
雪崩（山形県関山村）	1938.3.13	登山者遭難（全国）	1965.4.29–
雪崩（福島県）	1938.4.28	浦佐スキー場雪崩（長野県南魚沼郡大和町）	1966.3.18
雪崩（富山県黒部奥山）	1938.12.27	山岳連盟救助隊員遭難（谷川岳）	1967.1.10
雪崩（新潟県）	1939.2.6	スキー客遭難死（谷川岳）	1967.2.19
雪崩（福井県大野郡）	1939.2.10	雪崩（秋田県雄勝郡東成瀬村）	1967.3.31
雪崩（滋賀県）	1940.1.25	砂防ダム建設現場雪崩（秋田県平鹿郡山内村）	1968.1.22
雪崩（福井県大野郡上庄村）	1940.1.28	雪崩（滋賀県坂田郡伊吹町）	1968.2.4
雪崩（岐阜県大野郡）	1940.1.29	山林作業員雪崩遭難（岐阜県高山市）	1969.3.4
関西電力打保発電所作業所雪崩（岐阜県吉城郡坂上村）	1953.2.11	清水勤労者山岳会員遭難（富士山）	1972.3.20
東北電力大池発電所建設現場雪崩（青森県西津軽郡岩崎村）	1953.3.3	林道工事現場土砂崩れ（宮崎県西臼杵郡日之影町）	1980.3.12
関西電力猫又第2発電所建設現場作業員宿舎倒壊（富山県下新川郡宇奈月町）	1956.2.10	雪崩（新潟県中魚沼郡中里村）	1984.2.9
日本通運トラック雪崩遭難（福井県大野市）	1957.1.31	雪崩（長野県飯山市寿）	1985.1.5
奥只見電源開発工事現場雪崩（新潟県北魚沼郡湯之谷村）	1957.2.13	雪崩（新潟県西頸城郡熊生町）	1986.1.26
明治大学山岳部員雪崩遭難死（北アルプス白馬岳）	1957.3.9	雪崩（北海道後志支庁）	1990.1.15
今井鉱業所マンガン採掘場雪崩（北海道檜山郡上ノ国村）	1957.3.9	雪崩（山形県東田川郡立川町）	2000.12.26
造材所雪崩（北海道紋別市）	1957.3.13	雪崩（山形県小国町）	2002.2.9
砂防工事現場雪崩（北海道河西郡中札内村）	1957.3.31	雪崩（山形県長井市）	2002.3.10
日曹炭鉱魚沼鉱業所雪崩倒壊（新潟県中魚沼郡津南町）	1957.4.12	雪崩（長野県南安曇郡安曇村　岐阜県郡上市）	2003.1.5
炭焼小屋雪崩崩壊（岩手県岩手郡雫石町）	1958.2.2	新潟中越地震の被災地で雪崩続発（新潟県中越地方）	2005.2.17–
雪崩（山形県南置賜郡中津川村）	1958.2.14	雪崩（秋田県仙北市）	2006.2.10
御母衣ダム建設現場雪崩（岐阜県大野郡白川村）	1958.3.5		
北陸電力有峰発電所建設現場雪崩（富山県上新川郡大山町）	1959.2.14		
雪崩（長野県下水内郡栄村）	1961.2.16		

動植物災害

三毛別羆事件（北海道苫前三毛別）	1915.12.9
豚コレラ流行（千葉県印旛郡四街道町）	1931.7.4頃

災害別一覧 動植物災害

豚コレラ流行（香川県小豆島）　　1931.8.15頃
日本脳炎流行（東北地方　関東地方　中
　部地方　近畿地方　四国地方　九州地方）
　　　　　　　　　　　　　　　1948.5.-
狂犬病流行（関東地方）　　　　1949.6.頃
狂犬病流行（関東地方）　　　　1950.2.-
豚コレラ発生（愛知県）　　　　1953.この年
ニューカッスル病発生（大阪府　和歌山
　県　奈良県）　　　　　　　　1954.5.-
イワシ不漁（高知県宿毛市）　1957.この年-
豪雨（京都府）　　　　　　　　1961.10.
東海道本線貨物列車脱線（静岡県浜名
　郡湖西町）　　　　　　　　　1962.2.25
干害（岩手県　福島県　群馬県）　1962.8.
干ばつ（鹿児島県　沖縄）　　　　1963.4.-
長雨（関東地方　中国地方　四国地方　九
　州地方）　　　　　　　　　　1963.4.30-
冷害・イモチ病発生（東北地方）　1963.8.-
長雨（宮崎県　鹿児島県）　　　　1964.4.-
凍霜雪害（東北地方　関東地方北部　甲
　信地方）　　　　　　　　　　1964.4.29-
凍霜害（宮城県）　　　　　　　1964.5.29
冷害（北海道　東北地方　千葉県）　1965.4.-
降雹（関東地方）　　　　　　　1965.5.11
炭疽病集団発生（岩手県岩手郡）
　　　　　　　　　　　　　　　1965.8.25-
夢の島ネズミ大量発生（東京都江東区）
　　　　　　　　　　　　　　　1965.9.-
アメリカシロヒトリ被害（東北地方南
　部　関東地方　北陸地方　近畿地方）
　　　　　　　　　　　　　　1965.この年
養殖海苔赤腐れ病発生（九州地方）
　　　　　　　　　　　　　　1965.この年
冷害（北海道　東北地方）　　　1966.4.頃-
雷雨・降雹（東北地方　関東地方）
　　　　　　　　　　　　　　　1966.6.6-
豚集団コレラ（香川県大川郡）　　1966.7.-
ウンカ発生（関東地方　中部地方　四国
　地方　九州地方）　　　　　　1966.この年
ニューカッスル病発生（兵庫県　岡山県
　徳島県　宮崎県）　　　　　　1967.3.3-
養魚池毒薬投入（奈良県北部）　　1967.5.
降雹（長野県北東部）　　　　　1967.6.18-
干害（近畿地方　中国地方　四国地方　九
　州地方）　　　　　　　　　　1967.7.-
海苔白腐れ病発生（佐賀県）　　1967.この年
桃・ブドウ病冷害（山梨県）　　　1968.7.-

富浦丸・アディジャヤンティ号衝突
　（東京湾口）　　　　　　　　1968.12.5
福寿製薬工場メチル水銀汚染（富山県）
　　　　　　　　　　　　　　　1969.8.-
多摩川青酸化合物汚染（東京都）
　　　　　　　　　　　　　　1969.10.28-
ベンゼンヘキサクロライド汚染（全
　国）　　　　　　　　　　　　1969.この年-
蔵内金属工場カドミウム汚染（大分県
　大野郡）　　　　　　　　　　1969.この頃
農薬会社ほか青酸化合物・カドミウム
　連続廃棄・排出（栃木県）　　　1970.3.-
日本鉱業カドミウム汚染（富山県黒部
　市）　　　　　　　　　　　　1970.5.
工場重金属汚染（岡山県総社市）　1970.5.
河山鉱山廃水流出（山口県玖珂郡美川
　町）　　　　　　　　　　　　1970.5.21
長良川汚染（岐阜県関市）　　　　1970.6.2
狩野川青酸化合物汚染（静岡県田方郡）1970.6.7
広瀬川青酸化合物汚染（群馬県）　1970.6.12
井之頭自然文化園鳥類大気汚染死（東
　京都武蔵野市）　　　　　　　1970.6.頃
燧灘ヘドロ汚染（香川県観音寺市　愛媛
　県川之江市　同県伊予三島市ほか）1970.8.21
赤潮発生（愛知県　三重県）　　　1970.9.-
落雷・降雹（千葉県　東京都）　　1970.11.6
日本電気工場カドミウム汚染（東京都
　府中市付近）　　　　　　　　1970.この年
収穫米カドミウム汚染（大阪府）
　　　　　　　　　　　　　　1970.この年
青酸化合物汚染（福島県いわき市）
　　　　　　　　　　　　　　1970.この年
ラサ工業工場カドミウム汚染（岩手県
　宮古市）　　　　　　　　　　1970.この年
北陸鉱山カドミウム汚染（石川県小松
　市）　　　　　　　　　　　　1970.この年
三井金属鉱業工場カドミウム汚染（九
　州地方）　　　　　　　　　　1970.この年
伊勢湾カドミウム汚染（三重県桑名市
　付近）　　　　　　　　　　　1970.この年
カドミウム汚染（広島県豊田郡）
　　　　　　　　　　　　　　1970.この年
住友金属鉱山工場カドミウム汚染（北
　海道光和村）　　　　　　　　1970.この年
住友金属鉱山工場カドミウム汚染（兵
　庫県加古郡播磨町）　　　　　1970.この年
和歌川汚染（和歌山県和歌山市）
　　　　　　　　　　　　　　1970.この年

新町川・神田瀬川・今切川汚染（徳島県徳島市）	1970.この年	沿岸海域廃油投棄（島根県）	1976.1.-
諫早湾カドミウム汚染（長崎県諫早市）	1970.この年	有毒魚販売（宮城県）	1976.2.頃
工場廃液汚染被害（岩手県釜石湾）	1970.この年	ヒグマ襲撃（北海道千歳市）	1976.6.9
プランクトン異常発生（大分県別府湾）	1970.この年	暴風（青森県）	1976.10.1-
汚染被害（岡山県児島湾）	1970.この頃	ホタテ貝大量死（青森県陸奥湾）	1976.この年
田子ノ浦港ヘドロ汚染（静岡県）	1970.この頃	長雨冷害（群馬県）	1977.8.
フェノール汚染（岐阜県）	1971.2.	赤潮（播磨灘）	1977.8.28-
赤潮発生（山口県下関市沖）	1971.8.	ホタテ貝大量死（青森県陸奥湾）	1977.この年
赤潮発生（山口県徳山市）	1971.この年	りんご腐爛病発生（青森県）	1978.6.12-
ヘドロ汚染（香川県）	1971.この年	農作物被害（埼玉県）	1978.この年
水質汚濁（茨城県霞ヶ浦）	1971.この年-	農作物被害（福岡県）	1978.この年
日本原子力発電所放射能汚染（福井県敦賀市）	1971.この頃	凍霜害（静岡県）	1979.4.18
ポリ塩化ビフェニール汚染（全国）	1971.この頃-	養殖ハマチ大量死（徳島県播磨灘海域）	1979.7.-
		リンゴ被害（青森県）	1979.10.19
		農産物被害（埼玉県）	1979.10.19
赤潮発生（山口県下関市沖）	1972.6.	ホタテ貝毒検出（青森県陸奥湾）	1979.この年
赤潮発生（香川県 徳島県鳴門市）	1972.7.-	農作物被害（茨城県）	1979.この年
水質汚染（岩手県）	1972.この年	赤潮（香川県播磨灘）	1979.この年
カドミウム汚染（宮城県栗原郡）	1972.この年	イガイ農薬汚染（瀬戸内海）	1980.10.30
黒星病発生（青森県）	1972.この年	イワシ大量死（新潟県新潟市沖）	1981.4.15
光学機器工場カドミウム排出（長野県中野市）	1972.この年	雹害（栃木県）	1981.5.-
養殖牡蠣カドミウム汚染（広島県竹原市付近）	1973.2.	霜害・雹害（群馬県）	1981.5.-
乳牛合成飼料障害（富山県 石川県）	1973.5.-	プランクトン異常発生（滋賀県）	1981.5.18
斑点落葉病発生（青森県）	1973.この年	カドミウム汚染米（石川県小松市梯川流域）	1981.10.
水銀汚染（北海道 青森県）	1973.この頃	凶作（福島県）	1981.この年
光化学スモッグ被害（関東地方 静岡県）	1974.4.-	森林被害（栃木県）	1981.この年
水銀汚染（鹿児島県）	1974.この年	メチル水銀汚染魚販売（熊本県水俣市）	1981.この年
DDT汚染（鳥取県八頭郡郡家町大坪地区）	1974.この年	カドミウム汚染米（石川県小松市）	1982.この年
トリ貝へい死事件（香川県三豊沖海域（愛媛県境））	1974.この年	赤潮発生（大分県）	1982.この年
雹害（鳥取県）	1975.5.31-	豪雪被害（鳥取県）	1983.12.-
三島海域酸欠現象（香川県）	1975.8.-	干ばつ被害（福島県）	1984.この年
カドミウム汚染（石川県）	1975.この年	有機スズ化合物汚染（瀬戸内海）	1986.8.28
ヘドロ埋立汚染（香川県 愛媛県）	1975.この頃	狩野川シアン検出（静岡県）	1989.9.
赤潮発生（大分県別府市）	1975.この頃	豚の伝染病オーエスキー大量発生（熊本県阿蘇郡一の宮町）	1990.6.12
		赤潮発生（熊本県天草郡）	1990.7.
		鶏大量死（近畿地方）	1990.7.-
		スクレイピー感染（北海道士別市）	1996.5.
		カメムシ異常発生（福岡県）	1996.6.-
		クマに襲われ重傷（群馬県利根郡片品村）	1999.6.6

口蹄疫感染（宮崎県宮崎市　北海道本別町）	2000.3.25	火災（青森県弘前市富田町）	1928.4.18
赤潮（熊本県）	2000.7.7	火災（長崎県北松浦郡生月村）	1928.4.19
ヒグマに襲われ死亡（北海道）	2001.5.10–	火災（秋田県西馬音内町）	1928.5.10
クマに襲われ死亡（岩手県）	2001.6.9	火災（北海道美深町）	1928.7.23
狂牛病発生（全国）	2001.9.10–	火災（新潟県五泉町）	1928.8.3
マッコウクジラ漂着（鹿児島県大浦町）	2002.1.22	火災（新潟県西頸城郡糸魚川町）	1928.8.19
アコヤガイ大量死（三重県）	2002.4.2	火災（北海道天塩町）	1928.8.23
ライオンに襲われ死亡（大分県宇佐郡安心院町）	2003.4.23	火災（新潟県佐渡郡両津町）	1928.10.18
赤潮で養殖ハマチ大量死（徳島県鳴門市）	2003.7.	製糸工場火災（静岡県駿東郡御殿場町）	1929.2.10
羊がスクレイピー感染（北海道本別町）	2003.9.20	火災（宮城県本吉郡気仙沼町）	1929.2.24
コイヘルペスウイルス病（全国）	2003.11.6–	火災（石川県小松町）	1930.3.28
寄生虫で養殖マダイ大量死（和歌山県串本町）	2003.12.13	火災（富山県新湊町）	1930.9.5
鳥インフルエンザ発生（山口県　京都府）	2004.1.12–	火災（鹿児島県出水郡阿久根町）	1931.3.
巨大クラゲ被害（全国）	2004.2.–	火災（鳥取県西伯郡大山村）	1931.5.7
赤潮発生（愛媛県津島町）	2004.7.22	火災（新潟県日根町）	1931.5.13
狂牛病発生（熊本県）	2004.9.13	火災（秋田県秋田市牛島町）	1931.5.15
鳥インフルエンザ発生（茨城県　埼玉県）	2005.6.26	火災（島根県松江市）	1931.5.16
鳥インフルエンザ発生（宮崎県）	2007.1.–	工場火災（神奈川県横浜市鶴見区）	1931.5.22
白鳥に鳥インフルエンザ発生（北海道佐呂間町）	2008.5.10	温泉街火災（大分県）	1931.10.28
鳥インフルエンザ（愛知県豊橋市）	2009.2.27	温泉旅館街火災（宮城県刈田郡）	1932.1.
クマ襲撃（岐阜県高山市）	2009.9.19	火災（青森県鰺ケ沢町）	1932.1.17
		火災（青森県大畑村）	1932.4.2
		火災（静岡県大宮町栄町）	1932.4.21
		火災（北海道余市町）	1932.5.27

一般火災

		火災（大分県中津市）	1932.6.12
		火災（石川県小松町）	1932.10.22
		火災（新潟県糸魚川町）	1932.12.21
火災（北海道小樽市）	1927.5.12	松山城火災（愛媛県松山市）	1933.7.9
倉庫火災（大阪府）	1917.5.5	火災（和歌山県田波村）	1934.2.21
名古屋電鉄車庫火災（愛知県）	1920.6.7	函館大火（北海道函館市）	1934.3.21
火災（宮崎県西諸県郡小林町）	1927.1.28	火災（鳥取県境町）	1935.1.12
地滑り（新潟県磯部村）	1927.2.14	火災（新潟県新発田町）	1935.9.13
磐城炭坑火災（福島県）	1927.3.27	北陸線列車火災（福井県福井市）	1936.1.13
火災（石川県金沢市横安江町）	1927.4.21	麻生吉隈鉱業炭鉱火災（福岡県桂川村）	1936.1.26
火災（長野県木曾福島町）	1927.5.12	火災（新潟県三島郡片貝村）	1936.5.5
岩屋炭鉱坑内火災（佐賀県岩屋炭鉱）	1927.5.17	バス火災（山形県鶴岡市）	1936.7.15
工場火災（東京都亀戸町）	1927.8.20	持越金山抗内火災（静岡県田方郡上狩野村）	1937.3.15
火災（東京府和田堀）	1928.3.21	火災（静岡県）	1937.4.7
		鹿児島本線準急列車火災（福岡県小倉市日明）	1937.12.27
		火災（富山県氷見町）	1938.9.6
		火災（群馬県吾妻郡嬬恋村）	1938.11.29
		工場爆発（東京都東京市）	1939.5.9
		遊覧船火災（青森県　秋田県）	1939.10.
		静岡大火（静岡県静岡市新富町）	1940.1.15

一般火災　　　　　　　　災害別一覧

西成線列車脱線火災事故（大阪府）	1940.1.29
寄宿舎火災（群馬県植蓮村）	1940.2.27
火災（北海道枝幸村）	1940.5.11
火災（茨城県真壁郡下館町）	1940.5.15
火災（山梨県北都留郡猿橋町）	1940.5.20
火災（青森県青森市）	1942.9.15
近鉄奈良線トンネル内火災（大阪府　奈良県）	1947.4.16
松山城火災（愛媛県松山市）	1949.2.27
近鉄山田線電車火災（三重県松坂市）	1949.3.8
京浜急行バス火災（神奈川県横須賀市付近）	1950.4.14
京浜東北線電車火災〔桜木町事件〕（神奈川県横浜市中区）	1951.4.24
近江絹糸新入工員圧死（滋賀県彦根市）	1951.6.3
バス火災（北海道札幌市）	1951.7.26
中日球場火災（愛知県名古屋市中川区）	1951.8.19
国鉄バス火災（愛媛県東宇和郡貝吹村）	1951.11.3
輿水タイヤ商会工場火災（神奈川県川崎市）	1953.11.28
工場火災（兵庫県西宮市）	1954.7.27
聖母の園養老院火災（神奈川県横浜市戸塚区）	1955.2.17
玩具工場火災（東京都練馬区）	1955.7.18
漁船八崎丸沈没（宮城県牡鹿郡南東沖）	1957.10.12
養護施設火災（神奈川県川崎市）	1957.11.15
連続放火（群馬県前橋市）	1958.1.30～
新興製菓工場火災（神奈川県川崎市）	1958.10.11
十字屋テーラー越谷工場火災（埼玉県南埼玉郡越谷町）	1958.10.30
木型工場火災（愛知県名古屋市熱田区）	1960.2.24
製麺工場火災（福岡県小倉市）	1960.4.25
水産加工場火災（北海道函館市）	1960.6.9
司令艦いなづま火災（北海道函館市）	1960.6.15
ゴルフクラブ火災（埼玉県）	1960.12.26
炭鉱坑内火災（福岡県田川郡香春町）	1961.3.9
炭鉱坑内火災（福岡県八幡市）	1961.3.16
夢の島火災（東京都江東区）	1961.7.23～
住民騒擾〔釜ヶ崎事件〕（大阪府大阪市西成区）	1961.8.1～
鉄工所火災（東京都江戸川区）	1962.9.22
第1宗像丸・サラルドブロビーグ号衝突（神奈川県川崎市）	1962.11.18
ダム建設現場火災（宮崎県西都市）	1963.5.5
ゴム工場火災（兵庫県神戸市長田区）	1963.9.25
昭和電工工場爆発（神奈川県川崎市）	1964.6.21
宝組倉庫爆発（東京都品川区）	1964.7.14
東北本線ガソリンタンク車爆発（宮城県栗原郡金成町）	1964.7.18
奥村実業工場爆発（大阪府茨木市）	1964.9.14
安田製作所火災（広島県福山市）	1964.9.27
工場火災（大阪府大阪市生野区）	1965.2.3
木工所火災（広島県広島市）	1965.3.13
ハイムバルト号爆発（北海道室蘭市）	1965.5.23
工場火災（東京都杉並区）	1965.6.10
米軍基地火災（神奈川県横浜市瀬谷区）	1965.9.24
石川島播磨重工業火災（愛知県名古屋市港区）	1966.2.16
阿波屋煙火工場爆発（徳島県小松島市）	1966.2.18
日本航空訓練機火災（東京都大田区）	1966.8.26
横浜盲訓学院セスナ機火災（北海道川上郡弟子屈町）	1966.9.7
工場火災（大阪府大阪市住吉区）	1966.10.21
田地火災（福岡県粕屋郡古賀町）	1967.1.23
自動車整備工場火災（秋田県鹿角郡花輪町）	1967.3.24
木工所火災（愛媛県北宇和郡吉田町）	1967.4.20
山上産業火災（広島県広島市）	1967.4.26
三池炭鉱坑内火災（福岡県大牟田市）	1967.9.28
東海道本線急行列車発火（愛知県蒲郡市）	1967.11.15
第1真和丸爆発（静岡県清水市）	1968.1.25
鉄工所火災（兵庫県相生市）	1968.2.17
美唄炭鉱坑内地盤膨張・火災（北海道美唄市）	1968.5.12
平和炭鉱坑内火災（北海道夕張市）	1968.7.30
日本ゼオン工場爆発（富山県高岡市）	1968.9.18
反戦国際統一行動デー参加学生新宿駅占拠〔新宿騒乱事件〕（東京都新宿区　大阪府大阪市）	1968.10.21
富士ラバーインダストリー工場爆発（東京都江戸川区）	1968.10.30
工場火災（大阪府大阪市東成区）	1968.12.16
京都大学紛争（京都府京都市左京区）	1969.1.21～
ガス埋設管爆発（東京都板橋区）	1969.3.20
ゴム工場爆発（福岡県久留米市）	1969.4.25
新和燐寸工業火災（兵庫県津名郡淡路町）	1970.1.28
工場火災（福岡県久留米市）	1970.4.
新日本製鉄火災（愛知県東海市）	1970.6.21

災害別一覧　　　　　　　　　　　　　　　一般火災

笠松丸爆発（静岡県賀茂郡下田町沖）1970.10.16
佐世保重工業タンカー火災（長崎県佐
　世保市）　　　　　　　　　　　1970.10.23
異常乾燥（関東地方ほか）　　　　　1971.1.-
御用邸火災（神奈川県三浦郡葉山町）1971.1.27
塩素酸ソーダ輸送車発火（埼玉県北葛
　飾郡杉戸町）　　　　　　　　　　1971.6.25
廃品回収場火災（東京都墨田区）　　1971.7.31
貨物船火災（愛媛県越智郡関前村沖）1971.8.22
北陸本線急行列車火災（北陸トンネル
　列車火災）（福井県敦賀市）　　　1972.11.6
常磐炭鉱坑内火災（福島県いわき市）1973.5.29
住友化学工業工場火災（大分県大分市）
　　　　　　　　　　　　　　　　　1973.8.12
三菱重工業造船所タンカー火災（長崎
　県西彼杵郡香焼町）　　　　　　　1974.12.4
工場火災（愛媛県）　　　　　　　　1975.2.5
火災（岩手県釜石市浜町）　　　　　1976.1.2
工場火災（埼玉県蕨市）　　　　　　1976.1.19
船舶火災（長崎県長崎市）　　　　　1976.6.11
酒田市大火（山形県酒田市中町）　　1976.10.29
過激派ライトバン放火（埼玉県浦和市）
　　　　　　　　　　　　　　　　　1977.4.15
福祉授産工場火災（東京都台東区）　1977.12.16
大清水トンネル火災（群馬県利根郡水
　上町）　　　　　　　　　　　　　1979.3.20
三菱石炭鉱業南大夕張砿業所ガス突出
　事故（北海道夕張市）　　　　　　1979.5.15-
作業場火災（大阪府大阪市安部野区）1979.5.21
日本坂トンネル事故（静岡県焼津市）1979.7.11
工場火災（広島県）　　　　　　　　1980.6.17
古タイヤ火災（埼玉県浦和市田島）　1980.8.17
バス火災（新宿バス放火事件）（東京都
　新宿区）　　　　　　　　　　　　1980.8.19
エレベーター火災（東京都杉並区）　1981.1.17
工場火災（神奈川県川崎市幸区）　　1981.3.14
車両火災（滋賀県彦根市）　　　　　1981.10.17
インド船タンカー火災（長崎県佐世保
　市）　　　　　　　　　　　　　　1982.3.18
鹿島製油所爆発（茨城県神栖町）　　1982.3.31
駅前ビル放火（神奈川県川崎市）　　1982.10.7
地下鉄火災（愛知県名古屋市中区栄）1983.8.16
倉庫火災（東京都江戸川区）　　　　1983.10.28
プロパンガス爆発（静岡県掛川市）　1983.11.22
坑内火災（福岡県大牟田市）　　　　1984.1.18
青函連絡船火災（津軽海峡）　　　　1984.3.3
工場火災（大分県中津市）　　　　　1985.4.28

国鉄総武線浅草橋駅襲撃（東京都台東
　区）　　　　　　　　　　　　　　1985.11.29
原油タンク爆発（東京都大井ふ頭）　1987.5.26
ソ連客船火災（大阪府大阪市大阪港）1988.5.18
多重衝突炎上事故（広島県吉和村）　1988.7.15
インド貨物船ジャグ・ドゥート爆発・
　炎上事故（神奈川県横浜市神奈川区）
　　　　　　　　　　　　　　　　　1989.2.16
化学タンカー炎上（千葉県野島崎海上）
　　　　　　　　　　　　　　　　　1989.3.14-
工場火災（岐阜県岐阜市）　　　　　1989.10.20
プラント火災（長野県松本市）　　　1992.11.7
強風（福島県白河市　群馬県高崎市　群馬
　県富岡市　長野県）　　　　　　　1994.4.3
係留の漁船燃える（三重県三重郡楠町）
　　　　　　　　　　　　　　　　　1994.11.15
靴底加工会社爆発炎上（東京都台東区）
　　　　　　　　　　　　　　　　　1994.12.24
解体車両爆発（京都府京都市山科区）1997.8.4
新宿駅西口地下段ボールハウス火災
　（東京都新宿区）　　　　　　　　1998.2.7
地下鉄御堂筋線本町駅階段でボヤ（大
　阪府大阪市中央区）　　　　　　　1998.3.27
化学工場爆発（群馬県新田郡尾島町）2000.6.10
火薬工場爆発（愛知県知多郡武豊町）2000.8.1
鉱山火災（新潟県青海町）　　　　　2003.5.4
ガソリン貯蔵タンク火災（愛知県名古
　屋市）　　　　　　　　　　　　　2003.8.29
地震で精油所の貯蔵タンク火災（北海
　道苫小牧市）　　　　　　　　　　2003.9.26-
JR下関駅放火で在来線不通（山口県
　下関市）　　　　　　　　　　　　2006.1.7
製油所タンク火災（愛媛県今治市）　2006.1.17
旧住友家俣野別邸全焼（神奈川県横浜
　市）　　　　　　　　　　　　　　2009.3.15
夜行高速バス全焼（静岡県牧之原市）2009.3.16
柏崎原産倉庫火災（新潟県柏崎市）　2009.4.11
観光バス炎上（静岡県牧之原市）　　2009.9.20

【住宅火災】

アパート火災（東京都東京市深川区）1932.12.23
五所川原町大火（青森県北津軽郡五所川
　原町）　　　　　　　　　　　　　1946.11.23
逗子町大火（神奈川県横須賀市）　　1946.12.16
新宮市大火（和歌山県新宮市）　　　1946.12.21
横山村大火（宮城県本吉郡横山村）　1947.4.17
飯田市大火（長野県飯田市）　　　　1947.4.20

527

一般火災　　　　　　　災害別一覧

那珂湊町大火（茨城県那珂郡那珂湊町）
　　　　　　　　　　　　　　1947.4.29
三笠町大火（北海道空知郡三笠町）
　　　　　　　　　　　　　　1947.5.16-
下関市大火（山口県下関市）　1947.10.17
住宅営団戦災者住宅火災（東京都港区
　青山南町）　　　　　　　　1948.2.15
大正町大火（高知県幡多郡大正町）1948.3.4
能代市大火（秋田県能代市）　1949.2.20
明石市大火（兵庫県明石市）　1949.2.20
古平町大火（北海道古平郡古平町）1949.5.10
熱海市大火（静岡県熱海市）　1950.4.13
上松町大火（長野県西筑摩郡上松町）1950.5.13
鷹巣町大火（秋田県北秋田郡鷹巣町）1950.6.1
住宅火災（大阪府南河内郡八下村）1951.1.9
温海町大火（山形県西田川郡温海町）1951.4.24
小田原市大火（神奈川県小田原市）1951.11.28
松阪市大火（三重県松阪市）　1951.12.16
鳥取市大火（鳥取県鳥取市）　1952.4.10-
内野町大火（新潟県西蒲原郡内野町）1953.12.10
徳山村大火（岐阜県揖斐郡徳山村）1954.5.13
岩内町大火（北海道岩内郡岩内町）
　　　　　　　　　　　　　　1954.9.26-
放火殺人（茨城県鹿島郡徳宿村）1954.10.11
米空軍ジェット機墜落（東京都八王子
　市）　　　　　　　　　　　　1955.8.19
米軍ジェット練習機墜落（東京都八王
　子市）　　　　　　　　　　　1955.9.19
沼島大火（兵庫県三原郡南淡町）1955.11.9
名瀬市大火（鹿児島県名瀬市）1955.12.3
住宅火災（奈良県奈良市）　　1956.1.27
能代市大火（秋田県能代市）　1956.3.20-
常葉町大火（福島県田村郡常葉町）1956.4.17
芦原町大火（福井県坂井郡芦原町）1956.4.23
下川町大火（北海道上川郡下川町）1956.5.7
大館市大火（秋田県大館市）　1956.8.19
魚津市大火（富山県魚津市）　1956.9.10
アパート火災（東京都武蔵野市）1956.10.14
住宅火災（山口県下関市）　　1957.2.13
住宅火災（静岡県静岡市）　　1957.2.28
引揚者寮火災（東京都昭島市）1957.10.27
瀬戸内町大火（鹿児島県大島郡瀬戸内
　町）　　　　　　　　　　　　1958.12.27
米軍ジェット機墜落（神奈川県藤沢市）
　　　　　　　　　　　　　　1961.4.21
火災（岩手県）　　　　　　　1961.5.28-
火災（青森県八戸市）　　　　1961.5.29
火災（鹿児島県鹿児島市）　　1961.10.2

火災（北海道茅部郡森町）　　1961.10.23
米空軍ジェット戦闘機墜落（福岡県福
　岡市）　　　　　　　　　　　1961.12.7
住宅火災（埼玉県川口市）　　1962.2.15
山荘火災（山梨県南都留郡中野村）1962.9.13
火災（長崎県福江市）　　　　1962.9.26
住宅火災（山形県東置賜郡宮内町）1963.2.25
住宅火災（北海道名寄市）　　1964.5.11
住宅火災（大阪府堺市）　　　1965.1.12
秀山荘火災（岩手県盛岡市）　1966.1.19
いづよ荘火災（東京都墨田区）1966.3.20
火災（千葉県船橋市）　　　　1967.2.23
アパート火災（大阪府寝屋川市）1967.9.13
宿舎火災（北海道増毛郡増毛町）1968.1.16
住宅ガス爆発（神奈川県横浜市鶴見区）1968.7.3
火災（東京都江戸川区）　　　1968.9.9
火災（秋田県大館市）　　　　1968.10.12
火災（福岡県北九州市小倉区）1968.11.27
従業員寮火災（神奈川県川崎市）1969.3.21
火災（岩手県九戸郡）　　　　1969.5.5-
秋田母子寮火災（秋田県秋田市）1970.3.10
航空自衛隊機墜落（滋賀県彦根市）1970.9.2
建設作業員宿舎火災（大阪府大阪市大
　正区）　　　　　　　　　　　1977.6.24
建設会社宿舎全焼（神奈川県海老名市）1994.7.6
工場放火（静岡県静岡市）　　1999.11.4
作業員宿舎火災（千葉県四街道市）2001.5.5
住宅火災（兵庫県神戸市）　　2003.6.2
古い扇風機発火で火災（東京都足立区）
　　　　　　　　　　　　　　2007.8.20

【店舗・事務所火災】

デパート火災（静岡県静岡市）1932.12.2
白木屋百貨店火災（東京都）　1932.12.16
興行用施設火災（愛知県瀬戸市）1943.2.28
広島駅前火災（広島県広島市）1949.3.27
公民館火災（熊本県芦北郡大野村）1951.3.10
ビル火災（北海道札幌市）　　1952.8.25
店舗火災（新潟県新潟市）　　1953.3.20
製材所火災（北海道枝幸郡歌登村）1954.2.19
パチンコ店火災（佐賀県伊万里市）1955.1.8
佐世保水産化成火災（長崎県佐世保市）
　　　　　　　　　　　　　　1955.3.13
店舗火災（福岡県福岡市）　　1955.8.27
店舗火災（東京都墨田区）　　1955.12.17
鹿児島駅前火災（鹿児島県鹿児島市）1957.2.18
店舗火災（福岡県戸畑市）　　1958.3.31

528

災害別一覧　　　　　　　　　　　　　　　　一般火災

飲食店火災（東京都千代田区）	1960.7.22
キャバレー火災（熊本県熊本市）	1960.12.21
飲食店火災（東京都渋谷区）	1960.12.24
料亭火災（大阪府大阪市南区）	1961.2.4
ナイトクラブ火災（兵庫県神戸市）	1961.12.19
ガス爆発（東京都江東区）	1963.1.24
火災（宮崎県西都市）	1963.1.24
西武百貨店火災（東京都豊島区南池袋）	1963.8.22
喫茶店火災（兵庫県神戸市生田区）	1964.9.11
パチンコ店火災（兵庫県尼崎市）	1964.11.18
キャバレー火災（兵庫県尼崎市）	1964.12.18
足利市飲食店火災（栃木県足利市）	1965.2.28
美容院火災（北海道北見市）	1965.8.13
県庁別館火災（滋賀県大津市）	1965.10.1
喫茶店火災（東京都足立区）	1965.10.4
パチンコ店火災（三重県度会郡南勢町）	1965.12.25
金井ビル火災（神奈川県川崎市）	1966.1.9
公衆浴場火災（愛媛県松山市）	1966.3.20
公衆浴場火災（東京都文京区）	1966.12.25
南海百貨店火災（大阪府高石市）	1967.6.14
パチンコ店火災（北海道室蘭市）	1967.12.30
西松モータース火災（愛知県名古屋市中川区）	1968.3.10
有楽サウナ火災（東京都千代田区）	1968.3.13
延山商会火災（大阪府大阪市旭区）	1968.5.25
パチンコ店火災（香川県坂出市）	1968.5.31
千歳ビル火災（北海道札幌市）	1969.2.7
三和金属商会火災（東京都品川区）	1969.2.23
キャバレー火災（北海道札幌市）	1969.2.27
特殊浴場火災（東京都新宿区）	1969.3.29
遊技場火災（兵庫県姫路市）	1971.1.1
美容院火災（北海道美唄市）	1971.1.31
呉服センター火災（愛知県名古屋市中区）	1972.3.30
千日前デパートビル火災（大阪府大阪市南区）	1972.5.13
西武百貨店火災（大阪府高槻市）	1973.9.25
大洋デパート火災（熊本県熊本市）	1973.11.29
朝日会館火災（東京都豊島区）	1975.3.1
キャバレー火災（茨城県日立市）	1975.12.19
雑居ビル火災（東京都墨田区）	1976.12.4
雑居ビル火災（静岡県沼津市）	1976.12.26
店舗火災（東京都大田区池上）	1976.12.26
雑居ビル火災（新潟県新潟市）	1978.3.10
ビル火災（長野県松本市）	1978.9.26
雑居ビル火災（東京都葛飾区高砂）	1978.11.19
ビル火災（大阪府大阪市阿倍野区）	1979.5.21
雑居ビル火災（愛媛県松山市）	1984.11.15
ビル火災（大阪府大阪市中央区）	1989.2.16
尼崎の長崎屋火災（兵庫県尼崎市）	1990.3.18
施設火災（北海道渡島支庁上磯町）	1993.2.28
今津阪神市場全焼（兵庫県西宮市）	1993.5.30
マージャン店放火（神奈川県横浜市）	1999.5.23
テレホンクラブ放火（兵庫県神戸市）	2000.3.2
宝石店放火強盗（栃木県宇都宮市）	2000.6.11
店舗放火（青森県弘前市）	2001.5.8
新宿歌舞伎町ビル火災（東京都新宿区）	2001.9.1
新宿歌舞伎町ビル火災（東京都新宿区）	2001.10.29
大型量販店で放火（埼玉県さいたま市）	2004.12.13
建物解体中に出火（北海道小樽市）	2006.6.27
カラオケ店で火災（兵庫県宝塚市）	2007.1.20
個室ビデオ店で火災（大阪府大阪市）	2008.10.1
映画用の火薬調合中に爆発（東京都渋谷区）	2008.11.12
パチンコ店放火（大阪府大阪市）	2009.7.5
マージャン店火災（静岡県浜松市）	2009.11.17
雑居ビル火災（東京都杉並区）	2009.11.22

【劇場・映画館火災】

映画館火災（群馬県金古町）	1931.5.17
三友劇場火災（徳島県徳島市）	1937.2.8
映画館火災（北海道虻田郡倶知安町）	1943.3.6
映画館火災（北海道厚岸郡浜中村）	1951.5.19
民衆映画劇場火災（栃木県宇都宮市）	1953.4.5
映画館火災（北海道小樽市）	1954.1.16
東京宝塚劇場火災（東京都千代田区有楽町）	1958.2.1
映画館火災（北海道網走郡美幌町）	1959.1.27
劇場火災（東京都台東区浅草）	1964.11.22
劇場火災（愛媛県松山市）	1966.5.8
興行場火災（愛知県名古屋市中村区）	1967.11.8
浅草国際劇場火災（東京都台東区）	1968.3.18
多目的ホール火災（栃木県石橋町）	1995.12.7

【ホテル火災】

温海町大火（山形県西田川郡温海町）	1951.4.24
旅館火災（広島県福山市）	1963.8.8
旅館火災（山口県下関市）	1964.1.29
温泉旅館街火災（富山県下新川郡宇奈月町）	1964.3.

529

一般火災　　　　　　　　　　災害別一覧

旅館火災（東京都大島町）　　　1965.1.11
旅館火災（東京都豊島区）　　　1965.2.4
旅館火災（熊本県熊本市）　　　1965.3.12
旅館火災（北海道松前郡福島町）　1965.9.25
旅館火災（神奈川県足柄下郡箱根湯本町）
　　　　　　　　　　　　　　1965.10.26
簡易旅館火災（岩手県盛岡市）　　1966.2.27
菊富士ホテル火災（群馬県利根郡水上
　町）　　　　　　　　　　　　1966.3.11
温泉旅館火災（和歌山県西牟婁郡白浜
　町）　　　　　　　　　　　　1966.3.19
チトセ観光ホテル火災（愛知県名古屋
　市中村区）　　　　　　　　　1968.1.11
大伊豆ホテル火災（神奈川県足柄下郡
　湯河原町）　　　　　　　　　1968.2.25
池之坊満月城火災（兵庫県神戸市兵庫
　区）　　　　　　　　　　　　1968.11.2
日本青年館火災（東京都新宿区）　1969.1.9
磐光ホテル火災（福島県郡山市）　1969.2.5
大和館火災（静岡県賀茂郡東伊豆町）1969.11.19
簡易宿泊所火災（大阪府大阪市西成区）
　　　　　　　　　　　　　　1970.1.31
旅館火災（和歌山県和歌山市）　　1971.1.2
椿グランドホテル火災（和歌山県西牟
　婁郡白浜町）　　　　　　　　1972.2.25
オリエンタルホテル火災（北海道釧路
　市）　　　　　　　　　　　　1973.6.18
千成ホテル火災（大阪府大阪市西成区）
　　　　　　　　　　　　　　1975.3.10
東山温泉旅館火災（福島県会津若松市）
　　　　　　　　　　　　　　1977.12.18
ビジネスホテル白鳥火災（愛知県半田
　市）　　　　　　　　　　　　1978.6.15
川治温泉ホテル火災（栃木県藤原町）1980.11.20
ホテル・ニュージャパン火災（東京都
　千代田区永田町）　　　　　　1982.2.8
蔵王観光ホテル火災（山形県山形市）1983.2.21
旅館火災（福岡県福岡市中央区）　1983.12.20
ホテル火災（和歌山県西牟婁郡白浜町）
　　　　　　　　　　　　　　1984.7.16
ホテル大東館火災（静岡県東伊豆町）1986.2.11
飯坂温泉旅館火災（福島県福島市飯坂
　町）　　　　　　　　　　　　1986.3.24
旅館火災（静岡県河津町）　　　1986.4.21
簡易宿泊施設全焼（東京都立川市）1990.5.15
ホテル火災（北海道札幌市）　　1999.5.14
旅館全焼（広島県広島市）　　　2006.2.12
ホテル火災（神奈川県横浜市）　2008.1.4

【学校・病院火災】

病院火災（東京）　　　　　　　1929.2.15
病院火災（奈良県生駒郡）　　　1937.5.15
養護施設火災（東京都東京市浅草区石浜
　町）　　　　　　　　　　　　1937.6.30
南富田小学校火災（和歌山県）　1937.12.20
病院火災（新潟県高田市）　　　1947.11.27
津軽病院火災（青森県弘前市）　1949.4.14
国立国府台病院火災（千葉県市川市）1949.6.7
岡山県立盲聾学校火災（千葉県岡山市）
　　　　　　　　　　　　　　1950.12.20
釧路市立病院火災（北海道釧路市）1951.12.2
下曽我脳病院火災（神奈川県）　1952.6.15
加茂小学校分校火災（岡山県苫田郡新
　加茂町）　　　　　　　　　　1953.6.25
中山精神病院火災（千葉県市川市）1954.1.3
府立中宮病院火災（大阪府枚方市）1954.10.22
帝都育英学院火災（東京都杉並区）1955.2.15
精神病院火災（千葉県市川市）　1955.6.18
衣笠病院火災（神奈川県横須賀市）1960.1.6
国立療養所火災（福岡県久留米市）1960.3.19
病院火災（東京都北多摩郡狛江町）1962.1.25
安田病院火災（宮城県仙台市）　1964.1.4
木村病院火災（福島県石城郡四倉町）1964.3.16
常岡病院火災（兵庫県伊丹市）　1964.3.30
国立療養所火災（岐阜県恵那市）1965.2.21
植松病院火災（神奈川県横浜市西区）1967.1.5
厚生病院火災（北海道苫前郡苫前町）1967.2.1
身体障害者施設火災（茨城県北相馬郡
　取手町）　　　　　　　　　　1967.11.12
みのり学園寮火災（大分県速見郡日出
　町）　　　　　　　　　　　　1968.1.14
火災（熊本県荒尾市）　　　　　1968.9.5
大方医院火災（福島県田村郡船引町）1969.1.30
精神病院火災（京都府乙訓郡長岡町）1969.9.27
藤井精神病院火災（徳島県阿南市）1969.11.19
泉老人ホーム火災（山梨県北都留郡上
　野原町）　　　　　　　　　　1970.3.20
両毛病院火災（栃木県佐野市）　1970.6.29
手稲精神病院火災（北海道札幌市）1970.8.6
病院火災（宮城県名取郡岩沼町）1971.2.2
精神薄弱者養護施設火災（千葉県東葛
　飾郡沼南町）　　　　　　　　1971.2.3
老人病院火災（奈良県北葛城郡香芝町）1972.2.2
済生会八幡病院火災（福岡県北九州市
　八幡区）　　　　　　　　　　1973.3.8

青森市民病院火災（青森県青森市）	1973.4.20		山林火災（兵庫県垂水町）	1941.4.30
病院火災（秋田県仙北郡）	1976.12.1		林野火災（北海道紋別郡雄武村）	1941.5.16
病院火災（北海道札幌市白石区）	1977.2.6		山林火災（静岡県磐田郡竜山村）	
岩国病院火災（山口県岩国市）	1977.5.13			1943.3.13−
精神病院火災（広島県尾道市栗原）	1984.2.19		山林火災（和歌山県東牟婁郡）	1943.3.16−
保育所火災（福井県勝山市）	1986.4.16		原野火災（静岡県富士郡上井出村）	1943.3.17
精神修行施設火災（静岡県富士市大淵）			大正町大火（高知県幡多郡大正町）	1948.3.4
	1987.2.11		温海町大火（山形県西田川郡温海町）	1951.4.24
老人ホーム「松寿園」火災（東京都東村山市）	1987.6.6		大規模山林火災（北海道厚岸郡太田村）	1953.4.26−
老人施設全焼（長崎県大村市）	2006.1.8		徳山村大火（岐阜県揖斐郡徳山村）	1954.5.13
障害者支援施設火災（神奈川県綾瀬市）	2008.6.2		火災（岩手県）	1961.5.28−
老人介護施設で火災（福島県いわき市）			山林火災（和歌山県）	1965.3.12
	2008.12.26		山林火災（兵庫県養父郡関宮町）	1968.4.25
老人施設火災（群馬県渋川市）	2009.3.19		火災（岩手県九戸郡）	1969.5.5−
			山林火災（広島県呉市）	1971.4.27
【寺院火災】			火災（岩手県釜石市浜町）	1976.1.2
			山林火災（栃木県）	1977.3.15
誓願寺火災（京都府京都市）	1932.9.26		林野火災（福岡県北九州市）	1977.3.25
法隆寺金堂火災（奈良県生駒郡斑鳩町）			山林火災（広島県安芸郡江田島町）	
	1949.1.26			1978.6.1−
国宝長楽寺火災（千葉県印旛郡大森町）			山火事（東北地方 北陸地方）	1983.4.27
	1950.2.12		釧路湿原火災（北海道釧路市釧路湿原）	
国宝金閣寺火災（京都府京都市上京区）	1950.7.2			1985.4.30
出雲大社火災（島根県簸川郡大社町）	1953.5.27		釧路湿原で野火（北海道釧路市）	1992.11.2
比叡山延暦寺火災（滋賀県大津市）	1956.10.11		山林火災（長野県松本市）	2002.3.21
谷中天王寺五重塔火災（東京都台東区）	1957.7.6		岐阜で山林火災（岐阜県）	2002.4.5
東照宮火災（栃木県日光市）	1961.3.15		香川で山林火災（香川県丸亀市）	
東本願寺金剛別院火災（石川県金沢市）				2002.8.20−
	1962.7.24		山林火災（香川県直島町）	2004.1.13
壬生寺火災（京都府京都市中京区）	1962.7.25		森林火災（広島県瀬戸田町）	2004.2.14
高野山真言宗立江寺火災（徳島県小松市立江町）	1974.9.28		野原火災（大分県由布市）	2009.3.17
平安神宮火災（京都府京都市左京区岡崎西天王町）	1976.1.6		**ガス中毒事故**	
重要文化財念仏堂全焼（愛知県宝飯郡御津町）	1994.8.9		ガス中毒死（東京都港区）	1957.11.11
法花院本堂全焼（愛知県海部郡甚目寺町）	2001.1.20		ガス漏れ多発（東京都）	1957.12.2
落雷（近畿地方 中部地方 北陸地方）	2007.3.31		ガス中毒死（東京都文京区）	1958.4.14
重文の神社火災（大阪府吹田市）	2008.5.23		ガス中毒死（東京都目黒区）	1959.12.3
			ガス漏れ死亡（東京都江東区）	1960.1.27
【山林火災】			炭鉱坑内火災（福岡県田川郡香春町）	1961.3.9
			炭鉱坑内火災（福岡県八幡市）	1961.3.16
山林火災（福島県相馬郡鹿島村）	1929.2.25		二酸化炭素中毒死（和歌山県御坊市）	1961.5.6
山林火災（長崎県東彼杵郡千綿村）	1937.4.13		山荘火災（山梨県南都留郡中野村）	1962.9.13
山林火災（徳島県板野郡）	1937.4.20		ガス爆発（東京都江東区）	1963.1.24
原野火災（大分県南海部郡蒲江町）	1938.2.8			

中学校卒業生ガス中毒死（広島県豊田
　郡大崎町）　　　　　　　　1963.3.16
三池炭鉱坑内爆発（福岡県大牟田市）1963.11.9
白樺湖ユースホステル宿泊者ガス中毒
　死（長野県茅野市）　　　　　1964.1.28
従業員寮ガス中毒死（京都府京都市中
　京区）　　　　　　　　　　　1965.4.23
山野炭鉱坑内ガス爆発（福岡県嘉穂郡
　稲築町）　　　　　　　　　　1965.6.1
大之浦炭鉱坑内ガス突出（福岡県）1965.7.22
金井ビル火災（神奈川県川崎市）1966.1.9
興国人絹パルプ工場ガス中毒死（富山
　県富山市）　　　　　　　　　1966.7.5
農業用水復旧現場ガス中毒（栃木県那
　須郡黒磯町）　　　　　　　　1966.7.8
営団地下鉄浅草駅補修現場ガス中毒
　（東京都台東区）　　　　　　1967.3.6
三池炭鉱坑内火災（福岡県大牟田市）1967.9.28
新田川炭鉱坑内落盤・ガス噴出（福岡
　県田川市）　　　　　　　　　1968.5.30
道路改修現場ガス埋設管破損（大阪府
　大阪市浪速区）　　　　　　　1969.2.16
出光興産製油所ガス中毒死（千葉県千
　葉市）　　　　　　　　　　　1969.3.13
芦別炭鉱坑内ガス爆発（北海道芦別市）
　　　　　　　　　　　　　　　1970.6.11
豊隆丸乗組員ガス中毒死（高知県土佐
　清水市沖）　　　　　　　　　1971.3.15
住民ガス中毒死（石川県金沢市）1971.11.2
柴原浄水場塩素ガス漏出（大阪府豊中
　市）　　　　　　　　　　　　1971.12.4
スキー客ガス中毒死（群馬県吾妻郡草
　津町）　　　　　　　　　　　1971.12.27
住友化学工業工場ガス流出（大分県大
　分市）　　　　　　　　　　　1973.5.10
住友化学工業工場火災（大分県大分市）
　　　　　　　　　　　　　　　1973.8.12
潜水調査艇うずしお故障（千葉県安房
　郡鋸南町）　　　　　　　　　1974.6.17
ガス中毒多発（北海道札幌市）
　　　　　　　　　　　　　1974.10.16-
橋脚建設現場一酸化炭素中毒死（栃木
　県芳賀郡茂木町）　　　　　　1976.2.20
水道工事現場一酸化炭素中毒（広島県
　三原市）　　　　　　　　　　1976.3.15
ガス中毒（愛媛県川之江市）　1976.3.22
高崎女子高等学校生硫化水素中毒（群
　馬県本白根山）　　　　　　　1976.8.3

貨物船乗組員酸素欠乏死傷（広島県呉
　市沖）　　　　　　　　　　　1976.8.5
旭硝子工場ガス中毒死（神奈川県横浜
　市鶴見区）　　　　　　　　　1976.10.11
浄水場酸欠（大阪府羽曳野市）1977.3.15
出光興産製油所作業員ガス中毒死（千
　葉県市原市）　　　　　　　　1977.5.29
てる丸作業員酸素欠乏死（神奈川県川
　崎市川崎区）　　　　　　　　1978.2.14
一酸化炭素中毒（静岡県藤枝市）1979.5.20
清掃作業員ガス中毒死（宮城県石巻市）
　　　　　　　　　　　　　　　1980.8.23
有毒ガス中毒（北海道札幌市）1980.9.13
排ガス中毒死（北海道えりも町）1981.1.2
第23改栄丸船員ガス中毒死（山口県熊
　毛郡沖）　　　　　　　　　　1981.5.25
貨物船アンモニアガス噴出（宮城県気
　仙沼港）　　　　　　　　　　1982.4.11
メタンガス中毒死（北海道根室支庁標
　津町）　　　　　　　　　　　1983.1.8
地下鉄火災（愛知県名古屋市中区栄）1983.8.16
ガス中毒死（埼玉県浦和市大崎）1983.11.26
酸欠死（岐阜県岐阜市寺田）　1984.7.22
一酸化炭素中毒死（千葉県船橋市）1986.6.14
硫化水素中毒（栃木県那須町）1987.9.1
排気ガス中毒（北海道札幌市）1988.6.23
一酸化炭素中毒死（長野県上水内郡豊
　野町）　　　　　　　　　　　1990.8.22
ガス中毒（北海道室蘭市）　　1992.4.28
実験中にガス噴出（広島県福山市）1993.5.17
排気ガス中毒（山形県）　　　1994.2.15
一酸化炭素中毒死（山梨県都留市）1996.7.13
一酸化炭素中毒死（東京都東久留米市）
　　　　　　　　　　　　　　　1996.12.4
八甲田山陸自隊員死亡事故（青森県青
　森市）　　　　　　　　　　　1997.7.12
中国人密航者ガス中毒死（大阪府大阪
　市此花区）　　　　　　　　　1997.11.29
一酸化炭素中毒（千葉県君津市）1998.3.26
一酸化炭素中毒死で誤診（東京都江東
　区）　　　　　　　　　　1999.11.22-
住宅内装作業中に作業員死亡（神奈川
　県横浜市）　　　　　　　　　2000.1.26
硫化水素中毒（和歌山県和歌山市）2000.6.22
化学工場で硫化水素中毒（愛媛県東予
　市）　　　　　　　　　　　　2000.7.29
一酸化炭素中毒死（石川県内灘町）2001.1.16
井戸で一酸化炭素中毒（秋田県能代市）2001.7.7
硫化水素ガス中毒（福岡県久留米市）2002.6.10

硫化水素ガス中毒（神奈川県横浜市）2002.7.18
メッキ加工工場でガス中毒（福島県矢
　祭町）　　　　　　　　　　　　2003.6.4
井戸の中で一酸化炭素中毒（新潟県小
　千谷市）　　　　　　　　　　　2004.8.7
タンカーからガス漏れ（岡山県岡山市）2005.4.8
たき火で一酸化炭素中毒（鹿児島県鹿
　児島市）　　　　　　　　　　　2005.4.9
温風機で一酸化炭素中毒（全国）　2005.4.20
温風機で中毒死再発（長野県上田市）2005.11.21
温風機修理後に一酸化炭素中毒（山形
　県山形市）　　　　　　　　　　2005.12.2
温泉で硫化水素ガス中毒（秋田県湯沢
　市）　　　　　　　　　　　　　2005.12.29
パロマ工業製湯沸かし器事故（全国）
　　　　　　　　　　　　　　　2006.7.14－
アパートで一酸化炭素中毒（北海道苫
　小牧市）　　　　　　　　　　　2006.12.14
道路埋設のガス管折れガス漏れ（北海
　道北見市）　　　　　　　　　　2007.1.19
貨物船の倉庫で死亡（山口県下関市）2007.4.23
ガス中毒（香川県高松市）　　　　2007.6.21
硫化水素自殺に巻き添え（大阪府堺市）
　　　　　　　　　　　　　　　　2008.6.16
硫化水素自殺に巻き添え（東京都大田
　区）　　　　　　　　　　　　　2008.8.6
一酸化炭素中毒（山口県美祢市）　2009.6.2
サイロで窒息死（宮崎県西臼杵郡五ケ瀬町）2009.9.29

【都市ガス等の爆発事故】

住宅ガス爆発（青森県十和田市）　1965.3.18
レストランガス爆発（埼玉県春日部市）
　　　　　　　　　　　　　　　　1967.8.19
アパートプロパンガス爆発（東京都練
　馬区）　　　　　　　　　　　　1973.12.11
ガス爆発（東京都）　　　　　　　1975.10.22
国鉄静岡駅前地下街ガス爆発（静岡県
　静岡市）　　　　　　　　　　　1980.8.16
ビルガス爆発（岩手県岩手郡岩手町）1980.11.28
プロパンガス爆発（静岡県掛川市）1983.11.22
ガス漏れ（大阪府大阪市）　　　　2000.1.24
ガス爆発（東京都北区）　　　　　2004.9.18
温泉くみ上げ施設爆発（東京都渋谷区）
　　　　　　　　　　　　　　　　2007.6.19

産業災害

クレーン転倒（東京都東京市上野）1927.10.26
金生金山崩壊（岐阜県吉城郡河合村）1932.4.6
工場汚水排出（宮崎県延岡市）
　　　　　　　　　　　　　　　1932.この年－
石灰山崩壊（茨城県）　　　　　　1935.9.25
尾去沢鉱山沈澱池決壊（秋田県鹿角郡
　尾去沢町）　　　　　　　　　　1936.11.20
論電ヶ池決壊（長野県）　　　　　1939.4.
ダム崩壊（静岡県庵原郡蒲原町）　1941.6.
東京共同火薬庫爆発（東京都板橋区）1949.9.7
写真機材店爆発（愛知県名古屋市中区）
　　　　　　　　　　　　　　　　1952.12.26
打上げ花火爆発（長野県飯田市）　1953.9.15
機帆貨物船火薬爆発（兵庫県神戸市）1959.3.31
田沢工業秩父鉱業所生石灰溶出（埼玉
　県秩父市）　　　　　　　　　　1959.6.20
火薬運搬トラック衝突・爆発（神奈川
　県横浜市神奈川区）　　　　　　1959.12.11
有機水銀中毒（新潟水俣病、第2水俣
　病）（新潟県）　　　　　　　　1964.5.－
東北本線ガソリンタンク車爆発（宮城
　県栗原郡金成町）　　　　　　　1964.7.18
富山化学工業工場液体塩素流出（富山
　県富山市）　　　　　　　　　　1964.9.14
石炭殻崩壊（神奈川県川崎市）　　1965.6.26
ガス爆発（大阪府大阪市城東区）　1967.5.12
ダム水門決壊（京都府船井郡和知町）1967.7.2
住友金属工業製鉄所微鉄粉排出（和歌
　山県和歌山市）　　　　　　　1967.この頃－
住宅ガス爆発（神奈川県横浜市鶴見区）1968.7.3
浮桟橋爆発（広島県広島市）　　　1968.8.24
道路改修現場ガス埋設管破損（大阪府
　大阪市浪速区）　　　　　　　　1969.2.16
ガス埋設管爆発（東京都板橋区）　1969.3.20
廃鉱砒素流出（宮崎県西諸県郡高城町）
　　　　　　　　　　　　　　　　1969.7.－
福寿製薬工場メチル水銀汚染（富山県）
　　　　　　　　　　　　　　　　1969.8.－
多摩川青酸化合物汚染（東京都）
　　　　　　　　　　　　　　　1969.10.28－
日本アエロジル工場塩酸排出（三重県
　四日市市）　　　　　　　　　1969.この年

533

産業災害　災害別一覧

高知パルプ工場亜硫酸ガス排出（高知
県高知市）　　　　　　　1969.この年
日本窒素工場粉塵被害（福島県いわき
市）　　　　　　　　　　1969.この頃
カドミウム汚染（岩手県北上川流域）
　　　　　　　　　　　　1969.この頃
パルプ工場廃液汚染（大分県佐伯湾）
　　　　　　　　　　　　1969.この頃
三菱金属鉱業カドミウム汚染（宮城県
栗原郡鴬沢町）　　　　　1969.この頃
蔵内金属工場カドミウム汚染（大分県
大野郡）　　　　　　　　1969.この頃
山梨飼肥料工場悪臭発生（山梨県塩山
市）　　　　　　　　　　1969.この頃
林業労働者白蝋病発生（全国）
　　　　　　　　　　　　1969.この頃
水道悪臭発生（東京都）　　　1970.1.3
農薬会社ほか青酸化合物・カドミウム
連続廃棄・排出（栃木県）　1970.3.-
日本鉱業カドミウム汚染（富山県黒部
市）　　　　　　　　　　　1970.5.
工場重金属汚染（岡山県総社市）1970.5.
河山鉱山廃水流出（山口県玖珂郡美川
町）　　　　　　　　　　1970.5.21
長良川汚染（岐阜県関市）　1970.6.2
燧灘ヘドロ汚染（香川県観音寺市　愛媛
県川之江市　同県伊予三島市ほか）1970.8.21
洞海湾青酸化合物・カドミウム汚染
（福岡県北九州市）　　　1970.この年
東京湾汚染（神奈川県）　1970.この年
日本電気工場カドミウム汚染（東京都
府中市付近）　　　　　　1970.この年
日本電工工場マンガン粉排出（石川県
金沢市）　　　　　　　　1970.この年
ラサ工業工場カドミウム汚染（岩手県
宮古市）　　　　　　　　1970.この年
北陸鉱山カドミウム汚染（石川県小松
市）　　　　　　　　　　1970.この年
日曹金属工場カドミウム汚染（福島県
耶麻郡磐梯町）　　　　　1970.この年
三井金属鉱業工場カドミウム汚染（九
州地方）　　　　　　　　1970.この年
中竜鉱山カドミウム汚染（福井県大野
郡和泉村）　　　　　　　1970.この年
住友金属鉱山工場カドミウム汚染（北
海道光和村）　　　　　　1970.この年
カドミウム汚染（福島県いわき市）
　　　　　　　　　　　　1970.この年

志村化工工場重金属汚染（北海道有珠
郡伊達町）　　　　　　　1970.この年
明治製作所カドミウム汚染（北海道白
糠郡白糠町）　　　　　　1970.この年
アイセロ化学工場硫酸化合物汚染（愛
知県名古屋市北区）　　　1970.この年
住友金属鉱山工場カドミウム汚染（兵
庫県加古郡播磨町）　　　1970.この年
鉛再生工場汚染（奈良県磯城郡田原本
町）　　　　　　　　　　1970.この年
工場廃液汚染被害（高知県仁淀川流域）
　　　　　　　　　　　　1970.この年
工場廃液汚染被害（岩手県釜石湾）
　　　　　　　　　　　　1970.この年
パルプ・骨粉製造工場悪臭被害（大分
県大分市）　　　　　　　1970.この年
カドミウム汚染（青森県八戸市）
　　　　　　　　　　　　1970.この頃
工場廃液汚染（神奈川県鶴見川）
　　　　　　　　　　　　1970.この頃
汚染被害（岡山県児島湾）　1970.この頃
田子ノ浦港ヘドロ汚染（静岡県）
　　　　　　　　　　　　1970.この頃
古河鉱業砒素排出（栃木県　群馬県）
　　　　　　　　　　　　1970.この頃
廃油汚染（千葉県木更津市）　1971.12.
地下水塩水化（静岡県）　1971.この年
カドミウム汚染（山口県下関市）
　　　　　　　　　　　　1971.この年
大昭和パルプ工場悪臭被害（宮城県亘
理郡亘理町）　　　　　　1971.この年
鉄興社工場フッ素排出（宮城県）
　　　　　　　　　　　　1971.この頃
十条製紙工場煤塵排出（宮城県石巻市）
　　　　　　　　　　　　1971.この頃
ジークライト化学工業工場煙排出（山
形県東置賜郡高畠町）　　1971.この頃
日本化薬工場水質汚濁（広島県福山市）
　　　　　　　　　　　　1971.この頃
高知パルプ工場廃液排出（高知県高知
市）　　　　　　　　　　1971.この頃
ヘドロ汚染（栃木県宇都宮市）1971.この頃
三菱金属鉱業カドミウム排出（兵庫県
朝来郡生野町）　　　　　1971.この頃
青酸汚染（神奈川県）　　1971.この頃
水質汚染（福岡県大牟田市）1971.この頃-
水質汚染（大阪府）　　　1971.この頃-
衣浦湾汚染（愛知県）　　1971.この頃-

砒素汚染（福岡県北九州市若松区）
　　　　　　　　　　　　　1971.この頃－
船舶廃油汚染（全国）　　　1971.この頃－
汚染（山形県）　　　　　　1971.この頃－
汚染（山口県徳山市）　　　1971.この頃－
日本原子力研究所放射性廃液流出（茨
　城県那珂郡東海村）　　　1972.4.19
製紙工場排出物投棄（山梨県南巨摩郡
　身延町）　　　　　　　　1972.この年
バナナセンター青酸化合物汚染（兵庫
　県神戸市）　　　　　　　1972.この年
青酸化合物汚染（大阪府）　1972.この年
カドミウム汚染（東京都品川区）
　　　　　　　　　　　　　1972.この年
千曲川カドミウム汚染（長野県）
　　　　　　　　　　　　　1972.この年
六価クロム汚染（愛知県名古屋市）
　　　　　　　　　　　　　1972.この年
六価クロム汚染（兵庫県神戸市）
　　　　　　　　　　　　　1972.この年
砒素汚染（大阪府）　　　　1972.この年
旧松尾鉱山砒素汚染（岩手県岩手郡松
　尾村）　　　　　　　　　1972.この年－
大気汚染・水質汚濁（大分県佐伯市）
　　　　　　　　　　　　　1972.この頃
赤潮発生（愛媛県付近）　　1972.この頃
旧土呂久鉱山砒素汚染（宮崎県西臼杵
　郡高千穂町）　　　　　　1972.この頃－
養殖牡蠣カドミウム汚染（広島県竹原
　市付近）　　　　　　　　1973.2.
水銀ヘドロ汚染（山口県徳山湾）1973.6.
原子力発電所廃液漏出（福島県双葉郡
　双葉町）　　　　　　　　1973.6.25
王子製紙工場砒素排出（北海道苫小牧
　市）　　　　　　　　　　1973.この年
使用済みビニール投棄（高知県南国市
　付近）　　　　　　　　　1973.この頃
清掃工場カドミウム・鉛・塩化水素・
　窒素酸化物排出（東京都）1973.この頃
十条製紙工場水銀排出（宮城県石巻市）
　　　　　　　　　　　　　1973.この頃
工場水銀排出（千葉県市原市）1973.この頃
日本合成化学工場水銀排出（岐阜県大
　垣市）　　　　　　　　　1973.この頃
工場カドミウム排出（愛知県刈谷市）
　　　　　　　　　　　　　1973.この頃
旭鍍金工場六価クロム排出（鳥取県鳥
　取市）　　　　　　　　　1973.この頃

倉敷メッキ工業所青酸排出（鳥取県米
　子市）　　　　　　　　　1973.この頃
工場水銀排出（岡山県倉敷市）1973.この頃
工場水銀排出（山口県徳山市）1973.この頃
東亜合成工場水銀排出（香川県坂出市）
　　　　　　　　　　　　　1973.この頃
製紙工場ポリ塩化ビフェニール排出
　（宮崎県西都市）　　　　1973.この頃
製紙工場悪臭被害（鹿児島県）
　　　　　　　　　　　　　1973.この頃
日本カーバイト工業工場水銀排出（富
　山県魚津市）　　　　　　1973.この頃
工場水銀排出（神奈川県川崎市川崎区）
　　　　　　　　　　　　　1973.この頃
原発事故（福井県）　　　　1974.2.－
三菱石油製油所重油流出（岡山県倉敷
　市）　　　　　　　　　　1974.12.18
東北アルプス工場カドミウム排出（宮
　城県古川市）　　　　　　1974.この年
製紙カス処理問題（静岡県）1974.この年
日本電工旧工場六価クロム汚染（北海
　道夕張郡栗山町）　　　　1975.この年
クロム禍運動（東京都　千葉県）
　　　　　　　　　　　　　1975.この年
工場水銀排出（新潟県）　　1975.この年
石油貯蔵用タンク沈下（愛知県名古屋
　市港区　三重県四日市市　鹿児島県揖宿
　郡喜入町）　　　　　　　1975.この頃
日本ゼオン工場塩化ビニル排出（富山
　県高岡市）　　　　　　　1975.この頃
鉱山・工場廃液排出（京都府）1975.この頃
日本電工工場六価クロム汚染（徳島県
　徳島市）　　　　　　　　1975.この頃
日本化学工業工場六価クロム汚染（山
　口県徳山市）　　　　　　1975.この頃
旭硝子工場六価クロム汚染（福岡県北
　九州市）　　　　　　　　1975.この頃
三井金属鉱業精錬所六価クロム汚染
　（広島県竹原市）　　　　1975.この頃
昭和電工工場六価クロム汚染（埼玉県
　秩父市）　　　　　　　　1975.この頃
東邦化学工場六価クロム汚染（三重県
　四日市市）　　　　　　　1975.この頃
ヘドロ埋立汚染（香川県　愛媛県）
　　　　　　　　　　　　　1975.この頃
飼料・肥料製造工場悪臭被害（愛知県
　稲沢市）　　　　　　　　1975.この頃
沿岸海域廃油投棄（島根県）1976.1.－

535

群栄化学工場フェノール流出（群馬県
　高崎市　埼玉県　千葉県　東京都）
　　　　　　　　　　　　　　　　1976.1.20-
メッキ工場六価クロム流出（東京都狛
　江市）　　　　　　　　　　　1976.12.9
発破作業準備中爆発（北海道茅部郡南
　茅部町）　　　　　　　　　　1977.11.8
東京電力発電所放射性同位体漏出（福
　島県双葉郡双葉町）　　　　1977.この年
原油流出（三重県四日市）　　　1979.1.19
高浜2号機冷却水もれ（福井県高浜町）
　　　　　　　　　　　　　　　　1979.11.3
古タイヤ火災（埼玉県浦和市田島）1980.8.17
職員酸欠死（滋賀県彦根市）　　1980.9.4
重油流出（栃木県宇都宮市平出工業団地）
　　　　　　　　　　　　　　　1982.1.31-
汚水排出（東京都）　　　　　　1982.2.4
水道管破裂（東京都）　　　　1984.2.8-
酸欠死（岐阜県岐阜市寺内）　　1984.7.22
玄海原発細管腐食（佐賀県東松浦郡玄
　海町）　　　　　　　　　　1987.この年
放射性ヨウ素大量放出（茨城県東海村）
　　　　　　　　　　　　　　　　1989.10.4
下水道で酸欠（宮崎県宮崎市）　1990.8.29
窓清掃中ゴンドラ転落（千葉県千葉市）
　　　　　　　　　　　　　　　1990.9.10
清掃作業死亡（神奈川県川崎市川崎区浮
　島町沖）　　　　　　　　　　1990.10.29
美浜原発1次冷却水漏れ（福井県三方郡
　美浜町）　　　　　　　　　　1991.2.9
製油タンク爆発（大阪府泉佐野市）1991.12.22
重量オーバーで橋崩れる（埼玉県三郷
　市）　　　　　　　　　　　　1993.9.1
有機溶剤中毒死（大阪府羽曳野市）1998.10.14
新型転換炉「ふげん」トラブル（福井
　県敦賀市）　　　　　　　　1999.1.23-
敦賀原発1次冷却水漏れ（福井県敦賀
　市）　　　　　　　　　　　　1999.7.12
東海村臨界事故（茨城県東海村）1999.9.30
採石工場崩落（岡山県総社市）　2001.3.12
足場崩れ作業員転落（青森県八戸市）2001.7.19
浜岡原子力発電所で冷却水漏れ（静岡
　県小笠郡浜岡町）　　　　　　2001.11.7
舞台昇降台事故（東京都北区）　2001.12.21
硫化水素ガス中毒（神奈川県横浜市）2002.7.18
精錬会社銅転炉で内壁崩落（岡山県玉
　野市）　　　　　　　　　　　2002.7.25
土砂崩れ（千葉県長柄町）　　　2003.7.10

ダムの試験貯水で道路・民家に亀裂
　（奈良県吉野郡川上村）　　　　2003.8.1
ごみ固形燃料発電所爆発（三重県桑名
　郡多度町）　　　　　　　　　2003.8.14
ガソリン貯蔵タンク火災（愛知県名古
　屋市）　　　　　　　　　　　2003.8.29
地震で精油所の貯蔵タンク火災（北海
　道苫小牧市）　　　　　　　　2003.9.26-
工場ドックで転落（広島県呉市）2004.7.5
美浜原発で死亡事故（福井県美浜町）2004.8.9
建造中の貨物船爆発（香川県丸亀市）2004.8.26
製油所タンク火災（愛媛県今治市）2006.1.17
温泉くみ上げ施設爆発（東京都渋谷区）
　　　　　　　　　　　　　　　　2007.6.19
新潟・柏崎刈羽原発で14年弁開け放し
　（新潟県）　　　　　　　　　2008.12.4
柏崎原発倉庫火災（新潟県柏崎市）2009.4.11

【工場災害】

大阪紡績工場火災（大阪府大阪市）1892.12.20
マッチ工場火災（兵庫県）　　　1901.12.11
火薬工場爆発（東京府）　　　　1902.7.24
メリヤス工場火災（東京府）　　1911.1.27
油紙工場火災（新潟県）　　　　1911.11.13
織物製造工場火災（愛知県）　　1913.7.29
花火工場爆発（大分県）　　　　1916.8.28
圧縮酸素爆発（広島）　　　　　1921.3.30
煙火製造所爆発（宮城県白石市）1922.8.2
煙火爆発（愛知県安城市）　　　1924.6.4
工場火災（東京府亀戸町）　　　1927.8.20
花火製造工場爆発（福岡県久留米市）1928.1.12
導火線工場爆発（北海道）　　　1928.1.22
花火工場爆発（東京都三河島町）1928.3.15
製糸工場火災（静岡県駿東郡御殿場町）
　　　　　　　　　　　　　　　　1929.2.10
浅野セメント多摩工場爆発（東京都）1929.6.27
工場火災（神奈川県横浜市鶴見区）1931.5.22
花火製造所爆発（静岡県静岡市）1933.7.30
日本火薬製造工場爆発（山口県厚狭郡
　厚狭町）　　　　　　　　　　　1934.3.
ホッパー落下（山口県徳山市）　1935.2.
花火工場爆発（徳島県那賀郡加茂町）1935.6.26
工場爆発（東京都東京市）　　　1939.5.9
寄宿舎火災（群馬県植蓮村）　　1940.2.27
昭和電工川崎工場爆発（神奈川県川崎
　市）　　　　　　　　　　　　1949.6.24

東亜油糧奥戸工場爆発（東京都葛飾区）
　　　　　　　　　　　　　　　　1949.12.28
昭和石油川崎製油所原油流出火災（神
　奈川県川崎市）　　　　　　　　1950.2.16
関西電力火力発電所爆発（兵庫県尼崎
　市）　　　　　　　　　　　　　1951.9.9
近畿財務局木幡分工場爆発（京都府京
　都市伏見区）　　　　　　　　1951.10.29
宇部興産セメント工場爆発（山口県宇
　部市）　　　　　　　　　　　　1952.6.21
かまぼこ工場爆発（富山県新湊市）　1952.11.9
東亜合成化学名古屋工場爆発（愛知県
　名古屋市港区）　　　　　　　1952.12.22
旭化成延岡工場爆発（宮崎県延岡市）1953.1.18
小勝多摩火工府中工場火薬爆発（東京
　都北多摩郡府中町）　　　　　　1953.2.14
和光純薬工業東京工場爆発（東京都板
　橋区）　　　　　　　　　　　　1953.6.29
日本製鋼室蘭製作所溶鋼材噴出（北海
　道室蘭市）　　　　　　　　　　1953.7.20
鈴木日本堂トクホン工場爆発（埼玉県
　北足立郡草加町）　　　　　　　1953.8.1
花火工場爆発（東京都墨田区）　　　1953.8.1
駿豆煙火工場花火爆発（静岡県田方郡
　中郷村）　　　　　　　　　　　1953.8.9
東洋高圧北海道工業所砂川工場爆発
　（北海道空知郡砂川町）　　　　1953.11.28
染物工場火災（東京都荒川区）　　　1954.4.9
石川島重工業第2工場爆発（東京都江
　東区）　　　　　　　　　　　　1954.6.8
保土ヶ谷化学工場爆発（神奈川県横浜
　市保土ヶ谷区）　　　　　　　　1954.7.23
花火工場爆発（福岡県八女市）　　　1954.7.26
セルロイド加工場火災（東京都墨田区
　寺島町）　　　　　　　　　　　1954.8.11
花火製造工場爆発（愛知県豊橋市）　1954.10.2
大協石油四日市製油所爆発（三重県四
　日市市）　　　　　　　　　　　1954.10.15
昭和化学工業工場爆発（東京都大田区）
　　　　　　　　　　　　　　　　1955.1.20
旭化成工場火薬爆発（大分県北海部郡
　坂ノ市町）　　　　　　　　　　1955.3.7
製菓工場ボイラー爆発（神奈川県横浜
　市鶴見区）　　　　　　　　　　1955.5.13
花火工場爆発（岐阜県不破郡関ヶ原町）
　　　　　　　　　　　　　　　　1955.7.22
花火問屋爆発（東京都墨田区）　　　1955.8.1
興和ガラス工場火災（東京都江東区）1955.8.2

日本カーリット工場火薬爆発（神奈川
　県横浜市保土ヶ谷区）　　　　　1955.8.2
日本興油工業工場爆発（岡山県岡山市）
　　　　　　　　　　　　　　　　1956.8.11
砲弾爆発（神奈川県横浜市鶴見区）　1957.3.30
荏原製作所工員圧死（東京都江戸川区）
　　　　　　　　　　　　　　　　1957.4.16
冷凍運搬船栄幸丸爆発（兵庫県相生市）
　　　　　　　　　　　　　　　　1957.4.24
日本カーバイド魚津工場爆発（富山県
　魚津市）　　　　　　　　　　　1957.10.9
日本冶金大喜工場火薬爆発（千葉県夷
　隅郡勝浦町）　　　　　　　　　1957.11.30
日本カーリット工場火薬爆発（神奈川
　県横浜市保土ヶ谷区）　　　　　1958.1.14
進化製薬工業工場爆発（東京都大田区）
　　　　　　　　　　　　　　　　1958.7.15
日本鋼管工場爆発（神奈川県川崎市）1958.7.18
花火工場爆発（東京都府中市）　　　1958.7.30
工場爆発（東京都江戸川区）　　　　1958.11.22
内山煙火工場爆発（長野県下伊那郡上
　郷村）　　　　　　　　　　　　1959.5.29
石川島重工業製函工場鉄塊落下（東京
　都江東区）　　　　　　　　　　1959.7.6
協和発酵工業宇部工場爆発（山口県宇
　部市）　　　　　　　　　　　　1959.7.11
東洋化工横浜工場爆発（神奈川県横浜
　市金沢区）　　　　　　　　　　1959.11.20
日本油脂工場爆発（愛知県知多郡武豊
　町）　　　　　　　　　　　　　1960.1.14
大野煙火工場爆発（埼玉県岩槻市）　1960.4.23
広島アルミニウム工場爆発（広島県広
　島市）　　　　　　　　　　　　1960.4.28
共栄化工石川工場火薬爆発（埼玉県北
　埼玉郡騎西町）　　　　　　　　1960.7.24
東京油脂工業江戸川工場ガス爆発（東
　京都江戸川区）　　　　　　　　1960.8.24
新日本窒素工場爆発（熊本県水俣市）1961.8.9
鉄工所火災（東京都江戸川区）　　　1962.9.22
工場爆発（神奈川県横浜市保土ヶ谷区）1962.12.7
ゴム工場火災（兵庫県神戸市長田区）1963.9.25
昭和電工工場爆発（神奈川県川崎市）1964.6.11
宝組倉庫爆発（東京都品川区）　　　1964.7.14
奥村実業工場爆発（大阪府茨木市）　1964.9.14
東海製鉄工場溶鉄漏出（愛知県知多郡
　上野町）　　　　　　　　　　　1964.11.26
日立市セメント工場作業員熱粉塵埋没
　（茨城県日立市）　　　　　　　1965.1.31
工場火災（大阪府大阪市生野区）　　1965.2.3

災害別一覧

川崎製鉄爆発（千葉県千葉市）	1965.2.19
木工所火災（広島県広島市）	1965.3.13
工場火災（東京都杉並区）	1965.6.10
三井石油化学工場爆発（山口県熊毛郡大和町）	1965.9.13
阿波屋煙火工場爆発（徳島県小松島市）	1966.2.18
藤永田造船所爆発（埼玉県川口市）	1966.4.23
興国人絹パルプ工場ガス中毒死（富山県富山市）	1966.7.5
柏崎煙火工業所爆発（新潟県柏崎市）	1966.8.8
工場火災（大阪府大阪市住吉区）	1966.10.21
矢木沢ダム発電所爆発（群馬県利根郡水上町）	1966.11.7
富士製鉄ガス爆発（北海道室蘭市）	1966.12.29
旭有機材工場爆発（宮崎県延岡市）	1967.3.1
自動車整備工場火災（秋田県鹿角郡花輪町）	1967.3.24
木工所火災（愛媛県北宇和郡吉田町）	1967.4.20
山上産業火災（広島県広島市）	1967.4.26
三井ポリケミカル爆発（広島県大竹市）	1967.5.29
ハム製造工場爆発（栃木県栃木市）	1967.11.8
鉄工所火災（兵庫県相生市）	1968.2.17
日本軽合金溶解炉爆発（埼玉県行田市）	1968.5.10
パロマ工業工場砲金噴出（愛知県丹羽郡大口町）	1968.8.24
日本ゼオン工業爆発（富山県高岡市）	1968.9.18
富士ラバーインダストリー工場爆発（東京都江戸川区）	1968.10.30
工場火災（大阪府大阪市東成区）	1968.12.16
南勢煙火製造所爆発（三重県松阪市）	1969.1.10
伊達製鋼ガスタンク爆発（福島県伊達郡伊達町）	1969.3.1
ゴム工場爆発（福岡県久留米市）	1969.4.25
斎藤組工場土砂崩れ（静岡県伊東市）	1969.7.3
東洋化学薬品工場爆発（東京都北区）	1969.10.6
岩槻煙火工場爆発（埼玉県岩槻市）	1969.12.1
新和燐寸工業火災（兵庫県津名郡淡路町）	1970.1.28
工場火災（福岡県久留米市）	1970.4.
山石金属工場爆発（千葉県東葛飾郡関宿町）	1970.4.24
倉敷レーヨン工場爆発（岡山県岡山市）	1970.5.22
新日本製鉄火災（愛知県東海市）	1970.6.21
東海鋼業工場鉱滓流出（福岡県北九州市若松区）	1970.8.8
三和ケミカル工場爆発（神奈川県平塚市）	1970.8.14
三井石油化学工場爆発（千葉県市原市）	1970.8.20
日産自動車工場混合機誤作動（神奈川県横浜市）	1970.9.13
三菱重工業造船所爆発（長崎県長崎市）	1970.10.24
住友金属工業製鉄所爆発（和歌山県和歌山市）	1970.11.17
石黒製作所爆発（埼玉県熊谷市）	1970.12.9
鈴木製油工場ガス爆発（愛知県幡豆郡一色町）	1971.3.10
日立造船工場作業用階段落下（神奈川県川崎市）	1971.5.7
甲府製氷工場爆発（山梨県甲府市）	1971.5.12
ヌーリ化薬工場爆発（山口県厚狭郡）	1971.6.1
配管工具窒息死（静岡県静岡市）	1971.7.21
三菱重工業造船所爆発（神奈川県横浜市中区）	1971.8.6
佐世保重工業造船所ガス爆発（長崎県佐世保市）	1971.8.12
日本通信建設工場爆発（千葉県松戸市）	1971.9.18
新山本造船所爆発（高知県高知市）	1971.9.24
住友金属製鉄所爆発（和歌山県和歌山市）	1971.10.9
戸高石灰化工工場運搬機倒壊（大分県臼杵市）	1971.11.1
新日本製鉄工場爆発（福岡県北九州市戸畑区）	1971.11.26
函館ドック造船所クレーン倒壊（北海道函館市）	1971.12.1
柴原浄水場塩素ガス漏出（大阪府豊中市）	1971.12.4
作業員生埋没死（静岡県伊東市）	1972.1.11
川留製革工場爆発（和歌山県和歌山市）	1972.3.8
ヤマサ醤油工場酸素欠乏死傷（千葉県銚子市）	1972.6.21
川崎製鉄工場溶鋼噴出（千葉県千葉市）	1972.6.22
小松フォークリフト工場爆発（栃木県小山市）	1972.9.14
東亜合成化学工業工場爆発（愛知県名古屋市港区）	1972.10.16
小野田セメント工場粉塵排出（大分県津久見市）	1972.この頃
住友化学工業工場ガス流出（大分県大分市）	1973.5.10

ポリ塩化ビフェニール廃液排出（福井県敦賀市） 1973.6.
ゼラチン製造工場ガス発生（兵庫県宝塚市） 1973.8.11
住友化学工業工場火災（大分県大分市） 1973.8.12
チッソ石油化学工場爆発（千葉県市原市） 1973.10.8
日本石油化学工場爆発（神奈川県川崎市川崎区） 1973.10.18
日本鋼管造船所タンカーガス爆発（三重県津市） 1973.10.18
佐々木化学工場コールドパーマ液爆発（東京都豊島区） 1973.11.25
旭電化工業工場爆発（茨城県鹿島郡神栖町） 1973.12.4
日本アエロジル工場塩素漏出（三重県四日市市） 1974.4.30
三菱重工業造船所タンカー火災（長崎県西彼杵郡香焼町） 1974.12.4
工場火災（愛媛県） 1975.2.5
石油製油所パイプ爆発（千葉県市原市） 1975.7.18
日本マリンオイル工場爆発（愛媛県東予市） 1975.8.30
東洋曹達工場塩化ビニル排出（三重県四日市市） 1975.この年
川崎製鉄工場煤煙汚染（千葉県千葉市） 1975.この頃
工場火災（埼玉県蕨市） 1976.1.19
日本農産工業工場従業員酸素欠乏死（千葉県船橋市） 1976.9.17
旭硝子工場ガス中毒死（神奈川県横浜市鶴見区） 1976.10.11
浄水場酸欠（大阪府羽曳野市） 1977.3.15
福祉授産工場火災（東京都台東区） 1977.12.16
造船所爆発（島根県八束郡美保関町森山） 1978.5.30
発電所爆発（愛知県設楽郡稲武町） 1978.7.6
発電所屋根崩落（長崎県佐世保市光町） 1978.10.16
清掃工場灰崩壊（京都府京都市） 1979.6.19
化学工場爆発（秋田県鹿角郡） 1979.11.3
医薬品製造工場爆発（埼玉県浦和市新開） 1980.5.14
工場火災（広島県） 1980.6.17
油脂工業会社香料工場爆発（広島県府中市） 1980.6.17

カーボン工場電気炉崩壊（熊本県芦北郡） 1980.9.16
工場火災（神奈川県川崎市幸区） 1981.3.14
鹿島製油所爆発（茨城県神栖町） 1982.3.31
ダイセル化学工業爆発（大阪府堺市） 1982.8.22
メタンガス中毒死（北海道根室支庁標津町） 1983.1.8
工場火災（大分県中津市） 1985.4.28
原油タンク爆発（東京都大井ふ頭） 1987.5.26
亜硫酸ガス中毒（福島県いわき市） 1989.8.18
工場火災（岐阜県岐阜市） 1989.10.20
火薬爆発（佐賀県東松浦郡北波多村） 1990.9.6
工場爆発（岐阜県揖斐郡揖斐川町） 1991.1.17
ライオン千葉工場爆発（千葉県市原市） 1991.6.26
作業員圧死（佐賀県東松浦郡玄海町） 1991.6.27
発電所内で作業員死亡（兵庫県高砂市） 1991.9.19
花火工場爆発（茨城県北相馬郡守谷町） 1992.6.16
製油所爆発（千葉県袖ケ浦市） 1992.10.16
プラント火災（長野県松本市） 1992.11.7
実験中にガス噴出（広島県福山市） 1993.5.17
靴底加工会社爆発炎上（東京都台東区） 1994.12.24
脱水症状で死亡（兵庫県加古川市） 1995.8.19
高速増殖炉「もんじゅ」ナトリウム漏出事故（福井県敦賀市） 1995.12.8
動力炉・核燃料開発事業団東海事業所火災・爆発事故（茨城県東海村） 1997.3.11
解体車両爆発（京都府京都市山科区） 1997.8.4
工場爆発（神奈川県綾瀬市） 1998.6.10
溶けた鉄浴び作業員死亡（静岡県焼津市） 1999.12.27
化学工場爆発（群馬県新田郡尾島町） 2000.6.10
火薬工場爆発（愛知県知多郡武豊町） 2000.8.1
工場爆発（兵庫県姫路市） 2001.1.7
塩酸タンクに転落（東京都北区） 2002.4.27
花火工場爆発（鹿児島県鹿児島市） 2003.4.11
メッキ加工工場でガス中毒（福島県矢祭町） 2003.6.4
塗装工場爆発（大阪府八尾市） 2003.6.5
重油タンク内に転落（兵庫県尼崎市） 2004.3.19
工場で作業員3人が圧死（岩手県北上市） 2004.7.8
工場サイロで作業中生埋め（福島県双葉町） 2005.5.7
工場地下水からダイオキシン（新潟県胎内市） 2005.12.3

539

産業災害　　　　　　　　　　　　災害別一覧

工場のタンク上から転落死（千葉県袖
　ケ浦市）　　　　　　　　　　2006.12.27
工場で爆発（青森県八戸市）　　2007.11.5
廃棄物処理工場で事故（茨城県筑西市）
　　　　　　　　　　　　　　　2007.11.15
化学工場火災（茨城県神栖市）　2007.12.21
造船所でタラップ落下（大分県大分市）
　　　　　　　　　　　　　　　2009.1.23
製錬所事故（大分県大分市）　　2009.6.13
工場火災（滋賀県竜王町）　　　2009.10.10

【鉱山災害】

高島炭坑事故（長崎県）　　　　1875.この年
足尾鉱毒（栃木県上都賀郡足尾町）1885.頃
夕張炭鉱ガス爆発（北海道）　　1893.8.20
別子銅山煙害（愛媛県）　　　　1893.この年
豊国炭坑ガス爆発（福岡県）　　1899.6.15
夕張炭鉱ガス爆発（北海道）　　1901.2.13
小坂銅山煙害（秋田県）　　　　1902.この年
坑内火災（福岡県）　　　　　　1903.1.17
夕張炭坑ガス爆発（北海道）　　1904.7.4
夕張炭鉱ガス爆発（北海道）　　1905.1.6
高島炭坑ガス爆発（長崎県）　　1906.3.28
豊国炭坑ガス爆発（福岡県）　　1907.7.20
新夕張炭鉱ガス爆発（北海道）　1908.1.17
新夕張炭鉱ガス爆発（北海道）　1909.7.4
貝島桐野ガス爆発（福岡県）　　1909.10.
大之浦炭鉱ガス爆発（福岡県）　1909.11.24
若鍋炭鉱ガス爆発（北海道）　　1911.3.17
忠隈炭鉱ガス爆発（福岡県）　　1911.この年
炭鉱火災（山口県）　　　　　　1912.1.3
北炭夕張炭鉱ガス爆発（北海道）1912.4.29
北炭夕張ガス爆発（北海道）　　1912.12.23
古河鉱業銅鉱山じん肺事故（静岡県）
　　　　　　　　　　　　　　　1912.この年
夕張炭鉱火災（北海道）　　　　1913.1.13
二瀬中央坑ガス爆発（福岡県）　1913.2.6
夕張炭鉱ガス爆発（北海道）　　1914.10.3
新夕張炭鉱ガス爆発（北海道）　1914.11.28
日立鉱山煙害（茨城県日立市）　1914.12.
三菱方城炭坑ガス爆発（福岡県）1914.12.15
松島炭鉱火災（長崎県）　　　　1917.3.19
大之浦炭鉱ガス爆発（福岡）　　1917.12.21
桐野炭坑ガス爆発（福岡県）　　1918.2.15
夕張炭坑ガス爆発（北海道）　　1918.6.23
北炭夕張炭鉱ガス爆発（北海道）1920.6.14
上歌志内炭鉱ガス爆発（北海道歌志内）1924.1.5

入山炭坑ガス爆発（福島）　　　1924.8.9
磐城炭坑火災（福島県）　　　　1927.3.27
入山炭鉱内爆発　　　　　　　　1927.5.6
岩屋炭鉱坑内火災（佐賀県岩屋炭鉱）1927.5.17
上三緒炭鉱坑内爆発（福岡県）　1927.6.6
美唄炭鉱坑内爆発（北海道美唄町）1927.11.12
鎮西炭鉱坑内爆発（福岡県）　　1928.6.28
松島炭鉱出水（長崎県西彼杵郡松島村）
　　　　　　　　　　　　　　　1929.6.26
炭坑内ガス爆発（北海道）　　　1929.8.5
炭鉱坑内爆発（長崎県長崎市）　1932.3.16
炭鉱崩壊（愛知県愛知郡長久手村）1932.5.5
空知炭鉱坑内爆発（北海道空知郡）1932.8.5
山口炭鉱坑内落盤（茨城県）　　1933.6.
炭坑内ガス爆発（長崎県）　　　1933.6.30
炭鉱坑内爆発（佐賀県東松浦郡厳木村）
　　　　　　　　　　　　　　　1934.6.19
幾春別炭鉱坑内爆発（北海道空知郡三
　笠村）　　　　　　　　　　　1934.11.10
炭坑で浸水（長崎県）　　　　　1934.11.25
茂尻炭鉱ガス爆発（北海道空知郡）1935.5.6
炭鉱ガス爆発（福島県湯本町）　1935.5.30
雨竜鉱業所第ガス爆発（北海道沼田郡）1935.6.9
三井鉱業所田川第三抗ガス爆発（福岡
　県井田町）　　　　　　　　　1935.7.13
明治鉱業赤池炭鉱ガス爆発（福岡県）
　　　　　　　　　　　　　　　1935.10.26
三井炭鉱爆発（北海道砂川町）　1936.1.14
麻生吉隈鉱業炭鉱火災（福岡県桂川村）
　　　　　　　　　　　　　　　1936.1.26
善唄炭鉱落盤（北海道）　　　　1936.3.13
住友忠隈炭鉱人車転落（福岡県嘉穂郡
　穂波村）　　　　　　　　　　1936.4.15
大谷炭鉱坑内爆発（福岡県粕屋郡宇美
　村）　　　　　　　　　　　　1936.6.11
綱分炭鉱坑内爆発（福岡県嘉穂郡庄内
　村）　　　　　　　　　　　　1936.10.12
勿来炭鉱落盤（福島県）　　　　1936.10.20
中鶴炭鉱坑内爆発（福岡県遠賀郡中間
　町）　　　　　　　　　　　　1936.12.14
持越金山抗内火災（静岡県田方郡上狩
　野村）　　　　　　　　　　　1937.3.15
平山炭鉱坑内爆発（福岡県嘉穂郡碓井
　村）　　　　　　　　　　　　1937.3.17
杵島炭鉱坑内爆発（佐賀県杵島郡）1937.6.16
小坂鉱山落盤（群馬県北甘楽郡）1938.1.12
炭鉱坑内出水（福島県石城郡）　1938.2.28
炭抗火災（山口県小野田町）　　1938.4.10
炭鉱坑内爆発（北海道）　　　　1938.6.

540

災害別一覧　　産業災害

碓氷炭鉱坑内事故（群馬県碓氷郡安中町）　1938.7.15
夕張炭鉱ガス爆発（北海道夕張市夕張町）　1938.10.6
貝島炭鉱坑内爆発（福岡県鞍手郡宮田町）　1939.1.21
若杉炭鉱坑内爆発（福岡県粕屋郡篠栗町）　1939.1.27
亀山炭鉱坑内爆発（福岡県粕屋郡須恵村）　1939.4.28
松尾鉱山落盤（岩手県松尾鉱山）　1939.11.10
炭坑ガス爆発（北海道夕張町）　1940.1.6
炭坑ガス爆発（北海道歌志内）　1940.2.14
鴻之舞金山坑内爆発（北海道紋別郡）　1940.4.3
美唄炭坑ガス爆発（北海道美唄市）　1941.3.18
弥生炭坑ガス爆発（北海道三笠市）　1941.4.15
長生炭鉱坑内浸水（山口県宇部市）　1942.2.3
砂川鉱業所坑内火災（北海道空知郡上砂川町）　1947.2.19
常磐炭鉱坑内ガス爆発（福島県）　1947.10.20
炭坑事故（北海道宗谷郡稚内町）　1947.10.25
勝田炭鉱坑内爆発（福岡県粕屋郡宇美町）　1948.6.18
松島炭鉱坑内ガス爆発（長崎県西彼杵郡大島町）　1949.11.27
若沖炭鉱坑内浸水（山口県小野田市）　1950.10.30
日本製鉄北松浦鉱業所矢島炭鉱坑内ガス爆発（長崎県北松浦郡小佐々町）　1950.12.7
嘉穂炭鉱坑内水没（福岡県嘉穂郡嘉穂町）　1951.9.3
松島炭鉱大島鉱業所坑内ガス爆発（長崎県西彼杵郡大島町）　1951.9.7
豊前炭鉱坑内ガス爆発（福岡県）　1951.10.20
端島炭鉱坑内落盤（長崎県西彼杵郡）　1951.11.14
中外鉱業米子鉱業所坑内落盤（長野県上高井郡）　1952.6.10
松尾鉱業所坑内出水（岩手県岩手郡松尾村）　1952.6.18
炭鉱火災（福岡県田川市）　1952.6.20
杵島炭鉱火薬庫爆発（佐賀県杵島郡）　1952.7.17
美唄炭鉱落盤（北海道美唄市）　1952.9.13
日満鉱業所屋敷鉱山坑内火薬爆発（佐賀県東松浦郡厳木町）　1953.3.28
浅野炭山坑内ガス爆発（北海道雨竜郡沼田町）　1953.9.13
炭鉱ガス爆発（北海道）　1953.9.14
常磐炭砿内郷鉱山坑内落盤（福島県石城郡内郷町）　1953.11.21

大実炭鉱坑内浸水（福岡県）　1953.11.22
北海道炭砿汽船平和鉱業所坑内落盤（北海道夕張市）　1954.1.28
新栄鉱業所坑内ガス爆発（福岡県粕屋郡須恵町）　1954.2.2
住吉炭鉱坑内ガス爆発（北海道留萌郡山平村）　1954.2.6
志岐炭鉱坑内水没（熊本県天草郡）　1954.2.20
大府鉱山府屋鉱業所坑内落盤水没（新潟県岩船郡大川谷村）　1954.3.26
蜂巣炭鉱坑内ガス爆発（北海道夕張市）　1954.5.3
正安炭鉱坑内浸水（山口県美祢郡豊田町）　1954.7.4
太平洋炭鉱釧路鉱業所春採海底炭鉱ガス爆発（北海道釧路市）　1954.8.31
宇美鉱業所坑内ガス爆発（福岡県粕屋郡宇美町）　1954.11.18
豊洲炭鉱坑内ガス爆発（福岡県田川郡川崎町）　1955.1.11
大和田炭鉱大和田鉱業所ガス噴出（北海道留萌市）　1955.3.17
三菱高島鉱業所坑内落盤（長崎県西彼杵郡高島町）　1955.4.11
安部鉱業所佐世保炭鉱ボタ山崩壊（長崎県佐世保市）　1955.4.16-
三菱大夕張鉱業所坑内ガス爆発（北海道夕張市）　1955.6.3
三井田川鉱業所坑内ガス爆発（福岡県田川市）　1955.6.16
府内鉱業所日の丸炭鉱坑内ガス爆発（福岡県粕屋郡宇美町）　1955.9.21
住友石炭赤平鉱業所坑内ガス爆発（北海道赤平市）　1955.10.10
雄別炭鉱鉄道茂尻鉱業所坑内ガス爆発（北海道赤平市）　1955.11.1
明治鉱業赤池鉱業所坑内ガス爆発（福岡県田川郡赤池町）　1955.11.9
高陽炭鉱坑内ガス爆発（九州）　1956.1.19
安保鉱業所坑内ガス爆発（長崎県西彼杵郡香焼村）　1956.2.14
常磐炭砿ガス爆発（福島県常磐市）　1956.3.7
日本坩堝鉱業所粘土採掘場落盤（愛知県西加茂郡猿投町）　1956.9.15
今井鉱業所マンガン採掘場雪崩（北海道檜山郡上ノ国村）　1957.3.9
日曹炭鉱魚沼鉱業所雪崩倒壊（新潟県中魚沼郡津南町）　1957.4.12

541

北海道炭砿汽船赤間鉱区坑内ガス爆発
　（北海道赤平市）　　　　　1957.6.21
北海道炭砿汽船幌内鉱業所新幌内炭鉱
　坑内落盤（北海道三笠市）　　1957.8.4
神岡鉱山坑内蓄電車落下（岐阜県吉城
　郡神岡町）　　　　　　　　1957.9.27
採石場落盤（栃木県宇都宮市）　1957.10.7
森山鉱業所坑内出水（岐阜県可児郡御
　嵩町）　　　　　　　　　　1957.10.24
東中鶴炭鉱坑内出水（福岡県八幡市）1957.11.25
中興鉱業江口鉱業所坑内出水（長崎県
　松浦市）　　　　　　　　　　1958.5.7
日本曹達赤井炭鉱出水（福島県）　1958.5.8
三井鉱山砂川鉱業所坑内ガス爆発（北
　海道空知郡上砂川町）　　　　1958.6.9
籾井鉱業本添田炭鉱坑内出水（福岡県
　田川郡大任村）　　　　　　　1958.6.27
小泉鉱業所本荘炭鉱落盤（愛知県小牧
　市）　　　　　　　　　　　　1958.6.28
池本鉱業所大昇炭鉱坑内ガス爆発（福
　岡県山田市）　　　　　　　　1958.9.24
新方正炭鉱坑内ガス爆発（福岡県田川
　郡方城町）　　　　　　　　1958.11.10
上田鉱業所第2豊洲炭鉱坑内落盤（福
　岡県田川郡香春町）　　　　1958.12.22
住友石炭鉱業赤平鉱業所歌志内炭鉱ガ
　ス爆発（北海道歌志内市）　　1959.2.21
住友石炭鉱業赤平鉱業所坑内ガス突出
　（北海道歌志内市）　　　　　1959.5.9
大谷石採石場落盤（栃木県宇都宮市）1959.7.6
三井鉱山山野鉱業所坑内ガス爆発（福
　岡県嘉穂郡稲築町）　　　　1959.12.21
三菱鉱業新入鉱業所坑内ガス爆発（福
　岡県鞍手郡鞍手町）　　　1959.12.21-
旧古河大峰炭鉱ボタ山崩壊（福岡県田
　川郡大任村）　　　　　　　　1960.1.7
北海道炭砿汽船夕張鉱業所坑内ガス爆
　発（北海道夕張市）　　　　　1960.2.1
野見山炭鉱坑内出水（福岡県）　1960.2.6
上尊鉱業所豊洲炭鉱豪雨水没（福岡県
　田川郡川崎町）　　　　　　　1960.9.20
嘉穂炭鉱籾井坑内ガス爆発（福岡県
　田川郡糸田町）　　　　　　　1960.9.26
明治鉱業庶路鉱業所坑内ガス爆発（北
　海道白糠郡白糠町）　　　　1960.10.30
炭鉱坑内火災（福岡県田川郡香春町）1961.3.9
炭鉱坑内火災（福岡県八幡市）　1961.3.16
豊栄鉱山落盤（大分県大野郡緒方町）1961.5.4

美唄炭鉱爆発（北海道美唄市）　1961.6.29
新長炭鉱坑内ガス爆発（佐賀県東松浦
　郡相知町）　　　　　　　　　1961.9.17
磯原炭鉱坑内落盤（茨城県北茨城市）1961.10.12
十王炭鉱坑内落盤（茨城県多賀郡十王
　町）　　　　　　　　　　　　1961.10.24
炭鉱坑内ガス爆発（北海道赤平市）1961.11.30
炭鉱坑内ガス突出（福岡県）　　1962.1.30
炭鉱坑内落盤（佐賀県杵島郡江北町）1962.3.27
炭鉱坑内爆発（北海道芦別市）　1962.7.15
炭鉱坑内ガス爆発（佐賀県東松浦郡相
　知町）　　　　　　　　　　　1963.1.30
唐津炭鉱坑内落盤（佐賀県唐津市）1963.1.30
炭鉱坑内落盤・出水（山口県小野田市）1963.5.7
炭鉱落盤（茨城県北茨城市）　　1963.9.28
三池炭鉱爆発（福岡県大牟田市）1963.11.9
炭鉱坑内ガス爆発（福岡県田川郡）1963.12.13
芦別炭鉱落盤（北海道芦別市）　1964.1.7
日高炭鉱坑内ガス爆発（福岡県遠賀郡
　水巻町）　　　　　　　　　　1964.3.30
砂川炭鉱落盤（北海道空知郡奈井江町）
　　　　　　　　　　　　　　　1964.6.11
麻生吉隈炭鉱坑内落盤（福岡県嘉穂郡
　桂川町）　　　　　　　　　　1965.2.18
夕張炭鉱坑内ガス爆発（北海道夕張市）
　　　　　　　　　　　　　　　1965.2.22
伊王島海底炭鉱坑内ガス爆発（長崎県
　西彼杵郡伊王島町）　　　　　1965.4.9
山野炭鉱坑内ガス爆発（福岡県嘉穂郡
　稲築町）　　　　　　　　　　1965.6.1
大之浦炭鉱坑内ガス突出（福岡県）1965.7.22
空知炭鉱坑内ガス爆発（北海道歌志内
　市）　　　　　　　　　　　　1966.3.22
漆生炭鉱出水（福岡県）　　　　1966.4.8
山野炭鉱ガス突出（福岡県嘉穂郡稲築
　町）　　　　　　　　　　　　1966.4.10
松島炭鉱坑内ガス爆発（長崎県西彼杵
　郡大島町）　　　　　　　　　1966.8.15
砂川炭鉱ガス漏出（北海道砂川市）1966.9.26
奔別炭鉱坑内ガス爆発（北海道三笠市）
　　　　　　　　　　　　　　　1966.11.1
二子炭鉱落盤（長崎県）　　　　1966.11.2
山野炭鉱落盤（福岡県嘉穂郡稲築町）1966.11.11
白老炭鉱坑内落盤（北海道白老郡白老
　町）　　　　　　　　　　　　1967.1.22
大夕張炭鉱坑内ガス突出（北海道夕張
　市）　　　　　　　　　　　　1967.1.24
高根炭鉱坑内出水・土砂崩れ（北海道
　芦別市）　　　　　　　　　　1967.3.25

産業災害

磯原炭鉱坑内落盤（茨城県北茨城市） 1967.3.28
関本炭鉱坑内落盤（茨城県北茨城市） 1967.4.12
平和炭鉱坑内崩落（北海道夕張市） 1967.4.19
杵島炭鉱坑内落盤（佐賀県杵島郡） 1967.5.3
雄別炭鉱坑内落盤（北海道阿寒郡阿寒町） 1967.6.30
赤平炭鉱坑内崩落（北海道赤平市） 1967.8.2
山野炭鉱坑内落盤（福岡県嘉穂郡嘉穂町） 1967.8.26
名合炭鉱坑内落盤（静岡県磐田市） 1967.9.6
三池炭鉱坑内火災（福岡県大牟田市） 1967.9.28
松尾鉱山坑内爆発（岩手県岩手郡松尾村） 1967.10.3
三井芦別炭鉱坑内ガス爆発（北海道芦別市） 1967.11.4
南炭鉱坑内石炭運搬車暴走（北海道空知郡） 1967.11.24
美唄炭鉱坑内ガス爆発（北海道美唄市） 1968.1.20
太平洋釧路炭鉱坑内落盤（北海道釧路市） 1968.1.31
雄別炭鉱坑内落盤（北海道赤平市） 1968.5.9
美唄炭鉱坑内地盤膨張・火災（北海道美唄市） 1968.5.12
新田川炭鉱坑内落盤・ガス噴出（福岡県田川市） 1968.5.30
滝口炭鉱坑内爆発（北海道空知郡奈井江町） 1968.6.5
平和炭鉱坑内火災（北海道夕張市） 1968.7.30
三池炭鉱落盤（福岡県大牟田市） 1968.8.6
夕張炭鉱坑内落盤（北海道夕張市） 1968.9.3
山陽無煙炭鉱坑内爆発（山口県宇部市） 1968.11.2
赤平炭鉱落盤（北海道赤平市） 1969.2.13
赤金銅山坑内爆発（岩手県江刺市） 1969.3.25
茂尻炭鉱坑内ガス爆発（北海道赤平市） 1969.4.2
歌志内炭鉱坑内ガス突出（北海道歌志内市） 1969.5.16
夕張炭鉱坑内落盤（北海道夕張市） 1969.5.28
下山田炭鉱坑内爆発（福岡県山田市） 1969.9.22
空知炭鉱石炭崩落（北海道歌志内市） 1969.11.17
夕張炭鉱坑内落盤（北海道夕張市） 1970.1.27
清水沢炭鉱坑内ガス突出（北海道夕張市） 1970.3.2
中郷炭鉱坑内落盤（茨城県北茨城市） 1970.4.24
若松炭鉱坑内落盤（福岡県北九州市若松区） 1970.6.2
芦別炭鉱坑内ガス爆発（北海道芦別市） 1970.6.11

東山炭鉱坑内ガス爆発（北海道空知郡上砂川町） 1970.12.2
砂川炭鉱坑内ガス爆発（北海道空知郡上砂川町） 1970.12.15
炭鉱坑内崩壊（北海道歌志内市） 1971.7.17
奔別炭鉱坑内ガス爆発（北海道三笠市） 1971.10.29
朝日炭鉱坑内ガス突出（北海道岩見沢市） 1972.2.19
石狩炭鉱坑内ガス爆発（北海道空知郡奈井江町） 1972.11.2
旧銅山廃液汚染（鳥取県岩美郡岩美町） 1972.この頃
旧松尾鉱山砒素汚染（宮崎県児湯郡木城村） 1972.この頃-
三井鉱山上砂川炭鉱坑内崩落（北海道砂川市） 1973.3.9
常磐炭鉱坑内火災（福島県いわき市） 1973.5.29
夕張炭鉱坑口崩落（北海道夕張市） 1973.6.26
万字炭鉱坑内輸送車暴走（北海道空知郡栗沢町） 1974.2.1
三井石炭砂川鉱業所ガス爆発（北海道上砂川町） 1974.12.19
夕張新炭鉱坑内ガス突出（北海道夕張市） 1975.7.6
砂川炭鉱坑内ガス突出（北海道空知郡上砂川町） 1975.8.30
砂川炭鉱坑内崩落（北海道空知郡上砂川町） 1975.9.8
高島炭鉱坑内ガス突出（長崎県西彼杵郡高島町） 1975.11.1
炭鉱坑内ガス爆発（北海道三笠市唐松青山町） 1975.11.27
石原産業銅山坑内爆発（三重県紀和町） 1976.4.12
三井石炭鉱業鉱山落磐（北海道芦別市） 1976.8.4
池島炭鉱坑内爆発（長崎県西彼杵郡外海町） 1977.4.1
芦別炭鉱坑内ガス爆発（北海道芦別市） 1977.5.11
鉱山落盤（長崎県西彼杵町） 1977.8.24
三菱石炭鉱業南大夕張砿業所ガス突出事故（北海道夕張市） 1979.5.15-
炭鉱採炭現場ガス突出（北海道歌志内市） 1980.11.15
三井石炭鉱業海底坑道落盤事故（福岡県大牟田市） 1981.6.11
崩落事故（北海道空知支庁砂川町） 1981.6.16
炭坑ガス突出事故（北海道赤平市） 1981.8.1

543

夕張炭鉱ガス突出事故（北海道夕張市）
　　　　　　　　　　　　　　1981.10.16
赤平炭坑ガス突出事故（北海道赤平市赤平）
　　　　　　　　　　　　　　1982.6.26
空知炭坑ガス突出事故（北海道歌志内市東町）
　　　　　　　　　　　　　　1983.2.1
炭坑事故（北海道空知支庁上砂川）　1983.7.26
坑内火災（福岡県大牟田市）　　　　1984.1.18
炭鉱坑内ガス爆発（福岡県西彼杵郡高島町）
　　　　　　　　　　　　　　1985.4.24
南大夕張礦業所ガス爆発（北海道北見市）
　　　　　　　　　　　　　　1985.5.17
南大夕張砿崩落事故（北海道夕張市）1989.9.14
鉱山火災（新潟県青海町）　　　　　2003.5.4

【土木・建築現場の災害】

生駒山トンネル崩壊（奈良県）　　　1913.1.26
雪崩（富山県）　　　　　　　　　　1927.1.29
トンネル工事現場崩壊（岐阜県船津町）
　　　　　　　　　　　　　　1928.1.19
発電所工事現場崩壊（富山県上新川郡）
　　　　　　　　　　　　　　1931.12.17
建設現場爆発（東京都父島）　　　　1933.5.27
工事現場爆発（広島県山形郡中野村）1934.8.4
工事現場落盤（熊本県球磨郡五木村）1935.1.19
トンネル崩壊（北海道藻岩村）　　　1935.6.
工事現場崩壊（静岡県榛原郡上川根村）
　　　　　　　　　　　　　　1935.8.26
阿武隈建設現場落盤（福島県西白河郡）
　　　　　　　　　　　　　　1937.10.6
建設現場作業員死亡（富山県）　　　1937.12.12
発電所建設現場崩壊（新潟県中頸城郡水上村）
　　　　　　　　　　　　　　1938.7.15
建設現場トンネル崩壊（山形県東田川郡立谷沢村）
　　　　　　　　　　　　　　1939.8.7
建設現場火薬貯蔵トンネル爆発（熊本県球磨郡五木村）
　　　　　　　　　　　　　　1940.1.24
建設現場土砂崩れ（山梨県）　　　　1940.6.11
発電所建設現場浸水（山梨県南巨摩郡十島村）
　　　　　　　　　　　　　　1941.3.12
ダム決壊（北海道）　　　　　　　　1941.6.7
国鉄信濃川発電所トンネル工事現場落盤（新潟県小千谷町）
　　　　　　　　　　　　　　1950.9.3
日本発電発電所建設現場ゴンドラ墜落（福島県沼沢村）
　　　　　　　　　　　　　　1950.12.12
両総用水トンネル工事現場落盤（千葉県香取郡香取村）
　　　　　　　　　　　　　　1950.12.22

発電所建設現場がけ崩れ（北海道空知郡芦別町）
　　　　　　　　　　　　　　1952.3.1
関門トンネル建設現場火薬爆発（福岡県門司市）
　　　　　　　　　　　　　　1952.8.13
吊橋落下（岐阜県恵那郡阿木村）　　1952.12.9
関西電力打保発電所作業所雪崩（岐阜県吉城郡坂上村）
　　　　　　　　　　　　　　1953.2.11
東北電力大池発電所建設現場雪崩（青森県東津軽郡岩崎村）
　　　　　　　　　　　　　　1953.3.3
釈迦ヶ岳トンネル建設現場落盤（福岡県朝倉郡宝珠山村）
　　　　　　　　　　　　　　1953.3.19
夜明発電所建設現場落盤（大分県日田郡）
　　　　　　　　　　　　　　1953.4.24
林道建設現場土砂崩れ（福島県大沼郡川口村）
　　　　　　　　　　　　　　1953.7.14
東京電力下船渡発電所建設現場落盤（新潟県中魚沼郡下船渡村）
　　　　　　　　　　　　　　1953.9.15
関門海底トンネル建設現場地滑り（山口県下関市）
　　　　　　　　　　　　　　1953.11.17
東京電力須田貝発電所建設現場火薬爆発（群馬県利根郡水上町）
　　　　　　　　　　　　　　1953.12.25
日活撮影所建設現場屋根落下（東京都北多摩郡調布町）
　　　　　　　　　　　　　　1954.1.4
佐久間ダム建設現場建設機械落下（愛知県北設楽郡豊根村）
　　　　　　　　　　　　　　1954.2.8
東京電力鶴見第2火力発電所建設現場ガス爆発（神奈川県川崎市）
　　　　　　　　　　　　　　1954.3.3
秋葉ダム第1発電所建設現場爆発（静岡県磐田郡竜山村）
　　　　　　　　　　　　　　1955.2.4
糠平ダム建設現場トンネル内落盤（北海道河東郡上士幌町）
　　　　　　　　　　　　　　1955.3.4
奥泉ダム建設現場トンネル内落盤（静岡県安倍郡井川村）
　　　　　　　　　　　　　　1955.3.15
秋葉ダム第1発電所建設現場ダイナマイト爆発（静岡県磐田郡竜山村）
　　　　　　　　　　　　　　1955.5.13
関西電力宇治発電所導水路トンネル拡張現場落盤（滋賀県大津市）
　　　　　　　　　　　　　　1955.7.10
藤原ダム建設現場落盤（群馬県利根郡水上町）
　　　　　　　　　　　　　　1956.1.20
関西電力大町第2トンネル建設工事死傷事故（長野県大町市　富山県中新川郡立山町）
　　　　　　　　　　　　　　1956.7.—
林道建設現場崩壊（東京都西多摩郡奥多摩町）
　　　　　　　　　　　　　　1956.8.19
日本鋼管附属病院増築現場土砂崩れ（北海道室蘭市）
　　　　　　　　　　　　　　1956.8.29
奥只見電源開発工事現場雪崩（新潟県北魚沼郡湯之谷村）
　　　　　　　　　　　　　　1957.2.13

災害別一覧　　産業災害

砂防工事現場雪崩（北海道河西郡中札
内村）　　　　　　　　　　1957.3.31
川崎製鉄千葉製鉄所溶鉱炉建設現場支
柱倒壊（千葉県千葉市）　　　1957.7.1
東京都水道局長沢浄水場建設現場土砂
崩れ（神奈川県川崎市）　　1957.11.16
神子沢トンネル建設現場落盤（山形県
鶴岡市）　　　　　　　　　1957.12.27
県営砂防工事現場落石（愛媛県宇摩郡
土居町）　　　　　　　　　　1958.1.16
春近発電所建設現場落盤（長野県上伊
那郡高遠町）　　　　　　　　1958.3.1
御母衣ダム建設現場雪崩（岐阜県大野
郡白川村）　　　　　　　　　1958.3.5
岩洞ダム発電所建設現場落盤（岩手県
岩手郡玉山村）　　　　　　1958.11.28
北陸電力有峰発電所建設現場雪崩（富
山県上新川郡大山町）　　　　1959.2.14
長山発電所トンネル建設現場落盤（高
知県）　　　　　　　　　　　1959.3.5
道路敷設現場土砂崩れ（神奈川県横浜
市神奈川区）　　　　　　　　1959.5.4
大井川川口発電所建設現場落盤（静岡
県榛原郡）　　　　　　　　　1959.6.16
川崎製鉄千葉工場溶鉱炉建設現場土台
沈下（千葉県千葉市）　　　　1959.7.7
国道トンネル工事現場落盤（愛媛県南
宇和郡一本松村）　　　　　　1959.9.12
富士川用水建設現場土砂崩れ（静岡県
富士宮市）　　　　　　　　1959.11.12
常磐線トンネル電化工事現場落盤（福
島県常磐市）　　　　　　　1959.12.23
電源開発公社椛呂発電所建設現場ダイ
ナマイト爆発（和歌山県東牟婁郡熊野
川町）　　　　　　　　　　　1960.3.22
只見発電所建設現場堰堤氾濫（新潟県
東蒲原郡）　　　　　　　　　1960.7.14
芦有開発道路建設現場山崩れ（兵庫県
西宮市）　　　　　　　　　　1960.8.29
発電所建設現場雪崩（北海道沙流郡平
取町）　　　　　　　　　　　1961.4.5
支水路建設現場雪崩（北海道新冠郡新
冠村）　　　　　　　　　　　1961.4.5
王滝川発電所建設現場土砂崩れ（長野
県木曽郡三岳村）　　　　　　1961.4.8
トンネル建設現場落盤（静岡県賀茂郡
東伊豆町）　　　　　　　　　1961.4.16

伊豆急線トンネル建設現場爆発（静岡
県賀茂郡下田町）　　　　　　1961.6.1
鉄橋建設現場崩落（岩手県和賀郡湯田
村）　　　　　　　　　　　　1961.6.28
川崎製鉄工場増築現場鉄骨崩落（千葉
県千葉市）　　　　　　　　　1961.7.25
東京電力火力発電所建設現場ボイラー
崩壊（神奈川県横須賀市）　1961.10.27
漁船進水式櫓崩壊（神奈川県横須賀市）
　　　　　　　　　　　　　1961.11.24
加治川発電所建設現場雪崩（新潟県新
発田市）　　　　　　　　　　1962.1.30
県道トンネル建設現場落盤（静岡県加
茂郡南伊豆町）　　　　　　　1962.3.18
ダム建設現場落盤（奈良県吉野郡下北
山村）　　　　　　　　　　　1962.5.1
トンネル建設現場落盤（徳島県阿南市）
　　　　　　　　　　　　　　1962.6.14
採石場土砂崩れ（福岡県遠賀郡水巻町）
　　　　　　　　　　　　　　1962.6.28
採石場落盤（栃木県宇都宮市）1962.7.30
市役所建築現場コンクリート崩壊（熊
本県荒尾市）　　　　　　　　1963.4.26
ダム建設現場火災（宮崎県西都市）1963.5.5
東海道新幹線トンネル建設現場落盤
（神奈川県横浜市港北区）　　1963.6.17
ホテル建築現場ガス噴出（長崎県南高
来郡）　　　　　　　　　　　1963.9.5
採掘作業員呼吸器系疾患ほか（鹿児島
県大島郡三島村）　　　　1963.この年
造船所ガス爆発（岩手県上閉伊郡大槌
町）　　　　　　　　　　　　1965.3.18
酒匂川架橋現場作業員死亡（神奈川県
小田原市付近）　　　　　　　1965.7.27
日立造船米海軍艦艇ガス爆発（神奈川
県川崎市）　　　　　　　　　1966.1.23
北陸本線勝山トンネル落盤　　1966.3.9
奈川渡ダム建設現場土砂崩れ（長野県
南安曇郡奈川村）　　　　　　1966.3.22
農業用水建設現場ガス爆発（新潟県直
江津市）　　　　　　　　　　1966.3.23
農業用水復旧現場ガス中毒（栃木県那
須郡黒磯町）　　　　　　　　1966.7.8
矢木沢ダム建設現場排水路崩壊（群馬
県利根郡水上町）　　　　　　1966.7.27
国道トンネル建設現場がけ崩れ（山口
県萩市）　　　　　　　　　　1966.8.25
北陸本線トンネル建設現場落盤（新潟
県直江津市）　　　　　　　　1967.1.20

545

営団地下鉄浅草駅補修現場ガス中毒
（東京都台東区） 1967.3.6
中央高速道路建設現場土砂崩れ（神奈川県津久井郡相模湖町） 1967.3.25
米庄石灰工業所採石場爆発（大分県津久見市） 1967.9.5
中央大学校舎建設現場落盤（東京都八王子市） 1967.11.17
砂防ダム建設現場雪崩（秋田県平鹿郡山内村） 1968.1.22
トンネル建設現場ガス爆発（北海道勇払郡） 1968.5.17
同和鉱業作業現場土砂崩れ（秋田県鹿角郡小坂町） 1968.7.17
護岸建設現場がけ崩れ（愛知県渥美郡渥美町） 1968.11.13
第2新四ツ木橋建設現場水止板崩壊（東京都葛飾区） 1969.4.1
イトムカ金山柵崩落（北海道常呂郡留辺蘂町） 1969.5.31
採石場落盤（栃木県宇都宮市） 1969.7.22
営林署造材現場ケーブル脱落（北海道島牧郡島牧村） 1969.9.5
ダイハツ工業社員寮建設現場爆発（大阪府池田市） 1969.11.7
尻無川水門建設現場潜函水没（大阪府大阪市大正区） 1969.11.25
佐世保重工業造船所足場崩壊（長崎県佐世保市） 1970.1.7
戸高鉱業採石場落盤（大分県津久見市） 1970.1.10
送電用鉄塔建設現場倒壊（神奈川県川崎市） 1970.3.25
地下鉄谷町線建設現場ガス爆発（大阪府大阪市北区） 1970.4.8
土砂崩れ（熊本県菊池市） 1970.5.13
擁壁建設現場がけ崩れ（宮崎県西諸県郡野尻町） 1970.7.23
吉沢石灰工業採石場落盤（栃木県安蘇郡葛生町） 1970.11.14
作業現場土砂崩れ（鹿児島県鹿児島市） 1971.2.1
ダム建設現場土砂崩れ（愛知県北設楽郡豊根村） 1971.2.24
栄進化成工場爆発（兵庫県神戸市） 1971.3.8
岩田建設作業現場支柱倒壊（北海道留萌市） 1971.7.23
作業員窒息死（東京都千代田区） 1971.7.26

小田急電鉄立体交差建設現場土砂崩れ（神奈川県藤沢市） 1972.2.15
国鉄トンネル建設現場落盤（鹿児島県垂水市） 1972.2.22
大阪製紙工場煙突建設現場転落死（大阪府大阪市西淀川区） 1972.5.15
国道作業現場岩盤崩落（北海道浜益郡浜益村付近） 1972.7.9
ビル建築現場酸素欠乏死（東京都中野区） 1972.7.24
金橋商会採石場土砂崩れ（熊本県八代郡坂本村） 1972.10.22
港工業型枠倒壊（山形県酒田市） 1972.11.10
水道建設現場落盤（神奈川県足柄上郡大井町付近） 1972.11.20
甫場改修作業現場側壁倒壊（鳥取県東伯郡大栄町） 1972.12.20
道路建設現場土砂崩壊（新潟県刈羽郡西山町） 1973.1.9
電話回線埋設現場ガス爆発（京都府京都市） 1973.2.8
ダンプカー暴走（兵庫県津名郡淡路町） 1973.5.13
林道建設現場土砂崩れ（神奈川県足柄上郡松田町） 1973.6.18
水力発電所建設現場砂崩れ（北海道新冠郡新冠町） 1973.8.6
下水道建設現場作業員窒息死（東京都品川区） 1973.8.6
防護作業現場がけ崩れ（京都府宮津市） 1974.1.5
建設工事現場足場倒壊（福岡県福岡市西区） 1974.2.25
下水道建設現場爆雷爆発（沖縄県那覇市） 1974.3.2
工事現場土砂崩れ（静岡県伊東市） 1974.6.6
工事現場土砂崩れ（長野県白馬村） 1974.6.6
トンネル工事現場落盤（熊本県白水村） 1974.7.24
工事現場土砂崩れ（福井県大野市） 1974.8.29
東武鬼怒川線保線作業員事故死（栃木県今市市） 1974.11.12
下水処理場メタンガス爆発（東京都足立区） 1975.1.24
県道改修現場山崩れ（静岡県静岡市） 1975.1.28
道路復旧工事現場がけ崩れ（大分県大分市） 1975.4.22
トンネル内酸欠死（福井県南条郡） 1975.4.23
ダム工事現場土砂崩れ（青森県） 1975.9.23
工事現場土砂崩れ（高知県室戸市） 1975.10.1

産業災害

ゴルフ場造成現場土砂崩れ（千葉県市原市）	1975.11.29
橋げた落下（京都府大江町）	1976.1.16
ブロック倒壊（静岡県浜北市）	1976.1.24
橋脚建設現場一酸化炭素中毒死（栃木県芳賀郡茂木町）	1976.2.20
水道工事現場一酸化炭素中毒（広島県三原市）	1976.3.15
灌漑用水トンネル建設現場ガス爆発（山形県西村山郡朝日町）	1976.5.10
林道補強工事現場石垣崩壊（山梨県塩山市）	1976.5.12
道路改良工事現場土砂崩れ（岐阜県上宝村）	1976.6.25
治山作業現場山崩れ（千葉県君津市）	1976.7.15
ゴルフ場造成現場土砂崩れ（栃木県真岡市）	1976.7.28
保守用車作業現場突入（岐阜県大垣市）	1976.9.21
道路拡張現場土砂崩れ（山梨県大月市）	1977.1.11
土木工事現場土砂崩れ（三重県尾鷲市）	1977.2.3
道路工事現場土砂崩れ（香川県飯山町）	1977.4.16
コンクリート壁倒壊事故（秋田県北秋田郡）	1977.6.1
伊奈川ダム建設現場作業員転落死（長野県木曽郡大桑村）	1977.6.30
電線工事現場作業員墜落（福島県猪苗代町）	1977.9.27
ホテル増築工事現場土砂崩れ（静岡県熱海市）	1978.2.2
灌漑用水トンネル建設現場メタンガス爆発（山形県東村山郡中山町付近）	1978.6.28
掘削作業現場酸欠事故（福島県）	1978.7.19
利根川架橋落下（群馬県勢多郡赤城村）	1978.9.9
橋梁崩落（群馬県北群馬郡）	1978.9.19
ダム工事現場土砂崩れ（大分県下毛郡）	1978.9.20
激突事故（山口県新関門トンネル内）	1978.10.20
トロッコ暴走（山口県）	1978.10.28
道路改良工事現場土砂崩れ（宮城県白石市）	1978.11.25
ダム建設現場土砂崩れ（北海道檜山支庁厚沢町）	1978.12.1
工事現場スラブ崩壊（長崎県長崎市）	1979.1.9
機械製造所カウンターウエート落下（愛媛県新居浜市）	1979.1.24
大清水トンネル火災（群馬県利根郡水上町）	1979.3.20
ダイナマイト爆発（北海道静内郡）	1979.3.21
工事現場土砂崩れ（福島県郡山市）	1979.10.23
アンモニアガス噴出（山形県酒田市）	1979.10.31
林道工事現場土砂崩れ（群馬県碓氷郡松井田町）	1979.12.14
救命ボート落下（神奈川県横浜市磯子区）	1980.1.23
林道工事現場土砂崩れ（宮崎県西臼杵郡日之影町）	1980.3.12
雪よけ用屋根崩壊（長野県飯山市）	1981.1.27
建設中タグボート爆発（三重県北牟婁郡紀伊長島町長島）	1983.4.18
解体作業中鉄橋崩壊（東京都大田区）	1984.12.14
採石現場土砂崩れ（山梨県白根町）	1985.10.4
がけ崩れ（東京都町田市下小山田）	1986.8.7
作業現場足場落下（神奈川県川崎市川崎区水江町）	1987.8.22
工事用エレベーター落下（大阪府大阪市曽根崎新地）	1988.8.31
建築現場土砂崩れ（神奈川県川崎市宮前区）	1989.5.22
建設現場土砂崩れ（熊本県球磨郡湯前町）	1990.3.4
工事現場やぐら倒壊（神奈川県横浜市磯子区）	1990.12.25
ゴルフ場建設現場土砂崩れ（奈良県吉野郡吉野町）	1991.1.12
広島新交通システム工事現場橋げた落下（広島県広島市安佐南区）	1991.3.14
くい打ち機住宅直撃（東京都立川市）	1991.3.16
軽量鉄筋コンクリート落下（神奈川県相模原市）	1991.3.20
作業員転落死（埼玉県与野市）	1991.6.6
作業員が転落死（神奈川県横浜市鶴見区）	1991.7.14
橋工事中に地盤崩れる（埼玉県草加市）	1991.9.7
トンネル水没（千葉県松戸市）	1991.9.19
工事現場土砂崩れ（宮崎県椎葉村）	1992.2.2
生コン注入で屋根落下（埼玉県北本市）	1992.3.6
土砂崩れ（愛知県小牧市）	1992.10.16
作業用ゴンドラ落下（大阪府大阪市北区）	1994.6.23
治山工事現場土砂崩れ（長野県飯山市）	1994.11.11
下水道工事現場土砂崩れ（鳥取県日野郡日南町）	1996.1.25

547

石垣崩れ生き埋め（徳島県那賀郡木頭村） 1996.2.20
工事現場土砂崩れ（高知県中村市） 1996.7.22
工事現場土砂崩れ（和歌山県東牟婁郡古座川町） 1996.10.5
工事現場トラック突入（兵庫県美嚢郡吉川町） 1996.10.22
一酸化炭素中毒死（東京都東久留米市） 1996.12.4
土石流（長野県小谷村） 1996.12.6
ダム建設現場土砂崩れ（山梨県大月市） 1996.12.13
作業員転落死（神奈川県横浜市鶴見区） 1997.12.6
地下鉄御堂筋線本町駅階段でボヤ（大阪府大阪市中央区） 1998.3.27
地下鉄工事現場土砂崩れ（兵庫県神戸市） 1999.4.10
工事現場で鉄筋落下（鳥取県東伯郡泊村） 1999.6.15
解体作業工場爆発（神奈川県横須賀市） 2000.8.30
解体工事現場で作業員生き埋め（東京都大田区） 2000.10.16
土砂崩れでパワーショベルごと生き埋め（青森県天間林村） 2000.12.14
土砂崩落（山梨県小菅村） 2002.1.29
硫化水素ガス中毒（愛知県半田市） 2002.3.11
ビル壁崩落（静岡県富士市） 2003.3.13
ビル解体現場で崩落（東京都目黒区） 2003.4.3
土砂崩れ（福島県北塩原村） 2003.8.18
建造中の貨物船爆発（香川県丸亀市） 2004.8.26
用水路工事で生き埋め（秋田県山本町） 2004.10.14
工事現場でコンクリート崩落（広島県広島市） 2004.10.26
エレベーター落下（福島県いわき市） 2005.7.28
工事現場で土砂崩れ（北海道美唄市） 2005.11.17
作業用ゴンドラから転落（神奈川県津久井町） 2005.12.5
土砂崩れ（新潟県新潟市） 2006.1.27
建物解体中に出火（北海道小樽市） 2006.6.27
台船作業員が海中に転落（広島県呉市） 2006.11.15
地下汚水槽点検中に死亡（兵庫県神戸市） 2007.4.20
ガス中毒（香川県高松市） 2007.6.21
地下水道工事で中毒（福島県北九州市） 2008.1.7
土蔵解体中に倒壊（徳島県阿波市） 2008.2.10

住宅解体作業中に壁が倒壊（京都府京都市） 2008.7.17
建設現場ゴンドラ落下（東京都港区） 2008.8.29
鉄塔倒壊事故（福井県美浜町） 2008.9.15
水道管に吸い込まれ死亡（三重県津市） 2008.11.3
コンクリート塊崩落で生き埋め（大阪府吹田市） 2008.11.14
外壁用コンクリート板落下直撃（東京都葛飾区） 2008.12.25
クレーン横転事故（東京都千代田区） 2009.4.14

輸送機関の事故

住友忠隈炭鉱人車転落（福岡県嘉穂郡穂波村） 1936.4.15
ケーブルカー墜落（東京都浅川町） 1942.7.21
城平スキー場スキーリフト落下（新潟県南魚沼郡湯沢村） 1953.1.3
登別温泉観光ケーブルカー落下（北海道幌別町） 1958.5.26
第2鉄鋼ビルゴンドラ落下（東京都中央区） 1969.4.13
西武百貨店ゴンドラ落下（東京都渋谷区） 1969.4.24
ゴンドラ落下（東京都台東区根岸） 1982.11.13
木材運搬用ケーブル切断（島根県頓原町） 1986.3.11
窓清掃中ゴンドラ転落（千葉県千葉市） 1990.9.10
ゴンドラ転落（岡山県岡山市） 1991.9.11
作業用ゴンドラ落下（大阪府大阪市北区） 1994.6.23
作業員転落死（神奈川県横浜市鶴見区） 1997.12.6
ゴンドラから転落（長野県木曽郡三岳村） 2003.10.15
作業用ゴンドラから転落（神奈川県津久井町） 2005.12.5
建設現場ゴンドラ落下（東京都港区） 2008.8.29

【列車・電車事故】

住吉駅東方で正面衝突（兵庫県神戸市） 1877.10.1
大森駅臨時列車脱線（東京府） 1885.10.1
復旧作業列車転落（静岡県） 1897.10.3

災害別一覧　　　　　　　　　　　　　輸送機関の事故

蒸気機関車ボイラー破裂（福岡県小竹）1898.4.8
箒川鉄橋列車転落（栃木県大田原）1899.10.7
東海道線列車脱線（大阪府）1900.8.4
信越線機関車蒸気噴出（長野県）1901.7.13
北陸本線列車正面衝突（富山県富山）
　　　　　　　　　　　　　　1913.10.17
東北本線列車正面衝突（青森県下田）
　　　　　　　　　　　　　　1916.11.29
岩越線列車雪崩埋没（福島県　新潟県）
　　　　　　　　　　　　　　1917.1.23
信越線列車暴走転覆（群馬県）1918.3.7
山手線踏切で荷車と電車衝突、爆発
　　（東京府）　　　　　　　1918.8.5
北陸線列車雪崩埋没（新潟県青梅）1922.2.3
参宮線工事区間急行列車脱線転覆（三
　重県津）　　　　　　　　　1923.4.16
大震災山崩れ・熱海線列車巻き込まれ
　　（神奈川県小田原）　　　1923.9.1
山陽本線特急列車脱線転覆（広島県広
　島）　　　　　　　　　　　1926.9.23
山陰線臨時列車転覆（島根県益田市）1928.6.2
市電衝突（東京都東京市小石川区）1928.7.3
阪急電鉄神戸線人身事故（兵庫県園田
　村）　　　　　　　　　　　1928.8.6
省線電車脱線（東京都東京市代々木）1928.9.13
信越線列車・除雪車衝突（新潟県）1929.2.1
山陽線急行列車転覆（姥石トンネル付
　近）　　　　　　　　　　　1929.3.16
列車転落（広島県）　　　　　1931.1.12
鹿児島本線急行貨物列車転落（福岡県）
　　　　　　　　　　　　　　1932.4.28
鹿児島本線列車転覆（鹿児島県薩摩郡）1932.7.
東海道線貨物列車追突（京都府）1933.12.5
両毛線列車横断者衝突（群馬県前橋市）
　　　　　　　　　　　　　　1934.6.16
東海道線急行列車転覆（滋賀県）1934.9.21
北陸線列車火災（福井県福井市）1936.1.13
トンネル工事用列車転落（山形県）1936.1.28
北鉄列車転落（佐賀県東松浦郡相知町）1936.7.9
山陽本線急行列車・特急追突（岡山県）
　　　　　　　　　　　　　　1937.7.29
軍用列車歓送客轢死（神奈川県）1937.10.27
鹿児島本線準急列車火災（福岡県小倉
　市日明）　　　　　　　　　1937.12.27
飯山鉄道線列車転落（長野県）1938.3.31
東海道線貨物列車人身事故（愛知県名
　古屋市西区日比津町）　　　1938.4.29
山陽本線列車脱線（熊本県）　1938.6.15

東海道線列車見送り客接触（静岡県志
　太郡焼津町）　　　　　　　1939.1.
播丹鉄道線気動車・貨物列車衝突（兵
　庫県加東郡）　　　　　　　1939.5.6
森林列車転落（高知県北川村）1939.6.4
東海道線準急列車・見送り客接触（神
　奈川県横浜市）　　　　　　1939.7.26
東武鉄道日光線電車脱線（栃木県日光
　町）　　　　　　　　　　　1939.10.12
西成線列車脱線火災事故（大阪府）1940.1.29
常磐線電車・貨物列車追突（東京都東
　京市）　　　　　　　　　　1940.7.5
山陽本線列車追突（兵庫県姫路市）1941.9.16
豊肥線客車転落（大分県大分市）1941.10.1
常磐線列車追突（東京都）　　1941.11.19
島原鉄道線列車正面衝突（長崎県黒沢
　町）　　　　　　　　　　　1942.3.27
根室線列車脱線（北海道白糠郡白糠町）
　　　　　　　　　　　　　　1943.2.11
常磐線列車追突（茨城県土浦市）1943.10.26
山陽線列車追突（兵庫県赤穂郡上郡町）
　　　　　　　　　　　　　　1944.11.19
八高線列車衝突（東京都）　　1945.8.24
八高線列車脱線（埼玉県入間郡日高町）
　　　　　　　　　　　　　　1947.2.25
室蘭本線列車衝突（北海道山越郡長万
　部町）　　　　　　　　　　1947.3.31
近鉄奈良線トンネル内火災（大阪府　奈
　良県）　　　　　　　　　　1947.4.16
山陽本線列車脱線（山口県徳山市付近）1947.7.1
八高線貨物列車・航空機拝島・小宮駅
　間衝突（東京都八王子市付近）1947.7.16
名古屋鉄道瀬戸線電車脱線転覆（愛知
　県東春日井郡旭町付近）　　1948.1.5
近鉄奈良線電車追突（京都府京都市右
　京区）　　　　　　　　　　1948.3.31
貨物列車脱線転落（青森県青森市付近）
　　　　　　　　　　　　　　1948.4.24
貨物列車待合室突入（奈良県吉野郡五
　條町）　　　　　　　　　　1949.1.14
近鉄山田線電車火災（三重県松坂市）1949.3.8
電車暴走〔三鷹事件〕（東京都北多摩
　郡三鷹町）　　　　　　　　1949.7.15
貨物列車転覆〔松川事件〕（福島県信
　夫郡金谷川村）　　　　　　1949.8.17
室蘭本線鉄橋崩壊・旅客列車転落（北
　海道）　　　　　　　　　　1950.8.1
京浜東北線電車火災〔桜木町事件〕
　　（神奈川県横浜市中区）　1951.4.24

549

輸送機関の事故　　　　　　　災害別一覧

森林鉄道木材運搬列車転落（北海道空知郡三笠町）	1951.8.29	清掃車・函館本線気動車・旅客列車二重衝突（北海道札幌市）	1964.11.27
日暮里駅構内乗客転落死（東京都荒川区）	1952.6.18	タンクローリー・大阪市電衝突（大阪府大阪市西成区）	1964.12.17
セメント専用列車脱線転落（滋賀県坂田郡春照村）	1952.11.9	東海道新幹線保線作業員事故死（神奈川県足柄下郡橘町）	1966.4.26
西鉄宮地岳線電車衝突（福岡県粕屋郡新宮村）	1953.7.8	東武大師線電車・営団地下鉄電車衝突（東京都足立区）	1966.12.15
飯田線電車土砂崩れ転落（長野県下伊那郡泰阜村）	1955.1.20	山陽電鉄線電車爆破（兵庫県神戸市垂水区）	1967.6.18
丸太運搬用貨車・ディーゼル列車衝突（北海道河東郡上士幌町）	1956.7.3	東海道本線急行列車発火（愛知県蒲郡市）	1967.11.15
通勤列車脱線転落（三重県鈴鹿郡関町）	1956.9.27	東海道新幹線列車・作業員接触（静岡県三島市）	1968.9.24
快速列車脱線・追突（三重県一志郡三雲村）	1956.10.15	富良野線貨客列車転落（北海道空知郡中富良野町）	1968.10.1
急行列車脱線（福島県双葉郡双葉町）	1957.5.17	伯備線列車・保線係員接触（鳥取県日野郡日南町）	1969.2.13
旅客列車脱線（千葉県）	1957.10.6	ダンプカー・日豊本線急行列車衝突（鹿児島県鹿児島市）	1970.11.24
三重交通北勢線通学電車転覆（三重県員弁郡弁町）	1957.11.25	近鉄大阪線特急電車衝突（三重県一志郡白山町）	1971.10.25
回送列車転覆（兵庫県神崎郡大河内町）	1959.4.6	北陸本線急行列車火災（北陸トンネル列車火災）（福井県敦賀市）	1972.11.6
田町駅構内線路歩行乗客死傷（東京都港区）	1960.6.14	関西本線普通電車脱線（大阪府大阪市東住吉区）	1973.12.26
奥羽本線列車土砂崩れ転覆（青森県南津軽郡碇ヶ関村）	1960.8.3	保守用車作業現場突入（岐阜県大垣市）	1976.9.21
ダンプカー・東海道本線電車・横須賀線電車二重衝突（神奈川県横浜市戸塚区）	1961.1.13	列車事故（京都府京都市大山崎町）	1977.5.9
大分交通別大線列車埋没（大分県大分市）	1961.10.26	播但線人身事故（兵庫県神崎郡）	1980.4.2
東海道本線貨物列車脱線（静岡県浜名郡湖西町）	1962.2.25	山陰本線不通（山口県阿武郡阿武町奈古）	1980.8.
常磐線貨物列車・電車二重衝突（東京都荒川区）	1962.5.3	国鉄能登線急行電車脱線（石川県穴水町）	1985.7.11
トラック・南武線電車二重衝突（神奈川県川崎市）	1962.8.7	東北新幹線保線作業員死傷事故（岩手県矢巾町南矢巾）	1985.9.11
羽越本線貨物列車・蒸気機関車衝突（秋田県本荘市）	1962.11.29	線路保守作業員死傷事故（青森県青森市筒井八ツ橋）	1986.6.30
山崩れ（新潟県西頸城郡能生町）	1963.3.16	山陰線回送列車転落（兵庫県城崎郡香住町）	1986.12.28
ダンプカー・鹿児島本線快速電車・ディーゼルカー二重衝突（福岡県福岡市）	1963.9.20	青函トンネル内トラブル続発（青函トンネル）	1988.3.13–
東海道本線貨物列車・横須賀線電車二重衝突〔鶴見事故〕（神奈川県横浜市鶴見区）	1963.11.9	JR中央線電車追突（東京都中野区東中野）	1988.12.5
東海道新幹線保線作業員事故死（静岡県磐田市）	1964.11.23	作業員電車にはねられる（東京都新宿区）	1990.3.5
		信楽高原鉄道衝突事故（滋賀県甲賀郡信楽町）	1991.5.14

電車駅ビル激突（茨城県取手市）　1992.6.2
列車にはさまれ死亡（福岡県北九州市
　門司区）　1992.12.28
保線作業員死亡（茨城県水戸市）　1993.3.30
保線作業はねられ死亡（宮城県志田郡
　鹿島台町）　1993.6.19
ニュートラム暴走（大阪府大阪市住之
　江区）　1993.10.5
保線作業員はねられ死亡（愛知県日進
　市）　1994.12.16
日豊線快速電車倒木に衝突（鹿児島県
　財部町）　1995.6.25
保線作業員快速にはねられる（滋賀県
　彦根市）　1996.8.3
貨物列車脱線谷へ転落（北海道渡島支
　庁七飯町）　1996.12.4
山陽線人身事故（兵庫県神戸市須磨区）
　　　　　　　　　　　　　1997.12.22
営団職員街道電車にはねられ死亡（東
　京都渋谷区）　1998.3.11
保線作業員はねられ死亡（東京都品川
　区）　1999.2.21
名鉄名古屋本線加納駅ホームから転落
　（岐阜県岐阜市）　1999.8.7
地下鉄日比谷線脱線衝突事故（東京都
　目黒区）　2000.3.8
京福電鉄電車正面衝突（福井県吉田郡
　松岡町）　2000.12.17
JR新大久保駅転落死亡事故（東京都
　新宿区）　2001.1.26
JR鹿児島線普通・快速列車追突（福
　岡県宗像市）　2002.2.22
新快速電車にはねられ死亡（京都府長
　岡京市）　2005.4.2
JR福知山線脱線事故（兵庫県尼崎市）
　　　　　　　　　　　　　2005.4.25
JR羽越線脱線事故（山形県庄内町）　2005.12.25
電車にはねられ保線作業員死亡（鳥取
　県江府町）　2006.1.24
試運転電車にはねられ死亡（神奈川県
　横浜市）　2006.12.1

【踏切事故】

東北本線急行列車・軍用自動車衝突
　（岩手県金ヶ崎町）　1928.9.25
バス・小田急線電車衝突（神奈川県大
　和村）　1934.12.30

阪神線電車・消防車衝突（兵庫県本山
　村）　1936.2.10
バス・足尾線列車衝突（群馬県山田郡
　大間々町）　1939.7.12
バス・東急帝都線電車衝突（東京都東
　京市杉並区）　1942.10.23
トラック・別大電鉄線電車衝突（大分
　県大分市）　1943.5.13
バス・列車衝突（福岡県直方市）　1950.11.19
東武バス・列車衝突（埼玉県大宮市）　1950.12.18
駿豆バス・小田急線電車衝突（神奈川
　県小田原市）　1950.12.20
都営バス・電車衝突（東京都板橋区）　1951.4.11
バス・電車衝突（千葉県船橋市）　1951.11.3
オート三輪・列車衝突（埼玉県日勝寺
　村付近）　1952.10.8
トラック・電車衝突（山口県宇部市付
　近）　1952.10.18
トラック・列車衝突（大分県大分郡阿南
　村）　1953.9.2
トラック・電車衝突（大阪府豊能郡庄内
　町）　1954.2.2
オート三輪・貨物列車衝突（福島県信
　夫郡金谷川村）　1954.4.17
トラック・貨物列車衝突（福島県石城
　郡久之浜町）　1954.4.17
オート三輪・電車衝突（埼玉県北
　埼玉郡高柳村）　1955.8.20
横浜市営バス・京浜急行線電車三重衝
　突（神奈川県横浜市鶴見区）　1956.1.8
トラック・急行電車衝突（大阪府豊中
　市）　1957.10.22
京都交通バス・列車衝突（京都府亀岡
　市）　1958.6.10
神戸市営バス・快速電車衝突（兵庫県
　神戸市灘区）　1958.8.12
オート三輪・特急電車衝突（愛知県刈
　谷市）　1958.11.24
大阪市営バス・阪急電車二重衝突（大
　阪府大阪市東淀川区）　1959.1.3
乗用車・貨物列車衝突（茨城県北茨城
　市）　1959.3.15
オート三輪・特急電車衝突（愛知県稲
　沢市）　1959.10.11
トラック・特急電車衝突（神奈川県横
　浜市鶴見区）　1959.11.7
京浜東北線機関車・三菱電機バス衝突
　（神奈川県横浜市神奈川区）　1960.12.2

551

輸送機関の事故　　　　　災害別一覧

バス・旅客列車衝突（岡山県真庭郡落
　合町）　　　　　　　　　　1960.12.12
ダンプカー・東海道本線電車・横須賀
　線電車二重衝突（神奈川県横浜市戸
　塚区）　　　　　　　　　　1961.1.13
オート三輪車・準急列車衝突（静岡県
　磐田市）　　　　　　　　　1962.2.27
オート三輪車・ディーゼルカー衝突
　（岡山県）　　　　　　　　1962.3.24
トラック・南武線電車二重衝突（神奈
　川県川崎市）　　　　　　　1962.8.7
トラック・奥羽本線貨物列車衝突（青
　森県南津軽郡大鰐町）　　　1962.11.14
ダンプカー・京都電鉄伏見線電車衝突
　（京都府京都市）　　　　　1963.1.19
ジープ・大湊線気動車衝突（青森県む
　つ市）　　　　　　　　　　1963.6.9
コンテナ車・総武線電車衝突（千葉県
　市川市）　　　　　　　　　1963.9.9
ダンプカー・鹿児島本線快速電車・デ
　ィーゼルカー二重衝突（福岡県福岡
　市）　　　　　　　　　　　1963.9.20
トラック・準急列車衝突（兵庫県加古
　川市）　　　　　　　　　　1964.2.10
オート三輪車・東武伊勢崎線準急電車
　衝突（埼玉県草加市）　　　1964.3.12
トラック・名鉄広見線電車衝突（岐阜
　県可児郡可児町）　　　　　1964.5.13
清掃車・函館本線気動車・旅客列車二
　重衝突（北海道札幌市）　　1964.11.27
陸上自衛隊トラック・御殿場線気動車
　衝突（静岡県御殿場市）　　1965.3.24
バス・阪急神戸線電車衝突（兵庫県西
　宮市）　　　　　　　　　　1965.7.26
トラック・西鉄甘木線電車衝突（福岡
　県甘木市）　　　　　　　　1965.12.13
西日本鉄道バス・鹿児島本線準急列車
　衝突（福岡県大牟田市）　　1965.12.21
バス・東武伊勢崎線特急電車衝突（埼
　玉県越谷市）　　　　　　　1966.9.22
トラック・近鉄電車連続衝突（奈良県
　宇陀郡室生村）　　　　　　1966.11.11
バス・東急東横線電車衝突（東京都目
　黒区）　　　　　　　　　　1968.5.22
乗用車・東武伊勢崎線電車衝突（東京
　都墨田区）　　　　　　　　1968.6.4
マイクロバス・山陽電鉄網干線電車衝
　突（兵庫県姫路市）　　　　1968.7.14

クレーン車・東武伊勢崎線準急電車衝
　突（群馬県館林市）　　　　1969.12.9
トラック・京成電鉄本線電車衝突（千
　葉県市川市）　　　　　　　1970.1.20
乗用車・名鉄西尾線電車衝突（愛知県
　安城市）　　　　　　　　　1970.1.28
乗用車・阪急京都線電車衝突（京都府
　乙訓郡向日町）　　　　　　1970.2.23
マイクロバス・房総東線気動車衝突
　（千葉県）　　　　　　　　1970.3.1
マイクロバス・房総西線列車衝突（千
　葉県夷隅郡大原町）　　　　1970.3.18
ミキサー車・山陰本線旅客列車衝突
　（山口県豊浦郡豊浦町）　　1970.3.30
ダンプカー・東武伊勢崎線電車衝突
　（埼玉県加須市）　　　　　1970.10.9
トラック・東武小泉線列車衝突（群馬
　県館林市）　　　　　　　　1971.1.17
マイクロバス・高山本線列車衝突（岐
　阜県各務原市）　　　　　　1971.2.24
トラック・富士急大月線電車衝突（山
　梨県富士吉田市）　　　　　1971.3.4
軽三輪車・予讃本線列車衝突（香川県
　仲多度郡多度津町付近）　　1971.8.2
トラック・京浜急行本線特急電車衝突
　（神奈川県横浜市金沢区）　1971.12.7
乗用車・小田急江ノ島線電車衝突（神
　奈川県藤沢市）　　　　　　1972.1.22
ダンプカー・千歳ディーゼル急行列
　車衝突（北海道恵庭市）　　1972.6.6
マイクロバス・水郡線列車衝突（福島
　県東白川郡棚倉町）　　　　1975.2.13
トラック・回送電車衝突（大阪府堺市）
　　　　　　　　　　　　　　1979.12.8
西鉄大牟田線踏切事故（福岡県小郡市）
　　　　　　　　　　　　　　1991.7.27
西武新宿線人身事故（東京都保谷市）　1993.6.11
京成押上線人身事故（東京都墨田区）　1994.1.21
日高線普通列車・ダンプカー衝突（北
　海道胆振支庁厚真町）　　　1996.1.12
東武東上線人身事故（東京都板橋区）　1999.3.18
竹ノ塚駅踏切死傷事故（東京都足立区）
　　　　　　　　　　　　　　2005.3.15
自殺を制止しようと警官が死亡（東京
　都板橋区）　　　　　　　　2007.2.6

552

【自動車事故】

日ノ丸バス転落（鳥取県八頭郡） 1933.10.21
バス火災（山形県鶴岡市） 1936.7.15
鉄道省営バス転落（島根県坂本峠） 1937.10.19
バス転落（福島県相馬郡山上村） 1938.3.28
バス転落（兵庫県川辺郡多田村） 1943.4.4
九州産業交通バス転落（熊本県飽託郡松尾村） 1950.2.11
京浜急行バス火災（神奈川県横須賀市付近） 1950.4.14
国鉄バス転落（高知県香美郡美良布町） 1950.11.7
国鉄臨時バス天竜川転落（静岡県磐田郡浦川町） 1951.7.15
バス火災（北海道札幌市） 1951.7.26
国鉄バス火災（愛媛県東宇和郡貝吹村） 1951.11.3
米軍脱走兵トラック暴走（東京都新宿区） 1952.7.18
南信交通バス転落（長野県下伊那郡日開村 和合村） 1953.1.2
保安隊消防車転覆（長崎県大村市） 1953.4.26
広島電鉄バス転落（広島県安佐郡飯室村） 1953.8.14
スキーバス転落（長野県南安曇郡安曇村） 1954.1.1
福井県営バス転落（福井県足羽郡酒生村） 1954.1.26
トラック転落（山梨県北都留郡丹波山村） 1954.7.8
国鉄バス転落（佐賀県藤津郡嬉野町） 1954.10.7
観光バス転落（三重県度会郡二見町） 1954.10.24
帝産バス・駐留軍トラック正面衝突（大阪府堺市） 1954.10.26
消防自動車衝突（京都府京都市伏見区） 1954.10.30
消防自動車転落（山梨県中巨摩郡玉穂村） 1955.1.5
トラック転落（山口県玖珂郡美川町） 1955.3.30
佐賀市営バス転落（佐賀県藤津郡塩田町） 1955.4.11
修学旅行バス転落（岩手県北上市） 1955.5.14
大型乗用車転落（大阪府泉南郡岬町孝子峠） 1955.6.5
伊予鉄道バス転落（愛媛県喜多郡長浜町） 1956.1.28
消防自動車死傷事故（北海道釧路市） 1956.6.29
トラック転落（北海道根室町） 1956.7.5
貸切りバス転落（富山県富山市） 1956.7.29
観光バス転落（福井県武生市） 1956.9.9
西武鉄道バス転落（埼玉県秩父郡横瀬村） 1956.10.5
建設用資材運搬トラック雪崩転落（福井県大野市） 1956.12.31
日本通運トラック雪崩遭難（福井県大野市） 1957.1.31
群馬バス転落（群馬県群馬郡榛名町） 1957.2.3
木屋平村トラック転落（徳島県美馬郡穴吹町） 1957.5.7
観光バス転落（高知県伊豆田坂峠） 1957.6.28
島原鉄道バス転落（長崎県南高来郡北有馬村） 1957.9.24
小型トラック暴走（神奈川県横浜市南区） 1957.11.21
トラック転落（富山県中新川郡大山町） 1958.9.6
オート三輪転落（和歌山県東牟婁郡古座川町） 1958.11.17
バス転落（和歌山県伊都郡高野町） 1959.1.1
観光バス転落（岡山県久米郡福渡町） 1959.5.23
団体貸切りバス転落（長野県北安曇郡美麻村） 1959.6.5
仙台市営バス転落（宮城県仙台市） 1959.12.2
火薬運搬トラック衝突・爆発（神奈川県横浜市神奈川区） 1959.12.11
バス転落（徳島県徳島市） 1960.4.28
トラック住宅突入（東京都） 1960.6.15
全但交通バス・京阪バス衝突（滋賀県大津市） 1960.7.24
松本電鉄バス転落（長野県松本市） 1960.12.26
消防車転覆（神奈川県足柄上郡松田町） 1961.1.24
劇団専用トラック転落（岐阜県加茂郡白川町） 1961.4.15
小型トラック転落（青森県下北郡脇野沢村） 1961.8.28
消防車転落（群馬県吾妻郡吾妻町） 1962.3.7
伊予鉄道バス・ダンプカー衝突（徳島県名東郡国府町） 1962.3.17
消防三輪車転落（徳島県阿南市） 1962.3.21
大川自動車バス転落（香川県大川郡長尾町） 1962.7.6
函館バス転落（北海道爾志郡） 1962.10.17
トラック転落（福島県河沼郡柳津町） 1962.10.19
高知県交通バス転落（高知県土佐市） 1962.11.29

輸送機関の事故　　　　　　　　　災害別一覧

観光バス・ダンプカー衝突（滋賀県甲賀郡水口町）	1963.1.4	トラック暴走（静岡県焼津市）	1967.7.14
西肥自動車バス転落（長崎県北松浦郡田平町）	1963.5.13	ダンプカー暴走（茨城県古河市）	1967.8.1
中国鉄道バス転落（岡山県久米郡中央町）	1963.5.13	トラック暴走（兵庫県神戸市垂水区）	1967.8.19
倉敷市営バス転落（岡山県倉敷市）	1964.1.15	乗用車ひき逃げ（兵庫県神戸市灘区）	1967.8.24
奈良交通バス転落（奈良県大和高田市）	1964.3.22	牽引式整地機暴走（埼玉県熊谷市）	1967.9.7
東武鉄道バス転落（群馬県利根郡白沢村）	1964.6.6	乗用車暴走（東京都保谷市）	1967.11.4
水郷観光交通バス転落（千葉県佐倉市）	1964.7.7	米海軍関係者乗用車暴走（神奈川県横須賀市）	1968.3.2
小豆島自動車納涼バス転落（香川県小豆郡内海町）	1964.8.8	山梨観光バス・トラック衝突（山梨県韮崎市）	1968.5.15
上信電鉄観光バス・トラック接触（長野県佐久市）	1964.9.22	岡崎観光バス山崩れ転落（飛騨川バス転落事故）（岐阜県加茂郡白川町）	1968.8.18
タンクローリー・大阪市電衝突（大阪府大阪市西成区）	1964.12.17	マイクロバス転落（兵庫県赤穂郡上郡町）	1968.10.17
東武鉄道バス転落（千葉県東葛飾郡沼南町）	1964.12.29	乗用車暴走（岐阜県高山市）	1968.10.24
熊野交通バス転落（和歌山県新宮市）	1965.3.2	乗用車暴走（群馬県吾妻郡長野原町付近）	1969.1.1
山形交通バス・トラック衝突（静岡県磐田郡豊田村）	1965.4.30	両備バス・トラック接触（岡山県玉野市）	1969.3.19
バス転落（福島県会津若松市）	1965.7.15	乗用車・三重交通観光バス衝突（三重県桑名市）	1969.4.13
御岳バス安曇村転落（長野県南安曇郡安芸村）	1965.8.1	うずしお丸搭載乗用車転落（兵庫県三原郡西淡町沖）	1969.5.6
大沼青年団トラック転落（岐阜県大野郡丹生川村）	1965.9.12	農作業トラック・貨物運搬車二重衝突（福島県西白河郡西郷村）	1969.5.29
ラジオ関東放送車転落（東京都中央区）	1965.9.18	観光バス転落（愛媛県南宇和郡御荘町）	1969.8.12
タンクローリー爆発（兵庫県西宮市）	1965.10.26	ダンプカー横転（神奈川県川崎市）	1970.6.28
トラック交通事故（埼玉県川越市）	1966.9.2	小松島市営バス転落（徳島県勝浦郡上勝町）	1970.8.29
京都観光修学旅行バス・ダンプカー衝突（京都府相楽郡山城町）	1966.9.22	マイクロバス・乗用車三重衝突（愛知県豊川市）	1970.9.7
乗用車・トラック衝突（宮城県柴田郡）	1966.10.2	マイクロバス・ダンプカー追突（千葉県君津郡）	1970.9.12
ライトバンひき逃げ（山形県山形市）	1966.10.23	マイクロバス転落（岐阜県大野郡高根村）	1970.11.3
マイクロバス転落（栃木県日光市）	1966.11.1	ダンプカー・日豊本線急行列車衝突（鹿児島県鹿児島市）	1970.11.24
ダンプカー暴走（神奈川県横浜市中区）	1966.12.5	塩素酸ソーダ輸送車発火（埼玉県北葛飾郡杉戸町）	1971.6.25
ダンプカー居眠り運転（愛知県西加茂郡猿投町）	1966.12.15	幼稚園マイクロバス転落（岐阜県揖斐郡春日村）	1972.8.9
ダンプカー暴走（神奈川県横須賀市）	1967.5.13	川中島自動車観光バス転落（長野県上水内郡信濃町）	1972.9.23
乗用車暴走（香川県本田郡牟礼町）	1967.5.26	ダンプカー暴走（兵庫県津名郡淡路町）	1973.5.13
ひき逃げ（北海道帯広市）	1967.5.27	ホテル送迎バス転落（長野県大町市）	1975.1.1
岡本工業所マイクロバス転落（富山県婦負郡八尾町）	1967.6.18	タクシー落石損壊（奈良県吉野郡）	1976.5.8
自動車教習所バス転落（岡山県英田郡美作町）	1967.6.28	バス転落（岐阜県揖斐郡久瀬村）	1977.3.23

災害別一覧　　　輸送機関の事故

国鉄定期バス落石事故（静岡県磐田郡水窪町）	1977.4.9
静岡鉄道観光バス転落（山梨県昇仙峡）	1977.8.11
F1レース事故（静岡県駿東郡小山町）	1977.10.23
日本坂トンネル事故（静岡県焼津市）	1979.7.11
高速道路追突事故（岐阜県関ケ原町）	1981.2.11
キャタピラ荷崩れ（山口県楠町）	1981.9.6
車両火災（滋賀県彦根市）	1981.10.17
自衛隊トレーラー・乗用車衝突（山口県下関市員光）	1982.8.23
スキーバス転落（長野県長野市信更町）	1985.1.28
バス・大型クレーン車衝突（大分県玖珠郡九重町湯坪）	1985.3.9
京福電鉄バス転落（山梨県須玉町）	1985.10.5
登校児童交通事故（千葉県長南町）	1986.10.10
多重衝突炎上事故（広島県吉和村）	1988.7.15
陸上自衛隊トラック炎上（静岡県浜松市）	1990.5.22
登校中にはねられ死亡（鳥取県八頭郡船岡町）	1991.11.2
大型トレーラー民家に転落（宮崎県西臼杵郡日之影町）	1992.3.30
ブルドーザー落下（福岡県夜須町）	1992.11.2
有毒殺虫剤流出（愛知県岡崎市）	1993.4.1
歩道に暴走車（岡山県井原市）	1993.8.21
園児の列に送迎バス（大阪府東大阪市）	1994.6.29
登校中の列にトラック（北海道渡島支庁上磯町）	1994.7.1
トレーラーからプレハブ住宅落下（北海道江別市）	1995.5.20
酒気帯び運転乗用車歩行者はねる（新潟県白根市）	1995.8.21
除雪車小学生はねる（秋田県五城目町）	1996.1.29
道路補修作業員ひかれる（佐賀県神埼町）	1996.3.22
乗客バスに引きずられ死亡（大分県大分市）	1996.4.14
落石事故（岡山県久米郡久米町）	1996.5.5
金属板ロール乗用車を直撃（静岡県由比町）	1996.8.26
ワゴン車・トラック衝突（兵庫県美方郡村岡町）	1996.9.29
工事現場トラック突入（兵庫県美嚢郡吉川町）	1996.10.22
民家にダンプカー突入（栃木県黒磯市）	1996.11.15
中央道スリップ事故（岐阜県中津川市）	1997.2.19
網走交通観光バス転落（北海道上川管内南富良野町）	1997.4.22
ワゴン車山車に突入（茨城県大子町）	1998.4.11
阪急バス高速バス・大型トラック追突（山口県菊川町）	1998.11.22
大型バス・RV車衝突（北海道標茶町）	1999.7.10
ミキサー車歩道に突っ込む（東京都渋谷区）	1999.11.4
東名高速で大型トラック・乗用車衝突（東京都世田谷区）	1999.11.28
献血車の扉にあたり死傷（東京都狛江市）	2000.2.3
大雨で道路陥没し軽トラック転落（鹿児島県鹿屋市）	2000.6.3
竜巻（北海道北竜町）	2001.6.29
中央自動車道玉突き事故（山梨県南都留郡西桂町）	2002.3.20
観光バス暴走（静岡県熱海市）	2002.6.9
神戸淡路鳴門自動車道で多重衝突事故（兵庫県淡路島）	2002.7.11
中国自動車道路多重衝突（山口県小郡町）	2003.8.11
脱輪タイヤが歩行者直撃（北海道江差町）	2004.2.18
清掃作業員はねられ死亡（山梨県笛吹市）	2004.11.17
全裸の男が車で5人はね1人死亡（大阪府茨木市）	2004.11.18
8人ひき逃げ（千葉県松尾町）	2005.2.5
暴走トラックが歩行者はねる（宮城県仙台市）	2005.4.2
バス横転（福島県猪苗代町）	2005.4.28
高校生の列に車突入（宮城県多賀城市）	2005.5.22
下校の列に暴走車（神奈川県横浜市）	2005.10.17
乗用車が住宅に突入（岐阜県各務原市）	2006.1.24
RVが海に転落（福岡県福岡市）	2006.8.25
玉突き事故（長野県阿智村）	2006.9.14
園児の列にワゴン車突入（埼玉県川口市）	2006.9.25
飲酒運転で衝突（兵庫県尼崎市）	2007.6.23
通学路にトラック突入（京都府京丹後市）	2007.10.12

555

輸送機関の事故　　　　　　災害別一覧

乗用車が庭に突入（広島県三原市）	2008.12.29
夜行高速バス全焼（静岡県牧之原市）	2009.3.16
衝突事故で巻き添え（神奈川県横浜市）	2009.6.1
観光バス炎上（静岡県牧之原市）	2009.9.20

【船舶事故・遭難】

海難（銚子 鹿島灘沖）	1910.3.12
海難（北海道）	1919.4.13
汽船ボイラー爆発（広島県）	1920.5.3
油槽船爆発（神奈川県横浜市）	1926.9.13
霧島丸沈没（宮城県金華山沖）	1927.3.9
渡船転覆（東京都洲崎）	1927.8.10
駆逐艦蕨・巡洋艦神通衝突（三保ヶ関）	1927.8.24
太平洋航路客船沈没（オホーツク海）	1927.9.29
福州丸爆発（韓国仁川港付近）	1928.1.21
団平船転覆（福岡県門司市付近）	1928.3.10
貨物船沈没（青森県下北郡尻屋崎沖）	1930.3.3
菊水丸・フランス船衝突（兵庫県神戸市付近）	1931.2.9
長洋丸沈没（長崎県五島沖）	1931.9.12
ブリ漁船沈没（三重県熊野灘）	1931.12.
天竹丸沈没（香川県仲多度郡多度津町）	1932.3.16
日福丸・日出丸衝突（愛媛県釣島海峡）	1932.8.16
海勢丸・愛石丸難破（小笠原諸島沖）	1932.10.4
マグロ漁船難破（千葉県海上郡銚子町沖）	1932.11.
駆逐艦沈没（台湾北方沖）	1932.12.5
第3大和丸沈没（愛媛県南宇和郡内海村沖）	1933.1.24
火薬運搬船爆発（広島県宇品港内）	1933.5.31
観光船沈没（熊本県三角沖）	1933.10.1
屋島丸沈没（和田岬沖合）	1933.10.20
盛典丸沈没（沖縄県）	1933.11.17
浅間丸遭難（東京都大島灘）	1933.11.30
第2泊栄丸難破（和歌山県西牟婁郡串本町）	1934.2.23
水雷艇友鶴転覆（長崎県五島沖）	1934.3.12
明方丸行方不明	1934.5.頃
正栄丸難破（千葉県）	1934.11.
羅南丸沈没（新潟県佐渡島沖）	1934.11.8
緑丸・千山丸衝突（瀬戸内海）	1935.7.3
漁船遭難（島根県安濃郡波根西沖）	1935.9.25
第四艦隊事件（三陸沖）	1935.9.26
渡船転覆（福島県耶麻郡檜原湖）	1935.11.25
彦山丸沈没（福岡県博多湾外）	1936.1.
第3太古丸沈没（対馬沖）	1936.4.3
渡船転覆（埼玉県北葛飾郡）	1936.5.19
渡船転覆（岐阜県木曽川郡東江村）	1936.6.21
第1栄造丸行方不明	1936.11.16
愛国丸沈没（北海道積丹郡神威岬付近）	1937.1.12
小樽丸沈没（青森県鮫港沖）	1937.2.13
大福丸遭難（相模灘付近）	1937.4.6
第3桜島丸転覆（大阪府大阪港内）	1937.12.1
漁船遭難（韓国木浦沖）	1937.12.18
羽衣丸遭難（瀬戸内海）	1937.12.26
みどり丸沈没（広島県宇品港沖）	1938.1.2
御嶽丸転覆（千葉県銚子市）	1938.2.22
八戸丸遭難（太平洋）	1938.3.14
第3弥彦丸遭難（青森県下北郡尻屋崎沖）	1938.3.27
渡船転覆（福島県伊達郡立子山村）	1938.7.11
潜水艦衝突（豊後水道）	1939.2.2
渡船転覆（徳島県徳島市外）	1939.3.21
渡船転覆（秋田県鹿角郡錦木村）	1939.5.
渡船転覆（山形県西村山郡寒河江町）	1939.5.2
船舶事故（福岡県門司港付近）	1939.5.21
遊覧船火災（青森県 秋田県）	1939.10.
渡船転覆（新潟県新潟市付近）	1939.11.1
第3共栄丸転覆（韓国釜山東方沖）	1940.1.6
定期船広博丸・貨物船衝突（福岡県博多築港内）	1940.3.17
伊良部丸転覆（沖縄県伊良部島沖）	1940.6.30
福吉丸遭難（東京都八丈島沖）	1940.9.
漁船遭難（東京湾）	1941.1.20
婚礼船転覆（鹿児島県川内市付近）	1941.3.
ボート部員遭難（琵琶湖）	1941.4.6
汽船転覆（関東地方）	1941.5.18
栄福丸沈没（北海道沖）	1941.6.3
咬龍丸沈没（ウルップ島沖）	1941.6.13
第3加能丸沈没（鹿児島徳之島沖）	1941.8.7
得山丸・幸喜丸衝突（ソ連サハリン東岸沖）	1941.9.5
定期船沈没（北朝鮮沖）	1941.11.15
神戸丸・天山丸衝突（中国長江口東方沖）	1942.11.11
富士丸転覆（新潟県新潟市）	1942.11.29
にしき丸転覆（香川県小豆郡土庄町沖）	1942.12.31
連絡船殿浦丸沈没（長崎県北松浦郡鷹島村沖）	1943.4.9
連絡船撃沈（九州地方）	1943.10.5
陸軍病院船沈没（南太平洋）	1943.11.27

556

災害別一覧　　　輸送機関の事故

龍の浦丸沈没（長崎県西彼杵郡多以良村沖）　1944.3.20
対馬丸沈没（東シナ海）　1944.8.22
阿波丸沈没（台湾沖）　1945.4.1
玉栄丸爆発（鳥取県西伯郡境町）　1945.4.23
室戸丸沈没（兵庫県沖）　1945.10.17
第3鴨川丸誤爆遭難（福岡県福岡市博多港沖）　1947.8.12
関西汽船女王丸沈没（岡山県邑久郡牛窓町沖）　1948.1.28
鴨猟船転覆（千葉県東葛飾郡浦安町沖）　1949.1.30
利根川渡船転覆（千葉県香取郡高岡村付近）　1949.1.30
汽船雲仙丸沈没（秋田県南秋田郡）　1949.2.28
連絡船青葉丸沈没（大分県東国東郡姫島村沖）　1949.6.21
漁船ほか沈没（福岡県福岡市沖）　1949.9.23
貨客船美島丸沈没（香川県小豆島）　1949.11.12
漁船大正丸・定期船金加丸衝突（福島県石城郡豊間町沖）　1949.11.26
昭和石油川崎製油所原油流出火災（神奈川県川崎市）　1950.2.16
宇高連絡船紫雲丸・鷲羽丸衝突（岡山県児島郡）　1950.3.25
大型磁気機雷爆発（広島県）　1950.7.27
漁船多数遭難（茨城県霞ヶ浦）　1950.8.3
漁船多数沈没・流失（和歌山県有田郡箕島町）　1950.9.3
捕鯨船転覆（北海道厚岸郡浜中村沖）　1950.9.19
漁船遭難（北海道南部海域）　1950.11.27–
貨物船富丸遭難（長崎県北松浦郡平戸町）　1950.12.10
古城丸沈没（秋田県沖）　1950.12.18
連絡船備讃丸沈没（岡山県児島郡）　1951.8.4
カツオ船沈没（静岡県御前崎沖）　1952.6.8
観測船第5海洋丸転覆（伊豆諸島南方）　1952.9.23
漁船沈没（宮城県塩竈市沖）　1952.10.19
漁船沈没（岩手県釜石市沖）　1952.10.26
新生丸沈没（鹿児島県大島郡与論町）　1953.2.4
水産指導船白鳥丸・米国船チャイナベア号衝突（静岡県賀茂郡白浜町沖）　1953.2.15
漁船第11東丸沈没（静岡県賀茂郡南伊豆町沖）　1953.2.22
漁船みどり丸遭難（宮城県牡鹿郡金華山沖）　1953.8.2
漁船第5幸生丸遭難（宮城県牡鹿郡金華山沖）　1953.12.26

監視船第3黒潮丸行方不明（南鳥島南方沖）　1954.1.29
運搬船第3板島丸積荷爆発（広島県安芸郡倉橋町沖）　1954.2.9
第6大運丸沈没（静岡県磐田郡沖）　1954.2.12
漁船第5福竜丸被曝（マーシャル諸島ビキニ環礁付近）　1954.3.1
阿武隈川渡船転覆（宮城県伊具郡東根村）　1954.4.19
漁船多数座礁・沈没（北海道根室町付近）　1954.5.10
連絡貨物船北見丸・日高丸・十勝丸・第11青函丸沈没（北海道函館市函館湾内）　1954.9.26
連絡船洞爺丸転覆（北海道上磯郡上磯町沖）　1954.9.27
遊覧船内郷丸沈没（神奈川県津久井郡与瀬町）　1954.10.8
漁船山田丸撃沈（東シナ海大陳島東南東沖）　1954.11.22
漁船第1盛喜丸大破（青森県八戸市付近）　1954.12.4
漁船大正丸離礁作業員行方不明（千葉県君津郡富津町沖）　1954.12.27
第6あけぼの丸・韓国船衝突（長崎県長崎市沖）　1955.2.15
連絡船紫雲丸・貨車航送船第3宇高丸衝突（香川県香川郡雌雄島村沖）　1955.5.11
遠洋マグロ漁船3隻遭難（和歌山県西牟婁郡串本町沖）　1955.12.16–
貨物船反田丸遭難（青森県八戸市）　1955.12.26
漁船明神丸転覆（択捉島沖）　1956.2.6
漁船第3万栄丸沈没（静岡県榛原郡御前崎町沖）　1956.2.27
定期貨客船太平丸転覆（高知県安芸郡室戸岬町沖）　1956.4.19
漁船転覆（北海道西海岸）　1956.4.26
漁船金善丸座礁（北海道釧路郡釧路村沖）　1956.6.14
漁船瓢栄丸転覆（宮城県石巻市）　1956.10.31
貨物船東和丸沈没（沖縄県南方沖）　1956.11.27
漁船第16漁吉丸沈没（伊豆大島西方沖）　1956.12.4
観潮船転覆（徳島県鳴門市沖）　1956.12.16
連絡船第5北川丸転覆（広島県三原市沖）　1957.4.12
冷凍運搬船栄幸丸爆発（兵庫県相生市）　1957.4.24

557

漁船八崎丸沈没（宮城県牡鹿郡南東沖）
　　　　　　　　　　　　　　　1957.10.12
漁船第17瑞宝丸遭難（南大東島南東沖）
　　　　　　　　　　　　　　　1957.10.24
漁船第5金比羅丸沈没（宮城県牡鹿郡沖）
　　　　　　　　　　　　　　　1957.12.13
漁船白山丸沈没（新潟県新潟市沖）1957.12.13
漁船第2大正丸沈没（福島県磐城市沖）
　　　　　　　　　　　　　　　1958.1.26
連絡船南海丸沈没（兵庫県三原郡南淡町沖）
　　　　　　　　　　　　　　　1958.1.26
貨物船第3正福丸転覆（和歌山県西牟婁郡串本町沖）
　　　　　　　　　　　　　　　1958.1.26
第2香取丸難破（北海道亀田郡椴法華村沖）
　　　　　　　　　　　　　　　1958.2.19頃
小舟転覆（岩手県紫波郡南村）　1958.3.21
貨物船津久見丸沈没（大分県南海部郡上浦町沖）
　　　　　　　　　　　　　　　1958.9.23
利根川渡船転覆（千葉県香取郡小見川町）
　　　　　　　　　　　　　　　1958.10.2
神通川渡船転覆（富山県富山市付近）1958.10.7
漁船第16妙義丸沈没（青森県八戸市北東沖）
　　　　　　　　　　　　　　　1958.10.18
漁船第18瑞宝丸・第5大徳丸行方不明
（千葉県安房郡白浜町東方沖）1958.11.3
漁船交洋丸・幸生丸・旭丸転覆（北海道南西海域）
　　　　　　　　　　　　　　　1958.11.19
漁船第5優光丸沈没（三重県志摩郡大王町沖）
　　　　　　　　　　　　　　　1959.1.18
漁船第11進漁丸沈没（千葉県安房郡白浜町沖）
　　　　　　　　　　　　　　　1959.1.18
漁船第18吉祥丸沈没（四国沖）　1959.2.10
磯舟57隻遭難（北海道岩内郡岩内町沖）
　　　　　　　　　　　　　　　1959.2.10
機帆貨物船火薬爆発（兵庫県神戸市）1959.3.31
暴風（北海道北東部）　　　　　1959.4.6-
潮岬観光定期船沈没（和歌山県新宮市）1959.6.1
渡船転覆（島根県邑智郡桜江町）　1959.7.17
漁船永幸丸転覆（島根県隠岐郡沖）1959.9.17
漁船第5清宝丸沈没（青森県三沢市沖）
　　　　　　　　　　　　　　　1959.9.28
漁船第8大慶丸沈没（岩手県沖）1959.10.20
漁船第12長栄丸沈没（千葉県安房郡白浜町沖）
　　　　　　　　　　　　　　　1959.11.22
漁船第5幸辰丸沈没（千葉県銚子市付近）
　　　　　　　　　　　　　　　1959.11.25
漁船第5八幡丸遭難（千葉県安房郡白浜町沖）
　　　　　　　　　　　　　　　1959.12.14
漁船連続遭難（太平洋）　　　　1960.1.10-

小型客船大島丸転覆（愛媛県宇和島市沖）
　　　　　　　　　　　　　　　1960.2.2
漁船第8八幡丸沈没（日本海）　1960.2.12
漁船第2日吉丸・貨物船海島丸衝突（茨城県那珂湊市沖）
　　　　　　　　　　　　　　　1960.3.12
漁船第12光漁丸沈没（静岡県賀茂郡南伊豆町沖）
　　　　　　　　　　　　　　　1960.6.22
貨物船青山丸台風沈没（高知県高知市）
　　　　　　　　　　　　　　　1960.10.19
連絡船第3満恵丸沈没（大分県南海部郡蒲江町沖）
　　　　　　　　　　　　　　　1960.10.29
漁船第10成田丸遭難（福島県磐城市沖）
　　　　　　　　　　　　　　　1960.11.26
漁船遭難（静岡県榛原郡御前崎町沖）1960.12.25
漁船沈没（和歌山県西牟婁郡串本町沖）1961.1.27
第6神明丸沈没　　　　　　　　1961.6.14頃
第7文丸・アトランティック・サンライズ号衝突（福島県四倉町沖）1961.6.18
第18雲浦丸沈没（北海道幌泉郡襟裳町沖）
　　　　　　　　　　　　　　　1961.8.12
児島丸・八汐山丸衝突（岡山県玉野市沖）
　　　　　　　　　　　　　　　1961.10.8
釣船遭難（東京都江東区沖）　　1961.12.7
第15長栄丸・第3鷹丸遭難　　　1961.12.12
第2協漁丸遭難（高知県室戸市南方沖）1962.1.22
第1佐多丸沈没（鹿児島県熊毛郡屋久町沖）
　　　　　　　　　　　　　　　1962.5.27
遊覧船転覆（熊本県球磨郡球磨村）1962.7.14
早稲田大学・慶応義塾大学ヨット遭難（相模湾）
　　　　　　　　　　　　　　　1962.11.3
第1宗像丸・サラルドブロビーグ号衝突（神奈川県川崎市）
　　　　　　　　　　　　　　　1962.11.18
第13妙力丸沈没（青森県下北郡佐井村沖）
　　　　　　　　　　　　　　　1962.11.25
第1大生丸遭難（高知県室戸市沖）1963.1.15
第5大勢丸転覆（サハリン沖）　1963.2.14
第5天王丸沈没（愛媛県北宇和郡津島町沖）
　　　　　　　　　　　　　　　1963.2.24
ときわ丸・りっちもんど丸衝突（兵庫県神戸市長田区沖）
　　　　　　　　　　　　　　　1963.2.26
第12天竜丸遭難（小笠原諸島付近）1963.3.13
第2大洋丸遭難（山形県酒田市沖）1963.4.8
海底ボーリング用台船転覆（広島県広島市）
　　　　　　　　　　　　　　　1963.4.23
第3福寿丸沈没（岩手県陸前高田市沖）1963.4.24
洞南丸沈没（和歌山県西牟婁郡串本町沖）1963.6.6
タグボート沈没（広島県福山市沖）1963.7.27
みどり丸沈没（沖縄那覇市沖）　1963.8.17

災害別一覧　　　　　　　　　輸送機関の事故

第32宝幸丸沈没（鹿児島県熊毛郡南種
　子町沖）　　　　　　　　1963.10.9
船越丸遭難（千葉県安房郡白浜町沖）1963.10.17
加明丸沈没（北海道松前郡松前町沖）1963.12.8
第30やまさん丸沈没（北海道稚内市沖）
　　　　　　　　　　　　　1963.12.12
第2進徳丸沈没（青森県下北郡風間浦村
　沖）　　　　　　　　　　1964.1.20
第1北辰丸転覆（シンシル島沖）1964.1.22
第8共和丸転覆（神津島沖）　1964.4.7
仲憺号爆発（鹿児島県肝属郡佐多町沖）
　　　　　　　　　　　　　1964.5.11
協宝丸・第3海鳳丸衝突（北海道亀田郡
　尻岸内村沖）　　　　　　1964.5.15
第8成徳丸遭難（北海道幌泉郡襟裳町沖）1964.6.4
湯田ダム作業用船転覆（岩手県和賀郡
　和賀町）　　　　　　　　1964.12.2
第5宝漁丸遭難（太平洋中部）1965.2.6
朝鮮丸遭難（カムチャツカ半島西方沖）1965.2.12
渡船転覆（山形県）　　　　1965.5.9
ハイムバルト号爆発（北海道室蘭市）1965.5.23
第8金比羅丸遭難（北海道根室市沖）1965.6.26
芦屋丸追突（大阪府大阪市沖）1965.8.1
釣り舟・ボート転覆（千葉県夷隅郡岬
　町）　　　　　　　　　　1965.9.26
第8海竜丸ほか遭難（マリアナ諸島付
　近）　　　　　　　　　　1965.10.7
永洋丸ほか遭難（北海道周辺海域）
　　　　　　　　　　　　　1965.12.12-
日立造船米海軍艦艇ガス爆発（神奈川
　県川崎市）　　　　　　　1966.1.23
第6明神丸遭難（千島中部海域）1966.1.31
石川島播磨重工業火災（愛知県名古屋
　市港区）　　　　　　　　1966.2.16
第8惣宝丸遭難（千島中部海域）1966.2.21
筏遭難（鹿児島県沖）　　　1966.4.1
第85惣宝丸爆発（岩手県気仙郡三陸村
　沖）　　　　　　　　　　1966.7.3
梅屋丸転覆（和歌山県西牟婁郡すさみ町
　沖）　　　　　　　　　　1966.7.17
漁船遭難（北海道目梨郡羅臼町沖）1966.10.28
進幸丸転覆（熊本県天草郡大矢野町沖）
　　　　　　　　　　　　　1966.11.25
幸辰丸沈没（福岡県宗像郡玄海沖）1966.11.26
第15長栄丸行方不明（長崎県下県郡厳
　原町沖）　　　　　　　　1967.1.15
第52源福丸沈没（尖閣諸島沖）1967.4.4
第5豊漁丸行方不明（伊豆半島周辺海
　域）　　　　　　　　　　1967.4.15

ボート転覆（北海道阿寒郡阿寒町）1967.6.4
第21喜代丸行方不明（北海道根室市沖）1967.6.8
デニーローズ号行方不明（高知県室戸
　市沖）　　　　　　　　　1967.9.13
鉛中毒死（兵庫県）　　　　1967.10.17
第31昭徳丸転覆（韓国済州島沖）1967.11.12
豊浜丸転覆（北海道網走市沖）1967.11.12
伝道船転覆（瀬戸内海）　　1967.12.9
第22淳和丸・ベートライズヴィクト
　リー衝突（長崎県）　　　1968.1.25
第1真和丸爆発（静岡県清水市）1968.1.25
遭難（岩手県下閉伊郡田野畑村沖）1968.1.26
楽洋丸沈没（愛媛県西宇和郡三崎町）1968.2.15
小舟転覆（宮城県登米郡迫町）1968.3.20
第86大栄丸沈没（ソ連領シャスコタン
　島付近）　　　　　　　　1968.3.31
第85広丸・外国船衝突（韓国済州島付
　近）　　　　　　　　　　1968.6.8
磯舟遭難（秋田県男鹿市沖）1968.8.11
第8昌徳丸沈没（青森県八戸市沖）1968.9.6
伝馬船転覆（岡山県和気郡日生町）1968.10.2
富浦丸・アディジャヤンティ号衝突
　（東京湾口）　　　　　　1968.12.5
鉱石運搬船ぼりばあ丸沈没（千葉県野
　島崎沖）　　　　　　　　1969.1.5
第8漁吉丸沈没（静岡県賀茂郡南伊豆町
　沖）　　　　　　　　　　1969.1.12
第25天祐丸行方不明（ソ連沿海州沖）1969.1.27
第15徳運丸行方不明（千葉県安房郡白
　浜町沖）　　　　　　　　1969.2.3
第8照生丸沈没（鹿児島県名瀬市沖）1969.2.4
第38栄保丸沈没（北海道稚内市沖）1969.2.5
第12宮城丸沈没（北海道石狩郡石狩町
　沖）　　　　　　　　　　1969.2.6
漁船・米軍捜索機遭難（青森県八戸市
　沖）　　　　　　　　　　1969.2.7
第15宝来丸行方不明（北海道稚内市沖）
　　　　　　　　　　　　　1969.2.21
第2大徳丸行方不明（青森県八戸市沖）
　　　　　　　　　　　　　1969.3.23
第1蛭子丸沈没（長崎県下県郡厳原町沖）
　　　　　　　　　　　　　1969.3.30
第3成洋丸行方不明（米国領ジャービス
　島沖）　　　　　　　　　1969.4.8
うずしお丸搭載乗用車転落（兵庫県三
　原郡西淡町沖）　　　　　1969.5.6
第13福寿丸・ソ連警備艇衝突（歯舞諸
　島付近）　　　　　　　　1969.8.9
第18大忠丸転覆（北海道稚内市沖）1969.10.1

輸送機関の事故　　　　　　　　　災害別一覧

第3幸栄丸転覆（北海道小樽市沖）　1969.11.27	第2快収丸・神甲丸衝突（静岡県賀茂郡南伊豆町沖）　1973.1.28
杭打作業船転覆（大阪府大阪市）　1969.12.3	第50太平丸行方不明（北海道稚内市沖）　1973.2.6
波島丸転覆（北海道瀬棚郡北檜山町沖）　1970.1.17	第6太洋丸転覆（京都府竹野郡丹後町沖）　1973.3.28
空光丸沈没（福島県いわき市）　1970.1.31	ニュー東海号転覆（山口県大島郡沖）　1973.5.8
大型船かりふぉるにや丸沈没（千葉県銚子市沖）　1970.2.9	第3光辰丸行方不明（青森県下北郡東通村沖）　1973.10.1
第18太洋丸・マリア号衝突（宮城県牡鹿郡牡鹿町沖）　1970.2.11	第15錦洋丸行方不明（北海道礼文郡礼文町沖）　1973.10.4
第11北光丸転覆（ソ連カムチャツカ半島沖）　1970.3.4	第35号信正丸沈没（国後島沖）　1974.1.25
第13豊漁丸行方不明（択捉島沖）　1970.3.6	第3海光丸行方不明（東京都三宅村沖）　1974.3.24
漁船沈没・座礁（択捉島付近）　1970.3.17	第1清栄丸沈没（屋久島沖）　1974.4.1
第2瑞松丸行方不明（千葉県安房郡白浜町沖）　1970.4.4	第11昌栄丸・オーシャンソブリン号衝突（和歌山県潮岬沖）　1974.4.12
第67日東丸転覆（米国アラスカ州沖）　1970.4.21	神恵丸転覆（北海道幌武意港）　1974.5.5
第30淡路丸沈没（米国アラスカ州沖）　1970.4.23	潜水調査艇うずしお故障（千葉県安房郡鋸南町）　1974.6.17
渡船転覆（山形県最上郡戸沢村）　1970.4.24	第3真晃丸・海金剛号衝突（北海道根室市沖）　1974.6.29
第8幸栄丸沈没（北海道釧路市沖）　1970.6.2	漁進丸転覆（能登半島沖）　1974.8.26
常石造船所爆発（広島県沼隈郡沼隈町）　1970.7.7	原子力船むつ放射線漏出（太平洋）　1974.9.1
モーターボート転覆（福島県耶麻郡北塩原村）　1970.7.26	第12竜神丸行方不明（青森県下北郡東通村沖）　1974.10.31
第7泰洋丸転覆（北海道根室市沖）　1970.9.23	タンカー・リベリア船衝突（東京湾）　1974.11.9
笠松丸爆発（静岡県賀茂郡下田町沖）　1970.10.16	紀邦丸故障・浸水（沖縄県石垣市沖）　1974.12.16
佐世保重工業タンカー火災（長崎県佐世保市）　1970.10.23	第21互洋丸沈没（島根県沖）　1975.1.18
第6八宏丸行方不明（千葉県安房郡白浜町沖）　1970.11.21	松生丸拿捕（松生丸銃撃事件）（黄海）　1975.9.2
渡船転覆（高知県宿毛市沖）　1970.11.22	第8なか丸転覆（宮城県本吉郡歌津町沖）　1975.11.13
朗洋丸沈没（長崎県沖）　1971.1.4	船舶火災（長崎県長崎市）　1976.6.11
暴風雪（山陰地方）　1971.1.4-	貨物船乗組員酸素欠乏死傷（広島県呉市沖）　1976.8.5
第8あけぼの丸沈没（韓国済州島沖）　1971.2.14	第3長成号漂流（島根県隠岐郡西郷町沖）　1976.10.27
貨物船火災（愛媛県越智郡関前村沖）　1971.8.22	第56丸中丸転覆（ウルップ島）　1977.2.6
第18幸徳丸転覆（北海道稚内市沖）　1971.11.9	アルサビア号破損（高知県室戸市沖）　1977.10.20
協照丸爆発（茨城県鹿島郡神栖町）　1972.2.21	発破作業準備中爆発（北海道茅部郡南茅部町）　1977.11.8
第32福洋丸行方不明（長崎県福江市沖）　1972.2.27	てる丸作業員酸素欠乏死（神奈川県川崎市川崎区）　1978.2.14
第26増丸座礁（長崎県福江市沖）　1972.3.20	第88陽豊丸転覆（北海道勇留島沖）　1978.9.3
武光丸転覆（千葉県夷隅郡岬町沖）　1972.3.31	さいとばる・チャンウオン号衝突（来島海峡）　1978.9.6
第8協和丸行方不明（北海道根室市沖）　1972.3.31	ひまわり丸行方不明（沖縄県魚釣島海域）　1978.11.23
海麟丸爆発（新潟県新潟市）　1972.5.26	皆徳丸浸水（静岡県下田沖）　1979.3.22
第8十勝丸転覆（北海道根室市沖）　1972.5.28	
自家製筏行方不明（沖縄県石垣市）　1972.7.21	
鹿島丸転覆（東京都八丈町沖）　1972.9.16	
第81八幡丸転覆（宮城県牡鹿郡牡鹿町沖）　1972.10.12	
第11平栄丸・北扇丸衝突（茨城県北茨城市沖）　1972.12.17	

560

災害別一覧　　　　　　　　　　　　　輸送機関の事故

神長丸・第8海正丸衝突（東京都伊豆大島海域）　1979.4.25	インド貨物船ジャグ・ドゥート爆発・炎上事故（神奈川県横浜市神奈川区）　1989.2.16
冷凍運搬船・鋼材船衝突（伊豆大島西方海上）　1979.4.25	強風タンカー横倒し（富山県富山市）　1989.3.8
タンカー爆発（東京港）　1979.8.10	化学タンカー炎上（千葉県野島崎海上）　1989.3.14-
貨物船沈没（宮崎県都井岬沖）　1979.11.11	瀬渡し船転覆（福岡県玄界灘）　1989.4.24
貨物船浸水（隠岐白島崎北）　1980.1.30	瀬渡し船沈没（三重県度会郡南勢町）　1990.1.29
第3魚生丸転覆（千葉県野島崎沖）　1980.4.28	モーターボート転覆（千葉県山武郡九十九里町）　1990.4.22
カモ猟船転覆（千葉県小見川町）　1980.11.29	貨物船・漁船衝突（伊豆七島三宅島）　1990.6.7
ボート転覆（三重県桑名郡）　1980.11.30	釣りボート転覆（熊灘）　1990.12.17
栄福丸沈没（長崎県福江島沖）　1981.2.17	係留の漁船燃える（三重県三重郡楠町）　1994.11.15
米軍原子力潜水艦・日昇丸衝突事故（鹿児島県下甑島沖）　1981.4.9	ナホトカ号重油流失事故（島根県隠岐島沖）　1997.1.2-
第23改栄丸船員ガス中毒死（山口県熊毛郡沖）　1981.5.25	遊漁船・ホタテ漁船衝突（北海道小樽市）　1998.7.17
漁船第33手扇丸・貨物船じゅのお丸衝突（襟裳岬東）　1981.6.5	遊漁船転覆（福岡県玄海町）　1999.7.4
日魯漁業第28あけぼの丸転覆（ベーリング海）　1982.1.6	強風で釣り船転覆（長野県諏訪市）　2000.11.18
インド船タンカー火災（長崎県佐世保市）　1982.3.18	えひめ丸衝突沈没事故（ハワイ・オアフ島沖）　2001.2.10
貨物船アンモニアガス噴出（宮城県気仙沼港）　1982.4.11	渡し船・防波堤に衝突（島根県西ノ島町）　2002.6.8
タンカー火災（広島県呉市）　1982.9.11	釣り船転覆（北海道オホーツク海）　2002.9.14
遊漁船幸洋丸転覆（瀬戸内海）　1983.1.30	突風で遊漁船転覆（山口県岩国市）　2003.7.19
小型遊漁船光星丸転覆（山形県酒田沖）　1983.7.2	琵琶湖でヨット転覆（滋賀県滋賀郡志賀町）　2003.9.15
青函連絡船火災（津軽海峡）　1984.3.3	瀬渡し船転覆（鹿児島県十島村）　2004.12.4
第16琴島丸転覆（島根県隠岐郡西郷町西郷岬灯台沖）　1985.2.8	漁船と遊漁船衝突（鹿児島県黒之瀬戸）　2005.1.5
第1豊漁丸・リベリア船タンカー衝突（沖縄県近海）　1985.3.30	漁船転覆（北海道根室市）　2005.9.28
開洋丸遭難（鹿児島県串木野港沖）　1985.3.31	タンカー内で倒れ死亡（東京都大田区）　2006.5.22
ボート・遊覧船衝突（北海道留萌支庁小平町）　1985.7.21	首都圏で大停電（東京都　千葉県　神奈川県）　2006.8.14
第8大善丸・隆栄丸衝突（千葉県銚子市犬吠埼北）　1986.3.13	台船作業員が海中に転落（広島県呉市）　2006.11.15
海洋調査船へりおす沈没（福島県相馬沖）　1986.6.17	遊漁船同士が衝突（神奈川県横浜市）　2006.11.19
モーターボート転覆（福島県いわき市江名港沖）　1986.7.6	貨物船が高圧線を切断（長崎県平戸市）　2007.7.19
川下り観光舟転覆（長野県飯田市）　1987.5.19	イージス艦「あたご」衝突事故（千葉県）　2008.2.19
ソ連客船火災（大阪府大阪市大阪港）　1988.5.18	カツオ漁の漁船転覆（千葉県沖）　2008.6.23
第一富士丸・潜水艦なだしお衝突（神奈川県横須賀港沖）　1988.7.23	遊漁船沈没（新潟県）　2008.9.21
高速艇防波堤に激突（兵庫県津名郡津名町）　1989.2.2	漁船転覆（長崎県平戸市沖）　2009.4.14
	小型船転覆（新潟県胎内市 新潟市）　2009.6.13
	ボート転覆（北海道厚真町）　2009.12.11

561

輸送機関の事故　　　　　　災害別一覧

【航空機事故】

日本初航空犠牲者事故（埼玉県松井村）
　　　　　　　　　　　　　　　1913.3.28
日本初民間航空犠牲者事故（京都府）　1913.5.4
民間飛行家試験飛行中墜落（日本）　1915.1.3
海軍飛行機墜落（神奈川県横須賀）　1915.3.6
中島式5型機墜落（静岡県）　　　　1923.1.9
白戸式25型機箱根山岳衝突（神奈川
　県）　　　　　　　　　　　　　1923.2.22
飛行船爆発墜落（茨城県相馬郡）　1924.3.19
サルムソン2A2型機墜落（東京府）　1924.7.5
日本航空輸送研究所横廠式ロ号甲型
　機、空中火災（兵庫県）　　　　　1926.4.6
祝賀会場、飛行機墜落（奈良県王寺町）
　　　　　　　　　　　　　　　1926.4.18
航空機墜落（大阪府大阪市）　　　1927.4.1
曲芸飛行機墜落（京都府）　　　　1927.11.3
日本製旅客機爆発（群馬県）　　　1928.5.4
日本空輸旅客機墜落（福岡県）　　1931.6.22
航空機墜落（青森県鮫町）　　　　1935.6.8
毎日新聞機墜落（大阪府大阪市郊外）1936.8.27
旅客機墜落（新潟県中頸城郡春日村）1937.3.18
航空機墜落（福岡県福岡市）　　　1938.3.10
航空機墜落（東京都東京市）　　　1938.8.24
旅客機不時着（沖縄県久場島沖）　1938.12.8
旅客機墜落（大分県大熊山）　　　1939.4.21
八高線貨物列車・航空機拝島・小宮駅
　間衝突（東京都八王子市付近）　　1947.7.16
米軍大型輸送機墜落（神奈川県愛甲郡）
　　　　　　　　　　　　　　　1950.4.21
米空軍B29戦略爆撃機墜落（東京都北
　多摩郡砂川村）　　　　　　　　1951.11.18
米空軍B29戦略爆撃機墜落（埼玉県入
　間郡金子村）　　　　　　　　　1952.2.7
日本航空旅客機墜落（東京都大島町）1952.4.9
おおとり会軽飛行機墜落（広島県安芸
　郡熊野跡村）　　　　　　　　　1953.3.12
米空軍大型輸送機墜落（東京都北多摩
　郡小平町）　　　　　　　　　　1953.6.18
米空軍大型輸送機墜落（山口県豊浦郡
　沖）　　　　　　　　　　　　　1953.6.23
海上保安庁ヘリコプター墜落（神奈川
　県鎌倉市）　　　　　　　　　　1953.8.9
北陸搬空ヘリコプター墜落（福岡県門
　司市）　　　　　　　　　　　　1953.10.24

米空軍輸送機墜落（北海道苫小牧市南
　方沖）　　　　　　　　　　　　1954.2.1
ビーチクラフト機墜落（福島県南会津
　郡楢原村）　　　　　　　　　　1954.9.25
米空軍ジェット機墜落（埼玉県入間郡名
　細村）　　　　　　　　　　　　1955.3.24
中日新聞社機墜落（長野県）　　　1956.3.23
米空軍気象観測機墜落（埼玉県飯能市）
　　　　　　　　　　　　　　　1956.12.28
西日本新聞社チャーター機墜落（鹿児
　島県出水郡東町）　　　　　　　1957.4.23
極東航空機不時着（大阪府泉北郡浜寺
　町）　　　　　　　　　　　　　1957.8.1
富士航空セスナ機墜落（三重県志摩郡
　大王町）　　　　　　　　　　　1958.2.3
大和航空単発ビーバー機墜落（宮崎県
　東臼杵郡北川村）　　　　　　　1958.5.21
全日本空輸旅客機墜落（静岡県賀茂郡
　下田町沖）　　　　　　　　　　1958.8.12
ヘリコプター墜落（富山県中新川郡立
　山町）　　　　　　　　　　　　1958.12.17
米空軍ジェット戦闘機墜落（沖縄県石
　川市）　　　　　　　　　　　　1959.6.30
産業経済新聞社新聞輸送機墜落（和歌
　山県田辺市沖）　　　　　　　　1959.9.27
海上保安庁ヘリコプター墜落（北海道
　亀田郡銭亀沢村）　　　　　　　1960.2.24
航空自衛隊ジェット戦闘機・全日本空
　輸旅客機衝突（愛知県小牧市付近）1960.3.16
毎日新聞社双発機墜落（兵庫県川西市）1960.4.1
米軍気象観測機墜落（福島県石川郡石
　川町）　　　　　　　　　　　　1960.9.8
全日本空輸小型単葉連絡機墜落（北海
　道上川郡新得町）　　　　　　　1960.11.16
海上自衛隊ヘリコプター墜落（青森県
　青森市）　　　　　　　　　　　1961.3.8
米軍ジェット機墜落（神奈川県藤沢市）
　　　　　　　　　　　　　　　1961.4.21
エア・キャリア・サービス社水陸両用
　遊覧機墜落（滋賀県大津市沖）　1961.6.19
米空軍ジェット戦闘機墜落（福岡県福
　岡市）　　　　　　　　　　　　1961.12.7
東西航空機墜落（山口県防府市付近）1962.2.23
海上自衛隊対潜哨戒機墜落（鹿児島県
　名瀬市）　　　　　　　　　　　1962.9.3
全日本空輸旅客機墜落（愛知県西加茂
　郡猿投町）　　　　　　　　　　1962.10.19
海上自衛隊ヘリコプター墜落（青森県
　むつ市）　　　　　　　　　　　1963.2.11

562

災害別一覧　　　　　　輸送機関の事故

自家用機墜落（静岡県田方郡中伊豆町）1963.3.4
航空自衛隊ヘリコプター墜落（香川県
　三豊郡詫間町）　　　　　　　　1963.3.16
大洋航空測量機墜落（京都府久世郡城
　陽町）　　　　　　　　　　　　1963.3.29
日東航空旅客機墜落（兵庫県三原郡南
　淡町）　　　　　　　　　　　　1963.5.1
藤田航空旅客機墜落（東京都八丈町）1963.8.17
航空大学校機墜落（宮崎県宮崎市）　1963.9.4
米軍機墜落（神奈川県相模原市付近）1964.1.16
日東航空旅客機墜落（兵庫県伊丹市）1964.2.18
富士航空旅客機墜落（大分県大分市）1964.2.27
米海軍機墜落（東京都町田市）　　　1964.4.5
伊藤忠航空機墜落（富山県砺波市）　1964.5.3
米軍給油機墜落（岩手県）　　　　　1964.8.13
米海軍艦載機墜落（神奈川県大和市）1964.9.8
航空自衛隊ヘリコプター墜落（福岡県
　粕屋郡粕屋町）　　　　　　　　1964.9.10
航空自衛隊ヘリコプター墜落（埼玉県
　岩槻市）　　　　　　　　　　　1964.9.15
全日本空輸貨物機行方不明（愛知県知
　多郡美浜町付近）　　　　　　　1965.2.14
米空軍戦闘機墜落（神奈川県相模原市）1965.5.5
朝日新聞社機墜落（広島県広島市）　1965.5.16
海上自衛隊救難機墜落（北海道幌泉郡
　襟裳町）　　　　　　　　　　　1965.7.29
西日本空輸ヘリコプター墜落（熊本県
　阿蘇郡阿蘇町）　　　　　　　　1965.8.16
航空自衛隊機墜落（長野県北佐久郡佐
　久町）　　　　　　　　　　　　1965.9.22
三ツ矢航空遊覧機墜落（岩手県）　　1965.9.29
全日本空輸旅客機墜落（東京都大田区
　沖）　　　　　　　　　　　　　1966.2.4
カナダ太平洋航空旅客機墜落（東京都
　大田区）　　　　　　　　　　　1966.3.4
英国海外航空旅客機墜落（静岡県御殿
　場市）　　　　　　　　　　　　1966.3.5
海上保安庁ヘリコプター墜落（東京都
　大田区沖）　　　　　　　　　　1966.3.5
日本国内航空セスナ機墜落（静岡県駿
　東郡裾野町）　　　　　　　　　1966.7.31
日本航空訓練機火災（東京都大田区）1966.8.26
横浜盲訓学院セスナ機火災（北海道川
　上郡弟子屈町）　　　　　　　　1966.9.7
全日本空輸旅客機墜落（愛媛県松山市
　沖）　　　　　　　　　　　　　1966.11.13
大阪府警察・全日本空輸ヘリコプター
　衝突（愛媛県松山市沖）　　　　1966.11.15

海上自衛隊対潜哨戒機・ヘリコプター
　衝突（徳島県徳島市沖）　　　　1967.1.16
竹の丸訓盲学院セスナ機墜落（岩手県
　二戸郡安代町）　　　　　　　　1967.5.30
中日新聞社機墜落（長野県塩尻市）　1967.8.13
日本航空訓練機墜落（山形県村山市）1967.10.5
沼津グライダークラブ機墜落（静岡県
　富士宮市）　　　　　　　　　　1968.1.21
全日本空輸機墜落（神奈川県足柄下郡
　南足柄町）　　　　　　　　　　1968.2.12
北海道航空セスナ機墜落（北海道上川
　郡上川町）　　　　　　　　　　1968.4.4
国際航空輸送セスナ機墜落（岩手県江
　刺市）　　　　　　　　　　　　1968.6.13
北陸航空セスナ機墜落（富山県魚津市）
　　　　　　　　　　　　　　　　1968.9.16
国内産業航空セスナ機墜落（青森県北
　津軽郡鶴田町）　　　　　　　　1968.11.17
米空軍爆撃機墜落（沖縄県嘉手納村）1968.11.19
漁船・米軍捜索機遭難（青森県八戸市
　沖）　　　　　　　　　　　　　1969.2.7
航空自衛隊戦闘機墜落（石川県金沢市）1969.2.8
中央航空セスナ機墜落（千葉県船橋市）
　　　　　　　　　　　　　　　　1969.4.17
南紀航空セスナ機墜落（広島県豊田郡
　安浦町）　　　　　　　　　　　1969.6.25
日本産業航空セスナ機墜落（大阪府柏
　原市）　　　　　　　　　　　　1969.11.17
東京航空取材機沈没（千葉県銚子市沖）
　　　　　　　　　　　　　　　　1970.2.10
本田航空機墜落（福島県郡山市）　　1970.4.3
国際航空大学練習機墜落（茨城県稲敷
　郡河内村）　　　　　　　　　　1970.4.29
読売新聞社ヘリコプター墜落（長野県）
　　　　　　　　　　　　　　　　1970.7.26
富士重工業機墜落（広島県高田郡白木
　町）　　　　　　　　　　　　　1970.8.10
航空自衛隊機墜落（滋賀県彦根市）　1970.9.2
九州航空取材機墜落（佐賀県三養基郡
　中原町）　　　　　　　　　　　1971.4.30
陸上自衛隊ヘリコプター墜落（北海道
　静内郡静内町）　　　　　　　　1971.5.17
東亜国内航空旅客機墜落（北海道亀田
　郡七飯町）　　　　　　　　　　1971.7.3
全日空旅客機・航空自衛隊機衝突（雫
　石事故）（岩手県岩手郡雫石町）1971.7.30
全日空ヘリコプター墜落（八ヶ岳）　1971.10.19
本田航空機墜落（埼玉県桶川市）　　1972.4.29

563

輸送機関の事故　　　　　　　　災害別一覧

東邦航空ヘリコプター墜落（岐阜県揖斐郡揖斐川町）	1972.5.24
横浜航空旅客機墜落（北海道樺戸郡月形町）	1972.5.30
航空自衛隊救難機墜落（宮崎県日南市沖）	1972.8.8
自家用機墜落（群馬県太田市）	1972.10.1
京葉航空遊覧機墜落（千葉県鴨川市沖）	1973.1.14
中日本航空セスナ機墜落（福井県遠敷郡名田庄村）	1973.5.3
ヘリコプター接触（熊本県）	1973.5.7
日本フライングサービス機行方不明（鹿児島県名瀬市）	1974.2.5
東北電力ヘリコプター墜落（宮城県仙台市高田浄水場）	1974.4.25
航空自衛隊戦闘機墜落（愛知県小牧市西之島）	1974.7.8
読売新聞社ヘリコプター墜落（神奈川県秦野市）	1974.8.5
日本取材センター機墜落（福岡県）	1975.2.19
セスナ機墜落（滋賀県高島郡今津町）	1976.5.24
ビーチクラフト機墜落（高知県南国市外山）	1976.6.13
日本フライングサービス機墜落（富山県剣岳付近）	1976.11.28
中日本航空ヘリコプター墜落（岐阜県岐阜市）	1977.5.20
米軍偵察機墜落（神奈川県横浜市緑区）	1977.9.27
日本航空旅客機墜落（マレーシア連邦）	1977.9.27
ヘリコプター墜落（千葉県佐倉市高岡）	1978.6.29
軽飛行機墜落（栃木県日光山中）	1978.8.3
セスナ機墜落（岩手県宮古市）	1978.8.12
飛行場騒音被害（宮城県）	1978.この頃-
ボーイング707貨物機蒸発（銚子沖太平洋上）	1979.1.30
愛媛航空セスナ機墜落（愛媛県宇和島久良湾上空）	1979.7.14
小型機墜落（三重県尾鷲市）	1980.1.2
小型機墜落（東京都調布市）	1980.8.10
西日本空輸機墜落（種子島沖）	1981.8.11
ヘリコプター墜落（琵琶湖付近）	1981.12.15
日航機羽田沖墜落（東京都羽田沖）	1982.2.9
ヘリコプター墜落（新潟県南魚沼郡湯沢町）	1982.4.23
ヘリコプター墜落（長崎県福江市）	1982.11.29
セスナ機墜落（大阪府松原市宅中）	1983.7.4
セスナ機墜落（千葉県勝浦市市野川）	1984.7.30
ヘリコプター衝突（兵庫県明石市）	1984.7.31
北海道航空ヘリコプター高圧電線接触（北海道網走支庁白滝村）	1985.6.13
日航ジャンボ機墜落（群馬県御巣鷹山）	1985.8.12
小型ジェット機墜落（新潟県佐渡島付近）	1986.7.23
小型機墜落（埼玉県北埼玉郡騎西町）	1986.8.9
セスナ機墜落（長野県小県郡和田村）	1987.1.11
ビーチクラフト機墜落（福岡県福岡市椎原）	1987.2.17
セスナ機墜落（岐阜県多治見市市之倉町）	1987.2.23
セスナ機墜落（佐賀県有明海）	1987.5.15
ヘリコプター墜落（神奈川県茅ケ崎市沖合）	1987.8.2
小型機墜落（群馬県邑楽郡大泉町）	1987.8.3
セスナ機墜落（北海道札幌市東区）	1987.10.22
米軍ヘリコプター墜落（愛媛県西予和郡伊方町）	1988.6.25
セスナ機墜落（埼玉県入間郡毛呂山町）	1988.7.10
米海ヘリコプター墜落（沖縄県喜屋武岬南東沖）	1989.5.30
ヘリコプター墜落（静岡県静岡市）	1989.7.6
ヘリコプター墜落（福井県小浜市沖合）	1989.9.5
曲技飛行機墜落（東京都立川市）	1989.11.5
ヘリコプター墜落（神奈川県箱根町）	1990.8.1
小型機墜落（鳥取県鳥取市）	1990.11.17
ヘリコプター墜落（茨城県稲敷郡美浦村）	1991.7.26
阪急航空ヘリコプター墜落（兵庫県美方郡村）	1991.8.5
ヘリコプター墜落（愛媛県温泉郡重信町）	1991.9.24
ヘリコプター墜落（福島県南会津郡伊南村）	1992.8.14
中華航空機墜落（愛知県西春日井郡豊山町）	1994.4.26
小型機墜落（高知県吾川郡池川町）	1994.5.7
朝日新聞社ヘリコプター墜落（大阪府泉佐野市）	1994.10.18
航空自衛隊救難捜索機墜落（静岡県浜松市）	1994.10.19
フジテレビ取材ヘリコプター墜落（鹿児島県奄美大島）	1994.11.13

軽飛行機墜落（茨城県北相馬郡守谷町） 1995.6.25
軽飛行機墜落（北海道赤平市） 1995.7.29
ヘリコプター衝突（長野県長野市） 1996.4.27
インドネシア旅客機炎上（福岡県福岡市） 1996.6.13
自衛隊ヘリコプター墜落（栃木県宇都宮市） 1997.1.13
トヨタ自動車ヘリコプター墜落（愛知県岡崎市） 1997.1.24
ヘリコプター墜落（三重県名張市） 1997.7.3
超軽量飛行機墜落（茨城県下館市） 1997.10.12
軽飛行機墜落（熊本県坂本村） 1997.11.2
海上保安本部ヘリコプター墜落（北海道渡島半島恵山岬沖） 1998.2.20
軽飛行機墜落（大阪府高槻市） 1998.9.22
無許可改造軽飛行機墜落（北海道室蘭市） 1999.3.4
航空自衛隊輸送機墜落（島根県隠岐島沖） 2000.6.28
強風でヘリコプター墜落（富山県立山町） 2000.9.16
ヘリコプター墜落（岐阜県高鷲村） 2000.11.9
小型飛行機墜落（香川県小豆郡土庄町） 2001.3.25
ヘリコプター・セスナ機衝突（三重県桑名市） 2001.5.19
軽飛行機墜落（岡山県久米郡柵原町） 2001.8.16
セスナ機墜落（熊本県球磨郡球磨村） 2002.1.4
山岳救助隊員転落（長野県大町市） 2002.1.6
小型機墜落（山梨県南巨摩郡南部町） 2002.6.23
航空管制ダウン（全国） 2003.3.1
小型機墜落（茨城県緒川村） 2003.3.24
小型機墜落（長崎県対馬市） 2003.9.16
小型機墜落（山梨県甲府市） 2004.1.22
ヘリコプター墜落（長野県南木曽町） 2004.3.7
小型機墜落（兵庫県南淡町） 2004.9.20
ヘリコプター墜落（佐賀県） 2004.12.24
県警ヘリが住宅街に墜落（静岡県静岡市） 2005.5.3
ヘリコプター墜落（秋田県大仙市） 2005.9.27
急患搬送の陸自ヘリが墜落（鹿児島県徳之島町） 2007.3.30
ヘリコプター墜落（富山県　長野県） 2007.4.9
ヘリコプター墜落（大阪府堺市） 2007.10.27
小型機墜落（長野県　岐阜県） 2007.11.15
ヘリコプター墜落（青森県大間町） 2008.7.6
貨物機炎上（千葉県成田空港） 2009.3.23
防災ヘリ墜落（岐阜県高山市） 2009.9.11

【エレベーター・エスカレーターの事故】

エレベーター火災（東京都杉並区） 1981.1.17
工事用エレベーター落下（大阪府大阪市曽根崎新地） 1988.8.31
エレベーター落下（福島県いわき市） 2005.7.28
シンドラー社製エレベーター事故（東京都港区） 2006.6.3

公害

工場汚水排出（宮崎県延岡市） 1932.この年－
赤潮発生（有明海） 1933.10.
水俣病（熊本県水俣市周辺） 1953.この頃－
漁船第5福竜丸被曝（マーシャル諸島ビキニ環礁付近） 1954.3.1
放射能雨（全国） 1954.5.13－
緑茶・野菜類放射能汚染（東京都　静岡県） 1954.5.21－
燈台関係者被曝（愛媛県松山市　鹿児島県肝属郡佐多町） 1954.5.頃
異常低温（青森県　岩手県） 1954.6.－
放射能雨（北海道稚内市　東京都　新潟県新潟市　静岡県静岡市　大阪府大阪市　兵庫県神戸市　鳥取県米子市　島根県松江市　高知県高知市　鹿児島県鹿児島市） 1956.4.16－
放射能観測（日本列島上空） 1956.12.19
各種放射性同位元素検出（全国） 1957.4.－
地下水4価エチル鉛汚染（福岡県福岡市） 1957.5.頃
放射能雨（東京都） 1958.1.－
放射能雪（日本海側） 1958.1.22
放射能雨（全国） 1958.7.9－
観測測量船拓洋・さつま被曝（南太平洋） 1958.7.21
大気汚染（全国） 1962.この頃－
有機水銀中毒（新潟水俣病、第2水俣病）（新潟県） 1964.5.－
合成洗剤汚染（全国） 1964.この頃
有機燐系農薬障害（全国） 1965.この頃－

住友金属工業製鉄所微鉄粉排出（和歌
　山県和歌山市）　　　　　1967.この頃－
富浦丸・アディジャヤンティ号衝突
　（東京湾口）　　　　　　　1968.12.5
神通川水銀汚染（富山県富山市）
　　　　　　　　　　　　　　1968.この年
芳野川水銀汚染（奈良県宇陀郡）
　　　　　　　　　　　　　　1968.この年
廃鉱砒素流出（宮崎県北諸県郡郡高城町）
　　　　　　　　　　　　　　1969.7.－
川内川汚染（鹿児島県川内市）　1969.7.頃－
福寿製薬工場メチル水銀汚染（富山県）
　　　　　　　　　　　　　　1969.8.－
多摩川青酸化合物汚染（東京都）
　　　　　　　　　　　　　　1969.10.28－
日本窒素工場粉塵被害（福島県いわき
　市）　　　　　　　　　　　1969.この頃
カドミウム汚染（岩手県北上川流域）
　　　　　　　　　　　　　　1969.この頃
パルプ工場廃液汚染（大分県佐伯湾）
　　　　　　　　　　　　　　1969.この頃
三菱金属鉱業カドミウム汚染（宮城県
　栗原郡鴬沢町）　　　　　　1969.この頃
蔵内金属工場カドミウム汚染（大分県
　大野郡）　　　　　　　　　1969.この頃
山梨飼肥料工場悪臭発生（山梨県塩山
　市）　　　　　　　　　　　1969.この頃
大気汚染（山口県都濃郡南陽町）
　　　　　　　　　　　　　　1969.この頃
水道悪臭発生（東京都）　　　1970.1.3
農薬会社ほか青酸化合物・カドミウム
　連続廃棄・排出（栃木県）　1970.3.－
日本鉱業カドミウム汚染（富山県黒部
　市）　　　　　　　　　　　1970.5.
工場重金属汚染（岡山県総社市）1970.5.
河山鉱山廃水流出（山口県玖珂郡美川
　町）　　　　　　　　　　　1970.5.21
長良川汚染（岐阜県関市）　　1970.6.2
狩野川青酸化合物汚染（静岡県田方郡）1970.6.7
広瀬川青酸化合物汚染（群馬県）1970.6.12
井之頭自然文化園鳥類大気汚染死（東
　京都武蔵野市）　　　　　　1970.6.頃
光化学スモッグ発生（埼玉県　東京都）
　　　　　　　　　　　　　　1970.7.18
光化学スモッグ（東京都　神奈川県）1970.8.5
燧灘ヘドロ汚染（香川県観音寺市　愛媛
　県川之江市　同県伊予三島市ほか）1970.8.21
赤潮発生（愛知県　三重県）　1970.9.－

多摩川カドミウム汚染（東京都　神奈川
　県）　　　　　　　　　　　1970.10.－
洞海湾青酸化合物・カドミウム汚染
　（福岡県北九州市）　　　　1970.この年
東京湾汚染（神奈川県）　　　1970.この年
日本電気工場カドミウム汚染（東京都
　府中市付近）　　　　　　　1970.この年
収穫米カドミウム汚染（大阪府）
　　　　　　　　　　　　　　1970.この年
日本電工工場マンガン粉排出（石川県
　金沢市）　　　　　　　　　1970.この年
鉛汚染（全国）　　　　　　　1970.この年
青酸化合物汚染（福島県いわき市）
　　　　　　　　　　　　　　1970.この年
浜名湖青酸汚染（静岡県）　　1970.この年
青酸汚染（神奈川県横浜市）　1970.この年
ラサ工業工場カドミウム汚染（岩手県
　宮古市）　　　　　　　　　1970.この年
北陸鉱山カドミウム汚染（石川県小松
　市）　　　　　　　　　　　1970.この年
日曹金属工場カドミウム汚染（福島県
　耶麻郡磐梯町）　　　　　　1970.この年
三井金属鉱業工場カドミウム汚染（九
　州地方）　　　　　　　　　1970.この年
中竜鉱山カドミウム汚染（福井県大野
　郡和泉村）　　　　　　　　1970.この年
伊勢湾カドミウム汚染（三重県桑名市
　付近）　　　　　　　　　　1970.この年
カドミウム汚染（広島県豊田郡）
　　　　　　　　　　　　　　1970.この年
住友金属鉱山工場カドミウム汚染（北
　海道光和村）　　　　　　　1970.この年
カドミウム汚染（福島県いわき市）
　　　　　　　　　　　　　　1970.この年
志村化工工場重金属汚染（北海道有珠
　郡伊達町）　　　　　　　　1970.この年
明治製作所カドミウム汚染（北海道白
　糠郡白糠町）　　　　　　　1970.この年
アイセロ化学工場硫酸化合物汚染（愛
　知県名古屋市北区）　　　　1970.この年
住友金属鉱山工場カドミウム汚染（兵
　庫県加古郡播磨町）　　　　1970.この年
鉛再生工場汚染（奈良県磯城郡田原本
　町）　　　　　　　　　　　1970.この年
和歌川汚染（和歌山県和歌山市）
　　　　　　　　　　　　　　1970.この年
砒素汚染（島根県鹿足郡津和野町）
　　　　　　　　　　　　　　1970.この年

災害別一覧　公害

新町川・神田瀬川・今切川汚染（徳島
　県徳島市）　　　　　　　　1970.この年
諫早湾カドミウム汚染（長崎県諫早市）
　　　　　　　　　　　　　　1970.この年
カドミウム汚染（秋田県鹿角郡小坂町）
　　　　　　　　　　　　　　1970.この年
銅イオン汚染（秋田県能代市）1970.この年
工場廃液汚染被害（高知県仁淀川流域）
　　　　　　　　　　　　　　1970.この年
井戸水汚染（高知県高知市）　1970.この年
工場廃液汚染被害（岩手県釜石湾）
　　　　　　　　　　　　　　1970.この頃
パルプ・骨粉製造工場悪臭被害（大分
　県大分市）　　　　　　　　1970.この頃
カドミウム汚染（青森県八戸市）
　　　　　　　　　　　　　　1970.この頃
工場廃液汚染（神奈川県鶴見川）
　　　　　　　　　　　　　　1970.この頃
汚染被害（岡山県児島湾）　　1970.この頃
田子ノ浦港ヘドロ汚染（静岡県）
　　　　　　　　　　　　　　1970.この頃
古河鉱業砒素排出（栃木県　群馬県）
　　　　　　　　　　　　　　1970.この頃
大阪国際空港騒音被害（兵庫県川西市）
　　　　　　　　　　　　　　1970.この頃
米空軍横田基地周辺騒音被害（東京都
　西部）　　　　　　　　　　1970.この頃
東京国際空港騒音被害（千葉県木更津
　市）　　　　　　　　　　　1970.この頃
フェノール汚染（岐阜県）　　　1971.2.
硫酸銅汚染（鳥取県八頭郡若桜町）1971.3.
赤潮異常発生（山口県）　　　　1971.3.26
クロム汚染（岐阜県）　　　　　1971.5.4-
廃油汚染（北海道南東海域）　　1971.5.頃
光化学スモッグ発生（東京都）　1971.6.28
大気汚染（岡山県倉敷市）　　　1971.7.-
日本原子力発電所放射能漏出（茨城県
　那珂郡東海村）　　　　　　　1971.7.15
赤潮発生（山口県下関市沖）　　1971.8.
光化学スモッグ（大阪府）　　　1971.8.-
光化学スモッグ被害（三重県四日市市）
　　　　　　　　　　　　　　　1971.9.14
赤潮発生（山口県徳山市）　　1971.この年
カドミウム汚染（山口県下関市）
　　　　　　　　　　　　　　1971.この年
カドミウム汚染（岐阜県郡上郡明方村）
　　　　　　　　　　　　　　1971.この年
ヘドロ汚染（香川県）　　　　1971.この年
水質汚濁（茨城県霞ヶ浦）　　1971.この年-

大昭和パルプ工場悪臭被害（宮城県亘
　理郡亘理町）　　　　　　　1971.この頃
ジークライト化学工業工場煙排出（山
　形県東置賜郡高畠町）　　　1971.この頃
磐梯吾妻スカイライン排気ガス汚染
　（福島県）　　　　　　　　1971.この頃
湯ノ湖水質汚濁（栃木県日光市）
　　　　　　　　　　　　　　1971.この頃
原市団地騒音被害（埼玉県上尾市）
　　　　　　　　　　　　　　1971.この頃
カドミウム汚染（大阪府　兵庫県）
　　　　　　　　　　　　　　1971.この頃
三菱電機工場カドミウム汚染（広島県
　福山市）　　　　　　　　　1971.この頃
日本化薬工場水質汚濁（広島県福山市）
　　　　　　　　　　　　　　1971.この頃
水質汚濁（山口県防府市）　　1971.この頃
水質汚濁（山口県岩国市沖）　1971.この頃
大気汚染・水質汚濁（香川県坂出市）
　　　　　　　　　　　　　　1971.この頃
大気汚染・水質汚濁（香川県高松市）
　　　　　　　　　　　　　　1971.この頃
高知パルプ工場廃液排出（高知県高知
　市）　　　　　　　　　　　1971.この頃
水質汚濁・騒音被害（沖縄県）1971.この頃
ヘドロ汚染（栃木県宇都宮市）1971.この頃
三菱金属鉱業カドミウム排出（兵庫県
　朝来郡生野町）　　　　　　1971.この頃
青酸汚染（神奈川県）　　　　1971.この頃
屎尿汚染（瀬戸内海）　　　　1971.この頃
水質汚濁（福岡県大牟田市）　1971.この頃
水質汚濁（大阪府）　　　　　1971.この頃
衣浦湾汚染（愛知県）　　　　1971.この頃
砒素汚染（福岡県北九州市若松区）
　　　　　　　　　　　　　　1971.この頃
船舶廃油汚染（全国）　　　　1971.この頃
鉛・水銀汚染（山形県酒田市）
　　　　　　　　　　　　　　1971.この頃
汚染（山形県）　　　　　　　1971.この頃
汚染（山口県徳山市）　　　　1971.この頃
水銀汚染（福井県）　　　　　1971.この頃
博多湾汚染（福岡県福岡市）　1971.この頃
大気汚染・水質汚濁・騒音被害（茨城
　県鹿島郡）　　　　　　　　1971.この頃-
ポリ塩化ビフェニール汚染（全国）
　　　　　　　　　　　　　　1971.この頃-
日本原子力研究所放射性廃液流出（茨
　城県那珂郡東海村）　　　　　1972.4.19

567

公害　災害別一覧

光化学スモッグ被害（東京都練馬区　東京都世田谷区）	1972.5.12-
赤潮発生（山口県下関市沖）	1972.6.
光化学スモッグ被害（大阪府）	1972.6.1
光化学スモッグ発生（埼玉県南部　東京都）	1972.6.6
赤潮発生（香川県　徳島県鳴門市）	1972.7.-
水質汚染（岩手県）	1972.この年
カドミウム汚染（宮城県栗原郡）	1972.この年
バナナセンター青酸化合物汚染（兵庫県神戸市）	1972.この年
青酸化合物・カドミウム・六価クロム汚染（神奈川県横浜市）	1972.この年
青酸化合物汚染（神奈川県横浜市）	1972.この年
青酸化合物汚染（大阪府）	1972.この年
カドミウム汚染（東京都品川区）	1972.この年
千曲川カドミウム汚染（長野県）	1972.この年
六価クロム汚染（愛知県名古屋市）	1972.この年
六価クロム汚染（兵庫県神戸市）	1972.この年
砒素汚染（大阪府）	1972.この年
光学機器工場カドミウム排出（長野県中野市）	1972.この年
旧松尾鉱山砒素汚染（岩手県岩手郡松尾村）	1972.この年-
大気汚染・水質汚濁（大分県佐伯市）	1972.この頃
旧銅山廃液汚染（鳥取県岩美郡岩美町）	1972.この頃
旧土呂久鉱山砒素汚染（宮崎県西臼杵郡高千穂町）	1972.この頃-
フタル酸エステル汚染（全国）	1972.この頃-
大気汚染（愛知県）	1972.この頃-
鉱滓投棄・排出（鹿児島県）	1972.この頃-
大気汚染（大阪府大阪市西淀川区）	1972.この頃-
廃油汚染（島根県）	1973.2.
食用油ビフェニール混入（千葉県市原市）	1973.4.頃
光化学スモッグ被害（栃木県）	1973.5.31
ポリ塩化ビフェニール廃液排出（福井県敦賀市）	1973.6.
光化学スモッグ被害（東京都）	1973.6.-
ヘドロ輸送管破裂（静岡県富士市）	1973.6.6
原子力発電所廃液漏出（福島県双葉郡双葉町）	1973.6.25
光化学スモッグ被害（静岡県）	1973.6.30
下水道建設現場地盤凝固剤汚染（茨城県）	1973.7.-
光化学スモッグ被害（大阪府　兵庫県）	1973.8.-
日本原子力研究所員被曝（茨城県那珂郡東海村）	1973.8.20
カドミウム汚染（秋田県）	1973.この年
旧鉱山カドミウム汚染（石川県小松市）	1973.この年
光化学スモッグ被害（岡山県倉敷市）	1973.この年
王子製紙工場砒素排出（北海道苫小牧市）	1973.この年
米海軍補給基地カドミウム・鉛排出（沖縄県浦添市）	1973.この頃
休廃止鉱山水銀・カドミウム流出（山形県南陽市）	1973.この頃
海洋汚染（和歌山県海草郡下津町）	1973.この頃
清掃工場カドミウム・鉛・塩化水素・窒素酸化物排出（東京都）	1973.この頃
炭化水素汚染（東京都）	1973.この頃
水銀汚染（北海道　青森県）	1973.この頃
十条製紙工場水銀排出（宮城県石巻市）	1973.この頃
工場水銀排出（千葉県市原市）	1973.この頃
日本合成化学工場水銀排出（岐阜県大垣市）	1973.この頃
工場カドミウム排出（愛知県刈谷市）	1973.この頃
簡易水道フッ素・マンガン汚染（愛知県犬山市）	1973.この頃
旭鍍金工場六価クロム排出（鳥取県鳥取市）	1973.この頃
倉敷メッキ工業所青酸排出（鳥取県米子市）	1973.この頃
工場水銀排出（岡山県倉敷市）	1973.この頃
工場水銀排出（山口県徳山市）	1973.この頃
東亜合成工場水銀排出（香川県坂出市）	1973.この頃

災害別一覧　公害

製紙工場ポリ塩化ビフェニール排出		水銀汚染（新潟県）	1974.この年
（宮崎県西都市）	1973.この頃	線型加速器故障（宮城県仙台市）	
製紙工場悪臭被害（鹿児島県）			1974.この年
	1973.この頃	東京電力発電所関係者被曝（福島県双	
日本カーバイト工業工場水銀排出（富		葉郡双葉町）	1974.この頃
山県魚津市）	1973.この頃	新幹線騒音・振動被害（愛知県名古屋	
工場水銀排出（神奈川県川崎市川崎区）		市　岐阜県）	1974.この頃－
	1973.この頃	光化学スモッグ被害（埼玉県　千葉県	
ポリ塩化トリフェニール汚染（全国）		東京都　神奈川県）	1975.6.6
	1973.この頃	三島海域酸欠現象（香川県）	1975.8.－
旧銅山鉱滓流出（静岡県賀茂郡南伊豆町		六価クロム汚染（愛知県名古屋市）	1975.8.19
付近）	1973.この頃	六価クロム（宮城県仙台市東十番丁）	1975.10.
３・４ベンゾピレン（ベンツピレン）汚		カドミウム汚染対策（秋田県）	1975.10.
染（東京都）	1973.この頃	航空自衛隊基地騒音被害（石川県）	
大気汚染（兵庫県尼崎市）	1973.この頃－		1975.この年
大気汚染（岡山県倉敷市）	1973.この頃－	日本電工旧工場六価クロム汚染（北海	
大気汚染（福岡県北九州市）	1973.この頃－	道夕張郡栗山町）	1975.この年
有明海水銀汚染（第3水俣病）（福岡県		大気汚染（東京都）	1975.この年
佐賀県　長崎県　熊本県）	1973.この頃	大気汚染（北海道）	1975.この年
飼育鳥獣屎尿投棄（静岡県　鳥取県　宮		赤潮（宮城県）	1975.この年
崎県）	1973.この頃－	カドミウム汚染（石川県）	1975.この年
土壌汚染（秋田県平鹿郡増田町）	1974.2.	水質汚染（全国）	1975.この年
原発事故（福井県）	1974.2.－	クロム禍運動（東京都　千葉県）	
土壌汚染（群馬県渡良瀬川流域）	1974.3.18		1975.この年
地盤凝固剤汚染（広島県　福岡県）		工場水銀排出（新潟県）	1975.この年
	1974.3.頃	宝満山鉱山カドミウム排出（島根県）	
光化学スモッグ被害（関東地方　静岡			1975.この年
県）	1974.4.－	光化学スモッグ（全国）	1975.この年
排煙公害（越県公害）（岡山県）	1974.5.－	騒音・振動被害（神奈川県川崎市）	
カドミウム汚染（山口県美弥市）	1974.6.		1975.この頃
光化学スモッグ被害（兵庫県）	1974.6.頃	日本ゼオン工場塩化ビニル排出（富山	
PCB汚染（長野県）	1974.7.	県高岡市）	
酸性雨（関東）	1974.7.3－	東京国際空港騒音被害（東京都大田区）	
水銀汚染（全国）	1974.9.		1975.この頃
PCB汚染（全国）	1974.9.	鉱山・工場廃液排出（京都府）	1975.この頃
土壌汚染（全国）	1974.9.	日本電工工場六価クロム汚染（徳島県	
航空機騒音（東京都羽田空港周辺）	1974.9.	徳島市）	1975.この頃
原子力船むつ放射線漏出（太平洋）	1974.9.1	日本化学工業工場六価クロム汚染（山	
汚染調査（全国）	1974.11.22	口県徳山市）	1975.この頃
騒音公害（全国）	1974.12.	旭硝子工場六価クロム汚染（福岡県北	
地下分水路建設現場付近地盤凝固剤汚		九州市）	1975.この頃
染（東京都小金井市）	1974.12.－	三井金属鉱業精錬所六価クロム汚染	
三菱石油製油所重油流出（岡山県倉敷		（広島県竹原市）	1975.この頃
市）	1974.12.18	昭和電工工場六価クロム汚染（埼玉県	
東北アルプス工場カドミウム排出（宮		秩父市）	1975.この頃
城県古川市）	1974.この年	東邦化学工場六価クロム汚染（三重県	
水銀汚染（鹿児島県）	1974.この年	四日市市）	1975.この頃
カドミウム汚染米（全国）	1974.この年		

569

公害　　　　　　　　　災害別一覧

悪臭被害（青森県八戸市付近　宮城県　福
　井県　高知県　鹿児島県）　　1975.この頃
ヘドロ埋立汚染（香川県　愛媛県）
　　　　　　　　　　　　　　　1975.この頃
赤潮発生（大分県別府市）　　　1975.この頃
飼料・肥料製造工場悪臭被害（愛知県
　稲沢市）　　　　　　　　　　1975.この頃
群栄化学工場フェノール流出（群馬県
　高崎市　埼玉県　千葉県　東京都）
　　　　　　　　　　　　　　　1976.1.20−
カドミウム公害（石川県）　　　　1976.4.
高濃度砒素検出（青森県）　　　　1976.6.
カドミウム準汚染米公害（山口県美祢
　市）　　　　　　　　　　　　　1976.8.
メッキ工場六価クロム流出（東京都狛
　江市）　　　　　　　　　　　1976.12.9
青酸汚染（埼玉県行田市）　　　1976.12.21
六価クロム公害（東京都）　　　1976.この年
淡水赤潮（高知県物部川上流）　1976.この年
福岡空港騒音被害（福岡県福岡市博多
　区付近）　　　　　　　　　　1976.この頃−
騒音・排気ガス被害（兵庫県）
　　　　　　　　　　　　　　　1976.この頃−
米空軍基地騒音被害（神奈川県綾瀬市
　付近）　　　　　　　　　　　1976.この頃−
衛生処理場未処理屎尿排出（埼玉県大
　宮市）　　　　　　　　　　　　1977.6.2
水銀検出（長崎県東彼杵郡波佐見町）　1977.8.
赤潮（播磨灘）　　　　　　　　1977.8.28−
アルサビア号破損（高知県室戸市沖）1977.10.20
東京電力発電所放射性同位体漏出（福
　島県双葉郡双葉町）　　　　　　1977.この年
新東京国際空港騒音被害（千葉県成田
　市）　　　　　　　　　　　　1978.5.23−
赤潮（香川県）　　　　　　　　1978.6.下旬−
コバルト60照射（愛知県豊橋市）　1978.9.10
重金属汚染（青森県南津軽郡大鰐町）
　　　　　　　　　　　　　　　1978.この年
水銀ヘドロ汚染（愛知県名古屋市港区）
　　　　　　　　　　　　　　　1978.この年
六価クロム汚染（東京都八王子市）
　　　　　　　　　　　　　　　1978.この年
水質汚濁進行（福井県）　　　　1978.この年
観光地屎尿・廃棄物汚染（長野県）
　　　　　　　　　　　　　　　1978.この頃
飛行場騒音被害（宮城県）　　　1978.この頃−
土砂流失・水質汚濁（沖縄県）
　　　　　　　　　　　　　　　1978.この頃−

騒音公害（沖縄県北谷村砂辺）　　1979.4.24
赤潮（香川県播磨灘）　　　　　1979.この年
大気汚染（青森県）　　　　　　1979.この年
カドミウム汚染（群馬県）　　　1979.この年
大気汚染（千葉県）　　　　　　1979.この年
水銀汚染（新潟県）　　　　　　1979.この年
六価クロム（愛知県）　　　　　1979.この年
海水汚濁（沖縄県）　　　　　　1979.この年
水質汚濁（全国）　　　　　　　1979.この年
大気汚染（全国）　　　　　　　1980.12.19
騒音・大気汚染（埼玉県）　　　1980.この年
土壌汚染（鳥取県）　　　　　　1980.この年
フロンガス問題（全国）　　　　1980.この年−
西名阪道路低周波騒音被害（奈良県北
　葛城郡香芝町）　　　　　　　1980.この頃
放射能汚染（福井県敦賀市）　　1981.4.18
プランクトン異常発生（滋賀県）1981.5.18
悪臭被害（千葉県）　　　　　　　1981.9.
河川汚濁（和歌山県和歌山市）　1981.この年
騒音公害（全国）　　　　　　　1981.この年
粉じん公害（千葉県君津市）　　1981.この年
公害（奈良県）　　　　　　　　1981.この年
重油流出（栃木県宇都宮市平出工業団地）
　　　　　　　　　　　　　　　1982.1.31−
汚水排出（東京都）　　　　　　　1982.2.4
厚木基地騒音問題（神奈川県厚木基地）1982.9.
赤潮発生（小豆島付近）　　　　1982.この年
赤潮発生（大分県）　　　　　　1982.この年
公害苦情（奈良県）　　　　　　1982.この年
アオコ発生（琵琶湖）　　　　　1983.9.21
アスベスト公害（全国）　　　　1983.11.
猛毒除草剤ずさん処分（全国）　1984.5.12
淡水赤潮（琵琶湖）　　　　　　1984.5.22
有毒ベリリウム排出（愛知県半田市）1984.6.5
赤潮発生（三重県）　　　　　　　1984.7.
厚木基地騒音問題（神奈川県厚木基地）
　　　　　　　　　　　　　　　1984.7.31
安中公害問題（群馬県安中市）　1984.8.28
六価クロム汚染（石川県小松市）　1984.9.
水質汚染（東京都昭島市中神町）　1984.9.8
養殖ハマチ有機スズ化合物汚染（全
　国）　　　　　　　　　　　　1984.12.10
炭化水素排出規制（千葉県）　　1984.この年
光化学スモッグ（東京都）　　　1984.この年
赤土流出（沖縄県）　　　　　　1984.この年
淡水赤潮（滋賀県）　　　　　　1985.4.30
青潮（東京湾）　　　　　　　　1985.9.16
魚介類汚染（徳島県）　　　　　1985.12.11

570

光化学スモッグ（栃木県）	1985.この年
トリクロロエチレン汚染（全国）	1986.1.25
有機スズ化合物汚染（瀬戸内海）	1986.8.28
地下水汚染（全国）	1986.この年
赤潮発生（香川県）	1987.7.-
地下水汚染（熊本県）	1987.この年
ダイオキシン汚染魚（東京都）	1988.5.13
地下水汚染（千葉県君津市）	1988.8.
放射能汚染土砂投棄（岡山県苫田郡上斎原村）	1988.8.
狩野川シアン検出（静岡県）	1989.9.
放射性ヨウ素大量放出（茨城県東海村）	1989.10.4
二酸化窒素濃度（全国）	1989.この年
PCB検出（関東地方 東北地方）	1989.この年
ゴルフ場汚濁物質（滋賀県甲賀郡）	1989.この年
酸性霧（北海道 群馬県 神奈川県）	1989.この年
酸性霧（中国地方 四国地方）	1989.この年
東大校舎アスベスト除去作業で拡散（東京都文京区）	1991.3.22
日本化薬工場跡地高濃度汚染（広島県福山市）	1991.この年
ダイオキシン汚染（全国）	1996.この年
ナホトカ号重油流失事故（島根県隠岐島沖）	1997.1.2-
動力炉・核燃料開発事業団東海事業所火災・爆発事故（茨城県東海村）	1997.3.11
高濃度ダイオキシン検出（千葉県千葉市）	1997.この年
高濃度ダイオキシン検出（大阪府能勢町）	1998.4.
高濃度ダイオキシン検出（兵庫県千種町）	1998.4.
有機スズ化合物検出（全国）	1998.8.
環境ホルモン検出（全国）	1998.8.-
ダイオキシン検出（岡山県中央町）	1998.この年
新型転換炉「ふげん」トラブル（福井県敦賀市）	1999.1.23-
東海村臨界事故（茨城県東海村）	1999.9.30
高濃度ダイオキシン検出（神奈川県藤沢市）	2000.3.24
高濃度ダイオキシン汚染（大阪府豊能郡能勢町）	2000.7.12
高濃度ダイオキシン検出（福岡県大牟田市）	2000.8.25
高濃度ダイオキシン検出（東京都大田区）	2000.9.13
高濃度ダイオキシン検出（東京都大田区）	2001.4.19
浜岡原子力発電所で冷却水漏れ（静岡県小笠郡浜岡町）	2001.11.7
川に工場廃液流出（山口県）	2002.12.6
クジラがPCB汚染（全国）	2003.1.16
発がんリスクを認定（全国）	2003.1.22
飲料用井戸からヒ素検（茨城県鹿島郡神栖町）	2003.3.20
工場跡地からダイオキシン（大阪府吹田市）	2004.4.27
水道水汚染（北海道空知地方）	2005.2.19
水道水汚染（埼玉県さいたま市）	2005.6.23
アスベスト被害（全国）	2005.6.29-
ダイオキシン検出（大阪府能勢町）	2005.12.-
工場地下水からダイオキシン（新潟県胎内市）	2005.12.3
川へ汚水流出（東京都北区）	2009.3.

医療・衛生災害

脚気患者発生（ソ連カムチャツカ半島付近）	1930.9.頃
結核（東京都）	1934.この年
眠り病流行（秋田県 山形県 新潟県 富山県 兵庫県 鳥取県 福岡県）	1935.7.-
流感（東京都東京市）	1936.1.21-
眠り病流行（東京都東京市）	1939.8.27
デング熱流行（長崎県長崎市）	1942.8.26-
狂犬病流行（関東地方）	1950.2.-
平間・苅宿小学校集団発熱腹痛（神奈川県川崎市）	1962.6.19-
採掘作業員呼吸器系疾患ほか（鹿児島県大島郡三島村）	1963.この年
炭疽病集団発生（岩手県岩手郡）	1965.8.25-
集団白血病（岐阜県加茂郡白川町）	1965.10.-
コレラワクチン採取豚・ヤギ肉違法処理（病菌豚密売事件）（関東地方 京都府 熊本県）	1967.2.

571

鉛中毒死（兵庫県）	1967.10.17
奇病集団発生（大分県佐伯郡付近）	1968.7.
カネミ油集団中毒（カネミ油症）（西日本）	1968.9.-
擬似水俣病集団発生（徳島県）	1968.この年
東京大学医学部付属病院高圧酸素治療用タンク爆発（東京都文京区）	1969.4.4
サリチル酸汚染（全国）	1969.この年
サイクラミン酸ナトリウム・カルシウム（チクロ）汚染（全国）	1969.この年
ベンゼンヘキサクロライド汚染（全国）	1969.この年-
着色・漂白剤使用野菜汚染（全国）	1969.この年-
ベーチェット病（全国）	1969.この頃
缶入りリボンジュース錫混入（東京都ほか）	1970.11.
畜産物抗生物質残留（全国）	1970.この年
マグロ缶詰・冷凍メカジキ水銀汚染	1970.この年
硫酸銅汚染（鳥取県八頭郡若桜町）	1971.3.
三井造船イリジウム紛失（千葉県市原市）	1971.9.20
牛乳大腸菌群汚染（岐阜県）	1972.4.-
猩紅熱集団発生（青森県南津軽郡平賀町）	1972.4.1-
県立病院新生児感染死（岩手県大船渡市）	1972.10.-
グルタミン酸ナトリウム中毒（全国）	1972.この年
中央卸売市場職員水銀汚染（東京都中央区）	1972.この年-
旧松尾鉱山砒素汚染（宮崎県児湯郡木城村）	1972.この年-
フタル酸エステル汚染（全国）	1972.この年-
フォークリフト病（全国）	1972.この年-
ベンジジン障害（全国）	1972.この頃-
乳牛合成飼料障害（富山県　石川県）	1973.5.-
ポリ塩化ビフェニール廃液排出（福井県敦賀市）	1973.6.
下水道建設現場地盤凝固剤汚染（茨城県）	1973.7.-
日本原子力研究所員被曝（茨城県那珂郡東海村）	1973.8.20
光化学スモッグ被害（岡山県倉敷市）	1973.この年
幼児大腿四頭筋拘縮（短縮）症発生（山梨県）	1973.この年-
呉羽化学工場従業員水銀汚染（福島県いわき市）	1973.この頃
簡易水道フッ素・マンガン汚染（愛知県犬山市）	1973.この頃
ポリ塩化トリフェニール汚染（全国）	1973.この頃
レジスター取扱係頸肩腕症候群発生（全国）	1973.この頃
住友セメント工場従業員クロム汚染（栃木県栃木市）	1973.この頃
サッカリン汚染（全国）	1973.この頃
大気汚染（兵庫県尼崎市）	1973.この頃-
大気汚染（岡山県倉敷市）	1973.この頃-
大気汚染（福岡県北九州市）	1973.この頃-
有明海水銀汚染（第3水俣病）（福岡県佐賀県　長崎県　熊本県）	1973.この頃-
地盤凝結剤中毒（福岡県粕屋郡新宮町）	1974.3.
地盤凝固剤汚染（広島県　福岡県）	1974.3.頃
ぜん息患者急増（全国）	1974.3.末
日本アエロジル工場塩素漏出（三重県四日市市）	1974.4.30
カドミウム障害（秋田県鹿角郡小坂町細越）	1974.5.
牛乳異物混入（愛知県）	1974.5.
笹ヶ谷公害病（島根県鹿足郡津和野町）	1974.5.4
イリジウム被曝事故（岡山県）	1974.5.13
排煙公害（越県公害）（岡山県）	1974.5.-
母乳PCB（全国）	1974.6.
九州石油増設現場従業員被曝（大分県大分市）	1974.6.
被曝事故（千葉県千葉市　福井県）	1974.6.3
光化学スモッグ被害（兵庫県）	1974.6.頃
大腿四頭筋短縮症集団発生（富山県中新川郡上市町）	1974.7.-
砒素中毒（島根県）	1974.7.31
大腿四頭筋短縮症患者多数発見（福井県今立郡今立町中心）	1974.8.
大腿四頭筋短縮症（山梨県南巨摩郡）	1974.10.
水俣病認定患者（熊本県）	1974.10.
北九州ぜんそく（福岡県北九州市）	1974.12.
地下分水路建設現場付近地盤凝固剤汚染（東京都小金井市）	1974.12.-

災害別一覧　　　　　　　　医療・衛生災害

公害病認定患者増加（兵庫県尼崎市）	
	1974.この年
新日本製鉄工場退職者肺癌多発（福岡	
県北九州市八幡区）	1974.この頃
ニトロフラン系飼料汚染（全国）	
	1974.この頃
2・3・アクリル酸アミド汚染（全国）	
	1974.この頃
日本工業検査高校生被曝（大阪府大阪	
市）	1974.この年
クロム禍（富山県射水郡大島町）	1975.8.
六価クロムによる肺ガン症状（東京都）	1975.8.
水俣病認定患者（新潟県）	1975.9.
クロム汚染（鳥取県日野郡日南町）	1975.9.
大腿四頭筋短縮症患者（大分県）	1975.10.4
三井東圧化学工場塩化ビニル排出（愛	
知県名古屋市南区）	1975.11.4
塩ビモノマー検出（全国）	1975.12.23
東洋曹達工場塩化ビニル排出（三重県	
四日市市）	1975.この年
注射液溶解補助剤被害（全国）	
	1975.この年
リジン問題（全国）	1975.この年
川崎製鉄工場煤煙汚染（千葉県千葉市）	
	1975.この頃
大気汚染公害（東京都）	1976.3.
水俣病公害認定患者（新潟県東蒲原郡	
鹿瀬町）	1976.9.
公害病認定患者増加（大阪府大阪市）	1976.10.
大気汚染公害（神奈川県川崎市）	1976.10.
白ろう病認定患者（全国）	1976.10.19
公害（福岡県北九州市）	1976.この年
水俣病公害（熊本県）	1976.この年
人工着色料問題（全国）	1976.この頃
神岡スモン患者発生（岐阜県吉城郡神	
岡町）	1977.3.
砒素中毒（島根県鹿足郡津和野町）	1977.4.27
ぜんそく患者認定（青森県八戸市）	1977.8.
新潟水俣病（新潟県）	1977.9.
大気汚染公害病認定患者（東京都）	1977.11.
公害病（神奈川県川崎市）	1979.12.
日本脳炎（熊本県）	1979.この年
土呂久公害病患者増加（宮崎県）	
	1979.この年
ボーエン病多発（愛媛県）	1980.9.19
過酸化水素被害（全国）	1980.この年
界面活性剤被害（全国）	1980.この年
ツツガムシ病多発（秋田県）	1980.この年

ツツガムシ病多発（山形県）	1980.この年
慢性砒素中毒（宮崎県）	1980.この年
ツツガムシ病発生（岐阜県）	1982.6.
公害病認定患者（千葉県千葉市）	1982.9.
公害健康被害者認定患者（神奈川県横	
浜市鶴見区）	1982.9.
公害病認定患者（神奈川県川崎市）	1982.11.1
クロルデン汚染和牛（宮崎県延岡市）	
	1983.8.-
公害病患者（神奈川県川崎市）	1983.11.30
学校給食ずさん管理（千葉県柏市）	
	1984.この年
医師B型肝炎感染（三重県）	1987.7.26
温泉施設でレジオネラ菌集団感染（静	
岡県掛川市）	2000.3.
福祉センターでレジオネラ菌集団感染	
（茨城県石岡市）	2000.5.-
B型肝炎ウイルス感染（宮城県塩釜市）	
	2000.6.-
狂牛病発生（全国）	2001.9.10-
中国製やせ薬で死亡（全国）	2002.3.-
中国産冷凍野菜から農薬（全国）	
	2002.3.-
香料に無認可添加物（全国）	2002.5.
E型肝炎で国内初の死者（全国）	2002.7.
無登録農薬問題（全国）	2002.7.
レジオネラ菌集団感染（宮崎県日向市）	
	2002.8.11
劇症型A群溶血性レンサ球菌感染（愛	
知県名古屋市　三重県）	2003.3.14
生肉でE型肝炎感染（兵庫県　鳥取県）	2003.7.31
羊がスクレイピー感染（北海道本別町）	
	2003.9.20
狂牛病発生（熊本県）	2004.9.13

【伝染病流行】

インフルエンザ流行（全国）	1927.3.
はしか流行（東京都）	1927.4.
腸チフス流行（長崎県長崎市）	1931.7.頃
赤痢流行（神奈川県川崎市）	1935.1.3-
赤痢流行（福岡県　熊本県）	1937.9.
インフルエンザ流行（島根県）	1938.2.
マラリア流行（沖縄県宮古郡）	1938.12.
天然痘流行（山口県）	1939.2.
赤痢流行（島根県）	1939.9.
天然痘流行（北海道　秋田県　宮城県　千	
葉県　新潟県　鳥取県）	1941.1.-

発疹チフス流行（北海道）	1943.6.頃
発疹チフス・天然痘流行（東京都）	1946.3.-
擬似コレラ流行（全国）	1947.12.-
日本脳炎流行（東北地方 関東地方 中部地方 近畿地方 四国地方 九州地方）	1948.5.-
赤痢集団発生（埼玉県南埼玉郡鷺宮町周辺）	1949.7.頃
日本脳炎発生（全国）	1949.8.-
集団赤痢発生（栃木県 千葉県 東京都）	1949.この年-
百日咳流行（全国）	1949.この年-
発疹チフス流行（全国）	1950.1.-
赤痢流行（全国）	1950.6.頃-
日本脳炎流行（全国）	1950.7.-
赤痢流行（全国）	1951.1.-
天然痘発生（東京都 神奈川県 兵庫県 鳥取県 山口県 福岡県）	1951.2.26頃-
日本脳炎発生（全国）	1951.7.-
中日本重工業造船所集団赤痢発生（兵庫県神戸市）	1951.12.27
流行性肝炎発生（岡山県東部）	1952.2.-
赤痢流行（全国）	1952.この年
腸チフス発生（全国）	1952.この年
パラチフス発生（全国）	1952.この年
猩紅熱発生（全国）	1952.この年
ジフテリア発生（全国）	1952.この年
流行性脳脊髄膜炎発生（全国）	1952.この年
日本脳炎発生（全国）	1952.この年
流行性腎炎発生（福島県 東京都多摩地域 岡山県 四国地方 九州地方北部）	1955.9.頃-
インフルエンザ流行（青森県 東京都 神奈川県 三重県 大阪府 兵庫県 徳島県）	1956.10.-
インフルエンザ大流行（全国）	1957.5.11-
小児麻痺集団発生（全国）	1957.7.-
猩紅熱流行（全国）	1957.この年
ジフテリア流行（全国）	1957.この年
日本脳炎流行（全国）	1958.7.-
集団赤痢（静岡県焼津市）	1958.10.15-
小児麻痺集団発生（全国）	1958.この年
ワイル氏病集団発生（宮城県）	1959.8.-
集団赤痢発生（宮城県柴田郡村田町）	1960.1.-
インフルエンザ死亡（京都府京都市）	1960.3.-
小児麻痺流行（全国）	1960.4.-
児童・生徒集団赤痢（秋田県秋田市 能代市 男鹿市）	1960.5.-
集団赤痢（群馬県藤岡市 同県多野郡吉井町）	1960.7.-
インフルエンザ発生（山形県 東京都）	1961.1.5-
文化服装学院集団赤痢（東京都渋谷区）	1961.6.1-
赤痢集団発生（愛媛県伊予市）	1961.10.30-
インフルエンザ流行（全国）	1962.1.-
集団赤痢（新潟県西蒲原郡吉田町）	1962.2.-
流感A2型蔓延（全国）	1962.6.
集団赤痢（鳥取県倉吉市）	1962.7.
集団赤痢（高知県土佐清水市）	1962.8.
幼稚園・保育所赤痢多発（熊本県）	1963.4.頃
集団赤痢（宮崎県）	1964.1.-
肝炎集団発生（三重県員弁郡員弁町付近）	1964.1.-
インフルエンザ発生（東京都 九州地方）	1964.1.-
高木瀬小学校集団赤痢（佐賀県佐賀市）	1964.5.-
日本脳炎流行（全国）	1964.7.25-
千葉大学付属病院医局員チフス・赤痢菌飲食物混入（三島病院集団腸チフス事件・千葉大カステラ事件・川鉄カルピス事件）（千葉県千葉市 東京都世田谷区 神奈川県小田原市 静岡県三島市 同県御殿場市 同県駿東郡小山町）	1964.7.27-
インフルエンザ発生（全国）	1964.10.15-
麻疹流行（佐賀県）	1964.この年
インフルエンザ流行（全国）	1965.2.-
日本赤十字産院乳児結核集団感染（東京都新宿区）	1965.7.-
急性肝炎流行（三重県）	1965.8.-
相馬小学校ほか集団赤痢（群馬県）	1965.10.13-
集団赤痢（東京都東村山市）	1966.3.18-
集団赤痢（熊本県宇土郡三角町）	1966.5.-
集団赤痢（茨城県那珂郡那珂町）	1966.5.7-

日本脳炎流行（千葉県　大阪府　兵庫県
　鳥取県　山口県　徳島県　福岡県　大分県
　ほか）　　　　　　　　　　　　1966.6.-
集団赤痢（山形県米沢市）　　　　1967.1.3-
集団赤痢（長崎県西彼杵郡長与村）
　　　　　　　　　　　　　　　1967.1.30-
ニューカッスル病発生（兵庫県　岡山県
　徳島県　宮崎県）　　　　　　　1967.3.3-
集団赤痢（和歌山県日高郡由良町）
　　　　　　　　　　　　　　　1967.5.24-
日本脳炎流行（大阪府大阪市）　　1967.7.26-
インフルエンザ流行（全国）　　　1967.11.頃-
日本脳炎発生（山口県）　　　　1971.この年
集団赤痢連続発生（山形県山形市ほか）
　　　　　　　　　　　　　　　　1972.5.-
袋井南小学校細菌性熱病集団発生（静
　岡県袋井市）　　　　　　　　　1972.7.11-
団地住民腎炎集団発生（奈良県大和郡
　山市）　　　　　　　　　　　　　1973.3.
流行性肝炎多発（大分県大分市速見郡山
　香町）　　　　　　　　　　　　　1974.10.
集団赤痢発生（埼玉県東松山市）　　1975.2.-
集団赤痢発生（高知県高岡郡佐川町）
　　　　　　　　　　　　　　　　1975.6.-
インフルエンザ大流行（全国）　　　1976.1.
風疹大流行（全国）　　　　　　　　1976.2.-
インフルエンザ流行（全国）　　　1976.12.-
風疹大流行（全国）　　　　　　1976.この年
インフルエンザ大流行（全国）　　　1977.1.-
集団赤痢発生（徳島県麻植郡鴨島町）1977.2.
基山小学校児童肝炎集団発生（佐賀県
　三養基郡基山町）　　　　　　　　1977.6.-
集団コレラ（和歌山県有田市）　　1977.6.15
インフルエンザ発生（全国）　　　　1978.1.-
日本脳炎発生（九州と中国地方）　　1978.8.
オウム病感染（神奈川県愛甲郡愛川町）1979.3.
日本脳炎（熊本県）　　　　　　1980.この年
インフルエンザ流行（東京都）　　　1981.2.
風疹流行（広島県）　　　　　　1981.この年
アポロ病流行（宮崎県）　　　　1981.この年
結膜炎流行（沖縄県）　　　　　　1983.10.
はしか流行（全国）　　　　　　　　1984.2.
血友病患者エイズ感染（全国）　　1988.2.12
日本脳炎患者（長崎県）　　　　　1988.10.5
おたふくかぜ大流行（全国）　　　　1989.1.-
豚の伝染病オーエスキー大量発生（熊
　本県阿蘇郡一の宮町）　　　　　1990.6.12

特養老人ホームでインフルエンザ（東
　京都三宅島）　　　　　　　　　　1998.2.-
特許老人病院でインフルエンザ（神奈
　川県横浜市）　　　　　　　　　　1999.1.
特養老人ホームでインフルエンザ（岐
　阜県郡上郡大和町）　　　　　　　1999.1.-
インフルエンザ集団感染（三重県多度
　町）　　　　　　　　　　　　　　1999.1.8-
老人保健施設でインフルエンザ（宮城
　県白石市）　　　　　　　　　　1999.1.10-
老人ホームでインフルエンザ（新潟県
　中頸城郡柿崎町）　　　　　　　1999.1.14-
老人福祉施設でインフルエンザ（茨城
　県）　　　　　　　　　　　　　1999.1.15-
学校で結核集団感染（高知県高知市）
　　　　　　　　　　　　　　　1999.1.28-
結核集団感染（愛知県）　　　　　1999.2.-
厚生省が結核緊急事態宣言（全国）1999.7.26
インフルエンザワクチン不足（全国）
　　　　　　　　　　　　　　　1999.この年
特養ホームでインフルエンザ集団感染
　（青森県）　　　　　　　　　　　2000.1.11-
小学校で結核集団感染（福岡県福岡市）
　　　　　　　　　　　　　　　2000.1.26-
赤痢感染（全国）　　　　　　　　2001.11.-
SARS流行（中国広東省）　　　　2002.11.-
特別養護老人ホームで肺炎死（長野県
　松本市）　　　　　　　　　　　2003.1.10-
インフルエンザ患者増（全国）
　　　　　　　　　　　　　　　2003.1.26-
コイヘルペスウイルス病（全国）
　　　　　　　　　　　　　　　2003.11.6-
鳥インフルエンザ（山口県阿武郡阿東
　町）　　　　　　　　　　　　　　2003.12.-
寄生虫で養殖マダイ大量死（和歌山県
　串本町）　　　　　　　　　　　2003.12.13
ノロウイルス院内感染（東京都新宿区）
　　　　　　　　　　　　　　　　2004.1.-
鳥インフルエンザ発生（山口県　京都
　府）　　　　　　　　　　　　　2004.1.12-
インフルエンザ脳症（全国）　　　2004.2.18
豚コレラ感染（鹿児島県鹿屋市）　2004.7.21
多剤耐性緑膿菌院内感染（京都府京都
　市）　　　　　　　　　　　　　　2004.9.2
介護施設で感染症（神奈川県大和市）2005.1.3
変異型ヤコブ病を最終確認（全国）2005.2.4
鳥インフルエンザ発生（茨城県　埼玉
　県）　　　　　　　　　　　　　2005.6.26

気腫疽菌世界初の感染者（千葉県船橋市） 2006.2.−
鳥インフルエンザ発生（宮崎県） 2007.1.−
インフルエンザ集団感染（東京都葛飾区） 2007.1.17−
VRE院内感染（埼玉県） 2007.3.24−
はしか流行（全国） 2007.4.−
MRSA市中型で国内初の死者（関東地方） 2007.4.2
セレウス菌院内感染（静岡県浜松市） 2007.7.−
保育園でO157感染（大阪府大阪市） 2007.8.6
耐性緑膿菌院内感染（兵庫県神戸市） 2007.9.−
タミフル耐性ウイルス集団感染（神奈川県横浜市） 2008.1.28−
白鳥に鳥インフルエンザ発生（北海道佐呂間町） 2008.5.10
障害者施設で集団発熱（福井県越前市） 2008.5.22−
セラチア菌院内感染（富山県富山市） 2008.6.−
特養でノロウイルス感染（北海道） 2009.1.1−
鳥インフルエンザ（愛知県豊橋市） 2009.2.27
新型インフルエンザ国内初感染（千葉県成田空港） 2009.5.9
新型インフルエンザで初の死者（沖縄県） 2009.8.15

【食品衛生・食品事故】

赤痢感染（全国） 2001.11.−
不二家期限切れ原料使用問題（全国） 2006.11.−
こんにゃくゼリーで窒息死（全国） 2007.5.23
ミートホープ品質表示偽装（全国） 2007.6.20−
石屋製菓賞味期限偽装（全国） 2007.8.−
赤福消費期限虚偽表示（全国） 2007.10.10−
船場吉兆消費期限偽装（全国） 2007.10.28−
中国製冷凍ギョーザで中毒（全国） 2007.12.−
健康飲料に除草剤混入（東京都練馬区） 2008.3.31
こんにゃくゼリーで高齢者窒息死（東京都） 2008.4.9−
中国産ウナギ産地偽装（全国） 2008.6.25
こんにゃくゼリーで1歳児窒息死（兵庫県） 2008.7.29
事故米不正転売（全国） 2008.8.28
中国製冷凍インゲンから農薬（東京都八王子市） 2008.10.12
「エコナ」特保取り下げ（全国） 2009.10.8

【集団食中毒】

集団食中毒（群馬県高崎市） 1933.6.1
集団食中毒（三重県） 1934.5.
食中毒（静岡県浜松市） 1936.5.11
食中毒（大阪府布施町） 1936.7.17
集団食中毒（鳥取県西伯郡五千石村） 1936.8.20
集団食中毒（群馬県佐波郡伊勢崎町） 1939.8.9
集団食中毒（静岡県浜名郡新居町） 1942.3.4
配給小麦粉集団食中毒（東京都中野区） 1946.8.30
配給大豆粉食中毒（東京都） 1948.2.10−
集団食中毒（大阪府泉佐野市 同府貝塚市） 1950.10.22
児童集団食中毒（東京都） 1955.3.1−
森永砒素ミルク中毒（全国） 1955.6.−
イカ食中毒（青森県 秋田県 山形県 長野県 新潟県） 1955.6.−
集団食中毒（神奈川県） 1961.8.
集団食中毒（中国地方） 1961.9.23−
集団食中毒（秋田県仙北郡南外村） 1961.11.2−
集団食中毒（東北地方 関東地方） 1962.8.27
集団食中毒（東京都世田谷区 同都目黒区 同都千代田区） 1963.9.24
児童・生徒集団食中毒（鳥取県八頭郡郡家町） 1965.7.20
食中毒（北海道 東京都 神奈川県 京都府 大阪府） 1966.12.21−
集団食中毒（岩手県） 1968.6.8−
宮崎県庁食中毒集団発生（宮崎県宮崎市） 1969.8.27
集団食中毒（大阪府枚方市） 1969.9.15
食中毒発生（山形県） 1975.9.17−
集団食中毒（大阪府大阪市港区） 1977.7.10
タイラギ貝中毒（福岡県） 1980.10.
集団食中毒（北海道札幌市豊平区） 1982.10.9
辛子蓮根食中毒（熊本県熊本市） 1984.6.25

集団菌食中毒（北海道）	1988.7.7–
ティラミスで食中毒（広島県）	1990.9.
O157大量感染（大阪府堺市）	1996.7.13
O157（全国）	1996.この年
O157感染源（関東地方　東海地方）	1997.この年
乾燥イカ菓子で集団食中毒（全国）	1999.3.20
生ガキで食中毒（新潟県長野県）	2000.1.8–
病院と特養ホームでO157集団感染（神奈川県藤野町）	2000.6.13–
雪印乳業集団食中毒事件（全国）	2000.6.27–
特養ホームでO157集団感染（愛知県名古屋市）	2000.7.18–
高校で結核集団感染（福岡県久留米市）	2001.2.21
牛肉製品でO157大量感染（関東地方）	2001.3.25–
O157感染（埼玉県岩槻市）	2001.7.29–
保育園でO157集団感染（奈良県生駒市）	2001.7.31
O157感染（栃木県宇都宮市）	2002.8.6
O157感染（栃木県鹿沼市）	2002.9.3
E型肝炎感染（北海道北見市）	2004.8.–
O157で死亡（東京都江東区）	2004.8.8
スギヒラタケで食中毒（東北地方）	2004.9.–
ノロウイルス集団感染（全国）	2005.1.9
特養ホームでO157感染（北海道様似町）	2005.6.21–
老人福祉施設でO157感染（香川県香川町）	2005.10.14–
児童福祉施設でO157感染（大阪府高槻市）	2005.11.9–
ノロウイルス集団感染（全国）	2006.11.–
イカの塩辛で集団食中毒（全国）	2007.9.8
ノロウイルス院内感染（和歌山県有田市）	2008.1.7–
ノロウイルス院内感染（東京都小平市）	2008.1.29
O157で死亡（埼玉県川口市）	2008.8.19
ノロウイルス院内集団感染（千葉県柏市）	2008.12.2–

【薬害・医療事故】

ツツガムシ病予防注射死傷（秋田県平鹿郡睦合村）	1940.5.
ジフテリア予防接種禍（京都府京都市）	1948.11.4–
ジフテリア予防接種禍（島根県八束郡御津村）	1948.11.11–
ヒロポン中毒者通行人暴行（大阪府大阪市）	1954.6.25
ヒロポン流行（全国）	1954.この頃
ピリグラフィン誤注射死（静岡県静岡市）	1963.7.9
アンプル入り解熱鎮痛剤服用者死亡（千葉県　静岡県）	1964.11.–
インフルエンザワクチン接種幼児死亡（関東地方　東海地方）	1965.12.2–
精神病院患者投薬死亡（岩手県一関市）	1966.4.21
東京大学付属病院患者水銀中毒死（東京都文京区）	1970.2.18
予防接種児死亡（全国）	1970.この年
クロロキン系腎臓病治療薬障害（全国）	1972.この頃
ストレプトマイシン系治療薬障害（全国）	1972.この頃
岩手県立南光病院患者新薬実験死（岩手県）	1972.この頃
幼児筋拘縮症発生（全国）	1977.この頃
アミノピリン被害（全国）	1977.この頃
ぜん息薬中毒（大阪府）	1978.7初め
ツベルクリン接種ミス（北海道札幌市）	1979.5.
ワクチン回収（新潟県五泉市）	1979.11.
富士見産婦人科病院乱診療（埼玉県所沢）	1980.9.10
病院内被曝事故（東京都中央区築地）	1981.5.29
医薬品副作用（全国）	1981.この年
医薬品副作用死（全国）	1982.この年
新生児熱射病死（北海道士別市）	1983.6.13
薬害死亡者（全国）	1983.この年
消炎鎮痛剤副作用死（全国）	1984.2.
医薬品副作用死（全国）	1985.9.
医薬品副作用死（全国）	1986.9.
抗がん剤副作用死（全国）	1987.5.22
抗がん剤副作用死（全国）	1987.9.26
薬害エイズ訴訟（全国）	1989.5.8–

高圧酸素装置から発火（茨城県那珂湊市）	1992.12.29	人工授精でHIV感染（全国）	2002.11.
ソリブジン薬害事件（全国）	1994.この年	肺がん治療薬で副作用死（全国）	2002.12.13
インフルエンザ集団感染（三重県多度町）	1999.1.8–	当直医不在中に患者死亡（東京都練馬区）	2003.1.25
患者取り違えて手術（神奈川県横浜市）	1999.1.11	輸血でHIV感染（全国）	2003.5.
消毒液を点滴（東京都渋谷区）	1999.2.11	結核院内感染（茨城県取手市）	2003.6.–
B型肝炎院内感染（兵庫県加古川市）	1999.2.28–	透析患者に肝機能障害（長野県駒ヶ根市）	2003.6.–
VRE院内感染（長野県中野市）	1999.6.21	輸血でB型肝炎感染（全国）	2003.8.1
C型肝炎院内感染（千葉県千葉市）	1999.7.–	インフルエンザ治療薬で副作用（全国）	2003.8.29
墨田区の病院でセラチア菌院内感染（東京都墨田区）	1999.7.27–	病院で結核集団感染（鳥取県取手市）	2003.9.24
バイアグラ服用の男性死亡（全国）	1999.8.	ノロウイルス院内感染（東京都新宿区）	2004.1.–
MRSA集団感染（三重県南勢町）	1999.8.–	MRSA院内感染（北海道北見市）	2004.3.–
献血からHIV感染（全国）	1999.10.7	肺炎球菌院内感染（広島県広島市）	2004.5.–
誤診で不要手術（愛知県岡崎市）	1999.11.1	輸血でB型肝炎感染（関東地方）	2004.6.10
一酸化炭素中毒死で誤診（東京都江東区）	1999.11.22–	多剤耐性緑膿菌院内感染（京都府京都市）	2004.9.2
多剤耐性緑のう菌に院内感染（新潟県新潟市）	2000.1.–	心臓弁手術で医療事故（東京都新宿区）	2004.12.14
生体用ボンド使い患者死亡（福岡県北九州市）	2000.2.24	輸血でB型肝炎感染か（全国）	2005.1.21
エタノール誤注入で患者死亡（京都府京都市）	2000.2.28	便秘薬の副作用で死亡（全国）	2005.4.–
ポリオワクチン接種を一時中断（福岡県）	2000.4.–	多剤耐性緑膿菌院内感染（東京都板橋区）	2005.7.–
堺市の病院でセラチア菌院内感染（大阪府堺市）	2000.5.–	輸血でB型肝炎の疑い（全国）	2005.7.3
一部解熱剤に副作用判明（全国）	2000.11.15	タミフル副作用問題（岐阜県 愛知県）	2005.11.11
腸内細菌による院内感染（東京都文京区）	2001.8.21–	多剤耐性緑膿菌院内感染（高知県南国市）	2006.1.–
世田谷区の病院でセラチア菌院内感染（東京都世田谷区）	2002.1.7–	タミフル服用後の死亡者が計42人に（全国）	2006.1.27
MRSA院内感染（愛知県半田市）	2002.1.18–	セレウス菌院内感染（栃木県下野市）	2006.4.–
結核集団感染（奈良県当麻町）	2002.2.–	タミフル服用後転落死（沖縄県豊見城市）	2006.7.3
セラチア菌感染（群馬県太田市）	2002.4.15–	多剤耐性緑膿菌感染で患者死亡（東京都新宿区）	2006.8.–
VREによる院内感染（福岡県北九州市）	2002.5.	タミフル副作用による異常行動（全国）	2007.2.16–
抗真菌剤投与で副作用（全国）	2002.8.29	VRE院内感染（埼玉県）	2007.3.24–
C型肝炎投与で死亡（全国）	2002.9.12	セレウス菌院内感染（静岡県浜松市）	2007.7.–
C型肝炎感染被害者が全国一斉提訴（全国）	2002.10.21	耐性緑膿菌院内感染（兵庫県神戸市）	2007.9.–
脳梗塞薬投与で副作用死（全国）	2002.10.28	ノロウイルス院内感染（和歌山県有田市）	2008.1.7–

ノロウイルス院内感染（東京都小平市）
　　　　　　　　　　　　　　　　2008.1.29
点滴作り置きで院内感染（三重県伊賀
　市）　　　　　　　　　　　　2008.5.23－
セラチア菌院内感染（富山県富山市）
　　　　　　　　　　　　　　　　2008.6.－
ノロウイルス院内集団感染（千葉県柏
　市）　　　　　　　　　　　　2008.12.2－
多剤耐性菌院内感染（福岡県福岡市）2009.1.23

山岳遭難

白河高等学校生暴風雨遭難（福島県旭
　岳）　　　　　　　　　　　　1955.5.29
捜索隊二重遭難（北アルプス前穂高岳）1956.1.7
猛吹雪二重遭難（青森県八甲田山硫黄
　岳）　　　　　　　　　　　　1957.1.2
明治大学山岳部員雪崩遭難死（北アル
　プス白馬岳）　　　　　　　　1957.3.9
中学生濃霧転落死（鳥取県大山）　　1959.11.7
千葉工業大学山岳部員ほか遭難（長野
　県南安曇郡上高地）　　　　　1964.3.20
登山者遭難（全国）　　　　　　　　1965.4.29－
山岳連盟救助隊員遭難（谷川岳）　　1967.1.10
スキー客凍死傷（群馬県白根山）　　1967.2.19
スキー客遭難死（谷川岳）　　　　　1967.2.19
菊華高等学校生落石遭難（大菩薩嶺）1968.5.3
清水勤労者山岳会員遭難（富士山）　1972.3.20
農業協同組合職員・警察官滑落死（岐
　阜県吉城郡上宝村）　　　　　1977.5.4
スキー場で遭難（山形県米沢市）　　1998.2.28
雪崩で遭難救助隊員死亡（新潟県北魚
　沼郡入広瀬村）　　　　　　　2000.6.18
山岳救助隊員転落（長野県大町市）　2002.1.6
大雪山系で遭難（北海道）　　　　　2009.7.16

戦争災害

陸軍火薬製造所爆発（群馬県岩鼻町）1938.12.19
陸軍病院船沈没（南太平洋）　　　　1943.11.27
対馬丸沈没（東シナ海）　　　　　　1944.8.22
空襲（沖縄県）　　　　　　　　　　1944.10.10
空襲（東京都）　　　　　　　　　　1944.11.24
空襲（東京都）　　　　　　　　　　1944.11.27
空襲（東京都）　　　　　　　　　　1944.11.29－

空襲（愛知県）　　　　　　　　　　1945.1.3
空襲（東京都）　　　　　　　　　　1945.3.4
空襲(東京大空襲)（東京都）　　　　1945.3.10
空襲(大阪大空襲)（大阪府）　　　　1945.3.13－
沖縄戦（沖縄県）　　　　　　　　　1945.4.1－
空襲（愛知県名古屋市）　　　　　　1945.5.14
空襲（神奈川県　東京府）　　　　　1945.5.29
空襲（兵庫県神戸市）　　　　　　　1945.6.5
広島被曝（広島県広島市）　　　　　1945.8.6
海軍工廠爆撃（愛知県豊川市）　　　1945.8.7
長崎被曝（長崎県長崎市）　　　　　1945.8.9
被爆者二世白血病連続死（広島県広島
　市ほか）　　　　　　　　　　1969.この年
飲料用井戸からヒ素検（茨城県鹿島郡
　神栖町）　　　　　　　　　　2003.3.20

【軍隊・軍事基地の事故】

火薬庫爆発（大阪府）　　　　　　　1902.8.15
東京砲兵工廠爆発（東京府）　　　　1905.5.29
火薬庫爆発（大阪府）　　　　　　　1907.10.4
火薬庫爆発（大阪）　　　　　　　　1909.この年
火薬製造所爆発（東京府）　　　　　1911.10.7
火薬製造工場爆発（群馬県）　　　　1912.1.24
火薬庫爆発（東京府）　　　　　　　1912.3.25
火薬庫爆発（神奈川県）　　　　　　1917.1.14
火薬庫爆発（山口県）　　　　　　　1918.7.12
倉庫爆発（広島県）　　　　　　　　1921.8.8
海軍機爆弾落下　　　　　　　　　　1927.4.1
駆逐艦蕨・巡洋艦神通衝突（三保ヶ関）
　　　　　　　　　　　　　　　　1927.8.24
東北本線急行列車・軍用自動車衝突
　（岩手県金ヶ崎町）　　　　　1928.9.25
火薬爆発（愛知県豊橋市）　　　　　1929.5.28
水雷艇友鶴転覆（長崎県五島沖）　　1934.3.12
第四艦隊事件（三陸沖）　　　　　　1935.9.26
陸軍板橋火薬製造所倉庫爆発（東京都
　東京市王子区十条町）　　　　1937.1.23
潜水艦衝突（豊後水道）　　　　　　1939.2.2
陸軍倉庫火災（大阪府）　　　　　　1939.3.1
陸軍飛行隊機誤爆（静岡県浜名郡小野
　口村）　　　　　　　　　　　1940.4.8
米軍大型輸送機墜落（神奈川県愛甲郡）
　　　　　　　　　　　　　　　　1950.4.21
米空軍B29戦略爆撃機墜落（東京都北
　多摩郡砂川村）　　　　　　　1951.11.18
米空軍B29戦略爆撃機墜落（埼玉県入
　間郡金子村）　　　　　　　　1952.2.7

579

米軍演習場砲弾爆発（宮城県黒川郡大衡村） 1952.3.21	航空自衛隊ヘリコプター墜落（埼玉県岩槻市） 1964.9.15
米軍脱走兵トラック暴走（東京都新宿区） 1952.7.18	陸上自衛隊トラック・御殿場線気動車衝突（静岡県御殿場市） 1965.3.24
米空軍大型輸送機墜落（東京都北多摩郡小平町） 1953.6.18	米空軍戦闘機墜落（神奈川県相模原市） 1965.5.5
米空軍大型輸送機墜落（山口県豊浦郡沖） 1953.6.23	海上自衛隊救難機墜落（北海道幌泉郡襟裳町） 1965.7.29
米空軍輸送機墜落（北海道苫小牧市南方沖） 1954.2.1	航空自衛隊機墜落（長野県北佐久郡佐久町） 1965.9.22
帝産バス・駐留軍トラック正面衝突（大阪府堺市） 1954.10.26	米軍基地火災（神奈川県横浜市瀬谷区） 1965.9.24
漁船山田丸撃沈（東シナ海大陳島東南東沖） 1954.11.22	海上自衛隊対潜哨戒機・ヘリコプター衝突（徳島県徳島市沖） 1967.1.16
米空軍ジェット機墜落（埼玉県入間郡名細村） 1955.3.24	第22淳和丸・ベートライズヴィクトリー衝突（長崎県） 1968.1.25
米空軍ジェット機墜落（東京都八王子市） 1955.8.19	米海軍関係者乗用車暴走（神奈川県横須賀市） 1968.3.2
米軍ジェット練習機墜落（東京都八王子市） 1955.9.19	陸上自衛隊少年工科学校生溺死（神奈川県横須賀市） 1968.7.2
米空軍気象観測機墜落（埼玉県飯能市） 1956.12.28	米空軍爆撃機墜落（沖縄嘉手納村） 1968.11.19
米軍兵士住民狙撃〔ジラード事件〕（群馬県群馬郡相馬村） 1957.1.30	米空軍横田基地周辺騒音（東京都北多摩郡） 1968.この頃―
米空軍ジェット戦闘機墜落（沖縄県石川市） 1959.6.30	漁船・米軍捜索機遭難（青森県八戸市沖） 1969.2.7
航空自衛隊ジェット戦闘機・全日本空輸旅客機衝突（愛知県小牧市付近） 1960.3.16	航空自衛隊戦闘機墜落（石川県金沢市） 1969.2.8
司令艦いなづま火災（北海道函館市） 1960.6.15	第13福寿丸・ソ連警備艇衝突（歯舞諸島付近） 1969.8.9
米軍気象観測機墜落（福島県石川郡石川町） 1960.9.8	航空自衛隊機墜落（滋賀県彦根市） 1970.9.2
海上自衛隊ヘリコプター墜落（青森県青森市） 1961.3.8	米空軍横田基地周辺騒音被害（東京都西部） 1970.この頃
米軍ジェット機墜落（神奈川県藤沢市） 1961.4.21	陸上自衛隊ヘリコプター墜落（北海道静内郡静内町） 1971.5.17
米空軍ジェット戦闘機墜落（福岡県福岡市） 1961.12.7	全日空旅客機・航空自衛隊機衝突（雫石事故）（岩手県岩手郡雫石町） 1971.7.30
海上自衛隊対潜哨戒機墜落（鹿児島県名瀬市） 1962.9.3	航空自衛隊救難機墜落（宮崎県日南沖） 1972.8.8
海上自衛隊ヘリコプター墜落（青森県むつ市） 1963.2.11	迫撃砲暴発（北海道河東郡鹿追町） 1974.6.29
航空自衛隊ヘリコプター墜落（香川県三豊郡詫間町） 1963.3.16	航空自衛隊戦闘機墜落（愛知県小牧市西之島） 1974.7.8
米軍機墜落（神奈川県相模原市付近） 1964.1.16	松生丸拿捕（松生丸銃撃事件）（黄海） 1975.9.2
米海軍機墜落（東京都町田市） 1964.4.5	航空自衛隊基地騒音被害（石川県） 1975.この年
米軍給油機墜落（岩手県） 1964.8.13	米軍偵察機墜落（神奈川県横浜市緑区） 1977.9.27
米海軍艦載機墜落（神奈川県大和市） 1964.9.8	米軍原子力潜水艦・日昇丸衝突事故（鹿児島県下甑島沖） 1981.4.9
航空自衛隊ヘリコプター墜落（福岡県粕屋郡粕屋町） 1964.9.10	魚具切断事故（積丹半島沖） 1981.5.15
	自衛隊トレーラー・乗用車衝突（山口県下関市員光） 1982.8.23

厚木基地騒音問題（神奈川県厚木基地）	1982.9.	廃棄弾薬爆発（神奈川県平塚市）	1966.7.16
米軍ヘリコプター墜落（愛媛県西宇和郡伊方町）	1988.6.25	海麟丸爆発（新潟県新潟市）	1972.5.26
第一富士丸・潜水艦なだしお衝突（神奈川県横須賀港沖）	1988.7.23	下水道建設現場爆雷爆発（沖縄県那覇市）	1974.3.2
米海ヘリコプター墜落（沖縄県喜屋武岬南東沖）	1989.5.30	不発弾爆発（静岡県御殿場市）	1991.6.22
曲技飛行機墜落（東京都立川市）	1989.11.5	解体作業工場爆発（神奈川県横須賀市）	2000.8.30
陸上自衛隊トラック炎上（静岡県浜松市）	1990.5.22		

製品事故・管理不備

衝撃波発生（岩手県宮古市）	1991.5.1-
航空自衛隊救難捜索機墜落（静岡県浜松市）	1994.10.19
自衛隊ヘリコプター墜落（栃木県宇都宮市）	1997.1.13
八甲田山陸自隊員死亡事故（青森県青森市）	1997.7.12
航空自衛隊輸送機墜落（島根県隠岐島沖）	2000.6.28
えひめ丸衝突沈没事故（ハワイ・オアフ島沖）	2001.2.10
空自機墜落（新潟県阿賀町）	2005.4.14
急患搬送の陸自ヘリが墜落（鹿児島県徳之島町）	2007.3.30
イージス艦「あたご」衝突事故（千葉県）	2008.2.19

【機雷・不発弾の爆発】

機雷爆発（佐伯湾）	1927.8.1
関西汽船女王丸沈没（岡山県邑久郡牛窓町沖）	1948.1.28
漂着機雷爆発（新潟県西頸城郡名立町）	1949.3.30
漂着機雷爆発（秋田県南秋田郡脇本村）	1949.6.27
不発魚雷爆発（広島県安芸郡下蒲刈村）	1950.5.6
大型磁気機雷爆発（広島県）	1950.7.27
回収魚雷爆発（徳島県鳴門市）	1951.1.29
引揚げ魚雷爆発（広島県呉市）	1952.9.3
引揚げ爆雷爆発（千葉県君津郡富津町）	1953.5.21
不発ロケット弾爆発（山梨県南都留郡忍野村）	1955.9.18
引揚げ砲弾爆発（広島県安芸郡倉橋町）	1956.5.22
砲弾爆発（神奈川県横浜市鶴見区）	1957.3.30
廃棄弾爆発（北海道河東郡鹿追町）	1957.4.14
未回収爆雷爆発（北海道釧路市）	1965.10.5

欠陥電子レンジ	1970.2.20
公園遊具事故（石川県金沢市）	2002.9.24
三菱自動車欠陥隠し（全国）	2004.3.11
回転ドアに頭部挟まれ死亡（東京都港区）	2004.3.26
タダノ社製クレーンに欠陥（全国）	2004.8.7-
アトラクションから転落（東京都港区）	2005.4.18
温風機で一酸化炭素中毒（全国）	2005.4.20
温風機で中毒死再発（長野県上田市）	2005.11.21
温風機修理後に一酸化炭素中毒（山形県山形市）	2005.12.2
シンドラー社製エレベーター事故（東京都港区）	2006.6.3
パロマ工業製湯沸かし器事故（全国）	2006.7.14-
プール吸水口に吸い込まれ死亡（埼玉県ふじみ野市）	2006.7.31
アパートで一酸化炭素中毒（北海道苫小牧市）	2006.12.14
中国製玩具に禁止柔軟剤（全国）	2007.2.1
コースター脱線（大阪府吹田市）	2007.5.5
湯沸かし器で火災（全国）	2007.5.7
電動自転車が誤作動（全国）	2007.5.15
キッチン用電気こんろ火災（全国）	2007.7.3
浴槽用浮き輪で転覆（全国）	2007.7.5
古い扇風機発火で火災（東京都足立区）	2007.8.20
家庭用除雪機で火災（全国）	2007.12.19
中国製電動ベッドに挟まれ死亡（愛知県）	2007.12.26

その他の災害

爆薬爆発、下関駅寝台列車巻き添え（山口県下関港）	1918.7.2
酸素圧縮機爆発（大阪府）	1920.5.12
アンモニア容器爆発（山口県）	1920.5.24
爆薬爆発（北海道）	1924.12.17
海水浴客溺死（三重県津市）	1932.8.
貯水池決壊（鳥取県）	1933.3.24
見送り客圧死（京都府）	1934.1.8
漁業関係者遭難	1934.3.
見物船客溺死（滋賀県栗太郡老上村沖）	1934.10.11
ボート部員溺死（宮城県松島湾）	1934.12.28
映画館崩壊（新潟県中魚沼郡十日町）	1938.1.1
消防出初式櫓倒壊（東京都八王子市）	1938.1.3
津山30人殺し事件（岡山県西加茂村）	1938.5.21
潮干狩客溺死（東京都東京市月島沖）	1938.7.13
釜口橋崩落（静岡県庵原郡富士川町）	1939.2.17
盛岡農業学校生溺死（岩手県盛岡市）	1939.10.1
中学校ボート部員溺死（和歌山県和歌山市）	1940.3.16
親子遭難（千葉県安房郡）	1941.7.30
岡山医科大学助手航空実験死亡	1943.1.20
海苔採取船難破（佐賀県佐賀郡南川副村沖）	1943.4.7
在日台湾人・警官隊衝突（東京都渋谷区）	1946.7.19
演芸会場屋根落下（大阪府岸和田市）	1947.6.8
帝銀事件（東京都豊島区）	1948.1.26
県営宮城球場観客圧死（宮城県仙台市）	1950.5.
水上簡易宿泊施設横転（神奈川県横浜市中区）	1951.1.22
近江絹糸新入工員圧死（滋賀県彦根市）	1951.6.3
メーデー参加者・警官隊衝突〔メーデー事件〕（東京都千代田区）	1952.5.1
派出所警官発砲およびデモ参加者・警官隊衝突〔5・30記念日事件〕（東京都板橋区 同新宿区）	1952.5.30
日暮里駅構内乗客転落死（東京都荒川区）	1952.6.18
三段峡吊橋落下（広島県山県郡戸河内村）	1952.11.2
ガスボンベ爆発（静岡県静岡市）	1953.4.12
公民館天井落下（愛知県中島郡）	1953.4.14
住宅倒壊（東京都文京区）	1953.6.27
皇居一般参賀者圧死（東京都千代田区）	1954.1.2
第三中学校薬品爆発（宮城県塩竈市）	1955.5.22
筏遊びの児童水死（東京都調布市）	1955.6.20
和田小学校アルコール爆発（長野県下伊那郡遠山村）	1955.11.12
弥彦神社初詣客圧死（新潟県西蒲原郡弥彦村）	1956.1.1
米軍砂川基地内民有地精密強制測量反対派住民・警官隊衝突（東京都北多摩郡砂川町）	1956.10.12–
愛国学園中学校教諭・生徒溺死（千葉県長生郡一宮町）	1957.7.16
NHKテレビ中継塔倒壊（東京都武蔵野市吉祥寺）	1957.8.24
水泳講習会参加者溺死（山口県下関市）	1959.7.29
全国統一行動デモ隊・警官隊衝突（東京都千代田区）	1959.11.27
ラジオ関東公開録音観客圧死（神奈川県横浜市中区）	1960.3.2
日米安全保障条約批准反対派学生・警官隊衝突〔60年安保闘争〕（東京都千代田区）	1960.4.26–
児童圧死（岩手県岩手郡松尾村）	1961.1.1
ワイン集団中毒（三重県名張市）	1961.3.28
政治活動防止法反対学生デモ隊・警官隊衝突（京都府京都市）	1961.5.30–
住民騒擾〔釜ヶ崎事件〕（大阪府大阪市西成区）	1961.8.1–
農薬混入ジュース中毒死（栃木県宇都宮市）	1962.4.6
幼稚園児冷蔵庫窒息死（熊本県阿蘇郡小国町）	1963.4.28
温泉旅館天井落下（佐賀県藤津郡嬉野町）	1963.5.9
前山小学校生ほか割氷転落（長野県佐久市）	1964.1.9
砂利採取場跡地児童水死（山梨県中巨摩郡八田村）	1964.8.6
釣り客転落死（富山県上新川郡大山町）	1965.6.6
児童アイスボックス窒息死（福島県会津若松市）	1965.10.17
札幌市小学生冷蔵庫窒息死（北海道札幌市）	1965.11.23
たばこハイライト連続爆発（千葉県 山口県 福岡県）	1966.8.24–

災害別一覧　　その他の災害

高等学校生徒割氷転落死（山梨県西八
　代郡上九一色村）　　　　　　1967.1.22
小学生砂利採取場跡地溺死（神奈川県
　茅ヶ崎市）　　　　　　　　　　1967.4.3
養魚池毒薬投入（奈良県北部）　　1967.5.
小学生冷蔵庫窒息死（佐賀県佐賀市）1967.6.11
幼児冷蔵庫窒息死（大阪府大阪市生野
　区）　　　　　　　　　　　　　1967.6.11
高校生シンナー中毒死（広島県呉市）1967.6.13
西仙北高等学校生徒溺死（秋田県仙北
　郡西仙北町）　　　　　　　　　1967.8.23
米原子力空母寄港反対派学生・警官隊
　衝突（佐世保事件・平瀬橋事件・佐
　世保橋事件）（長崎県佐世保市）
　　　　　　　　　　　　　　　1968.1.17-
幼稚園児割氷転落死（神奈川県横浜市
　南区）　　　　　　　　　　　　1968.2.23
新東京国際空港建設反対派・警官隊衝
　突（千葉県成田市）　　　　　1968.2.26-
反日本共産党系学生・警官隊衝突（大
　阪府大阪市中央区）　　　　　　1968.6.15
東京大学紛争（安田講堂占拠事件・神
　田お茶の水占拠事件）（東京都文京
　区）　　　　　　　　　　　　1968.6.15-
国鉄大阪駅ホーム仮天井落下（大阪府
　大阪市北区）　　　　　　　　　1968.10.8
米軍航空燃料輸送反対派学生・警官隊
　衝突（東京都新宿区）　　　　　1968.10.8
反戦国際統一行動デー参加学生新宿駅
　占拠（新宿騒乱事件）（東京都新宿区
　大阪府大阪市）　　　　　　　　1968.10.21
自殺志願者巻添え死傷（静岡県富士宮
　市）　　　　　　　　　　　　1968.11.25
京都大学紛争（京都府京都市左京区）
　　　　　　　　　　　　　　　1969.1.21-
沖縄デー参加者・警官隊衝突（東京都）
　　　　　　　　　　　　　　　1969.4.28
総理訪米反対派・警官隊衝突（佐藤首
　相訪米阻止事件）（東京都）
　　　　　　　　　　　　　　　1969.11.13-
冷水塊遭難（千葉県）　　　　　　1970.7.19
若鶴酒造工場杜氏転落（富山県砺波市）
　　　　　　　　　　　　　　　1970.11.13
楯の会陸上自衛隊総監部占拠（三島事
　件）（東京都新宿区）　　　　　1970.11.25
スケート客割氷転落（山梨県西八代郡
　上九一色村）　　　　　　　　　1971.1.17
農業用水池割氷（福島県西白河郡表郷
　村）　　　　　　　　　　　　　1971.2.12

新東京国際空港建設反対派・警官隊衝
　突（千葉県成田市）　　　　　1971.2.24-
三沢高等学校地学部員割氷転落（青森
　県三沢市）　　　　　　　　　　1971.3.15
児童窒息死（東京都大田区）　　　1971.5.2
沖縄返還協定批准反対派・警官隊衝突
　（東京都渋谷区　沖縄県那覇市）
　　　　　　　　　　　　　　　1971.11.10-
中核派・革マル派学生衝突（大阪府吹
　田市）　　　　　　　　　　　　1971.12.4
浅間山荘事件（長野県北佐久郡軽井沢
　町）　　　　　　　　　　　　1972.2.19-
首都高速道路橋梁落下（東京都杉並区）
　　　　　　　　　　　　　　　1972.5.15
革マル派・反帝国主義学生評議会乱闘
　（神奈川県横浜市神奈川区）　　1973.9.15
中核派関係者アパート襲撃（東京都世
　田谷区）　　　　　　　　　　　1974.1.24
旅館谷川館積雪崩壊（群馬県利根郡水
　上町）　　　　　　　　　　　　1974.2.10
三菱重工業ビル爆破（連続企業爆破事
　件）（東京都千代田区）　　　　1974.8.30
革マル派活動家襲撃（東京都荒川区）1975.3.20
過激派関係者乱闘（大阪府大阪市）　1975.6.4
緑荘爆発（神奈川県横須賀市）　　1975.9.4
沿岸海域廃油投棄（島根県）　　　1976.1.-
北海道庁爆破（北海道札幌市中央区）1976.3.2
新東京国際空港反対派・警官隊衝突
　（千葉県成田市）　　　　　　1976.10.3-
送電停止（青森県　秋田県　岩手県）1976.12.22
青酸入り清涼飲料（青酸コーラ事件）
　（東京都）　　　　　　　　　　1977.1.4
青酸入りチョコレート（青酸チョコ
　レート事件）（東京都中央区）　1977.2.14
過激派ライトバン放火（埼玉県浦和市）
　　　　　　　　　　　　　　　1977.4.15
小学生水死（茨城県下妻市）　　　1977.8.30
西肥バス乗っ取り（長崎県長崎市）
　　　　　　　　　　　　　　　1977.10.15-
革マル派・中核派乱闘（茨城県）　1978.1.27
新東京国際空港反対派・警官隊衝突（成
　田空港管制塔事件）（千葉県成田市）
　　　　　　　　　　　　　　　1978.2.6-
米袋落下（千葉県）　　　　　　　1978.8.23
小学生熱射病死（長崎県佐世保市上原
　町）　　　　　　　　　　　　　1978.8.27
つり橋落下（宮崎県西都市椎原）　1980.1.6
内ゲバ大量殺人（東京都大田区）　1980.10.30

583

その他の災害　災害別一覧

ベビーホテル乳児死亡（東京都　神奈川県横浜市　愛知県名古屋市）	1981.3.10−
毒物混入（福岡県）	1981.9.27
ジュース毒物混入（長野県長野市）	1982.4.8
毒入り牛乳（埼玉県児玉郡美里村古郡）	1983.5.22
小学生水死（千葉県酒々井町）	1983.9.8
キャンプ事故（埼玉県飯能市平戸）	1985.7.20
成田現地闘争（千葉県成田市）	1985.10.20
国鉄総武線浅草橋駅襲撃（東京都台東区）	1985.11.29
つり橋落下（和歌山県清水町）	1986.3.18
落木（新潟県中里村）	1986.11.3
観客将棋倒し（東京都千代田区）	1987.4.19
ディスコ「トゥーリア」照明落下（東京都港区六本木）	1988.1.5
花火爆発（神奈川県横浜市中区）	1989.8.2
タイル外壁落下（福岡県北九州市小倉北区）	1989.11.21
配膳リフトで事故死（熊本県熊本市）	1991.4.27
阪大で実験中爆発（大阪府豊中市）	1991.10.2
厚木基地体育館2階床落下（神奈川県綾瀬市　大和市）	1992.2.14
有毒殺虫剤流出（愛知県岡崎市）	1993.4.1
松本サリン事件（長野県松本市）	1994.6.27
地下鉄サリン事件（東京都）	1995.3.20
脱水症状で死亡（兵庫県加古川市）	1995.8.19
豊浜トンネル岩盤崩落（北海道古平町）	1996.2.10
車内の幼児脱水症状で死亡（東京都足立区）	1996.6.15
パチンコ店で客将棋倒し（和歌山県御坊市）	1996.12.23
「ポケモン」パニック（全国）	1997.12.16
和歌山毒物カレー事件（和歌山県和歌山市）	1998.7.25
青酸ウーロン茶事件（長野県）	1998.9.1
国旗掲揚ポール直撃で小学生死亡（福岡県前原市）	1999.5.29
池袋で通り魔（東京都豊島区）	1999.9.8
通り魔（山口県下関市）	1999.9.29
17歳少年がバスジャック（福岡県）	2000.5.3
渋谷で通り魔（東京都渋谷区）	2000.12.16
池田小児童殺傷事件（大阪府池田市）	2001.6.8
明石歩道橋圧死事故（兵庫県明石市）	2001.7.21
通り魔殺人（沖縄県島尻郡佐敷町）	2001.8.1
籠城ビル爆発（愛知県名古屋市）	2003.9.16
花火爆発（山口県厚狭郡山陽町）	2003.11.8
耐震強度構造計算書偽装事件（全国）	2005.11.17
流木が大量に漂着（長崎県）	2006.7.−
首都圏で大停電（東京都　千葉県　神奈川県）	2006.8.14
送水トンネル崩落で断水（広島県）	2006.8.25
送水管破損（三重県鳥羽市）	2007.10.2
水道管からドジョウ（和歌山県湯浅町）	2007.11.−
スポーツクラブで銃乱射（長崎県佐世保市）	2007.12.14
土浦市で8人連続殺傷（茨城県土浦市）	2008.3.23
秋葉原連続殺傷（東京都千代田区）	2008.6.8

都道府県別一覧

都道府県別一覧 目次

《全 国》……………………587
　北海道 ………………………590
《東北地方》…………………596
　青森県 ………………………598
　岩手県 ………………………599
　宮城県 ………………………600
　秋田県 ………………………601
　山形県 ………………………602
　福島県 ………………………603
《関東地方》…………………604
　茨城県 ………………………607
　栃木県 ………………………608
　群馬県 ………………………609
　埼玉県 ………………………610
　千葉県 ………………………611
　東京都 ………………………613
　神奈川県 ……………………619
《中部地方》…………………622
　〈北陸地方〉…………………623
　新潟県 ………………………624
　富山県 ………………………625
　石川県 ………………………626
　福井県 ………………………627
　山梨県 ………………………627
　長野県 ………………………628
　岐阜県 ………………………630
　〈東海地方〉…………………631
　静岡県 ………………………631
　愛知県 ………………………633

《近畿地方》…………………635
　三重県 ………………………637
　滋賀県 ………………………638
　京都府 ………………………638
　大阪府 ………………………639
　兵庫県 ………………………641
　奈良県 ………………………642
　和歌山県 ……………………643
《中国地方》…………………644
　鳥取県 ………………………645
　島根県 ………………………646
　岡山県 ………………………646
　広島県 ………………………647
　山口県 ………………………648
《四国地方》…………………649
　徳島県 ………………………650
　香川県 ………………………651
　愛媛県 ………………………652
　高知県 ………………………652
《九州地方》…………………653
　福岡県 ………………………655
　佐賀県 ………………………657
　長崎県 ………………………658
　熊本県 ………………………659
　大分県 ………………………660
　宮崎県 ………………………661
　鹿児島県 ……………………662
　沖縄県 ………………………663
《その他》……………………664

《全 国》

地震（太平洋沿岸）	1868.8.13
台風（全国）	1884.8.25
竜巻（全国）	1902.3.1
大雪（全国）	1912.3.17
台風（全国）	1912.9.22
台風（西日本）	1914.9.11−
台風・地震（全国）	1923.9.1
インフルエンザ流行（全国）	1927.3.
台風（日本海側）	1931.9.26−
豪雨（西日本）	1932.7.
暴風雨（西日本）	1933.10.19−
豪雨（西日本）	1935.6.27−
台風（西日本）	1936.7.23−
台風（全国）	1937.9.11
八戸丸遭難（太平洋）	1938.3.14
豪雨（西日本）	1941.6.
台風（西日本）	1941.8.15−
台風（西日本）	1941.9.30−
台風（西日本）	1943.7.22−
枕崎台風（西日本）	1945.9.17
擬似コレラ流行（全国）	1947.12.−
日本脳炎発生（全国）	1949.8.−
百日咳流行（全国）	1949.この年
発疹チフス流行（全国）	1950.1.−
豪雨（西日本）	1950.3.6−
赤痢流行（全国）	1950.6.頃−
日本脳炎流行（全国）	1950.7.−
赤痢流行（全国）	1951.1.−
日本脳炎発生（全国）	1951.7.−
赤痢流行（全国）	1952.この年
腸チフス発生（全国）	1952.この年
パラチフス発生（全国）	1952.この年
猩紅熱発生（全国）	1952.この年
ジフテリア発生（全国）	1952.この年
流行性脳脊髄膜炎発生（全国）	1952.この年
日本脳炎発生（全国）	1952.この年
凍霜害（全国）	1953.4.−
放射能雨（全国）	1954.5.13−
ヒロポン流行（全国）	1954.この頃
季節風（全国）	1955.2.19−
森永砒素ミルク中毒（全国）	1955.6.−
放射能観測（日本列島上空）	1956.12.19
各種放射性同位元素検出（全国）	1957.4.−
インフルエンザ大流行（全国）	1957.5.11−
台風5号（全国）	1957.6.27−
小児麻痺集団発生（全国）	1957.7.−
猩紅熱流行（全国）	1957.この年
ジフテリア流行（全国）	1957.この年
放射能雪（日本海側）	1958.1.22
干ばつ（全国）	1958.2.−
豪雪（日本海側）	1958.3.28−
凍霜害（全国）	1958.3.28−
豪雨（西日本）	1958.4.22−
日本脳炎流行（全国）	1958.7.−
放射能雨（全国）	1958.7.9−
小児麻痺集団発生（全国）	1958.この年
暴風雪（日本海側）	1959.1.16−
漁船連続遭難（太平洋）	1960.1.10−
漁船第8八幡丸沈没（日本海）	1960.2.12
小児麻痺流行（全国）	1960.4.−
インフルエンザ流行（全国）	1962.1.−
流感A2型蔓延（全国）	1962.6.
大気汚染（全国）	1962.この頃−
豪雪（38年1月豪雪）（日本海側）	1963.1.1−
豪雨（関東地方以西）	1963.7.10−
暴風雨（全国）	1963.8.30
豪雨（西日本）	1964.6.24−
日本脳炎流行（全国）	1964.7.25−
台風20号（東北地方以西）	1964.9.24−
インフルエンザ発生（全国）	1964.10.15−
合成洗剤汚染（全国）	1964.この頃
インフルエンザ流行（全国）	1965.2.−
第5宝漁丸遭難（太平洋中部）	1965.2.6
登山者遭難（全国）	1965.4.29−
台風23号（全国）	1965.9.10−
台風25号（停滞前線豪雨）（全国）	1965.9.13−
台風24号（全国）	1965.9.17−
有機燐系農薬障害（全国）	1965.この頃−
豪雨（西日本）	1966.6.30−
豪雨（42年7月豪雨）（近畿地方以西）	1967.7.8−
インフルエンザ流行（全国）	1967.11.頃−
豪雪（関東地方以西）	1968.2.14−
豪雨（関東地方以西）	1968.6.28−
台風4号（東海地方以西）	1968.7.27−
カネミ油集団中毒（カネミ油症）（西日本）	1968.9.−

《全国》　　　都道府県別一覧

豪雪（日本海側）	1969.1.1-
豪雪（太平洋側）	1969.3.12
サリチル酸汚染（全国）	1969.この年
サイクラミン酸ナトリウム・カルシウム（チクロ）汚染（全国）	1969.この年
ベンゼンヘキサクロライド汚染（全国）	1969.この年-
着色・漂白剤使用野菜汚染（全国）	1969.この年-
ベーチェット病（全国）	1969.この頃
林業労働者白蝋病発生（全国）	1969.この頃
豪雨（関東地方以西）	1970.6.12-
予防接種児死亡（全国）	1970.この年
鉛汚染（全国）	1970.この年
畜産物抗生物質残留（全国）	1970.この年
豪雨（東日本）	1971.7.15-
台風19号（西日本）	1971.8.2-
台風23号（全国）	1971.8.29-
船舶廃油汚染（全国）	1971.この頃
ポリ塩化ビフェニール汚染（全国）	1971.この頃-
梅雨前線豪雨（47年7月豪雨）（全国）	1972.7.4-
台風7号（西日本）	1972.7.25-
秋雨前線豪雨（全国）	1972.9.14-
グルタミン酸ナトリウム中毒（全国）	1972.この年
クロロキン系腎臓病治療薬障害（全国）	1972.この頃
ストレプトマイシン系治療薬障害（全国）	1972.この頃
フタル酸エステル汚染（全国）	1972.この頃-
フォークリフト病（全国）	1972.この頃-
ベンジジン障害（全国）	1972.この頃-
干害（全国）	1973.7.-
異常気象（太平洋側・日本海側）	1973.12.-
ポリ塩化トリフェニール汚染（全国）	1973.この頃
レジスター取扱係頸肩腕症候群発生（全国）	1973.この頃
サッカリン汚染（全国）	1973.この頃
ぜん息患者急増（全国）	1974.3.末
母乳PCB（全国）	1974.6.
台風8号（全国）	1974.7.3-
水銀汚染（全国）	1974.9.
PCB汚染（全国）	1974.9.
土壌汚染（全国）	1974.9.
原子力船むつ放射線漏出（太平洋）	1974.9.1
汚染調査（全国）	1974.11.22
騒音公害（全国）	1974.12.
カドミウム汚染米（全国）	1974.この年
ニトロフラン系飼料汚染（全国）	1974.この頃
2・3-アクリル酸アミド汚染（全国）	1974.この頃
暴風（全国）	1975.4.6
雹害（全国）	1975.6.
塩ビモノマー検出（全国）	1975.12.23
光化学スモッグ（全国）	1975.この年
注射液溶解補助剤被害（全国）	1975.この年
水質汚染（全国）	1975.この年
リジン問題（全国）	1975.この年
インフルエンザ大流行（全国）	1976.1.
豪雪（日本海側）	1976.1.9-
風疹大流行（全国）	1976.2.-
白ろう病認定患者（全国）	1976.10.19
インフルエンザ流行（全国）	1976.12.-
風疹大流行（全国）	1976.この年
人工着色料問題（全国）	1976.この頃
インフルエンザ大流行（全国）	1977.1.-
大雪（全国）	1977.1.-
幼児筋拘縮症発生（全国）	1977.この頃
アミノピリン被害（全国）	1977.この頃
インフルエンザ発生（全国）	1978.1.-
渇水（西日本）	1978.5.-
梅雨前線活発化（関東以西）	1978.6.21-
春あらし（全国）	1979.3.30
集中豪雨（西日本）	1979.6.26-
台風16号（全国）	1979.9.30-
台風20号（全国）	1979.10.19
水質汚濁（全国）	1979.この年
冷害（全国）	1980.7.-
集中豪雨（全国）	1980.8.
台風13号（西日本）	1980.9.7-
大気汚染（全国）	1980.12.19
過酸化水素被害（全国）	1980.この年
界面活性剤被害（全国）	1980.この年
フロンガス問題（全国）	1980.この年-
台風24号（東日本）	1981.10.22
地盤沈下（全国）	1981.この年
騒音公害（全国）	1981.この年
医薬品副作用（全国）	1981.この年
8月豪雨（全国）	1982.8.1
医薬品副作用死（全国）	1982.この年
アスベスト公害（全国）	1983.11.

都道府県別一覧　《全国》

地盤沈下（全国）	1983.この年
薬害死亡者（全国）	1983.この年
消炎鎮痛剤副作用死（全国）	1984.2.
はしか流行（全国）	1984.2.
猛毒除草剤ずさん処分（全国）	1984.5.12
養殖ハマチ有機スズ化合物汚染（全国）	1984.12.10
梅雨前線豪雨（全国）	1985.6.18−
医薬品副作用死（全国）	1985.9.
トリクロロエチレン汚染（全国）	1986.1.25
医薬品副作用死（全国）	1986.9.
地下水汚染（全国）	1986.この年
強風（全国）	1987.4.21−
抗がん剤副作用死（全国）	1987.5.22
台風5号（全国）	1987.7.15
抗がん剤副作用死（全国）	1987.9.26
血友病患者エイズ感染（全国）	1988.2.12
豪雨（西日本）	1988.6.2−
豪雨（西日本）	1988.7.13−
おたふくかぜ大流行（全国）	1989.1.−
薬害エイズ訴訟（全国）	1989.5.8−
二酸化窒素濃度（全国）	1989.この年
台風19号（全国）	1990.9.11−
台風19号（全国）	1991.9.25−
冷夏米不作（全国）	1993.この年
ソリブジン薬害事件（全国）	1994.この年
ダイオキシン汚染（全国）	1996.この年
O157（全国）	1996.この年
「ポケモン」パニック（全国）	1997.12.16
有機スズ化合物検出（全国）	1998.8.
環境ホルモン検出（全国）	1998.8.−
乾燥イカ菓子で集団食中毒（全国）	1999.3.20
強風（全国）	1999.3.22
厚生省が結核緊急事態宣言（全国）	1999.7.26
バイアグラ服用の男性死亡（全国）	1999.8.
台風16号（全国）	1999.9.14
台風18号（全国）	1999.9.24
献血からHIV感染（全国）	1999.10.7
インフルエンザワクチン不足（全国）	1999.この年
雪印乳業集団食中毒事件（全国）	2000.6.27−
雷雨（全国）	2000.7.4
台風3号（全国）	2000.7.7−
一部解熱剤に副作用判明（全国）	2000.11.15
豪雨（全国）	2001.6.18−
台風11号（全国）	2001.8.21−
狂牛病発生（全国）	2001.9.10−
台風15号（全国）	2001.9.11
赤痢感染（全国）	2001.11.−
中国製やせ薬で死亡（全国）	2002.3.−
中国産冷凍野菜から農薬（全国）	2002.3.−
香料に無認可添加物（全国）	2002.5.
E型肝炎で国内初の死者（全国）	2002.7.
無登録農薬問題（全国）	2002.7.
台風6号（全国）	2002.7.11
台風7号（全国）	2002.7.14−
抗真菌剤投与で副作用（全国）	2002.8.29
C型肝炎薬投与で死亡（全国）	2002.9.12
台風21号（全国）	2002.10.1
台風22号（全国）	2002.10.13
C型肝炎感染被害者が全国一斉提訴（全国）	2002.10.21
脳梗塞薬投与で副作用死（全国）	2002.10.28
人工授精でHIV感染（全国）	2002.11.
肺がん治療薬で副作用死（全国）	2002.12.13
クジラがPCB汚染（全国）	2003.1.16
発がんリスクを認定（全国）	2003.1.22
インフルエンザ患者増（全国）	2003.1.26−
航空管制ダウン（全国）	2003.3.1
輸血でHIV感染（全国）	2003.5.
冷夏（全国）	2003.7.
輸血でB型肝炎感染（全国）	2003.8.1
台風10号（全国）	2003.8.8
インフルエンザ治療薬で副作用（全国）	2003.8.29
コイヘルペスウイルス病（全国）	2003.11.6−
豪雪（全国）	2003.12.20
巨大クラゲ被害（全国）	2004.2.−
インフルエンザ脳症（全国）	2004.2.18
三菱自動車欠陥隠し（全国）	2004.3.11
台風6号（全国）	2004.6.18−
タダノ社製クレーンに欠陥（全国）	2004.8.7−
台風16号（全国）	2004.8.30
台風18号（全国）	2004.9.7
台風21号（全国）	2004.9.29
台風22号（全国）	2004.10.9
台風23号（全国）	2004.10.20
ノロウイルス集団感染（全国）	2005.1.9
輸血でB型肝炎感染か（全国）	2005.1.21
大雪（全国）	2005.2.2
変異型ヤコブ病を最終確認（全国）	2005.2.4
便秘薬の副作用で死亡（全国）	2005.4.−
温風機で一酸化炭素中毒（全国）	2005.4.20

北海道　　　　　　　　　　　都道府県別一覧

アスベスト被害（全国）	2005.6.29-	明治三陸地震津波（北海道）	1896.6.15
輸血でB型肝炎の疑い（全国）	2005.7.3	風水害（北海道）	1898.9.6
台風14号（全国）	2005.9.5-	地震（北海道）	1899.5.8
耐震強度構造計算書偽装事件（全国）		夕張炭鉱ガス爆発（北海道）	1901.2.13
	2005.11.17	寒波（北海道）	1902.1.23
平成18年豪雪（全国）	2005.12.-	冷害（北海道地方）	1902.この年
タミフル服用後の死亡者が計42人に		猛吹雪（北海道根室市）	1903.5.22
（全国）	2006.1.27	夕張炭鉱ガス爆発（北海道）	1904.7.4
熱中症（全国）	2006.7.13-	夕張炭鉱ガス爆発（北海道）	1905.1.6
パロマ工業製湯沸かし器事故（全国）		地震（北海道）	1907.12.23
	2006.7.14-	新夕張炭鉱ガス爆発（北海道）	1908.1.17
不二家期限切れ原料使用問題（全国）		新夕張炭鉱ガス爆発（北海道）	1909.7.4
	2006.11.-	地震（北海道）	1910.7.24
ノロウイルス集団感染（全国）	2006.11.-	噴火（北海道）	1910.7.25
中国製玩具に禁止柔軟剤（全国）	2007.2.1	若鍋炭鉱ガス爆発（北海道）	1911.3.17
タミフル副作用による異常行動（全		台風（北海道）	1911.7.26
国）	2007.2.16-	北炭夕張ガス爆発（北海道）	1912.4.29
はしか流行（全国）	2007.4.-	北炭夕張ガス爆発（北海道）	1912.12.23
湯沸かし器で火災（全国）	2007.5.7	冷害（北海道）	1912.この年
電動自転車が誤作動（全国）	2007.5.15	夕張炭鉱火災（北海道）	1913.1.13
こんにゃくゼリーで窒息死（全国）	2007.5.23	台風（北海道）	1913.8.27
ミートホープ品質表示偽装（全国）		強風（北海道）	1914.4.22
	2007.6.20-	夕張炭鉱ガス爆発（北海道）	1914.10.3
熱中症（全国）	2007.7.-	新夕張炭鉱ガス爆発（北海道）	1914.11.28
キッチン用電気こんろ火災（全国）	2007.7.3	地震（北海道）	1915.3.18
浴槽用浮き輪で転覆（全国）	2007.7.5	三毛別羆事件（北海道苫前三毛別）	1915.12.9
石屋製菓賞味期限偽装（全国）	2007.8.-	地震（北海道）	1916.3.18
イカの塩辛で集団食中毒（全国）	2007.9.8	暴風雨（北海道）	1916.5.8
赤福消費期限虚偽表示（全国）		夕張炭坑ガス爆発（北海道）	1918.6.23
	2007.10.10-	地震（北海道）	1918.9.8
船場吉兆消費期限偽装（全国）		地震（北海道）	1918.11.8
	2007.10.28-	海難（北海道）	1919.4.13
中国製冷凍ギョーザで中毒（全国）		北炭夕張炭鉱ガス爆発（北海道）	1920.6.14
	2007.12.-	上歌志内炭鉱ガス爆発（北海道歌志内）	1924.1.5
家庭用除雪機で火災（全国）	2007.12.19	爆薬爆発（北海道）	1924.12.17
大雨（全国）	2008.6.22	十勝岳噴火（北海道）	1926.5.24
中国産ウナギ産地偽装（全国）	2008.6.25	美唄炭鉱坑内爆発（北海道美唄町）	1927.11.12
事故米不正転売（全国）	2008.8.28	暴風（北海道）	1928.1.11
台風18号（全国）	2009.10.8	導火線工場爆発（北海道）	1928.1.22
「エコナ」特保取り下げ（全国）	2009.10.8	火災（北海道美深町）	1928.7.23
		火災（北海道天塩町）	1928.8.23
【北海道】		駒ヶ岳噴火（北海道駒ヶ岳）	1929.6.16
		炭坑内ガス爆発（北海道）	1929.8.5
火災（北海道小樽市）	1927.5.12	火災（北海道余市町）	1932.5.27
冷害（北海道地方）	1884.この年	空知炭鉱坑内爆発（北海道空知郡）	1932.8.5
豪雪（北海道）	1885.1.-	函館大火（北海道函館市）	1934.3.21
地震（色丹島沖）	1893.6.4	冷害（北海道）	1934.7.-
夕張炭鉱ガス爆発（北海道）	1893.8.20	幾春別炭鉱坑内爆発（北海道空知郡三	
地震（北海道）	1894.3.22	笠村）	1934.11.10

590

茂尻炭鉱ガス爆発（北海道空知郡）	1935.5.6	ビル火災（北海道札幌市）	1952.8.25
トンネル崩壊（北海道藻岩村）	1935.6.	美唄炭鉱落盤（北海道美唄市）	1952.9.13
雨竜鉱業所第ガス爆発（北海道沼田村）	1935.6.9	大規模山林火災（北海道厚岸郡太田村）	
三井炭鉱爆発（北海道砂川町）	1936.1.14		1953.4.26－
善唄炭鉱落盤（北海道）	1936.3.13	北見営林署作業員宿舎がけ崩れ倒壊	
愛国丸沈没（北海道積丹郡神威岬付近）		（北海道網走郡津別町）	1953.5.31
	1937.1.12	日本製鋼室蘭製作所溶鋼材噴出（北海	
暴風雨（北海道）	1937.10.5	道室蘭市）	1953.7.20
炭鉱坑内爆発（北海道）	1938.6.	浅野炭山坑内ガス爆発（北海道雨竜郡	
夕張炭鉱ガス爆発（北海道夕張市夕張		沼田町）	1953.9.13
町）	1938.10.6	炭鉱ガス爆発（北海道）	1953.9.14
炭坑ガス爆発（北海道夕張町）	1940.1.6	東洋高圧北海道工業所砂川工場爆発	
炭坑ガス爆発（北海道歌志内）	1940.2.14	（北海道空知郡砂川町）	1953.11.28
鴻之舞金山坑内爆発（北海道紋別町）	1940.4.3	映画館火災（北海道小樽市）	1954.1.16
火災（北海道枝幸村）	1940.5.11	北海道炭砿汽船平和鉱業所坑内落盤	
津波（北海道西海岸）	1940.8.2	（北海道夕張市）	1954.1.28
暴風（北海道函館市付近）	1940.9.4	米空軍輸送機墜落（北海道苫小牧市南	
豪雨（北海道）	1940.9.17	方沖）	1954.2.1
天然痘流行（北海道）	1941.1.－	住吉炭鉱坑内ガス爆発（北海道留萌郡	
美唄炭坑ガス爆発（北海道美唄市）	1941.3.18	山平村）	1954.2.6
弥生炭坑ガス爆発（北海道三笠市）	1941.4.15	製材所火災（北海道枝幸郡歌登村）	1954.2.19
林野火災（北海道紋別郡雄武村）	1941.5.16	蜂巣炭鉱坑内ガス爆発（北海道夕張市）	1954.5.3
栄福丸沈没（北海道付近）	1941.6.3	暴風雨（北海道）	1954.5.9－
ダム決壊（北海道）	1941.6.7	漁船多数座礁・沈没（北海道根室町付	
根室線列車脱線（北海道白糠郡白糠町）		近）	1954.5.10
	1943.2.11	太平洋炭鉱釧路鉱業所春採海底炭鉱ガ	
映画館火災（北海道虻田郡倶知安町）	1943.3.6	ス爆発（北海道釧路市）	1954.8.31
発疹チフス流行（北海道）	1943.6.頃	連絡貨物船北見丸・日高丸・十勝丸・	
砂川鉱業所坑内火災（北海道空知郡上		第11青函丸沈没（北海道函館市函館	
砂川町）	1947.2.19	湾内）	1954.9.26
室蘭本線列車衝突（北海道山越郡長万		台風15号〔洞爺丸台風〕（北海道地方）	
部町）	1947.3.31		1954.9.26－
三笠町大火（北海道空知郡三笠町）		岩内町大火（北海道岩内郡岩内町）	
	1947.5.16－		1954.9.26－
炭坑事故（北海道宗谷郡稚内町）	1947.10.25	連絡船洞爺丸転覆（北海道上磯郡上磯	
古平町大火（北海道古平郡古平町）	1949.5.10	町沖）	1954.9.27
キティ台風（北海道）	1949.8.31－	暴風雪（北海道）	1955.2.20－
室蘭本線鉄橋崩壊・旅客列車転落（北		糠平ダム建設現場トンネル内落盤（北	
海道）	1950.8.1	海道河東郡上士幌町）	1955.3.4
捕鯨船転覆（北海道厚岸郡浜中村沖）	1950.9.19	大和田炭鉱大和田鉱業所ガス噴出（北	
漁船遭難（北海道南部海域）	1950.11.27－	海道留萌市）	1955.3.17
映画館火災（北海道厚岸郡浜中村）	1951.5.19	三菱大夕張鉱業所坑内ガス爆発（北海	
バス火災（北海道札幌市）	1951.7.26	道夕張市）	1955.6.3
森林鉄道木材運搬列車転落（北海道空		豪雨（北海道南西部）	1955.7.3－
知郡三笠町）	1951.8.29	住友石炭赤平鉱業所坑内ガス爆発（北	
釧路市立病院火災（北海道釧路市）	1951.12.2	海道赤平市）	1955.10.10
発電所建設現場がけ崩れ（北海道空知		暴風雨（北海道東部）	1955.10.14
郡芦別町）	1952.3.1	雄別炭鉱鉄道茂尻鉱業所坑内ガス爆発	
十勝沖地震（北海道地方）	1952.3.4	（北海道赤平市）	1955.11.1

591

漁船明神丸転覆（択捉島沖）	1956.2.6	海上保安庁ヘリコプター墜落（北海道亀田郡銭亀沢村）	1960.2.24
放射能雨（北海道稚内市）	1956.4.16−	チリ地震津波（北海道）	1960.5.24
漁船転覆（北海道西海岸）	1956.4.26	水産加工場火災（北海道函館市）	1960.6.9
下川町大火（北海道上川郡下川町）	1956.5.7	司令艦いなづま火災（北海道函館市）	1960.6.15
冷害（北海道）	1956.6.−	雷雨（北海道北部）	1960.8.2−
漁船金善丸座礁（北海道釧路郡釧路村沖）	1956.6.14	明治鉱業庶路鉱業所坑内ガス爆発（北海道白糠郡白糠町）	1960.10.30
消防自動車死傷事故（北海道釧路市）	1956.6.29	全日本空輸小型単葉連絡機墜落（北海道上川郡新得町）	1960.11.16
丸太運搬用貨車・ディーゼル列車衝突（北海道河東郡上士幌町）	1956.7.3	発電所建設現場雪崩（北海道沙流郡平取町）	1961.4.5
トラック転落（北海道根室町）	1956.7.5	支水路建設現場雪崩（北海道新冠郡新冠村）	1961.4.5
日本鋼管附属病院増築現場土砂崩れ（北海道室蘭市）	1956.8.29	台風（北海道）	1961.5.28−
豪雪（北海道）	1956.12.19頃	美唄炭鉱爆発（北海道美唄市）	1961.6.29
今井鉱業所マンガン採掘場雪崩（北海道檜山郡上ノ国村）	1957.3.9	豪雨（北海道中央部）	1961.7.24−
造材所雪崩（北海道紋別市）	1957.3.13	第18雲浦丸沈没（北海道幌泉郡襟裳町沖）	1961.8.12
砂防工事現場雪崩（北海道河西郡中札内村）	1957.3.31	豪雨（北海道南部）	1961.10.5−
廃棄弾爆発（北海道河東郡鹿追村）	1957.4.14	火災（北海道茅部郡森町）	1961.10.23
北海道炭砿汽船赤間鉱区坑内ガス爆発（北海道赤平市）	1957.6.21	炭鉱坑内ガス爆発（北海道赤平市）	1961.11.30
北海道炭砿汽船幌内鉱業所新幌内炭鉱坑内落盤（北海道三笠市）	1957.8.4	暴風雪（北海道）	1962.1.1−
豪雨（北海道）	1957.8.4−	洪水（北海道）	1962.4.3−
第2香取丸難破（北海道亀田郡椴法華沖）	1958.2.19頃	十勝岳爆発（北海道上川郡新得町）	1962.6.29−
登別温泉観光ケーブルカー落下（北海道幌別町）	1958.5.26	炭鉱坑内爆発（北海道芦別市）	1962.7.15
三井鉱山砂川鉱業所坑内ガス爆発（北海道空知郡上砂川町）	1958.6.9	台風9号（北海道）	1962.8.1−
台風11号（北海道）	1958.7.23	台風10号（北海道）	1962.8.9−
台風21号（北海道）	1958.9.17−	函館バス転落（北海道爾志郡）	1962.10.17
漁船交洋丸・幸生丸・旭丸転覆（北海道南西海域）	1958.11.19	豪雨（北海道南部）	1963.9.15−
映画館火災（北海道網走郡美幌町）	1959.1.27	加明丸沈没（北海道松前郡松前町沖）	1963.12.8
磯舟57隻遭難（北海道岩内郡岩内町沖）	1959.2.10	第30やまさん丸沈没（北海道稚内市沖）	1963.12.12
住友石炭鉱業赤平鉱業所歌志内炭鉱ガス爆発（北海道歌志内市）	1959.2.21	芦別炭鉱落盤（北海道芦別市）	1964.1.7
暴風（北海道北東部）	1959.4.6−	住宅火災（北海道名寄市）	1964.5.11
住友石炭鉱業赤平鉱業所坑内ガス突出（北海道歌志内市）	1959.5.9	協宝丸・第3海鳳丸衝突（北海道亀田郡尻岸内村沖）	1964.5.15
台風14号（北海道）	1959.9.16−	豪雨（北海道南部）	1964.6.3−
台風15号〔伊勢湾台風〕（北海道）	1959.9.26−	第8成徳丸遭難（北海道幌泉郡襟裳町沖）	1964.6.4
暴風雪（北海道）	1960.1.16−	砂川炭鉱落盤（北海道空知郡奈井江町）	1964.6.11
北海道炭砿汽船夕張鉱業所坑内ガス爆発（北海道夕張市）	1960.2.1	冷害・霜害（北海道）	1964.7.−
		清掃車・函館本線気動車・旅客列車二重衝突（北海道札幌市）	1964.11.27
		暴風雪（北海道）	1965.1.8−
		夕張炭鉱坑内ガス爆発（北海道夕張市）	1965.2.22
		冷害（北海道）	1965.4.−

ハイムバルト号爆発（北海道室蘭市）	1965.5.23	北海道航空セスナ機墜落（北海道上川郡上川町）	1968.4.4
第8金比羅丸遭難（北海道根室市沖）	1965.6.26	雄別炭鉱坑内落盤（北海道赤平市）	1968.5.9
海上自衛隊救難機墜落（北海道幌泉郡襟裳町）	1965.7.29	美唄炭鉱坑内地盤膨張・火災（北海道美唄市）	1968.5.12
美容院火災（北海道北見市）	1965.8.13	十勝沖地震（北海道）	1968.5.16−
旅館火災（北海道松前郡福島町）	1965.9.25	トンネル建設現場ガス爆発（北海道勇払郡）	1968.5.17
未回収爆雷爆発（北海道釧路市）	1965.10.5	滝口炭鉱坑内爆発（北海道空知郡奈井江町）	1968.6.5
札幌市小学生冷蔵庫窒息死（北海道札幌市）	1965.11.23	平和炭鉱坑内火災（北海道夕張市）	1968.7.30
永洋丸ほか遭難（北海道周辺海域）	1965.12.12−	豪雨（北海道南西部）	1968.8.20−
空知炭鉱坑内ガス爆発（北海道歌志内市）	1966.3.22	夕張炭鉱坑内落盤（北海道夕張市）	1968.9.3
冷害（北海道）	1966.4.頃−	富良野線貨客列車転落（北海道空知郡中富良野町）	1968.10.1
豪雨（北海道中南部）	1966.8.17−	第38栄保丸沈没（北海道稚内市沖）	1969.2.5
横浜盲訓学院セスナ機火災（北海道川上郡弟子屈町）	1966.9.7	暴風雪（北海道）	1969.2.5−
砂川炭鉱ガス漏出（北海道砂川市）	1966.9.26	第12宮城丸沈没（北海道石狩郡石狩町沖）	1969.2.6
漁船遭難（北海道目梨郡羅臼町沖）	1966.10.28	千歳ビル火災（北海道札幌市）	1969.2.7
奔別炭鉱坑内ガス爆発（北海道三笠市）	1966.11.1	赤平炭鉱落盤（北海道赤平市）	1969.2.13
食中毒（北海道）	1966.12.21−	第15宝来丸行方不明（北海道稚内市沖）	1969.2.21
富士製鉄ガス爆発（北海道室蘭市）	1966.12.29	キャバレー火災（北海道札幌市）	1969.2.27
白老炭鉱坑内落盤（北海道白老郡白老町）	1967.1.22	茂尻炭鉱坑内ガス爆発（北海道赤平市）	1969.4.2
大夕張炭鉱坑内ガス突出（北海道夕張市）	1967.1.24	歌志内炭鉱坑内ガス突出（北海道歌志内市）	1969.5.16
厚生病院火災（北海道苫前郡苫前町）	1967.2.1	夕張炭鉱坑内落盤（北海道夕張市）	1969.5.28
高根鉱坑内出水・土砂崩れ（北海道芦別市）	1967.3.25	イトムカ金山柵崩落（北海道常呂郡留辺蘂町）	1969.5.31
平和炭鉱坑内崩落（北海道夕張市）	1967.4.19	第13福寿丸・ソ連警備艇衝突（歯舞諸島付近）	1969.8.9
ひき逃げ（北海道帯広市）	1967.5.27	地震（北海道東方沖）	1969.8.12
ボート転覆（北海道阿寒郡阿寒町）	1967.6.4	台風9号（北海道）	1969.8.22−
第21喜代丸行方不明（北海道根室市沖）	1967.6.8	営林署造材現場ケーブル脱落（北海道島牧郡島牧村）	1969.9.5
雄別炭鉱坑内落盤（北海道阿寒郡阿寒町）	1967.6.30	第18大忠丸転覆（北海道稚内市沖）	1969.10.1
赤平炭鉱坑内崩落（北海道赤平市）	1967.8.2	空知炭鉱石炭崩落（北海道歌志内市）	1969.11.17
三井芦別炭鉱坑内爆発（北海道芦別市）	1967.11.4	第3幸栄丸転覆（北海道小樽市沖）	1969.11.27
豊浜丸転覆（北海道網走市沖）	1967.11.12	波島丸転覆（北海道瀬棚郡北檜山町沖）	1970.1.17
南炭鉱坑内石炭運搬車暴走（北海道空知郡）	1967.11.24	地震（北海道）	1970.1.21
パチンコ店火災（北海道室蘭市）	1967.12.30	夕張炭鉱坑内落盤（北海道夕張市）	1970.1.27
宿舎火災（北海道増毛郡増毛町）	1968.1.16	清水沢炭鉱坑内ガス突出（北海道夕張市）	1970.3.2
美唄鉱坑内ガス爆発（北海道美唄市）	1968.1.20	第13豊漁丸行方不明（択捉島沖）	1970.3.6
太平洋釧路炭鉱坑内落盤（北海道釧路市）	1968.1.31	漁船沈没・座礁（択捉島付近）	1970.3.17
		豪雨（北海道）	1970.5.10−
		第8幸栄丸沈没（北海道釧路市沖）	1970.6.2

芦別炭鉱坑内ガス爆発（北海道芦別市）
　　　　　　　　　　　　　　　1970.6.11
手稲精神病院火災（北海道札幌市）　1970.8.6
台風9号（北海道）　　　　　　　1970.8.14－
第7泰洋丸転覆（北海道根室市沖）　1970.9.23
地震（北海道）　　　　　　　　　1970.10.16
豪雨（北海道北部）　　　　　　　1970.10.25－
東山炭鉱坑内ガス爆発（北海道空知郡
　上砂川町）　　　　　　　　　　1970.12.2
砂川炭鉱坑内ガス爆発（北海道空知郡
　上砂川町）　　　　　　　　　　1970.12.15
住友金属鉱山工場カドミウム汚染（北
　海道光和村）　　　　　　　　　1970.この年
志村化工工場重金属汚染（北海道有珠
　郡伊達町）　　　　　　　　　　1970.この年
明治製作所カドミウム汚染（北海道白
　糠郡白糠町）　　　　　　　　　1970.この年
美容院火災（北海道美唄市）　　　1971.1.31
冷害（北海道）　　　　　　　　　1971.4.－
陸上自衛隊ヘリコプター墜落（北海道
　静内郡静内町）　　　　　　　　1971.5.17
廃油汚染（北海道南東海域）　　　1971.5.頃
東亜国内航空旅客機墜落（北海道亀田
　郡七飯町）　　　　　　　　　　1971.7.3
炭鉱坑内崩壊（北海道歌志内市）　1971.7.17
岩田建設作業現場支柱倒壊（北海道留
　萌市）　　　　　　　　　　　　1971.7.23
奔別炭鉱坑内ガス爆発（北海道三笠市）
　　　　　　　　　　　　　　　1971.10.29
第18幸徳丸転覆（北海道稚内市沖）1971.11.9
函館ドック造船所クレーン倒壊（北海
　道函館市）　　　　　　　　　　1971.12.1
低気圧豪雨（北海道）　　　　　　1972.1.15－
朝日炭鉱坑内ガス突出（北海道岩見沢
　市）　　　　　　　　　　　　　1972.2.19
八丈島東方沖地震（北海道）　　　1972.2.29
第8協和丸行方不明（北海道根室市沖）
　　　　　　　　　　　　　　　1972.3.31
第8十勝丸転覆（北海道根室市沖）1972.5.28
横浜航空旅客機墜落（北海道樺戸郡月
　形町）　　　　　　　　　　　　1972.5.30
ダンプカー・千歳線ディーゼル急行列
　車衝突（北海道恵庭市）　　　　1972.6.6
国道作業現場岩盤崩落（北海道浜益郡
　浜益村付近）　　　　　　　　　1972.7.9
台風20号（北海道）　　　　　　1972.9.16－
石狩炭鉱坑内ガス爆発（北海道空知郡
　奈井江町）　　　　　　　　　　1972.11.2
第50太平丸行方不明（北海道稚内市沖）1973.2.6

三井鉱山上砂川炭鉱坑内崩落（北海道
　砂川市）　　　　　　　　　　　1973.3.9
根室南東沖地震（北海道）　　　　1973.6.17
オリエンタルホテル火災（北海道釧路
　市）　　　　　　　　　　　　　1973.6.18
夕張炭鉱坑口崩落（北海道夕張市）1973.6.26
水力発電所建設現場砂崩壊（北海道新
　冠郡新冠町）　　　　　　　　　1973.8.6
豪雨（青函豪雨）（北海道南西部）
　　　　　　　　　　　　　　　1973.9.24－
第15錦洋丸行方不明（北海道礼文郡礼
　文町沖）　　　　　　　　　　　1973.10.4
王子製紙工場砒素排出（北海道苫小牧
　市）　　　　　　　　　　　　　1973.この年
水銀汚染（北海道）　　　　　　　1973.この頃
第35号信正丸沈没（国後島沖）　1974.1.25
万字炭鉱坑内輸送車暴走（北海道空知
　郡栗沢町）　　　　　　　　　　1974.2.1
春嵐（北海道）　　　　　　　　　1974.4.21
神恵丸転覆（北海道幌武意港）　　1974.5.5
迫撃砲暴発（北海道河東郡鹿追町）1974.6.29
第3真晃丸・海金剛号衝突（北海道根室
　市沖）　　　　　　　　　　　　1974.6.29
ガス中毒多発（北海道札幌市）
　　　　　　　　　　　　　　　1974.10.16－
三井石炭砂川鉱業所ガス爆発（北海道
　上砂川町）　　　　　　　　　　1974.12.19
豪雨（北海道東部）　　　　　　　1975.5.17－
夕張新炭鉱坑内ガス突出（北海道夕張
　市）　　　　　　　　　　　　　1975.7.6
水害（北海道）　　　　　　　　　1975.8.24
土砂崩れ（北海道）　　　　　　　1975.8.24
砂川炭鉱坑内ガス突出（北海道空知郡
　上砂川町）　　　　　　　　　　1975.8.30
砂川炭鉱坑内崩落（北海道空知郡上砂
　川町）　　　　　　　　　　　　1975.9.8
炭鉱坑内ガス爆発（北海道三笠市唐松
　青山町）　　　　　　　　　　　1975.11.27
日本電工旧工場六価クロム汚染（北海
　道夕張郡栗山町）　　　　　　　1975.この年
大気汚染（北海道）　　　　　　　1975.この年
北海道庁爆破（北海道札幌市中央区）1976.3.2
冷害（北海道）　　　　　　　　　1976.6.9－
ヒグマ襲撃（北海道千歳市）　　　1976.6.9
三井石炭鉱業鉱山落磐（北海道芦別市）1976.8.4
豪雪（北海道）　　　　　　　　　1976.12.29－
病院火災（北海道札幌市白石区）　1977.2.6
芦別炭鉱坑内ガス爆発（北海道芦別市）
　　　　　　　　　　　　　　　1977.5.11

有珠山爆発（北海道有珠郡壮瞥町付近）	1977.8.6-	ボート・遊覧船衝突（北海道留萌支庁小平町）	1985.7.21
発破作業準備中爆発（北海道茅部郡南茅部町）	1977.11.8	台風13号（北海道）	1985.8.31-
		猛吹雪（北海道）	1986.1.14-
第88陽豊丸転覆（北海道勇留島沖）	1978.9.3	落石（北海道上川町）	1987.6.9
泥流（北海道）	1978.10.24	台風12号（北海道）	1987.8.31
ダム建設現場土砂崩れ（北海道檜山支庁厚沢町）	1978.12.1	セスナ機墜落（北海道札幌市東区）	1987.10.22
ダイナマイト爆発（北海道静内郡）	1979.3.21	青函トンネル内トラブル続発（青函トンネル）	1988.3.13-
ツベルクリン接種ミス（北海道札幌市）	1979.5.	排気ガス中毒死（北海道札幌市）	1988.6.23
三菱石炭鉱業南大夕張砿業所ガス突出事故（北海道夕張市）	1979.5.15-	集団菌食中毒（北海道）	1988.7.7-
		豪雨（北海道）	1988.8.25-
大雨（北海道）	1980.8.29-	台風17号（北海道）	1989.8.25-
有毒ガス中毒（北海道札幌市）	1980.9.13	南大夕張砿崩落事故（北海道夕張市）	1989.9.14
強風（北海道）	1980.10.25-	酸性霧（北海道）	1989.この年
炭鉱採炭現場ガス突出（北海道歌志内市）	1980.11.15	雪崩（北海道後志支庁）	1990.1.15
		集中豪雨（北海道）	1990.11.4-
排ガス中毒死（北海道えりも町）	1981.1.2	台風28号（北海道）	1990.11.30
魚具切断事故（積丹半島沖）	1981.5.15	台風12号（北海道）	1991.8.18-
漁船第33手扇丸・貨物船じゅのお丸衝突（襟裳岬東）	1981.6.5	台風17号（北海道）	1991.9.2-
		台風18号（北海道）	1991.9.17-
崩落事故（北海道空知支庁砂川町）	1981.6.16	ガス中毒（北海道室蘭市）	1992.4.28
炭坑ガス突出事故（北海道赤平市）	1981.8.1	釧路湿原で野火（北海道釧路市）	1992.11.2
台風12号（北海道）	1981.8.5	平成5年釧路沖地震（北海道）	1993.1.15
台風15号（北海道）	1981.8.23	施設火災（北海道渡島支庁上磯町）	1993.2.28
台風18号（北海道）	1981.9.1-	北海道南西沖地震（北海道）	1993.7.12
豪雨（北海道奥尻島）	1981.9.3-	登校中の列にトラック（北海道渡島支庁上磯町）	1994.7.1
夕張炭鉱ガス突出事故（北海道夕張市）	1981.10.16	平成六年北海道東方沖地震（北海道）	1994.10.4
浦河沖地震（北海道日高地方）	1982.3.21	三陸はるか沖地震（北海道）	1994.12.28
赤平炭坑ガス突出事故（北海道赤平市赤平）	1982.6.26	余震（北海道）	1995.1.7
		トレーラーからプレハブ住宅落下（北海道江別市）	1995.5.20
台風18号（北海道）	1982.9.12	地震（北海道）	1995.5.23
集団食中毒（北海道札幌市豊平区）	1982.10.9	軽飛行機墜落（北海道赤平市）	1995.7.29
メタンガス中毒死（北海道根室支庁標津町）	1983.1.8	日高線普通列車・ダンプカー衝突（北海道胆振支庁厚真町）	1996.1.12
空知炭坑ガス突出事故（北海道歌志内市東灯）	1983.2.1	豊浜トンネル岩盤崩落（北海道古平町）	1996.2.10
新生児熱射病死（北海道士別市）	1983.6.13	駒ヶ岳噴火（北海道）	1996.3.5
炭坑事故（北海道空知支庁上砂川町）	1983.7.26	スクレイピー感染（北海道士別市）	1996.5.
集中豪雨（北海道胆振地方）	1983.9.24	貨物列車脱線谷へ転落（北海道渡島支庁七飯町）	1996.12.4
冷害（北海道）	1983.この年		
青函連絡船火災（津軽海峡）	1984.3.3	網走交通観光バス転落（北海道上川管内南富良野町）	1997.4.22
釧路湿原火災（北海道釧路市釧路湿原）	1985.4.30	海上保安本部ヘリコプター墜落（北海道渡島支庁恵山岬沖）	1998.2.20
南大夕張礦業所ガス爆発（北海道北見市）	1985.5.17	遊漁船・ホタテ漁船衝突（北海道小樽市）	1998.7.17
北海道航空ヘリコプター高圧電線接触（北海道網走支庁白滝村）	1985.6.13		

595

《東北地方》　　　　　都道府県別一覧

台風4号（北海道）	1998.8.27
無許可改造軽飛行機墜落（北海道室蘭市）	1999.3.4
ホテル火災（北海道札幌市）	1999.5.14
大型バス・RV車衝突（北海道標茶町）	1999.7.10
口蹄疫感染（北海道本別町）	2000.3.25
有珠山噴火（北海道）	2000.3.31
ヒグマに襲われ死亡（北海道）	2001.5.10−
竜巻（北海道北竜町）	2001.6.29
土砂崩れ（北海道北見市）	2001.10.4
釣り船転覆（北海道オホーツク海）	2002.9.14
羊がスクレイピー感染（北海道本別町）	2003.9.20
十勝沖地震（北海道）	2003.9.26
地震で精油所の貯蔵タンク火災（北海道苫小牧市）	2003.9.26−
土砂崩れ（北海道えりも町）	2004.1.13
脱輪タイヤが歩行者直撃（北海道江差町）	2004.2.18
MRSA院内感染（北海道北見市）	2004.3.−
E型肝炎感染（北海道北見市）	2004.8.−
地震（北海道）	2004.11.29
地震（北海道）	2004.12.6
地震（北海道）	2004.12.14
地震（北海道東部）	2005.1.18
水道水汚染（北海道空知地方）	2005.2.19
特養ホームでO157感染（北海道様似町）	2005.6.21−
漁船転覆（北海道根室市）	2005.9.28
工事現場で土砂崩れ（北海道美唄市）	2005.11.17
建物解体中に出火（北海道小樽市）	2006.6.27
竜巻（北海道）	2006.11.7
地震（北海道）	2006.11.15
アパートで一酸化炭素中毒（北海道苫小牧市）	2006.12.14
地震・津波（北海道）	2007.1.13
道路埋設のガス管折れガス漏れ（北海道北見市）	2007.1.19
豪雨で断水（北海道北見市）	2007.6.23
落雷（北海道大空町）	2007.8.7
白鳥に鳥インフルエンザ発生（北海道佐呂間町）	2008.5.10
特養でノロウイルス感染（北海道）	2009.1.1−
大雪山系で遭難（北海道）	2009.7.16
ボート転覆（北海道厚真町）	2009.12.11

《東北地方》

水害（東北地方）	1868.6.28
地震（東北地方）	1868.8.13
暴風雨（東北地方）	1870.10.12
台風（東北地方）	1884.9.15
冷害（東北地方）	1884.この年
磐梯山噴火（東北地方）	1888.7.15
風水害（東北地方）	1889.9.11
噴火（東北地方）	1893.6.7
地震（東北地方）	1894.3.22
庄内地震（東北地方）	1894.10.22
暴風雨（東北地方）	1894.12.10
台風（東北地方）	1895.7.24
明治三陸地震津波（東北地方）	1896.6.15
陸羽地震（東北地方）	1896.8.31
地震（東北地方）	1897.2.20
地震（東北地方）	1897.8.5
風水害（東北地方）	1898.9.6
地震（東北地方）	1900.5.12
地震（東北地方）	1901.8.9
地震（東北地方）	1902.1.30
台風（東北地方）	1902.9.27
冷害（東北地方）	1902.この年
豪雨、洪水（東北地方）	1903.7.7
冷害（東北地方）	1905.この年
台風、洪水（東北地方）	1907.8.24
台風（東北地方）	1910.8.8−
降雹（東北地方）	1911.6.7
台風（東北地方）	1911.7.26
冷害（東北地方）	1912.この年
台風（東北地方）	1913.8.27
地震（東北地方）	1914.3.15
強震（東北地方）	1914.4.22
台風（東北地方）	1915.9.9
地震（東北地方）	1915.11.1
台風（東北地方）	1920.9.28
台風（東北地方）	1921.9.25
暴風雨（東北地方）	1922.2.16
豪雨（東北地方）	1926.8.4
台風（東北地方）	1926.9.3
暴風雪（東北地方）	1928.12.19−
三陸地震津波（東北地方）	1933.3.3
冷害（東北地方）	1934.7.−
台風（東北地方）	1935.8.25−
第四艦隊事件（三陸沖）	1935.9.26

《東北地方》

台風（東北地方）	1938.9.1
台風（東北地方）	1941.7.21—
キャスリーン台風（東北地方）	1947.9.14—
日本脳炎流行（東北地方）	1948.5.—
アイオン台風（東北地方）	1948.9.10—
デラ台風（東北地方）	1949.6.18—
キティ台風（東北地方）	1949.8.31—
暴風雨（東北地方）	1950.1.30—
ジェーン台風（東北地方）	1950.9.3
暴風雨（東北地方）	1950.12.16—
暴風雪（東北地方）	1951.2.14—
ルース台風（東北地方）	1951.10.14
十勝沖地震（東北地方）	1952.3.4
暴風雨（東北地方）	1954.5.9—
台風14号（東北地方）	1954.9.18
台風15号〔洞爺丸台風〕（東北地方）	1954.9.26—
暴風雪（東北地方）	1955.2.20—
台風23号（東北地方）	1955.10.3—
台風9号（東北地方）	1956.8.16—
豪雨（東北地方南部）	1957.7.7—
豪雨（東北地方）	1957.8.4—
暴風雨（東北地方）	1957.12.12—
台風11号（東北地方）	1958.7.23
台風17号（東北地方）	1958.8.25—
豪雨（東北地方南部）	1959.7.1—
豪雨（東北地方）	1959.7.10—
台風15号〔伊勢湾台風〕（東北地方）	1959.9.26—
台風（東北地方）	1961.5.28—
梅雨前線豪雨（36年6月豪雨）（東北地方）	1961.6.23—
豪雨（東北地方）	1961.7.3—
台風（第2室戸台風）（東北地方）	1961.9.15—
台風24号（東北地方）	1961.10.10
暴風雪（東北地方）	1962.1.1—
地震（東北地方）	1962.4.30
豪雨（東北地方）	1962.6.9—
集団食中毒（東北地方）	1962.8.27
冷害・イモチ病発生（東北地方）	1963.8.—
凍霜雹害（東北地方）	1964.4.29—
地震（東北地方）	1964.6.16
豪雨（東北地方）	1964.7.6—
暴風雪（東北地方）	1965.1.8—
冷害（東北地方）	1965.4.—
豪雨（東北地方）	1965.6.30—
アメリカシロヒトリ被害（東北地方南部）	1965.この年
冷害（東北地方）	1966.4.頃—
雷雨・降雹（東北地方）	1966.6.6—
台風4号（東北地方）	1966.6.27—
豪雨（東北地方）	1966.6.30—
台風19号（東北地方）	1966.9.9—
台風24・26号（東北地方）	1966.9.24—
雷雨・竜巻・降雹（東北地方）	1967.7.28—
十勝沖地震（東北地方）	1968.5.16—
台風10号（東北地方）	1968.8.25—
暴風雪（東北地方）	1969.2.5—
豪雨（東北地方）	1969.8.7—
台風9号（東北地方）	1969.8.22—
地震（東北地方）	1969.9.9
豪雨（45年1月低気圧）（東北地方）	1970.1.30—
干害（東北地方）	1970.5.—
台風9号（羽越地方）	1970.8.14—
地震（東北地方）	1970.10.16
冷害（東北地方）	1971.4.—
低気圧豪雨（東北地方）	1972.1.15—
八丈島東方沖地震（東北地方）	1972.2.29
台風20号（東北地方）	1972.9.16—
八丈島東方沖地震（東北地方）	1972.12.4
根室南東沖地震（東北地方）	1973.6.17
伊豆半島沖地震（東北地方南部）	1974.5.9
豪雨（東北地方中部）	1974.7.31—
地震（東北地方）	1974.8.4
台風14号（東北地方）	1974.8.17—
豪雨（東北地方）	1974.9.24
豪雪（羽越地方）	1975.1.9—
集中豪雨（東北地方）	1975.8.6
冷害（東北地方）	1976.6.—
寒冷前線豪雨（東北地方）	1976.8.3
豪雨（東北地方）	1977.5.15—
台風9号（東北地方）	1977.9.9—
台風11号（東北地方）	1977.9.19
宮城県沖地震（東北地方）	1978.6.12
大雪（東北地方）	1980.12.24—
56豪雪（東北地方）	1981.1.—
台風15号（東北地方）	1981.8.23
集中豪雨（東北地方）	1981.9.26—
台風18号（東北地方）	1982.9.12
山火事（東北地方）	1983.4.27
日本海中部地震（東北地方）	1983.5.26
長野県西部地震（東北地方）	1984.9.14
台風13号（東北地方）	1985.8.31—
地震（東北地方）	1985.10.4
台風10号（東北地方）	1986.8.4
台風13号（東北地方）	1989.8.6—

《東北地方》　　　　　　　都道府県別一覧

台風17号（東北地方）	1989.8.25-
PCB検出（東北地方）	1989.この年
集中豪雨（東北地方）	1990.11.4-
台風28号（東北地方）	1990.11.30
地震（東北地方）	1992.2.2
平成5年釧路沖地震（東北地方）	1993.1.15
北海道南西沖地震（東北地方）	1993.7.12
台風11号（東北地方）	1993.8.27
平成六年北海道東方沖地震（東北地方）	
	1994.10.4
三陸はるか沖地震（東北地方）	1994.12.28
余震（東北地方）	1995.1.7
地震（東北地方）	1995.4.1
群発地震（東北地方）	1996.8.11-
台風17号（東北地方）	1996.9.22-
台風4号（東北地方）	1998.8.27
台風5号（東北地方）	1998.9.16
台風7号（東北地方）	1998.9.22
大雨（東北地方）	1999.7.13-
大雨（東北地方）	1999.10.27-
強雨（東北地方）	2003.3.2
宮城県沖地震（東北地方）	2003.5.26
宮城県北部地震（東北地方）	2003.7.26
十勝沖地震（東北地方）	2003.9.26
豪雨（東北地方）	2004.7.16-
スギヒラタケで食中毒（東北地方）	
	2004.9.-
大雪（東北地方）	2005.1.14
地震（東北地方）	2005.8.16
大雨（東北地方）	2005.8.20
大雨・暴風（東北地方）	2006.10.6-
地震・津波（東北地方）	2007.1.13
台風9号（東北地方）	2007.9.6-
大雨（東北地方）	2007.9.18
岩手・宮城内陸地震（東北地方）	2008.6.14
岩手北部地震（東北地方）	2008.7.24

【青森県】

寒波（青森県）	1902.1.23
暴風雨（青森県）	1909.4.7
降雹（青森県）	1911.6.7
東北本線列車正面衝突（青森県下田）	
	1916.11.29
火災（青森県弘前市富田町）	1928.4.18
貨物船沈没（青森県下北郡尻屋崎沖）	1930.3.3
火災（青森県鰺ケ沢町）	1932.1.17
火災（青森県大畑村）	1932.4.2
豪雨（青森県）	1932.8.5

航空機墜落（青森県鮫町）	1935.6.8
豪雨（青森県）	1935.8.21-
小樽丸沈没（青森県鮫港沖）	1937.2.13
第3弥彦丸遭難（青森県下北郡尻屋崎沖）	
	1938.3.27
豪雨（青森県）	1938.7.13
遊覧船火災（青森県）	1939.10.
火災（青森県青森市）	1942.9.15
五所川原町大火（青森県北津軽郡五所川原町）	
	1946.11.23
豪雨（青森県）	1947.7.21-
貨物列車脱線転落（青森県青森市付近）	
	1948.4.24
津軽病院火災（青森県弘前市）	1949.4.14
東北電力大池発電所建設現場雪崩（青森県西津軽郡岩崎村）	1953.3.3
異常低温（青森県）	1954.6.-
漁船第1盛喜丸大破（青森県八戸市付近）	1954.12.4
イカ食中毒（青森県）	1955.6.-
豪雨（青森県）	1955.6.24-
貨物船反田丸遭難（青森県八戸市）	1955.12.26
インフルエンザ流行（青森県）	1956.10.-
豪雪（青森県）	1956.12.19頃
猛吹雪二重遭難（青森県八甲田山硫黄岳）	1957.1.2
防空壕崩壊（青森県上北郡大三沢町）	1958.5.25
台風22号〔狩野川台風〕（青森県）	
	1958.9.26-
漁船第16妙義丸沈没（青森県八戸市北東沖）	1958.10.18
漁船第5清宝丸沈没（青森県三沢市沖）	
	1959.9.28
暴風雪（青森県）	1960.1.16-
チリ地震津波（青森県南津軽郡）	1960.5.24
雷（青森県南津軽郡）	1960.8.2-
奥羽本線列車土砂崩れ転覆（青森県南津軽郡碇ヶ関村）	1960.8.3
海上自衛隊ヘリコプター墜落（青森県青森市）	1961.3.8
火災（青森県八戸市）	1961.5.29
小型トラック転落（青森県下北郡脇野沢村）	1961.8.28
トラック・奥羽本線貨物列車衝突（青森県南津軽郡大鰐町）	1962.11.14
第13妙力丸沈没（青森県下北郡佐井村沖）	1962.11.25
海上自衛隊ヘリコプター墜落（青森県むつ市）	1963.2.11

雪崩（青森県黒石市） 1963.2.20
ジープ・大湊線気動車衝突（青森県むつ市） 1963.6.9
豪雨（青森県） 1963.7.24−
第2進徳丸沈没（青森県下北郡風間浦村沖） 1964.1.20
暴風雪（青森県） 1964.2.9−
住宅ガス爆発（青森県十和田市） 1965.3.18
暴風雨（青森県東部） 1966.1.4−
山崩れ（青森県青森市） 1966.7.27
豪雨（青森県） 1966.10.13−
豪雨（青森県） 1967.9.21−
豪雨（青森県） 1968.5.13−
豪雨（青森県） 1968.8.20−
第8昌徳丸沈没（青森県八戸市沖） 1968.9.6
国内産業航空セスナ機墜落（青森県北津軽郡鶴田町） 1968.11.17
漁船・米軍捜索機遭難（青森県八戸沖） 1969.2.7
第2大徳丸行方不明（青森県八戸市沖） 1969.3.23
カドミウム汚染（青森県八戸市） 1970.この頃
三沢高等学校地学部員割氷転落（青森県三沢市） 1971.3.15
猩紅熱集団発生（青森県南津軽郡平賀町） 1972.4.1−
黒星病発生（青森県） 1972.この年
青森市民病院火災（青森県青森市） 1973.4.20
豪雨（青函豪雨）（青森県北部） 1973.9.24−
第3光辰丸行方不明（青森県下北郡東通村沖） 1973.10.1
斑点落葉病発生（青森県） 1973.この年
水銀汚染（青森県） 1973.この頃
第12竜神丸行方不明（青森県下北郡東通村沖） 1974.10.31
雷雨・雹害（青森県） 1975.5.24−
水害（青森県） 1975.7.27−
ダム工事現場土砂崩れ（青森県） 1975.9.23
悪臭被害（青森県八戸市付近） 1975.この頃
高濃度砒素検出（青森県） 1976.6.
暴風（青森県） 1976.10.1−
送電停止（青森県） 1976.12.22
豪雪（青森県） 1976.12.29−
ホタテ貝大量死（青森県陸奥湾） 1976.この年
ぜんそく患者認定（青森県八戸市） 1977.8.
豪雨（青森県） 1977.8.4−
ホタテ貝大量死（青森県陸奥湾） 1977.この年
りんご腐爛病発生（青森県） 1978.6.12−
重金属汚染（青森県南津軽郡大鰐町） 1978.この年
リンゴ被害（青森県） 1979.10.19
ホタテ貝毒検出（青森県陸奥湾） 1979.この年
大気汚染（青森県） 1979.この年
青函連絡船火災（津軽海峡） 1984.3.3
線路保守作業員死傷事故（青森県青森市筒井八ツ橋） 1986.6.30
雪害（青森県） 1988.2.
青函トンネル内トラブル続発（青函トンネル） 1988.3.13−
八甲田山陸自隊員死亡事故（青森県青森市） 1997.7.12
特養ホームでインフルエンザ集団感染（青森県） 2000.1.11−
土砂崩れでパワーショベルごと生き埋め（青森県天間林村） 2000.12.14
店舗放火（青森県弘前市） 2001.5.8
足場崩れ作業員転落（青森県八戸市） 2001.7.19
高波（青森県西津軽郡岩崎村） 2001.12.21
工場で爆発（青森県八戸市） 2007.11.5
竜巻（青森県藤崎町） 2008.6.13
ヘリコプター墜落（青森県大間町） 2008.7.6

【岩手県】

豪雨、洪水（岩手県盛岡市） 1910.9.2
東北本線急行列車・軍用自動車衝突（岩手県金ヶ崎町） 1928.9.25
雪崩（岩手県） 1937.1.15
盛岡農業学校生溺死（岩手県盛岡市） 1939.10.1
松尾鉱山落盤（岩手県松尾鉱山） 1939.11.10
豪雨（岩手県） 1947.7.21−
松尾鉱業所坑内出水（岩手県岩手郡松尾村） 1952.6.18
漁船沈没（岩手県釜石市沖） 1952.10.26
異常低温（岩手県） 1954.6.−
修学旅行バス転落（岩手県北上市） 1955.5.14
豪雨（岩手県） 1955.6.24−
台風22号（岩手県） 1955.9.29−
炭焼小屋雪崩崩壊（岩手県岩手郡雫石町） 1958.2.2
小舟転覆（岩手県紫波郡南村） 1958.3.21
岩洞ダム発電所建設現場落盤（岩手県岩手郡玉山村） 1958.11.28

《東北地方》　　　　　　　都道府県別一覧

漁船第8大慶丸沈没（岩手県沖）　1959.10.20
暴風雪（岩手県）　1960.1.16－
チリ地震津波（岩手県）　1960.5.24
児童圧死（岩手県岩手郡松尾村）　1961.1.1
火災（岩手県）　1961.5.28－
鉄橋建設現場崩落（岩手県和賀郡湯田村）　1961.6.28
干害（岩手県）　1962.8.
営林署雪崩埋没（岩手県和賀郡湯田町）　1963.3.5
第3福寿丸沈没（岩手県陸前高田市沖）　1963.4.24
暴風雪（岩手県）　1964.2.9－
米軍給油機墜落（岩手県）　1964.8.13
湯田ダム作業用船転覆（岩手県和賀郡和賀町）　1964.12.2
造船所ガス爆発（岩手県上閉伊郡大槌町）　1965.3.18
炭疽病集団発生（岩手県岩手郡）　1965.8.25－
三ツ矢航空遊覧機墜落（岩手県）　1965.9.29
秀山荘火災（岩手県盛岡市）　1966.1.19
簡易旅館火災（岩手県盛岡市）　1966.2.27
精神病院患者投薬死亡（岩手県一関市）　1966.4.21
第85惣宝丸爆発（岩手県気仙郡三陸村沖）　1966.7.3
豪雨（岩手県）　1966.10.13－
竹の丸訓盲学院セスナ機墜落（岩手県二戸郡安代町）　1967.5.30
豪雨（岩手県）　1967.9.21－
松尾鉱山坑内爆発（岩手県岩手郡松尾村）　1967.10.3
遭難（岩手県下閉伊郡田野畑村沖）　1968.1.26
集団食中毒（岩手県）　1968.6.8－
国際航空輸送セスナ機墜落（岩手県江刺市）　1968.6.13
赤金銅山坑内爆発（岩手県江刺市）　1969.3.25
火災（岩手県九戸郡）　1969.5.5－
カドミウム汚染（岩手県北上川流域）　1969.この頃
ラサ工業工場カドミウム汚染（岩手県宮古市）　1970.この年
工場廃液汚染被害（岩手県釜石湾）　1970.この年
全日空旅客機・航空自衛隊機衝突（雫石事故）（岩手県岩手郡雫石町）　1971.7.30
県立病院新生児感染死（岩手県大船渡市）　1972.10.－
水質汚染（岩手県）　1972.この年

旧松尾鉱山砒素汚染（岩手県岩手郡松尾村）　1972.この年
岩手県立南光病院患者新薬実験死（岩手県）　1972.この頃
火災（岩手県釜石市浜町）　1976.1.2
送電停止　1976.12.22
雷雨（岩手県）　1978.6.10－
セスナ機墜落（岩手県宮古市）　1978.8.12
ビルガス爆発（岩手県岩手郡岩手町）　1980.11.28
冷害（岩手県）　1981.この年
東北新幹線保線作業員死傷事故（岩手県矢巾町南矢巾）　1985.9.11
集中豪雨（岩手県）　1988.8.28－
衝撃波発生（岩手県宮古市）　1991.5.1－
クマに襲われ死亡（岩手県）　2001.6.9
豪雨（岩手県）　2001.7.30－
工場で作業員3人が圧死（岩手県北上市）　2004.7.8
落雷（岩手県陸前高田市）　2007.8.7

【宮城県】

暴風雨（宮城県）　1904.7.27
煙火製造所爆発（宮城県白石市）　1922.8.2
霧島丸沈没（宮城県金華山沖）　1927.3.9
火災（宮城県本吉郡気仙沼町）　1929.2.24
温泉旅館街火災（宮城県刈田郡）　1932.1.
ボート部員溺死（宮城県松島湾）　1934.12.28
天然痘流行（宮城県）　1941.1.－
横山村大火（宮城県本吉郡横山村）　1947.4.17
豪雨（宮城県）　1947.7.21－
県営宮城球場観客圧死（宮城県仙台市）　1950.5.
豪雨（宮城県）　1950.8.2－
米軍演習場砲弾爆発（宮城県黒川郡大衡村）　1952.3.21
漁船沈没（宮城県塩竈市沖）　1952.10.19
漁船みどり丸遭難（宮城県牡鹿郡金華山沖）　1953.8.2
漁船第5幸生丸遭難（宮城県牡鹿郡金華山沖）　1953.12.26
阿武隈川渡船転覆（宮城県伊具郡東根村）　1954.4.19
第三中学校薬品爆発（宮城県塩竈市）　1955.5.22
豪雨（宮城県）　1956.7.14－
漁船瓢栄丸転覆（宮城県石巻市）　1956.10.31
漁船八崎丸沈没（宮城県牡鹿郡南東沖）　1957.10.12
漁船第5金比羅丸沈没（宮城県牡鹿郡沖）　1957.12.13

都道府県別一覧　　　　　　　　　　　　《東北地方》

台風22号〔狩野川台風〕（宮城県）
　　　　　　　　　　　　　　　1958.9.26－
ワイル氏病集団発生（宮城県）　1959.8.－
仙台市営バス転落（宮城県仙台市）1959.12.2
集団赤痢発生（宮城県柴田郡村田町）
　　　　　　　　　　　　　　　1960.1.－
チリ地震津波（宮城県）　　　　1960.5.24
安田病院火災（宮城県仙台市）　1964.1.4
凍霜害（宮城県）　　　　　　　1964.5.29
東北本線ガソリンタンク車爆発（宮城
　県栗原郡金成町）　　　　　　1964.7.18
豪雨（宮城県）　　　　　　　　1964.8.－
乗用車・トラック衝突（宮城県柴田郡）
　　　　　　　　　　　　　　　1966.10.2
小舟転覆（宮城県登米郡迫町）　1968.3.20
三菱金属鉱業カドミウム汚染（宮城県
　栗原郡鶯沢町）　　　　　　1969.この頃
第18太洋丸・マリア号衝突（宮城県牡
　鹿郡牡鹿町沖）　　　　　　　1970.2.11
病院火災（宮城県名取郡岩沼町）1971.2.2
台風26号（宮城県）　　　　　　1971.9.12
大昭和パルプ工場悪臭被害（宮城県亘
　理郡亘理町）　　　　　　　1971.この頃
鉄興社工場フッ素排出（宮城県）
　　　　　　　　　　　　　1971.この頃
十条製紙工場煤塵排出（宮城県石巻市）
　　　　　　　　　　　　　1971.この頃
第81八幡丸転覆（宮城県牡鹿郡牡鹿町
　沖）　　　　　　　　　　　　1972.10.12
カドミウム汚染（宮城県栗原郡）
　　　　　　　　　　　　　　1972.この年
十条製紙工場水銀排出（宮城県石巻市）
　　　　　　　　　　　　　1973.この頃
東北電力ヘリコプター墜落（宮城県仙
　台市高田浄水場）　　　　　　1974.4.25
東北アルプス工場カドミウム排出（宮
　城県古川市）　　　　　　　1974.この頃
線型加速器故障（宮城県仙台市）
　　　　　　　　　　　　　　1974.この年
六価クロム（宮城県仙台市東十番丁）1975.10.
第8なか丸転覆（宮城県本吉郡歌津町沖）
　　　　　　　　　　　　　　　1975.11.13
赤潮（宮城県）　　　　　　　1975.この年
悪臭被害（宮城県）　　　　　1975.この頃
有毒魚販売（宮城県）　　　　　1976.2.頃
道路改良工事現場土砂崩れ（宮城県白
　石市）　　　　　　　　　　　1978.11.25
飛行場騒音被害（宮城県）　　1978.この頃

清掃作業員ガス中毒死（宮城県石巻市）
　　　　　　　　　　　　　　　1980.8.23
貨物船アンモニアガス噴出（宮城県気
　仙沼港）　　　　　　　　　　1982.4.11
保線作業ではねられ死亡（宮城県志田郡
　鹿島台町）　　　　　　　　　1993.6.19
老人保健施設でインフルエンザ（宮城
　県白石市）　　　　　　　　1999.1.10－
B型肝炎ウイルス感染（宮城県塩釜市）
　　　　　　　　　　　　　　　2000.6.－
暴走トラックが歩行者はねる（宮城県
　仙台市）　　　　　　　　　　2005.4.2
高校生の列に車突入（宮城県多賀城市）
　　　　　　　　　　　　　　　2005.5.22

【秋田県】

小坂銅山煙害（秋田県）　　　1902.この年
暴風雨（秋田県）　　　　　　　1909.4.7
豪雨（秋田県本荘市）　　　　　1926.8.4
火災（秋田県西馬音内町）　　　1928.5.10
火災（秋田県秋田市牛島町）　　1931.5.15
駒ヶ岳爆発（秋田県仙北郡）　　1932.6.26
豪雨（秋田県）　　　　　　　　1932.8.5
眠り病流行（秋田県）　　　　　1935.7.－
豪雨（秋田県）　　　　　　　　1935.8.21－
尾去沢鉱山沈澱池決壊（秋田県鹿角郡
　尾去沢町）　　　　　　　　　1936.11.20
豪雨（秋田県北部）　　　　　　1938.7.13
渡船転覆（秋田県鹿角郡錦木村）1939.5.
遊覧船火災（秋田県）　　　　　1939.10.
ツツガムシ病予防注射死傷（秋田県平
　鹿郡睦合村）　　　　　　　　1940.5.
天然痘流行（秋田県）　　　　　1941.1.－
豪雨（秋田県）　　　　　　　　1947.7.21－
能代市大火（秋田県能代市）　　1949.2.20
汽船雲仙丸沈没（秋田県南秋田郡）1949.2.28
漂着機雷爆発（秋田県南秋田郡脇本村）
　　　　　　　　　　　　　　　1949.6.27
鷹巣町大火（秋田県北秋田郡鷹巣町）1950.6.1
古城丸沈没（秋田県沖）　　　　1950.12.18
イカ食中毒（秋田県）　　　　　1955.6.－
豪雨（秋田県）　　　　　　　　1955.6.24－
台風22号（秋田県）　　　　　　1955.9.29－
能代市大火（秋田県能代市）　　1956.3.20－
大館市大火（秋田県大館市）　　1956.8.19
児童・生徒集団赤痢（秋田県秋田市・能
　代市・男鹿市）　　　　　　　1960.5.－
雷雨（秋田県仙北郡）　　　　　1960.8.2－

601

《東北地方》　　　　　　　　都道府県別一覧

台風11号（秋田県）　　　　　　1960.8.11−
集団食中毒（秋田県仙北郡南外村）
　　　　　　　　　　　　　　　1961.11.2−
洪水（秋田県）　　　　　　　　1962.4.3−
羽越本線貨物列車・蒸気機関車衝突
　　（秋田県本荘市）　　　　　1962.11.29
豪雨（秋田県）　　　　　　　　1963.7.24−
豪雨（秋田県）　　　　　　　　1964.4.1−
地滑り（秋田県湯沢市）　　　　1964.4.23
地震（秋田県）　　　　　　　　1964.5.7
豪雨（秋田県）　　　　　　　　1965.7.14−
自動車整備工場火災（秋田県鹿角郡花
　　輪町）　　　　　　　　　　1967.3.24
雪崩（秋田県雄勝郡東成瀬村）　1967.3.31
西仙北高等学校生徒溺死（秋田県仙北
　　郡西仙北町）　　　　　　　1967.8.23
砂防ダム建設現場雪崩（秋田県平鹿郡
　　山内村）　　　　　　　　　1968.1.22
同和鉱業作業現場土砂崩れ（秋田県鹿
　　角郡小坂町）　　　　　　　1968.7.17
磯舟遭難（秋田県男鹿市沖）　　1968.8.11
火災（秋田県大館市）　　　　　1968.10.12
秋田母子寮火災（秋田県秋田市）1970.3.10
駒ヶ岳爆発（秋田県仙北郡田沢湖町）
　　　　　　　　　　　　　　　1970.9.18−
カドミウム汚染（秋田県鹿角郡小坂町）
　　　　　　　　　　　　　　　1970.この年
銅イオン汚染（秋田県能代市）　1970.この年
カドミウム汚染（秋田県）　　　1973.この年
豪雪（秋田県）　　　　　　　　1974.1.24−
土壌汚染（秋田県平鹿郡増田町）1974.2.
カドミウム障害（秋田県鹿角郡小坂町細
　　越）　　　　　　　　　　　1974.5.
カドミウム汚染対策（秋田県）　1975.10.
病院火災（秋田県仙北郡）　　　1976.12.1
送電停止（秋田県）　　　　　　1976.12.22
コンクリート壁倒壊事故（秋田県北秋
　　田郡）　　　　　　　　　　1977.6.1
化学工場爆発（秋田県鹿角市）　1979.11.3
ツツガムシ病多発（秋田県）　　1980.この年
除雪車小学生はねる（秋田県五城目町）
　　　　　　　　　　　　　　　1996.1.29
竜巻（秋田県八森町）　　　　　1999.11.25
井戸で一酸化炭素中毒（秋田県能代市）2001.7.7
豪雨（秋田県）　　　　　　　　2001.7.30−
暴風雪（秋田県）　　　　　　　2001.12.30
湖氷割れで転落（秋田県大潟村）2002.1.12
用水路工事で生き埋め（秋田県山本町）
　　　　　　　　　　　　　　　2004.10.14

ヘリコプター墜落（秋田県大仙市）2005.9.27
温泉で硫化水素ガス中毒（秋田県湯沢
　　市）　　　　　　　　　　　2005.12.29
雪崩（秋田県仙北市）　　　　　2006.2.10

【山形県】

暴風雨（山形県）　　　　　　　1904.7.27
豪雨、地滑り（山形県）　　　　1910.8.
豪雪（山形県）　　　　　　　　1917.11.24
雪崩（山形県東田川郡）　　　　1918.1.20
眠り病流行（山形県）　　　　　1935.7.−
トンネル工事用列車転落（山形県）1936.1.28
バス火災（山形県鶴岡市）　　　1936.7.15
雪崩（山形県最上郡大蔵村）　　1936.12.9
雪崩（山形県）　　　　　　　　1937.2.3
豪雨（山形県）　　　　　　　　1937.7.10
豪雪（山形県庄内地方）　　　　1937.10.9
雪崩（山形県関山村）　　　　　1938.3.13
渡船転覆（山形県西村山郡寒河江市）1939.5.2
建設現場トンネル崩壊（山形県東田川
　　郡立谷沢村）　　　　　　　1939.8.7
台風（山形県）　　　　　　　　1940.8.26−
豪雨（山形県）　　　　　　　　1947.7.21−
温海町大火（山形県西田川郡温海町）1951.4.24
イカ食中毒（山形県）　　　　　1955.6.−
豪雨（山形県）　　　　　　　　1955.6.24−
豪雨（山形県）　　　　　　　　1956.7.14−
神子沢トンネル建設現場落盤（山形県
　　鶴岡市）　　　　　　　　　1957.12.27
雪崩（山形県南置賜郡中津川村）1958.2.14
豪雨（山形県）　　　　　　　　1958.7.23−
インフルエンザ発生（山形県）　1961.1.5−
住宅火災（山形県東置賜郡宮内町）1963.2.25
第2大洋丸遭難（山形県酒田市沖）1963.4.8
渡船転覆（山形県）　　　　　　1965.5.9
山崩れ（山形県宮内町）　　　　1965.7.17
土砂崩れ（山形県西村山郡西川町）1966.3.6
豪雨（山形県）　　　　　　　　1966.7.15−
ライトバンひき逃げ（山形県山形市）1966.10.23
集団赤痢（山形県米沢市）　　　1967.1.3−
豪雨（山形県）　　　　　　　　1967.8.28−
日本航空訓練機墜落（山形県村山市）1967.10.5
凍霜害（山形県）　　　　　　　1969.5.7
渡船転覆（山形県最上郡戸沢村）1970.4.24
ジークライト化学工業工場煙排出（山
　　形県東置賜郡高畠町）　　　1971.この頃
鉛・水銀汚染（山形県酒田市）
　　　　　　　　　　　　　　　1971.この頃−

602

都道府県別一覧　　　　　　　《東北地方》

汚染（山形県）　　　　　　　　1971.この頃－
集団赤痢連続発生（山形県山形市ほか）
　　　　　　　　　　　　　　　　1972.5.－
港工業型枠倒壊（山形県酒田市）　1972.11.10
奥羽本線トンネル付近山崩れ（山形県
　最上郡舟形町）　　　　　　　　1973.4.11－
休廃止鉱山水銀・カドミウム流出（山
　形県南陽市）　　　　　　　　　1973.この頃
山津波（山形県最上郡大蔵村）　　1974.4.26
食中毒発生（山形県）　　　　　　1975.9.17－
灌漑用水トンネル建設現場ガス爆発
　（山形県西村山郡朝日町）　　　1976.5.10
酒田市大火（山形県酒田市中町）　1976.10.29
灌漑用水トンネル建設現場メタンガス
　爆発（山形県東村山郡中山町付近）1978.6.28
アンモニアガス噴出（山形県酒田市）1979.10.31
ツツガムシ病多発（山形県）　　　1980.この年
蔵王観光ホテル火災（山形県山形市）1983.2.21
小型遊漁船光星丸転覆（山形県酒田沖）1983.7.2
排気ガス中毒（山形県）　　　　　1994.2.15
スキー場で遭難（山形県米沢市）　1998.2.28
雪崩（山形県東田川郡立川町）　　2000.12.26
雪崩（山形県小国町）　　　　　　2002.2.9
雪崩（山形県長井市）　　　　　　2002.3.10
温風機修理後に一酸化炭素中毒（山
　形県山形市）　　　　　　　　　2005.12.2
JR羽越線脱線事故（山形県庄内町）2005.12.25

【福島県】

豪雨、地滑り（福島県）　　　　　1910.8.
岩越線列車雪崩埋没（福島県）　　1917.1.23
入山炭坑ガス爆発（福島県）　　　1924.8.9
磐城炭坑火災（福島県）　　　　　1927.3.27
入山炭鉱坑内爆発（福島県）　　　1927.5.6
山林火災（福島県相馬郡鹿島村）　1929.2.25
地すべり（福島県耶麻郡朝倉村）　1934.4.25
炭鉱ガス爆発（福島県湯本町）　　1935.5.30
山津波（福島県双葉郡）　　　　　1935.10.27
渡船転覆（福島県耶麻郡檜原湖）　1935.11.25
雪崩（福島県河沼郡柳津町）　　　1936.3.16
勿来炭鉱落盤（福島県）　　　　　1936.10.20
阿武隈建設現場落盤（福島県西白河郡）
　　　　　　　　　　　　　　　　1937.10.6
炭鉱坑内出水（福島県石城郡）　　1938.2.28
バス転落（福島県相馬郡山上村）　1938.3.28
雪崩（福島県）　　　　　　　　　1938.4.28
渡船転覆（福島県伊達郡立子山村）1938.7.11
常磐炭鉱坑内ガス爆発（福島県）　1947.10.20

貨物列車転覆〔松川事件〕（福島県信
　夫郡金谷川村）　　　　　　　　1949.8.17
漁船大正丸・定期船金加丸衝突（福島
　県石城郡豊間町沖）　　　　　　1949.11.26
豪雨（福島県）　　　　　　　　　1950.6.7－
豪雨（福島県）　　　　　　　　　1950.8.2－
日本発発発電所建設現場ゴンドラ墜落
　（福島県沼沢村）　　　　　　　1950.12.12
林道建設現場土砂崩れ（福島県大沼郡
　川口村）　　　　　　　　　　　1953.7.14
常磐炭砿内郷鉱山坑内落盤（福島県石
　城郡内郷町）　　　　　　　　　1953.11.21
オート三輪・貨物列車衝突（福島県信
　夫郡金谷川村）　　　　　　　　1954.4.17
トラック・貨物列車衝突（福島県石城
　郡久之浜町）　　　　　　　　　1954.4.17
ビーチクラフト機墜落（福島県南会津
　郡楢原村）　　　　　　　　　　1954.9.25
白河高等学校生暴風雨遭難（福島県旭
　岳）　　　　　　　　　　　　　1955.5.29
流行性腎炎発生（福島県）　　　　1955.9.頃－
常磐炭鉱ガス爆発（福島県常磐市）1956.3.7
常葉町大火（福島県田村郡常葉町）1956.4.17
降雹（福島県）　　　　　　　　　1956.6.21
豪雨（福島県）　　　　　　　　　1956.7.14－
急行列車脱線（福島県双葉郡双葉町）1957.5.17
漁船第2大正丸沈没（福島県磐城市沖）
　　　　　　　　　　　　　　　　1958.1.26
日本曹達赤井炭鉱出水（福島県）　1958.5.8
常磐線トンネル電化工事現場落盤（福
　島県常磐市）　　　　　　　　　1959.12.23
豪雨（福島県）　　　　　　　　　1960.7.13－
米軍気象観測機墜落（福島県石川郡石
　川町）　　　　　　　　　　　　1960.9.8
漁船第10成田丸遭難（福島県磐城市沖）
　　　　　　　　　　　　　　　　1960.11.26
第7文丸・アトランティック・サンラ
　イズ号衝突（福島県四倉沖）　　1961.6.18
干害（福島県）　　　　　　　　　1962.8.
トラック転落（福島県河沼郡柳津町）1962.10.19
木村病院火災（福島県石城郡四倉町）1964.3.16
バス転落（福島県会津若松市）　　1965.7.15
児童アイスボックス窒息死（福島県会
　津若松市）　　　　　　　　　　1965.10.17
干害（福島県）　　　　　　　　　1967.5.－
豪雨（福島県）　　　　　　　　　1967.8.28－
台風34号（福島県）　　　　　　　1967.10.26－
大方医院火災（福島県田村郡船引町）1969.1.30
磐光ホテル火災（福島県郡山市）　1969.2.5

603

《関東地方》　　　　　都道府県別一覧

伊達製鋼ガスタンク爆発（福島県伊達郡伊達町）	1969.3.1
凍霜害（福島県）	1969.5.7
農作業トラック・貨物運搬車二重衝突（福島県西白河郡西郷村）	1969.5.29
日本窒素工場粉塵被害（福島県いわき市）	1969.この頃
空光丸沈没（福島県いわき市）	1970.1.31
本田航空機墜落（福島県郡山市）	1970.4.3
モーターボート転覆（福島県耶麻郡北塩原村）	1970.7.26
豪雨（福島県）	1970.11.19-
青酸化合物汚染（福島県いわき市）	1970.この年
日曹金属工場カドミウム汚染（福島県耶麻郡磐梯町）	1970.この年
カドミウム汚染（福島県いわき市）	1970.この年
農業用水池割氷（福島県西白河郡表郷村）	1971.2.12
雷雨（福島県西部）	1971.6.28
台風25号（福島県）	1971.9.7-
磐梯吾妻スカイライン排気ガス汚染（福島県）	1971.この頃
浅間山爆発（福島県）	1973.2.1-
常磐炭鉱坑内火災（福島県いわき市）	1973.5.29
原子力発電所廃液漏出（福島県双葉町）	1973.6.25
呉羽化学工場従業員水銀汚染（福島県いわき市）	1973.この頃
マイクロバス埋没（福島県大沼郡三島町）	1974.3.7
東京電力発電所関係者被曝（福島県双葉郡双葉町）	1974.この頃
マイクロバス・水郡線列車衝突（福島県東白川郡棚倉町）	1975.2.13
電線工事現場作業員墜落（福島県猪苗代町）	1977.9.27
東山温泉旅館火災（福島県会津若松市）	1977.12.18
東京電力発電所放射性同位体漏出（福島県双葉郡双葉町）	1977.この年
掘削作業現場酸欠事故（福島県）	1978.7.19
集中豪雨（福島県）	1979.5.
工事現場土砂崩れ（福島県郡山市）	1979.10.23
凶作（福島県）	1981.この年
地滑り陥没（福島県大沼郡昭和村）	1982.4.15-
干ばつ被害（福島県）	1984.この年
飯坂温泉旅館火災（福島県福島市飯坂町）	1986.3.24
海洋調査船へりおす沈没（福島県相馬沖）	1986.6.17
モーターボート転覆（福島県いわき市江名港沖）	1986.7.6
亜硫酸ガス中毒（福島県いわき市）	1989.8.18
ヘリコプター墜落（福島県南会津郡伊南）	1992.8.14
強風（福島県白河市）	1994.4.3
大雨（福島県）	1999.4.25
メッキ加工工場でガス中毒（福島県矢祭町）	2003.6.4
土砂崩れ（福島県北塩原村）	2003.8.18
新潟・福島豪雨（福島県）	2004.7.13
バス横転（福島県猪苗代町）	2005.4.28
工場サイロで作業中生埋め（福島県双葉町）	2005.5.7
エレベーター落下（福島県いわき市）	2005.7.28
落雪で園児死亡（福島県下郷町）	2006.1.16
老人介護施設で火災（福島県いわき市）	2008.12.26

《関東地方》

水害（関東地方）	1868.6.28
暴風雨（関東地方）	1870.10.12
暴風雨、高潮（関東地方）	1871.7.4
噴火（関東地方）	1874.7.3
台風（関東地方）	1884.9.15
地震（関東地方）	1884.10.15
地震（関東地方）	1886.7.23
地震（関東地方）	1887.1.15
風水害（関東地方）	1889.9.11
地震（関東地方）	1890.4.16
東京湾北部地震（関東地方）	1894.6.20
地震（関東地方）	1895.1.18
台風（関東地方）	1895.7.24
洪水（関東地方）	1896.9.6-
風水害（関東地方）	1898.9.6
地震（関東地方）	1900.3.22
地震（関東地方）	1902.6.23
風水害、洪水（関東地方）	1902.8.10
台風（関東地方）	1902.9.27
豪雨、洪水（関東地方）	1903.7.7
暴風雨（関東地方）	1904.9.17
噴火（関東地方）	1904.12.

台風（関東地方）	1906.7.26	暴風雨（関東地方）	1950.12.16-
台風、洪水（関東地方）	1907.8.24	暴風雪（関東地方）	1951.2.14-
海難（銚子・鹿島灘沖）	1910.3.12	ケイト台風（関東地方）	1951.6.30-
台風（関東地方）	1910.8.8-	ルース台風（関東地方）	1951.10.14
台風（関東地方）	1911.7.26	大聖寺沖地震（関東地方）	1952.3.7
噴火（関東地方）	1911.12.3	ダイナ台風（関東地方）	1952.6.23-
噴火（関東地方）	1912.この年	台風14号（関東地方）	1954.9.18
台風（関東地方）	1913.8.27	台風15号〔洞爺丸台風〕（関東地方）	
台風（関東地方）	1914.8.12		1954.9.26-
台風（関東地方）	1914.8.31	暴風雨（関東地方）	1954.11.28
台風（関東地方）	1914.9.11-	暴風雪（関東地方）	1955.2.20-
地震（関東地方）	1915.11.16	台風25号（関東地方）	1955.10.11
地震（関東地方）	1916.2.22	遅霜（関東地方）	1956.4.30
雷雨（関東地方）	1916.7.5	台風15号（関東地方）	1956.9.27
台風（関東地方）	1916.7.30	豪雨（関東地方）	1957.8.4-
地震（関東地方）	1918.6.26	暴風雨（関東地方）	1957.12.12-
台風（関東地方）	1918.9.13	豪雪（関東地方）	1958.3.28-
台風（関東地方）	1920.9.28	台風11号（関東地方）	1958.7.23
噴火（関東地方）	1920.12.22	台風21号（関東地方）	1958.9.17-
地震（関東地方）	1921.12.10	豪雨（関東地方）	1959.7.13-
暴風雨（関東地方）	1922.2.16	台風6号（関東地方）	1959.8.6-
地震（関東地方）	1922.4.26	豪雨（関東地方）	1959.8.12-
台風（関東地方）	1922.8.23	台風7号（関東地方）	1959.8.14
関東大震災（関東地方）	1923.9.1	暴風雨（関東地方）	1960.6.21-
地震（関東地方）	1923.9.2	梅雨前線豪雨（36年6月豪雨）（関東地方）	
地震（関東地方）	1924.1.15		1961.6.23-
暴風雨（関東地方）	1924.9.16	台風24号（関東地方）	1961.10.10
地震（関東地方）	1926.8.3	地震（関東地方）	1962.4.30
台風（関東地方）	1926.9.3	豪雨（関東地方）	1962.6.9-
北伊豆地震（関東地方）	1930.11.26	集団食中毒（関東地方）	1962.8.27
台風（関東地方）	1931.9.26-	早稲田大学・慶応義塾大学ヨット遭難	
台風（関東地方）	1931.10.13	（相模湾）	1962.11.3
冷害（関東地方）	1934.7.-	長雨（関東地方）	1963.4.30-
台風（関東地方）	1935.8.25-	台風2号（関東地方）	1963.6.2-
大福丸遭難（相模灘付近）	1937.4.6	台風3号（関東地方）	-1963.6.11-
豪雨（関東地方）	1937.7.13-	雷雨（関東地方南部）	1963.8.25
台風（関東地方）	1938.9.1	台風11号（関東地方南部）	1963.8.27-
汽船転覆（関東地方）	1941.5.18	地盤沈下（関東地方）	1963.この頃-
台風（関東地方）	1941.7.21-	凍霜雹害（関東地方北部）	1964.4.29-
キャスリーン台風（関東地方）	1947.9.14-	地震（関東地方）	1964.6.16
日本脳炎流行（関東地方）	1948.5.-	豪雨（関東地方北部）	1964.8.23-
アイオン台風（関東地方）	1948.9.10-	降雹（関東地方）	1965.5.11
デラ台風（関東地方）	1949.6.18-	台風6号（関東地方）	1965.5.26-
狂犬病流行（関東地方）	1949.6.頃	台風17号（関東地方）	1965.8.21-
キティ台風（関東地方）	1949.8.31-	インフルエンザワクチン接種幼児死亡	
今市地震（関東地方）	1949.12.26	（関東地方）	1965.12.2-
暴風（関東地方）	1950.1.10-	アメリカシロヒトリ被害（関東地方）	
狂犬病流行（関東地方）	1950.2.-		1965.この年
豪雨（関東地方西部）	1950.7.27-	雷雨・降雹（関東地方）	1966.6.6-

《関東地方》　　　　　　　　都道府県別一覧

台風4号（関東地方）	1966.6.27-	落雷（関東地方）	1979.8.
雷雨（関東地方）	1966.7.22	群発地震（関東地方）	1980.6.24-
台風24・26号（関東地方）	1966.9.24-	地震（関東地方）	1980.9.24-
ウンカ発生（関東地方）	1966.この年	雷雨（関東地方）	1981.7.22
コレラワクチン採取豚・ヤギ肉違法処理（病菌豚密売事件）（関東地方）	1967.2.	台風15号（関東地方）	1981.8.23
		台風24号（関東地方）	1981.10.22
雷雨・雹害（関東地方）	1967.5.14	浦河沖地震（関東地方）	1982.3.21
雷雨・竜巻・降雹（関東地方）	1967.7.28-	地盤沈下（関東地方）	1982.この年
台風34号（関東地方）	1967.10.26-	台風10号（関東地方）	1983.9.25-
十勝沖地震（関東地方）	1968.5.16-	雷雨（関東地方）	1985.7.14
台風10号（関東地方）	1968.8.25-	雷雲発生（関東地方）	1985.7.20
暴風雨（44年7月豪雨）（関東地方）	1969.6.24-	地震（関東地方）	1985.10.4
		大雪（関東地方）	1986.3.23
台風9号（関東地方）	1969.8.22-	台風10号（関東地方）	1986.8.4
地震（関東地方）	1969.9.9	台風19号（関東地方）	1987.10.17
豪雨（45年1月低気圧）（関東地方）	1970.1.30-	千葉県東方沖地震（関東地方）	1987.12.17
		豪雨（関東地方）	1988.8.11-
豪雨（関東地方南部）	1970.6.30-	台風18号（関東地方）	1988.9.15
台風2号（関東地方）	1970.7.5	豪雨（関東地方）	1989.7.31-
豪雨（関東地方）	1970.11.19-	台風13号（関東地方）	1989.8.6-
異常乾燥（関東地方ほか）	1971.1.-	台風17号（関東地方）	1989.8.25-
冷害（関東地方）	1971.4.-	台風22号（関東地方）	1989.9.19-
異常潮位（関東地方）	1971.9.4-	PCB検出（関東地方）	1989.この年
台風29号（関東地方）	1971.9.26	台風10号（関東地方）	1990.9.23-
低気圧豪雨（関東地方）	1972.1.15-	台風28号（関東地方）	1990.11.30
八丈島東方沖地震（関東地方）	1972.2.29	台風12号（関東地方）	1991.8.18-
台風7号（関東地方）	1972.7.25-	台風18号（関東地方）	1991.9.17-
台風20号（関東地方）	1972.9.16-	地震（関東地方）	1992.2.2
八丈島東方沖地震（関東地方）	1972.12.4	地震（関東地方）	1992.5.11
浅間山爆発（関東地方）	1973.2.1-	台風11号（関東地方）	1993.8.27
根室南東沖地震（関東地方）	1973.6.17	台風24号（関東地方）	1994.9.18
光化学スモッグ被害（関東地方）	1974.4.-	平成六年北海道東方沖地震（関東地方）	1994.10.4
伊豆半島沖地震（関東地方）	1974.5.9	阪神・淡路大震災（関東地方）	1995.1.17
梅雨前線豪雨（関東地方）	1974.6.17-	台風12号（関東地方）	1995.9.17-
酸性雨（関東）	1974.7.3-	台風17号（関東地方）	1996.9.22-
地震（関東地方）	1974.8.4	O157感染源（関東地方）	1997.この年
台風14号（関東地方）	1974.8.17-	大雪（関東地方）	1998.1.15
台風16号（多摩川水害）（関東地方）	1974.8.30-	台風4号（関東地方）	1998.8.27
		台風5号（関東地方）	1998.9.16
台風13号（関東地方）	1975.10.4-	台風7号（関東地方）	1998.9.22
集中豪雨（関東地方）	1976.7.10-	大雨（関東地方）	1999.7.13-
台風17号（関東地方）	1976.9.8-	大雨（関東地方）	1999.7.21-
台風9号（関東地方）	1977.9.9-	大雨（関東地方）	1999.8.13-
台風11号（関東地方）	1977.9.19	大雨（関東地方）	1999.10.27-
浸水（関東地方）	1978.4.6	雷雨（関東地方）	2000.7.2
宮城県沖地震（関東地方）	1978.6.12	雷雨（関東地方）	2000.9.16
雷雨大荒れ（関東地方）	1979.3.24	大雪（関東地方）	2001.1.27-
集中豪雨（関東地方）	1979.5.15		

都道府県別一覧　　　　　　　　《関東地方》

牛肉製品でO157大量感染（関東地方）
　　　　　　　　　　　　　　　2001.3.25-
地震（関東地方）　　　　　　　2001.4.3
強風（関東地方）　　　　　　　2003.3.2
猛暑（関東地方）　　　　　　　2003.8.24
突風（関東地方）　　　　　　　2003.10.13
地震（関東地方）　　　　　　　2003.10.15
輸血でB型肝炎感染（関東地方）　2004.6.10
地震（関東地方）　　　　　　　2005.2.16
地震（関東地方）　　　　　　　2005.4.11
地震（関東地方）　　　　　　　2005.7.23
台風11号首都圏直撃（関東地方）　2005.8.26
首都圏豪雨（関東地方）　　　　2005.9.4-
大雨・暴風（関東地方）　　　　2006.10.6-
MRSA市中型で国内初の死者（関東
　地方）　　　　　　　　　　　2007.4.2
局地的豪雨（関東地方）　　　　2007.8.28
台風9号（関東地方）　　　　　2007.9.6-
台風20号（関東地方）　　　　　2007.10.27
岩手北部地震（関東地方）　　　2008.7.24
ゲリラ豪雨（関東地方）　　　　2008.8.5
大雨（関東地方）　　　　　　　2008.8.16
豪雨（関東地方）　　　　　　　2008.8.29
大雨（関東地方）　　　　　　　2008.8.30

【茨城県】

日立鉱山煙害（茨城県日立市）　1914.12.
飛行船爆発墜落（茨城県相馬郡）　1924.3.19
山口炭鉱坑内落盤（茨城県）　　1933.6.
石灰山崩壊（茨城県）　　　　　1935.9.25
豪雨（茨城県北部）　　　　　　1938.8.27
火災（茨城県真壁郡下館町）　　1940.5.15
常磐線列車追突（茨城県土浦市）　1943.10.26
那珂湊町大火（茨城県那珂郡那珂湊町）
　　　　　　　　　　　　　　　1947.4.29
豪雨（茨城県）　　　　　　　　1950.6.7-
豪雨（茨城県）　　　　　　　　1950.8.2-
漁船多数遭難（茨城県霞ヶ浦）　1950.8.3
がけ崩れ（茨城県多賀郡大津町）　1951.11.22
豪雨（茨城県）　　　　　　　　1953.7.18-
放火殺人（茨城県鹿島郡徳宿村）　1954.10.11
乗用車・貨物列車衝突（茨城県北茨城
　市）　　　　　　　　　　　　1959.3.15
漁船第2日吉丸・貨物船海島丸衝突（茨
　城県那珂湊市沖）　　　　　　1960.3.12
磯原炭鉱坑内落盤（茨城県北茨城市）　1961.10.12
十王炭鉱坑内落盤（茨城県多賀郡十王
　町）　　　　　　　　　　　　1961.10.24

竜巻（茨城県）　　　　　　　　1962.7.2
炭鉱落盤（茨城県北茨城市）　　1963.9.28
日立市セメント工場作業員熱粉塵埋没
　（茨城県日立市）　　　　　　1965.1.31
集団赤痢（茨城県那珂郡那珂町）
　　　　　　　　　　　　　　　1966.5.7-
磯原炭鉱坑内落盤（茨城県北茨城市）　1967.3.28
関本炭鉱坑内落盤（茨城県北茨城市）　1967.4.12
ダンプカー暴走（茨城県古河市）　1967.8.1
身体障害者施設火災（茨城県北相馬郡
　取手町）　　　　　　　　　　1967.11.12
竜巻（茨城県）　　　　　　　　1969.8.23
中郷炭鉱坑内落盤（茨城県北茨城市）　1970.4.24
国際航空大学練習機墜落（茨城県稲敷
　郡河内村）　　　　　　　　　1970.4.29
日本原子力発電所放射能漏出（茨城県
　那珂郡東海村）　　　　　　　1971.7.15
水質汚濁（茨城県霞ヶ浦）　　　1971.この年-
大気汚染・水質汚濁・騒音被害（茨城
　県鹿島郡）　　　　　　　　　1971.この頃-
協照丸爆発（茨城県鹿島郡神栖町）　1972.2.21
日本原子力研究所放射性廃液流出（茨
　城県那珂郡東海村）　　　　　1972.4.19
第11平栄丸・北扇丸衝突（茨城県北茨
　城市沖）　　　　　　　　　　1972.12.17
下水道建設現場地盤凝固剤汚染（茨城
　県）　　　　　　　　　　　　1973.7.-
日本原子力研究所員被曝（茨城県那珂
　郡東海村）　　　　　　　　　1973.8.20
旭電化工業工場爆発（茨城県鹿島郡神
　栖町）　　　　　　　　　　　1973.12.4
キャバレー火災（茨城県日立市）　1975.12.19
小学生水死（茨城県下妻市）　　1977.8.30
革マル派・中核派乱闘（茨城県）　1978.1.27
干ばつ被害（茨城県）　　　　　1978.この年
集中豪雨（茨城県）　　　　　　1979.5.
農作物被害（茨城県）　　　　　1979.この年
鹿島製油所爆発（茨城県神栖町）　1982.3.31
放射性ヨウ素大量放出（茨城県東海村）
　　　　　　　　　　　　　　　1989.10.4
ヘリコプター墜落（茨城県稲敷郡美浦
　村）　　　　　　　　　　　　1991.7.26
電車駅ビル激突（茨城県取手市）　1992.6.2
花火工場爆発（茨城県北相馬郡守谷町）
　　　　　　　　　　　　　　　1992.6.16
高圧酸素装置から発火（茨城県那珂湊
　市）　　　　　　　　　　　　1992.12.29
保線作業員死亡（茨城県水戸市）　1993.3.30

607

《関東地方》　　　　　　　　　都道府県別一覧

軽飛行機墜落（茨城県北相馬郡守谷町）
　　　　　　　　　　　　　　1995.6.25
動力炉・核燃料開発事業団東海事業所
　火災・爆発事故（茨城県東海村）　1997.3.11
超軽量飛行機墜落（茨城県下館市）　1997.10.12
ワゴン車山車に突入（茨城県大子町）　1998.4.11
老人福祉施設でインフルエンザ（茨城
　県）　　　　　　　　　　　　1999.1.15-
東海村臨界事故（茨城県東海村）　1999.9.30
福祉センターでレジオネラ菌集団感染
　（茨城県石岡市）　　　　　　　2000.5.-
飲料用井戸からヒ素検（茨城県鹿島郡
　神栖町）　　　　　　　　　　2003.3.20
小型機墜落（茨城県緒川村）　　　2003.3.24
結核院内感染（茨城県取手市）　　　2003.6.-
鳥インフルエンザ発生（茨城県）　2005.6.26
落雷で釣り人が死亡（茨城県龍ケ崎市）
　　　　　　　　　　　　　　2007.4.28
廃棄物処理工場で事故（茨城県筑西市）
　　　　　　　　　　　　　　2007.11.15
化学工場火災（茨城県神栖市）　　2007.12.21
土浦市で8人連続殺傷（茨城県土浦市）
　　　　　　　　　　　　　　2008.3.23

【栃木県】

足尾鉱毒（栃木県上都賀郡足尾町）　1885.頃
降雹（栃木県）　　　　　　　　1891.7.14
台風（栃木県）　　　　　　　　1899.10.7
箒川鉄橋列車転落（栃木県大田原）　1899.10.7
山崩れ（栃木県那須郡那須温泉町）　1930.8.1
落雷（栃木県那須郡那須村）　　　1934.8.12
落石（栃木県日光町）　　　　　　1935.7.6
雷雨（栃木県）　　　　　　　　1937.8.31
東武鉄道日光線電車脱線（栃木県日光
　町）　　　　　　　　　　　　1939.10.12
台風（栃木県）　　　　　　　　1940.8.26-
豪雨（栃木県）　　　　　　　　1941.7.10-
集団赤痢発生（栃木県）　　　　1949.この年-
豪雨（栃木県）　　　　　　　　1950.6.7-
豪雨（栃木県）　　　　　　　　1950.8.2-
民衆映画劇場火災（栃木県宇都宮市）1953.4.5
採石場落盤（栃木県宇都宮市）　　1957.10.7
大谷石採石場落盤（栃木県宇都宮市）1959.7.6
東照宮火災（栃木県日光市）　　　1961.3.15
農薬混入ジュース中毒死（栃木県宇都
　宮市）　　　　　　　　　　　1962.4.6
採石場落盤（栃木県宇都宮市）　　1962.7.30
足利市飲食店火災（栃木県足利市）　1965.2.28

農業用水復旧現場ガス中毒（栃木県那
　須郡黒磯市）　　　　　　　　1966.7.8
マイクロバス転落（栃木県日光市）1966.11.1
ハム製造工場爆発（栃木県栃木市）1967.11.8
採石場落盤（栃木県宇都宮市）　　1969.7.22
農薬会社ほか青酸化合物・カドミウム
　連続廃棄・排出（栃木県）　　　1970.3.-
両毛病院火災（栃木県佐野市）　　1970.6.29
吉沢石灰工業採石場落盤（栃木県安蘇
　郡葛生町）　　　　　　　　　1970.11.14
古河鉱業砒素排出（栃木県）　　　1970.この頃
湯ノ湖水質汚濁（栃木県日光市）
　　　　　　　　　　　　　　1971.この頃
ヘドロ汚染（栃木県宇都宮市）　1971.この頃
小松フォークリフト工場爆発（栃木県
　小山市）　　　　　　　　　　1972.9.14
光化学スモッグ被害（栃木県）　　1973.5.31
住友セメント工場従業員クロム汚染
　（栃木県栃木市）　　　　　　1973.この頃
東武鬼怒川線保線作業員事故死（栃木
　県今市市）　　　　　　　　　1974.11.12
橋脚建設現場一酸化炭素中毒死（栃木
　県芳賀郡茂木町）　　　　　　1976.2.20
ゴルフ場造成現場土砂崩れ（栃木県真
　岡市）　　　　　　　　　　　1976.7.28
山林火災（栃木県）　　　　　　1977.3.15
軽飛行機墜落（栃木県日光山中）　1978.8.3
干ばつ被害（栃木県）　　　　　1978.この年
土砂崩れ（栃木県田沼町）　　　　1980.3.22
川治温泉ホテル火災（栃木県藤原町）1980.11.20
雹害（栃木県）　　　　　　　　1981.5.-
森林被害（栃木県）　　　　　　1981.この年
重油流出（栃木県宇都宮市平出工業団地）
　　　　　　　　　　　　　　1982.1.31-
光化学スモッグ（栃木県）　　　1985.この年
硫化水素中毒死（栃木県那須町）　1987.9.1
竜巻（栃木県宇都宮市）　　　　　1990.9.19
大谷石採取場陥没（栃木県宇都宮市）1991.4.29
多目的ホール火災（栃木県石橋町）1995.12.7
民家にダンプカー突入（栃木県黒磯市）
　　　　　　　　　　　　　　1996.11.15
自衛隊ヘリコプター墜落（栃木県宇都
　宮市）　　　　　　　　　　　1997.1.13
宝石店放火強盗（栃木県宇都宮市）2000.6.11
O157感染（栃木県宇都宮市）　　2002.8.6
O157感染（栃木県鹿沼市）　　　2002.9.3
セレウス菌院内感染（栃木県下野市）
　　　　　　　　　　　　　　2006.4.-

608

【群馬県】

竜巻（群馬県）	1901.5.31
豪雨、地滑り（群馬県）	1910.
火薬製造工場爆発（群馬県）	1912.1.24
雷雨（群馬県）	1916.7.5
信越線列車暴走転覆（群馬県）	1918.3.7
雷雨（群馬県）	1922.8.13
日本製旅客機爆発（群馬県）	1928.5.4
山津波（群馬県吾妻郡坂上村）	1930.8.1
映画館火災（群馬県金古町）	1931.5.17
浅間山爆発（群馬県）	1932.2.5-
集団食中毒（群馬県高崎市）	1933.6.1
両毛線列車横断者衝突（群馬県前橋市）	
	1934.6.16
竜巻（群馬県新田郡笠懸村）	1935.9.25
水害（群馬県）	1935.9.26
雪崩（群馬県草津温泉）	1936.2.5
山津波（群馬県嬬恋村）	1937.11.11
小坂鉱山落盤（群馬県北甘楽郡）	1938.1.12
碓氷炭鉱坑内事故（群馬県碓氷郡安中町）	
	1938.7.15
火災（群馬県吾妻郡嬬恋村）	1938.11.29
陸軍火薬製造所爆発（群馬県岩鼻村）	1938.12.19
バス・足尾線列車衝突（群馬県山田郡大間々町）	
	1939.7.12
落雷（群馬県群馬郡岩鼻村）	1939.7.13
集団食中毒（群馬県佐波郡伊勢崎町）	1939.8.9
寄宿舎火災（群馬県植蓮村）	1940.2.27
台風（群馬県）	1940.8.26-
浅間山爆発（群馬県吾妻郡）	1947.8.14
信越本線熊ノ平駅倒壊（群馬県碓氷郡）	1950.6.9
突風（群馬県多野郡藤岡町付近）	1950.7.9
東京電力須田貝発電所建設現場火薬爆発（群馬県利根郡水上町）	
	1953.12.25
浅間山爆発（群馬県）	1954.9.6
藤原ダム建設現場落盤（群馬県利根郡水上町）	
	1956.1.20
万座硫黄鉱山作業員宿舎倒壊（群馬県吾妻郡草津町）	
	1956.1.31
米軍兵士住民狙撃〔ジラード事件〕（群馬県群馬郡相馬村）	1957.1.30
群馬バス転落（群馬県群馬郡榛名村）	1957.2.3
連続放火（群馬県前橋市）	1958.1.30-
浅間山爆発（群馬県）	1958.11.10
浅間山爆発（浅間山）	1959.4.14-
集団赤痢（群馬県藤岡市・多野郡吉井町）	
	1960.7.-
消防車転落（群馬県吾妻郡吾妻町）	1962.3.7
干害（群馬県）	1962.8.
突風・降雹・落雷（群馬県）	1963.5.22
東武鉄道バス転落（群馬県利根郡白沢村）	
	1964.6.6
相馬小学校ほか集団赤痢（群馬県）	
	1965.10.13-
菊富士ホテル火災（群馬県利根郡水上町）	
	1966.3.11
矢木沢ダム建設現場排水路崩壊（群馬県利根郡水上町）	
	1966.7.27
がけ崩れ（群馬県吾妻郡嬬恋村）	1966.7.30
矢木沢ダム発電所爆発（群馬県利根郡水上町）	
	1966.11.7
山岳連盟救助隊員遭難（谷川岳）	1967.1.10
スキー客凍死傷（群馬県白根山）	1967.2.19
スキー客遭難死（谷川岳）	1967.2.19
乗用車暴走（群馬県吾妻郡長野原町付近）	1969.1.1
クレーン車・東武伊勢崎線準急電車衝突（群馬県館林市）	1969.12.9
広瀬川青酸化合物汚染（群馬県）	1970.6.12
古河鉱業砒素排出（群馬県）	1970.この頃
トラック・東武小泉線列車衝突（群馬県館林市）	
	1971.1.17
スキー客ガス中毒死（群馬県吾妻郡草津町）	
	1971.12.27
自家用機墜落（群馬県太田市）	1972.10.1
水異変（群馬県）	1973.この頃
旅館谷川館積雪崩壊（群馬県利根郡水上町）	
	1974.2.10
土壌汚染（群馬県渡良瀬川流域）	1974.3.18
山崩れ（群馬県群馬郡榛名町）	1974.10.6
群栄化学工場フェノール流出（群馬県高崎市）	
	1976.1.20-
高崎女子高等学校生硫化水素中毒（群馬県本白根山）	
	1976.8.3
長雨冷害（群馬県）	1977.8.
利根川架橋落下（群馬県勢多郡赤城村）	1978.9.9
橋梁崩落（群馬県北群馬郡）	1978.9.19
農作物被害（群馬県）	1978.この年
大清水トンネル火災（群馬県利根郡水上町）	
	1979.3.20
林道工事現場土砂崩れ（群馬県碓氷郡松井田町）	
	1979.12.14
カドミウム汚染（群馬県）	1979.この年
強風（群馬県）	1980.3.1-
霜害・雹害（群馬県）	1981.5.-
降雹（群馬県榛名町）	1981.6.5
浅間山噴火（浅間山）	1983.4.8

《関東地方》　　　　　　　　　都道府県別一覧

土砂崩れ（群馬県水上町）	1983.7.27
安中公害問題（群馬県安中市）	1984.8.28
日航ジャンボ機墜落（群馬県御巣鷹山）	
	1985.8.12
小型機墜落（群馬県邑楽郡大泉町）	1987.8.3
酸性霧（群馬県）	1989.この年
強風（群馬県高崎市）	1994.4.3
強風（群馬県富岡市）	1994.4.3
クマに襲われ重傷（群馬県利根郡片品村）	1999.6.6
車内で幼児熱射病（群馬県高崎市）	1999.8.27
化学工場爆発（群馬県新田郡尾島町）	2000.6.10
鉄砲水（群馬県利根郡水上町）	2000.8.6
大雨（群馬県）	2000.9.8-
セラチア菌感染（群馬県太田市）	
	2002.4.15-
浅間山噴火（群馬県）	2004.9.1
老人施設火災（群馬県渋川市）	2009.3.19

【埼玉県】

大雨、洪水（埼玉県）	1885.6.15
竜巻（埼玉県）	1901.5.31
日本初航空犠牲者事故（埼玉県松井村）	
	1913.3.28
降雹（埼玉県熊谷市）	1917.6.29
渡船転覆（埼玉県北葛飾郡）	1936.5.19
八高線列車脱線（埼玉県入間郡日高町）	
	1947.2.25
赤痢集団発生（埼玉県南埼玉郡鷺宮町周辺）	1949.7.頃
豪雨（埼玉県）	1950.6.7-
東武バス・列車衝突（埼玉県大宮市）	1950.12.18
米空軍B29戦略爆撃機墜落（埼玉県入間郡金子村）	1952.2.7
オート三輪・列車衝突（埼玉県日勝寺村付近）	1952.10.8
鈴木日本堂トクホン工場爆発（埼玉県北足立郡草加町）	1953.8.1
米空軍ジェット機墜落（埼玉県入間郡名細村）	1955.3.24
オート三輪・貨物列車衝突（埼玉県北埼玉郡高柳村）	1955.8.20
西武鉄道バス転落（埼玉県秩父郡横瀬村）	1956.10.5
米空軍気象観測機墜落（埼玉県飯能市）	
	1956.12.28
台風22号〔狩野川台風〕（埼玉県）	
	1958.9.26-
十字屋テーラー越谷工場火災（埼玉県南埼玉郡越谷町）	1958.10.30
田沢工業秩父鉱業所生石灰溶出（埼玉県秩父市）	1959.6.20
大野煙火工場爆発（埼玉県岩槻市）	1960.4.23
共栄化工石川工場火薬爆発（埼玉県北埼玉郡騎西町）	1960.7.24
ゴルフクラブ火災（埼玉県）	1960.12.26
住宅火災（埼玉県川口市）	1962.2.15
突風・降雹・落雷（埼玉県）	1963.5.22
オート三輪車・東武伊勢崎線準急電車衝突（埼玉県草加市）	1964.3.12
航空自衛隊ヘリコプター墜落（埼玉県岩槻市）	1964.9.15
藤永田造船所爆発（埼玉県川口市）	1966.4.23
トラック交通事故（埼玉県川越市）	1966.9.2
バス・東武伊勢崎線特急電車衝突（埼玉県越谷市）	1966.9.22
レストランガス爆発（埼玉県春日部市）	
	1967.8.19
牽引式整地機暴走（埼玉県熊谷市）	1967.9.7
日本軽合金溶解炉爆発（埼玉県行田市）	
	1968.5.10
異常乾燥発生（埼玉県）	1969.12.-
岩槻煙火工場爆発（埼玉県岩槻市）	1969.12.1
落石（埼玉県秩父郡大滝村付近）	1970.6.20
光化学スモッグ発生（埼玉県）	1970.7.18
ダンプカー・東武伊勢崎線電車衝突（埼玉県加須市）	1970.10.9
石黒製作所爆発（埼玉県熊谷市）	1970.12.9
塩素酸ソーダ輸送車発火（埼玉県北葛飾郡杉戸町）	1971.6.25
原市団地騒音被害（埼玉県上尾市）	
	1971.この頃
本田航空機墜落（埼玉県桶川市）	1972.4.29
光化学スモッグ発生（埼玉県南部）	1972.6.6
集団赤痢発生（埼玉県東松山市）	1975.2.-
光化学スモッグ被害（埼玉県）	1975.6.6
昭和電工工場六価クロム汚染（埼玉県秩父市）	1975.この頃
工場火災（埼玉県蕨市）	1976.1.19
群栄化学工場フェノール流出（埼玉県）	
	1976.1.20-
青酸汚染（埼玉県行田市）	1976.12.21
過激派ライトバン放火（埼玉県浦和市）	
	1977.4.15
衛生処理場未処理屎尿排出（埼玉県大宮市）	1977.6.2
農作物被害（埼玉県）	1978.この年

農産物被害（埼玉県） 1979.10.19
医薬品製造工場爆発（埼玉県浦和市新
　開） 1980.5.14
古タイヤ火災（埼玉県浦和市田島） 1980.8.17
富士見産婦人科病院乱診療（埼玉県所
　沢） 1980.9.10
騒音・大気汚染（埼玉県） 1980.この年
降雹（埼玉県） 1981.6.5
毒入り牛乳（埼玉県児玉郡美里村古郡）
 1983.5.22
ガス中毒死（埼玉県浦和市大崎） 1983.11.26
キャンプ事故（埼玉県飯能市平戸） 1985.7.20
小型機墜落（埼玉県北埼玉郡騎西町） 1986.8.9
セスナ機墜落（埼玉県入間郡毛呂山町）
 1988.7.10
作業員転落死（埼玉県与野市） 1991.6.6
橋工事中に地盤崩れる（埼玉県草加市） 1991.9.7
生コン注入で屋根落下（埼玉県北本市） 1992.3.6
重量オーバーで橋崩れる（埼玉県三郷
　市） 1993.9.1
熱中症（埼玉県） 1998.7.3
増水で流され死亡（埼玉県本庄市） 2000.7.8
熱中症（埼玉県小川町） 2001.7.24
O157感染（埼玉県岩槻市） 2001.7.29−
大型量販店で放火（埼玉県さいたま市）
 2004.12.13
水道水汚染（埼玉県さいたま市） 2005.6.23
鳥インフルエンザ発生（埼玉県） 2005.6.26
豪雨（埼玉県さいたま市） 2005.8.13
プール吸水口に吸い込まれ死亡（埼玉
　県ふじみ野市） 2006.7.31
園児の列にワゴン車突入（埼玉県川口
　市） 2006.9.25
VRE院内感染（埼玉県） 2007.3.24−
熱中症（埼玉県鴻巣市） 2007.9.27
O157で死亡（埼玉県川口市） 2008.8.19

【千葉県】

暴風雨（千葉県） 1894.12.10
竜巻（千葉県） 1901.5.31
竜巻（千葉県） 1902.1.8
竜巻（千葉県） 1902.3.1
降雹、竜巻（千葉県） 1903.8.19
湖沼氾濫（千葉県） 1909.7.9
台風（千葉県） 1916.7.30
豚コレラ流行（千葉県印旛郡四街道町）
 1931.7.4頃

マグロ漁船難破（千葉県海上郡銚子町
　沖） 1932.11.
正栄丸難破（千葉県） 1934.11.
豪雨（千葉県） 1935.7.
土砂崩れ（千葉県神代村） 1937.2.
御嶽丸転覆（千葉県銚子市） 1938.2.22
台風（千葉県） 1940.8.26−
天然痘流行（千葉県） 1941.1.−
親子遭難（千葉県安房郡） 1941.7.30
鴨猟船転覆（千葉県東葛飾郡浦安町沖）
 1949.1.30
利根川渡船転覆（千葉県香取郡高岡村付
　近） 1949.1.30
国立国府台病院火災（千葉県市川市） 1949.6.7
パトリシア台風（千葉県） 1949.10.28
集団赤痢発生（千葉県） 1949.この年−
国宝長楽寺火災（千葉県印旛郡大森町）
 1950.2.12
豪雨（千葉県） 1950.6.7−
両総用水トンネル工事現場落盤（千葉
　県香取郡西村） 1950.12.22
バス・電車衝突（千葉県船橋市） 1951.11.3
引揚げ爆雷爆発（千葉県君津郡富津町）
 1953.5.21
豪雨（千葉県） 1953.7.18−
がけ崩れ（千葉県匝瑳郡吉田村） 1953.8.19
中山精神病院火災（千葉県市川市） 1954.1.3
漁船大正丸離礁作業員行方不明（千葉
　県君津郡富津町沖） 1954.12.27
精神病院火災（千葉県市川市） 1955.6.18
川崎製鉄千葉製鉄所溶鉱炉建設現場支
　柱倒壊（千葉県千葉市） 1957.7.1
愛国学園中学校教諭・生徒溺死（千葉
　県長生郡一宮町） 1957.7.16
旅客列車脱線（千葉県） 1957.10.6
日本冶金興津工場火薬爆発（千葉県夷
　隅郡勝浦町） 1957.11.30
台風22号〔狩野川台風〕（千葉県）
 1958.9.26−
利根川渡船転覆（千葉県香取郡小見川
　町） 1958.10.2
漁船第18瑞宝丸・第5大徳丸行方不明
　（千葉県安房郡白浜町東方沖） 1958.11.3
漁船第11進漁丸沈没（千葉県安房郡白
　浜町沖） 1959.1.18
川崎製鉄千葉工場溶鉱炉建設現場土台
　沈下（千葉県千葉市） 1959.7.7
漁船第12長栄丸沈没（千葉県安房郡白
　浜町沖） 1959.11.22

611

《関東地方》　　　　　　　　都道府県別一覧

漁船第5幸辰丸沈没（千葉県銚子市付
　近）　　　　　　　　　　　　1959.11.25
漁船第5八幡丸遭難（千葉県安房郡白浜
　町沖）　　　　　　　　　　　1959.12.14
台風14号（千葉県）　　　　　　1960.8.20-
川崎製鉄工場増築現場鉄骨崩落（千葉
　県千葉市）　　　　　　　　　　1961.7.25
海水浴客溺死（千葉県山武郡九十九里
　町）　　　　　　　　　　　　　1963.7.21
コンテナ車・総武線電車衝突（千葉県
　市川市）　　　　　　　　　　　1963.9.9
船越丸遭難（千葉県安房郡白浜町沖）1963.10.17
水郷観光交通バス転落（千葉県佐倉市）1964.7.7
千葉大学付属病院医局員チフス・赤痢
　菌飲食物混入（三島病院集団腸チフ
　ス事件・千葉大カステラ事件・川鉄
　カルピス事件）（千葉県千葉市）
　　　　　　　　　　　　　　　1964.7.27-
アンプル入り解熱鎮痛剤服用者死亡
　（千葉県）　　　　　　　　　1964.11.-
東武鉄道バス転落（千葉県東葛飾郡沼
　南町）　　　　　　　　　　　1964.12.29
川崎製鉄爆発（千葉県千葉市）　1965.2.19
冷害（千葉県）　　　　　　　　1965.4.-
釣り舟・ボート転覆（千葉県夷隅郡岬
　町）　　　　　　　　　　　　　1965.9.26
日本脳炎流行（千葉県）　　　　1966.6.-
たばこハイライト連続爆発（千葉県）
　　　　　　　　　　　　　　　1966.8.24-
火災（千葉県船橋市）　　　　　1967.2.23
干害（千葉県）　　　　　　　　1967.5.-
新東京国際空港建設反対派・警官隊衝
　突（千葉県成田市）　　　　　1968.2.26-
鉱石運搬船ぼりばあ丸沈没（千葉県野
　島崎沖）　　　　　　　　　　　1969.1.5
第15徳運丸行方不明（千葉県安房郡白
　浜町沖）　　　　　　　　　　　1969.2.3
出光興産製油所ガス中毒死（千葉県千
　葉市）　　　　　　　　　　　　1969.3.13
中央航空セスナ機墜落（千葉県船橋市）
　　　　　　　　　　　　　　　1969.4.17
トラック・京成電鉄本線電車衝突（千
　葉県市川市）　　　　　　　　　1970.1.20
大型船かりふおるにや丸沈没（千葉県
　銚子市沖）　　　　　　　　　　1970.2.9
東京航空取材機沈没（千葉県銚子市沖）
　　　　　　　　　　　　　　　1970.2.10
マイクロバス・房総東線気動車衝突
　（千葉県）　　　　　　　　　　1970.3.1

マイクロバス・房総西線列車衝突（千
　葉県夷隅郡大原町）　　　　　　1970.3.18
第2瑞松丸行方不明（千葉県安房郡白浜
　町沖）　　　　　　　　　　　　1970.4.4
山石金属工場爆発（千葉県東葛飾郡関
　宿町）　　　　　　　　　　　　1970.4.24
冷水塊遭難（千葉県）　　　　　1970.7.19
三井石油化学工場爆発（千葉県市原市）
　　　　　　　　　　　　　　　1970.8.20
マイクロバス・ダンプカー追突（千葉
　県君津郡）　　　　　　　　　　1970.9.12
豪雨（千葉県）　　　　　　　　1970.9.29
落雷・降雹（千葉県）　　　　　1970.11.6
第6八宏丸行方不明（千葉県安房郡白浜
　町沖）　　　　　　　　　　　　1970.11.21
東京国際空港騒音被害（千葉県木更津
　市）　　　　　　　　　　　　　1970.この頃
精神薄弱者養護施設火災（千葉県東葛
　飾郡沼南町）　　　　　　　　　1971.2.3
新東京国際空港建設反対派・警官隊衝
　突（千葉県成田市）　　　　　　1971.2.24-
台風25号（千葉県）　　　　　　1971.9.7-
日本通信建設工場爆発（千葉県松戸市）
　　　　　　　　　　　　　　　1971.9.18
三井造船イリジウム紛失（千葉県市原
　市）　　　　　　　　　　　　　1971.9.20
廃油汚染（千葉県木更津市）　　1971.12.
武光丸転覆（千葉県夷隅郡岬町沖）1972.3.31
ヤマサ醤油工場酸素欠乏死傷（千葉県
　銚子市）　　　　　　　　　　　1972.6.21
川崎製鉄工場溶鋼噴出（千葉県千葉市）
　　　　　　　　　　　　　　　1972.6.22
京葉航空遊覧機墜落（千葉県鴨川市沖）
　　　　　　　　　　　　　　　1973.1.14
食用油ビフェニール混入（千葉県市原
　市）　　　　　　　　　　　　　1973.4.頃
チッソ石油化学工場爆発（千葉県市原
　市）　　　　　　　　　　　　　1973.10.8
工場水銀排出（千葉県市原市）　1973.この頃
被曝事故（千葉県千葉市）　　　1974.6.3
潜水調査艇うずしお故障（千葉県安房
　郡鋸南町）　　　　　　　　　　1974.6.17
光化学スモッグ被害（千葉県）　1975.6.6
石油製油所パイプ爆発（千葉県市原市）
　　　　　　　　　　　　　　　1975.7.18
ゴルフ場造成現場土砂崩れ（千葉県市
　原市）　　　　　　　　　　　　1975.11.29
クロム禍運動（千葉県）　　　　1975.この年

612

川崎製鉄工場煤煙汚染（千葉県千葉市）	
	1975.この頃
群栄化学工場フェノール流出（千葉県）	
	1976.1.20–
冷害（千葉県）	1976.6.–
治山作業現場山崩れ（千葉県君津市）	1976.7.15
日本農産工業工場従業員酸素欠乏死（千葉県船橋市）	1976.9.17
新東京国際空港反対派・警官隊衝突（千葉県成田市）	1976.10.3–
出光興産製油所作業員ガス中毒死（千葉県市原市）	1977.5.29
雷雨（千葉県）	1977.8.19
新東京国際空港反対派・警官隊衝突（成田空港管制塔事件）（千葉県成田市）	1978.2.6–
新東京国際空港騒音被害（千葉県成田市）	1978.5.23–
ヘリコプター墜落（千葉県佐倉市高岡）	1978.6.29
米袋落下（千葉県）	1978.8.23
大気汚染（千葉県）	1979.この頃
第3魚生丸転覆（千葉県野島崎沖）	1980.4.28
強風（千葉県）	1980.10.25–
カモ猟船転覆（千葉県小見川町）	1980.11.29
悪臭被害（千葉県）	1981.9.
粉じん公害（千葉県君津市）	1981.この年
公害病認定患者（千葉県千葉市）	1982.9.
山崩れ（千葉県夷隅郡大多喜町沢山）	1983.5.23
小学生水死（千葉県酒々井町）	1983.9.8
土砂崩れ（千葉県千葉市）	1984.4.27
セスナ機墜落（千葉県勝浦市市野川）	1984.7.30
炭化水素排出規制（千葉県）	1984.この年
学校給食ずさん管理（千葉県柏市）	1984.この年
成田現地闘争（千葉県成田市）	1985.10.20
第8大善丸・隆栄丸衝突（千葉県銚子市犬吠埼北）	1986.3.13
一酸化炭素中毒死（千葉県船橋市）	1986.6.14
登校児童交通事故（千葉県長南町）	1986.10.10
地下水汚染（千葉県君津市）	1988.8.
化学タンカー炎上（千葉県野島崎海上）	1989.3.14–
モーターボート転覆（千葉県山武郡九十九里町）	1990.4.22
窓清掃中ゴンドラ転落（千葉県千葉市）	1990.9.10
竜巻（千葉県茂原市）	1990.12.11
ライオン千葉工場爆発（千葉県市原市）	1991.6.26
トンネル水没（千葉県松戸市）	1991.9.19
製油所爆発（千葉県袖ケ浦市）	1992.10.16
高濃度ダイオキシン検出（千葉県千葉市）	1997.この年
一酸化炭素中毒（千葉県君津市）	1998.3.26
熱中症（千葉県）	1998.7.3
C型肝炎院内感染（千葉県千葉市）	1999.7.–
降雹（千葉県）	2000.5.24
作業員宿舎火災（千葉県四街道市）	2001.5.5
土砂崩れ（千葉県長柄町）	2003.7.10
8人ひき逃げ（千葉県松尾町）	2005.2.5
落雷（千葉県白子町）	2005.7.31
落雷（千葉県成東町）	2005.9.4
気腫疽菌世界初の感染者（千葉県船橋市）	2006.2.–
首都圏で大停電（千葉県）	2006.8.14
工場のタンク上から転落死（千葉県袖ケ浦市）	2006.12.27
イージス艦「あたご」衝突事故（千葉県）	2008.2.19
カツオ漁の漁船転覆（千葉県沖）	2008.6.23
ノロウイルス院内集団感染（千葉県柏市）	2008.12.2–
貨物機炎上（千葉県成田空港）	2009.3.23
新型インフルエンザ国内初感染（千葉県成田空港）	2009.5.9

【東京都】

暴風雨、洪水（東京府）	1878.9.15
暴風雨（東京府）	1880.10.4
大雨、洪水（東京府）	1885.6.15
洪水（東京都）	1885.6.30–
大森駅臨時列車脱線（東京府）	1885.10.1
台風（東京府）	1897.10.6
竜巻（東京府）	1901.5.31
火薬工場爆発（東京府）	1902.7.24
噴火（東京・鳥島）	1902.8.9
東京砲兵工廠爆発（東京府）	1905.5.29
暴風雨（東京都）	1906.
台風（東京都墨田区）	1906.7.26
メリヤス工場火災（東京府）	1911.1.27
火薬製造所爆発（東京府）	1911.10.7
火薬庫爆発（東京府）	1912.3.25
台風（東京都）	1914.8.31
東京湾台風（東京都）	1917.10.1

《関東地方》　　　　　　　　都道府県別一覧

山手線踏切で荷車と電車衝突、爆発	
（東京府）	1918.8.5
サルムソン2A2型機墜落（東京府）	1924.7.5
豪雨、洪水（東京都）	1925.9.30
豪雨（東京都）	1926.8.19
はしか流行（東京都）	1927.4.
渡船転覆（東京都洲崎）	1927.8.0
工場火災（東京府亀戸町）	1927.8.20
クレーン転倒（東京都東京市上野）	1927.10.26
花火工場爆発（東京都三河島町）	1928.3.15
火災（東京府和田堀）	1928.3.21
市電衝突（東京都東京市小石川区）	1928.7.3
省線電車脱線（東京都東京市代々木）	1928.9.13
病院火災（東京）	1929.2.15
浅野セメント多摩工場爆発（東京都）	1929.6.27
白木屋百貨店火災（東京都）	1932.12.16
アパート火災（東京都東京市深川区）	1932.12.23
建設現場爆発（東京都父島）	1933.5.27
浅間丸遭難（東京都大島灘）	1933.11.30
結核（東京都）	1934.この年
豪雨（東京都東京市）	1935.9.24
流感（東京都東京市）	1936.1.21-
陸軍板橋火薬製造所倉庫爆発（東京都	
東京市王子区十条町）	1937.1.23
養護施設火災（東京都東京市浅草区石浜	
町）	1937.6.30
消防出初式櫓倒壊（東京都八王子市）	1938.1.3
潮干狩客溺死（東京都東京市月島沖）	1938.7.13
航空機墜落（東京都東京市）	1938.8.24
台風（東京都八丈島）	1938.9.24-
工場爆発（東京都東京市）	1939.5.9
眠り病流行（東京都東京市）	1939.8.27
断水（東京都東京市）	1940.5.頃-
常磐線電車・貨物列車追突（東京都東	
京市）	1940.7.5
三宅島爆発（東京都三宅島）	1940.7.12-
福吉丸遭難（東京都八丈島沖）	1940.9.
漁船遭難（東京湾）	1941.1.20
常磐線列車追突（東京都）	1941.11.19
ケーブルカー墜落（東京都浅川町）	1942.7.21
バス・東急帝都線電車衝突（東京都東	
京市杉並区）	1942.10.23
空襲（東京都）	1944.11.24
空襲（東京都）	1944.11.27
空襲（東京都）	1944.11.29-
空襲（東京都）	1945.3.4
空襲（東京大空襲）（東京都）	1945.3.10
空襲（東京府）	1945.5.29
八高線列車衝突（東京都）	1945.8.24
発疹チフス・天然痘流行（東京都）	
	1946.3.-
在日台湾人・警官隊衝突（東京都渋谷	
区）	1946.7.19
配給小麦粉集団食中毒（東京都中野区）	
	1946.8.30
浮浪者凍死（東京都下谷区）	1947.1.1-
八高線貨物列車・航空機拝島・小宮駅	
間衝突（東京都八王子市付近）	1947.7.16
江東地区地盤沈下（東京都江東区ほか）	
	1947.この頃
帝銀事件（東京都豊島区）	1948.1.26
配給大豆粉食中毒（東京都）	1948.2.10-
住宅営団戦災者住宅火災（東京都港区	
青山南町）	1948.2.15
給水制限（東京都）	1948.3.10-
電車暴走〔三鷹事件〕（東京都北多摩	
郡三鷹町）	1949.7.15
東京共同火薬庫爆発（東京都板橋区）	1949.9.7
パトリシア台風（東京都）	1949.10.28
東亜油糧奥戸工場爆発（東京都葛飾区）	
	1949.12.28
集団赤痢発生（東京都）	1949.この年-
豪雨（東京都）	1950.6.7-
天然痘発生（東京都）	1951.2.26頃-
都営バス・電車衝突（東京都板橋区）	1951.4.11
米空軍B29戦略爆撃機墜落（東京都北	
多摩郡砂川村）	1951.11.18
日本航空旅客機墜落（東京都大島沖）	1952.4.9
メーデー参加者・警官隊衝突〔メーデー	
事件〕（東京都千代田区）	1952.5.1
派出所警官発砲およびデモ参加者・警	
官隊衝突〔5・30記念日事件〕（東	
京都板橋区・新宿区）	1952.5.30
日暮里駅構内乗客転落死（東京都荒川	
区）	1952.6.18
米軍脱走兵トラック暴走（東京都新宿	
区）	1952.7.18
がけ崩れ生き埋め（東京都中之郷村）	1952.11.19
小勝多摩工府中工場火薬爆発（東京	
都北多摩郡府中町）	1953.2.14
米空軍大型輸送機墜落（東京都北多摩	
郡小平町）	1953.6.18
住宅倒壊（東京都文京区）	1953.6.27
和光純薬工業東京工場爆発（東京都板	
橋区）	1953.6.29
豪雨（東京都）	1953.7.18-
花火工場爆発（東京都墨田区）	1953.8.1
皇居一般参賀者圧死（東京都千代田区）	1954.1.2

都道府県別一覧　　　　《関東地方》

日活撮影所建設現場屋根落下（東京都北多摩郡調布町）	1954.1.4	台風22号〔狩野川台風〕（東京都）	1958.9.26-
染物工場火災（東京都荒川区）	1954.4.9	工場爆発（東京都江戸川区）	1958.11.22
緑茶・野菜類放射能汚染（東京都）	1954.5.21-	石川島重工業製函工場鉄塊落下（東京都江東区）	1959.7.6
石川島重工業第2工場爆発（東京都江東区）	1954.6.8	綾瀬川水門決壊（東京都葛飾区）	1959.9.27
石垣崩壊（東京都目黒区）	1954.6.23	全国統一行動デモ隊・警官隊衝突（東京都千代田区）	1959.11.27
セルロイド加工場火災（東京都墨田区寺島町）	1954.8.11	ガス中毒死（東京都目黒区）	1959.12.3
昭光化学工業工場爆発（東京都大田区）	1955.1.20	ガス漏れ死亡（東京都江東区）	1960.1.27
帝都育英学院火災（東京都杉並区）	1955.2.15	日米安全保障条約批准反対派学生・警官隊衝突〔60年安保闘争〕（東京都千代田区）	1960.4.26-
児童集団食中毒（東京都）	1955.3.1-	田町駅構内線路歩行乗客死傷（東京都港区）	1960.6.14
筏遊びの児童水死（東京都調布市）	1955.6.20	トラック住宅突入（東京都）	1960.6.15
玩具工場火災（東京都練馬区）	1955.7.18	飲食店火災（東京都千代田区）	1960.7.22
花火問屋爆発（東京都墨田区）	1955.8.1	東京油脂工業江戸川工場ガス爆発（東京都江戸川区）	1960.8.24
興和ガラス工場火災（東京都江東区）	1955.8.2	飲食店火災（東京都渋谷区）	1960.12.24
米空軍ジェット機墜落（東京都八王子市）	1955.8.19	インフルエンザ発生（東京都）	1961.1.5-
米軍ジェット練習機墜落（東京都八王子市）	1955.9.19	文化服装学院集団赤痢（東京都渋谷区）	1961.6.1-
流行性腎炎発生（東京都多摩地域）	1955.9.頃-	夢の島火災（東京都江東区）	1961.7.23-
店舗火災（東京都墨田区）	1955.12.17	釣船遭難（東京都江東区沖）	1961.12.7
放射能雨（東京都）	1956.4.16-	病院火災（東京都北多摩郡狛江町）	1962.1.25
林道建設現場崩壊（東京都西多摩郡奥多摩町）	1956.8.19	異常渇水（東京都）	1962.2.-
インフルエンザ流行（東京都）	1956.10.-	常磐線貨物列車・電車二重衝突（東京都荒川区）	1962.5.3
米軍砂川基地内民有地精密強制測量反対派住民・警官隊衝突（東京都北多摩郡砂川町）	1956.10.12-	三宅島爆発（東京都三宅村）	1962.8.24-
アパート火災（東京都武蔵野市）	1956.10.14	鉄工所火災（東京都江戸川区）	1962.9.22
荏原製作所工員圧死（東京都江戸川区）	1957.4.16	ガス爆発（東京都江東区）	1963.1.24
谷中天王寺五重塔火災（東京都台東区）	1957.7.6	第12天竜丸遭難（小笠原諸島付近）	1963.3.13
NHKテレビ中継塔倒壊（東京都武蔵野市吉祥寺）	1957.8.24	藤田航空旅客機墜落（東京都八丈町）	1963.8.17
三原山爆発（東京都大島町）	1957.10.13	西武百貨店火災（東京都豊島区南池袋）	1963.8.22
引揚者寮火災（東京都福島市）	1957.10.27	集団食中毒（東京都世田谷区・目黒区・千代田区）	1963.9.20
ガス中毒死（東京都港区）	1957.11.11	インフルエンザ発生（東京都）	1964.1.-
ガス漏れ多発（東京都）	1957.12.2	異常渇水（東京都）	1964.1.-
放射能雨（東京都）	1958.1.-	米海軍機墜落（東京都町田市）	1964.4.5
東京宝塚劇場火災（東京都千代田区有楽町）	1958.2.1	竜巻（東京都世田谷区）	1964.5.24
ガス中毒死（東京都文京区）	1958.4.14	宝組倉庫爆発（東京都品川区）	1964.7.14
進化製薬工業工場爆発（東京都大田区）	1958.7.15	千葉大学付属病院医局員チフス・赤痢菌飲食物混入（三島病院集団腸チフス事件・千葉大カステラ事件・川鉄カルピス事件）（東京都世田谷区）	1964.7.27-
花火工場爆発（東京都府中市）	1958.7.30	劇場火災（東京都台東区浅草）	1964.11.22

615

《関東地方》　　　　　　　　都道府県別一覧

旅館火災（東京都大島町）	1965.1.11	日本青年館火災（東京都新宿区）	1969.1.9
旅館火災（東京都豊島区）	1965.2.4	三和金属商会火災（東京都品川区）	1969.2.23
工場火災（東京都杉並区）	1965.6.10	ガス埋設管爆発（東京都板橋区）	1969.3.20
日本赤十字産院乳児結核集団感染（東京都新宿区）	1965.7.-	特殊浴場火災（東京都新宿区）	1969.3.29
夢の島ネズミ大量発生（東京都江東区）		第2新四ツ木橋建設現場水止板崩壊（東京都葛飾区）	1969.4.1
	1965.9.-	東京大学医学部付属病院高圧酸素治療用タンク爆発（東京都文京区）	1969.4.4
ラジオ関東放送車転落（東京都中央区）	1965.9.18	第2鉄鋼ビルゴンドラ落下（東京都中央区）	1969.4.13
喫茶店火災（東京都足立区）	1965.10.4	西武百貨店ゴンドラ落下（東京都渋谷区）	1969.4.24
全日本空輸旅客機墜落（東京都大田区沖）	1966.2.4	沖縄デー参加者・警官隊衝突（東京都）	1969.4.28
カナダ太平洋航空旅客機墜落（東京都大田区）	1966.3.4	東洋化学薬品工場爆発（東京都北区）	1969.10.6
海上保安庁ヘリコプター墜落（東京都大田区沖）	1966.3.5	多摩川青酸化合物汚染（東京都）	1969.10.28-
集団赤痢（東京都東村山市）	1966.3.18-	総理訪米反対派・警官隊衝突（佐藤首相訪米阻止事件）（東京都）	1969.11.13-
いづよ荘火災（東京都墨田区）	1966.3.20	異常乾燥発生（東京都）	1969.12.-
日本航空訓練機火災（東京都大田区）	1966.8.24	水道悪臭発生（東京都）	1970.1.3
東武大師線電車・営団地下鉄電車衝突（東京都足立区）	1966.12.15	東京大学付属病院患者水銀中毒死（東京都文京区）	1970.2.18
食中毒（東京都）	1966.12.21-	井之頭自然文化園鳥類大気汚染死（東京都武蔵野市）	1970.6.頃
公衆浴場火災（東京都文京区）	1966.12.25	光化学スモッグ発生（東京都）	1970.7.18
営団地下鉄浅草駅補修現場ガス中毒（東京都台東区）	1967.3.6	光化学スモッグ（東京都）	1970.8.5
乗用車暴走（東京都保谷市）	1967.11.4	多摩川カドミウム汚染（東京都）	1970.10.-
中央大学校舎建設現場落盤（東京都八王子市）	1967.11.17	缶入りリボンジュース錫混入（東京都ほか）	1970.11.
有楽サウナ火災（東京都千代田区）	1968.3.13	落雷・降雹（東京都）	1970.11.6
浅草国際劇場火災（東京都台東区）	1968.3.18	楯の会陸上自衛隊総監部占拠（三島事件）（東京都新宿区）	1970.11.25
バス・東急東横線電車衝突（東京都目黒区）	1968.5.22	日本電気工場カドミウム汚染（東京都府中市付近）	1970.この年
乗用車・東武伊勢崎線電車衝突（東京都墨田区）	1968.6.4	米空軍横田基地周辺騒音被害（東京都西部）	1970.この頃
東京大学紛争（安田講堂占拠事件・神田お茶の水占拠事件）（東京都文京区）	1968.6.15-	児童窒息死（東京都大田区）	1971.5.2
火災（東京都江戸川区）	1968.9.9	光化学スモッグ発生（東京都）	1971.6.28
米軍航空燃料輸送反対派学生・警官隊衝突（東京都新宿区）	1968.10.8	作業員窒息死（東京都千代田区）	1971.7.26
反戦国際統一行動デー参加学生新宿駅占拠（新宿騒乱事件）（東京都新宿区）	1968.10.21	廃品回収場火災（東京都墨田区）	1971.7.31
富士ラバーインダストリー工場爆発（東京都江戸川区）	1968.10.30	沖縄返還協定批准反対派・警官隊衝突（東京都渋谷区）	1971.11.10-
富浦丸・アディジャヤンティ号衝突（東京湾口）	1968.12.5	光化学スモッグ被害（東京都練馬区）	1972.5.12-
米空軍横田基地周辺騒音（東京都北多摩郡）	1968.この頃-	光化学スモッグ被害（東京都世田谷区）	1972.5.12-

616

《 関東地方 》

首都高速道路橋梁落下（東京都杉並区）
　　　　　　　　　　　　　　　1972.5.15
光化学スモッグ発生（東京都）　1972.6.6
渇水（東京都）　　　　　　　　1972.6.頃
ビル建築現場酸素欠乏死（東京都中野
　区）　　　　　　　　　　　　1972.7.24
鹿島丸転覆（東京都八丈町沖）　1972.9.16
カドミウム汚染（東京都品川区）
　　　　　　　　　　　　　　1972.この年
中央卸売市場職員水銀汚染（東京都中
　央区）　　　　　　　　　　1972.この年－
光化学スモッグ被害（東京都）　1973.6.－
下水道建設現場作業員窒息死（東京都
　品川区）　　　　　　　　　　1973.8.6
渇水（東京都）　　　　　　　1973.8.20－
佐々木化学工場コールドパーマ液爆発
　（東京都豊島区）　　　　　　1973.11.25
アパートプロパンガス爆発（東京都練
　馬区）　　　　　　　　　　　1973.12.11
清掃工場カドミウム・鉛・塩化水素・
　窒素酸化物排出（東京都）　　1973.この頃
炭化水素汚染（東京都）
3・4ベンゾピレン（ベンツピレン）汚
　染（東京都）　　　　　　　　1973.この頃
中核派関係者アパート襲撃（東京都世
　田谷区）　　　　　　　　　　1974.1.24
第3海光丸行方不明（東京都三宅村沖）
　　　　　　　　　　　　　　　1974.3.24
神田川氾濫（東京都東部）　　　1974.7.20
三菱重工業ビル爆破（連続企業爆破事
　件）（東京都千代田区）　　　　1974.8.30
航空機騒音（東京都羽田空港周辺）1974.9.
タンカー・リベリア船衝突（東京湾）1974.11.9
地下分水路建設現場付近地盤凝固剤汚
　染（東京都小金井市）　　　　1974.12.－
下水処理場メタンガス爆発（東京都足
　立区）　　　　　　　　　　　1975.1.24
朝日会館火災（東京都豊島区）　1975.3.1
革マル派活動家襲撃（東京都荒川区）1975.3.20
光化学スモッグ被害（東京都）　1975.6.6
六価クロムによる肺ガン症状（東京都）1975.8.
ガス爆発（東京都）　　　　　　1975.10.22
大気汚染（東京都）　　　　　1975.この年
クロム禍運動（東京都）　　　1975.この年
東京国際空港騒音被害（東京都大田区）
　　　　　　　　　　　　　　1975.この頃
群栄化学工場フェノール流出（東京都）
　　　　　　　　　　　　　　　1976.1.20－
大気汚染公害（東京都）　　　　1976.3.

雑居ビル火災（東京都墨田区）　1976.12.4
メッキ工場六価クロム流出（東京都狛
　江市）　　　　　　　　　　　1976.12.9
店舗火災（東京都大田区池上）　1976.12.26
六価クロム公害（東京都）　　1976.この年
青酸入り清涼飲料（青酸コーラ事件）
　（東京都）　　　　　　　　　　1977.1.4
青酸入りチョコレート（青酸チョコ
　レート事件）（東京都中央区）　1977.2.14
雷雨（東京都）　　　　　　　　1977.8.19
大気汚染公害病認定患者（東京都）1977.11.
福祉授産工場火災（東京都台東区）1977.12.16
伊豆大島近海地震（東京都大島町）
　　　　　　　　　　　　　　1978.1.13－
雑居ビル火災（東京都葛飾区高砂）1978.11.19
六価クロム汚染（東京都八王子市）
　　　　　　　　　　　　　　1978.この年
神長丸・第8海正丸衝突（東京都伊豆大
　島海域）　　　　　　　　　　1979.4.25
タンカー爆発（東京港）　　　　1979.8.10
御岳山噴火（御岳山）　　　　　1979.10.28
小型機墜落（東京都調布市）　　1980.8.10
バス火災（新宿バス放火事件）（東京都
　新宿）　　　　　　　　　　　1980.8.19
内ゲバ大量殺人（東京都大田区）1980.10.30
エレベーター火災（東京都杉並区）1981.1.17
インフルエンザ流行（東京都）　1981.2.
ベビーホテル乳児死亡（東京都）
　　　　　　　　　　　　　　1981.3.10－
病院内被曝事故（東京都中央区築地）1981.5.29
汚水排出（東京都）　　　　　　1982.2.4
ホテル・ニュージャパン火災（東京都
　千代田区永田町）　　　　　　1982.2.8
日航機羽田沖墜落（東京都羽田沖）1982.2.9
ゴンドラ落下（東京都台東区根岸）1982.11.13
三宅島噴火（伊豆七島三宅島）　1983.10.3
倉庫火災（東京都江戸川区）　　1983.10.28
降雪被害（東京都）　　　　　　1984.1.9
水道管破裂（東京都）　　　　　1984.2.8－
水質汚染（東京都昭島市中神町）1984.9.8
解体作業中鉄橋崩壊（東京都大田区）1984.12.14
光化学スモッグ（東京都）　　1984.この年
青潮（東京湾）　　　　　　　　1985.9.16
国鉄総武線浅草橋駅襲撃（東京都台東
　区）　　　　　　　　　　　　1985.11.29
がけ崩れ（東京都町田市下小山田）1986.8.7
三原山噴火（三原山）　　　　　1986.11.15
観客将棋倒し（東京都千代田区）1987.4.19
原油タンク爆発（東京都大井ふ頭）1987.5.26

617

《関東地方》　　　　　　　都道府県別一覧

老人ホーム「松寿園」火災（東京都東
　村山市）　　　　　　　　　　1987.6.6
三原山噴火（三原山）　　　　1987.11.16
ディスコ「トゥーリア」照明落下（東
　京都港区六本木）　　　　　　1988.1.5
ダイオキシン汚染魚（東京都）　1988.5.13
JR中央線電車追突（東京都中野区東中
　野）　　　　　　　　　　　　1988.12.5
曲技飛行機墜落（東京都立川市）1989.11.5
作業員電車にはねられる（東京都新宿
　区）　　　　　　　　　　　　1990.3.5
簡易宿泊施設全焼（東京都立川市）1990.5.15
貨物船・漁船衝突（伊豆七島三宅島）1990.6.7
竜巻（東京都田無市）　　　　　1990.6.16
くい打ち機住宅直撃（東京都立川市）1991.3.16
東大校舎アスベスト除去作業で拡散
　（東京都文京区）　　　　　　1991.3.22
西武新宿線人身事故（東京都保谷市）1993.6.11
京成押上線人身事故（東京都墨田区）1994.1.21
靴底加工会社爆発炎上（東京都台東区）
　　　　　　　　　　　　　　1994.12.24
地下鉄サリン事件（東京都）　　1995.3.20
地震（伊豆諸島）　　　　　　　1995.10.6
車内の幼児脱水症状で死亡（東京都足
　立区）　　　　　　　　　　　1996.6.15
一酸化炭素中毒死（東京都東久留米市）
　　　　　　　　　　　　　　　1996.12.4
特養老人ホームでインフルエンザ（東
　京都三宅島）　　　　　　　　1998.2.-
新宿駅西口地下段ボールハウス火災
　（東京都新宿区）　　　　　　1998.2.7
営団職員街道電車にはねられ死亡（東
　京都渋谷区）　　　　　　　　1998.3.11
消毒液を点滴（東京都渋谷区）　1999.2.11
保線作業員はねられ死亡（東京都品川
　区）　　　　　　　　　　　　1999.2.21
東武東上線人身事故（東京都板橋区）1999.3.18
墨田区の病院でセラチア菌院内感染
　（東京都墨田区）　　　　　　1999.7.27-
池袋で通り魔（東京都豊島区）　1999.9.8
ミキサー車歩道に突っ込む（東京都渋
　谷区）　　　　　　　　　　　1999.11.4
一酸化炭素中毒死で誤診（東京都江東
　区）　　　　　　　　　　　　1999.11.22-
東名高速で大型トラック・乗用車衝突
　（東京都世田谷区）　　　　　1999.11.28
献血車の扉にあたり死傷（東京都狛江
　市）　　　　　　　　　　　　2000.2.3

地下鉄日比谷線脱線衝突事故（東京都
　目黒区）　　　　　　　　　　2000.3.8
伊豆諸島群発地震（東京都神津島）
　　　　　　　　　　　　　　　2000.6.29-
三宅島噴火（東京都三宅支庁三宅村）2000.7.8
高波（東京都江戸川区）　　　　2000.7.30
三宅島噴火（東京都三宅支庁三宅村）2000.8.10
竜巻（東京都足立区）　　　　　2000.9.12
高濃度ダイオキシン検出（東京都大田
　区）　　　　　　　　　　　　2000.9.13
解体工事現場で作業員生き埋め（東京
　都大田区）　　　　　　　　　2000.10.16
渋谷で通り魔（東京都渋谷区）　2000.12.16
JR新大久保駅転落死亡事故（東京都
　新宿区）　　　　　　　　　　2001.1.26
高濃度ダイオキシン検出（東京都大田
　区）　　　　　　　　　　　　2001.4.19
熱中症（東京都）　　　　　　　2001.7.
地下室沈没（東京都八王子市）　2001.7.26
腸内細菌による院内感染（東京都文京
　区）　　　　　　　　　　　　2001.8.21-
新宿歌舞伎町ビル火災（東京都新宿区）2001.9.1
新宿歌舞伎町ビル火災（東京都新宿区）
　　　　　　　　　　　　　　　2001.10.29
舞台昇降台事故（東京都北区）　2001.12.21
世田谷区の病院でセラチア菌院内感染
　（東京都世田谷区）　　　　　2002.1.7-
塩酸タンクに転落（東京都北区）2002.4.27
当直医不在中に患者死亡（東京都練馬
　区）　　　　　　　　　　　　2003.1.25
ビル解体現場で崩落（東京都目黒区）2003.4.3
ノロウイルス院内感染（東京都新宿区）
　　　　　　　　　　　　　　　2004.1.-
回転ドアに頭部挟まれ死亡（東京都港
　区）　　　　　　　　　　　　2004.3.26
O157で死亡（東京都江東区）　　2004.8.8
ガス爆発（東京都北区）　　　　2004.9.18
心臓弁手術で医療事故（東京都新宿区）
　　　　　　　　　　　　　　　2004.12.14
竹ノ塚駅踏切死傷事故（東京都足立区）
　　　　　　　　　　　　　　　2005.3.15
アトラクションから転落（東京都港区）
　　　　　　　　　　　　　　　2005.4.18
多剤耐性緑膿菌院内感染（東京都板橋
　区）　　　　　　　　　　　　2005.7.-
局地的豪雨（東京都）　　　　　2005.8.15
タンカー内で倒れ死亡（東京都大田区）
　　　　　　　　　　　　　　　2006.5.22

シンドラー社製エレベーター事故（東京都港区）	2006.6.3
多剤耐性緑膿菌感染で患者死亡（東京都新宿区）	2006.8.-
落雷で男性死亡（東京都板橋区）	2006.8.8
首都圏で大停電（東京都）	2006.8.14
インフルエンザ集団感染（東京都葛飾区）	2007.1.17-
自殺を制止しようと警官が死亡（東京都板橋区）	2007.2.6
温泉くみ上げ施設爆発（東京都渋谷区）	2007.6.19
古い扇風機発火で火災（東京都足立区）	2007.8.20
ノロウイルス院内感染（東京都小平市）	2008.1.29
健康飲料に除草剤混入（東京都練馬区）	2008.3.31
こんにゃくゼリーで高齢者窒息死（東京都）	2008.4.9-
秋葉原連続殺傷（東京都千代田区）	2008.6.8
マンホール内で流され死亡（東京都豊島区）	2008.8.5
硫化水素自殺に巻き添え（東京都大田区）	2008.8.6
建設現場ゴンドラ落下（東京都港区）	2008.8.29
中国製冷凍インゲンから農薬（東京都八王子市）	2008.10.12
映画用の火薬調合中に爆発（東京都渋谷区）	2008.11.12
外壁用コンクリート板落下直撃（東京都葛飾区）	2008.12.25
川へ汚水流出（東京都北区）	2009.3.
クレーン横転事故（東京都千代田区）	2009.4.14
雑居ビル火災（東京都杉並区）	2009.11.22

【神奈川県】

大雨、洪水（神奈川県）	1885.6.15
竜巻（神奈川県）	1902.1.8
海軍飛行機墜落（神奈川県横須賀）	1915.3.6
火薬庫爆発（神奈川県）	1917.1.14
白戸式25型機箱根山岳衝突（神奈川県）	1923.2.22
大震災山崩れ・熱海線列車巻き込まれ（神奈川県小田原）	1923.9.1
豪雨、洪水（神奈川県）	1925.9.30
油槽船爆発（神奈川県横浜市）	1926.9.13
工場火災（神奈川県横浜市鶴見区）	1931.5.22
バス・小田急線電車衝突（神奈川県大和村）	1934.12.30
赤痢流行（神奈川県川崎市）	1935.1.3-
軍用列車歓送客轢死（神奈川県）	1937.10.27
東海道線準急列車・見送り客接触（神奈川県横浜市）	1939.7.26
空襲（神奈川県）	1945.5.29
逗子町大火（神奈川県横須賀市）	1946.12.16
竜巻（神奈川県川崎市）	1948.8.2
昭和電工川崎工場爆発（神奈川県川崎市）	1949.6.24
パトリシア台風（神奈川県）	1949.10.28
昭和石油川崎製油所原油流出火災（神奈川県川崎市）	1950.2.16
京浜急行バス火災（神奈川県横須賀市付近）	1950.4.14
米軍大型輸送機墜落（神奈川県愛甲郡）	1950.4.21
豪雨（神奈川県）	1950.6.7-
駿豆バス・小田急線電車衝突（神奈川県小田原市）	1950.12.20
水上簡易宿泊施設横転（神奈川県横浜市中区）	1951.1.22
天然痘発生（神奈川県）	1951.2.26頃-
京浜東北線電車火災〔桜木町事件〕（神奈川県横浜市中区）	1951.4.24
小田原市大火（神奈川県小田原市）	1951.11.28
下曽我脳病院火災（神奈川県）	1952.6.15
豪雨（神奈川県）	1953.7.18-
早雲地獄山崩れ（神奈川県足柄下郡宮城野村）	1953.7.26
海上保安庁ヘリコプター墜落（神奈川県鎌倉市）	1953.8.9
輿水タイヤ商会工場火災（神奈川県川崎市）	1953.11.28
東京電力鶴見第2火力発電所建設現場ガス爆発（神奈川県川崎市）	1954.3.3
山崩れ（神奈川県鎌倉市）	1954.6.23
保土ヶ谷化学工場爆発（神奈川県横浜市保土ヶ谷区）	1954.7.23
遊覧船内郷丸沈没（神奈川県津久井郡与瀬町）	1954.10.8
聖母の園養老院火災（神奈川県横浜市戸塚区）	1955.2.17
製菓工場ボイラー爆発（神奈川県横浜市鶴見区）	1955.5.13
日本カーリット工場火薬爆発（神奈川県横浜市保土ヶ谷区）	1955.8.2

《関東地方》　　　　　　　　都道府県別一覧

横浜市営バス・京浜急行線電車三重衝
　突（神奈川県横浜市鶴見区）　1956.1.8
インフルエンザ流行（神奈川県）
　　　　　　　　　　　　　　1956.10.-
砲弾爆発（神奈川県横浜市鶴見区）　1957.3.30
養護施設火災（神奈川県川崎市）　1957.11.15
東京都水道局長沢浄水場建設現場土砂
　崩れ（神奈川県川崎市）　　1957.11.16
小型トラック暴走（神奈川県横浜市南
　区）　　　　　　　　　　　1957.11.21
日本カーリット工場火薬爆発（神奈川
　県横浜市保土ヶ谷区）　　　1958.1.14
日本鋼管工場爆発（神奈川県川崎市）　1958.7.18
台風22号〔狩野川台風〕（神奈川県）
　　　　　　　　　　　　　　1958.9.26-
新興製菓工場火災（神奈川県川崎市）　1958.10.11
道路敷設現場土砂崩れ（神奈川県横浜
　市神奈川区）　　　　　　　1959.5.4
トラック・特急電車衝突（神奈川県横
　浜市鶴見区）　　　　　　　1959.11.7
東洋化工横浜工場爆発（神奈川県横浜
　市金沢区）　　　　　　　　1959.11.20
火薬運搬トラック衝突・爆発（神奈川
　県横浜市神奈川区）　　　　1959.12.11
衣笠病院火災（神奈川県横須賀市）　1960.1.6
ラジオ関東公開録音観客圧死（神奈川
　県横浜市中区）　　　　　　1960.3.2
京浜東北線機関車・三菱電機バス衝突
　（神奈川県横浜市神奈川区）　1960.12.2
ダンプカー・東海道本線電車・横須賀
　線電車二重衝突（神奈川県横浜市戸
　塚区）　　　　　　　　　　1961.1.13
消防車転覆（神奈川県足柄上郡松田町）
　　　　　　　　　　　　　　1961.1.24
米軍ジェット機墜落（神奈川県藤沢市）
　　　　　　　　　　　　　　1961.4.21
集団食中毒（神奈川県）　　　1961.8.
東京電力火力発電所建設現場ボイラー
　崩壊（神奈川県横須賀市）　1961.10.27
漁船進水式櫓崩壊（神奈川県横須賀市）
　　　　　　　　　　　　　　1961.11.24
平間・苅宿小学校集団発熱腹痛（神奈
　川県川崎市）　　　　　　　1962.6.19-
トラック・南武線電車二重衝突（神奈
　川県川崎市）　　　　　　　1962.8.7
釣客水死（神奈川県相模原市付近）　1962.8.26
第1宗像丸・サラルドプロビーグ号衝
　突（神奈川県川崎市）　　　1962.11.18
工場爆発（神奈川県横浜市保土ヶ谷区）1962.12.7

東海道新幹線トンネル建設現場落盤
　（神奈川県横浜市港北区）　1963.6.17
東海道本線貨物列車・横須賀線電車二
　重衝突〔鶴見事故〕（神奈川県横浜
　市鶴見区）　　　　　　　　1963.11.9
米軍機墜落（神奈川県相模原市付近）　1964.1.16
昭和電工工場爆発（神奈川県川崎市）　1964.6.11
千葉大学付属病院医局員チフス・赤痢
　菌飲食物混入（三島病院集団腸チフ
　ス事件・千葉大カステラ事件・川鉄
　カルピス事件）（神奈川県小田原市）
　　　　　　　　　　　　　　1964.7.27-
米海軍艦載機墜落（神奈川県大和市）　1964.9.8
米空軍戦闘機墜落（神奈川県相模原市）1965.5.5
石炭殻崩壊（神奈川県川崎市）　1965.6.26
酒匂川架橋現場作業員死亡（神奈川県
　小田原市付近）　　　　　　1965.7.27
米軍基地火災（神奈川県横浜市瀬谷区）
　　　　　　　　　　　　　　1965.9.24
旅館火災（神奈川県足柄下郡箱根湯本町）
　　　　　　　　　　　　　　1965.10.26
金井ビル火災（神奈川県川崎市）　1966.1.9
日立造船米海軍艦艇ガス爆発（神奈川
　県横浜市）　　　　　　　　1966.1.23
東海道新幹線保線作業員事故死（神奈
　川県足柄下郡橘町）　　　　1966.4.26
廃棄弾薬爆発（神奈川県平塚市）　1966.7.16
ダンプカー暴走（神奈川県横浜市中区）
　　　　　　　　　　　　　　1966.12.5
食中毒（神奈川県）　　　　　1966.12.21-
植松病院火災（神奈川県横浜市西区）　1967.1.5
中央高速道路建設現場土砂崩れ（神奈
　川県津久井郡相模湖町）　　1967.3.25
小学生砂利採取場跡地溺死（神奈川県
　茅ヶ崎市）　　　　　　　　1967.4.3
干害（神奈川県）　　　　　　1967.5.-
ダンプカー暴走（神奈川県横須賀市）　1967.5.13
全日本空輸機墜落（神奈川県足柄下郡
　南足柄町）　　　　　　　　1968.2.12
幼稚園児割氷転落死（神奈川県横浜市
　南区）　　　　　　　　　　1968.2.23
大伊豆ホテル火災（神奈川県足柄下郡
　湯河原町）　　　　　　　　1968.2.25
米海軍関係者乗用車暴走（神奈川県横
　須賀市）　　　　　　　　　1968.3.2
陸上自衛隊少年工科学校生溺死（神奈
　川県横須賀市）　　　　　　1968.7.2
住宅ガス爆発（神奈川県横浜市鶴見区）1968.7.3
従業員寮火災（神奈川県川崎市）　1969.3.21

620

《関東地方》

送電用鉄塔建設現場倒壊（神奈川県川崎市） 1970.3.25
ダンプカー横転（神奈川県川崎市） 1970.6.28
光化学スモッグ（神奈川県） 1970.8.5
三和ケミカル工場爆発（神奈川県平塚市） 1970.8.14
日産自動車工場混合機誤作動（神奈川県横浜市） 1970.9.13
多摩川カドミウム汚染（神奈川県） 1970.10.-
東京湾汚染（神奈川県） 1970.この年
青酸汚染（神奈川県横浜市） 1970.この年
工場廃液汚染（神奈川県鶴見川） 1970.この頃
御用邸火災（神奈川県三浦郡葉山町） 1971.1.27
日立造船工場作業用階段落下（神奈川県川崎市） 1971.5.7
三菱重工業造船所爆発（神奈川県横浜市中区） 1971.8.6
実験用土砂崩壊（神奈川県川崎市） 1971.11.11
トラック・京浜急行本線特急電車衝突（神奈川県横浜市金沢区） 1971.12.7
青酸汚染（神奈川県） 1971.この頃
乗用車・小田急江ノ島線電車衝突（神奈川県藤沢市） 1972.1.22
小田急電鉄立体交差建設現場土砂崩れ（神奈川県藤沢市） 1972.2.15
水道建設現場落盤（神奈川県足柄上郡大井町付近） 1972.11.20
青酸化合物・カドミウム・六価クロム汚染（神奈川県横浜市） 1972.この年
青酸化合物汚染（神奈川県横浜市） 1972.この年
林道建設現場土砂崩壊（神奈川県足柄上郡松田町） 1973.6.18
革マル派・反帝国主義学生評議会乱闘（神奈川県横浜市神奈川区） 1973.9.15
日本石油化学工場爆発（神奈川県川崎市川崎区） 1973.10.18
工場水銀排出（神奈川県川崎市川崎区） 1973.この頃
読売新聞社ヘリコプター墜落（神奈川県秦野市） 1974.8.5
光化学スモッグ被害（神奈川県） 1975.6.6
緑荘爆発（神奈川県横須賀市） 1975.9.4
騒音・振動被害（神奈川県川崎市） 1975.この頃
大気汚染公害（神奈川県川崎市） 1976.10.

旭硝子工場ガス中毒死（神奈川県横浜市鶴見区） 1976.10.11
米空軍基地騒音被害（神奈川県綾瀬市付近） 1976.この頃-
米軍偵察機墜落（神奈川県横浜市緑区） 1977.9.27
てる丸作業員酸素欠乏死（神奈川県川崎市川崎区） 1978.2.14
オウム病感染（神奈川県愛甲郡愛川町） 1979.3.
公害病（神奈川県川崎市） 1979.12.
救命ボート落下（神奈川県横浜市磯子区） 1980.1.23
強風（神奈川県） 1980.3.1-
強風（神奈川県） 1980.10.25-
ベビーホテル乳児死亡（神奈川県横浜市） 1981.3.10-
工場火災（神奈川県川崎市幸区） 1981.3.14
厚木基地騒音問題（神奈川県厚木基地） 1982.9.
公害健康被害者認定患者（神奈川県横浜市鶴見区） 1982.9.
駅前ビル放火（神奈川県川崎市） 1982.10.7
公害病認定患者（神奈川県川崎市） 1982.11.1
公害病患者（神奈川県川崎市） 1983.11.30
厚木基地騒音問題（神奈川県厚木基地） 1984.7.31
地盤沈下（神奈川県横浜市） 1984.この年
ヘリコプター墜落（神奈川県茅ケ崎市沖合） 1987.8.2
作業現場足場落下（神奈川県川崎市川崎区水江町） 1987.8.22
第一富士丸・潜水艦なだしお衝突（神奈川県横須賀港沖） 1988.7.23
竜巻発生（神奈川県綾瀬市） 1989.1.20
インド貨物船ジャグ・ドゥート爆発・炎上事故（神奈川県横浜市神奈川区） 1989.2.16
建築現場土砂崩れ（神奈川県川崎市宮前区） 1989.5.22
花火爆発（神奈川県横浜市中区） 1989.8.2
酸性霧（神奈川県） 1989.この年
ヘリコプター墜落（神奈川県箱根町） 1990.8.1
清掃作業死亡（神奈川県川崎市川崎区浮島町沖） 1990.10.29
工事現場やぐら倒壊（神奈川県横浜市磯子区） 1990.12.25
軽量鉄筋コンクリート落下（神奈川県相模原市） 1991.3.20
作業員が転落死（神奈川県横浜市鶴見区） 1991.7.14

《中部地方》　　　　　都道府県別一覧

厚木基地体育館2階床落下（神奈川県綾瀬市・大和市）　1992.2.14	
建設会社宿舎全焼（神奈川県海老名市）　1994.7.6	
作業員転落死（神奈川県横浜市鶴見区）　1997.12.6	
工場爆発（神奈川県綾瀬市）　1998.6.10	
特許老人病院でインフルエンザ（神奈川県横浜市）　1999.1.	
患者取り違えて手術（神奈川県横浜市）　1999.1.11	
マージャン店放火（神奈川県横浜市）　1999.5.23	
住宅内装作業中に作業員死亡（神奈川県横浜市）　2000.1.26	
高濃度ダイオキシン検出（神奈川県藤沢市）　2000.3.24	
病院と特養ホームでO157集団感染（神奈川県藤野町）　2000.6.13-	
解体作業工場爆発（神奈川県横須賀市）　2000.8.30	
硫化水素ガス中毒（神奈川県横浜市）　2002.7.18	
土砂崩れ（神奈川県横須賀市）　2003.6.14	
介護施設で感染症（神奈川県大和市）　2005.1.3	
落雷（神奈川県藤沢市）　2005.7.7	
下校の列に暴走車（神奈川県横浜市）　2005.10.17	
作業用ゴンドラから転落（神奈川県津久井町）　2005.12.5	
首都圏で大停電（神奈川県）　2006.8.14	
豪雨（神奈川県）　2006.8.17	
遊漁船同士が衝突（神奈川県横浜市）　2006.11.19	
試運転電車にはねられ死亡（神奈川県横浜市）　2006.12.1	
地震（神奈川県）　2007.10.1	
ホテル火災（神奈川県横浜市）　2008.1.4	
タミフル耐性ウイルス集団感染（神奈川県横浜市）　2008.1.28-	
障害者支援施設火災（神奈川県綾瀬市）　2008.6.2	
旧住友家俣野別邸全焼（神奈川県横浜市）　2009.3.15	
衝突事故で巻き添え（神奈川県横浜市）　2009.6.1	

《中部地方》

水害（中部地方）	1868.6.28
暴風雨（中部地方）	1870.10.12
台風（中部地方）	1884.9.15
地震（中部地方）	1886.7.23
風水害（中部地方）	1889.9.11

地震（中部地方）	1890.1.7
濃尾地震（中部地方）	1891.10.28
地震（中部地方）	1892.12.9
台風（中部地方）	1896.8.30
風水害（中部地方）	1898.9.6
地震（中部地方）	1900.3.22
台風（中部地方）	1902.9.27
豪雨、洪水（中部地方）	1903.7.7
地震（中部地方）	1903.8.10
台風、洪水（中部地方）	1907.8.24
噴火（中部地方）	1909.5.28
姉川地震（中部地方）	1909.8.14
台風（中部地方）	1911.7.26
台風（中部地方）	1911.8.8
噴火（中部地方）	1911.12.3
豪雨（中部地方）	1912.7.
噴火（中部地方）	1912.この年
台風（中部地方）	1914.8.12
噴火（中部地方）	1915.6.6
地震（中部地方）	1916.2.22
地震（中部地方）	1917.5.18
地震（中部地方）	1918.6.26
地震（中部地方）	1918.11.11
地震（中部地方）	1920.2.19
噴火（中部地方）	1920.12.22
台風（中部地方）	1921.9.25
地震（中部地方）	1922.4.26
台風（中部地方）	1922.8.23
関東大震災（中部地方）	1923.9.1
暴風雨（中部地方）	1925.9.11
台風（中部地方）	1926.9.3
台風（中部地方）	1931.10.13
日本脳炎流行（中部地方）	1948.5.-
暴風雨（中部地方）	1950.12.16-
ルース台風（中部地方）	1951.10.14
大聖寺沖地震（中部地方）	1952.3.7
台風14号（中部地方）	1954.9.18
遅霜	1956.4.30
台風15号（中部地方）	1956.9.27
暴風雨（中部地方）	1957.12.12-
台風17号（中部地方）	1958.8.25-
台風21号（中部地方）	1958.9.17-
豪雨（中部地方）	1959.7.13-
台風7号（中部地方）	1959.8.14
暴風雨（中部地方）	1960.6.21-
台風12号（中部地方）	1960.8.12-
梅雨前線豪雨（36年6月豪雨）（中部地方）	1961.6.23-
地震（中部地方）	1961.8.19

都道府県別一覧　　　　《中部地方》

台風（第2室戸台風）（中部地方）		豪雪（北陸地方）	1885.1.-
	1961.9.15-	地震（北陸地方）	1886.7.23
台風24号（中部地方）	1961.10.10	風水害（北陸地方）	1889.9.11
暴風雪（中部地方）	1962.1.1-	地震（北陸地方）	1892.12.9
台風14号（中部地方）	1962.8.26	風水害（北陸地方）	1893.10.13
台風2号（中部地方）	1963.6.2-	地震（北陸地方）	1896.4.2
台風24・26号（中部地方）	1966.9.24-	台風（北陸地方）	1896.8.30
ウンカ発生（中部地方）	1966.この年	風水害（北陸地方）	1898.9.6
台風7号（中部地方）	1968.8.15-	地震（北陸地方）	1900.3.22
台風10号（中部地方）	1968.8.25-	冷害（北陸地方）	1902.この年
暴風雨（44年7月豪雨）（中部地方）		豪雨、洪水（北陸地方）	1903.7.7
	1969.6.24-	風水害（北陸地方）	1905.8.8
台風7号（中部地方）	1969.8.4-	台風（北陸地方）	1906.10.24
地震（中部地方）	1969.9.9	台風、洪水（北陸地方）	1907.8.24
豪雨（45年1月低気圧）（中部地方）		台風（北陸地方）	1910.8.8-
	1970.1.30-	豪雨（北陸地方）	1912.7.23
台風29号（中部地方）	1971.9.26	台風（北陸地方）	1914.8.12
八丈島東方沖地震（中部地方）	1972.2.29	台風（北陸地方）	1921.9.25
清水勤労者山岳会員遭難（富士山）	1972.3.20	暴風雪（信越地方）	1928.12.19-
台風20号（中部地方）	1972.9.16-	台風（北陸地方）	1933.9.1-
伊豆半島沖地震（中部地方）	1974.5.9	キティ台風（信越地方）	1949.8.31-
梅雨前線豪雨（中部地方）	1974.6.17-	ジェーン台風（北陸地方）	1950.9.3
台風17号（中部地方）	1976.9.8-	豪雨（北陸地方）	1952.6.30-
落雷（中部地方）	1979.8.	吉野地震（北陸地方）	1952.7.18
登山者落石事故（富士山）	1980.8.14	台風13号（北陸地方）	1953.9.25
台風10号（中部地方）	1983.9.25-	明治大学山岳部員雪崩遭難死（北アル	
長野県西部地震（中部地方）	1984.9.14	プス白馬岳）	1957.3.9
豪雨（中部地方）	1988.8.11-	豪雨（北陸地方）	1958.4.22-
台風17号（中部地方）	1989.8.25-	豪雨（信越地方）	1959.7.1-
台風22号（中部地方）	1989.9.19-	豪雨（北陸地方）	1959.7.10-
台風20号（中部地方）	1990.9.23-	豪雨（北陸地方）	1961.7.3-
集中豪雨（中部地方）	1990.11.4-	豪雨（北陸地方）	1962.6.9-
台風28号（中部地方）	1990.11.30	凍霜雹害（甲信地方）	1964.4.29-
地震（中部地方）	1992.2.2	地震（甲信越地方）	1964.6.16
阪神・淡路大震災（中部地方）	1995.1.17	豪雨（北陸地方）	1964.7.6-
大雨（中部地方）	1995.6.30-	豪雨（39年7月山陰・北陸豪雨）（北陸	
群発地震（中部地方）	1996.8.11-	地方）	1964.7.17-
大雪（中部地方）	1998.1.15	豪雨（信越地方）	1965.6.30-
台風4号（中部地方）	1998.8.27	豪雨（北陸地方）	1965.7.20-
台風5号（中部地方）	1998.9.16	アメリカシロヒトリ被害（北陸地方）	
地震（中部地方）	2001.4.3		1965.この年
平成18年7月豪雨（中部地方）		豪雨（北陸地方）	1969.8.7-
	2006.7.15-	台風9号（北陸地方）	1970.8.14-
落雷（中部地方）	2007.3.31	全日空ヘリコプター墜落（八ヶ岳）	1971.10.19
〈北陸地方〉		根室南東沖地震（北陸地方）	1973.6.17
		漁進丸転覆（能登半島沖）	1974.8.26
		豪雪（北陸地方）	1975.1.9-
水害（北陸地方）	1868.6.28	寒冷前線豪雨（北陸地方）	1976.8.3
暴風雨、高潮（北陸地方）	1871.7.4	豪雪・寒波（北陸地方）	1977.3.2

623

《中部地方》　　　　　　　　　　都道府県別一覧

56豪雪（北陸地方）	1981.1.-
浦河沖地震（甲信越地方）	1982.3.21
山火事（北陸地方）	1983.4.27
台風5号（北陸地方）	1983.8.17
雷雲発生（甲信越地方）	1985.7.20
台風12号（北陸地方）	1987.8.31
地震（北陸地方）	1995.4.1
台風7号（北陸地方）	1998.9.22
能登半島地震（北陸地方）	2007.3.25
落雷（北陸地方）	2007.3.31

【新潟県】

洪水（新潟県）	1896.7.8-
大水害（新潟県）	1897.7.-
豪雨、地滑り（新潟県）	1910.
油紙工場火災（新潟県）	1911.11.13
岩越線列車雪崩埋没（新潟県）	1917.1.23
豪雪（新潟県）	1917.11.24
雪崩（新潟県南魚沼郡）	1918.1.9
雪崩（新潟県）	1922.2.3
北陸線列車雪崩埋没（新潟県青梅）	1922.2.3
豪雨（新潟県）	1926.7.29
豪雪（新潟県）	1927.1.18-
地滑り（新潟県磯部村）	1927.2.14
豪雪（新潟県）	1928.2.13
火災（新潟県五泉町）	1928.8.3
火災（新潟県西頸城郡糸魚川町）	1928.8.19
火災（新潟県佐渡郡両津町）	1928.10.18
信越線列車・除雪車衝突（新潟県）	1929.2.1
火災（新潟県日根町）	1931.5.13
豪雨（新潟県）	1931.7.6-
火災（新潟県糸魚川町）	1932.12.21
雪崩（新潟県北魚沼郡入広瀬村）	1934.2.13
寄宿舎倒壊（新潟県）	1934.2.14
豪雨（新潟県）	1934.7.10-
羅南丸沈没（新潟県佐渡島沖）	1934.11.8
眠り病流行（新潟県）	1935.7.-
火災（新潟県新発田町）	1935.9.13
豪雪（新潟県）	1936.1.
火災（新潟県三島郡片貝村）	1936.5.5
旅客機墜落（新潟県中頸城郡春日村）	1937.3.18
映画館崩壊（新潟県中魚沼郡十日町）	1938.1.1
発電所建設現場崩壊（新潟県中頸城郡水上村）	1938.7.15
雪崩（新潟県）	1939.2.6
渡船転覆（新潟県新潟市付近）	1939.11.1
天然痘流行（新潟県）	1941.1.-
富士丸転覆（新潟県新潟市）	1942.11.29
病院火災（新潟県高田市）	1947.11.27
漂着機雷爆発（新潟県西頸城郡名立町）	1949.3.30
豪雨（新潟県）	1949.9.22-
暴風（新潟県）	1950.1.10-
国鉄信濃川発電所トンネル工事現場落盤（新潟県小千谷町）	1950.9.3
城平スキー場スキーリフト落下（新潟県南魚沼郡湯沢村）	1953.1.3
店舗火災（新潟県新潟市）	1953.3.20
東京電力下船渡発電所建設現場落盤（新潟県中魚沼郡下船渡村）	1953.9.15
内野町大火（新潟県西蒲原郡内野町）	1953.12.10
大府鉱山府屋鉱業所坑内落盤水没（新潟県岩船郡大川谷村）	1954.3.26
イカ食中毒（新潟県）	1955.6.-
弥彦神社初詣客圧死（新潟県西蒲原郡弥彦村）	1956.1.1
放射能雨（新潟県新潟市）	1956.4.16-
豪雨（新潟県）	1956.7.14-
奥只見電源開発工事現場雪崩（新潟県北魚沼郡湯之谷村）	1957.2.13
日曹炭鉱魚沼鉱業所雪崩倒壊（新潟県中魚沼郡津南町）	1957.4.12
豪雨（新潟県）	1957.7.7-
漁船白山丸沈没（新潟県新潟市沖）	1957.12.13
豪雨（新潟県）	1958.7.23-
台風22号〔狩野川台風〕（新潟県）	1958.9.26-
豪雨（新潟県北部）	1960.7.4
豪雨（新潟県）	1960.7.13-
只見発電所建設現場堰堤氾濫（新潟県東蒲原郡）	1960.7.14
豪雪（新潟県）	1960.12.26-
地震（新潟県長岡市）	1961.2.2
豪雨（新潟県中越地方）	1961.8.5-
加治川発電所建設現場雪崩（新潟県新発田市）	1962.1.30
集団赤痢（新潟県西蒲原郡吉田町）	1962.2.-
雪崩地すべり（新潟県栃尾市）	1962.3.16
落雷（新潟県）	1962.6.18
雪崩（新潟県刈羽郡黒姫村）	1963.1.26
山崩れ（新潟県西頸城郡能生町）	1963.3.16
熊袋小学校積雪崩壊（新潟県栃尾市）	1963.3.20
有機水銀中毒（新潟水俣病、第2水俣病）（新潟県）	1964.5.-
豪雨（新潟県）	1964.8.9

624

都道府県別一覧　　　　　　　　　　　　《中部地方》

農業用水建設現場ガス爆発（新潟県直
　江津市）　　　　　　　　　　1966.3.23
豪雨（新潟県）　　　　　　　　1966.7.15−
柏崎煙火工業所爆発（新潟県柏崎市）　1966.8.8
北陸本線トンネル建設現場落盤（新潟
　県直江津市）　　　　　　　　　1967.1.20
豪雨（新潟県）　　　　　　　　1967.8.28−
地滑り（新潟県北魚沼郡広神村）　　1969.4.26
雷雨（新潟県北部）　　　　　　　1971.6.28
海麟丸爆発（新潟県新潟市）　　　　1972.5.26
道路建設現場土砂崩壊（新潟県刈羽郡
　西山町）　　　　　　　　　　　1973.1.9
天然ガス噴出（新潟県北蒲原郡中条町）
　　　　　　　　　　　　　　　1973.4.頃−
豪雨（青函豪雨）（新潟県）　　　　1973.9.24−
高波（新潟県岩船郡粟島浦村）　　　1974.3.23
焼山爆発（新潟県焼山）　　　　　　1974.7.28
水銀汚染（新潟県）　　　　　　1974.この年
水俣病認定患者（新潟県）　　　　　1975.9.
工場水銀排出（新潟県）　　　　1975.この年
豪雪（新潟県）　　　　　　　　　1976.1.
集中豪雪（新潟県）　　　　　　　1976.1.18
冷害（新潟県）　　　　　　　　　1976.6.−
水俣病公害認定患者（新潟県東蒲原郡
　鹿瀬町）　　　　　　　　　　　1976.9.
新潟水俣病（新潟県）　　　　　　　1977.9.
雑居ビル火災（新潟県新潟市）　　　1978.3.10
地すべり（新潟県妙高高原町）　　　1978.5.18
雷雨（新潟県）　　　　　　　　1978.6.10−
豪雨（新潟県）　　　　　　　　1978.6.25−
ワクチン回収（新潟県五泉市）　　　1979.11.
水銀汚染（新潟県）　　　　　　1979.この年
イワシ大量死（新潟県新潟市沖）　　1981.4.15
ヘリコプター墜落（新潟県南魚沼郡湯
　沢町）　　　　　　　　　　　　1982.4.23
竜巻（新潟県刈羽郡刈羽村）　　　　1983.10.3
豪雨被害（新潟県）　　　　　　　1983.12.−
雪崩（新潟県中魚沼郡中里村）　　　1984.2.9
がけ崩れ（新潟県中頸城郡妙高村）　1984.5.2
地滑り（新潟県長岡市）　　　　　　1984.5.17
土砂崩れ（新潟県西頸城郡青海町）　1985.2.15
雪崩（新潟県西頸城郡熊生町）　　　1986.1.26
小型ジェット機墜落（新潟県佐渡島付
　近）　　　　　　　　　　　　　1986.7.23
落木（新潟県中里村）　　　　　　　1986.11.3
酒気帯び運転乗用車歩行者はねる（新
　潟県白根市）　　　　　　　　　1995.8.21
老人ホームでインフルエンザ（新潟県
　中頸城郡柿崎町）　　　　　　1999.1.14−

多剤耐性緑のう菌に院内感染（新潟県
　新潟市）　　　　　　　　　　　2000.1.−
生ガキで食中毒（新潟県長野県）
　　　　　　　　　　　　　　　2000.1.8−
雪崩で遭難救助隊員死亡（新潟県北魚
　沼郡入広瀬村）　　　　　　　　2000.6.18
鉱山火災（新潟県青海町）　　　　　2003.5.4
新潟・福島豪雨（新潟県）　　　　　2004.7.13
井戸の中で一酸化炭素中毒（新潟県小
　千谷市）　　　　　　　　　　　2004.8.7
新潟中越地震（新潟県）　　　　　　2004.10.23
雪で旅館の屋根が崩落（新潟県小千谷
　市）　　　　　　　　　　　　　2005.1.26
新潟中越地震の被災地で雪崩続発（新
　潟県中越地方）　　　　　　　　2005.2.17−
空自機墜落（新潟県阿賀町）　　　　2005.4.14
大雨（新潟県）　　　　　　　　　2005.6.27−
地震（新潟県中越地方）　　　　　　2005.8.21
復旧工事中に土砂崩れ（新潟県栃尾市）
　　　　　　　　　　　　　　　2005.11.8
工場地下水からダイオキシン（新潟県
　胎内市）　　　　　　　　　　　2005.12.3
土砂崩れ（新潟県新潟市）　　　　　2006.1.27
新潟県中越沖地震（新潟県）　　　　2007.7.16
遊漁船沈没（新潟県）　　　　　　　2008.9.21
新潟・柏崎刈羽原発で14年弁開け放し
　（新潟県）　　　　　　　　　　2008.12.4
柏崎原発倉庫火災（新潟県柏崎市）　2009.4.11
小型船転覆（新潟県胎内市 新潟市）　2009.6.13

【富山県】

台風（富山県）　　　　　　　　　1899.8.12
豪雨（富山県）　　　　　　　　　1912.7.23
北陸本線列車正面衝突（富山県富山）
　　　　　　　　　　　　　　　1913.10.17
豪雪（富山県）　　　　　　　　　1927.1.18−
雪崩（富山県）　　　　　　　　　1927.1.29
火災（富山県新湊町）　　　　　　　1930.9.5
発電所工事現場崩壊（富山県上新川郡）
　　　　　　　　　　　　　　　1931.12.17
津波（富山県富山湾）　　　　　　　1933.9.6
豪雪（富山県）　　　　　　　　　1934.3.28
豪雨（富山県）　　　　　　　　　1934.7.10−
作業員遭難（富山県中新川郡）　　　1935.1.
眠り病流行（富山県）　　　　　　1935.7.−
高潮（富山県富山湾）　　　　　　　1935.11.
建設現場作業員死亡（富山県）　　　1937.12.12
火災（富山県氷見町）　　　　　　　1938.9.6

625

《中部地方》　　　　　　　　都道府県別一覧

雪崩（富山県黒部奥山）	1938.12.27
豪雨（富山県）	1948.7.23-
かまぼこ工場爆発（富山県新湊市）	1952.11.9
関西電力猫又第2発電所建設現場作業員宿舎倒壊（富山県下新川郡宇奈月町）	1956.2.10
関西電力大町第2トンネル建設工事死傷事故（富山県中新川郡立山町）	1956.7.-
豪雨（富山県）	1956.7.14-
貸切りバス転落（富山県富山市）	1956.7.29
魚津市大火（富山県魚津市）	1956.9.10
日本カーバイド魚津工場爆発（富山県魚津市）	1957.10.9
トラック転落（富山県中新川郡大山町）	1958.9.6
神通川渡船転覆（富山県富山市付近）	1958.10.7
ヘリコプター墜落（富山県中新川郡立山町）	1958.12.17
北陸電力有峰発電所建設現場雪崩（富山県上新川郡大山町）	1959.2.14
豪雨（富山県）	1959.8.25-
豪雪（富山県）	1960.12.26-
暴風雪（富山県）	1964.2.11-
温泉旅館街火災（富山県下新川郡宇奈月町）	1964.3.
伊藤忠航空機墜落（富山県砺波市）	1964.5.3
富山化学工業工場液体塩素流出（富山県富山市）	1964.9.14
釣り客転落死（富山県上新川郡大山町）	1965.6.6
興国人絹パルプ工場ガス中毒死（富山県富山市）	1966.7.5
岡本工業所マイクロバス転落（富山県婦負郡八尾町）	1967.6.18
北陸航空セスナ機墜落（富山県魚津市）	1968.9.16
日本ゼオン工場爆発（富山県高岡市）	1968.9.18
神通川水銀汚染（富山県富山市）	1968.この年
福寿製薬工場メチル水銀汚染（富山県）	1969.8.-
日本鉱業カドミウム汚染（富山県黒部市）	1970.5.
若鶴酒造工場杜氏転落（富山県砺波市）	1970.11.13
乳牛合成飼料障害（富山県）	1973.5.-
日本カーバイト工業工場水銀排出（富山県魚津市）	1973.この頃
大腿四頭筋短縮症集団発生（富山県新川郡上市町）	1974.7.-
クロム禍（富山県射水郡大島町）	1975.8.
日本ゼオン工場塩化ビニル排出（富山県高岡市）	1975.この頃
日本フライングサービス機墜落（富山県剣岳付近）	1976.11.28
豪雪（富山県）	1976.12.29-
強風タンカー横倒し（富山県富山市）	1989.3.8
強風でヘリコプター墜落（富山県立山町）	2000.9.16
ヘリコプター墜落（富山県）	2007.4.9
強風（富山県）	2008.2.24
セラチア菌院内感染（富山県富山市）	2008.6.-

【石川県】

豪雪（石川県）	1917.11.24
豪雪（石川県）	1927.1.18-
火災（石川県金沢市横安江町）	1927.4.21
火災（石川県小松町）	1930.3.28
火災（石川県小松町）	1932.10.22
浸水（石川県江沼郡大聖寺町）	1933.10.
豪雨（石川県）	1934.7.10-
雪崩（石川県能美郡尾口村）	1938.2.5
福井地震（石川県）	1948.6.28
豪雨（石川県）	1948.7.23-
豪雨（石川県）	1956.7.14-
豪雨（石川県）	1958.7.23-
豪雨（石川県）	1959.8.25-
豪雪（石川県）	1960.12.26-
東本願寺金剛別院火災（石川県金沢市）	1962.7.24
豪雨（石川県北部）	1966.7.11-
豪雨（石川県七尾市）	1967.8.11
土砂崩れ（石川県金沢市）	1968.3.9
航空自衛隊戦闘機墜落（石川県金沢市）	1969.2.8
日本電工工場マンガン粉排出（石川県金沢市）	1970.この年
北陸鉱山カドミウム汚染（石川県小松市）	1970.この年
住民ガス中毒死（石川県金沢市）	1971.11.2
乳牛合成飼料障害（石川県）	1973.5.-
旧鉱山カドミウム汚染（石川県小松市）	1973.この年
春嵐（石川県）	1974.4.21
航空自衛隊基地騒音被害（石川県）	1975.この年
カドミウム汚染（石川県）	1975.この年
カドミウム公害（石川県）	1976.4.

都道府県別一覧　　　　　　　《中部地方》

カドミウム汚染米（石川県小松市梯川流域）	1981.10.
カドミウム汚染米（石川県小松市）	1982.この年
六価クロム汚染（石川県小松市）	1984.9.
国鉄能登線急行電車脱線（石川県穴水町）	1985.7.11
一酸化炭素中毒死（石川県内灘町）	2001.1.16
公園遊具事故（石川県金沢市）	2002.9.24
地滑りで鉄塔倒壊（石川県羽咋市）	2005.4.1
雪で民家倒壊（石川県白山市）	2006.1.5
地震（石川県）	2008.1.26

【福井県】

暴風雨（福井県）	1924.12.12
豪雪（福井県）	1927.1.18-
北陸線列車火災（福井県福井市）	1936.1.13
雪崩（福井県大野郡和泉村）	1936.2.2
雪崩（福井県大野郡下穴馬村）	1936.2.2
雪崩（福井県大野郡）	1939.2.10
雪崩（福井県大野郡上庄村）	1940.1.28
福井地震（福井県）	1948.6.28
豪雨（福井県）	1948.7.23-
ヘスター台風（福井県）	1949.7.27-
福井県営バス転落（福井県足羽郡酒生村）	1954.1.26
芦原町大火（福井県坂井郡芦原町）	1956.4.23
観光バス転落（福井県武生市）	1956.9.9
建設用資材運搬トラック雪崩転落（福井県大野市）	1956.12.31
日本通運トラック雪崩遭難（福井県大野市）	1957.1.31
豪雪（福井県）	1960.12.26-
雪崩（福井県勝山市）	1963.1.24
雪崩（福井県足羽郡美山村）	1963.1.26
中竜鉱山カドミウム汚染（福井県大野郡和泉村）	1970.この年
山崩れ（福井県小浜市）	1971.6.25
水銀汚染（福井県）	1971.この頃-
北陸本線急行列車火災（北陸トンネル列車火災）（福井県敦賀市）	1972.11.6
中日本航空セスナ機墜落（福井県遠敷郡名田庄村）	1973.5.3
ポリ塩化ビフェニール廃液排出（福井県敦賀市）	1973.6.
原発事故（福井県）	1974.2.-
被曝事故（福井県）	1974.6.3

大腿四頭筋短縮症患者多数発見（福井県今立郡今立町中心）	1974.8.
工事現場土砂崩れ（福井県大野市）	1974.8.29
トンネル内酸欠死（福井県南条郡）	1975.4.23
悪臭被害（福井県）	1975.この頃
水質汚濁進行（福井県）	1978.この年
高浜2号機冷却水もれ（福井県高浜町）	1979.11.3
強風（福井県）	1980.10.25-
放射能汚染（福井県敦賀市）	1981.4.18
保育所火災（福井県勝山市）	1986.4.16
がけ崩れ（福井県丹生郡越前町）	1989.7.16
ヘリコプター墜落（福井県小浜市沖合）	1989.9.5
美浜原発1次冷却水漏れ（福井県三方郡美浜町）	1991.2.9
落雷で原子炉停止（福井県）	1991.9.5
高速増殖炉「もんじゅ」ナトリウム漏出事故（福井県敦賀市）	1995.12.8
新型転換炉「ふげん」トラブル（福井県敦賀市）	1999.1.23-
敦賀原発1次冷却水漏れ（福井県敦賀市）	1999.7.12
京福電鉄電車正面衝突（福井県吉田郡松岡町）	2000.12.17
大雪（福井県）	2001.1.
福井豪雨（福井県）	
美浜原発で死亡事故（福井県美浜町）	2004.8.9
落石が車を直撃（福井県上中町）	2004.11.26
障害者施設で集団発熱（福井県越前市）	2008.5.22-
突風（福井県敦賀市）	2008.7.27
鉄塔倒壊事故（福井県美浜町）	2008.9.15

【山梨県】

地震（山梨県）	1891.12.24
地震（山梨県）	1898.4.3
火災（山梨県北都留郡猿橋町）	1940.5.20
建設現場土砂崩れ（山梨県）	1940.6.11
発電所建設現場浸水（山梨県南巨摩郡十島村）	1941.3.12
台風（山梨県）	1941.7.21-
アイオン台風（山梨県）	1948.9.10-
豪雨（山梨県）	1949.9.22-
豪雨（山梨県）	1950.6.7-
豪雨（山梨県）	1953.7.18-
トラック転落（山梨県北都留郡丹波山村）	1954.7.8

《中部地方》　　　　　　　　都道府県別一覧

消防自動車転落（山梨県中巨摩郡玉穂
　　村）　　　　　　　　　　　　1955.1.5
不発ロケット弾爆発（山梨県南都留郡
　　忍野村）　　　　　　　　　　1955.9.18
山荘火災（山梨県南都留郡中野村）　1962.9.13
砂利採取場跡地児童水死（山梨県中巨
　　摩郡八田村）　　　　　　　　1964.8.6
高等学校生徒割氷転落死（山梨県西八
　　代郡上九一色村）　　　　　　1967.1.22
菊華高等学校生落石遭難（大菩薩嶺）1968.5.3
山梨観光バス・トラック衝突（山梨県
　　韮崎市）　　　　　　　　　　1968.5.15
桃・ブドウ病冷害（山梨県）　　　　1968.7.-
山梨飼肥料工場悪臭発生（山梨県塩山
　　市）　　　　　　　　　　1969.この頃
泉老人ホーム火災（山梨県北都留郡上
　　野原町）　　　　　　　　　　1970.3.20
スケート客割氷転落（山梨県西八代郡
　　上九一色村）　　　　　　　　1971.1.17
トラック・富士急大月線電車衝突（山
　　梨県富士吉田市）　　　　　　1971.3.4
甲府製氷工場爆発（山梨県甲府市）　1971.5.12
製紙工場排出物投棄（山梨県南巨摩郡
　　身延町）　　　　　　　　1972.この年
幼児大腿四頭筋拘縮（短縮）症発生（山
　　梨県）　　　　　　　　　1973.この年-
大腿四頭筋短縮症（山梨県南巨摩郡）1974.10.
林道補強工事現場石垣崩壊（山梨県塩
　　山市）　　　　　　　　　　　1976.5.12
道路拡張現場土砂崩れ（山梨県大月市）
　　　　　　　　　　　　　　　　1977.1.11
静岡鉄道観光バス転落（山梨県昇仙峡）
　　　　　　　　　　　　　　　　1977.8.11
落雷（山梨県吉田市）　　　　　　　1985.9.2
採石現場土砂崩れ（山梨県白根町）　1985.10.4
京福電鉄バス転落（山梨県須玉町）　1985.10.5
一酸化炭素中毒（山梨県都留市）　　1996.7.13
ダム建設現場土砂崩れ（山梨県大月市）
　　　　　　　　　　　　　　　　1996.12.13
土砂崩れ（山梨県大月市）　　　　　2001.11.24
土砂崩落（山梨県小菅村）　　　　　2002.1.29
中央自動車道玉突き事故（山梨県南都
　　留郡西桂町）　　　　　　　　2002.3.20
小型機墜落（山梨県南巨摩郡南部町）2002.6.23
小型機墜落（山梨県甲府市）　　　　2004.1.22
猛暑（山梨県甲府市）　　　　　　　2004.7.21
清掃作業員はねられ死亡（山梨県笛吹
　　市）　　　　　　　　　　　　2004.11.17

【長野県】

洪水（長野県）　　　　　　　　　　1876.9.17
洪水（長野県）　　　　　　　　　　1882.10.1
洪水（長野県）　　　　　　　　　　1883.9.29
水害（長野県）　　　　　　　　　　1884.7.1
洪水（長野県）　　　　　　　　　　1889.9.12
洪水（長野県）　　　　　　　　　　1892.5.5
洪水（長野県）　　　　　　　　　　1896.7.21
信越線機関車蒸気噴出（長野県）　　1901.7.13
洪水（長野県）　　　　　　　　　　1906.7.16
台風（長野県小谷村）　　　　　　　1911.8.8
豪雨（長野県小谷村）　　　　　　　1912.7.
暴風雨（長野県）　　　　　　　　　1913.8.26
洪水（長野県）　　　　　　　　　　1914.8.13
洪水（長野県）　　　　　　　　　　1917.10.1
火災（長野県木曾福島町）　　　　　1927.5.12
雪崩（長野県）　　　　　　　　　　1928.2.15
浅間山爆発（長野県）　　　　　　　1932.2.5-
冷害（長野県）　　　　　　　　　　1934.7.-
飯山鉄道線列車転落（長野県）　　　1938.3.31
諭電ヶ池決壊（長野県）　　　　　　1939.4.
豪雨（長野県）　　　　　　　　　　1941.7.10-
地震（長野県長野市北方）　　　　　1941.7.16
飯田市大火（長野県飯田市）　　　　1947.4.20
浅間山爆発（長野県北佐久郡）　　　1947.8.14
豪雨（長野県）　　　　　　　　　　1949.9.22-
上松町大火（長野県西筑摩郡上松町）1950.5.13
豪雨（長野県）　　　　　　　　　　1950.6.7-
豪雨（長野県）　　　　　　　　　　1950.8.2-
中外鉱業米子鉱業所坑内落盤（長野県
　　上高井郡）　　　　　　　　　1952.6.10
南信交通バス転落（長野県下伊那郡日
　　開村・和合村）　　　　　　　1953.1.2
豪雨（長野県）　　　　　　　　　　1953.7.18-
打上げ花火爆発（長野県飯田市）　　1953.9.15
スキーバス転落（長野県南安曇郡安曇
　　村）　　　　　　　　　　　　1954.1.1
浅間山爆発（長野県）　　　　　　　1954.9.6
飯田線電車土砂崩れ転落（長野県下伊
　　那郡泰阜村）　　　　　　　　1955.1.20
イカ食中毒（長野県）　　　　　　　1955.6.-
和田小学校アルコール爆発（長野県下
　　伊那郡遠山村）　　　　　　　1955.11.12
捜索隊二重遭難（北アルプス前穂高岳）1956.1.7
中日新聞社機墜落（長野県）　　　　1956.3.23
関西電力大町第2トンネル建設工事死
　　傷事故（長野県大町市）　　　1956.7.-

都道府県別一覧　　　　　　　　《中部地方》

飯田線トンネル崩壊（長野県）	1957.8.15
春近発電所建設現場落盤（長野県上伊那郡高遠町）	1958.3.1
豪雨（長野県）	1958.7.23–
浅間山爆発（長野県）	1958.11.10
浅間山爆発（浅間山）	1959.4.14–
内山煙火工場爆発（長野県下伊那郡上郷村）	1959.5.29
団体貸切りバス転落（長野県北安曇郡美麻村）	1959.6.5
豪雨（長野県）	1959.7.6
松本電鉄バス転落（長野県松本市）	1960.12.26
雪崩（長野県下水内郡栄村）	1961.2.16
王滝川発電所建設現場土砂崩れ（長野県木曽郡三岳村）	1961.4.8
焼岳爆発（長野県）	1962.6.17–
突風・降霰（長野県南部）	1963.1.20–
前山小学校生ほか割氷転落（長野県佐久市）	1964.1.9
白樺湖ユースホステル宿泊者ガス中毒死（長野県茅野市）	1964.1.28
千葉工業大学山岳部員ほか遭難（長野県南安曇郡上高地）	1964.3.20
上信電鉄観光バス・トラック接触（長野県佐久市）	1964.9.22
御岳バス安曇村転落（長野県南安曇郡安芸村）	1965.8.1
群発地震（長野県）	1965.8.3–
航空自衛隊機墜落（長野県北佐久郡佐久町）	1965.9.22
浦佐スキー場雪崩（長野県南魚沼郡大和町）	1966.3.18
奈川渡ダム建設現場土砂崩れ（長野県南安曇郡奈川村）	1966.3.22
豪雨（長野県）	1967.6.16
降雹（長野県北東部）	1967.6.18–
松本深志高等学校生ほか落雷死傷（長野県南安曇郡安曇村）	1967.8.1
中日新聞社機墜落（長野県塩尻市）	1967.8.13
地震（長野県北部）	1968.9.21
読売新聞社ヘリコプター墜落（長野県）	1970.7.26
浅間山荘事件（長野県北佐久郡軽井沢町）	1972.2.19–
川中島自動車観光バス転落（長野県上水内郡信濃村）	1972.9.23
千曲川カドミウム汚染（長野県）	1972.この年
光学機器工場カドミウム排出（長野県中野市）	1972.この年
工事現場土砂崩れ（長野県白馬村）	1974.6.6
PCB汚染（長野県）	1974.7.
ホテル送迎バス転落（長野県大町市）	1975.1.1
雷雨・雹害（長野県）	1975.5.24–
伊奈川ダム建設現場作業員転落死（長野県木曽郡大桑村）	1977.6.30
雷雨（長野県）	1978.6.10–
ビル火災（長野県松本市）	1978.9.26
観光地屎尿・廃棄物汚染（長野県）	1978.この頃
集中豪雨（長野県）	1979.5.
土砂崩れ（長野県白馬村）	1979.8.22
雪よけ用屋根崩壊（長野県飯山市）	1981.1.27
ジュース毒物混入（長野県長野市）	1982.4.8
浅間山噴火（浅間山）	1983.4.8
雪崩（長野県飯山市寿）	1985.1.5
スキーバス転落（長野県長野市信更町）	1985.1.28
暴風雨（長野県）	1985.7.11
地滑り（長野県長野市）	1985.7.26
セスナ機墜落（長野県小県郡和田村）	1987.1.11
川下り観光舟転覆（長野県飯田市）	1987.5.19
鉄砲水（長野県北安曇郡小谷村）	1990.2.11
一酸化炭素中毒死（長野県上水内郡豊野町）	1990.8.22
プラント火災（長野県松本市）	1992.11.7
強風（長野県）	1994.4.3
松本サリン事件（長野県松本市）	1994.6.27
治山工事現場土砂崩れ（長野県飯田市）	1994.11.11
水蒸気爆発（長野県南安曇郡安曇村）	1995.2.11
ヘリコプター衝突（長野県長野市）	1996.4.27
土石流（長野県小谷村）	1996.12.6
群発地震（長野県）	1998.8.7–
青酸ウーロン茶事件（長野県）	1998.9.1
VRE院内感染（長野県中野市）	1999.6.21
降雹（長野県）	2000.7.4–
強風で釣り船転覆（長野県諏訪市）	2000.11.18
山岳救助隊員転落（長野県大町市）	2002.1.6
山林火災（長野県松本市）	2002.3.21
雪崩（長野県南安曇郡安曇村）	2003.1.5
特別養護老人ホームで肺炎死（長野県松本市）	2003.1.10–
透析患者に肝機能障害（長野県駒ヶ根市）	2003.6.–
ゴンドラから転落（長野県木曽郡三岳村）	2003.10.15

《中部地方》　　　　　　　都道府県別一覧

ヘリコプター墜落（長野県南木曽町）　2004.3.7
浅間山噴火（長野県）　2004.9.1
落石が走行ワゴン車直撃（長野県中川村）　2005.5.7
温風機で中毒死再発（長野県上田市）　2005.11.21
玉突き事故（長野県阿智村）　2006.9.14
ヘリコプター墜落（長野県）　2007.4.9
新潟県中越沖地震（長野県）　2007.7.16
小型機墜落（長野県）　2007.11.15

【岐阜県】

大雨（岐阜県）　1893.8.21
山崩れ（岐阜県）　1895.この年
竜巻（岐阜県中津川市）　1917.4.28
トンネル工事現場崩壊（岐阜県船津町）　1928.1.19
金生金山崩壊（岐阜県吉城郡河合村）　1932.4.6
山津波（岐阜県恵那郡中津町付近）　1932.9.26
渡船転覆（岐阜県木曽川郡東江村）　1936.6.21
豪雨（岐阜県）　1938.8.3
豪雨（岐阜県美濃地方）　1938.8.26
雪崩（岐阜県大野郡）　1940.1.29
豪雨（岐阜県）　1941.7.10−
吊橋落下（岐阜県恵那郡阿木村）　1952.12.9
関西電力打保発電所作業所雪崩（岐阜県吉城郡坂上村）　1953.2.11
豪雨（岐阜県）　1953.7.18−
徳山村大火（岐阜県揖斐郡徳山村）　1954.5.13
花火工場爆発（岐阜県不破郡関ヶ原町）　1955.7.22
降雹（岐阜県美濃地方）　1956.6.21
豪雨（岐阜県）　1957.8.7−
神岡鉱山坑内蓄電車落下（岐阜県吉城郡神岡町）　1957.9.27
森山鉱業所坑内出水（岐阜県可児郡御嵩町）　1957.10.24
御母衣ダム建設現場雪崩（岐阜県大野郡白川村）　1958.3.5
豪雨（岐阜県）　1958.7.23−
豪雨（岐阜県）　1959.8.25−
劇団専用トラック転落（岐阜県加茂郡白川町）　1961.4.15
焼岳爆発（岐阜県）　1962.6.17−
トラック・名鉄広見線電車衝突（岐阜県可児郡可児町）　1964.5.13
国立療養所火災（岐阜県恵那市）　1965.2.21
大沼青年団トラック転落（岐阜県大野郡丹生川村）　1965.9.12

集団白血病（岐阜県加茂郡白川町）　1965.10.−
岡崎観光バス山崩れ転落（飛騨川バス転落事故）（岐阜県加茂郡白川町）　1968.8.18
乗用車暴走（岐阜県高山市）　1968.10.24
山林作業員雪崩遭難（岐阜県高山市）　1969.3.4
長良川汚染（岐阜県関市）　1970.6.2
マイクロバス転落（岐阜県大野郡高根村）　1970.11.3
フェノール汚染（岐阜県）　1971.2.
マイクロバス・高山本線列車衝突（岐阜県各務原市）　1971.2.24
クロム汚染（岐阜県）　1971.5.4−
カドミウム汚染（岐阜県郡上郡明方村）　1971.この年
牛乳大腸菌群汚染（岐阜県）　1972.4.−
東邦航空ヘリコプター墜落（岐阜県揖斐郡揖斐川町）　1972.5.24
幼稚園マイクロバス転落（岐阜県揖斐郡春日村）　1972.8.9
日本合成化学工場水銀排出（岐阜県大垣市）　1973.この頃
土砂崩れ（岐阜県神岡町）　1974.3.31
新幹線騒音・振動被害（岐阜県）　1974.この頃−
道路改良工事現場土砂崩れ（岐阜県上宝村）　1976.6.25
保守用車作業現場突入（岐阜県大垣市）　1976.9.21
神岡スモン患者発生（岐阜県吉城郡神岡町）　1977.3.
バス転落（岐阜県揖斐郡久瀬村）　1977.3.23
農業協同組合職員・警察官滑落死（岐阜県吉城郡上宝村）　1977.5.4
中日本航空ヘリコプター墜落（岐阜県岐阜市）　1977.5.20
豪雨（岐阜県）　1979.8.22
高速道路追突事故（岐阜県関ケ原町）　1981.2.11
ツツガムシ病発生（岐阜県）　1982.6.
酸欠死（岐阜県岐阜市寺田）　1984.7.22
暴風雨（岐阜県）　1985.7.11
セスナ機墜落（岐阜県多治見市市之倉町）　1987.2.23
工場火災（岐阜県岐阜市）　1989.10.20
工場爆発（岐阜県揖斐郡揖斐川町）　1991.1.17
中央道スリップ事故（岐阜県中津川市）　1997.2.19
特養老人ホームでインフルエンザ（岐阜県郡上郡大和町）　1999.1.−

630

名鉄名古屋本線加納駅ホームから転落
　（岐阜県岐阜市）　　　　　　　　1999.8.7
ヘリコプター墜落（岐阜県高鷲村）　2000.11.9
落石（岐阜県武儀郡板取村）　　　　2001.6.6
岐阜で山林火災（岐阜県）　　　　　2002.4.5
雪崩（岐阜県郡上市）　　　　　　　2003.1.5
福井豪雨（岐阜県）　　　　　　　　2004.7.17-
タミフル副作用問題（岐阜県）　　　2005.11.11
乗用車が住宅に突入（岐阜県各務原市）
　　　　　　　　　　　　　　　　2006.1.24
小型機墜落（岐阜県）　　　　　　　2007.11.15
防災ヘリ墜落（岐阜県高山市）　　　2009.9.11
クマ襲撃（岐阜県高山市）　　　　　2009.9.19

〈東海地方〉

台風（東海地方）　　　　　　　　　1930.7.31-
北伊豆地震（東海地方）　　　　　　1930.11.26
台風（東海地方）　　　　　　　　　1931.9.26-
豪雨（東海地方）　　　　　　　　　1937.7.13-
豪雨（東海地方）　　　　　　　　　1941.7.10-
東南海地震（東海地方）　　　　　　1944.12.7
南海地震（東海地方）　　　　　　　1946.12.21
デラ台風（東海地方）　　　　　　　1949.6.18-
暴風雪（東海地方）　　　　　　　　1951.2.14-
ケイト台風（東海地方）　　　　　　1951.6.30-
ダイナ台風（東海地方）　　　　　　1952.6.23-
台風13号（東海地方）　　　　　　　1953.9.25
暴風雨（東海地方）　　　　　　　　1954.11.28
台風11号（東海地方）　　　　　　　1958.7.23
豪雨（東海地方）　　　　　　　　　1959.8.12-
台風15号〔伊勢湾台風〕（東海地方）
　　　　　　　　　　　　　　　　1959.9.26-
暴風雨（東海地方）　　　　　　　　1960.7.7-
豪雨（東海地方）　　　　　　　　　1962.7.1-
台風7号（東海地方）　　　　　　　1962.7.27
豪雨（東海地方）　　　　　　　　　1963.5.15-
台風3号（東海地方）　　　　　　　1963.6.11-
台風11号（東海地方）　　　　　　　1963.8.27-
台風6号（東海地方）　　　　　　　1965.5.26-
台風17号（東海地方）　　　　　　　1965.8.21-
インフルエンザワクチン接種幼児死亡
　（東海地方）　　　　　　　　　　1965.12.2-
台風4号（東海地方）　　　　　　　1966.6.27-
第5豊漁丸行方不明（伊豆半島周辺海
　域）　　　　　　　　　　　　　　1967.4.15
台風34号（東海地方）　　　　　　　1967.10.26-
台風9号（東海地方）　　　　　　　1969.8.22-
台風2号（東海地方）　　　　　　　1970.7.5

異常潮位（東海地方）　　　　　　　1971.9.4-
低気圧豪雨（東海地方）　　　　　　1972.1.11-
台風7号（東海地方）　　　　　　　1972.7.25-
豪雨（東海地方西部）　　　　　　　1974.7.24-
台風14号（東海地方）　　　　　　　1974.8.17-
台風13号（東海地方）　　　　　　　1975.10.4-
集中豪雨（東海地方）　　　　　　　1976.7.10-
台風24号（東海地方）　　　　　　　1981.10.22
浦河沖地震（東海地方）　　　　　　1982.3.21
台風5号（東海地方）　　　　　　　1983.8.17
地震（東海地方）　　　　　　　　　1985.10.4
台風10号（東海地方）　　　　　　　1986.8.4
雷雨（東海地方）　　　　　　　　　1994.9.8
O157感染源（東海地方）　　　　　 1997.この年
東海豪雨（東海地方）　　　　　　　2000.9.11-
地震（東海地方）　　　　　　　　　2007.4.15
台風9号（東海地方）　　　　　　　2007.9.6-
豪雨（東海地方）　　　　　　　　　2008.8.29

【静岡県】

復旧作業列車転落（静岡県）　　　　1897.10.3
豪雨、洪水（静岡県）　　　　　　　1904.7.11
河川増水（静岡県）　　　　　　　　1907.7.15
豪雨、地滑り（静岡県）　　　　　　1910.この年
古河鉱業銅鉱山じん肺事故（静岡県）
　　　　　　　　　　　　　　　　1912.この年
中島式5型機墜落（静岡県）　　　　1923.1.9
製糸工場火災（静岡県駿東郡御殿場町）
　　　　　　　　　　　　　　　　1929.2.10
火災（静岡県大宮町栄町）　　　　　1932.4.21
デパート火災（静岡県静岡市）　　　1932.12.2
花火製造所爆発（静岡県静岡市）　　1933.7.30
工事現場崩壊（静岡県榛原郡上川根村）
　　　　　　　　　　　　　　　　1935.8.26
豪雨（静岡県）　　　　　　　　　　1935.9.2
食中毒（静岡県浜松市）　　　　　　1936.5.11
持越金山抗内火災（静岡県田方郡上狩
　野村）　　　　　　　　　　　　　1937.3.15
火災（静岡県）　　　　　　　　　　1937.4.7
豪雨（静岡県）　　　　　　　　　　1938.8.3
東海道線列車見送り客接触（静岡県志
　太郡焼津町）　　　　　　　　　　1939.1.
釜口橋崩落（静岡県庵原郡富士川町）1939.2.17
がけ崩れ（静岡県伊東市）　　　　　1939.4.1
静岡大火（静岡県静岡市新富町）　　1940.1.15
陸軍飛行隊機誤爆（静岡県浜名郡小野
　口村）　　　　　　　　　　　　　1940.4.8
豪雨（静岡県）　　　　　　　　　　1941.6.

《中部地方》　　　　　　都道府県別一覧

ダム崩壊（静岡県庵原郡蒲原町）	1941.6.	漁船第12光漁丸沈没（静岡県賀茂郡南伊豆町沖）	1960.6.22
豪雨（静岡県）	1941.7.10-	豪雨（静岡県中部）	1960.8.13-
台風（静岡県）	1941.7.21-	漁船遭難（静岡県榛原郡御前崎町沖）	1960.12.25
集団食中毒（静岡県浜名郡新居町）	1942.3.4	トンネル建設現場落盤（静岡県賀茂郡東伊豆町）	1961.4.16
山林火災（静岡県磐田郡竜山村）	1943.3.13-	伊豆急線トンネル建設現場爆発（静岡県賀茂郡下田町）	1961.6.1
原野火災（静岡県富士郡上井出村）	1943.3.17	東海道本線貨物列車脱線（静岡県浜名郡湖西町）	1962.2.25
アイオン台風（静岡県）	1948.9.10-	オート三輪車・準急列車衝突（静岡県磐田市）	1962.2.27
パトリシア台風（静岡県）	1949.10.28	県道トンネル建設現場落盤（静岡県加茂郡南伊豆町）	1962.3.18
熱海市大火（静岡県熱海市）	1950.4.13	自家用機墜落（静岡県田方郡中伊豆町）	1963.3.4
豪雨（静岡県）	1950.6.7-	ピリグラフィン誤注射死（静岡県静岡市）	1963.7.9
国鉄臨時バス天竜川転落（静岡県磐田郡浦川町）	1951.7.15	千葉大学付属病院医局員チフス・赤痢菌飲食物混入（三島病院集団腸チフス事件・千葉大カステラ事件・川鉄カルピス事件）（静岡県三島市・御殿場市・駿東郡小山町）	1964.7.27-
カツオ船沈没（静岡県御前崎沖）	1952.6.8		
水産指導船白鳥丸・米国船チャイナベア号衝突（静岡県賀茂郡白浜村沖）	1953.2.15		
漁船第11東丸沈没（静岡県賀茂郡南伊豆町南方沖）	1953.2.22	アンプル入り解熱鎮痛剤服用者死亡（静岡県）	1964.11.-
ガスボンベ爆発（静岡県静岡市）	1953.4.12	東海道新幹線保線作業員事故死（静岡県磐田市）	1964.11.23
豪雨（静岡県）	1953.7.18-	陸上自衛隊トラック・御殿場線気動車衝突（静岡県御殿場市）	1965.3.24
駿豆煙火工場花火爆発（静岡県田方郡中郷村）	1953.8.9	地震（静岡県）	1965.4.20
富士紡績工場土砂崩れ（静岡県駿東郡小山町）	1953.9.13	山形交通バス・トラック衝突（静岡県磐田郡豊田村）	1965.4.30
第6大運丸沈没（静岡県磐田郡沖）	1954.2.12	英国海外航空旅客機墜落（静岡県御殿場市）	1966.3.5
緑茶・野菜類放射能汚染（静岡県）	1954.5.21-	日本国内航空セスナ機墜落（静岡県駿東郡裾野町）	1966.7.31
豪雨（静岡県）	1954.6.6	トラック暴走（静岡県焼津市）	1967.7.14
秋葉ダム第1発電所建設現場爆発（静岡県磐田郡竜山村）	1955.2.4	名合炭鉱坑内落盤（静岡県磐田市）	1967.9.6
奥泉ダム建設現場トンネル内落盤（静岡県安倍郡井川村）	1955.3.15	沼津グライダークラブ機墜落（静岡県富士市）	1968.1.21
秋葉ダム第1発電所建設現場ダイナマイト爆発（静岡県磐田郡竜山村）	1955.5.13	第1真和丸爆発（静岡県清水市）	1968.1.25
漁船第3万栄丸沈没（静岡県榛原郡御前崎町沖）	1956.2.27	東海道新幹線列車・作業員接触（静岡県三島市）	1968.9.24
放射能雨（静岡県静岡市）	1956.4.16-	自殺志願者巻添え死傷（静岡県富士宮市）	1968.11.25
竜巻（静岡県静岡市）	1956.9.10	第8漁吉丸沈没（静岡県賀茂郡南伊豆町沖）	1969.1.12
住宅火災（静岡県静岡市）	1957.2.28	斎藤組工場土砂崩れ（静岡県伊東市）	1969.7.3
全日本空輸旅客機墜落（静岡県賀茂郡下田町沖）	1958.8.12	大和館火災（静岡県賀茂郡東伊豆町）	1969.11.19
台風22号〔狩野川台風〕（静岡県）	1958.9.26-	狩野川青酸化合物汚染（静岡県田方郡）	1970.6.7
集団赤痢（静岡県焼津市）	1958.10.15-		
大井川川口発電所建設現場落盤（静岡県榛原郡）	1959.6.16		
豪雨（静岡県中部）	1959.8.25-		
富士川用水建設現場土砂崩れ（静岡県富士宮市）	1959.11.12		

632

豪雨（静岡県）	1970.9.29	精神修行施設火災（静岡県富士市大淵）	
笠松丸爆発（静岡県賀茂郡下田町沖）	1970.10.16		1987.2.11
浜名湖青酸汚染（静岡県）	1970.この年	ヘリコプター墜落（静岡県静岡市）	1989.7.6
田子ノ浦港ヘドロ汚染（静岡県）		狩野川シアン検出（静岡県）	1989.9.
	1970.この頃	陸上自衛隊トラック炎上（静岡県浜松市）	1990.5.22
国道150号線トンネル崩壊（静岡県静岡市）	1971.7.5	不発弾爆発（静岡県御殿場市）	1991.6.22
配管工員窒息死（静岡県静岡市）	1971.7.21	航空自衛隊救難捜索機墜落（静岡県浜松市）	1994.10.19
台風26号（静岡県）	1971.9.12	金属板ロール乗用車を直撃（静岡県由比町）	1996.8.26
地下水塩水化（静岡県）	1971.この年	熱中症（静岡県）	1998.7.3
作業員生埋没死（静岡県伊東市）	1972.1.11	工場放火（静岡県静岡市）	1999.11.4
袋井南小学校細菌性熱病集団発生（静岡県袋井市）	1972.7.11-	溶けた鉄浴び作業員死亡（静岡県焼津市）	1999.12.27
台風6号（静岡県）	1972.7.15	温泉施設でレジオネラ菌集団感染（静岡県掛川市）	2000.3.
八丈島東方沖地震（静岡県）	1972.12.4	雷雨（静岡県）	2000.9.16
第2快収丸・神甲丸衝突（静岡県賀茂郡南伊豆町沖）	1973.1.28	高波（静岡県富士市）	2001.7.7
ヘドロ輸送管破裂（静岡県富士市）	1973.6.6	浜岡原子力発電所で冷却水漏れ（静岡県小笠郡浜岡町）	2001.11.7
光化学スモッグ被害（静岡県）	1973.6.30	観光バス暴走（静岡県熱海市）	2002.6.9
旧銅山鉱滓流出（静岡県賀茂郡南伊豆町付近）	1973.この頃	ビル壁崩落（静岡県富士市）	2003.3.13
飼育鳥獣屎尿投棄（静岡県）	1973.この頃-	県警ヘリが住宅街に墜落（静岡県静岡市）	2005.5.3
光化学スモッグ被害（静岡県）	1974.4.-	突風（静岡県袋井市）	2007.2.14
工事現場土砂崩れ（静岡県伊東市）	1974.6.6	セレウス菌院内感染（静岡県浜松市）	2007.7.-
製紙カス処理問題（静岡県）	1974.この年	夜行高速バス全焼（静岡県牧之原市）	2009.3.16
県道改修現場山崩れ（静岡県静岡市）	1975.1.28	地震（静岡県）	2009.8.11
豪雨（静岡県）	1975.10.7-	観光バス炎上（静岡県牧之原市）	2009.9.20
ブロック倒壊（静岡県浜北市）	1976.1.24	マージャン店火災（静岡県浜松市）	2009.11.17
雑居ビル火災（静岡県沼津市）	1976.12.26		
国鉄定期バス落石事故（静岡県磐田郡水窪町）	1977.4.9	【愛知県】	
F1レース事故（静岡県駿東郡小山町）	1977.10.23	台風（愛知県）	1888.9.
伊豆大島近海地震（静岡県）	1978.1.13-	台風（愛知県豊橋市）	1906.この年
ホテル増築工事現場土砂崩れ（静岡県熱海市）	1978.2.2	織物製造工場火災（愛知県）	1913.7.29
皆徳丸浸水（静岡県下田沖）	1979.3.22	名古屋電鉄車庫火災（愛知県）	1920.6.7
凍霜害（静岡県）	1979.4.18	煙火爆発（愛知県安城市）	1924.6.4
集中豪雨（静岡県）	1979.5.	暴風雨（愛知県）	1925.9.11
一酸化炭素中毒（静岡県藤枝市）	1979.5.20	火薬爆発（愛知県豊橋市）	1929.5.28
日本坂トンネル事故（静岡県焼津市）	1979.7.11	炭鉱崩落（愛知県愛知郡長久手村）	1932.5.5
強風（静岡県）	1980.3.1-	東海道線貨物列車人身事故（愛知県名古屋市西区日比津町）	1938.4.29
国鉄静岡駅前地下街ガス爆発（静岡県静岡市）	1980.8.16	豪雨（愛知県）	1941.7.10-
プロパンガス爆発（静岡県掛川市）	1983.11.22	竜巻（愛知県豊橋市）	1941.11.18
土砂崩れ（静岡県庵原郡蒲原町）	1984.10.1	興行用施設火災（愛知県瀬戸市）	1943.2.28
ホテル大東館火災（静岡県東伊豆町）	1986.2.11	空襲（愛知県）	1945.1.3
旅館火災（静岡県河津町）	1986.4.21		

《中部地方》　　　　　　　　　都道府県別一覧

三河地震（愛知県）　　　　　　1945.1.13
空襲（愛知県名古屋市）　　　　1945.5.14
海軍工廠爆撃（愛知県豊川市）　1945.8.7
名古屋鉄道瀬戸線電車脱線転覆（愛知
　県東春日井郡旭町付近）　　　1948.1.5
中日球場火災（愛知県名古屋市中川区）
　　　　　　　　　　　　　　　1951.8.19
東亜合成化学名古屋工場爆発（愛知県
　名古屋市港区）　　　　　　　1952.12.22
写真機材店爆発（愛知県名古屋市中区）
　　　　　　　　　　　　　　　1952.12.26
公民館天井落下（愛知県中島郡）1953.4.14
豪雨（愛知県）　　　　　　　　1953.7.18–
豚コレラ発生（愛知県）　　　　1953.この年
佐久間ダム建設現場建設機械落下（愛
　知県北設楽郡豊根村）　　　　1954.2.8
花火製造工場爆発（愛知県豊橋市）1954.10.2
台風26号（愛知県）　　　　　　1955.10.20
降雹（愛知県）　　　　　　　　1956.6.21
日本坩堝鉱業所粘土採掘場落盤（愛知
　県西加茂郡猿投町）　　　　　1956.9.15
山崩れ（愛知県瀬戸市）　　　　1957.8.4
豪雨（愛知県）　　　　　　　　1957.8.7–
小泉鉱業所本荘炭鉱落盤（愛知県小牧
　市）　　　　　　　　　　　　1958.6.28
豪雨（愛知県）　　　　　　　　1958.7.23–
オート三輪・特急電車衝突（愛知県刈
　谷市）　　　　　　　　　　　1958.11.24
オート三輪・特急電車衝突（愛知県稲
　沢市）　　　　　　　　　　　1959.10.11
日本油脂工場爆発（愛知県知多郡武豊
　町）　　　　　　　　　　　　1960.1.14
木型工場火災（愛知県名古屋市熱田区）
　　　　　　　　　　　　　　　1960.2.24
航空自衛隊ジェット戦闘機・全日本空
　輸旅客機衝突（愛知県小牧市付近）1960.3.16
全日本空輸旅客機墜落（愛知県西加茂
　郡猿投町）　　　　　　　　　1962.10.19
東海製鉄工場溶鉄漏出（愛知県知多郡
　上野町）　　　　　　　　　　1964.11.26
全日本空輸貨物機行方不明（愛知県知
　多郡美浜町付近）　　　　　　1965.2.14
地震（愛知県）　　　　　　　　1965.4.20
石川島播磨重工業火災（愛知県名古屋
　市港区）　　　　　　　　　　1966.2.16
豪雨（愛知県東部）　　　　　　1966.10.11–
ダンプカー居眠り運転（愛知県西加茂
　郡猿投町）　　　　　　　　　1966.12.15
興行場火災（愛知県名古屋市中村区）1967.11.8

東海道本線急行列車発火（愛知県蒲郡
　市）　　　　　　　　　　　　1967.11.15
チトセ観光ホテル火災（愛知県名古屋
　市中村区）　　　　　　　　　1968.1.11
西松モータース火災（愛知県名古屋市
　中川区）　　　　　　　　　　1968.3.10
パロマ工業工場砲金噴出（愛知県丹羽
　郡大口町）　　　　　　　　　1968.8.24
護岸建設現場がけ崩れ（愛知県渥美郡
　渥美町）　　　　　　　　　　1968.11.13
竜巻（愛知県豊橋市）　　　　　1969.12.7
乗用車・名鉄西尾線電車衝突（愛知県
　安城市）　　　　　　　　　　1970.1.28
新日本製鉄火災（愛知県東海市）1970.6.21
赤潮発生（愛知県）　　　　　　1970.9.–
マイクロバス・乗用車三重衝突（愛知
　県豊川市）　　　　　　　　　1970.9.7
アイセロ化学工場硫酸化合物汚染（愛
　知県名古屋市北区）　　　　　1970.この頃
ダム建設現場土砂崩れ（愛知県北設楽
　郡豊根村）　　　　　　　　　1971.2.24
鈴木製油工場ガス爆発（愛知県幡豆郡
　一色町）　　　　　　　　　　1971.3.10
豪雨（愛知県）　　　　　　　　1971.9.9–
台風26号（愛知県）　　　　　　1971.9.12
衣浦湾汚染（愛知県）　　　　　1971.この頃
呉服センター火災（愛知県名古屋市中
　区）　　　　　　　　　　　　1972.3.30
台風6号（愛知県）　　　　　　1972.7.15
東亜合成化学工業工場爆発（愛知県名
　古屋市港区）　　　　　　　　1972.10.16
六価クロム汚染（愛知県名古屋市）
　　　　　　　　　　　　　　　1972.この年
大気汚染（愛知県）　　　　　　1972.この頃–
工場カドミウム排出（愛知県刈谷市）
　　　　　　　　　　　　　　　1973.この頃
簡易水道フッ素・マンガン汚染（愛知
　県犬山市）　　　　　　　　　1973.この頃
地盤沈下（愛知県濃尾平野南西部）1974.5.
牛乳異物混入（愛知県）　　　　1974.5.
航空自衛隊戦闘機墜落（愛知県小牧市
　西之島）　　　　　　　　　　1974.7.8
新幹線騒音・振動被害（愛知県名古屋
　市）　　　　　　　　　　　　1974.この頃–
六価クロム汚染（愛知県名古屋市）1975.8.19
三井東圧化学工場塩化ビニル排出（愛
　知県名古屋市南区）　　　　　1975.11.4
石油貯蔵用タンク沈下（愛知県名古屋
　市港区）　　　　　　　　　　1975.この頃

634

飼料・肥料製造工場悪臭被害（愛知県稲沢市）	1975.この頃
ビジネスホテル白鳥火災（愛知県半田市）	1978.6.15
発電所爆発（愛知県設楽郡稲武町）	1978.7.6
コバルト60照射（愛知県豊橋市）	1978.9.10
水銀ヘドロ汚染（愛知県名古屋市港区）	1978.この年
六価クロム（愛知県）	1979.この年
倉庫炎上（愛知県大府市大府町）	1980.10.1
ベビーホテル乳児死亡（愛知県名古屋市）	1981.3.10-
地下鉄火災（愛知県名古屋市中区栄）	1983.8.16
有毒ベリリウム排出（愛知県半田市）	1984.6.5
土砂崩れ（愛知県小牧市）	1992.10.16
有毒殺虫剤流出（愛知県岡崎市）	1993.4.1
中華航空機墜落（愛知県西春日井郡豊山町）	1994.4.26
重要文化財念仏堂全焼（愛知県宝飯郡御津町）	1994.8.9
保線作業員はねられ死亡（愛知県日進市）	1994.12.16
トヨタ自動車ヘリコプター墜落（愛知県岡崎市）	1997.1.24
結核集団感染（愛知県）	1999.2.-
竜巻（愛知県）	1999.9.24
誤診で不要手術（愛知県岡崎市）	1999.11.1
特養ホームでO157集団感染（愛知県名古屋市）	2000.7.18-
火薬工場爆発（愛知県知多郡武豊町）	2000.8.1
法花院本堂全焼（愛知県海部郡甚目寺町）	2001.1.20
竜巻（愛知県一宮市）	2001.6.19
MRSA院内感染（愛知県半田市）	2002.1.18-
硫化水素ガス中毒（愛知県半田市）	2002.3.11
劇症型A群溶血性レンサ球菌感染（愛知県名古屋市）	2003.3.14
ガソリン貯蔵タンク火災（愛知県名古屋市）	2003.8.29
籠城ビル爆発（愛知県名古屋市）	2003.9.16
タミフル副作用問題（愛知県）	2005.11.11
中国製電動ベッドに挟まれ死亡（愛知県）	2007.12.26
鳥インフルエンザ（愛知県豊橋市）	2009.2.27

《近畿地方》

水害（近畿地方）	1868.6.28
暴風雨（近畿地方）	1870.10.12
暴風雨、高潮（近畿地方）	1871.7.4
台風（近畿地方）	1884.9.15
風水害（近畿地方）	1889.9.11
風水害（近畿地方）	1893.10.13
台風（近畿地方）	1896.8.30
洪水（近畿地方）	1896.9.6-
地震（近畿地方）	1899.3.7
風水害、洪水（近畿地方）	1902.8.10
豪雨、洪水（近畿地方）	1903.7.7
台風（近畿地方）	1906.10.24
台風、洪水（近畿地方）	1907.8.24
姉川地震（近畿地方）	1909.8.14
暴風雨（近畿地方）	1911.12.19
台風（近畿地方）	1914.6.2
台風（近畿地方）	1915.9.9
地震（近畿地方）	1916.11.26
台風（近畿地方）	1918.7.10
台風（近畿地方）	1918.9.13
台風（近畿地方）	1921.9.25
台風（近畿地方）	1922.8.23
台風（近畿地方）	1924.9.11
台風（近畿地方）	1926.9.3
北丹後地震（近畿地方）	1927.3.7
台風（近畿地方）	1930.7.31-
台風（近畿地方）	1931.10.13
室戸台風（近畿地方）	1934.9.21
水害（京阪地方）	1935.8.11
豪雨（阪神地方）	1935.9.2
豪雨（京浜地方）	1938.6.28
台風（近畿地方）	1938.9.7
干ばつ（近畿地方）	1939.6.-
南海地震（近畿地方）	1946.12.21
日本脳炎流行（近畿地方）	1948.5.-
豪雨（近畿地方）	1948.8.24-
デラ台風（近畿地方）	1949.6.18-
暴風雨（近畿地方）	1950.1.30-
ジェーン台風（近畿地方）	1950.9.3
キジア台風（近畿地方東部）	1950.9.13-
ケイト台風（近畿地方）	1951.6.30-
ルース台風（近畿地方）	1951.10.14
大聖寺沖地震（近畿地方）	1952.3.7
ダイナ台風（近畿地方）	1952.6.23-

《近畿地方》　　　　　　　　　　都道府県別一覧

豪雨（近畿地方）	1952.7.9-
吉野地震（近畿地方）	1952.7.18
台風13号（近畿地方）	1953.9.25
台風12号（近畿地方）	1954.9.13
台風14号（近畿地方）	1954.9.18
遅霜（近畿地方）	1956.4.30
台風15号（近畿地方）	1956.9.27
暴風雨（近畿地方）	1957.12.12-
台風17号（近畿地方）	1958.8.25-
台風21号（近畿地方）	1958.9.17-
豪雨（近畿地方）	1959.7.13-
台風6号（近畿地方）	1959.8.6-
豪雨（近畿地方）	1959.8.12-
台風7号（近畿地方）	1959.8.14
台風14号（近畿地方）	1959.9.16-
台風15号〔伊勢湾台風〕（近畿地方）	1959.9.26-
暴風雨（近畿地方）	1960.6.21-
暴風雨（近畿地方）	1960.7.7-
台風11号（近畿地方）	1960.8.11-
台風12号（近畿地方）	1960.8.12-
台風16号（近畿地方）	1960.8.28-
梅雨前線豪雨（36年6月豪雨）（近畿地方）	1961.6.23-
台風（第2室戸台風）（近畿地方）	1961.9.15-
豪雨（近畿地方）	1962.6.9-
豪雨（近畿地方）	1962.7.1-
台風7号（近畿地方）	1962.7.27
台風14号（近畿地方）	1962.8.26
豪雨（近畿地方南部）	1963.5.15-
台風2号（近畿地方）	1963.6.2-
台風3号（近畿地方）	1963.6.11-
台風11号（近畿地方南部）	1963.8.27-
台風14号（近畿地方）	1964.8.23-
台風6号（近畿地方）	1965.5.26-
台風9号（近畿地方）	1965.6.19-
豪雨（近畿地方）	1965.7.20-
アメリカシロヒトリ被害（近畿地方）	1965.この年
豪雨（近畿地方南部）	1966.5.21-
豪雨（台風13号）（近畿地方）	1966.8.14-
台風24・26号（近畿地方）	1966.9.24-
干害（近畿地方）	1967.7.-
台風34号（近畿地方）	1967.10.26-
台風7号（近畿地方）	1968.8.15-
台風10号（近畿地方）	1968.8.25-
台風16号（第三宮古島台風）（近畿地方）	1968.9.23-
暴風雨（44年7月豪雨）（近畿地方）	1969.6.24-
台風7号（近畿地方南部）	1969.8.4-
台風9号（近畿地方）	1969.8.22-
地震（近畿地方）	1969.9.9
豪雨（45年1月低気圧）（近畿地方）	1970.1.30-
台風2号（近畿地方）	1970.7.5
台風9号（近畿地方）	1970.8.14-
台風10号（近畿地方）	1970.8.21-
異常潮位（近畿地方）	1971.9.4-
台風29号（近畿地方）	1971.9.26
低気圧豪雨（近畿地方）	1972.1.11-
八丈島東方沖地震（近畿地方）	1972.2.29
台風20号（近畿地方）	1972.9.16-
伊豆半島沖地震（近畿地方）	1974.5.9
梅雨前線豪雨（近畿地方）	1974.6.17-
台風14号（近畿地方）	1974.8.17-
台風16号（多摩川水害）（近畿地方南部）	1974.8.30-
台風18号（近畿地方）	1974.9.8
台風17号（近畿地方）	1976.9.8-
赤潮（播磨灘）	1977.8.28-
台風10号（近畿地方）	1983.9.25-
長野県西部地震（近畿地方）	1984.9.14
台風19号（近畿地方）	1987.10.17
台風17号（近畿地方）	1989.8.25-
台風22号（近畿地方）	1989.9.19-
鶏大量死（近畿地方）	1990.7.-
台風20号（近畿地方）	1990.9.23-
台風21号（近畿地方）	1990.10.8
台風28号（近畿地方）	1990.11.30
釣りボート転覆（熊野灘）	1990.12.17
台風12号（近畿地方）	1991.8.18-
台風18号（近畿地方）	1991.9.17-
台風13号（近畿地方）	1993.9.3
台風26号（近畿地方）	1994.9.26
阪神・淡路大震災（近畿地方）	1995.1.17
大雨（近畿地方）	1995.6.30-
地震（近畿地方）	1996.12.3
地震（近畿地方）	1997.6.25
台風4号（近畿地方）	1998.8.27
台風7号（近畿地方）	1998.9.22
台風10号（近畿地方）	1998.10.17-
大雨（近畿地方）	1999.9.17
豪雨（近畿地方）	2001.9.6
雷雨（近畿地方）	2003.5.8
台風4号（近畿地方）	2003.5.31
豪雨（近畿地方）	2004.8.17

地震（近畿地方）　　　　　　　　　2004.9.5
豪雨（近畿地方）　　　　　　　　　2005.7.3
豪雨・落雷（近畿地方）　　　　　　2006.8.22
地震・津波（近畿地方）　　　　　　2007.1.13
落雷（近畿地方）　　　　　　　　　2007.3.31
地震（近畿地方）　　　　　　　　　2007.4.15
落雷で停電（近畿地方）　　　　　　2007.8.22
雷雨（近畿地方）　　　　　　　　　2008.7.28
落雷・大雨（近畿地方）　　　　　　2008.12.5
台風9号（近畿地方）　　　　　　　2009.8.9

【三重県】

参宮線工事区間急行列車脱線転覆（三
　重県津）　　　　　　　　　　　　1923.4.16
豪雨（三重県北牟婁郡相賀町）　　　1931.10.
ブリ漁船沈没（三重県熊野灘）　　　1931.12.
海水浴客溺死（三重県津市）　　　　1932.8.
集団食中毒（三重県）　　　　　　　1934.5.
豪雨（三重県度会郡）　　　　　　　1944.10.7
近鉄山田線電車火災（三重県松坂市）1949.3.8
ヘスター台風（三重県）　　　　　　1949.7.27-
松阪市大火（三重県松阪市）　　　　1951.12.16
豪雨（三重県）　　　　　　　　　　1953.7.18-
豪雨（三重県）　　　　　　　　　　1953.8.14-
大協石油四日市製油所爆発（三重県四
　日市市）　　　　　　　　　　　　1954.10.15
観光バス転落（三重県度会郡二見町）1954.10.24
橋北中学校生溺死（三重県津市）　　1955.7.28
通勤列車脱線転落（三重県鈴鹿郡関町）
　　　　　　　　　　　　　　　　　1956.9.27
豪雨（三重県南牟婁郡紀和町）　　　1956.10.
インフルエンザ流行（三重県）　　　1956.10.-
快速列車脱線・追突（三重県一志郡三
　雲村）　　　　　　　　　　　　　1956.10.15
三重交通北勢線通学電車転覆（三重県
　員弁郡員弁町）　　　　　　　　　1957.11.25
富士航空セスナ機墜落（三重県志摩郡
　大王町）　　　　　　　　　　　　1958.2.3
漁船第5優光丸沈没（三重県志摩郡大王
　町沖）　　　　　　　　　　　　　1959.1.18
チリ地震津波（三重県）　　　　　　1960.5.24
豪雨（三重県）　　　　　　　　　　1960.10.7
ワイン集団中毒（三重県名張市）　　1961.3.28
肝炎集団発生（三重県員弁郡員弁町付
　近）　　　　　　　　　　　　　　1964.1.-
急性肝炎流行（三重県）　　　　　　1965.8.-
パチンコ店火災（三重県度会郡南勢町）
　　　　　　　　　　　　　　　　　1965.12.25

南勢煙火製造所爆発（三重県松阪市）1969.1.10
乗用車・三重交通観光バス衝突（三重
　県桑名市）　　　　　　　　　　　1969.4.13
日本アエロジル工場塩酸排出（三重県
　四日市市）　　　　　　　　　　　1969.この年
赤潮発生（三重県）　　　　　　　　1970.9.-
伊勢湾カドミウム汚染（三重県桑名市
　付近）　　　　　　　　　　　　　1970.この年
豪雨（三重県南部）　　　　　　　　1971.9.9-
光化学スモッグ被害（三重県四日市市）
　　　　　　　　　　　　　　　　　1971.9.14
近鉄大阪線特急電車衝突（三重県一志
　郡白山町）　　　　　　　　　　　1971.10.25
日本鋼管造船所タンカーガス爆発（三
　重県津市）　　　　　　　　　　　1973.10.18
春嵐（三重県）　　　　　　　　　　1974.4.21
日本アエロジル工場塩素漏出（三重県
　四日市市）　　　　　　　　　　　1974.4.30
豪雨（三重県）　　　　　　　　　　1974.7.-
東洋曹達工場塩化ビニル排出（三重県
　四日市市）　　　　　　　　　　　1975.この年
石油貯蔵用タンク沈下（三重県四日市
　市）　　　　　　　　　　　　　　1975.この頃
東邦化学工場六価クロム汚染（三重県
　四日市市）　　　　　　　　　　　1975.この頃
石原産業銅山坑内爆発（三重県紀和町）
　　　　　　　　　　　　　　　　　1976.4.12
土木工事現場土砂崩れ（三重県尾鷲市）1977.2.3
原油流出（三重県四日市市）　　　　1979.1.19
小型機墜落（三重県尾鷲市）　　　　1980.1.2
ボート転覆（三重県桑名郡）　　　　1980.11.30
建設中タグボート爆発（三重県北牟婁
　郡紀伊長島町長島）　　　　　　　1983.4.18
赤潮発生（三重県）　　　　　　　　1984.7.
医師B型肝炎感染（三重県）　　　　1987.7.26
瀬渡し船沈没（三重県度会郡南勢町）1990.1.29
係留の漁船燃える（三重県三重郡楠町）
　　　　　　　　　　　　　　　　　1994.11.15
ヘリコプター墜落（三重県名張市）　1997.7.3
インフルエンザ集団感染（三重県多度
　町）　　　　　　　　　　　　　　1999.1.8-
MRSA集団感染（三重県南勢町）
　　　　　　　　　　　　　　　　　1999.8.-
ヘリコプター・セスナ機衝突（三重県
　桑名市）　　　　　　　　　　　　2001.5.19
熱中症（三重県小俣町）　　　　　　2001.7.24
アコヤガイ大量死（三重県）　　　　2002.4.2
土砂崩れ（三重県上野市）　　　　　2002.10.12

《近畿地方》　　　　　　　都道府県別一覧

劇症型A群溶血性レンサ球菌感染（三重県）　　　　　　　　　2003.3.14
ごみ固形燃料発電所爆発（三重県桑名郡多度町）　　　　　　2003.8.14
送水管破損（三重県鳥羽市）　2007.10.2
点滴作り置きで院内感染（三重県伊賀市）　　　　　　　　　2008.5.23—
水道管に吸い込まれ死亡（三重県津市）　　　　　　　　　　2008.11.3

【滋賀県】

東海道線急行列車転覆（滋賀県）　1934.9.21
見物船客溺死（滋賀県栗太郡老上村沖）　　　　　　　　　　1934.10.11
雪崩（滋賀県）　　　　　　　1940.1.25
ボート部員遭難（琵琶湖）　　1941.4.6
豪雨（滋賀県）　　　　　　　1948.7.23—
ヘスター台風（滋賀県）　　　1949.7.27—
近江絹糸新入工員圧死（滋賀県彦根市）　1951.6.3
セメント専用列車脱線転落（滋賀県坂田郡春照村）　　　　　1952.11.9
豪雨（滋賀県）　　　　　　　1953.8.14—
関西電力宇治発電所導水路トンネル拡張現場落盤（滋賀県大津市）1955.7.10
降雹　　　　　　　　　　　　1956.6.21
比叡山延暦寺火災（滋賀県大津市）1956.10.11
全但交通バス・京阪バス衝突（滋賀県大津市）　　　　　　　1960.7.24
エア・キャリア・サービス社水陸両用遊覧機墜落（滋賀県大津市沖）1961.6.19
観光バス・ダンプカー衝突（滋賀県甲賀郡水口町）　　　　　1963.1.4
県庁別館火災（滋賀県大津市）1965.10.1
雪崩（滋賀県坂田郡伊吹町）　1968.2.4
航空自衛隊機墜落（滋賀県彦根市）1970.9.2
セスナ機墜落（滋賀県高島郡今津町）1976.5.24
職員酸欠死（滋賀県彦根市）　1980.9.4
プランクトン異常発生（滋賀県）1981.5.18
車両火災（滋賀県彦根市）　　1981.10.17
ヘリコプター墜落（琵琶湖付近）1981.12.15
アオコ発生（琵琶湖）　　　　1983.9.21
淡水赤潮（琵琶湖）　　　　　1984.5.22
淡水赤潮（滋賀県）　　　　　1985.4.30
ゴルフ場汚濁物質（滋賀県甲賀郡）　　　　　　　　　　　　1989.この年
信楽高原鉄道衝突事故（滋賀県甲賀郡信楽町）　　　　　　　1991.5.14

保線作業員快速にはねられる（滋賀県彦根市）　　　　　　　1996.8.3
渇水（滋賀県）　　　　　　　2002.11.1
琵琶湖でヨット転覆（滋賀県滋賀郡志賀町）　　　　　　　　2003.9.15
突風（滋賀県彦根市）　　　　2008.7.27
工場火災（滋賀県竜王町）　　2009.10.10

【京都府】

豪雨（京都府）　　　　　　　1901.6.30
日本初民間航空犠牲者事故（京都府）1913.5.4
曲芸飛行機墜落（京都府）　　1927.11.3
誓願寺火災（京都府京都市）　1932.9.26
東海道線貨物列車追突（京都府）1933.12.5
見送り客圧死（京都府）　　　1934.1.8
近鉄奈良線電車追突（京都府京都市右京区）　　　　　　　　1948.3.31
ジフテリア予防接種禍（京都府京都市）1948.11.4—
ヘスター台風（京都府）　　　1949.7.27—
国宝金閣寺火災（京都府京都市上京区）1950.7.2
豪雨（京都府）　　　　　　　1951.7.7—
近畿財務局木幡分工場爆発（京都府京都市伏見区）　　　　　1951.10.29
豪雨（京都府）　　　　　　　1953.7.18—
豪雨（京都府）　　　　　　　1953.8.14—
豪雨（京都府）　　　　　　　1954.6.28—
消防自動車衝突（京都府京都市伏見区）1954.10.30
京都交通バス・列車衝突（京都府亀岡市）　　　　　　　　　1958.6.10
インフルエンザ死亡（京都府京都市）1960.3.—
政治活動防止法反対学生デモ隊・警官隊衝突（京都府京都市）1961.5.30—
豪雨（京都府）　　　　　　　1961.10.
壬生寺火災（京都府京都市中京区）1962.7.25
ダンプカー・京都電鉄伏見線電車衝突（京都府京都市）　　　1963.1.19
大洋航空測量機墜落（京都府久世郡城陽町）　　　　　　　　1963.3.29
従業員寮ガス中毒死（京都府京都市中京区）　　　　　　　　1965.4.23
京都観光修学旅行バス・ダンプカー衝突（京都府相楽郡山城町）1966.9.22
食中毒（京都府）　　　　　　1966.12.21—
コレラワクチン採取豚・ヤギ肉違法処理（病菌豚密売事件）（京都府）1967.2.

638

ダム水門決壊（京都府船井郡和知町） 1967.7.2
京都大学紛争（京都府京都市左京区）
　　　　　　　　　　　　　　　1969.1.21−
精神病院火災（京都府乙訓郡長岡町）1969.9.27
乗用車・阪急京都線電車衝突（京都府
　乙訓郡向日町）　　　　　　　1970.2.23
電話回線埋設現場ガス爆発（京都府京
　都市）　　　　　　　　　　　 1973.2.8
第6太洋丸転覆（京都府竹野郡丹後町沖）
　　　　　　　　　　　　　　　1973.3.28
防護作業現場がけ崩れ（京都府宮津市）1974.1.5
鉱山・工場廃液排出（京都府）　1975.この頃
平安神宮火災（京都府京都市左京区岡崎
　西天王町）　　　　　　　　　 1976.1.6
橋げた落下（京都府大江町）　　1976.1.16
列車事故（京都府京都市大山崎町）1977.5.7
清掃工場灰崩壊（京都府京都市）1979.6.19
解体車両爆発（京都府京都市山科区）1997.8.4
エタノール誤注入で患者死亡（京都府
　京都市）　　　　　　　　　　2000.2.28
鳥インフルエンザ発生（京都府）
　　　　　　　　　　　　　　　2004.1.12−
多剤耐性緑膿菌院内感染（京都府京都
　市）　　　　　　　　　　　　 2004.9.2
新快速電車にはねられ死亡（京都府長
　岡京市）　　　　　　　　　　 2005.4.2
通学路にトラック突入（京都府京丹後
　市）　　　　　　　　　　　　2007.10.12
住宅解体作業中に壁が倒壊（京都府京
　都市）　　　　　　　　　　　 2008.7.17

【大阪府】

大雨、洪水（大阪府）　　　　　 1885.6.15
大阪紡績工場火災（大阪府大阪市）1892.12.20
東海道線列車脱線（大阪府）　　 1900.8.4
火薬庫爆発（大阪府）　　　　　 1902.8.15
火薬庫爆発（大阪府）　　　　　 1907.10.4
火薬庫爆発（大阪府）　　　　 1909.この年
暴風雨（大阪府）　　　　　　　1911.12.19
倉庫火災（大阪府）　　　　　　 1917.5.5
酸素圧縮機爆発（大阪府）　　　 1920.5.12
航空機墜落（大阪府大阪市）　　 1927.4.1
地すべり（大阪府中河内郡堅上村）
　　　　　　　　　　　　　　　1932.1.−
食中毒（大阪府布施町）　　　　 1936.7.17
毎日新聞機墜落（大阪府大阪市郊外）1936.8.27
第3桜島丸転覆（大阪府大阪港内）1937.12.1
陸軍倉庫火災（大阪府）　　　　 1939.3.1

西成線列車脱線火災事故（大阪府）1940.1.29
空襲（大阪大空襲）（大阪府）　1945.3.13−
近鉄奈良線トンネル内火災（大阪府）1947.4.16
演芸会場屋根落下（大阪府岸和田市）1947.6.8
集団食中毒（大阪府泉佐野市・貝塚市）
　　　　　　　　　　　　　　　1950.10.22
住宅火災（大阪府南河内郡八下村）1951.1.9
豪雨（大阪府）　　　　　　　　 1951.7.7−
トラック・電車衝突（大阪府豊能郡庄内
　町）　　　　　　　　　　　　 1954.2.2
ニューカッスル病発生（大阪府）　1954.5.−
ヒロポン中毒者通行人暴行（大阪府大
　阪市）　　　　　　　　　　　 1954.6.25
豪雨（大阪府）　　　　　　　　1954.6.28−
府立中宮病院火災（大阪府枚方市）1954.10.22
帝産バス・駐留軍トラック正面衝突
　（大阪府堺市）　　　　　　　1954.10.26
大型乗用車転落（大阪府泉南郡岬町孝子
　峠）　　　　　　　　　　　　 1955.6.5
放射能雨（大阪府大阪市）　　　1956.4.16−
インフルエンザ流行（大阪府）　 1956.10.−
極東航空機不時着（大阪府泉北郡浜寺
　町）　　　　　　　　　　　　 1957.8.1
トラック・急行電車衝突（大阪府豊中
　市）　　　　　　　　　　　　1957.10.22
大阪市営バス・阪急電車二重衝突（大
　阪府大阪市東淀川区）　　　　 1959.1.3
料亭火災（大阪府大阪市南区）　 1961.2.4
住民騒擾（釜ヶ崎事件）（大阪府大阪市
　西成区）　　　　　　　　　　 1961.8.1−
奥村実業工場爆発（大阪府茨木市）1964.9.14
タンクローリー・大阪市電衝突（大阪
　府大阪市西成区）　　　　　　1964.12.17
住宅火災（大阪府堺市）　　　　 1965.1.12
工場火災（大阪府大阪市生野区）　1965.2.3
芦屋丸追突（大阪府大阪市沖）　 1965.8.1
日本脳炎流行（大阪府）　　　　　1966.6.−
工場火災（大阪府大阪市住吉区）1966.10.21
食中毒（大阪府）　　　　　　　1966.12.21−
ガス爆発（大阪府大阪市城東区）　1967.5.12
幼児冷蔵庫窒息死（大阪府大阪市生野
　区）　　　　　　　　　　　　 1967.6.11
南海百貨店火災（大阪府高石市）　1967.6.14
日本脳炎流行（大阪府大阪市）　1967.7.26−
アパート火災（大阪府寝屋川市）　1967.9.13
延山商会火災（大阪府大阪市旭区）1968.5.25
反日本共産党系学生・警官隊衝突（大
　阪府大阪市中央区）　　　　　 1968.6.15

《近畿地方》　　　　　都道府県別一覧

国鉄大阪駅ホーム仮天井落下（大阪府大阪市北区）	1968.10.8
反戦国際統一行動デー参加学生新宿駅占拠（新宿騒乱事件）（大阪府大阪市）	1968.10.21
工場火災（大阪府大阪市東成区）	1968.12.16
道路改修現場ガス埋設管破損（大阪府大阪市浪速区）	1969.2.16
集団食中毒（大阪府枚方市）	1969.9.15
ダイハツ工業社員寮建設現場爆発（大阪府池田市）	1969.11.7
日本産業航空セスナ機墜落（大阪府柏原市）	1969.11.17
尻無川水門建設現場潜函水没（大阪府大阪市大正区）	1969.11.25
異常乾燥発生（大阪府）	1969.12.-
杭打作業船転覆（大阪府大阪市）	1969.12.3
簡易宿泊所火災（大阪府大阪市東成区）	1970.1.31
地下鉄谷町線建設現場ガス爆発（大阪府大阪市北区）	1970.4.8
収穫米カドミウム汚染（大阪府）	1970.この年
光化学スモッグ（大阪府）	1971.8.-
中核派・革マル派学生衝突（大阪府吹田市）	1971.12.4
柴原浄水場塩素ガス漏出（大阪府豊中市）	1971.12.4
カドミウム汚染（大阪府）	1971.この頃
水質汚染（大阪府）	1971.この頃
千日前デパートビル火災（大阪府大阪市南区）	1972.5.13
大阪製紙工場煙突建設現場転落死（大阪府大阪市西淀川区）	1972.5.15
光化学スモッグ被害（大阪府）	1972.6.1
青酸化合物汚染（大阪府）	1972.この年
砒素汚染（大阪府）	1972.この年
大気汚染（大阪府大阪市西淀川区）	1972.の頃-
光化学スモッグ被害（大阪府）	1973.8.-
西武百貨店火災（大阪府高槻市）	1973.9.25
関西本線普通電車脱線（大阪府大阪市東住吉区）	1973.12.26
日本工業検査高校生被曝（大阪府大阪市）	1974.この頃
千成ホテル火災（大阪府大阪市西淀川区）	1975.3.10
過激派関係者乱闘（大阪府大阪市）	1975.6.4
公害病認定患者増加（大阪府大阪市）	1976.10.
浄水場酸欠（大阪府羽曳野市）	1977.3.15
建設作業員宿舎火災（大阪府大阪市大正区）	1977.6.24
集団食中毒（大阪府大阪市港区）	1977.7.10
ぜん息薬中毒（大阪府）	1978.7.初め
作業場火災（大阪府大阪市安部野区）	1979.5.21
ビル火災（大阪府大阪市阿倍野区）	1979.5.21
トラック・回送電車衝突（大阪府堺市）	1979.12.8
ダイセル化学工業爆発（大阪府堺市）	1982.8.22
セスナ機墜落（大阪府松原市宅中）	1983.7.4
ソ連客船火災（大阪府大阪市大阪港）	1988.5.18
工事用エレベーター落下（大阪府大阪市曽根崎新地）	1988.8.31
ビル火災（大阪府大阪市中央区）	1989.2.16
阪大で実験中爆発（大阪府豊中市）	1991.10.2
製油タンク爆発（大阪府泉佐野市）	1991.12.22
ニュートラム暴走（大阪府大阪市住之江区）	1993.10.5
作業用ゴンドラ落下（大阪府大阪市北区）	1994.6.23
園児の列に送迎バス（大阪府東大阪市）	1994.6.29
朝日新聞社ヘリコプター墜落（大阪府泉佐野市）	1994.10.18
O157大量感染（大阪府堺市）	1996.7.13
中国人密航者ガス中毒死（大阪府大阪市此花区）	1997.11.29
地下鉄御堂筋線本町駅階段でボヤ（大阪府大阪市中央区）	1998.3.27
高濃度ダイオキシン検出（大阪府能勢町）	1998.4.
軽飛行機墜落（大阪府高槻市）	1998.9.22
有機溶剤中毒死（大阪府羽曳野市）	1998.10.14
ガス漏れ（大阪府大阪市）	2000.1.24
堺市の病院でセラチア菌院内感染（大阪府堺市）	2000.5.-
高濃度ダイオキシン汚染（大阪府豊能郡能勢町）	2000.7.12
池田小児童殺傷事件（大阪府池田市）	2001.6.8
塗装工場爆発（大阪府八尾市）	2003.6.5
工場跡地からダイオキシン（大阪府吹田市）	2004.4.27
台風で増水の用水路に転落（大阪府和泉市）	2004.10.22
全裸の男が車で5人はね1人死亡（大阪府茨木市）	2004.11.18
児童福祉施設でO157感染（大阪府高槻市）	2005.11.9-

ダイオキシン検出（大阪府能勢町）
　　　　　　　　　　　　　2005.12.-
コースター脱線（大阪府吹田市）2007.5.5
保育園でO157感染（大阪府大阪市）2007.8.6
ヘリコプター墜落（大阪府堺市）2007.10.27
重文の神社火災（大阪府吹田市）2008.5.23
硫化水素自殺に巻き添え（大阪府堺市）
　　　　　　　　　　　　　2008.6.16
個室ビデオ店で火災（大阪府大阪市）2008.10.1
コンクリート塊崩落で生き埋め（大阪府吹田市）　　　　　　　2008.11.14
パチンコ店放火（大阪府大阪市）2009.7.5

【兵庫県】

住吉駅東方で正面衝突（兵庫県神戸市）
　　　　　　　　　　　　　1877.10.1
マッチ工場火災（兵庫県）　1901.12.11
北但馬地震（兵庫県）　　　1925.5.23
日本航空輸送研究所横廠式ロ号甲型機、空中火災（兵庫県）　1926.4.6
山崩れ（兵庫県氷上郡春日部村）1928.7.18
阪急電鉄神戸線人身事故（兵庫県園田村）　　　　　　　　　　1928.8.6
菊水丸・フランス船衝突（兵庫県神戸市付近）　　　　　　　　1931.2.9
降雹（兵庫県播磨地方）　　1933.6.14
水害（兵庫県）　　　　　　1933.8.13
屋島丸沈没（和田岬沖合）　1933.10.20
眠り病流行（兵庫県）　　　　1935.7.-
山津波（兵庫県神戸市芋川谷）1935.8.29
阪神線電車・消防車衝突（兵庫県本山村）　　　　　　　　　　1936.2.10
水害（兵庫県）　　　　　　　1938.7.3-
播丹鉄道線気動車・貨物列車衝突（兵庫県加東郡）　　　　　　1939.5.6
山林火災（兵庫県垂水町）　1941.4.30
山陽本線列車追突（兵庫県姫路市）1941.9.16
バス転落（兵庫県川辺郡多田村）1943.4.4
山陽線列車追突（兵庫県赤穂郡上郡町）　　　　　　　　　　1944.11.19
空襲（兵庫県神戸市）　　　　1945.6.5
室戸丸沈没（兵庫県沖）　　1945.10.17
明石市大火（兵庫県明石市）1949.2.20
ヘスター台風（兵庫県）　　　1949.7.27-
天然痘発生（兵庫県）　　　1951.2.26頃-
豪雨（兵庫県）　　　　　　　1951.7.7-
関西電力火力発電所爆発（兵庫県尼崎市）　　　　　　　　　　1951.9.9

中日本重工業造船所集団赤痢発生（兵庫県神戸市）　　　　　　1951.12.27
工場火災（兵庫県西宮市）　1954.7.27
沼島大火（兵庫県三原郡南淡町）1955.11.9
放射能雨（兵庫県神戸市）　　1956.4.16-
インフルエンザ流行（兵庫県）1956.10.-
冷凍運搬船栄幸丸爆発（兵庫県相生市）　　　　　　　　　　　1957.4.24
連絡船南海丸沈没（兵庫県三原郡南淡町沖）　　　　　　　　　1958.1.26
神戸市営バス・快速電車衝突（兵庫県神戸市灘区）　　　　　　1958.8.12
機帆貨物船火薬爆発（兵庫県神戸市）1959.3.31
回送列車転覆（兵庫県神崎郡大河内町）1959.4.6
毎日新聞社双発機墜落（兵庫県川西市）1960.4.1
芦有開発道路建設現場山崩れ（兵庫県西宮市）　　　　　　　　1960.8.29
道路土砂崩れ（兵庫県）　　1960.8.30
ナイトクラブ火災（兵庫県神戸市）1961.12.19
渇水（兵庫県神戸市）　　　　1962.8.-
ときわ丸・りっちもんど丸衝突（兵庫県神戸市長田区沖）　　　　1963.2.26
日東航空旅客機墜落（兵庫県三原郡南淡町）　　　　　　　　　1963.5.1
ゴム工場火災（兵庫県神戸市長田区）1963.9.25
トラック・準急列車衝突（兵庫県加古川市）　　　　　　　　　　1964.2.10
日東航空旅客機墜落（兵庫県伊丹市）1964.2.18
常岡病院火災（兵庫県伊丹市）1964.3.30
喫茶店火災（兵庫県神戸市生田区）1964.9.11
パチンコ店火災（兵庫県尼崎市）1964.11.18
キャバレー火災（兵庫県尼崎市）1964.12.18
バス・阪急神戸線電車衝突（兵庫県西宮市）　　　　　　　　　1965.7.26
タンクローリー爆発（兵庫県西宮市）1965.10.26
日本脳炎流行（兵庫県）　　　1966.6.-
ニューカッスル病発生（兵庫県）
　　　　　　　　　　　　　1967.3.3-
山陽電鉄線電車爆破（兵庫県神戸市垂水区）　　　　　　　　　1967.6.18
トラック暴走（兵庫県神戸市垂水区）1967.8.19
乗用車ひき逃げ（兵庫県神戸市灘区）1967.8.24
鉛中毒死（兵庫県）　　　　1967.10.17
鉄工所火災（兵庫県相生市）1968.2.17
山林火災（兵庫県養父郡関宮町）1968.4.25
マイクロバス・山陽電鉄網干線電車衝突（兵庫県姫路市）　　　1968.7.14
マイクロバス転落（兵庫県赤穂郡上郡町）　　　　　　　　　1968.10.17

《近畿地方》　　　　　　　都道府県別一覧

池之坊満月城火災（兵庫県神戸市兵庫区）　　　　　　　　　　1968.11.2
うずしお丸搭載乗用車転落（兵庫県三原郡西淡町沖）　　　　　　1969.5.6
新和燐寸工業火災（兵庫県津名郡淡路町）　　　　　　　　　　　1970.1.28
住友金属鉱山工場カドミウム汚染（兵庫県加古郡播磨町）　　　　1970.この年
大阪国際空港騒音被害（兵庫県川西市）　　　　　　　　　　　　1970.この年
遊技場火災（兵庫県姫路市）　　　　　1971.1.1
栄進化成工場爆発（兵庫県神戸市）　　1971.3.8
カドミウム汚染（兵庫県）　　　　　　1971.この頃
三菱金属鉱業カドミウム排出（兵庫県朝来郡生野町）　　　　　　1971.この頃
バナナセンター青酸化合物汚染（兵庫県神戸市）　　　　　　　　1972.この年
六価クロム汚染（兵庫県神戸市）　　　1972.この年
ダンプカー暴走（兵庫県津名郡淡路町）　　　　　　　　　　　　1973.5.13
光化学スモッグ被害（兵庫県）　　　　1973.8.-
ゼラチン製造工場ガス発生（兵庫県宝塚市）　　　　　　　　　　1973.8.11
大気汚染（兵庫県尼崎市）　　　　　　1973.この頃-
光化学スモッグ被害（兵庫県）　　　　1974.6.頃
公害病認定患者増加（兵庫県尼崎市）　　　　　　　　　　　　　1974.この年
騒音・排気ガス被害（兵庫県）　　　　1976.この頃-
播但線人身事故（兵庫県神崎郡）　　　1980.4.2
ヘリコプター衝突（兵庫県明石市）　　1984.7.31
山陰線回送列車転落（兵庫県城崎郡香住町）　　　　　　　　　　1986.12.28
高速艇防波堤に激突（兵庫県津名郡津名町）　　　　　　　　　　1989.2.2
尼崎の長崎屋火災（兵庫県尼崎市）　　1990.3.18
阪急航空ヘリコプター墜落（兵庫県美方郡村）　　　　　　　　　1991.8.5
発電所内で作業員死亡（兵庫県高砂市）　　　　　　　　　　　　1991.9.19
今津阪神市場全焼（兵庫県西宮市）　　1993.5.30
脱水症状で死亡（兵庫県加古川市）　　1995.8.19
ワゴン車・トラック衝突（兵庫県美方郡村岡町）　　　　　　　　1996.9.29
工事現場トラック突入（兵庫県美嚢郡吉川町）　　　　　　　　　1996.10.22
山陽線人身事故（兵庫県神戸市須磨区）　　　　　　　　　　　　1997.12.22

高濃度ダイオキシン検出（兵庫県千種町）　　　　　　　　　　　1998.4.
B型肝炎院内感染（兵庫県加古川市）　　　　　　　　　　　　　1999.2.28-
地下鉄工事現場土砂崩れ（兵庫県神戸市）　　　　　　　　　　　1999.4.10
テレホンクラブ放火（兵庫県神戸市）　2000.3.2
工場爆発（兵庫県姫路市）　　　　　　2001.1.7
明石歩道橋圧死事故（兵庫県明石市）　2001.7.21
人工砂浜陥没（兵庫県明石市）　　　　2001.12.30
神戸淡路鳴門自動車道で多重衝突事故（兵庫県淡路町）　　　　　2002.7.11
住宅火災（兵庫県神戸市）　　　　　　2003.6.2
生肉でE型肝炎感染（兵庫県）　　　　2003.7.31
重油タンク内に転落（兵庫県尼崎市）　2004.3.19
小型機墜落（兵庫県南淡町）　　　　　2004.9.20
JR福知山線脱線事故（兵庫県尼崎市）　　　　　　　　　　　　　2005.4.25
カラオケ店で火災（兵庫県宝塚市）　　2007.1.20
地下汚水槽点検中に死亡（兵庫県神戸市）　　　　　　　　　　　2007.4.20
飲酒運転で衝突（兵庫県尼崎市）　　　2007.6.23
耐性緑膿菌院内感染（兵庫県神戸市）　　　　　　　　　　　　　2007.9.-
こんにゃくゼリーで1歳児窒息死（兵庫県）　　　　　　　　　　2008.7.29

【奈良県】

十津川大水害（奈良県）　　　　　　　1889.8.19
生駒山トンネル崩壊（奈良県）　　　　1913.1.26
祝賀会場、飛行機墜落（奈良県王寺町）　　　　　　　　　　　　1926.4.18
病院火災（奈良県生駒郡）　　　　　　1937.5.15
落雷（奈良県高市郡船倉村）　　　　　1937.6.
近鉄奈良線トンネル内火災（奈良県）　1947.4.16
貨物列車待合室突入（奈良県吉野郡五條町）　　　　　　　　　　1949.1.14
法隆寺金堂火災（奈良県生駒郡斑鳩町）　　　　　　　　　　　　1949.1.26
ヘスター台風（奈良県）　　　　　　　1949.7.27-
豪雨（奈良県）　　　　　　　　　　　1953.7.18
豪雨（奈良県）　　　　　　　　　　　1953.8.14-
ニューカッスル病発生（奈良県）　　　1954.5.-
住宅火災（奈良県奈良市）　　　　　　1956.1.27
ダム建設現場落盤（奈良県吉野郡下北山村）　　　　　　　　　　1962.5.1
奈良交通バス転落（奈良県大和高田市）　　　　　　　　　　　　1964.3.22

トラック・近鉄電車連続衝突（奈良県
　宇陀郡室生村）　　　　　　　1966.11.11
養魚池毒薬投入（奈良県北部）　　1967.5.
芳野川水銀汚染（奈良県宇陀郡）
　　　　　　　　　　　　　　1968.この年
鉛再生工場汚染（奈良県磯城郡田原本
　町）　　　　　　　　　　　　1970.この年
老人病院火災（奈良県北葛城郡香芝町）1972.2.2
団地住民腎炎集団発生（奈良県大和郡
　山市）　　　　　　　　　　　　　1973.3.
タクシー落石損壊（奈良県吉野郡）　1976.5.8
西名阪道路低周波騒音被害（奈良県北
　葛城郡香芝町）　　　　　　　1980.この頃
公害（奈良県）　　　　　　　　1981.この年
公害苦情（奈良県）　　　　　　1982.この年
雪害（奈良県）　　　　　　　　　1986.3.23
ゴルフ場建設現場土砂崩れ（奈良県吉
　野郡吉野町）　　　　　　　　　1991.1.12
保育園でO157集団感染（奈良県生駒
　市）　　　　　　　　　　　　　2001.7.31
結核集団感染（奈良県当麻町）　　2002.2.-
ダムの試験貯水で道路・民家に亀裂
　（奈良県吉野郡川上村）　　　　　2003.8.1
土砂崩れ（奈良県上北山村）　　　2007.1.30

【和歌山県】

暴風雨（和歌山県）　　　　　　1886.10.25
十津川大水害（和歌山県）　　　　1889.8.19
火災（和歌山県田波村）　　　　　1934.2.21
第2泊栄丸難破（和歌山県西牟婁郡串本
　町）　　　　　　　　　　　　　1934.2.23
南富田小学校火災（和歌山県）　　1937.12.20
中学校ボート部員溺死（和歌山県和歌
　山市）　　　　　　　　　　　　1940.3.16
山林火災（和歌山県東牟婁郡）　　1943.3.16-
新宮市大火（和歌山県新宮市）　　1946.12.21
豪雨（和歌山県）　　　　　　　　1949.7.5-
漁船多数沈没・流失（和歌山県有田郡
　箕島町）　　　　　　　　　　　1950.9.3
豪雨（和歌山県）　　　　　　　　1953.7.18-
豪雨（和歌山県）　　　　　　　　1953.8.14-
ニューカッスル病発生（和歌山県）
　　　　　　　　　　　　　　　1954.5.-
豪雨（和歌山県）　　　　　　　1954.6.22-
豪雨（和歌山県）　　　　　　　1954.6.28-
台風26号（和歌山県）　　　　　1955.10.20
遠洋マグロ漁船3隻遭難（和歌山県西牟
　婁郡串本町沖）　　　　　　　1955.12.16-

貨物船第3正福丸転覆（和歌山県西牟婁
　郡串本町沖）　　　　　　　　　1958.1.26
オート三輪転落（和歌山県東牟婁郡古座
　川町）　　　　　　　　　　　　1958.11.17
バス転落（和歌山県伊都郡高野町）　1959.1.1
潜峡観光定期船沈没（和歌山県新宮市）1959.6.1
産業経済新聞社新聞輸送機墜落（和歌
　山県田辺市沖）　　　　　　　　1959.9.27
電源開発公社椋呂発電所建設現場ダイ
　ナマイト爆発（和歌山県東牟婁郡熊野
　川町）　　　　　　　　　　　　1960.3.22
チリ地震津波（和歌山県）　　　　1960.5.24
豪雨（和歌山県）　　　　　　　　1960.10.7
漁船沈没（和歌山県西牟婁郡串本町沖）1961.1.27
二酸化炭素中毒死（和歌山県御坊市）1961.5.6
洞南丸沈没（和歌山県西牟婁郡串本町沖）1963.6.6
熊野交通バス転落（和歌山県新宮市）1965.3.2
山林火災（和歌山県）　　　　　　1965.3.12
温泉旅館火災（和歌山県西牟婁郡白浜
　町）　　　　　　　　　　　　　1966.3.19
梅屋丸転覆（和歌山県西牟婁郡すさみ町
　沖）　　　　　　　　　　　　　1966.7.17
集団赤痢（和歌山県日高郡由良町）
　　　　　　　　　　　　　　　1967.5.24-
住友金属工業製鉄所微鉄粉排出（和歌
　山県和歌山市）　　　　　　　1967.この頃-
住友金属工業製鉄所爆発（和歌山県和
　歌山市）　　　　　　　　　　　1970.11.17
和歌川汚染（和歌山県和歌山市）
　　　　　　　　　　　　　　　1970.この年
旅館火災（和歌山県和歌山市）　　1971.1.2
豪雨（和歌山県）　　　　　　　　1971.9.9-
住友金属製鉄所爆発（和歌山県和歌山
　市）　　　　　　　　　　　　　1971.10.9
椿グランドホテル火災（和歌山県西牟
　婁郡白浜町）　　　　　　　　　1972.2.25
川留製革工場爆発（和歌山県和歌山市）1972.3.8
海洋汚染（和歌山県海草郡下津町）
　　　　　　　　　　　　　　　1973.この頃
第11昌栄丸・オーシャンソブリン号衝
　突（和歌山県潮岬沖）　　　　　1974.4.12
集団コレラ（和歌山県有田市）　　1977.6.15
集中豪雨（和歌山県）　　　　　　1979.5.
河川汚濁（和歌山県和歌山市）　　1981.この年
ホテル火災（和歌山県西牟婁郡白浜町）
　　　　　　　　　　　　　　　1984.7.16
つり橋落下（和歌山県清水町）　　1986.3.18
工事現場土砂崩れ（和歌山県東牟婁郡
　古座川町）　　　　　　　　　　1996.10.5

643

《中国地方》　　　　　　　　　　都道府県別一覧

パチンコ店で客将棋倒し（和歌山県御
　坊市）　　　　　　　　　　1996.12.23
和歌山毒物カレー事件（和歌山県和歌
　山市）　　　　　　　　　　　1998.7.25
硫化水素中毒（和歌山県和歌山市）　2000.6.22
寄生虫で養殖マダイ大量死（和歌山県
　串本町）　　　　　　　　　　2003.12.13
岩が崩落し民家直撃（和歌山県和歌山
　市）　　　　　　　　　　　　　2005.3.4
水道管からドジョウ（和歌山県湯浅町）
　　　　　　　　　　　　　　　2007.11.－
ノロウイルス院内感染（和歌山県有田
　市）　　　　　　　　　　　　2008.1.7－

《中国地方》

暴風雨、高潮（中国地方）　　　　　1871.7.4
地震（中国地方）　　　　　　　　1872.3.14
台風（中国地方）　　　　　　　　1895.7.24
風水害、洪水（中国地方）　　　　　1902.8.10
台風（中国地方）　　　　　　　　1902.9.27
地震（中国地方）　　　　　　　　　1905.6.2
風水害（中国地方）　　　　　　　　1905.8.8
台風（中国地方）　　　　　　　　1906.10.24
台風、洪水（中国地方）　　　　　　1907.8.24
地震（中国地方）　　　　　　　　1909.11.10
台風（中国地方）　　　　　　　　1912.10.1
台風（中国地方）　　　　　　　　　1914.6.2
台風（中国地方）　　　　　　　　　1915.9.9
洪水（中国地方）　　　　　　　　 1916.6.26
台風（中国地方）　　　　　　　　　1918.7.10
台風（中国地方）　　　　　　　　 1918.9.13
豪雨（中国地方）　　　　　　　　　1919.7.5
台風（中国地方）　　　　　　　　 1921.9.25
台風（中国地方）　　　　　　　　 1922.8.23
台風（中国地方）　　　　　　　　　1924.9.11
北丹後地震（中国地方）　　　　　　1927.3.7
羽衣丸遭難（瀬戸内海）　　　　　1937.12.26
台風（四国地方）　　　　　　　　　1938.9.7
干ばつ（中国地方）　　　　　　　　1939.6.－
台風（中国地方）　　　　　　　　 1942.8.27
台風（中国地方）　　　　　　　　 1943.9.20
南海地震（中国地方）　　　　　　1946.12.21
豪雨（中国地方西部）　　　　　　 1948.9.10－
デラ台風（山陽地方）　　　　　　 1949.6.18－
グレース台風（中国地方西部）　　 1950.7.19－
ジェーン台風（中国地方東部）　　　 1950.9.3

キジア台風（中国地方）　　　　　 1950.9.13－
ルース台風（中国地方）　　　　　1951.10.14
豪雨（中国地方）　　　　　　　　　1952.7.9－
吉野地震（中国地方）　　　　　　　1952.7.18
台風13号（中国地方東部）　　　　 1953.9.25
豪雨（中国地方西部）　　　　　　　1954.7.4－
台風12号（中国地方）　　　　　　　1954.9.13
台風23号（中国地方）　　　　　　 1955.10.3－
遅霜（中国地方）　　　　　　　　　1956.4.30
台風9号（中国地方）　　　　　　 1956.8.16－
台風12号（中国地方）　　　　　　　1956.9.9－
暴風雨（中国地方）　　　　　　　1957.12.12－
豪雨（中国地方）　　　　　　　　　1959.7.13－
台風14号（中国地方）　　　　　　 1959.9.16－
台風15号〔伊勢湾台風〕（中国地方）
　　　　　　　　　　　　　　　　1959.9.26－
暴風雨（中国地方）　　　　　　　　1960.7.7－
台風11号（中国地方）　　　　　　 1960.8.11－
台風16号（中国地方）　　　　　　 1960.8.28－
梅雨前線豪雨（36年6月豪雨）（中国地
　方）　　　　　　　　　　　　　1961.6.23－
豪雨（山陰地方）　　　　　　　　　1961.7.3－
台風（第2室戸台風）（中国地方）
　　　　　　　　　　　　　　　　1961.9.15－
集団食中毒（中国地方）　　　　　 1961.9.23－
豪雨（中国地方）　　　　　　　　　1962.7.1－
雪崩（山陰地方）　　　　　　　　　1963.2.5－
長雨（中国地方）　　　　　　　　 1963.4.30－
台風2号（中国地方）　　　　　　　 1963.6.2－
台風3号（中国地方）　　　　　　　1963.6.11－
豪雨（山陰地方）　　　　　　　　 1964.7.14－
豪雨（39年7月山陰・北陸豪雨）（山陰
　地方）　　　　　　　　　　　　1964.7.17－
台風14号（中国地方）　　　　　　 1964.8.23－
台風6号（中国地方）　　　　　　 1965.5.26－
台風9号（中国地方）　　　　　　 1965.6.19－
豪雨（中国地方）　　　　　　　　 1965.7.20－
台風15号（中国地方西部）　　　　　 1965.8.6
台風19号（中国地方）　　　　　　　1966.9.9－
干害（中国地方）　　　　　　　　　1967.7.－
伝道船転覆（瀬戸内海）　　　　　 1967.12.9
地震（中国地方）　　　　　　　　　1968.4.1
台風16号（第三宮古島台風）（中国地
　方）　　　　　　　　　　　　　1968.9.23－
暴風雨（44年7月豪雨）（中国地方）
　　　　　　　　　　　　　　　　1969.6.24－
地震（中国地方）　　　　　　　　　1969.9.9
台風2号（中国地方）　　　　　　　 1970.7.5
台風9号（中国地方）　　　　　　 1970.8.14－

644

《中国地方》

台風10号（中国地方）	1970.8.21-
暴風雪（山陰地方）	1971.1.4-
屎尿汚染（瀬戸内海）	1971.この頃
豪雨（中国地方）	1972.9.8-
豪雨（48年6月豪雨）（中国地方）	1973.6.26-
低温被害（山陰地方）	1974.5.
豪雨（中国地方西部）	1974.7.16-
台風16号（多摩川水害）（中国地方）	1974.8.30-
台風18号（中国地方）	1974.9.8
豪雪（山陰地方）	1975.1.9-
阿蘇山群発地震（中国地方）	1975.1.22-
台風5号（中国地方）	1975.8.15-
台風17号（中国地方）	1976.9.8-
豪雪・寒波（山陰地方）	1977.3.2
台風9号（中国地方）	1977.9.9-
日本脳炎発生（中国地方）	1978.8.
台風18号（中国地方）	1978.9.15-
イガイ農薬汚染（瀬戸内海）	1980.10.30
7月豪雨（中国地方）	1982.7.11-
遊漁船幸洋丸転覆（瀬戸内海）	1983.1.30
集中豪雨（山陰地方）	1983.7.22-
台風13号（中国地方）	1985.8.31-
有機スズ化合物汚染（瀬戸内海）	1986.8.28
台風19号（中国地方）	1987.10.17
台風22号（中国地方）	1989.9.19-
酸性霧（中国地方）	1989.この年
台風21号（中国地方）	1990.10.8
台風17号（中国地方）	1991.9.12-
台風7号（中国地方）	1993.8.10
台風13号（中国地方）	1993.9.3
阪神・淡路大震災（中国地方）	1995.1.17
大雨（中国地方）	1995.6.30-
地震（中国地方）	1996.12.3
地震（中国地方）	1997.3.26
地震（中国地方）	1997.6.25
台風（瀬戸内海）	1997.9.16
台風10号（中国地方）	1998.10.17-
大雨（中国地方）	1999.6.29-
芸予地震（中国地方）	2001.3.24
豪雨（中国地方）	2005.7.3
平成18年7月豪雨（中国地方）	2006.7.15-
台風13号（中国地方）	2006.9.16-
落雷・大雨（中国地方）	2008.12.5
中国・九州北部豪雨（中国地方）	2009.7.19-
台風9号（中国地方）	2009.8.9

【鳥取県】

火災（鳥取県西伯郡大山村）	1931.5.7
貯水池決壊（鳥取県）	1933.3.24
日ノ丸バス転落（鳥取県八頭郡）	1933.10.21
雪崩（鳥取県八頭郡池田村）	1934.1.21
火災（鳥取県境町）	1935.1.12
眠り病流行（鳥取県）	1935.7.-
集団食中毒（鳥取県西伯郡五千石村）	1936.8.20
天然痘流行（鳥取県）	1941.1.-
鳥取地震（鳥取県）	1943.9.10
玉栄丸爆発（鳥取県西伯郡境町）	1945.4.23
天然痘発生（鳥取県）	1951.2.26頃-
鳥取市大火（鳥取県鳥取市）	1952.4.10-
放射能雨（鳥取県米子市）	1956.4.16-
土砂採取場土砂崩れ（鳥取県岩美郡福部村）	1959.2.4
中学生濃霧転落死（鳥取県大山）	1959.11.7
集団赤痢（鳥取県倉吉市）	1962.7.
児童・生徒集団食中毒（鳥取県八頭郡郡家町）	1965.7.20
日本脳炎流行（鳥取県）	1966.6.-
伯備線列車・保線係員接触（鳥取県日野郡日南町）	1969.2.13
硫酸銅汚染（鳥取県八頭郡若桜町）	1971.3.
鳥取砂丘破壊（鳥取県鳥取市）	1971.この年
甫場改修作業現場側壁倒壊（鳥取県東伯郡大栄町）	1972.12.20
旧銅山廃液汚染（鳥取県岩美郡岩美町）	1972.この頃
旭鍍金工場六価クロム排出（鳥取県鳥取市）	1973.この頃
倉敷メッキ工業所青酸排出（鳥取県米子市）	1973.この頃
飼育鳥獣屎尿投棄（鳥取県）	1973.この頃-
DDT汚染（鳥取県八頭郡郡家町大坪地区）	1974.この年
雹害（鳥取県）	1975.5.31-
クロム汚染（鳥取県日野郡日南町）	1975.9.
豪雪（鳥取県）	1976.12.29-
土壌汚染（鳥取県）	1980.この年
豪雪被害（鳥取県）	1983.12.-
土砂崩れ（鳥取県東伯郡三朝町）	1990.7.31
小型機墜落（鳥取県鳥取市）	1990.11.17
登校中にはねられ死亡（鳥取県八頭郡船岡町）	1991.11.2
下水道工事現場土砂崩れ（鳥取県日野郡日南町）	1996.1.25

《中国地方》　　　　　　　　　都道府県別一覧

土砂崩れ（鳥取県鳥取市）　　　　1996.3.17
工事現場で鉄筋落下（鳥取県東伯郡泊
　村）　　　　　　　　　　　　　1999.6.15
鳥取県西部地震（鳥取県）　　　　2000.10.6
生肉でE型肝炎感染（鳥取県）　　　2003.7.31
病院で結核集団感染（鳥取県鳥取市）2003.9.24
電車にはねられ保線作業員死亡（鳥取
　県江府町）　　　　　　　　　　2006.1.24

【島根県】

駆逐艦蕨・巡洋艦神通衝突（島根県美
　保関沖）　　　　　　　　　　　1927.8.24
山陰線臨時列車転覆（島根県益田町）1928.6.2
火災（島根県松江市）　　　　　　1931.5.16
漁船遭難（島根県安濃郡波根西村沖）1935.9.25
鉄道省営バス転落（島根県坂本峠）1937.10.19
インフルエンザ流行（島根県）　　　1938.2.
赤痢流行（島根県）　　　　　　　　1939.9.
ジフテリア予防接種禍（島根県八束郡
　御津村）　　　　　　　　　　 1948.11.11−
出雲大社火災（島根県簸川郡大社町）1953.5.27
放射能雨（島根県松江市）　　　　 1956.4.16−
豪雨〔浜田市水害〕（島根県）　　　1958.6.30−
渡船転覆（島根県邑智郡桜江町）　　1959.7.17
豪雨（島根県西部）　　　　　　　　1959.8.23
漁船永幸丸転覆（島根県隠岐郡沖）　1959.9.17
豪雪（島根県西部）　　　　　　　　1961.12.−
砒素汚染（島根県鹿足郡津和野町）
　　　　　　　　　　　　　　1970.この年
廃油汚染（島根県）　　　　　　　　1973.2.
干ばつ（島根県東部）　　　　　　 1973.6.20−
笹ヶ谷公害病（島根県鹿足郡津和野町）1974.5.4
砒素中毒（島根県）　　　　　　　　1974.7.31
第21互洋丸沈没（島根県沖）　　　　1975.1.18
豪雨（島根県）　　　　　　　　　 1975.7.12−
宝満山鉱山カドミウム排出（島根県）
　　　　　　　　　　　　　　1975.この年
沿岸海域廃油投棄（島根県）　　　　1976.1.−
第3長成号漂流（島根県隠岐郡西郷町沖）
　　　　　　　　　　　　　　　　1976.10.27
砒素中毒（島根県鹿足郡津和野町）　1977.4.27
豪雨（島根県隠岐郡）　　　　　　　1977.8.7−
造船所爆発（島根県八束郡美保関町森
　山）　　　　　　　　　　　　　 1978.5.30
地震（島根県中心）　　　　　　　　1978.6.4
貨物船浸水（隠岐白島崎北）　　　　1980.1.30
強風（島根県）　　　　　　　　　 1980.10.25−

第16琴島丸転覆（島根県隠岐郡西郷町
　西郷岬灯台沖）　　　　　　　　 1985.2.8
木材運搬用ケーブル切断（島根県頓原
　町）　　　　　　　　　　　　　 1986.3.11
ナホトカ号重油流失事故（島根県隠岐
　島沖）　　　　　　　　　　　　 1997.1.2−
航空自衛隊輸送機墜落（島根県隠岐島
　沖）　　　　　　　　　　　　　 2000.6.28
渡し船・防波堤に衝突（島根県西ノ島
　町）　　　　　　　　　　　　　 2002.6.8

【岡山県】

台風（岡山県）　　　　　　　　　 1884.8.25
暴風雨、洪水（岡山県）　　　　　　1892.7.23
暴風雨（岡山県）　　　　　　　　　1893.7.14
山陽本線急行列車・特急追突（岡山県）
　　　　　　　　　　　　　　　　1937.7.29
津山30人殺し事件（岡山県西加茂村）1938.5.21
豪雨（岡山県）　　　　　　　　　　1943.7.
関西汽船女王丸沈没（岡山県邑久郡牛
　窓町沖）　　　　　　　　　　　 1948.1.28
宇高連絡船紫雲丸・鷲羽丸衝突（岡山
　県児島郡）　　　　　　　　　　 1950.3.25
岡山県立盲聾学校火災（岡山県岡山市）
　　　　　　　　　　　　　　　　1950.12.20
連絡船備讃丸沈没（岡山県児島郡）　1951.8.4
流行性肝炎発生（岡山県東部）　　　1952.2.−
加茂小学校分校火災（岡山県苫田郡新
　加茂町）　　　　　　　　　　　 1953.6.25
流行性腎炎発生（岡山県）　　　　 1955.9.頃−
日本興油工業工場爆発（岡山県岡山市）
　　　　　　　　　　　　　　　　1956.8.11
観光バス転落（岡山県久米郡福渡町）1959.5.23
バス・旅客列車衝突（岡山県真庭郡落
　合町）　　　　　　　　　　　　 1960.12.12
児島丸・八汐山丸衝突（岡山県玉野市
　沖）　　　　　　　　　　　　　 1961.10.8
オート三輪車・ディーゼルカー衝突
　（岡山県）　　　　　　　　　　 1962.3.24
中国鉄道バス転落（岡山県久米郡中央
　町）　　　　　　　　　　　　　 1963.5.13
倉敷市営バス転落（岡山県倉敷市）　1964.1.15
ニューカッスル病発生（岡山県）
　　　　　　　　　　　　　　　　1967.3.3−
自動車教習所バス転落（岡山県英田郡
　美作町）　　　　　　　　　　　 1967.6.28
伝馬船転覆（岡山県和気郡日生町）　1968.10.2

646

両備バス・トラック接触（岡山県玉野市）	1969.3.19	広島駅前火災（広島県広島市）	1949.3.27
工場重金属汚染（岡山県総社市）	1970.5.	不発魚雷爆発（広島県安芸郡下蒲刈町）	1950.5.6
倉敷レーヨン工場爆発（岡山県岡山市）	1970.5.22	大型磁気機雷爆発（広島県）	1950.7.27
汚染被害（岡山県児島湾）	1970.この頃	豪雨（広島県）	1951.7.7-
大気汚染（岡山県倉敷市）	1971.7.-	引揚げ魚雷爆発（広島県呉市）	1952.9.3
光化学スモッグ被害（岡山県倉敷市）	1973.この年	三段峡吊橋落下（広島県山県郡戸河内村）	1952.11.2
工場水銀排出（岡山県倉敷市）	1973.この頃	おおとり会軽飛行機墜落（広島県安芸郡熊野跡村）	1953.3.12
大気汚染（岡山県倉敷市）	1973.この頃-	広島電鉄バス転落（広島県安佐郡飯室村）	1953.8.14
イリジウム被曝事故（岡山県）	1974.5.13	運搬船第3板島丸積荷爆発（広島県安芸郡倉橋町沖）	1954.2.9
排煙公害（越県公害）（岡山県）	1974.5.-	引揚砲弾爆発（広島県安芸郡倉橋町）	1956.5.22
三菱石油製油所重油流出（岡山県倉敷市）	1974.12.18	連絡船第5北川丸転覆（広島県三原市沖）	1957.4.12
集中豪雨（岡山県井原市）	1978.6.13	豪雨〔浜田市水害〕（広島県）	1958.6.30-
台風被害（岡山県）	1979.10.19	広島アルミニウム工場爆発（広島県広島市）	1960.4.28
集中豪雨（岡山県芳井町）	1984.7.20	中学校卒業生ガス中毒死（広島県豊田郡大崎町）	1963.3.16
放射能汚染土砂投棄（岡山県苫田郡上斎原村）	1988.8.	海底ボーリング用台船転覆（広島県広島市）	1963.4.23
ゴンドラ転落（岡山県岡山市）	1991.9.11	タグボート沈没（広島県福山市沖）	1963.7.27
歩道に暴走車（岡山県井原市）	1993.8.21	旅館火災（広島県福山市）	1963.8.8
落石事故（岡山県久米郡久米町）	1996.5.5	山崩れ（広島県佐伯郡廿日市町）	1964.6.27
ダイオキシン検出（岡山県中央町）	1998.この年	安田製作所火災（広島県福山市）	1964.9.27
岡山県で地盤沈下（岡山県川北郡備中町）	1999.4.1	木工所火災（広島県広島市）	1965.3.13
採石工場崩落（岡山県総社市）	2001.3.12	朝日新聞社機墜落（広島県広島市）	1965.5.16
落雷（岡山県井原市）	2001.8.4	山上産業火災（広島県広島市）	1967.4.26
軽飛行機墜落（岡山県久米郡柵原町）	2001.8.16	三井ポリケミカル爆発（広島県大竹市）	1967.5.29
精錬会社銅転炉で内壁崩落（岡山県玉野市）	2002.7.25	高校生シンナー中毒死（広島県呉市）	1967.6.13
タンカーからガス漏れ（岡山県岡山市）	2005.4.8	浮桟橋爆発（広島県広島市）	1968.8.24
		南紀航空セスナ機墜落（広島県豊田郡安浦町）	1969.6.25

【広島県】

台風（広島県）	1884.8.25	被爆者二世白血病連続死（広島県広島市ほか）	1969.この年
豪雨（広島県）	1919.7.5	常石造船所爆発（広島県沼隈郡沼隈町）	1970.7.7
汽船ボイラー爆発（広島県）	1920.5.3	富士重工業機墜落（広島県高田郡白木町）	1970.8.10
圧縮酸素爆発（広島県）	1921.3.30	カドミウム汚染（広島県豊田郡）	1970.この年
倉庫爆発（広島県）	1921.8.8	山林火災（広島県呉市）	1971.4.27
山陽本線特急列車脱線転覆（広島県広島）	1926.9.23	豪雨（広島県）	1971.7.21-
列車転落（広島県）	1931.1.12	三菱電機工場カドミウム汚染（広島県福山市）	1971.この頃
火薬運搬船爆発（広島県宇品港内）	1933.5.31	日本化薬工場水質汚濁（広島県福山市）	1971.この頃
工事現場爆発（広島県山形郡中野村）	1934.8.4		
みどり丸沈没（広島県宇品港沖）	1938.1.2		
豪雨（広島県）	1943.7.		
広島被曝（広島県広島市）	1945.8.6		

《中国地方》　　　　都道府県別一覧

養殖牡蠣カドミウム汚染（広島県竹原市付近）	1973.2.
地盤凝固剤汚染（広島県）	1974.3.頃
三井金属鉱業精錬所六価クロム汚染（広島県竹原市）	1975.この頃
水道工事現場一酸化炭素中毒（広島県三原市）	1976.3.15
貨物船乗組員酸素欠乏死傷（広島県呉市沖）	1976.8.5
山林火災（広島県安芸郡江田島町）	1978.6.1—
工場火災（広島県）	1980.6.17
油脂工業会社香料工場爆発（広島県府中市）	1980.6.17
風疹流行（広島県）	1981.この年
タンカー火災（広島県呉市）	1982.9.11
精神病院火災（広島県尾道市栗原）	1984.2.19
多重衝突炎上事故（広島県吉和村）	1988.7.15
ティラミスで食中毒（広島県）	1990.9.
広島新交通システム工事現場橋げた落下（広島県広島市安佐南区）	1991.3.14
日本化薬工場跡地高濃度汚染（広島県福山市）	1991.この年
実験中にガス噴出（広島県福山市）	1993.5.17
集中豪雨（広島県呉市）	2002.8.11
森林火災（広島県瀬戸田町）	2004.2.14
肺炎球菌院内感染（広島県広島市）	2004.5.—
工場ドックで転落（広島県呉市）	2004.7.5
工事現場でコンクリート崩落（広島県広島市）	2004.10.26
旅館全焼（広島県広島市）	2006.2.12
送水トンネル崩落で断水（広島県）	2006.8.25
台船作業員が海中に転落（広島県呉市）	2006.11.15
乗用車が庭に突入（広島県三原市）	2008.12.29

【山口県】

炭鉱火災（山口県）	1912.1.3
爆薬爆発、下関駅寝台列車巻き添え（山口県下関港）	1918.7.2
火薬庫爆発（山口県）	1918.7.12
アンモニア容器爆発（山口県）	1920.5.24
山陽線急行列車転覆（山口県）	1929.3.16
台風（山口県）	1933.9.1—
日本火薬製造工場爆発（山口県厚狭郡厚狭町）	1934.3.
ホッパー落下（山口県徳山町）	1935.2.
炭抗火災（山口県小野田町）	1938.4.10
天然痘流行（山口県）	1939.2.
長生炭鉱坑内浸水（山口県宇部市）	1942.2.3
山陽本線列車脱線（山口県徳山市付近）	1947.7.1
下関市大火（山口県下関市）	1947.10.17
ジュディス台風（山口県）	1949.8.15—
若沖炭鉱坑内浸水（山口県小野田市）	1950.10.30
天然痘発生（山口県）	1951.2.26頃—
豪雨（山口県）	1951.7.7—
宇部興産セメント工場爆発（山口県宇部市）	1952.6.21
トラック・電車衝突（山口県宇部市付近）	1952.10.18
米空軍大型輸送機墜落（山口県豊浦郡沖）	1953.6.23
豪雨（山口県）	1953.6.25—
関門海底トンネル建設現場地滑り（山口県下関市）	1953.11.17
正安炭鉱坑内浸水（山口県美祢郡豊田町）	1954.7.4
坂上高等学校運動場土砂崩れ（山口県玖珂郡坂上村）	1955.3.27
トラック転落（山口県玖珂郡美川町）	1955.3.30
台風22号（山口県）	1955.9.29—
住宅火災（山口県下関市）	1957.2.13
豪雨（山口県）	1957.7.1—
協和発酵工業宇部工場爆発（山口県宇部市）	1959.7.11
水泳講習会参加者溺死（山口県下関市）	1959.7.29
東西航空機墜落（山口県防府市付近）	1962.2.23
炭鉱坑内落盤・出水（山口県小野田市）	1963.5.7
旅館火災（山口県下関市）	1964.1.29
三井石油化学工場爆発（山口県熊毛郡大和町）	1965.9.13
日本脳炎流行（山口県）	1966.6.—
たばこハイライト連続爆発（山口県）	1966.8.24—
国道トンネル建設現場がけ崩れ（山口県萩市）	1966.8.25
山陽無煙炭鉱坑内爆発（山口県宇部市）	1968.11.2
大気汚染（山口県都濃郡南陽町）	1969.この頃
ミキサー車・山陰本線旅客列車衝突（山口県豊浦郡豊浦町）	1970.3.30
河山鉱山廃水流出（山口県玖珂郡美川町）	1970.5.21
赤潮異常発生（山口県）	1971.3.26

都道府県別一覧　　　　《四国地方》

ヌーリ化薬工場爆発（山口県厚狭郡）	1971.6.1
赤潮発生（山口県下関市沖）	1971.8.
赤潮発生（山口県徳山市）	1971.この年
カドミウム汚染（山口県下関市）	1971.この年
日本脳炎発生（山口県）	1971.この年
水質汚濁（山口県防府市）	1971.この頃
水質汚濁（山口県岩国市沖）	1971.この頃
汚染（山口県徳山市）	1971.この頃-
赤潮発生（山口県下関市沖）	1972.6.
ニュー東海号転覆（山口県大島郡沖）	1973.5.8
工場水銀排出（山口県徳山市）	1973.この頃
カドミウム汚染（山口県美弥市）	1974.6.
日本化学工業工場六価クロム汚染（山口県徳山市）	1975.この頃
岩国病院火災（山口県岩国市）	1977.5.13
雷雨（山口県）	1977.6.10
激突事故（山口県新関門トンネル内）	1978.10.20
トロッコ暴走（山口県）	1978.10.28
山陰本線不通（山口県阿武郡阿武町奈古）	1980.8.
第23改栄丸船員ガス中毒死（山口県熊毛郡沖）	1981.5.25
キャタピラ荷崩れ（山口県楠町）	1981.9.6
自衛隊トレーラー・乗用車衝突（山口県下関市員光）	1982.8.23
集中豪雨（山口県山口市吉敷）	1985.6.28
阪急バス高速バス・大型トラック追突（山口県菊川町）	1998.11.22
通り魔（山口県下関市）	1999.9.29
川に工場廃液流出（山口県）	2002.12.6
突風で遊漁船転覆（山口県岩国市）	2003.7.19
中国自動車道路多重衝突（山口県小郡町）	2003.8.11
花火爆発（山口県厚狭郡山陽町）	2003.11.8
鳥インフルエンザ発生（山口県）	2004.1.12-
JR下関駅放火で在来線不通（山口県下関市）	2006.1.7
豪雨（山口県）	2006.6.25-
貨物船の倉庫で死亡（山口県下関市）	2007.4.23
一酸化炭素中毒（山口県美祢市）	2009.6.2

《四国地方》

暴風雨（四国地方）	1870.10.12
暴風雨、高潮（四国地方）	1871.7.4
風水害（四国地方）	1893.10.13
台風（四国地方）	1896.8.30
洪水（四国地方）	1896.9.6-
風水害（四国地方）	1898.9.6
風水害、洪水（四国地方）	1902.8.10
豪雨、洪水（四国地方）	1903.7.7
地震（四国地方）	1905.6.2
地震（四国地方）	1909.11.10
台風（四国地方）	1912.8.23
台風（四国地方）	1914.6.2
台風（四国地方）	1918.7.10
台風（四国地方）	1918.9.13
台風（四国地方）	1919.8.14
台風（四国地方）	1924.9.11
北丹後地震（四国地方）	1927.3.7
台風（四国地方）	1931.10.13
室戸台風（四国地方）	1934.9.21
台風（四国地方）	1935.8.25-
干ばつ（四国地方）	1939.6.-
台風（四国地方）	1943.9.20
南海地震（四国地方）	1946.12.21
日本脳炎流行（四国地方）	1948.5.-
豪雨（四国地方）	1948.8.24-
豪雨（四国地方）	1948.9.10-
デラ台風（四国地方）	1949.6.18-
グレース台風（四国地方西部）	1950.7.19-
ジェーン台風（四国地方）	1950.9.3
キジア台風（四国地方）	1950.9.13-
ケイト台風（四国地方）	1951.6.30-
ルース台風（四国地方）	1951.10.14
ダイナ台風（四国地方）	1952.6.23-
豪雨（四国地方）	1952.7.9-
吉野地震（四国地方）	1952.7.18
台風13号（四国地方）	1953.9.25
台風5号（四国地方）	1954.8.17-
台風12号（四国地方）	1954.9.13
台風14号（四国地方）	1954.9.18
台風15号〔洞爺丸台風〕（四国地方）	1954.9.26-
流行性腎炎発生（四国地方）	1955.9.頃-
台風23号（四国地方）	1955.10.3-
遅霜（四国地方北部）	1956.4.30
台風15号（四国地方）	1956.9.27
台風10号（四国地方）	1957.9.6-
暴風雨（四国地方）	1957.12.12-
暴風雪（四国地方）	1959.1.16-
漁船第18吉祥丸沈没（四国沖）	1959.2.10
台風6号（四国地方）	1959.8.6-
暴風雨（四国地方）	1960.7.7-

649

《四国地方》　　　　　　　　　　都道府県別一覧

台風11号（四国地方）	1960.8.11−
台風16号（四国地方）	1960.8.28−
梅雨前線豪雨（36年6月豪雨）（四国地方）	1961.6.23−
台風10・11・12号（四国地方）	1961.7.31−
台風（第2室戸台風）（四国地方）	1961.9.15−
豪雨（四国地方）	1961.10.25−
豪雨（四国地方）	1962.6.9−
豪雨（四国地方）	1962.7.1−
長雨（四国地方）	1963.4.30−
台風2号（四国地方）	1963.6.2−
台風3号（四国地方）	1963.6.11−
台風9号（四国地方）	1963.8.9−
台風11号（四国地方南部）	1963.8.27−
台風14号（四国地方）	1964.8.23−
台風6号（四国地方）	1965.5.26−
台風9号（四国地方）	1965.6.19−
台風15号（四国地方西部）	1965.8.6
豪雨（四国地方）	1966.5.21−
豪雨（台風13号）（四国地方）	1966.8.14−
台風19号（四国地方）	1966.9.9−
台風24・26号（四国地方）	1966.9.24−
ウンカ発生（四国地方）	1966.この年
干害（四国地方）	1967.7.−
地震（四国地方）	1968.4.1
地震（四国地方）	1968.8.6
台風10号（四国地方）	1968.8.25−
台風16号（第三宮古島台風）（四国地方）	1968.9.23−
暴風雨（44年7月豪雨）（四国地方）	1969.6.24−
台風9号（四国地方）	1969.8.22−
地震（四国地方）	1969.9.9
台風2号（四国地方）	1970.7.5
台風9号（四国地方）	1970.8.14−
台風10号（四国地方）	1970.8.21−
低気圧豪雨（四国地方）	1972.1.11−
台風9号（四国地方）	1972.7.23−
豪雨（四国地方）	1972.9.8−
梅雨前線豪雨（四国地方）	1974.6.17−
台風16号（多摩川水害）（四国地方）	1974.8.30−
台風18号（四国地方）	1974.9.8
阿蘇山群発地震（四国地方）	1975.1.22−
台風5号（四国地方）	1975.8.15−
台風17号（四国地方）	1976.9.8−
台風9号（四国地方）	1977.9.9−
さいとばる・チャンウオン号衝突（来島海峡）	1978.9.6
大雨（四国地方）	1980.7.8−
豪雨（四国地方）	1981.6.25−
台風19号（四国地方）	1987.10.17
豪雨（四国地方）	1988.8.11−
台風22号（四国地方）	1989.9.19−
酸性霧（四国地方）	1989.この年
台風21号（四国地方）	1990.10.8
台風7号（四国地方）	1993.8.10
台風13号（四国地方）	1993.9.3
阪神・淡路大震災（四国地方）	1995.1.17
大雨（四国地方）	1995.6.30−
地震（四国地方）	1996.12.3
地震（四国地方）	1997.3.26
地震（四国地方）	1997.6.25
台風10号（四国地方）	1998.10.17−
大雨（四国地方）	1999.6.29−
芸予地震（四国地方）	2001.3.24
豪雨（四国地方）	2001.9.6
台風4号（四国地方）	2003.5.31
台風10号（四国地方）	2004.8.2
豪雨（四国地方）	2004.8.17
豪雨（四国地方）	2005.7.3
台風13号（四国地方）	2006.9.16−
豪雨（四国地方）	2007.7.6
台風4号（四国地方）	2007.7.13
落雷・大雨（四国地方）	2008.12.5
台風9号（四国地方）	2009.8.9

【徳島県】

花火工場爆発（徳島県那賀郡加茂町）	1935.6.26
三友劇場火災（徳島県徳島市）	1937.2.8
山林火災（徳島県板野郡）	1937.4.20
渡船転覆（徳島県徳島市外）	1939.3.21
ヘスター台風（徳島県）	1949.7.27−
回収魚雷爆発（徳島県鳴門市）	1951.1.29
山崩れ（徳島県那賀郡福井村）	1952.3.22
剣山周辺地滑り（徳島県麻植郡ほか）	1954.9.14−
インフルエンザ流行（徳島県）	1956.10.−
観潮船転覆（徳島県鳴門市沖）	1956.12.16
木屋平村トラック転落（徳島県美馬郡穴吹町）	1957.5.7
バス転落（徳島県徳島市）	1960.4.28
チリ地震津波（徳島県）	1960.5.24
伊予鉄道バス・ダンプカー衝突（徳島県名東郡国府町）	1962.3.17

《四国地方》　　　　　　　　　都道府県別一覧

【愛媛県】

台風（愛媛県）　　　　　　　　　　1884.8.25
別子銅山煙害（愛媛県）　　　　　1893.この年
大風、激浪（愛媛県）　　　　　　　1897.4.16
台風（愛媛県）　　　　　　　　　　1899.8.28
日福丸・日出丸衝突（愛媛県釣島海峡）
　　　　　　　　　　　　　　　　　1932.8.16
第3大和丸沈没（愛媛県南宇和郡内海村
　沖）　　　　　　　　　　　　　　1933.1.24
松山城火災（愛媛県松山市）　　　　1933.7.9
豪雨（愛媛県）　　　　　　　　　　1943.7.
松山城火災（愛媛県松山市）　　　　1949.2.27
国鉄バス火災（愛媛県東宇和郡貝吹村）
　　　　　　　　　　　　　　　　　1951.11.3
台風2号（愛媛県）　　　　　　　　1953.6.7
燈台関係者被曝（愛媛県松山市）　　1954.5.頃
伊予鉄道バス転落（愛媛県喜多郡長浜
　町）　　　　　　　　　　　　　　1956.1.28
県営砂防工事現場落石（愛媛県宇摩郡
　土居町）　　　　　　　　　　　　1958.1.16
豪雨〔浜田市水害〕（愛媛県）　　　1958.6.30–
国道トンネル工事現場落盤（愛媛県南
　宇和郡一本松村）　　　　　　　　1959.9.12
小型客船大島丸転覆（愛媛県宇和島市
　沖）　　　　　　　　　　　　　　1960.2.2
赤痢集団発生（愛媛県伊予市）
　　　　　　　　　　　　　　　　　1961.10.30–
第5天王丸沈没（愛媛県北宇和郡津島町
　沖）　　　　　　　　　　　　　　1963.2.24
公衆浴場火災（愛媛県松山市）　　　1966.3.20
劇場火災（愛媛県松山市）　　　　　1966.5.8
全日本空輸旅客機墜落（愛媛県松山市
　沖）　　　　　　　　　　　　　　1966.11.13
大阪府警察・全日本空輸ヘリコプター
　衝突（愛媛県松山市沖）　　　　　1966.11.15
木工所火災（愛媛県北宇和郡吉田町）　1967.4.20
楽洋丸沈没（愛媛県西宇和郡三崎町）　1968.2.15
観光バス転落（愛媛県南宇和郡御荘町）
　　　　　　　　　　　　　　　　　1969.8.12
燧灘ヘドロ汚染（愛媛県川之江市・伊予
　三島市ほか）　　　　　　　　　　1970.8.21
貨物船火災（愛媛県越智郡関前村沖）　1971.8.22
赤潮発生（愛媛県付近）　　　　　1972.この頃
工場火災（愛媛県）　　　　　　　　1975.2.5
日本マリンオイル工場爆発（愛媛県東
　予市）　　　　　　　　　　　　　1975.8.30
ヘドロ埋立汚染（愛媛県）　　　　1975.この頃

ガス中毒（愛媛県川之江市）　　　　1976.3.22
機械製造所カウンターウエート落下
　（愛媛県新居浜市）　　　　　　　1979.1.24
愛媛航空セスナ機墜落（愛媛県宇和海
　久良湾上空）　　　　　　　　　　1979.7.14
落石（愛媛県小松町）　　　　　　　1980.9.10
ボーエン病多発（愛媛県）　　　　　1980.9.19
雑居ビル火災（愛媛県松山市）　　　1984.11.15
豪雨（愛媛県北宇和郡吉田町）　　　1988.6.23–
米軍ヘリコプター墜落（愛媛県西宇和
　郡伊方町）　　　　　　　　　　　1988.6.25
ヘリコプター墜落（愛媛県温泉郡重信
　町）　　　　　　　　　　　　　　1991.9.24
化学工場で硫化水素中毒（愛媛県東予
　市）　　　　　　　　　　　　　　2000.7.29
赤潮発生（愛媛県津島町）　　　　　2004.7.22
製油所タンク火災（愛媛県今治市）　2006.1.17

【高知県】

台風（高知県室戸市）　　　　　　　1912.8.23
河川氾濫（高知県宿毛市）　　　　　1920.8.17
森林列車転落（高知県北川村）　　　1939.6.4
大正町大火（高知県幡多郡大正町）　1948.3.4
ジュディス台風（高知県）　　　　　1949.8.15–
国鉄バス転落（高知県香美郡美良布町）
　　　　　　　　　　　　　　　　　1950.11.7
豪雨（高知県）　　　　　　　　　　1954.6.28–
放射能雨（高知県高知市）　　　　　1956.4.16–
定期貨客船太平丸転覆（高知県安芸郡
　室戸岬町沖）　　　　　　　　　　1956.4.19
観光バス転落（高知県伊豆田坂峠）　1957.6.28
イワシ不漁（高知県宿毛市）　　　1957.この年–
長山発電所トンネル建設現場落盤（高
　知県）　　　　　　　　　　　　　1959.3.5
貨物船青山丸台風沈没（高知県高知市）
　　　　　　　　　　　　　　　　　1960.10.19
第2協漁丸遭難（高知県室戸市南方沖）　1962.1.22
土砂崩れ（高知県長岡郡大豊町）
　　　　　　　　　　　　　　　　　1962.2.20–
集団赤痢（高知県土佐清水市）　　　1962.8.
高知県交通バス転落（高知県土佐市）　1962.11.29
第1大生丸遭難（高知県室戸市沖）　1963.1.15
デニーローズ号行方不明（高知県室戸
　市沖）　　　　　　　　　　　　　1967.9.13
高知パルプ工場亜硫酸ガス排出（高知
　県高知市）　　　　　　　　　　1969.この年
渡船転覆（高知県宿毛市沖）　　　　1970.11.22

消防三輪車転落（徳島県阿南市） 1962.3.21
トンネル建設現場落盤（徳島県阿南市）
　　　　　　　　　　　　　　　　　1962.6.14
阿波屋煙火工場爆発（徳島県小松島市）
　　　　　　　　　　　　　　　　　1966.2.18
日本脳炎流行（徳島県） 1966.6.-
海上自衛隊対潜哨戒機・ヘリコプター
　衝突（徳島県徳島市沖） 1967.1.16
ニューカッスル病発生（徳島県）
　　　　　　　　　　　　　　　　　1967.3.3-
擬似水俣病集団発生（徳島県）
　　　　　　　　　　　　　　　　　1968.この年
藤井精神病院火災（徳島県阿南市） 1969.11.19
小松島市営バス転落（徳島県勝浦郡上
　勝町） 1970.8.29
新町川・神田瀬川・今切川汚染（徳島
　県徳島市） 1970.この年
児童埋没死（徳島県美馬郡穴吹町） 1972.1.29
赤潮発生（徳島県鳴門市） 1972.7.-
高野山真言宗立江寺火災（徳島県小松
　市立江町） 1974.9.28
雷雨・雹害（徳島県） 1975.5.24-
日本電工工場六価クロム汚染（徳島県
　徳島市） 1975.この頃
集団赤痢発生（徳島県麻植郡鴨島町） 1977.2.
養殖ハマチ大量死（徳島県播磨灘海域）
　　　　　　　　　　　　　　　　　1979.7.-
魚介類汚染（徳島県） 1985.12.11
豪雨（徳島県） 1988.6.23-
落石事故（徳島県鳴門市） 1990.10.8
石垣崩れ生き埋め（徳島県那賀郡木頭
　村） 1996.2.20
赤潮で養殖ハマチ大量死（徳島県鳴門
　市） 2003.7.
渇水（徳島県） 2007.5.24
土蔵解体中に倒壊（徳島県阿波市） 2008.2.10

【香川県】

台風（香川県） 1899.8.28
豚コレラ流行（香川県小豆島） 1931.8.15頃
台風（香川県） 1931.9.11
天竹丸沈没（香川県仲多度郡多度津町）
　　　　　　　　　　　　　　　　　1932.3.16
緑丸・千山丸衝突（瀬戸内海） 1935.7.3
にしき丸転覆（香川県小豆郡土庄町沖）
　　　　　　　　　　　　　　　　　1942.12.31
ヘスター台風（香川県） 1949.7.27-
貨客船美島丸沈没（香川県小豆郡） 1949.11.12

豪雨（香川県） 1954.6.28-
連絡船紫雲丸・貨車航送船第3宇高丸
　衝突（香川県香川郡雌雄島村沖） 1955.5.11
渇水（香川県） 1957.1.5-
豪雨〔浜田市水害〕（香川県） 1958.6.30-
大川自動車バス転落（香川県大川郡長
　尾町） 1962.7.6
航空自衛隊ヘリコプター墜落（香川県
　三豊郡詫間町） 1963.3.16
小豆島自動車納涼バス転落（香川県小
　豆郡内海町） 1964.8.8
豚集団コレラ（香川県大川郡） 1966.7.-
乗用車暴走（香川県本田郡牟礼町） 1967.5.26
パチンコ店火災（香川県坂出市） 1968.5.31
燧灘ヘドロ汚染（香川県観音寺市） 1970.8.21
軽三輪車・予讃本線列車衝突（香川県
　仲多度郡多度津町付近） 1971.8.2
ヘドロ汚染（香川県） 1971.この年
大気汚染・水質汚濁（香川県坂出市）
　　　　　　　　　　　　　　　　　1971.この頃
大気汚染・水質汚濁（香川県高松市）
　　　　　　　　　　　　　　　　　1971.この頃
赤潮発生（香川県） 1972.7.-
東亜合成工場水銀排出（香川県坂出市）
　　　　　　　　　　　　　　　　　1973.この頃
春嵐（香川県） 1974.4.21
トリ貝へい死事件（香川県三豊沖海域
　（愛媛県境）） 1974.この年
三島海域酸欠現象（香川県） 1975.8.-
ヘドロ埋立汚染（香川県） 1975.この頃
道路工事現場土砂崩れ（香川県飯山町）
　　　　　　　　　　　　　　　　　1977.4.16
赤潮（香川県） 1978.6.下旬-
赤潮（香川県播磨灘） 1979.この年
赤潮発生（小豆島付近） 1982.この年
赤潮発生（香川県） 1987.7.-
小型飛行機墜落（香川県小豆郡土庄町）
　　　　　　　　　　　　　　　　　2001.3.25
香川で山林火災（香川県丸亀市）
　　　　　　　　　　　　　　　　　2002.8.20-
山林火災（香川県直島町） 2004.1.13
建造中の貨物船爆発（香川県丸亀市） 2004.8.26
老人福祉施設でO157感染（香川県香
　川町） 2005.10.14-
渇水（香川県） 2007.5.24
ガス中毒（香川県高松市） 2007.6.21

《九州地方》

釈迦ヶ岳トンネル建設現場落盤（福岡県朝倉郡宝珠山村） 1953.3.19
台風2号（福岡県） 1953.6.7
豪雨（福岡県） 1953.6.25－
西鉄宮地岳線電車衝突（福岡県粕屋郡新宮村） 1953.7.8
北陸搬空ヘリコプター墜落（福岡県門司市） 1953.10.24
大実炭鉱坑内浸水（福岡県） 1953.11.22
新栄鉱業所坑内ガス爆発（福岡県粕屋郡須恵町） 1954.2.2
豪雨（福岡県） 1954.5.23－
日本炭業亀山鉱業所土砂崩れ（福岡県粕屋郡志免町） 1954.6.16
花火工場爆発（福岡県八女市） 1954.7.26
宇美鉱業所坑内ガス爆発（福岡県粕屋郡宇美町） 1954.11.18
豊洲炭鉱坑内ガス爆発（福岡県田川郡川崎町） 1955.1.11
三井田川鉱業所坑内ガス爆発（福岡県田川市） 1955.6.16
店舗火災（福岡県福岡市） 1955.8.27
府内鉱業所日の丸炭鉱坑内ガス爆発（福岡県粕屋郡宇美町） 1955.9.21
台風22号（福岡県） 1955.9.29－
明治鉱業赤池鉱業所坑内ガス爆発（福岡県田川郡赤池町） 1955.11.9
高陽炭鉱坑内ガス爆発（福岡県） 1956.1.19
地下水4価エチル鉛汚染（福岡県福岡市） 1957.5.頃
東中鶴炭鉱坑内出水（福岡県八幡市） 1957.11.25
店舗火災（福岡県戸畑市） 1958.3.31
籾井鉱業本添田炭鉱坑内出水（福岡県田川郡大任村） 1958.6.27
池本鉱業所大昇炭鉱坑内ガス爆発（福岡県山田市） 1958.9.24
新方正炭鉱坑内ガス爆発（福岡県田川郡方城町） 1958.11.10
上田鉱業所第2豊洲炭鉱坑内落盤（福岡県田川郡香春町） 1958.12.22
三井鉱山山野鉱業所坑内ガス爆発（福岡県嘉穂郡稲築町） 1959.12.21
三菱鉱業新入鉱業所坑内ガス爆発（福岡県鞍手郡鞍手町） 1959.12.21－
旧古河大峰炭鉱ボタ山崩壊（福岡県田川郡大任村） 1960.1.7
野見山炭鉱坑内出水（福岡県） 1960.2.6
国立療養所火災（福岡県久留米市） 1960.3.19
製麺工場火災（福岡県小倉市） 1960.4.25
上尊鉱業所豊洲炭鉱豪雨水没（福岡県田川郡川崎町） 1960.9.20
嘉穂炭鉱籾井坑内ガス爆発（福岡県田川郡糸田町） 1960.9.26
炭鉱坑内火災（福岡県田川郡香春町） 1961.3.9
炭鉱坑内火災（福岡県八幡市） 1961.3.16
米空軍ジェット戦闘機墜落（福岡県福岡市） 1961.12.7
炭鉱坑内ガス突出（福岡県） 1962.1.30
採石場土砂崩れ（福岡県遠賀郡水巻町） 1962.6.28
雷雨（福岡県） 1963.7.29
ダンプカー・鹿児島本線快速電車・ディーゼルカー二重衝突（福岡県福岡市） 1963.9.20
三池炭鉱坑内爆発（福岡県大牟田市） 1963.11.9
炭鉱坑内ガス爆発（福岡県田川市） 1963.12.13
日高炭鉱坑内ガス爆発（福岡県遠賀郡水巻町） 1964.3.30
航空自衛隊ヘリコプター墜落（福岡県粕屋郡粕屋町） 1964.9.10
麻生吉隈炭鉱坑内落盤（福岡県嘉穂郡桂川町） 1965.2.18
山野炭鉱坑内ガス爆発（福岡県嘉穂郡稲築町） 1965.6.1
大之浦炭鉱坑内ガス突出（福岡県） 1965.7.22
トラック・西鉄甘木線電車衝突（福岡県甘木市） 1965.12.13
西日本鉄道バス・鹿児島本線準急列車衝突（福岡県大牟田市） 1965.12.21
漆生炭鉱出水（福岡県） 1966.4.8
山野炭鉱ガス突出（福岡県嘉穂郡稲築町） 1966.4.10
日本脳炎流行（福岡県） 1966.6.－
たばこハイライト連続爆発（福岡県） 1966.8.24－
山野炭鉱落盤（福岡県嘉穂郡稲築町） 1966.11.11
幸辰丸沈没（福岡県宗像郡玄海町沖） 1966.11.26
田地火災（福岡県粕屋郡古賀町） 1967.1.23
山野炭鉱坑内落盤（福岡県嘉穂郡嘉穂町） 1967.8.26
三池炭鉱坑内火災（福岡県大牟田市） 1967.9.28
新田川炭鉱坑内落盤・ガス噴出（福岡県田川市） 1968.5.30
三池炭鉱落盤（福岡県大牟田市） 1968.8.6
火災（福岡県北九州市小倉区） 1968.11.27
ゴム工場爆発（福岡県久留米市） 1969.4.25
下山田炭鉱坑内ガス爆発（福岡県山田市） 1969.9.22
工場火災（福岡県久留米市） 1970.4.

《九州地方》

豪雨（九州地方） 1990.6.28−
台風20号（九州地方） 1990.9.23−
台風21号（九州地方） 1990.10.8
台風17号（九州地方） 1991.9.12−
台風7号（九州地方） 1993.8.10
台風13号（九州地方） 1993.9.3
阪神・淡路大震災（九州地方） 1995.1.17
大雨（九州地方） 1995.6.30−
地震（九州地方） 1996.12.3
地震（九州地方） 1997.3.26
地震（九州地方） 1997.5.13
地震（九州地方） 1997.6.25
台風（九州地方） 1997.9.16
台風10号（九州地方） 1998.10.17−
大雨（九州地方） 1999.6.29−
豪雨（九州地方） 2001.7.6
豪雨（九州地方） 2001.9.6
九州で豪雨（九州地方） 2003.7.19−
福岡県西方沖地震（九州地方） 2005.3.20
地震（九州地方） 2005.4.20
豪雨（九州地方） 2006.6.25−
平成18年7月豪雨（九州地方） 2006.7.15−
台風13号（九州地方） 2006.9.16−
豪雨（九州地方） 2007.7.6
台風4号（九州地方） 2007.7.13
中国・九州北部豪雨（九州北部地方） 2009.7.19−

【福岡県】

蒸気機関車ボイラー破裂（福岡県小竹） 1898.4.8
豊国炭坑ガス爆発（福岡県） 1899.6.15
坑内火災（福岡県） 1903.1.17
豊国炭坑ガス爆発（福岡県） 1907.7.20
貝島桐野ガス爆発（福岡県） 1909.10.
大之浦炭鉱ガス爆発（福岡県） 1909.11.24
忠隅炭鉱ガス爆発（福岡県） 1911.この年
二瀬中央坑ガス爆発（福岡県） 1913.2.6
三菱方城炭坑ガス爆発（福岡県） 1914.12.15
大之浦炭鉱ガス爆発（福岡県） 1917.12.21
桐野炭坑ガス爆発（福岡県） 1918.2.15
上三緒炭坑内ガス爆発（福岡県） 1927.6.6
花火製造工場爆発（福岡県久留米市） 1928.1.12
団平船転覆（福岡県門司市付近） 1928.3.10
鎮西炭鉱坑内爆発（福岡県） 1928.6.28
竜巻（福岡県大刀洗） 1931.4.5
日本空輸旅客機墜落（福岡県） 1931.6.22

鹿児島本線急行貨物列車転落（福岡県） 1932.4.28
眠り病流行（福岡県） 1935.7.−
三井鉱業所田川第三抗ガス爆発（福岡県井田町） 1935.7.13
明治鉱業赤池炭鉱ガス爆発（福岡県） 1935.10.26
彦山丸沈没（福岡県博多湾外） 1936.1.
麻生吉隈鉱業炭鉱火災（福岡県桂川村） 1936.1.26
住友忠隈炭鉱人車転落（福岡県嘉穂郡穂波村） 1936.4.15
大谷炭鉱坑内爆発（福岡県粕屋郡宇美村） 1936.6.11
綱分炭鉱坑内爆発（福岡県嘉穂郡庄内村） 1936.10.12
中鶴炭鉱坑内爆発（福岡県遠賀郡中間町） 1936.12.14
平山炭鉱坑内爆発（福岡県嘉穂郡碓井村） 1937.3.17
赤痢流行（福岡県） 1937.9.
鹿児島本線準急列車火災（福岡県小倉市日明） 1937.12.27
航空機墜落（福岡県福岡市） 1938.3.10
貝島炭鉱坑内爆発（福岡県鞍手郡宮田町） 1939.1.21
若杉炭鉱坑内爆発（福岡県粕屋郡篠栗） 1939.1.27
亀山炭鉱坑内爆発（福岡県粕屋郡須恵村） 1939.4.28
船舶事故（福岡県門司港付近） 1939.5.21
定期船広博丸・貨物船衝突（福岡県博多築港沖） 1940.3.17
第3鴨川丸誤爆遭難（福岡県福岡市博多港沖） 1947.8.12
勝田炭鉱坑内爆発（福岡県粕屋郡宇美町） 1948.6.18
フェイ台風（福岡県） 1949.7.16−
ジュディス台風（福岡県） 1949.8.15−
漁船ほか沈没（福岡県福岡市沖） 1949.9.23
バス・列車衝突（福岡県直方市） 1950.11.19
天然痘発生（福岡県） 1951.2.26頃−
豪雨（福岡県） 1951.7.7−
嘉穂炭鉱坑内水没（福岡県嘉穂郡嘉穂町） 1951.9.3
豊前炭鉱坑内ガス爆発（福岡県） 1951.10.20
炭鉱火災（福岡県田川市） 1952.6.20
関門トンネル建設現場火薬爆発（福岡県門司市） 1952.8.13

655

《九州地方》　　　　　　　　都道府県別一覧

日満鉱業所屋敷炭鉱坑内火薬爆発（佐賀県東松浦郡厳木町）	1953.3.28
豪雨（佐賀県）	1953.6.25―
豪雨（佐賀県）	1954.5.23―
国鉄バス転落（佐賀県藤津郡嬉野町）	1954.10.7
パチンコ店火災（佐賀県伊万里市）	1955.1.8
佐賀市営バス転落（佐賀県藤津郡塩田町）	1955.4.11
豪雨地滑り（佐賀県伊万里市）	1957.7.6
豪雨（佐賀県）	1957.7.25―
干ばつ（佐賀県）	1960.7.―
新長炭鉱坑内ガス爆発（佐賀県東松浦郡相知町）	1961.9.17
炭鉱坑内落盤（佐賀県杵島郡江北町）	1962.3.27
地滑り（佐賀県藤津郡太良町）	1962.7.8
炭鉱坑内ガス爆発（佐賀県東松浦郡相知町）	1963.1.30
唐津炭鉱坑内落盤（佐賀県唐津市）	1963.1.30
温泉旅館天井落下（佐賀県藤津郡嬉野町）	1963.5.9
高木瀬小学校集団赤痢（佐賀県佐賀市）	1964.5.―
麻疹流行（佐賀県）	1964.この年
杵島炭鉱坑内落盤（佐賀県杵島郡）	1967.5.3
小学生冷蔵庫窒息死（佐賀県佐賀市）	1967.6.11
海苔白腐れ病発生（佐賀県）	1967.この年
九州航空取材機墜落（佐賀県三養基郡中原町）	1971.4.30
有明海水銀汚染（第3水俣病）（佐賀県）	1973.この頃―
地盤沈下（佐賀県）	1974.この年
基山小学校児童肝炎集団発生（佐賀県三養基郡基山町）	1977.6.―
水害（佐賀県）	1980.8.28
セスナ機墜落（佐賀県有明海）	1987.5.15
玄海原発細管腐食（佐賀県東松浦郡玄海町）	1987.この年
火薬爆発（佐賀県東松浦郡北波多村）	1990.9.6
作業員圧死（佐賀県東松浦郡玄海町）	1991.6.27
道路補修作業員ひかれる（佐賀県神埼町）	1996.3.22
竜巻（佐賀県佐賀市）	2004.6.27
ヘリコプター墜落（佐賀県）	2004.12.24

【長崎県】

高島炭坑事故（長崎県）	1875.この年
暴風雨（長崎県）	1901.10.7
高島炭坑ガス爆発（長崎県）	1906.3.28
松島炭鉱火災（長崎県）	1917.3.19
火災（長崎県北松浦郡生月村）	1928.4.19
松島炭鉱出水（長崎県西彼杵郡松島村）	1929.6.26
腸チフス流行（長崎県長崎市）	1931.7.頃
台風（長崎県）	1931.9.11
長洋丸沈没（長崎県五島沖）	1931.9.12
炭鉱内爆発（長崎県長崎市）	1932.3.16
炭坑内ガス爆発（長崎県）	1933.6.30
台風（長崎県）	1933.9.17―
水雷艇友鶴転覆（長崎県五島沖）	1934.3.12
炭坑で浸水（長崎県）	1934.11.25
山林火災（長崎県東彼杵郡千綿村）	1937.4.13
給水制限（長崎県長崎市）	1940.5.20
島原鉄道線列車正面衝突（長崎県黒沢町）	1942.3.27
デング熱流行（長崎県長崎市）	1942.8.26―
連絡船殿浦丸沈没（長崎県北松浦郡鷹島村沖）	1943.4.9
龍の浦丸沈没（長崎県西彼杵郡多以良村沖）	1944.3.20
長崎被曝（長崎県長崎市）	1945.8.9
アイオン台風（長崎県）	1948.9.10―
フェイ台風（長崎県）	1949.7.16―
ジュディス台風（長崎県）	1949.8.15―
松島炭鉱坑内ガス爆発（長崎県西彼杵郡大島町）	1949.11.27
日本製鉄北松浦鉱業所矢島炭鉱坑内ガス爆発（長崎県北松浦郡小佐々町）	1950.12.7
貨物船富丸遭難（長崎県北松浦郡平戸町）	1950.12.10
松島炭鉱大島鉱業所坑内ガス爆発（長崎県西彼杵郡大島町）	1951.9.7
端島炭鉱坑内落盤（長崎県西彼杵郡）	1951.11.14
保安隊消防車転覆（長崎県大村市）	1953.4.26
台風2号（長崎県）	1953.6.7
豪雨（長崎県）	1953.6.25―
豪雨（長崎県）	1954.5.23―
豪雨（長崎県）	1954.6.28―
第6あけぼの丸・韓国船衝突（長崎県長崎市沖）	1955.2.15
佐世保水産化成火災（長崎県佐世保市）	1955.3.13
三菱高島鉱業所坑内落盤（長崎県西彼杵郡高島町）	1955.4.11
安部鉱業所佐世保炭鉱ボタ山崩壊（長崎県佐世保市）	1955.4.16―
安保鉱業所坑内ガス爆発（長崎県西彼杵郡香焼村）	1956.2.14

658

若松炭鉱坑内落盤（福岡県北九州市若
　松区）　　　　　　　　　　　1970.6.2
東海鋼業工場鉱滓流出（福岡県北九州
　市若松区）　　　　　　　　　1970.8.8
洞海湾青酸化合物・カドミウム汚染
　（福岡県北九州市）　　　　1970.この年
新日本製鉄工場爆発（福岡県北九州市
　戸畑区）　　　　　　　　　1971.11.26
水質汚染（福岡県大牟田市）　1971.この頃−
砒素汚染（福岡県北九州市若松区）
　　　　　　　　　　　　　　1971.この頃−
博多湾汚染（福岡県福岡市）　1971.この頃−
豪雨（福岡県）　　　　　　　1972.6.21−
済生会八幡病院火災（福岡県北九州市
　八幡区）　　　　　　　　　　1973.3.8
大気汚染（福岡県北九州市）　1973.この頃−
有明海水銀汚染（第3水俣病）（福岡県）
　　　　　　　　　　　　　　1973.この頃−
建設工事現場足場倒壊（福岡県福岡市
　西区）　　　　　　　　　　　1974.2.25
地盤凝結剤中毒（福岡県粕屋郡新宮町）1974.3.
地盤凝固剤汚染（福岡県）　　　1974.3以降
北九州ぜんそく（福岡県北九州市）1974.12.
新日本製鉄工場退職者肺癌多発（福岡
　県北九州市八幡区）　　　　 1974.この頃
日本取材センター機墜落（福岡県）1975.2.19
旭硝子工場六価クロム汚染（福岡県北
　九州市）　　　　　　　　　1975.この頃
公害（福岡県北九州市）　　　1976.この年
福岡空港騒音被害（福岡県福岡市博多
　区付近）　　　　　　　　　1976.この頃−
林野火災（福岡県北九州市）　　1977.3.25
給水制限（福岡県福岡市）　　1978.5.20−
渇水（福岡県福岡市）　　　　　1978.6.1−
農作物被害（福岡県）　　　　 1978.この年
給水制限解除（福岡県福岡市）　1979.3.25
タイラギ貝中毒（福岡県）　　　1980.10.
三井石炭鉱業海底坑道落盤事故（福岡
　県大牟田市）　　　　　　　　1981.6.11
毒物混入（福岡県）　　　　　　1981.9.27
旅館火災（福岡県福岡市中央区）1983.12.20
坑内火災（福岡県大牟田市）　　1984.1.18
炭鉱坑内ガス爆発（福岡県西彼杵郡高
　島町）　　　　　　　　　　　1985.4.24
ビーチクラフト機墜落（福岡県福岡市
　椎原）　　　　　　　　　　　1987.2.17
豪雨（福岡県）　　　　　　　1988.6.23−
瀬渡し船転覆（福岡県玄界灘）　1989.4.24
タイル外壁落下（福岡県北九州市小倉北
　区）　　　　　　　　　　　1989.11.21
西鉄大牟田線踏切事故（福岡県小郡市）
　　　　　　　　　　　　　　　1991.7.27
ブルドーザー落下（福岡県夜須町）1992.11.2
列車にはさまれ死亡（福岡県北九州市
　門司区）　　　　　　　　　1992.12.28
渇水（福岡県福岡市）　　　　　1994.8.4−
カメムシ異常発生（福岡県）　　1996.6.−
インドネシア旅客機炎上（福岡県福岡
　市）　　　　　　　　　　　　1996.6.13
国旗掲揚ポール直撃で小学生死亡（福
　岡県前原市）　　　　　　　　1999.5.29
遊漁船転覆（福岡県玄海町）　　1999.7.4
小学校で結核集団感染（福岡県福岡市）
　　　　　　　　　　　　　　2000.1.26−
生体用ボンド使い患者死亡（福岡県北
　九州市）　　　　　　　　　　2000.2.24
ポリオワクチン接種を一時中断（福岡
　県）　　　　　　　　　　　　2000.4.−
17歳少年がバスジャック（福岡県）2000.5.3
高濃度ダイオキシン検出（福岡県大牟
　田市）　　　　　　　　　　　2000.8.25
高校で結核集団感染（福岡県久留米市）
　　　　　　　　　　　　　　　2001.2.21
JR鹿児島線普通・快速列車追突（福
　岡県宗像市）　　　　　　　　2002.2.22
VREによる院内感染（福岡県北九州
　市）　　　　　　　　　　　　2002.5.
硫化水素ガス中毒（福岡県久留米市）2002.6.10
土砂崩れ（福岡県北九州市）　　2002.7.18
RVが海に転落（福岡県福岡市）2006.8.25
地下水道工事で中毒（福岡県北九州市）2008.1.7
多剤耐性菌院内感染（福岡県福岡市）2009.1.23

【佐賀県】

水害（佐賀県）　　　　　　　　1909.9.26
岩屋炭鉱坑内火災（佐賀県岩屋炭鉱）1927.5.17
炭鉱坑内爆発（佐賀県東松浦郡厳木村）
　　　　　　　　　　　　　　　1934.6.19
北鉄列車転落（佐賀県東松浦郡相知町）1936.7.9
杵島炭鉱坑内爆発（佐賀県杵島郡）1937.6.16
海茸採取船難破（佐賀県佐賀郡南川副村
　沖）　　　　　　　　　　　　1943.4.7
アイオン台風（佐賀県）　　　 1948.9.10−
ジュディス台風（佐賀県）　　　1949.8.15−
杵島炭鉱火薬庫爆発（佐賀県杵島郡）1952.7.17

《九州地方》　　　　　　　都道府県別一覧

遅霜（九州地方北部）	1956.4.30
台風9号（九州地方）	1956.8.16-
台風12号（九州地方）	1956.9.9-
豪雨（九州地方）	1957.7.1-
台風7号（九州地方）	1957.8.19-
台風10号（九州地方）	1957.9.6-
暴風雨（九州地方）	1957.12.12-
豪雪（九州地方）	1958.3.28-
暴風雪（九州地方）	1959.1.16-
豪雨（九州地方北西部）	1959.7.13-
台風6号（九州地方）	1959.8.6-
台風14号（九州地方）	1959.9.16-
台風16号（九州地方東部）	1960.8.28-
地震（九州地方）	1961.2.27
梅雨前線豪雨（36年6月豪雨）（九州地方）	1961.6.23-
台風10・11・12号（九州地方）	1961.7.31-
台風（第2室戸台風）（九州地方）	1961.9.15-
豪雨（九州地方）	1961.10.25-
豪雨（九州地方）	1962.7.1-
長雨（九州地方）	1963.4.30-
豪雨（九州地方）	1963.5.7-
台風2号（九州地方）	1963.6.2-
豪雨（九州地方北部）	1963.6.29-
台風9号（九州地方）	1963.8.9-
豪雨（九州地方）	1963.8.14-
インフルエンザ発生（九州地方）	1964.1.-
豪雨（九州地方）	1964.6.19-
台風14号（九州地方）	1964.8.23-
台風6号（九州地方）	1965.5.26-
台風9号（九州地方）	1965.6.19-
豪雨（九州地方）	1965.6.30-
台風15号（九州地方）	1965.8.6
養殖海苔赤腐れ病発生（九州地方）	1965.この年
豪雨（九州地方）	1966.5.21-
豪雨（九州地方）	1966.7.7-
豪雨（台風13号）（九州地方）	1966.8.14-
台風19号（九州地方）	1966.9.9-
台風24・26号（九州地方）	1966.9.24-
ウンカ発生（九州地方）	1966.この年
干害（九州地方）	1967.7.-
台風34号（九州地方）	1967.10.26-
地震（九州地方）	1968.4.1
地震（九州地方）	1968.8.6
台風16号（第三宮古島台風）（九州地方）	1968.9.23-
暴風雨（44年7月豪雨）（九州地方）	1969.6.24-
台風9号（九州地方）	1969.8.22-
台風2号（九州地方）	1970.7.5
地震（九州地方）	1970.7.26
台風9号（九州地方）	1970.8.14-
三井金属鉱業工場カドミウム汚染（九州地方）	1970.この年
豪雨（九州地方）	1971.7.21-
九州地方豪雨（九州地方）	1971.8.20-
低気圧豪雨（九州地方）	1972.1.11-
豪雨（九州地方南部）	1972.6.6-
台風9号（九州地方東部）	1972.7.23-
暴風雨（九州地方）	1973.5.7-
豪雨（48年6月豪雨）（九州地方）	1973.6.26-
豪雨（7月31日豪雨）（九州地方北部）	1973.7.30-
梅雨前線豪雨（九州地方）	1974.6.17-
豪雨（九州地方北部）	1974.7.16-
台風14号（九州地方）	1974.8.17-
台風16号（多摩川水害）（九州地方）	1974.8.30-
台風18号（九州地方）	1974.9.8
阿蘇山群発地震（九州地方）	1975.1.22-
豪雨（九州地方）	1975.6.16-
豪雨（九州地方）	1975.6.24-
梅雨前線豪雨（九州地方南部）	1976.6.22-
集中豪雨（九州地方）	1976.7.22
寒冷前線豪雨（九州地方）	1976.8.3
台風17号（九州地方）	1976.9.8-
雷雨（九州地方北部）	1977.6.10
台風9号（九州地方）	1977.9.9-
集中豪雨（九州北部）	1978.6.10-
日本脳炎発生（九州地方）	1978.8.
台風18号（九州地方）	1978.9.15-
大雨（九州地方）	1980.7.8-
大雨（九州地方）	1980.8.29
豪雨（九州地方）	1981.6.25-
台風24号（九州地方）	1981.10.22
7月豪雨（九州地方）	1982.7.11-
台風10号（九州地方）	1983.9.25-
台風13号（九州地方）	1985.8.31-
地震（九州地方）	1987.3.18
台風12号（九州地方）	1987.8.31
豪雨（九州地方）	1988.5.3-
豪雨（九州地方）	1988.8.11-
台風11号（九州地方）	1989.7.27-
台風22号（九州地方）	1989.9.19-

654

都道府県別一覧　　《九州地方》

工場廃液汚染被害（高知県仁淀川流域）
　　　　　　　　　　　　　1970.この年
井戸水汚染（高知県高知市）　1970.この年
豊隆丸乗組員ガス中毒死（高知県土佐
　清水市沖）　　　　　　　　1971.3.15
豪雨（高知県）　　　　　　　1971.7.21-
豪雨（高知県安芸郡付近）　　1971.7.26
豪雨（高知県）　　　　　　　1971.9.17
新山本造船所爆発（高知県高知市）1971.9.24
高知パルプ工場廃液排出（高知県高知
　市）　　　　　　　　　　　1971.この頃
使用済みビニール投棄（高知県南国市
　付近）　　　　　　　　　　1973.この頃
集団赤痢発生（高知県高岡郡佐川町）
　　　　　　　　　　　　　　1975.6.-
工事現場土砂崩れ（高知県室戸市）1975.10.1
悪臭被害（高知県）　　　　　1975.この頃
ビーチクラフト機墜落（高知県南国市
　外山）　　　　　　　　　　1976.6.13
淡水赤潮（高知県物部川上流）1976.この年
アルサビア号破損（高知県室戸市沖）1977.10.20
浸水（高知県）　　　　　　　1978.7.13
大渡ダム地滑り（高知県）　　1982.4.19
落雷（高知県東洋町）　　　　1987.8.5
小型機墜落（高知県吾川郡池川町）1994.5.7
工事現場土砂崩れ（高知県中村市）1996.7.22
学校で結核集団感染（高知県高知市）
　　　　　　　　　　　　　　1999.1.28-
豪雨（高知県土佐清水市）　　2001.9.2-
多剤耐性緑膿菌院内感染（高知県南国
　市）　　　　　　　　　　　2006.1.-

《九州地方》

地震（九州地方）　　　　　　1889.7.28
地震（九州地方）　　　　　　1893.9.7
風水害（九州地方）　　　　　1893.10.13
地震（九州地方）　　　　　　1894.8.8
台風（九州地方）　　　　　　1895.7.24
地震（九州地方）　　　　　　1895.8.27
地震（九州地方）　　　　　　1899.11.25
風水害、洪水（九州地方）　　1902.8.10
風水害（九州地方）　　　　　1905.8.8
台風（九州地方）　　　　　　1906.10.24
水害（九州地方）　　　　　　1909.9.26
地震（九州地方）　　　　　　1909.11.10
地震（九州地方）　　　　　　1911.6.15

台風（九州地方）　　　　　　1912.10.1
台風（九州地方）　　　　　　1914.6.2
台風（九州地方）　　　　　　1914.8.25
台風（九州地方）　　　　　　1916.8.21
地震（九州地方）　　　　　　1916.12.29
台風（九州地方）　　　　　　1918.7.10
台風（九州地方）　　　　　　1918.9.13
台風（九州地方）　　　　　　1919.8.14
洪水（九州地方）　　　　　　1921.6.17
地震（九州地方）　　　　　　1922.12.8
地震（九州地方）　　　　　　1923.7.13
台風（九州地方）　　　　　　1924.9.11
暴風雨（九州地方）　　　　　1930.7.18
台風（九州地方）　　　　　　1931.10.13
台風（九州地方）　　　　　　1933.9.1-
赤潮発生（有明海）　　　　　1933.10.
第3太古丸沈没（対馬沖）　　1936.4.3
台風（九州地方）　　　　　　1937.7.24-
台風（九州地方南部）　　　　1938.10.14
干ばつ（九州地方）　　　　　1939.6.-
台風（九州地方）　　　　　　1942.8.27
台風（九州地方）　　　　　　1943.9.20
連絡船撃沈（九州地方）　　　1943.10.5
南海地震（九州地方）　　　　1946.12.21
豪雨（九州地方）　　　　　　1947.6.22-
日本脳炎流行（九州地方）　　1948.5.-
豪雨（九州地方）　　　　　　1948.8.24-
豪雨（九州地方北部）　　　　1948.9.10-
デラ台風（九州地方）　　　　1949.6.18-
豪雨（九州地方南部）　　　　1949.10.3-
暴風雨（九州地方）　　　　　1950.1.9
暴風雨（九州地方）　　　　　1950.1.30-
グレース台風（九州地方）　　1950.7.19-
キジア台風（九州地方）　　　1950.9.13-
ケイト台風（九州地方）　　　1951.6.30-
ルース台風（九州地方）　　　1951.10.14
豪雨（九州地方南部）　　　　1952.5.4
ダイナ台風（九州地方南部）　1952.6.23-
豪雨（九州地方北部）　　　　1954.7.4-
台風5号（九州地方）　　　　1954.8.17-
台風12号（九州地方）　　　　1954.9.13
台風15号〔洞爺丸台風〕（九州地方）
　　　　　　　　　　　　　　1954.9.26-
豪雨（九州地方）　　　　　　1955.4.14-
豪雨（九州地方北部）　　　　1955.6.7-
豪雨（九州地方北西部）　　　1955.7.6
流行性腎炎発生（九州地方北部）
　　　　　　　　　　　　　　1955.9.頃-
台風23号（九州地方）　　　　1955.10.3-

653

《九州地方》　　　　　　　　　都道府県別一覧

豪雨（熊本県）	1949.7.5-
フェイ台風（熊本県）	1949.7.16-
ジュディス台風（熊本県）	1949.8.15-
九州産業交通バス転落（熊本県飽託郡松尾村）	1950.2.11
阿蘇山爆発（熊本県阿蘇郡）	1950.4.13
公民館火災（熊本県芦北郡大野村）	1951.3.10
阿蘇山爆発（熊本県阿蘇郡）	1953.4.27
台風2号（熊本県）	1953.6.7
豪雨（熊本県）	1953.6.25-
水俣病（熊本県水俣市周辺）	1953.この頃-
志岐炭鉱坑内水没（熊本県天草郡）	1954.2.20
豪雨（熊本県）	1954.6.8-
豪雨（熊本県）	1954.6.28-
豪雨（熊本県）	1957.7.25-
阿蘇山中岳大爆発（熊本県阿蘇郡）	1958.6.24
キャバレー火災（熊本県熊本市）	1960.12.21
新日本窒素工場爆発（熊本県水俣市）	1961.8.9
遊覧船転覆（熊本県球磨郡球磨村）	1962.7.14
市役所建築現場コンクリート崩壊（熊本県荒尾市）	1963.4.26
幼稚園児冷蔵庫窒息死（熊本県阿蘇郡小国町）	1963.4.28
幼稚園・保育所赤痢多発（熊本県）	1963.4.頃
雷雨（熊本県）	1963.7.29
豪雨（熊本県南部）	1964.8.15-
旅館火災（熊本県熊本市）	1965.3.12
西日本空輸ヘリコプター墜落（熊本県阿蘇郡阿蘇町）	1965.8.16
集団赤痢（熊本県宇土郡三角町）	1966.5.-
進幸丸転覆（熊本県天草郡大矢野町沖）	1966.11.25
コレラワクチン採取豚・ヤギ肉違法処理（病菌豚密売事件）（熊本県）	1967.2.
阿蘇山爆発（熊本県阿蘇郡）	1967.10.-
えびの地震（熊本県）	1968.2.21-
火災（熊本県荒尾市）	1968.9.5
土砂崩れ（熊本県菊池市）	1970.5.13
阿蘇山爆発（熊本県阿蘇郡）	1971.7.29-
金橋商会採石場土砂崩れ（熊本県八代郡坂本村）	1972.10.22
ヘリコプター接触（熊本県）	1973.5.7
大洋デパート火災（熊本県熊本市）	1973.11.29
有明海水銀汚染（第3水俣病）（熊本県）	1973.この頃-
阿蘇山爆発（熊本県阿蘇郡）	1974.7.-
トンネル工事現場落盤（熊本県白水村）	1974.7.24

水俣病認定患者（熊本県）	1974.10.
水俣病公害（熊本県）	1976.この年
梅雨前線豪雨（熊本県）	1977.6.15-
がけ崩れ（熊本県球磨郡五木村）	1977.11.17
火山（熊本県阿蘇山）	1979.5.-
阿蘇中岳爆発（熊本県阿蘇郡）	1979.9.6
日本脳炎（熊本県）	1979.この年
カーボン工場電気炉崩壊（熊本県芦北郡）	1980.9.16
日本脳炎（熊本県）	1980.この年
メチル水銀汚染魚販売（熊本県水俣市）	1981.この年
辛子蓮根食中毒（熊本県熊本市）	1984.6.25
山崩れ（熊本県五木村）	1984.6.29
地下水汚染（熊本県）	1987.この年
建設現場土砂崩れ（熊本県球磨郡湯前町）	1990.3.4
阿蘇中岳噴火（熊本県阿蘇中岳）	1990.4.20
豚の伝染病オーエスキー大量発生（熊本県阿蘇郡一の宮町）	1990.6.12
赤潮発生（熊本県天草郡）	1990.7.
配膳リフトで事故死（熊本県熊本市）	1991.4.27
軽飛行機墜落（熊本県坂本村）	1997.11.2
赤潮（熊本県）	2000.7.7
熱中症（熊本県中央町）	2001.7.24
セスナ機墜落（熊本県球磨郡球磨村）	2002.1.4
狂牛病発生（熊本県）	2004.9.13
副振動（熊本県）	2009.2.24

【大分県】

花火工場爆発（大分県）	1916.8.28
洪水（大分県）	1921.6.17
機雷爆発（佐伯湾）	1927.8.1
津波（大分県）	1930.7.26
貯水池決壊（大分県下毛郡山口村）	1931.7.21
温泉街火災（大分県）	1931.10.28
火災（大分県中津市）	1932.6.12
豪雨（大分県）	1936.7.2-
原野火災（大分県南海部郡蒲江町）	1938.2.8
潜水艦衝突（豊後水道）	1939.2.2
地震（大分県）	1939.3.20
旅客機墜落（大分県大熊山）	1939.4.21
豪雪（大分県）	1940.3.21
豊肥線客車転落（大分県大分市）	1941.10.1
トラック・別大電鉄線電車衝突（大分県大分市）	1943.5.13
暴風雨（大分県）	1945.10.18

660

竜巻（長崎県西彼杵郡瀬川村）	1956.8.27	三菱重工業造船所タンカー火災（長崎県西彼杵郡香焼町）	1974.12.4
豪雨（長崎県）	1957.7.25-	高島炭鉱坑内ガス突出（長崎県西彼杵郡高島町）	1975.11.1
島原鉄道バス転落（長崎県南高来郡北有馬村）	1957.9.24	船舶火災（長崎県長崎市）	1976.6.11
中興鉱業江口鉱業所坑内出水（長崎県松浦市）	1958.5.7	池島炭鉱坑内爆発（長崎県西彼杵郡外海町）	1977.4.1
干ばつ（長崎県）	1960.7.-	水銀検出（長崎県東彼杵郡波佐見町）	1977.8.
火災（長崎県福江市）	1962.9.26	鉱山落盤（長崎県西彼杵町）	1977.8.24
西肥自動車バス転落（長崎県北松浦郡田平町）	1963.5.13	西肥バス乗っ取り（長崎県長崎市）	1977.10.15-
ホテル建築現場ガス噴出（長崎県南高来郡）	1963.9.5	小学生熱射病死（長崎県佐世保市上原町）	1978.8.27
異常渇水（長崎県長崎市）	1964.9.-	発電所屋根崩落（長崎県佐世保市光町）	1978.10.16
異常渇水（長崎県長崎市）	1965.4.	工事現場スラブ崩壊（長崎県長崎市）	1979.1.9
伊王島海底炭鉱坑内ガス爆発（長崎県西彼杵郡伊王島町）	1965.4.9	栄福丸沈没（長崎県福江島沖）	1981.2.17
松島炭鉱坑内ガス爆発（長崎県西彼杵郡大島町）	1966.8.15	インド船タンカー火災（長崎県佐世保市）	1982.3.18
二子炭鉱落盤（長崎県）	1966.11.2	ヘリコプター墜落（長崎県福江市）	1982.11.29
第15長栄丸行方不明（長崎県下県郡厳原町沖）	1967.1.15	日本脳炎患者（長崎県）	1988.10.6
集団赤痢（長崎県西彼杵郡長与村）	1967.1.30-	土砂崩れ（長崎県新魚目町）	1989.9.13
米原子力空母寄港反対派学生・警官隊衝突（佐世保事件・平瀬橋事件・佐世保橋事件）（長崎県佐世保市）	1968.1.17-	雲仙・普賢岳噴火（長崎県雲仙普賢岳）	1990.11.17
		雲仙・普賢岳火砕流発生（長崎県雲仙普賢岳）	1991.6.3
第22淳和丸・ベートライズヴィクトリー衝突（長崎県）	1968.1.25	竜巻（長崎県壱岐の郷ノ浦町）	1997.10.14
第1蛭子丸沈没（長崎県下県郡厳原町沖）	1969.3.30	小型機墜落（長崎県対馬市）	2003.9.16
佐世保重工業造船所足場崩壊（長崎県佐世保市）	1970.1.7	老人施設全焼（長崎県大村市）	2006.1.8
佐世保重工業タンカー火災（長崎県佐世保市）	1970.10.23	流木が大量に漂着（長崎県）	2006.7.-
三菱重工業造船所爆発（長崎県長崎市）	1970.10.24	貨物船が高圧線を切断（長崎県平戸市）	2007.7.19
諫早湾カドミウム汚染（長崎県諫早市）	1970.この年	スポーツクラブで銃乱射（長崎県佐世保市）	2007.12.14
朗洋丸沈没（長崎県沖）	1971.1.4	漁船転覆（長崎県平戸市沖）	2009.4.14
佐世保重工業造船所ガス爆発（長崎県佐世保市）	1971.8.12	【熊本県】	
豪雨（長崎県）	1971.9.17	津波（熊本県）	1927.9.13
第32福洋丸行方不明（長崎県福江市沖）	1972.2.27	阿蘇中岳噴火（阿蘇中岳）	1933.2.24
第26増丸座礁（長崎県福江市沖）	1972.3.20	観光船沈没（熊本県三角沖）	1933.10.1
有明海水銀汚染（第3水俣病）（長崎県）	1973.この頃-	工事現場落盤（熊本県球磨郡五木村）	1935.1.19
		豪雨（熊本県）	1936.7.2-
竜巻（長崎県西彼杵郡外海町）	1974.4.21	赤痢流行（熊本県）	1937.9.
		山陽本線列車脱線（熊本県）	1938.6.15
		豪雨（熊本県）	1938.6.26
		建設現場火薬貯蔵トンネル爆発（熊本県球磨郡五木村）	1940.1.24
		豪雨（熊本県）	1949.6.26-

ボーイング707貨物機蒸発（銚子沖太
　平洋上）　　　　　　　　1979.1.30
冷凍運搬船・鋼材船衝突（伊豆大島西
　方海上）　　　　　　　　1979.4.25
西日本空輸機墜落（種子島沖）　1981.8.11
日魯漁業第28あけぼの丸転覆（ベーリ
　ング海）　　　　　　　　1982.1.6
えひめ丸衝突沈没事故（ハワイ・オア
　フ島沖）　　　　　　　　2001.2.10
SARS流行（中国広東省）　　2002.11.－

《九州地方》　　　　　　　　都道府県別一覧

火災（宮崎県西都市）	1963.1.24
ダム建設現場火災（宮崎県西都市）	1963.5.5
航空大学校機墜落（宮崎県宮崎市）	1963.9.4
台風14・15号（宮崎県）	1963.9.10—
集団赤痢（宮崎県）	1964.1.—
長雨（宮崎県）	1964.4.—
旭有機材工場爆発（宮崎県延岡市）	1967.3.1
ニューカッスル病発生（宮崎県）	1967.3.3—
えびの地震（宮崎県）	1968.2.21—
地震（宮崎県西諸県郡えびの町）	1968.3.25
がけ崩れ（宮崎県北諸県郡三股町）	1969.6.30
廃鉱砒素流出（宮崎県北諸県郡高城町）	1969.7.—
宮崎県庁食中毒集団発生（宮崎県宮崎市）	1969.8.27
擁壁建設現場がけ崩れ（宮崎県西諸県郡野尻町）	1970.7.23
航空自衛隊救難機墜落（宮崎県日南市沖）	1972.8.8
旧土呂久鉱山砒素汚染（宮崎県西臼杵郡高千穂町）	1972.この頃—
旧松尾鉱山砒素汚染（宮崎県児湯郡木城村）	1972.この頃—
製紙工場ポリ塩化ビフェニール排出（宮崎県西都市）	1973.この頃
飼育鳥獣屎尿投棄（宮崎県）	1973.この頃—
雷雨・雹害（宮崎県）	1975.5.24—
貨物船沈没（宮崎県都井岬沖）	1979.11.11
土呂久公害病患者増加（宮崎県）	1979.この年
つり橋落下（宮崎県西都市椎原）	1980.1.6
林道工事現場土砂崩れ（宮崎県西臼杵郡日之影町）	1980.3.12
慢性砒素中毒（宮崎県）	1980.この年
アポロ病流行（宮崎県）	1981.この年
クロルデン汚染和牛（宮崎県延岡市）	1983.8.—
下水道で酸欠（宮崎県宮崎市）	1990.8.29
竜巻（宮崎県えびの市）	1991.6.25
工事現場土砂崩れ（宮崎県椎葉村）	1992.2.2
大型トレーラー民家に転落（宮崎県西臼杵郡日之影町）	1992.3.30
口蹄疫感染（宮崎県宮崎市）	2000.3.25
レジオネラ菌集団感染（宮崎県日向市）	2002.8.11
鳥インフルエンザ発生（宮崎県）	2007.1.—
サイロで窒息死（宮崎県五ケ瀬町）	2009.9.29

【鹿児島県】

豪雨（鹿児島県）	1911.9.
桜島噴火（鹿児島県）	1914.1.12
台風（鹿児島県）	1916.8.21
台風（鹿児島県大島郡）	1929.9.30
火災（鹿児島県出水郡阿久根町）	1931.3.
豪雨（鹿児島県）	1931.7.6—
鹿児島本線列車転覆（鹿児島県薩摩郡）	1932.7.
豪雨（鹿児島県）	1933.6.
津波（鹿児島県出水郡阿久根町）	1933.9.
婚礼船転覆（鹿児島県川内市付近）	1941.3.
第3加能丸沈没（鹿児島県徳之島沖）	1941.8.7
豪雨（鹿児島県）	1949.6.26—
フェイ台風（鹿児島県）	1949.7.16—
ジュディス台風（鹿児島県）	1949.8.15—
新生丸沈没（鹿児島県大島郡与論町）	1953.2.4
燈台関係者被曝（鹿児島県肝属郡佐多町）	1954.5.頃
豪雨（鹿児島県）	1954.6.8—
がけ崩れ（鹿児島県日置郡伊集院町）	1954.6.26
台風13号（鹿児島県）	1954.9.7—
台風22号（鹿児島県）	1955.9.29—
桜島南岳爆発（鹿児島県鹿児島郡桜島町）	1955.10.13
名瀬市大火（鹿児島県名瀬市）	1955.12.3
放射能雨（鹿児島県鹿児島市）	1956.4.16—
鹿児島駅前火災（鹿児島県鹿児島市）	1957.2.18
西日本新聞社チャーター機墜落（鹿児島県出水郡東町）	1957.4.23
台風14号（鹿児島県）	1957.9.26
瀬戸内町大火（鹿児島県大島郡瀬戸内町）	1958.12.27
霧島山爆発（鹿児島県）	1959.2.17
火災（鹿児島県鹿児島市）	1961.10.2
豪雨（鹿児島県）	1962.5.26—
第1佐多丸沈没（鹿児島県熊毛郡屋久町沖）	1962.5.27
台風9号（鹿児島県）	1962.8.1—
海上自衛隊対潜哨戒機墜落（鹿児島県名瀬市）	1962.9.3
干ばつ（鹿児島県）	1963.4.—
第32宝幸丸沈没（鹿児島県熊毛郡南種子町沖）	1963.10.9
採掘作業員呼吸器系疾患ほか（鹿児島県大島郡三島村）	1963.この年
長雨（鹿児島県）	1964.4.—

都道府県別一覧　　　　　　《九州地方》

連絡船青葉丸沈没（大分県東国東郡姫
　　島村沖）　　　　　　　　　1949.6.21
フェイ台風（大分県）　　　　1949.7.16−
ジュディス台風（大分県）　　1949.8.15−
夜明発電所建設現場落盤（大分県日田
　　郡）　　　　　　　　　　　1953.4.24
豪雨（大分県）　　　　　　　1953.6.25−
トラック・列車衝突（大分県大分郡阿南
　　村）　　　　　　　　　　　1953.9.2
豪雨（大分県）　　　　　　　1954.6.28−
台風13号（大分県）　　　　　1954.9.7−
旭化成工場火薬爆発（大分県北海部郡
　　坂ノ市町）　　　　　　　　1955.3.7
台風22号（大分県）　　　　　1955.9.29−
貨物船津久見丸沈没（大分県南海部郡
　　上浦町沖）　　　　　　　　1958.9.23
干ばつ（大分県）　　　　　　1960.7.−
連絡船第3満恵丸沈没（大分県南海部郡
　　蒲江町沖）　　　　　　　　1960.10.29
豊栄鉱山落盤（大分県大野郡緒方町）　1961.5.4
大分交通別大線列車埋没（大分県大分
　　市）　　　　　　　　　　　1961.10.26
富士航空旅客機墜落（大分県大分市）1964.2.27
日本脳炎流行（大分県）　　　1966.6.−
米庄石灰工業所採石場爆発（大分県津
　　久見市）　　　　　　　　　1967.9.5
みのり学園寮火災（大分県速見郡日出
　　町）　　　　　　　　　　　1968.1.14
奇病集団発生（大分県佐伯郡付近）　1968.7.
パルプ工場廃液汚染（大分県佐伯湾）
　　　　　　　　　　　　　　　1969.この頃
蔵内金属工場カドミウム汚染（大分県
　　大野郡）　　　　　　　　　1969.この頃
戸高鉱業採石場落盤（大分県津久見市）
　　　　　　　　　　　　　　　1970.1.10
パルプ・骨粉製造工場悪臭被害（大分
　　県大分市）　　　　　　　　1970.この年
プランクトン異常発生（大分県別府湾）
　　　　　　　　　　　　　　　1970.この年
戸高石灰化工工場運搬機倒壊（大分県
　　臼杵市）　　　　　　　　　1971.11.1
大気汚染・水質汚濁（大分県佐伯市）
　　　　　　　　　　　　　　　1972.この頃
小野田セメント工場粉塵排出（大分県
　　津久見市）　　　　　　　　1972.この頃
住友化学工業工場ガス流出（大分県大
　　分市）　　　　　　　　　　1973.5.10
住友化学工業工場火災（大分県大分市）
　　　　　　　　　　　　　　　1973.8.12

九州石油増設現場従業員被曝（大分県
　　大分市）　　　　　　　　　1974.6.
流行性肝炎多発（大分県大分市速見郡山
　　香町）　　　　　　　　　　1974.10.
道路復旧工事現場がけ崩れ（大分県大
　　分市）　　　　　　　　　　1975.4.22
大腿四頭筋短縮症患者（大分県）　1975.10.4
赤潮発生（大分県別府市）　　1975.この頃
ダム工事現場土砂崩れ（大分県下毛郡）
　　　　　　　　　　　　　　　1978.9.20
土砂崩れ（大分県東国東郡）　1980.7.1
赤潮発生（大分県）　　　　　1982.この年
バス・大型クレーン車衝突（大分県玖
　　珠郡九重町湯坪）　　　　　1985.3.9
工場火災（大分県中津市）　　1985.4.28
土石流（大分県竹田市）　　　1990.7.1
乗客バスに引きずられ死亡（大分県大
　　分市）　　　　　　　　　　1996.4.14
ライオンに襲われ死亡（大分県宇佐郡
　　安心院町）　　　　　　　　2003.4.23
大雨で土砂崩れ（大分県）　　2005.7.10
大雨で山崩れ（大分県九重町）2008.6.11
造船所でタラップ落下（大分県大分市）
　　　　　　　　　　　　　　　2009.1.23
野原火災（大分県由布市）　　2009.3.17
製錬所事故（大分県大分市）　2009.6.13

【宮崎県】

竜巻（宮崎県）　　　　　　　1881.9.21
豪雨（宮崎県）　　　　　　　1911.9.
火災（宮崎県西諸県郡小林町）1927.1.28
台風（宮崎県）　　　　　　　1927.8.8−
工場汚水排出（宮崎県延岡市）
　　　　　　　　　　　　　　　1932.この年−
台風（宮崎県）　　　　　　　1933.9.17−
暴風雨（宮崎県）　　　　　　1936.7.13
地震（宮崎県）　　　　　　　1939.3.20
台風（宮崎県）　　　　　　　1939.10.16
フェイ台風（宮崎県）　　　　1949.7.16−
ジュディス台風（宮崎県）　　1949.8.15−
旭化成延岡工場爆発（宮崎県延岡市）1953.1.18
豪雨（宮崎県）　　　　　　　1954.6.8−
台風13号（宮崎県）　　　　　1954.9.7−
台風22号（宮崎県）　　　　　1955.9.29−
大和航空単発ビーバー機墜落（宮崎県
　　東白杵郡北川村）　　　　　1958.5.21
霧島山爆発（宮崎県）　　　　1959.2.17
台風9号（宮崎県）　　　　　　1962.8.1−

661

《その他》　　　　　　　　　都道府県別一覧

自家製筏行方不明（沖縄県石垣市）　1972.7.21
米海軍補給基地カドミウム・鉛排出
　（沖縄県浦添市）　　　　　　1973.この頃
下水道建設現場爆雷爆発（沖縄県那覇
　市）　　　　　　　　　　　　　1974.3.2
紀邦丸故障・浸水（沖縄県石垣島沖）1974.12.16
台風5号（沖縄県八重山諸島）　　　1977.7.31
ひまわり丸行方不明（沖縄県魚釣島海
　域）　　　　　　　　　　　　1978.11.23
土砂流失・水質汚濁（沖縄県）
　　　　　　　　　　　　　　　1978.この頃－
騒音公害（沖縄県北谷村砂辺）　　　1979.4.24
海水汚濁（沖縄県）　　　　　　　1979.この年
結膜炎流行（沖縄県）　　　　　　　1983.10.
赤土流出（沖縄県）　　　　　　　1984.この年
第1豊漁丸・リベリア船タンカー衝突
　（沖縄県近海）　　　　　　　　1985.3.30
米海ヘリコプター墜落（沖縄県喜屋武
　岬南東沖）　　　　　　　　　　1989.5.30
竜巻（沖縄県久米島）　　　　　　　1991.4.7
通り魔殺人（沖縄県島尻郡佐敷町）　2001.8.1
台風16号（沖縄県）　　　　　　　2001.9.7－
台風14号（沖縄県）　　　　　　　2003.9.11
タミフル服用後転落死（沖縄県豊見城
　市）　　　　　　　　　　　　　2006.7.3
潮干狩り中高波にさらわれ死亡（沖縄
　県）　　　　　　　　　　　　　2007.4.18
新型インフルエンザで初の死者（沖縄
　県）　　　　　　　　　　　　　2009.8.15
鉄砲水（沖縄県那覇市）　　　　　　2009.8.19

《その他》

民間飛行家試験飛行中墜落　　　　　1915.1.3
太平洋航路客船沈没（オホーツク海）1927.9.29
福州丸爆発（韓国仁川港付近）　　　1928.1.21
脚気患者発生（ソ連カムチャツカ半島付
　近）　　　　　　　　　　　　　1930.9頃
海勢丸・愛石丸難破（小笠原諸島沖）1932.10.14
駆逐艦沈没（台湾北方沖）　　　　　1932.12.5
漁船遭難（韓国木浦沖）　　　　　1937.12.18
第3共栄丸転覆（韓国釜山東方沖）　　1940.1.6
咬龍丸沈没（ウルップ島沖）　　　　1941.6.13
得山丸・幸喜丸衝突（ソ連サハリン東
　岸沖）　　　　　　　　　　　　1941.9.5
定期船沈没（北朝鮮沖）　　　　　1941.11.15

神戸丸・天山丸衝突（中国長江口東方
　沖）　　　　　　　　　　　　1942.11.11
陸軍病院船沈没（南太平洋）　　　1943.11.27
対馬丸沈没（東シナ海）　　　　　　1944.8.22
阿波丸沈没（台湾沖）　　　　　　　1945.4.1
観測船第5海洋丸転覆（伊豆諸島南方）
　　　　　　　　　　　　　　　　1952.9.23
監視船第3黒潮丸行方不明（南鳥島南
　方沖）　　　　　　　　　　　　1954.1.29
漁船第5福竜丸被曝（マーシャル諸島ビ
　キニ環礁付近）　　　　　　　　1954.3.1
漁船山田丸撃沈（東シナ海大陳島東南東
　沖）　　　　　　　　　　　　1954.11.22
漁船第16漁吉丸沈没（伊豆大島西方沖）
　　　　　　　　　　　　　　　　1956.12.4
漁船第17瑞宝丸遭難（南大東島南東沖）
　　　　　　　　　　　　　　　1957.10.24
観測測量船拓洋・さつま被曝（南太平
　洋）　　　　　　　　　　　　　1958.7.21
第5大勢丸転覆（サハリン沖）　　　1963.2.14
第1北辰丸転覆（シンシル島沖）　　1964.1.22
第8共和丸転覆（神津島沖）　　　　　1964.4.7
朝鮮丸遭難（カムチャツカ半島西方沖）1965.2.12
第8海竜丸ほか遭難（マリアナ諸島付
　近）　　　　　　　　　　　　　1965.10.7
第6明神丸遭難（千島中部海域）　　1966.1.31
第8惣宝丸遭難（千島中部海域）　　1966.2.21
第52源福丸沈没（尖閣諸島沖）　　　1967.4.4
第31昭徳丸転覆（韓国済州島沖）　1967.11.12
第86大栄丸沈没（ソ連領シャスコタン
　島付近）　　　　　　　　　　　1968.3.31
第85広丸・外国船衝突（韓国済州島付
　近）　　　　　　　　　　　　　1968.6.8
第25天祐丸行方不明（ソ連沿海州沖）1969.1.27
第3成洋丸行方不明（米国領ジャービス
　島沖）　　　　　　　　　　　　1969.4.8
欠陥電子レンジ　　　　　　　　　1970.2.20
第11北光丸転覆（ソ連カムチャツカ半
　島沖）　　　　　　　　　　　　1970.3.4
マグロ缶詰・冷凍メカジキ水銀汚染
　　　　　　　　　　　　　　　1970.この年
第67日東丸転覆（米国アラスカ州沖）1970.4.21
第30淡路丸沈没（米国アラスカ州沖）1970.4.23
第8あけぼの丸沈没（韓国済州島沖）1971.2.14
松生丸拿捕（松生丸銃撃事件）（黄海）1975.9.2
第56丸中丸転覆（ウルップ島）　　　1977.2.6
日本航空旅客機墜落（マレーシア連邦）
　　　　　　　　　　　　　　　　1977.9.27

《九州地方》

仲愷号爆発（鹿児島県肝属郡佐多町沖）　1964.5.11
がけ崩れ（鹿児島県鹿児島市）　1966.1.9
筏遭難（鹿児島県沖）　1966.4.1
桜島爆発（鹿児島県鹿児島市）　1967.5.-
豪雨（鹿児島県）　1967.6.19
えびの地震（鹿児島県）　1968.2.21-
第8照生丸沈没（鹿児島県名瀬市沖）　1969.2.4
川内川汚染（鹿児島県川内市）　1969.7.頃-
ダンプカー・日豊本線急行列車衝突（鹿児島県鹿児島市）　1970.11.24
作業現場土砂崩れ（鹿児島県鹿児島市）　1971.2.1
干ばつ（鹿児島県）　1971.3.頃-
国鉄トンネル建設現場落盤（鹿児島県垂水市）　1972.2.22
桜島爆発（鹿児島県鹿児島郡桜島）　1972.9.13
桜島南岳爆発（鹿児島県鹿児島郡桜島）　1972.10.2
鉱滓投棄・排出（鹿児島県）　1972.この頃-
桜島爆発（鹿児島県鹿児島郡桜島）　1973.5.1
製紙工場悪臭被害（鹿児島県）　1973.この頃
日本フライングサービス機行方不明（鹿児島県名瀬市）　1974.2.5
第1清栄丸沈没（屋久島沖）　1974.4.1
鉄砲水（鹿児島県鹿児島市）　1974.6.17
水銀汚染（鹿児島県）　1974.この年
豪雨（鹿児島県）　1975.7.2-
豪雨（鹿児島県大島郡）　1975.10.15-
桜島爆発（鹿児島県鹿児島郡桜島）　1975.この年
石油貯蔵用タンク沈下（鹿児島県揖宿郡喜入町）　1975.この頃
悪臭被害（鹿児島県）　1975.この頃
桜島爆発（鹿児島県鹿児島郡桜島）　1976.1.-
集中豪雨（鹿児島県）　1976.6.
山崩れ（鹿児島県鹿児島市）　1977.6.24
桜島爆発（鹿児島県鹿児島郡桜島）　1978.この年
米軍原子力潜水艦・日昇丸衝突事故（鹿児島県下甑島沖）　1981.4.9
桜島南岳爆発（鹿児島県桜島）　1984.7.21
開洋丸遭難（鹿児島県串木野港沖）　1985.3.31
桜島噴火（鹿児島県桜島）　1985.この年
強雨（鹿児島県鹿児島市）　1986.7.10
桜島爆発（鹿児島県鹿児島市古里町）　1986.11.23
桜島南岳爆発（鹿児島県桜島南岳）　1987.11.17
降灰（桜島南岳）　1988.6.

竜巻（鹿児島県枕崎市）　1990.2.19
桜島噴煙（鹿児島県桜島南岳）　1990.5.1
竜巻（鹿児島県姶良郡）　1991.6.25
フジテレビ取材ヘリコプター墜落（鹿児島県奄美大島）　1994.11.13
日豊線快速電車倒木に衝突（鹿児島県財部町）　1995.6.25
土石流（鹿児島県出水市）　1997.7.10
大雨で道路陥没し軽トラック転落（鹿児島県鹿屋市）　2000.6.3
奄美大島悪石島地震（鹿児島県鹿児島郡十島村）　2000.10.2
マッコウクジラ漂着（鹿児島県大浦町）　2002.1.22
花火工場爆発（鹿児島県鹿児島市）　2003.4.11
豚コレラ感染（鹿児島県鹿屋市）　2004.7.21
瀬渡し船転覆（鹿児島県十島村）　2004.12.4
漁船と遊漁船衝突（鹿児島県黒之瀬戸）　2005.1.5
がけ崩れ（鹿児島県姶良町）　2005.2.8
たき火で一酸化炭素中毒（鹿児島県鹿児島市）　2005.4.9
急患搬送の陸自ヘリが墜落（鹿児島県徳之島町）　2007.3.30
副振動（鹿児島県）　2009.2.24

【沖縄県】

台風（沖縄県）　1930.7.26-
台風（沖縄県）　1933.9.17-
盛典丸沈没（沖縄県）　1933.11.17
マラリア流行（沖縄県宮古郡）　1938.12.
旅客機不時着（沖縄県久場島沖）　1938.12.8
伊良部丸転覆（沖縄県伊良部島沖）　1940.6.30
台風（沖縄県八重山郡）　1940.7.7
空襲（沖縄県）　1944.10.10
沖縄戦（沖縄県）　1945.4.1-
貨物船東和丸沈没（沖縄県南方沖）　1956.11.27
台風14号（沖縄県）　1957.9.26
米空軍ジェット戦闘機墜落（沖縄県石川市）　1959.6.30
台風14号（沖縄）　1959.9.16-
干ばつ（沖縄）　1963.4.-
みどり丸沈没（沖縄県那覇市沖）　1963.8.17
米空軍爆撃機墜落（沖縄県嘉手納村）　1968.11.19
干ばつ（沖縄）　1971.3.頃-
台風28号（沖縄県）　1971.9.22
沖縄返還協定批准反対派・警官隊衝突（沖縄県那覇市）　1971.11.10-
水質汚濁・騒音被害（沖縄県）　1971.この頃

日本災害史事典 1868-2009

2010年 9 月27日 第 1 刷発行
2012年 9 月25日 第 2 刷発行

編　集／日外アソシエーツ編集部
発行者／大高利夫
発　行／日外アソシエーツ株式会社
　　　　〒143-8550 東京都大田区大森北1-23-8 第 3 下川ビル
　　　　電話(03)3763-5241(代表)　FAX(03)3764-0845
　　　　URL http://www.nichigai.co.jp/
発売元／株式会社紀伊國屋書店
　　　　〒163-8636 東京都新宿区新宿3-17-7
　　　　電話(03)3354-0131(代表)
　　　　ホールセール部(営業)　電話(03)6910-0519

電算漢字処理／日外アソシエーツ株式会社
印刷・製本／株式会社平河工業社

不許複製・禁無断転載　　　　　　　　《中性紙三菱クリームエレガ使用》
＜落丁・乱丁本はお取り替えいたします＞
ISBN978-4-8169-2274-9　　　　　　　Printed in Japan, 2012

本書はディジタルデータでご利用いただくことが
できます。詳細はお問い合わせください。

世界災害史事典 1945-2009

A5・500頁　定価12,600円（本体12,000円）　2009.10刊

1945年から2009年までに世界各国で起こった災害、事故など3,200件を簡略な解説付きの年表形式に排列した記録事典。ハリケーン、地震、異常寒波、干ばつなどの自然災害から、鉄道・航空機事故、伝染病、大規模火災などの社会的災害まで収録。

鉄道・航空機事故全史（シリーズ 災害・事故史1）

災害情報センター，日外アソシエーツ共編　A5・510頁　定価8,400円（本体8,000円）　2007.5刊

1872年から2006年の135年間に発生した鉄道・航空機事故を多角的に調べられる事典。第Ⅰ部は大事故53件の経緯と被害状況・関連情報を詳細に解説。第Ⅱ部では2,298件を簡略な解説付きの年表形式で記載。

地震・噴火災害全史（シリーズ 災害・事故史2）

災害情報センター，日外アソシエーツ共編　A5・390頁　定価9,800円（本体9,333円）　2008.2刊

古代から2007年に発生した地震・噴火災害を多角的に調べられる事典。第Ⅰ部は大災害55件の背景、概要、特徴等を詳細に解説。第Ⅱ部では西暦416年以降の1,847件を簡略な解説付きの年表形式で記載。

台風・気象災害全史（シリーズ 災害・事故史3）

宮澤清治，日外アソシエーツ共編　A5・480頁　定価9,800円（本体9,333円）　2008.7刊

古代から2007年までに発生した台風、豪雨、豪雪、竜巻など日本の気象災害を多角的に調べられる事典。第Ⅰ部は明治以降の大災害55件の被害状況などを詳細に解説。第Ⅱ部では2,461件余を簡略な解説付きの年表形式で記載。

産業災害全史（シリーズ 災害・事故史4）

日外アソシエーツ編　A5・450頁　定価12,810円（本体12,200円）　2010.1刊

明治から2008年までに発生した公害、炭鉱事故、産業施設の爆発・火災、原発事故など産業災害を多角的に調べられる事典。第Ⅰ部は被害の大きかった30件を詳細に解説。第Ⅱ部では2,545件を簡略な解説付きの年表形式で記載。

データベースカンパニー
日外アソシエーツ
〒143-8550　東京都大田区大森北1-23-8
TEL.(03)3763-5241　FAX.(03)3764-0845　http://www.nichigai.co.jp/